2017

DONGYING YEARBOOK

# 东营年鉴


东营市人民政府　主办

东营市史志办公室　编

方志出版社

Publishing House of Local Records

图书在版编目（CIP）数据

东营年鉴.2017 /东营市史志办公室编.—北京：
方志出版社，2017.10
ISBN 978-7-5144-2532-1

Ⅰ.①东… Ⅱ.①东… Ⅲ.①东营—2017—年鉴
Ⅳ.①Z525.23

中国版本图书馆CIP数据核字（2017）第235312号

东营年鉴（2017）

编　　者：东营市史志办公室
责任编辑：陈　效

出 版 人：冀祥德
出 版 者：方志出版社
地址　北京市朝阳区潘家园东里9号（国家方志馆4层）
邮编　100021
网址　http://www.fzph.org
发　　行：方志出版社图书经销中心
电话（010）67110500
经　　销：各地新华书店
印　　刷：山东星海彩印有限公司

开　　本：889×1194　1/16
印　　张：33.375
字　　数：1162千字
版　　次：2017年10月第1版　2017年10月第1次印刷
印　　数：0001～1000册

ISBN 978-7-5144-2532-1　　定价：198.00元

# 东营市地方史志编纂委员会

（2017年4月）

名誉主任　申长友

主　　任　赵豪志

副 主 任　张润国　刘美华　郭新民

成员单位　市委办公室　市人大常委会办公室　市政府办公室

市政协办公室　市委组织部　市委宣传部

市委政法委　东营日报社　市档案局

市发展改革委　市经济和信息化委　市教育局

市科技局　市财政局　市人力资源社会保障局

市农业局　市商务局　市文化广电新闻出版局

市统计局　市油区办　市史志办

市社科联　各县区政府　中国石油大学办公室

东营军分区政治部　济军基地办公室

# 《东营年鉴》（2017）编审人员

主　　审　刘美华

副 主 审　赵永刚

主　　编　杜金华

副 主 编　杨立宇　李中华

执行主编　任　丽

编　　辑　（以姓氏笔画为序）

丁伟强　卞　伟　王　花　王莹莹　任　丽　刘楚楚　刘曙光

李中华　李文昭　张　涛　贾月明　黄学桂　董春玲

编　　务　王园园　孙丹丹

英文翻译　张　燕

# 编辑说明

一、《东营年鉴》是东营市人民政府主办、东营市史志办公室承编的大型地方性综合年刊。旨在全面、准确、及时地记述东营市的基本情况，反映东营市在改革开放和社会主义现代化建设中的新成就、新进展、新问题，为各级领导科学决策提供依据，为国内外各界人士了解东营、研究东营提供权威的市情信息，也为编修社会主义新方志积累资料。

二、《东营年鉴》2017卷，以马列主义、毛泽东思想、邓小平理论、“三个代表”重要思想和科学发展观为指导，贯彻落实习近平总书记系列重要讲话精神和治国理政新理念新思想新战略，坚持辩证唯物主义和历史唯物主义的立场、观点和方法，紧紧围绕全面深化改革的目标，为推动东营新一轮发展服务。

三、本卷年鉴主要记载东营市2016年各行各业基本情况，特殊情况适当上溯或下延。根据全市经济社会发展情况，共设35个栏目：特载、大事记、东营概貌、中国共产党东营市委员会、东营市人民代表大会及其常务委员会、东营市人民政府、中国人民政治协商会议东营市委员会、中国共产党东营市纪律检查委员会、民主党派工商联、群众团体、军事、法治、改革开放、黄蓝经济区、综合经济管理、农业、黄河口、石油、工业、中小企业服务业、交通邮政电力、信息业、城建环保、旅游、国内贸易、财政税务、金融、科学、教育、文化体育、卫生计生、社会生活、区县概况、人物、附录。

四、为突出年度特点，本卷年鉴“特载”栏目选登在全市有重大影响的重要文献和市委、市政府确定的10件民生实事等专文。

五、为丰富年鉴的信息含量，卷内设反映全市重大事件和发展成就的彩色图片专辑，栏目内设随文图片，直观反映东营发展变化；内容记述中设有关实用信息表格。

六、本卷年鉴主体内容设类目、分目、条目3个层次，少数条目下设子目。条目为年鉴内容的基本单位，其标题用黑体加【】。

七、本卷年鉴检索系统：卷首设导读页和中、英文目录；卷中设栏目标题页；卷末设按汉语拼音顺序排列的主题分析索引。

八、本卷年鉴中有关全市国民经济和社会发展的主要数据，以市统计局公布的统计数字为准；统计局没有的，以主管部门统计数据为准。

九、本卷年鉴稿件由东营市各区县、市直各部门单位及辖区内中直、省直单位供稿，并经各供稿单位领导审阅，市史志办负责总编辑。为示负责，供稿单位及撰稿人署名于条目或分目之后。

十、本卷年鉴是各级领导和广大编者通力合作的成果，谨向所有为年鉴编辑出版付出辛勤劳动、给予热情支持的单位和个人深表谢意。由于水平所限，错讹和疏漏之处在所难免，恳请广大读者批评指正。

2017年9月

# 导读 DAODU

## 图片专辑



## 正　文

# 东营名片 DONGYINGMINGPIAN

## 城市坐标

城市位置：位于山东省北部黄河三角洲地区，万里黄河入海的地方，中国第二大油田——胜利油田驻地

东营精神：和谐、诚信、创新、卓越

城市性质：黄河三角洲高效生态经济区，山东半岛蓝色经济区，具有湿地生态特色的黄河水城

发展思路：黄蓝融合、海陆统筹、一体发展

所辖区县：东营区、河口区、垦利区、广饶县、利津县

辖域面积：8243平方公里

## 城市荣誉

全国文明城市

国家卫生城市

国家环境保护模范城市

国家园林城市

中国优秀旅游城市

国家可持续发展实验区

全国双拥模范城市

国家现代林业建设示范市

中国温泉之城

中国人居环境奖

## 风景名胜

国家AAAA级旅游景区：黄河口生态旅游区

孙子文化旅游区

广饶县红色刘集旅游景区

天宁寺文化旅游区

揽翠湖旅游度假区

国家级自然保护区：山东黄河三角洲国家级自然保护区

国家级水利风景区：龙悦湖旅游度假区

国家级文物保护单位：广饶南宋大殿、傅家遗址

五村遗址、南河崖盐业遗址群

国家级非物质文化遗产：东营市东营区吕剧

广饶县陈官短穗花鼓

全国最大湿地博物馆：黄河口湿地博物馆

山东省最大城市公园：清风湖公园

# 东营市行政区划图

审图号：鲁SG(2014)162号

东营市国土资源局提供

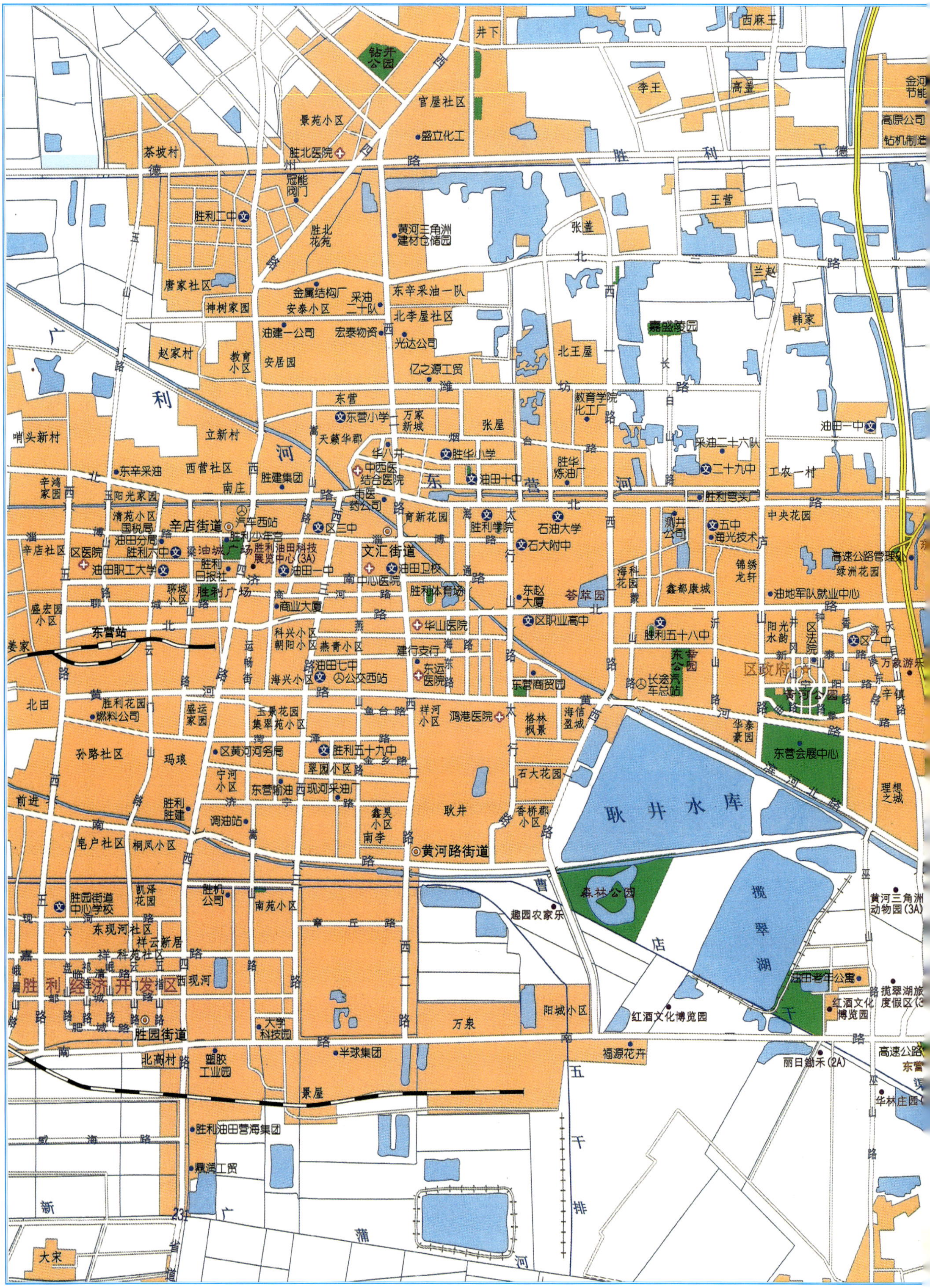


审图号：鲁SG（2014）162号

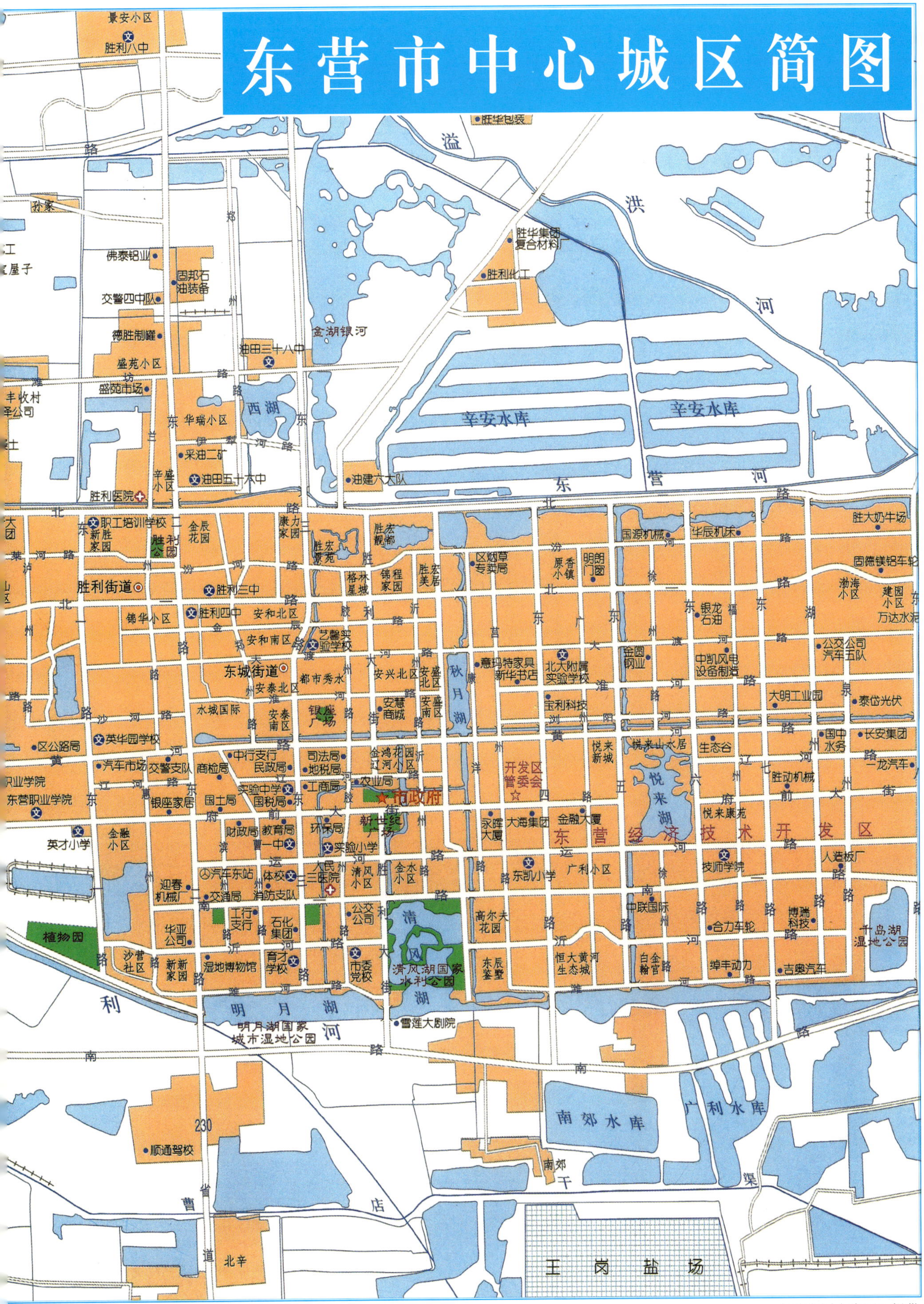
东营市中心城区简图
景安小区
胜利八中
胜华包装
溢
洪
河
孙家
佛泰铝业
固邦石油装备
交警四中队
德胜制罐
盛苑小区
盛苑市场
油田三十八中
胜华集团复合材料厂
胜利化工
金湖银河
西湖
华瑞小区
采油二矿
油田五十六中
辛盛小区
胜利医院
油建六大队
辛安水库
辛安水库
东
营
河
路
职工培训学校
新胜家园
金辰花园
胜利公园
康力家园
胜宏靓都
胜宏豪苑
格林星城
锦程家园
胜宏美居
区烟草专卖局
原香小镇
明朗门园
国源机械
华辰机床
胜大奶牛场
固德镁铝车轮
胜利街道
胜利三中
胜利四中
锦华小区
安和北区
安和南区
艺馨实验学校
秋月湖
银龙石油
渤海小区
建园小区
万达水泥
公交公司汽车五队
东城街道
都市秀水
安泰北区
安兴北区
安盛北区
意玛特家具
新华书店
北大附属实验学校
金圆钢业
中凯风电设备制造
大明工业园
泰岱光伏
水城国际
安泰南区
银座广场
安慧商城
安盛南区
宝利科技
英华园学校
区公路局
汽车市场
交警支队
商检局
中行支行
民政局
司法局
地税局
金湾花园
辽河小区
工商局
农业局
开发区管委会
悦来新城
悦来山水居
悦来湖
生态谷
国中水务
长安集团
一龙汽车
胜动机械
悦来康苑
东营职业学院
实验中学
国税局
国土局
银座家园
市政府
新世纪广场
永晖大厦
大海集团
金融大厦
东营经济技术开发区
英才小学
金融小区
财政局
教育局
环保局
曹一中
实验小学
东凯小学
广利小区
技师学院
人造板厂
汽车东站
迎春机械厂
体校
交通局
消防支队
三医院
人民
清风小区
金水小区
中联国际
高尔夫花园
合力车轮
博瑞科技
千岛湖湿地公园
植物园
华亚公司
工行支行
石化集团
公交公司
清风湖国家水利公园
沙营社区
新新家园
湿地博物馆
育才学校
市委党校
东辰鉴墅
恒大黄河生态城
白金翰宫
绰丰动力
吉奥汽车
明月湖
明月湖国家城市湿地公园
雪莲大剧院
利
河
南
南郊水库
广利水库
230
顺通驾校
南郊
干
渠
曹
店
省
道
北辛
王岗盐场

东营市国土资源局提供

# 数字东营 SHUZIDONGYING

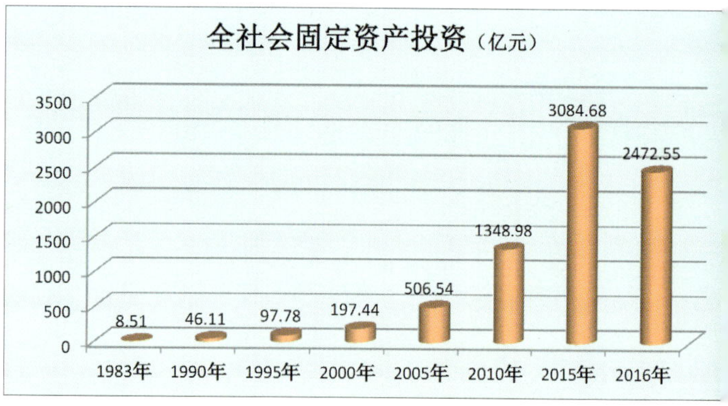


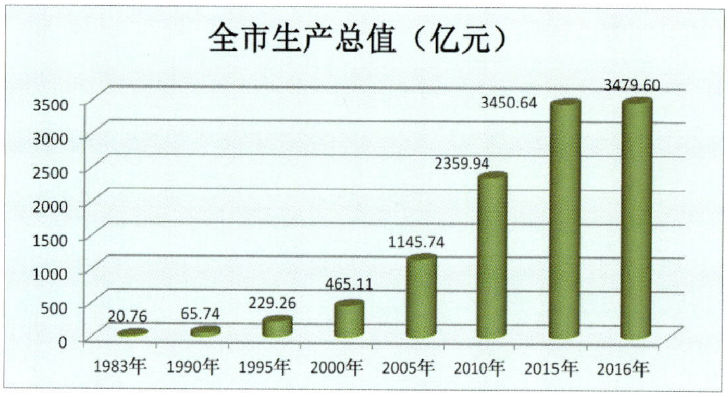


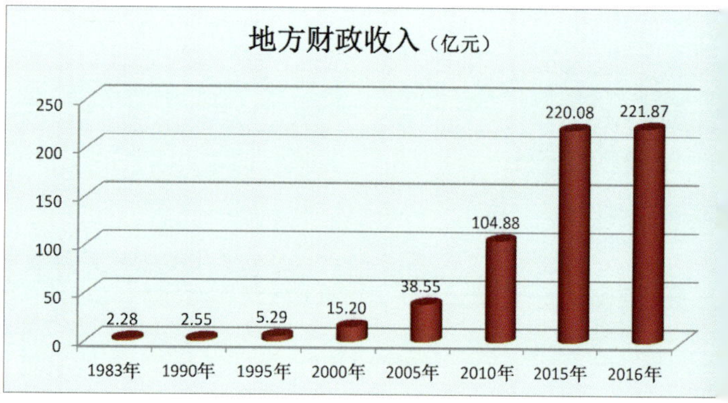


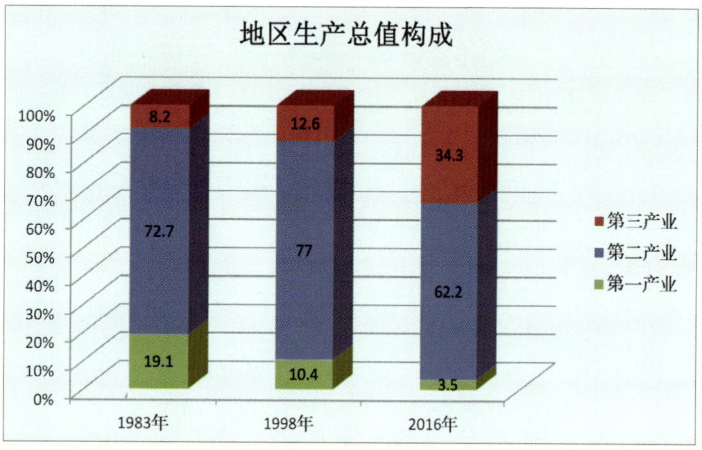

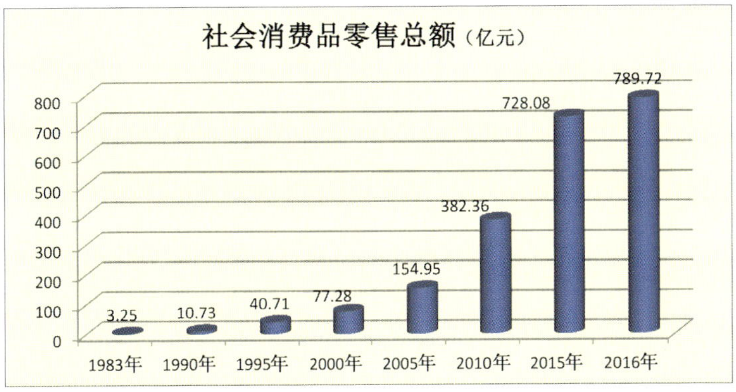
社会消费品零售总额（亿元）
800
700
600
500
400
300
200
100
0
3.25
10.73
40.71
77.28
154.95
382.36
728.08
789.72
1983年
1990年
1995年
2000年
2005年
2010年
2015年
2016年

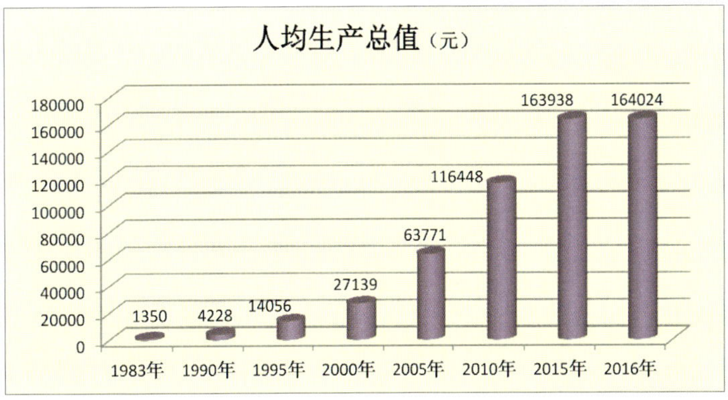
人均生产总值（元）
180000
160000
140000
120000
100000
80000
60000
40000
20000
0
1350
4228
14056
27139
63771
116448
163938
164024
1983年
1990年
1995年
2000年
2005年
2010年
2015年
2016年

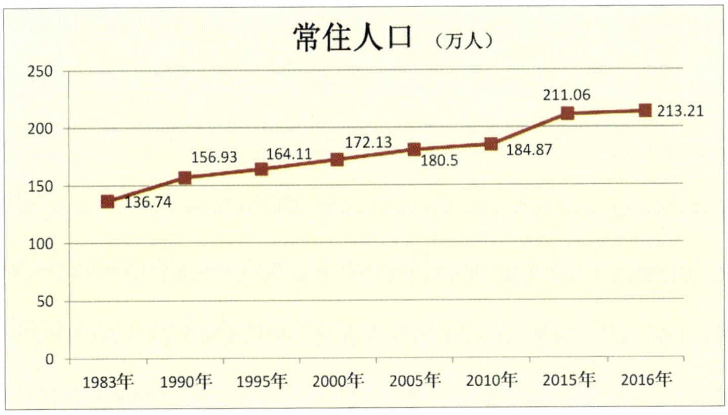
常住人口（万人）
250
200
150
100
50
0
136.74
156.93
164.11
172.13
180.5
184.87
211.06
213.21
1983年
1990年
1995年
2000年
2005年
2010年
2015年
2016年

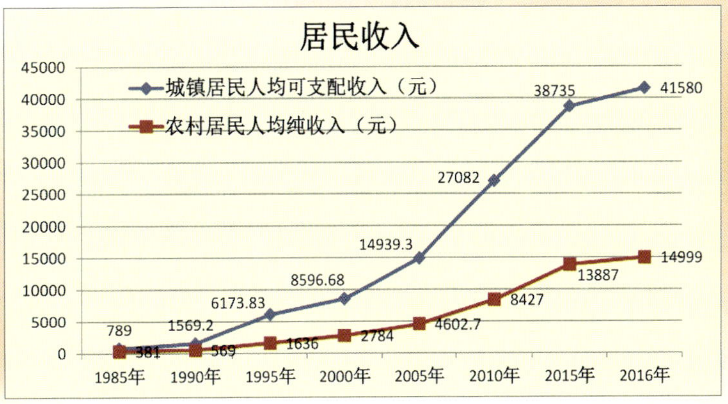
居民收入
城镇居民人均可支配收入（元）
农村居民人均纯收入（元）
45000
40000
35000
30000
25000
20000
15000
10000
5000
0
789
1569.2
6173.83
8596.68
14939.3
27082
38735
41580
381
569
1636
2784
4602.7
8427
13887
14999
1985年
1990年
1995年
2000年
2005年
2010年
2015年
2016年

# 时政要闻 SHIZHENGYAOWEN

2017年7月5—6日，省委书记、省人大常委会主任刘家义（前排中）到东营市调研 （于中平摄）

2016年11月4日，省委副书记、省长郭树清（前排左二）到东营市调研生态保护、教育、乡村旅游、农村改厕等工作（胡志颖摄）

2016年5月10日，市委书记、市人大常委会主任申长友（前排左二）到东营区督导“两学一做”教育活动（于中平摄）

2017年9月6日，市委副书记、市长赵豪志（前排中）到广饶县督导工作　　（于中平摄）

2017年8月17日，市委副书记宇向东（中）在神仙沟调研　　（市委办公室提供）

2017年8月4日，市人大常委会主任、党组书记郑建军（前排左二）到广饶县调研经济社会发展情况　（燕德清摄）

2017年5月19日，市政协主席陈泽浦（左二）到垦利区调研经济社会发展和安全生产工作　（市政协办公室提供）

# 黄蓝战略 HUANGLANZHANLUE

2016年6月17日，市委、市政府在北京举行东营市融入京津冀协同发展推介会暨重点项目签约仪式，扩大与京津冀的交流与合作，共同推动京津冀协同发展示范区建设。推介会达成签约项目69个，签约总金额699.58亿元

（市区域发展战略推进办公室提供）

2016年11月4日，黄河三角洲农业高新技术产业示范区成立大会召开。科技部党组书记、副部长王志刚，省委副书记、省长郭树清共同启动示范区运行。示范区辖区面积350平方公里，包含东营农高区、滨海新区、丁庄街道、盐业公司4个单位，人口5.4万人，辖49个村、5个社区

（张泉江摄）

2016年9月26日，东营综合保税区正式封关运行，一期封关围网面积1.419平方公里，规划建设保税加工区、保税仓储物流区、国家商品展示与交易区等区域（张泉江摄）

2016年12月28日，济东高速公路东营段竣工通车，济东高速公路途经济南、滨州、东营3市，全长162公里，从济南到东营路程缩短60公里（周广学摄）

2016年9月6日，广利港路跨广利河大桥顺利竣工通车。大桥南接南二路，北接广利港路，全长240米，宽34米，双向6车道，完善广利港及临港产业区交通网络

（延智摄）

东营港按照“引桥延伸、双堤环抱、突堤相间”的模式，建成由北防波堤和一突堤北围堰项目形成的“小环抱式”港池。图为东营港“小环抱”港池

（陈世钊摄）

2016年1月13日，中国商飞民用飞机试飞中心东营基地正式揭牌启用，主要承担C919高风险试飞科目，试飞员、试飞工程师培训和飞行训练技术保持及日常维护性飞行工作，兼顾ARJ21-700飞机部分试飞工作（周广学摄）

2016年7月，大连（丹东）—秦皇岛—天津—东营—潍坊—青岛（烟台）—连云港—盐城—南通—上海—宁波—福州—厦门—深圳—湛江—北海（防城港）快速铁路列入国家发改委交通运输部中国铁路总公司联合印发的《中长期铁路网规划（2016-2025年）》。图为东营南站（杨斌摄）

2016年12月21日，2016全国（东营）有色金属工业展在黄河国际会展中心开幕，共有56家单位参展。展会的参展范围主要为有色金属冶炼及加工、有色金属资源综合利用、对外技术服务（王刚摄）

东营市推进“海上粮仓”建设，全市渔业增养殖面积197万亩，实现水产品产量58.7万吨、渔业总产值162亿元。图为黄河口大闸蟹养殖基地（垦利区委办公室提供）

# 城市新貌 CHENGSHIXINMAO

东城俯瞰 （杨斌摄）

西城夜景

新区撷影　　（杨斌摄）

（画连生摄）

# 民生实事 MINSHENGSHISHI

建设城市绿道和街头游园：在中心城区建设街头游园19处，重点道路两侧建设城市绿道107.7公里，配套体育健身、休息驿站等设施，为市民提供良好的休闲、健身、活动环境。图为安和南区街头游园　（市城市管理局提供）

建设就业创业基地，培训创业创新人员：设立4处东营创新创业大学分院和3处教学点，构建覆盖全市的创业创新培训网络，培训创业创新人员10010人。图为创业大学第三期大学生培训班　（市人力资源和社会保障局提供）

启动建设新型养老社区：在金湖银河片区规划建设新型养老社区，建设养老公寓、托养机构、医疗救护中心、老年教育、餐饮配送中心及配套设施。2016年开展总体规划编制、用地手续办理、勘察设计等前期工作。图为2016年10月东营市新型养老社区总体规划设计方案　（市住房城乡建设局提供）

实施农村公路安全生命防护工程：为全市1727.3公里农村公路建设安全防护设施，对易发交通事故路段、大交通量路段、重要平交道口等进行综合治理，降低农村道路交通事故率　（市交通运输局提供）

更新新能源公交车，优化公交线路：购置80台新能源公交车；新建改造公交候车亭105个；公交智能化改造系统投入使用；对29条公交线路优化完成，新开通4条环政务密集区的公交线路和由东营区人民医院发往胜利一中的107路公交线路，东城至黄河口旅游区公交线路、西城至黄河口旅游区公交线路全部开通　（市交通运输局提供）

改造提升中心城老旧住宅小区：对中心城区40个老旧住宅小区路面破损、绿地裸露、管线老化、房屋渗水以及消防设施等进行维修改造，并规范物业管理。图为修补小区路面破损情况　　（市住房城乡建设局提供）

实现天然气镇镇通：年内，东营区4个村居，河口区17个村居、社区，垦利区10个社区，广饶县6个社区，利津县4个社区、1个小区完成通气施工。图为村民使用天然气场景　　（东营区史志办提供）

启动实施农村旱厕改造：完成农村改厕32862户，其中，东营区2584户、河口区2536户、垦利区3673户、广饶县18800户、利津县5269户。图为改造施工现场　　（市住房城乡建设局提供）

扩大公共自行车试点：2016年，东城扩建140个放置点，新增自行车2800辆，辐射范围扩大至东一路以东、东四路以西、北二路以南、南二路以北区域；西城公共自行车站点选址及自行车配置方案等审批材料上报市城乡规划局并移交东营区政府落实　　（市交通运输局提供）

建设100个乡村剧场、100个群众文化广场：全市农村扶持建设100个标准化乡村剧场，建成集村民休闲、文体活动、科技培训和乡风展示于一体的综合文化服务中心；中心城区改造建设100个群众文化广场　　（市文广新局提供）

# 石油之城 SHIYOUZHICHENG

CB6F采修一体化平台顺利投产试运行　　（张海彬摄）

海洋石油船舶中心胜利291、胜利251、胜利242完成中石化重点投资建设项目——胜利油田“胜利作业新一”平台拖移就位作业　　（李长莲摄）

边防官兵联合油田运输船只，开展海上围捕演练，为海上油区生产工作保驾护航。图为东营边防船艇大队进行“严打盗油”海上围捕演练　　（于中平摄）

2016年10月19日，伊拉克石油副部长贾法尔（前排右三）到胜利油田调研。图为贾法尔一行在现河采油厂集输首站轻烃站和中心监控岗参观　　　（朱克民摄）

2016年5月10日，石化总厂车用汽、柴油迈入国V时代。图为化验室的工作人员参观刚生产出来的合格国V汽、柴油样品
（胜利油田史志办提供）

2016年9月27—29日，第九届中国（东营）国际石油石化装备与技术展览会在东营黄河国际会展中心举办。展览总面积突破5万平方米，参展企业379家，摊位1216个，参观采购企业2000余家，参展展品涉及2600余品种、15000余件，共有来自66个国家和地区的1万余名客商参加，总参观人数突破5万人次
（张泉江摄）

# 生态之城 SHENGTAIZHICHENG

红地毯 （张军摄）

生态恢复后湿地（刘月良摄）

东方白鹳（杨斌摄）

园博园灯光节（黄海霞摄）

2016年4月14日，联合国绿色经济行动伙伴计划——中国东营市绿色经济试点示范项目启动发布会在东营召开，东营市成为中国与联合国环境署在绿色经济方面合作的首个地级市（市外侨办提供）

植物园 （杨斌、张振东摄）

# 文明之城 WENMINGZHICHENG

开展移风易俗工作，引导广大群众弘扬中华优秀传统文化，自觉抵制婚丧铺张浪费、大操大办的行为，推动移风易俗新风尚。图为东营市集体婚礼现场　（团市委提供）

加强中华优秀传统文化教育。组织开展国学经典诵读、优秀童谣征集评选和传唱活动，引导家长和学生进行国学及传统文化学习。图为“课程超市”诵国学活动

（刘智峰摄）

完善城乡环卫一体化运行机制，推进环卫保洁扩面，在全面实现村庄保洁的基础上，向铁路、公路、河流沿线及林带“三线一带”公共区域延伸　（市文明办提供）

推广亲和执法方式，创造文明和谐健康交通环境。通过向市民普及道路交通安全形势、交通标志、标线、道路交通指挥手势及出行注意事项等知识，倡导市民文明出行，安全出行。图为女子护卫队交警在向小学生普及安全知识

（东营交警摄）

开展文艺惠民活动，举办“到人民中去”文艺志愿服务活动，开展文艺志愿服务40余场次，受益群众10万余人。图为“到人民中去”——三下乡活动

（市文联提供）

为庆祝建党95周年，强化党员意识，基层党员自发组织重温入党誓词活动。图为2016年7月1日，海洋钻井公司胜利九号平台上的党员面对党旗宣誓

（赵尔靖摄）

2016年1月27日，东营雪莲大剧院首部众筹梦幻儿童剧《胡桃夹子》公演

（张泉江摄）

2016年10月16日，首届黄河口（东营）公路自行车赛在东营举行

（市体育局提供）

# 东营区

东营区是东营市中心区，总面积1178平方公里，总人口64.86万人，辖4镇、6个街道。2016年，全区实现地区生产总值457.1亿元，其中，第一产业增加值17.2亿元，第二产业增加值177.7亿元，第三产业增加值262.2亿元。三次产业比例为3.7∶38.9∶57.4。全年实现预算内财政收入262880万元。完成固定资产投资513.4亿元，实现社会消费品零售总额363.9亿元，实现进出口总额62.98亿元，其中出口43.94亿元。全年规模以上企业125家。实现工业总产值1321.6亿元。全年规模以上工业企业实现主营业务收入1268.9亿元。城镇居民人均可支配收入为42169元，农村居民人均可支配收入为17615元。

科瑞集团生产的9000米陆地钻机

第九届中国（东营）国际石油石化装备与技术展览会

农村道路建设

史口小城镇建设

东营高新技术产业开发区鸟瞰图

（本页资料由东营区史志办提供）

# 河口区

河口区地处黄河三角洲最前沿、胜利油田腹地，行政面积2267.44平方公里，总人口29万，辖4镇、2个街道办事处和177个行政村。境内驻有山东河口经济开发区、济军综合训练基地和9个油田二级单位。2016年，全区实现生产总值（GDP）261.48亿元，其中，第一产业增加值13.46亿元，第二产业增加值126.83亿元，第三产业增加值121.19亿元。固定资产投资完成332.19亿元，实现社会消费品零售总额57.09亿元，全区累计完成进出口总额24.16亿元。实现公共财政预算收入18.06亿元，实现公共预算财政支出19.99亿元。城镇居民人均可支配收入39198元，农村居民人均可支配收入15596元。

2017年河口区新年晚会

2016年9月8日，河口街道召开河口区美国白蛾防治工作飞防现场会

渔光互补光伏发电项目区，一期工程产地1500亩

建设高标准农田，夯实农业基础设施

鸣翠湖全景

（本页资料由河口区史志办提供）

# 垦利区

垦利区地处黄河入海口，辖5个镇、2个街道办事处和1个省级经济开发区，版图面积2331平方公里，2016年底，常住（户籍）总人口25.34万人。2016年，实现全区生产总值410.9亿元，按可比价格计算，比上年增长7.3%。其中，第一产业增加值20.2亿元，增长3.9%；第二产业增加值234.3亿元，增长5.7%；第三产业增加值156.4亿元，增长10.4%。产业结构继续优化，三次产业结构为4.9：57.0：38.1，第三产业增加值比重比上年提高3个百分点。全区实现工业总产值2136.2亿元，比上年增长4.3。固定资产投资297.4亿元，公共财政预算收入21.3亿元，公共财政预算支出27.8亿元，社会消费品零售总额67.7亿元，进出口总额88.2亿美元。城镇居民人均可支配收入38341元，农村居民人均可支配收入15605元。

第六届黄河三角洲（中国·垦利）国际生态农业博览会开幕式

2016年中国·垦利赶海拾贝节

高端石油装备产业

金钊源O2O购物平台仓储、运输管理系统获得专利版权

垦利街道景明水语小镇

（本页资料由垦利区党史史志办供稿）

# 广饶县

广饶县位于黄河三角洲高效生态经济区和山东半岛蓝色经济区的核心区域，濒临渤海莱州湾。全县总面积1138平方公里，辖6个镇、3个街道和2个省级经济开发区，人口52万。广饶自秦设县，古称乐安、千乘、琅槐，是兵圣孙武故里、吕剧发祥地和齐笔原产地，被联合国地名组织评定为千年古县。广饶县是全省、全国最早成立农村党支部的地区之一，流传和保存了全国首版《共产党宣言》中文译本。2016年，全县实现生产总值791亿元，一般公共预算收入40.9亿元。广饶县在全国工业百强县市中居第10位、山东省第2位。

2016年12月28日，山东省爱国教育基地揭牌仪式在大王《共产党宣言》纪念馆举行

2016年6月19日，庆祝建党95周年献礼影片《大火种》全国首映式在京举行

2016年9月10—12日，山东省第三届吕剧艺术节在广饶县举办

2016年5月15—17日，第七届中国（广饶）国际橡胶轮胎暨汽车配件展览会在广饶国际博览中心举办

（本页资料由广饶县史志办提供）

# 利津县

利津县位于山东省东北部，黄河三角洲腹地，北濒渤海，东依黄河，版图面积1665.6平方公里，辖4镇2乡2个街道、1个省级经济开发区。利津县历史悠久，资源丰富，处于环渤海经济圈、黄河三角洲高效生态经济区、山东半岛蓝色经济区的结合部，国家、省、市优惠政策叠加，发展前景广阔。利津县是全国重要的棉粮、有机化工基地，也是全省畜牧、纺织基地，石化化工、装备制造、纺织服装、再生资源循环利用等主导产业发展迅猛。2016年，全县实现地区生产总值2635869万元，公共财政预算收入128771万元，规模以上固定资产投资1345849万元，社会消费品零售总额、外贸进出口总额分别为331974万元、84.6亿元。

杨柳党群服务中心

推进农村公益事业一事一议奖补项目，改善农村环境面貌

盐窝标准化畜牧养殖园区

金河滩有机水稻机械化插秧

2016年12月1日，利兴黄河浮桥建成通车

（本页资料由利津县史志办提供）

# 目　　录

## 东营市人民代表大会及其常务委员会



## 东营市人民政府

## 中国人民政治协商会议东营市委员会



## 中国共产党东营市纪律检查委员会



## 民主党派 工商联

## 群众团体



## 军　事



## 法　治

## 改革开放



## 黄蓝经济区



## 综合经济管理

# 农 业

## 黄河口



## 石 油



## 工 业

## 中小企业　服务业



## 交通　邮政　电力



## 信息业



## 城建　环保

## 旅 游



## 国内贸易



## 财政 税务

## 金　融



## 科　学



## 教　育

## 文化 体育

# 人 物



# 附 录



# 索 引

# Contents

## Democratic Parties, Federation of Industry and Commerce



## Mass Organizations



## Military Affairs



## Legal System



## Reform and Opening-up



## Yellow and Blue Economic Regions



## Comprehensive Economic Administration



## Agriculture



## Yellow River Estuary



## Petroleum



## Industry



## Small & Medium-sized Enterprises and Service Industry



## Transportation, Postal Service and Electricity

## Information Industry



## Urban Construction and Environmental Protection



## Tourism



## Domestic Trade



## Public Finance and Taxation



## Finance



## Science



## Education



## Culture and Sports



## Health and Family Planning



## Social Life



## Overview of Districts and Counties



## Figures



## Appendix



## Index

# 特 载

# 在全市经济工作会议上的讲话

中共东营市委书记、市人大常委会主任　申长友

（2016年1月9日）

同志们：

这次全市经济工作会议的主要任务是，深入贯彻中央和全省经济工作会议精神，总结去年经济工作，部署今年工作任务，动员全市上下推进改革创新，积极主动作为，确保实现"十三五"良好开局。豪志市长还要对今年经济工作作出具体部署，大家要认真抓好贯彻落实。下面，根据市委常委会研究的意见，我讲三个问题。

**一、正确把握形势，坚定做好经济工作的信心和决心**

中央经济工作会议，对今年经济工作特别是推进结构性改革作了全面部署。习近平总书记、李克强总理的重要讲话，科学分析了当前经济形势，深刻阐述了关系我国经济社会发展的一系列重大问题，特别是围绕新常态下"怎么看"、"怎么干"作了重要论述；围绕加强供给侧结构性改革，提出了"宏观政策要稳、产业政策要准、微观政策要活、改革政策要实、社会政策要托底"的总体思路，部署了"去产能、去库存、去杠杆、降成本、补短板"的五大任务，充分体现了对世界发展大势的深刻洞察和对我国经济社会发展大局的战略把握，为做好今年乃至今后更长时期经济工作指明了前进方向，提供了重要遵循。在全省经济工作会议上，姜异康书记、郭树清省长作了重要讲话，对贯彻落实中央经济工作会议精神、以结构性改革为重点做好今年经济工作作了全面部署。我们要深入学习领会中央和全省经济工作会议精神，把思想认识高度统一到中央对当前形势的科学判断上来，统一到中央和省对今年经济工作的部署要求上来，坚持创新、协调、绿色、开放、共享发展理念，适应经济发展新常态，提高领导经济社会发展的能力和水平。

过去的一年，宏观经济形势严峻复杂，经济下行压力很大，特别是国际油价持续低迷、欧美对我国轮胎和石油管材出口进行"双反"调查，使我市经济"雪上加霜"。面对前所未有的困难和挑战，全市上下认真贯彻中央和省委、省政府的决策部署，科学谋划，积极应对，迎难而上，各项工作取得了新的进展和成效，"十二五" 发展胜利收官。主要有四个特点：一是，我们保持定力、精准施策，全力稳企业、稳金融、稳就业，促进了经济平稳增长。二是，我们着眼长远、主动作为，围绕推动经济转型升级作出了决策部署，外出学习考察推动思想解放，分业施策加快产业提升，推进改革开放创新转换增长动力，实施"三大专项行动"倒逼转型发展，转方式调结构迈出了坚实步伐。三是，我们抓住机遇、多方努力，积极争取上级支持，深入推进黄蓝国家战略实施，一批事关全局和长远发展的重大政策、重大项目、重大事项取得突破。东营港、广利港、济东高速公路建设扎实推进，德大铁路通车运营，东营综合保税区、国家级农高区获得国务院批复，石化企业进口原油资质问题得到较好解决，《环渤海地区合作发展纲要》把我市确定为重要节点城市，我市有望纳入京津冀协同发展城市。油田生产建设用地城镇土地使用税恢复征收，我市每年可新增地方税收10多亿元。高速铁路争取工作取得重大突破，全省经济工作会议明确提出启动济南至东营高铁项目前期工作，积极争取河北黄骅经滨州、东营、潍坊、临沂至江苏连云港高速铁路列入国家"十三五"重点建设项目。这些都将对东营未来发展产生重大的推动和支撑作用。四是，我们统筹全局、协调推进，扎实做好新型城镇化、保障改善民生、维护社会稳定工作，城乡居民人均可支配收入增幅高于GDP增幅，人民群众生活水平得到新的提升。一年来，全市各级各部门和广大党员干部以开展"三严三实"专题教育为动力，提升境界、转变作风，埋头苦干、狠抓落实，在应对困难挑战中经受锻炼，在改革发展稳定实践中担当作为，创出了实实在在的业绩，展示了过硬的素质能力。广大企业家弘扬创新创业精神，勇于搏击市场风浪，全力推进企业发展，加快转型升级步伐，为全市经济社会发展作出了突出贡献。实践充分证明，东营的领导班子团结有力，东营的干部队伍务实能干，东营的企业家志存高远。只要我们始终保持奋发有为的精神状态，积极担当作为，奋力开拓进取，就一定能够开创新常态下经济社会发展的新局面。

关于当前经济形势，中央指出，我国经济发展基本面是好的，潜力大，韧性强，回旋余地大，同时也面临困难和挑战，经济减速没有触底，下行压力依然很大，特别是结构性产能过剩比较严重。我们要清醒辩证地看待宏观经济形势，增强工作的针对性和指导性，牢牢把握发展的主动权。对东营来讲，我们面临特殊的矛盾和问题。最明显的压力是企业生产经营困难和要素供给不足的"并存影响"。国际油价目前已跌至近11年来的最低，低迷态势短期内难以改变，严重影响我市经济发展。欧美"双反"调查的影响仍在持续，轮胎产品和石油装备出口严重受阻。企业生产经营困难增多，有的企业资金链紧张，亏损企业增加。与此形成鲜明对比的是，土地供应和环境容量有限，融资困难，人才不足，严重制约了企业发展。稳企业保增长仍是今年经济工作的重要任务。最突出的矛盾是产业层次偏低和增长动能不足的"叠加制约"。新常态下，我市经济结构偏重、产业层次偏低、创新

能力偏弱的问题集中显现出来。重化工业占到全部工业的90%，服务业占生产总值的比重居全省末位，现代农业发展水平不高。多数产品处于价值链低端，近年来实施的化工项目中新材料、精细化工产品投资仅占20%左右。很多企业科技研发投入不足，创新能力较弱，导致在宏观经济环境趋紧时受到的影响更重、压力更大。加快增长动力转换、提高发展质量效益，是我们必须探索突破的重大课题。最棘手的问题是风险倒逼趋紧和行业性吸纳就业不足的“交互隐忧”。我市安全环保建设历史欠账多，加强安全环保形成的倒逼机制，在一段时间内会对经济发展带来冲击。金融领域潜在风险仍然很多。产业升级是个“机器换人”的过程，淘汰落后产能也会带来失业问题。随着产业结构优化升级的推进，企业对低端劳动力的需求减少，研发人才、技能人才紧缺，形成了“就业难”与“招工难”并存的矛盾。发展中，需要兼顾稳增长调结构、促进就业、提升安全环保水平等多重目标，工作难度越来越大。最根本的制约是体制机制不活和干部队伍能力不足的“双重障碍”。有些领域的改革推进不快，资源要素配置效率不高，制约发展的体制机制障碍依然存在。有的干部还不适应新常态的要求，存在不愿担当、不敢担当、不会担当的问题，指导和推进发展的能力不足。我们必须直面矛盾问题，增强忧患意识，树立底线思维，从各方面做好打硬仗的准备。

新常态既带来新挑战，更蕴含新机遇。综合分析各方面情况，推动东营经济持续健康发展，我们有基础、有条件、有优势，机遇大于挑战。一是政策叠加的机遇。中央和省委、省政府推出的一系列稳增长调结构的政策措施，实施的一批具有重大牵引作用的改革举措，正在持续发力。加快供给侧结构性改革，加大国企、财税、金融、社保等重要领域和关键环节改革力度，必将为推动经济增长增添新的动力。二是科技创新的机遇。新能源、新材料等领域科技进步方兴未艾，大数据、物联网、机器人、3D打印蓬勃发展，新技术、新模式、新业态不断涌现，国家和省里的扶持力度不断加大，有利于我们打造持续发展的新引擎。三是扩大开放的机遇。国家“一带一路”战略有着深远影响，国际产能和装备制造合作正在扎实推进，为我们更好地利用国际国内两个市场、两种资源，加快企业“走出去”步伐，带来了重大机遇。四是战略地位提升的机遇。特别是随着《环渤海地区合作发展纲要》的实施，加速与京津冀、环渤海经济区的对接融入，东营的战略地位将得到显著提升，发展活力明显增强，发展空间更加广阔。随着重大交通设施建设的快速推进，东营将成为区域性综合交通枢纽，奠定在区域中的战略地位，使东营发展的潜力加快释放，发展优势更加突出。只要我们顺应发展大势，坚定信心决心，抓住机遇，主动作为，就一定能够推动东营发展跃上新的水平。

## 二、理清思路举措，以更高境界更大力度做好今年经济工作

今年是全面实施“十三五”规划的开局之年，是推进结构性改革的攻坚之年，是推动东营经济转型升级的关键之年，做好今年经济工作意义重大，影响深远。全市经济工作总的要求是，深入贯彻落实党的十八大和十八届三中、四中、五中全会精神，学习贯彻习近平总书记系列重要讲话精神，按照“五位一体”总体布局和“四个全面”战略布局，牢固树立和贯彻创新、协调、绿色、开放、共享的发展理念，积极适应经济发展新常态，坚持稳中求进工作总基调，认真落实“宏观政策要稳、产业政策要准、微观政策要活、改革政策要实、社会政策要托底”的总体思路，战略上坚持持久战，战术上打好歼灭战，深入实施黄蓝国家战略，加快结构性改革和体制机制创新，着力稳增长调结构、打基础强支撑、促改革扩开放、抓生态惠民生，保持经济运行在合理区间，加快构筑现代产业体系，提升社会治理水平，实现“十三五”时期经济社会发展的良好开局，为率先全面建成小康社会、加快建设美丽幸福新东营奠定坚实基础。

**工作中，突出把握好五个重大问题。**

(一)抓住关键点，推动稳增长调结构。中央提出积极的财政政策要加大力度，稳健的货币政策要体现灵活适度，明确了推进稳增长调结构的政策指向；部署的结构性改革五大任务，都与产业优化升级密切相关。做好今年经济工作，必须紧紧抓住稳增长调结构这个关键点，采取有力有效的政策措施，保障经济平稳运行，推动产业转型升级。

突出项目建设，着力扩投资、增后劲。项目是稳增长调结构的重要抓手，只有抓好项目建设，稳增长才有底气，转方式调结构才有支撑。需要指出的是，扩大投资推进技术改造产业升级，是为了提供高质量、高水平的有效供给，去产能不是要削投资，必须正确处理推进供给侧结构性改革与抓投资扩需求的关系，以好项目大项目建设扩大有效高效投资。对今年总投资1004.6亿元的77个市级重点建设项目，要实行领导包靠、重点调度、跟踪服务制度，加大推进力度。各级要学会研究新常态下的项目生成机制，善于通过推进研发、产学研结合、引进创新团队培育项目，通过增长动力转换谋划实施项目，形成论证储备一批、开工建设一批、竣工投产一批的发展格局。当前的宏观经济形势下，项目的建设资金问题并不难解决，关键要解放思想，学会运作。要拓宽渠道，积极争取国家和省里的产业引导基金、各类发展资金，充分利用各类政策性贷款，运用PPP模式吸引社会资本投资。企业要创新资本运营方式，通过上市挂牌、发行债券解决融资问题。

突出扶持企业，着力保运行、增活力。稳增长关键是稳企业，把发展的老本保住。面对严峻的经济形势，各级各部门要牢固树立服务企业就是服务大局、支持企业就是支持发展的思想，全心全力帮助企业渡过难关。各职能部门要着眼打造审批项目少、工作效率高、服务质量好、市场主体和人民群众满意的市，提高工作标准，拿出改进服务的具体措

施。要坚持用改革思维谋划和推动工作，从降低交易、融资、物流、财务等成本，减轻税费、社会保险负担等方面，积极为企业减负，让企业轻装上阵。对企业遇到的困难和问题，及时把脉会诊，能解决的抓紧解决，需要争取上级支持的盯紧靠上做工作。品牌就是形象，就是生产力。要拓宽品牌培育思路，加强政策扶持，以品牌创新带动企业全面创新，提升东营企业的竞争力。

突出外贸增长，着力拓市场、保份额。今年我市外贸形势依然严峻，特别是受美国、欧亚经济委员会、印度、南非等“双反”影响，外贸稳增长的任务十分艰巨。同时也要看到，我市采取的外贸政策措施正在深入落实，对进出口拉动效应将进一步显现；铜矿砂和原油加工贸易出口有望实现突破，成为全市外贸的新亮点。全市上下要坚定信心，克服困难，努力稳定外贸增长。要引导外贸企业稳住传统市场、开拓新兴市场，帮助企业争取出口订单、规避外贸风险，千方百计扩大市场份额。加快转变外贸增长方式，优化出口产品结构，培植骨干出口企业。着力发展电子商务，培育外贸新业态，增强外贸竞争力。积极扩大原油、天然橡胶等能源资源性产品进口，大力引进关键设备和重要零部件，促进对外贸易平衡发展。

突出产业升级，着力去产能、上水平。这两年我市经济增速放缓、困难增多，集中暴露了产业结构不合理、层次水平低的问题。比如，现在石化产业大型化、一体化、集群化的特征日益突出，我国千万吨级炼厂已达25家，而我市炼化企业一次加工能力多数为200万吨左右，炼化一体化水平不高、高端产品少、企业布局散乱的问题突出。橡胶轮胎企业研发投入不足，缺乏核心竞争力。如果不在转型升级上尽快实现突破，今后发展的压力会越来越大。在这个问题上，我们已经没有退路，必须横下一条心，以前所未有的力度，加快推进产业转型升级，奋力闯过这道关口。一是推动传统产业改造升级。认真贯彻落实市委、市政府推动工业转型升级的指导意见，严格执行产业发展和项目布局“两个指导目录”，重点围绕打造石油化工及盐化工、橡胶轮胎及汽车配件、有色金属、石油装备四大产业集群，鼓励支持企业实施改造提升、开发高端产品，努力向研发、服务、品牌等价值链高端延伸，促进高端高质高效发展。特别是对化工生产企业，抓紧搞好“三评级一评价”，分类采取措施。对技术水平低、安全环保没有保障的企业，下决心淘汰关闭；对资不抵债、扭亏无望的僵尸企业，综合运用市场机制、经济手段、法治办法，通过兼并重组、债务重组乃至破产清算等方式，实现市场出清，不能让其继续消耗社会资源，拖累优势企业。二是大力培育战略性新兴产业。发展新兴产业要从实际出发，以现有产业为基础，不是另起炉灶，不能跟风建设。目前，苏州的新兴产业产值超万亿元，占规模以上工业产值的48.4%，其中新材料产业主要是依托传统产业的技术更新和产品升级发展起来的，化纤、冶金、纺织等高耗能行业企业占了半数以上。传统产业通过技术改造、整合重组也能孕育新产品、新产业、新业态，比如化工产业向高端化、精细化延伸就是高附加值的化工新材料，用信息化技术提升装备制造业就能催生高端制造新业态。我们发展战略性新兴产业，既要积极引进新产业新项目，更要抓住实施“中国制造2025”和“互联网+”行动计划的机遇，立足现有产业基础加强扶持培育。三是推动服务业跨越发展。一个城市只有把现代服务业搞上去，工业才能真正强起来，群众消费需求才能得到更好的满足，城市辐射带动作用才能充分发挥出来。要坚持规模和质量并重，提高供给能力和扩大消费需求并举，努力补齐服务业发展这个短板。生产性服务业，大力发展金融保险、现代物流、科技服务、信息服务、服务外包等现代服务业，增强服务实体经济的功能。生活性服务业，适应人民群众的新需求和消费结构升级的新需要，加快推进传统服务业经营模式和服务方式的创新，积极发展健康养老、文化旅游、教育培训等新兴服务业，提高服务质量，打造服务品牌。四是积极发展现代农业。农业是安天下、稳民心的基础性和战略性产业，任何时候都不能忽视和放松。要学习先进地区的经验，以先进物质装备和科学技术改造农业，以现代农业组织形式和管理模式经营农业，以优惠扶持政策支持农业，不断提高现代农业发展水平。顺应农业由“生产导向”向“消费导向”转变的趋势，发展绿色农业、特色农业、品牌农业、精致农业，促进粮经饲统筹、农林牧渔结合、种养加一体发展，提高农业生产经营效益。积极培育农业龙头企业，发展农民专业合作社、家庭农场等新型农业经营主体，抓好农业园区建设，提高规模化、集约化经营水平。抓好国家级农高区建设，着力打造“农业硅谷”，带动农业结构调整和发展方式转变。现在全社会对农产品质量安全问题高度关注，必须推行标准化生产，加大监管力度。加强农业基础设施建设是推进农业增效、农民增收的重要抓手，要持续抓好高标准农田建设和林水会战，不断改善生产生活条件。深入办好新型农民学校，加强农民教育培训，提升创业致富能力。

**（二）聚焦新动能，培育经济增长持久动力。**当前，我国正处于经济转型与结构调整“爬坡过坎”的关键阶段，区域、行业的分化更加明显。谁转型早、力度大，创新改革的动能足，谁就能赢得主动、创出优势。我们要适应经济发展新常态，紧紧依靠改革创新，加快传统动能的提升和新动能的成长。

要深入实施创新驱动发展战略。世界新一轮科技革命和产业变革蓬勃兴起，正在引发一场新的工业革命，不断催生新经济的成长。创新是引领发展的第一动力，必须摆在事关全局的核心位置来抓。科技创新的主体是企业，要推动创新政策、创新资源、创新服务向企业聚集，引导企业加大研发投入，开发自主知识产权产品。创新活动需要创新平台的支撑，要加强黄河三角洲可持续发展研究院、国家采油装备工程技术研究中心等研发平台建设，积极搭建面向产业集群和企业的检验检测、科技交流、技术合作等公共服务平台。创新驱动的实质是人才驱动。我市人才总量少、结构不合理，特别是高端人才团队匮乏，成为制约创新发展的瓶颈。要推进人才发展体制机制和政策创新，完善人才集聚、流动、评价、激励机制，引进高校院所等创新资源、“千人计划”专家、“泰山学者”等领军人才和创新创业团队，为经济转型发展提供人才支撑。

要全面深化改革。中央提出，加大重要领域和关键环节改革力度，推出一批具有重大牵引作用的改革举措。我们要密切关注中央和省里的部署要求，紧紧围绕牵动发展的重大问题、群众关注的突出问题，实施一批重要改革事项，力争今年在改革上实现重大突破。围绕市场更有效、政府更有为的目标，进一步简政放权、放管结合、优化服务，营造优良的投资和营商环境，激发市场活力和社会创造力。加快国有企业改革，鼓励发展混合所有制经济，切实降成本、升质量、增效益。积极推进金融改革创新，引导信贷资金投向实体经济。高度重视金融领域的风险防控，坚决守住不发生系统性、区域性风险的底线。稳妥推进农村产权制度改革，健全农村产权流转交易市场，增强农村发展活力。加快生态文明体制改革，完善重要领域节能、资源环境承载能力监督预警机制和生态补偿、节能量交易机制，促进生态环境改善，倒逼产业转型升级。随着改革步入深水区、攻坚期，实现重点领域的突破，单靠一两项改革举措难以奏效，要注重改革的系统性、整体性、协同性，综合运用多种改革手段，集中破解难题。

要提高对外开放水平。国家实施“一带一路”战略、国务院批复《环渤海地区合作发展纲要》，为我们扩大对外开放提供了重要机遇。要主动融入国家对外开放新布局，坚持内外需协调、进出口平衡、引进来和走出去并重、招商引资和招才引智并举，推动更高层次的开放发展。注重整合招商资源，改进招商方式，重点深化与世界500强企业和中石化、中海油、中国商飞等大企业集团的战略合作。近年来，我市一批优势企业积极“走出去”，拓展了发展空间，创出了良好业绩。要鼓励有条件的企业开展境外投资，并购境外企业，推进国际化运营，打造世界级企业。要以东营港、广利港、胜利机场为依托，加快开放平台建设，加快综合保税区封关运营，打造引领开放型经济发展的新高地。

**（三）实施攻坚战，促进安全发展绿色发展。**实践证明，我们连续两年开展的“三大专项行动”，完全符合中央提出的五大发展理念，顺应了人民群众的愿望和要求，已成为倒逼经济转型升级、打造宜居宜业环境的重要行动。要坚持不懈开展下去，确保取得更大成效。

城市公共安全专项行动，着力在夯实基础、超前预防上下功夫。现在，全社会对安全事故的关注度越来越高、容忍度越来越低。各级必须把安全理念贯彻到经济社会发展的各环节各领域，从基层基础工作做起，深入实施公共安全保障项目，落实源头治理措施，努力提升本质安全水平。突出抓好安全生产责任制的落实，压紧压实政府部门的监管责任特别是企业的主体责任。对违反安全生产法的，一律依法从严从快顶格处理。扎实推进“七个专项整治”，坚决守住安全生产的底线。

生态环境整治专项行动，着力在依法治理、标本兼治上下功夫。环境污染已成为我们的心头之患，解决这个问题迫在眉睫。我们不能等风靠雨解决问题，必须综合采取措施，下大气力根治。以碧水蓝天为目标，抓好重点流域、重点区域、重点行业污染治理，严厉打击偷排偷放行为，坚决关闭土小企业，深入开展城市扬尘整治，促进水气环境质量明显改善。严格执行大气污染物排放标准，对不达标企业依法实施限产停产治理。加快实施“三年增绿”等生态工程建设，构筑生态体系，改善生态环境。

乡村文明建设专项行动，着力在完善机制、提高实效上下功夫。改善农村环境、提升群众文明素质，不是一日之功，必须持续用力。要坚持不懈开展农村环境综合整治，不断完善城乡环卫一体化运行机制，着力推进农村改厕、农村污水集中处理等工作，加快建设生态宜居、文明和谐的美丽乡村。

“三大专项行动”是打基础利长远的重大发展工程和重要民生工程，各专项行动指挥部要抓紧研究制定今年工作的实施方案，召开会议作出部署，认真组织实施。

**（四）着重强基础，增强发展支撑能力。**加快重大交通设施建设，打开对外通道，是决定东营战略地位的关键抉择。在我们不懈努力、各项工作取得明显进展的基础上，市委“十三五”规划建议提出了横贯东西、纵贯南北的通道建设的战略规划，要坚定不移推进，加快构筑现代化立体交通体系。东营港要扎实推进深水航道、南防波堤和码头建设，向亿吨大港的目标迈进。广利港要加快防波堤和码头工程建设，确保2017年开港通航。积极推进黄大铁路、济东高速公路、长深高速广饶至高青段建设，实施淄东铁路扩能改造。积极推进济南至东营高铁前期工作，争取利用德龙烟铁路复线建设山东北部快速铁路通道，争取天津-黄骅-东营-潍坊-临沂-江苏滨海高铁纳入国家“十三五”规划，加快推进环渤海高铁建设。目前，我市高速铁路争取工作取得了重大突破，我们要持续不懈努力，全力以赴推进，早日实现东营人民的高铁梦。

新型城镇化既是经济发展的结果，又是经济发展的动力，是现代化的必由之路。要科学谋划，稳妥推进，走出符合规律、富有内涵、具有东营特色的新型城镇化路子。中心城，要按照生态家园、区域中心的定位，突出“大空间、大绿地、大水面、大湿地”的特色，搞好城市设计，加强重点项目建设，积极争创联合国人居环境奖。县城和小城镇，要坚持产城融合，夯实产业发展基础，完善公共服务功能，提升综合承载和辐射带动能力。新型农村社区建设，要坚持遵循规律,量力而行,尊重群众意愿,稳妥有序推进。黄河南展区建设改造是改善民生的一件大事,要积极争取中央和省里的支持,扎扎实实向前推进。

新型城镇化不是简单的城市人口增加和城市规模扩张,而是以人为核心的城镇化。要加快智慧城市和“大城管”机制建设,加强老旧小区整治,抓好拆违治乱、打霸治痞专项行动,提升全国文明城市创建成果,让人民群众在城市生活得更方便、更舒心、更幸福。要有序推进外来务工人员市民化,城中村和城边村原有居民市民化,其他农村地区就地转移就业人口市民化,让新市民平等享受待遇、真正融入城市。我市化解房地产库存的任务很重,要结合实际研究措施,扩大有效需求,改善供给结构,千方百计消化库存,稳定房地产市场。

(五)着力补短板,加快全面建成小康社会。率先全面建成小康社会,核心在全面,难点在全面。要紧紧抓住全面建成小康社会的薄弱环节,在补齐短板上下功夫、出硬招、求实效。着力解决经济社会发展不平衡的问题,大力发展社会事业,突出抓好教育领域综合改革、医药卫生体制改革,加快创建国家公共文化服务体系示范区,推动社会保障扩面提标,完善困难群众救助体系,让人民群众享受到更公平、更普惠的基本公共服务。着力解决贫困人口脱贫问题,搞好排查,制定规划,坚决打赢精准扶贫、精准脱贫攻坚战,确保在全省率先完成扶贫攻坚任务。着力解决城乡发展不协调问题,坚持统筹城乡发展,推动优质资源向农村延伸拓展,促进城乡公共资源均衡配置,让农民平等参与现代化进程、共享改革发展成果。春节临近,要更加关注低收入群体的生活,多做雪中送炭的实事,让困难群众感受到党委政府的温暖。

当前,油地军校各方改革发展的任务都异常艰巨。在这事关区域未来发展的紧要关头,需要各方更加紧密地团结起来,和衷共济,共克时艰。要牢固树立命运共同体、利益共同体的理念,发挥各方优势共同应对挑战,整合力量资源培植新的经济增长点,从具体项目做起推动合作共建向深向实发展,共同促进区域发展繁荣。

**三、弘扬严实作风,凝聚事业发展的强大正能量**

做好今年经济工作,关键在班子,关键在干部。各级领导干部要提升境界标准,积极担当作为,把“三严三实”要求刻印在头脑中、落脚到实践中,做到内化于心、外化于行,以严和实的作风推动工作。

第一,坚持从“严”处着手,严出常态。“严”是一种思想境界、一种使命担当、一种奉献情怀。各级领导干部要把严的规矩立起来,把严的标准提上去。

做到干部管理从严。面对“越往后执纪执法越严”的从严治党新常态,要以对干部负责、对组织负责、对事业负责的态度,把严的要求贯穿于干部教育培养、选拔任用、监督管理的各个方面,保证干部既干事又干净,既创新开拓又坚守底线。选人用人是各级党委的重要职责,要坚持先立规矩后选人,根据事业发展需要选用干部,切实发挥领导和把关作用。特别要广泛听取意见,了解群众口碑,做好廉政审查工作,对在遵守政治纪律、政治规矩和廉洁自律方面有问题的,能力再强、本事再大,也坚决不用。能否如实申报个人重大事项,是检验党员干部是否对党忠诚的重要标尺。对申报个人事项不实的,必须进行组织调查、依纪依规处理。

做到依法治企从严。随着法治建设的深入推进,企业发展要纳入依法治理的轨道。广大企业家要切实增强法治观念,依法经营,依法办事,争做遵纪守法、诚实守信的模范。企业创造财富,政府创造环境。企业是经济的支柱,为企业发展创造良好环境是政府的职责,各级各职能部门要尽心尽力支持服务企业。要加强企业家队伍建设,特别是针对民营企业二代接班的问题,加强教育培训,突出政治吸引、政治引领,培养拼搏创业、奋发向上的企业家精神。把依法监管作为政府服务的重要方面,教育引导企业不管规模大小、实力强弱,都要严格贯彻执行安全环保有关法律规定。对无视国家法律法规,发生安全环保问题的,要严肃查处、不搞例外,决不能因为个别企业的违法行为影响科学发展大局,破坏东营形象。

做到社会治理从严。当前,经济社会发生深刻变化,社会治理创新的任务十分紧迫。要学习借鉴国内外社会治理的先进经验,坚持系统治理、依法治理、综合治理、源头治理,从严管理经济社会事务。比如在城市管理方面,要研究和落实依法严管的措施,更多依靠法治提升管理水平。维护社会稳定工作,要坚持运用法治思维和法治方式解决问题,加大矛盾纠纷排查化解力度,依法严厉打击违法犯罪活动,促进社会长治久安,保障人民群众安居乐业。

第二,坚持向“实”处用力,实出长效。“实”是践行党的宗旨的具体体现,是成就事业的本质要求,是党员干部必备的政治品质。要坚持决策求实、工作务实,一切工作都要下实功、求实效。

工作谋划要务实。面对当前严峻复杂的形势和艰巨繁重的任务,各级领导干部要加强对发展形势的分析研判,加强对全局性问题的研究谋划,加强对经济社会重大事务的综合协调,增强工作的前瞻性、系统性、创造性。提升工作谋划水平,必须具备相应的素质能力。面对经济发展新常态,有些干部的思想观念、政策水平、综合素质、领导能力存在不适应的地方。要深入学习领会习近平总书记系列重要讲话精神,坚持中国特色社会主义政治经济学的重大原则,坚持以经济建设为中心不动摇,坚持科学发展,坚持社会主义市场经济改革方向,坚持调动各方面积极性。特别要牢牢把握经济发展新常态这个大逻辑,系统把握供给侧结构性改革的内涵、方法、途径,正确处理推进结构性改革与扩大需求的关系、有效市场与有为政府的关系、深化改革与创新驱动的关系,更好地指导和推进新常态下改革发展各项工作,提高领导发展的专业化水平。

工作推进要扎实。“一分部署、九分落实”。各级各部门要扛起稳增长调结构、抓改革促发展、惠民生保稳定的重大责任，对市委、市政府作出的决策部署、推出的政策措施，不等不靠不拖，雷厉风行推进，争分夺秒落实。抓落实，关键是解决最后一步不到位的问题。山东滨源化学公司“8.31”爆炸事故、涌泉化工公司“12.15”火灾事故，暴露了基层单位和基层干部作风不实、措施不力、工作不到位的问题，各级各部门务必引以为戒。对重要工作、重大项目，要实行责任倒逼、时间倒推、任务倒排，确保一抓到底、干出水平。

工作成效要真实。牢固树立正确的政绩观，坚持“从实际出发、按规律办事”，坚持“一张蓝图绘到底、一年接着一年干”，坚持“功成不必在我、功成必定有我”，扎实做好打基础、利长远的工作，绝不能急功近利，绝不能搞短期行为，绝不能做表面文章，确保经得起实践、群众、历史的检验，努力创出实实在在的业绩。

第三，坚持以“严”促“实”，营造良好政治生态。各级党委要把严和实的要求落脚到干部教育监督管理的各个方面，优化从政环境，净化政治生态。

要弘扬勇于担当精神。逆境顺境看胸襟，大事难事看担当。现在到了考验大家能否担当作为的关键时刻。各级领导干部要以当官干事为荣，以为官避事为耻，该担的责任冒着风险也要担，该干的事情顶着压力也要干。要敢于直面改革发展难题，勇于承担急难险重任务，对构建现代产业体系、重大基础建设等长期性工作，要发扬钉钉子精神，持续不懈努力，久久为功。

要树立干事创业导向。市委将旗帜鲜明地为干事创业的干部撑腰壮胆，做干事创业者的坚强后盾。坚持好干部标准，加大干部考察识别力度，健全能者上、平者让、庸者下的选人用人机制，包容支持一心为公、敢闯敢试的干部，坚决调整不担当、不作为的干部。改革会有风险，干事难免失误。对于那些敢于干事创业而出现失误的干部、得罪人的干部、有争议的干部，要坚持具体情况具体分析，把握好失误与错误、为公与谋私的界限，对因客观因素出现失误的干部给予理解和支持，对因大胆干事得罪人的干部给予保护和鼓励，对无事生非、诬告陷害的人坚决予以查处和惩治，引导各级干部心无旁骛干事业。

要营造风清气正环境。各级党委要从严落实管党治党的主体责任，把纪律规矩挺在前面，严格执行《中国共产党廉洁自律准则》、《中国共产党纪律处分条例》，认真贯彻落实中央八项规定精神，教育引导党员干部把党规党纪作为修身做人、为官从政的底线。健全权力运行制约监督机制，加强对领导干部和重点岗位、敏感部位、关键环节的监督制约，保证权力在法治轨道上、制度笼子里运行。各级干部要从各类违纪违法案件中深刻汲取教训，保持高度警醒，算清廉政这本账，过好权力这道关，自觉践行“三严三实”要求，做任何事情都严格遵守纪律规矩和制度规定，做到事业顺利发展、社会风清气正、干部健康成长。

同志们，做好今年经济工作任务艰巨、责任重大。全市上下要紧密团结在以习近平同志为总书记的党中央周围，在中央和省委、省政府的坚强领导下，勇于担当作为，脚踏实地工作，奋力开创东营事业发展的新局面，为率先全面建成小康社会、加快建设美丽幸福新东营而努力奋斗！

# 践行新理念　推动新发展
# 为率先全面建成小康社会加快建设美丽幸福新东营而努力奋斗
## ——在中国共产党东营市第六次代表大会上的报告

中共东营市委书记、市人大常委会主任　申长友

（2017 年 2 月 22 日）

中国共产党东营市第六次代表大会，是在全市发展进入关键时期、全面建成小康社会进入决胜阶段召开的一次十分重要的大会。大会的主题是，紧密团结在以习近平同志为核心的党中央周围，高举中国特色社会主义伟大旗帜，深入学习贯彻习近平总书记系列重要讲话精神，践行新理念，推动新发展，为率先全面建成小康社会、加快建设美丽幸福新东营而努力奋斗。

### 过去五年工作的回顾

市第五次党代会以来，在以习近平同志为核心的党中央和省委的坚强领导下，市委团结带领全市人民，全面落实党的十八大和十八届三中、四中、五中、六中全会精神，深入学习贯彻习近平总书记系列重要讲话精神，深入实施黄蓝

国家战略，积极担当作为，奋力开拓进取，各项事业全面发展，为率先全面建成小康社会打下了坚实基础。

这五年，我们沉着应对严峻复杂的宏观经济形势，积极抵御国际油价持续低迷带来的严重冲击，突出抓运行稳增长，经济平稳健康发展。经济综合实力明显增强，2016年全市生产总值达到3479.6亿元，年均增长9.4%；公共财政预算收入达到221.87亿元，年均增长10.7%。骨干企业发展壮大，销售收入过百亿元企业达到32家，13家企业入围中国企业500强，17家企业入围中国民营企业500强，21家企业入围山东省企业百强，23家企业入围山东省民营企业百强，入围数量均居全省首位。金融服务实体经济能力增强，开业银行达到32家，各项存款余额3989.66亿元，贷款余额3507.5亿元，分别是2011年末的2.07倍、2.44倍。

这五年，我们积极适应经济发展新常态，强化科技创新，加快动能转换，着力提升发展质量，转型升级步伐加快。产业结构进一步优化，农业园区化比重达到48%，国家现代农业示范区建设取得明显成效；工业主导产业80%以上的技术装备达到国内先进水平，30%的技术装备达到国际先进水平，四大产业集群规模档次和质量效益明显提升，高新技术产业产值占比达到35%；服务业增加值年均增长9.9%，占GDP比重提高了9.6个百分点。创新能力增强，研发投入占GDP比重达到2.62%，国家级创新平台和孵化机构分别达到10家、6家，创新孵化面积76万平方米，在高端石油装备开发、稀贵金属综合提取、高性能材料制备等方面获得一批重大科技成果，发明专利申请量年均增长22.8%，成为国家科技创新服务体系建设试点城市、首批国家知识产权示范城市，连续六次获得全国科技进步先进市。

这五年，我们注重加强重大基础建设，全力推进事关未来和全局的重大事项，战略支撑更加坚实。成为环渤海地区重要节点城市、京津冀协同发展城市。黄河三角洲农业高新区正式成立。东营综合保税区封关运营。地炼企业使用进口原油问题得到解决。黄河口生态旅游区创建国家5A级旅游景区等事项得到国家和省支持。立体交通体系加快构筑，东营港吞吐能力达到5000万吨，广利港建设快速推进，胜利机场增开航线航班，德大铁路、济东高速公路建成通车，黄大铁路加快建设，东营港疏港铁路启动建设，东营作为沿海高铁和京沪高铁二通道重要节点城市纳入国家规划。

这五年，我们脚踏实地推进全面深化改革，扩大对外开放，发展的动力活力增强。重要领域和关键环节改革取得积极进展，供给侧结构性改革扎实有效，38项国家和省级改革试点顺利推进。行政审批制度改革不断深化，市县非行政许可审批事项全部取消。商事制度改革深入推进，各类市场主体达到15万户，比5年前翻了一番多。在全省率先完成农村土地承包经营权确权登记颁证工作，各县区全部建成农村产权交易市场，农村土地流转率达到28%。积极融入“一带一路”国家战略，开放型经济发展取得新成效。东营进入全国外贸百强市，位居第44位。拥有马德里国际注册商标267件，总量居全省第2位，新申请量居全省第1位。2016年实现进出口995.88亿元，是2011年的1.5倍；五年实际利用外资10.16亿美元，引进8家世界500强企业。

这五年，我们坚持生态文明发展方向，统筹推进城乡建设和生态建设，城乡面貌明显改善。城市总体规划获国务院批复，垦利撤县设区，城市发展格局优化。实施了一批重点建设工程，城市品位和功能明显提升，荣获国家园林城市、中国人居环境奖。城市管理体制得到理顺，中心城区数字城管实现全覆盖，拆违治乱专项行动取得明显成效。有序推进县城、小城镇、新型农村社区建设，常住人口城镇化率达到65.5%。持续推进生态建设，实施了生态林场、湿地修复、金湖银河、森林湿地公园、“三年增绿”等生态工程，新增造林31.35万亩。深入实施城市公共安全、水气污染治理、乡村文明建设“三大专项行动”，本质安全水平得到提高，节能减排完成目标任务，乡村文明典型示范村比例达到53.7%。

这五年，我们着力保障和改善民生，发展社会事业，创新社会治理，民生福祉不断增进。持续加大民生投入，每年办一批民生实事，群众生活水平逐步提高。2016年，城乡居民人均可支配收入分别达到41580元、14999元，年均增长9.2%、11.1%。全力推进扶贫攻坚，省定标准贫困人口全部脱贫。推进创业带动就业，累计新增城镇就业23.54万人，城镇登记失业率2%左右。办好新型农民学校，提升了群众创业致富能力。各项社会保障制度实现城乡全覆盖，社会保障水平位居全省前列。住房保障力度不断加大。县区义务教育均衡发展整体通过国家验收，各级各类教育健康协调发展，教育教学质量稳步提升。公立医院改革国家联系试点工作深入推进，医疗卫生水平有新的提高。社会治理能力不断增强，平安东营建设深入推进，社会持续和谐稳定，寄递物流安全管理、打击整治打孔盗油的经验做法在全国推广。

这五年，我们以创建全国文明城市为抓手，加强文化建设，促进文化发展繁荣，社会文明程度全面提升。意识形态工作责任制得到落实，主流思想舆论不断壮大。社会主义核心价值观广泛培育践行，群众性文明创建活动蓬勃开展，成功创建为全国文明城市。文化惠民工程深入实施，国家公共文化服务体系示范区创建工作扎实推进，成为第二届山东省文化强省建设先进市。文化体制改革顺利推进，文化事业和文化产业加快发展，文艺创作更加繁荣。体育事业健康发展，黄河口(东营)国际马拉松赛成为国际田联金标赛事。

这五年，我们坚持党的领导、人民当家作主和依法治国有机统一，加强民主法治建设，政通人和、团结奋进的良好局面更加稳固。人大、政协的职能作用充分发挥，爱国统一战线巩固壮大，基层民主活力不断增强。工会、共青团、妇联等群团组织积极发挥作用。民族宗教、外事侨务、对台等工作得到加强。法治东营建设深入推进，法治政府加快建设，行政执法水平和司法公信力明显提升，全社会法治意识和法律素养普遍提高。坚持党管武装，深化双拥共建，四次蝉联全国双拥模范城市。高举油地军校团结发展旗帜，整合力量资源，实施合作项目，形成了推动区域发展的合力。

这五年，我们严格落实管党治党责任，持续正风肃纪，党的建设全面加强。扎实开展党的群众路线教育实践活动、“三严三实”专题教育、“两学一做”学习教育，加强理想信念教育，严明纪律规矩，严肃党内政治生活。坚持好干部标准，完善选人用人机制，公平公正选用干部，树立了正确用人导向。健全基层党建责任体系，突出抓好标准化建设，增强了基层党组织服务功能。坚持联系服务群众制度，下派帮扶、联系企业等工作取得明显成效。人才工作扎实有效。严格落实中央八项规定精神，从严教育管理监督，党员干部作风明显转变。扎实做好中央和省委巡视“回头看”反馈意见整改工作。加强换届风气监督，市县乡换届工作进展顺利。深入推进党风廉政建设，健全惩治和预防腐败体系，严肃查处违纪违法案件，推动党风政风和社会风气持续好转。

各位代表、同志们，过去五年的成绩来之不易，是以习近平同志为核心的党中央和省委坚强领导的结果，是全市各级党组织和广大党员干部群众团结奋斗的结果，是各民主党派、人民团体和各界人士共同努力的结果，是胜利油田、中国石油大学、济军综合训练基地及中央、省驻东营各单位大力支持的结果。在此，我代表五届市委，向所有为东营建设和发展作出贡献的同志们、朋友们表示衷心的感谢，致以崇高的敬意！

回顾五年历程，我们深刻体会到，做好东营各项工作，必须坚定正确政治方向，深入学习贯彻习近平总书记系列重要讲话精神，切实增强政治意识、大局意识、核心意识、看齐意识，始终在思想上政治上行动上与以习近平同志为核心的党中央保持高度一致；必须坚持发展第一要务，牢固树立和贯彻落实新发展理念，以改革破解难题，以开放增添动力，以创新厚植优势，加快转方式调结构步伐；必须坚持正确的政绩观，着力做好打基础、利长远的工作，为未来发展提供支撑；必须坚持以人民为中心的发展思想，把改善民生作为工作的出发点和落脚点，让人民群众共享改革发展成果；必须坚持党要管党、从严治党，始终保持党的先进性和纯洁性，营造风清气正、干事创业的良好政治生态。

在肯定成绩的同时，我们要清醒地看到存在的困难和问题，主要是：自主创新能力不强，产业层次不高，经济结构性矛盾仍然突出；城市功能品质有待提升，生态环境质量需要改善；制约发展的体制机制障碍仍然存在，发展环境需要优化；城乡、区域发展不够平衡，公共服务和社会治理水平有待提升；党风政风建设和反腐败斗争任务依然艰巨，有些领域腐败问题易发多发，一些干部不作为的问题仍较突出，全面从严治党还需付出更大努力。对这些问题，我们必须高度重视，采取有效措施认真解决。

## 今后五年工作的指导思想和奋斗目标

今后五年，是东营资源城市转型攻坚期、战略地位提升跨越期、全面建成小康社会决胜期。摆在我们面前的重大历史任务，就是实施创新驱动发展战略，着力推进供给侧结构性改革，加快资源型城市转型和经济转型升级，把东营打造成为全国重要的高效生态经济示范区、资源型城市可持续发展引领区；就是融入国家对外开放和区域发展大格局，构建内联外接的交通通道，不断完善功能，提升城市首位度，把东营打造成为环渤海地区重要节点城市和区域中心城市；就是同步推进经济发展、社会进步、民生改善，率先全面建成小康社会，向建设美丽幸福新东营的目标迈进。

站在新的历史方位审视东营发展，尽管前进道路上面临诸多困难和挑战，但更要看到积极因素和有利条件。全球新一轮科技革命和产业变革方兴未艾，新产业新业态不断催生，有利于我们培育经济发展新优势。国家“一带一路”战略全面实施，环渤海区域合作、京津冀协同发展逐步深化，为东营发展提供了广阔空间。中央和省委加快推进供给侧结构性改革，深入实施创新驱动发展战略，出台了一系列政策措施，为我们加快经济转型升级带来了机遇。经过多年发展，我市综合实力明显增强，竞争优势日渐突出。特别是我们争取的一批重大政策项目将陆续发挥作用，释放出支撑和推动东营未来发展的巨大能量。我们务必坚定信心，乘势而上，奋力开创东营事业发展的新局面。

今后五年全市工作的指导思想是：高举中国特色社会主义伟大旗帜，深入学习贯彻习近平总书记系列重要讲话精神，紧紧围绕协调推进“四个全面”战略布局，自觉践行创新、协调、绿色、开放、共享发展理念，按照建设黄河三角洲中心城市、我国重要的石油基地的定位，持续实施黄蓝国家战略，以提高发展质量效益为中心，以推进供给侧结构性改革为主线，加快形成引领经济发展新常态的体制机制和发展方式，统筹推进经济建设、政治建设、文化建设、社会建设、生态文明建设和党的建设，率先全面建成小康社会，加快建设繁荣富裕、生态秀美、文明和谐、宜居宜业的美丽幸福新东营。

今后五年的奋斗目标是：

——全面建成小康社会，人民生活更加幸福美好。生产总值年均增长7%左右。城乡居民人均可支配收入分别达到58800元和21500元左右。基本公共服务均等化水平明显提高，社会保障体系更加完善，率先完成脱贫攻坚任务，人民生活质量和获得感明显提升。

——发展动能加快转换，转型升级更加有力有效。供给侧结构性改革取得更大进展，工业转型升级实现重大突破，现代农业发展层次和服务业比重明显提升，初步构筑起创新引领、集约发展、结构完善、特色鲜明的产业体系。区域创新体系更加健全，科技创新能力明显增强，创新型经济格局基本形成。研发经费支出占 GDP 比重达到 2.8%。高新技术产业产值占比达到 38%。

——改革开放深入推进，动力活力更加充足强劲。治理体系和治理能力现代化水平不断提高，重要领域和关键环节改革取得决定性成果，制约发展的深层次问题得到解决。开放型经济发展实现新突破，区域联动、合作共赢的开放格局基本形成。外贸发展方式加快转变，招商引资质量和企业国际化水平明显提升。

——生态特色充分彰显，城乡环境更加秀美宜居。主体功能区建设稳步推进，空间布局优化。城市功能健全，城市品位品质提升。小城镇和新型农村社区建设取得重大进展，新型城镇化质量明显提高。生态建设卓有成效，林木绿化率提高到 21%，创建成为国家生态园林城市。水气土污染得到有效治理，环境质量持续改善。资源利用效率显著提高，主要污染物排放总量持续降低。

——文明程度全面提升，社会政治更加和谐有序。社会主义核心价值观深入人心，公民道德素质和文明素养提高，全国文明城市的形象更加亮丽。文化事业和文化产业加快发展，创建成为国家公共文化服务体系示范区。公民政治参与有序扩大，民主权利得到保障。法治东营、平安东营建设深入推进，社会持续和谐稳定。

——从严治党不断强化，政治生态更加风清气正。管党治党责任有效落实，各级党委领导能力和执政水平不断提高，基层党组织战斗堡垒作用和党员先锋模范作用充分发挥，党员干部的责任担当和素质能力明显增强。党内法规制度体系更加健全，各项制度规定得到严格遵守，党内监督更加严格，党内政治生活质量和水平明显提高。

各位代表、同志们，宏伟目标鼓舞人心，美好蓝图催人奋进。只要我们同心同德、矢志不移、不懈奋斗，就一定能够战胜前进道路上的一切艰难险阻，把宏伟蓝图变成美好现实！

## 今后五年的主要任务和战略举措

践行发展新理念、建设美丽幸福新东营，最根本的是牢牢抓住发展第一要务，崇尚创新、注重协调、倡导绿色、厚植开放、推进共享，不断增创新优势，推动经济社会持续健康发展。

### 一、坚持创新引领，打造东营经济“升级版”

以供给侧结构性改革为主线，深入实施创新驱动发展战略，加快发展动能转换，推动经济转型升级，全面提升发展的质量和效益。

（一）推进农业现代化。落实强农惠农政策，加大农业农村投入，多渠道增加农民收入。实施农业提质增效转型升级行动，推进“渤海粮仓”科技示范、生态畜牧提升、“海上粮仓”建设等工程，发展绿色种植和生态养殖，建设全国重要的工厂化食用菌、生态畜牧、现代渔业基地。推进农村一、二、三产业融合，积极培育农业龙头企业和新型农业经营主体，扶持发展农村电子商务、休闲观光农业等新兴产业。加快农业标准化、信息化建设，强化科技支撑，改善设施装备条件，打造黄河口农产品品牌，提高农业质量效益和竞争力。实施现代农业园区建设工程，打造一批现代农业示范样板。深化农业农村改革，稳定完善基本经营制度，探索农村土地所有权、承包权、经营权“三权分置”的有效形式，支持发展多种形式的适度规模经营。完善农村集体产权权能，搞好农村集体产权制度改革试点，推动农业金融保险创新。办好新型农民学校，充分利用各类培训资源，培养新型职业农民。

（二）构建产业新体系。开展产业转型升级攻坚行动，制定实施传统产业转型、新兴产业育成路线图，构建以先进制造业为支柱、战略性新兴产业为引领、现代服务业为主导的现代产业体系。

建设制造业强市。实施“中国制造 2025”东营方案，引导制造业加快生产方式、经营体系、管理模式重构，推动由制造业大市向制造业强市跨越。推进产业集群布局、集成创新、集约服务，重点培育壮大石油化工及盐化工、橡胶轮胎及汽车配件、有色金属、石油装备四大产业集群，打造全国领先、世界有影响力的先进制造业基地。推进质量强市建设，实施知识产权、品牌、标准化战略，培育精益求精的工匠精神，促进东营制造向东营创造、东营产品向东营品牌转变。开展“互联网+”行动，实施“智能车间”专项试点工程，培育一批“智能车间”和“智能工厂”。深入推进化工产业专项整治，淘汰落后产能，促进集聚集约发展。加快培育战略性新兴产业，突破一批关键核心技术，研发一批自主知识产权产品，培育一批具有核心竞争力的领军企业，推动高端装备制造、新能源、新一代信息技术、新材料、现代医药等产业快速发展。

打造区域性服务中心。积极迎接服务经济时代，加强引导扶持，推动生产性服务业向专业化和价值链高端提升，生活性服务业向精细化和品质化转变。围绕服务实体经济，完善金融服务体系，培育金融新业态，创新金融产品和服务模式，打造黄河三角洲金融服务中心。突出发展现代物流业，健全多层次物流体系，做强传统优势物流，发展“互联网+”高效物流，培育一批大型物流企业，打造黄河三角洲综合性物流中心。积极培育航空服务、电子商务等新兴服务业，打造环渤海地区重要的通用航空服务中心和全国领先的石油装备、石油化工电子商务交易平台。加快发展旅游业，积极创建全域旅游示范市，打造黄河三角洲区域旅游目的地。

构筑发展新平台。围绕培育新产业、新业态、新模式，加快创新型产业聚集区建设，着力打造五大新的发展平台。黄河三角洲农业高新区，突出抓好公共服务平台建设，促进创新要素聚集，实施一批高端项目，打造农业“硅谷”。东营综合保税区，充分发挥集聚辐射功能，引进高端制造项目，发展新型贸易业态，建设区域性保税物流、保税加工制造、国际商品展示基地。空港产业区，加快中国商飞民机试飞基地建设，发展临空产业和高端航空服务业。广利港临港产业区，以港口物流为依托，发展高端海洋、高端装备制造、清洁能源、现代物流产业。东营高新区，推进石油装备制造业核心技术研发、经营模式创新、产业链延伸，争创国家级高新区。

构建产业新体系，必须发挥投资的关键作用。每年实施一批规模大、水平高、拉动力强的项目，扩大有效投资。严格执行产业发展和项目布局“两个指导目录”，坚决控制高耗能、高污染、低效益项目。深化投融资体制改革，发挥政府投资导向作用，运用PPP模式吸引社会投资，释放投资潜力。创新企业资本运营方式，实施规模企业规范化公司制改制，推进企业上市。加强对企业的扶持服务，开展降低实体经济成本行动，优化企业发展环境，加大企业家培训力度，推动企业做优做强。妥善处理、及时化解企业资金链紧张问题，确保不发生区域性、系统性金融风险。

(三)培育发展新动能。把创新摆在发展全局的核心位置，推进以科技创新为主的全面创新，增强自主创新能力，建设区域性创新中心。

完善区域创新体系。加快各类创新平台建设，重点抓好国家和省级研发机构建设，引进一批高水平科研院所及其分支机构，提高科技研发能力。强化企业创新主体地位，引导创新要素向企业集聚，推动跨领域、跨行业协同创新，打造产学研一体的产业技术创新联盟，增强企业核心竞争力。加快科技成果转化，实施一批高新技术产业项目。深入实施人才强市战略，实行更加积极的创新人才培育和引进政策，加快推进重点人才工程，培养引进一批高端人才。

优化创新创业生态。提升国家科技创新服务体系建设试点城市建设水平，推动政府科技职能从研发管理向创新服务转变，增强科技体制机制活力。加强知识产权保护，积极创建知识产权强市。加大政府科技投入，深化科技金融融合，发挥科技创新引导基金作用，鼓励发展风险投资、股权投资，用资本力量助推科技创新。加强对科技企业的政策扶持，支持中小微企业技术创新，培育壮大创新型企业群体。弘扬创新文化，激发各类人才创新创业激情，发展众创、众包、众扶、众筹，形成大众创业、万众创新的生动局面。

抓创新就是抓发展，谋创新就是谋未来。我们要抢抓创新发展的历史机遇，高擎创新火炬，弘扬创新精神，让全社会创新活力竞相迸发，让创新成为引领东营发展的第一动力！

## 二、坚持统筹协调，构建平衡发展格局

坚持区域统筹、城乡一体、物质文明精神文明并重，增强发展的整体性和协调性。

(一)优化提升发展布局。按照有利于优化要素资源配置、有利于释放发展活力、有利于推动集聚集约发展的原则，优化空间布局，明确功能定位，加大促强扶弱力度，促进区域协调发展。东部，发挥东营经济技术开发区引领带动作用，创新体制机制，发展高端制造，打造全市高新技术和先进制造业基地、现代服务业高地。南部，推动广饶发挥强县优势，加快转调步伐，打造全省产业转型升级示范区。西部，支持利津跨越赶超，做大总量，提升质量，打造有机化工产业基地、循环经济发展示范区。北部，统筹海陆发展，整合区域资源，打造国家级石化产业基地和石油储备基地。中部，发挥中心城区优势，增强综合服务功能，打造黄河三角洲现代服务业集聚区。

(二)统筹城乡一体发展。坚持以人为核心的城镇化，推进城乡协调发展，构筑布局合理、功能完善、生态良好的新型城镇发展格局。

做优做美中心城。按照“生态家园、区域中心”的定位，推进以产立城、以水兴城、以绿靓城、以文塑城，加强大城市试点工作，提升中心城首位度和宜居度，创建国家生态园林城市和联合国人居奖。优化城市布局，推进东城、西城、垦利组团发展，建设南部生态新城，构建城市发展新格局。充分发挥城市规划的引领作用，合理布局生产空间、生活空间、生态空间，推动城市集约发展、绿色发展。推进城市交通、海绵城市、地下综合管廊、市政公用设施建设，提升城市功能。实施森林湿地公园、城市绿道、生态廊道工程，打造河海相连、水系环绕、湿地相间、绿茵棋布的优美环境，彰显湿地之城、生态之城的魅力。加快智慧城市建设，推进城市综合执法，提高城市管理智能化、精细化水平。深入推进拆违治乱专项行动。深化户籍制度、住房制度等改革，有序推进人口聚集。

统筹推进县城和小城镇建设。坚持产城融合，培育优势产业，完善城镇功能，增强支撑能力。深入开展国家和省、市试点示范县、镇创建，支持有条件的县城建设现代化小城市，培育一批产业优势明显、承载能力强的区域重镇，打造一批功能集成完善、创新示范效应明显的特色小镇。抓好黄河南展区改造建设，稳妥推进新型农村社区建设。

加快建设美丽乡村。以乡土文化为魂，以田园风光为韵，以高效生态农业为基，以整洁美观的村容村貌为形，深入推进美丽乡村建设，使我们的家园望得见蓝天、看得见碧水、留得住乡愁，建设得更有内涵、更有品位、更有气质。

(三)加强精神文明建设。坚持社会主义文化发展方向，推进社会主义精神文明建设，提升文化软实力，扩大文化影响力，建设文化强市。

加强先进思想文化引领。加强党对意识形态工作的领导，牢牢掌握意识形态领域的领导权、主动权、话语权。加强网上思想阵地建设，高扬主旋律，传播正能量。加强社会主义核心价值观教育，巩固全市人民团结奋斗的思想基础。实施公民道德建设工程，形成崇德向善的良好风尚。巩固深化

全国文明城市创建成果，深入开展精神文明创建活动，让向往文明、崇尚文明、践行文明成为每个市民的追求，让创造文明、积聚文明、传递文明成为东营发展的印迹。

完善公共文化服务体系。以创建国家公共文化服务体系示范区为抓手，加强公共文化设施建设，实施文化惠民工程，更好保障人民群众文化权益。弘扬传承优秀传统文化，挖掘东营文化资源，实施吕剧振兴工程，扩大孙子文化影响力。实施精品工程，开展主旋律文艺创作和文化活动，打造黄河口文化品牌。深化文化体制改革，促进公共文化服务主体和方式多元化。

推动文化经济融合发展。构建文化产业发展载体，培育发展新型文化业态，推出一批“东营创意”和“东营设计”，提升经济社会发展的文化内涵。推动文化与科技、金融、旅游、互联网等深度融合，壮大文化用品生产制造、影视服务、文化演艺等产业，拓展文化消费市场，培植一批骨干文化企业。

（四）促进区域融合发展。油地军校团结共建是东营发展的优势所在、力量所在。我们要始终高举团结发展的旗帜，整合区域资源，凝聚各方力量，推动油地军校合作向深向实发展。油地要真诚务实合作，共谋改革发展大计，共兴惠民利民之举，共建幸福美好家园。深化与中国石油大学的合作，提升协同共建水平，增强区域创新发展能力。支持驻地部队改革建设，加强国防动员和后备力量建设，打造军民融合深度发展示范市。

**三、坚持绿色发展，建设秀美宜居家园**

牢固树立“绿水青山就是金山银山”的理念，尊重自然、顺应自然、保护自然，构建节约资源和保护环境的产业结构、生产方式、生活方式，建设独具魅力的黄河三角洲生态文明。

（一）加大环境治理力度。实行最严格的源头保护制度、损坏赔偿制度、责任追究制度，加强环境监管执法。落实主体功能区规划，科学划定耕地红线、湿地蓝线、生态绿线和开发边界，推动各类区域高效、协调、可持续开发。全力推进水气土污染治理，持续用力解决群众关心的环境问题。铁腕治理大气污染，深化区域联防联治，加强挥发性有机物、工业废气、城市扬尘、机动车排气综合治理，持续改善大气环境质量。加大水污染治理力度，抓好市控以上河道流域综合治理、重点行业和企业废水污水深度处理、城镇生活污水处理，维护水生态安全，改善水质和景观。实施土壤污染防治工程，严控工业污染物排放和农村面源污染，促进土壤资源永续利用。

（二）筑牢生态安全屏障。坚持保护优先、自然恢复为主，实施一批生态工程，构筑环渤海重要的生态涵养功能区。大规模开展国土绿化行动，全面完成“三年增绿”计划，高标准建设中心城防护林带、沿黄生态林带、沿海基干林带，沿交通干线、河流干渠、基本农田建设生态廊道，让东营大地绿起来、美起来。强化湿地保护与修复，以黄河三角洲国家级自然保护区为重点，实施湿地修复工程，提升生态服务功能。统筹推进海洋开发与生态保护，创建国家海洋生态文明示范区。

（三）推进生产生活绿色化。加强产业、园区、企业循环改造，推进绿色环保产业发展。加大节能减排降耗力度，强化资源环境约束性指标管理，提高资源综合利用效率。加强领导干部自然资源资产离任审计，健全生态环境考核机制，加大责任追究力度。完善生态补偿机制，严格执行排污许可证管理，推行排污权有偿使用交易制度。弘扬生态文化，倡导绿色生产生活，使绿色发展理念深入人心。

“环境就是民生，青山就是美丽，蓝天就是幸福”。我们要把良好的生态环境作为最普惠的民生，推进绿色发展，建设美丽家园，让蓝天常在、碧水长流、美丽与发展同行！

**四、坚持合作共赢，构筑对外开放高地**

实施更加积极主动的开放战略，在融入国家对外开放和区域发展战略中推进东营发展，在参与国内外经济合作和竞争中增创发展优势，全面构筑对外开放新格局。

（一）拓展开放发展空间。深度融入环渤海、京津冀区域发展战略，积极承接北京非首都功能疏解和京津产业转移，推进实施一批重点项目。主动对接“一带一路”战略，参与中韩自贸区建设和中国—中亚—西亚、中蒙俄等国际通道建设。推进黄河经济带建设，打造黄河中下游地区一体发展的桥头堡。加快东营港码头、胜利机场口岸对外开放，加强综合保税区、监管场站、临港临空产业区建设，提升国际展会档次，打造高水平的开放平台。

（二）提升开放发展水平。转变外贸发展方式，提高自主品牌和技术产品出口比重，扩大先进技术、关键设备、重要能源资源和原材料进口。加快发展服务贸易、跨境电子商务，培植新的外贸增长点。制定政策，创新方式，加大招商引资、招才引智力度，重点加强与国内外大企业和高校、科研院所的战略合作，提高招商引资质量和利用外资成效。支持优势产业产能开展国际间产业链、价值链协作整合，重点引导石油装备、橡胶轮胎企业开展境外投资和国际并购，提升企业国际化水平。

（三）构建开放发展通道。加快东营港扩建，建成亿吨大港；推进广利港建设，形成以商港为主体的多功能综合性港口，构建海上战略通道。推动沿海高铁、京沪高铁二通道、济南-东营城际铁路、黄大铁路、东营港疏港铁路建设和淄东铁路扩能改造，构建集疏运陆上通道。完善提升胜利机场功能，加密航班，增开航线，建成区域性中心空港，构建空中运输通道。

（四）优化开放发展环境。对照国际标准，创新体制机制，完善服务体系，营造法治化、国际化、便利化的营商环境。持续推进简政放权、放管结合、优化服务，提升服务效能。全面构建“亲”“清”新型政商关系，主动为市场主体服务。健全完善公平竞争保障机制，形成统一开放、竞争有序的市场体系。创新外商投资管理体制，落实准入前国民待遇加负面清单管理模式。加快电子口岸建设，推行区域通关一体化。加强诚信体系建设，打造信用东营品牌。

### 五、坚持共建共享，创造和谐美好生活

人民群众对美好生活的向往，就是我们的奋斗目标。要牢固树立以人民为中心的发展思想，扎扎实实做好保障和改善民生工作，让人民群众有更多获得感、更高满意度。

（一）提升民生保障水平。完善工资正常增长与支付保障机制，多渠道增加财产性收入，增加低收入劳动者收入，扩大中等收入者比重。坚持精准扶贫、精准脱贫，在全省率先完成脱贫任务。健全就业服务体系，推动以创业带就业。健全以养老、医疗、失业、工伤等社会保险为重点的基本保障制度，完善覆盖城乡居民的社会保障制度体系。发展社会福利和慈善事业，健全社会救助机制。完善住房保障体系，实现住房困难家庭住有所居。加大财政支持民生力度，坚持每年办一批民生实事，让群众得到更多实惠。

（二）加快发展社会事业。坚持教育优先发展，深化教育领域综合改革，全面提高教育质量，加快推进教育现代化。推进义务教育优质均衡发展，解决城镇普通中小学“大班额”问题。发展普惠性幼儿园，鼓励有条件的县区逐步实施学前和高中阶段教育免费制度。加快发展现代职业教育，推动高等教育内涵式发展，支持发展特殊教育，规范发展民办教育，实现各类教育协调发展。树立“大健康”理念，统筹卫生计生、体育健身等事业发展，加快建设健康东营。深化医药卫生体制改革，推进公立医院综合改革国家试点，健全基本医疗卫生制度和现代医院管理运行机制。优化医疗资源配置，提升基层医疗机构服务能力。加强公共卫生服务体系建设，做好重大疾病疫情防治工作。发展体育事业，促进全民健身和竞技体育、体育产业发展。坚持计划生育基本国策，促进人口均衡发展，提高出生人口素质。发展养老产业，推进老龄事业发展，积极应对人口老龄化。做好妇女儿童、残疾人等工作，关心下一代健康成长。积极发展广播电视、新闻出版等事业。加大科普工作力度。

（三）加强和改进社会治理。创新社会治理模式，推进社会治理精细化。发挥社会组织作用，强化社区服务功能。健全社会治安立体防控体系，依法严厉打击违法犯罪活动，深入推进平安东营建设。落实重大决策社会稳定风险评估制度，加强和改进信访工作，完善社会矛盾纠纷有效预防和多元化解机制。严格落实安全生产责任，强化隐患整治，坚决防范重特大安全事故发生。加强食品药品安全、防灾减灾、应急处置等工作，确保人民群众生命财产安全。

（四）深入推进法治建设。坚持用法治规范秩序、协调关系、化解矛盾、保障权益，促进社会公平正义，提升依法治市水平。加强党对立法工作的领导，提高立法质量。坚持依法行政，深化综合行政执法体制改革，严格规范公正文明执法，建设法治政府。深化司法体制改革，加强司法监督、规范司法行为、促进司法公正，支持人民法院、人民检察院依法独立行使审判权、检察权。实施“七五”普法规划，加强法治宣传教育，推进公共法律服务体系建设，开展法治创建活动，弘扬社会主义法治精神。

党的根基在人民，血脉在人民，力量在人民。我们要始终把人民放在心中最高位置，树立群众观点，贯彻群众路线，始终与人民群众心心相印、同甘共苦、团结奋斗。要矢志不渝地抓好事关人民群众的每一项工作，让人民群众生活得更加殷实、更加幸福、更有尊严！

## 坚定不移推进全面从严治党

实现今后五年的奋斗目标，关键在党，关键在党要管党、从严治党。各级党组织要认真履行管党治党责任，落实全面从严治党各项任务，为事业发展提供坚强保证。

（一）加强思想政治建设，坚定正确政治方向。坚持用科学理论武装头脑，深入学习中国特色社会主义理论体系，认真学习习近平总书记系列重要讲话精神，领会精神实质，把握核心要义，增强思想认同、理论认同、情感认同，提高分析问题、解决问题的能力。坚定理想信念，增强中国特色社会主义道路自信、理论自信、制度自信、文化自信，做共产主义远大理想和中国特色社会主义共同理想的坚定信仰者和忠诚实践者。牢固树立政治意识、大局意识、核心意识、看齐意识，在思想上政治上行动上始终与以习近平同志为核心的党中央保持高度一致，坚决维护中央权威，确保中央大政方针和省委决策部署在东营落地生根。

（二）严肃党内政治生活，营造良好政治生态。党要管党必须从党内政治生活管起，从严治党必须从党内政治生活严起。认真落实《关于新形势下党内政治生活的若干准则》，着力增强党内政治生活的政治性、时代性、原则性、战斗性。严格执行民主集中制，落实党委常委会（党组）议事规则和决策程序，建立领导班子重大事项决策全程纪实、责任倒查追究和纠偏纠错制度，推进科学决策、民主决策、依法决策。坚持“三会一课”、民主生活会和组织生活会、谈心谈话、民主评议党员等制度，提高党的组织生活质量。加强经常性党性教育，用好批评与自我批评这一锐利武器，开展严肃认真、积极健康的思想斗争，使广大党员干部思想受到洗礼、灵魂受到触动。政治文化是政治生活的灵魂，要加强党内政治文化建设，培厚良好政治生态的土壤。

（三）推进干部队伍建设，打造事业中坚力量。坚持德才兼备、以德为先，坚持五湖四海、任人唯贤，坚持好干部标准，强化党组织的领导和把关作用，选拔任用忠诚干净担当的干部。健全日常考察和分析研判制度，完善考核评价机制，全面客观评价班子和干部。选好配强各级领导班子“一把手”，统筹做好年轻干部、女干部、党外干部培养工作，优化领导班子结构，提升班子整体功能。加大干部交流力度，

鼓励年轻干部到基层锻炼。落实干部选拔任用追责问责等制度，防止"带病提拔"，严厉整治选人用人不正之风。建立干部激励和容错纠错机制，旗帜鲜明地为敢于担当的干部担当，为敢于负责的干部负责，对不担当、不作为的干部严格问责，推动干部能上能下，激发干事创业动力。

(四)抓好基层组织建设，构筑坚强战斗堡垒。党的执政根基在基层，党的工作最坚实的力量支撑在基层。坚持政治属性和服务功能相统一，推动基层党组织建设全面进步、全面过硬。扎实推进农村基层党建标准化、城市社区党建区域化、机关党建精细化建设，规范非公有制经济组织和社会组织党建工作，抓好国有企业、高校党的建设，推动基层党组织在引领发展、服务群众、凝聚人心、促进和谐中彰显先进性。选优配强基层党组织带头人，持续整治软弱涣散基层党组织，抓好下派帮扶、联系企业等工作，提高基层党组织服务效能。加强和改进党员发展、教育、管理、服务工作，健全党员常态化教育机制，促进党员发挥作用。健全基层党建工作责任体系，完善述职评议制度，强化考核问责，形成大抓党建、大抓基层的合力。广大基层干部长期工作在一线，矛盾多，压力大，十分辛苦，对他们要充分理解和信任，格外关心和爱护，保护和调动他们的积极性。

(五)深化党风廉政建设，坚持不懈正风肃纪。党风廉政建设和反腐败斗争永远在路上。严格落实党委主体责任和纪委监督责任，坚持惩防并举、标本兼治，构建不敢腐、不能腐、不想腐的长效机制。坚持把纪律和规矩挺在前面，正确把握和运用监督执纪"四种形态"，抓早抓小、动辄则咎、防微杜渐，用党章党纪党规管住全体党员，让守纪律讲规矩成为全体党员干部的政治操守和行动自觉。坚持抓常抓细抓长，严格落实中央八项规定精神，持之以恒纠治"四风"。始终保持惩治腐败高压态势，做到有案必查、有腐必惩。严肃查处发生在群众身边的不正之风和腐败问题，推动全面从严治党向基层延伸。严格落实《中国共产党党内监督条例》，加强对权力运行的制约和监督，把权力关进制度的笼子。全面开展市县两级党委巡察工作，突出政治巡察，发挥从严治党的利剑作用。持续开展党风党纪教育、警示教育和岗位廉政教育，加强廉政文化建设，筑牢拒腐防变思想防线。各级领导干部要自觉加强党性修养，保持高尚精神追求，廉洁从政、廉洁用权、廉洁修身、廉洁齐家，永葆共产党员的政治本色。

(六)全面加强党的领导，凝聚团结奋进合力。各级党委要充分发挥总揽全局、协调各方的领导核心作用，充分调动各方面的积极性和创造性。坚持和完善人民代表大会制度，支持和保证人大及其常委会依法行使权力。坚持和完善中国共产党领导的多党合作和政治协商制度，支持人民政协履行职能、发挥作用。加强与各民主党派、工商联和无党派人士的合作共事，做好新社会阶层人士统战工作，巩固和发展最广泛的爱国统一战线。发展基层民主，健全基层群众自治机制。充分发挥工会、共青团、妇联等群团组织的桥梁和纽带作用，组织动员人民群众在改革发展稳定实践中建功立业。牢牢把握为党和人民的事业增添正能量的价值取向，加强和改进离退休干部工作。坚持党管人才原则，深化人才体制机制改革，提高人才工作科学化水平。

各位代表、同志们，伟大的目标，源于人民的期盼；美好的未来，成于不懈的奋斗。我们要始终保持倾心为民的公仆情怀，忠实践行党的宗旨，不断增进群众福祉。始终保持真抓实干的优良作风，撸起袖子加油干，以踏石留印、抓铁有痕的劲头推动事业发展。始终保持勇于担当的精神境界，攻坚克难，开拓奋进，创造出无愧于历史、无愧于时代、无愧于人民的辉煌业绩！

各位代表、同志们，东营是拥有革命传统和创业精神的城市。一代代共产党人薪火相传、执着追求，广大人民群众艰苦创业、砥砺前行，在东营发展史上谱写了一部部壮丽篇章。今天，站在新的历史起点，开启新的伟大征程，我们重任在肩。全市广大党员干部要永怀赤子之心，永葆奋斗激情，传承共产党人的光荣与梦想，奏响改革发展的时代乐章，把东营建设得美丽富饶，让东营人民生活得幸福安康！

让我们更加紧密地团结在以习近平同志为核心的党中央周围，在省委的坚强领导下，不忘初心、继续前进，埋头苦干、狠抓落实，为建设美丽幸福新东营、谱写中国梦东营篇章而努力奋斗！

# 政府工作报告

## ——2017年3月22日在东营市第八届人民代表大会第一次会议上

市长　赵豪志

### 一、过去五年工作回顾

市第七届人民政府就职以来，在以习近平同志为核心的党中央和国务院、省委、省政府、市委的坚强领导下，全市上下全面落实党的十八大和十八届三中、四中、五中、六中全会精神，深入学习贯彻习近平总书记系列重要讲话精神，全力实施黄蓝国家战略，统筹推进稳增长、促改革、调结构、惠民生、防风险各项工作，经济社会发展取得显著成绩。

五年来，我们克服重重困难，坚定不移推进转型发展，经济平稳较快增长，综合实力迈上一个大台阶。2016年，全市实现生产总值3479.6亿元，是2011年的1.6倍，年均增长9.4%。规模以上工业主营业务收入达到1.3万亿元，年均增长10%，过百亿企业32家，过500亿企业2家，23家企业入围山东省民营企业百强。一般公共预算收入达到221.9亿元，年均增长10.7%。金融机构各项存款余额3989.7亿元、贷款余额3507.5亿元，分别是2011年底的2.1倍和2.4倍。

产业结构明显优化。三次产业结构由3.7:71.6:24.7调整为3.5:62.2:34.3。加快新型工业化，石油化工及盐化工、橡胶轮胎及汽车配件、有色金属成为千亿级产业，工业主导产业80%以上的技术装备达到国内先进水平，高新技术产业比重提高4.3个百分点。“三去一降一补”全面实施，在全省率先开展化工产业“三评级一评价”，淘汰一批落后产能，产业质量层次明显提升。服务业增加值增长1.8倍。强化创新驱动，研发经费占生产总值比重达到2.62%，中国和山东名牌产品达到145个，被评为全国质量魅力城市、国家首批知识产权示范城市，连续六次荣获全国科技进步先进市称号。

农业现代化水平显著提高。被整建制列为国家现代农业示范区，园区化率居全省首位。优势主导产业健康发展，万头奶牛场达到5个，水产养殖面积达到197万亩，工厂化食用菌生产能力达到40万吨。农业龙头企业发展到650家，家庭农场发展到1039家，农民专业合作社实现涉农行政村全覆盖。大规模开展农田水利建设，农业生产条件明显改善。新型农民学校年均培训40.2万人次。

改革开放步伐加快。38项国家和省级改革试点顺利推进。商事制度、财税、金融、农村、企业、公立医院、教育、事业单位等改革取得新突破。累计完成进出口4170.3亿元，位居全国外贸百强市第44位；实际利用外资10.2亿美元，引进8家世界500强企业。马德里国际注册商标总量居全省第2位。橡胶轮胎展、石油装备展越办越好，首届有色金属展取得良好效果。对口支援任务圆满完成。

区域融合发展取得新成效。胜利油田克服严峻挑战，全力提质增效。完善油地协商对接机制，实施合作事项56个。济军综合训练基地改革发展迈出新步伐。油地校三方共建胜利学院开创新局面。广饶、垦利进入全国工业百强县，东营区进入全国综合实力百强区，河口、利津发展取得新突破。

五年来，我们抢抓历史机遇，坚定不移抓谋划抓推进抓落实，事关长远的大事要事实现突破，发展后劲更加充足。成为京津冀协同发展城市、环渤海地区重要节点城市。东营综合保税区封关运营。黄河三角洲农业高新区正式成立。东营作为沿海高铁和京沪高铁二通道重要节点城市列入国家规划。德大铁路、济东高速公路建成通车。东营港新增码头38个，防波堤工程获得交通运输部和省资金支持，10万吨级航道工程列入交通运输部“十三五”规划。广利港建设快速推进，港区和防波堤建设全面展开。长深高速西延到济南机场列入省高速公路网规划。胜利机场增开优化航线7条，中国商飞公司试飞基地建设取得积极进展。7家企业获得使用进口原油资质和允许量2000万吨。黄河南展区改造建设获得国家支持。垦利撤县设区顺利完成。东营获得国家公共文化服务体系示范区创建资格，成功创建为全国文明城市。

五年来，我们坚持生态宜居定位，坚定不移改善生态环境，城市功能日益完善，城乡面貌发生巨大变化。中心城“大空间、大绿地、大水面、大湿地”特色初步形成，建成区面积达到188.2平方公里，荣获中国人居环境奖。大剧院、科技馆、规划展览馆等建成投用，建设改造东一路、西二路等城市道路190公里。新建城市公园15个、街头游园24个、城市绿道107.7公里。中心城建设管理体制进一步理顺，拆违治乱工作走在全省前列。统筹城乡发展，全市改造城中村52个、老旧小区446个、棚户区48个，开工建设农村新型社区62个。持续推进农村“改路、改电、改校、改房、改水、改厕、改暖”，实施乡村文明建设专项行动，城乡一体化的环卫运行机制实现全覆盖。

生态建设成效明显。实施了金湖银河、森林湿地公园、广利河生态廊道等重大生态工程。持续开展大规模植树造林，启动实施三年增绿计划，五年新增造林31.4万亩，创建为国家园林城市。自然保护区恢复改造湿地32万亩，综合执法获省政府批复。持续开展水气污染整治，实施环保重点工程320项，新建改造城乡污水处理厂13座、垃圾处理场1个，治理淘汰黄标车4.1万辆，主要河流基本消除劣五类水体，环境优良天数明显增加。

五年来，我们顺应群众期盼，坚定不移保障改善民生，社会更加和谐，人民群众幸福指数不断提升。持续加大民生投入，每年实施一批民生实事。城乡居民收入分别达到41580元、14999元，年均增长9.2%、11.1%。新增城镇就业23.5万人，城镇登记失业率控制在2%左右。在全省率先整合城乡居民基本医疗保险、基本养老保险制度，建立城乡居民大病保险、临时救助等制度，各项社会保障标准居全省前列。省定标准贫困人口全部脱贫。

社会事业繁荣发展。各级各类教育协调发展，县区义务教育均衡发展整体通过国家验收，市一中、二中、特校新校区投入使用，加快解决城镇中小学大班额问题，教育教学质量稳步提升。医疗卫生事业健康发展，市人民医院创建为三甲医院。文化惠民工程深入实施。黄河口国际马拉松赛成为国际田联金标赛事。连续四届成为全国双拥模范城市。人口计生、妇女儿童、慈善、残疾人、养老、老龄事业健康发展，统计、档案、气象、防震减灾、人民防空、民族宗教、外事侨务、对台工作取得新的成绩。

社会治理不断加强。社区规范化建设深入推进，村居“两委”换届全面完成。“六五”普法圆满完成。一批信访积案得到有效解决。社会治安力度加大，城市公共安全专项行动扎实有效，食品药品安全监管全面加强，应急管理水平不断提升，社会秩序持续稳定。

我们高度重视政府自身建设，严格落实中央八项规定精神，深入开展党的群众路线教育实践活动、“三严三实”专题教育、“两学一做”学习教育，大力整治“四风”突出问题。权力、责任、审批“三张清单”全面推行，行政复议和行政应诉工作走在全省前列。认真执行市人大及其常委会的决定决议，自觉接受各方面监督。严格落实党风廉政建设责任制，一批违纪违法行为得到严惩。

2016年，宏观经济下行压力加大，特别是油价低迷、欧美“双反”对我市经济造成了雪上加霜的严峻困难。我们密切关注形势变化，及时出台措施，推动经济缓中趋稳、稳中向好，全市生产总值增长7%；一般公共预算收入同口径增长2.4%，其中市级增长10%；规模以上工业增加值增长6.2%，21家企业入围山东省企业百强、居全省首位；实现进出口995.9亿元，增长24.7%，增速居全省第2位。虽然有些指标增幅较低，但总体好于同类资源型城市。尤其是一些先导性经济指标较好，工业用电量增长10.1%；金融机构各项贷款余额比年初增加476亿元，增速居全省第2位，不良贷款率处于全省较低水平。

各位代表！过去的五年是我们经受住各种困难考验，取得巨大成就的五年，也是我们在加快建设美丽幸福新东营道路上奋勇前进的五年。五年的不懈奋斗，奠定了率先全面建成小康社会、创造更加美好生活的坚实基础，积累了应对复杂环境、战胜风险挑战的宝贵经验，开启了践行新理念、推动新发展的重要阶段。这些成绩的取得，是在中央、省委、省政府和市委正确领导下，全市上下、油地军校、社会各界团结奋斗、携手共建的结果。在此，我代表市政府，向付出辛勤劳动的广大干部群众，向积极支持政府工作的人大代表、政协委员和社会各界人士，表示崇高的敬意和衷心的感谢！

在看到成绩的同时，我们也清醒地认识到，我市经济社会发展还存在不少问题，政府工作还有很多不足。原油价格仍在低位徘徊，企业生产经营面临诸多困难。供给侧结构性改革推进不快，自主创新能力不强，产业转型升级任重道远。经济发展质量效益不高，财政增收压力很大。安全生产存在薄弱环节，水气污染治理任务依然艰巨。重大基础设施仍不完善，公共服务均等化水平有待提高。政府效能与群众期盼还有差距，有的工作人员缺乏敢于担当、勇于进取的精神。对此，我们将坚持问题导向，采取针对性措施，认真加以解决。

### 二、今后五年的总体要求和原则方向

今后五年，是东营资源城市转型攻坚期、战略地位提升跨越期、全面建成小康社会决胜期。市第六次党代会，明确了今后五年的总体思路和奋斗目标，为东营的发展指明了方向。我们要坚定信心，敢于担当，撸起袖子加油干，扑下身子抓落实，奋力开创东营事业发展的新局面。

根据市第六次党代会部署，今后五年政府工作的总体要求是：**高举中国特色社会主义伟大旗帜，深入学习贯彻习近平总书记系列重要讲话精神，紧紧围绕协调推进“四个全面”战略布局，自觉践行创新、协调、绿色、开放、共享发展理念，按照建设黄河三角洲中心城市、我国重要的石油基地的定位，持续实施黄蓝国家战略，以提高发展质量效益为中心，以推进供给侧结构性改革为主线，加快形成引领经济发展新常态的体制机制和发展方式，统筹推进经济建设、政治建设、文化建设、社会建设、生态文明建设和党的建设，率先全面建成小康社会，加快建设繁荣富裕、生态秀美、文明和谐、宜居宜业的美丽幸福新东营。**

今后五年，贯彻总体要求，实现奋斗目标，必须把握好原则方向，在四个方面持续发力。

**（一）在产业转型升级上持续发力，着力增创经济发展新优势。**把工业转型升级作为重中之重，深入实施“中国制造2025”东营方案，加快推进新型工业化，使四大产业集群规模档次和质量效益明显提升，成为全国领先、世界有影响力的先进制造业基地，一批新兴产业成为重要支柱产业。加快发展现代农业，率先实现农业现代化。重点突破服务业，打造区域性服务中心。着力培育新增长点，东营港石化产业基地、黄河三角洲农业高新区、东营综合保税区、空港产业区、广利港临港产业区、东营高新区发展实现重大突破，成为引领产业发展的强大引擎。大力强化创新驱动，科技创新体系日益完善，创新创业蓬勃发展，科技进步对经济增长的贡献率大幅提高，建设区域性创新中心。

**（二）在生态文明建设上持续发力，着力增创绿色发展新优势。**牢固树立“绿水青山就是金山银山”的理念，铁腕治理水气污染，大幅提高林木绿化率、四类以上地表水比例和环境优良天数，加强自然保护区生态保护和修复，基本形成绿色发展产业结构、生产方式、生活方式，积极创建国家生态文明示范区。突出“大空间、大绿地、大水面、大湿地”特色，建设生态城镇、美丽乡村，创建成为国家生态园林城市、联合国人居奖，彰显湿地之城、生态之城的魅力，让生态宜居成为东营闪亮的城市名片。

**（三）在重大基础设施建设上持续发力，着力增创开放发展新优势。**把重大交通设施建设摆上战略位置，构建起“六纵、八横、一环”的骨干公路网，实现东营人民的高铁梦，东营港建成亿吨大港，广利港吞吐能力达到2000万吨，胜利机场成为区域性中心空港、国家重要的民机试飞基地，成为横贯东西、纵贯南北的区域性交通枢纽城市。坚持开放发展理念，深度融入国家“一带一路”和重大区域发展战略，加快引进来、走出去步伐，打造沿海开放新高地。全面深化各项改革，使东营的发展更加活力迸发。

**（四）在改善民生上持续发力，着力增创和谐发展新优势。**践行以人民为中心的发展思想，以更高标准、更大力度保障改善民生，让群众有更多获得感、更高满意度。实现更加充分的就业，持续增加居民收入。完善社会保障体系，保障救助标准与经济发展同步增长，率先完成脱贫攻坚任务，人人享有基本生活保障。进一步提升公共服务水平，让群众不再为看病、上学犯难，所有老年人都能安享晚年，住房困

难家庭实现住有所居，家家用上天然气。创建成为国家公共文化服务体系示范区，群众精神生活更加丰富。深入推进平安东营建设，社会秩序更加和谐稳定。

### 三、2017年政府工作总体安排

2017年，党的十九大将胜利召开，做好今年的工作意义重大。主要预期目标是：生产总值增长7%左右，一般公共预算收入增长6%左右，城镇新增就业3.3万人，城镇登记失业率控制在3.5%以内，进出口适度增长，居民消费价格涨幅控制在3%左右。全面完成省下达的年度节能减排等约束性指标。重点做好以下十个方面的工作：

#### （一）积极扩大有效投资

坚定不移实施项目带动战略，突出抓好105个市级重点项目、204个市政府投资项目、114个水气污染治理项目、11个民生实事项目，这些项目总投资1365亿元，今年计划投资528亿元。用好政策性资金，论证一批优质项目，加大政府债券和上级预算内资金、专项建设基金、政策性贷款争取力度。着力抓好政府投资项目管理，严格落实招投标、政府采购、工程监理等制度规定，加强工程审计，确保项目质量。把招商引资作为扩大投资、推动发展的重大引擎，坚持引资与引智并举，完善工作推进机制，制定优惠政策，掀起新一轮招商热潮，努力引进一批世界500强、央企和行业领军企业。积极扩大民间投资，加快实施一批PPP项目。优化项目服务，对重大项目实行全程代办、联审联批、重点督办。

#### （二）着力推动工业内涵式发展

重点抓好四大产业集群。石油化工及盐化工产业，以产业集聚、延长链条为主攻方向，认真落实“1+N”布局规划，争取东营港国家级石化产业基地尽快批复，加快乙烯、芳烃等重大项目立项，大力培育高端化工产业体系；扎实开展“四评级一评价”，倒逼落后产能退出。橡胶轮胎及汽车零部件产业，坚持走高端化、差异化、品牌化的路子，加快发展轮胎、汽车零部件高端产品，鼓励发展特种车、专用车整车制造。有色金属产业，依托龙头企业，引进战略合作伙伴，提高环保冶炼和精深加工水平，打造国内一流的铜产业基地。石油装备产业，加强与国际石油装备巨头的合资合作，加快开发成套设备和高新产品，推广“生产+服务”的营销模式，扩大国际市场占有率。围绕四大产业集群，建设一批高水平的公共创新平台、检测平台、产品展销平台和物流平台，力争今年四大产业集群产值突破万亿元。

改造提升传统产业，加快发展新兴产业。启动新一轮高水平技术改造，支持造纸、纺织、机械制造等产业加快改造提升，以市场需求为导向，开发更多适销对路的新产品。选择有基础有条件的领域集中突破，培育壮大新能源、新材料、新医药、高端装备制造等产业，今年实施好总投资174亿元的27个重点项目，努力打造一批百亿级新兴产业。

大力提高企业竞争力。引导广大企业弘扬专注精神、工匠精神、创新精神，加强技术创新、管理创新和产品创新，打造更多的“百年老店”。支持大企业借助国际一流高校院所的力量，以行业顶尖企业为标杆开展自主创新，积极创建制造业创新中心；引导中小企业深化产学研结合，朝着“专、精、特、新”方向发展。支持具备条件的企业开展市场化、法治化债转股。加快企业规范化公司制改制，建立现代企业制度，今年完成改制100家。鼓励企业扩大直接融资，力争10家企业上市挂牌。认真落实领导干部联系企业和驻企联络员制度，帮助企业解决实际困难。支持企业兼并重组，积极开展对外合资合作，进一步做大做强。

深入实施质量强市和品牌战略。逐行业制定质量提升计划，支持企业主导或参与制订行业标准、国家标准和国际标准，提升研发设计能力。推动马德里国际商标注册，支持企业开展品牌并购，创建一批知名自主品牌。加强知识产权保护，争创国家知识产权强市。通过企业、政府、社会一起努力，把华泰、蓝海、科瑞、方圆、万达、利华益等知名企业形象树得更好，让黄河口大闸蟹、黄河口大米等黄河口地理标志农产品卖得更好，把橡胶轮胎、石油装备生产基地等区域品牌叫得更响。

深入实施人才强市战略。加快推进“黄河三角洲学者”、技能振兴专项行动等重大人才工程，加强与国家“千人计划”专家及团队的合作，支持企业面向全球引进行业领军人才，引进高水平的创新创业团队。企业家是最重要的人才。要深入实施企业家培训三年计划，大规模组织企业家走出去，瞄准国内外一流企业开展对标学习。支持企业家干事创业，形成全社会尊重创业、尊重企业家的浓厚氛围。

#### （三）加快发展现代农业、建设美丽乡村

做大做强特色优势产业。深入推进农业供给侧结构性改革，增加绿色优质农产品供给。畜牧业，发挥龙头企业带动作用，抓好高端乳制品加工等重点项目建设，打造优质畜产品生产基地。渔业，加快实施工厂化对虾养殖等重点项目，建设50万亩海洋生态牧场，进一步提升大闸蟹等特色产品品质。食用菌产业，引进研发高档珍稀食用菌品种，搞好产品精深加工。种植业，扩大高效作物种植面积，推广“粮经饲”三元种植模式，巩固提升粮食生产能力。

加快发展工厂化农业。坚持以工业理念发展农业，引导工商资本发展设施农业。加大对农业龙头企业的扶持力度，新上一批农产品精深加工项目，建设一批智能化种植养殖工厂。重点扶持30个家庭农场、20个农民专业合作社。加快发展“互联网+农业”，培育一批农业电商平台。建设一批产品可查询、质量可追溯的标准化生产基地。支持市现代畜牧业示范区加快发展。

着力改善农业发展条件。实施“渤海粮仓”等一批科技示范工程，推广应用农业先进适用技术，大力发展节水农业和水肥一体化。实施南水北调配套和黄水东调应急工程，积极推进小清河复航。综合治理支脉河、太平河等河道，实施王庄、麻湾等灌区配套改造和田间水利工程。抓好农村承包

土地经营权抵押贷款试点，开展农村集体产权制度改革试点，深化供销社综合改革。积极探索农村土地所有权、承包权和经营权“三权分置”，鼓励发展适度规模经营。

积极开展美丽乡村标准化建设。严格按照省级创建标准，全面落实各项工作任务。坚持不懈抓好农村“七改”工程，今年全部完成农村旱厕改造，建立完善长效运行机制；启动实施天然气下乡工程，今年为具备条件的783个村庄、社区接通天然气，实现城乡供气一体化；改造农村公路300公里、农村电网330公里、农村危房1100户。深化农村环境综合整治，巩固扩大乡村文明建设成果。

（四）推动服务业加快发展

大力发展金融业，加强政银企合作，支持银行机构强化产品和服务创新，满足企业多元化融资合理需求；高度重视风险防范工作，严厉打击恶意逃废银行债务行为，维护良好的金融生态环境；支持法人金融机构上市挂牌，加快发展；继续抓好新型农村合作金融试点。加快发展旅游业，以创建全域旅游示范市为抓手，加强黄河口湿地的保护和修复，抓好黄河口生态旅游区国家5A级景区创建；支持地热开发利用，发展温泉旅游；加快培育休闲农业、乡村度假等乡村旅游新业态。积极发展现代物流业，依托主导产业和重大交通设施，规划建设一批物流园区，培育一批大型物流企业。加快提升传统商业，推进实体商业创新转型，深化与阿里巴巴、京东等知名电商的合作。积极发展科教产业，规划建设高端教育园区。大力发展养老服务业，扩大购买居家养老服务覆盖面，加快新型养老社区建设。规范住房租赁市场，多渠道化解库存，促进房地产市场平稳健康发展。

（五）提升新型城镇化发展水平

牢牢把握生态宜居城市定位，以创建国家生态园林城市为抓手，全面提升规划建设管理水平。

完善提升城市规划。优化中心城空间布局，统筹推进东城、西城、垦利三个组团的规划建设。开展2020年—2030年城市规划编制工作，加快实施城市总体规划和土地利用规划“两规合一”，积极推进“多规融合”。今年实现中心城区控规和城市设计全覆盖。

抓好中心城重点项目建设。城市生态环境方面，加快建设24平方公里的森林湿地公园，高速公路以东的森林体验区，今年“十一”建成对外开放，高速公路以西的五湖景观区，争取明年“十一”对外开放；加快实施与之相配套的“一水库两管线”工程，争取今年5月底建成纯化水库、广北水库至耿井水厂的两条输水管线，明年底完成广北水库改造提升工程，替代耿井水源，提升供水水质。继续推进利三沟水系完善工程，今年“十一”建成，在东城核心区打造一条靓丽的带状公园。规划建设白鹭湿地公园，完善提升园博园，改造建设清风湖、锦华等城市公园。抓好东二路、东三路、北一路、西三路等道路绿化提升，新建街头游园17处、城市绿道88公里，全面推进拆墙透绿、拆墙建绿。今年中心城区新增绿化面积396万平方米。城市道路方面，加快南一路快速路（西一路至华山路段）建设，争取年底建成通车；统筹推进东二路、西一路、西二路、德州路、登州路、华山路等主次干道建设，打通城区“断头路”，建设完善40条城市支路，缓解交通拥堵问题。片区改造方面，启动实施东营河及北二路片区综合整治工程，实施东城商贸城、国际汽贸城等片区改造；今年全市全部完成1998年以前建成的老旧小区改造，力争明年全部完成棚户区和城中村改造。市政公用设施方面，改造完善中心城供水、供热、供气管网，实施东一路、府前大街、黄河路亮化工程，对部分单位庭院按照海绵城市标准进行改造，推进地下综合管廊建设。智慧城市建设方面，实施好政务云平台、政务信息资源共享交换平台等基础工程。对今年实施的各类城建项目，一定坚持标准，严格把关，确保效果，建成群众满意工程。

大力推行城市精细化管理。完善城市管理体制，全面提升标准化、网格化、智能化、机械化和市场化水平，用3至5年时间，实现市和县区城市精细化管理全覆盖、长效化。深入推进拆违治乱专项行动，年底前全面完成违法建设治理任务，该拆除的坚决拆除，该处罚的依法处罚到位，坚决杜绝新增违法建设。突出抓好公路铁路沿线环境综合治理，彻底拆除违建、清脏治乱，全面绿化提升，打造整洁有序、充满生机、欣欣向荣的生态长廊。

统筹推进县城和小城镇建设。支持各县区加强县城规划建设管理，推进产城融合，完善城市功能，建设各具特色的现代化小城市。培育一批新生小城市、特色小镇，建设一批示范街区和特色社区，继续抓好黄河南展区新型农村社区建设。加快推进人口市民化工作，今年常住和户籍人口城镇化率均提高2个百分点以上。

（六）加强重大基础设施建设

编制完善全市综合交通规划，着眼长远，统筹兼顾，科学规划布局铁路、轻轨、机场、港口、公路、车站、管道等各类设施，为将来有序建设预留空间，避免前后冲突、相互“打架”。编制以高速铁路站点为核心的综合枢纽规划，在中心城南部形成一个以高铁站为中心，各类交通线路相互连接、四通八达的客运枢纽，方便旅客快速换乘。编制管网规划，合理布局原油、成品油、天然气等管道设施，逐步替代危化品车辆运输，降低企业运输成本，减少车辆污染排放，改善道路交通环境。

把高铁建设作为大事来抓，积极向上争取，加快推进“天津—东营—潍坊”高铁和“滨州—东营—潍坊滨海”快速铁路前期工作，力争早日开工建设。加快建设黄大铁路、东营港疏港铁路，实施淄东铁路扩能改造，积极推进广利港疏港铁路前期工作。加快东营港10万吨级航道、25万吨级单点系泊、南防波堤建设。完成广利港防波堤延伸、南防波挡沙堤等工程，年内实现通航。规划建设红光新渔港。加快推进市域高压天然气管网和东营港至郝家原油管道工程。继续增开优化胜利机场航线航班，加快中国商飞试飞基地建设，争取跑道延长工程尽快投用。年内开工建设四条骨干道路，包括河口蓝色经济产业园至广饶李鹊的河广大道、庐山路向南延伸至广饶稻庄、南二路向西跨黄河延伸至滨州界、S507董集至利津黄河大桥段改建。实施长深高速广饶至高青段建设。加快推进大唐电厂、500千伏垦东输变电工程。

（七）持续改善生态环境

大规模开展国土绿化。深入实施三年增绿计划，重点抓好环城林、环镇林、围村林、绿色通道、农田林网等工程，今年造林17.3万亩，确保三年实现新增造林40万亩的目标。积极开展绿化示范乡镇、示范村、美丽校园和生态厂区创建活动。制定湿地保护修复计划，以自然保护区为重点，修复湿地41.3万亩，封育天然柽柳林8000亩。

深入实施水气土污染整治专项行动。全面推行河长制，突出抓好溢洪河、广利河等重点河流综合整治，加快推进雨污分流改造、污水处理厂提标、农村面源污染防治，实施六干排等生态修复工程，全市河流全面稳定达到地表水五类水质。对涉水污染源实行排放总量与浓度“双控制”，全面整治城乡黑臭水体。突出PM2.5和挥发性有机物的防治，完善大气自动监控系统，抓好21个重点区域异味治理，年内所有产生挥发性有机物的企业完成治理任务。实施“工业绿动力”计划，加强散煤治理，所有燃煤电厂和10吨以上燃煤锅炉全部完成超低排放改造，全部淘汰10吨以下燃煤锅炉。抓好城市面源污染防治，落实“抑尘、控车”等综合措施。严禁露天焚烧垃圾、秸秆。持续开展加油站清理整顿和油品质量专项检查。以耕地为重点，有序开展土壤污染治理与修复。扎实开展环境监管执法年活动，严厉打击偷排偷放行为，公开处理一批环境违法案件，让违法者付出代价。

加强资源节约综合利用。大力发展循环经济，开展垃圾分类试点，加强畜禽养殖废弃物资源化利用。强化危险废物规范化管理，规划建设全市危险废物综合处置场所。严格落实能源节约和资源保护制度。

（八）深入推进改革开放

深化经济领域重点改革。推进商事制度改革，全面推行“多证合一、一照一码”登记制度。深化财税体制改革，加强预算绩效管理，实行中期财政规划管理；大力压减“三公”经费等一般性支出，继续推进专项资金清理整合，加大税源管控和开源增收力度；逐步实现全市基本民生标准、农业转移人口市民化待遇、工资性收入政策、运转经费标准和公共设施建设标准“五个基本统一”。加快重点领域价格改革。深化国有企业改革，不断完善公司治理结构，对市属国有企业进行清理规范，加强国有资产管理。推进生态文明体制改革，落实生态红线制度，建立完善生态补偿机制。深化医药卫生体制改革，加快分级诊疗制度建设，抓好公立医院综合改革。继续推进教育、事业单位、编制人事、综合行政执法等改革。

提升开放型经济发展水平。加快优化出口产品结构，支持企业扩大先进技术、关键设备和核心零部件进口，加快推进科瑞跨境电商等平台建设，促进对外贸易平稳增长。继续抓好原油进口资质和允许量争取工作，加大原油进口力度。加强东营综合保税区运营管理。推进海关综合监管平台和电子口岸建设。支持优势企业开展国际产能合作，推动装备、技术、标准和服务“走出去”。高水平办好石油装备展、橡胶轮胎展、有色金属展等大型展会。积极承接北京非首都功能疏解和京津产业转移。

（九）统筹区域协调发展

支持胜利油田积极应对低油价，加快改革发展。深化油地合作共建，携手做好创新驱动、城市建设、深化改革、维护稳定四篇大文章，配合做好“四供一业”移交工作，共建幸福美好家园。深化与中国石油大学合作。打通胜利油田、石油大学人才技术和科研成果走向市场的通道。支持驻地部队改革建设，深化双拥共建，打造军民融合深度发展示范市。加快发展县域经济，促进强县争先进位，支持利津跨越赶超。

（十）着力保障改善民生

打赢脱贫攻坚战。年内实现市定标准贫困人口全面脱贫。做好脱贫攻坚兜底保障，实现农村低保标准与市扶贫标准“两线合一”，稳定实现农村贫困人口不愁吃、不愁穿，义务教育、基本医疗和住房安全有保障。统筹解决好城市贫困问题。

促进就业创业。做好结构调整、淘汰落后产能中失业人员的再就业，统筹农村转移劳动力、就业困难人员、退役军人等群体就业，抓好企业下岗失业人员技能培训和再就业工作。深入推进大众创业万众创新，组织开展小微企业创业素质能力培训，创建一批省级和市级创业孵化基地、示范园区。实施新一轮大学生创业引领计划，促进多渠道创业就业。完成农民工职业技能提升、权益保障和公共服务三年行动计划。推行工资集体协商制度，规范劳动用工管理。

强化社会保障。继续提高城乡低保、特困人员救助供养标准。实施全民参保计划，推动实现法定人员全覆盖。建立救急难工作机制，启用大救助信息平台。落实被征地农民参加基本养老保险政策，完善居民大病保险和职工长期护理保险制度，建立职工大病保险制度，探索建立居民长期护理保险制度。支持发展老龄、残疾人、慈善和社会福利事业。

加快发展教育。以教育现代化为总目标，提升各级各类教育发展水平。全面完成第二期学前教育三年行动计划，扩充公办幼儿园和普惠性民办幼儿园数量。促进义务教育优质均衡发展，优化普通高中教育资源配置，完成市一中、二中二期建设工程。年内投资29亿元，新建改造44所学校，解决大班额问题。大力发展职业教育，支持东营职业学院创建国家优质高职院校。鼓励民办教育发展。开展教育现代化学校、乡镇、县区三级创建活动。加快建设市青少年示范性综合实践基地。启动建设老年大学。

建设健康东营。完善基层医疗卫生服务体系，提升基层医疗卫生服务能力。强化公共卫生服务项目精细化管理，推动公共卫生服务均等化。加强妇幼服务和疾病防控能力建设。加快中医药事业发展。建设人口健康信息平台，全面提高出生人口素质。加强食品药品安全监管，积极创建省级食品安全城市。广泛开展全民健身活动，办好国际马拉松赛、公路自行车赛。

繁荣发展文化。加快国家公共文化服务体系示范区创建。完成黄河文化馆展陈和市美术馆改造，提升基层综合文化服务中心服务效能，推进乡村剧场和数字文化广场建设。加快市、县综合档案馆和档案信息化建设。深化群众性精神文明创建活动，巩固扩大文明城市创建成果。支持骨干文化企业加快发展，培育一批文化新业态。实施吕剧振兴工程，打造黄河口文化品牌。加强网络文化建设。

创新社会治理。深化平安东营建设，完善立体化、信息化社会治安防控体系，加强油区治安综合整治，强化警民联防联治。集中开展“两打一整治”专项行动，严厉打击黑恶霸痞犯罪，打击盗抢骗犯罪，整治社会治安乱点。完善社区治理机制和服务体系。加强和改进信访工作。认真开展“七五”普法，建立健全“一村一法律顾问”“一村一警务助理”制度。进一步加强人民调解、社区矫正和安置帮教工作，建立完善公共法律服务体系。深化道路交通“平安行·你我他”行动，大力普及交通规则和汽车文明，继续实施农村公路安全生命防护工程。加强社会信用体系建设，完善信用联合惩戒制度。

加强安全生产工作。狠抓安全生产责任落实，建立完善风险分级管控和隐患排查治理双重预防机制。加大执法检查力度，深化危化品、道路交通、消防安全、建筑施工、特种设备等领域专项整治和打非治违，全面提高事故防范能力，杜绝重特大生产安全事故发生。

办好民生实事。(1)实施农村天然气村村通。(2)改造敬老院设施，提升养老服务水平。(3)实施农村旱厕改造工程。(4)实施老旧住宅小区改造工程。(5)实施街头游园及绿道建设工程。(6)推进畜禽养殖废弃物无害化资源化处理。(7)缓解适龄幼儿入园难，解决中小学大班额问题。(8)实施便民服务一卡通工程。(9)采取综合措施防治蚊虫。(10)提升居民小区安全防范水平。(11)建设全民健身中心。

### 四、加强政府自身建设

一要全面从严治政。牢固树立“四个意识”，坚决维护以习近平同志为核心的党中央权威。持续推进“两学一做”学习教育常态化制度化。严格落实中央八项规定精神，持之以恒反对“四风”。坚持把纪律规矩挺在前面，健全完善从严治政的制度体系，加强行政监察和审计监督。认真落实全面从严治党要求，深入推进反腐倡廉建设，严肃查处各类腐败案件。

二要推进依法行政。推动政府部门和工作人员尊法学法守法用法，把政府工作全面纳入法治轨道。严格落实“三张清单”，完善重大行政决策程序，加强政府立法和行政执法监督、行政复议、行政应诉工作。认真执行市人大及其常委会决定决议，做好人大代表建议和政协提案办理工作，自觉接受各方面监督。深入推进政务公开，及时回应社会关切。

三要谋大事抓落实。政府全体工作人员要强化学习意识，积极适应经济新常态，刻苦学习新知识，加强调查研究，不断增强干事创业的能力和本领。强化创新意识，树立世界眼光和战略思维，科学谋划事关长远的大思路、大政策、大项目，努力向上争取支持。强化争先意识，坚持问题导向，提升工作标杆，积极争先进位。强化担当意识，以“钉钉子”精神抓好工作落实，只为成功想办法，不为落后找理由。健全激励机制和容错纠错机制，为改革创新者撑腰鼓劲，为敢于担当者担当。

四要提高行政效能。深入推进简政放权、放管结合、优化服务，创新事中事后监管方式。大力推行“互联网+政务服务”，加强政务服务平台和“中介超市”建设，提高工作效率，提升服务水平。建立完善惩戒机制，整治“庸懒散”，破解“中梗阻”，力戒不作为、慢作为。

各位代表！使命重在担当，实干铸就辉煌。让我们更加紧密地团结在以习近平同志为核心的党中央周围，在省委、省政府和市委的坚强领导下，紧紧依靠全市人民，凝心聚力，真抓实干，践行新理念，推动新发展，为率先全面建成小康社会、加快建设美丽幸福新东营而努力奋斗！

## 民生实事

2016年度10件民生实事共有22个子项，全部完成。

### 一、建设城市绿道和街头游园

①中心城区建设完成街头游园19处。其中东城安宁东区、安慧西区、文化市场、安泰、海河、锦华等15个游园已对外开放；西城中心城海绵城市建设项目建设街头游园3处，分别为至德园（淄博路与云门山路西北角）、半亩园（淄博路与海通路东北角）、钟山路游园；开发区建成登州路街头游园1处。②中心城完成绿道建设107.7公里。其中东二路绿道20公里；南二路绿道38公里；安居工程片区绿道14.8公里；东城核心区绿道4.6公里；秋月湖公园等绿道0.52公里；东营市中心城海绵城市建设工程（天目山路绿化工程）1.4公里；耿井片区道路绿化建设工程（菏泽路项目）1.7公里；北一路绿道及景观提升工程8公里；广州路绿化景观提升工程9公里；运河路景观绿化工程2公里；沂河路景观绿

化工程2公里;市一中配套工程2.4公里;金湖银河片区道路绿化工程3.3公里,配套体育健身、休息驿站等设施,为市民提供良好的休闲、健身、活动环境。(责任单位:市城市管理局)

## 二、启动建设新型养老社区

在金湖银河片区规划建设新型养老社区,建设养老公寓、托养机构、医疗救护中心、老年教育、餐饮配送中心及配套设施。项目总体规划方案通过专家、规咨委审查,市规委会原则同意该方案;拟定PPP项目方案,报市政府研究;完成部分地块土地利用规划调整、老年康复护理中心(人口疏散基地)选址意见书和立项手续办理及施工现场"三通一平",部分前期项目开工。(责任单位:市住房城乡建设局)

## 三、建设就业创业基地,培训创业创新人员

①市就业创业服务中心竣工,2017年4月启用。评估认定市级创业孵化示范基地和创业示范园区10家、省级创业示范平台2处、市级创业型街道(乡镇)10家和创业型社区13家。②构建覆盖全市的创业创新培训网络,在东营区、利津县、东营经济开发区、东营科技职业学院设立4处东营创新创业大学分院,在东营区腾马培训学校、垦利区黄河口技术培训学校、河口区黄河口技术培训学校设立3处教学点,构建覆盖全市的创业创新培训网络,培训创业创新人员10010人;发放创业担保贷款贴息5.57亿元。(责任单位:市人力资源和社会保障局)

## 四、实施农村公路安全生命防护工程

为全市1727.3公里农村公路建设安全防护设施,对易发交通事故路段、大交通量路段、重要平交道口等进行综合治理,降低农村道路交通事故率。(责任单位:市交通运输局)

## 五、更新新能源公交车,优化公交线路

①购置80台新能源公交车。责任单位:市交通运输局。②新建改造公交候车亭105个。③公交智能化改造系统投入使用,开发手机APP软件,方便群众查询公交车实时运行情况。④优化中心城公交线路,对111、113两条线路优化完成。新开通6路、175路、176路、177路等四条环政务密集区的公交线路和由东营区人民医院发往胜利一中的107路公交线路。⑤东城至黄河口旅游区公交线路、西城至黄河口旅游区公交线路开通。⑥对东西城主要线路1、2、8、10、11等13条线路的班次进行加密,对5、16、18、111、121等14条线路的早晚班进行提前和延后。具体为早班提前15~20分钟,晚班延后20~30分钟。(责任单位:市交通运输局)

## 六、改造提升中心城老旧住宅小区40个

对中心城区40个老旧住宅小区路面破损、绿地裸露、管线老化、房屋渗水以及消防设施等进行维修改造,并规范物业管理。(责任单位:市住房城乡建设局)

## 七、实现天然气镇镇通

①东营区实现天然气镇镇通。牛庄镇(西庞村)、六户镇(田庄村)、史口镇(学府佳园小区)、龙居镇(龙居社区A区)4个村居(社区)已通天然气。②河口区实现天然气镇镇通。义和镇(颐和家园、颐正家园)、新户镇(明湖社区)、六合街道(范家村、协胜村、广河村、荆家村、于家村、安家村、小义和村、三义和别墅区、六合建安公司家属楼、六合供销社家属楼、盛世豪庭C区)11个村(居)、河口街道(二吕社区、四扣社区、东五村)已通天然气。六合街道燃气改造工程因5月规划委对全区燃气规划进行研究调整,主管线走向发生变化,2016年改造计划调整为实施范家村、协胜村、广河村、荆家村、于家村、安家村、小义和、三义和别墅区、六合建安公司家属楼、六合供销社家属楼、盛世豪庭C区等11个村(居)燃气改造工程。③垦利区实现天然气镇镇通。永安镇(惠鲁、惠丰、尚慧鑫园),胜坨镇(名仕花园一期、二期),郝家镇(和美家园、幸福家园、竹香园、西苑丽景三期),董集镇(尚品悦城)已通天然气。④广饶县镇镇通项目资金到位,项目总承包及监理单位招投标完成,施工队伍进场。锦湖家园B、C、D区及新城社区、同泰花园北区、泰兴花园、临湖佳苑小区及湖东郦城小区已通天然气。⑤利津县实现天然气镇镇通。利津街道(张滩新河、庄科、菜园)、凤凰城街道(西尹王)、陈庄镇(金冠花园)已通天然气。(责任单位:各县区人民政府)

## 八、建设100个乡村剧场、100个群众文化广场

全市农村扶持建设100个标准化乡村剧场,建成集村民休闲、文体活动、科技培训和乡风展示于一体的综合文化服务中心。中心城区改造建设100个群众文化广场。

## 九、扩大公共自行车试点,增设自行车站点140个

①2016年,东城扩建140个自行车放置点,新增自行车2800辆,辐射范围扩大至东一路以东、东四路以西、北二路以南、南二路以北区域。②西城启动公共自行车站点规划建设工作,站点选址及自行车配置方案等审批材料已上报市城乡规划局并移交东营区政府落实。(责任单位:市交通运输局)

## 十、启动实施农村旱厕改造

支持农村改造旱厕,改善农村卫生环境,减少病媒传染病传播,推进乡村文明建设。完成农村改厕32862户(其中,东营区2584户、河口区2536户、垦利区3673户、广饶县18800户、利津县5269户)。(责任单位:市住房城乡建设局)

(市政府督查办)

# 大事记

## 1 月

**6—7 日** 省委常委、政法委书记张江汀,省委政法委副书记王凯祥带领检查组到东营检查 2015 年度落实党风廉政建设责任制情况。

**7 日** 第二届中国铜业科学技术发展大会召开。

**9 日** 全市经济工作会议召开。

**11 日** 全市安全生产工作会议召开。

**11 日** 东营市人民政府与国家开发银行山东省分行战略合作签约仪式举行。

**13 日** 中国商飞民用飞机试飞中心东营基地启用仪式举行。

**20 日** 全市农村、扶贫开发、乡村文明建设专项行动工作会议召开。

**28 日** 东营经济技术开发区获批国家知识产权试点示范园区。

**26 日** 市委民族工作会议召开。

## 2 月

**1 日** 市委、市政府在东营宾馆召开市直老干部暨各界人士情况通报会。

**3 日** 市城乡规划委员会成员会议召开，研究中心城森林公园总体规划、中心城生态空间布局规划等事宜。

**3 日** 油地联席会议召开。

**4 日** 国家卫计委在官方网站公布《全国爱卫会关于 2015 年国家卫生城市(区)和国家卫生县城(乡镇)复审结果的通报》,广饶县通过国家卫生县城复审。

**15 日** 城市生态环境建设年活动暨水气污染整治专项行动动员会议召开。

**15 日** 全市政府职能转变工作调度会议召开。

**16—19 日** 市政协七届五次会议召开。选举陈泽浦为七届市政协主席,生钦勇为七届市政协副主席,补选 5 名市政协常务委员。

**17—20 日** 市七届人大五次会议召开。补选李金昆、李永元为市人大常委会副主任,补选市人大常委会委员。表决通过市七届人大有关专门委员会组成人员人选名单、《东营市制定地方性法规条例》、政府工作报告、《东营市国民经济和社会发展第十三个五年规划纲要》、东营市 2015 年国民经济和社会发展计划执行情况与 2016 年计划、东营市 2015 年预算执行情况和 2016 年预算、市人大常委会工作报告、市法院工作报告、市检察院工作报告。

**20—21 日** 省委常委、常务副省长孙伟到东营调研教育、住建及重点项目建设情况。

**22 日** 全市迎接国家卫生城市复审工作动员大会召开。

## 3 月

**2 日** 市委书记、市人大常委会主任申长友,市委副书记、市长赵豪志一行赴北京与中海油总公司总经理刘健、总经理助理兼炼化公司总经理董孝利等高层领导进行座谈。

**4 日** 全市“青年安全生产慎微意识教育”活动工作部署会议召开。

**5 日** 市委副书记、市长赵豪志到信访局人民来访接待中心公开接访。

**7 日** 全市纪念三八国际妇女节暨家庭家教家风专题报告会举行。

**8 日** 中心城生态环境建设年项目集中开工仪式举行。

**14 日** 市政府与中国石化集团公司在北京签署战略合作协议。

**15 日** 全市打击打孔盗油违法犯罪净化油区治安环境专项行动动员部署会议召开。

**17 日** 市委书记、市人大常委会主任申长友,市委副书记、市长赵豪志先后到国家发改委和中国铁路总公司汇报工作、争取支持。

**20 日** 由省旅游局、市人民政府联合举办的山东·东营“黄河入海”文化旅游目的地品牌研讨会召开。

**21 日** 市委书记、市人大常委会主任申长友到市信访局人民来访接待中心公开接访。

**21 日** 市委召开常委会议暨市委全面深化改革领导小组第十二次会议。

**23 日** 武汉金融控股集团董事长兼东湖新能源汽车集团公司董事长马小援一行到东营考察调研。

**23 日** 省委政法委副书记、省综治办主任张志华带领调研组到东营调研邮政寄递行业安全管理工作。

**25 日** 国家发改委价格司副司长彭绍宗率领调研组到东营调研。

**26 日** 国务院参事室特约研究员谭小英到东营考察调研。

**31 日** 国务院办公厅印发《关于批准东营市城市总体规划的通知》(国办函［2016]35 号),东营市城市总体规划(2011—2020 年)获得国务院批复。

## 4 月

**7 日** 由南澳基础产业部首席执行官斯科特·阿什比一行组成的代表团对黄河三角洲地区畜牧业发展情况进行

实地考察。

8日　市委副书记、市长赵豪志会见华衡能源公司董事长张永舵一行。

8日　创建全国文明城市工作调度会议召开。

11日　中央国家机关工委研究室主任王霄汉一行到东营专题调研党建工作。

12日　大连圣安德电子商务有限公司与东营市伟浩养殖有限公司、黄河口生态科技城三方共建安全农副产品示范基地签约仪式举行。

14日　“联合国绿色经济行动伙伴计划——中国东营市绿色经济试点项目”启动发布会举行。

14日　全国政协副秘书长、致公党中央常务副主席、中国社区卫生协会会长蒋作君一行到东营就医药卫生体制改革、农业高新技术发展等情况进行调研。

14—15日　省人大常委会副主任宋远方带领省人大常委会委员、城环委主任委员杨焕彩，省人大常委会委员、城环委副主任委员张秋波、周清利到东营检查《中华人民共和国大气污染防治法》贯彻实施情况。

14—15日　副省长王随莲到东营调研企业标准化工作。

15日　市委书记、市人大常委会主任申长友，副市长李俊峰一行赴北京与中国船舶重工集团公司党组书记、董事长胡问鸣，党组成员、副总经理钱建平进行座谈。

16日　中国黄河口(垦利街道)第十四届桃花节文化旅游节举行。

18日　市委书记、市人大常委会主任申长友，市委副书记、市长赵豪志与中国民用航空局副局长董志毅及发展计划司、运输司、综合司负责人座谈交流。

19—20日　安徽省安庆市政协主席、党组书记张金锐率考察组一行就“推进加快调结构转方式促升级”调研课题到东营考察。

20日　全市“两学一做”学习教育工作座谈会召开。

20日　首批村(居)检察联络室启动现场会举行。

21日　整合组建东营市国有资产监督管理委员会，为市政府派出机构。

21日　2016第十三届东营(春季)汽车博览会暨东营首届房地产精品展举行。

21—22日　科技部副部长徐南平、副省长王书坚到东营就黄河三角洲农业高新技术产业示范区建设发展进行专题调研。

22日　东营市首届读书节暨垦利县第三届“黄河口书香节”启动仪式举行。

23日　由青岛音乐厅交响乐团演出的“交响之春”——中外名曲大型交响音乐会在东营雪莲大剧院奏响。

24—30日　市委书记、市人大常委会主任申长友率团赴加拿大蒙特利尔、多伦多，美国康涅狄格州哈特福德市，德克萨斯州休斯顿市、米德兰市考察访问，开展经贸、科技、文化等领域推进合作活动。

26日　市委副书记、市长赵豪志会见中国人民财产保险股份有限公司党委书记、总裁郭生臣一行。

27日　由中国石化联合会供应商工作委员会组织的中国石化领域供采双方需求对接会在东营召开。

28日　全市庆祝五一国际劳动节大会召开。

## 5　月

1日　营改增税制转换开启，东营宾馆开出营改增全面扩围后全市首份增值税专用发票。

4日　东营区史口镇徐家村爱心书屋暨标准化农家书屋启动仪式举行，全市第一所农村青少年书屋建成并投入使用。

5日　德州市委书记、市人大常委会主任陈勇，市委副书记、市长陈飞率领考察团到东营考察。

5—6日　中国科学院院士、中国科学院生态环境研究中心主任江桂斌，山东大学党委书记李守信，山东大学党委常委、副校长李术才到东营就采油污水人工湿地生态处理及资源化利用进行专题调研。

8日　“中国万达”2016黄河口(东营)国际马拉松赛在东营市举行。

11日　中国致公党东营市支部成立会议召开。

11日　山东省暨东营市地十三届社会科学普及周开幕式及山东省社科专家基层启动仪式举行。

12日　省海洋与渔业厅厅长王守信到东营调研海洋牧场建设、南美白对虾养殖及标准池塘提升项目等工作。

13日　全市“百企帮百村”精准扶贫行动启动仪式举行。

13日　东营港广利港区防波堤航道PPP项目成功签约。

14日　2016年东营市科技活动周启动仪式举行。

15日　第七届中国(广饶)国际橡胶轮胎暨汽车配件展览会开幕。

19日　省检察院党组书记、检察长吴鹏飞到东营调研基层检察院建设情况。

24—25日　市委书记、市人大常委会主任申长友带队赴上海中国东方航空集团公司总部、中国商飞公司总部推进合作，达成共识。

26日　平安银行东营分行开业。

26—27日　省委常委、政法委书记张江汀到东营调研政法综治工作。

26—28日　2016“迈迪汽车”杯中国全地形车锦标赛暨国际邀请赛(东营站)举行。

28—29日　省住房城乡建设厅厅长王玉志率调研组

到东营就城乡规划管理工作进行调研。

31日 中国少年先锋队东营市第七次代表大会召开。

31日 东营市高校征兵工作站挂牌暨大学生征兵宣传周启动仪式在中国石油大学胜利学院举行。

## 6 月

2日 东营市第五届黄河口职业技能竞赛暨东营经济技术开发区第二届职业技能大赛开幕。

4日 民革中央副主席何丕洁一行在省政协副主席、民革山东省委主委孙继业的陪同下到东营就生态农业建设情况进行调研。

7日 全市经济社会发展形势座谈会召开。

15日 市委书记、市人大常委会主任申长友会见全市第四届道德模范。

16日 第十届中国(东营)楹联论坛暨“中国楹联国学研讨会”举行。东营市被命名为“中国最佳楹联文化城市”。

17日 市委、市政府在北京举行东营市融入京津冀协同发展推介会暨重点项目签约仪式。

19日 庆祝建党95周年献礼影片《大火种》在北京举行全国首映式。

19日 东营市人民院通过三级甲等综合医院现场评审。

21日 全市首个村企合作的薄膜光伏扶贫电站并网发电。

23日 东营市庆祝中国共产党成立95周年座谈会召开。

23日 市委常委会议暨市委全面深化改革领导小组第十四次会议召开。

23日 乌兰察布市委副书记张琛、副市长王心宇带领乌兰察布党政考察团到东营考察科技创新工作。

24日 市政府与中信重工机械股份有限公司战略合作框架协议签约仪式举行。

26日 东营市(中国·黄河口)旅游推介会在北京保利剧院举行。

28日 共建黄河三角洲现代农业工程技术研究院(中心)签约仪式举行。

28—29日 世界知识产权组织副总干事王彬颖一行到东营考察。

29日 国家科技重大专项“准葛尔盆地碎屑岩层系大中型油气田形成规律与勘探方向”通过中石化专家组的“十二五”结题验收。

## 7 月

3日 装载9058.671吨成品油的韩国籍船舶“天喜”号离开东营港宝港国际码头4号泊位，标志东营市成品油出口实现“零突破”。

4日 全市人才与科技奖励大会举行。

4日 青海省玉树藏族自治州副州长马铁峰一行到东营参观考察，对接“同饮黄河水，共筑中国梦”生态文化旅游宣传活动。

5日 泉恩集团董事长王文祥一行在省侨办主任刘方会陪同下到东营考察洽谈。

7日 CCTV发现之旅频道《精彩视界》黄河寻根溯源之旅东营——玉树行发车启动仪式举行。

13日 省委书记、省人大常委会主任姜异康到东营视察调研经济社会发展和黄河三角洲农业高新技术产业示范区建设情况。

14日 省编办主任刘维彦到东营调研政府职能转变、事业单位改革及机构编制管理等工作。

15日 全市上半年经济运行分析调度会召开。

19—20日 全市科学发展现场观摩会议召开。

20日 省特种经济动物产业创新团队貂狐貉良种繁育培训基地签约和揭牌仪式举行。

27日 黄河三角洲“海生·河口”渔业科技精准对接启动会召开。

29日 市安全生产委员会全体成员扩大会议召开。

29日 市委五届九次全体会议举行。

## 8 月

2日 东营市垦利区成立大会召开。

3日 副省长、省公安厅党委书记、厅长孙立成率调研组到东营调研公安工作。

3日 省委第六巡视组对东营市巡视“回头看”工作动员会召开。

4日 市委书记、市人大常委会主任申长友会见齐鲁交通发展集团公司党委书记、董事长徐春福一行。

7日 市红十字会鲲鹏基金启动仪式举行。

8—15日 市委副书记、市长赵豪志率团赴德国、英国就工业4.0进行对标学习，并参观访问相关政府、高校。

11日 省民政厅副厅长、社会组织管理局局长李光杰率调研组到东营调研养老服务工作。

11日 广东省湛江市委副书记邓振新、湛江市副市长何鑫率党政考察团到东营考察。

12日 省国土资源厅厅长李琥到东营调研土地综合整治、未利用地开发等工作。

12日 全市“油地携手脱贫攻坚”行动启动仪式举行。

16日 山东东营胜利经济开发区正式获批省级高新技术产业开发区，更名为东营高新技术产业开发区。

**17—18 日** 副省长张务锋到东营调研安全生产及经济社会发展情况。

**18 日** 中国·垦利郝家第十届葡萄文化旅游节开幕。

**18 日** 市委书记、市人大常委会主任申长友会见中国出口信用保险公司山东分公司总经理陈钢一行。

**19 日** 全市县乡领导班子换届工作会议召开。

**20 日** “飞向太空——2016 航天科普全国巡展·齐鲁行”首展举行。

**30 日** 第二届山东省青年志愿服务项目大赛举行。

## 9 月

**1 日** 市委书记、市人大常委会主任申长友会见济南海关党组书记、关长沈晓红一行。

**1 日** 2016 年秋季治安集中整治行动启动仪式举行。

**6 日** 新疆喀什地区青年科技人才赴东营培养工作座谈会召开。

**8 日** 山东万通石油化工集团有限公司与大连港集团有限公司、中国联合石油有限责任公司战略合作签约仪式举行。

**9 日** 市政府与山东省立医院(集团)合作共建市人民医院第二周期签约仪式暨领导小组第一次全体会议举行。

**9—10 日** 省政协副主席许立全率领省委政协工作会议精神贯彻落实情况专项督查组到东营专项督查。

**10 日** 中国黄河口(垦利街道)第十三届蜜桃·冬枣采摘节开幕。

**10—12 日** 山东省第三节吕剧艺术节举行。

**14 日** 2016 年全国科普日东营主场活动启动仪式举行,主题是“创新放飞梦想、科技引领未来”。

**19 日** 东营经济术开发区特种机器人产业基地项目及机器人设备租赁签约仪式举行。

**22 日** 中国(东营)首届国际油气行业人才与技术合作交流会暨东营纬科国际石油培训学院与卡尔加里大学联合办学签约及揭牌仪式举行。

**26 日** 海关总署加贸司司长李志辉率领国家联合验收组对东营综合保税区(一期)进行正式验收,东营综合保税区正式封关运行。

**27 日** 中国石油装备产业发展峰会举行。

**27—29 日** 第九届中国(东营)国际石油石化装备与技术展览会举行。

## 10 月

**9 日** “不忘初心”全市第七届老年风采电视大赛文艺展演举行。

**10—11 日** 副省长夏耕到东营调研行政复议和行政应诉及有关工作。

**11 日** 市委召开常委会议。研究深入贯彻落实中央八项规定精神事宜。听取东营森林湿地公园和“一水库两管线”项目情况汇报。

**11 日** “2016 年东营市庆祝建国 67 周年文艺晚会暨黄河口文化艺术月”开幕演出举行。

**16 日** 首届黄河口(东营)公路自行车赛举行。

**17 日** “扶贫日”座谈会召开。

**17 日** 2016 年扶贫助学活动助学金发放大会召开。

**22 日** 第六届黄河三角洲(中国·垦利)国际生态农业博览会开幕。

**24—25 日** 国务院安委会第一巡查组组长赵铁锤一行到东营就化工行业安全生产、防火安全、水上运输安全等工作开展巡查。

**25—26 日** 省委农村工作领导小组副组长王军民到东营就农业供给侧结构性改革、美丽乡村建设和城乡一体化发展进行调研。

**26 日** 全国首笔财税库银三方协议“网签”业务在东营市成功办理。

**28 日** 国务院安委会第一巡查组到东营巡查道路交通安全生产工作。

**28 日** 全市城市违法建设治理(拆违治乱)行动现场会议召开。

**28 日** 东营市遗体捐献纪念碑落成仪式暨寒衣节追思活动在永安陵园举行。

**29 日** 国务院安委会第一巡查组到黄河三角洲国家级自然保护区巡查防火和水上交通安全工作。

**30 日** 全市全面推开司法责任制改革法官检察官入额考试在东营职业学院举行。

## 11 月

**4 日** 省委副书记、省长郭树清到东营调研生态保护、教育、乡村旅游、农村改厕等工作。

**4 日** 黄河三角洲农业高新技术产业示范区成立大会召开。

**5 日** 首届东营家装节开幕式暨黄河口创业研究院揭牌仪式举行。

**9 日** 东营经济技术开发区管理委员会与烟台港集团有限公司《广利港通用码头战略合作框架协议》签约仪式举行,广利港与烟台港将建成正式战略合作关系。

**10 日** 2017 年度民生实事论证会召开。

**11 日** 中共东营市委举行学习贯彻党的十八届六中

全会精神宣讲报告会。

11 日　副省长王随莲到东营调研所联系的非公有制企业中国万达集团。

16 日　黄河三角洲农业高新技术产业示范区建设情况新闻发布会在济南山东大厦会议中心举行。

22 日　精功通航股份公司董事长刘钢一行到东营考察调研通用航空产业。

23 日　省委农工办副主任王宪率领省督查验收组到东营督查验收美丽乡村建设暨示范县创建工作。

24 日　颁发首张 A 类外国人来华工作许可证。

25 日　公安部在东营市召开重点地区严厉打击整治打孔盗油违法犯罪专项行动现场推进会。

## 12 月

1 日　市委五届十次全体会议举行。

1 日　省委巡视组巡视"回头看"反馈意见整改落实工作调度会议召开。

3 日　由东营雪莲大剧院打造的原创旅游剧《黄河口奇缘—天鹅》在济南省会大剧院完成两场演出。

7 日　东营综合保税区首批货物入区仪式举行，标志山东第 4 家、全国第 54 家综保区——东营综合保税区完全具备使用条件，正式封关。

12 日　第一届全国文明家庭表彰大会在北京举行，利津县陈庄镇陈北村魏希英参加表彰大会。

14 日　清华大学授予胜利一中"清华大学优质生源中学"称号，胜利一中是清华大学在山东省认定的首家优秀生源中学。

17 日　国家方志馆黄河分馆、黄河文化馆建设工作领导小组第一次全体会议在北京召开，签署三方共建协议。

21 日　2016 全国(东营)有色金属工业展在东营黄河国际会展中心开幕。

21 日　东营市 2017 年新年音乐会在雪莲大剧院上演。

22 日　公安部常备维和警队挂牌仪式、常备维和警队座谈会在东营举行。

24 日　见义勇为先进分子表彰会议举行。

26—27 日　中国-东盟中心秘书长杨秀萍一行到东营考察。

27 日　"同饮黄河水　共筑中国梦"2016 黄河万里行大型生态人文交流活动举行。

27 日　S309 田高线广北农场至滨州界段改建工程可行性研究报告获省发改委批复。

28 日　市委书记、市人大常委会主任申长友会见全市第三届"最美人物"10 名获奖者并为获奖者颁授奖章。

29 日　"吕剧在故乡"2017 迎新年吕剧名段演唱会举办。

# 东营概貌

# 建 置 区 划

【位置面积】 东营市位于山东省北部黄河三角洲地区，中华民族的母亲河——黄河，在东营市境流入渤海。境域小清河以南广饶县境成陆较早，五千多年前就有人类繁衍生息；西部利津县地大约成陆于春秋战国时期；北部、东部系近代黄河泥沙造陆所成，仅有近百年历史。东营市地理位置为北纬36°55′~38°10′，东经118°07′~119°10′。东、北临渤海，西与滨州市毗邻，南与淄博市、潍坊市接壤。南北最大纵距123公里，东西最大横距74公里，土地总面积8243平方公里。

【建置】 东营市建市前的历史主要沿广饶、利津、垦利3县历史追溯。位于市域南部的广饶县历史悠久，于汉高祖六年（公元前201年）置县；位于市境西部的利津县金明昌三年（1193年）1月以永利镇升置利津县；垦利县境大部系黄河新淤地，1943年，在中共垦区抗日民主政权的基础上建立垦利县。至建市前，三县的建置、隶属迭次变更。

1961年4月，华北石油勘探处在原广饶县辛店公社东营村附近打成境内第一口勘探井——华八井，获日产8.1吨工业油流。从此，拉开华北石油会战的序幕。1962年9月23日，在东营构造上打的营2井获日产555吨油流，为当时全国日产量最高的油井。为纪念打出这一高产油井之日，胜利油田始称“九二三厂”。随着石油勘探开发会战的深入发展，东营村一带逐步形成由油田会战指挥部和一些二级单位机关及后勤单位组成的矿区城镇，人称“基地”。1965年3月，为支援石油会战，经中共山东省委批准，惠民地委在此设立县级工作机构——中共惠民地区东营工作委员会和东营办事处，但无行政辖区，只组建和统辖一批为矿区服务的商业、金融、邮电等机构。1971年6月11日，九二三厂更名为“胜利油田”。为适应胜利油田发展和开发建设黄河三角洲的需要，1982年8月，山东省政府向国务院请示成立省辖地级市——东营市；同年11月10日，国务院以〔82〕国函字249号文件批复省政府请示，划原惠民地区的垦利、利津2县，广饶县的4个公社，沾化县的4个公社，博兴县的1个公社和3个大队，成立省辖地级东营市。1983年8月30日，国务院以〔83〕国函字175号文件批复山东省政府请示，把广饶县划归东营市。1983年10月15日，东营市成立庆祝大会召开，东营市正式挂牌成立。

【区划】 建市初，全市划为东营、牛庄、河口3个区，广饶、利津、垦利3个县，3个镇、55个人民公社，1780个生产大队。1984年撤社改乡、撤队改村。1987年6月，牛庄区与东营区合并为东营区。此后多次进行乡镇规模调整，撤、并一些乡镇。据市民政局2016年12月底统计，全市有5个县区；26个乡镇（24个镇、2个乡），14个街道办事处；186个居民委员会，1781个村民委员会。其中，东营区有6街道4镇（文汇街道、黄河路街道、东城街道、辛店街道、胜利街道、胜园街道，牛庄镇、六户镇、史口镇、龙居镇），有村民委员会201个，居民委员会124个；河口区有2街道4镇（河口街道、六合街道，义和镇、仙河镇、孤岛镇、新户镇），有居民委员会10个，村民委员会178个；广饶县有2街道7镇（广饶街道、乐安街道，大王镇、稻庄镇、丁庄镇、李鹊镇、大码头镇、花官镇、陈官镇），有居民委员会20个，村民委员会557个；垦利区有2街道5镇（垦利街道、兴隆街道，胜坨镇、郝家镇、永安镇、黄河口镇、董集镇），有居民委员会14个，村民委员会333个；利津县有2街道4镇2乡（利津街道、凤凰城街道，北宋镇、盐窝镇、陈庄镇、汀罗镇，明集乡、刁口乡），有居民委员会5个，村民委员会512个。东营经济技术开发区管委会有居民委员会13个。

# 人口　民族

【人口】 2016年全市人口保持平稳增长。年末，全市户籍人口城镇化率54.18%，比上年提高3.03个百分点。据公安部门统计，全市总人口66.19万户192.81万人，比2015年增加2.19万人；暂住人口27.72万人，比2015年增加2.43万人。全年共出生29957人，人口出生率15.63‰，死亡率4.90‰，自然增长率10.73‰，出生人口性别比为99.38（女=100）。

【民族】 境内居民主体为汉族。至2016年年底，全市有43个民族成分，少数民族人口1万余人。境内少数民族人口最多的是回族，其他百人以上的有满族、蒙古族、土家族、壮族、苗族、白族。少数民族呈散杂居分布，有少数民族的村351个。

# 自 然 环 境

【地质】 东营市地处华北坳陷区之济阳坳陷东端，地层自老至新有太古界泰山岩群，古生界寒武系、奥陶系、石炭系和二叠系，中生界侏罗系、白垩系，新生界第三系、第四系；缺失元古界，古生界上奥陶统、志留系、泥盆系、下古炭统及中生界三叠系。凹陷和凸起自北而南主要有：埕子口凸起（东端）、车镇凹陷（东部）、义和庄凸起（东部）、沾化凹陷（东部）、陈家庄凸起、东营凹陷（东半部）、广饶凸起（部分）等。

【地貌】 地势沿黄河走向自西南向东北倾斜。西南部最高高程为28米（大沽高程，下同），东北部最低高程1米，自然比降为1/8000~1/12000；西部最高高程为11米，东部最低高程1米，自然比降为1/7000。黄河穿境而过，背河方向近河高、远河低，背河自然比降为1/7000，河滩地高于背河地2~4米，形成“地上悬河”。全市微地貌有5种类型：古河滩高地，占全市总面积的4.15%，主要分布于黄河决口扇面上游；河滩高地，占全市总面积的3.58%，主要分布于黄河河道至大堤之间；微斜平地，占全市总面积的54.54%，是岗、洼过渡地带；浅平洼地，占全市总面积的10.68%，小清河以南主要分布于古河滩高地之间，小清河以北主要分布于微斜平地之中、缓岗之间和黄河故道低洼处；海滩地，占全市总面积的27.05%，与海岸线平行呈带状分布。（史言）

【气候】 东营市地处中纬度，背陆面海，受亚欧大陆和西太平洋共同影响，属暖温带大陆性季风气候，基本气候特征为冬寒夏热，四季分明。春季，干旱多风，早春冷暖无常，常有倒春寒出现，晚春回暖迅速，常发生春旱；夏季，炎热多雨，温高湿大，有时受台风侵袭；秋季，气温下降，雨水骤减，天高气爽；冬季，天气干冷，寒风频吹，多刮北风、西北风，雨雪稀少。主要气象灾害有霜冻、干热风、大风、冰雹、干旱、涝灾、风暴潮灾等。境内南北气候差异不明显。多年平均气温12.8℃，无霜期206天，≥10℃的积温约4300℃，可满足农作物的两年三熟。年平均降水量555.9毫米，多集中在夏季，占全年降水量的65%，降水量年际变化大，易形成旱、涝灾害。

2016年，全辖平均气温14.4℃，比常年偏高1.2℃，年降水量609.8毫米，比常年偏多69.5毫米；日照时数2428.6小时，比常年偏少210.8小时。总的气候特点是：冬季气温偏高，降水偏多，光照条件略显不足，其中1月23—24日出现极寒天气，2月单日最大降水量突破历史同期极值，雾和霾天气出现频繁；春季气温偏高，降水偏少，日照时数略偏少，干旱、冰雹、雾、霾、干热风等天气均有发生，期内最长连续无降水日数达41天；夏季气温偏高，降水充沛，日照时数略显不足，阶段性干旱、冰雹、短时强降雨均有发生，6月中下旬部分时段冰雹天气频现，7—8月部分地区出现雨涝；秋季气温偏高，降水偏少，日照时数不足，雾和霾、阴雨雪、大风降温天气时有发生，10月21—25日出现连续阴雨寡照天气。年末（12月）气温偏高，雨雪偏多，雾和霾天气频现，期内最长连续雾日数达6天，日照时数偏少。（信志红）

**2016年全市各月平均日照时数表**

单位：小时

| 区 县 | 1月 | 2月 | 3月 | 4月 | 5月 | 6月 | 7月 | 8月 | 9月 | 10月 | 11月 | 12月 | 年合计 |
|---|---|---|---|---|---|---|---|---|---|---|---|---|---|
| 东营区 | 189.4 | 225.7 | 288.7 | 262.1 | 253.8 | 270.6 | 235.8 | 217.5 | 226.3 | 158.2 | 183.0 | 153.7 | 2664.8 |
| 河口区 | 160.1 | 213.2 | 265.9 | 254.3 | 242.5 | 248.7 | 234.5 | 212.9 | 232.8 | 160.1 | 151.3 | 131.1 | 2507.4 |
| 垦利区 | 148.8 | 195.1 | 247.8 | 238.5 | 236.4 | 245.7 | 209.4 | 193.5 | 217.1 | 150.3 | 159.6 | 109.1 | 2351.3 |
| 利津县 | 143.2 | 198.9 | 261.1 | 255.9 | 242.4 | 246.8 | 225.0 | 212.5 | 240.9 | 158.8 | 175.1 | 122.1 | 2482.7 |
| 广饶县 | 128.4 | 181.4 | 229.5 | 210.1 | 232.4 | 228.0 | 198.1 | 183.1 | 185.5 | 125.0 | 136.2 | 99.3 | 2137.0 |

**2016年全市各月平均气温及气温极值情况表**

单位：℃

| 项 目 | | 1月 | 2月 | 3月 | 4月 | 5月 | 6月 | 7月 | 8月 | 9月 | 10月 | 11月 | 12月 | 年 |
|---|---|---|---|---|---|---|---|---|---|---|---|---|---|---|
| 月平均气温 | | −3.2 | 1.5 | 9.4 | 16.7 | 20.6 | 25.3 | 27.8 | 26.9 | 22.9 | 15.8 | 7.1 | 1.9 | 14.4 |
| 极端最高气温 | 极值 | 13.3 | 17.1 | 25.7 | 32.3 | 34.5 | 36.2 | 38.1 | 36.8 | 33.3 | 30.3 | 22.1 | 13.9 | 38.1 |
| | 日期 | 2 | 10 | 31 | 30 | 30 | 17 | 24 | 12 | 9 | 4 | 4 | 3 | 24/7 |
| 极端最低气温 | 极值 | −18.9 | −9.8 | −4.2 | 5.9 | 7.4 | 14.3 | 20.0 | 14.9 | 8.5 | 0.9 | −6.9 | −8.3 | −18.9 |
| | 日期 | 24 | 1 | 11 | 4 | 13 | 2 | 15 | 27 | 29 | 31 | 23 | 29 | 24/1 |

**2016年全市各月降水量表**

单位：毫米

| 区 县 | 1月 | 2月 | 3月 | 4月 | 5月 | 6月 | 7月 | 8月 | 9月 | 10月 | 11月 | 12月 | 年合计 |
|---|---|---|---|---|---|---|---|---|---|---|---|---|---|
| 东营区 | 2.1 | 33.7 | 0.8 | 25.5 | 33.5 | 117.3 | 129.5 | 168.7 | 7.4 | 31.1 | 12.6 | 9.8 | 572.0 |
| 河口区 | 2.2 | 22.8 | 3.4 | 18.4 | 36.7 | 149.7 | 132.0 | 236.6 | 15.2 | 23.1 | 9.8 | 6.5 | 656.4 |
| 垦利区 | 2.0 | 27.3 | 3.4 | 16.7 | 29.8 | 161.8 | 177.2 | 156.8 | 36.0 | 25.6 | 12.7 | 9.3 | 658.6 |
| 利津县 | 2.8 | 26.1 | 5.8 | 14.4 | 38.8 | 77.8 | 165.3 | 249.0 | 15.0 | 30.2 | 10.0 | 8.2 | 643.4 |
| 广饶县 | 3.7 | 40.4 | 1.7 | 11.2 | 46.2 | 142.3 | 81.9 | 112.8 | 18.2 | 33.1 | 15.1 | 12.0 | 518.6 |

【土壤】 全市土壤分为褐土、砂姜黑土、潮土、盐土及水稻土五个类别。褐土主要分布于小清河以南区域，占全市土壤总面积的4%左右，是全市粮棉菜高产稳产区。砂姜黑土主要分布于小清河南褐土区的低洼处，占全市土壤总面积的

0.6%,适种小麦、玉米、高粱等浅根作物,在农业上是较有潜力的土壤类型。潮土占全市土壤总面积的59%,是全市主要的耕种土壤,经耕作改良适种小麦、玉米、棉花等作物。盐土在近海呈带状分布,占全市土壤总面积的36%,自然植被有芦苇、黄须菜、茅草、蒿子等,以开发水、牧养殖(植)为主。水稻土主要分布于利津、垦利老稻区,占土壤总面积的0.2%,经二十多年的水耕熟化,初步具备幼年水稻土的特征。

土壤墒情　2016年3月1日至11月1日每月1、11、21日对各县区采样地块小麦、玉米、棉花等不同农作物10厘米、20厘米和40厘米深度的土壤进行墒情监测,由于降水、蒸发、灌溉等客观原因,土壤墒情呈周期性波动变化。

由于春灌的原因,3—4月春耕农作物的地块土壤含水率普遍偏湿。但进入5月,由于降水量偏少、蒸发量增大,黄河来水较多年同期均值偏少,导致局部旱情出现。进入汛期后,全市降水量较历年同期及2015年同期略偏高,6—9月大部分地区总体呈现墒情偏湿状态。其中6月上旬降水量偏少,农作物得不到有效灌溉,部分地块偏旱,但在中旬经历较大降雨过程后旱情得到缓解,土壤蓄水量饱和。10月1日后,除河口区、利津县部分采样地块在11月初出现轻度干旱情况,全市大部分站点土壤墒情略偏湿。从全年监测数据来看,河口区义和站土层为砂壤土,砂土抗旱能力弱,易漏水排水快,常出现轻旱、干旱的情况。

**东营市海河流域骨干河道基本情况一览表**

| 河道 | | 流域面积($km^2$) | | 长度(km) | | 设计流量($m^3/s$) | |
|---|---|---|---|---|---|---|---|
| | | 总计 | 其中本市 | 总计 | 其中本市 | 防洪 | 排涝 |
| 1.潮河 | | 1408.0 | 427.7 | 73.5 | 24.0 | — | 188.0 |
| 支流 | 褚官河 | 220.1 | 175.0 | 31.7 | 29.5 | — | 33～129.6 |
| | 太平河 | 144.7 | 144.7 | 26.5 | 26.5 | — | 15.69～42.9 |
| 2.马新河 | | 275 | 204 | 55.6 | 35.6 | 48.5～191.4 | 26.6～104.5 |
| 3.沾利河 | | 343 | 343 | 60.7 | 60.7 | 34.6～192.1 | 20.3～105.6 |
| 4.草桥沟 | | 472 | 472 | 46 | 46 | 41～243.6 | 23.2～134.1 |
| 其中东干流 | | 149.5 | 149.5 | 26 | 26 | 65.7～108.8 | 35.6～60.6 |
| 5.挑河 | | 504 | 504 | 32.6 | 32.6 | — | 23.7～100.7 |
| 6.神仙沟 | | 350 | 350 | 30 | 30 | — | 22～102 |
| 其中新卫东河 | | 160 | 160 | 24.7 | 24.7 | — | 15～31 |
| 合计 | | 3352.0 | 2300.7 | 407.3 | 335.6 | — | — |

**东营市淮河流域骨干河道基本情况一览表**

| 河道 | | 流域面积($km^2$) | | 长度(km) | | 设计流量($m^3/s$) | |
|---|---|---|---|---|---|---|---|
| | | 总计 | 其中本市 | 总计 | 其中本市 | 防洪 | 排涝 |
| 1.小清河 | | 10336.6 | 585.0 | 237.00 | 34.00 | 2000.0 | 1100.0 |
| 其中 | 淄河 | 1151.0 | 228.0 | 141.50 | 37.80 | 460.0 | — |
| | 泥河子 | 343.0 | 174.0 | — | 17.00 | — | 130.4 |
| | 阳河 | 219.0 | 26.0 | 60.60 | 14.60 | — | 160.0 |
| | 预备河 | 450.0 | 195.0 | 42.50 | 26.50 | — | 140.0 |
| 2.支脉河 | | 3382.0 | 1508.0 | 135.00 | 68.20 | 474～930.0 | 129.2～400.0 |
| 其中 | 小河子 | 378.0 | 199.0 | — | 29.30 | — | 51.7 |
| | 武家大沟 | 192.0 | 192.0 | 31.47 | 31.47 | — | 123.0 |
| | 广蒲河 | 280.0 | 280.0 | 43.30 | 43.30 | — | 67.4 |
| | 五干排 | 89.1 | 89.1 | 21.52 | 21.52 | — | 35.0 |
| 3.广利河 | | 510.0 | 510.0 | 47.30 | 47.30 | 354.0 | 253.0 |
| 其中 | 老广蒲沟 | 117.0 | 117.0 | 27.90 | 27.90 | — | 59.6 |
| | 溢洪河 | 312.0 | 312.0 | 48.00 | 48.00 | — | 110.0 |
| | 东营河 | 83.4 | 83.4 | 21.50 | 21.50 | — | 44.9 |
| | 五六干合排 | 44.0 | 44.0 | 16.10 | 16.10 | 46.1 | 37.0 |
| | 六干排 | 93.0 | 93.0 | 25.80 | 25.80 | — | 36 |
| 4.永丰河 | | 200.0 | 200.0 | 33.80 | 33.80 | — | 84.2 |
| 其中三排沟 | | 139.3 | 139.3 | 25.50 | 25.50 | — | 32.0 |
| 5.张镇河 | | 140.0 | 140.0 | 28.00 | 28.00 | — | 49.0 |
| 6.小岛河 | | 120.8 | 120.8 | 27.50 | 27.50 | — | 52.2 |
| 合计 | | 14568.6 | 3063.0 | 1014.29 | 625.09 | — | — |

【水文】 市水文局建成国家基本水文站2处，中小河流水文站16处，雨量站72处，水位站9处，蒸发站1处，地下水监测井39眼，墒情监测站30处，省级水功能区水质监测站5处，城市重要供水水源地水质监测站1处，入河排污口监测点30处，区域水资源监测站19处。市级水文巡测基地正在建设中。由200余处站点组成的上下联动、量质并重的全市水文水资源、水环境监测网络，为全市防汛减灾、水资源管理、水生态建设以及经济社会发展提供优质水文服务。

地表水。按流域划分，东营市现行水系可以划分为黄河流域水系、海河流域水系及淮河流域水系。唯有黄河本身属于黄河流域，其他河流以黄河为界线，黄河以北属海河流域，黄河以南属淮河流域。海河流域水系多为南北走向，共有潮河、沾利河等10条河流；淮河流域水系多为东西走向，共有小清河、支脉河、广利河、永丰河等20条河流。①黄河流域水系。黄河东营段河长138公里，河道是黄河下游之窄河段，两岸堤距0.5~5公里，河道曲折系数1.2，比降为1/10000，属弯曲型单式河道。渔洼至入海河口段长70公里，河道淤积延伸，改道频繁，堤防纵横交错，堤距宽窄不一，属于强烈堆积型河流。黄河口位于渤海湾与莱州湾交汇处，北纬37°15′~38°10′、东经118°10′~119°15′，系陆相弱潮堆积性河口，由河流近口段、三角洲及滨海区组成，总面积约为9000平方公里。黄河由东营入海以来，在以宁海为起点的三角洲洲面上发生50多次分叉、决口，导致尾闾流路多次变迁。黄河滩区是指东营段河道主槽至两岸临黄大堤之间的河床地段。西河口以上两岸滩区总面积约154平方公里，可耕地1.36万公顷，其中90%的土地已开发耕种。西河口以下河口地区，行洪面积440平方公里，有胜利油田上万名职工从事勘探、采油等开发建设。②海河流域水系。位于黄河以北，包括河口区和利津县，水系主要有潮河及其支流褚官河和太平河，马新河，沾利河，草桥沟及其支流草桥沟东干流，挑河，神仙沟及其支流新卫东河等10条河道组成，境内总长度351.6公里，流域面积2192.7平方公里。③淮河流域水系。地处黄河以南，包括东营区、广饶县、垦利县，总面积4822平方公里。主要包括小清河及其支流淄河、阳河、泥河子、预备河，支脉河及其支流小河子、武家大沟、广蒲河、五干排，广利河及其支流溢洪河、东营河、老广蒲河、五六干合排、六干排，永丰河及其支流三排沟，张镇河和小岛河等20条河流。市境内总长度625.09公里，流域面积3063.00平方公里。

地下水。①区域分布。东营地区处于黄河下游，地下径流缓慢，土壤含盐量高，咸水分布广泛。浅层淡水主要分布在广饶南部及利津—陈庄沿黄河一带，黄河故道多处分布上层滞水；深层淡水分布于东营—利津以南地区。根据区域构造特征和地下水赋存条件，区域内的水文地质单元可分为黄泛平原和山前平原两个水文地质单元。黄泛平原区位于小清河以北，面积7414平方公里，沉积物的岩性为粉砂、细砂、黏土、亚黏土为主，沿海地带常见有海相贝壳。上部存在巨厚的咸水体，咸水底界面埋深由小清河沿岸100米过渡到东北沿海大于400米。浅层地下水矿化度大于5克/升，为咸水区。山前平原区位于广饶县境内小清河以南，面积636平方公里，沉积物主要来源于泰沂山区由淄河等河流搬运来的冲积物。地层由南向北缓倾，具有典型的山前冲积平原水文地质特征：垂直方向，自上而下，含水层颗粒由细变粗；水平方向，由南向北，含水层颗粒由粗变细，结构由单一变层状，地下水埋深由深变浅，水力性质由潜水逐步过渡为承压水，矿化度也逐步增高，由淡水过渡为微咸水、咸水。②地下水运动特征。浅层地下水的运动特征南北有所不同。南部淄河冲洪积扇地区地下水补给条件良好，除大气降水补给外，还有山区地下水的侧向补给，地下水的流向总体上自南向北运动。由于降落漏斗的形成，局部区域地下水是运动方向有所改变。北部冲积海积平原地区，以大气降水补给为主，其次，还有黄河侧渗及灌溉回归等其他补给形式，地下水自西南向东北运动，蒸发和人工开采是主要的排泄方式。深层地下水补给来源主要受南部山前地区及西部临区水平径流补给，地下水流向分别为自南向北和自西南向东北，人工开采和径流入海是主要的排泄方式。③2016年1—12月全市各区县地下水埋深呈现波浪形趋势。全市平均埋深最大月份出现在6月1日，为7.42米；最小月份出现在3月1日，为5.75米。其中广饶县地下水位监测井平均埋深值整体偏大，6月1日平均埋深最大，为7.42米；利津县9月1日平均埋深最小，为0.94米。2017年1月1日与上年同期埋深相比，埋深数据普遍增加。垦利区地下水平均埋深变幅最大，埋深增加0.55米。 （市水文局 刘鹏）

【海域】 东营市海岸线南起小清河向广饶一侧，北至顺江沟向河口区一侧，全长413公里。“0”米至岸线滩涂面积10.19万公顷。-10米等深线以内浅海面积4800平方公里。沿岸海底较为平坦，浅海底质泥质粉砂占77.8%，沙质粉砂占22.2%。海水透明度为32~55厘米。海水温度、盐度受大陆气候和黄河径流的影响较大。冬季沿岸有2~3个月冰期，海水流冰范围为0~5海里，盐度在35‰左右；春季海水温度为12℃~20℃，盐度多为22‰~31‰；夏季海水温度为24℃~28℃，盐度为21‰~30‰；东营海域为半封闭型，大部岸段的潮汐属不规则半日潮，每日2次，每日出现的高低潮差一般为0.2~2米，大潮多发生于3—4月和7—11月，潮位最高超过5米。易发生风暴潮灾。风暴潮存在明显的季节性变化，风暴潮灾害一年四季均有发生，冬半年发生的次数明显多于夏半年，秋冬交替时节发生风暴潮的频率最大。近海在黄河及其他河流作用下，含盐度低，含氧量高，有机质多，饵料丰富，适宜多种鱼虾类索饵、繁殖、洄游。

# 自 然 资 源

【土地资源】 东营市土地总面积 82.43 万公顷，其中农用地 42.63 万公顷，占总面积 51.72%；建设用地 13.87 万公顷，占总面积 16.83%；未利用地 25.93 万公顷，占总面积 31.45%。1855—1985 年，黄河平均每年淤地造陆 3 万~4 万亩；1985 年后，因黄河来水量减少，造陆速度趋缓。

【水资源】 多年平均水资源总量 9.01 亿立方米，其中地表水资源量为 8.21 亿立方米，多集中在夏季，大部分排入海洋，利用率较低。多年平均地下水资源量为 0.80 亿立方米，主要分布在小清河以南地区，其北为咸水区。黄河是境内主要客水水源，多年平均径流量为 314.7 亿立方米，年际间丰枯变化较大。近年东营市尽可能多引、多蓄黄河水，年均引水量 10 亿立方米左右，2016 年引黄河水 11.7 亿立方米，为全市经济社会发展提供水资源保障。小清河东营境内河长 34 公里，境内流域面积 585 平方公里，多年平均入境径流量为 5.82 亿立方米；支脉河境内河长 68.2 公里，流域面积 1508 平方公里，多年平均入境流量为 2.82 亿立方米。

2016 年，东营市总供水量 9.83 亿立方米，其中，地表水源供水量 89612 万立方米，地下水源供水量 7332 万立方米，其他水源供水量 1395 万立方米。

【矿产资源】 主要有石油、天然气、地热、岩盐、石膏、地下卤水、油页岩、煤、矿泉水、贝壳、砖瓦黏土等。东营市是胜利油田主产区，截至 2016 年年底，胜利油田已找到不同类型油气田 83 个，累计探明石油地质储量 54.83 亿吨，天然气 415.74 亿立方米。地热资源主要分布在以东营城区为中心的东营潜凹区和以河口—孤岛—仙河为中心的车镇潜凹区以及垦利、广饶、利津部分地区，分布面积约 5655 平方公里，查明地下热水资源量 3447 亿立方米，是全省地热资源最丰富的地区。岩盐主要分布在东营凹陷地带，估算资源量 1096.79 亿吨。煤的发育面积约 630 平方公里，主要分布于广饶县东北部和河口区西部，估算资源量 61.8 亿吨。全市地下卤水资源量 58.43 亿立方米，油页岩资源量 1544.6 亿吨，矿泉水可采资源量 365 万立方米/年，砖瓦黏土资源量 28.44 万立方米。

【生物资源】 农作物品种数百个，木本植物 44 科、79 属、179 种(含变种)，其中用材树种主要有刺槐、毛白杨、旱柳、国槐、白榆等，经济树种主要有苹果、梨、枣等；草场类植物有 35 科、84 属、93 种；中草药类植物 300 余种，其中有采集价值的近 70 种；有浮游植物 116 种，蕨类植物 4 种。畜禽类约 11 科 20 余种 40 多个品种，主要有猪、牛、羊、鸡、家兔等。境内有各种鸟类 367 种，占全国鸟类总种数的 21%，有候鸟 271 种。鸟类中，国家一级重点保护鸟类有白鹳、丹顶鹤、大鸨、白头鹤、金雕、白尾海雕、中华秋沙鸭、遗鸥、东方白鹳、黑鹳等 12 种，国家二级保护鸟类有大天鹅、小天鹅、疣鼻天鹅、灰鹤、白枕鹤、黑脸琵鹭等 51 种，每年迁徙路过的鸟类有 600 多万只。水生动物有 641 种，其中有淡水鱼类 108 种、海洋鱼类 85 种；主要经济鱼品种有草鱼、刀鲚、鲫鱼、鲤鱼、鲈鱼、刀鱼等。

（史言）

# 2016 年东营市国民经济和社会发展综述

2016 年，面对宏观经济运行总体放缓、国际油价低迷和欧美对中国橡胶轮胎、石油管材出口进行“双反”调查带来的持续冲击，东营市深入贯彻落实中央和省委、省政府的决策部署，牢固树立和贯彻新的发展理念，以推进供给侧结构性改革为主线，统筹推进经济社会发展各项工作，全力稳增长调结构促发展，经济社会发展呈现出健康平稳、稳中有进、进中向好的发展态势。

(一)经济运行总体良好，运行质量进一步提高。从整体态势看。2016 年，全市实现生产总值 3479.60 亿元，按可比价格计算，比上年增长 7.0%。其中，第一产业增加值 121.89 亿元，增长 4.0%；第二产业增加值 2163.10 亿元，增长 6.0%；第三产业增加值 1194.61 亿元，增长 9.2%。从年内情况看，GDP 各季度增速基本稳定在[6.9-7.0]的区间。从就业看，就业形势保持稳定。新增城镇就业 4.59 万人。年末，城镇登记失业 12405 人，城镇人口登记失业率 2.42%，低于 3.5%的全年控制目标。从控物价看，市场物价涨幅温和。居民消费价格指数(CPI)同比上涨 1.7%。其中，消费品价格上涨 2.9%，服务项目价格持平。工业生产者出厂价格指数(PPI)下降 6.7%，工业生产者购进价格指数(IPI)下降 3.4%。从财税情况看，质量持续提高。全市市级以下公共财政预算收入 221.87 亿元，可比增长 2.4%，其中税收收入占比达到 66.5%。从主要税种看，增值税、城镇土地使用税、个人所得税保持较快增长，增速分别为 14.4%、15.2%和 14.1%。从金融秩序看，金融市场运行稳健。全年全市本外币各项存款余额 3989.66 亿元，比年初增加 303.18 亿元。本外币各项贷款余额 3507.50 亿元，比年初增加 476.26 亿元。新增贷款中，制造业新增贷款 213.68 亿元，批发零售业 28.14 亿元，交通运输、邮政仓储业 15.50 亿元，建筑业 20.20 亿元，水利环境和公共设施管理业 22.76 亿元，租赁和商务服务业 21.18 亿元，电力、热力、燃气及水生产和供应业 9.20 亿元，成为新增贷款的主要投放领域。

(二)结构调整步伐持续加快，转型升级成效明显。①三次产业运行平稳，结构调整取得新进展。服务业占比逐步提高。全年三次产业结构3.5:62.2:34.3,第三产业增加值占比较2015年全年提高2.4个百分点。农业生产稳中向好,产业化经营不断深化。全年全市实现农林牧渔及服务业总产值260.29亿元,比上年增长3.9%。农业龙头企业650家、农民合作社1967家、家庭农场1039家,经营面积50亩以上的种植业大户2835户。工业结构不断优化。加快新型工业化建设力度,加强"四个一"平台建设,石油化工、有色金属、橡胶轮胎等主导产业平稳发展。大力开展化工产业转型升级,679家化工生产企业全部完成"三评级一评价"。全年高新技术产业产值占工业总产值比重达35.5%,较年初占比提高0.5个百分点。②投资结构不断优化。全年三次产业投资占固定资产投资总量的比重3.0:52.3:44.7,其中第三产业投资占比较2015年提高8.2个百分点。③消费层级有所提升。新兴业态层出不穷,电子商务产业园入驻企业60家,淘东营、金钊源等O2O电子商务交易平台快速发展,广饶"胎大王"电商服务平台运行一年实现交易额7000多万元。书报杂志类、中西药品类等消费升级类和医疗保健类增势迅猛,分别增长14.9%和16.5%。④外经外贸转型步伐加快。抓住国家"一带一路"战略有利契机,扎实推进国际产能和装备制造合作,充分利用国际国内两个市场、两种资源,重点出口产品中,化工产品、纺织品出形势较好,全年分别增长11.9%和6.0%。全市新批外资项目7个,新增合同外资0.46亿美元,实际到账外资2.23亿美元,增长0.5%。

*(三)改革创新迈出新步伐,新的发展动能日渐发力。*①重大项目建设取得新突破。黄河三角洲农业高新区正式成立,东营综合保税区封关运营,省政府批复胜利经济开发区更名为东营高新技术产业开发区。东营作为沿海高铁、京沪高铁辅助通道重要节点城市列入国家铁路网规划。东营港疏港铁路获得核准,防波堤工程获得交通运输部和省资金支持。7家企业获得使用进口原油资质和配额2000万吨。②商事制度改革不断深化。"三证合一、一照一码"改革全面实施,注册资本"实缴"改"认缴"深入施行,年末实有各类市场主体15.04万户,比上年增长16.5%;注册资本(金)4146.73亿元,增长34.0%。③创新引领转型发展。自主创新能力不断增强。省级重大科技成果奖6个,其中应用技术成果6个。科技服务体系逐步完善。建设国家级众创空间2家,省级8家。全市各类孵化面积达到76.1万平方米,在孵企业879家。极推动大型科学仪器共享,新增135台(套)大型科学仪器,入网仪器达435台(套),设备原值达3.5亿元。④企业积极探索创新。通过探求重组和联合入股、探索新三板挂牌和主板上市、发行债券等路径,转型升级步伐不断加快。国瓷材料等20多家骨干企业成功探索出自主研发、产学研结合、高端人才带动等"六种模式"的向微笑曲线两端延伸的经验做法,在全市企业中发挥示范带动作用。更多企业通过积极"走出去"投资设厂、大力发展境外投资项目、与"一带一路"沿线国家地区加强合作等举措,稳步推进"走出去"战略。

*(四)居民收入稳步增长,保障水平不断完善。*①城乡居民生活质量稳步提高。全年全体居民人均可支配收入32178元,比上年增长8.1%;人均消费性支出20093元,增长8.2%;全体居民人均现住房建筑面积36.80平方米。城镇居民人均可支配收入41580元,增长7.3%;人均消费性支出24879元,增长7.5%;恩格尔系数为23.7%;年末人均现住房建筑面积36.10平方米。农村居民人均可支配收入14999元,增长8.0%;人均消费性支出11348元,增长8.1%;恩格尔系数为23.6%;年末人均现住房建筑面积38.00平方米。②财政支出更加关注民生领域。全年全市公共财政预算支出268.20亿元,增长4.1%。其中,交通运输支出增长36.2%,住房保障支出增长16.0%,一般公共服务支出增长10.8%,科学技术支出增长10.1%。③保障和改善社会民生水平不断提升。参加城镇职工基本养老保险55.24万人,参加居民基本养老保险73.97万人。参加城镇基本医疗保险职工69.90万人,居民基本医疗保险参保人数126.21万人。参加失业保险职工28.59万人,领取失业保险金8936人。参加工伤保险61.61万人,生育保险人数48.09万人。④社会福利事业实现新发展。保障城乡低保对象3.74万人,特困人员2186人。建成养老服务设施298处,其中,养老机构42处、社区日间照料中心53处、农村幸福院203处,各类养老服务设施床位数12714张,每千名老年人拥有床位数33张。

**2016年全省及各市主要经济指标表**

| 项目 | 地区生产总值(亿元) | 规模以上工业增加值(%) | 工业利税总额(亿元) | 全社会固定资产投资(亿元) | 消费品零售额(%) | 进出口总值(亿美元) | 公共财政预算收入(亿元) | 粮食总产量(万吨) | 棉花总产量(万吨) | 肉类总产量(万吨) | 油料产量(万吨) | 城镇居民人均可支配收入(元) | 农村居民人均可支配收入(元) |
|---|---|---|---|---|---|---|---|---|---|---|---|---|---|
| 全省 | 67008.20 | 6.8 | 13312.85 | 52364.49 | 10.4 | 9052.21 | 5860.16 | 4700.71 | 54.83 | 776.17 | 326.78 | 34012 | 13954 |
| 济南市 | 6536.12 | 7.3 | 727.61 | 3974.33 | 10.4 | 408.02 | 641.22 | 257.27 | 1.26 | 35.96 | 4.16 | 43052 | 15346 |
| 青岛市 | 10011.29 | 7.5 | 1705.86 | 7454.70 | 10.5 | 2821.91 | 1100.01 | 304.99 | 0.06 | 56.36 | 36.93 | 43598 | 17969 |
| 淄博市 | 4412.01 | 7.4 | 1320.77 | 3099.80 | 10.5 | 347.43 | 345.38 | 143.40 | 0.34 | 15.51 | 2.15 | 36436 | 15674 |
| 枣庄市 | 2142.63 | 6.2 | 280.81 | 1788.51 | 10.8 | 81.21 | 147.40 | 163.25 | 0.32 | 25.40 | 9.19 | 27708 | 13018 |

续表

| 项目 | 地区生产总值(亿元) | 规模以上工业增加值(%) | 工业利税总额(亿元) | 全社会固定资产投资(亿元) | 消费品零售额(%) | 进出口总值(亿美元) | 公共财政预算收入(亿元) | 粮食总产量(万吨) | 棉花总产量(万吨) | 肉类总产量(万吨) | 油料产量(万吨) | 城镇居民人均可支配收入(元) | 农村居民人均可支配收入(元) |
|---|---|---|---|---|---|---|---|---|---|---|---|---|---|
| 全省 | 67008.20 | 6.8 | 13312.85 | 52364.49 | 10.4 | 9052.21 | 5860.16 | 4700.71 | 54.83 | 776.17 | 326.78 | 34012 | 13954 |
| 东营市 | 3479.60 | 6.2 | 957.52 | 2472.55 | 8.5 | 301.68 | 221.87 | 100.47 | 7.17 | 16.76 | 0.42 | 41580 | 14999 |
| 烟台市 | 6925.66 | 9.0 | 1499.32 | 5297.22 | 11.1 | 1643.60 | 577.11 | 179.72 | 0.04 | 55.39 | 41.63 | 38744 | 16721 |
| 潍坊市 | 5522.68 | 8.3 | 1129.32 | 5112.53 | 10.4 | 822.02 | 521.54 | 431.80 | 2.06 | 132.53 | 21.27 | 33609 | 16098 |
| 济宁市 | 4301.82 | 6.3 | 601.16 | 3278.97 | 8.4 | 224.25 | 391.52 | 445.20 | 6.60 | 60.70 | 17.07 | 29987 | 13615 |
| 泰安市 | 3316.79 | 6.9 | 543.41 | 2899.62 | 9.9 | 108.84 | 206.71 | 262.11 | 0.65 | 46.23 | 22.72 | 30299 | 14428 |
| 威海市 | 3212.20 | 7.3 | 570.24 | 2879.35 | 11.1 | 786.10 | 260.50 | 70.21 | 0.00 | 18.40 | 23.68 | 39363 | 17573 |
| 日照市 | 1802.49 | 8.6 | 131.01 | 1597.78 | 9.3 | 279.04 | 128.73 | 88.48 | 0.13 | 30.52 | 23.90 | 28340 | 13379 |
| 莱芜市 | 702.76 | 9.5 | 74.99 | 635.67 | 8.4 | 64.80 | 53.00 | 22.99 | 0.31 | 6.33 | 2.36 | 32364 | 14852 |
| 临沂市 | 4026.75 | 7.5 | 785.64 | 3603.32 | 11.3 | 401.88 | 293.92 | 412.35 | 0.94 | 78.16 | 84.99 | 30859 | 11646 |
| 德州市 | 2932.99 | 6.7 | 827.37 | 2537.78 | 10.9 | 150.02 | 183.51 | 643.75 | 4.32 | 67.89 | 1.86 | 22760 | 12248 |
| 聊城市 | 2859.18 | 6.7 | 832.42 | 2357.57 | 10.7 | 197.81 | 187.50 | 495.90 | 2.35 | 58.10 | 9.89 | 23277 | 11387 |
| 滨州市 | 2470.10 | 6.5 | 424.70 | 2156.57 | 9.4 | 249.44 | 220.01 | 306.13 | 7.42 | 38.38 | 1.39 | 30583 | 13736 |
| 菏泽市 | 2560.24 | 10.0 | 900.16 | 1218.21 | 11.2 | 164.15 | 185.04 | 607.25 | 13.15 | 72.17 | 23.17 | 22122 | 10705 |

## 2016 年全市分县区主要经济指标表

| 指标 | 单位 | 东营市 | | 东营区 | | 河口区 | | 垦利区 | | 利津县 | | 广饶县 | |
|---|---|---|---|---|---|---|---|---|---|---|---|---|---|
| | | 2016 年 | 比上年增长(%) | 2016 年 | 比上年增长(%) | 2016 年 | 比上年增长(%) | 2016 年 | 比上年增长(%) | 2016 年 | 比上年增长(%) | 2016 年 | 比上年增长(%) |
| 地区生产总值 | 亿元 | 3479.60 | 7.0 | 457.09 | 6.7 | 261.48 | 7.7 | 410.92 | 7.3 | 263.59 | 7.6 | 790.96 | 7.5 |
| 第一产业 | 亿元 | 121.89 | 4.0 | 17.18 | 4.3 | 13.46 | 5.6 | 20.24 | 3.9 | 28.07 | 3.9 | 42.88 | 2.5 |
| 第二产业 | 亿元 | 2163.10 | 6.0 | 177.68 | 3.5 | 126.83 | 6.8 | 234.34 | 5.7 | 134.26 | 8.0 | 514.83 | 7.5 |
| 第三产业 | 亿元 | 1194.61 | 9.2 | 262.22 | 9.3 | 121.19 | 9.1 | 156.35 | 10.4 | 101.26 | 8.1 | 233.25 | 8.5 |
| 固定资产投资额 | 亿元 | 2472.55 | −19.8 | 513.43 | −14.2 | 332.19 | −7.1 | 297.39 | −31.9 | 134.58 | −21.6 | 650.06 | −15.6 |
| 公共财政预算收入 | 亿元 | 221.87 | 0.8 | 26.29 | −15.6 | 18.06 | 4.1 | 21.27 | 1.2 | 12.88 | 3.0 | 40.94 | −3.5 |
| 公共财政预算支出 | 万元 | 268.20 | 4.1 | 35.50 | 14.1 | 21.40 | 5.7 | 27.82 | 8.4 | 22.65 | −2.7 | 49.91 | −2.7 |
| 粮食总产量 | 万吨 | 100.47 | 0.6 | 10.29 | 2.1 | 8.20 | −6.3 | 11.55 | 6.7 | 20.44 | 5.3 | 50.00 | −1.5 |
| 社会消费品零售总额 | 亿元 | 789.72 | 8.5 | 363.89 | 6.9 | 57.09 | 12.1 | 67.71 | 11.2 | 33.20 | 0.4 | 192.74 | 11.3 |
| 海关进出口总值 | 亿元 | 995.88 | 24.7 | 62.98 | −11.1 | 24.16 | 13.8 | 88.17 | 69.6 | 84.64 | 220.2 | 310.30 | −5.2 |
| 其中:出口 | 亿元 | 301.68 | −2.0 | 43.94 | −19.9 | 8.12 | 13.2 | 33.94 | 17.3 | 8.92 | 39.5 | 175.71 | −3.3 |
| 城镇居民人均可支配收入 | 元 | 41580 | 7.3 | 42169 | 7.3 | 39198 | 7.3 | 38341 | 7.8 | 32787 | 7.8 | 37108 | 7.9 |
| 农村居民人均可支配收入 | 元 | 14999 | 8.0 | 17165 | 8.0 | 15596 | 8.2 | 15605 | 8.1 | 14751 | 7.9 | 17249 | 7.9 |

## 东营市建市以来部分年份社会经济主要指标表

| 项　目 | 单位 | 1983 年 | 1985 年 | 1990 年 | 1995 年 | 2000 年 | 2005 年 | 2010 年 | 2011 年 | 2012 年 | 2013 年 | 2014 年 | 2015 年 | 2016 年 |
|---|---|---|---|---|---|---|---|---|---|---|---|---|---|---|
| 全市生产总值 | 亿元 | 20.76 | 61.92 | 65.74 | 229.26 | 465.11 | 1166.14 | 2359.94 | 2676.35 | 3000.66 | 3250.20 | 3430.49 | 3450.64 | 3479.60 |
| 粮食总产量 | 万吨 | 45.65 | 50.01 | 62.51 | 88.56 | 80.94 | 64.94 | 79.36 | 81.57 | 75.91 | 72.31 | 93.61 | 99.83 | 100.47 |
| 农业总产值 | 亿元 | 5.36 | 6.89 | 12.32 | 48.7 | 51.94 | 92.32 | 169.64 | 194.95 | 205.38 | 230.65 | 243.17 | 251.86 | 260.29 |
| 工业总产值 | 亿元 | 20.95 | 65.11 | 92.3 | 291.45 | 653 | 1734 | 6235.65 | 8319.95 | 10312.60 | 11832.32 | 13584.79 | 13263.01 | 13380.35 |

续表

| 项目 | 单位 | 1983年 | 1985年 | 1990年 | 1995年 | 2000年 | 2005年 | 2010年 | 2011年 | 2012年 | 2013年 | 2014年 | 2015年 | 2016年 |
|---|---|---|---|---|---|---|---|---|---|---|---|---|---|---|
| 固定资产投资额 | 亿元 | 8.51 | 31.79 | 46.11 | 97.78 | 197.44 | 605.7 | 1348.98 | 1574.42 | 1963.00 | 2332.13 | 2708.20 | 3084.68 | 2472.55 |
| 社会消费品零售总额 | 亿元 | 2.74 | 4.47 | 9.05 | 35.03 | 68.11 | 149.0 | 382.36 | 448.85 | 516.08 | 585.56 | 659.06 | 728.05 | 789.72 |
| 公共财政预算收入 | 万元 | 22809 | 14342 | 25523 | 52856 | 152019 | 385412 | 1048821 | 1352688 | 1587051 | 1837943 | 2062350 | 2200829 | 2218659 |
| 公共财政预算支出 | 万元 | 2555 | 11810 | 34294 | 74655 | 175533 | 505039 | 1419464 | 1797989 | 2083973 | 2322472 | 2413559 | 2576772 | 2682005 |
| 各项存款余额 | 亿元 | 2.91 | 7.96 | 28.37 | 81.57 | 274.55 | 651.6 | 1567.10 | 1927.74 | 2394.02 | 2848.00 | 3300.09 | 3683.47 | 3986.66 |
| 城镇居民人均可支配收入 | 元 | — | 789 | 1569 | 6174 | 8597 | 14939 | 23796 | 27343 | 30953 | 33983 | 36940 | 38735 | 41580 |
| 农民人均纯收入(农村居民人均可支配收入) | 元 | 290 | 381 | 569 | 1636 | 2784 | 4602.7 | 8427 | 10025 | 11489 | 13000 | 14456 | 13887 | 14999 |
| 在岗职工平均工资 | 元 | 979 | 1545 | 2766 | 6859 | 15325 | 26231 | 40800 | 44372 | 49140 | 56814 | 60776 | 67466 | — |
| 居民消费价格指数(以上年度为100%) | % | — | 99.5 | 95.6 | 113.8 | 103.7 | 100.4 | 102.3 | 104.4 | 102.4 | 102.0 | 101.4 | 101.5 | 101.7 |
| 商品零售价格指数(以上年度为100%) | % | — | 99.3 | 99.1 | 111 | 98.7 | 99.2 | 102.0 | 103.5 | 101.8 | 101.8 | 101.0 | 100.1 | 102.2 |

(市统计局 郭强)

# 机构与领导人
## (时间截至2017年8月31日)

## 一、市级领导班子

### 中共东营市委员会

书　记:申长友

副书记:赵豪志　宇向东

常　委:张庆华　张润国　贾瑞霭(女)　聂建军
朱开国　孙早军　田和友

秘书长:张庆华

### 东营市人民代表大会常务委员会

主　任:郑建军

副主任:李金昆　杨梦斌　陈安忠　李永元

秘书长、党组成员:杜延明

### 东营市人民政府

市　长:赵豪志

副市长:张润国　张洪山　李俊峰　刘美华(女)
冯艺东　韩利学　赵　峰

党组成员:杨同柱　宗承敏　孙波　郭新民

秘书长:郭新民

### 政协东营市委员会

主　席:陈泽浦

副主席:田青云　王吉能　生钦勇　杨同更
张义泉　张　敏(女)　刘志坚

秘书长、党组成员:高　霁

### 中共东营市纪律检查委员会

书　记:孙早军

副书记:陈立福　焦绪奎

常　委:许冬霞(女)　李守军　黄凤云(女)
初　晓　孟宪忠

秘书长:初　晓

## 二、市中级人民法院、市人民检察院

### 东营市中级人民法院

院　长:廖伟忠

### 东营市人民检察院

检察长:王新建

## 三、市人大专门委及常委会机关、政协专门委及机关

东营市人大财政经济委员会

主任委员:徐荣华

东营市人大内务司法委员会

主任委员:董希润

东营市人大城乡建设环境保护委员会

主任委员:成希琴(女)

东营市人大农业与农村委员会

主任委员:黄人运

东营市人大教育科学文化卫生委员会

主任委员:王跃彬

东营市人大民族侨务外事委员会

主任委员:李金昆

东营市人大法制委员会

主任委员:李明安

东营市人大常委会机关

党组书记:杜延明

政协东营市委员会提案委员会

主　任:张学全

政协东营市委员会经济委员会

主　任:宋国忠

政协东营市委员会科教文卫体委员会

主　任:马新华

政协东营市委员会港澳台侨和外事委员会

主　任:王跃军

政协东营市委员会社会法制委员会

主　任:王泮清

政协东营市委员会文史资料委员会

主　任:李孟发

政协东营市委员会人口资源环境委员会

主　任:王春红(女)

政协东营市委员会委员联络委员会

主　任:王殿军

政协东营市委员会机关

党组书记:高　雳

## 四、市纪委(市监察局)派驻纪检组(监察室)、市委巡察组

东营市纪委(市监察局)派驻第一纪检组(监察室)

书记(主任):(空缺)

东营市纪委(市监察局)派驻第二纪检组(监察室)

书记(主任):郭学岩

东营市纪委(市监察局)派驻第三纪检组(监察室)

书记(主任):张春明

东营市纪委(市监察局)派驻第四纪检组(监察室)

书记(主任):贾玉娟(女)

东营市纪委(市监察局)派驻第五纪检组(监察室)

书记(主任):西曰德

东营市纪委(市监察局)派驻第六纪检组(监察室)

书记(主任):张玉岐

东营市纪委(市监察局)派驻第七纪检组(监察室)

书记(主任):(空缺)

中共东营市委巡察一组

组　长:黄风云(女)

中共东营市委巡察二组

组　长:田居光

中共东营市委巡察三组

组　长:张建民

中共东营市委巡察四组

组　长:张光莹

中共东营市委巡察五组

组　长:郑月成

## 五、市委工作机构及部门管理机构

中共东营市委办公室

主任:(空缺)

中共东营市委、东营市人民政府信访局(东营市群众工作领导小组办公室)

局　长:盖举波

中共东营市委组织部

部　长:朱开国

常务副部长:李廷华

中共东营市委老干部局

局　长:石循刚

中共东营市委宣传部

部　长:贾瑞霭(女)

常务副部长:刘清滨

中共东营市委统一战线工作部

部　长:聂建军

中共东营市委台湾工作办公室(东营市人民政府台湾事务办公室)

主　任:(空缺)

中共东营市委政法委员会、东营市社会治安综合治理委员会办公室

书　记:田和友

常务副书记:李竹辉

主　任:张俊臣

中共东营市委政策研究室

主　任:张凤峨

东营市机构编制委员会办公室

主　任:盖九志

中共东营市委市直机关工作委员会

书　记:何宏强

东营市扶贫开发领导小组办公室

主　任:牛永昌

中共东营市委巡察工作领导小组办公室

主　任:初　晓

## 六、市直群团组织

东营市总工会

主　席:田青云

常务副主席、党组书记:徐庚祥

共青团东营市委员会

书　记:王燕(女)

东营市妇女联合会

主　席:耿丽霞(女)

东营市科学技术协会

主　席:王树臣

东营市归国华侨联合会

主　席:赵　军

东营市文学艺术界联合会

主　席:燕景广

东营市社会科学界联合会

主　席:任增庆

东营市工商业联合会

主　席:生钦勇

常务副主席、党组书记:高申廉

东营市残疾人联合会执行理事会

理事长:李中元

东营市红十字会

会　长:刘美华(女)

常务副会长、党组书记:李英慧(女)

东营市计划生育协会

会　长:王吉能

常务副会长:马梅红(女)

## 七、民主党派市委

民盟东营市委员会

主　委:刘树亮

民建东营市委员会

主　委:王新明

九三学社东营市委员会

主　委:刘志坚

民革东营市委员会

主　委:张义泉

## 八、市政府工作部门、办事机构、部门管理机构、派出机构

东营市人民政府办公室

党组书记:郭新民

主　任:李　辉

东营市人民政府法制办公室（东营市人民政府行政执法监督局）

主任(局长):裴秀峰

东营市人民防空办公室

主　任:阎继方

东营市发展和改革委员会

主　任:郭顺先

东营市物价局

局　长:邵小龙

东营市粮食局

局　长:李英杰

东营市区域发展战略推进办公室

主　任:郭顺先

东营市经济和信息化委员会

主　任:崔建华

东营市教育局

局　长:孙红军

东营市科学技术局

局　长:李寿凯

东营市公安局

局　长:赵　峰

政　委:周海林

东营市监察局

局　长:焦绪奎

东营市民政局

局　长:禹金春

东营市司法局

局　长:郑少锋

东营市财政局

局　长:李宗洲

东营市人力资源和社会保障局

局　长:李全民

东营市国土资源局

局　长:杨同更

东营市住房和城乡建设局

局　长:李在忠

东营市城乡规划局

局　长:张兰海

东营市交通运输局

局　长:宋迎章

东营市水利局

局　长:李兆君

东营市农业局

局　长:燕浩林

东营市畜牧局

局　长:徐宏云(女)

东营市林业局

局　长:张春栋

东营市海洋与渔业局

局　长:陈荫鲁

东营市商务局

局　长:孙继续

东营市文化广电新闻出版局

局　长:崔相国

东营市卫生和计划生育委员会(东营市中医药管理局)

主任(局长):燕振诚

东营市体育局

局　长:郭立安

东营市审计局

局　长:魏光青

东营市环境保护局

局　长:伍其东

东营市统计局

局　长:王志安

党组书记:宋保辉

东营市旅游发展委员会

主　任:宋家敬

东营市人民政府外事与侨务办公室

主　任:田和德

东营市安全生产监督管理局

局　长:刘良范

东营市食品药品监督管理局(东营市食品安全委员会办公室)

局长(主任):王秀凤(女)

党组书记:刘仁豪

东营市城市管理局(东营市城市管理行政执法局)

局　长:陈步科

东营市工商行政管理局

局　长:张庆升

东营市质量技术监督局

局　长:许建仁

东营市民族宗教事务局

局　长:李召法

东营经济技术开发区管理委员会

主　任:常淮诚

东营港经济开发区管理委员会

党工委书记:杜振波

主　任:杨同贤

东营综合保税区管理委员会

主　任:荆向辉

东营市政务服务中心管理办公室

主　任:徐　峰

东营市国有资产监督管理委员会

主　任:石子强

山东黄河三角洲国家级自然保护区管理局(东营市黄河口生态旅游区管理委员会)

局长(主任):邵红双(女)

## 九、正县级以上(不含部门单位所属、管理)事业单位

中共东营市委党校

校　长:申长友

常务副校长:李廷华

山东省黄河三角洲可持续发展研究院管理中心

主　任:孙　波

东营市委党史研究室

主　任:迟法波

东营日报社

社　长:孙家恩

东营市档案馆(东营市档案局)

馆(局)长:李梦来

东营市人民政府研究室

主　任:陈延星

东营仲裁委员会办公室

主　任:薛在山

东营市地震局

局　长:(空缺)

东营职业学院

党委书记:张洪生

院　　长:李延成

东营市技师学院

党委书记：马洪军

院　　长：梁海伟

东营市油区工作办公室

主　任：王树臣

东营市油地校结合办公室

主　任：由立志

东营市住房公积金管理中心

主　任：刘童(女)

东营市金融工作办公室(东营市地方金融监督管理局)

主任(局长)：张宝华

东营市市级机关事务管理局：

局　长：(空缺)

东营市知识产权局

局　长：赵国苓

东营市公路管理局

局　长：韩宏伟

东营市老龄工作委员会办公室

主　任：王延德

中国国际贸易促进委员会东营市委员会

会　长：李慧芬(女)

东营市供销合作社联合社

理事会主任：陈景新

东营市文化活动中心

主　任：段作亮

东营市投资促进局

局　长：张锋

东营市广播电视台

台　长：李德发

东营市现代畜牧业示范区管理委员会

主　任：荀宏水

(市委组织部干部二科、三科)

# 中国共产党东营市委员会

# 综 述

2016年，市委认真贯彻落实中共十八大和十八届三中、四中、五中、六中全会精神，深入学习贯彻习近平总书记系列重要讲话精神，认真落实中央和省委、省政府决策部署，紧紧围绕协调推进"四个全面"战略布局，以创新、协调、绿色、开放、共享发展理念为指导，以"两学一做"学习教育为动力，牢牢抓住事关全局和长远发展的重大问题，锐意进取，积极作为，实现"十三五"时期发展的良好开局。

(一)深入学习贯彻习近平总书记系列重要讲话精神，确保中央和省委决策部署落地生根。把学习贯彻习近平总书记系列重要讲话精神作为重大政治任务，精心组织县级干部专题轮训，教育广大党员干部切实增强政治意识、大局意识、核心意识、看齐意识，始终同以习近平为核心的党中央保持高度一致。以新的发展理念为指导，科学谋划东营发展，特别是把推动城市转型和产业升级作为战略性任务来谋划，研究提出一系列措施，为"十三五"时期的发展提供科学指导。召开市委五届九次全体会议，审议通过《关于深化科技体制改革加快创新发展的实施意见》，对深入实施创新驱动发展战略作出安排部署。召开市委五届十次全体会议，就深入学习贯彻党的十八届六中全会和省委十届十五次全体会议精神，推进全面从严治党作出部署，统一全市党员干部群众的思想和行动。

(二)开展"两学一做"学习教育活动，推动全面从严治党向基层延伸。一是统筹谋划，加强督导。多次召开"两学一做"学习教育工作会议进行安排部署，制定市委常委、党员副市长、县区和市直部门单位党委(党组)书记抓学习教育责任清单，形成书记抓、抓书记的工作格局。强化督查指导，设立14个督导组，进行全覆盖督导。二是分类指导，确保实效。制定机关、农村、城市社区等7个具体指导意见和工作方案，把学习教育任务具体化、精准化。三是领导带头，以上率下。市委常委带头开展学习研讨，带头到所在党支部和基层联系点讲党课，带头查摆和整改问题，带头落实双重组织生活制度，带头抓好督查指导，发挥示范带动作用。督促各级党组织建立经常性学习研讨机制，落实"学在日常、做在经常"的要求，推动学习教育深入扎实开展。四是加强整改，解决问题。突出问题导向，坚持边学边改、立行立改，落实党员组织关系集中排查、党费收缴工作专项检查等基层党建任务。坚持做合格党员与建过硬支部相统一，落实"三会一课"、党性定期分析、民主评议党员等制度，积极搭建党员发挥作用载体，推动全面从严治党落实到每个支部、每名党员，推进基层党组织工作标准化建设。

(三)全力抓运行稳增长，促进经济平稳健康发展。面对国际油价低迷带来的严重冲击，积极采取措施，加强运行调度，全力保运行稳增长。全市实现生产总值3479.6亿元，比上年增长7%，其中地方增长8%；公共财政预算收入221.87亿元，增长2.4%，各项经济指标都好于同类石油城市。①抓项目扩投资。利用国家和省扩大投资的政策措施，完善重点项目推进机制，推进项目建设。实施高端乳制品加工、石化升级改造、高端石油装备制造、大唐东营电厂等77个市级重点项目，实施152个市级政府投资项目，完成固定资产投资2473亿元。深入推进开放招商，加强与中石化、中海油、中信集团等大企业集团的战略合作，与中石化续签战略合作协议，民机试飞基地一期工程建成投用，合力车轮重组等合作项目扎实推进。抓住被列为京津冀协同发展城市的机遇，出台《关于加快融入京津冀协同发展战略的意见》，在北京举办融入京津冀协同发展推介会，签约一批合作项目。②保企业稳运行。坚持市级领导联系企业和机关干部驻企联络制度，各职能部门增强服务意识，主动为企业发展服务，全力支持服务企业发展。实施企业家培训工程，组织开展境内外对标培训考察。2016年，销售收入过百亿元企业达到32家，13家企业入围中国企业500强，17家企业入围中国民营企业500强，21家企业进入山东省百强，入围企业数量均居全省首位。③稳金融防风险。召开四次金融形势座谈会促进政银企合作，与进出口银行、中信银行等8家银行签署战略合作协议争取信贷支持。全市贷款余额比年初增加476亿元，增长15.7%。农发行58亿元林业生态建设项目贷款获得批准。在全省率先实现银税互动全覆盖。建立企业资金风险监测预警机制，及时妥善化解个别企业资金风险，维护金融稳定。全市不良贷款率为1.44%，处于全省较低水平。

(四)加快转方式调结构步伐，提高经济发展质量和效益。以推进供给侧结构性改革为主线，打好"加减乘除"组合拳，加快转方式调结构步伐。①推进供给侧结构性改革。制定《关于深入推进供给侧结构性改革的实施意见》，加大力度落实"三去、一降、一补"任务。分类施策化解过剩产能，提升产业发展水平。在全省率先实施化工产业专项整治，679家化工生产企业全部完成"三评级一评价"，对列入"差"等的175家企业淘汰关闭。出台《关于调整化工产业布局的意见》，对不符合要求的项目实行立项禁批、用地禁供、环保禁批、金融禁贷措施。用好原油进口使用政策，进口原油1333万吨，倒逼6家地炼企业淘汰落后装备14套、加工能力1030万吨，产能利用率提高13个百分点。推进企业规范化公司制改制，推动企业上市挂牌融资。落实国家和省减税降费政策，全年为企业落实税收优惠76.97亿元，办理出口退税22.3亿元。加强质量和品牌建设，东营市被评为全国年度质量魅力城市，方圆公司和1名个人荣获第六届省长质量奖。②加快调整产业结构。发挥农业资源丰富优势，做大做强绿色种植、现代渔业、生态畜牧业等优势产业，黄河口农产品品牌的影响力竞争力明显提升。积极培育新型农业经营主体，农业龙头企业发展到646家，市级标准农业园区发展到169家。"渤海粮仓"科技示范工程扎实推进,实施面积43.3万亩,占全省的42%。落实《关于推动工业转型升级的指导意见》,着力打造石油化工及盐化工、橡胶轮胎及汽车配件、有色金属、石油装备四大产业集群。重点产业稳定增长,工业品产销率达到98.79%。加快服务业集聚区建设,促进服务业与制造业融合发展,积极培育电子商务、文化创意等新兴业态,推动服务业跨越发展。网上销售额过2000万元的电子商务平台达到8家,农产品网上店铺发展到500多家,科瑞跨境电商平台被认定为省级跨境电商公共海外仓。服务业增加值占GDP比重34.3%,同比提高2.4个百分点。③培育新的经济增长点。发挥产业政策导向作用,鼓励企业选择有基础有条件的领域进行突破,重点支持新材料、新医药、新装备、新信息和海洋开发领域的技术产品研发,努力形成新的发展支撑。发挥东营发展基础好、空间广阔的优势,着眼于培育新产业、新业态,积极打造五大新的发展平台。黄河三角洲农业高新区,省委、省政府组建高规格的建设指导委员会和农高区领导班子,着力推进盐碱地治理与综合利用、现代农业科研孵化及展示、科技金融、电子商务等公共服务平台建设,促进创新要素聚集,实施一批高端项目,加快打造"农业硅谷"。东营综合保税区,加快配套设施建设,加大招商引资力度,通过国家验收并封关运营。空港产业区,依托商飞民机试飞基地,把胜利机场周边24.8平方公里区域规划为空港产业园,发展航空服务业。广利港临港产业区,依托广利港发展临港产业,11平方公里起步区发展高端装备制造、清洁能源、现代物流产业。东营高新区,被省政府列入省级高新区,创建以石油装备研发为特色的国家级高新区。④推进科技创新。实施创新驱动发展和人才强市战略,推动经济转型升级。与中科院、中国农科院等12所高校院所建立全面合作关系,引导企业与83家高校院所开展产学研结合;建成国家级工程技术研究中心1家、省级50家,国家级企业技术中心4家、省级72家;孵化设施面积76万平方米,在孵企业879家。科技型企业348家,高新技术企业112家,研发经费占GDP比重2.62%。

(五)加强重大基础建设,提升发展支撑保障能力。①加快交通设施建设,构筑立体交通体系。东营港,北防波堤工程全面建成,正在推进南防波堤工程、一突堤项目、三突堤项目等基础设施项目,向"十三五"内建成亿吨大港的目标迈进。东营港货物吞吐量达到4312万吨,连续五年增长超过25%。广利港,港区航道和通用码头工程开工。黄大铁路加快推进。济南至东营高速公路通车。②实施"三大专项行动",打造宜居宜业环境。连续三年开展城市公共安全、水气污染治理、乡村文明建设"三大专项行动"。城市公共安全专项行动,在集中抓好安全隐患整治的基础上,建设市县乡贯通的数字化、智能化安全监管信息平台,制定出台11个规范性文件,深化安全生产网格化管理,压实企业主体责任,提升本质安全水平。水气污染治理专项行动,80项重点治理工程进展顺利,燃煤锅炉超低排放改造和挥发性有机物综合整治取得成效,"蓝繁"天数273天,增加46天,环境空气改善10%以上;主要河流水质明显改善,基本消除劣五类水体。乡村文明建设专项行动,持续推进农村清脏治乱,深化环卫一体化工作,完成农村旱厕改造3.27万户,实施农村污水处理项目72个,乡村文明典型示范村比例达到53.7%。③统筹推进城乡建设,促进城乡一体化发展。以国务院批复的《东营市城市总体规划》为指导,以创建联合国人居环境奖、国家生态园林城市为抓手,加强城市规划建设管理,推进以人为核心的新型城镇化,常住人口城镇化率达到65.5%。中心城,突出"大水面、大空间、大绿地、大湿地"特色,调整区域规划,理顺管理体制,实施森林湿地公园、广利河生态廊道等重点项目,形成东城、西城、垦利"三区鼎立、组团发展、生态对接"的发展格局。实施城市设计三年行动计划,抓好城市总体设计和重点片区设计,提升城市品位。实施老旧小区改造三年计划,把改造范围扩大到1998年之前建成的271个住宅小区。开展城市生态环境建设年活动,总投资84亿元的水系河流生态修复等45个项目进展顺利,海绵城市和地下综合管廊建设有序推进。在全省率先开展拆违治乱、建筑市场"打霸治痞"专项行动,拆除违法建筑131万平方米。加强县城和小城镇建设,突出基础设施完善和产业集聚发展,增强承载和集聚功能。新建续建农村社区20个,黄河南展区村庄搬迁改造建成安置房205栋、3846户,在建109栋、2337户。④争取重大政策支持。黄河三角洲农业高新区正式成立,东营综合保税区封关运营,垦利撤县设区顺利完成。东营港疏港铁路获得核准,10万吨航道及单点过驳工程列入交通运输部"十三五"规划。做好高速铁路争取工作,东营作为沿海高铁、京沪高铁二通道重要节点城市列入国家铁路网规划,正在开展天津—东营—潍坊高铁的前期工作。开通东营至乌兰浩特列车。争取地炼企业获得进口原油使用资质,将有10家企业每年获准使用进口原油2680万吨,约占全省地炼企业争取总量的36.6%,全国总量的28.2%。调整优化胜利机场航线航班,开通东营至郑州、成都航班,北京第二航班复航。创建全域旅游示范市、5A级景区、国家级旅游度假区工作得到国家旅游局和省旅游委的支持。

(六)深化改革扩大开放,增创发展新优势。市委全面深化改革领导小组召开23次领导小组会议,8个领域的216项改革全面启动,30项国家级、省级改革试点取得实质性进展。完善国有资产管理体制,整合组建市国有资产监督管理委员会。东营市创新驱动国营农场转型发展为全国第二个农高区作为山东省唯一上榜城市入选十个"2016中国改革年度案例"。加大简政放权力度,市县非行政审批许可全部取消,削减市级权力事项67项,制定事中事后监管制度554项。深化商事制度改革,在全省率先实现个体工商户商事制度改革突破,个体户平均办证时间由原来的10天缩短为20分钟。新增各类市场主体2.97万户,市场主体达到15万户,增长16.5%。深入推进未利用地开发管理改革试点,已开发未利用地23.2万亩,新增耕地9万亩。深化农村产权制度改革,在全省率先完成农村土地承包经营权确权登记颁证工作,建成35个农村土地流转服务中心,流转土地70万亩。供销社综合改革试点全面展开。

加大力度扩大对外开放。研究制定参与"一带一路"建设实施意见。完善稳定外贸增长政策措施,加快转变外贸增长方式,优化出口产品结构。全市完成外贸进出口995.9亿元,比上年增长24.7%,分别高出全国、全省平均水平25.6个和21.2个百分点,进出口、出口、进口总量分别居全省第5位、第8位、第3位。东营进入全国外贸百强市,居第44位。深度融入区域发展格局,主动对接环渤海、京津冀区域发展战略,全力承接北京非首都功能疏解和京津产业转移。实际利用外资14.9亿元,增长7.4%;境外投资2.7亿美元,增长25.7%。推动企业开展马德里商标国际注册工作,国际商标新申请数量和出口企业品牌国际化拥有率均居全省第一位。加快东营综合保税区建设,成功举办第九届国际石油石化装备与技术展、第七届国际橡胶轮胎暨汽车配件展、第六届国际生态农业博览会等展会活动,构筑高水平的开放平台。

(七)着力保障和改善民生,不断提高人民群众生活水平。全市城镇居民人均可支配收入41580元、农民人均可支配收入14999元,比上年分别增长7.3%和8%。①做好就业和社会保障工作。实施更加积极的就业政策,城镇新增就业4.6万人,城镇登记失业率为2.4%。不断提高社会保障标准,城乡居民基础养老金达到每人每月175元(利津县为145元),城市低保标准达到每人每月550元以上,农村低保标准达到每人每年4120元以上,农村五保供养标准达到每人每年7300元以上,城乡居民医疗保险财政补助标准达到每人每年430元,社会保障水平居全省前列。开展棚户区改造,实施改造项目21个、6808户,超额完成省下达任务。②加快发展社会事业。统筹各级各类教育发展,市一中、二中、特校新校区建成投用;建立多元化教师补充机制,新建扩建学校54所,新聘教师1144人,加快解决城镇普通中小学大班额问题;中小学校长职级制改革全面推开。深化医药卫生体制改革,被列入第三批公立医院改革国家联系试点城市。市政府与省立医院继续合作共建东营市人民医院,市人民医院创建成为三甲医院,急诊急救中心投入使用。做好人口与计划生育工作,全面实施一对夫妇可生育两个孩子政策。大力发展体育事业,黄河口(东营)国际马拉松赛成为国际田联金标赛事,首届黄河口(东营)公路自行车赛举行。③加大脱贫攻坚力度。加强对扶贫对象动态管理和信息采集,对贫困人口进行精准再识别,全面摸清底数状况。实施总投资1766万元的60个省定贫困村产业扶贫项目,开展"百企帮百村""精准扶贫巾帼先行""油地携手脱贫攻坚"等行动,省定标准贫困人口全部脱贫。

(八)加强民主政治和宣传文化建设,促进社会和谐。加强民主政治建设。发挥市委牵头抓总作用,两次听取市人大常委会、市政府、市政协、市法院、市检察院党组工作汇报,保证在市委领导下协调一致地开展工作。加强党对人大工作的领导,支持人大主导立法,推进法律法规实施,增强监督实效,充分发挥地方国家权力机关的作用。坚持和完善中国共产党领导的多党合作和政治协商制度,支持政协开展调研视察、专题协商,全面履行各项职能。重视加强统一战线工作,发挥市委统战工作领导小组作用,做好非公有制经济人士、新的社会阶层人士等统战工作,最大限度凝聚共识、凝聚人心、凝聚力量。召开市委民族工作会议和全市宗教工作会议,对新形势下民族宗教工作作全面安排部署。健全基层群众自治机制,巩固扩大城乡基层民主。加强和改进对工会、共青团、妇联等群团工作的领导,充分发挥联系服务群众的桥梁和纽带作用。加强党管武装工作,深入开展双拥共建,推动军民融合深度发展,实现全国双拥模范城"四连冠"。

抓好意识形态和宣传文化工作。制定《东营市党委(党组)意识形态工作责任制实施细则》,督促各级党组织强化政治担当,加强对意识形态工作的领导。扎实推进理论武装,以学习习近平总书记系列重要讲话精神为主线,抓好各级党委(党组)中心组理论学习,扎实推进理论大众化,巩固全社会团结奋斗的共同思想基础。加强网络宣传管理,积极传播正能量,营造健康向上的网上舆论环境。加快发展文化事业和文化产业,深入实施文化惠民工程,成为全省首批公共文化服务体系示范区,创建国家公共文化服务体系示范区。黄河文化馆建设全面启动。弘扬传承红色文化,以《共产党宣言》首版中文译本在广饶传播为题材的建党95周年献礼影片《大火种》在全国热播。建立文明城市建设长效管理机制,巩固全国文明城市创建成果,提高市民文明素质和城市文明程度。

加强法治东营建设。坚持依法民主科学决策,依法调节经济活动,依法规范权力运行,依法管理社会事务,提高工作法治化水平。建立市委法律顾问制度,聘请5名市委法律顾问和20名市委法律专家库成员。全面推开司法责任制改革,努力让人民群众在每一个司法案件中感受到公平正义。落实领导干部公开接访、带案下访、包案督办制度,扎实做好信访工作。健全社会矛盾纠纷排查化解机制,严厉打击违法犯罪活动,维护社会稳定。

推动区域协同发展。支持各县区发挥优势、突出特色、竞相发展。广饶、垦利入围全国百强县,分别居第20、56位,居全省入围县市的第3位、第13位。落实支持利津加快科学发展的政策措施,加大支持帮扶力度。高举油地军校团结发展的旗帜,油地整合力量资源,深入实施合作项目;油地校深入合作共建中国石油大学胜利学院;完善油地军校信访维稳联动机制,促进区域稳定繁荣。公安部重点地区严厉打击整治打孔盗油违法犯罪专项行动现场推进会在东营召开。

(九)压实全面从严治党责任,提高管党治党水平。坚持为事业发展选人用人,加强干部队伍建设。认真落实好干部标准,坚持先立规矩后议人选,制定《市管干部选拔任用工作规程》和推进干部交流常态化、干部调整规范化的意见,规范选人用人程序,强化市委的领导和把关作用,健全完善集体讨论决定任用干部的制度和机制,公平公正选用干部,树立干事创业的用人导向。加强干部日常管理,利用年度考核、党建述职、干部培训、调研督导等方式进行跟踪管理,对存在问题的干部分别采取谈话提醒、函询、诫勉等措施,把组织的培养关怀体现在严格管理上。研究制定《东营市推进领导干部能上能下实施办法》,调整不适宜担任现职县级干部16人。有序推进干部轮岗交流,明确实行刚性交流的八种情形,交流任职县级干部151人,占干部调整总数的40.5%。

抓好巡视整改工作,推动全面从严治党向纵深发展。按照省委统一部署,抓好中央巡视组对山东巡视"回头看"反馈意见整改落实工作,及时召开市委常委会议研究部署整改工作,成立整改落实工作领导小组和三个专项小组,制订整改工作方案和台账,把10项整改任务细化分解为54条具体整改措施,压实责任抓整改。召开市委常委班子巡视整改专题民主生活会进行深刻剖析,研究整改措施。坚持每周调度进展情况,及时召开巡视整改落实工作调度会议,整改工作受到省委巡视办好评。

坚持严肃纪律匡正风气,做好市县乡领导班子换届工作。准确把握政策规定,加强统筹谋划安排,把加强党的领导贯穿换届工作始终,组织开展领导班子换届考察工作,落实"四凡四必"要求,提高谈话质量,优化程序环节,全面准确了解考察对象情况,切实防止干部"带病提拔"。落实"九严禁"换届纪律要求,深入开展换届纪律警示教育,加强换届风气督查,营造风清气正的换届环境。

坚持抓基层打基础,全面加强基层党建工作。制定市委常委会抓基层党建工作安排和县区、乡镇党委抓基层党建工作责任清单,建立县区组织部部长基层党建半年述职、基层党建群众满意度调查等制度,开展县区党委和市直部门单位党委(党组)书记述职评议工作。加大基层党建工作投入,按照高于省定标准,在原有投入不减的基础上,市财政每年列支5600多万元专项资金,用于补贴村级工作服务经费和村干部报酬,落实社区工作运行经费和为民服务专项资金,专门列支机关党组织活动经费,采取税前列支、财政补助、党费返还等方式加大非公企业党建投入。深入推进新型农民学校创建工作,对农村群众开展综合性、常态化培训,对农村党员干部开展学历教育,推动农村党员群众创业。做好第18批下派帮扶和"第一书记"工作,全市366名"第一书记"协调投入2.32亿元,实施重点帮扶项目751个,形成常态化联系服务群众机制。

坚持正风肃纪,深入推进党风廉政建设。加强经常性廉政教育,结合传达有关案件通报加强提醒教育,利用身边案件和市廉政教育中心开展警示教育。全市查处违反中央八项规定精神问题76起,处理183人,给予党纪政纪处分92人,发挥警示震慑作用。完善县区及市直部门党政主要负责人向市纪委全委会述廉述责并接受质询评议制度,探索开展党员领导干部向党员大会述廉述责工作,加大经济责任审计力度,加强对权力运行的制约监督。建立市县党委巡察制度,推动全面从严治党向基层延伸。2016年,全市纪检监察机关立查案件557件,给予党纪政纪处分583人,其中涉及县处级干部24人,乡科级干部110人。

(十)大力加强市委常委会自身建设,提高驾驭能力和领导水平。以开展"两学一做"学习教育为契机,自觉用习近平总书记系列重要讲话精神指导实践、推动工作,自觉开展学习研讨深化思想认识,自觉遵守党规党纪约束言行,为广大党员干部作出表率。市委常委会开展集体学习研讨17次。市委常委认真开展领题调研,形成一批高质量的调研成果。认真贯彻执行民主集中制,规范完善市委常委会议事规则,重大事项集体讨论决定,提高科学民主依法决策水平。坚持和完善"三会一课"等党内基本制度,严肃党内政治生活,用好批评和自我批评有力武器,增强班子功能。带头遵守廉洁自律各项规定和中央八项规定精神,做到依法用权、秉公用权、廉洁用权,自觉接受监督,树立良好形象。

(市委办综合一科)

## 重要会议、文件及活动

【重要会议提要】 1月9日,全市经济工作会议召开。深入贯彻中央和全省经济工作会议精神,总结上年经济工作,部署2016年工作任务,动员全市上下推进改革创新,积极主动作为,确保实现"十三五"良好开局。市委书记、市人大常委会主任申长友主持会议并讲话,市委副书记、市长赵豪志对全年经济工作作具体部署。市各大班子等市级领导,各县区委书记、县区长,市直有关部门单位、重点企业、银行业金融机构主要负责人参加会议。

1月20日,全市农村、扶贫开发、乡村文明建设专项行动工作会议召开。总结"十二五"全市农业农村工作,安排部署2016年和"十三五"时期农业农村、扶贫开发、乡村文明建设专项行动工作任务。市委书记、市人大常委会主任申长友讲话,市委副书记、市长赵豪志主持会议,市委副书记郑建军传达全省会议精神。市政协主席吕雪萍,市人大常委会第一副主任陈泽浦出席会议。

2月15日,城市生态环境建设年活动暨水气污染整治专项行动动员会议召开。市委书记、市人大常委会主任申长友讲话，市委副书记、市长赵豪志主持。会议要求，各级各部门要牢固树立绿色发展理念，坚持生态立市、绿色惠民，推动形成绿色低碳的生产方式和生活方式，打造秀美宜居城市。市委副书记郑建军，市政协主席吕雪萍，市人大常委会第一副主任陈泽浦等市各大班子领导出席会议。

3月15日，全市打击打孔盗油违法犯罪净化油区治安环境专项行动动员部署会议召开。市委书记、市人大常委会主任申长友，市委副书记、市长赵豪志作批示。市委副书记郑建军，市委常委、胜利石油管理局党委副书记、副局长、石油工程公司党委书记许卫华出席会议并讲话，副市长杨梦斌主持会议并传达中央领导同志重要批示精神，市法院院长廖伟忠、市检察院检察长张爱军出席会议。

4月20日，全市"两学一做"学习教育工作座谈会召开。深入学习贯彻习近平总书记系列重要讲话和关于开展"两学一做"学习教育的重要指示精神，学习贯彻中央和省委的部署要求，对全市"两学一做"学习教育进行部署。市委书记、市人大常委会主任申长友出席会议并讲话，市委副书记、市长赵豪志主持会议，市委副书记、政法委书记郑建军等出席会议。

6月23日，东营市庆祝中国共产党成立95周年座谈会召开。重温党的光辉历程，讴歌党的丰功伟绩，总结东营发展实践，研究部署下步工作。市委书记、市人大常委会主任申长友出席会议并讲话，市委副书记、市长赵豪志主持会议。市委常委，市人大常委会、市政协等领导参加会议。

7月29日，市委五届九次全体会议举行。深入学习贯彻习近平总书记系列重要讲话和省委十届十四次全体会议精神，认真贯彻落实中央和省委关于科技创新的决策部署，分析科技创新面临的新形势新任务，安排部署全市科技创新工作；审议并通过《关于深化科技体制改革加快创新发展的实施意见》和《中共东营市委工作规则》。市委常委会主持会议。市委书记申长友，市委副书记、市长赵豪志作重要讲话。市委委员、候补委员出席会议。市纪委常委和有关方面负责人，部分市第五次党代会基层代表和创新型企业负责人列席会议。

8月2日，东营市垦利区成立大会召开。贯彻落实国务院和省政府关于调整东营市部分行政区划的文件精神，安排部署垦利撤县设区工作。市委书记、市人大常委会主任申长友出席会议并讲话，市委副书记、市长赵豪志主持会议。市委副书记、政法委书记郑建军，市政协主席陈泽浦等市各大班子领导，省民政厅副厅长冯建国出席会议。

8月3日，省委第六巡视组对东营市巡视"回头看"工作动员会召开。省委第六巡视组组长赵启全作动员讲话，省委巡视工作领导小组成员、省委巡视办主任卢保民就配合做好巡视工作提出要求，市委书记、市人大常委会主任申长友主持会议并作表态发言。

8月19日，全市县乡领导班子换届工作会议召开。深入学习贯彻中央、省委的部署要求，研究安排县乡换届工作。市委书记、市人大常委会主任申长友出席会议并讲话，市委副书记、政法委书记郑建军主持会议。市领导岳德川、聂建军、朱开国、李金昆、王少飞出席会议。

12月1日，市委五届十次全体会议举行。深入学习贯彻党的十八届六中全会和省委十届十五次全体会议精神，听取和讨论申长友受市委常委会委托作的工作报告，审议通过《中共东营市委关于学习贯彻党的十八届六中全会精神深入推进全面从严治党的意见》和《关于召开中国共产党东营市第六次代表大会的决议》。市委常委会主持会议，市委书记申长友作重要讲话。市委委员、候补委员出席会议。市纪委委员、有关方面的负责人、市第五次党代会部分基层代表列席会议。 （市委办　解保杰）

**【重要文件提要】**《中共东营市委、东营市人民政府关于贯彻落实发展新理念加快推进农业现代化的实施意见》（东发〔2016〕4号）：坚持创新、协调、绿色、开放、共享发展理念，厚植发展优势，补齐发展短板，拓展发展空间，转变农业发展方式，提升农业现代化发展水平，加快推进国家农高区建设，发挥其龙头带动作用，积极推进城乡统筹发展，提高新农村建设水平，积极推进农村改革，增添农业农村发展活力，力争在全省率先实现农业现代化。

《中共东营市委、东营市人民政府关于深化供销合作社综合改革的实施意见》（东发〔2016〕5号）：紧紧围绕全市"三农"工作大局，以提升为农服务能力为根本，加强供销合作社组织体系建设，全面提升供销合作社经营服务能力，创新供销合作社联合社治理机制，不断增强自身运营能力和发展水平。到2020年，县级物流配送中心、供销合作社城乡服务网点服务能力大幅提升，农产品流通网络更加完善，使供销合作社系统与农民联结更加紧密，为农服务功能更加完备，市场化运行更加高效。

《中共东营市委、东营市人民政府关于坚决打赢脱贫攻坚战的意见》（东发〔2016〕6号）：以增加农村贫困人口收入为核心，坚持精准扶贫、精准脱贫，坚持扶贫开发与经济社会发展相互促进、与社会保障有效衔接，健全精准扶贫机制，实施产业扶贫，改善基础设施扶贫，凝聚社会力量扶贫，深化教育智力扶贫，推进医疗保险和社会救助扶贫，确保提前完成脱贫攻坚任务。2016年，基本完成省定标准贫困人口脱贫；2017年，基本完成市定标准贫困人口脱贫，扶贫线和低保线"两线合一"。

《中共东营市委、东营市人民政府关于印发〈东营市城市生态环境建设年实施方案〉的通知》（东发〔2016〕7号）：树立创新、协调、绿色、开放、共享的发展理念，全面开展城市生态环境建设年活动，科学编制城市规划设计，有序推进森林湿地公园建设，着力提升城市绿化水平，加快城市道路建设改造，切实完善市政公用设施，不断提升城市管理精细化水平，推进社会事业项目建设，持续开展拆违治乱专项行动，深入实施水气污染整治专项行动，不断改善城市生态环境，努力打造生态宜居城市，争创联合国人居环境奖。

《中共东营市委、东营市人民政府关于印发〈2016年东营市水气污染整治专项行动实施方案〉的通知》（东发〔2016〕8号）：以PM2.5和挥发性有机物（VOCs）治理为重点，打好“燃煤机组（锅炉）超低排放改造”和“重点行业、重点区域挥发性有机物综合整治”两个硬仗，2016年，全市空气质量比2015年改善10%左右，“蓝天白云、繁星闪烁”天数明显增加；完善“治、用、保”流域污染防治体系，推进污水处理厂提标、雨污管网分流改造、工业企业监管、人工湿地水质净化工程建设等4项重点工作，2016年，市域内河流全面稳定达到V类水质；开展土壤环境质量监测和土壤环境状况调查以及土壤场地污染治理与修复试点工作，农用地土壤环境得到有效保护，遏制土壤污染恶化趋势，部分区域土壤环境质量得到改善。

《中共东营市委、东营市人民政府关于全面实施创新驱动发展战略的意见》（东发〔2016〕11号）：以实现创新驱动转型发展为目标，以推动科技创新为核心，以破除体制机制障碍为主攻方向，优化重点区域布局，发展创新型经济，壮大创新型企业，完善技术创新体系，打造众创生态体系，实施创新人才战略，推进科技与金融融合，创新制度机制，完善科技服务体系，营造有利于创新创业的良好氛围，努力把东营建成全省一流、具有重要影响力的创新型城市，形成黄河三角洲区域创新中心和环渤海经济区的重要增长极。

《中共东营市委、东营市人民政府关于加快融入京津冀协同发展战略的意见》（东发〔2016〕12号）：抢抓融入京津冀协同发展战略机遇，以“四区一城”（高效生态经济集聚区、科技教育合作区、黄河口旅游休闲养老区、京津冀南部重要生态功能区，首都南部功能型卫星城市）为功能定位，以承接非首都功能疏解和产业转移为重点，以资源环境承载能力为基础，以创新体制机制为动力，全力推进与京津冀区域基础设施互联互通、产业发展对接协作、生态环境共建共享、资源要素双向流动。

《中共东营市委关于繁荣发展社会主义文艺的实施意见》（东发〔2016〕13号）：实施重点文艺作品创作扶持工程、吕剧振兴工程、城乡文化艺术普及工程、文艺精品传播工程、高层次文化人才培养工程，全面推进各个文艺门类繁荣发展，健全完善文艺精品生产的体制机制，合理配置人才队伍建设，完善基层文化设施，发挥地域文化资源优势，推出更多具有黄河口地域特色的优秀文艺作品，为建设美丽幸福新东营提供强大价值引导力、文化凝聚力、精神推动力。

《中共东营市委、东营市人民政府关于印发〈东营市新型城镇化规划（2015—2020年）〉的通知》（东发〔2016〕14号）：以人的城镇化为核心，以提高质量为关键，遵循规律，创新体制机制，突出本地城镇化特色，统筹推进城镇化发展体制机制改革，着重解决好人口市民化、城镇化空间布局优化、中心城区综合承载能力提升、县域城镇化发展、城乡发展一体化、生态文明与绿色城镇建设、文化传承与城镇特色塑造等问题，走以人为本、四化同步、优化布局、生态文明、文化传承的新型城镇化道路，为经济社会持续健康发展提供持久强劲动力。

《中共东营市委、东营市人民政府关于深入推进供给侧结构性改革的实施意见》（东发〔2016〕15号）：坚持分类施策化解过剩产能，多措并举减少库存，合理管控杠杆水平，综合施策降低成本，突出重点补齐短板，经过3年努力，全市供给侧结构性改革攻坚取得重要进展，过剩产能和房地产库存有效化解，各类市场风险总体可控，企业生产经营成本和盈利能力回归合理水平，生产经营环境明显改善，要素配置效率明显提升，市场主体活力持续增强。再经过2年努力，重点领域和关键环节改革取得实质性进展，供给结构对需求变化的适应性灵活性显著提高，全社会创新能力显著提高，新的发展动能持续壮大，初步形成与全市功能定位相适应的多层次、高质量的供给体系。

《中共东营市委、东营市人民政府关于印发〈东营市法治政府建设实施方案（2016—2020年）〉的通知》（东发〔2016〕17号）：围绕建设中国特色社会主义法治体系、建设社会主义法治国家的总目标，依法全面履行政府职能，完善依法行政制度体系，健全依法决策制度机制，坚持严格规范公正文明执法，强化对行政权力的制约和监督，依法有效化解社会矛盾纠纷，全面提高政府工作人员法治思维和依法行政能力，到2020年基本建成职能科学、权责法定、执法严明、公开公正、廉洁高效、守法诚信的法治政府。

《中共东营市委、东营市人民政府转发〈市委宣传部、市司法局关于在全市公民中开展法治宣传教育的第七个五年规划（2016—2020年）〉的通知》（东发〔2016〕18号）：从2016年2020年，实施法治宣传教育第七个五年规划，深入学习宣传习近平总书记关于全面依法治国的重要论述，突出加强宪法宣传教育，深入宣传中国特色社会主义法律体系，深入学习宣传党内法规，大力加强社会主义法治文化建设，深化多层次多领域依法治理，推进法治教育与道德教育相结合，全面提高平安东营、法治东营建设水平，保障东营市国民经济和社会发展“十三五”规划纲要顺利实施，努力实现在全面建成小康社会进程中走在前列。

《中共东营市委关于印发〈中国共产党东营市委员会工作规则〉的通知》（东发〔2016〕19号）：市委在全市发挥总揽全局、协调各方的领导核心作用，按照协调推进“四个全面”战略布局，对全市经济建设、政治建设、文化建设、社会建设、生态文明建设实行全面领导，对全市党的建设全面负责。进一步明确市委及市委常委会的工作原则、组织和成员、职责、组织原则、议事和决策、组织实施和督促检查、纪律和作风、监督和追责等方面内容，全面提高市委执政能力和领导水平。

《中共东营市委、东营市人民政府关于实施全面两孩政策改革完善计划生育服务管理的意见》(东发〔2016〕22号):坚持计划生育基本国策不动摇,正确处理当前与长远、总量与结构、人口与资源环境、坚持国策与维护群众利益的关系,稳妥扎实有序实施全面两孩政策,大力促进人口长期均衡发展,深化计划生育服务管理改革,积极构建有利于计划生育的家庭发展支持体系,促进人口长期均衡发展,为建设美丽幸福新东营创造良好的人口环境。

《中共东营市委关于加强和改进新形势下党校工作的实施意见》(东发〔2016〕23号):充分发挥党校的教育培训作用,全面落实党校姓党根本原则,把党的理论教育和党性教育作为党校教学首要任务,大力提升党校科研和咨政水平,加强党校教师队伍和干部队伍建设,充分发挥党校系统整体优势,加强和改善党委对党校工作的领导,推动党员领导干部强化战略思维、历史思维、辩证思维、系统思维、底线思维,全面提升能力素质,为建设美丽幸福新东营提供高素质的干部队伍和有力的人才支撑。

《中共东营市委、东营市人民政府关于深化科技体制改革加快创新发展的实施意见》(东发〔2016〕24号):以制度创新促进科技创新,推进科技管理机制改革创新,强化企业技术创新主体地位,激发科研机构创新活力,提升各类园区创新发展能力,增强全社会创新创业活力,完善人才培养引进机制,促进科技和金融紧密结合,提高科技创新服务能力,加强党对科技创新工作的领导,进一步增强科技创新在供给侧结构性改革中的基础、关键和引领作用,努力把东营建成在全省具有重要影响力的创新型城市,成为黄河三角洲区域创新中心和环渤海经济区的重要增长极。

《中共东营市委、东营市人民政府关于进一步做好东西扶贫协作和对口支援工作的实施意见》(东发〔2016〕27号):坚持精准扶贫、精准脱贫基本方略,以政府主导、问题导向、精准扶贫、优势互补为原则,加大财政投入和信贷支持,分别建立县县、镇村、部门、企业的精准对接,扎实推进特色工业、现代农业、旅游产业、文化产业、新兴产业、经贸交流全方面协作,积极开展就业、安居、教育、医疗、人才帮扶,充分发挥社会团体、民间组织和新闻媒体作用,助力对口帮扶地区打赢脱贫攻坚战,确保酉阳县到2017年脱贫摘帽,助推疏勒县如期摘帽,确保扶贫协作和对口支援各项工作落到实处。

《中共东营市委、东营市人民政府关于加强和改进城市规划建设管理工作的实施意见》(东发〔2016〕28号):坚持以人为本、科学发展、依法治市,以创建全国生态园林城市和联合国人居环境奖为抓手,以提高城市综合竞争力和承载力为重点,以改革创新为动力,统筹规划建设管理三个环节,加强城市规划工作,提升城市建设质量,增强城市承载能力,改善城市生态环境,加强人居环境建设,完善城市治理体系,保障城市公共安全,着力转变城市发展方式,突出“大空间、大绿地、大水面、大湿地”四大特色,着力塑造城市特色风貌,加快建设生态宜居城市,推动美丽幸福新东营建设。

《中共东营市委关于建立市县党委巡察制度的实施意见》(东发〔2016〕29号):聚焦全面从严治党,坚持纪在法前、纪严于法,着力发现基层党组织领导班子存在的突出问题和党员干部违纪违法问题线索,坚持统一领导,分级负责,依规依纪,实事求是,聚焦问题,注重实效,发扬民主,依靠群众,明确巡视的组织机构设置、工作职责、对象范围、主要任务、方式方法、领导体制和工作机制,形成上下联动的巡视巡察工作新格局,切实发挥震慑、遏制和治本作用,推动党的先进性和纯洁性建设,巩固党的执政基础。

《中共东营市委、东营市人民政府关于进一步加强企业家队伍建设的意见》(东发〔2016〕31号):以建设国际化、职业化、现代化的企业家队伍为目标,加大优秀企业家培养力度,营造企业创新创业良好氛围,实施企业家培养“5121”(用五年左右的时间,聚焦创新发展、决策管理、资本运作、市场开拓、国际竞争和企业文化建设能力提升,对全市规模以上和成长型小微企业董事长、总经理进行一轮高层次的系统培训。以培育国际化大企业为目标,培养造就50名以上擅长国际化经营管理、有一定国际知名度、对全市经济转型发展做出突出贡献的功勋企业家;以培育全国领先企业为目标,培养造就100名以上经营业绩突出、国内知名、对全市企业转型发展做出重大贡献的优秀企业家;以培育行业领军企业为目标,培养造就200名以上富有创新精神和工匠精神、对全市经济转型发展引领作用明显的创新成长型企业家;以培育新生企业为目标,培养1000名以上创业企业家队伍后备军)工程,强化企业家培训载体建设,全面促进企业家学习交流,健全职业经理人选用机制,支持企业引进关键紧缺人才,加大企业家后备人才培养力度,大力倡导和培育东营企业家精神,关心企业家在政治上的成长进步,支持企业家积极参与政府决策,努力打造诚信经营环境,构建“亲”“清”新型政商关系,进一步加强对企业家的帮助和服务,逐步造就一支既有企业经营管理聪明才智,又有理论知识和实践经验,敢于改革、勇于创新、精于管理、善于发展的新型企业家队伍。

《中共东营市委、东营市人民政府关于推进价格机制改革的实施意见》(东发〔2016〕32号):紧紧围绕使市场在资源配置中起决定性作用和更好发挥政府作用,深化重点领域价格改革,建立完善主要由市场决定价格的机制,建立完善价格约束激励机制,促进经济转型升级,建立健全市场价格监管体系,营造统一开放、竞争有序的市场价格秩序,建立健全政府定价制度,规范政府定价行为,加强和改进市场价格调控,努力保持价格总水平基本稳定,构建惠民价格政策体系,提升价格公共服务质量,为建设美丽幸福新东营创造良好价格环境。

《中共东营市委印发〈关于完善创新人才工作体制机制加快实施人才优先发展战略的意见〉的通知》(东发〔2016〕33号):大力实施创新驱动发展战略和人才优先发展战略,加强改革创新,建立适应新常态的人才工作体制机制,开展人才引进行动,着力引进经济转型升级急需紧缺人才,开展人才培养行动,着力提高各类人才队伍整体素质,开展人才载体建设行动,着力提升人才创新承载能力,开展人才环境优化行动,着力加强人才创新创业保障,破除束缚人才发展的思想观念和体制机制障碍,解放和增强人才活力,支撑和推动全市经济社会发展。

《中共东营市委办公室印发〈关于在全体党员中开展"学党章党规、学系列讲话做合格党员"学习教育实施方案〉的通知》(东办发〔2016〕15号):在全体党员中开展"两学一做"学习教育,要突出经常性教育的特点,以党支部为基本单位,以"三会一课"等党的组织生活为基本形式,以落实党员教育管理制度为基本依托,创新学习方式,抓实专题讨论,运用正反典型开展教育,讲好高质量的党课,开好专题组织生活会,开展民主评议党员,建设过硬支部,充分发挥党支部自我净化、自我提高的主动性,引导党员立足岗位作奉献当先锋,真正把全面从严治党落实到每个支部、每名党员,为率先全面建成小康社会、建设美丽幸福新东营提供坚强组织保证。

(市委办　陈诚)

【重大活动】 1月13日,中国商飞民用飞机试飞中心东营基地启用仪式举行。中国商飞公司董事长、党委书记金壮龙,副省长王书坚分别讲话,并为基地揭牌。市委书记、市人大常委会主任申长友致辞,市委副书记、市长赵豪志主持仪式。省科技厅厅长刘为民,中国商飞公司副总经理史坚忠,省政府副秘书长张斌,市委常委、秘书长李金昆,副市长李俊峰出席仪式。该基地位于东营胜利机场新航站楼以南区域,包括C919飞机试飞调整机库、动力站房、停机坪等工程,建成后主要承担C919高风险试飞科目,试飞员、试飞工程师的培训和飞行训练技术保持以及后续日常维护性飞行工作,并兼顾ARJ21-700飞机的部分试飞工作,推动和提升中国商飞的异地试飞能力。

3月14日,市政府与中国石化集团公司在北京签署战略合作协议。确定在原油供应、石化产业发展、环境治理、基础设施、民生事业等领域深化合作。根据战略合作协议,中国石化集团公司将增加胜利原油在东营境内的加工比例,支持在东营属地注册的油公司属地纳税,推动胜利油田石化总厂实行法人制改造,对胜利科技创新园建设、东营石油装备产业发展、水气污染治理等给予支持。东营市在油区治安、成品油和天然气营销网络设施建设、居民小区周边环境整治、社会事业发展等方面支持中石化发展。中国石化集团公司董事长王玉普,股份公司总裁李春光,股份公司高级副总裁王志刚,集团公司董事会秘书、股份公司副总裁雷典武,市和油田领导申长友、赵豪志、田青云、孙焕泉、张洪山出席签约仪式。

5月8日,"中国万达"2016黄河口(东营)国际马拉松赛举行。本次比赛设马拉松、半程马拉松、迷你马拉松(5公里)、1公里健身跑四个项目,总参赛人数31635人,来自5个国家的28名高水平外籍选手参赛。国家体育总局副局长冯建中,市委书记、市人大常委会主任申长友,市委副书记、市长赵豪志,市委副书记、政法委书记郑建军,市政协主席陈泽浦,国家体育总局田径运动管理中心副主任、中国田径协会副主席王楠,省体育局副局长隋拥军出席起跑式。赵豪志代表市委、市政府致辞,副市长王吉能主持起跑式。

6月17日,市委、市政府在北京举行东营市融入京津冀协同发展推介会暨重点项目签约仪式。推介会详细介绍东营市经济社会发展情况及投资优势,有针对性地与客商进行洽谈对接,部分重点项目进行现场签约,共达成签约项目69个,签约总金额699.58亿元。全国政协经济委员会副主任石军,国防大学原副校长、中将张兴业,全国政协原副秘书长张道诚,国家海洋局原局长孙志辉,全国工商联副主席、中国民间商会副会长谢经荣,中国贸促会副会长张伟,中国大唐集团总工程师、科学技术研究院院长高智溥;市委书记、市人大常委会主任申长友,市委常委、常务副市长田青云,市委常委、秘书长张庆华;国家有关部委负责人,部分驻京企业、高等院校、科研院所、行业协会的负责人,共计400余人参加推介会。

6月19日,庆祝建党95周年献礼影片《大火种》在北京举行全国首映式。影片根据铁流、徐锦庚荣获2014年度中宣部"五个一"工程奖的长篇报告文学《国家记忆》改编,再现1926年冬中国首版《共产党宣言》如火种般在共产党员和人民群众之间传递的感人故事,是中国第一部描写《共产党宣言》在中国广大农村地区传播的电影。中央组织部原部长、全国党建研究会原会长张全景,海军原副政委、中将王登平,国家新闻出版广电总局电影局局长张宏森,中央宣传部党建杂志社社长、总编刘汉俊,省委宣传部副部长王红勇,市委书记、市人大常委会主任申长友,国家新闻出版广电总局电影局副局级巡视员周建东,人民日报社山东分社社长徐锦庚,省作家协会党组书记、副主席杨学峰,省新闻出版广电局党组成员、副局长杨树国,中国书法家协会理事、省书法家协会常务副主席孟鸿声,市委常委、宣传部部长贾瑞霭出席首映式。

7月13日,省委书记、省人大常委会主任姜异康到东营视察调研,实地考察经济社会发展和黄河三角洲农业高新技术产业示范区建设情况。姜异康先后考察科瑞集团、美奥生物科技公司、现代农业孵化展示区、生态科技牧场项目、中加国际技术合作陆基化封闭式循环水三文鱼养殖项目现场,就有关工作提出要求。省委常委、秘书长于晓明,省委副秘书长、政研室主任苏建华,省发展改革委主任王忠林,省科技厅厅长刘为民,省农业厅厅长王金宝等随同调研;市委书记、市人大常委会主任申长友,市委副书记、市长赵豪志,市委常委、秘书长张庆华,副市长杨同柱陪同调研。

7月19—20日,全市科学发展现场观摩会议召开。与会人员现场观摩各县区、开发区和农业高新区的40个项目,乘车观摩一批项目。市委书记、市人大常委会主任申长友在现场观摩总结评议会议上讲话,。市委副书记、市长赵豪志,市委副书记、政法委书记郑建军,市政协主席陈泽浦,市人大常委会党组副书记李金昆,市级领导同志和各县区、开发区、市直有关部门主要负责人参加会议。

9月27—29日,第九届中国(东营)国际石油石化装备与技术展览会在东营黄河国际会展中心举行。有来自66个国家和地区的379家企业、2000多名客商参加。中国设备管理协会会长王金祥,中国有色金属工业联合会名誉会长高德柱,中国机电产品进出口商会会长张钰晶,乌干达驻华大使级公使亨利·马耶噶,中国机械工业经济管理研究院院长徐东华,中国会展经济研究会会长袁再青,省贸促会会长徐清,中国石油和化学工业联合会副会长兼秘书长赵俊贵,中国设备管理协会副会长牛昌文、魏景林,市和油田领导申长友、赵豪志、郑建军、田青云、张庆华、温晓杰、张煜出席开幕式。

11月4日,黄河三角洲农业高新技术产业示范区成立大会召开。科技部党组书记、副部长王志刚,省委副书记、省长郭树清共同启动示范区运行。科技部副部长徐南平,省委常委、常务副省长孙伟,副省长王书坚,省政府秘书长王华,市委书记、市人大常委会主任、黄河三角洲农业高新技术产业示范区党工委书记申长友,省科技厅厅长、黄河三角洲农业高新技术产业示范区管委会主任刘为民,市委副书记、市长赵豪志等出席。王书坚主持会议。刘为民、赵豪志分别发言,科技部农村科技司司长兰玉杰宣读国务院《关于同意设立黄河三角洲农业高新技术产业示范区的批复》。省直有关部门和高校科研院所负责人,副市长杨同柱参加有关活动。

11月4日,省委副书记、省长郭树清到东营调研生态保护、教育、乡村旅游、农村改厕等工作。强调要认真学习贯彻党的十八届六中全会精神,坚决维护以习近平同志为核心的党中央权威,牢固树立创新、协调、绿色、开放、共享五大发展理念,扎实做好当前各项工作。在黄河三角洲国家级自然保护区、市一中垦利区黄河口镇万尔村分别就有关工作提出要求。省委常委、常务副省长孙伟,省政府秘书长王华,省政府办公厅巡视员姜文艺,省委省政府信访局局长王伟华,省财政厅厅长于国安,省国资委主任张新文,省统计局局长陈迪桂,省政府研究室主任刘险峰参加调研。市委书记、市人大常委会主任申长友,市委副书记、市长赵豪志,市委常委、秘书长张庆华陪同调研。 (市委办 隆冰)

## 市委办公室工作

【综合文字工作】 坚持把服务决策作为首要任务,积极为市委当参谋、出思路、献良策。调查研究方面,起草《深入实施黄蓝国家战略打造全省新的经济增长极》《关于对化解过剩产能等工作中可能引发社会不稳定问题有关情况的调研报告》等一批高质量的调研报告,为市委领导提供有益参考。文稿服务方面,起草完成市委领导在全市经济工作会议上的讲话、在全市美丽乡村建设工作会议上的讲话、在全市党委办公室系统主任会议上的讲话等各类文稿550余篇、220余万字,其中,《权力行使不可逾越底线》《关于我市加强社会治理几点具体做法的调查与思考》等领导署名文章在上级刊物发表,《关于贯彻落实发展新理念加快推进农业现代化的实施意见》《东营市打击打孔盗油违法犯罪净化油区治安环境专项行动实施方案》等文件对全市面上工作发挥较好指导作用。信息服务方面,突出“扩源、精研、提质、增效”,编发《今日要览》《东营信息》等信息刊物450余期,其中100余篇被中办和省委办公厅采用;《新疆油地混合所有制发展模式及借鉴》《山东海科化工集团坚持党建引领发展的做法》等信息被市委领导批示,并批转有关市领导、县区和市直部门研究落实。公文办理方面,坚持时效、质量、程序并重,严格审核把关,提高文件质量。全年共制发市委及办公室文件简报600余件,收发传阅上级文件简报920件,文件数量得到有效控制,办文效率进一步提高,公文处理工作受到省委办公厅检查组充分肯定。

【综合协调工作】 坚持把协助市委“总揽全局、协调各方”作为重要职责,主动沟通上下、协调内外、联系左右,充分发挥办公室桥梁枢纽作用。会务活动方面,加强与油军校办公室的沟通联系,落实市几大班子秘书长联席会议制度,加强对县区和市直部门单位的指导,统筹安排好市委重大会议活动。共组织全市性会议活动300余次,协调安排市委领导政务活动220余次。严格执行改进文风会风有关规定,从严控制庆典、奠基等活动,严格控制会议规模、时间、频次,全市性会议同比减少15.6%。在压缩一般性活动的同时,服务市委领导深入基层开展调研活动,共组织调研100余次。接待工作方面,落实公务接待管理《实施办法》,严格规范接待程序和接待标准,全年共承担各类接待任务240批次、2900余人次,其中省部级以上领导60余人次。

【督促检查工作】 着力构建“大督查”工作格局,创新督查方法,提高督查实效。抓好决策督查,重点对中央八项规定精神落实情况、省委巡视组对东营市巡视“回头看”反馈意见、上级重大决策部署落实情况进行专项督查,配合省专项督查组对东营市贯彻落实中央八项规定精神情况进行实地督查，牵头组织对各县区、市直有关部门进行专项督查；对全市重点工作任务立项800余项，有力推动工作落实。抓好专项查办，确保领导批示事项“件件有着落、事事有回音”，共办理省委领导批示件12件、市委领导批示件179件、请示报告45件，办结率100%。抓好督查调研，围绕督查落实情况深入开展调研活动，共开展实地调研17次，总天数54天，同比分别增长23%、15%。

**【社会稳定及农业农村工作】** 深入开展维稳形势分析研判和专题调研，所提意见建议受到申长友、郑建军、田青云、张庆华等市领导的高度重视，并要求有关部门主动认领问题，认真研究解决；推进重大决策社会稳定风险评估，督促指导县区、开发区和50多个市直部门出台建设意见及相关制度，开展评估事项87项。制定出台《东营市深化农村改革综合性实施方案》，明确农村改革的主要方向和思路措施；加强对乡村文明建设的指导调度、督导落实，并根据省里部署要求，全面启动美丽乡村建设，推动乡村文明建设全面提档升级。

**【机关自身建设】** 行政后勤方面，对部分办公用房进行维修，对办公室固定资产进行清点核查；严把物品采购关，切实降低支出成本。车辆管理方面，适应公车改革后的新形势新要求，制定出台《车辆管理制度》，实行网络用车申请，严格规范用车程序；加强车辆运行管理，实现安全行驶25万公里。安全保卫方面，进一步充实安保力量，全面加强大楼监控、门禁系统等技防建设，维护正常办公秩序。财务管理方面，加强预算编制和财务收支管理，严格执行“四支笔”签字，提高了财务管理水平。文印服务方面，完成华龙公司移交工作，文印质量进一步提高。落实《关于加强市直机关规范化管理的规定》，对办公室各项制度规定、工作规程进行梳理完善，提高工作规范化水平。着力提高工作效能，严格执行考勤和请销假制度，真正靠规范提高工作效率、保障服务质量。制定年度党建工作方案，层层压实党建责任。认真做好机关党委及党支部换届工作，选举产生新一届机关党委班子和支部班子。印发《关于进一步加强机关党支部规范化建设的实施意见》，促进机关党建工作的制度化、规范化。完成党员组织关系排查和党费收缴等工作，办公室124名党员全部实现资料完备、信息准确；对党费交纳数额进行重新测算，全部补交完成。认真执行民主集中制，召开秘书长主任联席会议24次，对重大问题进行集体研究，确保决策质量。加强干部职工教育培训，组织全体职工分两批赴高校进行轮训，组织部分职工参加保密、维稳方面的专项培训，提高工作水平。拓宽干部使用渠道，新设置督查专员和农工办业务推进科，设立4个中级职称岗位，对市委小车队5名驾驶员进行岗位晋升聘用，有效充实工作力量。认真执行机构编制管理各项规定，做到严格规范管理。加强对“一报告两评议”工作的组织领导，细化责任分工，完善工作方案，明确报告的主要内容、评议范围、评议方式，严格按规定程序操作，提高干部选拔任用工作的透明度和满意度。建立县级干部与专家一对一联系制度，联系市突贡专家、中青年专家、文化之星、科技人才、乡村之星等专业人才8名。充分发挥办公室职能作用，审核制发《关于深化科技体制改革加快创新发展的实施意见》《关于进一步加强企业家队伍建设的意见》等文件，参与组织全市人才与科技奖励大会等会议活动，积极服务全市人才工作。组织聘任市委法律顾问和市委法律专家库成员25名，为市委推进依法治市发挥积极作用。围绕精准扶贫要求，着力实施党建、文化、基础设施、产业“四个帮扶”，协调资金为联系村实施一批帮扶项目，改善村内道路、文化广场、文化大院等硬件设施，促进农业产业的发展。帮助联系企业解决生产经营难题，30万吨/年蜡油加氢裂化项目生产步入正轨，成品油储运销项目进入立项。

**【“两学一做”学习教育】** 着力增强“四个意识”，坚决贯彻上级决策部署。按照市委统一部署，认真组织开展“两学一做”学习教育，深入学习党章党规和习近平总书记系列重要讲话精神，着力加强思想政治建设。坚持把政治纪律和政治规矩摆在首要位置，贯穿到办公室工作的各个方面、各个环节，确保办公室党员干部绝对忠诚、绝对可靠。认真学习贯彻十八届六中全会精神，牵头起草《中共东营市委关于学习贯彻党的十八届六中全会精神深入推进全面从严治党的意见》，并带头抓好贯彻落实，推动从严治党责任在办公室落到实处。深入学习贯彻全国、全省党委秘书长会议精神，召开全市党委办公室系统主任会议作出安排部署，准确把握“四最一中枢”基本定位，更加优质高效地做好服务工作，努力把办公室打造成为市委的“坚强前哨”和“巩固后院”。

办公室对“两学一做”学习教育高度重视，将其作为重大政治任务严肃认真对待。做好市委常委会“两学一做”学习教育服务工作。加强与市委学习教育指导协调小组办公室的沟通衔接，及时拟制会议活动方案，科学设计学习内容，全程做好服务工作，保障学习教育顺利开展。共组织筹备市委常委会集中学习15次、专题研讨3次、专题辅导报告会3场，市委领导到县区、市直有关部门督导11次，到市委党校、联系村、所在党支部讲党课10次。精心组织开展办公室“两学一做”学习教育。坚持领导干部带头、全体党员参与，扎实开展学习教育。一是强化组织领导。将“两学一做”学习教育摆上重要议事日程，办公室机关党委定期听取有关情况汇报，对学习教育进行安排调度；主要负责同志坚持亲自抓，及时研究解决工作中遇到的问题。二是深化学习研讨。领导班子定期开展集中学习研讨，其他党员以支部为单位每周五进行集中学习，认真学习规定内容和篇目进行。积极创新学习形式，开通学习教育微信公众号组织在线学习交流,邀请市委党校教授作专题辅导,举办主题演讲比赛,深化学习效果。三是严肃党内政治生活。落实"三会一课"、双重组织生活等制度,申长友、郑建军、张庆华等市委领导带头为所在支部党员讲党课,各党支部书记和县级干部分别给支部党员讲党课。坚持问题导向,按要求认真制定问题清单、责任清单、负面清单,逐一建立整改台账,班子成员查摆问题24项,基本完成整改。精心组织领导班子专题民主生活会和党支部专题组织生活会,深入开展谈心交心,广泛征求意见建议,认真撰写对照检查材料,确保开出高质量、好效果。

(市委办 赵文超)

## 政策研究

【文字综合工作】 围绕市委中心工作任务,着力提高文稿的政治性、思想性和指导性,全年共起草市委领导讲话、发言材料、理论文章等各类文稿360余篇、150余万字。起草上报的《东营市深入实施黄蓝战略打造全省新的经济增长极》的报告,受到省领导重视,在省委《督查工作》刊发。报送的材料《加快培育新动能是资源型城市持续健康发展的根本之策》在国务院研究室《送阅件》上刊发,受到李克强总理、张高丽和马凯副总理批示。与市委宣传部联合,整理东营市驻企联络工作成果,报送新华社,印发"国内动态清样",并在《瞭望》周刊刊发。向《山东通讯》报送刊发领导署名文章3篇,在省委政研室《调查与研究》发表理论文章4篇。

【调查研究工作】 形成调研报告23篇,其中市领导批示12人次。针对东营市被列入京津冀协同发展城市的重大战略机遇,开展对策调研,提出建设中远距离卫星城战略定位、承接产业和科研文化事业转移等诸多建议,得到主要领导肯定,进入决策实施;针对全市房地产去库存问题,提出一系列对策建议,大部分转化为市政府决策;对加快金融业发展、银企关系创新个案等开展调研,呈送有关领导参阅,为保持区域金融稳定发展提供有效服务;与市车改办联合,就公车制度改革后公务出行保障问题进行专题调研,调研报告上报省委改革办和省车改办。就黄三角农高区体制机制、专利工作情况、农业新六产、领导干部自然资源资产离任审计等方面问题开展专题调研,形成调研成果。做好市委常委领题调研工作的组织协调,形成调研报告14篇,形成以上带下的调研氛围。在2016年度全省党委政研系统优秀调研成果评选中,获一等奖1个、二等奖2个。在全市第二十五次社会科学优秀成果评选中,获一等奖1个,二等奖1个,三等奖3个。

【党刊编辑工作】 办好市委机关刊物《东营通讯》,办刊水平在全省同类党刊中保持前列。2016年共编发《东营通讯》12期,撰写重要言论12篇,编发各类稿件150余篇。创新办刊形式,开展学习习近平总书记系列重要讲话征文活动,充分发挥党刊主阵地作用。主动做好与全国200多个城市党刊的交流工作,扩大东营的知名度和影响力。

【服务基层工作】 开展联系服务广兴集团工作,积极协调解决项目审批、监管和融资难题。推动广兴集团加入"中国聚酰亚胺产业创新发展联盟",提升公司在同行业的知名度和竞争力。协助公司建成一流ODA生产线。做好下派帮扶工作,将帮扶的张店村纳入史口镇1.1万亩高标准农田建设项目,建设生产桥1座和涵管30多米,疏浚修整毛渠、排水沟2000多米,实施50千瓦光伏太阳能发电项目,每年为村集体带来6万元的稳定收入。为村庄硬化主街道646平方米、广场1800平方米,绿化美化村庄10605平方米。举办棉花种植农田管理等各类等培训10次,捐赠图书2000余册。

(市委政策研究室 陈京华)

## 组织工作

【"两学一做"学习教育】 按照中央和省委、市委部署要求,精心组织、扎实推进,着力在抓常抓细抓长上狠下功夫,取得重要实践成果和制度成果。①坚持学在经常。按照"小主题、高频率、常态化"模式,建立党委(党组)经常化集中学习研讨制度,市委常委会每周组织一次集中学习、每月开展一次专题辅导,带头抓好学习研讨;机关党组织每周固定1天,村、社区每月固定1天,开展集中学习讨论,引导党员干部学深悟透、真信真用。深入开展送课下乡、讲"微党课"、知识竞赛等活动,增强学习实效。②坚持做在日常。围绕建设过硬支部,研究制订《关于进一步规范党支部组织生活的意见(试行)》,深入抓好"三会一课"、党性定期分析、民主评议党员等制度,建立党员活动日、参加党组织活动纪实制度;围绕发挥党员先锋模范作用,为4.3万农村党员户全部挂牌,组织1.3万名在职党员到社区报到,促进各行业领域党员立足岗位创先争优。③坚持改在时常。组织开展"负面清单"大讨论,市委常委会带头,查摆整改问题3900多项,切实以整改开局起步、以整改检验实效、以整改赢得民心。④坚持促在平常。制定各级党组(党委)书记抓学习教育责任清单,创新督导组设置方式,加大督促调度力度,保障学习教育顺利推进。中央督导组和中组部、省委组织部对东营市工作给予充分肯定。

【县乡领导班子换届】 ①严把组织关。按照中央和省委部署要求,成立由市委主要领导任组长的换届工作领导小组,各县区委都成立换届工作机构,周密制订方案,专门召开会议进行部署，抽调精干力量集中靠上工作，严格按政策程序有计划、有步骤地向前推进，确保换届各项任务扎实有序落实。②严把选人关。周密组织干部专题调研和换届人选考察，面对面谈话6770余人次，深入掌握每个班子、每名干部情况。改进换届考察方式，优化推荐考察流程，深入研判、反复酝酿，确保选人用人质量。坚持“凡提四必”，有9名换届人选因个人事项报告、档案信息不实被取消提名资格。这次换届，县区领导班子及法检“两长”共继续提名73人，新提名71人；县区领导班子中配备女干部23人，党政班子中42岁以下年轻干部达到29人，人大、政府、政协班子配备党外干部24人，全部达到换届配备要求。③严把纪律关。以“零容忍”态度严明换届纪律，制订工作方案和责任清单，组织各级干部全面深入学习换届“九严禁”等纪律要求，加强典型案例警示教育，成立5个换届风气巡回督查组，对重点环节和节点实行全程监督，有力维护换届纪律的严肃性。

【干部选拔任用和教育管理监督】 坚持把从严要求贯穿干部工作全过程，不断深化干部思想政治建设，完善选人用人机制，强化干部管理监督，打造忠诚干净担当的干部队伍。①开展干部工作专题调研。集中半年时间开展干部工作专题调研，深入5个县区、109个市直部门单位，与2327名干部进行个别谈话，全面掌握每个班子、每名干部的现实表现，建立后备干部台账，为班子和干部配备提供可靠依据。②完善选人用人制度机制。研究制订《市管干部选拔任用工作流程》，进一步明确干部选拔任用的操作程序、方法步骤和工作要求，强化过程管控，压缩自由裁量空间。在具体实践中，实行“整体动议、严格考察、分批上会”的常态化调整模式，对酝酿动议、征求意见、民主推荐、考察、讨论决定、职务任免等六大步骤、30多项小的环节，都注重规范操作、高效推进，尤其注重对意向性人选任职资格条件严格审核把关，对“三项核查”存疑的坚决不上会研究，坚决防止干部“带病提拔”。2016年，先后14批次调整县级干部460人，其中提拔150人，重用39人，交流151人。③深化干部教育培训。坚持党校教育强信念、高校教育增能力，进一步转变观念，创新举措，改进方法，不断提升干部教育培训水平。充分发挥党校主阵地作用，拓展主体班次培训规模，对县处级干部进行全员轮训。全年举办各类培训班160余期，培训干部1.1万余人次。围绕宣传学习贯彻党的十八届六中全会精神，对党员领导干部开展大规模集中轮训，全市举办培训班20期、培训干部5600多人。围绕经济转型升级、金融发展等主题，组织150多名干部、企业家赴清华大学、浙江大学进行培训。建立领导干部上讲台制度，11名市委常委为主体班次学员讲课16次，分批安排市直部门单位负责人到党校授课，增强培训针对性和实效性。④从严加强干部管理监督。研究制订《关于严肃干部工作纪律防止干部“带病提拔”的实施意见》，严格执行“凡提四必”要求，严防干部“带病提拔”“带病上岗”。2016年，查核领导干部个人事项报告680人次，专项审核干部档案5.5万卷，对203名档案信息不实的作出组织处理，17人因个人事项报告和档案信息不实被暂缓或取消任用。按照“三报告两审核”要求，对县区29批1007名科级干部调整进行严格审核，有9名干部因不符合有关规定被暂缓任用。规范市直科级干部选拔任用和管理监督，指导完成76个单位322名科级干部职务调整。健全完善信访举报受理和调查处理机制，受理各类信访举报94件次，全部落实相应处理措施。加强干部日常管理，函询领导干部36人、诫勉处理8人。抓好援疆干部管理服务工作，第八批援疆工作圆满完成，安排第九批援疆干部人才34人。⑤推动干部能上能下。研究制定《东营市推进领导干部能上能下实施办法(试行)》，重点明确7个方面32种不适宜担任现职情形，以及5个方面22种问责情形，建立监督预警、统筹协调等6项配套机制，规范具体操作程序，使原则性要求更加具体、更易操作。工作中，坚持边实践、边改进、边完善，加大执行落实力度，尤其对不适宜担任现职干部，坚决进行调整。2016年调整不适宜担任现职县级干部16人。

【各领域党组织建设】 坚持把更多精力向党建投入、把更多资源向基层倾斜，形成大抓基层的鲜明导向。①压实党建工作责任。按照市、县区和乡镇三个层面，分别建立党委及书记、班子成员责任清单，改进述职评议方式，开展满意度调查，对11名抓基层党建不力、考核结果较差的乡镇党委书记进行约谈，形成年初定责、年中督责、年底考核问责的责任落实体系。明确各级党委(党组)书记担纲负责基层党建重点问题整改，先后完成党员组织关系集中排查处理、基层党组织按期换届专项检查、党费收缴工作专项检查等重点整改任务。全市累计排查失联党员297人，全部按规定进行处理；588个未按期换届的基层党组织全部完成换届；建立健全党费专人管、足额收、及时缴、定期查的长效机制。②夯实基础基本工作。突出组织生活、经费保障、场所建设等基础工作，持续推进基层党建标准化建设，各领域基层党组织政治功能和服务功能进一步增强。围绕推进农村党组织工作标准化，将村党组织工作细化成党员管理、服务群众等6个方面23项具体标准，全面推行村干部坐班值班和为民代理代办等制度。围绕推进城市街道社区党建区域化，完善街道社区党组织区域化设置，推动社区资源区域化整合、社区事务一体化治理。东营市社区党建工作先后在全省组织部长会议、全省街道社区区域化党建工作现场会上做经验交流。着力规范机关党建和“两新”组织党建，全市非公企业和社会组织党组织覆盖率分别由56%和34%提高到88.6%和56.4%。③抓实党员教育管理。开展党员冬训，举办基层党组织书记培训班92期、党员培训班732期、培训10.95万人。抓好重点培训，举办全市组织员、市直机关党务干部、村和社区党组织书记、全市优秀共产党员等示范班次，培训600余人。把规范基层党组织生活作为从严管理党员的有力抓手，制定出台《关于进一步规范基层党组织党内组织生活的意见(试行)》，对党内组织生活范畴进行界定，对“三会一课”等制度设计进行明确，有力保证党内生活制度落实。④做实联系服务群众工作。聚焦精准脱贫推进下派帮扶，市财政按照每村8万元标准为市直帮扶村拨付下派帮扶资金，市县两级为60个省定贫困村每村拨付30万元专项扶贫资金，累计协调投入资金、物资折合3亿余元，实施重点帮扶项目889个。深入抓好109个软弱涣散村党组织整顿，90多个软弱涣散村实现转化。坚持不懈抓好全市创新开展的新型农民学校工作，在市级层面举办6个系列示范班、师资班，同时统筹调动市直、县区、社会机构等多方力量开展培训，全年共举办各类培训班10250期，培训53.6万余人次，发放新型农民创业基金贴息贷款2.56亿元。推进实施基层党员干部学历教育，累计招收学员9456名，有1864名专(本)科学员、5211名中专学员顺利毕业。

【人才工作】 ①健全完善人才工作机制。研究制定《东营市“十三五”人才发展规划》和《关于推进人才工作体制机制改革加快实施人才优先发展战略的意见》，分领域出台11个文件，为做好“十三五”时期人才工作提供政策依据和制度保障。采取“1个高端人才组织+1个推进部门+1个承办县区(开发区)”的模式，创新高端人才对接机制，围绕四大产业集群，举办4次高端人才对接洽谈活动，达成合作意向146项，45项进入实施阶段。②实施重点人才工程。深入实施“黄河三角洲学者”等重点人才工程，选聘“黄河三角洲学者”14人，引进高学历专业型人才18人；各有1人入选国家“千人计划”、国家“万人计划”和科技部创新人才推进计划，5人入选泰山产业领军人才。深入实施千名企业家培养工程，采取请名师送教、赴高校深造等模式，培训企业负责人1000余人次。③优化人才工作环境。落实党委联系专家制度，市县领导班子和市直单位的党员领导干部，每人联系1名专家，实现联系专家全覆盖。围绕全市主导产业，组织开展全市人才项目需求集中调研，对全市1400家规模以上企业全部走访一遍。指导各县区、开发区成立高层次人才发展促进会，建立市县联动的人才服务体系，东营市高层次人才发展促进会被省高层次人才发展促进会批准设立首批代表处。

(市委组织部　李道杰)

## 宣传工作

【理论武装工作】 ①抓好党委(党组)中心组理论学习。服务市委中心组理论学习，结合“两学一做”学习教育，组织集体学习28次，市委中心组学习保持了高密度、高质量。召开全市党委中心组学习经验交流座谈会，加强对县级党委(党组)中心组学习调度督查，各级党委中心组理论学习规范化、制度化水平进一步提高。②推进理论大众化。深入开展党中央治国理政新思想新实践宣传阐释，开展“两学一做”学习教育宣讲、学习贯彻党的十八届六中全会精神宣讲和“中国梦·小康情”百姓宣讲活动，举办第十三届社会科学普及周、齐鲁大讲坛东营分坛，策划推出“黄河口大讲堂”，全市各级组织宣讲活动500多场。组织党员干部群众认真学习《习近平总书记系列重要讲话读本(2016年版)》《全面小康热点面对面》等重点书目，开展向农村、社区基层赠书活动。③加强哲学社会科学工作。召开全市哲学社会科学工作座谈会，确定64项社科重点课题深入开展理论研究，组织全市第25次社科优秀成果奖评选，推出一批优秀研究成果。④抓好意识形态工作。印发《东营市党委(党组)意识形态工作责任制实施细则》，市委常委会专题研究意识形态工作4次，市委宣传部开展落实责任制情况督查2次，加强对各类阵地的管理，全市意识形态领域平稳有序。

【新闻宣传引导】 ①加强市内宣传聚合力。围绕市委、市政府中心工作，精心组织“两学一做”学习教育、经济形势和政策、社会民生、深化全国文明城市创建等重大主题宣传。探索建立新闻线索月报送制度，建立与各县区各部门、单位的信息沟通联络机制。②加强市外宣传提形象。立足上大报大台、上要闻，全年在中央、省级媒体发稿6300余篇(条)，其中重头稿件260多篇。持续推进城市形象宣传，在中央电视台《朝闻天下》栏目持续播出15秒城市形象广告，策划制作新版市情宣传片、城市规划展览馆专题宣传片；加强与《山东画报》的战略合作，先后刊发专题报道40个。策划组织“魅力东营”集中摄影采风活动，实现建市以来首次对100余处重要场景的360度全景式拍摄。加强与中新社、中国日报等涉外海外媒体联系，全年对外发稿1000余条。③加强新闻管理促规范。全年制定宣传意见、方案30余件，召开新闻例会11次，下发各类宣传提示55件，保证重要时期、敏感节点舆论态势平稳有序。加强全市两个三级新闻发言人动态管理，组织召开新闻发布会39场次。新浪政务微博“@东营发布”及时准确地发布党务政务信息3000余条，粉丝突破360万，进一步推动党务政务公开。

【网络宣传管理】 ①加强网上正面宣传。加强与中央、省级重点新闻网站合作，先后组织“供给侧·山东策——第十二届中国网络媒体东营行”“美丽幸福新东营”“转型升级看东营”“道德模范人物”等专题网络宣传，全年向各级各类重点新闻网站推送稿件8000余篇。②加强网络舆论管控。坚持24小时和节假日双岗值班，认真执行舆情处置任务，科学处置重大网络突发舆情，维护舆论安全和社会稳定。③加强网络阵地建设。积极开辟移动新媒体阵地，组织成立“东营新媒体联盟”，推出山东手机报东营专刊，全市用户突破120万人，人口覆盖率全省第一。推进网军队伍建设和培训，建立起覆盖市县镇街的网评员队伍。④夯实基础管理工作。开展关键信息基础设施网络安全检查，维护全市关键信息基础设施网络安全。开展微信公众号和微博登记备案工作，依法对违规发布转载时政类新闻、散布低俗虚假信息等扰乱互联网传播秩序的微信公众号和微博进行处置。开展网站内容专项清理行动10余项，净化网上舆论环境。

**【精神文明建设】** ①深化文明城市创建。加大日常督查和舆论监督力度，下发督办单97件、督查通报7期，先后开展西城、东城及东营开发区区域集中督导整治，一批影响城市环境秩序的突出问题得到有效解决。开展文明社区、文明单位、文明行业等创建活动，文明城市创建继续保持良好态势，顺利通过省文明委年度测评。②推动乡村文明行动提档升级。完善运行机制，城乡环卫一体化成果进一步巩固。着力推进城乡移风易俗，推行重大事务公示制、机关事业单位党员干部承诺制，组织开展“变味的份子钱”等8个话题大讨论，开展“移风易俗赶大集”志愿服务活动50场次，城乡环卫一体化、移风易俗两次电话调查成绩都位居全省前列。③打造思想道德建设高地。深化社会主义核心价值观宣传教育，深入开展“图说我们的价值观”公益宣传。深入推进“四德”工程，社区村庄善行义举四德榜覆盖达100%。倡树模范典型，评选表彰东营市第四届道德模范和全市第三届“最美人物”，推出“东营好人”43名，其中20人被评为“山东好人”，2人被评为“山东好人之星”，1人荣登中国《好人365》封面人物。加强文明家庭建设，魏希英家庭被表彰为第一届全国文明家庭，受到习近平总书记接见。推进未成年人思想道德建设，启动开展文明校园创建活动，深化“厚道鲁商·诚信东营”倡树行动。举办东营市首届读书节，促进全民阅读习惯养成。④加强志愿服务工作。实施“互联网+管理”模式，完善全市志愿服务管理信息系统，全市注册志愿者达到14万余人，注册队伍达到1005支。推广“社工+志愿者”工作模式，累计实施三批项目469个，参与志愿者1.2万人次，受益群众近40万人。

### 东营市第四届道德模范

**1.助人为乐**

董萍萍(女) 广饶县中医院护士

崔笑国 胜利油田油气集输输油分厂退休职工

**2.见义勇为**

张金璐 山东三和实业集团有限公司职工

王加田 广饶县花官镇杨王村村民

**3.诚实守信**

左建峰 市第二人民医院职工

刘 建 垦利信誉楼总经理

**4.敬业奉献**

曲晓颖(女) 市特殊教育学校教师

任兰民 利津精神卫生医院院长

**5.孝老爱亲**

王广玉(女) 垦利县胜坨镇中学教师

杨振营 广饶县陈官镇中心初中教师

### 东营市第三届“最美人物”名单

最美环卫工 崔艳会(女)，广饶县城乡环境卫生处环卫工人

最美媳妇 孙丽梅(女)，广饶县疾病预防控制中心办公室职员

最美农民 丁金红(女)，河口区新户镇南楼村村民

最美婆婆 刘灯荣(女)，河口区六合街道闫家村村民

最美乡村教师 薄其叶(女)，利津县北宋镇实验学校教师

最美警察 王洪亮，利津县看守所所长

最美科技工作者 朱宝慧(女)，东营区牛庄镇农业综合服务中心副主任

最美乡村医生 薛长营，东营区牛庄镇西薛村乡村医生

最美志愿者(义工) 王福卫，市经信委职工

最美的哥 牛凯，市宏运出租汽车有限责任公司出租车驾驶员

### 2016年全市优秀志愿者

张 惠 东营区红十字会职工

曹丽霞 东营市胜利第三十四中学教师

房崇岭 东营区东城街道安宁社区志愿服务队志愿者

牛童童 东营市义工协会广饶分会会长

夏胜利 胜利油田现河采油厂测试大队测井二队职工

韩龙龙 东营职业学院青年志愿者协会会长

王洪鑫 东营市心馨公益志愿者服务中心理事长

马海燕 东营市胜利油城公益服务中心理事长

陈兴荣 山东海翔建设集团财务部会计

赵秀丽 东营市金钥匙房地产策划有限公司总经理

王 刚 东营市无偿献血志愿服务队广饶分队队长

王志强 东营市红十字博爱志愿服务队秘书长

吕雪现 东营市消防志愿者协会副秘书长

郑玉瑛 东营市枫落村慈善义工志愿服务队队长

刘永红 山东汇丰电力器材有限责任公司职工

**【文化改革发展】** ①提升公共文化服务水平。推动群众文化广场建设升级，建成“乡村剧场”200个，免费Wi-Fi广场152个，先后在省改革交流研讨会、文化部区域文化联动“互联网+公共文化服务”专题经验交流会上作典型发言。在

全省率先建成公共图书馆、文化馆总分馆服务体系，推进数字文化建设，建成“文化东营云”“数字文化广场”“电子阅报屏”等设施平台，提升服务效能。②实施文艺精品工程。印发《中共东营市委关于繁荣发展社会主义文艺的实施意见》，召开全市文艺工作会议。对7件文艺作品进行重点扶持，推出电影《大火种》、歌曲《中国印》、吕剧《夫妻井》等优秀文艺作品。在第九届泰山文艺奖评选中，4件作品入选，获奖数量为历届最多。在全省文艺工作会议和全省文艺精品创作生产调度会上，东营市两次作典型发言。③开展“黄河口”系列文化活动。举办“黄河口之春”系列文化活动、“放歌黄河口”广场文化活动，开展“进千村乐万家”文化惠民巡演活动，在全省率先实现“一村(社区)一年5场戏”的公益服务目标。举办首届“黄河口文化艺术月”等11项活动，举办2016全国中国画作品展、2016黄河口金秋诗会，继续举办“黄河口大众文艺讲坛”，文化活动同时向高层次和普及化迈进。④推动文化产业做强做优。印发实施《东营市文化产业发展规划(2016—2020年)》《东营市“互联网+文化产业”实施意见》。东营职业学院大学生文化产业创业孵化器被评为全省第二批“金种子”计划孵化器，广饶武圣府生态文化交流中心等2个项目获得省级文化产业发展专项资金贴息扶持。⑤深化文化体制改革。推进国有文化资产监管工作改革，组建成立国有文化企业管理办公室。深化文化事业单位法人治理结构改革，市文化馆、市科技馆分别成立理事会，形成管理规范、富有效率的运行机制。多项改革走在全国、全省前列，其中创建第三批国家公共文化服务体系示范区被列为国家级改革试点。

2016年1月6日，“黄河口之春”系列文化活动全市社会文艺团体汇演

(市委宣传部提供)

【宣传文化工作创新年】 以“走在前列”为目标定位，以实施创新项目为主要载体，坚持问题导向和务实管用，深入推进宣传文化工作理念创新、方法创新、手段创新、体制创新、机制创新和基层工作创新。市委宣传部先后召开创新年活动研讨会、现场观摩会，加强统筹谋划和督导调度，激发各县区各部门、单位的创新积极性，涌现出一大批各具特色的创新项目。东营区实施城市书吧和书香银行项目，河口区实施社会主义核心价值观进校园工程，垦利区实施“吕韵悠扬·德润垦利”吕剧电影创作工程和全媒体立体宣传网络构建工程，广饶县实施“吕剧大家唱”戏曲传承振兴项目，利津县开展“立家规 传家训 树家风”主题活动，市社科联举办“黄河口大讲堂”，东营日报社推出“雪莲系列自制剧”，市文广新局实施“乡村剧场”建设，市文联开展“到人民中去”文艺志愿服务，市广播电视台推进新媒体矩阵平台构建，市广电网络公司推进文化广场无线Wi-Fi覆盖等，为全市宣传文化工作注入新的活力。东营日报社“雪莲自制剧”和利津县“乡村记忆工程”入选山东宣传思想文化工作案例选编。

【宣传文化队伍建设】 ①开展“两学一做”学习教育。严格落实党建工作责任制，把党建纳入工作全局，做到党建工作与业务工作同部署、同推进。深入开展“两学一做”学习教育，市委常委、宣传部部长贾瑞霭带头讲党课，各党支部每周定期组织集体学习，围绕“学习贯彻党章”等专题开展集中研讨。坚持问题导向，广泛征求意见建议，深入查找问题，建立整改台账，在边学边查、边学边改、推动工作中检验学习教育成效。②切实履行党风廉政建设主体责任。深入开展党规党纪学习教育，组织科级以上党员干部参加全市德廉知识测试，普遍取得好成绩。持之以恒加强干部作风建设，强化廉政制度建设，坚持按制度办事、靠制度管人。加强廉政风险防控，研究制定防控措施。加强党员干部管理监督，严格规范党员干部言行，发现问题早提醒、早防范。③加强人才培训培养。充实社区、农村宣传文化工作队伍，全市90%以上的行政村建立以大学生村官等为骨干的宣传文化工作队伍。实施“千人培训工程”“千村万人文化培训工程”，对宣传文化工作队伍进行普遍培训。印发《东营市优秀青年文艺人才培养计划》，甄选5位青年艺术人才赴高等院校进行深造。实施“东营文化名家”“东营文化英才”“黄河口文化之星”工程，推行高层次文化人才“无障碍引进”，宣传文化人才队伍不断壮大。 (市委宣传部　郭伟民)

## 统 战 工 作

【多党合作】 推进民主协商制度建设，推动出台《关于加强政党协商的实施办法》、制订《中共东营市委2016年度同各民主党派无党派人士政治协商计划》。协助民主党派全面加强自身建设，引导各民主党派开展“两学一做”学习教育，深化政治交接，凝聚政治共识；协助民盟、民建、九三学社、民革4个市委会完成换届工作；协助致公党成立东营市支部，全市7个民主党派均建立组织。召开民主党派基层组织建设现场会，基层组织规范化建设不断提高。组织各民主党派负责人考察精准扶贫工作，召开"扶贫攻坚"行动对接会，引导各民主党派参与"脱贫攻坚"等社会服务活动，各民主党派累计捐款1000余万元。组织各民主党派开展"服务基层创品牌"活动，增强民主党派的活力。协助民革中央、致公党中央，民盟省委、民建省委、农工党省委等调研组到东营开展社会调研工作，全年各民主党派完成调研报告12篇。强化教育培训，举办全市统一战线政策理论培训班和全市民主党派、工商联负责人及无党派代表人士读书班。党外知识分子工作扎实推进，指导市技师学院、垦利区、东营区成立党外知识分子联谊会。

【服务经济社会发展】 服务"两个健康"，搭建素质提升平台，举办各类民营企业家培训班，加强非公有制经济代表人士培训；强化对外经济联系，举办东营市融入京津冀协同发展推介会，推动非公企业"走出去"。制订《非公有制经济代表人士综合评价工作实施方案》，综合评价工作有序开展。组织企业参加"三对接"活动，15家企业在"2016山东民营企业人才招聘会"上与436名毕业生签订就业协议。2016年，13家企业入围中国企业500强，17家企业入围中国民营企业500强，23家企业入围山东民企百强，入围数量均居全省首位。推进"基层商会建设年"工作，召开基层商会建设现场经验交流会议，出台《关于加强基层商会建设的意见》，培育和发展特色商会组织。全市各类商会组织99家、工商联会员6503个，乡镇各类商会覆盖率达到100%，涌现出一大批行业商会和特色商会。下发《工商联换届工作实施意见》，做好全市各级工商联换届指导工作。开展"百企帮百村"精准扶贫行动，组织引导非公经济人士参与脱贫攻坚，累计投入扶贫资金2000多万元，带动1200名贫困人口实现稳定脱贫，全市60个省定贫困村提前一年实现脱贫，获全省唯一"扶贫工作专项奖"。

【党外代表人士队伍建设】 加强教育培训，制订《2016年统一战线教育培训计划》，举办全市统一战线理论政策培训班，共培训党外县级干部、党外科级干部、各民主党派班子成员、各县(区)统战部分管副部长和各乡镇（街道）统战委员150余人。强化联谊交友，推进市委常委联系党外代表人士制度的落实。强化选拔任用，推进党外代表人士安排使用政策的落实，一名党外干部担任市政府工作部门行政正职，市法院配备党外副院长，市检察院配备党外副检察长，东营职业学院配备党外副院长。推进实践锻炼，召开党外代表人士实践锻炼基地启动仪式，选派4名党外副县级干部和9名党外正科级干部进行挂职锻炼，推荐1名党外副县级干部到省级党外代表人士实践锻炼基地挂职锻炼。引导党外代表人士积极建言献策、参政议政，七届五次会议期间，党外政协委员提出提案263件，占总提案量的76%。圆满完成党外人才和八届市政协换届各项工作，指导各县(区)做好县(区)政协换届工作。

【民族宗教领域】 召开市委民族工作会议，制订《关于加强和改进新形势下全市民族工作的意见》，组织开展全市第十六次民族团结进步宣传月活动，开展"奉献社会　关心关爱，促进民族团结进步"系列主题宣讲活动。推广"三位一体"少数民族经济发展模式，用足用好少数民族发展资金，促进少数民族经济健康发展，全市民品企业达到5家、少数民族农民专业合作社17家。举办"扶贫攻坚　民品先行"活动，为少数民族贫困户发放捐赠帮扶资金10万元。垦利区、利津县分别设立450万元、300万元的助推民族经济发展资金，帮助少数民族群众脱贫致富。完善对少数民族群众的服务管理，帮助解决困难和问题。在民族节日开展慰问穆斯林群众活动。妥善处置6起涉及民族因素的矛盾纠纷，维护全市民族领域安全稳定。加强对宗教工作的组织领导，调整充实市民族宗教工作领导小组，召开全市宗教工作会议，印发《加强和改进新形势下宗教工作的实施意见》，形成油地军共同做好民族宗教工作的良好格局。充分发挥三级宗教工作网络的覆盖作用，实现重要节假日和敏感节点全市稳定。召开市佛协二届、伊协三届、市三自四届代表大会，选举产生新任领导班子。在宗教界代表人士中开展"两学一做"学习教育，提升宗教界代表人士的理论水平和政策法规意识。

【海外统战工作】 强化服务意识，坚持以增进感情、促进互

2016年6月22日，东营市海外联谊会第三届理事会议召开(市委统战部提供)

助共赢为目标，为海联会成员办实事、办好事、解难题，把海联会打造成“理事之家”。发挥海联会作用，加强交流交往，服务港澳工作大局，通过与香港、澳门等友好社团和海联会理事等代表性人士的联络交友，推动海峡两岸民间交流交往。开展多形式的海外联谊活动，不断拓展海外联谊空间，召开东营市海外联谊会第三届理事大会暨“情系海联·东营行”活动，召开招商项目推介会。先后与美国、加拿大、俄罗斯、澳大利亚等国家和中国香港、台湾等地区9个社团签订友好合作框架协议，聘请14名热心海外联谊工作的港澳台知名人士担任东营市海外联谊会名誉会长，有效加强与海外华侨华人的联系交流，在推进“一带一路”战略、“反独”促统、传承弘扬中华优秀文化、增进友谊以及招商引资、招才引智等方面发挥积极作用。（市委统战部 李画音）

## 机构编制工作

**【概况】** 2016年，市编办以推进简政放权政府职能转变为中心，统筹推进综合行政执法体制改革和事业单位改革，有序推进重点领域改革，加强和规范机构编制管理，圆满完成年度各项工作任务。

**【推进简政放权】** ①精准协同放权激发发展活力。先后分三批对市直部门830项行政权力事项进行动态调整，全面取消非行政许可审批事项。推行建设项目区域化评估评审，取消建筑业市场准入和企业投资领域的限制性审查事项。及时动态调整并规范下放试点强镇权力事项，全面完成乡镇(街道)权责清单编制工作。②创新方式加强事中事后监管。市级层面建立监管制度554项，全面推广“双随机、一公开”监管，建立健全随机抽查“两库一单”和信用体系衔接机制，纳入抽查范围的市场主体2679家、执法人员657名、抽查事项289项；安全生产、城市管理、食药监管等领域实现数字化监管，有效提高监管效能。③化服务提高办事效率。推进公开服务事项目录指南、清理无谓证明手续等重点任务，组织开展简化优化公共服务流程工作，编制公开行政审批事项业务手册和服务指南，取消市级审批中介服务收费项目48项。配合推进政务服务平台建设及互联互通，集中审核市县两级审批事项并上传至行政权力事项动态管理系统，加快推行行政权力“一张网”运行和企业、群众办事“一网通”。④理顺权责，做好“三定”修订。聚焦厘清部门职责、优化机构设置、合理配置人员编制，推进政府部门“三定”规定修订工作，按照“转理念、调职责、优机构、控总量”要求，进一步集中行政许可权，理顺职责关系，厘清上下级事权，强化事中事后监管，促进法治政府和服务型政府建设。⑤统筹协调加强改革跟踪问效。制订“放管服”改革工作方案，明确行政审批、投资、职业资格、收费清理、商事制度、教科文卫体等各领域重点改革任务和推进措施，通过政府购买服务的方式，委托山东大学对县区和24个行政许可事项多、工作量大的市直部门开展第三方评估，进一步发现问题，着眼长远提出改进优化措施。

**【推进综合行政执法体制改革】** ①在市级层面，着重推进对部门内执法职责和执法队伍进行整合，实行部门执法“一口对外”试点。市水利局将多个科室、单位的执法权力统一整合到市水政监察支队，市海洋渔业局将两支执法队伍整合为一支，实现部门内一支队伍对外执法；在开发区设立综合行政执法局，实现区内一支队伍执法；在自然保护区推动行政处罚权相对集中，成立综合行政执法支队，实现行政执法权的集中统一。②在县级层面，着重推进跨部门、跨领域综合执法试点。垦利区将城市管理、住房城乡规划建设、国土资源等10个领域的执法权纳入综合执法范围，组建综合行政执法局，有效防止多头重复执法。③在乡镇层面，着重推进执法“一站式”服务。按照重心下移和属地管理的原则，在各乡镇(街道)统一建立综合执法平台，健全环境保护、建设工程质量安全、安全生产、道路交通安全等领域机构设置，增强人员力量，切实提高基层安全执法监管水平。

**【事业单位改革】** ①建章立制、统筹推进。研究出台《关于规范和创新事业单位机构编制管理的意见》《关于推进事业单位法人治理结构试点工作的意见》等7个配套文件，完善改革政策，为持续推进改革提供遵循。对承担行政职能事业单位进行调查摸底，推动从事生产经营事业单位转企改制工作。②突出重点、公益先行。推进教育行业公益类事业单位改革，全面启动校长职级制和去行政化改革，会同教育、人社等部门研究制订改革实施意见和配套政策。着力解决教育“大班额”问题，促进小班化教学改革，重新核定全市中小学教职工编制；实行县域内教职工编制总量控制，推行中小学教师“县管校聘”流动管理机制，有效缓解教师资源配置不均衡问题。强化政府基本公共卫生服务职能，加强市疾控中心人员编制配备，完善重大疾病预防控制和突发公共卫生事件应急体系，为卫生事业发展提供有力保障。②创新方式、强化监管。推行“双随机、一公开”检查模式，加强对事业单位的事中事后监管。继续推进绩效考核“全覆盖”，提高事业单位的公益服务水平。在市直62所公办中小学校、幼儿园全面推开法人治理结构建设。探索实施事业单位业务范围清单化管理，全面细化市直422个事业单位的职责任务，建立业务范围数据库并进行动态管理。开展事业单位法人登记、现场核查、信用体系建设等基础工作。

**【重点领域改革】** ①建立健全扶贫开发工作新体制。整合扶贫、脱贫工作职责，在全省率先组建扶贫开发领导机构，形成市县乡三级扶贫工作推进体系。②推进公共资源交易管理体制改革。整合公共资源交易职责，理顺管理体制，在市和县均组建新的公共资源交易机构，将八大类交易事项全部纳入统一规范的交易平台，初步搭建起综合协调、行业监管和交易运行的三级公共资源交易框架。③健全市属企业国有资产监管体制。整合财政、经信相关国有资产监管职责，组建市国有资产监督管理委员会，加强和规范国有资产管理。④配合推进纪检、审计等领域体制改革。落实全面从严治党部署，完善党内监督体系，建立健全党委巡察工作体制。规范理顺政协机关运行机制，加强基层工作力量，促进参政议政作用发挥；推动全域旅游产业发展，将市旅游局更名为市旅游发展委员会；完成法检、审计等机构编制上划交接工作。

【机构编制管理】 ①深入开展机构编制评估和跟踪问效。对公安、工商等7个政府部门开展机构编制评估。②严控机构编制总量。坚持从严从紧原则，强化刚性约束，全市连续4年实现财政供养人员总量负增长，同时做好政府购买服务范围审核等工作，有效减少编制需求。③履行党管人才职责。牵头组织开展"百名博士进东营"行动，共选聘博士研究生16名。

（市编办　吴岳）

## 对台工作

【概况】 2016年，全系统认真学习贯彻中共十八大、十八届历次中央全会精神和习近平总书记系列重要讲话精神，认真执行市委、市政府对台工作决策部署，努力做好新形势下的对台工作，稳步推进两岸关系全面发展。"2016两岸青少年情牵黄河口交流活动""东台基层社区交流活动""东台轮胎产业合作洽谈会"3项交流活动被评为山东省优秀交流项目。东营区胜利街道中山社区、垦利区天宁寺文化旅游区等6家单位被首批确定为山东省海峡两岸交流示范点。

【对台经济工作】 ①组团参加第二十二届鲁台经贸洽谈会。9月1日，组团赴潍坊参加第二十二届鲁台经贸洽谈会，组织中华齐笔、佛头黑陶等8家企业参加海峡两岸投资贸易洽谈会科技创新成果展，会后邀请部分台商到东营进行考察对接。②推动东台产业合作。探索产业合作的新模式、新途径，加强与台湾在精致农业、橡胶轮胎、机械制造等产业领域的合作。5月，邀请台湾正新轮胎、天翔模具等10家企业20多名台商参加第七届中国（广饶）国际橡胶轮胎暨汽车配件展览会，召开东台轮胎产业合作洽谈会，促进东台轮胎技术交流、贸易合作。10月，第六届黄河三角洲（中国·垦利）国际生态农业博览会期间，57家台湾企业携特色展品亮相，展出产品包括休闲食品、茶叶、保健品等近50个品种。③做好台属工作。发挥台属作用，持续开展"亲情相聚"和"宗亲联谊"活动，组织台属、台属企业赴台探亲交流，动员重点台属与岛内亲属广泛联系，共同做好台湾人民工作。加强对台属联谊会的指导，指导台属联谊会开展活动，活跃会务，发挥好台属联谊会作用。④做好台胞台企服务工作。开展"进台企、话亲情、助发展"与台资企业联谊活动，广泛听取台商台企意见建议，切实帮助企业解决问题和困难。开展"平安台企"创建工作，对台资企业安全生产进行专项督导，对发现的问题，督促企业及时整改，消除事故隐患，协调有关部门提高工作效率，为企业安全生产搞好服务。

【交往交流工作】 ①推动青少年交流。8月，举办两岸青少年情牵黄河口交流活动。邀请台湾黎明技术学院的30名师生到东营参访，与东营职业学院的师生进行面对面交流增强台湾青少年的民族和文化认同。②推动基层社区交流。6月，举办2016东台基层社区交流活动。来自东营和台湾两地的基层社区管理人员相聚东营，就社区管理与服务、留守老人关爱、社区志愿者服务等工作进行座谈交流。建立东台社区常态交流机制，深化与台湾基层人士的实质交流，进一步密切乡情、亲情、友情。③推动文化交流。8月，举办"海峡两岸情·魅力河口行"武术专场晚会，来自海峡两岸的11支武术队、400多名武术界人士同台献艺、切磋武艺，提升传统文化在岛内的影响力。11月，邀请73名台湾师生到东营参加"东台青少年黄河入海游"系列活动，台湾师生参观孙子文化旅游区、黄河口自然保护区，与市一中的师生共同体验"两岸一家亲——我是谁"的主题心理课，并举办"两岸青少年联谊会"。④推动东台教育合作。推动东营职业学院与台湾的黎明技术学院、龙华科技大学等院校交流合作，组织16名学生赴台研修，体验台湾项目化教学、课堂环境、校企合作模式以及台湾对中华传统文化的传承，参与校园公益活动，感受台湾的风土人情，促进东台院校在职业和技能教育方面的合作对接。⑤加强应邀赴台审批管理。加强应邀赴台审批管理指导，按照中央八项规定和出国（境）新要求，严格控制没有实质内容的交流团组赴台考察。强化赴台团组行前教育和归后总结，对赴台团组在台行程、基层交流内容、工作任务重点把关，严肃赴台纪律，务求交流实效。

【宣传教育工作】 ①邀请台湾主流媒体记者、《太平洋日报》《先锋日报》等台湾媒体到东营考察采访，对橡胶轮胎暨汽车配件展览会、国际生态农业博览会等重点经贸活动进行系列深度报道，向岛内民众推介东营的风土人情和投资环境，提升东营市在台知名度。②加强东台媒体间的交流合作。加强与台湾《旺报》、番薯藤、中天电视台等新闻媒体联系，推动东台媒体开展新闻交流，邀请其到东营参访采风，促进东台媒体稿件互换，双向交流。③加强网络宣传。利用国台办网站、华夏经纬网、中国台湾网等平台开展对台宣传。发挥"东营市台办网"作用，切实做好涉台信息传播、舆论引导和新闻发布等工作。先后在华夏经纬网、中国台湾网等网站发表各类稿件300多篇。④做好涉台教育。在党员干部、基层群众、青少年学生中,开展对习近平总书记关于对台工作新理念新思想新战略、中央对台方针政策和上级对台工作部署以及重大涉台活动和东台交流合作成果的宣传教育,形成全党全社会共同关心、支持、参与对台工作的良好氛围。

【台办自身建设】 ①抓学习教育,加强思想作风建设。开展"两学一做"学习教育,贯彻落实中央和省委、市委的部署要求,党支部认真落实主体责任,组织全体党员干部带着问题学,针对问题改,定期组织交流互动,使学习教育渗透到工作生活的方方面面、时时刻刻。②抓素质提升,加强干部队伍建设。把握全面从严治党主线,以"五大发展理念"为引领,以"走在前列"为定位,引导台办干部提升发展标杆,提升工作标准,提升思想境界。通过举办全市台办系统涉台知识竞赛,主要领导上党课、做讲座,组织党员干部到对台工作先进地区参观学习,参加国台办干部培训班、全省台办干部培训班等形式,培养台办干部对台工作专业思维、专业素养、专业方法,提高应对复杂局面做台湾人民工作的能力。加强台办系统反渗透、反泄密、反策反教育,增强防范意识和能力,严防发生泄密等问题。③抓联系帮扶加强服务群众意识。做好联系帮扶工作。帮助协调资金85万元,整修硬化村内道路,方便村民交通出行。拟投资30万元的光电项目正在推进落实中,项目建成后除能提供村文化大院用电外,每年还将增加村集体收入4万元。实施村庄亮化、送温暖过冬、冬日暖阳新型农民培训、为老年人照相等多项便民、利民项目。做好驻企联络工作。定期听取驻企联络员工作汇报,协助联系企业解决经营中遇到的困难和问题。做好企业与外界尤其是政府部门的沟通与联系,优化企业发展环境,为企业生产经营提供优质服务。协助企业完成卫生、安全、消防大检查,及时发现和消除安全隐患。

(市台办 耿蕴书)

## 市直机关工委工作

【概况】 2016年,市直机关党工委在市委的坚强领导下,深入学习贯彻党的十八届三中、四中、五中、六中全会和习近平总书记系列重要讲话精神,紧紧围绕市委、市政府重大决策部署,牢牢把握全面从严治党主线,立足服务中心、建设队伍,按照"走在前列"的要求,开展"两学一做"学习教育,持续深化机关党建责任制落实,突出抓好"两规范一创建"、服务型党组织建设、"互联网+机关党建"等重点工作,切实抓好自身建设,提升机关党建工作制度化、规范化、科学化水平。市直机关工委被评为"全省文明机关",被省工委授予"全省机关党建宣传报道工作先进单位"称号。截至年底,工委所属党组织590个,其中党委55个,党总支8个,党支部527个,党员总数7994名。

【思想政治建设】 ①开展"两学一做"学习教育。坚持原原本本"实学"。每周安排两次集中学习,通过"逐人领读、集体学习、交流心得、集中点评"的方式,先后对《习近平总书记系列重要讲话读本(2016年版)》等内容进行学习。坚持党员干部"讲学"。采取"党员人人当教员"、人人讲"微党课"的方式,每周五讲一堂"微党课"。坚持完善制度"严学"。提前制定学习计划,严格学习纪律和考勤制度。通过成立学习兴趣小组、退休干部"送学上门"等方式,坚持创新形式"助学"。坚持以学促干、干学结合,以学习教育提升素质、推进工作。班子成员根据分工划片,主动与13个督导组对接,切实做好协助服务工作。根据市委组织部统一安排,工委书记为市委党校第50期县处级领导干部进修班作辅导报告。通过开展"微党课、微体会、微调查、微镜头",推送高质量作品60余篇(部),有力调动基层支部和广大党员的积极性。创作推出"两学一做"FLASH专集(上中下三集),系统阐述学习教育的相关知识。②加强学习型党组织建设。组织举办专场报告会,邀请省委党校教授王立新作专题辅导报告。联合举办为期10天的"永远跟党走——'两学一做'学习教育展",参观人数8000余人次。市委书记申长友的署名文章《把学习教育的功夫用在平时》在中央国家机关工委刊物《紫光阁》2016年第7期中发表;"两学一做"的经验性报道、信息在省市党委信息和市级媒体刊发;在市委"两学一做"学习教育指导协调小组办公室等部门联合主办的电视知识竞赛中市直机关代表队夺得一等奖。③打造"互联网+机关党建"新媒体宣传平台。先后4次召开班子会议研究调度宣传工作,整合网站、公众号、刊物等载体,合力打造新媒体平台。4月7日,"东营机关党建"微信公众号正式开通上线,坚持每个工作日编发1期,打造"指尖上的党建平台"。充运用"网上考核"方式,通过机关党建信息化管理平台对所属机关党组织进行年度工作考核。2016年,东营机关党建信息化工作经验先后2次在全省机关工委系统会议上作交流发言。编印《东营机关党建》刊物4期,及时宣传报道市直机关党建工作动态。工委主要负责同志的署名文章《创新机制压实责任 从严从实抓好机关党建工作》在省直机关工委刊物《机关党建》2016年第3期上发表;多篇署名文章在省直机关工委刊物《机关党建》和《东营日报》上刊发。④组织开展纪念建党95周年系列活动。"七一"前夕,组织各直属机关党组织普遍开展"党员奉献日""重温入党誓词"、走访慰问老党员困难党员等系列纪念活动。组织观看历史题材电影《大火种》,联合举办"反酒驾·我们在行动"教育报告会、"颂歌献给党"全市职工合唱比赛、"唱支山歌给党听"主题歌会等活动。

【基层党组织建设】 ①抓好"双规范一创建"。与市委组织部联合起草、以市委办公室名义印发《关于在全市机关事业单位党组织中开展“规范基础工作、规范组织生活，创建党建品牌”工作的意见》(东办发〔2016〕44号)。指导47个部门单位进行换届改选，指导3个部门单位和1个企业新成立党组织，选举产生新一届机关党组织领导班子成员326名；对26个部门单位机关党组织进行调整，充实机关党组织领导班子成员35名，改善党务干部队伍结构。8月底，工委所属机关党组织全部完成党费收缴工作。开展党员组织关系集中排查工作。集中处置，工委所属各部门单位机关党组织的20名失联党员查找11名并作整改处理，9名作除名处理。抓好发展党员和党员管理服务工作。全年审批入党积极分子141名，发展党员70名；对91名预备期满、经考察合格的中共预备党员及时办理转正手续。做好市直机关党代表会议的筹备和党的十九大、省十一次党代会代表候选人初步人选推荐工作；配合东营区东城街道办事处完成区人大代表换届选举工作。②抓好党员教育管理培训。成立由主要领导任组长的人才工作领导小组，建立人才工作责任制。制定工作规划、工作职责、会议制度等，明确工作职责和任务目标。注重加强人才统计工作，撰写《市直机关党员队伍建设现状分析及对策建议》调研报告。依托浙江大学、沂蒙党性教育基地和市委党校，全年先后举办机关党组织书记和县区工委书记、机关党务干部、组织员、党员及发展对象等各类培训班7次，培训人数1200多人次。邀请中央国家机关工委研究室主任王霄汉为市委理论学习中心组和市直各部门单位机关党组织书记作《基层组织工作条例》专题辅导报告。制发《市直机关党组织工作记录簿》，用于记录党内活动的开展情况。为工委所属8000余名党员制发《党员证》。③做好机关党组织书记述职评议工作。组织完成市直82个机关党组织、11个组的述职评议工作，组织机关党组织班子成员向全体党员述职，接受党员干部评议，市直部门单位机关党组织书记共查摆出存在的问题305个，分析原因354条，制定整改措施346条，参加评议人员达2302人次。④落实机关党组织工作保障。落实与市委组织部等部门联合印发的通知要求，对党建工作一揽子任务压细压实。将不是部门单位党组(党委)书记兼任的机关党委(总支、支部)，全部调整为“一把手”兼任书记；凡设立机关党委的，按部门单位中层正职配备专职副书记；按照每名党员不低于1000元的标准，将党组织活动经费纳入部门单位行政经费预算并单独列支。⑤建立完善机关党建工作运行机制。分别召开全市机关党的工作会议和全市县区机关工委书记座谈会，推动提高全市机关党建工作整体水平。由工委起草、以市委办公室名义印发了《关于深入贯彻全面从严治党要求进一步加强市直机关党的建设的实施意见》(东办发〔2016〕46号)，明确加强市直机关党的建设的总体要求和具体任务，列入市委督查室重点检查督导内容。

2016年6月22日，全市机关党的工作会议举行 （董玉阳摄）

【机关作风建设】 ①抓好工委班子作风建设。执行干部选拔任用“一报告两评议”制度，工委领导班子交流调整3人，遴选工作人员2人，通过其他方式补充人员2人。抓好班子队伍思想政治建设，建立学习秘书制度，建起“党员书屋”。②提升机关作风规范化建设。修订完善《工委工作规则》《考勤请销假制度》《会议纪要制度》等20余项制度，促进工作的制度化、规范化、科学化。针对单项工作，采取“科学谋划、精密组织、宣传推介、总结反思”的“四步工作法”，做好每项重大活动事前、事中、事后的严格管控。建立科学的运行机制，对班子成员分工进行调整，建立实施联系片工作制度。③做好村企帮扶工作。协调各方力量，筹措资金40.2万元，为帮扶村建设高标准文化广场。多次到企业进行调研指导，为联系企业市医药公司居民小区建成总投资420万元的25千瓦换热站，彻底解决居民1.2万平方米的集中供暖问题。⑤深入基层调研推动工作创新。工委主要负责人带队，到市直部门单位和县区进行调研30余次，深入基层抓好工作的推进落实。2016年，撰写信息《东营市全面实施述职评议制度压实从严治党责任》在省委办公厅《今日消息》第105期中刊发。

【党风廉政建设】 ①抓好工委机关自身的党风廉政建设工作。主要领导与分管领导、分管领导与机关各部室层层签订《党风廉政建设责任书》。8月，工委召开述廉述责工作会议，领导班子成员和副县级干部分别进行述廉述责，现场回答党员的询问、质询，进行民主测评。②狠抓市直各直属机关党组织的党风廉政建设和反腐败工作。年初制发《2016年市直机关纪工委工作要点》，指导市直机关党风廉政建设和反腐败工作。加大交办、督办和直接查办案件的力度，始终保持惩治腐败的高压态势。共处分违纪党员31名，其中党内警告13名，严重警告10名，留党察看4名，开除党籍4名。

【机关群团和精神文明建设工作】 ①发挥工青妇群团组织作用。举行“聚力三大专项行动·向一线环卫女党员女职工致敬”图书捐赠仪式。六一儿童节期间，为村里30个学龄儿童送去学习用品。七一前夕，对生活困难59名党员进行走访慰问，发放困难党员救助金59000元。机关工会组织认真开展困难职工帮扶救助，救助困难职工49人，发放救助金12.25万元；机关共青团组织举办“相亲大会”“集体婚礼”等活动；机关妇女组织开展“好书共品读”“我爱阅读·心中有得”等系列活动。在全市“七五”普法法律知识竞赛中，选派的市直机关代表队获得一等奖。②举办2016年市直机关运动会。5月，在东营技师学院举办市直机关运动会，来自市直各部门单位的近1000余人参加各个项目的比赛。运动会进行4个组别40余个小项的角逐，评出团体前八名和优秀组织奖八名。③组织开展各类精神文明创建活动，落实好承担的各项创城任务。扎实开展市直机关普法、征兵、处“法”等各项工作，确保市直机关和谐稳定。

（市直机关工委　董玉阳）

## 党校工作

【概况】 2016年，市委党校认真贯彻落实全国全省党校工作会议精神，弘扬和践行“忠诚、笃学、求是、担当”的东营党校精神，按照“一三三五五”的工作总思路和“务实、规范、创新、提升”的工作总要求，各项事业取得新进展。4月20日，全市党校工作会议召开。9月1日，市委印发《中共东营市委关于加强和改进新形势下党校工作的实施意见》，为推动全市党校事业科学发展提供制度保障和政策依据。

【教学工作】 2016年共举办各类主体班次18期，培训学员1835人次；举办各类社会班次25期，培训人数2750人次；深入基层开展宣讲辅导174场次，受教育干部群众2.5万人次，圆满完成年度培训和宣讲任务。①推进主体班次学制改革。从2016年下半年开始，县级班学制由每期2个月调整为每期1个月，班次由每年2期增加为每年6期，培训人数由每年100人增加为每年600人。②突出主业主课。把党的基本理论、党性教育、习近平总书记系列讲话精神作为单独的教学板块，开展专题教学，组织学员到市内外党性教育基地等开展党性教育实践，党的理论教育和党性教育课时达到总课时的74%。③加强精品课和教学基地建设。制定出台精品课评选办法，组织评选出省级优秀教学奖2名、市级优秀教学奖2名，调整建立30个教学基地。开发新教学专题，全年共有35个教学新专题进入课堂。5月，组织召开全市党校系统教学工作会议。④创新教学方式方法。推行辩论式教学、情景模拟式教学等，组织开展与群众同吃同住同劳动的“三同”教育。严格落实《关于建立领导干部上讲台制度的意见》，全年共协调组织市领导和市直部门单位领导到党校授课36场次。⑤推进从严治校。严格教师政治要求和学员管理，制定《关于教师和学员严守课堂政治纪律的规定》，重点对教师和参训学员在严肃课堂政治纪律、严守政治规矩等方面作出明确规定，提出严肃要求。⑥办好业余教育。省委党校在职研究生班经济管理和法学理论两个专业共录取48人；继续与山东师范大学联合办学，招收2015级双证班学员39人、2016级40人。

【科研工作】 立项课题47项，结项课题47项，发表论文38篇，获奖29项，被市领导批示转发调研报告14篇；组织编写《怎样加强党性修养》《资源型城市转型发展案例评析》《东营特色文化》。①加强科研课题研究。申报立项全省党校系统年度课题5项，全省党校系统十八届五中全会专项课题18项，东营市社科课题10项，全市党校系统课题11项；结项山东省国民经济和社会信息化发展软科学研究课题2项，全省党校系统十八届四中全会专项课题8项，十八届五中全会课题2项，全省党校系统课题5项，全市党校系统课题17项。②搭建成果转化平台。加大对市情调查研究力度，围绕全市改革发展重点难点热点问题进行深入研究，撰写调研报告，为市委市政府科学决策提供咨询。全年共有14项成果获市领导批示，其中《东营市干部下派帮扶工作问题研究》等6项成果获市委书记、市人大常委会主任申长友批示，《黄蓝融合发展背景下东营经济转型升级对策研究》等4项成果获市委副书记、市长赵豪志批示。③积极参加学术研讨。组织参加全省党校系统优秀科研成果评奖、山东行政学院优秀科研成果评奖、市社科第二十五次优秀科研成果评奖，共获一等奖3项、二等奖7项、三等奖15项。与市社科联联合召开山东社科论坛——资源型城市转型发展研讨会，组织参加各类理论研讨活动8次；编辑出版校刊《黄河口论坛》4期。④注重科研多方协作。横向上，加强同党政部门、科研院所的科研协作，与市人大、市经信委、市扶贫办等合作课题7个。纵向上，通过课题申报立项这一平台，建立省市县三级党校协作网络，发挥学员优势，建立“学员培训+联合调研”模式，使课题研究过程与教学专题开发融为一体。⑤加强科研规范管理。完善调研成果严格审核报送机制，报送前必须经过调研作者多次修改、科研处审阅、校领导审核确定等环节严格把关。修订出台《中共东营市委党校科研工作考核办法》，科研管理更加科学规范。10月，组织召开全市党校系统科研工作会议暨科研咨政论坛。

【队伍建设】 ①加强领导班子建设。提拔重用1名主管教学工作的副校长，交流进2名校委成员，配齐配强校委班子。根据工作需要重新调整校委成员工作分工，发挥班子整体效能。1月召开校委班子“三严三实”专题民主生活会，市委书记、市人大常委会主任、市委党校校长申长友出席指导并讲话。②加强师资队伍建设。全年选派86人次教师外出培训，通过进修学习、到国家行政学院旁听轮训、挂职锻炼、新课试讲、教学比赛等方式，全面提升教师素质能力。持续打造青年教师“五个一”培养模式，配套导师制、台账制、考核制三个保障制度，形成青年教师“5+3”培训机制。建立完善以千分制考核为基本，教学、科研、咨政、民主测评为主要内容的“四评价一考核”体系。通过公开招考引进3名专职教师，推荐5名教师入选全省党校系统教学师资库，在全市选聘29名党政事业单位和企业领导担任兼职教授，师资力量不断壮大。③加强干部队伍建设。增设统战工作培训处，内设机构设置更加完善。组织开展科级干部竞争上岗及轮岗交流，完成专业技术人员职称评聘，组织开展全市党校系统先进党校、优秀教师、先进工作者评选活动并向省推荐，1所县区党校获评全省党校系统先进党校、7人获优秀教师和先进工作者称号。

【机关建设】 ①党风廉政建设。建立健全主要领导负总责和班子成员“一岗双责”党风廉政建设责任制，严格落实党风廉政建设主体责任，层层传导压力。召开党风廉政建设工作会议，签订《党风廉政建设责任书》，压实廉政工作责任。严格执行民主集中制，规范议事决策原则、程序、纪律，定期通报校委决策和工作情况，实现阳光决策和透明操作。开展“党规党纪学习教育”，组织全体在职党员干部参加德廉知识测试和法律法规知识测试。加大执纪问责力度，严肃上班期间工作纪律，定期组织督查抽查。严格落实党员领导干部报告个人有关事项制度，加强对“三重一大”事项的监督，及时报请派驻纪检组监督。②机关党的建设。落实全面从严治党各项要求，抓好规范基础工作、规范党内生活、创建机关党建品牌的“两规范一创建”工作。对党员关系进行重新梳理摸排。推进支部换届选举，5个党支部选举产生新一届委员会，成立离退休干部党支部。严格按照标准程序发展预备党员1名，转正党员1名。组织开展庆祝建党95周年系列活动。③精神文明建设。严格落实网格化管理责任，组织开展义务劳动，深化巩固省级文明单位创建成果并顺利通过复查。完成校工会换届选举，组织参加市直机关运动会、黄河口国际马拉松赛、三八健步行、“慈心一日捐”、义务献血等全市性文体公益活动，组织开展全市党校系统乒乓球比赛、迎新春联欢会、七一革命传统教育，活跃校园文化生活。④机关效能建设。狠抓作风建设，深入开展自查自纠，严格执行考勤、公务接待、公车管理等规章规范。完成公车改革工作，保留公车2辆；修订完善固定资产管理制度，组织开展固定资产清理工作；对校园网站进行改版升级。⑤校园建设工程。校园建设工程列入市政府投资计划，拨付财政资金300万元用于规划设计等前期基础性工作，办理完成土地证、地籍测绘、项目选址意见书、项目建议书、建设用地规划许可证、规划设计条件、环评批复等立项前基础工作。

（市委党校　张静）

# 信访工作

【概况】 2016年，市信访部门共接待群众到市上访712起9303人次，起数、人次分别上升22.5%、10.7%；其中集体访356起7957人次，起数、人次分别上升18.3%、2.9%；到省上访254起895人次，进京上访116起174人次；进京非正常上访16人次，在全省位居第十五位。受理群众来信614件，网上信访1353件。

【拓宽信访渠道】 ①深入推进领导干部公开接访下访。市级领导接访60起800人次；县区落实每周接访制度，乡镇做到随有随接。对领导干部接待的所有信访事项，落实领导首接责任制，强化跟踪督办，确保领导接访事项化解率达到80%以上。②创新推行联合接访。市委、市政府投资1300余万元，建设市信访联合接待中心，实行“1+6+N”（1指信访局；6指六个常态进驻单位，包括住建局、人力资源和社会保障局、教育局、东营经济技术开发区管委会、市委政法委、城市管理局；N指每季度实行动态调整，安排N个相关区县部门单位入驻）联合接访模式，对来访事项实行一站式受理、一条龙办理、一揽子解决，真正减少群众信访成本，提高工作效率。③畅通信访渠道。建成网上信访信息系统，开通网上信访受理平台，落实信访部门、首办责任主体和首办责任人的责任，确保信访事项及时受理率、按期办理率均达到100%，提高网上信访的公信力。

【源头预防】 ①坚持保障和改善民生。市委、市政府加快推进以改善民生为重点的社会建设，不折不扣地落实中央、省委和省政府出台的各项惠民政策，提高基本公共服务水平，满足人民群众在劳动就业、教育、医疗、社保、住房等方面的基本需求。②坚持科学民主决策。市委、市政府坚持作决策、定政策严格按照规律办事、按程序办事，在容易引发社会矛盾的重点领域，完善和落实重大决策社会稳定风险评估制度，从源头减少信访问题的发生。③坚持依法行政。进一步建立健全决策、执行、监督相互制约、相互协调的运行机制，规范办事流程、严格工作程序，不断强化对行政、执法活动的监督，做到严格、公正、文明、廉洁、高效。同时，强化责任追究，依法严肃查处滥用权力与民争利、损害群众利益的行为。

【减少信访存量】 ①解决群众的合理诉求。深化矛盾纠纷排查化解工作，凡是符合政策和法律规定的，都一一落实责任，限期解决；确属不能解决的，耐心细致地做好解释说服工作，防止矛盾激化。②坚持领导包案。市委常委会研究确定一批重点信访案件落实市级领导包案，推动所有案件取得重大进展。③主动化解信访积案。强化信访交办、督办，实行包案责任制，推动积案化解，化解信访积案36件。

【督查督办】 强化对重点信访事项的督查督办，特别是突出对省委巡视组巡视组“回头看”期间受理的108件起信访事项，加强高位交办，严格落实责任，强化督查通报，确保信访事项的办结率，案件的结服化解率。通过加强督导检查，层层压实化解稳定责任，巡视组所交办的案件化解106件，推动工作各项工作扎实有效开展。

【规范信访秩序】 严格落实油地军校维稳联动机制，实行油地双方密切配合、政法综治协调推动、维稳系统预警评估、信访部门督促化解、公安机关依法处置、属地属事单位跟进化解稳控的非访治理工作体系，形成“齐抓共管、主动作为”的工作格局。油地双方密切配合，及时妥善处置大规模集体访，维护社会稳定。深入开展无非正常上访县（区）乡（镇）两级联创活动，从信访、公安、综治、维稳四部门抽调骨干人员，组建非访整治办公室，负责督导全市非访集中整治工作。

【基层基础建设】 ①建设一支高素质的信访干部队伍，配齐配强领导班子，充实工作力量，优化队伍结构，确保工作需要。②开展“三无”创建活动，切实把问题化解在基层、消除在萌芽状态。③推进“两提升两降低”工程，确保全市到省进京重访率控制在15%以下、重信率控制在25%以下、信访事项到期办理率达到100%、群众满意率达到97.5%以上。

（市信访局 张景建）

## 保 密 工 作

【保密宣传教育】 ①开展警示教育。采取多种形式传达学习全国窃密泄密案件情况通报，提高领导干部、涉密人员的保密意识。②开展系统培训。在西北工业大学国家保密学院举办全市重点涉密单位涉密人员培训班，各县区、市直重点涉密部门的51名涉密人员参加培训。举办全市保密干部业务培训班，各县区、市直各部门单位的180余名保密干部参加培训。③创新宣传载体。组织征订警示教育片《手机背后的谍网》光盘400张，《机关单位保密自查自评工作指导手册》260本，《保密工作》《保密科学技术》1300多份。推广“保密观”微信订阅号，推动保密知识普及社会群众。④开展保密宣讲。全年开展保密宣讲12次，受教育人数600余人。

【保密监督管理】 ①推进“三大管理”。开展涉密人员分类确定和保密审查、涉密网络测评审批、互联网信息保密检查等专项活动。②做好涉密载体销毁。全年共销毁涉密纸质文件19261份、内部文件资料48万余份、废旧计算机硬盘37个、涉密光盘135个。③协助有关企业开展涉密信息系统集成资质、涉密载体印制资质申报工作，其中海神电子有限公司通过保密审查并获得资质证书。④加强高考、司法考试等各类国家统一考试的保密管理，联合有关部门对考场和保密室进行验收。⑤严格保密依法行政。落实简政放权规定，开展行政执法主体清理确认，制定保密行政许可和行政处罚等信用信息公示目录，按要求公开公示。⑥开展保密自查自评督导。市、县区保密部门全年共实地督查市直机关单位138个、县区直机关单位459个，累计检查计算机2629台、网络93个、保密室597个。 （东营市国家保密局 张健）

## 党史研究工作

【概况】 2016年，市委党史研究室全面履行党史研究、业务主管两项基本职能，圆满完成各项任务。在全省优秀党史成果和全市社科优秀成果评选中，3部作品获省、市一等奖，9部作品获省二等奖，7部作品获省三等奖。党史大事记编写、改革开放实录征编、网络宣传教育工作在全省推广。滨州、潍坊、莱芜等市先后到东营考察学习改革开放实录征编、二卷编写和党史宣传教育工作经验。

【资政工作】 以加快建设美丽幸福新东营统领党史工作全局，完成《中共东营市委纪事（2016）》大型年刊的编辑出版工作，全书80余万字。完成《中共山东年鉴（2016卷）》东营部分承编任务。为纪念建党95周年，编辑出版《中国共产党东营历史》第二卷（1949—1978），被中央党史研究室简报和《东营日报》宣传推介。为深入贯彻落实中央“一突出”“两跟进”新部署新要求，编辑出版《东营党史大事记》，年内完成3期。

【专题研究】 完成《东营解放战争英名录》的编撰。全市改革开放实录征编工作进展顺利，承担的《山东改革开放实录》东营部分5个专题全部完成并通过审核，编撰经验被省课题办作为典型在全省推广。启动“社会主义建设时期县委书记口述史”征编工作，相关成果上报省委党史研究室。

【党史宣传教育】 编辑出版党史季刊《东营党史》4期，每期8万余字，取得省新闻出版局连续性内部刊物准印证，成为党史系统指导工作、交流信息的一个重要平台。做好东营党史网站和微信公众号更新维护工作，全年更新信息200余篇，用新媒体宣传党史经验在全省党史研究室主任会议上发言交流。与市社科联、市纪委宣传部联合开展纪念建党95周年征文活动，57篇论文获奖。推进党史“六进”活动，为

5个学校、1个社区制作“永远的丰碑”党史图片墙，向市图书馆、东营职业学院捐赠党史图书300余册，党史宣讲团为学校、社区送党史报告12次。与市委宣传部、机关工委、档案局联合举办“永远跟党走——‘两学一做’学习教育展”，市直各部门单位5000多名党员干部接受教育。“东营红色讲坛”第1期发放完成，成为干部群众学习、了解东营党史的又一重要载体。

【业务指导】 落实好党史工作信息员、联络员制度，加强联系交流，完善市、县(区)、乡镇(街道)党史工作网络。加强对县区党史工作的指导考核，实行室领导和科室联系县区制度，强化在整体工作部署、重点课题研究、重大项目实施上的市县(区)联动。做好党史重大题材出版物、影视作品和展览方案的审读、审看工作，对县区编写的《峥嵘岁月——利津党史资料集萃》《历史印记——垦利县的221个第一》等多部著作书稿和东营区拍摄的抗战纪录片《周家连》进行审定，切实加强对县区党史工作的业务指导。

【队伍建设】 把干部队伍建设摆在战略高度，纳入重要议事日程，加大投入，努力搭建干部成长平台。坚持读好书、荐好书，建设单位图书室，购买政治理论图书和业务书籍2000余册；鼓励走出去学，全年共有20人次外出培训学习；邀请省党史研究室专家对全市党史干部进行培训；抓好对新进人员的“导师制”培养，新进人员出色参与完成部分图书编辑和课题研究工作，做到教学相长、优势互补、共同提高。 (市委党史研究室　于娟)

## 老干部工作

【概况】 2016年，市委老干部局积极稳妥推进离退休干部工作转型发展，各方面工作都取得新的进展和成效。截至2016年年底，全市共有离退休干部15589人，其中离休干部452人，平均年龄88.4岁；退休干部15137人，平均69.1岁。

【思想政治和组织建设工作】 ①全面落实基本政治待遇。定期编印《市情通报》、举办形势报告会、组织参加“黄河口大讲堂”活动，按规定组织老干部阅读文件、就近参观考察、参加重要会议和重大活动，切实把“政治上关心”老干部的要求落到实处。2月和7月，市委、市政府召开老干部情况通报会，市委书记申长友、市长赵豪志通报经济社会发展情况和下步工作安排。结合建党95周年，组织对全市易地安置离休干部进行集中走访慰问。11月，组织市级老领导先后到河口区、东营区、东营经济技术开发区观摩考察重大项目建设，市委常委、组织部部长朱开国，副市长杨梦斌陪同。②开展“两学一做”学习教育。以组织部文件印发离退休干部党员“两学一做”学习教育指导意见，对离退休干部党支部书记、党建工作联络员开展专题培训，编印专门针对离退休干部的学习教育读本和笔记本，面向市直3600多名离退休干部党员全部发放，组织有兴趣爱好和特长的离退休干部党员以软硬笔书写、板报创意、艺术展现等形式，开展党章、党规和系列讲话要点撰录活动，并择优进行展览，营造浓厚的学习氛围。确定每月9号为离退休干部党支部“学习活动日”，每个月确定一个学习主题或活动项目，指导推动组织生活正常化开展。联合组织部门开展“难忘那年入党时”主题征文活动，参加省局组织的“不忘初心——我的入党故事”征文，活动共收集征文108篇，集结成册发放全市离退休干部党支部。③明确和落实党建工作责任。市县全部成立离退休干部党工委，制定党工委工作制度和运行机制，推动党工委工作与老干部局工作高度融合、一体运作。在全市开展特色离退休干部党支部创建活动，分类整合创建特色党支部，使党员构成更加合理，支部活动更具特色。开展党组织建设情况摸底和党员组织关系排查，进一步优化离退休干部党组织设置，采取有条件的单建、少而散的联建、有意愿的转社区等方式，发送《督办函》督促市直部门单位新建离退休干部党支部16个。指导各离退休干部党支部顺利完成换届工作，依托老干部党校定期开展支部书记培训，累计培训420余人次。加大党费对离退休干部学习活动支持力度，市委办文件(东办发〔2016〕44号)明确规定，上级党组织要将离退休干部党组织收缴党费全额返还，用于离退休干部党组织开展活动。

【服务管理工作】 ①认真执行各项生活待遇政策规定。不断巩固和完善离休干部离休费保障、医药费保障和财政支持“三个机制”，加强生活待遇落实情况督导调度，离休干部医药费全部纳入财政预算并逐年递增，确保全市离休干部离休费按时足额发放、医药费按规定据实报销。坚持“重大节日走访、生日寿辰祝福、生病住院探望、突遇变故慰问、日常服务跟进”五项举措，深化细化对市级老干部的服务。持续推进定点医疗机构就医记账制度，督促落实好护理费、丧葬费、一次性抚恤金、生活性补贴等相关文件规定，全部第一时间、不折不扣地落实到位，不存在拖欠。②健全完善服务保障机制。针对“双高期”离休干部体弱多病、行动不便、生活难以自理以及空巢、独居等现象增多的情况，加强紧急救助、便老设施等方面的服务，加强人文关怀和精神慰藉。健全完善特困帮扶和党内关怀互助机制，特别关注那些生活困难、身患重病、空巢独居的离退休干部及遗属，不断扩大救助范围，提升救助水平。共对28名困难离休干部及遗属实施专项救助，发放救助金10万元。适应离退休干部年龄结构、群体结构和居住方式、生活方式变化，积极探索利用社会资源、社区力量做好服务管理工作，统筹政府公共服务、社会服务、志愿服务、市场化服务等方式，拓宽服务渠道，提高保障水平。③形成服务管理工作合力。深化离退休干部服务管理“清单”制度，77个部门单位承诺共性清单，69个部门单位提报个性清单，强化日常跟踪考核，每半年开展一次离退休干部满意度调查，对发现的问题及时予以反馈，切实解决离退休干部服务管理“最后一公里”的问题。持续推进社区离退休干部“组织联建、党员联管、项目联议、活动联办、典型联培、保障联动”“六联”活动开展，商讨确定并重点实施党组织建设、文化养老、志愿服务3大类8个具体事项，促进与社区工作的有机融合，构筑起老干部“家门口”的管理服务网络。

【文化养老工作】 ①抓好学习活动阵地建设。加快市老年大学规范化、信息化建设，开发信息管理系统，首次实现网上报名，开设21个专业64个教学班，全部实行免费入学。加快市老年大学新校规划建设，项目由建筑面积1.4万平方米的教学活动综合楼和配套设施以及9000平方米的地下停车场和人防工程组成，建成后将极大地改善离退休干部学习活动条件。立足学习教育功能，培育老干部人才和骨干力量，评选“文明之星”256人、“最具学习精神奖”438人，带动更多的老同志参加学习活动、力所能及地发挥作用。②扩大老年教育覆盖面。立足建设没有“围墙”的老年大学，统筹利用社区、新型农(市)民学校等资源，推动老年教育向基层和社区延伸，市县乡和重点村居实现四级老年大学（学校)全覆盖。针对农高区、利津县以及社区老年大学(学校)师资力量薄弱的实际，采取上下联动、点面结合的办法进行结对帮扶支教，整体提升各级老年大学办学水平，辐射带动2万余名老同志参加学习活动、丰富晚年生活。开展第三批“市级老年大学示范校”创建评选活动，为7所老年大学(学校)发放扶持资金，帮助改善办学条件，提高教育教学质量。③策划“多彩金秋”系列文化活动。围绕纪念建党95周年、红军长征胜利80周年，举办第七届全市老干部艺术节，组织离退休干部到社区、农村、企业、学校，开展书画、摄影、文艺演出活动，共持续5个月，6000余名老同志踊跃参与，离退休干部活动范围和影响力不断扩大。10月9日重阳节，举办“不忘初心”第七届老年风采电视大赛文艺汇演，并于当晚在市电视台全程播放演出实况。

【发挥作用工作】 ①搭建载体平台。注重契合离退休干部实际，策划开展“为建设美丽幸福新东营增添正能量”活动，通过开展形式多样的学习教育、宣传展示、公益服务等活动，找准老干部围绕中心、服务大局的切入点，激发老干部中蕴藏的巨大潜力。针对不同领域、不同层次、不同年龄段老干部的实际，搞好与社团组织、学校、社区等之间的对接，组织在“三大专项行动”、关心教育下一代、弘扬社会主义核心价值观等方面传递正能量、发挥传帮带作用。策划开展“中国梦·为党奉献余热”典型培养选树活动，成立老干部先进事迹报告团进行巡回宣讲，发挥身边人身边事的教育引导、典型示范效应。②深化志愿服务。协调和运用社会资源，以党委、政府关注和群众关心的问题为切入点，力所能及地发挥老干部志愿者的作用。依托14个离退休干部社团组织，加强与其他社会群团组织的联动和配合，实现人才共用、资源共享、活动共办，先后开展国学教育进社区、环保志愿服务、社区慰问演出等活动，更好地发挥离退休干部自我服务和服务社会的作用。加强“五老”志愿者协会建设，开展“牵手关爱行动”、爱心护学、网吧义务巡查等志愿服务，经常参加活动的老干部志愿者1万余人，涌现出“红黄绿”“小候鸟”“黄河驿站”等一大批志愿服务品牌，获山东省学雷锋志愿服务最佳志愿服务组织、山东省“牵手关爱行动”首批优秀组织奖等称号。推进党史国史教育、“三项活动”和青少年普法教育，累计举办专题报告会290余场，教育青少年3.7万人次，有效促进社会主义核心价值观进学校、进课堂、进学生头脑，被省关工委、省委老干部局授予“全省青少年书画大赛优秀组织奖”。③加强宣传引导。在运用好传统媒体的同时，发挥好新媒体传播速度快、覆盖面广、互动性强的优势。在东营老干部工作网策划开展“纵比知足，横比知福”、“拍写画议新东营”主题活动，引导老同志展示健康阳光心态，弘扬时代主旋律，推动形成风清气正的政治生态环境。配合全市换届选举工作，依托《东营日报》、东营电视台开设专题栏目，开展正能量集中宣传活动，组织老同志看变化、谈体会、话感受，为换届工作营造良好氛围。10月起，在东营电台开设“金秋之声”栏目，每周一、三、五播出，播放养生保健、文体娱乐、信息资讯等内容，引导老同志养成健康向上的生活方式。

2016年10月9日，第七届老年风采电视大赛文艺汇演在市广播电视台演播大厅举行 （市委老干部局提供）

【机关建设工作】 ①注重作风建设。把学

2016年12月16日，王祥军、李淑英等“五老”志愿者在河安小学参加“四点半学校”志愿服务 （市委老干部局提供）

习研讨摆在重要位置，突出“小主题、高频率、常态化”特征，利用局长办公会、周例会和干部职工会前半小时进行集中学习，举办“微型党课”“好书荐读”“微信推送”、征文比赛等活动，组织到帮扶村、联系企业和革命纪念馆、廉政教育基地，进行现场“体验式”学习，先后组织学习活动30余次，开展集中研讨近20次。坚持把问题整改贯穿始终，反复开展“负面清单”大讨论。②提升履职能力。围绕创建学习型、服务型、创新型、和谐型“四型”机关，通过开展全员读书活动、举办政策业务培训、实行重点工作项目化管理、强化日常考评等措施办法，帮助拓宽知识层面，开拓工作思路。坚持正确选人用人导向，加大干部交流使用力度，优化领导班子年龄和知识结构。加大实践锻炼力度，选派1名县级干部和1名科级干部负责企业联络和驻村帮扶工作，全员参与结对共建、联户帮困、社区报到等活动。③深入调查研究。实行班子成员和分管科室结对联系县区、镇街制度，重点围绕每年确定的项目化管理创新课题、重点任务，通过座谈交流、走访了解、现场查看等形式，定期集中开展调研、沟通情况，畅通联系基层、了解基层、指导基层渠道。3月起，重点围绕中共中央办公厅、国务院办公厅印发《关于进一步加强和改进离退休干部工作的意见》的通知(中办发〔2016〕3号)、山东省委办公厅、省政府办公厅印发《关于进一步加强和改进离退休干部工作的实施意见》(鲁办发〔2016〕37号文件)要求，深入5个县区及65个市直部门单位、离退休党支部、社团以及志愿者协会组织，集中开展“倾听”调研活动，与200余名老干部工作者、离退休干部座谈交流，增强工作针对性和实效性，被省委老干部局表彰为“全省老干部工作部门调研信息宣传工作先进单位”“全省离退休干部信息统计工作先进单位”。

（市委老干部局　董伟）

# 东营市人民代表大会及其常务委员会

# 综　述

2016年，市人大常委会在市委的坚强领导下，深入贯彻落实中共十八大和十八届三中、四中、五中、六中全会精神，以习近平总书记系列重要讲话精神为指引，扎实开展“两学一做”学习教育，依法履行职责，勇于担当作为，先后召开常委会会议9次，听取审议专项工作报告24项，开展专题视察调研69次，作出决议决定18个，为率先全面建成小康社会，建设美丽幸福新东营，发挥地方国家权力机关的作用。

**依法行使监督职权，切实增强监督实效。**自觉践行发展新理念，紧紧抓住全市改革发展中全局性、关键性问题重点开展监督，综合运用听取审议工作报告、工作评议、专题询问、视察调研等多种形式，精心谋划，扎实推进。围绕调研和审议中发现的问题，有针对性地提出意见建议，对转交“一府两院”的审议意见办理情况进行跟踪监督和满意度测评，起到有力的推动作用。①深化计划、预算监督。听取审议计划执行报告、财政预决算报告、财政收支审计报告以及审计查出问题整改情况的报告，审查批准市地方政府债务限额及市级财政预算调整等议案，分别作出批准决议。②强化经济转型升级的监督。高度关注安全生产，听取审议市政府专项工作报告，分工督导企业安全运行，督促政府及各有关部门时刻绷紧安全这根弦，深入排查安全隐患，坚决遏制重大事故发生。作出《关于促进全市化工产业转型升级的决议》，听取审议水利重大基础设施建设、海洋渔业、黄河口生态旅游区创建国家AAAAA级旅游景区、外事侨务等工作情况的报告。围绕保税区建设、现代农业发展、出入境检验检疫等工作召开座谈会、听取工作汇报、开展专题调研视察，提出意见建议。③推进保障改善民生的监督。围绕市委部署的“三大专项行动”(城市公共安全行动、水气污染整治行动、乡村文明建设行动)、便民实事、道路改造、文体教育、中心城重点城建项目安排和完成情况、农村医疗服务体系建设和社区管理等工作进行系列调研和审议，着力推动民生问题解决。聚焦食品安全监管工作开展专题询问，集中力量对全市食品安全生产、加工、销售、消费等环节情况实地查看、听取意见，面对面提出询问、现场答复，和政府一起共同推动“舌尖上的安全”。听取审议中心城内河水系污染治理问题整改落实的报告，对水气污染整治情况进行专题视察，组织新闻媒体开展“油城环保世纪行”集中采访活动，促进生态环境质量的提升。

**不断强化法治理念，加快依法治市进程。**①积极开展地方立法工作。切实增强责任感使命感，在立法准备、立法实践以及立法能力建设等方面做大量工作，构建起“党委领导、人大主导、政府依托、社会参与”的工作格局，表决通过《东营市制定地方性法规条例》，讨论制订征求意见、评估论证、立法协商等一系列规程、规范。经过初审、二审多个程序，2016年12月1日《东营市城镇容貌和环境卫生管理条例》正式实施。②重视加强普法执法监督。加强对“六五”普法和依法治市规划目标任务的监督落实，听取工作情况报告，并作出《关于在全市公民中开展第七个五年法制宣传教育的决议》，审议通过《东营市2016—2020年依法治市规划》。听取审议市政府关于垦利撤县设区工作有关情况的报告、市中级人民法院行政审判工作情况的报告，对市检察院工作开展情况进行调研，对5部法律法规实施情况进行督导检查。③依法行使人事任免权。弘扬宪法精神，履行宪法使命，实行任命人员向宪法宣誓制度。2016年，依法任命国家机关工作人员43名、免职22名，任命人民陪审员15名。

**努力增强代表活动实效，狠抓代表建议督办落实。**探索建立代表履职服务和建议办理网络两个“平台”，保障代表活动经常、规范、有效。有针对性地组织代表列席常委会会议、参加常委会视察调研活动150余人次，邀请参加工作听证、拆违治乱座谈等社会监督活动100余人次，有效拓展代表工作的深度和广度。受省人大委托，组织驻东营市的省人大代表到聊城、滨州就“十二五”规划实施和深化公立医院改革开展异地专题调研。创新建议督办机制，规范建议办理程序，每年运用定期听取办理情况报告、现场督办、对口督办、评比表彰等方式，督促市政府及有关单位认真办理。选取10~15个重点建议交由常委会副主任、政府副市长领办，有关专门委员会跟踪督办，促进建议办理质量整体提升。2016年，共收到代表意见建议113件，均按时办结并答复代表。将2016年确定为代表建议办理工作质量年，多次通过专题会议、专项检查等方式督促推进，办理进展情况及时向市委报送专报，市委、市政府主要领导分别作出重要批示，有力推动代表建议的落实。

**依法推进县乡人大换届选举，夯实基层政权建设根基。**①加强县乡人大工作和建设。市委《关于加强全市县乡人大工作和建设的实施意见》(以下简称《意见》)，在完善县乡人大机构设置和人员配备等方面作出具体规定，常委会多次以不同形式，深入县区、乡镇，对市委《意见》的贯彻落实进行督导，促进基层人大工作组织建设。各县区人大及其常委会均依法设立有关专门委员会和预算工委，配齐相关组成人员和工作人员，各乡镇、街道全部配备专职人大主席或主任及相关工作人员。②切实抓好县乡人大换届选举。常委会认真贯彻落实中央和省、市有关指示精神，严格执行各项政策纪律规定，强化领导，精心组织，依法推进，成立工作机构，周密制订方案，抓好工作培训，强化组织协调，班子成员及有关工作机构多次分工到县区、乡镇就选民登记、划分选区、投票选举等各个环节进行指导和现场督导，按照“九严禁”(一是严禁拉帮结派，对搞团团伙伙、结党营私的，一律给予纪律处分。二是严禁拉票贿选，对在民主推荐和选举中搞拉票、助选等非组织活动的,一律排除出人选名单或者取消候选人资格,并视情节给予纪律处分,贿选的依法处理。参与或帮助他人拉票贿选的,比照为自己拉票贿选的行为依法依规给予处理。三是严禁买官卖官,对以谋取职务调整、晋升等为目的贿赂他人或者收受贿赂的,一律先停职或者免职,并依纪依法处理。四是严禁跑官要官,对采取拉关系或者要挟等手段谋取职务或者职级待遇的,一律不得提拔使用。五是严禁造假骗官,对篡改、伪造干部档案材料的,一律对相关人员给予组织处理或者纪律处分。六是严禁说情打招呼,对搞封官许愿或者为他人提拔重用说情打招呼的,对私自干预下级干部选拔任用的,一律记录在案,情节严重的严肃追究责任。七是严禁违规用人,对突击提拔调整干部、超职数配备干部和违反规定程序选拔任用干部的,一律宣布无效,并视情节对相关人员给予纪律处分或组织处理。八是严禁跑风漏气,对泄漏、扩散涉及换届人事安排等保密内容的,一律追究相关人员责任。九是严禁干扰换届,对造谣、诬告他人或者妨害他人自由行使选举权的,一律严厉查处,涉嫌违法犯罪的移送司法机关处理。)的要求,加强换届风气的监督,推动换届选举工作依法有序进行。

## 重 要 会 议

**【市七届人大五次会议】** 2016年2月17—20日,在黄河影剧院召开。大会应到代表313名,出席298名。会议补选李金昆、李永元为市人大常委会副主任,补选李廷华、张树芹、扈新安、谢永峰为市人大常委会委员;表决通过市七届人民代表大会有关专门委员会组成人员人选名单;表决通过《东营市制定地方性法规条例》;表决通过关于政府工作报告的决议、关于《东营市国民经济和社会发展第十三个五年规划纲要》的决议、关于东营市2015年国民经济和社会发展计划执行情况与2016年计划的决议、关于东营市2015年预算执行情况和2016年预算的决议、关于东营市人民代表大会常务委员会工作报告的决议、关于东营市中级人民法院工作报告的决议、关于东营市人民检察院工作报告的决议。会议首次举行新任职人员向宪法宣誓仪式,李金昆领誓。

2016年2月17日,东营市第七届人民代表大会第五次会议召开(宋晓晖摄)

**【市人大常委会会议】** 2016年市七届人大常委会共举行9次全体会议。

市七届人大常委会第34次会议。1月21日召开。市人大常委会第一副主任陈泽浦主持会议并讲话,市人大常委会副主任王秀华、温晓杰、闫树信、张传胜,秘书长魏光青出席会议。副市长王吉能,市中级人民法院院长廖伟忠,市人民检察院检察长张爱军等列席会议。会议审议表决东营市人民代表大会常务委员会关于召开东营市第七届人民代表大会第五次会议的决定(草案);通过人事任免事项;举行宪法宣誓仪式。

市七届人大常委会第35次会议。2月2日召开。市人大常委会第一副主任陈泽浦主持会议,市人大常委会副主任王秀华、温晓杰、闫树信、张传胜,秘书长魏光青等出席会议,副市长刘美华、市中级人民法院院长廖伟忠、市人民检察院检察长张爱军列席会议。会议传达学习山东省第十二届人民代表大会第五次会议精神(书面);听取市人大常委会主任会议关于市七届人大五次会议筹备工作情况的报告;审议表决市七届人大常委会代表资格审查委员会关于个别代表的代表资格的报告;听取审议市政府关于市政府系统办理人大代表建议、批评和意见情况的报告;审议市人大常委会人事代表工作委员会关于市七届人大四次会议以来代表建议、批评和意见办理情况的报告(书面);审议表决东营市人大常委会工作报告(草案)、市七届人大五次会议建议日程、各类建议名单和列席人员范围的决定(草案)。

市七届人大常委会第36次会议。3月25日召开。市人大常委会副主任、党组副书记李金昆主持会议并讲话,市人大常委会副主任温晓杰、张传胜、李永元,秘书长魏光青等出席会议,副市长李俊峰、市中级人民法院院长廖伟忠、市人民检察院检察长张爱军列席会议。会议传达学习十二届全国人大四次会议精神(书面);审议通过市政府关于使用财政预算资金支付东营港疏港铁路PPP项目有关资金的议案;审议通过市政府关于使用财政预算资金支付南一路快速路(华山路至西一路)建设工程PPP项目有关资金的议案;表决通过人事任免事项。

市七届人大常委会第37次会议。4月27日召开。市人大常委会党组副书记、副主任李金昆出席会议并讲话,市人大常委会副主任温晓杰、张传胜、李永元,秘书长魏光青出席会议。温晓杰主持会议。副市长刘美华，市人民检察院检察长张爱军，市政协副主席温龙亭等列席会议。会议审议票决市政府关于市七届人大常委会第33次会议审议意见办理情况的报告；听取审议市政府关于2016年中心城重点城市建设项目安排情况的报告；听取审议市政府关于贯彻实施《中华人民共和国统计法》情况的报告；听取审议市政府关于全市农村医疗卫生服务体系建设情况的报告；表决通过人事任免事项。

市七届人大常委会第38次会议。6月29—30日召开。市人大常委会党组副书记、副主任李金昆出席会议并讲话，市人大常委会副主任温晓杰、张传胜、李永元，秘书长魏光青出席会议。张传胜、温晓杰分别主持会议。副市长王吉能、刘美华，市中级人民法院院长廖伟忠，市人民检察院检察长张爱军，市政协副主席王少飞等列席会议。会议听取审议市政府关于东营市2015年市级财政决算草案的报告，审查2015年市级财政决算并作出决议；听取审议市政府关于2015年度市级预算执行和其他财政收支情况的审计工作报告；听取审议市政府关于2016年东营市地方政府债务限额及市级预算调整方案的报告并作出决议；听取审议市政府关于使用财政预算资金支付东营市林业生态建设项目有关资金的议案，并作出决议；审议市政府关于全市“六五”普法和依法治市规划实施情况的报告、关于在全市公民中开展法治宣传教育的第七个五年规划(草案)，并对“七五”普法规划作出决议；审议东营市2016—2020年依法治市规划(草案)，并作出决议；听取审议市政府关于提请审议《东营市城镇容貌和环境卫生管理条例(草案)》的议案；听取审议关于全市化工产业转型升级工作情况的报告，并作出决议；听取审议市政府关于中心城内河水系污染治理专题询问问题整改落实情况的报告；听取审议市政府关于全市食品安全监管工作情况的报告，并开展专题询问；表决人事任免事项及其他事项。

市七届人大常委会第39次会议。7月29日召开。市人大常委会党组副书记、副主任李金昆主持会议并讲话。会议听取市政府副市长杨梦斌作关于垦利撤县设区工作有关情况的报告，并作出决议。

市七届人大常委会第40次会议。8月29—30日召开。市人大常委会党组副书记、副主任李金昆出席会议并讲话，市人大常委会副主任温晓杰、张传胜、李永元，秘书长魏光青出席会议。李永元主持会议。市委常委、常务副市长田青云，副市长刘美华，市中级人民法院院长廖伟忠，市人民检察院检察长张爱军，市政协副主席王景春等列席会议。会议审议票决市政府关于市七届人大常委会第37次会议有关审议意见办理情况的报告；听取审议市政府关于东营市2016年上半年国民经济和社会发展计划执行情况、关于东营市2016年上半年财政预算执行情况的报告、关于全市水利重大基础设施建设情况的报告；听取审议市中级人民法院行政审判工作情况的报告；审议并表决通过《东营市城镇容貌和环境卫生管理条例(草案)》、人事任免及其他事项。

市七届人大常委会第41次会议。10月27—28日召开。市人大常委会党组副书记、副主任李金昆，市人大常委会副主任温晓杰、张传胜，秘书长魏光青等出席会议，副市长杨梦斌、市中级人民法院院长廖伟忠、市人民检察院检察长张爱军、市政协副主席张作龙等列席会议。温晓杰主持会议。会议听取审议市政府关于提请审议《山东黄河三角洲国家级自然保护区条例(草案)》的议案；听取审议市政府关于全市安全生产工作情况的报告；听取审议市政府关于全市海洋渔业工作情况的报告；听取审议市政府关于全市体育工作情况的报告；听取审议市政府关于黄河口生态旅游区创建国家AAAAA级旅游景区工作情况的报告；审议表决市七届人大常委会代表资格审查委员会关于个别代表的代表资格终止的报告及有关人事任免事项。

市七届人大常委会第42次会议。12月28日召开。市人大常委会党组副书记、副主任李金昆出席会议并讲话，市人大常委会副主任温晓杰、张传胜、李永元，秘书长魏光青等出席会议。张传胜主持会议。副市长刘美华，市中级人民法院院长廖伟忠，市政协副主席张惠等列席会议。会议审议票决市政府关于市七届人大常委会第38次、第40次会议有关审议意见办理情况和市中级人民法院关于行政审判工作审议意见办理情况的报告；听取审议市政府关于2016年东营市市级预算调整方案(草案)的报告并作出批准的决议；听取审议市政府关于东营市2015年度市级预算执行和其他财政收支审计查出问题整改情况的报告；听取审议市政府关于2016年中心城重点城市建设项目完成情况的报告；听取审议市政府关于全市外事侨务工作情况的报告；审议表决人事任免事项。

## 人 事 任 免

2016年，市人大及其常委会任命国家机关工作人员43名，接受辞职、免职22名。

东营市第七届人民代表大会第五次会议于2016年2月20日，补选李永元、李金昆为东营市第七届人民代表大会常务委员会副主任。补选李廷华、张树芹(女)、扈新安、谢永峰为东营市第七届人民代表大会常务委员会委员。通过温晓杰(女)为东营市第七届人民代表大会财政经济委员会主任委员，孙三民、张树芹(女)为东营市第七届人民代表大会财政经济委员会副主任委员；李永元为东营市第七届人民代表大会城乡建设环境保护委员会主任委员、东营市第七届人民代表大会民族侨务外事委员会主任委员。

东营市第七届人民代表大会常务委员会第34次会议于2016年1月21日，根据主任会议的提请，任命朱晓东为东营市人大常委会副秘书长。免去郑云国的东营市人大常委会副秘书长职务；王志国的东营市人大财政经济委员会副主任委员职务。

东营市第七届人民代表大会常务委员会第34次会议于2016年1月21日，根据市长赵豪志的提请，决定免去李辉的东营市安全生产监督管理局局长职务。根据院长廖伟忠的提请，任命李爱群为东营市中级人民法院审判委员会委员、审判员，温刚为东营市中级人民法院审判委员会委员，刘金涛、董国华为东营经济技术开发区人民法院审判委员会委员，郑晓杰、王华、李咏、王越江、刘君东、康树梅、薛园园、王飞虎、张庆莹、张磊为东营经济技术开发区人民法院审判员；免去解旭明的东营市中级人民法院审判委员会委员、审判员职务。

东营市第七届人民代表大会常务委员会第36次会议于2016年3月25日，根据市长赵豪志的提请，决定任命郝吉虎为东营市人民政府秘书长，禹金春为东营市民政局局长，郑少锋为东营市司法局局长，李宗洲为东营市财政局局长；决定免去李永元的东营市人民政府秘书长职务，王毅的东营市民政局局长职务，耿丽霞的东营市司法局局长职务，郝吉虎的东营市财政局局长职务，王春红的东营市食品药品监督管理局局长职务，张涛的东营市质量技术监督局局长职务。根据检察长张爱军的提请，任命宋继圣为东营市人民检察院检察员；免去陈建林的东营市人民检察院检察员职务。根据院长廖伟忠的提请，免去郑少锋的东营市中级人民法院副院长、审判委员会委员、审判员职务。

东营市第七届人民代表大会常务委员会第37次会议于2016年4月27日，根据院长廖伟忠的提请，任命董国华为东营经济技术开发区人民法院民事审判庭庭长，刘金涛为东营经济技术开发区人民法院立案审监庭庭长，李咏为东营经济技术开发区人民法院执行局执行一庭副庭长，王越江为东营经济技术开发区人民法院执行局执行二庭副庭长。

东营市第七届人民代表大会常务委员会第40次会议于2016年8月30日根据市长赵豪志的提请，决定任命刘良范为东营市安全生产监督管理局局长。根据院长廖伟忠的提请，任命隋美玲为东营市中级人民法院东营港经济开发区审判庭副庭长，翁秀明、李福玉、张江涛为东营市中级人民法院审判员；免去张焕强的东营市中级人民法院审判委员会委员、审判员职务，李福玉的东营市中级人民法院审判监督庭副庭长职务，隋美玲的东营市中级人民法院东营经济开发区审判庭（民事审判第六庭）副庭长职务。根据检察长张爱军的提请，任命张焕强为东营市人民检察院检察委员会委员、检察员，崔江西为东营市人民检察院检察委员会委员；免去高义尧、王霞的东营市人民检察院检察员职务，批准免去王智海的利津县人民检察院检察长职务。

东营市第七届人民代表大会常务委员会第41次会议于2016年10月28日，根据主任会议的提请，免去孙三民的东营市第七届人民代表大会财政经济委员会副主任委员职务。

东营市第七届人民代表大会常务委员会第42次会议于2016年12月28日，根据主任会议的提请，决定接受杨同柱辞去东营市人民政府副市长职务的请求，报东营市人民代表大会备案。根据主任会议的提请，免去王相举的东营市第七届人民代表大会教育科学文化卫生委员会副主任委员职务。

东营市第七届人民代表大会常务委员会第42次会议于2016年12月28日，根据市长赵豪志的提请，决定任命赵峰为东营市公安局局长；决定免去朱晨曦的东营市公安局局长职务。

东营市第七届人民代表大会常务委员会第42次会议于2016年12月28日，根据院长廖伟忠的提请，任命张志刚为东营市中级人民法院审判员；免去宋继业的东营市中级人民法院审判委员会委员职务。根据检察长张爱军的提请，任命代荣玉为东营经济技术开发区人民检察院检察员；免去代荣玉、赵建民的东营市人民检察院检察员职务。

## 代 表 工 作

**【代表变动】** 市第七届人民代表大会代表名额313名，补选市人大代表8名，由东营区选出的东营市第七届人民代表大会代表张涛调离东营市，河口区人大常委会依法罢免张学锋的东营市第七届人民代表大会代表职务，垦利区人大常委会决定接受尚文岭辞去东营市第七届人民代表大会代表职务，实有代表310名。

**【加强与代表联系】** 制定出台《市人大常委会驻会组成人员分工联系代表的安排意见》，明确要求每位常委会组成人员每年至少开展两次联系代表工作，定期听取人大代表对常委会工作的意见建议。增强闭会期间代表工作实效，邀请市人大代表列席常委会会议60余人次，推荐代表50余人次参加重要案件庭审旁听、工作听证等社会监督活动。受省人大常委会委托，组织驻东营市省人大代表到滨州就深化公立医院改革、提升医疗服务质量工作情况进行专题调研；组织驻东营市的全国、省人大代表到农高区和广饶县开展人代会前专题视察。

**【代表建议督办】** 2016年，共收到代表建议125件。启用代表建议办理网络“平台”，两次召开市委、市政府“两办”主要负责同志及相关工作人员参加的代表建议办理工作座谈会和调度会，向市委报送工作专报，市委、市政府高度重视，在作出批示、提出要求的同时，制定出台《市人民政府重大行政决策听取人大代表意见制度》《市人民政府加强与市人大代表联系制度》，市委督查室、市政府督查室联合下发《关于对市人大代表建议立项督查的通知》，从机制、制度层面保证代表建议办理渠道和质量效果。对筛选出的民意集中度高、推进难度大的19件建议分别由常委会各副主任、市政府各副市长重点督办和领办，明确办理责任，狠抓办理落实，代表建议办理的满意率、办结率较往年有明显提高。

【代表依法履职】 7月，组织部分代表到全国人大培训中心进行学习；启用市人大代表履职服务平台，拓宽解基层人大和社情民意的途径，搭建人大代表和“一府两院”的联系渠道；按照“四有”(有固定的活动场所、有明确的活动计划、有规范的活动制度、有完整的活动档案)标准，深化代表小组建设、巩固代表活动阵地、完善制度机制，为代表履职尽责搭建平台。常委会就《加强和改进代表工作的调查与思考》课题开展专题调查研究，形成调研报告，市委、市政府主要领导分别作出重要批示。

【服务代表履职】 探索新形势下代表活动制度化、规范化的有效途径，开展《加强和改进代表工作的调查与思考》等课题研究。定期向代表寄送学习资料，先后组织代表培训班2次，培训市人大代表200余人次，全方位提高代表履职能力和议政意识。健全常委会组成人员联系代表、代表联系选民的制度，规定常委会组成人员每年至少开展两次联系工作，代表每年至少联系10名群众，通报工作动态，征求意见建议，推动民生问题解决。

## 考察调研与信访

【重要考察调研】 4月7日，市人大常委会党组副书记、副主任李金昆到各县区调研人大工作并走访联系代表、征求意见建议。市人大常委会秘书长魏光青及常委会相关委室负责人参加调研。

4月18日下午，市人大常委会副主任李永元带领市人大调研组对中心城重点城建项目进行视察调研，先后视察悦来湖公园、奥体中心全民健身广场、森林公园、天目山路绿化现场，并听取有关情况汇报。

5月12日下午，市人大常委会党组副书记、副主任李金昆，副主任温晓杰、张传胜、李永元，秘书长魏光青到东营经济技术开发区调研产业转型升级工作，东营经济技术开发区主要负责人陪同。

5月17日，市人大常委会党组副书记、副主任李金昆，副主任张传胜一行先后到市中级人民法院和市人民检察院进行调研。市中级人民法院院长廖伟忠，市人民检察院检察长张爱军分别汇报有关情况。市人大常委会秘书长魏光青等陪同调研。

6月16日，市人大常委会党组副书记、副主任李金昆，市人大常委会副主任温晓杰、张传胜，秘书长魏光青及相关专门委员会负责人，到东营农业高新技术产业示范区进行调研。

7月26日，市人大常委会党组副书记、副主任李金昆带领驻东营市部分省人大代表，到滨州市人民医院就公立医院综合改革进行专题调研。

8月24日，市人大常委会副主任李永元在市人大常委会秘书长魏光青及机关有关负责人的陪同下，到市人大机关帮扶村龙居镇尚家村进行调研。

8月31日，市人大常委会党组副书记、副主任李金昆，市人大常委会副主任张传胜、李永元，秘书长魏光青等率市人大常委会调研组到东营港经济开发区和东营综合保税区，就贯彻落实市委决策部署、推进产业转型升级情况进行调研。

9月1日，市人大常委会副主任李永元带领常委会及机关有关人员到联系企业山东恒丰橡塑有限公司进行调研。广饶县有关领导陪同调研。

9月12日，市人大常委会党组副书记、副主任李金昆，市人大常委会副主任温晓杰、张传胜，秘书长魏光青等率调研组到市安监局调研安全生产工作，并召开全市安全生产情况调研座谈会，听取有关情况汇报。

10月17日，市人大常委会党组副书记、副主任李金昆在有关部门负责人陪同下，到联系企业万达集团调研。

【信访工作】 高度关注群众来信来访。2016年，共受理群众来访159起206人次，承办省人大转办函和常委会领导交办8件，群众来信22件，电话访46起，均按法律政策进行办理，维护当事人合法权益，有效化解社会矛盾。

## 重　大　活　动

【全国、省人大领导莅临指导】 4月12—13日，省人大常委会委员、科教文卫委员会主任委员骆宝臻率领省人大常委会调研组到东营市就科技工作进行调研。市人大常委会党组副书记、副主任李金昆，市人大常委会副主任温晓杰，副市长刘美华，市人大常委会秘书长魏光青等陪同。

4月14—15日，省人大常委会副主任宋远方带领省人大常委会委员、城环委主任委员杨焕彩，省人大常委会委员、城环委副主任委员张秋波，周清利等到东营市检查《中华人民共和国大气污染防治法》贯彻实施情况。市委书记、市人大常委会主任申长友，市委副书记、市长赵豪志，市委常委、秘书长张庆华，市人大常委会党组副书记、副主任李金昆，市人大常委会副主任李永元，副市长杨梦斌，市人大常委会秘书长魏光青等陪同参加有关活动。

2016 年 4 月 14—15 日 省人大常委会副主任宋远方带队到东营市检查《中华人民共和国大气污染防治法》贯彻实施情况 （市人大提供）

5 月 31 日至 6 月 1 日，省人大常委会委员、农业农村委主任委员战树毅率省人大执法检查组到东营市，就《中华人民共和国水法》贯彻实施情况进行执法检查。

10 月 11—12 日，省人大法制委员会主任委员彭绪进带领省人大立法调研组到东营市就《山东省旅游条例(修订草案修改稿)》《山东省企业工资集体协商条例（草案修改稿)》及《山东省地方立法条例(草案修改稿)》进行立法调研。

10 月 19—20 日，省人大常委会委员、省人大财经委主任委员王文升带领省人大立法调研组到东营市，就《山东省消费者权益保护条例(修订草案)》《山东省安全生产条例(修订草案)》立法和贯彻实施预算法情况进行调研。

10 月 22 日，省人大常委会委员、城环委主任委员杨焕彩带领调研组到东营市调研土壤污染防治工作。

12 月 20 日，市人大常委会党组副书记、副主任李金昆陪同驻东营全国和省人大代表到广饶县和黄河三角洲农高区进行会前集中视察，为代表们出席全国、省人代会做准备。省人大常委会委员、城环资委副主任委员张秋波等参加视察。

**【其他重要活动】** 5 月 10 日，市人大常委会专题询问食品安全监管工作协调会议召开，动员各有关方面，做好各项工作，确保专题询问达到预期目的。市人大常委会党组副书记、副主任李金昆，市人大常委会副主任温晓杰、张传胜、李永元，副市长刘美华，市人大常委会秘书长魏光青等出席会议，李金昆、刘美华讲话，温晓杰主持会议。

5 月 10 日下午，促进全市化工产业转型升级工作人大代表座谈会议召开，主要任务是听取各位代表对全市化工产业转型升级工作的意见建议。市人大常委会党组副书记、副主任李金昆出席会议并讲话，市人大常委会副主任温晓杰、张传胜、李永元，秘书长魏光青等出席会议。温晓杰主持会议。

5 月 11 日，市人大常委会党组副书记、副主任李金昆，市人大常委会副主任张传胜在秘书长魏光青等陪同下到胜利医院走访慰问残疾儿童和医护工作者，并为他们送上慰问品和慰问金。

5 月 25—26 日，市人大常委会党组副书记、副主任李金昆在秘书长魏光青及有关部门负责人陪同下，先后到广饶县、东营区、东营经济技术开发区，就《关于加强镇村两级医疗卫生服务队伍建设》和《关于以创业创新促进就业》两件代表建议办理情况听取汇报、征求代表意见，进行重点督办。

5 月 30 日，“人大讲堂”启动仪式暨第一期专题讲座举行，市人大常委会党组副书记、副主任李金昆主持并讲话，邀请市委党校常务副校长陈安忠作关于《坚定不移推进供给侧结构性改革》的专题辅导报告。市人大常委会副主任张传胜、李永元，秘书长魏光青等出席。

5 月 30 日，市人大常委会党组副书记、副主任李金昆到市新元素幼儿园、东营区英才小学、东营区第二实验幼儿园走访慰问，向少年儿童送上节日的祝福，向广大少儿教育工作者致以亲切慰问。市人大常委会秘书长魏光青和市直有关部门负责人陪同。

6 月 6 日，市人大常委会党组副书记、副主任李金昆到广饶县丁庄镇督导检查安全生产。市人大常委会秘书长魏光青、市直有关部门负责人及相关化工专家陪同。

6 月 7 日，市人大常委会对水气污染整治情况进行视察。市人大常委会党组副书记、副主任李金昆，市人大常委会副主任张传胜、李永元，秘书长魏光青及有关专门委员会负责人参加视察。市委常委、副市长张润国，胜利石油管理局副局长乔恩言等陪同视察。

6 月 12 日，市人大常委会驻会组成人员走访联系基层人大代表。市人大常委会党组副书记、副主任李金昆，副主任温晓杰、张传胜、李永元，秘书长魏光青等驻会组成人员分别到所在选区，对分工联系的基层人大代表进行走访联系。召开代表座谈会，向代表通报全市经济社会发展和市人大常委会工作开展情况，听取代表对全市和人大常委会工作的意见建议。

7 月 27 日，市人大常委会党组副书记、副主任李金昆在市人大常委会秘书长魏光青和市直有关部门负责人陪同下，先后到东营边防检查站、济南军区黄河三角洲综合训练基地以及河口区六合街道于家村走访慰问，向驻地官兵和优抚对象致以节日的祝福，并送去慰问金和慰问品。

8 月 19 日，举办全市县乡两级人民代表大会换届选举工作学习班，深入学习中央、全国人大常委会和省委、省人大常委会及市委关于换届选举工作的部署要求。下午，市人大常委会党组副书记、副主任李金昆出席并讲话，市人大常委会秘书长魏光青主持，市委组织部、市委宣传部相关负责人讲话。

9月12日，市人大常委会党组副书记、副主任李金昆，秘书长魏光青在相关部门负责人和专家的陪同下，到丁庄镇督导安全生产工作。

9月29日，市人大常委会党组副书记、副主任李金昆到利津街道枣园敬老幸福园和多位老人家中走访慰问，向广大老年人致以节日问候。

10月14—18日，受市委、市政府委托，市人大常委会副主任张传胜、秘书长魏光青、农业农村委副主任委员雒安国等率代表团，赴韩国，与当地政府、议会开展友好交流，推进东营市与韩国全罗北道群山市、京畿道杨州市间的友好交往。

10月19—20日，韩国杨州市议长朴吉绪、副市长吴贤姝率领代表团到东营市交流访问。市人大常委会党组副书记、副主任李金昆、副主任张传胜，秘书长魏光青等与代表团开展座谈。

10月28日，全市县乡人大换届选举骨干培训班举办，市人大常委会党组副书记、副主任李金昆主持并讲话。培训班上，传达学习有关文件精神，观看相关警示片，邀请全国人大常委会代表资格委员会办公室原主任、全国人大常委会办公室联络局原巡视员李伯钧作专题辅导。

11月22日，市人大常委会重点督办代表建议办理情况调度会议召开，市人大常委会党组副书记、副主任李金昆主持会议并讲话，市人大常委会副主任温晓杰、李永元等出席会议并发言，市直有关部门分别汇报代表建议办理落实情况。

12月15日，市人大常委会党组副书记、副主任、市选举工作委员会主任李金昆，市人大常委会副主任、市选举工作委员会副主任温晓杰、张传胜，市人大常委会秘书长、市选举工作委员会副主任魏光青到东营区换届选举现场进行督导检查。

## 预算审查工作

【概况】 2016年，市人大常委会预算工委协助常委会制定出台关于改进审计工作和审计查出问题向市人大常委会报告的意见，建立预算审查监督联络员制度，成立预算审查专家咨询委员会，建立健全工作规程、部门联系办法等工作制度，为做好审查监督工作提供有力保障。加强审查监督。在做好对预算、决算、预算调整等常规性审查的同时，突出重点部门、重点方面、重点项目，加强对专项资金分配、管理和使用绩效情况的审查监督，选取5个重点部门开展部门预算审查试点，推动审查监督向实质性转变。

【调查报告】 开展中心城水质提升工程投资绩效情况的调查，形成《关于中心城水质提升工程投资绩效情况的调查报告》，介绍基本情况，分析存在问题及原因，提出意见建议。市委书记申长友作出批示："市政府有关部门要高度重视市人大常委会预算工委对中心城水质提升工程投资绩效调查反映的问题，认真研究报告提出的建议，积极采取措施，提高工程投资效益，真正把好事办好，让群众满意"，市长赵豪志作出批示"人大调研报告很重要，请润国市长安排市城管局进一步调研，分析论证，提出有效措施"，为领导科学决策提供参考。在预先审查的基础上，形成预算分析报告，编写《预算审查监督指引》，同时完善审查程序，细化报送内容，让代表真正看懂了解预算，提高预算审查实效。加强与省及兄弟地市预算工委的学习交流，组织参加预算审查专题培训班，提高预算审查监督的能力和水平。

## 专门委员会工作

【市人大财政经济委员会】 通过听取工作汇报、开展视察、执法检查、专题调研、督办代表建议等方式，依法按程序加大对化工产业转型升级、安全生产、开发区建设发展、统计法贯彻落实等工作的监督推进，形成高质量的视察调查报告4篇，为常委会搞好审议、科学决策提供依据。同时，坚持监督与支持并重，把加强计划、预算审查监督与着力稳增长调结构、打基础强支撑、促改革扩开放、抓生态惠民生紧密结合起来，强化监督推动，积极推进落实，确保计划预算目标任务的顺利实现。会同常委会预算工委加强对预算编制、执行、公开以及预算绩效管理的监督，强化审计查出问题的督促整改，完成各项工作任务。

【市人大城市建设环境保护委员会】 立足本职，促进城环热点问题、民生问题的解决。2016年组织对全市交通公路建设、人防工作、园林绿化建设、水气污染整治、东营河及北二路环境整治改造提升等情况进行调研，提出改进工作的意见建议。积极配合上级人大做好视察、调研及外地市人大的学习考察等工作。2月，市人大常委会受省人大城环资委委托，组织开展对东营市贯彻实施《中华人民共和国环境保护法》情况的执法检查。7月，受省人大城环委委托，对全市保障性安居工程建设情况进行视察。认真做好首部法律的立法调研和初审工作。《东营市城镇容貌和环境卫生管理条例(草案)》是东营市拥有立法权以来制定的首部法律。市人大城环委提前介入，对《条例(草案)》进行认真审议，向市七届人大常委会第38次会议提交初审报告。

**【市人大内务司法委员会】** 建议市人大常委会听取审议市政府关于在全市公民中开展法制宣传教育的第七个五年规划和东营市 2016—2020 年依法治市规划，并分别作出决议。按照省人大常委会的安排，采取省市县人大三级联动方式，对全市法院行政审判工作开展监督。市人大常委会将听取审议市中院关于行政审判工作情况的报告纳入年度监督工作计划，内司委制订实施方案，展开监督工作运行。对一些重大典型和两院建议旁听的案件，有计划地组织开展旁听评议活动，推进庭审活动的规范化，促进司法公开与公正，增强代表对司法工作的深入了解，取得良好的法律效果和社会效果。内司委还对全市养老服务体系建设情况、敬老院建设及管理工作情况、仲裁工作情况进行调研，促进工作的开展。

**【市人大教科文卫委】** 把基层医疗卫生、体育工作列为市人大常委会审议议题，通过会前调研、会中审议、会后督办的方式，响应社会诉求，提升监督实效；将食品安全监管工作作为 2016 年市人大常委会专题询问议题，通过搜集问题、正面拷问、跟踪监督等环节，直击社会热点。坚持以人为本，对教育发展、档案工作、文化设施管理使用等进行调研和执法检查。配合省人大对科技工作、科技成果转化法情况开展进行检查和自查。积极做好走访联系代表、代表建议督办等工作。

**【市人大农业与农村工作委员会】** 市人大农业与农村工作委员会紧紧围绕全市工作大局，着眼农业农村发展大局，从群众最关心的热点难点问题出发，依法履职，通过听取工作汇报、开展视察、执法检查、专题调研、督办代表建议等方式，依法按程序加大对水利重大基础设施建设、海洋渔业工作发展、农业龙头企业发展、农高区建设、海洋渔业示范区建设、黄河防汛等工作的监督推进，形成高质量的视察调查报告，为常委会搞好审议、科学决策提供依据。配合省人大对南水北调管理条例、黄河河道管理情况进行执法检查，并做好走访联系代表、代表建议督办等工作。

**【市人大民族侨务外事委员会】** 市人大民桥外委配合常委会立法工作，在广泛征求意见和外出考察学习的基础上，对《山东黄河三角洲国家级自然保护区条例(草案)》进行初步审议，提出修改意见，建议市人大常委会继续审议。10 月，围绕常委会议题对黄河口生态旅游区创建国家 AAAAA 级旅游景区工作情况进行调研，提出丰富黄河口旅游产品体系；提升黄河口旅游服务质量；倡导东营人游东营活动；强化黄河口宣传推介的建议。12 月，围绕常委会议题对全市外事侨务工作情况进行调研，提出深化对外交流与合作，进一步提升东营市对外开放水平；服务企业参与“一带一路”建设，服务国家总体外交战略；加强外事侨务自身建设，不断提高工作新水平的建议。

**【法制委员会】** 2016 年 2 月 19 日，市七届人大五次会议上决定设立市人大法制委员会，选举张传胜为东营市第七届人民代表大会法制委员会主任委员，扈新安为东营市第七届人民代表大会法制委员会副主任委员，选举委员 6 名。3 月 24 日，制定《东营市人民代表大会法制委员会议事规则》，对委员会议事内容、方式等作具体规定。坚持依法、科学、民主的立法原则，开展立法调研活动 8 次，对《东营市制定地方性法规条例》《东营市城镇容貌和环境卫生管理条例》《山东黄河三角洲国家级自然保护区条例》进行了法制统一审议，提出高质量的条例(草案)审议结果的报告、条例(草案修改稿)修改情况的说明和条例(建议表决稿)，使所立之法真正立得住、行得通、真管用。

(市人大研究室　宋晓晖　赵玲玉)

# 东营市人民政府

# 综 述

2011—2016年，在以习近平同志为核心的党中央和国务院、省委、省政府、市委的坚强领导下，全市上下全面落实中共十八大和十八届三中、四中、五中、六中全会精神，深入学习贯彻习近平总书记系列重要讲话精神，全力实施黄蓝国家战略，统筹推进稳增长、促改革、调结构、惠民生、防风险各项工作，经济社会发展取得显著成绩。

**(一)经济平稳较快增长。**2016年，全市实现生产总值3479.6亿元，是2011年的1.6倍，年均增长9.4%。规模以上工业主营业务收入1.3万亿元，年均增长10%，过百亿企业32家，过500亿企业2家，23家企业入围山东省民营企业百强。一般公共预算收入221.9亿元，年均增长10.7%。金融机构各项存款余额3989.7亿元、贷款余额3507.5亿元，分别是2011年年底的2.1倍和2.4倍。

**(二)产业结构明显优化。**三次产业结构由3.7:71.6:24.7调整为3.5:62.2:34.3。加快新型工业化，石油化工及盐化工、橡胶轮胎及汽车配件、有色金属成为千亿级产业，工业主导产业80%以上的技术装备达到国内先进水平，高新技术产业比重提高4.3个百分点。“三去一降一补”全面实施，在全省率先开展化工产业“三评级一评价”，淘汰一批落后产能，产业质量层次明显提升。服务业增加值增长1.8倍。强化创新驱动，研发经费占生产总值比重2.62%，中国和山东名牌产品145个，被评为全国质量魅力城市、国家首批知识产权示范城市，连续六次荣获全国科技进步先进市称号。

**(三)农业现代化水平显著提高。**整建制列为国家现代农业示范区，园区化率居全省首位。优势主导产业健康发展，万头奶牛场达到5个，水产养殖面积达到197万亩，工厂化食用菌生产能力达到40万吨。农业龙头企业发展到650家，家庭农场发展到1039家，农民专业合作社实现涉农行政村全覆盖。大规模开展农田水利建设，农业生产条件明显改善。新型农民学校年均培训40.2万人次。

**(四)改革开放步伐加快。**38项国家和省级改革试点顺利推进。商事制度、财税、金融、农村、企业、公立医院、教育、事业单位等改革取得新突破。累计完成进出口4170.3亿元，位居全国外贸百强市第44位；实际利用外资10.2亿美元，引进8家世界500强企业。马德里国际注册商标总量居全省第2位。橡胶轮胎展、石油装备展越办越好，首届有色金属展取得良好效果。对口支援任务圆满完成。

**(五)区域融合发展取得新成效。**胜利油田克服严峻挑战，全力提质增效。完善油地协商对接机制，实施合作事项56个。济军综合训练基地改革发展迈出新步伐。油地校三方共建胜利学院开创新局面。广饶、垦利进入全国工业百强县，东营区进入全国综合实力百强区，河口、利津发展取得新突破。

**(六)谋划落实大事要事实现新突破。**成为京津冀协同发展城市、环渤海地区重要节点城市。东营综合保税区封关运营。黄河三角洲农业高新技术产业示范区正式成立。东营作为沿海高铁和京沪高铁二通道重要节点城市列入国家规划。德大铁路、济东高速公路建成通车。东营港新增码头38个，防波堤工程获得交通运输部和省资金支持，10万吨级航道工程列入交通运输部“十三五”规划。广利港建设快速推进，港区和防波堤建设全面展开。长深高速西延到济南机场列入省高速公路网规划。胜利机场增开优化航线7条，中国商飞公司试飞基地建设取得积极进展。7家企业获得使用进口原油资质和允许量2000万吨。黄河南展区改造建设获得国家支持。垦利撤县设区顺利完成。东营获得国家公共文化服务体系示范区创建资格，成功创建为全国文明城市。

**(七)生态环境明显改善，城乡建设变化巨大。**中心城“大空间、大绿地、大水面、大湿地”特色初步形成，建成区面积188.2平方公里，获中国人居环境奖。大剧院、科技馆、规划展览馆等建成投用，建设改造东一路、西二路等城市道路190公里。新建城市公园15个、街头游园24个、城市绿道107.7公里。中心城建设管理体制进一步理顺，拆违治乱工作走在全省前列。统筹城乡发展，全市改造城中村52个、老旧小区446个、棚户区48个，开工建设农村新型社区62个。持续推进农村“改路、改电、改校、改房、改水、改厕、改暖”，实施乡村文明建设专项行动，城乡一体化的环卫运行机制实现全覆盖。①生态建设成效明显。实施金湖银河、森林湿地公园、广利河生态廊道等重大生态工程。持续开展大规模植树造林，启动实施三年增绿计划，五年新增造林31.4万亩，创建国家园林城市。自然保护区恢复改造湿地32万亩，综合执法获省政府批复。持续开展水气污染整治，实施环保重点工程320项，新建改造城乡污水处理厂13座、垃圾处理场1个，治理淘汰黄标车4.1万辆，主要河流基本消除劣五类水体，环境优良天数明显增加。

**(八)社会民生建设达到新水平。**城乡居民收入分别为41580元、14999元，年均增长9.2%、11.1%。新增城镇就业23.5万人，城镇登记失业率控制在2%左右。在全省率先整合城乡居民基本医疗保险、基本养老保险制度，建立城乡居民大病保险、临时救助等制度，各项社会保障标准居全省前列。省定标准贫困人口全部脱贫。社会事业繁荣发展。各级各类教育协调发展，县区义务教育均衡发展整体通过国家验收，市一中、二中、特校新校区投入使用，加快解决城镇中小学大班额问题，教育教学质量稳步提升。医疗卫生事业健康发展，市人民医院创建为三甲医院。文化惠民工程深入实施。黄河口国际马拉松赛成为国际田联金标赛事。连续四届成为全国双拥模范城市。人口计生、妇女儿童、慈善、残疾人、养老、老龄事业健康发展，统计、档案、气象、防震减灾、人民防空、民族宗教、外事侨务、对台工作取得新的成绩。社会治理不断加强。社区规范化建设深入推进，村居“两委”换届全面完成。“六五”普法圆满完成。一批信访积案得到有效解决。社会治安力度加大，城市公共安全专项行动扎实有效，食品药品安全监管全面加强，应急管理水平不断提升，社会秩序持续稳定。

**（九）政府自身建设不断加强。**严格落实中央八项规定精神，深入开展党的群众路线教育实践活动、“三严三实”专题教育、“两学一做”学习教育，大力整治“四风”突出问题。权力、责任、审批“三张清单”全面推行，行政复议和行政应诉工作走在全省前列。认真执行市人大及其常委会的决定决议，自觉接受各方面监督。严格落实党风廉政建设责任制，一批违纪违法行为得到严惩。

2016年，宏观经济下行压力加大，特别是油价低迷、欧美“双反”对全市经济造成严峻困难。市政府密切关注形势变化，及时出台措施，推动经济缓中趋稳、稳中向好，全市生产总值增长7%；一般公共预算收入同口径增长2.4%，其中市级增长10%；规模以上工业增加值增长6.2%，21家企业入围山东省企业百强、居全省首位；实现进出口995.9亿元，增长24.7%，增速居全省第2位。虽然有些指标增幅较低，但总体好于同类资源型城市。尤其是一些先导性经济指标较好，工业用电量增长10.1%；金融机构各项贷款余额比年初增加476亿元，增速居全省第2位，不良贷款率处于全省较低水平。（市府办秘书一科）

## 重要会议与政令辑要

**【市政府常务会议提要】** 2016年，市政府共召开常务会议18次。

1.第7-89次，1月18日召开。研究加强轮胎产业技术性贸易措施研究咨询、迎接国家卫生城市复审、加强新时期爱国卫生工作的实施意见、胜利花苑项目手续办理、东营港疏港铁路PPP项目推进、提高全市城乡低保和农村五保标准、落实鲁政字〔2015〕277号及279号文件调整市级行政审批事项等事宜。

2.第7-90次，2月1日召开。研究《政府工作报告（讨论稿）》、全市“十三五”规划纲要编制、2016年市政府投资计划安排意见、部分行政区划调整等事宜；听取市监察局有关议题汇报。

3.第7-91次，2月29日召开。研究南一路快速路（西一路至华山路）工程PPP项目实施方案、市政府2016年立法计划、“两馆一宫”项目城市基础设施配套费和防空地下室易地建设费等事宜；传达全省依法行政“五五”规划总结表彰会议暨全省政府法制工作会议精神、全国全省新型城镇化及住房城乡建设等有关会议精神，研究贯彻意见。

4.第7-92次，3月24日召开。研究《关于实行镇级安全生产量化管理的意见》等5个文件、中心城区水价调整方案、2016黄河口（东营）国际马拉松赛、地税工作、电子政务和政务服务有关工作、贯彻落实《财政部关于做好清理税收等优惠政策解读工作的通知》情况、东营开发区东城万达广场项目配建人防工程及建设公共人防工程等事宜；传达全省消防工作会议精神，研究贯彻意见。

5.第7-93次，4月13日召开。研究一季度全市经济运行情况与下一步工作建议、环保工作、化工产业转型升级有关文件、事业单位改革配套文件与转企改制工作方案、行政审批工作、加快推进公共法律服务体系建设的意见等事宜；传达全省机构编制工作暨综合行政执法体制改革会议精神，研究贯彻意见。

6.第7-94次，4月26日召开。研究拆违治乱工作。

7.第7-95次，5月29日召开。研究加快融入京津冀协同发展战略的意见、东营市城镇容貌和环境卫生管理条例、市直安居工程审计问题整改、全市老旧住宅小区改造提升、市级行政事业单位出租出借不动产等事宜；听取市监察局有关议题汇报。

8.第7-96次，6月23日召开。研究东营市三年增绿计划考核办法、《东营市农村公共供水管理办法》修订、规模企业规范化公司制改制工作及支持企业改制若干政策、东营市新型城镇化规划（2015—2020年）、贯彻落实粮食安全责任制的实施意见等事宜；传达全省城市工作会议精神，研究贯彻意见。

9.第7-97次，7月7日召开。研究2016年民生工作情况、深入推进供给侧结构性改革的实施意见、东营市参与“一带一路”建设实施意见、落实八项规定精神加强作风建设有关制度建设情况、东营市法治政府建设实施方案（2016—2020年）、鲁政字［2016］107号等文件精神贯彻落实等事宜；听取市监察局有关议题汇报。

10.第7-98次，7月22日召开。研究东营市社会信用体系建设规划（2016—2020年）、垦利撤县设区工作、东营市医疗救助办法、东营交通发展集团有限公司组建方案、减轻企业税费负担降低财务支出成本的意见、市级财政专项资金管理等事宜。

11.第7-99次，7月27日召开。研究深化科技体制改革加快创新发展的实施意见；传达全省防汛工作视频会议精神，研究贯彻意见。

12.第7-100次，8月19日召开。研究安全生产、2017年市级预算编制意见、山东黄河三角洲国家级自然保护区条例（草案）、东营市生态红线划定等事宜；传达全省计划生育工作电视电话会议、全省品牌建设大会、全省新型农村合作金融试点经验交流会精神，研究贯彻意见。

13.第7-101次，9月18日召开。研究2016年新增市政府投资项目和开展前期工作项目、校车安全管理、出租汽车行业改革、第九届中国（东营）国际石油石化装备与技术展览会筹备、加快推进全市煤炭清洁高效利用和散煤清洁化治理实施方案、市属国有企业管理、山东广利港集团有限公司组建方案、中小学校长职级制改革配套文件、2016 年国家补助重点流域水污染防治项目安排等事宜；传达全省法治政府建设工作会议精神，研究贯彻意见。

14.第 7-102 次，10 月 9 日召开。研究东营森林湿地公园和“一水库两管线”项目、东营市财金投资集团有限公司组建方案、东营港务集团组建方案、东营综合保税区建设发展有限公司组建方案、黄河入海(东营)公路自行车赛组织、减免东营模型桩试验基地项目(一期)和奥体中心网球馆游泳馆项目配套费等事宜；传达全省推进新型城镇化工作座谈会、全省扩大有效投资工作座谈会、全省美丽乡村标准化建设暨节水农业和水肥一体化现场会议精神，研究贯彻意见；听取市监察局有关议题汇报。

15.第 7-103 次，10 月 20 日召开。研究 2016 年经济运行基本情况与下一步工作对策措施、全市城市工作会议筹备、迎接国务院安委会安全生产巡查、全市安全生产“十三五”规划、运用综合政策措施支持扩大消费的意见、黄河文化馆建设、调整 2017 年度居民基本医疗保险筹资标准、部分人员参加机关事业单位养老保险问题等事宜。

16.第 7-104 次，12 月 2 日召开。听取市监察局有关议题汇报。

17.第 7-105 次，12 月 14 日召开。研究环保工作、东营市 2016—2017 年度农田水利基本建设实施方案、东营市公共资源交易平台管理实施细则、东营市重大建设项目稽察暂行办法、东营市政府投资项目审计监督办法、东营市地方储备粮管理办法、推进价格机制改革的实施意见、市级领导干部医药费报销管理办法、东营市厅级领导干部周转房管理办法、政府性债务管理暂行办法、市级财政专项资金清理整合、市级行政执法主体资格清理审核、东营市政府重大行政决策程序规定、黄河三角洲现代农业孵化展示项目融资、集成电路芯片项目等事宜。

18.第 7-106 次，12 月 20 日召开。研究 2017 年市政府投资计划安排意见、2017 年市重点项目安排意见、安全生产、加快推进生态文明建设的实施方案、东营市物业管理办法等事宜。

（市政府办公室　王磊）

**【市政府专题会议纪要】** 2016 年，市政府召开专题会议 54 次。

1.研究东都小商品城消防安全有关问题。

2.研究东营区及中心城区 3 宗土地供地意见等事宜。

3.研究黄大铁路建设推进有关问题。

4.研究东营南站建设管理有关问题。

5.研究中心城森林公园总体规划、中心城生态空间布局规划等事宜。

6. 研究东营港广利港区防波堤航道 PPP 项目有关问题。

7.研究市儿童医院北侧片区搬迁改造有关问题。

8.研究胜利机场跑道延长工程前期工作。

9.研究东营区提出的市区共享税收征收等事宜。

10. 研究以政府购买服务方式承接政策性贷款有关问题。

11.研究中心城供水中长期规划等事宜。

12.研究中心城区 8 所学校幼儿园建设有关问题。

13.研究会展中心项目等有关问题。

14.研究市科技馆管理运行有关问题。

15.研究市国土资源管理委员会组成人员调整等事宜。

16.研究东营港疏港铁路 PPP 项目推进有关问题。

17.研究 2016 年度置换债券安排等事宜。

18.研究市二中新校建设工程有关问题。

19.研究政府投资基金设立方案和基金管理有关问题。

20.研究胜康小学规划建设等有关问题。

21.研究消防安全保障能力建设等有关问题。

22.研究清风湖景观提升工程设计方案等事宜。

23.研究城东防潮提、黄河路改造提升工程和龙悦湖区域建设管理问题。

24.研究黄河口生态旅游区创建国家 5A 级旅游景区工作。

25.研究市一中现校区维修改造和东营职业学院建设发展等有关问题。

26.研究山东黄河三角洲国家级自然保护区存在问题整改工作。

27.研究 2016 年度置换债券安排等事宜。

28.研究渔船管理有关问题。

29.研究南水北调配套工程建设有关问题。

30.研究《东营港总体规划》修订有关问题。

31.研究被征地农民社会养老保险有关问题。

32.研究工业项目手续办理有关问题。

33.研究大学科技园管委会办公室、市大学科技园发展有限责任公司及市创新广场建设运营有限公司移交工作。

34.研究清风湖风景名胜区总体规划、森林湿地公园一期工程建筑设计方案等事宜。

35.研究 2016 年区域战略推进项目有关问题。

36.研究东营区城发小额贷款股份有限公司运行管理有关问题。

37.研究综合楼使用管理等有关问题。

38.研究土地置换等事宜。

39.研究东营开发区教育改革发展有关问题。

40.研究小清河复航有关问题。

41.研究天信集团有关问题。

42.研究中心城区住宅区配套幼儿园规划建设管理使用及无证办园清理整顿有关问题。

43.研究落实省长郭树清重要批示精神推进新型城镇化建设等工作。

44.研究存量资金安排等事宜。

45.研究东营市森林湿地公园详细规划方案、东营市中心城城市地下综合管廊工程规划等事宜。

46.研究东营疏港铁路项目推进工作。

47.研究山东黄河三角洲国家级自然保护区环保问题整改工作。

48.研究天信纺织公司沿街商用房有关问题。

49.研究生态新城项目部分工程建设有关问题。

50.研究东营港区进港航道及导堤工程PPP项目实施有关问题。

51.研究市一中、市二中新校建设有关问题。

52.研究推进有关城建项目。

53.研究2016年市级预算调整等事宜。

54.研究现河采油厂工业厂区迁建改造有关问题。

（市政府办公室　来小荣）

**【政令辑要】** 1月12日，市政府发出《关于印发东营市生产经营单位安全生产主体责任实施细则的通知》(东政发〔2016〕1号)。主要内容：进一步落实生产经营单位安全生产主体责任，预防和减少安全生产事故的发生。

1月22日，市政府发出《关于进一步加快生产性服务业发展的实施意见》(东政发〔2016〕2号)。主要内容：①总体要求。②主要任务。重点发展研发设计、现代物流业、金融保险服务、信息技术服务、节能环保服务、检验检测认证、电子商务、服务外包、商务咨询、人力资源服务、农村生产性服务业。③保障措施。

2月19日，市政府发出《关于进一步加强新时期爱国卫生工作的实施意见》(东政发〔2016〕3号)。主要内容：①总体目标。②工作任务。实施环境卫生整洁行动，努力建设健康宜居的城乡环境；实施疾病预防控制行动，全面构筑守护健康的防御屏障；实施健康行为普及行动，着力提升人民群众的健康素养；实施健康城镇创建行动，持续推进社会卫生的综合治理。③保障措施。

3月12日，市政府发出《关于印发东营市国民经济和社会发展第十三个五年规划纲要的通知》(东政发〔2016〕5号)。规划纲要阐明政府战略意图，明确政府工作重点，引导市场主体行为，是未来五年东营市经济社会发展的宏伟蓝图，是全市人民共同奋斗的行动纲领。

4月11日，市政府发出《关于进一步完善城乡义务教育经费保障机制的通知》(东政发〔2016〕6号)。①主要内容。统一城乡义务教育"三免一补"政策；统一城乡义务教育学校生均公用经费基准定额；巩固完善城乡义务教育学校校舍安全保障长效机制；巩固落实城乡义务教育教师工资政策。②实施步骤。自2016年春季学期起，统一城乡义务教育学校生均公用经费标准；自2017年春季学期起，统一城乡义务教育学生"三免一补"政策；以后年度，根据义务教育发展过程中出现的新情况和新问题，适时完善城乡义务教育经费保障机制相关政策措施。③组织保障。

4月22日，市政府发出《关于调整化工产业布局的意见》(东政发〔2016〕7号)。主要内容：总体目标；发展布局。建设和发展国家级临港石化产业基地；优化提升重点企业；实行分区分类管理；严格新上项目管理。⑤保障措施。

5月19日，市政府发出《关于加快发展体育产业促进体育消费的实施意见》(东政发〔2016〕8号)。主要内容：总体要求；培育消费市场，激发发展活力；健全产业体系，促进融合发展；加大扶持力度，强化保障措施；健全工作机制，加强组织实施。

6月29日，市政府发出《关于印发支持规模企业规范化公司制改制若干政策措施的通知》(东政发〔2016〕9号)。主要内容：支持加快建立现代企业制度，鼓励规模企业规范化公司制改制，对接资本市场。

6月29日，市政府发出《关于贯彻落实粮食安全责任制的实施意见》(东政发〔2016〕10号)。主要内容：全面落实粮食安全责任；巩固和提高粮食综合生产能力；调动和保护种粮积极性；管好地方粮食储备；增强粮食流通能力；促进粮食产业健康发展；保障区域粮食市场基本稳定；强化粮食质量安全治理；推进节粮减损和健康消费；强化政策措施和监督考核。

7月7日，市政府发出《关于进一步做好防范和处置非法集资工作的实施意见》(东政发〔2016〕11号)。主要内容：总体要求；落实责任，健全机制；加强防范，及时预警；打早打小，维护稳定；多措并举，广泛宣教；加强领导，强化保障。

7月15日，市政府发出《关于印发东营市农村公共供水管理办法的通知》(东政发〔2016〕12号)。主要内容：严格农村公共供水建设管理、运行管理、水源及水质管理、水费收取与使用，保障农村供水用水安全，改善农村居民的生活和生产条件。

7月31日，市政府发出《关于印发东营市医疗救助办法的通知》(东政发〔2016〕13号)。主要内容：严格医疗救助范围、方式和标准、程序、资金、监督管理及责任追究，进一步健全社会救助体系，保障困难群众基本医疗权益。

7月31日，市政府发出《关于减轻企业税费负担降低财务支出成本的意见》(东政发〔2016〕14号)。主要内容：降低企业税费负担；降低企业社会保障性支出；降低企业创业创新成本；降低企业融资成本；降低企业优化产能支出。

8月21日，市政府发出《关于印发东营市社会信用体系建设规划（2016—2020年）的通知》(东政发〔2016〕15号)。主要内容：①总体要求。②重点领域诚信建设。重点抓好政务诚信、商务诚信、社会诚信、司法公信建设。③信用建设重点工程。重点实施政务信息公开工程、中小微企业信用体系建设工程、农村信用体系建设工程、信用人才培育工程、"信用东营"文化品牌创建工程。④建立健全支撑体系。加强诚信教育和诚信文化建设；加强公共信用信息系统建设；建立和完善社会信用体系运行机制；培育和规范信用服务市场。⑤保障措施。

10月21日，市政府发出《关于印发东营市水污染防治工作方案的通知》(东政发〔2016〕16号)。主要内容：①总体要求。②主要任务：全面提升污染防治水平；促进水资源节约和循环利用；加强生态保护与修复。③保障措施。

10月29日，市政府发出《关于"先照后证"改革后加强事中事后监管的实施意见》(东政发〔2016〕18号)。主要内容：总体要求；严格行政审批事项管理；厘清市场监管职责；建立完善跨部门协同监管机制；构建社会共治格局；强化组织保障。

11月1日，市政府发出《关于印发东营市"互联网+"行动计划(2016—2018年)的通知》(东政发〔2016〕19号)。主要内容：①总体目标。②重点行动。互联网+制造；互联网+农业；互联网+能源；互联网+金融；互联网+民生；互联网+物流；互联网+商务；互联网+交通；互联网+环保；互联网+政务。③保障措施。

11月1日，市政府发出《关于运用综合政策措施支持扩大消费的实施意见》(东政发〔2016〕20号)。主要内容：支持提高城乡居民消费能力；支持提升教育消费；支持扩大文化体育消费；支持升级旅游休闲消费；支持促进健康养老家政消费；支持扩大住房消费；支持扩大信息消费；支持促进绿色消费；支持促进农村消费；支持改善消费环境。

11月8日，市政府发出《关于加快推进品牌建设的实施意见》(东政发〔2016〕21号)。主要内容：①总体要求。②重大工程和专项行动。品牌基础建设工程；供给结构提升工程；需求结构升级工程；消费品工业"三品"专项行动。③强化品牌建设保障。

11月15日，市政府发出《关于加快推进智慧城市建设的意见》(东政发〔2016〕22号)。主要内容：①总体要求。②主要任务。完善城市信息网络基础设施；加快智慧政务建设发展；促进城市宜居宜业；提升城市管理服务水平；培育壮大特色智慧产业；加强信息安全保障建设。③实施步骤。④保障措施。

12月10日，市政府发出《关于支持农业转移人口市民化若干财政政策的意见》(东政发〔2016〕24号)。主要内容：①总体要求。②政策措施。支持农业转移人口子女平等享有受教育权利；支持将农业转移人口纳入就业服务体系；支持完善统筹城乡的基本医疗保障制度；支持构建统筹城乡的基本养老保障体系；支持将农业转移人口纳入住房保障体系；支持产城、产业融合发展带动农民就地就近市民化；落实农业转移人口市民化奖励政策；建立支持农业转移人口市民化财政政策动态调整机制；建立农业转移人口市民化成本分担机制；支持提升城镇综合承载能力。③保障措施。

12月10日，市政府发出《关于进一步健全特困人员救助供养制度的实施意见》(东政发〔2016〕25号)。主要内容：①总体要求。②主要任务。精准识别特困人员；落实救助供养形式；明确救助供养内容；科学制定救助供养标准；规范办理工作；提升供养服务机构管理服务水平。③保障措施。

12月10日，市政府发出《关于加强农村留守儿童关爱保护工作的实施意见》(东政发〔2016〕26号)。主要内容：①总体要求。②主要任务。完善农村留守儿童关爱保护体系；健全农村留守儿童救助保护机制；加强农村留守儿童救助、教育和司法保护；强化农村留守儿童源头预防。③保障措施。

12月16日，市政府发出《关于印发东营市政府重大行政决策程序规定的通知》(东政发〔2016〕28号)。主要内容：健全市政府重大行政决策程序，严格市政府重大行政决策启动程序、公众参与、专家论证、风险评估、合法性审查、集体讨论决定等事项，规范市政府重大行政决策行为，实现市政府重大行政决策的科学化、民主化、法制化。

12月27日，市政府发出《关于促进融资担保行业加快发展的意见》(东政发〔2016〕30号)。主要内容：发挥政府引导作用；加大政策扶持力度；推动行业可持续发展；不断加强银担合作；优化行业发展环境。

12月29日，市政府发出《关于印发东营市公共资源交易平台管理实施细则的通知》(东政发〔2016〕31号)。主要内容：规范全市公共资源交易平台组织管理、交易范围、交易规则、交易服务、信息服务、专家管理、监督管理，提高公共资源配置效率和效益，加强对权力运行的监督制约，维护国家利益、社会公共利益和交易当事人的合法权益。

12月29日，市政府发出《关于印发东营市政府性债务管理暂行办法的通知》(东政发〔2016〕32号)。主要内容：加强政府性债务管理，建立"借、用、还"相统一的政府性债务管理机制，有效发挥资金作用，防范和化解债务风险，促进经济社会平稳健康发展。

10月9日，市政府办公室发出《关于促进民间投资稳定增长的实施意见》(东政办发〔2016〕28号)。主要内容：降低市场准入门槛；加大减税降费力度；改善金融服务；努力扩大有效投资；继续深化"放管服"改革；维护民间投资合法权益；强化民间投资政策落实。

11月3日，市政府办公室发出《关于加快发展生活性服务业促进消费结构升级的实施意见》(东政办发〔2016〕34号)。主要内容：①总体要求。②重点任务。重点抓好旅游服务、养老服务、健康服务、家庭服务、文化产业、体育服务、商贸服务、教育培训服务。③保障措施。

(市政府办公室　任长宁)

# 市政府办公室工作

【开展“两学一做”学习教育】 按照市委统一安排，开展“两学一做”学习教育活动，严格把握“学、做、促”三个关键环节，精心组织实施。坚持集中学和自学相结合，传统学习模式和互联网+学习相结合，将“党员学习日”上升为制度规定。突出“小主题、高频率、常态化”学习教育形式，围绕四个专题集中学习讨论。引入清单制管理，15个党支部集体讨论形成本支部、支部书记、党员领导干部和党员本人的“负面清单”。开展党员进社区活动和联户帮困，党员到社区报到率达100%。对党支部开展教育情况进行实地督导，面对面了解各党支部组织生活、服务群众、服务品牌等重点工作的开展情况，解疑释惑，部署任务，明确要求，梳理工作职责。

【服务全市经济发展大局】 ①认真落实市委、市政府安排的重点工作。把市委、市政府作出的重大决策部署、重要会议决定的事项、重要文件提出的要求，全市经济工作会工作要点、政府工作报告明确的任务，市委、市政府领导同志重要讲话、重要批示，以及重大专题活动等，作为抓落实的重点，将工作项目化、具体化，进行跟踪督查调度，及时发现并协调解决工作推进中遇到的问题，全力保障重要决策部署落实到位。尤其是面对宏观经济下行、国际油价低迷、欧美“双反”调查等“雪上加霜”的严峻形势，认真梳理影响经济发展的突出问题，及时组织召开经济运行调度会、金融工作座谈会、财税工作调度会等各类专题会议，积极协助市政府领导加强分析研判和经济运行调度，全年组织市领导集中调研走访和检查指导等各类活动700余次，推动全市经济在困境中健康发展、稳中向好。②做好项目协调推进工作。对2016年度全市重点建设工程项目、政府投资项目、水气污染治理项目和民生实事“四张单子”，年初细化分解任务，明确时间节点和具体责任人，组织相关部门和县区制定具体的推进计划，定期调度进展、发现问题、分析原因、提出对策。每月对“四张单子”中进展慢的项目及原因进行汇总梳理，及时向市政府领导汇报。多次筹备召开项目调度会、现场会，牵头协调解决重点项目和重点工作推进中的困难和问题，保障重点项目顺利推进。③谋划推动事关全局的大事。对化工产业转型升级、争取原油加工贸易、建设国家级石化产业基地、争取“两行”政策性贷款、东营港建设、广利港建设等事关全市经济社会发展的大事要事，强化责任意识和担当意识，多次组织召开专题会议进行督导调度，推动取得重大突破进展，为东营经济社会发展奠定基础。认真贯彻落实市政府主要领导对搞好工作谋划的指示精神，在办公室内部开展“谋大事、当高参、促发展”主题调研活动，重点围绕全市经济社会发展中的重大政策、重大工程、重大项目，积极谋划思考，形成高质量的工作建议14篇，为政府决策提供有益参考。

【综合协调】 在工作机制上，各秘书长抓好政府各路工作的协调，各主任抓好办公室内部力量的整合，各有关科室抓好具体协调事项的落实。在工作推进上，事前制订预案或组织有关部门就政府决策事项提出意见和解决问题的方案，事中做好组织协调工作，事后分解任务抓好落实。在工作层次上，抓好市政府及全市性重要会议、市政府重大活动、市政府重点工作的组织协调，使综合协调工作贯穿服务全过程。

【综合文字工作】 贯彻《党政机关公文处理工作条例》及省委实施办法，公文处理更加规范高效，全年共审核各类文件367件，严格落实规范性文件“三统一”制度，做好规范性文件的制发工作，全年共制发政府规范性文件、办公室规范性文件6件。

【信息调研】 围绕市政府中心工作，紧扣领导决策需求，着力抓好调研、分析类信息报送工作，及时、准确、全面反映全市经济社会发展中的重要情况，信息质量和服务水平不断提高。全年编发各类信息924期，21期信息刊物被市领导批示。上报信息453条。加强调查研究，找准角度、选准课题、深入调研，形成一批具有针对性、可行性的调研精品，一批调研成果纳入政府决策。

【督查落实】 优化政务督查流程，综合使用书面调度检查、电话催交催办、组织现场督办等多种手段，推动工作落实。建立“年初建账、动态更新、及时销号”的台账化管理机制，压实责任，明确督查任务。创新督查方式，采取深入一线抓落实、无人机航拍、PPT汇报、“会诊式”督查等方法和措施，促进工作落实。整合办公室内部力量，构建起以市政府秘书长为核心，以市政府督查室总牵头、各秘书长主任分工负责、各方面科室具体抓落实的督查体系。建立群众来电热点问题联合督办机制，通过政务督查的方式推动群众反映问题及时有效解决，切实保障群众诉求。

【电子政务】 在全省率先出台《东营市电子政务“十三五”发展规划》，理顺电子政务管理体制，成立市电子政务和信息资源管理中心。市政务云计算中心、电子政务外网整合等五个基础性、共用性项目建设进展顺利。市政府门户网站的“政府网站日常监测栏目”被中国电子政务理事会和《电子政务》杂志社授予“2016年政府网站大数据应用奖”。

【应急管理】 协助领导依法妥善处置突发事件，全面做好信息核实、建议提报、协调调度、信息汇总和报告等工作。参与协调处置突发事件33起，其中较大以上突发事件6起。抓好预警信息办理和应急预案审核，加强对应急演练的督导、调度。

【后勤服务保障】 秉持“勤俭节约”的工作理念，坚持精细化服务，严格落实中央八项规定精神，保障政府工作高效运转。进一步规范来宾接待范围、接待审批、接待场所、接待标准、接待费用等，对符合接待范围的公务活动，凭公函及办公室领导签批意见予以接待。加强经费使用全过程监督，强化公务用车审批管理，抓好固定资产管理，按照合理配置、低价高质的原则购买配发办公用品。

【工作效能】 ①转变工作作风。严格公文处理工作程序，提高公文质量时效，严格按规定受理文件，确保文出有据。严把市政府领导参加会议、出席活动的数量、规模、程序，起草市领导讲话力戒空话、套话，注重解决实际问题。②提高办事效率。树立效率意识，加快运转，提高工作效率，在保证文稿质量的前提下，尽可能缩短公文制发时间，紧急公文在1天内制发完毕。做好重要公文制发和上级来文来电办理工作，对市委、市政府确定下发的事关全市发展大局的重要公文，提前熟悉、审核，争取一经研究通过，立即运转审签制发。③推进政务公开。落实领导干部宣传解读政策机制，规范依申请公开办理程序，建立部门协调和联动机制，及时化解工作风险，依申请公开行政复议案件明显减少，未发生行政诉讼案件。2015年政府信息公开工作在省政府考核中获优秀等次。④解决群众反映的各类难题。高度重视信访工作，各秘书长、主任及时协调处理分管领域的信访问题。发挥民生热线的窗口作用，打造“听百姓心声，树政府形象”服务品牌，2016年，市民生热线共受理市民反映问题195475件，办结率98.86%，市民满意率97.21%。

【下派帮扶和驻企联络工作】 做好下派帮扶工作，从解决村民最关心的热点难点问题入手，实施农村电网改造、乡村连片治理一批民生项目。高度重视联系服务企业工作，帮助解决改革发展中的困难，为企业办实事解难题。

【机关建设】 加强班子和干部队伍建设。坚持分工负责与民主集中相结合，凡是重大问题和重要事项，一律集体研究决定；凡是规定明确的事项，由各分管领导抓好落实，促进科学决策和工作效率的提高。抓好党组集中学习的统筹谋划、组织实施，党员领导干部先学一步、多学一些、学深一点，在学习型机关建设中做出表率。对专业性理论和具体实践操作问题，邀请市委党校、曲阜师范大学的领导和专家举办讲座6次。分2期组织130名干部在北京大学进行培训。分批次购买书籍1012册(套)，配发各科室，引导干部职工在读书学习中提高素质、增长才干。

提升管理规范化水平。加强制度执行情况的监督检查，确保各项制度规定落到实处。分4路赴省内外地市就机构设置、干部队伍、内部管理、工作流程等进行调研，提出意见建议。规范办公室党组会议筹备工作，全面做好议题收集、会前沟通、会议记录、会议纪要整理印发、决策事项公开、督促落实等各环节工作。加强办公室工作的管理调度，改进科室长工作例会，提高会议实效。各科室及时公示每周工作情况。

加强机关党的建设。全面深化“两规范一创建”工作，全面提升机关党的建设和规范化水平。重新调整224名党员的组织隶属关系和19个党支部组成范围，完成223名党员干部的党员信息采集表的建档立卷工作。采用公推直选的方式，选举产生新一届机关党委。对党费缴纳情况进行专项核算，建立台账，足额收缴补齐173名党员的党费。严格“三会一课”制度，严格按规定频次和要求召开支部党员大会、支委会，上好党课。 （市政府办公室 宫汝峰）

## 政府调研

【综合文稿起草】 ①牵头完成在东营市第八届人民代表大会第一次会议上的《政府工作报告》起草工作，完成市政府主要领导综合性重要讲话和署名文章等10余篇。②为落实郭树清省长对东营工作批示精神，对东营市农村改厕、老旧小区改造和新型城镇化建设进行总结提炼，形成典型文章，刊登在省政府研究室《领导参阅》第42期。③起草《创新资源管理利用模式，提高东营资源环境承载力》理论文章，被山东社科院收录至《山东蓝皮书》。④起草《坚持高效生态定位，积极推进东营市资源型城市转型发展》文章，在山东社科联与省委党校联合举办的山东社科论坛研讨会作交流发言。⑤起草《加快经济转型与创新发展推动美丽幸福新东营建设》，由市委办《工作情况交流》第1期印发。

【政策性文件起草】 立足东营发展实际，结合上级部署要求，共起草政策性文件3项，推动美丽幸福新东营建设。①起草《关于全面实施创新驱动发展战略的意见》(东发〔2016〕11号)，明确总体思路和主要目标，提出区域布局、发展创新型经济、培育创新型企业、技术创新体系建设、大众创业、人才支持、金融保障等十个方面35条政策措施。②起草《关于深化科技体制改革加快创新发展的意见》(东发〔2016〕24号)，提出深化科技体制改革、加快创新发展的指导思想和主要目标，以及推进科技体制改革创新、强化企业创新主体地位等十个方面38条政策措施。③起草《关于加强和改进城市规划建设管理工作的实施意见》(东发〔2016〕28号)，加强和改进城市规划建设管理，建设生态宜居城市，明确总体要求，就进一步加强规划工作、提升建设质量和改善生态环境等方面提出具体政策措施。

【调查研究】 把调查研究作为服务领导决策的重要途径，密切关注社会发展中的热点难点，先后开展完成《关于全市今年一季度固定资产投资运行情况的调研报告》《关于运用"互联网+"加强危险化学品运输综合监管的考察报告》《关于我市大气环境质量有关指标情况的分析》《关于我市"互联网+"产业发展情况的调研报告》《关于我市医养结合一体化发展情况的调研报告》《关于新常态下加快我市中小企业发展的调研》《关于我市天然气下乡(村村通)工程的调研报告》《关于积极参与环渤海地区合作发展的考察报告》《关于我市借鉴应用自贸区政策的调研》《关于推动经济社会发展有关重大问题的学习考察报告》《关于我市资源环境承载力问题的调研》《三亚、海口、深圳等三市海洋经济发展考察报告》《东营市海洋生态文明示范区建设战略研究》13项重点课题调研，其中10篇报告被市委、市政府领导作出批示，在相关平台转发。此外配合省政府研究室完成《东营市关于发展新经济培育新动能的报告》《关于推动破产法实施加快市场出清的有关情况的汇报》和《关于东营市智库建设的初步探索》等调研报告。

【政府系统调研力量整合】 调动政府系统各部门单位开展调研工作的积极性，以整合政府系统调研力量为抓手，积极建大调研格局。①起草《关于印发2016年市政府领导重大调研课题和全市政府系统调研课题的通知》(东政办字〔2016〕13号)，提出市政府领导牵头开展的9项重大调研课题，以及7项重大调研课题和64项专项课题。②开展全市优秀调研成果评选。完成2015年度全市优秀调研成果评选工作，编印《2015年全市优秀调研成果选编》。③搭建调研成果交流平台。着力打造推动政府系统调研力量整合、开展合作交流的平台，编印《黄河三角洲研究》6期，刊发文章120余篇；编发《调研专报》21期。

（市政府研究室　李复恩）

## 人事工作

【人才工作】 全年公开招录公务员137人，平均报考比例为60.3:1。事业单位招聘1766人，人数为历年最多。会同市委组织部印发《东营市事业单位工作人员竞聘上岗试行办法》，对事业单位工作人员竞聘范围、条件、程序、聘用、组织机构、监督管理等进行详细规定。制定出台《市级党政机关公务用车制度改革涉及司勤人员安置办法》，完成车改后的司勤人员安置工作。稳步扩大博士后工作站规模，新增4家博士后科研工作站，全市总量达到13家。实施高端技能人才培养工程，新评选齐鲁首席技师9人，东营市首席技师10人，东营市技术能手50人。华泰集团魏国华被评为2016年泰山产业领军人才产业技能类人选，东营市技师学院被评为山东省技师工作站，成为全省首家设立省技师工作站的技师学院，举办第五届黄河口职业技能大赛，20万余职工参加。申报获批2个国家和省外国专家项目，新增1个省优秀引智成果示范推广项目，获得省级引智资助经费60万元；公布第三届"黄河口友谊奖"获奖名单，表彰外国专家5名。继续实施"名校英才进东营"和"百名博士进东营"等活动；指导市人民医院通过"名校人才直通车"活动，面向国内知名高校选聘优秀硕士毕业生34人。全市通过开展申报黄蓝区引进急需人才项目，组织企业参加山东省第九届"海洽会"、校园直通车、深圳国际人才交流会等活动，加大人才智力引进力度，引进各类高层次人才121人，新增留学回国人员63人。

【人事制度】 完成全市市直机关事业单位工作人员基本工资标准调整工作，市直机关工作人员人均月增资552元，事业单位人均月增资584元，离休人员人均月增离休费702元，各县区12月30日前全部完成调资补发工作。进一步规范市直机关事业单位精神文明奖发放办法，人均增发8000元。制订《东营市市管企业负责人薪酬制度改革实施方案》，完善基本薪酬认定办法、监督检查办法、绩效考核办法等一系列配套文件，国有企业负责人薪酬改革的制度框架搭建完成。

【事业单位分类改革】 认真落实《关于进一步深化事业单位人事制度改革的意见》，制定关于推进公立医院人事制度改革的配套文件，从岗位管理、公开招聘、竞聘上岗、社会保险等方面对人事管理政策进行明确规定，扩大公立医院选人用人自主权，全市二级以上公立医院招聘人员515人。落实《东营市中小学合同制教师管理试行办法》，扩大合同制教师招聘数量，全市招聘合同制教师759人，有效解决大班额问题。推动市直公立医院、中小学薪酬制度改革，制定《东营市公立医院薪酬制度改革指导意见》《东营市市级公立医院工资总额核定试行办法》《关于东营市中小学校长职级制改革的工资实施意见》，拟提交市政府研究。

【公务员平时考核工作】 总结梳理原7个试点单位工作经验，按照省厅开展平时考核的规定，在市委统战部、市发改委等35个部门单位和市、县两级人社部门全面启动平时考核试点，各单位按照考核方案稳步实施，协调专业机构开发应用平时考核信息管理系统，利用信息化手段提高平时考核效率。

（市人力资源和社会保障局　赵子崧）

# 政务服务工作

【概况】 根据东编发〔2016〕24 号文件，市政务服务中心管理办公室不再挂市公共资源交易中心管理办公室牌子，核定行政编制 13 名。整合市政务服务中心管理办公室、市级机关政府采购中心、市土地评审交易中心相关职责，组建市公共资源交易中心（挂市政府采购中心牌子），为市政务服务中心管理办公室所属公益一类事业单位，副处级，核定编制 23 名。整合政务服务及便民服务平台，分别设置市政务服务中心、市便民服务中心，为市政务服务中心管理办公室所属公益一类事业单位，正科级，各核定编制 5 名。2016 年，市政务服务中心管理办公室共办理各类行政审批及便民服务事项 11.2 万件，完成公共资源交易事项 1504 项，交易额 208.23 亿元。

【政务服务】 ①深化“放管服”改革。按照国务院和省政府取消、下放和清理行政审批项目决定，根据东政字〔2016〕5 号和东政字〔2016〕49 号文件精神，分两批对 27 个进驻部门单位的行政权力事项进行调整。取消和调整市级行政审批事项 32 项，其中取消 16 项，下放 4 项；承接省政府下放管理层级行政审批事项 30 项；清理非行政许可审批 67 项；取消和调整市级其他行政权力事项 142 项。调整后，市政务服务中心进驻行政许可事项 286 项，其他行政权力和便民服务事项 225 项。②强化监管、服务。对进驻事项办理实行全过程电子监管，实时监控承诺时限、服务态度。对东营综合保税区、华电东营 LNG 综合利用一体化项目等 61 个重点项目审批手续的办理，通过全程代办、联审联批等形式搞好审批服务。③实现市级政务服务平台联通运行。按照省、市政府部署要求，牵头组织实施市级政务服务平台及互联互通工作，制定出台《全市政务服务平台建设及互联互通工作实施方案》、任务配档表和责任清单，形成建设任务目录化、工作推进节点化的工作机制，全面启动并快速推进。8 月 15 日，东营市试运行，10 月 24 日，山东省试运行，市级平台行政权力事项库、行政许可权力网络运行系统、政务服务网、电子监察数据与省级平台实现互联互通，建成网上政务大厅，圆满完成省市安排部署的各项建设、试通任务。

【交易管理】 ①组建市公共资源交易中心。根据东编发〔2016〕24 号文件要求，积极推进市公共资源交易中心组建工作，10 月 31 日前完成编制、人员划转和内设机构及主要职责设置。配合市发改委出台《东营市公共资源交易平台管理实施细则》，明确县区、开发区公共资源交易平台名称、管理体制等。②推进公共资源电子交易。11 月底，完成市公共资源电子交易系统与省公共资源公共服务平台的互联互通，探索推行货物服务类政府采购项目电子化运行的方式方法。③规范平台管理。制定印发《公共资源交易回避制度》《工作人员守则》等 9 项管理制度。完善电子监管体系，对五楼封闭评标区、涉及招标文件的办公室等“敏感区域”，实行门禁制度，安装监控摄像设备 150 多套，对专家抽取、开评标等环节进行无死角全覆盖、不间断全过程监控、实时公开。建立欠缴交易服务费催缴机制，2016 年催缴交易服务费 350 万元。④加强诚信建设。将诚信库中 1485 家注册企业、1555 家 CA 数字证书办理企业的有关信息对外公示，并与评标即时关联，强化社会监督。⑤开辟市重点项目政府采购、工程招投标“绿色通道”。实行项目受理、公告发布、文件编制、开标组织“四优先服务”，推行“主动服务、容缺受理”，对审批文件、资金来源已落实的重点项目，允许招标人提出“容缺受理”申请，先行办理招标登记和相关手续。2016 年为全市 68 个重点项目提供采购、招标快捷服务。

【便民服务】 ①基本实现全市基层便民服务全覆盖。2016 年建成 4 个标准化乡镇（社区）便民服务中心和 75 个村级便民服务示范点。全市 40 个乡镇（街道）中有 33 个乡镇（街道）建有 45 个社区便民服务中心，覆盖率 82.5%。②完善提升政务服务中心综合服务功能。2016 年市政务服务中心组织开展上门服务 25 次、延时服务 200 多次、现场办公 240 多次。优化老年人优待证、老年人乘车卡一站式办理模式，共办理老年人优待证 5886 个、老年人乘车卡 6429 个，开展便民服务车、法律咨询等便民服务，以便民服务的多样化满足办事群众的多元化、个性化服务需求。

【窗口建设】 ①强化考核监督。修订印发 2016 年度进驻单位、人员、中介考核实施细则，组织进驻人员、中介季度考核各 4 次，评选“党员服务先锋岗”20 人次、“优秀服务标兵”60 人次。根据 2015 年度进驻人员考核成绩，综合窗口进驻人数、业务量及日常表现等因素，共评选确定 13 名年度考核优秀人员、20 个政务服务工作先进集体和 50 名先进个人。②加强纪律作风建设。落实日巡查制度，用好视频监控系统，召开窗口负责人会议 3 次，召开年度窗口工作总结讲评会议 1 次，建立窗口人员考勤情况日通报、谈话提醒制度，抓好投诉处理及警示教育，严格窗口纪律要求。③实施和谐共管。组织 7 名窗口负责人赴德州、济南、临沂市政务服务中心学习考察，拓展眼界境界，提升业务能力。组织 AA 制户外、三八妇女健步行等活动，全年发送生日蛋糕 148 个、节日祝福短信 3 次，丰富文体活动，实施人文关怀，激发队伍凝聚力，提高服务主动性。

（市政务服务中心管理办公室　牛宗锋、赵明晨）

# 机关事务管理

【优化职能配置】 3月31日，市编办发文(东编办发〔2016〕30号)就国有资产监管权限的划分和机关办公用房前置审核的职责作明确界定，对市级行政事业单位国有资产配置、使用及处置等相关职责进行明确，机关事务管理局负责制定和实施机关资产管理的具体制度，制定市级机关办公用房、用地的统一管理制度并组织实施和监督检查，承担市级机关办公用房、用地的统一管理等，解决与市财政局有关工作职能交叉、职责不清问题。8月25日，市级机关政府采购中心整建制划转到市公共资源交易中心。成立市级机关综合执法应急用车管理中心，主要负责市级公务用车集中管理平台建设与服务保障。

【公共机构节能】 ①推进绿色机关建设规范化管理。组织开展绿色机关创建活动，编制《东营市绿色机关建设指标体系和评价方法》，并在全省公共机构节能工作会议上作典型发言。②加强目标责任管理。制订年度工作计划，与市级公共机构和县区机关事务局签订节能目标责任书，对全市5个县区、2个开发区、102个市直部门单位进行节能工作考核评价。③做好能源资源统计会审。开展能源资源消费统计会审工作，提高能耗统计质量；重新登记整理公共机构名录库，统计系统更换为国管局能耗统计系统，完成数据重新录入校对工作。④推广新能源新技术。针对车改后出现的新情况新问题，鼓励和支持公共机构创新商业运营模式，引进社会资本，利用既有停车位参与充电桩建设和提供新能源汽车应用服务。⑤加强平台建设。与市建筑设计研究院联合开发建设建筑节能管控云服务平台，并入10个公共机构能耗监测子系统，推进节能工作深化。⑥强化宣传培训。与东营日报社联合开展主题为“节能领跑、绿色发展”的“节能宣传随手拍”活动，收到良好的宣传效果；召开专题培训会议，对《东营市绿色机关建设指标体系和评价方法》进行系统培训，并将其列入市人社局全市专业技术人员继续教育内容，调动各级公共机构参与节能培训的积极性。

【公务用车管理】 ①推进公务用车制度改革。按照市车改领导小组统一部署，参与制订《东营市党政机关公务用车制度改革实施方案》；对市直部门单位1004辆取消车辆、垂直管理部门131辆取消车辆进行现场封存；分两批将取消车辆移交市财政局，确保取消车辆能够及时处置；为8个申请调剂车辆的单位调剂置换车辆76辆。②做好车改后续保障工作。实施公务用车集中管理后，共派出车辆350车次，用车人数2489人；投资106万元建设智能化管理平台；以市委办、市府办名义印发《东营市市级党政机关公务用车集中管理平台建设使用与管理办法》《东营市市级党政机关机要通信和应急用车使用范围(暂行)》等办法，结合东营实际进行完善与细化；公开招标确定汽车租赁服务机构5家，实行定点购买服务，方便车改后市直部门单位公务出行。③开展检查督导。联合市财政局组织相关人员对22个部门单位的差旅费、公务用车管理以及津贴补贴发放情况进行重点抽查，对发现的问题进行督促整改。

【国有资产管理】 ①完成国有资产专项清查工作。开展市级国有资产专项清查工作，摸清国有资产占有、使用、处置、收益等家底。市委、市政府以此次清查工作为基础，下发《关于规范市级行政事业单位国有不动产出租出借工作的通知》，明确要求将机关办公用房和居住用房权属统一变更至机关事务局，进行统一管理。②做好资产管理工作。2016年共审核17家市级机关单位的维修改造申请，对每一项申请都进行实地查看，并严格审查维修改造标准，确保维修改造项目依法依规进行；为11家市级机关单位调配办公用房约14300平方米，满足市级机关单位的办公需求。③完善机关办公用房管理制度。制定《东营市市级机关办公用房、机关用地管理办法》，实现机关办公用房在规划建设、权属登记、调剂管理、维修改造、物业管理等方面的集中管理。④加快推进物业服务社会化。印发《东营市市级机关向社会力量购买物业服务的管理办法》《东营市物业定点服务供应商监督考核办法》，统一物业服务标准，为部门预算提供依据，进一步规范机关办公用房物业服务管理工作。⑤有序推进物业招标工作。确定各部门

2016年6月12—18日，开展节能宣传周活动　（市机关事务管理局提供）

单位5万元(含)以上、50万元以下的物业服务项目实行定点采购,通过公开招标确定供应商,接受社会监督。完成招标方案的起草、招标需求公告发布工作。⑥建立台账规范档案管理。建立市级机关办公用房管理台账,完善市级机关办公用房、机关用地的档案管理工作。建立健全办公用房清理腾退情况台账、租(借)用和出租(借)办公用房情况台账,规范办公用房清理腾退工作和办公用房租借工作,进一步完善办公用房台账报备制度,加强办公用房动态管理监督。

【后勤保障】 ①房产管理工作。加强直管小区管理,重点强化卫生保洁、绿化养护、设施维护维修、安全保卫等日常管理,投资近40万元完成直管小区零星苗木补植、青年公寓屋面防水、直管小区监控系统维修等工程。出台《市直机关周转房暂行管理办法》《东营市厅级领导干部周转房管理办法(试行)》,进一步完善周转房管理。全年共完成日常维修2298次,住户满意率100%。②餐饮管理工作。2016年年初,市级机关职工新餐厅投入使用,采取半托管模式,与山东蓝海集团公司合作,实现机关后勤保障工作社会化零的突破。全年共接待市直机关工作人员就餐23万余人次。③市政府大楼维护管理工作。健全"每日一巡视、每周一维护,半月一检查,每月一反馈"机制,定期对电梯、消防、水电等重点设施设备进行检修维护,全年共计完成各类报修任务3000余次,维修及时率达100%,维修合格率98%以上。投资1366万元,实施市政府大楼外墙防水维修改造、电梯更换、多功能厅维修改造等项目。 (市机关事务管理局 段雷)

## 油地校结合工作

【油地联席会议工作】 2016年,油地联席会议召开2次,实施合作事项56个,涉及经济融合、安全环保、科技创新、新能源利用、医疗卫生、民生建设等多个领域。①合力培育经济发展强动力。加快产业融合、资源整合,推进共建东营港城、大学生创业园及联合开发土地、国家石油装备基地建设、石油化工总厂法人制改造等项目,集聚发展新优势。油田积极推动科研院所向高新技术开发区聚集,油公司产量规模保持稳定,地炼原油供应持续增长,支持区域石油化工、石油装备等优势产业发展,油地各类发展要素充分融合。②合力改善区域发展环境。油地联合开展"打黑除恶"、打击"两抢一盗"等安民行动,推进油气管道占压隐患整治行动和油田员工集中居住区环境治理,初步实现油区综合集中整治常态化,确保东营区域社会安全、和谐、稳定。油田着力推进市里下达的环保工程和中石化"碧水蓝天"项目,持续开展各类污染防治,加快地热及污水余热等新能源利用,改善区域生态环境。③合力增进油城民生福祉。携手创建全国文明城市,共同推进西城改造、市政设施移交以及公园、公路、停车场等公共设施建设,持续深化医疗卫生和学前教育共享共建,油城广场、工益及科技馆等8个片区改造协调推进,油田4万套限价商品房全部完工交付,荟萃公园、陶然公园、水韵公园全部完工,完成济南路、影视街、菏泽路、胜利广场周边支路等26条50公里道路及20座桥梁维修改造,城市品位、市民生活质量不断提升。市油地校结合办发挥职能作用,积极建立油地联席会议责任单位联络渠道,确保油地联席会议工作联结通畅,同时不断强化与油地部门、单位对接力度,做好会议议题的征集、审定、筛选及上报,与油地相关部门共同组织好各项会务,不定期对油地联席会议确定事项进展情况进行督查。2016年,联系沟通议题单位近50个,集中征集上会议题2次,共征集议题64项。

【创建工作】 ①工农关系更加融洽。结成创建对子的采油厂高度重视工农补偿款的挂账拨付工作,优先为油区群众落实赔偿资金。在新井选址、产能建设和工程项目上充分考虑地方建设需要,最大限度地进行避让,无法避让的原有设施,积极主动地迁(改)建。②共建力度进一步加大。结对单位在土地、政策、资金、技术和信息方面充分对接,实施一大批增进油地群众福祉项目。2016年共召开现场会2次,制作宣传栏12个,实施油地结合项目64个,其中完成55个,在建9个,共投入资金5.16亿元(含物料机械折款)。③油区治安好转。油地密切合作,加强信息共享,强化治安防控体系建设,依法打击打孔盗油、私拉乱接等违法犯罪活动,形成油地携手、人人参与、群防群治的良好局面。④生态建设进一步加强。油田企业高度重视环境保护,积极打造绿色、生态油区。坚持节约集约利用土地,通过打同台井、利用老井台等措施节约用地。坚持清洁生产,通过推广和应用环保新技术、新工艺,确保原油污水零排放。坚持井场标准化管理,通过硬化进井路,绿化井场裸露地面,打造与周围环境相和谐的油田生产景观。⑤文化生活更加丰富。结对单位积极实施文化建设工程,建设文化广场、文化书屋、培训课堂;联合举办文艺汇演、文体竞赛等活动,在丰富群众精神生活的同时,也使油地共建、和谐发展理念深入人心。

【信息调研工作】 围绕石油大学、油田重点工作及出台的有关改革举措,采编油地校结合信息、积极开展调研。本年度采编信息21篇,完成调研报告2篇。①深化油地校三方信息的交流。沟通油田相关领导及有关处室,就下步信息交流达成共识。同时,开启与石油大学间的信息交流和互传,双方指定专人负责信息工作,每月定期互相交流信息两次。②提高信息质量和容量。时刻关注油地校三方领导决策活动的动向,自觉主动地掌握上级对信息需求的情况,提高信息工作与决策思维的贴近度。(市油地校结合办 孙鸿鹏)

## 油 区 工 作

**【油区综合整治】** 以全市打击打孔盗油违法犯罪净化油区治安环境专项行动为契机，对重点油区、重点区块和油区治安突出问题进行专项整治，取得明显成效。①强化油区治安联防联治。发挥油地联合稽查的合作优势，强化在油区重点路段的巡、堵、截工作，在重点油区开展针对性强的专项整治行动，严厉惩治各类涉油违法犯罪活动，油区秩序得到明显改善。②集中解决影响油区治安的突出问题。坚持"严打"不放松，始终保持对涉油不法行为的高压态势，相继开展对打孔盗油、非法收购原油、盗窃运输原油、私接乱拉油田电气等违法行为的专项整治，取得明显成效。年内，全市共查扣非法拉运原油车 49 辆、违规拉运废旧物资车 4 辆，取缔非法收油窝点 17 处；取缔窃气点 552 处，收缴塑料管线 117116 米，没收气(桶)包 196 个、盗气卡子 18 个、蒸汽锅炉 1 个；取缔窃电点 208 处，收缴电缆 4915 米、变压器 9 台、比特币机 34 台；取缔非法废旧物资收购点 4 处、规范整顿 4 处；抓获并移交公安机关 24 人。

**【油气管道保护监管】** 开展油气管道隐患治理活动，加强管道监管信息化建设和应急演练，管道保护监管水平得到进一步提升。①完成油气管道隐患整治任务。坚持"一线一策"和"一处一案"原则，对排查出的重大管道安全隐患和群众反映的突出问题，逐一制订整改方案和措施，实行分级挂牌督办制度，限期整改并挂账销号。2016 年，计划清理整治 650 处，实际完成 682 处，挂牌督办事项全部完成并销号。②推进管道改线工程。充分发挥牵头作用，着力抓好孤罗东、孤永东输油管道改线工程、"董家口至东营原油管道"改建工程和胜采外输管道改造工程，积极组织协调改线工作，确保工程顺利实施，保障输油气管道的安全运行。③提升管道监管科学化水平。建立"一企一册"档案，完善管道资料备案制度和处罚听证程序，探索科学、规范、合理的输油气管道安全监管模式；开展大排查快整治严执法集中行动，共检查管道企业 16 家，组织召开行政处罚听证会 12 场。④加强应急管理。编制完成《东营市油气管道突发事件应急救援演练计划》和演练脚本，进一步提高应对和防范能力。

**【油区能源管理】** 组织精干力量多次到县区油区工委、油地联合稽查站点等单位开展调研指导，加强与油田油地处、各采油厂相关科室及边远井公司的联系沟通，及时掌握油田形势变化，争取油田单位最大限度的理解和支持。各县区认真贯彻落实省政府领导批示精神，加大对国有公司的管理力度，强化监督，堵塞漏洞，建立健全企业依法经营、照章纳税的长效监管机制，进一步规范"协议油"运行。完善与油田相关单位、济军生产基地的信息共享机制，清罐工作更加规范，军地油区共建得到进一步加强。

**【工农服务工作】** 坚持"超前、跟踪、善后"的服务理念，科学把握油田发展形势，妥善协调处理油地关系，实现油地共建共赢。年内，共召开工农座谈会 132 次，化解工农纠纷 195 起，协助油田开展施工项目 12 项，协助油田新上油井 78 口，办理施工作业核准证 681 份，协调赔偿资金 10653 万元。协调完成"一水库两管线"工程和"中心森林公园项目"等重点项目区内涉及油田设施的迁建改建工作，积极协调胜康小学、广南水库沉砂池、弥河路建设工程、河广大道南二路西延工程等项目涉及油田设施迁建事项；协调完成桩西、海洋采油厂在东营港区内的油井管线等设施的迁建避让工作。

（市油区办　王萍）

## 打 私 工 作

**【"国门利剑 2016"联合专项行动】** 组织各缉私职能部门认真学习贯彻全国海关缉私工作会议精神，充分认识开展"国门利剑 2016""春雷行动" 等打击走私专项行动的重大意义。按照《关于组织开展打击走私"国门之剑 2016"联合专项行动的通知》(鲁打私办字〔2016〕12 号文件)要求，切实抓好济南关区部署的五大目标任务的落实。定期向市政府分管领导汇报"国门之剑 2016"专项行动开展情况，协调解决工作中遇到的实际困难和问题。搞好支持配合，发挥打私办五项职能作用，支持海关严格执法。各相关缉私职能部门和县区打私办结合各自实际，分别制定配合海关开展"国门利剑"专项行动的具体措施。搞好舆论宣传，通过广播、电视、报纸、网站等新闻媒体广泛宣传走私犯罪的危害以及海关开展"国门利剑 2016"专项行动的意义，形成全社会关心支持打私工作的良好态势。

**【打防结合】** 协调各缉私职能部门结合各自监管领域，适时开展联合行动和专项斗争。严厉惩治以农产品、成品油为重点的涉税商品走私；以毒品和枪支、高价值、高退税率商品为重点的货物物品走私；以伪报品名、瞒报数量、低报价格、夹藏等方式的一般贸易渠道走私；以伪报贸易性质、倒卖、高报单耗方式的加工贸易渠道等走私活动，持续保持惩治走私的高压态势。1—11 月，共立案侦查刑事案件 2 起，案值 6355 万元，涉税 212 万元，抓获犯罪嫌疑人 4 人，移送起诉刑事案件 2 起；办理行政案件 18 起，案值 3772.99 万元，涉税 1074.79 万元，审结行政案件 18 起，罚没入库 208.6 万元。密切关注海上走私动态，定期对辖区海湾、港口、码头等进行排查，严厉惩治海上偷运走私和水客走私活动。组织开展惩治毒品走私等专项活动。结合惩治道路交通和物流环节涉烟违法犯罪专项行动，深入开展惩治烟草走贩私活动。1—11月共查获涉烟违法犯罪案件671起，案值5万元以上的大要案12起，涉案卷烟479.58万支，案值171.53万元，其中走私卷烟10.63万支，案值6.56万元。

【服务企业发展】 引导各有关缉私部门坚持惩治与防范相结合，树立为企业服务的理念，积极为企业着想，努力为企业发展营造良好的发展环境。组织东营海关，海关缉私分局、商务局、检验检疫局联合编写《东营市进出口企业法律法规服务指南》，印制1万本，免费发放给全市所有进出口企业。同时加强业务指导监管，促进企业规范经营，避免因工作人员业务不熟导致违规案件发生。督促各执法部门切实注重把扶持企业发展的优惠政策落到实处，体现“走私惩处、违规教育、守法便利”的政策导向，形成全市反走私系统多部门参与、齐抓共赢的守法诚信建设新格局。

【基层基础工作】 ①强化沿海基层反走私基础工作。进一步创新“科技管海”等工作模式，建立健全县区、乡镇、村三级反走私综合治理目标责任制，切实维护海上稳定。②完善和规范有关规章制度。学习借鉴先进地区的经验做法，推动打私工作科学化、制度化和规范化水平。③注重工作创新。发挥现代科技的支撑作用，完善反走私信息网络建设，整合信息资源，把各缉私职能部门视频会议系统统一纳入市信息管理中心，统一规划，统一建设，逐步实现同步信息共享和重大案件实时调度协调，推动全市反走私综合治理工作再上新水平。

【打私宣传教育】 利用报纸、广播、电视、网络等各类媒体资源进行宣传，做到电视上有影、报刊上有字、广播上有声、网络上有文，让群众真正认识到走私犯罪的危害性和反私工作的重要性。通过召开公判会、新闻发布会、集中宣传周等形式，广造舆论声势，争取群众支持，组织集中宣传4次，制作展板300余幅，发放各类宣传材料2万余份，接待咨询群众3万余人。 （市打私办）

# 会 展 工 作

【概况】 2016年，市会展工作树立“一二一”四位一体（第一个“一”，就是树立市政府办公室一盘棋思想，强化大局意识；第二个“一”，就是各项工作争创一流；“二”即“两个提升”，就是“围绕中心，提升服务水平，聚焦发展，提升展会档次”）工作理念，落实“围绕中心，提升服务水平；聚焦发展，提升展会档次”“两个提升”总体要求，全市展览业实现平稳发展。2016年，全市共举办会展活动69场次，同比增长13.1%。其中，200个标准展位以上规模展会39场次，占比56.5%，同比增长56%，展览面积42.8万平方米，同比增长12.6%；节庆、赛事、会议（论坛）、小型展览等其他会展活动30场次，占比43.5%；展览面积2万平方米（含）以上的大型展会8场次。东营市被商务部主管的中国会展经济研究会评为“2016年度十佳品牌会展城市”，被中国会展杂志社评为“中国会展最具发展幸福感城市”，在全国74个省会城市及地级市入围的2016年度“中国最具竞争力会展城市”排行榜中列第23位。黄河国际会展中心、广饶国际博览中心和中国（广饶）国际橡胶轮胎暨汽车配件展览会分别被中国会展经济研究会评为“2016年度中国十佳品牌会展中心”“2016年度中国十佳品牌展会项目”。

**2016年全市规模以上展会情况统计表**

| 序号 | 名　称 | 主办单位 | 承办单位 | 时　间 | 地　点 | 展览面积（平方米） | 展位数（个） | 观众人数（人） | 参展商（家） | 合同协议金额（万元） |
|---|---|---|---|---|---|---|---|---|---|---|
| 1 | 2015岁末汽车团购节 | 东营市伟业广告有限责任公司 | 东营市伟业广告有限责任公司 | 1.1—1.3 | 黄河国际会展中心 | 3000 | 15 | 3000 | 15 | 2000 |
| 2 | 垦利县年货博览会 | — | 垦利网达传媒有限公司 | 1.13—1.20 | 黄河口经贸文化交流中心 | 5000 | 200 | 30000 | 150 | 500 |
| 3 | 2016广饶年货会暨民俗文化展览会 | — | 广饶福斯特文化传媒有限公司 | 1.15—1.19 | 广饶国际博览中心 | 15000 | 140 | 21000 | 140 | 1000 |
| 4 | 2016东营第三届精品年货会 | 北京泓杉国际文化传媒有限公司 | 北京泓杉国际文化传媒有限公司 | 1.22—1.27 | 黄河国际会展中心 | 5000 | 193 | 12000 | 193 | 1000 |
| 5 | 芦月祭4.0动漫展 | 东营芦月文化传媒有限公司 | 东营芦月文化传媒有限公司 | 2.13—2.14 | 黄河国际会展中心 | 5000 | 16 | 1200 | 16 | 100 |
| 6 | 2016山东（广饶·李鹊）苗木花卉交易博览会 | 山东省林木种苗协会、广饶县政府 | 广饶县林业局、广饶县会展节庆办、李鹊镇人民政府 | 3.5—3.7 | 广饶县李鹊花木交易中心 | 5800 | 335 | 15000 | 335 | 500 |
| 7 | 汽车、房地产、气球动漫展 | — | 垦利网达传媒有限公司 | 3.18—3.20 | 黄河口经贸文化交流中心 | 10000 | 100 | 20000 | 100 | 50 |

续表-1

| 序号 | 名　称 | 主办单位 | 承办单位 | 时　间 | 地　点 | 展览面积(平方米) | 展位数(个) | 观众人数(人) | 参展商(家) | 合同协议金额(万元) |
|---|---|---|---|---|---|---|---|---|---|---|
| 8 | 2016春季建材家居展 | 东营大河国际会展有限公司 | 东营大河国际会展有限公司 | 3.25—3.27 | 黄河国际会展中心 | 8000 | 61 | 7000 | 61 | 1970 |
| 9 | 中国·广饶第十届春季汽车暨房产展销会 | 广饶汇通展览有限公司 | 广饶汇通展览有限公司 | 4.1—4.4 | 广饶国际博览中心 | 25000 | 530 | 30000 | 530 | 11000 |
| 10 | “绿色家装·幸福生活”家居建材节 | — | 广饶县广播电台 | 4.10—4.12 | 广饶国际博览中心 | 12300 | 85 | 10000 | 260 | 1000 |
| 11 | 2016第十三届东营(春季)汽车博览会 | 东营亚泰展览有限公司 | 东营亚泰展览有限公司 | 4.21—4.24 | 黄河国际会展中心 | 21660 | 21 | 190000 | 95 | 40000 |
| 12 | 2016年第二届苏杭丝绸服装服饰折扣商品(东营)直销展 | 北京市鹏寰东方国际展览有限公司 | 北京市鹏寰东方国际展览有限公司 | 5.6—5.17 | 黄河国际会展中心 | 5000 | 170 | 2000 | 167 | 200 |
| 13 | 第七届中国(广饶)国际橡胶轮胎暨汽车配件展览会 | 中国国际贸促会、山东省政府 | 山东省贸促会、东营市政府 | 5.15—5.17 | 广饶国际博览中心 | 42000 | 550 | 60000 | 665 | 1590000 |
| 14 | 2016东营艺术品博览会暨珠宝、茶博会 | 青岛雅雄会展有限公司 | 青岛雅雄会展有限公司 | 5.27—5.30 | 黄河国际会展中心 | 5000 | 210 | 12000 | 190 | 460 |
| 15 | 纪念中国共产党成立五十周年书画展 | 垦利区宣传部、贸促会、文联 | — | 7.1—7.3 | 黄河口经贸文化交流中心 | 5000 | — | 10000 | — | — |
| 16 | 2016垦利首届家博会 | — | 垦利区冠军联盟 | 7.9 | 黄河口经贸文化交流中心 | 5000 | 50 | 3000 | 100 | 100 |
| 17 | 黄河三角洲第八届油品贸易洽谈会 | 东营市石油业商会 | 山东泰富集团 | 7.16—7.18 | 蓝海国际大饭店 | — | — | 1500 | — | 2360000 |
| 18 | 2016东营红木家具展销会 | 方正县佰祥会展有限公司 | 方正县佰祥会展有限公司 | 7.16—7.24 | 黄河国际会展中心 | 3000 | 100 | 20000 | 100 | 200 |
| 19 | 2016东营家居建材博览会 | 东营易佳文化传媒有限公司 | 东营易佳文化传媒有限公司 | 7.29—7.31 | 黄河国际会展中心 | 5000 | 50 | 10000 | 50 | 200 |
| 20 | “爱在七夕”2016广饶县婚博会 | — | 广饶县广播电视台 | 8.6—8.8 | 广饶国际博览中心 | 5000 | 150 | 5000 | 150 | 200 |
| 21 | 芦月祭5.0动漫展 | 东营芦月文化传媒有限公司 | 东营芦月文化传媒有限公司 | 8.9—8.10 | 黄河国际会展中心 | 5500 | 16 | 1800 | 16 | 100 |
| 22 | “党旗飘扬长征路上”中国书画名家作品邀请展 | — | 光辉美术馆 | 8.15—8.17 | 广饶国际博览中心 | 10000 | 270 | 7000 | 270 | — |
| 23 | “飞向太空—航天科普展”齐鲁行 | 中航高科(北京)展览有限公司 | 中航高科(北京)展览有限公司 | 8.20—8.29 | 黄河国际会展中心 | 5000 | 20 | 9000 | 1 | 100 |
| 24 | 中国广饶第六届秋季汽车暨房产展销会 | — | 广饶县汇通展览有限公司 | 8.25—8.28 | 广饶国际博览中心 | 25000 | 80 | 32000 | 80 | 13000 |
| 25 | 第三届中国(东营)艺术品博览会 | 山东省美术家协会、东营市文联 | 垦利区委宣传部 | 9.9—9.12 | 黄河口经贸文化交流中心 | 15000 | — | 20000 | 50 | 200 |
| 26 | 2016第十四届东营(秋季)汽车博览会 | 东营亚泰展览有限公司 | 东营亚泰展览有限公司 | 9.14—9.17 | 黄河国际会展中心 | 25000 | 62 | 190000 | 100 | 40000 |
| 27 | 山东农民书画展 | 山东省农民书画艺术协会、东营市农民书画艺术协会、垦利区政府 | 垦利区委宣传部、区文联、区农民书画艺术协会 | 9.20—8.22 | 黄河口经贸文化交流中心 | 5000 | — | 15000 | — | — |
| 28 | 广饶第二届中国画名家邀请展 | 广饶县委宣传部 | 光辉美术馆 | 9.21—9.24 | 广饶国际博览中心 | 25000 | 360 | 7000 | 360 | — |

续表-2

| 序号 | 名　称 | 主办单位 | 承办单位 | 时　间 | 地　点 | 展览面积(平方米) | 展位数(个) | 观众人数(人) | 参展商(家) | 合同协议金额(万元) |
|---|---|---|---|---|---|---|---|---|---|---|
| 29 | 第二十届山东美术新人新作展 | 山东国际大众艺术节组委会、山东省文联 | 山东省美协、垦利区委宣传部、垦利区文联 | 9.26—9.28 | 黄河口经贸文化交流中心 | 5000 | — | 20000 | — | — |
| 30 | 第九届中国(东营)国际石油石化装备与技术展览会 | 中国国际贸促会、山东省政府 | 山东省贸促会、东营市政府、胜利石油管理局 | 9.27—9.29 | 黄河国际会展中心 | 50000 | 379 | 30000 | 379 | 1847618 |
| 31 | “2016·水墨中国”大型国画展 | 东营亚泰展览有限公司 | 东营亚泰展览有限公司 | 10.14—17 | 黄河国际会展中心 | 5000 | 120 | 10000 | — | — |
| 32 | 2016第四届羊绒皮草服装服饰商品(东营)展销会 | 北京鹏寰东方国际展览有限公司 | 北京鹏寰东方国际展览有限公司 | 10.14—25 | 黄河国际会展中心 | 5000 | 180 | 30000 | 180 | 200 |
| 33 | 第六届黄河三角洲(中国·垦利)国际生态农业博览会 | 中国国际商会 | 中国国际商会山东商会、东营市人民政府 | 10.22—24 | 黄河口经贸文化交流中心 | 20000 | 1000 | 128000 | 412 | 1514000 |
| 34 | 广饶首届中医药文化节及养老产业博览会 | 广饶县卫生局、广饶县民政局 | — | 10.28—29 | 广饶国际博览中心 | 5000 | 142 | 900 | 142 | — |
| 35 | 垦利区红木家具博览会 | 垦利区邮政局 | — | 11.5—20 | 黄河口经贸文化交流中心 | 5000 | 50 | 50000 | 50 | 500 |
| 36 | “大海光伏”杯广饶县第四届电动汽车展销会暨“环保达人秀” | 广饶县广播电视台、广饶县环境保护局 | — | 11.26—28 | 广饶县国际博览中心 | 6000 | 80 | 2600 | 80 | 112 |
| 37 | 2016黄河三角洲(垦利)第五届汽车房地产博览会暨垦利第二届装饰建材博览会 | 垦利区西郊现代服务区、垦利区贸促会 | 垦利区汽车商会 | 12.2—4 | 黄河口经贸文化交流中心 | 10000 | 50 | 80000 | 50 | 500 |
| 38 | 2016东营冬季汽车文化周暨冬季汽车特卖会 | 东营亚泰展览有限公司 | 东营亚泰展览有限公司 | 12.14—20 | 黄河国际会展中心 | 5000 | 30 | 50000 | 30 | 1800 |
| 39 | 2016东营有色金属工业展 | 中国有色金属工业协会 | 中国有色金属工业技术开发交流中心、山东方圆有色金属集团、北京鑫塞克展示服务有限公司 | 12.21—23 | 黄河国际会展中心 | 6000 | 23 | 3000 | 57 | — |
| 合　计 | | | | | | 428260 | 5865 | 1149200 | 5574 | 7428610 |

【重点展会协调服务】 ①注重工作谋划。印发《关于公布2016年全市拟举办200个标准展位以上展会征集情况的通知》《市会展办2016年工作要点》,对重点展会组织、运作模式、招商招展、专业化服务等提出相关要求,细化任务分工,抓好推进落实。②做好协调服务。制订全年工作调度计划,按照重点展会举办时间节点,抓好协调调度和跟踪落实。参与做好橡胶轮胎展、石油装备展、油品贸易洽谈会、农博会、有色金属展等展会活动的方案策划、贵宾邀请、开幕式等组织筹备工作,不断提升品牌展会办展水平。③加强办展政策研究。深入学习研究中办发〔2015〕33号、国发〔2015〕15号、鲁办发〔2016〕17号、鲁政发〔2015〕30号等规范和促进展览业发展的政策文件,结合东营实际,做好办展政策的解读和贯彻落实,对拟举办“中国(东营)国际石油化学工业暨油品贸易博览会”“东营国际铜材产业品牌论坛暨优质产品博览会”等有关问题,向市政府提出建议。

【市场化展会管理服务】 ①抓好展会展期登记。对展会展期登记等事项开展自查自评,优化登记流程,简化申报材料,利用展期登记咨询服务系统开展展期登记预审和咨询服务,审核东营春秋季车展、服装展、动漫展等16场次规模以上展会办展材料,办理登记手续,提高服务效能。②组织开展展会展期年度申报,统筹协调全市展会活动档期,有效避免无序办展、重复办展现象,维护会展市场秩序。③加强展会监管服务。设立展会展期登记服务台账。开展文明办展活动,收回文明办展承诺书50余份,采集展会图片300余幅。

【对外交流合作和宣传推介】 ①组织参加行业活动。组织参加第四届中国(北京)国际服务贸易交易会、2016中国会展经济研究会年会、第八届中国城市会展发展大会、中国会展业联盟成立大会、中国城市会展业竞争力指数年度发布会暨高端学术论坛、中国会展业年会暨沈阳会展经济论坛等行业活动,主动与有关行业组织、展览机构对接洽谈,宣传东营市办展环境,推介重点展会,为会展企业、会展项目搭建合作平台。②开展专题宣传。在国内权威会展行业刊物《中国会展》上对东营市情、办展环境、重点展会等进行专题宣传推介,提升会展城市知名度。在东营日报集中开展宣传活动,专题刊发东营市会展业发展现状、发展展望、大型展会、主要场馆、国际展览业协会(UFI)及会展业热词等内容,营造发展氛围。③利用东营会展网平台,宣传东营市会展政策、品牌展会、场馆设施和会展项目。全年组织更新本埠要闻、会展信息、展业杂谈、会展服务等栏目文字信息800余条,更新处理图片80余幅。④整合会展资源,设计制作东营会展宣传折页,开展多种形式的宣传活动。

【信息调研】 ①结合东营市战略定位及资源、产业、文化、消费等比较优势,提出围绕"一个目标",着力打造"五个平台",实施"六项措施"的发展思路。一个目标,即将东营打造成为知名会展城市。五个平台,即着力打造"4+1"展会平台。到2020年培育打造橡胶轮胎、石油装备、石油化工、有色金属等四大工业产业高端展会平台和现代生态农业区域知名展会平台。六项措施,即从大力实施"国字号"展会培育提升、重点展会申报争取、展会市场化转型、会展市场主体培育、展会品牌化提升等六个方面推动会展业快速发展。②组织开展全市重点展会调研活动,全面掌握展会举办情况、发展思路及存在问题,提出有针对性的对策建议。结合国家、省出台的一系列规范和促进展览业发展的政策意见,完成《关于我市党政机关举办展会活动现状及建议的汇报》。组织开展"互联网+"展览业课题调研,初步形成《关于尽快启动建设"东营网上展会"服务平台的建议》研究成果。③完成东营市展览业发展规划(2016—2020)课题编制。④编发会展工作简报11期,及时发布全市展览业运行、重点展会情况。加强会展业数据统计分析,完成季度、年度展会数据统计和分析,及时掌握行业发展动态。 (市会展办 张振岭)

## 史 志 工 作

【概况】 2016年,东营市史志工作按照市委市政府、省史志办的总体安排部署,认真落实《东营市地方史志事业发展规划纲要(2016—2020年)》,以服务美丽幸福新东营建设为目标,坚持市县联动、整体发力,扎实有序地推进各项工作。续修《东营市志》工作完成资料长编;市方志馆建立中国地方志指导小组办公室、东营市、黄河水利委员会三方共建机制,整体打造成"黄河文化馆",挂东营市方志馆、国家方志馆黄河分馆、黄河文化博物馆牌子;史志资源开发利用成果《时光有痕——黄河口老物件》深受社会欢迎;东营市情网获省政府办公厅2016年度山东省优秀史志成果奖。

【《东营市地方史志事业发展规划纲要(2016—2020年)》】 按照《全国地方志事业发展规划纲要(2015—2020年)》及《山东省地方史志事业发展规划纲要(2016—2020年)》部署,紧密结合实际,2016年3月30日,东营市人民政府办公室印发《东营市地方史志事业发展规划纲要(2016—2020年)》。各县区分别结合自身实际着手起草各自县区的十三五规划。9月,东营市和所辖三区两县(东营区、河口区、垦利区、广饶县、利津县)全部以政府办公室文件正式出台地方史志事业发展规划纲要,成为全省率先实现市、县两级制定出台大纲的地市。

【修志工作】 资料长编基本完成,二轮修志取得重要阶段性成果。为确保续修市志工作顺利推进。①加强调度督导。加强与部门单位的联系,推动稿件报送。7月、8月、10月,市史志办先后召开相关部门单位座谈会,面对面地调度督导,解决撰稿进度问题。及时召开编辑人员会议,研究解决共性问题。印发工作简报,通报进展情况,交流工作经验。②解决个别问题。对个别部门和单位存在的个性问题,上门督导服务,面对面地指导解决。对撰稿进展慢、质量差、特别是重视程度不够、问题特别突出的,市政府分管领导亲自集中调度。③向外借智借力。招聘4名公益岗人员、聘请5名离退休人员、2名业务专家参与修志,提高编纂效率和编纂质量。对续修市志中涉及的史志人员无力完成的专业性难题,采取课题外包方式成功予以解决。④创新切入方式。就全市发展的重要历程和关键节点,采访续志断限内的时任市主要领导,形成口述史资料,既把握宏观脉络,又印证部门的报送资料,增强志书内容的系统性、科学性和真实性。在加快续修《东营市志》的同时,稳步推进基层志和部门志编修。评审《东营市外侨志》和《中国建设银行股份有限公司东营分行志(1996—2015)》,指导东营市林业局、黄河三角洲农业高新技术产业示范区等部门单位志书编修,全市40个乡镇(街道)完成修志18部,在编5部,累计出版村(居)志28部,在编15部,河口区实现乡镇(街道)志全覆盖,全市出版企业志5部。

【方志馆建设】 概况。2015年7月16日,中指办字〔2015〕41号文件正式批复东营市方志馆设立国家方志馆黄河分馆后,东营市加快推进方志馆建设工作,重点做好方志馆地情展厅(市图书馆新馆5楼,700平方米)展陈设计工作。2016年2月25日,市史志办主任杜金华向中国地方志指导小组汇报工作,中指组副秘书长兼办公室副主任冀祥德、中指办副主任刘玉宏听取汇报，充分肯定黄河分馆建设所取得的成绩，并提出指导性意见。5月20日，东营市方志馆暨国家方志馆黄河分馆展陈设计征求意见座谈会召开，中国地方志指导小组副秘书长兼办公室副主任冀祥德、中国地方志指导小组办公室副主任刘玉宏，省政府办公厅党组成员、省史志办主任刘爱军出席座谈会。冀祥德就展陈设计方案提出“三性”和“四力”要求，即政治性、方志性、开放性，榜样与传播力、特色与影响力、象征与生命力、发展与创新力。6月6日，中共东营市委书记申长友对市史志办提报的《中指组领导对东营市方志馆暨国家方志馆黄河分馆建设提出要求》作出重要批示：“要高度重视地方志领导小组提出的意见和建议，把国家方志馆黄河分馆建设成全国的样板，为我市的文化旅游业服务。”8月23日，东营市委、市政府决定整合博物馆、方志馆功能，将原黄河文化博物馆整体打造为黄河文化馆，确定新馆迁址至东营市东城南二路与胜利大街交叉路口向西500米路北，原黄河文化博物馆，层高6米，建筑总面积20351平方米，布展面积9600平方米。10月，经第5-177次市委常委会审议通过，批准成立黄河文化馆建设工作领导小组和筹建工作组，并于全市抽调12名人员集中办公，加快推进方志馆建设。方志馆建设由史志办具体负责调整为由市委、市政府直接推动的“一把手”工程，着力打造黄河文化的标志、东营文化的名片、全国方志馆的样板、重要的爱国主义教育基地。

2016年12月17日，中国地方志指导小组办公室、东营市、黄河水利委员会三方在北京共同召开国家方志馆黄河分馆、黄河文化馆建设工作领导小组第一次全体会议，签署《国家方志馆黄河分馆、黄河文化馆共建协议》 （市史志办提供）

三方共建。2016年7月，东营市委书记申长友、市长赵豪志亲自带队赴中指办对接沟通，研究协商重大推进事宜。10月，市政府常务会、市委常委会分别研究决定邀请水利部黄河委员会参与国家方志馆黄河分馆、黄河文化馆建设，发挥黄河管理部门在黄河文化特别是治黄方面的权威优势，与中指办、东营市一道共同推进。11月26日，黄河文化馆筹建工作组第一次全体会议在东营召开，中指组副主任刘玉宏，国家黄委李肖强主任出席会议，初步审议展览大纲和三方共建协议，同时研究展品征集办法等具体事宜。12月17日，中国地方志指导小组办公室、东营市、黄河水利委员会三方在北京共同召开国家方志馆黄河分馆、黄河文化馆建设工作领导小组第一次全体会议，总结前期筹建工作进展情况，审定展览大纲，本着“合作共建、资源共享、场馆共用”的原则，刘玉宏、王吉能、李肖强代表三方共同签署《国家方志馆黄河分馆、黄河文化馆共建协议》，标志着黄河分馆建设真正进入实质性实施阶段。东营市负责出资和工程实施，中指办和黄委发挥各自优势，提供智力和政策支持，同时，成立方志馆建设领导小组，中国地方志指导小组办公室主任冀祥德，中共东营市委书记、市人大常委会主任申长友，中共东营市委副书记、市长赵豪志，黄河水利委员会副主任牛玉国任建设工作领导小组组长，另有三方5名副厅级领导任副组长，东营市直相关部门主要领导及中指办和黄委若干名专家共25人为成员，同时组建推进小组和5个工作组集中办公，为顺利推进工程建设提供强有力的组织领导和人才保障。2016年年底，完成展览大纲编写、立项申请、项目资金手续办理等前期工作。

大纲编写。自黄河文化馆选用新址后，中指组协调专家参与《黄河文化馆展览大纲》撰写工作，先后组织全国各地的专家学者在江西景德镇、北京和东营市进行多轮修改。2016年12月中旬，各方专家在东营集中改稿，形成各方认可、领导满意、专家赞许的《展览大纲》(送审稿)，顺利通过专家评审。12月17日，黄河文化馆建设工作领导小组第一次全体会议召开，审定通过了该大纲。按照最终形成的《展览大纲》，黄河文化馆以“大河奔流”为总题，通过“中华母亲河”(包括“壮美黄河”“沧桑迭变”“治河大业”“文明之光”四部分)、“魅力黄河口”(包括“印象东营”“悠久历史”“多彩风情”“胜利之歌”“河海明珠”“逐梦未来”六部分)两个板块，以“志说黄河”“志说东营”为主线，展示悠久灿烂的黄河文化，以及东营作为黄河入海口的地情特色、地域特点。

丰富馆藏。2016年年底，展品征集工作全面展开，估算1.3亿元的投资列入政府投资计划和2017年重点项目计划。坚持硬件建设、丰富馆藏两手推进，通过购买、交换等方式，新入馆书籍160余种，馆藏图书达到6700余种、17300册，对获全国优秀年鉴成果一等奖以上的南通、泉州、温州等17个市的年鉴进行集中交换。沿黄河流域志书收藏率达95%以上。收集《黄河文化丛书》《黄河文化百科全书》等黄河及黄河文化图书十余种、数百册，为彰显黄河文化特色作准备。广泛征集图片、音像和实物资料，累计征集东营历史文化图片资料12万幅，音像资料时长2.2万秒，收集具有浓郁东营历史文化信息的老物件700余件，委托国防大学影视中心拍摄制作历史文化专题片《沧桑东营》。

【《东营年鉴(2016)》编纂】 2016年，《东营年鉴(2016)》创新运作方式，一名业务人员独立承担所有年鉴内容的编纂、校对、总纂工作，一名招聘人员承担催稿、搜集大事记和图片素材任务。《东营年鉴(2016)》于8月中旬正式出版发行。

【信息化建设】 ①充实网站内容、完善相关资料，《东营年鉴》(2016)内容经统一分类整理后，分别以文本电子版、书稿PDF版在山东省情资料库、东营市情网站发布，上传文字116万字、图片170余幅。②着力完善“续修市志”栏目，为部门提供便利服务，推动续修市志工作顺利开展。③加大信息宣传力度，全市史志系统在山东省情网发表工作动态信息170余条。

【地方史志成果开发利用】 ①编纂出版《时光有痕——黄河口老物件》。全书共收录图片532幅、文字2.5万字，展示各类老物件340件。②将年初从民间征集的老民谣资料电子化进一步加工整理，自9月起，启动编纂《老民谣》工作，拟于2017年出版发行。

【口述史资料征集】 为扎实推进续修东营市志工作，更好把握全市发展历程中的重大决策和关键节点，2016年8月、9月，东营市史志办分别对中共东营市委原书记国家森、姜杰进行现场采访，并将采访内容整理形成1.6万余字的口述史稿件。稿件分别记述1995年11月至2001年1月国家森任市委书记期间处理油地关系、理清发展方向和路子、发展黄河三角洲高效生态经济、推进农业综合开发、包村扶贫、干部队伍建设和2012年1月至2013年7月姜杰任市委书记期间推进生态产业发展、保障改善民生、建设生态城市，抓班子带队伍、做好政治保障等方面作出的重大决策和发生的重要节点事件。通过开展对当地主要领导的口述史工作，不仅留下重要的第一手资料，为续修《东营市志》提供宝贵的资料支撑，对进一步丰富和拓展东营史志工作也具有重要意义。

【机关建设】 加强学习培训和交流。组织全体干部赴临沂、日照对口学习交流，组织参加中指办、省史志办组织的专业会议和培训活动，参观考察先进地区的方志馆建设和史志工作，开阔视野，解放思想。壮大机关干部队伍。东营市机构编制委员会办公室以《关于市史志办公室机构编制问题的批复》(东编办发〔2016〕51号)文件对市史志办机构编制问题作出正式批复，同意市史志办(市方志馆)核增编制2名达到11名；增配副主任1名；职责任务增加“承担国家方志馆交办的资料搜集、学术研究、业务交流等各项任务”。通过公务员考试、遴选等方式，新招录工作人员3名，干部队伍结构更加优化，工作力量明显加强。 (市史志办)

# 中国人民政治协商会议东营市委员会

## 综　述

2016年为七届政协届满。市政协共组织专题调研视察60余次，开展各类协商活动110余次，征集交办提案2136件，反映社情民意信息1500余篇，党政领导对政协履职成果作出批示160余次。

**加强学习联谊，凝聚思想政治共识。**①全面加强思想政治建设。坚持把筑牢思想政治根基摆在首要位置，以深入开展党的群众路线教育实践活动、"三严三实"专题教育和"两学一做"学习教育为动力，突出问题导向，强化学习提素质，注重实效抓整改，从严从实转变作风，引导中共委员和机关干部坚定理想信念，增强政治意识、大局意识、核心意识、看齐意识，带动全体委员增进思想认同、理论认同、情感认同。②加强理论学习，组织委员认真学习贯彻中共十八大、十八届三中四中五中六中全会精神，习近平总书记系列重要讲话精神和治国理政新理念新思想新战略，经济社会形势政策、协商民主理论和政协业务知识，先后举办委员培训班、"政协讲坛"、专题讲座30次，开展情况通报会、观摩考察45次，参训委员3000余人次。③密切与社会各界团结合作。坚持求同存异、体谅包容，加强同各民主党派、工商联和无党派人士的团结合作，出台发挥其作用的意见，制定主席会议成员联系制度，开展经常性协商交流、联系走访活动，尊重和保障其民主权利，鼓励和支持其通过政协发表意见和建议，累计提出提案、社情民意等履职成果1300余件，多党合作团结奋进的共识与合力进一步增强。密切与港澳台同胞和海外侨胞的联系与交往，积极宣传推介东营；加强与民族宗教界人士的沟通联系，深入调研民族企业发展、宗教场所建设等实际问题，促进民族团结、宗教和睦。④注重文化引领聚人心。坚持以文化人，做好文史资料征编工作，编纂出版首部《东营市政协志》；征编《东营村庄记忆》《东营抗战大事记》，配合省政协做好《记忆山东》《天南地北山东人》等史料征集工作，累计700余篇，展示爱国爱乡情怀，发挥传承引领、团结育人作用。加强书画联谊交流，组织举办喜迎中共十八大、建市30周年书画摄影展，承办环渤海10城市书画联谊年会，以书画为媒联谊交友，为促进区域发展汇聚正能量。

**聚焦中心任务，服务改革发展。**坚持把服务全市改革发展作为履行职能的主攻方向，发挥人才智力优势，聚焦全局性、前瞻性问题，积极参政议政，努力为市委市政府科学决策、精准施策当好参谋咨询。①围绕重大发展事项协商议政。坚持把建言"十三五"规划编制与实施作为履职重点，多次开展专题协商，提出的加快推进企业创新与品牌建设、加强生态环境治理、建设"海绵城市"等60余条建议，在全市"十三五"规划和相关专项规划中充分吸纳。紧扣全市重大项目建设、新型城镇化发展等重大发展事项，认真组织决策前调研协商和决策实施中的视察监督，提出的关于强化规划引领、提升项目运作质量、稳妥推进新型农村社区建设等建议，在市委、市政府制定政策规划、推进工作时予以采纳。围绕原油资源税收入分配、环渤海重大基础设施建设、建立生态环境补偿机制等重大政策问题，通过提案、社情民意、大会发言等，积极向上建言，争取政策支持。②围绕全面深化改革咨政建言。聚焦全面深化改革、促进科学发展主题，常委会每半年听取全市经济社会发展情况通报，进行专题议政，提出加快重大产业转调、充分释放市场活力、加大简政放权力度、主动对接"一带一路"战略等意见建议，为党政决策提供重要智力支持。抓住全面深化改革的重点领域和关键环节，围绕供给侧结构性改革、科技创新驱动、文化体制改革等三个方面10项专题，形成的一批有价值、有分量的履职成果得到采纳落实。针对群众关心关注的改革热点，就基础教育领域综合改革、公立医院改革等，提出的多项建议转化为党政具体工作举措。③围绕经济转型升级献计出力。研究和把握经济发展新常态，针对全市转方式调结构中的突出问题，精心选择金融服务实体经济、工业经济转型升级、石化产业转调改等10个重点课题，组织开展调研，为制定全市工业转型升级指导意见、化工产业整治提升等政策提供重要借鉴。④围绕农业提质增效，就现代农业发展、现代畜牧业发展、农田水利基础设施建设等，深入开展调研视察，促进农业发展方式转变。针对服务业这一制约全市经济发展的"短板"，在加快发展现代服务业、文化旅游业、老龄服务产业等方面提出的相关建议，引起党政高度关注。做好市级领导联系重大项目、重点企业、委员企业和乡镇经济社会发展工作，先后协调解决实际问题200余个，为推动实体经济转型发展发挥积极作用。

**关注群众期待，力促民生改善社会和谐。**①紧扣社会民生改善建言献策。组织委员就黄河口湿地生态保护、实施"三年增绿"计划、地下水资源保护开发等提出意见建议。紧扣"三大专项行动"，抓住水气污染防治、农村环境综合整治、城市公共安全等热点问题，连年组织力量跟踪调研、及时建言。积极回应群众关切，选择"健康东营"建设、食品药品安全监管、职业教育发展等12项民生课题，深入调研建言，推动全民健康、教育惠民等重大政策的落实；针对棚户区和老旧小区改造、改善儿童就医环境、发展城市公共自行车等，提出的一大批提案、社情民意信息，得到较好地办理落实，促进民生改善。②围绕"法治东营"建设监督建言。抓住法治建设中的突出矛盾和紧迫问题，就城市管理综合执法、公共法律服务体系建设、社区矫正等，组织带有监督性质的调研视察与协商，促进依法治市进程。关注司法公开公正，连年组织开展委员旁听法院庭审活动150余人次；围绕行风政风转变和执纪执法工作，通过委派特邀监督员、听证会、民主评议等形式，就科学发展、改革事项、水气暖价格调整等，组织委员开展监督活动1000余人次，提出意见建议，促进党政部门工作改进。③发挥优势为民办实事好事。注重发挥政协界别联系群众的桥梁纽带作用，开展委员岗位建功和履职为民活动。引导经济、工商联等界别委员积极参与捐资助学、扶贫帮困等慈善活动，累计捐款369万元，资助2000余人；组织医药卫生界委员开展"健康直通车"活动，先后深入企业乡村提供医疗诊断1350人次；组织有关界别委员经常性开展科技咨询、文化下乡、法律援助活动；开展机关包村帮扶、联户帮困活动，赢得基层群众好评。

**坚持改革创新，有序推进政协协商民主建设。**落实中共中央和省市委关于加强协商民主建设的部署要求，发挥政协协商民主重要渠道和专门协商机构作用，规范协商程序、丰富协商载体、增加协商密度、提高协商实效，推动协商民主广泛多层制度化发展。①规范协商民主程序。以完善配套制度为突破口，强化刚性约束，推进协商民主有序开展。建立议题提出机制，研究制发《政协年度协商工作计划制定办法》，实行党政点题和广泛征集议题相结合，连续五年制订协商工作计划，经市委常委会议研究、市政协全委会议通过后印发执行，增强计划性和权威性。规范协商运行机制，制定协商工作规程，推动调研与协商相衔接，监督与议政相融合，形成集协商、监督、参与、合作于一体的包容协商模式。完善成果转化机制，推动市委、市政府办公室制发做好政协咨政报告办理的规范性文件，履职成果每年底向政协常委会议通报，让委员意见建议掷地有声。②丰富协商民主实践。完善政协例会等常规协商形式，探索开展专题、对口、界别、提案办理协商，构建起宽领域、全方位、常态化的协商格局。着力打造"常委会专题议政"协商品牌，每次突出一个发展主题，围绕全面深化改革、生态环保建设、文化繁荣发展等重要课题，先后听取20多个市直部门重点工作情况通报，开展专题协商议政15次，形成的协商议政报告均得到党政领导重视和批示。坚持协商议题与协商形式相适应，组织实施年度协商计划，就建设新型养老社区、基层医疗服务体系、科技研发平台、扩大普惠性学前教育等，开展各类协商活动，很多建议转化为党政重要决策和有关部门工作举措。③推进协商民主创新。坚持以改革创新精神推动协商民主建设，每年开展"全市政协工作创新奖"评选推介，累计推出32个创新创优项目。改进经常性工作，创新提案征集、督办方式，实行重点提案遴选督办、提案办理协商、督办考核评价等，提案质量和办理实效稳步提升；畅通反映社情民意信息"直通车"，建立考评机制，实行季度通报、半年讲评、年终考评，实现数量和质量双提升，在历年全省政协考核中位居前列并受到表彰。探索"互联网+履职"方式，建立网上提案、信息管理系统，拓展履职链条。深化联系群众工作，邀请群众代表列席全委会议、界别委员列席常委会议，畅通各界有序政治参与渠道。推进制度机制创新，修订或制定全委会、常委会工作规则，专题调研、委员视察办法等40余项规章制度，形成覆盖例会活动、履职工作、自身建设等各个方面的制度体系。注重以理论创新推动工作创新，围绕协商民主制度建设、履职能力建设等5项课题，形成的理论研究成果有效指导政协实践。

**加强自身建设，着力提高政协工作科学化水平。**主动适应新形势新任务要求，以队伍建设为根本、组织建设为保障、机关建设为抓手，全面加强自身建设。①加强委员队伍建设管理。做好委员工作是政协强基固本的关键。注重提高委员履职能力，搭建学习教育、知情明政平台，不断提升综合素质。加强联络联系，增设委员联络工作委员会，推动规范理顺乡镇(街道)委员联络室，健全履职的组织载体；完善委员联络制度，划分委员联系组，建立起专委会对口联系界别、常委联系委员、委员联系群众的梯级联系网络。制定发挥委员作用的意见，深入开展"三个一"活动(每年提出一件高质量提案、反映一条社情民意信息、做一件为民实事)，积极为委员搭建履职平台。强化考核管理，制定委员履职工作规则，建立委员履职档案，实行动态跟踪管理，完善综合考评体系。加强激励引导，定期开展优秀政协委员、政协提案、社情民意信息评选活动，激发委员参政议政积极性，委员履职数量和质量逐年提高。②注重发挥专委会和界别作用。加强专委会组织建设，调整充实组成力量，强化与政协界别、党政部门的联系联动，突出专业特色，开展各项活动，发挥履职基础作用。界别工作实现新突破，出台发挥界别作用的意见，建立专委会对口联系界别和界别日常活动召集人制度，落实专项经费，强化组织依托，开展各具特色的界别活动130余次，实现界别建设规范化、界别活动常态化。③着力提升机关服务保障水平。以每年开展的专题教育活动为契机，加强机关党建工作，全面落实从严治党责任，深化党风廉政建设，针对"庸懒松散"等问题，持续改进作风。加强机关干部教育管理，拓展学习渠道，先后组织9批200余人次到高等院校、政协干训班进行素质培训。规范提升机关管理，从健全制度入手，完善议事、决策、执行机制，为政协履职提供有力保障。

## 重 要 会 议

**【政协第七届东营市委员会第五次会议】** 2016年2月16—19日召开。会议应出席委员310名，实到298名。会议听取并审议通过市政协主席吕雪萍代表七届市政协常委会所作的工作报告、副主席王少飞代表七届市政协常委会所作的提案工作报告，审议通过市政协提案委员会关于市政协七届五次会议提案审查情况的报告、政协第七届东营市委员会第五次会议决议、政协第七届东营市委员会2015年协商工作计划执行情况及2016年协商工作计划安排的报告。全体市政协委员列席市七届人大五次会议，听取并讨论市长赵豪志所作的政府工作报告，讨论东营市国民经济和社会发展第十三个五年规划纲要(草案)；听取并讨论市中级人民法院工作报告、市人民检察院工作报告以及其他报告。对以上报告，委员们均表示赞同。其间，委员们围绕政协两个工作报告和协商工作报告，提出提高协商民主实效、激发委员参政热情、加强委员联络联系、健全提案办理办结制度等建议；围绕政府工作报告、“十三五”规划纲要(草案)及计划财政报告，提出贯彻“五大发展理念”，推进供给侧结构性改革、加快经济转型升级、构建平衡发展格局、加快生态宜居城市建设、进一步拓展发展空间、主动回应群众期盼保障改善民生等建议。10名来自基层的群众代表应邀列席会议。大会共收到提案378件，经审查立案346件。会议补选陈泽浦为七届市政协主席，生钦勇为七届市政协副主席，增选5名市政协常务委员。闭幕会上，新当选主席陈泽浦作讲话。会议要求，面对新形势新任务，要认清使命、找准位置、积极作为，围绕“五位一体”总体布局和“四个全面”战略布局谋划工作，紧扣“十三五”规划实施履职尽责，做到讲政治、在把准方向上下功夫，顾大局、在服务发展上勇担当，善协商、在凝心聚力上见成效，转作风、在从严求实上树形象，努力为加快建设美丽幸福新东营做出更大贡献。

**【市政协常务委员会会议】** 2016年，政协第七届东营市委员会常务委员共召开7次会议。

七届十九次常委会议。2月2日召开。应到常委会组成人员60名，实到50名。市政协主席吕雪萍出席会议并讲话，副主席王景春主持会议。副主席王少飞、张作龙、张惠、韩吉顺、温龙亭，秘书长高雳出席会议。会议就学习贯彻中央和省市委系列决策部署、做好当前政协工作提出要求。听取市委常委、副市长田青云作的《政府工作报告》(征求意见稿)和东营市“十三五”规划编制起草情况的说明，并围绕“十三五”规划编制主题进行协商议政，提出意见建议。审议通过提交市政协七届五次会议审议的常委会工作报告和提案工作报告及市政协七届五次会议的有关事项。审议通过增补陈泽浦、马新华、王泮清、王殿军、孙乐春为七届市政协委员。

七届二十次常委会议。2月19日召开。应出席常委会组成人员60名，实到58名。市政协主席吕雪萍出席会议，副主席张作龙主持会议。副主席王少飞、王景春、王新红、张惠、韩吉顺、温龙亭，秘书长高雳出席会议。会议听取市委组织部作关于补选七届市政协主席、副主席人选的说明，听取大会秘书处关于各组讨论情况的综合汇报，审议通过政协第七届东营市委员会提案委员会关于市政协七届五次会议提案审查情况的报告(草案)，审议通过政协第七届东营市委员会第五次会议决议(草案)，审议有关选举事项。

七届第二十一次常委会议。4月7日举行。应到常委会组成人员61人，实到51人。市政协主席陈泽浦出席会议并讲话，副主席张惠主持会议。副主席王少飞、张作龙、韩吉顺、温龙亭、生钦勇，秘书长高雳出席会议。部分经济界农业界委员、市直有关部门单位负责人列席会议。会议传达学习全国“两会”精神和省政协十一届十九次常委会议精神，听取市金融办关于东营市金融支持实体经济转型升级情况的通报，并围绕这一主题进行专题协商议政，就金融服务实体经济发展提出意见和建议，会后形成并报送《关于金融服务实体经济转型升级的调研报告》，得到市委、市政府主要领导肯定与批示。

七届二十二次常委会议。6月15日召开。应到常委会组成人员61人，实到50人。市政协主席陈泽浦主持会议并讲话。副主席王少飞、王景春、张作龙、温龙亭、生钦勇，秘书长高雳出席会议。会议就加强政协作风建设、严肃换届工作纪律提出要求。与会人员集体观看关于严肃换届工作纪律的专题教育片。根据政协章程和有关规定，会议审议通过《关于免去韩吉顺政协第七届东营市委员会副主席职务、撤销其市政协委员资格的决定》。

七届二十三次常委会议。7月18日召开。应到常委会组成人员61人，实到52人。市政协主席陈泽浦出席并讲话，副主席温龙亭主持会议。副主席王少飞、王景春、张作龙、张惠、生钦勇，秘书长高雳出席会议。会议就政协服务大局工作以及做好下半年政协工作进行安排部署。听取市委常委、常务副市长田青云作的关于2016年上半年全市经济社会发展情况及下半年工作安排的通报，并围绕这一主题进行专题协商议政，针对经济社会发展中的问题提出意见建议。会议审议通过《政协东营市委员会委员履职工作规则》。

七届二十四次常委会议。7月29日召开。应到常委会组成人员61人，实到50人。市政协主席陈泽浦主持会议。副主席王少飞、陈胜、王景春、张惠、温龙亭，秘书长高雳出席会议。会议听取市委副书记、政法委书记郑建军作的垦利县撤县设区有关情况的通报。

七届第二十五次常委会议。10月28日召开。应到常委会组成人员61人，实到50人。市政协主席陈泽浦出席并讲话，副主席王少飞主持会议。副主席王景春、张作龙、张惠、温龙亭，秘书长高雳出席会议，部分医药卫生界委员列席会议。会议传达学习中共十八届六中全会精神，听取市委办公室、市政府办公室2016年度政协提案及咨政报告、社情民意办理情况的通报，听取市卫计委和市人社局关于“健康东营”建设情况的通报，并围绕这一主题进行专题协商议政，提出意见建议。会议还审议通过有关人事事项。

## 提案工作

**【概况】** 市政协七届五次会议以来，全体政协委员、政协各参加单位和各专门委员会，认真贯彻落实中共十八大和十八届三中、四中、五中、六中全会精神，围绕“四个全面”战略布局，聚焦全市中心工作和社会关注的热点难点问题，运用提案履行职责。全年共提交提案378件，经提案委员会审查立案346件，占提案总数的91.5%。其中，委员提案324件，民主党派提案19件，界别提案2件，专门委员会提案1件。对未予立案的32件提案按规定作处理。立案提案分别送交92个承办单位办理，截至2016年年底，提案均已办复，委员满意率98.6%。市委、市政府和有关部门高度重视提案办理工作，提案所提建议为党政部门科学决策提供重要参考，为推动全市经济、政治、文化、社会和生态文明建设发挥积极作用。

【提案选介】 市政协委员张兆坦：完善东营南火车站基础设施建设。东营南站自2015年9月28日开通运营后，发送旅客2万余人次，开通东营南至北京的K1786/5次、东营南至陵城的5047/8次两对旅客列车。东营南站的建设存在配套设施不完善，群众不了解发车、到达时间，南站周边群众对高速运行的列车带来的安全隐患认识不足，公交线路、班次较少，与列车衔接不够合理等问题。建议：①加快相关配套基础设施建设，为旅客候车和进出站创造便利环境。配套完善市政工程，确保东营南站水、电、路、信及垃圾处理等基础设施条件，满足广大旅客的需求；满足列车工作人员的需求，尽快解决食宿问题。②增加公交线路班次，方便群众出行。针对东营南火车站公交线路班次少的状况，增加早晨和晚上公交车班次，着力解决部分旅客赶不上公交车的问题，确保老弱病残旅客不因行路不便而耽误乘车。③加大宣传力度。让全市广大群众熟知东营南站火车的发车时间和到达时间。增强人民群众的铁路安全意识。部门答复：①市城市管理局组织完善相关设施有序进行。庐山路通车，路灯照明开通；东营南站公交候车亭、广场绿化、道路照明完工，广场亮化工程基本完成；污水处理设施主管网完工；公共厕所及垃圾转运收集站正在进行施工图审查、编制概算。市交警支队组织完成出入车站路口红绿灯及相关交通标志标线标牌设置，庐山路完成验收后，在南二路隔离栏开口，方便车辆出入车站。②根据列车车次和客流需求，优化调整公交线路班次和运行时间，自2月1日起，为满足旅客乘坐东营至北京列车需要，东营南站12路、171路公交车早、晚发车时间统一调整为早7:00(原7:10)和晚22:23(原22:10)；为满足旅客乘东营至乌兰浩特列车需要，调整12路、171路公交车时刻，K1531次列车(乌兰浩特至东营南)17:15抵达东营南站，接站公交车17:30自东营南站发车；K1532次列车(东营南至乌兰浩特)18:50自东营南站发车，公交车18:20到达东营南站。并通过市政府网站、市公交公司政务网站等渠道进行宣传。市公交公司根据火车车次调整，相应调整增加公交车次，满足旅客出行需求。③市文广新局协调完成东营南站的广电网络光缆接入，有线电视、宽带和铁路视频会议专线开通。④针对市民对东营南站情况了解不够的问题，市委宣传部组织新闻媒体对东营南站及开行车次、列车安全知识等信息进行广泛宣传，提高市民知晓率，增强人民群众铁路安全意识。⑤针对建设行车公寓，解决列车工作人员食宿的问题。在东营南站附近3公里范围内，划拨60~70亩土地，由济南铁路局建设行车公寓、机务折返段等铁路附属设施。⑥针对提高列车运行速度，减少运行时间问题。东营南到北京客运列车运行时间7小时28分，运行时间较长，对此，市发改委多次与济南铁路局客运处、运输处等处室沟通协调，济南铁路局表示，车次受速度标准、经停站次等影响，很难压缩运行时间，通过积极争取增开车次的方式，方便东营市民出行。

市政协委员蒋金木：加快东营楼市去库存，保证房地产行业健康稳定发展。东营房地产市场发展严重失衡，住房市场呈现阶段性过剩，库存高企，房价下跌，销售增长却显乏力。据统计截至2016年1月1日，东营市预售房商品住宅(含公寓)、商业用房、办公用房累计库存量49196套，总库存面积5746139.6平方米，其中住宅库存量21104套，库存面积3036834.3平方米。建议：①研究制定去库存政策，通过政策支持与引导，在加强房地产市场监管的同时，鼓励刚需型、改善型的需求入市，积极消化现有和潜在的库存。②拓宽企业融资渠道，提高企业抗风险能力。针对当前开发企业贷款融资难、销售资金回笼缓慢、自筹资金链吃紧的现状，建议加大金融机构对房地产开发的支持力度，积极开展银企对接，扩大信贷规模，争取银行对房地产开发项目资金支持力度，缩短放款周期，解决企业融资困难，防止部分企业因资金链断裂、抽逃资金，出现烂尾，提高市场风险的防范意识和防控能力。③坚持人民主体地位，推进城乡一体化发展。抓住环渤海交通枢纽城市建设带来的机遇，通过产业集聚带动人口集聚，促进城市社会发展。部门答复：①健全完善政策措施，助力房地产去库存。市住建局组织起草《关于促进房地产市场平稳健康发展的意见(讨论稿)》。②开展银企对接多渠道融资，提高审批效率助力企业发展。创新银企对接形式，提高银企对接效率，降低银企对接成本，优化金融生态环境，依托东营融易网融资服务平台开展互联网银企对接和签约；引导各银行机构做好房地产企业开发贷款；引导房地产企业通过证券市场、企业重组、资本出让、信托、企业债券以及产业基金等多种渠道筹集开发资金；结合深化行政审批制度改革，提高行政审批效率和服务水平，按照国家和省有关规定，推行并联审批，缩短审批时限，提高审批效率。对于下放到县区的项目核准权限，一律按照规定执行，不得随意上收；推进人口市民化，助力房地产市场去库存，市有关部门联合制定印发《2016—2020年各县区人口市民化目标任务分配方案》，抓住环渤海地区合作发展带来的机遇，研究人口集聚问题，统筹城乡发展，推动完善城市基础设施，扩大城镇人口规模，促进经济平稳健康发展。

市政协委员李孟发：全市中小学及幼儿园环境污染监测和超标治理问题。针对东营市新建学校和幼儿园多，特别是东营一中、东营二中、东凯学校及各区县新改造和新建学校，学校塑胶操场、室内装修和新购置学生课桌、办公家具等，都将存在室内外空气环境污染情况。建议：市教育主管部门和各级各类新建学校，对室内外空气环境质量要引起高度重视，从检测和预防开始，根据季节和天气变化，定时或不定时地对全市中、小学及幼儿园室内外空气环境质量进行检测；对于检测出室内外环境质量不达标的，及时采取治理措施。部门答复：①加强与财政部门的沟通对接，申请空气质量检测专项经费，每年在全市选取部分新建学校和临近油井、化工厂等污染源的学校开展定点定时空气质量检测。②根据调研情况和工作实际，本着先点后面的原则，选取在建并即将投入使用的市一中、二中、市特校新校区先行试点空气质量检测工作。组建由市宣传、住建、环保、城管、人防、消防、气象、电力、通信等部门组成的风险评估工作组，对整个学校搬迁工作进行科学评估。在市一中、二中、市特校搬迁启用前，通过第三方专业检测机构对新校区工程质量、室内空气质量等进行检测，并将检测结果及时向社会公布。③建立长效机制，制订《关于进一步加强中小学校幼儿园室内环境监测工作的意见》，参照室内环境国家标准《GB50325—2010》，委托卫生、质检部门或有资质的专门检测机构，在全市中小学校、幼儿园开展室内环境监测工作。凡检测不合格的，立即停止使用，整改合格后方可继续投入使用。对于新建或新装修的中小学校校舍，在工程竣工时，必须委托有资质的检测单位对学校进行环保竣工验收和室内环境质量检测，检测结果向社会公布。未经环保竣工验收、室内环境质量检测的，或环保验收未通过、室内环境质量检测不合格的工程，严禁投入使用。

市政协委员延智：肉食品安全卫生问题。建议：①强化安全教育。定期在城乡集贸市场和城市社区开展肉食品安全卫生教育活动，让广大市民充分了解常见畜禽疾病及其对人体的危害。教给市民有效鉴别各种“问题肉”“变造肉”的知识和方法，有效区分猪牛羊与其他非食用动物肉。教育引导养殖、屠宰、加工、销售专业户，强化法治观念、道德观念、安全卫生观念，自觉抵制病死禽畜肉和非食用动物肉流入餐饮业。②强化市场监督。在肉食品加工、制作、销售、使用领域，定期不定期开展市场调查、抽检和暗访，及时发现各类违法违规问题，并及时进行治理。将肉食品抽检化验变成常态，多采用“突检”“飞检”等措施，在不影响商户营业的情况下，迅速介入，提取样品，带回化验，并及时公开结果，以避免“捉迷藏”式的形式化检查起不到应有的效果。③有效堵住源头。密切关注农村及城市社区阶段性出现的毒杀猫、狗等家畜宠物事件。既要将投毒作案者尽快绳之以法，又要有效防止被毒杀宠物进入肉类市场。有效监控貂、貉、狐狸等毛皮动物宰杀取皮后其肉体的流向，坚决杜绝相应肉品流入餐饮企业。对违规销售、购买非食用动物肉品并使其进入餐饮领域的企业和个人给予相应惩罚。④科学无害处理。科学确立病死禽畜无害化处理办法，形成比较合理的销毁流程。引导相关方面及时处理掉各类病死禽畜遗骸，防止出现随地掩埋、随地乱扔、污染水源、互相传染，甚至被非法用于公众食品的问题发生。对乱扔乱埋、违规销售病死禽畜行为给予相应处罚，对及时反映相关问题的市民给予奖励。⑤畅通投诉渠道。明确主管部门，设立投诉电话，畅通投诉渠道，让城乡居民知道在生活消费过程中遇到“问题肉”应该向谁投诉，如何投诉。在具体消费过程中，遇到相关问题需要关注哪些信息，以及时有效地提供给相关部门，便于后续调查处理工作的开展。及时有效地处理相关投诉案件，切实增强城乡市民投诉举报的信心。部门答复：①加强畜禽养殖屠宰环节监管。实施规模饲养场兽医巡查监管制度，从源头上保证畜产品质量安全；实行动物检疫申报制度，规范产地检疫监管，规范46处动物检疫申报点的标准化、规范化建设，严格按产地检疫规程和国家有关文件规定依法出具检疫合格证明，动物产地检疫覆盖面达100%；实行屠宰检疫派驻制度，严把动物入场关、待宰检疫关、屠宰过程和宰后检疫关、无害化处理关和检疫出证关，严格做好产品出厂复查出证等工作，保证屠宰检疫率100%；探索建立病死畜禽无害化处理体系。②加强畜禽产品生产、流通、餐饮环节监管。严格市场准入，开展生产环节肉制品专项整治，对全市17家肉制品生产企业、1家肉制品小作坊进行监督检查。对5家肉制品的生产企业进行监督抽检，共抽样20个批次，检验结果均为合格。对存在的出厂检验控制、厂区、车间卫生存在的问题，下达责令整改通知书要求企业限期进行整改，企业在整改期限内均整改完毕。开展羊肉专项整治。为规范羊肉及其制品生产经营行为，严厉惩治制售假冒伪劣羊肉和有毒有害羊肉制品等违法犯罪行为，严防“假羊肉”流向餐桌。③加强监督抽检，突出问题导向。坚持监督抽检与日常监管相结合原则，以提高问题发现率为主导，针对高风险肉制品和高风险项目组织开展监督抽检。2016年，市食品药品监督管理局把肉及肉制品作为重点品种，以瘦肉精、兽药残留、超限量使用防腐剂、亚硝酸盐等作为重点检测指标，加大质量监测力度。强化不合格食品后处理工作，严厉打击违法行为。督促县区加强食用肉制品抽检，根据市场的交易数量和季节特点等按比例确定抽样频次和数量，原则上批发市场每户入场销售者每月至少抽检1批次，并对抽检和处理结果及时通过网站对社会进行公示。④强化质量安全，抓好源头管理。加强监管力度，切实落实生产经营者是肉品质量安全第一责任人，与养殖生产经营者签订畜禽肉品质量安全承诺书；强化落实以强制免疫为主的综合性防控措施；规范养殖行为，严格投入品使用，杜绝养殖过程中出现不安全使用兽药、饲料中添加违法添加物等违法行为；抓好养殖环节监督执法，落实监管责任，完善监管制度;严格实施产地检疫和瘦肉精同步抽检,规范检疫行为,对检疫不合格的动物及动物产品坚决执行“四不准一处理”,坚决阻断病害动物及其产品进入市场。⑤突出病死监管,实施无害化处理。引导建设覆盖饲养、屠宰、经营、运输各环节的病死畜禽无害化处理体系,推广先进的无害化处理技术和经验,及时研究、总结科学有效的无害化处理模式,推进全市病死畜禽无害化处理机制建设。在全市建立41处乡(镇、街道)暂存点,同时依托县级病死畜禽专业无害化处理厂负责统一收集、运输各暂存点上的病死畜禽进行无害化处理,形成涵盖全市所有辖区的病死畜禽收集体系。严格规范养殖场和屠宰场的病死动物无害化处理监管,防止病死动物乱扔乱弃和流入市场。同时加强对乡镇,畜禽交易场所的监管,严厉查处出售、收购病死畜禽行为,做到即查即处理。⑥强化肉制品生产经营监管,严惩违法行为。对肉制品生产企业、肉类批发市场(含附设冷库)、集贸市场、商场、超市、肉食店、餐饮服务单位等重点场所进行全面检查,监督生产经营者落实进货查验、生产过程控制、出厂检验、储藏运输安全保障等责任和义务,严禁食品生产经营者购进、销售、使用无合法来源肉品以及无“两证两章”(即动物检疫合格证、肉品品质检验合格证,动物检疫合格印章、肉品品质检验合格印章)和腐败变质肉品。⑦加强宣传教育,引导社会监督。宣传肉及肉制品消费常识等相关知识,发放肉及肉制品质量安全宣传材料,向群众现场演示如何分辨放心肉与问题肉的方法,提高消费者的安全消费意识。发挥有奖举报的作用,畅通部门投诉举报渠道,及时调查处置群众举报、消费投诉,引导社会各方面共同监督肉类生产经营行为。重视舆情信息,对互联网等各类媒体曝光的信息,第一时间回应处理结果,做到正本清源,正确引导舆论。

## 协商监督工作

【概况】 市政协坚持把关系群众切身利益的问题作为协商监督的工作重点。规范协商议题提出机制,根据《政协年度协商工作计划制定办法》,实行党政点题与广泛征集议题相结合,年度协商计划由市委常委会议审议、市政协全委会议通过,并由市委、市政府“两办”印发执行,增强协商工作计划性、权威性。2016年先后就“一府两院”工作报告、“十三五”规划编制、金融助推实体经济转型升级、东营市地下水资源保护开发、重要人事安排等议题,提出一批富有针对性的对策建议,促进完善相关政策措施,有效发挥政协协商民主重要渠道作用。主动探索实践,规范协商程序,拓展协商载体,增加协商密度,形成以例会协商为龙头、专题协商为重点、对口和界别协商为常态的协商议政新格局,有效发挥政协协商民主重要渠道作用。围绕年度协商计划实施,以专题、对口、界别和提案办理协商四个平台为抓手,探索开展不同层面的协商活动。

【社会监督】 发挥民主监督作用,优化发展环境。着力建言依法治市,重点就规范提升城市管理和综合执法工作等开展专题视察和监督建言,提出突出改革重点,理顺体制职能;厘清层级权限,下移执法重心;优化执法队伍,改进执法模式;完善保障机制,创优执法环境;解决突出难题,补齐管理短板等建议,市政府高度重视,进行专题研究,市长赵豪志作重要批示。关注司法公开公正,组织委员就法院、检察院“阳光司法”工作开展专题视察,连年开展旁听法院庭审,优化改善司法环境,维护社会公平正义。围绕党风政风转变和执纪执法工作,通过受聘监督、听证会、民主评议等形式,就科学发展、改革事项、取暖和天然气价格调整等,组织委员开展政风行风监督活动。组织委员民主评议党政部门年度工作,委派委员特邀监督员深入部门实际工作过程,开展民主监督活动,先后组织推荐15项110余人次委员担任社会监督员或参与重大项目考评、听证、评议政府部门等活动,有效推动政风行风转变。组织委员走访视察公安、检察等执法司法部门,组织委员旁听法院庭审,促进司法公正。

## 反映社情民意信息工作

【概况】 改进措施,完善工作机制,强化考核通报和评选激励;开展县区政协信息工作人员挂职轮训,提升信息工作质量和水平,打造政协履职的亮点和品牌,为党政科学民主决策提供重要参考。2016年共收集各类信息1172篇,向省政协和市委、市政府报送600余篇,转送有关部门100余篇,上报信息位居全省前列。关于夏粮收购问题反映、乡镇车改应注意的问题、关注东营市城区储油设施安全隐患、妥善解决市高中搬迁工作、推行“医养结合”社区养老、保护白鹭园鸟类繁殖基地等信息,得到省政协采用或市委、市政府领导批办,发挥了信息“直通车”作用。

【社情民意信息选介】 *关于解决中心城区内油气储运设施安全隐患问题的建议*。建议将解决油田油气储运设施安全隐患问题列为油地联席会议重要议题,及时研究解决;对中心城区内的原油库、首站、接转站、联合站等油气储运设施和站场进行全面的调查,找出安全隐患,并制定整改计划;在不影响油田正常生产的情况下,结合油区和管线分布情况,将中心城规划区内的原油库、首站、接转站、联合站等油气储运设施和站场进行搬迁,彻底解决安全隐患问题。办理情况:市委书记申长友批示:“所提建议很好,要高度重视市政协反映的中心城区油气储运设施安全隐患问题,请市政府认真研究,积极采取措施消除隐患,确保安全”。市有关部门高度重视,对所提建议进行充分研究吸纳。

关于治理中心城烧烤摊点的建议。随着对中心城区烧烤油烟污染治理力度不断加大，一些占用城市道路等公共场所的露天烧烤摊点或有油烟产生的露天餐饮被依法取缔，以及无烟烧烤炉和油烟净化设备的使用，减少露天烧烤油烟污染排放量，但仍有部分烧烤商户存在违规经营现象，存在露天烧烤经营屡禁不止，室内烧烤油烟净化设备利用率低，餐厨垃圾和噪声污染扰民等问题。建议：①对烧烤污染的治理始终保持高压态势，持续不定期组织工商、城管、环保、食品药品监管、公安等部门联合执法，依法取缔一批露天烧烤和无证经营烧烤摊点。②尽快制定东营市大气污染防治条例，加大对餐饮油烟污染的防治力度。③继续大力推广无烟烧烤工艺和油烟净化设备，减少大气污染。④加大宣传力度，倡导市民文明就餐，自觉抵制大声喧哗、乱扔垃圾等不文明行为。办理情况：市委副书记、市长赵豪志批示："请市城市管理局进一步加大整治力度，建立长效措施"。市城市管理局高度重视，严格落实网格责任制，根据突出重点、点面结合、整体推进的方针，开展专项整治行动。

关于探索"民办公助"模式，支持"东营民俗博物馆"建设的反映。东营市高度重视传承保护历史文化，鼓励社会力量积极参与，建设文博设施服务民众，但综合性民俗博物馆建设仍较为欠缺。国家文物局、民政部等七部委联合下发《关于促进民办博物馆发展的意见》指出："推广民办公助、公建民营等形式，切实帮助解决民办博物馆的馆舍与经费保障问题。对具有门类特点、行业个性或地域文化、民族(民俗)唯一性的民办博物馆，给予必要和适当的倾斜性扶持。"东营市《关于加快构建现代公共文化服务体系的实施意见》(东办发〔2015〕52号)中也提出"完善创新公共文化服务投入方式，通过政府购买、项目补助、定向资助、贷款贴息等政策措施，支持文化企业和各类社会文化机构提供公共文化服务"，民俗博物馆作为公共文化服务体系的重要组成部分，是实施"乡村记忆"工程的重要内容。为推动东营市文化事业的发展，激发社会力量参与公共文化服务事业的积极性，建议市政府采取"民办公助"模式，对有关项目给予进一步关注和扶持。办理情况：市政府对此高度重视，对所提建议充分吸纳，市政府办公室制定出台《关于促进非国有博物馆发展建设的实施意见》，制定对非国有博物馆加大资金扶持力度、加强用地用房保障、加强专业指导服务、落实税费减免等优惠政策。

## 调研考察工作

【概况】 2016年市政协突出"专而深、精而实"，组织力量就金融助推实体经济转型升级、东营市地下水资源保护开发、全市卫生医疗系统信息化建设、进一步规范提升城市管理和综合执法工作、东营市人才与创新能力建设、全市城市基础设施建设情况、扶持普惠性民办幼儿园发展，扩大普惠性学前教育资源等课题进行深入调研，提出意见建议，引起党政部门的高度重视。其中，关于金融助推实体经济转型升级的调研针对东营市实际情况提出强化企业功能作用，提升企业融资能力等四条对策建议，市委书记、市人大常委会主任申长友作出重要批示：市政协的调研报告反映金融服务实体经济转型升级存在的问题应予以重视。所提措施建议请市政府批转有关部门认真研究可落实，积极采取措施，大力发展金融业，促进我市实体经济转型升级。

【主要调研考察活动】 4月21—22日，省政协副主席郭爱玲一行到东营市调研黄河沿岸历史文化遗产保护工作。调研组先后到垦利县渤海垦区革命纪念馆、黄河三角洲国家级自然保护区、东营区龙居镇黄河南展区工程、正觉寺决口遗址、打渔张工程、利津县水文站、利津县博物馆等地进行实地考察并召开座谈会。市委书记、市人大常委会主任申长友，市政协主席陈泽浦，市委常委、秘书长张庆华，副市长王吉能，市政协副主席生钦勇等陪同或参加调研活动，王吉能在座谈会上作有关情况汇报。

5月24—25日，省政协"近岸海域和入海河流污染防治"专题调研组在省政协副秘书长王琳、省政协人资环委主任张有兴的带领下到东营市调研近岸海域和入海河流污染防治工作。副市长刘美华、市政协副主席王景春陪同活动。视察组一行先后到市海洋与渔业局、黄河口模型试验厅和海油陆采(青东-5-斜2井)进行实地考察，听取相关情况汇报。

6月8日，市政协组织民主党派无党派界别委员对全市电子商务发展情况进行专题视察，并组织召开"加快发展电子商务，培育经济增长新动力"界别协商座谈会，为促进全市电子商务发展建言献策。市政协副主席王少飞参加视察。

7月22日，市政协组织经济界委员视察东营港和东营综合保税区，市政协副主席温龙亭参加视察活动并讲话。委

2016年5月24—25日，省政协"近岸海域和入海河流污染防治"专题调研组到东营市调研近岸海域和入海河流污染防治工作 (市政协提供)

员们实地查看东营港三突堤建设现场、东营综合保税区卡口、监管仓库、综合服务中心、监控中心、国际商品展示交易中心、通关服务中心等现场，听取东营港和综合保税区情况汇报。委员们围绕东营港和保税区建设存在的困难和问题积极建言，为助推东营港和综合保税区建设提出意见建议。

9月28—29日，省政协民族和宗教委员会主任孙传宏带领民宗委宗教界部分委员、特聘专家在东营市开展“看发展、看变化，强责任、强素质、强能力”的“两看三强”活动，重点了解察看东营市经济发展成就和自然环境保护利用情况。视察组先后赴垦利区万达集团、天宁寺及黄河三角洲国家级自然保护区和广饶县华泰集团、《共产党宣言》纪念馆、孙子文化园等企业、宗教活动场所进行视察，市委书记、市人大常委会主任申长友，市委副书记、市长赵豪志，市政协主席陈泽浦等领导分别与视察组进行交流。市政协副主席王景春陪同省政协视察组进行活动。

9月28—29日，省政协副主席陈光到东营市就经济社会发展情况进行调研。省政协经济委员会副主任任浩、张卫国、韩建文，省政协办公厅副巡视员田茂义参加调研。市政协主席陈泽浦，副主席王少飞、温龙亭，秘书长高雳陪同调研。陈光一行先后到大唐东营2×1000兆瓦新建工程、天弘化学公司、东营综合保税区、东营港2×5万吨级码头、湿地生态修复工程、海跃水产公司等地进行实地考察。陈光对东营市经济社会等各项事业发展取得的成绩给予充分肯定，就做好下步工作提出要求。

## 联谊宣传文史工作

【概况】 注重发挥政协团结联谊作用，密切与港澳台同胞和海外侨胞的联系交流。围绕“村庄文化建设和历史文化传承发展”进行界别协商，提出相关意见建议。充分发挥政协职能优势，认真做好文史资料征编工作。做好《东营村庄记忆》资料征集编纂出版工作，完成150余个村庄的史料征集任务，合计90余万字，图片500余幅。配合省政协做好《记忆山东》中的《记忆小清河》《记忆黄河》《记忆大渤海》的史料征集整理工作，上报史料30余篇近20万字。加强书画联谊交流，以“渤海翰墨情·相约辽河口”为主题，组织陈锡山、任勤林等11名书画家参加环渤海10城市书画联谊年会暨书画联展，以书画为媒展示东营艺术魅力、深化文化交流合作，为进一步宣传东营，为环渤海区域文化协同发展营造和谐氛围。

【宣传工作】 召开全市政协宣传工作座谈会，开展“宣传人民政协好新闻”评选活动。政协工作宣传力度不断加大，累计在市级以上媒体发表稿件200余篇，积极与市级主流媒体联合开展6期“委员风采”宣传专栏，2期“提案追踪”专栏，开展3期“委员访谈”专栏，展现委员履职风采，激发正能量，传播好声音。强化自身宣传载体建设，编印《东营政协》会刊4期，加强政协门户网站的建设与管理，及时编发《东营政协信息》28期，全方位、多层次宣传东营市政协工作，宣传东营发展成就。

## 专门委员会工作

【提案委员会】 东营市政协七届五次会议期间，共收到提案378件，经审查立案346件。截至2016年年底，提案均已办复，委员满意率98.6%，为推动全市经济、政治、文化、社会和生态文明建设发挥积极作用。严格按照重点提案遴选与督办暂行办法有关要求，遴选确定10件重点提案报市委、市政府主要领导批办。市政协主席会议成员领衔督办重点提案，各委室全程跟踪督办，通过实地调研视察、协商座谈、听取办理情况汇报等方式，对重点提案办理进行协商督促，促进重点提案办理取得实效。联合市委、市政府督查部门，到垦利区和利津县视察督导提案办理工作，确保提案办理工作各项规定落到实处。推动市委办公室、市政府办公室转发《市政协办公室关于办理市政协提案的意见》，就做好市政协提案办理工作的重要意义、具体环节、督查考核及办文格式等提出明确要求；出台《市政协提案办理协商办法》，为提案办理协商工作规范有序开展提供制度保障。进一步完善提案网上提交、审查、交办、答复、双向互评反馈等工作，简化工作流程，提高工作效率。开展市政协提案工作评选表彰活动，评选出15件优秀提案、10个提案办理先进单位和20名先进提案工作者。通过各级媒体及时报道提案工作，扩大社会影响。

【经济委员会】 按照市政协七届五次会议安排，围绕“金融支持实体经济转型升级”课题开展重点调研和专题协商，通过实地调研、问卷调查、座谈交流、面对面协商、研讨论证、市外考察等形式，深入开展调查研究，组织各类座谈会21次，形成《关于金融服务实体经济转型升级的调研报告》，得到市委、市政府主要领导的高度重视和充分肯定，批转有关部门认真研究落实。围绕经济发展的热点难点问题，就全市城市基础设施建设开展专项视察，实地视察东营港、东营综合保税区以及广利港建设项目，提出结合东营发展立体大交通的实际，开通国际集装箱航线；论证实施东八路北延工程，畅通东营港及东营综合保税区发展的意见建议。组织委员开展农业界、经济界界别协商活动，就全市畜牧业和粮改饲发展提出意见建议。围绕重点提案《发挥企业在经济转型升级中的作用》进行协商督办，推进提案落实。创新联系委员工作，灵活开展系列联系走访活动，全年走访联系党派4次、委员132人次、委员企业6次，协调解决实际问题3个；

提报社情民意信息25条，发挥所联系委员主体作用。

【人口资源环境委员会】 认真贯彻落实市政协七届五次会议精神，紧紧围绕工作大局，组织开展“地下水资源保护与开发”专题调研，深入县区调研，听取基层意见；在赴外省学习先进经验基础上，多次组织有关委员和市直有关部门进行专题协商，形成的《关于全市地下水资源保护与开发调研报告》得到市政府领导的充分肯定。积极参与省政协人资环委组织的“近岸海域和入海河流污染防治”联动调研，提出相关建议。围绕经济社会发展的热点难点问题，先后组织水气污染综合防治的专题视察，提高安全环保水平、促进化工产业转型升级的界别协商。组织开展“社情民意日”活动，及时了解和反映社情民意。

【科教文卫体委员会】 按照市政协年度工作部署要求，紧紧围绕“全市人口健康信息化建设”这项民生工程，组织开展专题调研和对口协商。通过深入调研、广泛协商，在学习深圳、厦门两市先进经验做法基础上，形成《关于全市人口健康信息化建设情况的调研报告》。报告提出注重统筹协调、加强组织领导，注重规划引领、精心搞好规划设计，注重抓住枢纽、加快推进信息平台系统建设，注重综合施策、着力破解人才和资金制约等建议。为有效应对“二孩”政策放开和城市人口进程加快等城市人口发展高峰，组织开展“普惠性学前教育发展情况”的视察，提出相关建议。认真组织所联系界别开展调研视察、学习考察活动，及时反映社情民意。

【社会法制委员会】 根据2016年度重点工作安排，将“城市管理和综合执法工作”列为协商议政重点，并将协商工作贯穿整个调研活动始终，先后于调研前组织执法工作者召开座谈会、调研中赴东营区、广饶县调研听取基层意见，赴海口、成都、绵阳、青岛等地学习先进经验，圆满完成工作任务，形成的《关于提升城市管理综合执法工作的考察报告》得到市政府主要领导重视和肯定，要求编制、城管、公安、法制等部门研究。围绕经济社会发展的难点热点问题，组织“老旧小区改造提升”情况专题考察和“社区养老工作”对口协商，积极建言献策。组织委员旁听市中级法院庭审活动3次，40余名委员参与活动，有效行使监督职能，促进司法公正。创新委员联系、界别活动方式，将委员活动与学习、履职相结合，加强社情民意信息收集上报工作，上报一批有价值的信息。

【港澳台侨和外事委员会】 按照市政协主席会议的部署要求，将“发挥宗教人士作用，推动和谐社会建设”列为市政协界别协商题目，认真组织民宗界分别赴济宁、聊城进行学习，并召开政协民宗界委员及宗教界部分代表人士，市委统战部、市民宗局等相关单位负责人参加的协商会议，达成共识。组织“东台经贸合作情况”考察，就加快东营市与台湾地区的经贸发展等问题进行深入了解，并提出意见建议。注重发挥界别委员的优势，先后组织两次界别活动，达到增进共识、学习提高的目的。将社情民意的征集上报作为工作重中之重，通过走访委员、考察企业、深入生产生活一线等形式，认真做好收集整理工作，全年上报各类信息14篇，3篇上报省政协，6篇专报市委、市政府。

【文史资料委员会】 按照市政协主席会议的要求，开展专题调研，形成《关于我市人才与创新能力建设情况的调研报告》。组织文化艺术与新闻出版界界别活动，围绕“村庄文化建设和历史文化传承发展”进行界别协商，提出相关意见建议。做好重点提案《关于挖掘传承弘扬孙子文化亟需加大力度》的协商督办工作，促进提案办理落实。做好《东营村庄记忆》资料征集编纂出版工作，完成150余个村庄的史料征集任务，合计90余万字，图片500余幅。坚持上下联动、配合协作，全力做好省政协副主席郭爱玲一行关于“黄河文化保护和挖掘利用情况”的调研接待工作，协助省政协组织全省部分市政协文史委主任座谈会；配合省政协做好《记忆山东》中的《记忆小清河》《记忆黄河》《记忆大渤海》的史料征集整理工作，上报史料30余篇近20万字；完成省政协《春秋》杂志征订任务3200余份。 （市政协办公室 成全国）

# 中国共产党东营市纪律检查委员会

## 综　　述

2016年，全市各级纪检监察机关贯彻落实中央和省委、市委部署要求，聚焦中心任务，强化监督执纪问责，保持反腐高压态势，全市党风廉政建设和反腐败工作取得新进展新成效。坚持把协助党委推动落实管党治党政治责任作为重大政治任务，加强督导调度和责任追究，以严肃问责倒逼责任落实。严格执纪审查，正确把握运用监督执纪“四种形态”，保持遏制腐败的高压态势。坚持从严从紧纠正“四风”，改进监督检查方式，防止“四风”反弹回潮。推动全面从严治党向基层延伸，初步建立起农村基层党风廉政建设常态化制度体系。狠抓国有企业党风廉政建设，严肃查处市城资公司系列严重违纪案件。坚持把党的纪律建设作为治本之策，完善党章党纪党规和廉洁教育体系，筑牢廉洁从政思想道德防线。推进组织制度创新，推进县级内设机构调整，强化上级纪委对下级纪委领导，落实四个提名考察办法，推进市县巡察机构建设，确保各项改革成效。切实加强自身建设，开展“两学一做”学习教育，强化内部监督管理，制定印发《纪检监察干部责任追究办法》《关于对纪检监察干部违规干预过问监督执纪工作情况报告备案的通知》等文件，坚持“零容忍”查处纪检监察干部违纪问题，打造纪检监察铁军。

## 重要会议及活动

**【中共东营市纪委五届七次全会】**　2016年2月2日召开，会议传达学习党的十八届中央纪委六次全会和省纪委十届七次全会精神，市委书记、市人大常委会主任申长友出席会议并作重要讲话，市委常委、市纪委书记岳德川代表市纪委常委会作工作报告。

2016年7月15日，组织第一批1160名县级以上党员领导干部和纪检监察干部进行德廉和党风党纪知识学习测试　（市纪委提供）

**【市纪委2016年第一轮专项巡查工作动员会议】**　2016年3月1日召开，对市胜利教管中心、市城资公司、东营黄河三角洲综合开发公司、市黄河文化传媒集团（市水城雪莲文化艺术公司）、市市政工程公司以及市实验中学、市实验学校、市胜利七中、市胜利十三中等开展专项巡查进行动员部署。

**【市属国有企业党风廉政建设工作推进会议】**　2016年3月11日召开，全面部署2016年市属国有企业党风廉政建设工作，印发《关于进一步加强国有企业党风廉政建设工作的实施方案》。

**【全市纪检监察信访举报工作座谈会】**　2016年5月19日召开，学习传达全省纪检监察信访举报工作座谈会精神，部署全市纪检监察信访举工作，邀请省纪委信访室主任董立新作专题辅导报告。

**【全市德廉和党风党纪知识学习测试】**　2016年7月15日，按照全省统一部署，组织第一批1160名县级以上党员领导干部和纪检监察干部进行德廉和党风党纪知识学习测试，优秀率92%；8月24—26日，组织对全市8109名科级干部进行测试，优秀率89.7%。

**【全市农村基层党风廉政建设试点工作现场会】**　2016年7月22日召开，观摩部分试点乡镇现场，部署下步工作。会议印发《关于推进农村基层党风廉政常态化建设工作的指导意见（试行）》。

**【县区和市直部门单位党政正职向市纪委全委会述廉述责会议】**　2016年7月12日召开，11名县区和市直部门单位党政正职依次进行述廉述责，接受市纪委委员质询和民主评议。

**【开展贯彻落实市委五届十次全会精神专项监督检查】**　2016年12月，组成8个专项监督检查组，对74个市直部门单位贯彻落实市委五届十次全会精神及决策部署情况开展专项监督检查并进行情况通报。

## 纪检　监察

**【推动“两个责任”落实】**　协助市委落实全面从严治党主体责任，市纪委主要领导对县区党委落实主体责任情况进行督导，对党委书记逐一约谈;各常委带着“问题清单”,与市直部门单位“一把手”进行廉政谈话。推行主体责任清单制度,指导部门单位把党风廉政建设主体责任目标任务细化量化为具体工作和措施,督促主体责任落实。开展述廉述责工作。深化和拓展述廉述责工作, 组织 113 个市直部门单位 601 党员领导干部向党员大会进行述廉述责,询问或质询问题 1252 个,对 93 名个人报告事项不实的作出处理。督促指导 5 个县区开展县级党政班子成员向同级纪委全会述廉述责工作,52 名县级党政班子成员述廉述责。成立 7 个专项巡查组,对 9 个部门单位开展专项巡查,受理群众来信来访 22 件(人)次,收集各类意见建议 73 条,发现问题 173 个,移交问题线索 24 件,提出整改意见 118 条。坚持“一案双查”,对 46 名落实“两个责任”不力的党员干部进行责任追究。

【纪律审查】 2016 年,全市各级纪检监察机关受理信访举报 2049 件(次),处置反映问题线索 583 件,立查案件 557 件,给予党纪政纪处分 583 人,其中涉及县级干部 24 人,科级干部 110 人。加强反腐败工作组织协调,根据法院、检察院、公安等有关国家机关移送的线索,全市纪检监察机关立案查处 180 人。对涉嫌违法党员移送司法机关前未作出纪律处分, 以及被判刑党员未受到党纪处分的, 进行全面清理,开除党籍 116 人。坚持以案释纪,用身边案例教育身边人。印发田振玉、丁卫东严重违纪典型案例,在一定范围内组织党员干部学习讨论;剖析郭凯、庄庆华严重违纪案件,在媒体公开刊发系列评论文章;对十八大以来 67 名市管干部违纪违法案件进行综合分析, 组织县级以上干部深入学习、对照检查,强化警示效果。

【纠正四风】 针对“四风”问题出现的新动向,改进监督检查方式,坚持对执纪审查、专项巡查中发现的“四风”问题线索深挖细究;改进通报曝光方式,坚持定期曝光、集中曝光、专题曝光相结合,着力保持常态,形成震慑。全市共查处违反中央八项规定精神问题 76 起,处理 183 人,给予党纪政纪处分 92 人。坚持越往后执纪越严、处理越重,不仅严肃查处本人, 还依纪依规追究相关领导责任,42 名领导干部因下属发生违反中央八项规定精神问题被问责。加强对换届纪律的监督检查,促进形成风清气正的换届环境。

【基层党风廉政建设】 坚持严肃查处发生在群众身边的不正之风和腐败问题常态化。全市查处发生在群众身边的腐败问题 156 起,给予党纪政纪处分 175 人,公开通报曝光典型问题 27 起、31 人。在 5 个乡镇推行村居专项巡查、廉责“双述”、镇村财务第三方审计、村“两委”成员个人事项报告及核查等制度措施, 初步建立起农村基层党风廉政建设常态化制度体系。

【廉政教育】 针对廉洁自律准则、党纪处分条例、问责条例、党内政治生活若干准则、党内监督条例等系列党内法规制度,集中开展学习、宣传和解读活动,邀请中央纪委法规室主任马森述为市委理论学习中心组作专题辅导报告。坚持以考促学、以考促廉,先后组织全市 1274 名县级干部参加全省德廉和党风党纪知识测试, 并把测试范围拓展到科级干部及部分一般党员干部, 全市先后组织 3 万余人进行测试,对违反考场纪律的 11 名县级干部及成绩不合格的 9 名县级干部、47 名科级干部公开通报。对 2015 年市委新选拔任用的 72 名县级干部进行廉政教育培训。发挥市廉政教育中心的阵地作用, 组织 1.1 万名党员干部走进展厅参观学习、接受教育。加大反腐倡廉宣传力度,在省级以上新闻媒体刊发稿件 122 篇, 市纪委宣传部被评为全国优秀通联站、学刊用刊先进单位。

【纪律检查体制改革】 强化上级纪委对下级纪委的领导。落实下级纪委向上级纪委定期报告工作制度, 加强对下级纪委工作督导。按照全省市县巡察工作部署要求,加快市县巡察工作机构建设。推进县级内设机构调整,5 个县区纪委新增行政编制 78 个,一线监督执纪人员、纪律审查人员分别占编制总数的 2/3 和 1/3 左右。落实 4 个《提名考察办法》,会同市委组织部提名产生县区纪委书记 2 名,派驻纪检组副书记 2 名,市属国有企业纪委书记 2 名,市属大中专院校纪委书记 1 名、纪委办公室主任 2 名。发挥派驻机构作用,派驻监督重点聚焦,监督实效增强。

【自身建设】 开展“两学一做”学习教育,完成机关党委换届并成立机关纪委,规范各级纪检机关党组织建设。加大培训力度,组织纪检监察干部 100 余人次参加中央纪委、省纪委培训,自办业务培训班 8 期,调训 610 人次。强化内部监督管理,制定印发《纪检监察干部责任追究办法》《关于对纪检监察干部违规干预过问监督执纪工作情况报告备案的通知》等,把纪律检查权力关进制度的笼子。坚持“零容忍”查处纪检监察干部违纪问题,全市给予党纪处分 2 人、组织处理 3 人、谈话函询 9 人。 (市纪委 毕研广)

## 廉政舆情监察

【国有企业党风廉政建设】 制定出台《关于加强国有企业党风廉政建设工作的实施方案》《关于加强市属国有企业党风廉政常态化建设工作的意见(试行)》等制度规定,组织召开全市国有投资领域党风廉政建设专项推进会和工作现场会,选取东营银行、市城资公司、市黄河三角洲综合开发公司、东营宾馆 4 个市属国有企业开展党风廉政常态化建设试点工作。在国有投资领域推行主体责任清单制度,加强督导调度和专题调研，督促全市30余个国有企业制定完善主体责任清单。开展述廉述责和廉政谈话工作，在东营银行、市城资公司、东营黄河三角洲综合开发公司等单位开展国有企业党组织领导班子向全体党员述廉述责工作，在市公交公司、市粮食储备库推进廉政谈话试点工作。加强国有企业纪检组织和队伍建设，推动27个市属国有企业配备纪委书记、纪检委员及纪检联络员，明确纪检组织机构和岗位职责。加强国有企业党风廉政教育和业务培训，组织17个市属国有企业150余名国有企业纪检干部和党员干部参观市廉政教育基地，组织国有企业40余名县级党员干部集中观看“两部党内法规”专题辅导片和《国企“蛀虫”厚黑哲学酿就覆灭之路》廉政教育片，组织部分规模较大的国有企业开展党规党纪集中学习教育。

**【不担当不作为问题治理】** 以市委办公室、市政府办公室文件起草印发《关于勇于担当积极作为进一步促进工作作风转变的实施意见》，建立监督检查、问责追责、通报曝光三项常态化机制。督促各部门单位深入开展不担当不作为自查自纠，研究制定部门单位内部相关制度和责任追究办法。联系对接市委督查办、市政府督查办、市发改委重点项目办等部门单位，梳理排查信访举报、行政审批、重点项目、行政复议决定落实等方面存在的不担当不作为问题线索。实地走访市档案馆建设工程、河口区人民医院病房楼建设工程、东营港“一突堤土方吹填”工程项目等3个重点项目，东营福建商会、市蜜蜂研究所等3个企业，梳理汇总问题线索，为治理不担当不作为问题夯实基础。

**【明察暗访常态化】** 围绕落实中央八项规定精神和纠正“四风”，咬住重要时间节点，紧盯享乐奢靡，推动明察暗访常态化。检查酒店、内部食堂、住宅小区、集贸市场、中小学校等敏感地点170余处，检查婚庆现场20余处，核查嫌疑公务信息278辆次，发现涉嫌违规违纪问题线索34(件)次。

**【深化投诉受理】** 以“效能110”投诉热线为主渠道，制发《投诉转办件调查报告参考样式》，规范线索受理、调查核实、结果反馈、工作建议等各环节工作。共受理各类效能投诉74起，办结74起；受理群众求助咨询事项245起，全部处理完毕。针对查实的投诉问题，给予批评教育7人，责令作出书面检查7人，辞退1人，通报批评3人。

（市廉政舆情监察中心　鞠伟鹏）

# 民主党派　工商联

# 中国国民党革命委员会东营市委员会

【概况】 中国国民党革命委员会东营市委员会(简称民革东营市委员会)下设1个总支(市直总支)、9个支部。2016年底,全市民革党员共有106人,其中担任省政协委员2人(省政协常委1人),市政协委员7人(市政协副主席1人、市政协常委2人),区政协委员4人(区政协常委2人)。1人被聘为纪委监察员,1人被聘为人民检察院监察员,6名律师党员被纳入东营市法律专家库。

【思想建设】 ①市委会坚持政策、理论、文件精神等学习的常态化和实践化。学习中共中央十八届五中、六中全会精神和民革中央、省委的重大会议精神。11月30日,民革东营市委组织班子成员参加全市统一战线十八届六中全会精神辅导报告会,以提高班子成员的政治素质和政策水平。担任政协委员的民革党员全年参加市政协举办的“政协讲坛”等各类学习培训活动,号召各支部和党员们订阅相关报刊,全市民革党员每年征订《团结报》达到半数以上。②开展民革市委的宣传活动,扩大民革的社会影响,及时报道开展的各种活动及典型事例。8月中旬,市委会特别邀请民革山东省委宣传部领导对党员们进行授课,就如何做好宣传工作,如何捕捉题材等方面进行指导。③围绕重大历史事件和重大节日,开展教育活动。11月27日,为纪念孙中山先生诞辰150周年,市委会邀请民革老党员贾祥伦对50多名新老党员进行培训,从民革的发展史、孙中山先生的丰功伟绩和伟大精神及如何做一名合格的民革党员等角度为党员们授课。④各基层支部开展系列纪念、学习活动,坚定党员自觉接受中共领导的意识。1月,市直二支部带领支部党员召开宣传民革市委五周年纪念活动;11月,东营区支部举行纪念孙中山先生诞辰150周年座谈会。⑤强化干部队伍思想教育,形成良好的学习氛围。民革市委副主委兼秘书长李中杰带头进行自我素质提高,参加为期半个月的中央社会主义学院第十三期民革中青年干部培训、市委统战部举办的各民主党派工商联负责人和无党派代表人士读书班;全年先后十余名民革党员骨干参加市委统战部举办的全市统一战线理论政策培训班、民革全省反映社情民意信息工作培训班等。

【自身建设】 ①以建立和健全各项规章制度为中心全面推动机关建设。市委会机关不断规范机关工作程序,严明工作纪律,提高机关工作人员工作效能;不断加强作风建设,强化为广大党员服务的意识;不断提高工作效率和水平,当好各支部的联络员。②完善2016年度民革党员的考察、发展及党员档案整理等日常性工作,开展好民革参政议政、社会服务等前期和后续工作,做好各类会议和培训筹备工作,及时总结和发布市委会的各项活动。③以完成各项工作任务为核心全面加强管理工作。完成民革山东省委办公室、组织部、宣传联络部、参议政部等部门科室安排的各项任务,以及市直各部门单位部署的各类文字材料、统计报表等。

【参政议政】 ①围绕两会建言献策。党员们集中就全市经济发展、科技人才使用、文化教育事业发展、公共基础设施建设等方面提出党派和个人提案,为经济社会发展建言、出谋、献策。市委会与个人共提报16篇。2016年两会期间,黄河口晚刊、大众网专载市委会集体提案与委员个人提案两篇。其中民主党派共同提出的提案《关于支持东营农业高新技术产业示范区创建国家级农业高新区的建议》,推进农高区的创建工作。②反映社情民意信息工作是民主党派参政议政工作重要内容。市委会共向民革省委及市政协报送社情民意信息52篇,省政协采用7篇,市政协采用23篇。③调研活动。市委会组织部分民革党员到黄河三角洲生态旅游区做关于生态环境的调研;联合民革丽水市委会在东营市内开展农旅融合调研工作;借助民革中央副主席何丕杰到东营考察调研之际,组织党员先后调研大海新能源有限公司和海跃水产基地、市城市规划馆等地。担任政协委员的民革党员全年积极参加市政协组织的座谈会、各委室调研项目。④民革东营市委及各支部主要负责同志、骨干党员成员积极参加市委、市政府和市政协、市委统战部等各部门的政治协商会、情况通报会、征求意见会、座谈会等,就党委政府、人大政协换届工作、经济工作会议、政府工作报告、“十

2016年6月5日,民革中央副主席何丕洁率民革中央、民革北京市委及各支部及有关部门负责人20余人,就项目建设、园区建设、招商引资以及新农村建设到东营学习考察
(民革东营市委员会提供)

三五”发展规划以及民生保障等重大决策及方针政策的出台等问题各抒己见，提出许多建设性意见和建议。

【社会服务】 ①1月，河口支部开展“点亮微光”爱心实践活动，分别捐助一名贫困学生和一个贫困家庭共计4000元现金和必备生活用品。②2月，响应民革中央开展“伸出博爱之手——民革党员牵手帮扶困难群众”号召，在主委张作龙、副主委兼秘书长李中杰带领下，走访慰问利津县杨柳村困难群众，为本村困难大学生捐助第二笔助学金5000元，为1户特困家庭送去慰问金2000元，为3户困难家庭各送去1000元慰问金及面、油等生活物资，并委托村委发放十余户困难群众慰问金共计4000元，市委会联合民革党员对4名家庭贫困的小学生进行2000元助学金帮扶。此外，市委会协调20万元用于杨柳村所在地盐窝镇的中心学校建设。③2月，民革部分党员在民革东营市委主委张作龙、副主委兼秘书长李中杰带领下参加东营区文联举办的爱心捐款义卖字画活动，民革党员、万东律师事务所主任任万东捐赠爱心款项5700元，用于东营区二中贫困学生的助学金。民革东营市委每年都通过“助农、助困、助学”的方式关注公益事业，深入贯彻民革中央“伸出博爱之手——民革基层组织牵手困难群众”等社会服务以及捐资助学等活动。④市直三支部主委马文远主委为杨柳村的文化书屋联系捐赠265册价值近1万元的图书，涵盖人文社科、自然科学、儿童图书等149种，为全体村民创造一个良好的精神家园。

【组织建设】 ①1月10日，民革东营市委举办庆祝成立5周年大会，市委会对成立以来的工作进行总结及表彰，号召民革党员继续坚持中国特色社会主义政治发展道路，进一步加强自身建设，履行参政党职能。②民革市委全年召开四次全委(扩大)会议。一届八次(扩大)会议，与会市委委员、支部主委和各部负责人听取各主委2015年度的述职报告并对各位主委的任职情况从德、能、勤、绩、廉等方面进行评价；一届九次(扩大)会议，研究通过2016年度拟发展党员及研究讨论东营经济开发区支部成立事宜；一届十次、十一次(扩大)会议进行届中调整，张义泉当选为民革市委主委一职，同时讨论第二次换届大会的有关事宜。③基层组织建设不放松。按照市委统战部的要求，稳步建设标准化支部，配置必备办公设备及相关书籍，孙中山先生像、规章制度、活动剪影等齐全。1月24日，油田支部召开换届选举大会，通过无记名投票方式产生新的支部班子成员，增强支部活力。④按照年初计划，各支部按照程序培养考察部分积极分子，并于下半年加入民革组织。⑤全力以赴做好换届准备工作。为顺利完成民革东营市委员会的换届工作，根据民革省委和市委统战部的文件精神，先后完成第一届市委会领导班子成员的任职测评、主委调整、新一届领导班子的推选、人选测评和报批、代表大会产生办法和选举办法等准备工作，确保第二次代表大会顺利进行。

【坚持和发展中国特色社会主义学习实践活动】 ①3月，民革东营市委副主委兼秘书长李中杰随市委统战部前往贵州毕节、重庆学习扶贫攻坚经验及坚持和发展中国特色社会主义学习实践活动。②4月，市委会组织党员前往井冈山革命老区开展红色基因革命传统教育学习活动，实地学习、领悟、传承井冈山革命精神，并与民革南昌市委进行学习交流。③11月，市委会组织部分骨干党员前往广东中山、广州等地开展“观故居、走多党合作之路”活动，学习借鉴广东省各地市民革组织先进的经验。

(民革东营市委员会　王健)

## 中国民主同盟东营市委员会

【概况】 2016年年底，民盟东营市委会辖总支2个、支部14个、直属小组2个，共有盟员287人，大学以上文化程度盟员占82.1%，高级职称48.1%，平均年龄54.1岁。2016年发展盟员12人，发展率4.3%。新发展成员中，大学以上文化程度占66.7%，高级职称占8.3%，平均年龄38.6岁。盟员中有省政协委员2人，市政协副主席1人，市政协常委3人，市政协委员8人，市人大代表1人，县区政协常委、委员9人。

【思想建设】 按照民盟省委《关于开展“坚持和发展中国特色社会主义”主题学习实践活动的通知》和《民盟东营市委关于开展“坚持和发展中国特色社会主义”主题学习实践活动方案》，继续开展“坚持和发展中国特色社会主义”主题学习实践活动。认真学习庆祝中国共产党成立95周年大会习近平总书记讲话精神和中共十八届六中全会精神。

学习活动与推进工作实际紧密结合，深刻领会和把握“不忘初心、继续前行”的重大意义，牢固树立四种意识，努力加强民盟自身建设，进一步巩固团结合作的思想政治基础，把民盟优良传统一代代传下去。通过学习，增强盟员的政党意识，增强政治把握能力，不断提高政治觉悟，为更参政议政，发挥参政党作用，巩固共同政治思想基础。

【参政议政】 围绕市委各项工作目标，切实履行参政党职能。民盟市委会、盟员中各级人大代表、政协委员及党委、政府工作社会监督员深入基层调查研究，积极撰写反映社情民意信息、提出建议提案，为促进全市经济社会各项事业发展建言献策。

通过参加市委、市人大、市政府、市政协、市委统战部等举行的协商会、座谈会、情况通报会、民主专题生活会和征求意见会等形式，就社会治安、城市建设、经济发展、环境保护、作风建设、“十三五”规划等问题提出意见和建议。积极参加人大、政协、统战部等组织的各项调研、视察活动，提出合理化建议，并按时参加市政协主席会、常委会、全委会、专委会、专题协商会和电视电话会议等。多次参加市政府、市纪委、市委组织部、市委统战部等征求意见会，就民主生活会、落实中央八项规定、全市部门单位工作、政府工作等提出意见建议，尽代表、委员责任。县区民盟组织也参加县区重点工程、重点工作、十三五规划建议等通报会，发挥民盟应有的作用。

2016年，王新红主委被增补为省政协委员。2名省政协委员在省政协会议上提出提案3件，1名市人大代表在市人大七届四次会议上提交建议1条，任市政协委员盟员在七届五次市政协会议上提出集体、个人提案31件，所有提案均得到有关部门高度重视，由部门单位分管领导带队进行答复。各支部、小组在所参加的县区政协会议上的建议、提案也得到当地党委、政府的落实。

【社会服务】 组织盟员书画家参加市委统战部送书画活动；为东营区景屋村协调专项项目扶持资金30万元。据不完全统计，通过各种扶贫助困、捐资助学等形式的各类捐助数万元。按照市委统战部扶贫工作实施方案，市委会定点扶贫龙居镇，摸底龙居镇在职业学院贫困学生，帮助贫困家庭脱贫。教育界盟员继续参加同心文教服务团活动，深入边远学校、社区，提供教育、心理咨询服务活动10余人次；文艺届盟员参加独唱演唱会或专场演出，活跃群众文化。盟员企业驰中集团帮助杨庙社区大力发展农业产业化，农户每年户均纯增收2万余元，同时，杨庙完善村庄规划，建设商业街、中心小学、综合幼儿园、村办卫生院等配套设施，成为附近十六个村的经济中心；驰中集团在石油大学设立的“驰中奖学金”帮助80名贫困生顺利完成学业。广饶县总支救助失学儿童、贫困家庭2户，为下岗职工再就业提供工作岗位。河口支部志愿服务队，继续开展宣传、协调、服务、慰问等志愿服务活动5次。在各类评比中，获得全国、省级、市级表彰10余项。

【自身建设】 ①继续规范支部“盟员之家”活动室建设，使活动室真正发挥集中会议、学习、展现民盟风采的作用。②组织盟员参加市委统战部“同心论坛”、党外代表人士学习班和市政协的“政协讲坛”等，市委会班子有关成员参加市委组织部干部轮训班活动，听取党委、统战政策、经济社会发展情况等解读，坚定政治信念，明确履职主题。③邀请民盟青岛市北区工委副主委、民盟中央反映社情民意信息工作先进个人王可锋，就如何撰写反映社情民意信息做辅导报告。通过培训，对提高盟员履职能力，推动民盟工作再上新台阶起到促进作用。④重大节日走访慰问50余位老盟员、老干部，为老盟员送去食用油、鸡蛋、面粉等日用品，带给他们祝福和组织的温暖。盟市委参加去世盟员追悼会，敬献花圈，慰问家属。⑤组织30余名盟员到台儿庄大战纪念馆、梁漱溟纪念馆等爱国教育基地学习考察，重温老一辈革命先烈的英雄事迹和为国牺牲的精神，进一步加深盟员的爱国情怀和追求正义的理念。⑥为强化民盟参政意识，提高盟员的“五种能力”，巩固团结合作的思想政治基础，市委会在全市民盟组织中开展“两学一做”(学系列讲话、学民盟章程，做合格盟员)活动。⑦市委会组织编印《中国民主同盟基层组织制度汇编》，收录《盟章盟史篇》《职责义务篇》《制度条例篇》和《知识问答篇》，推动制度建设，为盟员熟知权利义务职责发挥作用。⑧完成换届工作。2016年12月21日，召开中国民主同盟东营市第六次代表大会。会议审议通过王新红代表中国民主同盟东营市第五届委员会所作的工作报告；选举产生中国民主同盟东营市第六届委员会；选举产生出席中国民主同盟山东省第十次代表大会的代表；审议通过大会决议。 （民盟东营市委员会　程晓东）

## 中国民主建国会东营市委员会

【概况】 2016年年底，民建东营市委有支部7个，会员144人。会员中有全国人大代表1人，省政协委员4人，市人大代表2人，市政协委员24人(其中市政协常委8人)，县区人大代表和政协委员12人。

【思想建设】 2016年是中国共产党成立95周年，也是民建山东省级组织成立60周年，全会以开展学习教育活动为引领，继续夯实思想政治基础。①集中开展学系列讲话、学民建章程，做合格民建会员的“两学一做”学习教育活动。组织学习贯彻中共十八大、十八届三中、四中、五中、六中全会精神、习近平总书记的系列重要讲话精神和民建章程，深化政治交接、增进政治共识，巩固团结合作的思想政治基础。②组织支部班子成员和骨干会员赴民建中央爱国主义教育基地——冷遹、施复亮、胡厥文故居、纪念馆和连云港市革命纪念馆瞻仰学习，对会员进行优良传统和革命传统教育。③开展书画展和主题征文活动。为庆祝中国共产党建党95周年、纪念民建山东省级组织成立60周年，市委会组织成员积极参加中共东营市委统战部组织的各民主党派庆祝中国共产党建党95周年书画展活动和民建省委组织的主题征文活动。共收到书画作品5幅、征文8篇，甄选后分别报送市委统战部和民建省委。

【自身建设】 ①加强换届工作促进领导班子建设。2016年是市级民主党派换届年，市委会按照《中国民主建国会章程》的有关规定，根据换届工作安排和要求，在市委委员、基层支部班子成员和后备干部中组织传达换届文件精神和有关领导讲话精神。②参加市委统战部召开的民主党派换届工作谈话会,召开领导班子述职评议会和领导班子谈心会,加强对市级组织换届工作的领导,促进领导班子建设。市级组织换届工作12月下旬完成,会议选举产生新一届市委会和市级领导班子,王新明任主委,李强、牛金臣、宋继亮、孙金春任副主委,李强兼任秘书长。③组织活动助力支部建设。召开年度工作总结表彰会议,表彰一批做出突出贡献的优秀会员和先进支部。举行庆祝中国共产党成立95周年和纪念民建省级组织成立70周年系列活动,组织会员赴浙江等地踏寻先辈足迹、直观感受民建发展历程活动。通过活动让广大会员直观感受民建的发展历程、主要代表人物、自身建设等方面的内容,以生动的事实、历史的对比,对会员进行优良传统教育。2015年市直二支部获得“全国先进集体”,牛金臣等8名会员分别获民建全国和全省“优秀会员”称号。④加强后备干部队伍建设。推荐2名会员分别到东营滨海临港产业园和东营市信访局挂职锻炼;选拔1名基层组织主委参加民建全国基层组织主委培训班、3名后备干部参加市委统战部举办的党外干部培训班、2名市委班子成员参加市委统战部组织的全市民主党派工商联负责人无党派代表人士读书班;组织20余名支部班子成员和骨干会员赴温州等市委会学习交流。换届推选之际,推荐15名会员进入第三届市委会领导班子成员后备人选。

【参政议政】 坚持围绕中心服务大局,发挥职能建言献策。①协商建言,履行参政党职能。2016年,市委会主要领导参加中共市委组织的协商会、情况通报会、座谈会共计10余次,针对全市经济建设和社会发展提出意见建议,发挥参政党作用。民建界政协委员和人大代表积极参加各级人大、政协组织的视察和督查活动,履行职责,建言献策。1名会员被聘为东营市纪检委特邀监督员,通过情况通报、视察等活动,发挥民主监督职能,为政府工作献计献策。②优化选题,高质量做好提案和社情民意信息工作。2016年在各级人大、政协两会上共提交集体提案7件、代表建议61件,委员提案28件,社情民意信息8条。其中,《关于完善我市文明城市建设的建议》得到市发改委、城市管理局等单位的高度重视;推荐的社情民意信息《关于对蜂种和养蜂工机具实行财政补贴的建议》被中央统战部《零讯》整篇采用,报中央领导参阅。③依托民建省委,认真开展调研工作。组织部分会员企业家参与民建省委就“民营企业结构调整与转型升级问题”和民建淄博参与养老服务业发展到东营专题调研活动;组织2名会员企业家参加在淄博举办的“民营企业结构调整与转型升级”企业家座谈会,形成《新常态下民营企业转型升级的思考及建议》和《转型升级、创新发展》两篇调研报告;市委会组织部分会员赴浙江温州等市委调研,学习借鉴外地参政议政工作经验,进一步提升参政议政水平。

【社会服务】 按照市委统战部和民建省委关于开展“同心扶贫攻坚行动”的活动安排,推进社会服务工作。总体情况:为会员企业提供融资资金8000万元,在扶贫帮困方面投入资金157.2万元,捐资助学5万余元,资助贫困生20余人,向灾区捐款捐物380余万元。①开展捐资助学送温暖活动。支部与东营市第二中学、东营技师学院等学校进行对接,持续资助30名优秀贫困学生。开展技术、医疗、法律帮扶活动。②组织会员到乡镇、社区开展医疗保健知识、法律知识、农业技术等咨询。会员企业2016年“三八”国际妇女节期间免费为金翰社区工作人员体检;“五一”国际劳动节期间为200余名老人体检并开展健康、营养配餐咨询、母亲节查体宣传和老年人免费查体宣传等活动;重阳节期间开展“重阳百岁老人”“三县两区助残”公益活动为老年人、残疾人提供免费体检卡,共计150余万元。③联合油田义工爱心协会,在前期服务的基础上,选准扶贫点和扶贫对象,继续提高扶贫的精准度和有效性,与东营市博爱志愿团队合作宣传无偿献血知识和服务驿站信息,到结对村走访困难家庭20余户,给他们送去爱心礼包;与市妇联、市残联联合开展公益事业结对行动,参与团市委组织的牵头农民工子女行动,救危扶贫,与100余户困难家庭结成帮扶对子,进行技术帮扶、资金救助等。 (民建东营市委员会 王芳)

## 九三学社东营市委员会

【概况】 2016年年底,九三学社东营市委员会辖东营市委员会、胜利油田基层委员会、中国石油大学(华东)基层委员会三个基层组织,共有社员129人,平均年龄49岁,女社员占35%。社员中担任市级领导职务的1人,担任县处级领导职务的6人,具有高级专业技术职务的76人,中级职称27人。

【思想建设】 ①开展形式多样、主题鲜明的学习教育活动。社市委率先在全市民主党派系统中制定印发《九三学社东营市委“两学一做”学习教育活动实施方案》,开展“学系列讲话、学九三章程,做合格社员”的“两学一做”学习教育活动,统一社员思想认识、传承政治薪火、巩固政治基础。②开展范围广泛的宣传活动,树立九三学社良好社会形象。重视新闻宣传报导工作,于2016年正式开通九三学社东营市委网站、九三学社东营市委微信平台。新媒体的建立,成为社市委联系社员的纽带,使基层组织信息员,第一时间将搜集到的社员思想动态、社情民意信息等上报社市委,做到有价值的信息早发现、早收集,早上报,确保信息不因延时而“贬值”。并且借力新传媒载体,深入学习宣传多党合作光荣历史和学社优良传统,宣传党的方针、政策,宣传老一辈九三学社社员的丰功伟绩,宣传先进基层组织、先进社员优秀事迹。③坚持理论联系实际，大兴调查研究之风。为推动思想建设，社市委坚持理论联系实际，组织社员参加社会调研活动，积极撰写论文，2016年社市委组织社员参加社会调研100余人次。为完成社中央、社省委参政议政课题申报工作，召开专门会议，安排部署工作，指定专人负责，共收到社员提交的课题项目20余个，其中《充分释放现代农业发展潜能，打造我省经济发展新的增长极》被社省委列为省级参政议政调研课题；除择优上报社省委之外，其余课题均作为市级课题上报市委统战部。

【参政议政】 ①参与政治协商，围绕重大问题建言献策。2016年，在各级人大政协两会上，九三学社籍人大代表、政协委员社员共提出人大建议案、政协提案30余件，其中社员张茂花参与提交的《关于尽快完善东营南火车站基础设施建设的建议》被选为一号提案。在中共东营市委召开的全市民主党派、工商联、无党派代表人士十三五规划征求意见会和经济形势座谈会，社市委提出“大力支持企业特别是中小微企业发展”“积极推进金融服务实体经济”“大力推进社区养老居家养老新模式建设建立居家社区养老院三方互联社区养老网络”“加大产业研发机构建设”四条意见建议，受到市委、市政府主要领导肯定。2016年，社市委被九三学社山东省委评为2016年度参政议政工作先进集体。②稳步推进社情民意信息工作。社市联通过建立社情民意信息员队伍、举办社情民意信息员培训班、邀请社省委参政议政部有关领导进行辅导等方式，提高社员采写社情民意信息的能力和水平，扩大参与面，社情民意信息的来稿数量与质量同步上升。2016年，社市委共向社省委、市政协、市委统战部社报送社情民意50余条，其中社员燕德华撰写的《关于推广盐碱地改良新技术的建议》被社中央采用。2016年，社市委荣获九三学社山东省委信息工作先进集体第三名。

【社会服务】 ①建立教育精准扶贫实践活动基地，启动“启航行动”教育精准扶贫项目。8月30日，与山东蓝海酒店集团共同建立的九三学社东营市委教育精准扶贫实践活动基地，在山东蓝海职业培训学校正式揭牌，联合发起“启航行动”精准教育扶贫项目。项目实行“教育+就业的助学方式”，整合爱心企业和社会团体资源优势，帮助中西部省份贫困学子学到一门实用技术，实现高质量就业。项目计划利用五年的时间，资助甘肃、青海、陕西三省贫困地区的3000名学生，实现“一技在手，终生受益，家庭脱贫”。9月，经社省委支持，联系社陕西省委、社甘肃省委、社青海省委，制作分发“启航行动”项目书3000份，完成年内招生目标计划任务。②号召社员投身社会公益，救危扶贫献爱心。社市委秘书长燕德华与市委统战部以及其他民主党派成员一起，到东营区龙居镇杨集社区，看望社区儿童，给孩子们送去书包、书籍和文具盒；东营二支社医疗卫生界的社员参与市政协组织的“健康直通车”活动，赴广饶丁庄镇开展义诊，受到被服务对象的一致好评；西城支社始终把老年人和贫困家庭作为重点关爱的对象，经常以不同形式开展尊老敬老、扶贫慰问等活动，组织社员探望抗战英雄、走访慰问贫困户、到敬老院探望孤寡老人，为他们送去电磁治疗仪和食用油、大米等生活用品；社员齐华亮担任法人代表的的山东华信担保有限公司，为全市法定劳动年龄内有创业愿望和具备创业条件的登记失业人员、退伍军人、被征地农民、残疾人、高校毕业生、城乡妇女等自谋职业、自主创业者提供小额贴息贷款担保累计23亿元，带动2万多人就业；社员王克洪，为东营职业学院贫困学子，一次性捐助2万元；社员张茂花积极参与社会服务活动，参加市政协组织的健康直通车送医下乡义诊活动4次；8月，通过红十字会向贫困大学生捐款2万元，带领西城支社社员为贫困学子卜祥志同学捐款，共计4000元；社员高继森常年坚持资助贫困家庭。

2016年8月30日，“启航行动”精准教育扶贫项目在山东蓝海职业培训学校正式揭牌　（九三学社东营市委员会提供）

【组织建设】 ①完成社市委换届，加强参政议政能力建设和优势人才培养。2016年12月23日，九三学社东营市第四次代表大会在东营宾馆召开。大会选举产生九三学社东营市第四届委员会；选举产生出席九三学社山东省第七次代表大会代表。在随后召开的九三学社东营市第四届第一次全体委员会议上，选举刘志坚为九三学社东营市第四届委员会主任委员，徐冬梅、燕德华、王进河、张保国为副主任委员，任命燕德华为秘书长。大会审议通过九三学社第三届委员会工作报告；审议通过大会决议。②优化社员结构，发展质量不断提高。社市委在组织发展中严格按照组织发展程序，注重政治素质，严把入社关，社员数量稳步增长，结构渐趋合理，2016年，新发展社员19人。社员中在职在岗的103人，占79%。社员平均年龄49岁，其中40岁及以下33人；41~50岁51人；51~60岁18人；61~70岁4人；70岁以上23人，社员年龄结构得到进一步优化。③强化人才培训工作。社市委高度重视社员,特别是新社员的培训工作。9月,组织部分社员赴烟台进行学习交流考察,与烟台九三学社社员围绕如何做好参政议政工作进行交流。6月,社市委组织举办社员"五种能力"提升培训班,邀请社省委刘佩、东营市审计局齐有峰围绕财务审计、社情民意写作等方面为社员做辅导培训。9月,举办一期"两学一做"学习教育活动培训班,以习近平总书记"七一讲话"为指导,结合社市委换届工作,深化政治交接,加强自身建设。6月和12月,举办2期新社员入社培训班,对新入社社员进行社章、社史培训。④切实加强后备干部队伍建设。2016年,选派1人到省社会主义学院、1人到中共东营市委党校参加培训,3人参加市委统战部组织的市民主党派、工商联负责人和无党派代表人士读书班学习。社员中有市人大代表2人、市政协委员12人、区政协委员2人,社省委特约研究员2名,市政府部门社会监督员6人,人民陪审员1人,市政协特邀信息员1人。⑤激励社员在各自的专业领域勇于争先。2016年,社员张凤山被山东省政府授予"泰山产业领军人才"称号;社员丁慧晋升为教授级高级工程师,被聘为中石化石油工程设计有限公司首席专家;社员宋晓翠获"黄河口杰出人才"提名奖;社员邱贻博晋升为高级职称,并获中石化科技进步一等奖一项;社员张洪涛获市级劳动模范称号等等。⑥加强社市委机关建设。开展机关规范建设年活动,制定出台《九三学社东营市机关建设规范年活动实施意见》《社市委机关双周学习日制度》《九三学社东营市委参政议政优秀成果表彰奖励办法（试行）》,完善《社市委考核制度》。完成社省委、社市委领导下达交办的各项工作以及机关人事、财务、工资、国资、车改、网站管理维护、档案管理等各项日常工作。

（九三学社东营市委员会）

## 中国致公党东营市支部委员会

**【中国致公党东营市支部委员会成立】**　根据中央统战部有关规定和《中国致公党章程》,为进一步体现多党合作和政治协商制度,切实加强东营市民主党派组织的思想建设和组织建设,更好地发挥致公党组织在东营市经济和社会各项事业发展中的作用,2016年5月11日,成立中国致公党东营市支部委员会,致公党省委、东营市委统战部及各民主党派有关负责人参加会议。致公党山东省委秘书长姜明宣读《关于成立中国致公党东营市支部的决定》并主持闭幕式,民进东营市总支部主委王玉文代表市各民主党派致贺词,省委会专职副主委马传凯,中共东营市委常委、统战部部长聂建军出席会议并讲话。王秀凤当选为主任委员,马玉兰、谢在弟当选为副主任委员,路英平、王六柱当选为委员。东营市共有致公党党员23人,其中县级干部3人,八届市政协委员4人(其中市政协常委1人)。

**【思想建设】**　①政治学习。中国致公党东营支部委把广大社员的政治理论学习与工作实际,特别是与参政议政的工作实际相结合,组织党员学习中共十八届五中全会精神,《关于加强社会主义协商民主的意见》《中国共产党统一战线工作条例(试行)》《关于加强政党协商的实施意见》等,提高参政议政能力和水平。②开展活动。2016年组织东营—白石(加拿大)书画展,组织党员到致公党中央参观学习。2017年组织党员和入党积极分子进行两学一做知识学习和测评。

**【参政议政】**　①提高参政能力。参加中共东营市委、市政府和市委统战部召开的协商会、情况通报会、党外人士座谈会,参与大政方针的协商讨论,围绕发展中的重大问题建言献策。参加省政协组织的调研活动。②提升议政水平。在东营市政协八届一次会议上,提出《加快海上旅游码头建设推动东营市休闲渔业快速发展》提案,被市政协列为十个重点提案之一,报市政府领导参阅。《关于建立五侨联动机制,促进我市海归经济发展的建议》入选市政协常委会重点提案。

**【组织建设】**　①人才选拔培养。严格按照组织发展程序,2016年底,新发展党员9人,党员人数达到23人。新发展党员以具有海外关系的人员为主,党员个人具有参政议政的主观愿望。②鼓励争先创优。2016年东营支部被中国致公党山东省委评选为"海外联谊工作先进集体",获得"参政议政优秀成果奖""服务社会贡献奖",5名党员被中共致公党山东省委评选为"争先创优"优秀党员。

（中国致公党东营市支部　路英平）

## 东营市工商业联合会

**【概况】**　2016年,东营市工商联被表彰为省工商联系统2016年度"扶贫工作专项奖"先进单位;东营区、广饶县工商联被表彰为省工商联系统2016年度"五好"县级工商联;东营市浙江商会、东营市福建商会、爱心救助中心等14个商会组织被表彰为省工商联系统2016年度"五好"商会;郭栋、王倩、郭成洲、王志坚被表彰为省工商联系统2016年度先进工作者。

**【市工商联六届四次执委会议】**　2016年4月26日在东营宾馆召开。会议重点对东营市工商联开展"百企帮百村"脱贫攻坚行动进行动员部署。选举产生新的增(替)补主席、常务副主席和常务委员。市委常委、统战部部长聂建军出席会议并讲话,市人大常委会副主任、市工商联主席温晓杰代表

2016年4月26日，东营市工商联"民营企业健康发展大讲堂"启动

（杜延迪提供）

市工商联第六届常务委员会作工作报告。市政协副主席生钦勇当选为市工商联主席并作表态讲话，温晓杰不再兼任市工商联主席。市委统战部副部长、市工商联党组书记徐荣华当选为市工商联常务副主席，垦利县委统战部副部长、工商联主席、党组书记翟向军替补为市工商联常委，利津县政协副主席、工商联主席崔文凯增补为市工商联常委。徐荣华主持会议。市工商联第六届执委会委员180余人参加会议。

【组织建设】 ①推进"五好"县级工商联创建活动。按照省工商联要求，提升全市县级工商联建设科学化水平，确保2016年全市60%的县级工商联成为领导班子好、会员发展好、商会建设好、作用发挥好、工作保障好的"五好"县级工商联。以"情系会员、服务兴会"为宗旨，在实现"一个设立、五个有"阶段性目标的基础上，以开展"五好"县级工商联建设带动基层组织建设的全面提升。2016年，五个县区工商联均达到组织健全要求。②完成会员发展指导计划。按照"坚持标准、确保质量，突出重点、优化结构"的会员发展方针，引导宣传，创新发展工作。全年发展企业会员350个，完成省工商联下达的发展会员任务。全市有会员6853个。其中，企业会员3990个，团体会员144个，个人会员2719个。会员队伍的广泛性和代表性更加凸显，结构持续优化。个体工商户、小微企业、科技成长型企业占新发展会员比例均超过50%，企业会员占会员比重达58.2%，会员数量占全市规模以上企业的比例达70%，成为全市重要的经济力量。③培育和发展中国特色商会组织。按照"积极引导、稳妥发展，加强服务、动态管理"的方针，培育和发展商会组织。按照"五有五好"标准，不断提升行业商会和乡镇商会建设工作水平，商会组织不断发展壮大，行业组织基本覆盖全市主导产业。全市共有各类商会组织109家。其中，行业商会53家，乡镇商会26家、街道商会14家，园区商会4家、异地商会10家、市场商会1家、其他商会1家。乡镇街道商会覆盖率达到100%。基层商会实现"有人员、有场所、有计划、有活动"的"四有"目标，建立健全商会管理制度和考评体系，商会组织在围绕中心、服务大局中发挥不可替代的作用。6月21日，东营市基层商会建设现场经验交流会议在垦利县举行，垦利县直属商会会长和商会会员企业代表共计204人参加会议。④重视加强对非公有制经济代表人士的教育培养。4月26日，启动东营市工商联"民营企业健康发展大讲堂"暨首场报告会，邀请民进中央经济委员会副主任、中国中小企业协会副会长、温州东方管理科学研究院院长周德文教授作《摆脱困境　增强信心——新常态下民营企业重生之道》专题报告，先后共举办六场活动，生钦勇主持；7月3—7日，在上海交通大学举办第一期由工商联干部和民营企业家共65人参加的培训班，培训班分为五次讲座、三次企业实地参访交流，课程内容涉及当前国际形势与中国外交、一带一路与区域经济发展、企业财务风险防范与内部管控、上海股权托管交易知识、德国工业4.0及未来工业发展趋势、企业投融资与资本运营等，切合东营民营企业的实际发展需求；9月22—26日，在四川大学举办第二期由工商联干部和青年企业家共60人参加的培训班，课程内容涉及青年企业家的使命、互联网经济金融热点问题、企业领导者的自我管理、企业营销之道、国学与修养、卓越领导力与执行力等，切合东营民营企业的实际发展需要。⑤按时准确报送各种统计报表资料。按照省工商联要求，及时准确填报会员组织等各类统计报表和数据库，按时高质量完成市、县区两级执委数据库和商会数据库填报工作，能够结合实际对数据加以分析应用。

【宣传工作】 ①以"守法诚信"为重点，深入开展非公有制经济人士理想信念教育实践活动。根据省委统战部、省工商联《关于以守法诚信为重点深入开展非公有制经济人士理想信念教育实践活动的实施意见》精神，与市委统战部联合下发《关于以守法诚信为重点深入开展非公有制经济人士理想信念教育实践活动的实施意见》，同开展"四信"教育相结合，践行"两个健康"工作主题，创造性地开展非公有制经济人士的思想政治工作。华泰集团作为全国工商联的典型受到好评。②及时向各类新闻媒体和报刊杂志发稿，确保质量。围绕中共党的十八大精神和中央16号文件的学习贯彻，加强对全市非公经济的宣传，把在新闻媒体发表的稿件作为评先树优的条件之一。坚持办好《市工商联工作简报》、机关网站等自身宣传载体，《工作简报》共编发25期，发放到市直有关单位、115家工商联常委企业，累计印发3500册。全市各级工商联组织先后在《大众日报》《中华工商时报》《齐鲁工商》《东营日报》等市级以上媒体发表各类稿件200余条。③积极配合省工商联完成有关宣传教育工作。重要活动和事件及时报道，指定专人每月向省工商联办公室、宣调处和网站提供5条以上工作信息，全年报送信息300余条。《中华工商时报》《齐鲁工商》等杂志执委、常委每人一份。

【参政议政】 ①重视议案提案和调研报告写作工作。组织工商联界别的人大代表和政协委员在人大、政协会议上，撰写议案、提案68份，立案率、回复率100%。向省工商联提报有质量的调研报告和理论文章11篇、提案3篇。在2016年度全省工商联系统优秀理论调研成果评选表彰活动中，《2014东营区民营中小企业调研分析报告》获二等奖，《垦利县“两个大多数”的思想困惑与破解》等5篇调研报告和理论文章获优秀奖。按照全国工商联办公厅《关于开展全国工商联民营企业社会责任调研工作的通知》要求，按时完成民营企业社会责任调研工作。②深入组织开展专题调研活动。创新调研工作机制，重点配合省工商联部署的调研任务，加强部门联合，整合社会资源，把握民营企业发展诉求，共撰写调研报告34篇。2016年，形成《赴深圳、泉州、杭州考察学习报告》。牵头带领工商联界市政协委员到江苏省淮安市等地，进行主题为“提高安全环保水平，促进化工产业转型升级”的社会调研活动，增强企业安全生产责任意识。③配合省工商联完成调研任务和报送社情民意信息。1月18日，配合中央统战部光彩事业指导中心副主任牛建国一行开展调研。9月6—8日，省工商联党组副书记、副主席孙占甲，省工商联会员处处长张卫星一行到东营调研，就“千企帮千村”脱贫攻坚行动和“五好”县级工商联建设工作进行专题督查。每月坚持向省政协和市政协报送反映社情民意信息1篇以上。

【经济服务】 ①引导非公有制经济转变发展方式，调整产业结构，创新驱动发展。利用培训平台，聘请著名专家学者作报告、参加交流等活动，提振会员企业的发展信心和决心，为企业转方式、调结构打基础；组织会员企业认真学习贯彻省委、市委有关转、调、创的决策部署，并引导企业与贯彻“民间投资36条”结合起来，与参与黄蓝经济区开发建设结合起来。②参加省工商联组织的各项活动。3月20日，组织参加由省委统战部、省人力资源和社会保障厅、省工商联、齐鲁工业大学共同举办的“2016山东民营企业人才招聘会”，东营15家优秀民营企业参加现场招聘。涉及化工、制药、食品、材料、教育、房产、商贸、电子、保险、金融等专业岗位465个。当日有600余名毕业生递交应聘书，与用人企业签订就业协议或达成就业意向者436人；12月，对2016年执委企业签约项目落地进展情况进行调查，共有9个项目总计划用地1581.6亩、计划投资145.972亿元、到位资金68.3326亿元，有4个项目完成一期并投入使用。通过召开座谈会、走访企业、现场调研等方式，推动投资项目尽快落地，落地项目尽快投产，投产项目尽快达效。③坚持服务兴会宗旨，开展各项服务活动。组织会员企业参加“西博会”“转型升级·香港博览”、山东民营企业参与军民融合发展恳谈会等各类大型经贸洽谈活动。与市人社局等部门联合举办2016“民营企业招聘周”活动，提供就业信息3.1万条，有6000余人实现就业或与用人单位达成就业意向；市工商联网站为会员发布和提供信息3000余条。落实和谐劳动关系三方联席会议制度。参加省工商联组织的其他活动，促进企业间的经济技术交流与合作。6月17日，东营市委、市政府在北京举办东营市融入京津冀协同发展推介会暨重点项目签约仪式，进一步扩大东营与京津冀地区的交流与合作，共同推动京津冀协同发展示范区建设。④开展2016年度民营经济发展环境考核工作。根据省考核要求，市工商联下发《关于〈2016年度全市县（区）科学发展综合考核民营经济发展环境指标考核工作方案〉的通知》文件，向省工商联提供1000名会员企业家的姓名、职务和联系电话，供省电话访问；分别组织每个县区30名企业家参加集中评议，并召开由50名企业家发言的座谈会，听取对所在县区民营经济发展环境情况的意见建议；每个县区提供60名企业家名单，各抽取30名企业家作为市第三方电话采访对象。12月20日，省考核组在省人大常委、省工商联巡视员刘冠凤带领下到东营考核。考核组对东营市主动适应经济发展新常态，民营经济运行企稳向好，各项工作均取得新的进展，给予充分肯定。⑤参加省工商联开展的山东民营企业“三项评选”表彰活动和全国工商联开展的上规模民营企业调研工作，突出宣传东营市民营企业。东营市入选2016“山东民营企业100强”23家、“山东创新型民营企业”5家、“山东民营企业公益之星”3家。

**东营市入选2016年山东民营企业百强名单**

| 序号 | 企业名称 | 营业收入总额（亿元） | 注册地 | 法人姓名 |
|---|---|---|---|---|
| 1 | 华泰集团有限公司 | 594.3 | 东营市 | 李建华 |
| 2 | 山东大海集团有限公司 | 588.6 | 东营市 | 刘福海 |
| 3 | 万达控股集团有限公司 | 556.26 | 东营市 | 尚吉永 |
| 4 | 利华益集团股份有限公司 | 501.68 | 东营市 | 徐云亭 |
| 5 | 山东海科化工集团有限公司 | 477.85 | 东营市 | 商宝光 |
| 6 | 山东科达集团有限公司 | 436.2 | 东营市 | 刘双珉 |
| 7 | 山东天信集团有限公司 | 383.23 | 东营市 | 崔殿文 |

续表

| 序号 | 企业名称 | 营业收入总额(亿元) | 注册地 | 法人姓名 |
|---|---|---|---|---|
| 8 | 山东金岭集团有限公司 | 348 | 东营市 | 赵曰岭 |
| 9 | 山东胜通集团股份有限公司 | 346.12 | 东营市 | 王秀生 |
| 10 | 东营方圆有色金属有限公司 | 300.03 | 东营市 | 崔志祥 |
| 11 | 东辰控股集团有限公司 | 242.34 | 东营市 | 张振武 |
| 12 | 山东万通石油化工集团有限公司 | 215.49 | 东营市 | 王　军 |
| 13 | 山东垦利石化有限公司 | 214.75 | 东营市 | 腾滨强 |
| 14 | 山东金茂纺织化工集团有限公司 | 175.3 | 东营市 | 徐朋明 |
| 15 | 富海集团有限公司 | 168.76 | 东营市 | 罗　冰 |
| 16 | 兴源轮胎集团有限公司 | 165.6 | 东营市 | 宋文广 |
| 17 | 山东神驰化工集团有限公司 | 148.09 | 东营市 | 李九玉 |
| 18 | 山东科瑞控股集团有限公司 | 147.48 | 东营市 | 杨　宪 |
| 19 | 山东中海化工集团有限公司 | 138.35 | 东营市 | 刘士勤 |
| 20 | 山东亨圆铜业有限公司 | 121.99 | 东营市 | 燕志富 |
| 21 | 山东齐成石油化工有限公司 | 97.42 | 东营市 | 王洪波 |
| 22 | 山东胜利明珠集团有限公司 | 96.12 | 东营市 | 许林民 |
| 23 | 山东宜坤集团有限公司 | 72.83 | 东营市 | 韩俊来 |

【经济联络与合作】 ①实施“走出去”战略，组织会员企业参与“一带一路”建设。2016年带领民营企业家、商会负责人外出项目考察6次，枣庄市工商联等先后到东营企业、商会参观学习5次；由东营市石油业商会承办的“黄河三角洲成品油贸易洽谈会” 举办七届，2016年现场交易额200亿元，是东营重点打造的三大展会之一；石油业商会与全国19家省级石油业商会和部分地级商会签订合作协议书，构建长期合作交流关系。11月下旬，按照省联要求，对东营的省市工商联执委企业作“走出去”情况统计。②开展各种交流合作活动，推动经济发展。8月20日，“飞向太空——中国航天展·齐鲁行” 活动在东营黄河国际会展中心开幕；6月16日，内蒙古兴安盟工商联一行18人到垦利县考察“百企帮百村”精准扶贫工作；11月4—7日，市工商联赴重庆市涪陵区工商联考察学习全国 “五好” 县级工商联创建工作；精选3家企业参加第十六届中国西部国际博览会与西部高端产业合作发展大会、2家企业参加山东民营企业参与军民融合发展(潍坊)恳谈会；11月19日，举办2016年东营市工商联第二届羽毛球·乒乓球友谊赛，来自县区工商联和直属商会、会员企业的13支代表队共200多名运动员参赛。

【光彩事业】 积极宣传和开展光彩事业，以惠及民生为根本，引导非公经济人士增强奉献精神。①支持教育，捐资助学。8月7日，东营市鲲鹏基金正式启动，爱心企业提供10万元人民币作为首期捐款，为贫困家庭及儿童提供救助，助力“百企帮百村”活动；10月17日，举行2016年扶贫助学活动助学金发放大会，23位热心企业家向636名资助对象累计捐资104万元。②民企帮村，开展扶贫。5月13日，正式启动东营市“百企帮百村”精准扶贫行动，市工商联10家副主席企业与10个省定贫困村现场签订《企村结对帮扶协议书》。全市完成结对企业122家，60个省定贫困村全部结对，各县区全部完成结对任务。全市各级工商联会员参与精准帮扶资金1657万元，捐赠慰问品或慰问金折合人同币58万元，安排务工劳动力570人。10月21日，市扶贫办、市工商联联合举办“百企帮百村”精准扶贫工作培训班。③参与公益，丰富感恩。组织开展“民企帮村”“助学解忧”“为贫困户献爱心”等活动，参与企业300余家，累计捐款捐物2亿元。中国万达集团先后为扶贫救灾、新农村建设等社会公益事业捐款1亿余元，赡养和安置社会四残人员就业800余人。9家企业被表彰为“山东民营企业公益之星”。④倾情救助，奉献爱心。东营市爱心救助中心成立以来，开展一系列扎实有效的“爱心救助”活动，帮扶对象400余人，募集资金600万元。

按照市委统一安排，市工商联机关下派联系帮扶河口区新户镇三泉村，多方协调共筹集资金71.2万元，用于路灯安装、修建排水沟、铺设柏油道路、完善和硬化村文化大院等项目，并为村民安装运动健身器材一套。坚持走访慰问残疾人、低保户和特困老党员21户次，分别送去大米、食用油和鸡蛋等各类慰问品价值1.2万元。

(东营市工商联合会　郭栋)

# 群众团体

## 东营市总工会

2016年6月28日，市总工会举办“中国梦·劳动美——颂歌赞给党”全市职工合唱比赛 （市总工会提供）

【概况】 2016年，东营市总工会辖3区（东营区、河口区、垦利区）、2县（广饶县、利津县）总工会；开发区工会工委2家（东营经济技术开发区、东营港经济技术开发区）；直属产业（系统）工会14家，直管基层工会24家。市总工会机关设办公室、组织部（宣传教育部）、基层工作部（保障工作部）、生产保护部（女职工部）、财务部5个行政部室和经费审查委员会办公室、调查研究中心、困难职工帮扶中心、职工技术协作中心及职工文化活动中心5个事业机构。2016年，市总工会获全国职工安全卫生消防应急知识普及竞赛最佳组织单位、全省“安康杯”竞赛优秀组织单位、全市“安全生产月”活动优秀组织单位、全市安全生产目标管理优秀单位、市级工会财务会计竞赛特等奖等多项称号。

【组织建设】 以“扩覆盖、强基层、促规范、增活力”活动为载体，以“党建带工建，党工共建”和“四双”（在全市工会组织和工会干部中开展“双亮、双争、双述、双评”活动）活动为抓手，加强基层工会组织规范化建设，不断将建会触角向两新组织、城区现代服务业、农村经济合作组织延伸，逐步扩大工会组织覆盖面。2016年，全市基层工会3519家，涵盖法人单位12728个，会员61.73万人，全市各类法人单位建会率86.3%、职工入会率90.2%。有70.2%的基层工会达到“六有”（有依法选举的工会主席、有独立健全的组织机构、有服务职工的活动载体、有健全完善的制度机制、有自主管理的工会经费和有会员满意的工作绩效）标准。在江苏省总工会干部学校举办为期七天的全市工会干部培训班，49名工会干部参加培训，达标上岗。继续推进实施工会经费地税代收制度，不断加大收缴力度，全市工会经费收缴比例增长10%，行政事业单位划拨工会经费增长23%。

【宣传教育】 在深入企业开展调查研究的基础上，制定下发《东营市职工素质建设工程五年规划（2016—2020年）》，分专题对各项工作提出目标要求，明确完成时限，落实责任分工，确保职工队伍提升素质，干事创业。推荐全国五一劳动奖章1人、全国工人先锋号1个；省富民兴鲁劳动奖状3个，省富民兴鲁劳动奖章9人，省工人先锋号5个；评选表彰东营市劳动模范41人，东营市先进工作者23人。五一期间，在东营电视台开辟“劳模风采”专栏，宣传报道30个先进集体和个人；在东营电视新闻频道连续播放10名最美职工事迹；在《东营日报》开办“五一”工会专版，宣传工会工作，展现职工风采。以团结职工，凝聚合力为目的，组织开展“中国梦·劳动美”主题教育宣传活动。评选出10名“东营最美职工”，举办全市庆五一暨“东营最美职工”颁奖晚会，组织“颂歌献给党”全市职工合唱比赛、职工“阅读·智慧·创新”演讲比赛等系列活动，激发工作热情，服务经济社会发展。以开展“齐鲁文化大道”品牌创建活动为载体，推进全市职工文化企业文化建设。经组织推荐，现场验收，命名表彰国网山东省电力公司东营供电公司等20家单位和杨辉勋等19人为东营市“齐鲁文化大道”建设先进单位和个人，河口区总工会被命名为东营市“齐鲁文化大道”建设先进县区。推荐3家企业、1个县区被省总工会表彰命名为山东省“齐鲁文化大道”品牌创建工作先进单位和先进县区。与东营市日昇昌健身有限公司合作，成立东营市职工文化活动中心文体活动基地。命名31家市级职工书屋。山东华泰集团有限公司、山东富海集团有限公司和中国联合网络有限公司书屋建设被命名为全国职工书屋示范点。

【安全生产】 2016年，市总工会提出以“明责、扩面、提质”为主题的任务目标，开展“查身边隐患、保职工安全、促企业发展”集中行动。制定《东营市总工会职工排查安全生产事故隐患奖励办法（试行）》《东营市总工会安全生产事故隐患举报管理办法（试行）》，自筹资金20万元，奖励查出重大安全隐患的职工；与市人社局联合出台《东营市工伤预防工作意见》，将“查保促”活动纳入工伤预防工作体系。2016年，全市工会干部通过专项检查、现场督查、随机抽查等方式，包靠企业1800多家、检查督导3500余人次，参与活动的职工25万人次，查出并整改事故隐患和职工危害10621项。编印发放《安全生产督导手册》和《“查保促”应知应会口袋书》，在东营广播电台和电视台播出活动公益广告宣传口号，并将其列入年度市级政府安全生产工作考核评分标准，积极营造安全生产氛围，扩大社会影响力。开展以“教育培训强基础，隐患排查保安康”为主题的“安康杯”竞赛活动，订购价值3万余元的《全国职工安全卫生与消防应急知识普及教材》及答题卡，组织学习培训1067次、培训职工3.3万人，1809家企事业单位、13641个班组、25.3万名职工参加竞赛，参赛单位班组和职工参与率均为100%。完善合同文本，规范合同内容。指导建会企业签订《劳动安全卫生专项集体合同》，优化工作环境，维护职工权益。

【劳动竞赛】 制定《东营市总工会2017—2020年劳动和技能竞赛规划》《关于进一步规范劳动竞赛组织管理工作的意见》，对“十三五”期间开展职工劳动和技能竞赛做出指导。2016年，与市住建局联合开展以“七比一争”为内容的城镇棚户区改造重点工程立功竞赛；与市人社局等单位联合举办第五届黄河口职业技能竞赛；联合市国税局、人行等单位开展贯穿全年的业务竞赛。围绕通用工种和重点行业，组织举办东营市第十一届职工职业技能竞赛和东营市第三届橡胶轮胎与造纸行业职工职业技能竞赛。围绕岗位建功，与市财政局、卫计委、邮政局、药监局和畜牧局等单位联合开展20余项专项业务技能竞赛，切实提升职工技能素质。全年先后与13个部门开展涉及80余个职业（工种）、项目的劳动竞赛，参赛职工15.2万人，对16个获市级技能竞赛各工种第一名的选手颁发“东营市五一劳动奖章”。以技术创新，岗位成才为主题，开展技术攻关和提合理化建议活动，全年提合理化建议8075条，实施6795条。与市科技局、人社局、经信委联合举办职工优秀技术创新成果评选活动，从65项职工技术创新成果中评选出优秀创新成果18项、五小成果10项。组织选树7个东营市职工技术创新竞赛示范企业、7个创新型班组和8名创新能手。举行全市劳模（高技能人才）创新工作室授牌仪式，为上年度选树的创新工作室授牌，并组织现场观摩学习。选树命名2016年市级劳模（高技能人才）创新工作室5个。

【职工维权】 主动承担市厂务公开民主管理领导小组办公室的职责，把厂务公开民主管理工作纳入党委科学发展综合考核，把职代会动态管理制度与工会工作品牌建设纳入民主法制领域改革内容，把厂务公开工作纳入全市惩治和预防腐败体系。结合《山东省企业职工代表大会条例》和《山东省厂务公开条例》的学习宣传，制定下发《厂务公开民主管理建制规范年活动实施方案》。督促221家企业召开职代会，到期换届企业120家，培训职工代表300人，指导350家企业开展“双爱双评”活动。举行“职代会优秀提案”征集和优秀职工代表评选活动，征集职代会提案82例，评选出48例优秀提案和43名优秀职工代表。下发《关于进一步加强公司制企业职工董事职工监事制度的意见》，督促82家企业建立职工董事、职工监事制度，新增职工董事162人，职工监事174人。出台《进一步加强企业劳动争议调解工作的意见》，规范企业建立劳动争议调解制度，开展“送法进企业”活动。建立“合纵辐射”模式和“1+n”工作机制，推进企业协商民主强化社会责任。以万得福、利华益等6家非公企业作试点，总结经验，全面推开，402家企业开展创建活动，40家示范企业与115家邻近企业结成共建对子。举办工资集体协商“春季要约行动”启动仪式，推进企业协商民主，保障工资待遇。全市865家企业发出要约，850家企业应约，732家企业签订工资集体协议，覆盖11210名职工，5家企业签订区域（行业）工资集体协议，覆盖12000名职工。

【帮扶救助】 为满足职工多元化需求，探索实践新时期工会组织关爱职工、服务职工的途径，联合东营农村商业银行、中国农业银行东营分行和北京万众生活科技有限公司，共同启动东营市工会“惠员工程”，洽谈签约特惠商家，建立600余个“会员服务基地”，制作发放6万张“工会会员服务卡”，稳步推进普惠化服务。深化帮扶项目，做实困难职工救助工作，在调查摸底建档立卡的基础上，适时组织开展“春送岗位、夏送清凉、金秋助学、冬送温暖”四季服务活动和女职工帮扶送教育活动。年内争取中央、省、市帮扶资金402.24万元，为711名困难职工发放197.25万元的救助金和爱心卡，为698名环卫工人送上价值22万元的防暑降温用品，为84名考取高校的困难职工、农民工子女每人发放3000元助学金，为29名单亲困难女职工每人发放2000元救助金。举办“女职工幸福大讲堂”活动，培训女职工300余人，建设“爱心妈妈小屋”19家，为孕期、哺乳期女职工提供贴心服务。组队参加全国总工会“就业援助月”活动，联合东营市阳光大姐家政职业培训学校举办春季家政职业培训，在东营新世纪人才市场举行市总工会2016年春季促进就业洽谈会。积极畅通“12351”职工维权服务热线，及时处理来电来访。

（市总工会 张梦华）

## 共青团东营市委员会

【概况】 2016年年底，全市共有14~35岁青少年52.7万人，14~28岁青少年36.5万人，共青团员10.1万人。有基层团委357个，团总支153个，团支部4529个，基层团工委26个，专职团干部158人。团市委先后获得山东省红旗团委、山东省青年志愿服务先进集体、山东省大中专学生志愿者暑期文化科技卫生“三下乡”社会实践活动先进集体、第二届山东省青年志愿服务项目大赛优秀组织奖等荣誉称号。

【做好党的群团工作会议精神宣讲】 全年分批次分阶段组织开展学习宣传，成立讲师团深入基层开展宣讲。针对高校、中学、行业、企业、农村等5个领域的不同特点，设计开展形式多样的学习教育活动120场次，覆盖全市375个基层团委、1678个农村团支部、4300个基层团支部，确保团干部和团员青年学习的常态化制度化。市、县团的领导机关班子成员深入基层宣讲36场次，组织集中研讨，征求意见建议，既集中宣讲政策精神，又对基层团干部及时答疑释惑，纠正模糊认识。

**【深化中国梦和核心价值观宣传教育】** 开展与信仰对话、争做最美青年、奋斗的青春最美丽等主题活动80场次，参与青年23万人次，分享青春故事，传播成长正能量。结合重要时点，开展庆祝建党95周年、纪念抗战胜利等主题活动200场次，帮助青少年树立正确三观。组织75所中小学校学生与新疆克拉玛依市、疏勒县学生书信交流，增强爱国意识和民族团结意识。举办东营市青少年国学达人挑战赛暨中华优秀传统文化素养展示活动，加强传统文化教育。开展东营市团队衔接教育暨离队入团主题团日队日活动，举办全市鼓号操大赛暨少先队礼仪展示活动，展现少先队员朝气蓬勃的精神风貌和少先队礼仪的文化魅力。举办"与人生对话·十八而志"成人礼活动，主要做法被团省委制作成示范教材在全省推广。

**【青春建功行动】** 开展青春共筑城市公共安全行动。注重慎微教育，面向青工开展教育培训28场、1800人次。排查隐患，在青年企业家企业中广泛组织开展安全演习、岗位练兵、安全技能比武等活动。举办"守望相助城市公共安全"主题志愿服务活动36场，服务青工3000人次。加强先进典型选树力度，评选表彰青年安全生产示范岗50个，青年安全生产标兵50人，营造重视安全生产良好氛围。深化"青年企业家县区行"活动，组织青春企业家到对东营青年创业有借鉴意义的地市考察学习，开阔眼界、启迪思维。开展"共青团助力脱贫攻坚"工作。按照全市扶贫工作部署要求，精准帮扶困难青年和留守儿童两类人群。积极宣传团属贷款优惠政策，发放涉农小额贷款860万，组织37名金融挂职青年干部与116个村结成帮扶对子，开展"金融干部一帮十""青年文明号助千家"等活动40场次。推出"萤火虫助学计划"，在36个乡镇的社区活动中心、村文化大院设立"萤火虫学堂"80处，帮教农民工子女、留守儿童和贫困家庭青少年8200名。每名专职团干部联系1个贫困家庭，开展希望工程圆梦大学救助工作，建设希望小学2处、希望书屋6个，发放救助资金50万元。

**【做实团干部"1+100"工作】** 严格执行工作标准，以团情统计数据为基准，在组织机关单位、普通高校、中学中职、青年文明号、青少年维权岗、青企协会员企业等单位中广泛发动，在全市160名专职团干部全部参与的基础上，动员95名兼职团干部积极参与，参与比例159%。严格以基层一线普通青年为主要对象，按照经常联系、避免重复的原则，全市255名团干部常态化联系基层青年31863人，平均每人联系125人。丰富线上线下活动。注重通过微信、微博、QQ等网络新媒体方式，组织线上互动2959个、人均12个，加强与团员青年的经常性联系，做好青年舆情收集和思想引领工作。实现与基层联系点、常态化下基层等有机融合，设计开展灵活多样的线下活动2462个、人均10个，力所能及帮助基层青年解决实际困难。做好督导检查。用好日调度、周通报等考核方式，抓好团干部直接联系青年管理系统的数据录入，实时掌握进展度和活跃度，选树典型，督促后进，东营市人均积分在全省最先达到100分。

**【"青年之家"综合服务平台建设】** 按照《全省"青年之家"建设指导手册》要求，争取党政支持，把建设"青年之家"作为"党建带团建"的重要内容，整合项目、资金、制度、网络资源，高标准建设"青年之家"综合服务平台30个。其中，用众筹模式在牛庄镇陈庄社区建成全市首家农村"青年之家"，青华社区"青年之家"成为全国首批重点支持的青少年综合服务平台。同时，注重人才队伍建设，通过发挥团干部、社工、青年志愿者、大学生村官、青年社会组织带头人的作用，充实工作力量。培育工作项目，团聚青年服务百姓公益集市、少年儿童素质拓展、青少年成长公益讲堂等项目实现常态化开展。注重特色项目打造提升，在社区"青年之家"注重青少年成长关爱、自护教育、课业辅导和亲情陪伴，重点打造萤火虫学堂、守护者联盟、青年唠吧等品牌项目，在志愿服务类"青年之家"重点打造"青春奉献文明城""公益成才计划""我是梦想家"等品牌项目。

**【新媒体工作】** 创建东营共青团新媒体中心，招聘2名专职人员，实现新媒体工作制度化运营，原创作品多次被团中央、团省委转载，东营共青团微信订阅号新媒体影响力排名最高全省第一、全国第二，东营团区委新浪微博最高排名全国政务头条第三。推动青少年网络文化产品本土化、精品化、原创化创作，获得团省委大力支持，创作网评文章、动漫、图片、微视频作品130余个，其中微视频《我们正青春》阅读量100余万人次，多次推出"10W+"原创文章，最美青年系列宣传阅读量230万人次，少代会系列宣传阅读量30万人次，平均阅读量5000余人次。加强县区团组织新媒体建设，明确专人负责新媒体运营，完善共青团双微矩阵，实现抱团发展。

**【参与社会治理创新】** 联合综治、民政、人社、财政部门出台《东营市关于加强青少年事务社会工作专业人才队伍建设的实施意见》，明确在4年内完成初步建立300人的青少年社工队伍、10家青少年社工实训基地、20个青少年社工服务示范社区、培育不少于30家青少年社工服务机构的目标任务。新建5处省级社区青少年社会工作服务示范点、3处各具特色的社区青少年服务中心，打造集五四影院、红领巾图书角、萤火虫学堂、心灵驿家等为一体的极具共青团色彩的青少年活动阵地。争取省级财政资金50万元，通过政府购买青少年事务服务项目的方式，实施农村留守儿童守护者联盟、七彩虹青少年成长陪伴、青少年禁毒教育等项目，开展集中活动120场次，直接服务青少年2800人次。举办全市青少年事务社会工作交流现场会，积极引导、扶持青少年事务社工机构发展，2016年全市新增青少年事务社工机构14家。召开全市预防青少年违法犯罪专项组联席会议，全市5个县区在全省重点青少年群体工作三轮推开考评中获得4个优、1个良。

【深化青春绿色行动】 开展“小手拉大手　共筑碧水蓝天”行动。坚持宣传发动、专题培训、主题队课、假期实践“四步走”，确保垃圾分类减量、禁燃烟花爆竹、绿色出行、低碳生活、植绿护水、抵制秸秆焚烧“六项活动”落到实处。在全市197所中小学全部建立工作台账，实行月调度制度。各级团组织召开专题会议、推进会40余次，举办主题宣讲和培训60余次，累计组织15万少年儿童开展活动300场次，提高市民绿色环保意识和行为自觉。黄河口少年儿童书信文化活动，突出绿色环保主题，印制发放明信片15万份。加大青年林阵地化建设，大力发展绿色经济、林下经济，共建设青年林45家，占地34000亩，带动青年就业创业2000余人。开展“青春绿色行动·增绿美丽东营”主题植树活动，动员1万名团员青年植树10万株。承办纪念长征胜利80周年暨全国“绿色长征”公益健走冲关赛等活动30场次，倡导节能低碳，引导树立生态环保观念。

【开展“青春奉献文明城”行动】 2016年5月4日，间召开东营市“青春奉献文明城”行动推进会议，以残疾人、空巢老人、农民工子女、重点青少年群体等为主要对象，深入开展志愿服务进社区、进农村活动。推出“萤火虫助学计划”项目，在全市36个乡镇设立学堂80处，招募志愿者520名，结对帮扶农民工子女和留守儿童8200名，提升在进城务工青年和农民工中的知晓度、美誉度，项目荣获第二届山东省青年志愿服务项目大赛金奖，获得全国青年志愿服务项目大赛银奖。实施牵手关爱行动。对1257名贫困青少年摸底建档，组织37支青年志愿服务队、19家公益组织和900名青年志愿者开展结对帮扶。成立全省首家农村社区青少年服务中心，入驻公益组织，对接项目资金，帮助贫困家庭发展“小而精”的畜牧养殖和光伏发电项目。

【青年志愿服务人才队伍建设】 加强市青年志愿者协会建设，吸纳青年公益社会组织加入。举办全省志愿服务交流会暨第二届山东省青年志愿服务项目大赛。以“齐鲁志愿行，共筑中国梦”为主题，搭建集项目展示、资源配置、组织交流和文化引领于一体的全省性青年志愿服务综合平台，推动全市青年志愿服务事业实现新发展。全省各市、高校、大企业和省直单位320余家单位、1200余个项目参加比赛，东营市取得2金3银6铜，为全省获奖数量最多。组队参加全国青年志愿服务大赛，获得银奖2个。升级完善志愿东营手机APP版本，开通留言讨论和活动上传功能，完善精确计时定位和数据导出功能；深入动员使用APP，2016年底注册人数7991名，志愿组织203个，志愿服务统计时长达1.2万余小时。联合招行启动东营青年志愿者一卡通，选取东营区、东营职业学院、市人民医院等部门首批试发行1000张东营青年志愿者一卡通，实现对青年志愿服务的激励保障。

【积极搭建青年创业平台】 继续实施“助力油地青年创业创新创优计划”，办好市、县两级青年企业家协会。创办东营市黄河口青年创业服务中心，充分发挥青年创业导师作用，提供培训、资金、入驻等扶持，培育孵化优秀创业项目。依托东营市青年创业街区搭建“创业咖啡路演平台”，联合六部门共同举办“开来杯”第二届油地青年创新创业大赛，对外争取资金25万余元，争取投资基金5000万元，吸引100余支队伍报名参赛。开展“百名基层团干部创富行动”，在全市五个县区各选取20名品德优、能力强、有闯劲的基层团干部进行重点培养，给予政策、资金、项目的定向倾斜扶持，通过开展接地气、连民心的创富活动和精准扶贫活动，充分发挥基层团干部在青年致富带头人培养、精准扶贫和基层团组织格局创新中的骨干引领作用。

2016年5月4日，团市委召开青春奉献文明城行动推进会议

（团市委提供）

【服务青年创业就业】 用好用活各方资金政策支持，打造“青创贷”“鲁青担保贷”“鲁青基准贷”等青年创业贷款项目，定期开展青年创业项目推荐、贷款评审、跟踪服务。依托东营银行设立东营青创贷项目，为创业青年协调发放贷款超亿元。争取省鲁青基准贷项目，发放贷款2417万元，省财政配套贴息46万元。联合人民银行东营市中心支行、东营银监分局和三家涉农金融机构共同推出“东青基准贷”项目，提供2500

万元的基准利率贷款，降低青年创业的融资成本。开展春风行动，联合市人社局等部门开展“春风行动”专场招聘会。在中心城区举办18场招聘会，提供就业岗位2万余个，约有1万余名青年达成就业意向。开展“庆五四未就业青年就业服务月”活动，累计接待用人单位200余家，接待求职者5000人，帮助2000余名青年实现就业。开展百校千企送岗活动，组织青企协会员企业到高校开展送岗活动，对接项目和人才，提供岗位500余个，实现300余名青年就业。在民政部门注册成立“东营市青草地公益创业孵化服务中心”，打造扶持团属创业公益项目服务品牌。

【服务管理重点青少年群体】 召开2016年全市综治委预防青少年违法犯罪专项组联席会议，调整专项组成员，建立工作制度和职责分工。联合市综治委“预青”组成员单位下发《关于在全市城乡社区网格化管理中加强重点青少年群体工作的意见》，将重点青少年群体服务管理和预防犯罪工作纳入基层综治工作布局，明确重点青少年群体排查摸底工作的载体平台、责任分工和方法步骤。以重点青少年群体底数为基础起草的《关于东营市重点青少年群体服务管理和预防犯罪工作的调查研究》被省维稳办表彰为“2015年度全省维稳调研文章”一等奖。发挥专业社工力量和社会组织在开展重点青少年群体工作中的作用，组织13家专业社工机构和公益社会组织的180名专业社工和志愿者，利用中立身份和专业社工方法开展帮教转化工作，有效提升重点青少年群体工作专业化和科学化水平。设计开发针对重点青少年群体的工作项目，实施萤火虫助学计划、“安全伞共守护”农民工子女安全教育、“彩虹桥”留守儿童关爱等项目，覆盖重点青少年群体3800余人。

【基层团组织建设】 重点针对两新组织、农村社区基层团组织，开展五星级基层团组织创建活动，评审命名20家五星级基层团组织。在五个县区分别成立县域农村合作组织团工委，整合农业、科技、林业、畜牧、人社、金融等部门资源，服务农村青年增收致富。同时，实现县域农村合作组织团工委和专业讲师团的深度融合，组织农技专家、农村青年致富带头人、乡土种养殖专家等，对农村创业青年开展各类培训。继续抓好区域化团建工作，全市14个街道全部建立区域青年工作共建委员会，新建直属团组织536个，社区建团率100%，联系青年社会组织159家，配备青少年社工及专职志愿者65名，建立工作阵地69个、新媒体平台23个，组织开展各类活动90余场次，有力提升基层团组织的吸引力和凝聚力。创新非公企业团建工作形式，开展“企业团组织活力提升工程”，采取12家市直属企业团委每月轮流领办一次团建活动的方式，促进企业团委间的交流沟通，提升非公企业团建活力。

【团员和团干部队伍建设】 在全省率先举办团课说课比赛，组织团员发展管理专题培训班，编发《东营市团员发展管理工作指导手册》，对基层团组织建设和团员发展管理进行标准化、精细化探索。深入全市97所学校突击检查团员发展和管理工作，按照“点上随机抽、面上全覆盖”的原则，查摆问题，限时整改，确保发展管理严格规范。着眼团员队伍先进性建设，多方搭建创新团员意识教育、规范团籍管理的有效载体，扎实做好团员成为注册志愿者等工作。做好乡村两级团组织集中换届工作，严格换届程序，严肃换届纪律，严把时间进度，全部完成团组织的换届工作。5月31日，召开东营市第七次少代会，选举产生新一届少工委。加强青联、学联建设，完成市青年书法家协会、市青年美术家协会换届工作，做好市青年企业家协会的准备工作，进一步延伸团的工作手臂。

（团市委　李猛）

## 东营市妇女联合会

【组织建设】 2016年，全市共有妇女组织19840个，其中，市级1个，县区5个，乡镇、街道40个，村居(社区)妇代会1794个，部门、单位妇委会1.8万个。创新机关党组织设置形式，建立市妇联党总支，下设机关、女企业家协会和农村巾帼创业联盟3个党支部，加强对妇女社团组织的政治领导。建设网上妇女工作阵地。开通东营女性微信、微博，建立200人网宣员队伍和20人网评员队伍，增加信息推送量，提高社会关注率。开通乡镇妇联主席、素质提升培训讲师微信、QQ交流平台，实现网上网下互联互动，延伸工作触角至新领域新阶层。加强组织效能，完善资金管理使用机制，严格落实女性素质提升、农村巾帼创业工程资金管理办法和基层妇联组织工作经费管理办法，确保专款专用、规范使用。2016年，全市40个乡镇街道妇联工作经费纳入财政预算总计186.5万，总数比2015年增加10万。加强督导考核机制，完善市、县、乡、村四级妇联组织考核办法，实施重点工作竞争评议机制，形成比学赶帮超的良好氛围。

【农村巾帼创业工程】 平台建设。优化创业联盟构成，市县联盟成员新增调整为208名，服务团成员达到429人。健全完善服务团帮扶联盟成员、联盟成员带动重点项目、重点项目辐射创业妇女的联动模式，提升妇女创业孵化器效能。2016年，联盟成员承接观摩452场、4822人次，各服务团开展集中服务47场次、针对性服务278次。重点打造巾帼创业示范村12个，命名巾帼创业创新基地5处。发挥示范引领作用，提升整体创业发展水平。加强妇女创业就业服务云平台建设，实现解决问题清单、创业项目、创业信息全上网，累计发布各类创业就业信息439条。探索打造电子商务平台，通过东营市巾帼电子商务创业基地、市县电子商务服务中心、妇联专属电商平台、东营淘宝馆、微商等平台，扩展创业妇女发展新渠道。2016 年，全市开展巾帼电商培训 107 场、3162 人次，推动 748 家巾帼创业项目通过电商微商网络平台销售，营业额 3280 万元。注重产学研结合，推动重点项目与高校、科研院所合作，提升发展能力和水平，2016 年底有 14 个项目与中科院、山东农业大学等院校建立起合作关系，并设立博士站 1 处。

培训提升。坚持“实用技能靠观摩”的思路，叫响“妇女想致富、妇联帮你选项目”口号，继续集中市县乡村四级妇联力量组织开展实地观摩。2016 年，举办现场观摩 862 场次，参与妇女 6678 人，推动妇女新上各类农业项目 976 个，新发展注册女家庭农场主 65 个，带动 12000 余名妇女走上创业致富路。举办女创业带头人、女家庭农场主培训班，提升创业妇女综合素质和能力。立足妇女创业需求，结合市场发展趋势、政府政策导向，重点加强家政服务、种养殖技术、手工制作等实用技术技能培训。2016 年，全市举办实用技术培训班 1301 场次，培训妇女 42616 人，467 名妇女取得职业资格证书。

服务保障。2016 年，市、县两级直接财政投入 414 万元，为农村巾帼创业工程实施提供有力财政资金支持。全力推进妇女小额担保贷款和“信贷助推巾帼创业行动”大额低息贷款工作，多渠道破解资金难题。2016 年，为 3474 名创业妇女发放信贷资金 4.4 亿元，争取各级贴息 1183.6 万元（其中国家贴息 1057 万元、省级贴息 26.6 万元、市级贴息 100 万元）。市委副书记、市长赵豪志对“信贷助推农村巾帼创业行动”做出重要批示。突出重点，全方位解决各类难题。坚持半月一督导一月一汇报制度，规范创业工程实施台账，落实解决问题登记备案制度，督促各级妇联组织为创业妇女解决实际问题。建立观摩培训和解决问题情况抽查制度，采取电话抽查、现场暗访等形式督促各项工作落实到位。2016 年，全市各级妇联组织共帮助创业妇女解决资金、技术、法律、品牌营销、用水用电等各类问题 1065 个。

【妇女素质提升工程】 宣传教育。做好组织、宣传、教育妇女的工作，主动承担起引导妇女群众听党话、跟党走的政治任务。省文明办、省妇联将女性素质提升工程作为落实乡村文明行动新农村新生活培训的典型进行录制宣传，并在东营市新型农民学校工作座谈会上交流经验。

课题培训。完善妇联组织列单、社会机构竞单、妇女群众选单、政府买单运行机制，采取推广点题卡、创作小品、录制微电影等形式，加大课题宣传力度，调动妇女参训积极性。召开女性素质提升工程现场会，总结推广成功经验，采取合理布点组织市级讲师培训的方式，扩大覆盖面。拓展深化培训内容。开发 0~3 岁家庭教育系列课题，传播先进的育儿理念；增加家政服务考证系列服务，新增电子商务、妇女维权等 5 个系列课题，丰富培训内容。组织“两大工程”微电影评选，总结工程实施情况，反应基层群众心声，提升工作生命力。2016 年，举办市级各类课题培训 2075 场次，培训妇女 101750 人次。

“舞前半小时”培训。村村建立巾帼广场舞队伍，5 个县区成立巾帼广场舞协会（联谊会），加强对广场舞活动的指导和管理。通过举办“片区小赛事”等活动，充分调动基层妇女学跳广场舞的热情，确保村村跳起广场舞。各县区通过公开招标、层层选拔，建立草根讲师队伍，出台草根讲师管理办法。全市草根讲师 216 名。草根讲师充分利用广场舞前时间，用“身边人说身边事”的方式，宣讲党的方针政策、创业致富项目、安全生产防护等内容，提升妇女境界，引导其自觉感恩党的关怀和温暖，紧紧团结在党的周围。指导基层创作“四德”广场舞，参与全省“四德”健身广场舞展示大赛，调动广大妇女群众学跳广场舞的积极性，将“四德”观融入日常生活，使社会主义核心价值观深入人心。2016 年，县以下草根讲师开展各类培训 1892 场，参与妇女 30258 人次。

高端培训。开办女干部成长工作坊，邀请中国青少年研究会副秘书长、全国知名专家曹萍老师做系列培训，提升妇联干部综合素质和业务能力。举办乡镇妇联主席培训班，外请专家授课、系统培训政治理论、集中讲解业务、相互交流工作经验，提升工作水平。特邀全国知名专家梁景清面向女企业家协会开展系统培训，增强创业创新能力。女性素质提升工程讲师团举办优质课观摩培训，开展面对面座谈，促进讲师完善培训内容，提高课题吸引力。

家庭文明。印发《东营市文明家庭创建工作实施意见》，整合最美家庭、平安家庭、好媳妇、好婆婆等优秀特色家庭和家庭角色等创评工作，拟评选市级“文明家庭”100 户，东营市文明家庭示范户 10 户。深化“长效保洁永远干净，文明卫生巾帼先行”活动，通过发放宣传彩页、垃圾袋、绘制文明墙、创建“巾帼文明一条街”等方式，营造浓厚活动氛围。全市组建巾帼文明卫生服务队 1800 多支，组织巾帼文明志愿者上街服务 2 万余人次。注重家庭教育和未成年人思想道德建设。组织召开东营市家庭教育促进会第五届会员大会，选举产生新一届理事会。积极发挥家庭教育讲师团的作用，推进 0~3 岁参与式社区家庭教育工作，在全市举办家庭教育 259 场次，培训家长 12950 人次。组织举办“建幸福东营 做美德少年”少儿演讲暨故事大王比赛、“鲁喀爱心牵手行动”“我爱我家同悦书香”亲子阅读活动、“传承好家风共圆中国梦”书画摄影大赛、“感恩母亲”征文等活动，弘扬传统美德，建设和谐家庭。《全面两孩政策下妇女就业与工作家庭平衡问题研究》被确定为“山东省妇女/性别研究课题”立项课题。

特色活动。组织全市纪念三八妇女节暨家庭家风家教报告会，纪念六一儿童节暨“给孩子成长的力量”报告会、组织庆三八市直女职工健步行活动，在《东营日报》、东营电视台集中开设专版、专栏，集中宣传妇女儿童工作和典型，营造浓厚氛围，弘扬主旋律、激发正能量。推荐拥军家庭代表魏希英家庭被表彰全国“最美家庭”。推荐上报省十佳好军嫂3名、十佳好警嫂3名、文明家庭9户，孝德家庭2户。

【妇女儿童维权工程】 妇女儿童发展“十二五”规划实施顺利收官。组织召开东营市妇女儿童发展“十二五”规划终期监测评估会议，安排部署规划终期监测评估和全国、省规划纲要评估迎检工作。开展全市妇女儿童发展“十二五”规划评估自查，对各县区妇儿工委及市妇儿工委成员单位进行实地评估检查。在评估自查的基础上，圆满完成省妇女儿童发展“十二五”规划终期监测评估验收，并作为妇女儿童发展“十二五”规划实施先进地市，顺利迎接全国妇女儿童发展纲要规划中期评估督导。编撰《东营市妇女儿童发展“十二五”规划掠影》、规划实施宣传画，全面展示“十二五”后东营市妇女儿童事业发展成就。

“十三五”规划编制工作顺利推进。汇总形成东营市妇女儿童发展“十三五”规划草稿，先后六次征求县区妇儿工委、市妇儿工委成员单位及社会公众意见，收到意见建议84条。组织召开编制起草组会议，研讨新规划突破点和创新点的可行性，确保新规划的科学性、前瞻性和可操作性。出台东营市妇女儿童十三五规划。

关心关爱弱势群体。加大“两癌”防治知识宣传培训，在全市组织女性“两癌”防治知识讲座294期，培训15375人次。启动“粉红丝带粉蓝丝带”公益活动，发放宣传折页及手册300余册，邀请知名专家做防治知识讲座，实现“两癌”防治知识的全面普及。重点救助患病贫困妇女，建立村、乡镇、县区、市四级“两癌”患病妇女救助工作台账，实行动态管理，确保贫困妇女得到及时救助。先后争取全国、省、市救助资金47万元，救助“两癌”患病贫困妇女47人次。开展“代理妈妈”结对救助贫困儿童活动，为全市2603名贫困儿童全部建立信息档案，招募“代理妈妈”659名，结对救助贫困儿童638名。代理妈妈开展入户走访、家庭教育指导、带贫困儿童参观游玩等活动1977余人次。出台《贫困儿童救助管理办法》，对结对救助情况、救助资金发放进行公示，接受社会监督。深入实施“春蕾计划”救助贫困儿童。2016年，全市发放救助金72.49万元，救助贫困儿童1768名。

（市妇联办公室）

2016年10月20日，市妇联、市慈善总会全国“扶贫日”两癌患病贫困妇女集中救助仪式

（市妇联提供）

## 东营市归国华侨联合会

【组织建设】 2016年3月30日，召开市侨联四届七次全委（扩大）会议，总结2015工作，部署2016年任务。会议选举燕志富、蔺爱国、薛国宏、梁群崴为市侨联委员，选举燕志富为市侨联常委。9月26日，市侨联召开四届八次全委会议，选举郭云为市侨联副主席。

【服务经济】 深入调研服务企业。先后到全市橡胶轮胎、石油装备、石油化工、汽车配件等40多家侨商会会员企业调研，从多方面、多角度了解企业经营发展情况。采取“一对一服务”的方式，有针对性的引荐海外侨商直接到企业考察、洽谈，帮助企业与华商、侨领实现“点对点对接”。引荐海外有影响的、有实力的华商、侨领到东营考察、洽谈。先后促成坦桑尼亚、南非、马达加斯加、阿联酋等国家的侨商会与万达宝通、恒宇集团、兴源集团、宏盛橡胶等轮胎企业建立海外销售合作关系，协调推进在南部非洲国家山东总商会和阿联酋山东商会设立东营市轮胎企业“海外仓”。7月，在省侨联梁波主席陪同下，全国政协委员、中国侨联常委王晓玉到东营考察联合石化、万达天弘等石化企业，并达成合作意向。主动引资引智，助推侨企创新发展。紧紧围绕“百名博士进东营”和“英才计划”等人才工程，充分发挥联系广泛的优势，向海内外侨界人士积极宣传推介东营市产业平台和政策环境，努力吸引侨商、海外高层次人才到东营投资兴业，创新创业。先后帮助成林高新技术有限公司引进3名海归“泰山学者”，为亨圆铜业引进2名专家学者。

【侨务工作】 推进“爱侨惠侨”工程建设，实施“精准扶贫”。先后开展“送温暖、献爱心”“侨界金秋助学”“关注老侨·健康查体”等活动。先后走访慰问归侨侨眷60余户，发放慰问品折合人民币2万余元；开展金秋助学，为3名侨界困难学生发放助学金

5000元；"老人节"期间，为15名60岁以上无工作单位、生活困难的归侨侨眷进行健康查体。继续做好侨界群众来信来访，确保归侨侨眷来信来访办结率、满意率均为100%。

【海内外联谊】 2016年7月，市侨联主席赵军随省侨联副主席李兴钰出访，与坦桑尼亚、南非和马达加斯加三国的山东商会等侨社团建立友好联系，促成南部非洲部分国家与东营市部分橡胶轮胎企业的销售合作。先后邀请全国政协委员、中国侨联常委王晓玉以及坦桑尼亚山东齐鲁商会、阿联酋侨联、加拿大山东同乡会、尼日利亚格拉斯青年会、马达加斯加中资企业协会、南非开普敦齐鲁同乡会、南部非洲山东总商会等多个侨商社团的会长9批、30多人次到东营考察交流。在推进东营市企业参与"一带一路"战略，引资引智，扩大对外合作等方面发挥积极作用。

2016年7月27日，坦桑尼亚中国齐鲁山东商会会长李国美(左一)、马达加斯加中资企业协会副会长邱玉明(左二)考察信义集团 (张希军提供)

【文化交流】 组织侨界部分书画爱好者、摄影爱好者参加上级侨联举办的"第三届世界华人书画作品展""亲情中华·镜动乡情"手机摄影大赛等活动。组织全市300多名中小学生参加第十七届世界华人学生作文大赛，市侨联、东营区外侨办、东营区教育局分获组织奖。协调举办民间艺术家、侨眷王象焕个人剪纸艺术展。9月，协调举办"黄河入海流——加拿大白石·中国东营友好城市文化之旅"艺术作品展，海内外50余位侨界艺术家参加活动，促进东营市与加拿大白石市的文化交流。

【下派帮扶】 会同东营区龙居镇、龙居镇高家村镇、村两级，先后筹集170余万元，帮助改造村内道路2100米，拆除旧宅院62处，栽种冬青800余棵，安装路灯65盏，为117户村民安装接通天然气。协调资金38万元，为帮扶村建成50千瓦光伏发电项目，帮助村集体每年增加收入约5万元。《东营日报》做专题报道。邀请市侨联委员、垦利区畜牧局高级畜牧师刘芳美举办"家畜家禽养殖培训班"，为高家村17户养殖户传授技术。 (市侨联　张希军)

# 军事

# 东营军分区

**【思想政治建设】** 2016年，坚持把学习贯彻习近平系列重要讲话精神，作为年度重要政治任务紧抓不放。通过开展知识竞赛、组织征文展评，将学习教育引向深入。开展“两学一做”学习教育实践活动，引导党员在“两学”中增长才干，在“一做”中树立标杆，在“三会一课”中加强管理。严肃开展肃清郭徐流毒影响专题教育，加强党风廉政建设形势，查找思想认识、组织推进和工作成效等方面的差距不足，对过去一个时期形成的思维定势、习惯做法逐条逐项研究辨析，剖析问题原因，制定对策措施。

**【战备训练工作】** 扭住“能打仗、打胜仗”的强军之要，树立战斗力的根本标准，坚持“以考促训、以比促练、以拉促备”，推进实战化军事训练落实，应急应战核心能力明显提升。高度重视战备训练工作落实，坚持把首长机关、民兵骨干队伍和应急分队训练作为重点工作，常抓不懈。5月下旬，指导垦利人武部组织民兵骨干军事大比武试点活动，圆满完成省军区组织的黄河防汛联合勘察任务，民兵队伍的训练水平和应急能力进一步提高。12月，指导市人防办联合淄博人防办组织“淄东联防-2016”机动指通系统跨区演练，提高组织指挥和遂行任务能力。规范战备制度，投入40余万元先后建立健全作战数据库、黄河防汛数据库、民兵信息船北斗系统数据库和防汛、反恐、指挥器材库，进一步完善“前卫-4号”机动指控系统，在省军区组织的黄河防汛指控系统考核中取得满分。

**【国防动员工作】** 开展民兵整组工作。4月28日，组织开展全市民兵集中点验暨课目演示活动，有效检验民兵组织整顿成果。持续开展基层武装部规范化建设达标活动，对全市民兵整组工作落实及基层武装部规范化建设达标情况进行巡查验收，经验做法得到省军区的认可与肯定。根据北部战区陆军、国家国动委和省国动委赋予的任务要求，5月、10月先后两次对近年来全市国防动员潜力数据进行全面采集，为推动全市国防动员工作科学发展提供数据支撑和智力支持。高标准组织年度征兵工作。完成年度征兵任务，大学生征集比例为41.5%，高出省征兵办指导比例13个百分点，首次实现全部征集高中以上学历兵员和身体条件“零”退兵。东营职业学院被省征兵办、省教育厅联合表彰为“大学生征兵工作先进单位”，并作为先进典型单位在全省大学生征兵工作会议上进行经验交流。

2016年5月下旬，指导垦利县人武部组织民兵骨干军事大比武试点活动
（东营军分区提供）

**【正规化管理】** 贯彻省军区依法治军从严治军会议精神，对县区武装部及下属的基层武装部正规化建设进行达标检查，推动基层单位正规化建设。深化“严纪律、正秩序、树形象”教育整顿活动，官兵法规条令意识明显增强。树立安全发展理念，开展“两个经常性”活动，把抓训练与抓管理有机结合起来，促进军分区安全管理工作科学发展。开展“学法规、用法规、守法规”“五项整治”、危爆品专项清理整治和反恐专项排查等活动，切实为安全工作落实发挥“助推器”作用。

**【后勤保障】** 狠抓后勤规范化建设，着力提高综合保障效能。严格编制年度预算，及时组织召开财务预算评审会议，将各县区人武部经费支出全部纳入联审会签范围，做到经费支出“无死角、全范围”监控，堵塞经费管理漏洞。10月，迎接军委审计署驻北部战区审计局对军分区党委领导班子的经济责任审计工作。开展有偿服务清理整治，坚持主官负主责，层层签订责任书，按照上级要求的时间节点，年底全部停止经营。着眼改善工作环境和生活条件，对营区水暖管线、屋顶防水、外墙保温等进行升级改造，基础设施建设水平明显提升。严格落实健康查体制度，组织军分区全体现役干部、职工和人武部全体现役干部到解放军第89医院进行健康查体，组织全体现役士兵到胜利油田中心医院进行健康查体，有效确保全区官兵、职工身心健康。

**【双拥共建】** 以争创“全国双拥模范城”为牵引，带领全市各驻军单位开展双拥工作。组织召开全市争创全国双拥模范城驻军驻警工作会议，对创城工作明确任务分工，落实责任人，在上级检查评比中得到肯定。深入贯彻落实习主席和中央军委关于支援老区经济建设的决策部署。将扶贫帮困工作列入年度重点工作筹划部署，在《东营日报》刊发倡议书，发动全市广大民兵预备役人员和退役军人群体积极参与打赢脱贫攻坚战。全区20名团以上干部每人结对帮扶一名贫困学生，定期走访慰问，累计捐款捐物5万余元。

【党委班子建设】 军分区党委、纪委以落实“两个责任”为牵引，强力正风肃纪，严格监督问责，组织召开军分区纪检政法工作会议，对分区纪检政法工作作出部署，确保监督责任落到实处。落实每周大交班制度，对各单位工作完成情况进行常态晾晒，相互监督提醒，增进学习交流。注重指导帮抓，军分区分工常委具体帮抓人武部，面对面教方法、理思路，不断提高人武部党委班子自建能力。着力提高人武部党委班子成员贯彻民主集中制的能力，在重大问题决策上，运用民主集中制原则规范工作。结合指导人武部党委民主生活会和帮抓帮建，检查各单位民主集中制落实情况，及时纠治工作中的不良倾向，切实发挥民主集中制的制度优势。

（东营军分区　李宏宇　刘青）

## 武警东营市支队

【概况】 2016年，武警东营市支队紧紧围绕强军目标，深入推进政治建军、改革强军、依法治军，圆满完成以执勤处突反恐为中心的各项任务。支队连续24年实现安全“四无”，被武警部队表彰为“安全工作先进单位”。

【思想政治建设】 坚持把学习贯彻习近平系列讲话精神作为政治生活主题，坚持党委领学、个人自学、录像辅导，组织理论考核、体会交流、主题征文活动，持续推动系列重要讲话精神入心入脑。紧扣改革强军主题抓教育，开展“学张楠精神、做‘四有’军人”和“强军风采”系列活动，有效提振官兵精气神。紧盯意识形态领域新动向抓防范，抓好个别人排查帮教转化，加强网络舆情监控，部队进一步纯洁巩固。紧贴中心任务抓保证，用活“八种基本方法”，组织“三战”演训和“八个到现场”展演，规范营区政治环境“武化”建设，服务保证中心作用发挥明显。抓实“红色基因代代传”工程，开展纪念建党95周年、红军长征胜利80周年系列文化活动，完善支队营院“处突路”政治环境，注重发挥刘集党支部、渤海垦区革命纪念馆等教育实践基地育人作用，用红色传统和基因灌注部队、涵养官兵。探索和推行的思想政治教育“六步法”“一队一品”特色文化队伍，拍摄的《憨兵憨事》情景剧、创作的《思成V客》、建立的“中队建设剪影”“官兵成长记录”“网络舆情每日播报”“安全工作每日一例”等工作载体逐步形成规模。年内，支队1人被武警总队表彰为十佳“四会”政治教员，1人被评为尊干爱兵先进个人，1人被表彰为优秀政治机关干部。

【遂行任务能力】 着眼“多能一体、有效维稳”战略要求，持续深化“三哨”(练哨兵、研哨法、强哨位)活动，加强“一哨十法”(编哨法、布哨法、查哨法、控哨法、带哨法、上哨法、站哨法、换哨法、下哨法、援哨法)研究，狠抓“一哨一责”落实，强力推进“五防一体化”建设，扎实开展“抓规范、打基础、治隐患、保安全”隐患治理，确保年内执勤安全无事故。以训练场地和教练员队伍建设为突破口，研究用好“六种组训模式”，严格训练“八落实”，组织“卫士-16”演习、冬季野营拉练、魔鬼周训练、工训轮换等演训活动，提升部队实战化训练水平。以“三场维稳战役”为牵引，狠抓战备工作“三化”落实，完善“三点三线”力量部署，加大两级应急力量建设，规范编携配装，规范以车代库和AB队备勤模式，推动机关“一室两站”、基层战备库室建设。联合市公安局、滨海公安局召开反恐怖袭击点对点方案工作座谈会，优化“三点三线”力量部署和42个防袭要点“点对点”预案落实，定期组织全要素前指带特勤中队整建制紧急拉动和城市要点勘察、要道封控演练，提升整体联动处置能力。年内，共出动2500余人次，完成武装押解、联勤武装巡逻、重大体育赛事安保等勤务152起，配合公安机关完成“1·11”涉疆暴恐团伙成员、“5·16”重大杀人纵火犯、“7·23”脱逃羁押对象、“9·14”吸毒人员、“10·21”涉黑团伙骨干抓捕任务5起，抓获犯罪嫌疑人20人。

【基层全面建设】 深化“组织建设规范周”成果，落实蹲点

2016年10月10日，武警支队官兵执行“首届黄河口（东营）公路自行车赛”警卫勤务

（关怀摄）

帮建和当兵蹲队制度，总结完善纲要联评、绩效评估实施办法，实施一队一案精准帮建。坚持学好用好先进典型，开展“学成武经验、学张楠精神”活动，积极培育挖掘身边典型，各层级各层面均学有榜样、赶有目标，直属大队被总队表彰为“先进直属大队”，河口区中队被总队表彰为“成武式标兵中队”，直属大队一中队、二中队、垦利区中队被总队表彰为“基层建设先进中队”。实施“暖心惠兵”工程，干部家属随军随调、带家属疗养、救助特困官兵等措施，有效激发广大官兵动力活力。1人被武警部队表彰为“优秀共产党员”，1人被总队表彰为“三心”干部、1人荣获山东省“五四青年奖章”荣誉称号，1名家属被总队表彰为“十佳军嫂”。注重强化法治观念，细化安全工作“八个规范”，持续开展“学法规、用法规、守法规”和“条令学习月”活动，严密组织3轮“百日安全竞赛”“三库”清理整治和预防自杀问题集中治理，用好“四无”计时、安全评估、“过中队”等载体，部队“五个秩序”进一步正规，支队被武警部队表彰为“安全工作先进单位”。

【后勤综合保障】 加强应急保障能力，规范“一组五队”建设。开展“强作风、研理论、学法规、钻业务”学习教育，加强专业兵“一专多能、一兵多用”建设，按照“相近的融合、合理的交叉、有效的整合”原则，调整优化培训机制，深化拓展培训内容，实践探索培训模式，与胜大超市、驾训中心、联合汽修厂达成培养协议，分批交叉培训炊事员、驾驶员、维修工等120余人次。推进后勤管理规范化建设，严格落实党委理财制度，强化预算执行管控，规范物资集中采购流程，建立枪弹管理常态查控机制，严格车辆派遣审批，持续组织财务大清查“回头看”“三项整治”和“伙食精细管理年”活动，提升后勤法治化水平。提升服务保障质量，改进官兵居住生活环境。2016年，投入400余万元更新2个中队的生活设施、维修教导队营房、改善机关干部住宿和卫生队办公条件、新建机关和教导队实体围墙；创新住房保障模式，借力警地共建优势，完成56套公租房保障任务。

【党委班子建设】 严格落实党委中心组理论学习制度，开展马克思主义学习活动。落实全面从严治党要求，认真学习“一党章、两准则、三条例”，班子成员带头讲党课、带头落实双重组织生活、带头交纳党费。用好18字“定海神针”，坚决贯彻民主集中制，细化议事内容、规范决策程序、畅通民主渠道。把“两学一做”学习教育作为重大政治任务摆在突出位置，抓实五个关键环节，高标准召开专题民主生活会，深入开展“敬抄党章”、重温誓词、公开承诺践诺、“党员示范岗”等活动，持续推进行业风气清查整治。2016年，调整使用干部12人，选晋士官79人，发展党员35人，记功嘉奖130人，优秀士兵保送入学2人，士兵考学1人。

（武警东营市支队　袁景晖）

## 济军综合训练基地

【经济建设】 2016年，济南军区黄河三角洲综合训练基地积极推动“一团一业”建设，“万亩优质水稻”示范园区建设逐步推进，高效生态林果种植园区初具雏形，林下黑猪养殖效益明显，大赤松茸种植实验项目进展顺利，万亩现代渔业养殖示范园区基础建设完工。将优质农产品销售融入“互联网+”，与东营市工商银行联合建设网上销售平台，加入东营农产品年度汇展，拓展营销渠道。协调争取国家惠农政策，加强农田水利建设、土地升级改造，新建高标准农田1.2万亩。针对国际原油低迷形势，新建储备罐4个增加原油储量1.2万吨，进一步提高抵御风险能力。加快省工业旅游示范项目黄河王酒文化旅游的打造和推介，新建改建酱菜生产、槐花酒酿造和室外贮酒车间1个。加强与719所科研合作，提升产品科技含量。实施军绿面粉面条生产线升级改造。投入资金500万，新建面条车间厂房5000平方米，购置一条新式面粉面条生产线。

【训练保障】 坚持“双五”战备日和体能训练制度，组织突发事件应急拉动演练观摩，参加东营市军地油联合防汛演习，摔打队伍、促进提高。针对善后办党委赋予的新兵训练任务，集中对新训营区生活训练和文化设施进行补充修缮，严格按纲施训、科学组训，受到各级首长高度肯定。开展土地维权巡逻宣传，加强周边区域巡逻和动态监控，组织土地管理人员培训考评和非法占地专项清理整治，重点惩治私搭乱建，遏制乱抢乱占势头，维护区域稳定。

【思想政治建设】 深入学习贯彻习近平系列重要讲话精

济军综合训练基地新建储备罐增加原油储量　（济军综合训练基地提供）

神,特别是改革强军重要论述。严格落实党委中心组学习和常委上党课制度,每周一夜校、每月一专题、每季一堂精品课。开展"两学一做"和改革强军两项重大教育,组织佩戴党徽、手抄党章等"十个一"活动,促进理论转化,增强党员意识。深刻反思郭伯雄、徐才厚案件惨痛教训,专题召开民主生活会,深挖根源,肃清余毒。组织先进典型代表到井冈山追忆长征路,参观广饶刘集支部旧址和《共产党宣言》纪念馆,重温历史,不忘初心。持续开展"讲老马场故事、学老马场精神、做老马场传人"活动,编写《老马场故事集》,组织评选"感动基地人物",树立正形象,传播正能量。开展军事体育运动会和"强军杯"系列比赛,提升新闻宣传力度和质量。退休、转业干部全部顺利移交。

【安全管理】 以"安全管理规范年"活动为牵引,从组织、教育、制度、督导、奖惩等7个方面细化规范安全工作。落实"五项整治"要求,邀请地方消防专家参与油气库站检查,提高检查质量。开展军地、军企、军警共建活动,定期召开油地军警联席会议,积极参与"打痞治霸""拆违治乱"和"九小场所清理清查"专项行动,净化区域安全环境。开展"打击打孔盗油违法犯罪、净化油区治安环境"专项行动,营造人人有责、全员参与氛围,收到良好成效。持续开展管道监管工作,100%完成基地辖区管道隐患治理任务,其中,完成山东省督办的的孤罗东、孤永东长输管道重大隐患3处。坚持狠抓整改,通过视频曝光、情况通报等形式点名道姓指出问题,对检查发现的问题限期整改,以追责问责推动工作落实。

【民生事业】 为困难职工协调争取惠民政策,申领最低生活保障金,落实优抚金。连续12年为职工增资,月均工资与山东省企业在岗职工持平。开展以"助老、助学、助残、助困"为主要内容的"四助"活动,设立关爱基金,组织结对仪式,每名常委结对资助1名困难学生, 每个支部结对帮助1户困难家庭,机关部门与基层单位搞好帮带,通过政策协调、基础建设和项目带动等方式,确保活动成效。持续改善基地植物园功能设施,实施"亮化工程",修建道路、厕所,设置垃圾箱、灭蚊灯等,为基地居民畅游植物园提供更加舒心的环境。重大节日慰问困难职工和党员120名,为700名职工家属免费健康查体,对居住偏远、行动不便的患病职工送医送药上门,解决后顾之忧。

(济军综合训练基地 陈汝军 韩庆国)

## 人民防空

【概况】 2016年,全市人防系统围绕提升履行"战时防空、平时服务、应急支援"使命任务能力,坚持打基础上水平,突出重点,加快建设,人防事业实现持续快速发展。东营市人防办被国家人防办表彰为"全国人民防空先进单位,东营市被省国防动员委员会授予"全省人民防空先进城市"称号,市人防信息保障中心、垦利区人防办被省人社厅、省人防办联合表彰为"全省人防先进单位"。

【人防工程】 2016年,编制完成东营市《中心城区人防工程建设规划》和《地下空间开发利用规划》,并由市政府批复实施。加快人防自建项目建设,完成市人民医院急救医院工程、金都大厦人防工程建设,全年批建人防工程16处,竣工验收备案15个项目,发放人防工程平时使用证17件。抓实人防工程监管,严格落实人防工程安全生产责任制。全年对全市在建人防工程开展日常质量安全巡监177次, 工程报监率、受监率均为100%。

【人防智慧通信建设】 2016年,完成市人防指挥中心和基本指挥所信息系统验收并投入使用。"一中心三部门"(人防指挥控制中心、综合保障部、情报信息部、政治工作部)信息化建设和低空预警雷达信息融合系统建设完成。《东营市防空袭方案》完成修订、评审和报批工作。重新划分重要经济目标类别和防护等级,建立分类分组目录。加强疏散体系建设,完善街道、社区等基层疏散预案,提高防空袭斗争准备水平。完善警报网络,升级建设新一代多媒体警报系统;修订完善维护管理制度,加强警报网络日常管理工作,确保全市城区安装的152台防空警报器正常使用。

【人防法制】 完善《东营市人民防空工程建设档案管理制度》《东营市人民防空工程竣工验收备案管理规定》和《东营市人民防空方案审查和易地建设审批规定》等制度。梳理人防行政权力事项和责任事项,下放行政权力2项,重新编制权力和责任运行流程图,制订《市人防办随机抽查工作机制规范事中事后监管实施方案》。全年市、县两级共受理各类审批服务事项711项,召开联审会议43次,全市报建联审率持续保持100%。严格执行省定标准,超额完成防空地下室易地建设费征收任务。

开展人防宣传教育"五进"(进社区、进学校、进网络、进机关、进家庭)工作,向社会普及防空防灾知识。在做好日常宣传教育的同时,重点结合法制宣传日、"5·12" 防灾减灾日、"9·18" 警报试鸣日等节点开展宣传教育。编印和发放《人民防空知识宣传手册》;将人防知识纳入全市机关干部普法考试试题库,促进全民防空防灾意识提高;在全市18个学校、社区和企业设置人防宣传栏,宣传应急知识,为6所学校配备人防宣传教育器材器具,巩固示范成果。向服务对象发放宣传资料1500余份,增强履行人防法律义务的自觉性。

(东营市人民防空办公室供稿)

# 法治

## 立　　法

【概况】 2015年8月，东营市成为立法法修订后全省首批获得立法权的市，东营市民主法治建设进入新的阶段。市人大常委会面对新形势新任务要求，积极主动地做好立法各个环节的工作。健全完善党委领导、人大主导、政府依托、社会参与的立法工作机制，依法成立法制委、法工委，建立立法咨询员、联系点等智库组织。

【立法工作】 出台《东营市制定地方性法规条例》《地方性法规立项工作规范》《地方性法规审议工作规程》，为规范有序开展地方立法奠定坚实基础。按照突出特色、现实急需、条件具备、科学民主的原则，紧紧围绕市委战略部署和群众关注的热点，在深入开展立法调研，广泛征求政府和社会各界意见，全面了解公众立法诉求的基础上，制订2016年立法计划。坚持"不抵触、有特色、可操作、真管用"，扎实开展立法实践，《东营市城镇容貌和环境卫生管理条例》于2016年12月1日正式实施，《山东黄河三角洲国家级自然保护区条例》经表决通过，待省人大常委会审查批准，立法工作实现良好开局。

【全市地方立法工作会议】 2016年4月11日召开。市委书记、市人大常委会主任申长友作重要批示。市人大常委会党组副书记、副主任李金昆、副市长杨梦斌讲话。省人大常委会法工委副主任石晓作立法辅导报告。市人大常委会副主任张传胜主持会议。市人大常委会秘书长魏光青宣读市七届人大常委会立法咨询员名单。市人大常委会驻会委员，市人大法制委员会委员，市七届人大常委会立法咨询员，市直有关部门单位分管领导、法制机构负责人，各县区人大常委会分管领导、法制工作机构负责人，市人大机关全体干部参加会议。

## 政法委及综治办

【概况】 2016年，全市政法综治战线把握"防控风险、服务发展、破解难题、补齐短板"的总要求，突出维护社会大局稳定、促进社会公平正义、保障人民安居乐业"三大任务"，维护全市社会大局持续和谐稳定，为经济社会持续健康发展提供保障。

【平安东营建设】 强化情报信息预警和专案工作，加快推进反恐维稳"十大体系"建设，做好各级"两会"、黄河口国际马拉松赛、G20峰会等重要敏感期安保维稳工作，确保社会面整体安全平稳。针对影响人民群众安全感的违法犯罪，开展打霸治痞、打击"盗抢骗"及电信网络诈骗犯罪、打击打孔盗油违法犯罪净化油区治安环境、冬季破案百日会战、油区"强防范、遏反弹、保常态"集中治理等专项行动，全市刑事案件发案量同比下降4.39%，东营油区涉油刑事案件同比下降79.4%，中石化长输管线东营段及油田集输总厂管理的近200公里长输管线均实现"零打孔"。公安部专门召开现场推进会，交流推广东营市打击打孔盗油犯罪的经验做法。健全完善多元化解矛盾纠纷机制，市委办公室、市政府办公室出台《关于完善矛盾纠纷多元化解机制的实施意见》，市综治委召开全市多元化解矛盾纠纷工作会议，提高全市矛盾纠纷预防化解实效。围绕实现寄递活动开箱验视、实名登记、过机安检"三个100%"（100%开箱验视、100%实名登记、100%过机安检）的目标，以压实党委政府的属地管理责任、寄递企业的主体责任、职能部门的监管责任为抓手，以扶持寄递企业实施X光机"全覆盖"为基础，以研发应用"三拍两输"的移动终端APP软件为支撑，以设立市县两级寄递安全信息服务中心为保障，打造"平安寄递"。全省寄递渠道安全管理工作推进会在东营召开。

【法治东营建设】 推进司法体制改革，完成全市法官检察官员额制改革遴选工作，律师参与化解和代理涉法涉诉信访案件改革、矛盾纠纷多元化解机制改革、"电子手铐"等非羁押措施改革试点任务取得阶段性成效。推行和完善案件评查制度，选取18起有代表性的办结案件进行集中评查，提升政法机关执法司法规范化水平。推行律师参与代理申诉和化解涉法涉诉信访案件制度，妥善化解涉法涉诉信访

2016年3月31日，全省加强寄递渠道安全管理工作推进会在东营召开
（市委政法委提供）

案件，案件化解率始终位居全省前列。加强县级法学会建设，推动5个县区全部成立法学会，为基层法学会事业发展奠定基础。

【政法队伍建设】 开展“全员练兵、全面规范、全力创先”主题实践活动，加强政治练兵、业务练兵、作风练兵，全面规范岗位职责、业务流程和制度体系，开展创先争优活动，提高政法队伍政治素质、工作效能和服务水平。健全政法机关教育培训机制，举办国家安全形势专场报告会，开展岗位大练兵、实战演练、评选技能标兵等活动，提高政法干警的业务水平。抓好政法队伍正风肃纪，落实各项纪律规定，集中解决执法司法作风问题，提高政法机关服务效能。加强政法宣传和舆论引导工作，市委政法委制定出台《关于在重大敏感案事件舆情应对中同步做好依法处理、舆论引导、社会面管控工作的意见》，中央人民广播电台《新闻纵横》栏目、《长安》杂志、中国长安网等媒体分别报道东营市政法综治工作的经验做法。（市委政法委　乔海峰）

## 法治政府建设

【依法行政指导】 ①做好全市法治政府建设规划。突出法治政府建设、突出改革导向、体现本市特色，以市委、市政府文件印发实施《东营市法治政府建设实施方案（2016—2020年）》。②落实法治政府建设年度进展报告制度，加强统筹协调，确保《东营市法治政府建设实施方案（2016—2020年）》落到实处。③加强基层依法行政工作指导。遴选市人力资源社会保障局等22个单位作为全市第一批依法行政工作联系点，鼓励各县区、各部门发挥典型示范作用，推动面上整体依法行政工作上新台阶。

【规范性文件管理】 ①加强规范性文件监督管理。推进备案审查常态化、合法性审查精细化，建立科学合理的规范性文件合法性审查工作机制，全年审查市政府规范性文件25件，审查部门规范性文件36件，全部统一登记、统一编号、统一公布。加强备案审查制度和能力建设，把所有规范性文件纳入备案审查范围，向省政府和市人大常委会备案市政府规范性文件9件，报备率、及时率、规范率均为100%。审查县区规范性文件14件，对存在的随意设定行政强制执行等问题，及时督促纠正，确保法制统一。②开展规范性文件清理工作。组织各级各部门开展规范性文件清理工作，清理结果全部在网站进行公布，方便公众查询，并对网站进行巡查及电话提示，确保清理工作落实到位。

【地方立法工作】 制订2016年度立法计划，科学安排立法项目，合理配置立法资源。完成《东营市城镇容貌和环境卫生管理条例》《山东黄河三角洲国家级自然保护区条例》《东营市物业管理办法》等法规规章的制定工作，为全市城市管理、国家级自然保护区管理保护等工作提供政策支撑，发挥制度建设对改革、发展的引领和推动作用。

【重大行政决策】 ①完善重大行政决策机制。为实现重大行政决策的科学化、民主化、法治化，出台《东营市政府重大行政决策程序规定》，明确市政府重大行政决策事项、主体、权限、程序和责任，确保市政府重大改革、重要规划、重大民生、重大政府投资和建设项目等行政决策有章可循。②加强重大决策事项目录化管理。按照“公众参与、专家论证、风险评估、合法性审查、集体讨论决定”的法定程序，对2016年市政府组织实施的6件重大行政决策事项目录予以公开，接受社会监督。③做好党委政府法律顾问工作。协助市委办公室成立市委法律专家库，遴选法律顾问，构建由政府法制机构主导、符合党委政府运行特点、运行高效的党政一体法律顾问工作机制。加强对法律顾问的日常指导、监督和协调，规范化、制度化、常态化地发挥法律顾问参谋职能。全年法律顾问参与审查法规规章草案4件、市政府重大协议27件，参与处理行政复议案件72件，代理市政府应诉案件10件，参与处置市政府其他重大事项11次。

【政府法制监督】 ①清理公布市级行政执法主体。审核市级行政执法主体的机构性质、主体类别和执法权类别情况，依法审核确认市级具有行政执法主体资格的行政机关和组织111个，其中行政机关68个，法律、法规授权的组织43个，以市政府公告形式公布，并在市政府和市级行政执法机关门户网站及《东营日报》上进行公示。②严格行政执法人员资格管理。开展行政执法人员清理工作，核实行政执法人员资格身份，注销行政执法证件980件。严格落实行政执法持证上岗制度，组织行政执法人员进行公共法律知识培训和网上在线考试，全市1919名行政执法人员考试合格取得行政执法资格，432名取得听证主持人资格。③加强行政执法监督。正式启用“东营市人民政府行政执法监督专用章”，加大行政执法监督力度。向44个行政执法部门单位发出《行政执法监督意见书》，要求各部门单位在规定期限内进行整改，并书面反馈整改结果，增强监督实效。④开展行政执法案卷评查。对全市行政执法部门169个行政执法案卷进行集中评查，发现并纠正行政执法问题800余个，规范行政执法行为。⑤完善行政执法监督工作机制。制定《东营市行政执法全过程记录实施办法》《东营市重大行政执法决定法制审核办法》，完善行政执法程序，规范行政执法行为，加强对行政权力运行的监督，促进严格规范公正文明执法。⑥完善行政执法争议解决机制。制定《东营市行政执法争议协调裁决办法》，为及时有效解决行政执法机关之间的执法争议，提高行政执法效率提供制度保障。2016年，协调处理空调外挂机等运行产生噪音扰民问题、木材加工噪音扰民问题、建筑垃圾处理问题等争议,确定管辖部门,理清行政执法管理职责。

【行政复议】 ①完善行政复议工作机制。制定行政复议工作规则21项,涵盖从当事人权利义务告知到立案、听证、审理、合议等办案流程,以及办案纪律、错案追究等方面,规范行政复议行为。②强化行政复议纠错功能。坚持"以人为本、复议为民",依法公正审理各类行政复议案件,切实加大纠错、监督力度。对违法或者不当行政行为,该撤销的坚决予以撤销,该纠正的坚决予以纠正。2016年受理行政复议案件104件,审结125件(含结转),其中维持43件、确认违法1件、撤销17件、责令履行4件,驳回当事人复议请求5件,调解和解后终止55件,指导被申请人主动纠错申请人撤回申请的43件,综合纠错率52%,强化政府内部的自我纠错和监督。③加强行政办公办案场所建设。按照国家和省关于行政复议规范化建设要求,启用新的办公办案场所,设置接待室、立案室、听证室、审理室、调解室、档案室、电子档案室、法律顾问室等功能用房,配齐相关设备设施,为开展行政复议工作创造条件。

【行政应诉】 ①明晰部门应诉责任。坚持"谁负责,谁应诉"的原则,做好全市应诉指导、协调工作,有效维护市政府合法权益。②创新应诉工作机制。按照法制机构主导和优势互补的原则,建立"1+1"工作机制,由1名工作人员和1名法律顾问共同出庭应诉,提升应诉效果。组织县区政府、市政府部门单位行政应诉人员参加庭审观摩3次,增强工作人员的责任意识、程序意识和证据意识,有效提升其应诉技巧,推动行政应诉工作开展。③注重与人民法院互动沟通。与市中级人民法院联合印发联席会议纪要,就新形势下加强行政应诉工作,推进依法行政进一步达成共识,加强了行政与司法的良性互动。④贯彻落实行政机关负责人出庭应诉制度。严格落实省、市关于行政机关负责人出庭应诉的有关文件要求,全市行政机关负责人出庭应诉率达50%以上,垦利、河口两区达100%。通过抓好行政应诉工作中的"关键少数",增强领导干部的法治意识和运用法治思维、法治方式化解行政争议的能力和水平。⑤建立健全行政诉讼败诉报告制度。通过对败诉案件的研究分析,提高全市各级行政机关依法行政水平。各级、各部门行政诉讼败诉报告率达到100%。

【法律事务性工作】 ①开展行政决策合法性审查工作。完善法律服务方式,为市政府重大行政决策、重大经济活动、重大建设项目提供优质的法律服务。2016年,审查市政府非规范性文件146件,审查市政府通告1件、土地征收公告11件、拟征收土地公告11件,审查《东营市广利河湿地水质养护提升工程PPP项目合同》《广利港通用码头战略合作框架协议》等政府重大协议44件,提出意见建议523条。②处理市政府涉诉案件。受市政府指派代理市政府行政诉讼案件12件,代为处理涉及市政府的行政审判监督案件1件,民事案件2件、知识产权纠纷案件1件,维护市政府合法权益。

【依法行政宣传教育】 围绕全面深化改革、全面推进法治政府建设,研究重点领域、关键环节中存在的法律问题,开展法治理论研究,撰写理论文章、案例分析和工作信息,并在山东省法制办、《黄三角早报》、东营电台、中国东营等多家报刊、网站上发表。连续两期在《法制日报》上发表《复议受案数连续三年超过诉讼东营行政复议三招告别"官官相护"》《高受案率高纠错率低诉讼率低败诉率两高两低标志行政复议公信力提升》《用制度杜绝人情干扰》《行政复议效果是法治政府晴雨表》四篇文章,宣传东营行政复议工作。

(市政府法制办 刘滨)

## 公　安

【概况】 2016年,全市公安机关先后投入安保警力2.2万余人次,完成中共十八届六中全会、C20峰会、G20峰会、黄河口国际马拉松赛等重大活动及敏感节点的安全保卫任务。坚持打防并举、重拳出击,开展严厉惩治打孔盗油违法犯罪、打霸治痞、惩治"盗抢骗"及电信网络诈骗犯罪、打击涉众型经济犯罪和毒品犯罪等系列严打整治行动。年内,以"零容忍"的态度,推进治安安全隐患大排查、快整治、严执法等专项行动,研究推进"清单式""网格化"管理模式。《人民日报内参》《大众日报》头版分别刊发推介东营市"合像管理"危化品运输车经验做法。围绕"五个过硬"(政治过硬、业务过硬、责任过硬、作风过硬、纪律过硬)目标要求,结合"两学一做"学习教育,坚持政治建警、素质强警、从严治警、从优待警。2016年,先后有61个集体、122名个人受到市级以上表彰奖励,东营分局胜利派出所民警王建新荣获全省优秀共产党员、"齐鲁最美警察"称号。

(市公安局 宋玉海 吕军)

【机构变动】 2016年6月,东营分局、河口分局禁毒大队明确为正科级规格,东营经济技术开发区分局、东营港经济开发区分局增设禁毒大队;10月,增设市公安局高速公路交通警察支队利津大队。 (市公安局 刘秀峰)

【队伍管理】 2016年全市公安机关把握"5+1"(在持续深化"五抓五强"(抓党建强作风、抓队伍强素质、抓规范强基础、抓打击强主业、抓创新强品牌)的同时,聚焦问题、聚力整改，着力提升群众安全感和满意度）工作思路，着眼能力建设，聚焦公安主业，突出抓党建带队建、抓改革促发展、抓培训提素质工作重点，推进各项公安政治工作。推进民警教育训练。先后举办警衔晋升、专兼职教官、基层所队长警务技战术专题培训班11期600余人次，选派民警参加省厅组织的各类业务培训87期377人次，提升培训的质量和效果。推进全警岗位练兵技能比武活动，建设"东营市公安系统网上练兵考试在线学习测试系统"，开展全员网上练兵比武竞赛活动。开展典型选树工作，先后评选"双为"先进集体20个、先进个人100名，64个集体、122名个人受到市级以上表彰奖励。突出文化育警。先后组织举办武装越野、游泳、篮球、乒乓球比赛，组队参加全省公安机关登山比赛、市直机关庆八一双拥篮球比赛和市直机关运动会等，提升警营文化氛围。

（市公安局 冯永超）

**【治安行政管理】** 创新完善巡逻防控工作模式。全方位整合社会化、专业化巡防力量资源，综合运用大数据分析、可视化指挥、数字化巡防等手段，巩固完善"三级巡防"、公安武警武装联勤、重点部位"一分钟现场处置"、公安检查站等级勤务等工作机制，构建环市、县、乡（镇）、村四级治安巡逻防控圈。年内，启动一级巡防勤务机制2次，二级巡防勤务机制4次，三级巡防勤务机制1次；累计出动警力19180人次、警车4795台次，盘查过往车辆13135台、人员2.08万人，打击现行违法犯罪6起，抓获现行违法犯罪嫌疑人7名，上网逃犯1名。

加强寄递物流业安全监管。联合综治、邮政管理、交通运输等部门推动寄递、物流企业严格落实开箱验视、实名登记和X光机安检"三个100%"安全管理制度，创新研发寄递业安全管理信息系统，实现对寄递、物流企业的动态化监管。

强化保安监管。对全市512名押运人员，全部采集指纹和DNA信息，落实动态管控；对2856名保安员进行资格审查，采集保安员指纹信息298条，提供法律咨询服务6次。对违反法律法规和队纪的公司和保安员坚决严肃处理，年内累计处理保安员26人，其中开除12人，留队查看14人；清退非法经营保安公司3家，收缴仿制警服43套，没收非法警械10件。

（市公安局 付晓奇）

**【严打整治】** 2016年，全市刑侦部门紧抓案件攻坚、逃犯缉捕、基础建设三项重点工作，深入推进"反电信网络诈骗中心、合成化作战中心、视频侦查实验室"三项建设任务，夯实视频信息技术建设和刑事技术建设两项技术支撑，提升专案攻坚能力和破案打击效能。2016年，破获各类刑事案件4592起，其中破获各类侵财案件3347起，破获八类严重刑事案件243起；抓获各类犯罪嫌疑人1458人，逮捕534人，打掉各类犯罪团伙79个，成员361人。

依法惩治经济犯罪。2016年，全市公安经侦部门严厉惩治涉众型、涉民生等各类突出经济犯罪，最大限度追赃挽损。突出惩治主业，惩治突出经济犯罪。开展惩治非法集资、侵犯知识产权、增值税专用发票专项行动。稳妥处置涉众型经济犯罪案件可能引发的维稳隐患，强化情报研判和维稳措施，在推进案件侦办的同时，有效防范涉稳案事件的发生。年内，立案157起，刑拘87人，取保45人，逮捕37人，移诉92人，案值13.8亿元，挽损1.6亿元。6月起，省厅经侦总队会同东营市局成立专案组，按照"精兵攻坚"要求和新的办案模式，选拔部分业务骨干进行集中攻坚，专案组辗转北京、新疆、广东等十余省市，行程上万公里，历时五个多月，办结公安部移交的东营公安迄今第一起涉嫌内幕交易案，涉案金额3400余万元。

治安依法整治行动。开展惩治打孔盗油违法犯罪专项行动。年内，共破获涉油案件136起，其中110起在册积案，破获108起，占比98.2%，中石化输油气管道保持"零打孔"的良好态势。联合滨海公安局组织开展社会治安集中清查行动。先后开展12次，查处涉嫌违法犯罪案件63起，捣毁涉黄、涉赌场所30余家，抓获处理违法犯罪嫌疑人107人。开展枪爆物品隐患排查整治专项行动。收缴各类枪支16支，子弹604发，管制刀具51把，抓获违法犯罪嫌疑人14人，查获非法储存爆炸物品窝点3处，查缴烟花爆竹5715余箱。

禁毒部门严打整治行动。2016年，各区县将禁毒经费纳入本级财政预算，逐步加大投入，配备无人机、毒品探测仪等相关专业设备。加大重点制毒物品的排查力度，将责任逐级落实到人，确保排查无死角，年内河口、垦利分别主动排查发现并打掉1处非法制造重点制毒物品窝点，缴获邻酮400余千克、盐酸羟亚胺2千克、溴代苯丙酮32925千克及其他化工原材料数吨。加大对精神麻醉药品和易制毒化学品的管控力度，防止流弊现象发生。市及各县区禁毒预防教育基地全部建成并投入使用，各县区开展禁毒示范学校评定工作，建成多所市县级示范学校。完善社区戒毒社区康复办公室建设。按要求配备专职社工，加强对吸毒人员的动态管控。年内，全市查获吸毒人员407人（其中新增查获吸毒人员256名），行政拘留260人，吸毒成瘾被责令社区戒毒人员43名，吸毒成瘾严重被强制隔离戒毒人员49名。

食药环侦部门严打整治行动。开展"打击食品安全·利剑行动""集中打击非法处置危险废物犯罪工作""全省食盐市场专项整治"等专项行动，侦破季某军、王某宁非法经营疫苗案等一批群众关注的大要案件。2016年，主动抽检60批次，样品200余份。破获刑事案件23起，抓获犯罪嫌疑人34人，其中刑拘24人，逮捕17人。办理行政案件14起，行政拘留17人。

（市公安局 冯达 刘焕东 于时军 李海燕）

**【网络安全】** 维护网上和谐稳定。加强对网站、论坛、博客和网络社区的日常监控，严格落实 7*24 小时网上巡查处置机制，圆满完成黄河口国际马拉松、G20 峰会、十八届六中全会等重大活动会议及敏感节点网上安保工作，重点针对网上涉及的敏感事件信息，及时化解网上不稳定因素，维护网上和谐稳定。

依法惩治网上违法犯罪活动。开展净网 2016、惩治利用网络侵犯公民个人信息专项行动、惩治网络贩卖枪支弹药等专项行动，惩治网上违法犯罪活动，净化网络环境。

强化网络安全监管。加强政府网站安全监管，组织开展网络安全大检查活动，落实互联网信息系统安全等级保护措施，发现消除多起高危安全漏洞，提高重要信息系统和重点网站的防护能力。 （市公安局 赵燕）

**【边防保卫】** 维护辖区稳定。抓住东营与潍坊、滨州争议地区以及东营海域 3 个重点方向，指导各级边防部队落实维稳措施。东营与潍坊、滨州边界地区连续 3 年没有发生群体性事件。

服务地方经济发展。创新推出“海上红色油区”“海上特快专递”“海上大篷船”等工作措施，实现油田海上原油产量连续 10 年增产目标。严密组织“东营—旅顺”航运安保执勤工作，全面推行实名认证购票，累计检查车辆 3150 台、人员 8.6 万余人。

海防建设。以 318B 型巡逻艇首制艇列编为契机，开展编队巡航、快反处置等实战性海上训练科目，在全省边防部队率先形成战斗力，完成全省渤海海域岛链编队巡航、处置海上突发事件等多项任务。年内，开展海上巡逻共 182 次，航时 968 小时，航程 8891 海里。 （市公安局 付淋华）

**【出入境管理】** 2016 年，受理各类出入境证件申请 77152 余人次，同比增长 5.2%，实现业务“零差错”、群众“零投诉”、队伍“零违纪”。加强“双备”工作，全市重新梳理登记备案单位 861 家，登记备案国家工作人员 48767 人，在控法定不批准出境人员 636 人；查处涉案（事）件 65 起，其中查处外国人“三非”（非法入境、非法居留、非法就业）案件 9 起 20 人，遣送 14 人。完成系列重大活动和特殊敏感时期出入境安保任务。2016 年，推出多项便民利民举措。省外异地申请只需要提交身份证和居住证、方便外地群众办理证件；签注制作权限下放到县区，真正做到简政放权；证件受理发证一体化，提升出入境的办事效率。建立高层次人才和外国专家服务绿色通道。对海外高层次人才及其随行家属可申请 2 至 5 年有效的外国人居留证件；配合市委组织部，设立专人负责，完成对国家工作人员持有办理出入境证件情况的核查，为干部的选拔任用提供基础数据。

（市公安局 于涛）

出入境管理部门强化便民为民服务新举措 （市公安局提供）

**【户政管理】** 人口统计工作。截至 2016 年 12 月 31 日，全市共统计常住人口 1928122 人，暂住人口 277184 人。

户籍管理制度改革。按照《山东省户口登记管理规范（试行）》规定，普遍在辖区设立社区集体户，为完成市民化任务提供有效途径。全面解决无户口人员登记户口问题。年内，解决无户口人员落户 339 人。完成为期三年的户口登记专项清理整顿工作。注销重复户口 74 个，清理应销未销户口 1124 个，纠正户口登记项目差错 2603 个，查处虚假出生医学证明 37 件，查处疑似高考移民迁出 35 件。

强化流动人口服务管理。贯彻落实《居住证暂行条例》实施意见，年内登记流动人口信息 57074 条，出租房屋信息 9351 条，办理居住证 16428 个。

标准地址库建设。上报标准地址信息 703775 条。

居民身份证管理。年内，受理上传第二代居民身份证信息 149868 条。全面开展居民身份证异地受理、挂失申报和丢失招领“三项制度”工作。受理省外异地身份证 416 个，省内异地证 2570 个。 （市公安局 吴忠玲）

**【110 接警服务】** 2016 年，全市公安 110 深入推进 110 实战化建设，优化调整接警组人员配备和分工，健全 110 报警台指挥长制度，先后采用红蓝对抗方式，不打招呼、不设置固定路线和地点的方式组织开展全市公安机关应对处置突发性严重暴力犯罪实战演练；8 月 29 日，组织开展全市公安机关封城控边应急拉动实战演练。推进全市云警务指挥调度平台建设，9 月 7 日，全市 110 接处警云警务平台上线并与执法办案闭环系统完成对接。10 月 20 日，

市公安局、市民生热线办公室联合召开新闻发布会，明确公安机关快速甄别110受理范围之外的非警务警情，告知群众自行拨打“12345”民生热线。2016年，全市110报警服务台共接群众电话呼入659846个。警情分类监测、分析日臻完善。编发《110警情通报》365期、《每日警情》365期、《全市110警情周析》47期。（市公安局　李宏）

**【交通管理】** 2016年，全市公安交警部门以“防事故、保安全、保畅通”为己任，紧扣事故预防、疏堵保畅和服务民生三大主题，加强道路交通安全监管，查处各类交通违法行为115万起，向运输企业开出1万~10万元罚单623起。全面推进社会管理创新。深入推行分析研判、责任追究、肇事逃逸案件专项侦办、超分驾驶人培训和农村社会管理工作机制，对66起生产经营性死亡事故予以责任追究，侦破死亡逃逸事故44起，抓获网上逃犯25名，侦破率100%。举办超分驾驶人培训班27期、4727人。在全市26个乡镇招录交通安全管理员419名，全面启动劝导站。深化道路交通事故社会救助基金管理。垫付救助141起、403万元，追偿9万余元。

交通设施规划融入基础项目建设。建设信号灯77处，新建改建标志牌622块（套），施划交通标线16.41万平方米，施划停车位3042个。投资3800万元，建设中心城区智能交通系统。投资3197万元，建设覆盖东营市国道81千米、省道612千米的智能交通安全系统，投资1959万元，建设覆盖185千米高速公路智能交通安全系统，推进智能交通建设进程。推行“发现隐患—报告隐患—整改隐患”一条龙，“报告、函告”双渠道，“年初排查提报—年中跟踪督办—年末检查验收”三步走工作模式，排查道路交通安全隐患1335处。

互联网交通安全综合服务管理平台。累计注册用户12.4万个，网上预选号牌9769笔，发放机动车临时行驶号牌11278笔，提交身体条件证明67944笔，受理考试预约业务25.3万笔。

文明交通行动计划。开展交通安全宣传教育2970余场次，发放宣传材料91万余份，曝光酒驾1988人次。全年全市共发生一般以上道路交通事故451起、死亡126人、受伤452人、直接财产损失153万元，事故起数较去年持平，死亡人数、受伤人数、直接经济损失分别下降2.3%、6%、22.1%。（市公安局　尹丽萍）

**【消防管理】** 2016年，市政府构建“一查（专家查隐患）”“一列（消防列清单）”“一抓（政府抓整改）”火灾隐患治理新模式。市消防安全生产委员会出台《东营市行业部门消防安全标准化建设标准》，推动行业部门加强对本系统、本行业的消防安全管理。联合教育、民政、卫计、文化等行业部门，对全市189所学校（幼儿园）、230家养老服务设施、74家医疗机构、15处宗教场所、350家网吧和娱乐场所进行排查，分类列出隐患清单，推动隐患整改。

火灾防控。部署开展冬春火灾防控、夏季消防检查等专项活动15个，先后排查单位11322家，发现火灾隐患或违法行为8423处，督促整改6020处，挂牌督办重大火灾隐患单位15家。全市732家重点单位、88个社区建成微型消防站，54个社区依托社区警务室建成消防体验室，18个商业区、旅游区和开发区参与建成区域联防协作组织，771家重点单位全部落实“6+1”（开展一次消防安全评估、签订一份消防安全承诺书、委托一家维保机构维护保养消防设施、组织检测一次电气和燃气线路设施、全面清洗一次油烟道、集中培训一次全体员工，建立一支消防志愿队）措施。

消防宣传教育。在东营电视台固定开办“直播消防”栏目，在《东营日报》《黄河口晚刊》中开设专栏。开通微信、微博公众平台16个，新浪微博吸引关注350万人，在全国同级单位位列第一。部署开展消防安全大培训、消防知识“进军训”活动，开展各类培训270余次，受训人数4.3万余人。

实战化练兵。部署实施分级分类分岗位全员练兵，坚持以比促训，建立健全常态化的比武竞赛、考核测评机制。对全市320家符合石油化工专项行动的企业全部建立“一企一档”。调查熟悉高层建筑504栋、城市综合体9家，全部建立“一楼一档”“一户一籍”。2016年，接警出动2000余起，保护财产价值2709万元，救助遇险群众282人，成功处置“10·17”东营区史口镇龙源化工油罐爆炸、“12·3”垦利永国物流油罐车爆炸等急难险重救援事故。（市公安局　赵海峰）

**【监管看守】** 2016年，全市监管场所共收押2197人，收拘1891人。①提升基础设施保障水平。监室整体改造工程基本完成，提审会见与内监区隔离工程有效推进。视频监控系统升级改造工程稳步推进。男女监区监控系统均实现“五室一房”（监室、监控室、管教谈话室、讯问室、律师会见室、医疗用房）图像上传，不断提高技防水平，改善监室居住条件。②提升监所安全系数。建立所领导每日交接班制度和不定期深入监区抽查检查制度以及管教、巡控、收押、提审等岗位值班长制度。有针对性的加强在押人员管理，探索建立所领导班子下监室谈话制度，教育引导民警严格、规范、文明执法。不定期开展监所安全大检查，要求管教民警、巡控民警对隐患苗头早发现、早处置。③提升医疗卫生专业化水平。推进医疗社会化改革，实现在押人员患病及时救治。加强出所就医安全防范。严格出所就医审批程序，加强押解防范，实行全程录像。④提升服务惩治违法犯罪工作水平。通过网上比对及时发现犯罪线索，配合刑侦破案工作，结合市局部署开展的专项行动，把深挖犯罪战果与民警个人绩效考核挂钩。先后深挖各类犯罪线索80余条。

（市公安局　李婷婷）

**【重大案件】** ①2016年5月16日，犯罪嫌疑人石某某在广饶县锦湖小区刘某某家中因感情纠纷将刘某某杀死后，在同一小区内对马某某实施抢劫犯罪。当晚，犯罪嫌疑人石某某为转移公安机关注意力在广饶一中东校二校区实施纵火，导致一名女性学生现场被烧死亡，多名学生不同程度被烧伤。之后犯罪嫌疑人石某某在广饶县英才中学实施故意伤害，现场两名学生被捅伤。2016年5月17日，抓获犯罪嫌疑人石某某(男，27岁，山东省广饶县人)。

②2016年7月25日，犯罪嫌疑人胡某某在东营区东城街道办事处沙营居委会新园小区14号楼301室内，对张某某一家四口实施入室抢劫并残忍杀害、抢走现金9000余元。7月28日，抓获犯罪嫌疑人胡某某(男，21岁，东营区史口镇人)，8月9日犯罪嫌疑人被逮捕。

③2016年11月7日18时20分许，垦利区兴隆路“六六福金店”发生一起入室抢劫案。案发后，省市区三级公安机关应警而动，合成作战，在天津市公安局配合下，11月10日19时许，专案组民警在天津市河东区友爱南里一小区居民楼内，将犯罪嫌疑人张某某、张某某、张某三名犯罪嫌疑人全部抓捕归案。张某某主动交代赃物藏匿地点，专案组民警成功起赃，“1107”六六福金店被抢劫案成功告破。

（市公安局　冯达）

## 检　察

【概况】 2016年，市检察院被市委确定为建党95周年宣传典型，在市直机关推广。省院在市院召开全省廉洁事项报告系统推广应用会议，推广加强干警八小时以外监督的做法。适应大数据发展新形势，以数据共享、资源整合为重点，通过“检之翼·检察数据中心”实现对业务数据的精准分析，省外60余家单位到院考察交流。研发的强制措施及刑罚执行监督平台，被评为全国信息化应用优秀成果。以创建“六型”现代化基层院为载体整体推进，基层院建设取得新突破，河口区院被表彰为全国先进基层院，在全国队伍建设会议上作典型交流。

【查办职务犯罪】 全年全市立案调查贪污贿赂案件49件58人，提起公诉42件51人，其中300万以上大案7人，实刑判决34人，实刑判决率59%；办理副处级以上要案9人，占立案总人数15.5%，是全省平均数的两倍；全市反贪部门在工程建设领域立查案件21件23人，在教育领域立查案件7件11人。针对高检院交办的长江系列案件，继续加强分析研判，坚持查深查透，最大限度地扩大办案成果。2016年，立案调查长江南京航道局原副局长鄢洪青涉嫌受贿案等9件9人，其中涉案金额过百万的7件7人。全市追捕在逃嫌疑人8人，其中1人为境外劝返，潜逃21年的梁东晓涉嫌贪污案发现其踪迹并妥善处理。全市反渎部门立案调查各类渎职侵权案件17件20人；立查案调重特大案件13件16人，占立案总人数的80%；起诉渎职侵权案件12件18人，起诉率90%，同比上升12.5%；生效判决渎职侵权案件被告人18件25人，均为有罪判决，有罪判决率125%，同比上升150%；其中实刑判决11件11人，实刑判决率55%，同比上升266.7%。

【刑事检察】 开展打击打孔盗油违法犯罪专项行动，对社会关注度高的敏感案件及时提前介入，引导侦查取证。“E租宝”“非法疫苗”经营案等案件案发后，及时提前介入、引导侦查取证，对涉案犯罪嫌疑人均依法从快作出批捕决定。

全市检察机关受理审查逮捕案件1000件1377人，同比分别上升12.5%和8.1%，批准逮捕683件1005人，同比分别下降2.3%和2.8%，全市无捕后撤案、判无罪和不起诉案件；不批捕352人，同比上升46.7%。监督立案27件36人，同比分别上升66.8%和80%，监督撤案37件45人，同比分别下降22.9%和19.7%。侦查活动监督57件，同比下降26.9%；

全市检察机关公诉部门受理案件1883件2597人；起诉1621件2110人；判决1504件1821人，一审审结率同比上升9.6%。追诉漏犯100人，同比上升17.6%；抗诉15件，改判和发回重审8件。抗诉和支持抗诉案件10件15人，同比增长10%。

【刑事执行检察】 纠正监管场所违法35件，监外执行违法35件；纠正减假暂不当5件，同比增加2件；审查羁押必要性案件89件，同比增加6件；查办职务犯罪案件3件3人，判决2件2人，同比增加2件2人，其中司法人员1人；办理罪犯又犯罪案件批捕1件1人，审查起诉2件4人，同比增加1件1人和2件4人。

开展三项专项活动。一是重点对判处实刑罪犯未执行刑罚专项活动。对审查符合统计条件的人员42名，分清情况，依法清理纠正。二是开展财产刑执行专项活动，审查未执行56人，依法清理纠正48人。三是“社区服刑人员脱管、漏管专项检察活动”，全市共筛查社区服刑人员1500余名，向司法行政机关纠正7件。

【民事行政检察】 受理各类监督案件248件，办结216件。其中：提请省院抗诉省院审查后提出抗诉2件，提请抗诉再审改判1件；提出抗诉8件，法院改判1件；发出再审检察建议16件，法院再审改判9件；向法院发出诉讼活动监督检察建议12件，法院回复并采纳16件(含上年积案)；向法院发出执行监督检察建议22件，法院回复并采纳22件；发出行政执法类检察建议75件，行政机关回复并采纳76件(含上年积案)；决定不支持监督申请45件；支持起诉34件。

【控告申诉检察】 两级院受理来信来访1977次，同比下降3.9%；其中来信525件，同比下降24.6%；来访1452次，同比上升6.6%。民生检察服务热线受理群众诉求1566件，同比下降27.2%。收到群众感谢电话共149件，同比持平。

全市受理刑事申诉14件，办结13件，中止审查1件。省院刑事申诉一体化办案1件；赔偿及赔偿复议案件2件，初核及不立案线索审查案件11件；司法救助48件，拨付资金22万元；审查民事监督案件280件，受理128件。

【预防职务犯罪】 全市组织警示教育和巡回宣讲95场，受教育人数2万余人。提供行贿档案查询1.6万件，同比上升347%。撰写职务犯罪分析15件，提出预防检察建议15件，市院《2015年度惩防报告》被评为"全国百优年度报告"。市院宣讲稿件被评为全省十佳稿件，县区院2件惩防报告被评为全省十佳和全省优秀报告。发挥志愿者优势特长，依托四个预防志愿团和"蒲公英"工作站，开展不同特色的预防志愿活动30余次，组织业务培训2次。市院预防职务犯罪微电影《玉镯》在CCTV-12"社会与法"栏目中展播。在省、市微信平台发布预防微文28篇。通过微博微信和志愿者QQ群发布各类预防咨讯530余条。检察官联系92个大项目，涉及资金112亿元。全市派驻76名预防特派员，全面落实预防五书和司法会计介入制度。

【检察技术】 2016年全市两级检察技术部门受理各类技术案件361件，其中检验鉴定30件，技术性证据审查254件，技术协助77件；同步录音录像122件、累计1272次、合计7154小时，为检察机关正确履行法律监督职能提供技术支持。司法鉴定实验室通过国家认可委复评审和电子数据门类的扩项。执行《山东省人民检察院司法鉴定公开制度》，深入开展"阳光鉴定"，鉴案准确率达到100%，无一错误、瑕疵、涉访涉诉鉴定案件的发生。配合自侦、公诉等部门进行电子数据取证100余件，恢复手机200余部；心理测试40余件、50余人。

【三项建设】 ①巩固司法规范化建设。组织两次大范围案件质量集中评查，随机抽查案件204件，进行公开点名通报。依托统一业务系统，设立案件复查员、监督员，把好出口关。落实应公开尽公开要求，公开法律文书、案件信息等5231件。强化涉案财物管理，对两级院涉案物品2795件全部纳入物联网统一管控。②提升信息化应用水平。整合应用原有56个系统，新研发4个系统，通过"检之翼·检察数据中心"实现对业务数据的精准分析。自主研发金融协助查询平台，铺设专线50条，实现与市内所有金融机构的信息联网查询。打造智慧侦查，电子取证、网上初查、心理测试应用率100%。4月，市院司法鉴定实验室通过国家实验室认可复评和电子物证扩项评审。③加强基层基础建设。围绕基层执法司法监督、惠民政策落实、重大项目推进等方面拓展检察室职能作用，办理案件161件。创建村居检察联络室，推动检察室监督服务向基层延伸。

【创新实践】 ①自主研发廉洁事项报告系统。选取干警"八小时外"容易出现廉政风险的29个节点要求及时报告，填报事项23类225份。②全面推开"黄河驿站"。利用"电子手铐"对1179名取保候审、监视居住、社区服刑人员进行管理，羁押率同比下降15.3%，无一人重新犯罪。③建立律师服务平台。围绕促进新型检律关系，整合提升原有律师预约系统，增加律师网上提交材料、网上评价、自动推送程序性信息等服务功能。④自主研发行贿档案查询辅助系统。形成外网受理、内网查询、自助打印的服务模式。

【检务保障】 加强行政装备工作，依托信息化规范固定资产、经费、接待、用车等管理，从制度上保证"八项规定"落实。加强信息调研，在省级以上刊发信息简报、调研文章187篇。加强对外宣传和舆情监测，制作视频新闻33部，在市以上媒体发表宣传稿件235篇，没有发生网络舆情事件。加强警务保障，出警4538人次，应急棍术演练被评为全国警务教学示范课目。加强人民监督员工作，依法办理监督案件13件。举办"检察开放日"、新闻发布会等活动，征求人大代表、政协委员、人民监督员、特约检察员、律师等意见建议179条，及时整改反馈，取得良好效果。

【典型案例】 鹿洪友受贿案。鹿洪友，男，1965年11月5日生，汉族，博士，中石化胜利油田分公司海洋采油厂原党委常委、副厂长、总地质师。因涉嫌犯受贿罪于2015年4月16日被刑事拘留，同年4月30日被逮捕。山东省东营市人民检察院于2015年8月13日向东营市中级人民法院提起公诉。依法组成合议庭，于同年9月1日公开开庭进行审理。经审理查明，2008年1月至2015年年初，鹿洪友在担任中石化胜利油田分公司海洋采油厂党委常委、副厂长期间，利用职务之便，为他人在业务承揽、业务开展等方面提供帮助，先后10次非法收受林建伟给予的人民币880万元。2016年6月22日，山东省东营市中级人民法院作出判决：被告人鹿洪友犯受贿罪，判处有期徒刑十二年，并处罚金人民币六十万元。罚金于判决生效之日起十日内一次性缴纳。受贿所得人民币八百八十万元予以追缴。

隋湘滨受贿、滥用职权案。隋湘滨，男，1967年5月28日生，汉族，大学文化，原东营市东营区龙居生态林场建设管理办公室主任(副县级)。因涉嫌犯受贿罪、滥用职权罪于2015年4月29日被刑事拘留，同年5月12日被逮捕。东营市人民检察院于2015年11月3日向东营市中级人民法院提起公诉。依法组成合议庭，于同年11月26日公开开庭进行审理。经审理查明，2013年，隋湘滨利用担任东营区龙居生态林场建设管理办公室主任的职务之便，违规安排将林场办组织实施的龙居森林湿地公园绿化工程通过某绿化公司虚假招投标进行承揽，并决定按照工程审定值的4%、1%前后支付给某公司管理费、企业所得税96.4017万元，以某公司名义支付开具工程款发票产生的税费41.839272万元，另支付虚假招投标过程中产生的招标代理费、陪标费、招投文件款、标书制作费、技术服务费8.9783万元，共计给国家造成损失147.219272万元。2014年9月，被告人隋湘滨利用担任东营区龙居生态林场建设管理办公室主任的职务之便，为他人在工程款结算、工程验收等方面谋取利益，收受现金人民币10万元。2016年6月21日，山东省东营市中级人民法院作出判决：被告人隋湘滨犯受贿罪，判处有期徒刑一年三个月，并处罚金人民币十万元；犯滥用职权罪，判处有期徒刑一年。决定执行有期徒刑一年六个月，并处罚金人民币10万元。

（市检察院　燕同芳）

## 法　院

【概况】　东营市中级人民法院有在编干警151人，均具有本科以上学历，其中具有硕士学位和研究生学历的59人。机关内设机构28个，直属事业单位（山东法官培训学院东营分院）1个。2016年，全市法院受理诉讼、执行等各类案件30984件，结案31637件，标的额159亿元，同比分别增长5.8%、4.1%、30.9%。其中，市中级人民法院受理2950件，结案2966件，标的额42.5亿元。全市法院有21个集体、190余名干警受到市级以上表彰。

【刑事审判】　坚持惩治与防范并举，着力维护社会稳定。审结一审刑事案件1804件2352人，同比分别增长9.8%、7.3%。生效判决中处五年以上有期徒刑、无期徒刑直至死刑的占处刑总人数的9.2%。①围绕平安东营建设，开展打击打孔盗油违法犯罪净化油区治安环境等专项行动，惩治危害人民群众生命财产安全的严重暴力犯罪、多发性侵财犯罪以及毒品犯罪、涉油犯罪、建筑领域违法犯罪，依法审理社会影响恶劣的广饶县“5·16”故意杀人、纵火案，利津县“8·31”重大爆炸事故案，张亚杰等19人聚众斗殴、故意伤害案。②把握刑事犯罪新变化，惩治群众痛恨的非法集资、食品药品安全、环境污染等犯罪，依法审理季泽军涉“假疫苗”非法经营等相关案件20件，维护人民群众的生命财产安全。③推进法治反腐，审结贪污贿赂案件85案90人，依法审理省纪委原副书记王喜远、省工商局原局长牛启忠、孤东采油厂原党委书记葛万生等职务犯罪案件。

【民商事审判】　依法调节民商事关系，促进社会和谐稳定发展。①依法保障民生权益，审结一审民事案件9139件，其中婚姻家庭案件2770件，工伤、医疗、交通事故等人身权纠纷2761件，财产权属等所有权纠纷519件，劳动争议案件537件，农村土地承包案件109件，建筑工程、房屋买卖案件879件，妥善处理涉“海洋城”新建小区商品房预售等系列案件，维护当事人合法权益。②依法调节经济关系，审结一审商事案件8952件，结案标的额92.7亿元。其中审结金融借款案件1538件、民间借贷案件3001件，审结买卖、租赁、加工承揽等合同案件2566件，审结破产案件13件，维护市场交易秩序，促进企业优胜劣汰和产业结构转型升级。③强化产权司法保护，发布知识产权司法保护白皮书，加强对驰名商标、核心技术和新兴产业知识产权的司法保护，审结商标权、专利权、著作权案件88件，保障创新驱动战略实施。④依法保障生态文明建设，推进环境资源审判专业化，审结环境资源类案件127件，依法审理金岭集团大气污染公益诉讼案、中华环保联合会诉浙江某公司跨区域环境污染案，发出全省基层法院首份“环保禁止令”。

【行政审判】　依法化解行政争议，促进法治政府建设。新收各类一审行政诉讼案件225件，审结232件，其中判决撤销、变更、确认行政行为违法26件，判决驳回起诉、驳回诉讼请求99件，经调解、协调原告撤诉结案71件。①推动完善行政机关负责人出庭应诉制度，市政府出台《行政机关负责人出庭应诉规定》，行政机关负责人应诉率为53%。中院审理首起政府“一把手”出庭应诉的行政案件，广饶县县长霰景亮出庭与行政相对人面对面进行诉讼，效果良好。②发挥行政审判能动作用，配合“拆违治乱”专项行动，及时提供司法支持，针对执法程序、执法措施的适用提出对策建议，促进专项治理工作深入开展。③制作发布行政审判白皮书，定期邀请行政执法人员旁听庭审，促进提高依法行政水平。市人大常委会专题听取审议法院行政审判工作报告，赞成和基本满意率为100%。

【立案工作】　完善便民利民措施，构建阳光司法机制。①深化立案登记制改革，坚持有案必立、有诉必理，同时对不属于法院受理范围的案件，尽可能做好说明解释工作。坚持让经济上有困难的当事人打得起官司，为交通事故案件受害人、追索劳动报酬案件当事人、年迈和残障当事人等减缓免诉讼费141.7万元。②构建便民诉讼服务体系，全市法院普遍建立诉讼服务中心，建成诉讼服务网，开通“12368”司法服务热线，解答当事人咨询1000余人次。完善案件繁简分流机制，加大简易程序、小额速裁程序适用力度，全市法院民商事案件简易程序适用率81.1%，位居全省法院前列。③推进司法公开，全市法院全面建成审判流程公开、庭审活动公开、裁判文书公开、执行信息公开四大平台，在中国裁判文书网上公布文书19848份，在法院门户网站直播庭审272次。实施人民陪审员“倍增计划”，扩大案件参审范围，人民陪审员参审率96.2%。

【执行工作】 依法维护生效裁判权威，促进社会诚信体系建设。省法院把东营列为全省首批解决执行难的地区，要求2017年6月底基本解决执行难问题。市委、市政府印发《关于支持人民法院基本解决执行难问题的意见》，申长友作出重要批示，郑建军出席全市法院执行工作会议并做重要讲话，要求各级各部门加强协作配合，形成解决执行难的合力。②召开全市法院执行工作会议进行全面安排部署，制定解决执行难工作方案。③建立执行指挥中心，形成上下一体、反应快捷的执行指挥系统，通过完善查控网络、健全工作机制，加大执行力度。全年执结案件8722件，标的额39.5亿元，同比分别上升12.3%、50.7%。执结各类案件8722件，标的额26.2亿元，同比分别上升12.3%、50.7%。

【信访和审判监督工作】 依法推进涉诉信访法治化，妥善化解信访案件。①坚持院领导值班接访、远程视频接访、信访听证等制度，每个工作日由院领导轮流值班，接待群众来访。处理来信来访593件次，远程视频接访14件次，化解信访积案31件。②推进"访转诉"工作，对符合申诉或申请再审条件的信访案件，引导信访人通过依法申诉或申请再审，将信访问题引入法律程序解决。③全面推进律师代理申诉工作，值班律师当场化解申诉案件115件。

坚持依法纠错与维护判决既判力相结合，实现二审、再审程序的审判监督功能。①发挥二审程序的监督作用，市法院审理不服基层法院一审裁判的上诉案件2085件，对273起案件改判或发回重审。②对不服生效判决的当事人申诉、申请再审、检察机关抗诉案件，坚持依法纠错的原则，启动再审程序，改判、发回重审10件，维持14件，调解、撤诉5件。③通过对改发案件逐案评析、案件质量定期评查，不断提高办案质效。各类案件经过一审后的服判息诉率90.3%，经过二审后达到99.3%，审判执行工作实现良性发展。

【社会管理综合治理】 依托审判工作，发挥好矛盾化解、法制教育、司法建议、法律服务等功能，推进法治东营建设。①完善多元化纠纷解决机制，落实《山东省多元化解纠纷促进条例》，升级诉讼服务中心，建立专门"诉调对接中心"，重点加强对家事纠纷、相邻关系、交通事故、物业纠纷等案件的诉前调解工作，分流一审案件约20%。②开展"法律六进"活动等法制宣传，深入农村、企业、学校、军营、社区、单位等，以案释法，宣讲法律。定期举办新闻发布会、公众开放日，邀请人大代表、政协委员、基层群众，走进法院、走进法庭、走近法官，零距离感受审判工作。③加强青少年犯罪预防工作，召开保护未成年人权益案件典型案例发布会，构建预防青少年犯罪新格局，以校园为基地，开展犯罪预防教育。全市少年法庭法律进校园活动覆盖全市60%的学校。④推进社会治安防控体系建设，针对案件审理中发现的可能影响社会稳定的隐患和管理漏洞，及时向有关部门和单位提出预防和处理的司法建议14份。

【队伍建设】 ①推进司法责任制改革，完成首批员额法官遴选工作，遴选员额法官224名。探索建立新型审判执行团队，推动院庭长办案常态化，切实"让审理者裁判、由裁判者负责"。②压实全面从严治党主体责任，开展"两学一做"专题教育，配齐配强机关党委班子，成立纪律检查委员会，调整充实庭室党支部，细化主体责任，支持监督执纪问责，对5名违纪人员作出组织处理。③持续正风肃纪，开展为期一年的"规范司法行为专项整治"活动，对2个基层法院开展司法巡查，完成执行款物管理情况专项检查，聘请特邀监督员82名、内设廉政监察员124名，纪律作风明显改进。④着力提升能力，适应司法改革要求，提高法官驾驭庭审、认定事实、适用法律、制作文书和信息化应用水平，特别是强化法官独立办案、独立负责、敢于担当的能力，全市法院共举办各类培训班92期，培训干警310人，全市法院结案数同比增加1300件。

【典型案例】 **东营中院一审审结广饶"5·16"重大故意杀人、纵火案**。经审理查明：2016年5月16日14时，被告人石俊峰因不满恋爱对象刘某提出分手，用偷配的钥匙进入刘某家中，持刀将刘某捅刺致死。逃跑过程中，持刀从马某处抢劫现金人民币251元。为制造恐慌，转移公安机关注意力，当日20时42分许，携带汽油、打火机等作案工具窜至广饶县第一中学某班窗外，向教室内泼洒汽油点火纵火，致3名学生死亡、1名学生重伤、17名学生受伤，烧毁物品价值人民币159889元。21时窜至广饶县英才学校初中部，持刀将放晚自习回宿舍的2名学生捅至重伤。犯罪后驾车逃窜，途中因车辆陷入沟中，遂弃车逃亡，2016年5月17日14时，在孤岛至河口的一城际公交车上被抓获归案。东营市中级人民法院审理认为，被告人石俊峰因恋爱不成，一日内先后实施故意杀人、抢劫、放火、故意伤害四种犯罪行为，致4人死亡，3人重伤，3人轻伤，17人受伤，造成财产损失159889元，抢劫他人财物251元，手段特别残忍，情节特别恶劣，社会危害极大，拒不认罪，应依法严惩。遂于2016年12月30日作出一审宣判，以放火罪、故意杀人罪、故意伤害罪、抢劫罪四罪，数罪并罚，决定执行死刑，剥夺政治权利终身，并处罚金三千元。

**东营中院审结山东省工商行政管理局原党组书记、局长牛启忠受贿案**。经审理查明：2003—2013年，被告人牛启忠利用担任山东省滕州市市委书记、山东省工商行政管理局党组书记、局长职务上的便利，为他人在企业收购、发展经营、土地出让金减免、提高土地容积率、招投标等方面谋取利益，非法收受或索取陈正德、王刚等6人所送财物，共计人民币 85.1005 万元、美元 6 万元，折合人民币 132.686 万元。东营市中级人民法院认为，被告人牛启忠身为国家机关工作人员，利用职务上的便利，为他人谋取利益，非法收受或索取他人财物，数额巨大，其行为构成受贿罪。遂于 2016 年 9 月 7 日作出一审宣判，定被告人牛启忠犯受贿罪，判处有期徒刑五年，并处罚金人民币二十万元。一审宣判后，被告人牛启忠当庭表示服从判决不上诉，检察机关未抗诉，一审判决发生法律效力。

**东营中院审结葛万生受贿、巨额财产来源不明案。**经审理查明：2005—2015 年，被告人葛万生利用担任中国石化股份公司胜利油田分公司井下作业三公司经理、党组副书记，桩西采油厂副厂长，孤东采油厂副厂长、党委书记职务上的便利，先后收受、索取沈某、崔某等人贿赂款共计 88.53775 万元，为请托人在工程承揽、产品销售、工作关照等方面谋取利益，其行为构成受贿罪。被告人葛万生财产、支出超过合法收入折合人民币 328.120973 万元、美元 1.219588 万元，差额巨大且不能说明来源，其行为构成巨额财产来源不明罪。东营市中级人民法院审理认为，被告人葛万生除如实供述办案机关所掌握的受贿犯罪事实外，另主动供述受贿其他较重犯罪事实，亲属代为其上缴部分赃款并为可能判处的罚金刑提供财产保证，可从轻处罚。遂于 2016 年 10 月 27 日作出一审宣判，以受贿罪判处葛万生有期徒刑四年六个月，并处罚金三十万元，以巨额财产来源不明罪判处有期徒刑三年，决定执行有期徒刑六年，并处罚金三十万元。一审宣判后，被告人葛万生未上诉，检察机关未抗诉，一审判决发生法律效力。

**东营中院审结首例大气污染民事公益诉讼案件。**经审理查明：被告山东金岭化工股份有限公司下属热电厂自 2014 年以来持续向大气超标排放污染物，并存在环保设施未验收即投入生产、私自篡改监测数据等环境违法行为。2014—2015 年，广饶县环境保护局因超标排放大气污染物、环保设施未经验收投入生产等违法行为对被告进行 13 次行政处罚；东营市环保局对被告进行 3 次行政处罚；山东省环保厅对被告挂牌督办，责成东营市环境保护局立案查处，责成被告停产整改、限期建成脱硫脱硝设施；2015 年 11 月 5 日，环保部对被告通报、督查。2016 年 1 月 19 日，北京市朝阳区自然之友环境研究所向东营市中级人民法院提起诉讼，请求判令被告停止排污，承担污染治理费用及相关诉讼费用。中国政法大学环境资源法研究和服务中心、济南市绿行齐鲁环保公益服务中心支持起诉。在审理过程中，经东营市中级人民法院主持调解，原被告双方达成调解协议，山东金岭化工股份有限公司承担生态环境治理费 300 万元，于调解协议生效后 10 日内支付于法院指定的环保基金账户。北京市朝阳区自然之友环境研究所支出的律师代理费、交通费、专家咨询费，由山东金岭化工股份有限公司承担。

**东营市中级人民法院及基层法院、法庭查询表**

| 机构名称 | 地　　址 | 邮编 | 联系电话 | 监督电话 | 网　　址 | 微信公众号 |
|---|---|---|---|---|---|---|
| 东营市中级人民法院 | 东营市府前大街 79 号 | 257091 | 6387728 | 6387989 | dyzy. sdcourt. gov. cn | 东营市中级人民法院 |
| 东营区人民法院 | 东营区钟山路 909 号 | 257091 | 8210229 | 8265010 | dydyqfy. sdcourt. gov. cn | 东营市东营区人民法院 |
| 东营区人民法院辛店人民法庭 | 东营区淄博路 285 | 257000 | 8265093 | 8265051 | dydyqfy. sdcourt. gov. cn | 东营市东营区人民法院 |
| 河口区人民法院 | 河口区海宁路 381 号 | 257200 | 3662727 | 3666615 | dyhkqfy. sdcourt. gov. cn | 河口区人民法院 |
| 垦利区人民法院 | 垦利区振兴路 83 号 | 257500 | 2521279 | 2561989 | dyklfy. sdcourt. gov. cn | 垦利县人民法院 |
| 垦利区人民法院胜坨人民法庭 | 垦利区胜坨镇镇北路（胜坨镇中学东邻） | 257506 | 2361177 | 2561989 | dyklfy. sdcourt. gov. cn | 垦利县人民法院 |
| 利津县人民法院 | 利津县利一路 114 号 | 257400 | 5621644 | 5626426 | dyljfy. sdcourt. gov. cn | 利津法院 |
| 利津县人民法院陈庄人民法庭 | 利津县陈庄镇政府驻地 | 257447 | 5653912 | 5626426 | dyljfy. sdcourt. gov. cn | 利津法院 |
| 广饶县人民法院 | 广饶县迎宾路 192 号 | 257300 | 6441476 | 6458078 | dygrfy. sdcourt. gov. cn | 广饶法院 |
| 广饶县人民法院大王人民法庭 | 广饶县大王镇黄河路北、花园路西 | 257335 | 6926837 | 6458078 | dygrfy. sdcourt. gov. cn | 广饶法院 |
| 东营经济技术开发区人民法院 | 东营市经济技术开发区大渡河路 257 号 | 257091 | 6087820 | 6087820 | dykfqfy. sdcourt. gov. cn | （暂无） |

（市中级人民法院　延颜）

## 司 法 行 政

**【“七五”普法和依法治市规划】** 6 月 29 日，市人大常委会七届 38 次会议审议通过“七五”普法和 2016—2020 年依法治市两个规划，8 月 1 日，市委、市政府对“七五”普法规划予以转发（东发〔2016〕18 号文件）。市及各县（区）建立 110 人的普法讲师团队伍和 500 余人组成的法治宣传志愿者队伍，建立起较为完善的社会普法责任制。全市各级围绕“城

“功能全、服务广、一站式”的公共法律服务中心 （市司法局提供）

市生态建设年”活动、水气污染整治专项行动等开展形式多样的普法宣传活动，广泛普及与经济社会创新、协调、绿色、开放、共享发展密切相关的法律法规，依托市委组织部现代远程教育网络，以选举法等为内容开展“远教送法”122场次；依托新型农民学校，开展“新型农民法律法规知识千场宣讲”150余场次；举办东营市第二届“青春与法同行”青少年模拟法庭及城乡展演活动35场次，编印中小学绘图学法读本，组织全市中小学生“关爱明天、普法先行”法治演讲比赛，开展校园法治征文活动；依托各级党校、行政学院，举办公务员季度法治讲座120余场次；依托东营普法网，组织公务员年度普法考试，全市2万余人参考，市直6500余人。实施法治文化品牌建设工程，部署推进法治文化广场建设、省级法治宣传示范基地创建，着力打造河口“法治黄河口”系列刊物、垦利“法润黄河口”系列文艺演出、利津“法律垄上行”系列宣传活动等法治文化品牌，打造“法律六进”示范点26个，市司法局、市普法办举办全市“12·4”宪法宣传日暨“七五”普法法律知识竞赛。推进法治创建，健全完善法治创建动态管理机制，开展多层次多领域法治创建活动，截至年底，全市创建国家级、省级、市级及县区级民主法治示范村（社区）1095个，其中省级以上56个，创建覆盖面58%；全市依法治校铺开面100%，依法治企铺开面90%以上。2016年，东营区被表彰为全国“六五”普法先进区，垦利区、广饶县被表彰为全省“六五”普法先进县（区）。

【公共法律服务体系和平台建设】 4月26日，市委、市政府印发《关于加快推进公共法律服务体系建设的意见》，市司法局制定印发《东营市公共法律服务平台建设实施方案》，争取市政府批准立项建设市级公共法律服务中心，推进县区公共法律服务中心、乡镇工作法律服务工作站及社区司法行政工作室等实体平台建设及热线、网络平台建设，全市3个县区、全部乡镇（街道）建成公共法律服务平台，首批建成44个社区司法行政工作室。市、县（区）“12348”热线实现与基层司法所视频语音对接，市、县（区）司法行政机关在门户网站建立公共法律服务窗口，垦利区公共法律服务中心被表彰命名为全省首批公共法律服务示范中心。

【律师工作】 市司法局出台《关于法律服务经济社会发展的意见》，组织“黄蓝律师服务团”参与黄大铁路、东营港疏港铁路、黄河三角洲现代农业孵化展示、蓝色港湾、广利港防波挡沙堤及航道工程、市中心城水环境治理等重点项目建设，推荐4名律师担任市委法律顾问，17名律师被选聘为市委法律专家库成员，遴选95名律师进入市政府法律专家库，组织律师10余人次参与研究全市重大决策事项、重要合同审查、重大行政复议案件。组织开展“百名律师进社区”“百名律师进百企”，全市有307名律师参与进村（社区）入企活动，实地走访356家村（社区），开展村务法律体检158次，帮助查找解决村级组织发展和农村稳定的深层次法律问题140个，基层社会管理问题112个，村务法律体检报告20份；走访企业471家，发放调查问卷691份，开展座谈424次，协助企业查找、防范、弥补生产经营中法律风险317个，管理漏洞228个，建立风险预警机制173个。全市律师担任法律顾问956家，办理各类法律事务26926件。深化律师事务所星级化创建，完成第二届星级所创建评审，6家律所星级获得提升。推动达洋等5家律所在规模层次、发展模式、分配机制等多个方面进行改革创新，向规模化、专业化、品牌化方向发展。

## 东营市律师事务所一览表

| 序号 | 律所名称 | 负责人 | 地址（住所） | 联系电话 |
|---|---|---|---|---|
| 1 | 山东地义律师事务所 | 田希望 | 东营市府前大街123号 | 8525692 |
| 2 | 山东鲁北律师事务所 | 谢玉泉 | 东营区黄河路430－6号金领国际A座10楼 | 8559720 |
| 3 | 山东众旭律师事务所 | 张玉良 | 东营区西四路360号海通大厦10楼 | 7878598 |
| 4 | 山东黄河口律师事务所 | 付冬梅 | 东营区东三路138号银座城市广场B2幢215号 | 8339807 |
| 5 | 山东达洋律师事务所 | 孙瑞玺 | 东营区曹州路39号金汇大厦7层 | 7365850 |
| 6 | 山东齐征律师事务所 | 杜渤海 | 东营区东二路239号黄海大厦11楼 | 8100002 |
| 7 | 山东天地恒律师事务所 | 张华庆 | 东营区北一路375号青年创业园A座812室 | 7782529 |
| 8 | 山东正义之光律师事务所 | 李成银 | 东营区黄河路369号 | 7789290 |

续表

| 序号 | 律所名称 | 负责人 | 地址(住所) | 联系电话 |
|---|---|---|---|---|
| 9 | 山东爱智律师事务所 | 李大伟 | 东营区沂州路62号楼 | 13561043889 |
| 10 | 山东法瀚律师事务所 | 马志远 | 东营区胶州路103号 | 13081411067 |
| 11 | 山东百祥律师事务所 | 李　文 | 东营经济技术开发区府前大街53号1栋902室 | 8260292 |
| 12 | 山东领先律师事务所 | 李学宗 | 东营区黄河路430－6金领国际大厦B座1305、1306室 | 6097905 |
| 13 | 山东东胜律师事务所 | 郭树进 | 东营区淮河路305－103号 | 8360185 |
| 14 | 山东恒岳律师事务所 | 孙　伟 | 东营区东三路216号黄河口文化大厦A座 | 8334789 |
| 15 | 山东德文律师事务所 | 李　洁 | 东营区千佛山路7号金宇宾馆六层 | 8213999 |
| 16 | 山东汇研律师事务所 | 王读文 | 东营区蒙山路38号东赵集团12层 | 7776757 |
| 17 | 山东鲁成律师事务所 | 杜众华 | 东营区东三路138号银座广场12号楼B座五楼 | 6379607 |
| 18 | 山东众成清泰(东营)律师事务所 | 马长生 | 东营区庐山路1188号华泰国际金融中心2栋12层 | 13325037551 |
| 19 | 山东奋飞律师事务所 | 高伯良 | 东营区北二路胜建集团招待所207室 | 8780787 |
| 20 | 山东景项律师事务所 | 王金刚 | 东营区登州路69号 | 13325039166 |
| 21 | 山东恪诺律师事务所 | 杨振刚 | 东营市府前大街75号大众日报408 | 13864736277 |
| 22 | 山东东照律师事务所 | 崔富华 | 东营区西四路270号胜利监理大厦三楼320、321房间 | 8791001 |
| 23 | 山东齐鲁(东营)律师事务所 | 朱艳芳 | 东营市府前大街55号黄蓝时代(东营)国际金融港D座7层 | 8312777 |
| 24 | 山东舜翔(东营) | 宋遵义 | 东营市府前街59号东营经济开发区孵化大厦B楼622-628房间 | 7157103 |
| 25 | 山东德衡(东营) | 刘伟忠 | 东营区黄河路369号金宇宾馆五层 | 13305462555 |
| 26 | 山东康桥(东营) | 徐舰 | 东营区华泰国际金融中心2栋17层 | 15666961879 |
| 27 | 胜利油田公司律师事务部 | 张建国 | 东营区济南路258号 | 8714370 |
| 28 | 山东城合律师事务所 | 崔守星 | 东营区新区宁阳路8号 | 13854662726 |
| 29 | 山东崇义律师事务所 | 于海生 | 东营区北二路石大北门向西200米 | 15553856453 |
| 30 | 山东高格律师事务所 | 张光春 | 东营区黄河路161号鲁班公寓45幢321室 | 8330710 |
| 31 | 山东胜东律师事务所 | 李祥杰 | 东营区黄河路331号 | 7756011 |
| 32 | 山东平等律师事务所 | 李振才 | 东营区西三路15号天成恒信科技大厦A座 | 8777528 |
| 33 | 山东广道律师事务所 | 徐波 | 东营区金瀚家园84号楼 | 2981111 |
| 34 | 山东东曦律师事务所 | 于广涛 | 东营区胶州路103号办公楼2楼 | 8025688 |
| 35 | 山东瀛超律师事务所 | 唐超 | 东营区黄河路676号 | 7781377 |
| 36 | 山东准律律师事务所 | 姜国义 | 东营区济南路北、西三路东 | 8308148 |
| 37 | 山东九竹律师事务所 | 朱子峰 | 东营区北一路378号 | 8831887 |
| 38 | 山东万东律师事务所 | 任万东 | 东营区黄河路430－6号金领国际A座707 | 8966677 |
| 39 | 山东曦宁律师事务所 | 李永刚 | 东营区庐山路1036号利通奥森国际商务中心B座408室 | 13396474799 |
| 40 | 山东万容律师事务所 | 张玉红 | 东营经济技术开发区生态谷黄河三角洲可持续发展研究院C座四层 | 7156686 |
| 41 | 山东鲁昌律师事务所 | 苏文军 | 东营区宁阳路62号 | 18954008881 |
| 42 | 山东林索林律师事务所 | 林索林 | 东营区黄河路玉景花园物业管理处 | 13864726576 |
| 43 | 山东卓普律师事务所 | 丁希民 | 东营区黄河路430－6号金领国际B座804室 | 13561083969 |
| 44 | 山东钧钰 | 杜玉芳 | 东营区南一路258号4栋113－301 | 15266001605 |
| 45 | 山东广胜律师事务所 | 聂士善 | 广饶县乐安大街565号 | 6441083 |
| 46 | 山东鼎旭律师事务所 | 燕林广 | 广饶县兵圣路201号 | 6441239 |
| 47 | 山东玉辉律师事务所 | 吴宝玉 | 广饶县迎宾路247号 | 6446038 |
| 48 | 山东良远律师事务所 | 孙少山 | 广饶县孙武路301号良远商务中心001幢楼904房间 | 18654616669 |
| 49 | 山东德桥律师事务所 | 钟海 | 广饶县孙武路华东文化商务中心306室 | 13864765677 |
| 50 | 山东恒源盛律师事务所 | 王育奇 | 河口区海宁路南首 | 3996278 |
| 51 | 山东益权律师事务所 | 曹云霞 | 河口区海宁路345号 | 8576277 |
| 52 | 山东利顺律师事务所 | 臧成文 | 垦利区振兴路62号 | 2560358 |
| 53 | 山东岐贵律师事务所 | 郭岐贵 | 垦利区振兴路88－12号 | 2521156 |
| 54 | 山东诚止勤律师事务所 | 王希国 | 利津县利一路111号金凤凰大厦四楼 | 5621903 |
| 55 | 山东津城律师事务所 | 扈荣华 | 利津县津三路308号 | 5625977 |
| 56 | 山东崇诺 | 黄俊华 | 东营区沂州路68号 | 8078636 |
| 57 | 山东鲁航 | 胡加强 | 东营区庐山路1188号华泰中心B座9层 | 13356623033 |
| 58 | 山东宇鹏(东营) | 刘敬博 | 东营区蒙山路38号东赵大厦1010－1012室 | 8311148 |

**【公证工作】** 实施公证质量提升工程，狠抓公证服务规范化建设，全市公证系统安装B/S办证系统，提升服务能力和公证公信力。组织开展全市公证质量大检查活动，加强公证队伍业务培训，拓展公证服务领域，各公证处相继开拓赋予

强制执行效力债权文书、电子签名、领取和保管存款公证等新业务，全市办理各类公证事项12136件，在全省公证质量检查中，东营市公证文书抽查合格率100%，无错假证。

【法律援助】 市委、市政府办公室印发《关于完善法律援助制度的实施意见》，对落实政府责任、完善保障机制、加强机构队伍建设、完善法律援助工作机制等提出明确具体要求。①提升法律援助案件质量。市局及市法律援助中心制定印发《东营市法律援助案件卷宗目录及格式文书(示范文本)》《东营市法律援助案件质量评分标准》《东营市法律援助案件质量监督办法》，实行市法律援助中心工作人员对县区案件质量包案制，建立起常态化的法律援助案件质量监督机制。②提高法律援助案件办案补贴标准。市司法局与市财政局联合下发《东营市法律援助办案补贴标准》，将办案补贴最低标准由原来的1000元提高到1893元，12348律师值班补贴由原来的每天60元提高到300元。③扩大法律援助范围。全市新建石油大学胜利学院、东营军分区、基层法院等法律援助站点15个，公开招募法律援助志愿者379人，将3万余名低保、五保、残疾人等弱势群体纳入困难群众资料库；深化法律援助爱心助残、老年人维权等专项活动，先于全省其他市出台新政策，免费为乡村60岁以上老人和城镇60岁以上贫困老人办理法律援助，切实维护好老年人合法权益。④围绕打造“东营法律援助”服务品牌，市法律援助中心与东营广播电台和东营心理学会建立长期战略合作关系，每周五下午组织值班律师通过东营广播电台频道准时连线并解答群众的来电咨询，每周三市心理学会派优秀心理咨询师到市法律援助中心窗口现场为受援群众作免费心理辅导。推选优秀律师孙军军三次做客中央电视台《法律讲堂》栏目，制作《让爱有个家》微电影。截至2016年年底，全市办理法律援助案件1860件，解答各类法律和心理咨询13567人次。

【司法鉴定】 实施司法鉴定管理提升工程，督导鉴定机构按照“基础设施标准化，服务设施便民化，人员配备专业化，工作管理制度化，诚信承诺公开化”的目标要求，优化办公场所布局、办案流程，公开服务承诺，缩短鉴定时限，推进司法鉴定机构规范化建设及行业诚信体系建设，市局在全省司法鉴定机构诚信执业集中承诺活动现场作经验介绍，全市司法鉴定文书采信率达99%。

【村(居)法律顾问全覆盖工程】 指派487名法律工作者为村(居)担任法律顾问，为村(居)社区审查修订合同1870份，举办法律讲座1700余场次，解答法律咨询12300余人次。深入推进“法润民生——司法行政职能进社区”活动，在社区、农村集市开展司法行政职能服务6场次，解答群众咨询580余人次，发放宣传资料1500余份。全市有5名基层法律服务工作者进入市政府法律专家库，年内基层法律服务工作者担任法律顾问269家，解答法律咨询6510人次，代理诉讼、非诉讼案件871起，避免挽回经济损失5160万元。

【人民调解工作】 4月21日，成立东营市医患纠纷人民调解委员会及医患纠纷调处中心，招聘专职调解员4名，建立由40名法学、医学专家组成专家人民调解员信息库，年内受理调解29起，成功调处19起，协议履行率100%，涉及金额76.7万元。全市以县区矛盾纠纷调处中心为依托，健全完善“一综多专、一体三化”矛盾纠纷化解工作机制，各县区普遍建立综合调处中心及医患、交通、诉前等行业性专业性人民调解委员会，实现组织实体化、人员专职化、多调联动化。全市登记人民调解组织2156个、人民调解员6439名，建成各类专业性行业性调解组织36个。2016年全市排查调处各类矛盾纠纷1.2万余件，调解成功率98%以上。全市医患纠纷调处工作做法被《法制日报》予以报道。

【社区矫正工作】 市司法局制定发下《东营市司法局关于开展社区服刑人员脱管漏管专项检查活动的实施方案》(东司发〔2016〕28号)，严查是否存在社区服刑人员脱管漏管现象，严查分级管理、分级处遇等日常监管措施是否落实到位，严查是否存在社区矫正工作人员懒政怠政、失职渎职现象。市司法局联合市法院、市检察院、市公安局印发《关于全面加强社区矫正教育管理工作的意见》，全面部署教育矫正工作，指导各县区健全社区服刑人员教育矫正机制，推进社区矫正中心建设及应用。在全省率先制定出台《关于招聘社区矫正专职社会工作者的意见》，全市招聘专职社工13名。截至年底，全市在册管理社区服刑人员1558人，全部落实教育矫正措施。做好刑满释放人员安置帮教工作，建立动态管理机制，实行月报制度，指导基层加强对重点人员的管控力度，防止重新违法犯罪。实施“彩虹计划”，对35名服刑人员困难未成年子女进行帮扶，全市在管刑满释放人员帮教率100%。

【司法所建设】 推进基层司法所业务用房建设，年内新建成东城、史口、广饶司法所业务用房；加强司法所业务和所务管理规范化建设，制定《司法所工作规范制度汇编》，组织开展全省“明星司法所”、全国“模范司法所”创建活动，全市80%以上的司法所达到省级规范化司法所建设标准，广饶县李鹊司法所被命名表彰为“全国模范司法所”。

【人民监督员选任管理制度改革】 组织人民监督员参加省司法厅组织的各类业务培训55人次，举办全市人民监督员培训班1次，提高人民监督员的业务水平和履职能力。与市检察院联合制定《东营市人民监督员管理办法(试行)》《东营市市人民监督员考核及奖惩办法》，以制度的形式规范选任培训、抽选履职、考核奖惩以及履职保障等工作。组织人民监督员开展案件监督12件，参与案件监督、人民监督员座谈会、听证会、刑事申诉案复查终结公开宣告等活动150余人次，发挥人民监督员的监督作用。在全省率先出台《东营市人民监督员办案补贴经费管理办法(试行)》，将人民监督员在履行职责时所支出的交通、住宿、就餐、通信等费用补贴纳入司法行政业务经费预算，为人民监督员选任管理工作提供业务经费保障。 （市司法局 李维国）

## 仲 裁

【概况】 2016年，东营仲裁办以为全市民商事主体提供优质法律服务为中心，以建设全国一流仲裁机构为目标，加强班子建设和队伍建设，加大仲裁法律制度宣传推行力度，提高办案质量，有效维护市场经济秩序和当事人的合法权益，完成各项工作任务。全年共受理各类民商事案件643起，同比增长5.2%，涉案标的额达19.5亿元，同比增长41%。

【仲裁案件审理】 加强案件管控，规范送达程序，推进庭审模式改革，严格案卷评查，提高案件质量。全年共审结案件559起，审结率86.9%，以调解方式结案数223件，调解率为40%。

【仲裁法律法规宣传】 围绕东营仲裁20年"十佳仲裁员"评选和"8·30"东营仲裁成立20周年，开展"主题宣传年"活动，全年推出9大类近200余个宣传项目；开通东营仲裁微信公众号，粉丝数量1848人，通过微信、微博等新媒体平台，发出各类图文消息469篇；与百度、360签署推广协议，利用关键词搜索技术，在东营地区对仲裁制度及合同范本进行网络推广；办好《东营仲裁》《法律资讯》等各种宣传载体，编辑印刷《东营仲裁开卷有益》杂志5期8000余册，《山东仲裁》4期15000余册，设计印刷动漫图书《漫话仲裁》，编辑印刷《法律资讯》3期1500余册；在《法制日报》连续刊登系列宣传文章8期9篇，并制作相关解读报道，在东营电视台播放。

【仲裁队伍建设】 从各行业精英中招聘60名仲裁员，探索实行驻会仲裁员办案机制，招聘两名驻会仲裁员，面向社会招聘7名重点院校法律专业本科、研究生充实到仲裁秘书队伍；对仲裁员实行动态分级管理，按照专业知识、道德修养、驾驭庭审能力、综合协调能力等标准，把仲裁员分为四级，按级使用、分级取酬，改变仲裁员待遇一刀切的局面；与中国政法大学联合举办三期仲裁公信力提升培训班，200余名仲裁员及仲裁工作人员参加；参与全国仲裁工作交流活动，先后参加华北、华东片区会，国际仲裁论坛、全国仲裁年会，上海仲裁周、西南政法大学仲裁学院、北京政法大学等国际论坛、高校学习先进仲裁理念。

【组织网络建设】 在胜利经济开发区、西郊现代服务区成立仲裁办事处，与中国人民银行东营市支行合作，成立东营金融消费纠纷仲裁中心。（东营仲裁办 姜文平）

2016年3月26—4月1日，第一期仲裁公信力提升班在中国政法大学举行，图为全体师生合影 （市仲裁办提供）

# 改革开放

# 体 制 改 革

【概况】 改革任务落实。2016年共召开市委深改组会议11次(累计22次),出台重要改革文件70余个。年度工作要点确定的216项改革任务完成191项,其余25项完成前期研究论证,等待上级方案出台。承担的30项国家和省级改革试点取得阶段性成效,各项改革进展顺利纵深推进。

工作方式完善。①完善统筹谋划机制。一是中央、省委重要改革精神及时跟进。充分发挥市委对全面深化改革工作牵头抓总作用,始终把学习贯彻中央和省委改革精神摆在突出位置,认真学习贯彻中共十八大、十八届历次全会和习近平总书记系列重要讲话精神,及时传达学习中央、省委全面深化改革领导小组历次会议精神,及时研究中央、省委重大改革部署贯彻落实意见,明确改革路线图和时间表。二是中央、省委重大改革方案及时跟进。对中央、省委历次深改组会议研究审议的改革方案全部编码登记造册,结合实际逐一对照研究,确定需要制订的改革方案,确保改革方案承接无遗漏全覆盖。明确召开市委深改组会议不受时间和方案数量的限制,全年共召开市委深改组会议11次(累计22次),对45个重点改革方案进行研究,召开市政府常务会议13次,听取39项重点改革工作汇报,以市委、市政府和两办名义印发改革文件71个。三是中央、省委重点改革事项及时跟进。按照中央对重点领域改革的有关重要指示,参照省委确立重点改革事项的标准要求,明确全市40项重点改革事项,予以重点推进,全部完成。②完善方案推进机制。一是把控时间,设定时限制方案。制发《省委深改组历次会议审议通过的专项改革方案台账》,明确规定“对省里出台的专项改革方案,各有关责任单位原则上在收到后2个月内拿出相应的改革方案,并达到提请市委深改组会议审议条件”,对未按时限完成的实行报告制度,对因人为因素未完成的实行问责。二是把控质量,规范程序制方案。把前期调研、部门会商、征询“两代表一委员”意见、专家评估、合法审查等纳入方案制定程序,充分发挥专家咨询库职能作用,全年累计征求合理化意见建议40余条,有效保证改革方案质量。三是把控进度,按照计划制方案。每2个月制订一个《近期专项改革方案制定计划》,明确起草单位和完成时限,提交市委深改组会议研究后,印发有关专项小组和成员单位抓好落实。③完善改革调度机制。一是健全组织领导体系。及时对市委深改组、专项小组成员进行调整,确保组织机构正常运转。督导各级加强改革工作力量,各级领导力量全部到位。出台《东营市全面深化改革协调联络工作实施办法》,各级各层面之间的纵向对接、横向沟通机制更加规范。建立QQ群、微信群,工作交流更加便捷高效。二是健全进度监控体系。对改革事项实行项目化管理。在制定下发《年度改革任务台账》,形成市委改革办有总账、专项小组有分账、成员单位有明细账的基础上,每月以台账形式向专项小组调度改革进展情况,并实行点单对账动态管理,对完成的改革事项予以销号,对推进缓慢的改革事项根据时间进度要求分别下发提醒函、催办函、质询函,确保改革工作有序推进。三是健全信息收集体系。印发《关于报送全面深化改革工作情况的通知》,实行重大改革情况报告制、重要改革方案备案制和改革工作信息报送制,确保全市改革工作信息的及时传递。建立市委改革办与市委、市政府两办信息联动反馈机制,确保改革运行程序规范严谨。④完善督察落实机制。一是在督察方式上,实行清单式督察。每次督察都制定方案拉出清单,在重点督察改革事项进展的同时,对改革工作谁研究、谁部署、谁分管、谁推进等有关痕迹资料进行查看,确保改革工作推进全程留痕、全面落地。二是在督察重点上,实行五必督四必察,即上级重大决策部署贯彻落实情况必督,上级出台改革方案的实施部署情况必督,实施方案的实化细化情况必督,改革工作推进落实和进展进度必督,各级各部门改革推进机制建立和运行情况必督;改革进度慢的必察,改革举措落实偏离走样的必察,改革没有达到预期成效的必察,群众对改革举措意见集中、反映强烈的必察。三是在督察要求上,注重真督实察。坚持动真来实、不走过场,既注重“听”和“看”,也注重“问”和“谈”。年中组建7个督察组,对15项重点改革方案的贯彻落实情况进行督察。年末联合各专项小组,开展改革督察月活动,推动改革工作深入有效开展。2016年,迎接上级督察督导15次,自主开展督察23次,督导整改问题16个,发挥督察在推动改革举措落地方面的重要作用。⑤完善宣传引导机制。一是搭建信息交流平台。举办全市2016年度改革培训班,邀请省委改革办专职副主任杨占辉作专题辅导,市直有关部门单位、各县区委改革办110余人参加。开展全市“十佳改革创新案例”评选活动。编发《改革动态》23期,向省委改革办推荐典型案例信息27个,其中3篇信息在《改革情况交流》和《改革工作简报》上刊发。在《东营通讯》上开设“改革进行时”专栏,开通“东营改革”微信公众号,打造改革信息交流的新平台。二是用好传统媒体平台。在《东营日报》和东营电视台开设“政策解读”“改革一年来”两个专栏,对8个领域23个方面的改革工作进行集中宣传报道。全市共在省级以上媒体刊发改革宣传稿件291篇,其中中央媒体64篇,在市级刊发500余篇,营造良好改革氛围。三是借助第三方平台。加强与经济体制改革杂志社等国内知名媒体的联系,推荐的《以改革创新为统领,东营农高区成功转型国家级农高区——国营农场改革的东营样本》成功入选“2016年中国改革年度案例”,是全省唯一上榜案例。

【经济体制改革】 2016年,经济体制改革69项任务,完成65项,完成前期调研论证等待上级出台文件的4项。①推进供给侧结构性改革。制订深入推进供给侧结构性改革的实施意见，提出27项重点任务，明确40条政策措施。加大"去、降、补"力度，提升产业发展水平，三次产业结构调整为3.4:62.3:34.3。完成679家化工企业"三评级一评价"，列入"差"等的175家企业全部关闭，淘汰落后产能1607万吨。制定轮胎产业淘汰落后产能计划，产能利用率由74.2%提高到96.9%。实施质量强市战略，获全国"2016年度质量之光——质量魅力城市"称号。着力培育知名品牌，全市拥有马德里国际注册商标267件，平均每4个出口企业拥有1件马德里国际注册商标，出口企业品牌国际化拥有率居全省第一位。②深化行政体制改革。推进"放管服"改革，2016年，东营市共承接省政府下放审批事项30项，取消调整市级行政权力事项733项，全面清理市级实施的67项非行政许可审批事项，累计取消市级审批中介服务48项，压减率64%。出台全面推进政务公开工作实施方案和政务服务平台建设及互联互通实施方案，实现省、市、县三级政务服务平台互联互通。完成市、县、乡三级党政机关公车改革工作。"三证合一、一照一码"全面推开，新增各类市场主体3万户。③深化财税金融体制改革。全面完成营改增任务，2016年减免各项税收67.9亿元，办理出口退税18.7亿元。健全"全口径"政府预算体系，政府性基金转列一般公共预算由10项扩大到13项。新增政府购买服务事项37项，获银行授信206.7亿元。完成东营农商行合并组建工作。黄河三角洲产权交易中心挂牌交易，截至2016年年底，产权交易中心累计成交金额8803.97万元。扩大直接融资，新增"新三板"挂牌企业4家，区域股权交易中心挂牌企业30家。10余家企业通过沪深交易所发行债券，融资总额达到近200亿元。④深化科技体制改革。制定实施创新驱动发展战略、深化科技体制改革加快创新发展、改进和加强市级科技计划管理、建立科技报告制度4个实施意见，分类出台重点研发计划管理等系列配套管理办法。推进中小企业贷款风险资金池、科技金融企业库、科技金融中介服务机构的"一池一库一平台"建设，累计为108家(次)中小企业提供优质贷款17.96亿元，向30余家企业发放知识产权质押贷款11.76亿元。完善东营"科技超市"，纳入高层次专家162名，科技成果4702项。规范技术合同登记，2016年登记技术合同846份，完成技术交易额15.46亿元，较2015年增长12%。完善科技成果转化政策，2016年共下达213万元科技成果转化项目资金，帮助企业落实技术交易减免税440多万元。⑤深化国有企业改革。出台市属国有企业管理责任分工、加强市属国有企业财务监督管理意见、加强市属国有企业审计监督工作的意见等6个指导性文件，组建成立国资委，对国有资产实行统一监管。探索组建土地银行、财金投资集团等国有资产运营公司和东营港务集团公司等国有公司。推动经营性事业单位改制，组建交通发展集团等企业。加大国有企业公司制改革力度，完善公司法人治理结构，全市国有企业改革迈出坚实步伐。⑥深化城镇综合改革。统筹各类空间规划，完成城市规划与国土规划的两规合一工作。全面推进"一个平台、两个市场"(国土资源综合监管平台，土地市场、矿业权市场)建设，通过平台成交土地143宗，面积496.95公顷，成交金额21.63亿元。深化城乡建设用地增减挂钩试点工作，2016年申报增减挂钩项目5个，产生挂钩周转指标282.5亩。加快推进广饶县新型城镇化综合试点，成功申报中心城大城市试点、广饶县Ⅰ型小城市试点、大王镇新生小城市试点和垦利区红光渔业办事处、利津县陈庄镇省级特色小镇。出台深化农村改革综合性实施方案，制定农村产权交易管理办法(试行)，全市3.5万亩集体土地启动颁证程序，为38家新型经营主体颁发土地经营权证，涉及土地6万亩；累计流转土地69.45万亩，占家庭承包土地总面积的28.02%。制定深化供销合作社综合改革的实施意见，完成改造提升基层社6家、农民合作社10家；建成"社村共建"示范点13个，实现村集体增收70余万元。加强新型农民创业基金管理，提供贷款担保2343笔2.3亿元。实施未利用地开发项目5个，总规模1.14万亩，新增耕地7087亩。⑦深化涉外体制改革。制定东营市参与"一带一路"建设的实施意见，积极推动企业走出去，全市对外承包工程新签合同额23894万美元，同比增长81%，居全省第6位。新批境外投资企业(机构)21家，实际对外投资2.8亿美元，增长28.8%。推动跨境人民币双向资金池业务开展，有17家跨国企业集团在济南分行成功备案，获批企业集团数量居全省第一。2016年，全市实现进出口990亿元，增长24%，进出口总值位居全省前列。

**【民主法制领域改革】** 2016年，民主法制领域改革18项任务，完成15项，完成前期调研论证等待上级出台文件的3项。①民主法治建设全面推进。出台东营市地方性法规立项工作规范，制定人大常委会立法咨询工作规则，建立立法专家咨询制度。聘请27名专家教授、执业律师组建立法咨询专家库，开展立法咨询活动。审议出台城镇容貌和环境卫生管理条例，制定关于改进审计工作情况及审计查出问题整改情况向市人大常委会报告机制的意见。②完善平等协商工作机制。制定政协提案办理协商办法和市政协委员参加活动履行职责的有关规定。组织开展落实省企业工资集体协商条例"春季要约"行动，签订工资集体协议3112家，行业工资集体协议199家，涵盖企业10073家，受益职工50余万人。建立企业劳动保障诚信等级评价及严重失信行为社会公布制度，采集7000余家企业及35万余名企业用工信息，定期开展专项执法检查，维护进城务工人员等群体劳动保障权益。③深入推进法治政府建设。出台法治政府建设实施方案，聘请法律顾问组成市委法律专家库，建立法治政府建设年度进展报告制度，推进法治政府建设。出台委托第三方起草法规规章草案办法(试行)，制定行政执法全过程记录实施办法，提高立法质量，促进规范执法。制定重大行政执法决定法制审核办法，加强对重大行政执法的内部监督。省领导对东营市行政复议和行政应诉工作给予高度评价。制定“七五”普法和2016—2020年依法治市两个规划，深入实施“一县(区)一品牌”法治文化品牌建设工程，推进法治文化广场建设、省级法治宣传示范基地创建，打造26个“法律六进”示范点，东营区被表彰为全国“六五”普法先进区。

【文化体制改革】 2016年，文化体制改革16项任务，完成15项，完成前期调研论证等待上级出台文件的1项。①推动文化事业单位管理体制改革。积极推进图书馆、文化馆、科技馆法人制结构改革，相关工作情况被省委宣传部《今日要情》采用并报送中宣部改革办。按照“总馆—分馆—服务点”的模式，各县区、乡镇均建成文化馆、图书馆，17个中心社区和21个农村社区设立服务点。利津县推进“乡村剧场”建设的案例，被省委改革办《改革情况交流》采用。②推动文化产业结构优化升级。制定文化产业发展规划(2016—2020年)。东营职业学院大学生文化产业创业孵化器成为全省第二批“金种子”计划孵化器，获得近1000万元的省级文化产业发展专项资金扶持。东营市有2个项目获得省级文化产业发展专项资金贷款贴息扶持，5个项目被纳入省级文化产业发展引导基金项目库，9个项目纳入省重点文化产业项目库。③加快现代公共文化服务体系建设。在全市中心城区和农村各建成100个群众文化广场，组织开展“进千村乐万家”文化惠民巡演活动10000余场次。开展“欢乐黄河口、美丽中国梦”广场群众文化活动，全年完成广场文艺演出1200场次。“群众演给群众看百团千场乐万家”活动案例入选中宣部《宣传工作创新百例》。打造市县乡村四级公共文化设施网络，形成15分钟城乡公共文化服务圈。建设“文化东营云”数字平台，“数字文化广场”成为在全省、全国叫得响的公共文化品牌，在文化部“互联网+公共文化服务”专题经验交流活动中作现场经验交流，并成为文化部国家公共文化服务体系建设专家委员会委员、浙江大学阮可教授研究课题。推广“图书馆+书店”服务模式，方便群众借阅图书。④促进社会主义文艺繁荣发展。印发关于繁荣发展社会主义文艺的实施意见，弘扬传承红色文化，以《共产党宣言》首版中文译本在广饶传播为题材的建党95周年献礼影片《大火种》在全国公映。出台关于做好戏曲艺术传承发展的实施意见，着力打造“吕剧故乡”文化品牌。

【司法体制和社会治理体制改革】 2016年，司法体制和社会治理体制改革35项任务，完成34项，完成前期调研论证等待上级出台文件的1项。①深入推进司法公开改革。加快推进司法责任制改革，司法责任制改革员额法官遴选共选拔员额法官候选人269名、员额检察官候选人170名。制定人民监督员管理办法(试行)、人民监督员考核及奖惩办法，组织人民监督员开展案件监督12件，参与案件监督、人民监督员座谈会、听证会、刑事申诉案复查终结公开宣告等活动150余人次。出台在重大敏感案事件舆情应对中同步做好依法处理、舆情引导、社会面管控工作的意见，成立400余人的网评员队伍，正确引导网上舆论。创建“黄河驿站”非羁押模式和检察干警廉洁事项报告制度在全省检察机关推广。②加快公共法律服务体系建设。制订加快推进公共法律服务体系建设的意见，全市有4个县区建成公共法律服务中心，24个乡镇(街道)建成公共法律服务工作站，建立社区司法行政工作室81个。通过“政府购买服务”方式招聘20名专职社工，协助社区矫正工作者行使职责。印发完善法律援助制度的实施意见，新建法律援助站点15个，公开招募法律援助志愿者379人，将3万余名弱势群体纳入困难群众资料库；先于全省其他市出台新政策，免费为乡村60岁以上老人和城镇60岁以上贫困老人办理法律援助。实施“村(居)法律顾问全覆盖”工程，514名法律服务人员与1891个村(居)结对，村居法律顾问覆盖率100%。市法律援助中心被共青团中央、司法部命名表彰为全国青少年维权示范岗。③加大信访突出问题解决力度。组织开展集体上访重复上访排查化解活动和“百名领导督百案”信访积案集中攻坚化解活动，共梳理排查信访积案210起，化解179起。积极发挥律师队伍在化解矛盾纠纷、保障群众合法权益、维护社会公平正义、促进社会和谐稳定中的作用，省委政法委领导对东营市律师参与涉法涉诉信访工作给予高度评价，东营市在全省涉法涉诉信访改革工作推进会上作典型发言。印发完善矛盾纠纷多元化解机制的实施意见，全市社会矛盾纠纷预防化解工作实现新突破，全市到省上访人次同比下降24.9%，进京非正常上访下降88.2%，重点时期和敏感节点没有发生一起进京非访“零登记”，2个县区实现进京“零非访”。④加快推进社会治安防控体系建设。编制立体化社会治安防控体系三年建设规划，全力推进“电子监控村”“电子监控社区”“电子监控镇”工程，全市社会视频监控覆盖总量达到31672路。严格落实社会治安综合治理领导责任，2016年对3个县区给予综治一票否决、黄牌警告处分；对油区治安管理不力的4个乡镇党委书记进行约谈。⑤加强城市行政执法建设。深入推进城市执法体制改革，修订行政机构设置和编制管理办法，从严控制城市行政执法力量。印发关于推进综合行政执法体制改革的意见，选取2个市直部门单位和1个县区作为执法试点，推动行政执法力量下沉。

【社会事业体制改革】 2016年，社会事业体制改革29项任务，完成26项，完成前期调研论证等待上级出台文件的3项。①深化社会管理制度改革。制订《关于规范和创新事业单位机构编制管理的意见》等7个事业单位改革配套文件，为进一步深化事业单位改革、推动社会事业发展提供制度保障和政策依据。制订市属从事生产经营活动事业单位转制为企业工作方案，探索高校和公立医院实行人员控制总量备案管理，在文化、卫生行业进行法人治理结构试点，完善事业单位绩效考核指标体系，公益服务水平不断提高。②深化教育管理体制改革。制订关于推进全市中小学教师县管校聘管理改革的意见、关于推进全市义务教育学校幼儿园校(园)长教师交流轮岗的实施意见等文件，组织全市211名校长、4502名教师分批进行交流轮岗。出台东营市中小学合同制教师管理试行办法，招聘合同制教师759人。印发推行中小学校长职级制改革的意见，校长职级制改革进入全面推进实施阶段。着力解决城镇中小学大班额问题，全市累计完成投资28.67亿元，开工建设学校52所，其中竣工项目27个；完成教师招聘1144人，完成2016年度任务数的153%。东营市完成规划投资额、新建学校开工率均居全省第一，改扩建学校完工率居全省第二位。③深化社会保障体制改革。全面实施居住证制度，积极推进户籍管理制度改革。2016年，全市办理居住证16428个，注册社会用户670个。实施精准扶贫，省定标准贫困人口全部脱贫。推进全民参保登记，完成235万参保信息与210万户籍信息比对，参保率达到96.6%。推进机关事业单位养老保险改革，2016年全市参保人数6.38万人，征缴养老保险基金13亿元，职业年金3亿元，为1.98万名离退休人员支付养老保险待遇10.5亿元。制订政府购买居家养老服务工作实施意见，累计投入资金2200万元，购买专业服务25万小时，受益老人5000余人次。启动实施职工长期护理保险制度，搭建以社区和家庭为主的“医养康护”一体化服务平台。全市第一批长期护理保险定点服务机构开展工作，“挤住院”现象得到有效缓解。④深化医疗卫生体制改革。扎实推进公立医院综合改革试点。与省立医院合作共建东营市人民医院，市人民医院被评为三甲医院。破除以药补医机制，对公立医院取消药品加成实施补助。全市公立医院所需的基本药物和常用药品品种达到3045种，二、三级医院平均使用率分别达到45.02%和33.34%。提升中医药服务能力，全市共建成国医堂、中医馆项目24处。实行基本医疗保险和大病保险“一站式”即时结算，群众看病就医更加方便快捷。开展大病二次补助工作，全市补偿人数1657人，金额1038.3万元。

**【生态文明体制改革】** 2016年，生态文明体制改革21项任务，完成17项，完成前期调研论证等待上级出台文件的4项。①加大环境治理和生态保护力度。出台生态红线划定方案，严格落实排污许可，主要污染物均完成省下达的减排指标。严格落实损害赔偿和责任追究制度，对非法排污企业实行顶格处罚。实施黄河河口湿地保护淡水补给工程和黄河三角洲湿地关键物种栖息地营造、优化等湿地保护工程，积极推进湿地公园建设，全市湿地公园面积达15.4万亩。积极推广“建设运营一体、区域连片治理”的农村生活污水治理模式，制定农村生活污水处理实施方案，实施项目66个，覆盖100个村居。持续推进水气污染整治，“蓝繁”天数达到273天，同比增加46天；主要河流水质明显改善，基本消除劣五类水体。②做好资源保护利用工作。编制东营市生态保护红线规划，完成中心城周边永久基本农田划定工作，划入基本农田的耕地面积1757.95公顷。建立不动产统一登记工作联席会议制度，对全市不动产登记现状及信息化建设等情况进行摸底调查，开设业务窗口106个，开展不动产统一登记工作。研究制定实施不动产统一登记后有关历史遗留问题的办理意见，确保不动产登记工作有序推进实施。③推动绿色循环低碳发展。开展全市锅炉安全与节能集中排查整治攻坚战活动，排查锅炉1152台，推进燃煤锅炉节能改造。出台大气污染防治重点行业清洁生产技术推行方案，完成24家企业清洁生产审核验收。加快重大节能技改项目和节能示范工程建设，2家企业入选国家节能中央预算内奖励项目，8个项目入选省太阳能集热系统财政补贴计划，5家企业申报山东省政府节能奖。推进循环经济园区建设，累计完成投资21.05亿元，国家园区循环化改造示范试点17个项目进展顺利。

**【纪律检查体制改革】** 2016年，纪律检查体制改革11项任务，完成10项，完成前期调研论证等待上级出台文件的1项。①加强党内监督。组织县区和市直部门单位党政正职向市纪委全委会述廉述责，11个市直部门单位及县区党政正职代表分别向市纪委全委会进行述廉述责。在113个市直部门单位中开展领导班子成员述廉述责工作，参加述廉述责领导干部601名，党员5713名，党员代表提出询问或质询问题1252个。对报告事项与本人真实情况不一致的93人，依据监督执纪“四种形态”要求分别给予相应处理。落实全面从严治党主体责任和监督责任，2016年共有43名党员干部因落实“两个责任”不力受到责任追究。②强化执纪监督。制定专项巡查工作实施方案，组建7个专项巡查组，对9个部门单位开展专项巡查，发现问题173个，移交问题线索24件，提出整改意见118条，切实发挥巡查“利剑”作用。定期召开反腐败协调工作领导小组联席会议，理顺问题线索移交、案件移送等工作程序。2016年，各部门单位共向纪检监察机关移送违纪问题线索171条。组织公检法、审计等部门单位开展违法犯罪党员和国家工作人员集中清理工作，共排查未处分违法犯罪党员和国家工作人员78人。制定关于在实践运用监督执纪“四种形态”中加强协作配合的实施办法(试行)，对17名党员领导干部作出组织处理。截至2016年底，开展廉政约谈、函询谈话65人次，经执纪审查，给予警告、严重警告等党纪轻处分的干部占党纪处分总人数的66%，移送司法机关处理人数同比下降75%。③优化纪委机构设置。制订县级纪委机关内设机构调整实施方案，加快推进县级纪委机关内设机构调整，县区纪委机关行政编制共计160名，增加78名，增长95%；监督执纪机构人员和纪律审查人员编制分别达到106名、52名，分别占编制总数的66.3%、32.5%。

**【党的建设制度改革】** 2016年，党的建设制度改革17项任务，完成9项，完成前期调研论证等待上级出台文件的8项。①完善党委工作机制。制定出台东营市委员会工作规则，对市委的组织和成员、职责、组织原则、议事和决策、组织实施和督促检查、纪律和作风、监督和追责等方面作出全面规范。②健全干部管理机制。修订完善市管干部选拔任用工作规程，研究制定推进领导干部能上能下实施办法（试行），先后调整不适宜担任现职县级干部19人。研究出台严肃干部工作纪律防止干部“带病提拔”的实施意见，组织开展“带病提拔”倒查工作。研究制定关于进一步明确干部任前档案审核工作职责的暂行规定，在县乡领导班子换届考察中，对档案存疑的考察对象进行调查处理。深化领导干部个人有关事项报告和抽查核实工作，对查核不一致的干部全部按规定给予组织处理。③全面加强基层组织建设。研究制订关于进一步规范党支部组织生活的意见（试行），对基层党组织“三会一课”、学习教育、工作报告、谈心谈话、民主生活、民主评议党员、党员活动日等制度作出明确规范。研究制订加强城市社区区域化党建工作的意见，东营市社区党建的做法先后在全省组织部长会议、全省街道社区区域化党建现场会上做经验介绍，中组部组织二局领导到东营市实地调研，《组织人事报》专版刊载东营市城市社区党建工作。研究制订关于加强新形势下发展党员工作的实施意见，对发展党员工作实行全程监控。④深化人才体制机制改革。出台推进人才工作体制机制改革加快实施人才优先发展战略的意见和加强全市金融人才队伍建设的实施意见，破除人才管理、评价、流动、激励保障等方面体制机制障碍，加大对高端人才引进、企业家培养、创业人才扶持、平台载体建设等方面支持力度。

（市委改革办　石明）

## 招商引资

**【招商活动】** 2016年，以小分队方式深入开展招商分别赴北京、上海、广州、西安、南京、杭州等地开展重点区域招商，宣传推介东营市投资环境。参加中国国际投资贸易洽谈会、中国-东盟博览会、中国芳烃产业链发展大会、中国国际石油化工大会等展会，借助展会平台与各地工商协会及投资中介机构建立联络渠道。推进融入京津冀协同发展招商工作。市招商局具体负责京津冀招商工作推进小组的牵头组织工作，制订《京津冀招商推进工作方案》。参与6月17日在北京举行的“融入京津冀协同发展推介会暨重点项目签约仪式”的组织筹备工作，共达成签约项目69个，签约总金额699.58亿元。其中，会议现场签约项目23个，现场签约金额396.18亿元。活动结束后，将活动方案、参会客商及嘉宾、签约项目和会议相关材料进行汇总整理，形成《资料汇编》。深化产学研结合。与京津冀技术转移协同创新联盟对接，5月17日，就如何深化产学研合作与首都高校联盟、京津冀技术转移协同创新联盟、北京技术转移协会进行对接洽谈。会后，将东营市企业技术瓶颈问题汇集成册，与相关高校开展对接。

**【重点项目选介】** 由中海香港投资有限公司投资新建的东营港罐区项目基本建成，该项目计划投资70512万元，到位投资46200万元。该项目规划新建20座10000立方米、18座5000立方米油品及化学品钢制立式内浮顶储罐，2座5000立方米液碱钢制立式固定顶储罐，16座3000立方米液化天然气及丙烯钢制球形储罐，项目建成后液体石化产品年周转量将达到360万吨。大连万达东城项目开工建设，占地面积6.5万平方米，总建筑面积9.9万平方米，总投资12亿元。福朗泰科汽车零部件配送平台项目入驻黄河三角洲国际物流园，办理名称核准、工商注册等相关手续。宝益丰保险集团区域性总部项目成功落户利津县，办理公司注册手续。杭萧钢构钢结构装配式住宅产业化项目与利津县邦润新材料公司签署战略合作协议。中国中车北车风电公司与东营经济技术开发区就投资20亿元海上风电产业园项目签约。美国SES公司与利津县、河口区就投资10亿元煤制氢项目签约。美国考泰斯公司汽车零部件项目、航空产业园项目、东风井关新能源农机项目、海水养殖项目、医疗废物处置项目等正在洽谈中。

**【招商基础性工作】** 更新完善《东营市投资推介函》和《东营市投资环境》等多媒体推介材料，为开展对外招商宣传和

东营港罐区项目现场照片　（市招商局提供）

招商联络奠定基础。广泛收集市情文字及图片资料，完成《投资东营》宣传画册的编印工作，为投资者了解东营、投资东营提供重要参考。加强与各县区和经济园区招商机构的联络。通过联合招商、座谈会、业务培训等多种形式与各县区和经济园区进行项目对接和工作交流。在实地调研基础上，重点做好石油装备、新能源、有色金属和橡胶轮胎等产业的资料收集整理工作，初步完成产业调研报告，为开展精准招商提供依据。先后赴济南、泰安、德州及沧州等地开展招商引资学习调研，就深入推进招商引资工作提出意见和建议并报送市领导参阅。做好招商宣传推介工作。重点通过东营市招商网、投资东营官方微信、中国投资指南等网站做好投资环境和招商项目的宣传工作，探索围绕优惠政策清理、全国文明城市创建、东营综合保税区批复等热点问题开展主题招商宣传。

【招商平台建设】 为适应新常态下招商引资工作需要，创新招商方式，着力打造并完善招商引资信息化平台建设。①搭建宣传平台——“投资东营”门户网站和官方微信。通过东营招商网发布信息600余条，通过“东营招商”微博、博客发布信息100余条。“投资东营”官方微信，关注用户700余人，发布涉及东营市情、各县区政策、财经资讯等各类内容的微信140余期，500余条。②搭建信息平台——《投资信息》，全年印发7期，共计24个项目。③搭建资源平台——“人脉地图”。做好“人脉地图”客商资源管理系统的建设运营和宣传推介工作，建立全市招商部门紧密型联络员制度和定期调度制度。系统录入公司信息1106条、客商信息1451条。信息化平台推动专业招商向信息化、精细化、科学化方向发展。 （市招商局　安飞飞）

## 商　　务

【对外贸易】 2016年，全市累计完成进出口995.9亿元，同比增长24.7%，分别高出全国和全省平均水平25.6个和21.2个百分点。其中，出口301.7亿元，下降2%，进口694.2亿元，增长41.5%。进出口、出口、进口总量分别列全省第5位、第8位、第3位。①强化政策支撑。兑现落实市级外经贸专项资金4035万元，加快调整市级外贸政策扶持方向和重点，在外贸新业态培育、国际自主品牌建设、国际市场开拓、应对国际贸易摩擦等方面加大支持力度。加快推进出口农产品示范区创建工作，东营区、河口区、垦利区和利津县，通过省级出口农产品质量安全示范区验收，东营市成功创建全省出口农产品质量安全示范市。②优化出口产品结构。全年一般贸易出口增长14.8%，高新技术产品出口增长26.4%，分别高出全市出口平均水平16.8和28.4个百分点。推进国家原油加工贸易政策试点，全年新增成品油出口13万吨、货值4.4亿元。民营企业出口比重达到91.4%，分别高于全国和全省平均水平45.3个和36.9个百分点。主要产品出口稳中向好，橡胶轮胎和石油装备实现恢复性增长，化工产品、汽车零部件、纺织品出口增速加快，多元化出口格局初步形成。③扩大进口规模。通过以进口带动总量，“大进快进”，实现外贸总量的快速增长，进出口和进口增幅分别列全省第2位和第3位，总量均比上年提升1个位次。特别是围绕原油进口做了大量卓有成效的工作，帮助5家炼化企业申请原油进口允许量1538万吨，全年完成自营进口1482万吨、货值约315.7亿元，成为外贸稳增长的决定性因素。④开拓国际市场，制订2016年度境外百展市场开拓计划，组织285家企业参加中东国际汽配展、俄罗斯国际石油天然气展等105个境外展会，达成协议金额24亿美元。⑤培育外贸新业态。推动阿里巴巴跨境电商(东营)服务中心落户东营经济技术开发区，吸纳80家企业入驻一达通平台，全年实现出口0.81亿元。帮助山东易瑞电子商务有限公司迪拜物流中心获批省级跨境电商公共海外仓，推进山东易瑞跨境电商平台成功上线运营，推进方圆国际物流中心、广丰橡胶轮胎交易中心外贸平台建设，加快培育外贸发展新动能。

**2016年东营市对外贸易进出口情况表**

单位:万美元

| 项目 | | 进出口 | | | 出口 | | | 进口 | | |
|---|---|---|---|---|---|---|---|---|---|---|
| | | 金额 | 同比% | 比重% | 金额 | 同比% | 比重% | 金额 | 同比% | 比重% |
| 合计 | | 9950710 | 24.7 | 100.0 | 3008726 | -2.2 | 100.0 | 6941983 | 41.5 | 100.0 |
| 按企业性质划分 | 国有企业 | 175650 | -11.3 | 1.8 | 85284 | -37.5 | 2.8 | 90366 | 46.9 | 1.3 |
| | 外商投资企业 | 1415348 | 23.1 | 14.2 | 151619 | -14.3 | 5.0 | 1263729 | 29.8 | 18.2 |
| | 民营企业 | 8332090 | 25.6 | 83.7 | 2750889 | -0.5 | 91.4 | 5581201 | 44.2 | 80.4 |
| | 集体企业 | 1419265 | 39.7 | 14.3 | 377607 | -18.1 | 12.6 | 1041658 | 87.9 | 15.0 |
| | 私营企业 | 6912826 | 23.0 | 69.5 | 2373282 | 3.1 | 78.9 | 4539544 | 36.9 | 65.4 |
| 按贸易方式划分 | 一般贸易 | 7308288 | 40.8 | 73.4 | 1365180 | 11.4 | 45.4 | 5943109 | 49.9 | 85.6 |
| | 加工贸易 | 2091748 | -9.3 | 21.0 | 1628423 | -8.7 | 54.1 | 463325 | -11.2 | 6.7 |
| | 其他贸易 | 550673 | 12.9 | 5.5 | 15123 | -78.0 | 0.5 | 535550 | 27.8 | 7.7 |

续表

| 项目 | | 进出口 | | | 出口 | | | 进口 | | |
|---|---|---|---|---|---|---|---|---|---|---|
| | | 金额 | 同比% | 比重% | 金额 | 同比% | 比重% | 金额 | 同比% | 比重% |
| 按大类商品划分 | 机电产品 | 560038 | -23.8 | 5.6 | 507633 | -17.0 | 16.9 | 52405 | -57.6 | 0.8 |
| | 纺织服装 | 125390 | -0.6 | 1.3 | 102307 | 5.7 | 3.4 | 23083 | -21.3 | 0.3 |
| | 农产品 | 92215 | 8.2 | 0.9 | 29747 | -1.4 | 1.0 | 62468 | 13.5 | 0.9 |
| | *高新技术产品 | 207331 | 22.9 | 2.1 | 183402 | 26.4 | 6.1 | 23930 | 1.4 | 0.3 |

说明:本数据为海关数据,不包含一达通数据

## 2016年东营市主要出口商品出口情况表

单位:万元

| 项目 | 累计 | | 项目 | 累计 | |
|---|---|---|---|---|---|
| | 金额 | 同比% | | 金额 | 同比% |
| 机电产品 | 507633 | -17.0 | 电解铜 | 146696 | -15.4 |
| 高新技术产品 | 183402 | 26.4 | 纺织品 | 98256 | 6.0 |
| 纺织服装 | 102307 | 5.7 | 医药品 | 88583 | 43.4 |
| 农产品 | 29747 | -1.4 | 塑料及其制品 | 65791 | 35.6 |
| 橡胶轮胎 | 1569482 | -3.6 | 金属制品 | 58237 | -9.1 |
| 石油装备 | 326527 | -22.1 | 电器及电子产品 | 33552 | 46.7 |
| 其中:石油机械及设备 | 225531 | -31.1 | 家具及其零件 | 14072 | -1.4 |
| 其中:石油管材 | 100995 | 9.5 | 蔬菜及制品 | 11608 | -0.9 |
| 化工产品 | 320629 | 11.9 | 纸及纸板 | 9864 | 5.9 |
| 运输工具及其零部件 | 180403 | 3.1 | 仪器仪表 | 6789 | -36.5 |

说明:1.本数据为海关数据,不包含一达通数据;
2.按累计出口金额大小排序

## 2016年东营市主要进口商品进口情况表

单位:万元

| 项目 | 累计 | | 项目 | 累计 | |
|---|---|---|---|---|---|
| | 金额 | 同比% | | 金额 | 同比% |
| 农产品 | 62468 | 13.5 | 合成橡胶 | 96089 | 64.2 |
| 机电产品 | 52405 | -57.6 | 废纸 | 81186 | -12.3 |
| 高新技术产品 | 23930 | 1.4 | 纸浆 | 47246 | 13.6 |
| 纺织服装 | 23083 | -21.3 | 棉花 | 36390 | 17.2 |
| 矿物燃料 | 3555582 | 188.6 | 纺织品 | 23081 | -21.3 |
| 其中:原油 | 3157125 | 733.9 | 机械设备 | 22772 | -71.6 |
| 其中:原料油 | 394258 | -53.7 | 电器及电子产品 | 17491 | -28.0 |
| 铜及其制品 | 2075061 | -21.4 | 钢材 | 10952 | 28.0 |
| 矿砂 | 689788 | 216.4 | 仪器仪表 | 8803 | -31.2 |
| 天然橡胶 | 169204 | -28.2 | 复合橡胶 | 509 | -99.4 |

说明:1.本数据为海关数据,不包含一达通数据;
2.按累计进口金额大小排序

## 2016年东营市出口前30名企业情况表

单位:万元

| 序号 | 企业名称 | 实际出口 | 去年出口 | 同比% | 序号 | 企业名称 | 实际出口 | 去年出口 | 同比% |
|---|---|---|---|---|---|---|---|---|---|
| 1 | 山东科瑞石油装备有限公司 | 183606 | 228111 | -19.5 | 16 | 三阳纺织有限公司 | 44785 | 40156 | 11.5 |
| 2 | 山东兴源国际贸易有限公司 | 171475 | 146462 | 17.1 | 17 | 山东金信新材料有限公司 | 43724 | 35584 | 22.9 |
| 3 | 山东万达宝通轮胎有限公司 | 152214 | 142387 | 6.9 | 18 | 山东永泰集团有限公司 | 42878 | 67072 | -36.1 |
| 4 | 山东恒丰橡塑有限公司 | 146196 | 178268 | -18.0 | 19 | 山东沃森橡胶有限公司 | 40941 | 30682 | 33.4 |
| 5 | 山东昌丰轮胎有限公司 | 140203 | 139215 | 0.7 | 20 | 山东宝莫生物化工股份有限公司 | 40256 | 27246 | 47.8 |
| 6 | 山东金宇实业股份有限公司 | 137255 | 124777 | 10.0 | 21 | 东营市方兴橡胶有限责任公司 | 37249 | 30277 | 23.0 |
| 7 | 山东永盛橡胶集团有限公司 | 102603 | 92284 | 11.2 | 22 | 东营金玺铜业有限公司 | 36417 | 56105 | -35.1 |
| 8 | 山东华盛橡胶有限公司 | 94240 | 102148 | -7.7 | 23 | 东营鲁方金属材料有限公司 | 33544 | 0 | — |
| 9 | 山东大海新能源发展有限公司 | 92139 | 60084 | 53.4 | 24 | 山东陆宇司通车轮有限公司 | 31384 | 31170 | 0.7 |
| 10 | 山东国风橡塑有限公司 | 78123 | 82719 | -5.6 | 25 | 东营市亚通石化有限公司 | 30385 | 0 | — |
| 11 | 新发药业有限公司 | 75279 | 52319 | 43.9 | 26 | 东营金茂铝业高科技有限公司 | 25615 | 27676 | -7.5 |
| 12 | 山东金宇轮胎有限公司 | 71493 | 61931 | 15.4 | 27 | 山东双王橡胶有限公司 | 25326 | 23358 | 8.4 |
| 13 | 盛泰集团有限公司 | 70328 | 107114 | -34.3 | 28 | 东营信义汽车配件有限公司 | 24581 | 21176 | 16.1 |
| 14 | 山东中一橡胶有限公司 | 64824 | 73502 | -11.8 | 29 | 山东胜通钢帘线有限公司 | 24107 | 21895 | 10.1 |
| 15 | 山东恒宇科技有限公司 | 48022 | 84903 | -43.4 | 30 | 山东艾德进出口有限公司 | 24082 | 27006 | -10.8 |

说明:本数据为海关数据,不包括一达通数据

## 2016年东营市进口前30名企业情况表

单位:万元

| 序号 | 企业名称 | 实际进口 | 去年进口 | 同比% | 序号 | 企业名称 | 实际进口 | 去年进口 | 同比% |
|---|---|---|---|---|---|---|---|---|---|
| 1 | 东营方圆有色金属有限公司 | 1228162 | 923458 | 33.0 | 16 | 山东万通集团东营海欣仓储有限公司 | 71214 | 82588 | -13.8 |
| 2 | 山东天弘化学有限公司 | 881638 | 12957 | 6704.2 | 17 | 山东亨圆铜业有限公司 | 59518 | 48777 | 22.0 |
| 3 | 利华益利津炼化有限公司 | 695380 | 93246 | 645.8 | 18 | 东营博奥奇新材料有限公司 | 58044 | 37331 | 55.5 |
| 4 | 东营市亚通石化有限公司 | 633326 | 142362 | 344.9 | 19 | 三阳纺织有限公司 | 50367 | 56973 | -11.6 |
| 5 | 东营齐润化工有限公司 | 493041 | 12782 | 3757.3 | 20 | 山东恒丰橡塑有限公司 | 47726 | 63894 | -25.3 |
| 6 | 山东垦利石化集团有限公司 | 486877 | 166315 | 192.7 | 21 | 东营市佳昊化工有限责任公司 | 43221 | 7773 | 456.0 |
| 7 | 山东天圆铜业有限公司 | 380949 | 809605 | -53.0 | 22 | 山东东方华龙工贸集团有限公司 | 42483 | 148539 | -71.4 |
| 8 | 东营鲁方金属材料有限公司 | 379311 | 305048 | 24.3 | 23 | 利津富洲化工有限责任公司 | 40839 | 17708 | 130.6 |
| 9 | 山东华泰纸业股份有限公司 | 133539 | 137178 | -2.7 | 24 | 山东大海集团进出口有限公司 | 35965 | 19787 | 81.8 |
| 10 | 山东金信新材料有限公司 | 132122 | 102200 | 29.3 | 25 | 山东万达宝通轮胎有限公司 | 33947 | 25801 | 31.6 |
| 11 | 东营金玺铜业有限公司 | 130354 | 163952 | -20.5 | 26 | 山东大海新能源发展有限公司 | 32705 | 17122 | 91.0 |
| 12 | 东营金华精细化工有限公司 | 123114 | 146589 | -16.0 | 27 | 山东昌丰轮胎有限公司 | 28420 | 27681 | 2.7 |
| 13 | 东营金茂铝业高科技有限公司 | 94815 | 177979 | -46.7 | 28 | 东营中外运物流有限公司 | 27533 | 0 | — |
| 14 | 山东大海集团有限公司 | 91047 | 106332 | -14.4 | 29 | 山东永盛橡胶集团有限公司 | 27197 | 30660 | -11.3 |
| 15 | 山东齐成石油化工有限公司 | 81089 | 40724 | 99.1 | 30 | 山东宜坤化工有限公司 | 18807 | 21795 | -13.7 |

说明:本数据为海关数据,不包括一达通数据

## 2016年东营市对外及港台贸易分洲别进出口情况表

单位:万元

| 洲别 | 累计出口 | 同比% | 累计进口 | 同比% | 洲别 | 累计出口 | 同比% | 累计进口 | 同比% |
|---|---|---|---|---|---|---|---|---|---|
| 亚洲 | 1387251 | -2.1 | 2100327 | 16.2 | 荷兰 | 43130 | -4.1 | 40071 | -27.7 |
| 中国香港 | 9575 | -32.2 | 4583 | -62.8 | 法国 | 14127 | -1.6 | 4982 | -42.5 |
| 中国台湾 | 163911 | 7.7 | 3109 | -61.2 | 意大利 | 41500 | 5.3 | 7127 | -66.0 |
| 日本 | 44786 | -7.8 | 123961 | 28.8 | 俄罗斯 | 69438 | -6.4 | 534692 | 86.3 |
| 韩国 | 63216 | 13.1 | 149472 | -1.8 | 拉丁美洲 | 273930 | -5.5 | 1764089 | 52.5 |
| 东盟 | 330101 | 8.4 | 913003 | -23.9 | 巴西 | 26111 | -23.6 | 68142 | 28.5 |
| 马来西亚 | 140674 | 30.8 | 242471 | -60.3 | 智利 | 18373 | -6.8 | 1082859 | 39.1 |
| 非洲 | 315132 | -4.9 | 1321921 | 182.7 | 北美洲 | 427483 | -0.3 | 321717 | -37.3 |
| 南非 | 44206 | -0.5 | 18765 | -69.4 | 美国 | 391076 | 0.9 | 252812 | -44.2 |
| 欧洲 | 527911 | 1.7 | 1008155 | 33.7 | 加拿大 | 36406 | -11.7 | 68905 | 14.9 |
| 欧盟 | 419811 | 1.2 | 468166 | 7.5 | 大洋洲 | 77020 | -15.9 | 425764 | 106.5 |
| 英国 | 96908 | -9.4 | 116217 | 15.1 | 澳大利亚 | 59815 | -21.1 | 422745 | 107.9 |
| 德国 | 47274 | 13.4 | 20724 | -50.3 | 合　计 | 3008726 | -2.2 | 6941983 | 41.5 |

说明:本数据为海关数据,不包含一达通数据

## 2016年东营市外商直接投资县区分布情况表

单位:万元

| 县　区 | 项目数 | | 合同外资 | | 实际到账 | | 任务目标 | 完成任务名次 |
|---|---|---|---|---|---|---|---|---|
| | 个数 | 增幅% | 金额 | 增幅% | 金额 | 完成任务比例 | | |
| 东营区 | 2 | 100.0% | 2340 | 453.2% | 2969 | 66.0% | 4500 | 4 |
| 河口区 | — | -100.0% | 3000 | -57.2% | 5000 | 208.3% | 2400 | 1 |
| 垦利区 | 1 | — | -1073 | -139.0% | 3393 | 147.5% | 2300 | 3 |
| 广饶县 | 1 | 0.0% | 8 | -75.8% | 8 | 0.2% | 5000 | 5 |
| 利津县 | — | — | — | — | — | — | 1300 | — |
| 东营经济技术开发区 | 2 | -60.0% | 156 | -96.0% | — | — | 6000 | — |
| 东营港经济开发区 | — | — | — | — | 3306 | 183.7% | 1800 | 2 |
| 其　他 | 1 | — | 210 | — | 7628 | — | — | — |
| 合　计 | 7 | -30.0% | 4641 | -70.5% | 22304 | 95.7% | 23300 | — |

【利用外资】 全市新批外资项目7个，新增合同外资3.1亿元，实际到账外资14.9亿元，增长7.4%。利用外资质量提高、结构优化，农牧业成为东营市利用外资的重点领域，河口澳亚乳制品项目被列入市政府重点项目，到位外资6000万美元，华润新能源等优质大项目拉动作用明显。签约世界500强企业外资项目2个，分别是计划总投资6.3亿美元的华润电力（风能）投资的“600兆瓦风光互补清洁能源”项目和计划总投资1.73亿美元的利华益集团同美国陶氏化学公司合作的“12万吨/年异壬醇”项目。①抓好重点招商活动。组织参加中国高层发展论坛“山东之夜”、2016香港山东周活动、融入京津冀协同发展招商推介会等重点招商活动，推动合作项目12个，洽谈项目涉及金额超过14亿美元。②创新招商方式。组织成立境外招商小分队，各县区及开发区都成立多路专业招商组，划片招商，在与世界500强企业一对一接触的基础上，先后组织赴美国、德国、澳大利亚、哈萨克斯坦等国家对接推进项目，达成一批外资项目合作意向。③加大督导考核力度。健全通报考核制度，对5个县区、2个市属开发区及23个市直责任单位招商引资任务实行月调度、季督查、年终考核，先后3次对县区、开发区招商项目进行现场督查，建立招商项目登记台账，督促招商项目推进落实。每季度通报各县区、开发区与世界500强外资企业的合作情况，并将通报结果纳入市委、市政府综合考核成绩，营造与世界500强企业加强合作的氛围。

【对外合作】 全市对外承包工程新签合同额2.4亿美元，同比增长77%，完成营业额3亿美元。外派劳务551人。新批境外投资企业（机构）21家，增资9家，实际对外投资2.7亿美元，增长25.7%。①推动更多企业“走出去”投资设厂。广饶县贵合水产有限公司在毛里塔尼亚协议投资3000万美元，山东亨圆铜业有限公司在美国协议投资1000万美元，全市实际对外投资额实现快速增长。②重点境外投资项目进展顺利。东营和力投资发展有限公司协议投资2.9亿美元在塔吉克斯坦建设石油炼厂项目，一期项目11月开工建设；东营金茂铝业有限公司在柬埔寨规划投资2000万美元建设中低压电缆项目，一期完成投资800万美元。③“一带一路”成为对外投资合作的热点。东营市企业在“一带一路”沿线国家实际投资额约占全市实际投资的35%。在全市新备案境外企业中，投资所在国在“一带一路”沿线国家的约占全部企业总数的50%。

【电子商务】 ①做大做强电商企业。依托传统优势产业，培育发展休斯顿石油装备交易中心等多家大宗商品交易平台，年交易额突破400亿元。垦利金钊源开发O2O购物平台，设置便利店220余家。休斯敦交易中心、金钊源网络科技两家企业被认定为省级电子商务示范企业。全市各类自建平台达到100多家，京东商城东营馆、苏宁易购直营店相继上线运营，“淘东营”“金田购”“胎大王”等特色购物平台相继投入运营，截至2016年年底，淘宝、京东等平台经营店铺达到8000多家，同比增长30%。②加快发展农村电子商务。抓住淘宝网、京东商城、苏宁易购等龙头电商在农村领域布局发展的契机，组织各县区积极对接商谈。广饶县与阿里巴巴就农村淘宝项目签订合作协议，招聘农村合伙人41人。利津县、垦利区分别与京东商城、苏宁易购开展合作。全市农产品网上店铺发展到500多家，年销售收入达到8亿多元。③优化电子商务发展环境。加快电商园区建设，引导企业集聚发展。东营电子商务产业园建设面积5000多平米，吸纳企业80多家，园区全年网销收入达到1.5亿元，成为全市首个规模过亿元的园区。积极开展电子商务培训，先后举办电子商务培训班30多期，培训电商人员5000余人次。

【园区建设】 开发区创新发展步伐明显加快，工业增加值、财政收入、外经贸等主要指标增幅均高于全市平均水平。省级经济开发区综合评价排名不同程度提升，其中垦利经济开发区上升2个位次排名第28位，东营港经济开发区上升19个位次排名第112位。①推进开发区体制机制创新。贯彻落实《山东省经济开发区条例》，印发《开发区体制机制创新工作方案》，为稳步推进开发区各项体制机制创新打下基础。②加强开发区数据运行分析。按时调度开发区网络管理平台数据及园区电子档案，做好开发区数据统计，加强运行分析，整理《开发区审核公告目录》，为开发区发展建设和规范化管理提供数据支撑。③推进东营综合保税区建设。围绕项目对接、招商引资、对外贸易等方面与东营综合保税区方面进行充分调研论证，从商务部门角度提出意见和建议，多次与省商务厅和商务部对接，争取上级部门最大支持，完成东营综保区国家级验收。

【商贸流通】 在国内经济下行压力加大和各种新业态、新模式严重冲击下，商贸流通企业主动适应、创新作为、综合施策，商超零售、住宿餐饮等主要指标均实现稳定增长。①扩大消费保障运行。在保障市场有效供给的前提下，加大市场运行监测力度，启动消费品零售企业日报制度，同时对鲁百、胜大、银座、蓝海等6家企业进行重点监测，市场总体运行平稳。②推进商业网点规划编制工作。在征求市直有关部门、各县区、开发区意见的基础上，制订商业网点规划编制工作方案，规划编制工作取得实质性进展。③推进“互联网+餐饮”模式。协调市餐饮协会和相关企业建设网上购销信息平台，为餐饮企业在原材料采购、菜品销售、信息咨询等方面打通便捷通道。④维护良好市场秩序。深入开展打击侵权假冒工作，办理侵权假冒案件95件。开展二手车流通和报废汽车回收拆解行业集中整治行动，现场监督拆解报废汽车1800余台，回收拆解率100%。加强对拍卖、典当、商业特许经营、零售商供应商公平交易、单用途商业预付卡等领域的监管,开展商务综合行政执法工作。⑤狠抓商务领域安全生产。商务领域安全生产形势稳定,没有发生大的安全事故。完成企业安全调查摸底424家,制定安全生产督导检查制度和安全生产督导检查工作流程及检查标准,对县区、开发区进行4次督查,重点企业检查面达到100%。扎实开展平安商场创建工作,将责任层层传导到基层,形成上下联动、群防群治的创建工作机制。

**【重大活动】** 组织参加2016中国发展高层论坛“山东之夜”主题活动。2016年3月20日,2016中国发展高层论坛“山东之夜”主题活动在北京钓鱼台国宾馆举办。市长赵豪志带队,东营经济技术开发区、市农高区2家国家级园区主要负责人以及利华益集团、方圆有色金属有限公司、科达集团、万达控股集团、胜利高原石油装备、大海集团、科瑞集团等7家企业主要负责人参加活动。活动期间,企业负责人分别同沙特阿美石油公司、陶氏杜邦公司、英国石油公司、英荷壳牌石油公司、西门子、株式会社日立制作所等世界500强企业的负责人面对面展开对接洽谈。促成胜利油田高原石油装备有限责任公司同沙特阿美石油公司的石油专用管热轧生产线项目、利华益集团同陶氏杜邦公司的12万吨/年异壬醇、万达集团—山东天弘化学有限公司同英国石油公司的原油进口及加工贸易项目等合作项目8个,洽谈项目涉及金额超过10亿美元。

东营综合保税区(一期)通过国家验收封关运行。2016年9月26日,由海关总署加贸司副司长李志辉率领的国家联合验收组对东营综合保税区(一期)进行正式验收。东营综合保税区(一期)顺利通过验收,获颁验收合格证书并正式揭牌,标志着东营综合保税区正式封关运行。东营综合保税区于2015年5月经国务院批准设立,规划面积3.1平方公里,是山东省第六个保税区。一期封关围网面积1.419平方公里,规划建设有保税加工区、保税仓储物流区、国家商品展示与交易区等区域。市委副书记、市长赵豪志,省政府副秘书长魏华祥,省商务厅巡视员阎兆万,济南海关副关长李海帆,副市长李俊峰陪同有关活动。

**【企业选介】** 山东科瑞控股集团有限公司。始建于2001年,一家集高端石油装备研发制造、油田一体化工程技术服务、油田综合解决方案提供与EPC工程总承包于一体的综合性国际化企业集团,形成从钻完井、采油到集输处理的完整的石油装备产业链,拥有陆地与海洋钻修井装备、气体压缩装备、油田增产作业设备等九大高端系列产品,七个大型生产基地,年产值过百亿元。集团有员工8000余人,在总部以及北京、上海,新加坡、休斯顿、卡尔加里等地区设立16个技术研发中心,在全球57个国家设立分子公司、技术服务站及零配件仓库,拥有遍布多个国家200余支油田服务队伍,在提升采收率、老旧油田改造、疑难油田开发等方面掌握世界领先技术,在页岩气、煤层气等非常规油气开发领域掌握国内领先技术。科瑞拥有出色的天然气生产处理及综合利用系统解决方案提供及EPC工程总承包能力,在高度集成化小型撬装LNG液化装置和中大型模块化LNG液化工厂领域拥有国际领先技术。2016年,集团实现销售收入102亿元,进出口总额10.35亿美元,其中大型成套设备、工程总承包及服务外包等出口8.8亿美元。拥有国内注册商标26件,马德里国际注册商标16件,商标保护覆盖41个国家和地区。2016年,科瑞新递交7件马德里商标注册申请,商标保护覆盖指定21个国家和地区。科瑞集团是中国最大的民营油气设备生产和服务提供商,是山东省机械工业优秀外向型企业、中国民营企业500强、中国制造业500强、中国能源装备十佳民企、ENR国际承包商250强,2014—2015年连续被评为“中国对外贸易民营500强”。科瑞企业品牌成为中国“质量之光”公众评选活动魅力品牌、山东省出口名牌、山东省重点培育和发展的国际知名品牌、中国机电产品进出口商会推荐出口品牌,“科瑞”商标被评为山东省著名商标。

(市商务局 郭志彬)

## 贸易促进

**【展会】** 第七届中国(广饶)国际橡胶轮胎暨汽车配件展览会。2016年5月15—17日,在广饶国际博览中心举办。展会由中国国际贸易促进委员会、山东省政府主办,东营市政府、山东省贸促会承办,广饶县政府、东营市贸促会、中国国际商会山东橡胶轮胎分会、中融商汇(北京)国际会展有限公司具体执行。展会展览面积超过4.2万平方米。参展企业665家,其中美国、德国、意大利、日本、印度等40多个国家和地区的120余家境外企业参展;参展轮胎企业290余家,其中世界500强企业14家、全球轮胎75强企业35家。展会首次设置轮胎电商精品展区,国内首家C2B分享型模式典型代表“胎智汇”携43家轮胎电商企业亮相展会。展会期间达成贸易意向、协议、合同806个,总金额159亿元。

第九届中国(东营)国际石油石化装备与技术展览会。2016年9月27—29日在东营黄河国际会展中心举办。展会由中国国际贸易促进委员会、山东省政府主办,东营市政府、山东省贸促会、胜利石油管理局承办,东营区政府、东营市商务局、东营市贸促会、山东石油装备国际商会具体执行,在十三届中国会展行业年会上被评为“2016年度中国十佳专业展览会”。展会总展览面积5万多平方米,布展企业379家,摊位1216个。共有来自66个国家和地区的1万余名客商参加。参展的企业来自于美国、荷兰、德国、日本、中东等40多个国家和地区,展出产品涉及海陆石油钻采设备、勘探设备、集输设备、固井设备、特种车辆以及石油化工

2016年9月27—29日,第九届中国(东营)国际石油石化装备与技术展览会在东营黄河国际会展中心举办　（市贸促会提供）

炼化设备等20大系列、3000多个品种。邀请来自沙特阿美公司、墨西哥国家石油公司和巴基斯坦、牙买加等32个国家的石油公司代表,以及中石油、中石化、中海油等国内重要油田客商到会参观采购,专业买家突破5000人。签订外贸合同(意向协议)82个,协议金额27.7亿美元。展会期间签订内贸合同(意向协议)117个,协议金额37.5亿元人民币。

第六届黄河三角洲(中国·垦利)国际生态农业博览会。2016年10月22—24日在垦利县全民健身中心举办。展会由中国国际商会、经济日报社主办,东营市人民政府、山东省贸促会、山东国际商会、山东省农业厅承办,垦利县人民政府、东营市农业局、东营市贸促会等部门单位具体执行。总展览面积2万平方米,布置展位1000个,参展企业共412家,其中山东省特色展区共71家企业参展;国际及台湾展区82家企业参展,台湾参展企业46家,日本、韩国、印度等国家参展企业36家,产品涉及到当地特色农产品、素食品、茶叶、农产保养品等近千种产品。展会期间参观人数达12.8万人次,现场交易额4236.16万元,现场签约额1887.9万元,采购商、电商、参展企业现场达成购销合同22项,合同金额7660万元;签约投资项目31个,签约额108.7亿元;贸易合同55个,签约额42.7亿元。

【境内外展览】 利用国家、省、市一系列开拓国际市场鼓励政策,积极组织企业参加境内外展览、洽谈活动,全力推动外贸稳定增长。①组织45家企业参加国际知名度高、专业性强、成交效果好的俄罗斯乌法国际石油天然气展、德国埃森国际轮胎展、欧洲精细化工展、美国休斯顿石油装备展、亚洲(泰国)国际食品博览会、伊斯坦布尔国际汽车制造销售及维修展览会、南非(约翰内斯堡)国际汽车零配件及售后服务展览会等31个国际展览会。②组织企业参加境内贸促系统重点组织的经贸洽谈活动。组织62家企业分别参加中国国际石油石化技术装备展览会、中国(银川)丝绸之路国际商会博览会、2016中日韩产业博览会、“中国—拉美企业家高峰会”、第十九届中国东西部合作与投资贸易洽谈会暨丝绸之路国际博览会、第十六届中国西部国际博览会等23项境内展览、洽谈活动。③用足用好市政府批准设立的东营市国际贸易促进专项资金,为参加由贸促系统组织的境内外展览会的企业发放摊位费补贴89.78万元,提高企业参加展览活动、开拓国际市场的积极性。

【法律服务】 ①贯彻《中华人民共和国出口货物原产地条例》,全年共签发、代办各类单证册合计18502份,同比增长7%,其中一般证书签发13620份,优惠证签发2737份,共计16357份产地证书,同比增长了8%;涉外国际商事证明书1562份,大使馆认证570份,转口证明书11份。②与东营出入境检验检疫局签署备忘录,共同加强原产地签证工作,服务国家自贸区战略。双方将进一步深化业务合作,在自贸协定政策宣讲和经贸摩擦预警等方面密切协作,共享信息资源,互补技术优势,形成服务发展的合力;将进一步探索创新,加大政策宣讲和培训力度,为广大进出口企业提供优质便利化服务,增强其提高运用自贸协定政策的意识和能力,不断提升国际竞争力,为全市促进外贸稳定增长做出更大贡献。③开展企业调研,以关于“中国—瑞士”自由贸易协定优惠证书使用情况及具体意见建议和中韩、中澳自贸协定(FTA)实施效果评估为题,分别对5家出口瑞士、30家出口韩国和28家出口澳洲的企业通过填写调查问卷的方式进行调研。④发挥东营法律服务中心作用,成功调解东营东泰石油装备有限公司与沙特客户Makamin公司贸易纠纷,为企业挽回直接经济损失14.45万美元。

【对外联络】 发挥对外联络职能优势,进一步加大对外联络工作力度。①随东营市经贸代表团参加由山东省人民政府、美国康涅狄格州州政府主办的山东—康州经贸推介暨企业洽谈会,市委书记、市人大常委会主任申长友率东营市经贸代表团应邀参加会议,并开展有关经贸对接洽谈活动。②跟随市经贸代表团出访俄罗斯、德国和瑞士三个国家。访问期间,代表团通过参加第24届俄罗斯乌法国际石油天然气展、第29届德国(埃森)国际轮胎展览会和第31届欧洲精细化工展,近距离了解世界石油装备、橡胶轮胎和精细化工产业发展最新动态,为剖析东营市石油装备、橡胶轮胎和石油化工产业存在的问题不足,研究东营市石油装备、橡胶轮胎、石油化工产业转型升级提供新思路举措。③组团出访哈萨克斯坦、格鲁吉亚和白俄罗斯,与驻哈大使馆、哈中商会、格鲁吉亚工商会、白俄罗斯国家农业部、白俄罗斯国家经济部投资促进署等部门就2017哈萨克斯坦阿斯塔纳世博会“中国馆山东周东营日”系列活动进行深入对接交流,在深化绿色能源产业及其他领域的合作方面达成共识。④承办中国(东营)——“丝绸之路经济带”国家投资和贸易合作对接会。来自乌克兰、白俄罗斯、蒙古国等9个国家工商会、经济部的28名代表与东营市60名企业代表进行对接,达成项目合作意向2项,贸易合作意向15项。⑤成功举办东营—阿拉伯国家工商会代表团投资与贸易合作对接会,邀请埃及、苏丹、阿尔及利亚等阿拉伯国家政府官员和工商界代表,东营市政府领导以及相关部门,各县区贸促会负责人和企业代表共计100余人参加对接会。东营企业与阿拉伯工商会代表团成员就企业产品、销售意向和投资环境等方面进行详细的沟通交流,达成项目合作意向3项,贸易合作意向20项。

【企业服务】 拓宽服务领域,丰富服务手段,不断满足新形势下企业发展的新需求。①举办东营市涉外涉侨企业培训班,邀请国内知名经济专家分别围绕“当前国际国内经济发展形势及金融政策”和“自由贸易区战略及境外投资形势与风险防范”两个专题,对企业“走出去”过程中应注意的问题提出具体的应对措施。市直有关部门、各县区、东营经济技术开发区、东营港经济开发区和全市重点企业负责人共240余人参加培训。②举办东营市贸促会法律服务业务培训班,邀请中国贸促会专利商标事务所商标代理专家侯继芸以“海外商标注册申请与保护”为题,结合具体案例,详细解读美国、欧盟、加拿大、澳大利亚等东营市出口重点目的国商标注册申请特点和注意事项。全市贸促系统干部职工、进出口企业法务部门负责人及出证认证业务人员共计170人参加培训。③结合“两学一做”学习教育,深入会员企业开展调查研究,广泛征求企业负责人对市贸促会工作的意见建议,全面了解企业生产经营情况,提高为企业服务的针对性和实效性。④通过贸促会网站、“东营贸促”微信平台和信息刊物《东营贸促》,为企业提供20余条及时有效的经贸信息和60余条实用可靠的风险预警信息。

(市贸促会　燕松磊)

# 东营经济技术开发区

【概况】 东营经济技术开发区成立于1992年,2010年3月21日升级为国家级经济技术开发区,是国家高新技术产业标准化示范区、铜及铜材产业知名品牌示范区、循环化改造示范试点园区、知识产权试点园区,山东省科学发展示范园区、新型工业化产业示范基地和新能源高技术产业基地。规划控制面积417平方公里,已完成配套面积80平方公里。规划建设主体产业区、广利港及临港产业区、空港产业区、东八路东工业园四个产业园区和府前街金融聚集区、莒州路现代服务业聚集区、悦来湖科技人才聚集区三个特色片区,着力发展有色金属、新材料、汽车及零部件、石油装备制造等主导产业,加快发展电子信息、现代服务业、智能装备制造等新兴产业,形成特色产业突出、配套功能完善的产业体系。

**2016年东营经济技术开发区规模以上工业企业情况表**

单位:千元

| 序号 | 产业名称 | 企业名称 | 产值 | 收入 | 利润 | 利税 |
|---|---|---|---|---|---|---|
| 1 | 有色金属产业(8家) | 东营方圆有色金属有限公司 | 32227856 | 32222458 | 1322671 | 3961379 |
| | | 东营鲁方金属材料有限公司 | 37200841 | 37112163 | 1397125 | 1545562 |
| | | 东营方泰金属回收利用有限公司 | 3073574 | 3089244 | 297166 | 297166 |
| | | 山东天圆铜业有限公司 | 17915957.19 | 17779956 | 361926 | 361973 |
| | | 东营市博达特种线缆有限公司 | 404186 | 403622 | 8999 | 9752 |
| | | 山东迪赛机电有限公司 | 1003602 | 1003602 | 46894 | 64319 |
| | | 山东亨圆铜业有限公司 | 10730995 | 10730995 | 380332 | 382893 |
| | | 山东金圆铜业有限公司 | 2171027 | 2168849 | 41451 | 46834 |
| | 小计 | | 104728038.19 | 104510889.00 | 3856564.00 | 6669878.00 |
| 2 | 新能源产业(6家) | 东营大地硅业有限公司 | 44330.57 | 41740 | -29560 | -29560 |
| | | 山东中凯重工集团有限公司 | 100844 | 89950 | 4481 | 5511 |
| | | 萨泰克斯增强材料(东营)有限公司 | 34756 | 45476 | -3780 | -3681 |
| | | 山东恒宇新能源有限公司 | 128682 | 158222 | -576 | -576 |
| | | 山东胜动燃气综合利用有限责任公司 | 673244.59 | 123416 | -6338 | -5964 |
| | | 山东天信光伏新能源有限公司 | 890153 | 1058311 | 43954 | 55415 |
| | 小计 | | 1872010.16 | 1517115 | 8181 | 21145 |

续表－1

| 序号 | 产业名称 | 企业名称 | 产值 | 收入 | 利润 | 利税 |
|---|---|---|---|---|---|---|
| 3 | 新材料产业（11家） | 东营华泰化工集团有限公司 | 8805071 | 8331912 | 308568 | 423536 |
| | | 山东金茂纺织化工集团有限公司 | 18229284 | 17958270 | 1813830 | 2487900 |
| | | 山东国瓷功能材料股份有限公司 | 367984 | 358756 | 123582 | 133410 |
| | | 山东国瓷康立泰新材料科技有限公司 | 287573 | 241049 | 41815 | 44763 |
| | | 山东东昌精细化工科技有限公司 | 170515 | 203345 | 12148 | 13247 |
| | | 山东得顺源石油科技有限公司 | 45195 | 66225 | 269 | 2672 |
| | | 东营市盛聚化工有限责任公司 | 23434 | 21190 | －5516 | －5516 |
| | | 东营市东海聚苯乙烯有限公司 | 212551.89 | 549771 | 6292 | 7318 |
| | | 山东金岭新材料有限公司 | 12972327 | 12969286 | 631879 | 723578 |
| | | 胜利油田高原化工有限公司 | 63835 | 90802 | 972 | 4211 |
| | | 山东万达微电子材料有限公司 | 38094.24 | 49312 | 1633 | 1633 |
| | | 小计 | 41215864.13 | 40839918 | 2935472 | 3836752 |
| 4 | 石油装备产业（10家） | 胜利油田高原石油装备有限责任公司 | 3017757 | 3010983 | －25804 | 13161 |
| | | 胜利油田龙玺石油工程服务有限责任公司 | 135874 | 49146 | 11121 | 11183 |
| | | 胜利油田奥凯龙石油工程有限公司 | 65113 | 65113 | －33406 | －30346 |
| | | 胜利油田胜鑫防腐有限责任公司 | 61318 | 49459 | 1168 | 6738 |
| | | 胜利油田新大管业科技发展有限责任公司 | 311541.81 | 303334 | 32138 | 34996 |
| | | 东营威玛石油钻具有限公司 | 249802 | 213506 | 22033 | 30831 |
| | | 东营市东达机械制造有限责任公司 | 43285.3 | 43285 | 64 | 2117 |
| | | 山东昊特石油装备有限公司 | — | — | — | — |
| | | 胜利油田中意石油装备有限公司 | 18687 | 10979 | 1404 | 1404 |
| | | 东营市创元石油机械制造有限公司 | 156274 | 131254 | 14952 | 18789 |
| | | 小计 | 4059652.11 | 3877059 | 23670 | 88873 |
| 5 | 智能装备制造业（4家） | 山东鸿基机械科技有限公司 | 399396 | 354904 | 18706 | 18934 |
| | | 山东恒益模具有限公司 | 593283 | 593283 | 109582 | 123169 |
| | | 东营宏源机械设备有限公司 | 35591 | 34290 | －12303 | －12109 |
| | | 山东锌锰数控设备有限公司 | 17500 | 482 | －1603 | －1603 |
| | | 小计 | 1045770.00 | 982959.00 | 114382.00 | 128391.00 |
| 6 | 生物医药（1家） | 东营佛思特生物工程有限公司 | 24725 | 26495 | －10824 | －9974 |
| 7 | 汽车及零部件产业（6家） | 山东东方曼商用车有限公司 | 1939025 | 1930241 | 166554 | 178262 |
| | | 东营宏坤车轮制造有限公司 | 141219 | 52870 | 8690 | 9048 |
| | | 东营市泰恩斯动力传动设备有限公司 | 42423.71 | 42424 | －5031 | －4663 |
| | | 东营博瑞制动系统有限公司 | 72226.61 | 20005 | 6205 | 5970 |
| | | 山东海德威车轮有限公司 | 152117 | 144897 | －20309 | －20309 |
| | | 山东陆宇司通车轮有限公司 | 327703 | 130262 | 3505 | 3505 |
| | | 小计 | 2674714.32 | 2320699 | 159614 | 171813 |
| 8 | 电子信息产业（2家） | 科达半导体有限公司 | 41076 | 36482 | 2867 | 2870 |
| | | 东营安川机电控制有限公司 | 194160 | 191714 | 11558 | 19387 |
| | | 小计 | 235236.00 | 228196.00 | 14425.00 | 22257.00 |
| 9 | 其他产业（28家） | 山东石大科技集团有限公司 | — | — | — | — |
| | | 山东电力集团公司东营供电公司 | 9894929 | — | — | — |
| | | 东营人造板厂 | 117416 | 136799 | 876 | 8504 |
| | | 东营大明新型建材有限责任公司 | 35991 | 33532 | 70 | 1007 |
| | | 胜利油田长龙橡塑有限责任公司 | 26421 | 43293 | 5671 | 10495 |
| | | 华亚东营塑胶有限公司 | 250752 | 304771 | 38869 | 55514 |

续表-2

| 序号 | 产业名称 | 企业名称 | 产值 | 收入 | 利润 | 利税 |
|---|---|---|---|---|---|---|
| 9 | 其他产业（28家） | 胜利油田大明新型建筑防水材料有限责任公司 | 187915 | 197702 | 23310 | 38502 |
| | | 山东好利来动物药业有限公司 | 24872 | 23222 | 3548 | 4286 |
| | | 东营艾兰仕家具制造有限责任公司 | 61341 | 27845 | 6702 | 6758 |
| | | 山东明朗门窗有限责任公司 | 26947 | 26947 | 4413 | 5450 |
| | | 胜利油田亿通电源有限责任公司 | 10171 | 7875 | -2642 | -1289 |
| | | 山东石大胜华化工集团股份有限公司 | — | — | — | — |
| | | 东营恒旭木业有限公司 | 1381816 | 1285888 | 178962 | 183750 |
| | | 东营山水水泥有限公司 | — | 327 | -2445 | -2530 |
| | | 山东迎春钢板仓制造有限公司 | 103734 | 67174 | 1866 | 6864 |
| | | 山东陆宇塑胶工业有限公司 | 2699842 | 2789695 | 125834 | 157352 |
| | | 东营市东辰节能电力设备有限公司 | 268461 | 34219 | -13700 | -13690 |
| | | 山东俊富无纺布有限公司 | 568775 | 542850 | 4055 | 7516 |
| | | 东营华润燃气有限公司 | 149401.08 | 158454 | 17229 | 21972 |
| | | 山东金宇钢构股份有限公司 | 54071 | 54472 | -27749 | -26822 |
| | | 山东城江焊业有限公司 | 21900 | 25310 | 3117 | 3117 |
| | | 东营国中水务有限公司 | 53788.57 | 39999 | 1817 | 3568 |
| | | 山东汇丰电力器材有限责任公司 | 46486 | 43929 | 1230 | 2764 |
| | | 山东东洲服饰有限公司 | 45364 | 12745 | 251 | 336 |
| | | 东营市神州非织造材料有限公司 | 127929 | 126140 | -1567 | -1567 |
| | | 山东百成窗业有限公司 | 15691 | 25413 | 2334 | 3037 |
| | | 山东广田木业有限公司 | 137903.89 | 106026 | -745 | -1261 |
| | | 东营市大舜化工有限责任公司 | 80996 | 114088 | 84 | 3869 |
| | 小计 | | 16392913.54 | 6228715.00 | 371390.00 | 477502.00 |
| 全区合计 | | | 172248923.45 | 160532045.00 | 7472874.00 | 11406637.00 |

**【经济运行】** 2016年，全区实现生产总值363.7亿元，增长7.4%；规模以上工业总产值1722.5亿元，增长6.5%；公共财政预算收入16.7亿元，增长-3.8%；进出口总额260.4亿元，其中进口233.6亿元；银行贷款期末余额619.8亿元，新增77.5亿元，增长14.3%；工业用电37.5亿千瓦时，增长9%。

**【转型升级】** 加大力度培育壮大新兴产业，强化措施加快创新驱动步伐，大力推进产业升级，积极发展现代服务业，在优质产业的增量中调优结构，在高新技术产业的快速发展中增强竞争力。有色金属产业发展迅速，成为全国唯一的国家级铜及铜材产业知名品牌示范区，铜产量跻身全国四强，金银产量跃居全国前十。成功举办首届有色金属产业展，进一步提升开发区有色金属产业在全国的知名度和影响力。新材料产业稳步增长，成为国内最大的高端纳米级电子陶瓷材料生产基地。汽车及零部件产业规模扩大，成为全省重要的汽车产业基地。东营软件园成为全省第三大软件园，被评为“国家火炬计划软件产业基地”，为电子信息产业发展奠定基础。实行金融、物流、总部经济等一系列产业扶持政策，引导各类资源向服务业倾斜，生产性服务业发展开始提速。2016年，全区服务业增加值79亿元，同比增长3.2%，占生产总值的21.3%，成为全区经济发展的重要引擎。推进供给侧改革，全面落实“去降补”任务，完成30家企业“三评级一评价”，化工产业转型升级工作取得明显成效。质量工作再上新水平，方圆公司荣获第六届省长质量奖。2016年，全区高新技术产业产值901.9亿元，占全区工业总产值的

2016年12月22日，全国有色金属行业碳市场能力建设工作会议召开
（东营经济开发区提供）

52.3%,超过全市17个百分点。

【项目建设】 深入开展项目攻坚行动,集中推进总投资358亿元的70个投资项目,26个项目开工,14个项目完成主体或开始安装设备,24个项目竣工投产,完成固定资产投资216.6亿元。招商引资的力度进一步加大,面向央企、国企和世界500强企业的招商再结硕果。引进中信重工特种机器人、中车集团海上风电设备生产基地等38个"高大上"项目,总投资超过150.7亿元,在投资规模、层次和效益上有新突破。方圆公司向全球最大的智利国营铜业公司出口技术装备获国家发改委牵头推进,开发区对外合作上升到国家级层面。高原公司与美国威兰特公司等10余项对外合作项目取得重大进展。

【园区建设】 推进产业园区优化整合,明确各园区的产业定位和发展重点,推动各园区组团发展、错位发展、集约发展。加快推进主体产业区整合提升和功能完善。科达财富中心、永晖大厦等8个项目投入运营,入驻金融机构62家,其中银行21家,总部经济150家,府前街金融聚集区成为全市的金融中心。12家企业在三板四板市场挂牌,上市挂牌企业33家,企业直接融资步伐明显加快。大连万达产业基地开工建设,天泰蓝色港湾、红星美凯龙广场完成主体,莒州路现代服务业聚集区成为全市的高端商业中心。悦来湖科技人才聚集区完成规划设计,与武汉光谷联合集团签订合作协议,启动核心区建设,拉开大建设的序幕。广利港及临港产业区建设快速推进,8月,跨广利河大桥竣工投用,长16.2公里的疏港道路全线通车,防波堤、物流园区、通用堆场、辅建区陆域形成工程全面完工,造地2800余亩,南北防波挡沙堤等15项主体工程开工建设,完成投资8.7亿元;临港产业区完成基础设施配套,法国液化空气集团等6个项目确定入驻。空港产业区快速起步,中国商飞试飞基地一期工程建成启用,成为国内唯一的民用飞机专用试飞基地,为航空服务和配套产业发展提供依托。东八路东工业园12个项目开始试生产,中国石油化工装备电子商务平台、浙江传化智能公路港、黄三角互联网+综合示范基地等重点服务业项目运营情况良好。

【科技创新】 实施"科技强区"战略,加强扶持服务,推进创新平台建设,构建各方面协同高效的创新体系。在全市率先构建"创业苗圃—孵化器—加速器"创新创业孵化链条,拥有创新创业和公共技术服务平台8家,孵化器面积26.7万平方米。全区60%以上的企业成立研发机构,新增规范化科研机构3家,总数达到87家,其中省级以上科研机构34家,占全市35%。高原公司建立行业唯一、全市首家国家采油装备工程技术研究中心。方圆公司获批创建国家级企业技术中心。完善人才培养、引进、使用、奖励等配套政策,配套人才专项资金不少于2000万元,引进一大批科技领军人才和高技能人才,新增"千人计划"专家1人、"泰山学者"1人,"千人计划"专家达到4名,"泰山学者"达到10名,人才总数超过9000人。开发区连续五年被评为人才工作先进单位。

【安全环保】 国家级生态工业示范园区创建工作通过省级考核,等待通过国家级验收。深入开展水气污染治理专项行动,投资3.7亿元完成府前大街、辽河路、沂河路、浏阳河雨污水管线改造工程等18项重点项目,下决心抓好重点区域、重点行业污染治理,严厉惩治偷排偷放行为,强化城市扬尘治理,水气环境质量明显改善。水质治理走在全市前列,实现工业废水、生活污水全部收集、全部处理、全部达标排放,出水水质达到地表V类水质标准。2016年,全区"蓝繁"天数达到194天,同比增加10天,在全市公布的47周空气质量排名中,开发区25周全市第一、16周全市第二。将安全生产摆在全局工作的突出位置,以保障企业安全生产为根本,以城市公共安全专项行动为抓手,开展安全隐患预防排查和重点行业领域专项整治,全区安全生产形势持续稳定,没有发生较大以上安全生产责任事故。

2016年1月13日,中国商飞民用飞机试飞中心东营基地揭牌成立(王刚摄)

【社会事业】 投资3亿元实施社区养老服务中心、中小学校建设等10件便民实事,东凯中学秋季建成招生,东凯第二幼儿园完成工程建设,东凯实验学校加快改造,开展多所小学幼儿园前期规划,引导民办教育发展,探索创办国际化学校,开发区中小学校的硬件水平和办学质量明显提高。健全社区工作机制,抓好社区规范化建设,投资1100万元实施老旧小区改造提升,投资460万元建成14个高标准的群众文化广场,投资150万元安装休闲健身设施,投资27万元为居民小区安装视频监控

100套，群众生活环境更加安全便捷。加强城市规划建设管理，投资10亿元完成北一路、广州路、运河路景观绿化工程等25项城市生态环境建设项目，新增和改造绿化面积145万平米。加大城市管理执法力度，开展“拆违治乱”“打霸治痞”专项行动，抓好市容环境专项治理，城区面貌显著改善。抓好平安和谐开发区建设，严厉惩治违法犯罪，治安案件大幅减少。

【党建工作】 结合开发区特点，探索机关、企业和社区党组织规范管理、发挥作用的有效途径。在机关层面，开展结对共建、联户帮困、党员示范岗等活动；在企业层面，推进党建工作与生产经营相结合，开展党员提合理化建议、党员示范岗等活动，增强企业党组织与企业管理层的双向互动联系；在社区层面，推进在职党员向社区报到活动，落实为民服务专项经费120万元，实施一批便民利民项目，全力打造“群众满意工程”。探索实施“搭建共驻共建平台，推进实施区域党建”书记项目，构筑企业、社区共同参与的区域化党建格局。做好驻村帮扶工作，投资100多万元为陈庄镇辛西村建设柏油路和文化大院。 （东营经济开发区管委会 舒鹏）

## 东营港经济开发区

【概况】 东营港经济开发区地处东营市以北100公里处的渤海湾西南海岸，是经山东省人民政府批准设立的省级经济开发区，是黄河三角洲高效生态经济区建设的龙头，是山东半岛蓝色经济区的重要组成部分，是全市实施黄蓝经济区建设的重点突破区和三大经济增长极之一，主要发展生态化工、现代物流、装备制造、战略新兴产业等四大主导产业。东营港是国家一类开放口岸，是国务院确定的黄河三角洲区域中心港，是黄河三角洲对外开放的桥头堡和鲁晋冀地区的最佳出海通道。截至2016年年底，东营港经济开发区管委会共有部门单位36个，其中内设机构23个，外派机构13个，下辖1个行政村。东营综合保税区管委会共有部门单位6个。

【经济运行】 2016年，实现规模以上工业总产值718.7亿元，同比增长121%；主营业务收入706.7亿元，同比增长84.8%；固定资产投资132.7亿元，同比增长6.1%；财政收入7.91亿元，同比增长34.27%；规模以上工业企业用电量16.2亿千瓦时，同比增长47.2%；实现进出口总额165亿元，同比增长515%；实际利用外资3306万美元，同比增长60%；全部超额完成年度目标任务。

【港口建设】 按照打造成为黄河三角洲区域中心港的要求和定位，开发区围绕建设“国际物流港”，集中力量突破港口建设。①创新实施港口建设。累计完成港口项目投资达150亿元，按照“引桥延伸、双堤环抱、突堤相间”的模式，建成由北防波堤和一突堤北围堰项目形成的“小环抱式”港池；2016年投资50余亿元实施16个港口项目及配套工程，重点推进三突堤码头和罐区项目、南防波堤工程，以及10万吨级航道、10万吨油品过驳、25万吨级单点系泊等项目的前期准备工作。进一步发挥好规划指引港区建设与发展的作用，加快修编《东营港总体规划》。②提升港口运营水平。港口综合调度中心建成并运营，进一步加强对港口作业现场的监控、指挥，保障港口生产秩序，进一步提升东营港港口调度指挥、现场监管、应急处置能力。2016年年底，建成和在建泊位总数45个，对外开放泊位19个，港口吞吐能力5000万吨，2016年货物实际吞吐量4383万吨，成为环渤海地区最大的油品及液体化工品特色港口。③加快完善港口功能。东营至旅顺的客货滚装航线实现双班对开，全面打通华北地区与东北地区的海上最近通道。2016年，完成运输旅客18万人次，车辆6万余台。

【项目建设】 全区紧紧围绕项目建设这一稳增长、促发展的关键，争时间、抢速度，全力上项目、调结构、转方式、壮产业，全力保障经济持续快速平稳运行。年初，确定总投资593.6亿元、当年计划投资141.8亿元的77个重点项目。2016年，全区规模以上企业数量42家，投产和在建项目90余个，其中，计划投资超过30亿元的项目16家，保持项目储备、开工、投产的快进势头。聘请中国石油化工规划院先后三次提升产业规划，着重围绕芳烃、乙烯、丙烯和碳四等四个产业链条引进和摆布项目，全区原油一次炼化能力达1560万吨，碳三碳四产业链条相对完善，并初步形成丙烯—丙烯腈—丙烯酰胺—聚丙烯酰胺和MMA-BMA-PBMA两条化工新材料产业链。围绕园区产业链，入区企业基本形成自身独具特色的产业布局，实现高效循环发展。区内亚通石化和万达天弘公司取得国际原油进口和使用资质，累计额度达716万吨，为全区化工产业转型升级提供油头保障。推进万通集团二期290万立方燃料油库区、宝港110万立方原油库区、伟邦50万立方原油和成品油灌区建设。全区仓储物流区液体化工品一次性仓储能力突破560万方，成为环渤海地区重要的原油及液体化工品储备基地。以东营综合保税区建设运营为平台和载体，加大外向型经济发展力度。2015年5月6日，东营综合保税区获国务院批复设立，开发区按照“一次性整体设计、分阶段实施”的原则，委托国内一流设计机构、建设单位对综保区进行规划建设，按时完成必验设施建设任务，2016年9月26日，通过国务院正式验收。推进外经外贸及外资利用工作，加大原油进口和出口加工贸易的调度，积极帮助协调周边码头泊位、卸油及储存罐区，确保完成原油进口和出口加工贸易全年任务指标。

2016 年 9 月 26 日，东营综合保税区(一期)顺利通过正式验收　(陈世钊摄)

【安全环保建设】 安全生产方面，严格落实安全生产责任制和“一岗双责”制度，狠抓危险化学品等重点领域专项整治。发挥企业安全生产的主体责任，实行政策促动、专家指导、典型带动、执法推动等措施，推进企业安全生产标准化。开发区管委会连续七年被省政府安委会表彰为“全省安全生产工作先进单位”，连续六年受到市政府安委会表彰。环境保护方面，严把产业政策、环境保护、节能减排三大关口，项目引进“宁缺毋滥”，必须进行环境影响评价，必须符合国家产业政策、科技政策、环保要求，项目“三同时”执行率100%，近三年累计拒批各类项目 40 余个，有效保障绿色循环经济发展。强化环保监察力量，投入 3000 多万元在全省率先建立环境智能化检测平台，对企业“三废”排放实施 24 小时全过程监控预警，对环境违法实施零容忍。

**2016 年东营港经济开发区规模以上工业企业主要经济指标表**

单位:千元

| 序号 | 单位详细名称 | 主要产品 | 主营业务收入 | | 利　税 | | 利润总额 | | 工业总产值(当年价格) | |
|---|---|---|---|---|---|---|---|---|---|---|
| | | | 2016 年 | 上年同期 | 2016 年 | 上年同期 | 2016 年 | 上年同期 | 2016 年 | 上年同期 |
| 1 | 山东新港化工有限公司 | 苯酚类 | 121251 | 186455 | -736 | 311 | -1084 | -324 | 121251 | 175620 |
| 2 | 山东德阳化工有限公司 | 烷基化 | 162632 | 189144 | -46451 | -74896 | -29230 | -52276 | 165058.63 | 206894 |
| 3 | 东营海源化工股份有限公司 | 医药中间体 | 41437 | 41541 | -1021 | -22314 | -2966 | -23124 | 41003 | 51719 |
| 4 | 山东神驰石化有限公司 | 液化气、丁基橡胶 | 1033128 | 45877 | -129571 | -240474 | -129669 | -115265 | 1103023 | 0 |
| 5 | 东营市港城热力有限公司 | 集中供热 | 500314 | 266694 | 5978 | -24324 | 5978 | -3373 | 500315 | 266694 |
| 6 | 东营联合石化有限责任公司 | 燃料油 | 9424601 | 983719 | 255334 | -90693 | 154058 | -90800 | 10645175.1 | 557459.79 |
| 7 | 山东华滨化工科技有限公司 | 丙烯 | 426610 | 136108 | -58243 | 63 | 8715 | 7275 | 446563 | 177 |
| 8 | 东营市华兴化工有限责任公司 | 聚丙烯酰胺 | 28349 | 58744 | -17910 | -22919 | -17974 | -26647 | 26401 | 28683 |
| 9 | 东营科宏化工有限公司 | 医药中间体 | 251640 | 196831 | -4586 | 2429 | -4614 | 2429 | 256723 | 183607 |
| 10 | 东营市赫邦化工有限公司 | 氯碱 | 596348 | 606869 | -14119 | 26600 | -14119 | 17829 | 655825 | 618863 |
| 11 | 山东万福达化工有限公司 | 烷基化 | 1778340 | 678388 | -1081 | 21606 | -1081 | 9085 | 1618770 | 801337 |
| 12 | 山东诺尔生物科技有限公司 | 高吸水性树脂 | 1237641 | 468866 | 113249 | 105962 | 66195 | 31246 | 1313600 | 487014 |
| 13 | 山东天弘化学有限公司 | 汽油、柴油 | 18080592 | 12020403 | 1333691 | 962617 | 990979 | 894127 | 18746223 | 12314759 |
| 14 | 东营市海科瑞林化工有限公司 | 汽油、柴油 | 18764134 | 11495880 | 266000 | 389500 | 266000 | 389500 | 18764134 | 11495880 |
| 15 | 山东鲁深发化工有限公司 | 液化气 | 1095175 | 644775 | -10117 | -2942 | -10511 | -3180 | 1176314 | 596673 |
| 16 | 冠能阀门集团有限公司 | 阀门 | 0 | 103246 | -145 | 31125 | -145 | 29265 | 5360 | 115082 |

续表

| 序号 | 单位详细名称 | 主要产品 | 主营业务收入 | | 利税 | | 利润总额 | | 工业总产值(当年价格) | |
|---|---|---|---|---|---|---|---|---|---|---|
| | | | 2016年 | 上年同期 | 2016年 | 上年同期 | 2016年 | 上年同期 | 2016年 | 上年同期 |
| 17 | 山东华懋新材料有限公司 | 丁基橡胶 | 0 | 69890 | 0 | -53407 | 0 | -57907 | 0 | 30213 |
| 18 | 康达(东营)环保水务有限公司 | 污水处理 | 35459 | 32342 | 6092 | -1611 | 5527 | -1529 | 35458.79 | 32341.6 |
| 19 | 山东爱克森化学有限公司 | 橡胶防老剂 | 982201 | 24056 | 82107 | -38608 | 82107 | -38608 | 823153 | 15777 |
| 20 | 东营市亚通石化有限公司 | 汽油、柴油 | 13752567 | 8029487 | 1207284 | 242524 | 920255 | 76296 | 13028722.23 | 7790456.15 |
| 21 | 山东龙港化工有限公司 | 异丁烯 | 216993 | 180723 | -136641 | -163332 | -91364 | -92366 | 252736 | 113519 |
| 22 | 胜利油田鲁明滨海石油开发有限责任公司 | 石油开采 | 92070 | 140452 | -63148 | -30155 | -78931 | -57981 | 92045.15 | 143012.68 |
| 23 | 山东宏旭化学股份有限公司 | 甲基丙烯酸甲脂 | 780440 | 555301 | 109024 | 82438 | 101642 | 82438 | 806850 | 555301 |
| 24 | 山东欧铂新材料有限公司 | 石墨烯 | 12 | 1 | -13228 | -2089 | -13228 | -2089 | 0 | 0 |
| 25 | 山东科鲁尔化学有限公司 | 丙烯腈 | 1223454 | 1018987 | -134490 | -268940 | -78727 | -169369 | 1203078 | 46791 |
| 26 | 东营市达伟晟荣化工有限责任公司 | 甲基丙烯酸甲酯 | 41575 | 61326 | 1832 | 1840 | 1629 | 1759 | 43170 | 59859 |

**【东营综合保税区】** 2016年，是综保区项目建设的攻坚年、封关验收决胜年、封关运营开局年，建设、验收、招商、运营四项工作全面完成。

项目建设。面对基础条件差、时间紧、任务重、标准高的实际，克服各种不利因素，确保通关服务中心、卡口、围网、巡逻通道、查验平台及监管仓库、熏蒸区、信息化系统等所有必验项目于2016年4月底全部建设完工，同时配套建设6万平方米的保税仓库和3万平方米的国际商品展示交易中心，为顺利通过封关验收打下坚实基础。

封关验收。在推进必验项目及其他基础设施建设的同时，开发区管委会、综保区管委会把一次性通过验收作为首要任务，成立主要领导任组长的验收工作领导小组，组建9个分管领导牵头的专项工作推进小组，研究制订切实可行的验收方案和工作流程，明确任务、细化分工、压实责任，确保验收工作万无一失。市委、市政府主要领导、分管领导高度重视，市政府分管领导多次带队赴省政府、省商务厅、济南海关、山东出入境检验检疫局、海关总署汇报工作，畅通了验收通道。2016年7月20日，综保区顺利通过省预验收，2016年9月26日顺利通过国家正式验收。

招商引资。围绕区域优势和产业特色，推行全员招商、精准招商、点对点招商等方式，先后与中外运、高原、科瑞、方圆、万达等多家企业进行对接。同时，发挥宣传在招商引资中的作用，利用报刊、电视台、网站、微博、微信、功能政策说明会等方式宣传综保区的优惠政策，吸引规模大、实力强的企业到综保区投资兴业。截至2016年年底，有120余家公司完成工商注册登记，北玻玻璃、华东线缆两个保税加工类项目确定入区建设。跨境电商、保税仓库项目、国际商品展示交易中心相继取得新突破，先后与赛伯乐投资集团、中外运山东公司、胜利高原公司签订战略合作协议。同时，还有冷链物流、平行进口汽车、加工制造、维修检测、融资租赁等一批项目正在跟进洽谈。

2016年12月7日，东营综合保税区首批货物入区 (陈世钊摄)

*封关运营*。封关运营是综保区通过验收后的第一要务，更是开展进出口业务的必要条件。为确保验收之后尽快投入运营，综保区管委会提早筹划对接海关、检验检疫等部门单位，商定封关运营相关事宜，组织人员外出考察学习，加大对综保区工作人员和海关、检验检疫业务人员的业务技能培训，充分借鉴学习、复制推广先进综保区的运营管理的成熟经验和创新做法，确保封关运营后顺利开展业务。2016年12月7日，胜利高原公司从北美进口的首批货物开始入区，标志东营综保区封关运营正式启动。

（东营港经济开发区管委会　许宁）

## 口　岸

**【概况】** *提高口岸综合管理水平*。建立《东营市口岸工作联席会议制度》，分管市长任总召集人，分管秘书长、口岸办主任任召集人，定期召开会议研究解决相关问题，2016年召开联席会议2次。制定出台《东营海港口岸开放范围内新增涉外作业点对外启用验收申报工作程序》，对口岸新增涉外作业点对外开放程序作明确规定。加强综合协调工作，先后协调解决朝鲜进口煤、中远集团通关纠纷、综保区样品通关等问题；按照省口岸办要求，协调解决东营港原油压港问题。

*推进新建泊位对外启用*。①推动东营港4个3000吨泊位对外启用验收。2017年1月，将由省口岸办公室组织驻鲁口岸查验单位对泊位进行对外启用验收。②协调万通集团10万吨原油过驳项目进展。组织各口岸查验单位赴广西钦州港学习考察过驳作业的做法和经验，推动项目可行性研究报告的专家论证，企业取得港口设施保安符合证书，设备与技术力量到位，作业规章制度和应急预案建立。12月，济南海事局组织专家对通航安全评估、船舶污染海洋环境风险评估报告进行评估。③向省口岸办上报顺东港务6个液化泊位和万通港行10万吨级原油过驳作业点2017年对外启用验收计划。

*支持和服务全市外贸稳增长*。加强“大通关”建设，组织协调口岸查验单位推进“一次申报、一次查验、一次放行”，深入推进“三个一”“三互”查验模式，实现报检、报关信息的“一次录入”和对货物的“一次查验”。2017年，东营港口岸进出境船舶636艘次，超过潍坊港和蓬莱港，进出口货物416.7万吨，货值107.9亿元，分别是2015年的1.6倍、2.97倍和2.5倍。其中进口原油310.5万吨，货值67.9亿元，分别是2015年的6.8倍和6.4倍。东营港口岸成为山东进口丙烯最大和外轮业务增长最快的口岸。

*推进电子口岸和其他查验配套设施建设*。2016年，东营港口岸推动查验场地、办公用房、数据网络、视频监控室等查验配套和办公设施建设；开通东营港至大连集装箱支线业务。推进东营电子口岸建设，完成硬件设施建设，建设电子口岸机房和口岸指挥中心，在东营港综合保税区建设山东电子口岸数据交换中心。依托政务云建设东营电子口岸公共服务平台，开发移动通关服务平台，口岸预报关系统和通关环境监督服务平台，实现与山东电子口岸平台数据传输对接。加强省电子口岸业务系统的培训，组织国际贸易“单一窗口”培训班，指导企业使用电子口岸实现网上通关，东营有2家企业列入省口岸办网上通关试点，运行情况良好。

（市口岸办　李艳荣）

**【海关】** 东营海关是国家设在山东东营口岸的进出境监督管理机关。作为济南海关的隶属海关，东营海关2016年新增2个科室，共设有办公室、通关科、审批备案科、稽查科、监管一科、监管二科、监管三科、综合业务科8个科室，关员37名。业务管辖范围是东营市，其中包括东营港、东营综合保税区及4个海关监管场站、8个保税仓库和2个出口监管仓库。据海关统计，2016年全市进出口总值995.1亿元，同比增长24.6%。其中进口694.2亿元，增长41.5%；出口300.9亿元，下降2.2%，单月出口额连续6个月保持正增长，降幅逐渐收窄。

*支持东营综保区封关运营*。东营海关成立综保区工作领导小组，与东营港经济技术开发区管委会、综保区管委会建立联席会议制度，为综保区验收提供机制保障；同时，抽调业务骨干搭建综保区业务机构，派员到临沂、潍坊综保区实地学习业务和管理经验，为综保区封关运营奠定基础；为保障一次性顺利通过验收，积极向济南海关、海关总署请示汇报，在信息化建设、卡口建设、园区招商等方面提前介入、事前指导，确保综保区验收不走弯路。2016年12月7日，东营综保区完成首批货物通关入区。

*助力东营港打造区域特色港口*。2016年，东营港进出境船舶677艘次、货物416.7万吨、价值106.3亿元，同比分别增长62%、197%、146%。东营港业务爆发式增长，危化品进口激增、监管难度大，为助力港口发展，抽调4名骨干专门负责船舶和港口监管，全力支持港口新建码头泊位开放；万通集团4个泊位顺利通过验收、并正式对外启用，码头吞吐能力、开放水平进一步提升。此外，在支持泊位开放的同时，海关改进服务，多措支持东营港进口扩大和出口增加，促进港口业务均衡发展。2016年，东营港进口原油293.74万吨、价值67.6亿元，占全市外贸进口总额的9.7%；出口成品油14.07万吨、价值4.46亿元，全市原油出口配额全部完成；从东营港进口货物企业数达40家，其中本地企业9家、占22.5%，外地企业31家、占77.5%，港口影响范围涉及浙江、河北、天津和省内的潍坊、淄博、滨州、聊城等地，辐射作用进一步扩大。

*推动加工贸易保税监管创新发展*。①支持原油、铜精矿企业开展加工贸易，利用保税仓库扩大进口，以进带出，拉

升全市进出口值。其中,4家地炼企业设立原油加工贸易手册7本,备案进口原油29万吨、货值6.8亿元;1家铜加工企业设立铜精矿手册5本,备案4万吨、货值3.15亿元;两项商品合计带动出口2.56个百分点。②支持符合条件的企业申请保税仓库,用足用好保税监管政策,2016年共为东营市批设山东外运、通和物流等2个公用型保税仓库以及京港物流、通和物流2个出口监管仓库,保税场所布局更加合理、功能进一步优化。③不断提升海关特殊监管区域和保税监管场所信息化水平,推广应用辅助管理系统,联网监管覆盖率达到80%,实现加工贸易审核无纸作业。

促进传统产业转型升级。针对东营市轮胎、石油装备、有色金属、原油等外贸重点产业,逐一调研、分类施策。①积极跟进新兴业态发展,支持"易瑞"石油装备跨境电商发展,促进石油装备产业由生产型向生产服务型转变。以"易瑞"跨境电商为例,依托"两仓一站"和海关政策组合使用,预计每年可带动全市石油装备30亿~50亿美元的进出口业务。②优化海关保税监管场所使用效能,支持"广丰橡胶交易中心"跨境工业品交易平台建设,引导轮胎企业依托海关监管场所拓展保税物流业务,通过缩短中间环节、降低物流成本,冲抵"双反"等贸易摩擦的影响,增加附加值、做强供给侧。

提升贸易便利化水平。①推行全国通关一体化和全面推广通关无纸化,全市总体进出口无纸化率达到95%,其中出口实现100%无纸通关,东营企业出口实现24小时无纸通关。②开展集中汇总征税、双随机一公开、国际贸易"单一窗口"、归类尊重先例等改革试点,促进贸易便利化,提升东营市对外开放水平和竞争力。③新设国内首家石油装备科瑞海关监管场站,助推石油装备打通直飞海外的"旱码头";完成华泰场站的搬迁和启用。④提升信息化监管水平,实现全市监管场所的视频巡查"全覆盖",监管场站全部实现进口转关自动化,为企业节省物流成本5000余万元。

提供决策参考。发挥海关进出口监测预警系统的功能作用,加强对重点敏感商品进出口情况和国际市场的专题分析,及时发现苗头性、规律性和倾向性问题;加强对轮胎像胶、石油装备等产业的趋势研判,及时为政府和外贸企业提供信息服务和决策参考。东营海关承担全国轮胎出口数据分析、全省原油进口分析等题目,海关统计分析直报国务院、省政府;全年向各级政府报送海关统计和分析报告29篇,其中港口发展、原油进口等分析报告获省领导批示5次、市领导批示1次,海关智力服务得到增强。

防控重点行业领域风险。①加强对天圆铜业等重点企业的风险研判,针对公司出现的苗头性风险,迅速启动预警机制,采取税款保全措施,避免国家税款流失,同时把握好把关与服务的平衡点,防好风险,做好服务,保障企业后续进出口业务正常办理。海关监管未对企业生产经营带来负面影响,实现海关、政府、企业等多方共赢。②正确处理把关服务关系,维护正常进出口秩序,在口岸管理、加强港口防控、清理整顿市场、规范企业行为、惩治非法资金流通等各个环节开展联合行动,构筑打、防、控立体防线,形成反走私综合治理合力,全年共办理行政案件18起,案值3773万元,涉税1074.8万元,罚没入库208.6万元。

(东营海关　王涛)

【出入境检验检疫】 概况。2016年,共检验检疫出入境货物14763批,货值226811万美元,同比分别增长-19.01%和-0.54%。其中,出境8953批,货值56238万美元,同比分别增长19.90%和26.27%;入境5810批,货值170573万美元,同比分别增长-45.37%和-7.05%;检验检疫不合格1380批,货值16822万美元,同比分别增长38.14%和1.93%,发现动植物疫情22种类,121种次。检验检疫集装箱64358标准箱,同比增长-29.10%。出境包装检疫共1473批次。检疫出入境船舶641艘次,其中入境船舶322艘次,出船舶319艘次,入境人员5705人次,出境人员5623人次,共11328人次。发现有疾病症状248人次,经医院确诊为流行性感冒199人次,病毒性肝炎31人次,发现动植物害虫67艘次,发现检疫性害虫四纹豆象2艘次、巴西豆象1艘次、鹰嘴豆象1艘次;发现德国小蠊1艘次;签发免于控制卫生证书8份。共签发各类原产地证书9956份、45937.61万美元,同比分别增加31.47%和18.36%。行政处罚案件立案一般程序案件1件,简易程序案件12件。综合实验室共完成检测业务量512批次,4208项次,样品数1399个。东营检验认证公司检验鉴定船舶1718船次。

检验检疫改革。①推进"三同"(内外销产品"同线、同标、同质")工程建设。一是积极推进食品"三同"工作。制订《东营检验检疫局"三同"工作帮扶计划》,确定10家出口食品企业作为"三同"帮扶对象,7家符合"三同"条件的出口食品备案企业在公共信息平台上注册,并向社会公示。其他3家企业于11月底全面对接"同线同标同质"信息公共服务平台。二是率先开展工业品"三同"工作。举办轮胎产业"同线同标同质"工作研讨会,制订《山东检验检疫局中国出口轮胎质量技术促进委员会关于推进"同线同标同质"措施助推轮胎产业供给侧改革工作方案》《出口轮胎企业"同线同标同质"认定准则》,推进出口轮胎企业"同线同标同质"工程。行政审批由重事前审批向重事中事后监督转移。完成4家口岸卫生许可单位换证工作,完成2家检疫处理单位的资质核准和证书签发工作。在审批工作中,严格按审批条件审核,同时简化工作流程,将工作重点由事前审批逐渐向事中事后监管转移。②推进新业务系统、新检验检疫模式的应用。一是积极推进E-CIQ主干系统、国际航行船舶查验系统的使用,确保系统顺利运行,提高查验效率。二是大力推进船舶电信检疫工作,对停靠时间不超过24小时的外轮实行入出境手续同时办理,为定期往返韩国和东营的32艘船舶办理《交通工具卫生证书》,实施电信检疫。1—10月实施电讯检疫30艘次,平均每艘船舶至少节约4小时靠泊时间。③实施执法过程全记录制度。通过使用执法记录仪,对检验检疫执法全过程进行记录,确保检验检疫工作的规范性和可追溯性。自2016年2月起,在一线检验检疫工作中率先启用执法记录仪,实现执法过程的全覆盖,有效解决检验检疫执法过程记录方式单一的问题,可追溯性大大提升,同时强化对一线执法人员的监督,做到阳光执法和文明执法。④开展"双随机"(在监管过程中随机抽取检查对象,随机选派执法检查人员)工作。在出口食品企业备案、进口废物原料国内收货人评审、收货人注册登记评审等工作中全面实施"双随机"模式,实现人员随机搭配、交叉执法,加强查验人员的相互监督,降低一线人员的自由裁量权,有效控制廉政风险。⑤推进通关模式改革。一是加快推进通关一体化。对于"一体化负面清单"以外的东营地区所有进出口货物,全面实现"通报、通检、通放"和"出口直放、进口直通"的通关一体化。二是持续推进废物原料的"三个一"工作。三个场站的进境货物与海关全部实现一次申报,对关检都发出查验/检验检疫指令的2269批货物实施一次查验、一次放行。三是继续推进无纸化申报和通关单无纸化。截至10月底,无纸化报检批次占总报检批次的97%。四是积极参与和推进国际贸易"单一窗口"建设。10月28日,组织东营辖区企业50多家企业参加山东口岸办和山东检验检疫局举办的国际贸易"单一窗口"检验检疫申报知识培训。

依法把关。加强出入境船舶和人员检疫,加强媒介生物监测工作。面对国际上中东呼吸综合征、寨卡病毒病等传染性疾病流行的形势,东营局加大措施加强出入境船舶和人员检疫,防止流行病的传入。对来自中东呼吸综合征和寨卡病毒疫区的船舶进行卫生处理65艘次,有效的遏止疫情的传入。开展口岸蚊类、鼠类和蝇类的媒介生物调查,全面完善东营口岸媒介生物基础数据,构建东营口岸媒介生物防控体系。加大动植物疫病疫情检出,共检出进境植物疫情106批(艘)次,36种类、124种次,检疫性有害生物4种类、8种次,其中检出检疫性有害生物四纹豆象2艘次、巴西豆象1艘次。积极做好出口食用农产品生产企业监管工作。①深化企业分类管理,实施差异化监管。对辖区内21家出口食品生产企业进行考核分类,依据企业类别和产品风险在电子监管系统中设置不同的抽批率和不同的监管频率。②帮扶企业做好基地备案,确保源头质量安全。东营辖区共有出口食品原料种植场43个,面积17950亩。在省外备案基地11个,面积8278亩。③严格实施安全风险监控,与出口放行有机结合。共完成出口食品监督抽检样品538个、检测项目2127个;完成出口饲料及饲料添加剂监控样品26个,检测项目38个;完成水果监控样品26个,检测项目464个。检验检疫不合格率大幅度提升。检验检疫不合格1173批,同比分别增长52.93%。检出一批来自美国的8号废纸一般夹杂物含量达6.69%,超过标准规定1.5%的上限,实施退运处理,这是东营口岸进口废纸12年来首次检出环保项目不合格。

服务经济发展。①加大对东营肉牛(屠宰用)口岸建设帮扶指导。对肉牛口岸屠宰厂和隔离场的规划设计进行前期指导,保证屠宰厂基础设施顺利竣工;对相关人员进行培训,贮备相应的技术人才;开发信息服务监管平台,申报的科研项目《进境肉牛(屠宰用)全过程检疫追溯管理系统的开发研究》获国家质检总局2016年度科研计划立项,这是东营局首个获得质检总局立项的科研项目。②促进东营综合保税区建设,促进东营港新增泊位开放。深入研究保税区检验检疫政策法规,学习借鉴其他综合保税区和自贸区建设的先进经验,为东营综合保税区9月顺利通过国家验收提供有力的保障。通过介绍客商、指导进境水产品、肉类、水生动物指定口岸建设等,为综保区开展业务提供帮助。③在促进东营港新增泊位开放方面,全力指导万通集团做好新建泊位开放前的各项准备工作。出口轮胎示范区建设再上新台阶。一是构建"两个平台"。依托示范区创建中国出口轮胎质量技术促进委员会和轮胎产品技术性贸易措施研究评议基地。二是加强技术性贸易措施应对工作,与广饶县政府合作成立东营市技术性贸易措施研究咨询中心。三是切实发挥示范企业引领作用。由中国橡胶工业协会评选的2016年度"中国轮胎企业排名"公布,广饶县有12家企业上榜,4家企业进入10强行列。四是强化示范区品牌效应。在示范区内举办的"中国(广饶)国际橡胶轮胎暨汽车配件展览会"成为国内影响最广、最深的专业性展会之一。④帮扶企业获得国外注册资格,开辟国际市场。2016年推荐上报山东华

2016年5月,东营检验检疫局到东营综保区检查指导工作(市检验检疫局提供)

誉集团有限公司马来西亚对外注册。做好隔离检疫场监管。东营辖区共有两个大型动物隔离场，于2016年全部通过考核验收，并核发隔离场使用证。其中一家隔离场于2016年11月底，进境5000头新西兰种奶牛。⑤强化检验鉴定工作，多举措保障原油进口和成品油出口。成立检验鉴定工作小组，规范进口原油鉴定及取样工作，利用执法记录仪，优化工作流程，保障原油进口。在出口成品油方面，主动与山东局工业品技术中心等方面沟通，制定详实的工作方案，并组织人员及时做好成品油取样及鉴定工作，全力保障成品油的顺利出口。2016年，共发现进境货物短重货物33批次，严重短重货物3批次，短重重量共计2028.572吨，为企业挽回损失共计66.44万美元。⑥开展食品安全风险信息搜集工作，为出口企业提供技术信息指导。共搜集上报国家进出口食品局FSI系统食品安全信息2466篇，采纳2049条，加精36篇。及时将搜集到的有关国外和国内的食品安全信息通过QQ群转发到企业，为出口企业提供国外技术贸易信息的指导。

基础建设。建立卫生检疫与检验鉴定协同工作机制，多举措提升通关效率。根据东营局工作实际，将卫生检疫监督科和口岸监管科的职能进行适当调整，成立检验检疫鉴定工作小组，强化协同工作机制，提升口岸检验检疫鉴定工作效能。加强检验检疫技术支撑能力建设。①加强东营港实验室建设。根据东营港进口业务发展和东营综合保税区建设需要，在东营综合保税区内建设一栋实验楼，将以此为平台，建设集出口成品油快速检测、媒介生物监测、食品快速检测、传染病快速筛查及核辐射反恐应急储备为一体的高标准综合性实验室。②加强局本部实验室建设。新购全自动常/减压馏程仪、ICP-MS各一台；新开发重金属、兽药残留、石油产品和动物检疫项目22个；参加石油产品、农兽残检测和重金属的能力验证项目15个，有8个获得反馈，全部获得满意结果；实施实验室内部质控计划，石油产品馏程、葡萄酒中铜、奶粉中蛋白质等18个项目质控结果全部合格；以独立身份通过实验室认可、资质认定和食品检验机构资质认定"三合一"现场评审。东营局技术中心的认可检测项目达17类、110项。1—10月，共完成检测业务量429批次，3656项次，样品数1141个。首次开展石油产品检测业务，完成检测样品48批次，96项次。③率先在东营综合保税区配置通道式核辐射监测设备，综合保税区内检验检疫设施建设走在全省系统前列。

（东营检验检疫局　贾春明）

【海事监管】 概况。2016年，累计船舶进出港2.9万艘次，货物吞吐量3428万吨，其中危险货物3158万吨，同比分别增长9.7%、61.2%、66.7%。开展现场检查1435艘次，海上巡航187次，巡航里程5808海里，同比分别增长91.1%、85.1%、48.1%。开展船旗国监督检查167艘次，船舶危险货物申报审批7315艘次，防污染作业审批4332次，审批水上水下活动30项，船员任解职10464人次，船员考试45期、1666人，实施行政处罚140件、罚款76.2万元，同比分别增长18.6%和98.9%。发布各类预警信息48次，成功处置险情9起险情，救助37人，救助成功率92.5%。

重点船舶安全监管。加强到港油轮的检查，成立港区巡查队，制定现场检查工作标准，建立126艘到港危险品运输船舶和77家公司监督检查档案，明确船舶现场监督检查率，提高海事监管的科学性和有效性。加强涉客船舶动态监控和现场监管，会同青岛船级社和旅顺海事处开展东旅航线客滚船专项检查。加大黄河口监管品牌创建，拍摄旅游船安全须知宣传短片，开展黄河口旅游船应急演练，十一黄金周期间出动执法人员112人次，实施现场检查15艘次，水上巡航4次，陆上巡查28次，船舶进出港558艘次，安全运送游客24344人次。针对辖区油田安全作业区面积大，油田服务船舶数量多，水上水下活动频繁的现状，联合胜利油田、中海油开展为期三个月的东营水域海上油田服务船舶安全隐患排查治理联合行动，共检查船舶112艘，公司24家，发现各类缺陷、隐患668项，行政处罚15件，罚款4.4万元。

涉水工程安全监管。召开涉水工专题会议5次，开展专项督查11次，联合地方县区政府与辖区涉水工程项目全部签订责任状，压实企业安全生产主体责任。做好涉水工程施工作业现场安全监管，加大砂石运输船舶检查和违法行为查处力度，全年累计实施登轮检查砂石运输船舶185艘次，全部下达违章通知书，发布船舶协查通知83次，实施海事

海事执法人员严格开展危险品船舶现场检查　（李天越摄）

行政处罚30件,14.5万元,约谈施工单位5次,依法取缔海上非法砂石料过驳点1处,每月编印专项整治情况通报,保持惩治非法砂石船的高压态势。

科学化监管。持续加强对涉水工程项目的海事监管,联合胜利油田、中海油和武汉理工大学开展东营海域海上交通安全风险分析和对策研究。深入开展"六向六控""五制五关"和"网格化管理"贯彻落实情况评估,查摆工作短板,制定整改措施,修订《东营海事处网格化管理实施方案》,制订《关于公布实施东营海事处安全监管"四重一关键"(2016年)》(东海事〔2016〕22号)。

东营边检官兵开展码头武装巡逻,维护口岸安全稳定 (王新摄)

水上安全预警预防。研究开发东营辖区船舶动态管理系统,整合船舶报着力告、船舶签证、危险货物申报和AIS信息等海事监管数据,运用信息化手段提升对辖区船舶动态的掌控水平。积极协调气象部门接入气象信息,建立美国专业气象预报信息共享渠道,提高海事禁限航和预警预防科学化水平。研究制定2016—2017年秋冬季节寒潮大风防范工作措施,提前做好冬季大风防抗准备工作。全年未发生商船险情。

基层海事"三化"建设。加强内部监督管理,制定行政执法工作日常检查和定期督查制度,购置执法记录仪和音视频采集站,进一步明确执法全程录音录像管理规定,实现海事行政执法全程记录。加强质量管理服务体系管理,加强体系监控力度,通过定期开展内部自查,规范海事执法和内部管理工作程序,通过山东海事局体系内审。加大先进典型的培树,年初通过公推直选的形式评选出8名身边的榜样,制作宣传展板,开展身边的人讲身边的事主题演讲活动,王福胜被评为山东海事精神践行者,贾晓明当选东营市"十大最美青年"和直属海事系统优秀青年。

(东营海事处 李天越)

【边防检查】 2016年,东营边防检查站立足国家蓝黄经济发展战略和东营市口岸经济发展规划,克服编制任务需求矛盾,圆满完成东营港已开放20个泊位外来船舶边防检查、监护任务,对东营港2016年新提出开放的4个泊位开展预验收工作,研究出台服务地炼企业6项措施。全年共检查出入港(境)船舶669艘次,同比增长61.2%,出入境船员11260人次,同比增长62.9%,实现全年业务"零差错",服务对象满意度、安全感测评100%。

边检业务。建立区域巡逻、视频巡查、卡口监护"三位一体"的监管勤务模式,探索政府搭台、边检主导、船企联动的"警地协作"服务管理模式,推行巡查监护为主、船方自管与企业协管为辅的"信誉管理"模式,实现在港船舶的精细管控和执勤警力的精准投放,加快推进站—企—船三级扁平化视频监控网络建设,投资30万元建设海港边检勤务综合指挥系统,对码头52路监控线路进行高清升级改造,协调市公安局配备6台350M数字集群对讲机,投入2万余元更新照相机、摄像机、执法记录仪等执勤执法装备,有效提升边检勤务科技含量。针对东营港20个开放泊位中13个液体化工品泊位涉爆涉恐风险大的实际,探索建立反恐处突、危爆品码头监管等口岸维稳处突长效机制,先后制订《危爆品码头处突预案》等各类机制性措施10余条。汇总编写《边检执勤手册》等专门教材,3批次派出业务骨干前往烟台片区、广西钦州港等边检站进行考察学习,有针对性地与兄弟单位开展交流研讨,扭转综合业务骨干数量少、业务人员知识单一的局面,年内新增一、二级检查员6名。

部队管理。以警务实战化为导向,筑牢口岸安全稳定屏障,编制东营边检站处置突发事件总体预案,建立"统一指挥、分工明确、运转规范、保障到位"的应急响应机制,提高指挥效率。按照练兵日常化、岗位化、制度化的要求,突出实战化训练的同时,实行"平战结合、战训合一"训练模式,不断提升部队应急处置和协同作战能力。全年选派4名骨干先后参加公安部边防管理局参谋业务和山东边防总队实战教练员培训,分2批组织全体官兵开展警务实战化集训轮训,制发《官兵基础体能强制达标实施意见》,每天一小时基础体能训练,每月一次抽考,每季度全员普考,刚性措施牵引重点推进。坚持把部队教育管理工作放在首要位置,按照上级部署要求,开展安全隐患大排查、"条令学习月"、整风肃纪等活动,创新督查方式,及时发现纠正各类问题隐患。全年,开展随机督查、视频督查20余次,发现并整改各类问题隐患65个,保证部队内部安全稳定。

政治建警。主动把握思想脉搏,发挥政治工作的服务保证作用,组织官兵深入学习贯彻党的十八届六中全会精神,举办专题培训班，创新政治教育模式，与东营市委党校、宁夏司法警官学院山东分校、港口涉外企业探索建立“警—政—校—企”四级联教工作机制，联合开展联学联教活动10余次。开展“讲党性、迎考验”主题教育，举办维和英雄先进事迹报告会和“8·19”边检服务品牌推介活动，与东营市文联举行文化共建签字揭牌仪式，邀请驻地师生成功举办“春蕾进警营边检陪你过六一”警营开放日，引导广大官兵补好“精神之钙”，铸牢“党性之魂”。针对90后干部、战士比例高达47%的实际，浓厚文化强站、文化兴站的创建热情，推动“阳光足球队”“阳光篮球队”实体化运作，确定警营文化广场改建扩建方案，考察购置动感单车、虚拟VR等文体活动设施，定期开展“警营BBQ”活动。创新建设警营“菜单式”兴趣小组，邀请大众网专业摄影记者为“摄影兴趣小组”开展专题授课，联合东营市心理学会培养6名心理咨询师，举行2016年度干部晋职晋衔仪式，部队文化生活不断丰富。年内，2人被评为全省公安现役部队“优秀党务工作者”“优秀共产党员”，执勤业务科党支部获评总队“先进党支部”，执勤业务科被东营市委授予“青年文明号”单位。

*后勤保障*。着眼部队可持续发展，不断增强综合保障能力，发挥职能优势，协调党委政府划拨东营港经济开发区核心区域土地23.5亩，拨款1500万元用于港口勤务营房建设，跟踪做好营房建设土地征用和相关配套设施建设手续办理，为下步的建设工作奠定基础。完善基础建设、业务经费等保障标准，积极向地方党委政府汇报工作，理顺经费保障渠道，拓宽经费保障途径，建立健全经费保障长效机制。投入50万元为基层办实事，深入实施改造幸福餐桌、升级警官宿舍、改善办公环境，统筹机关、基层发展，加快推进监护中队东平房、单身干部公寓改造、营区水电气暖管网更新、室内综合活动场地建设、警营文体活动中心升级项目，稳步实施海港勤务营房、指挥中心、机要室新建工程，合理布局，科学施工，推动营区面貌焕然一新。年内，落实1名干部随军家属未就业生活补贴，协调1名干部子女入学，2次组织单身干部参加“鹊桥会”“联谊会”，官兵的归属感、荣誉感不断增强。（东营边防检查站　刘国辉）

# 外事侨务

**【党政干部因公出国管理】** 2016年，全年共办理因公出访团组93批230人次，其中组团54批187人次，随团39批43人次。从出访部门看，厅级团组16批16人次，市直部门67批161人次，各县区、开发区26批53人次；从团组任务看，主要涉及商业贸易、友城交流、文化教育、业务培训等领域，其中经贸团组31批109人次，培训团组23批28人次，所占比重最大。

*加强统筹安排*。严格遵守限量管理规定，科学制定全市对外交流整体规划和年度因公出国计划。年初，在全市范围内下发通知，要求各部门单位根据工作实际和对外交流合作的需要，科学谋划统筹安排全年重要对外交流合作项目。经市委外事工作领导小组会议审核研究，确订2016年度因公出访计划。在计划执行过程中，结合形势发展和实际工作需要及时调整，从源头上加强对因公临时出国（境）团组的数量和规模的控制，为实现全市因公出国（境）控制目标打下坚实基础。

*规范审核审批程序*。严格按照因事定人、人事相符的原则，按照《因公出国团组审核详单》的60条审核标准，对出访任务、人员结构、日程安排、经费预算、邀请函等进行全方位审核把关，与办团单位反复沟通，确保材料规范；针对邀请函不合格出现频率比较高的情况，开通预审服务，提供个性化指导，提高工作效率。

*加强跟踪问效*。严格执行出访信息公示制度和因公出访成果共享机制，确保因公出国信息公开透明。与团组人员签订《东营市党政干部因公出国（境）遵守外事纪律承诺书》确保将外事纪律告知到每一个出访成员；出访结束后，由专人负责对照系统提示的时间界限催缴出访日志和出访报告，据此核实出访任务完成情况。

*强化监督检查*。每半年对全市县级及以上党政干部因公出国团组的任务完成情况和在外纪律执行情况等进行检查。通过检查进一步加强各相关出国单位对因公出国工作的认识高度和重视程度；与市委组织部、市公安局联合对全市各部门、单位国家工作人员的出国（境）登记备案情况、因私出国（境）证件管理情况、出访计划落实情况及出访成效等集中开展一次专项检查。检查采取自查和抽查的方式，针对关键环节，有效加强监管，进一步规范国家工作人员出国（境）管理。

*加强护照证照管理*。结合形势变化，对《因公出国证照借用登记簿》的格式内容进行调整。证照借出时，办理人员需登记包括护照信息、联系人电话、借出日期、拟归还日期、应归还日期等内容。11月底，对因公出国（境）证件进行一次集中催缴，全市收缴率达100%。

**【领事管理服务】** *领事保护*。开展预防性领事保护知识宣传活动，妥善处理领保案（事）件。向居民赠送领事保护知识宣传扑克牌和《领事保护知识手册》《外交官在行动——我亲历的中国公民海外救助》，多渠道对领事保护知识和领事保护活动进行宣传。利用东营市外事侨务信息网、外事侨务信息平台，及时发布海外安全提醒信息，2016年，共发布重要的安全提醒信息132条。妥善处理广饶居民张某在俄罗斯突发精神病事件，做好前方使馆与张某家属的沟通与联系，事件圆满妥善解决。为在荷兰身亡的垦利籍留学生张某家属提供必要的协助。

*涉外安全管理*。按照《东营市外侨办涉外突发事件应急

预案》，开展涉外突发事件桌面应急演练，提高处置突发事件的能力和水平。加强与公安局、海洋渔业局、边防支队、外宣办、国安局等有关部门的协同配合，做好涉外维稳、涉外渔业、边海防及外国记者管理等工作，有效保障东营市涉外环境安全稳定。

邀请函电审发及管理。全年共为59家企事业单位审核、审发邀请函电202批317人次，来访人员涉及45个国家和地区。协助驻外使领馆核查邀请函电6批13人次。高效做好到市参加第九届中国(东营)国际石油石化装备与技术展览会、2016黄河口(东营)国际马拉松赛、科瑞集团石油天然气产业国际金融合作恳谈会等活动的邀请工作，有效保障企事业单位在经贸、体育、教育、科技等领域对外交往活动良好有序进行。

外国人管理工作。12月，与县区政府、开发区管委会及101家对外邀请单位续签《外国人三方共同管理责任书》，明确各县区、开发区外事部门管理职能，进一步落实属地监管责任，加强涉外企业、学校等责任单位对外国人的管理力度。

外国驻华使节到东营市活动的规范和管理。2016年，乌干达、埃及、阿联酋等八国的驻华使节到东营市参加石油装备展相关活动，韩国驻青岛领事馆总领事李寿尊一行拜会市政府主要领导，及时与接待单位取得联系，按规定向省外办请示，履行有关报批手续，保障对外交流合作活动稳定有序开展。

【国际与地区性组织合作】 联合国绿色经济行动伙伴计划——中国东营市绿色经济试点示范项目。2015年12月，东营市正式向联合国环境署北京代表处申请"联合国绿色经济行动伙伴计划——中国东营市绿色经济试点示范项目"，2016年4月，在东营市举办启动仪式并实施，先后三次举行绿色经济政策发布会和政策对话会。其间，在联合国环境规划署的建议和推动下，东营市与环境保护部环境与经济政策研究中心签署"十三五"期间的《绿色发展长期战略合作备忘录》(2016—2020)，标志着东营市成为中国与联合国绿色经济行动伙伴计划(PAGE)合作的首个地级市。5月，双方签署《联合国绿色经济行动伙伴计划——中国东营市绿色经济试点示范项目合同》，项目首期合作时间2016年4月至2017年4月。6月，"联合国绿色经济行动伙伴计划——中国东营市绿色经济试点示范项目"座谈交流会和能力建设培训会在东营市举行。全市各级各部门及企业负责人约150余人参加相关活动。9月初，召开项目中期评估座谈会，联合国环境规划署独立评估专家孙学兵对项目进行访谈评估。市发改委、市经信委等14家部门和单位的分管领导及企业负责人参加座谈。9月底，环境保护部环境与经济政策研究中心代表团一行开展深入系统调研，全面了解各县区及经济开发区的经济社会发展情况和产业转型升级、绿色经济发展状况、做法及面临的问题及所需政策支持等情况，为起草《东营市绿色经济发展报告》奠定良好基础。该中心还组织专业摄制组多次到东营拍摄《一路向东》的绿色经济试点示范纪录片，于年底制作完成，并通过联合国环境署等国际平台在全球范围内推广东营绿色经济发展成果和城市经济转型经验。

中阿交流协会。继续深化与中阿交流协会的合作，参加中阿友好工作十周年座谈会，组织胜动集团和科瑞集团参加中国苏丹洽谈会，促成胜动集团和苏丹BEE集团签署战略合作协议，协助胜动集团开拓苏丹市场。中阿交流协会两次到东营市考察，参加东营市石油装备展，举办《一带一路与中东》专题报告会暨中阿网东营运营中心启动仪式。

其他工作。保持与世界能源城市伙伴组织联系，派团参加5月工作会议及年会。派团参加在南非开普敦举办的世界能源城市伙伴年会、在日本举行的东亚暑期培训班及第七届东亚地方政府会议。推进胜利职业学院与新加坡职业学院就世界技能培训合作，促成人民医院明年派一名医生赴日本进修半年项目。

【国际经济合作】 开拓国际市场。参与"一带一路"国家战略，通过驻外使领馆、友好城市、华侨华人社团等渠道，为企业寻求合作伙伴、拓展产品销路。促成胜动集团在俄罗斯印古什投资电厂和胜利高原与德国HRZ公司合作生产房车项目、山东成林高新与德国汉堡Lehmann & Voss & Co合作的土壤固化剂项目，组织山东华鹜植化集团有限公司等企业赴俄罗斯印古什考察投资环境。推动亨元集团、东营辉煌陶瓷洁具有限公司、格海新能源赴马来西亚投资建厂及销售产品。协助成林集团与俄罗斯企业对接冷库项目，借助老挝驻华使馆推动山东诚航新能源和瑞物物流赴老挝销售电动车和成品油项目，联系日本食品包装机企业及电池和电动车项目。

引资引智工作。全年共组织或参与涉侨活动7批次，接待到访侨胞来访侨胞7批14人次，引进项目数10个(5000万元以上大项目5个)，引进合同总金额5亿元人民币，引进人才数5人(其中泰山学者1人)。确定吴伟东、杨道永、杨全民、邹锋4位专家为市外侨办党委联系专家。引进氮化镓功率器件工艺开发"项目。10月12日，加拿大半导体技术专家李湛明与山东聚芯光电科技有限公司副董事长汪英杰出席中国山东第九届海内外高端人才交流会重点项目签约仪式，双方就"氮化镓功率器件工艺开发"项目达成合作协议。配合统战部做好东营市海外联谊会第三届理事会相关工作。推荐10名知名海外华侨华人担任东营市海外联谊会第三届理事会的名誉会长、副会长等职务。6月，组织恒宇新能源、山东胜中油气技术开发有限公司等六家企业参加赴湖北武汉参加2016华侨华人创业发展洽谈会。参加省侨办组织的侨资企业转型升级专题研讨会。

【东营市驻美国休斯敦代表联络处挂牌成立】 4月28日，东营市驻美国德克萨斯州休斯敦市联络处正式揭牌。东营市市委书记申长友、中国驻休斯敦总领馆总领事李强民，曹德荣商务参赞和休斯敦市政要以及石油界专家参加揭牌仪式。胜利高原公司国家采油装备工程技术研究中心与美国摩利尔研究室合作签约。美国摩利尔研究室在石油装备制造研究方面具有先进理念、技术、经验和资源。此次签约，对于整合利用石油装备领域科技资源、提升东营石油装备产业竞争力具有重要意义。东营市驻休斯敦联络处成立后，将为深化已有合作搭建稳固平台，促进两地经贸、科技、文化、教育与医疗等诸多领域的互利共赢。

【国际交流纪念园】 设在市园博园，设立的主要目的是集中展示东营市与国际友好城市间开展交往的历史，提升市民的开放意识和外事素养。主体工程2016年5月完成。该园集中安置国外赠送东营市的大型纪念物，美国米德兰赠送的东米友谊塔和西班牙贝拉马德纳市赠送的壁画墙搬迁至该园。韩国三陟市赠送的陟川东海碑制作完毕。在东营国际交流纪念园设立友城工作宣传橱窗，体现"友谊、和谐、合作"主题，展示对外友好交流与合作成果，增进市民对东营市国际友城工作的了解。

【《魅力东营》外宣片】 拍摄《魅力东营》外宣片并与国际友城电视台互播，推动国际交流、提升东营市国际形象。2016年，组织人员对《魅力东营》外宣片的脚本进行五次比较大的修改，并将其翻译成英文版本。根据前期审片提出的意见和建议，组织《魅力东营》外宣片摄制组到胜利油田等地进行集中拍摄，到胜利电视台复制部分音像资料。春节期间，东营电视台及多个国际友城播放《魅力东营》外宣片，并在相关政府网站建立链接，向友城市民宣传东营、推介东营。

【重要出访】 3月25—31日，副市长杨同柱随省科技厅赴以色列参加"中以创新合作联委会第二次会议"，推动东营市农高区科技合作项目。

4月15—20日，市摄影家协会主席黄利平一行5人赴韩国群山市参加第32届群山新万金韩中国际摄影大会。期间，举办"中国山东省摄影家协会会员摄影作品展示会"，展出东营市摄影家黄利平、李琳琳等拍摄的20余幅作品，真实而生动地反映东营市的经济发展、自然风光、人文景观、民俗风情等。

4月21—28日，东营经济技术开发区党工委书记、管委会主任常淮诚率团赴美国、加拿大洽谈推进企业项目合作事宜，推介东营经济技术开发区总体发展环境及政策，并与加拿大ITPS国际试飞员学校就建设中国商飞民机试飞中心东营基地达成共识。

4月23日至5月3日，市委常委、副市长田青云率团访问巴西、智利，推动科瑞集团、方圆集团与对方各层次的交流合作。

4月24日至5月1日，市委书记、市人大常委会主任申长友率团赴加拿大、美国访问，开展系列推进交流合作活动，促成一批重大国际合作项目，进一步巩固与美国米德兰市的友好关系，拓展与休斯敦市的合作。

5月24日至6月2日，市政府副市长李俊峰率团赴德国、俄罗斯和瑞士参加德国(埃森)国际轮胎展、俄罗斯乌法国际石油天然气展及欧洲精细化工展，宣传推介东营市国际性展会情况并推动重大对外项目合作。

5月26—31日，副市长杨同柱率团赴乌克兰、荷兰进行访问，推进中乌、中荷现代农业深入交流合作，加快农高区现代农业孵化展示区项目建设，推动生态牧场项目和中荷设施农业智能装备研发制造项目尽快落地。

6月29日至7月6日，市外侨办主任陈广风带领市文化体育代表团到友好交往城市瑞典皮特奥市和英国阿伯丁市进行友好访问。皮特奥市市长彼得·鲁斯兰，阿伯丁市市长乔治·亚当分别介绍当地经济社会发展情况，陈广风主任代表交流团介绍东营市经济社会发展情况，并与当地外事、文化、体育政府部门负责人进行座谈交流，出席皮特奥市夏季国际足球锦标赛开幕式，观看东营市足球队赛事；考察瑞典绿色经济发展研究院、瑞典极地汽车轮胎测试厂；代表团分别在两市进行文艺演出。与皮特奥市签署《东营市与皮特奥市加强文化交流与合作意向书》和《东营市与皮特奥市加强体育交流与合作意向书》，加强与两个友好交往城市的文化体育交流与合作。

8月8—15日，市委副书记、市长赵豪志率领市政府及企业家代表团赴德国、英国世界500强企业观摩学习，并通过与国外企业、高校及科研机构对接洽谈，深入推进东营市工业强市战略，加强企业家队伍建设，推进重点国际经贸项目合作，帮助企业尽快实现转型升级、提升国际竞争力。

8月29日至9月2日，东营职业学院党委书记张洪生率团赴塞尔维亚执行科技部政府间合作项目"塞尔维亚-中国北方优质高产玉米育种种质资源的评价"。

9月4—8日，市政府副市长杨同柱率团赴韩国京畿道安山市参加2016PNLG年会，并代表东营市在会议上签署《安山宣言》。根据《安山宣言》，PNLG各成员将深化在技术、资金等领域的交流与合作，加强同其他区域性和国际性地方政府网络的联系，拓展海洋及海岸带可持续管理和发展的合作领域。年会期间还通过了海南省三亚市加入PNLG并举办2017年PNLG年会的申请。

9月19—26日，市政府副市长王吉能率团赴澳大利亚、新西兰宣传推介科技、人才政策，加大人才、技术引进力度，推进项目合作，促进东营市产业转型升级。

10月14—18日，受市委、市政府委托，市人大常委会副主任张传胜率团出访韩国，与杨州市、群山市政府、议会开展友好交流，加深彼此的了解和友谊。

10月23—30日，市委常委、副市长田青云率领市政府及企业家代表团赴美国、加拿大到世界500强企业观摩学习，与国外企业对接洽谈，加强企业家队伍建设，学习引进企业管理和技术人才，推进重点国际经贸项目合作。

10月26—29日，市政府副市长李俊峰率团赴香港参加香港山东周活动，洽谈推进一批重大合作项目，并举办东营港基础设施项目推介会。

10月30日至11月2日，市外侨办主任陈广风率团赴南非开普敦参加WECP(世界能源城市伙伴组织)2016年会并考察德班湿地。推动山东黄河三角洲国家级自然保护区管理局同伊斯曼家理所湿地保护区管理局签订工作交流意向书，推进企业对外项目合作与交流。

**【重要来访】** 1月5—6日，俄罗斯印古什共和国全权代表王莉到东营考察，推动胜动集团和市华星物流有限责任公司开拓俄罗斯市场。

3月3日，韩国群山市青岛办事处代表尹锡烈、科长郝聪颖一行2人到东营考察访问。考察明汇新能源有限公司、鲁星金属制品有限公司等企业。

3月25—31日，澳大利亚华人徐兴奎一行4人到东营访问，推进澳大利亚工商学院与职业学院、胜利学院开展教育交流与合作。

4月13—16日，联合国环境规划署驻华代表处、国家环保部政策研究中心等一行20人到东营访问。组织召开联合国绿色经济行动伙伴计划——中国东营市绿色经济试点示范项目启动新闻发布会，签署合作备忘录，并就东营市“十三五”绿色经济发展情况进行实地考察。标志着东营市成为中国与联合国绿色经济行动伙伴计划(PAGE)合作的首个地级市。

4月20—22日，市外侨办接待荷兰贸易促进会一行2人，实地考察农高新区。

5月23日至6月10日，韩国杨州市市政厅城市规划部经理金镇燮到东营进行为期19天的政务研修，实地了解东营市在经济、贸易、教育、城市建设、文化等领域的发展情况。

7月5日，美国泉恩集团董事长王文祥一行就泉恩集团在山东半岛及东营市投资发展项目访问东营市。市委书记申长友会见王文祥一行，省侨办主任刘方会，副市长李俊峰等参加会见。

7月8—9日，韩国驻青岛总领事馆总领事李壽尊总一行2人到东营访问。副市长李俊峰会见李壽尊一行，市政府副秘书长冯玉峰、市外侨办主任陈广风、副主任程爱华参加会见。

9月26—28日，韩国艺术文化团体总联合会(简称艺总)三陟支会前会长洪淳泰先生一行2人到东营访问。9月27日，到济南参加省政府举办的授荣颁奖典礼暨“友好日”活动。

9月26—29日，韩国摄影家协会群山市支部部长金圣谦一行6人到东营访问。与东营市摄影家共同举办2016中韩摄影交流展。

10月10—17日，韩国杨州市白石中学7名学生到市实验中学参加中韩学生文化交流活动。

10月19—20日，韩国杨州市议长朴吉緒、副市长吴賢淑率团到东营访问，就进一步加深两市友谊，加强交流合作的重点领域等方面进行商讨。

10月26—30日，韩国艺术文化团体总联合会(简称艺总)三陟支会会长赵官善带领文化艺术代表团一行25人到东营交流访问，举办中韩第十三次文化艺术交流演出、中韩书画摄影交流展等活动。

**【外事翻译】** ①市领导外事活动翻译。全年共陪同高层出访美国、加拿大、南非等15个国家和地区，协助推动东营市在经济、技术、农业、海洋等多个领域的对外合作与交流。②重大涉外活动翻译工作。承担2016黄河口(东营)国际马拉松赛、2016中国(东营)国际石油石化装备与技术展览会、东营—阿拉伯国家工商会代表团座谈等重大涉外活动的翻译任务。完成市领导致辞、情况介绍、竞赛规程、参赛须知等文字材料英文翻译100余份，30余万字；完成英、日、韩等语种口译30多场次。③来访团组接待翻译。全年共承担来自韩国、澳大利亚等13个国家和地区的团组接待翻译工作。翻译内容涵盖会见、致辞、签约、采访、参观、经贸洽谈等

2016年10月19日~20日，韩国杨州市议长朴吉緒(右四)、副市长吴賢淑(左三)一行到东营访问 (市外侨办提供)

多个环节。④重要对外文稿的翻译审核工作。承担市政府门户网站外文版的翻译工作。全年累计翻译审核各类重要文稿 20 余万字。完成东营市对外经济合作情况介绍、东营年鉴目录、自然保护区介绍、食药监局查获非法药品信息翻译、农高区对外合作材料等各类材料的翻译工作。⑤翻译队伍建设。年初制定市外侨办翻译人员全年培训计划,并按照计划开展一系列翻译培训活动。选派一名英语翻译赴外交学院进行高翻强化培训。先后组织全市翻译人员赴济南参加山东省英语、韩语高翻系列讲座,听取外交部、中联部等专家、高翻讲座。通过听力练习、口译练习、上台演讲等方式加强翻译能力提升。利用 QQ 外语交流群,不时在群内发布各类翻译资源和材料,使翻译人员更快捷有效地获取各类最新的翻译知识。通过以考代训,鼓励翻译人员参加全国翻译资格水平考试等全国性外语考试,检验、提升翻译水平。严格执行"市外侨办关于加强外语学习的意见"及"市外侨办关于加强外语晨读考勤管理的通知",每月制定领导带班表及翻译学习值班表,实行缺勤通报制度,并将晨读出勤情况计入年底考核项目,保障翻译人员每天固定的学习时间。

**【国内侨务】** 开展关爱工程,改善侨界民生。开展侨务扶贫精准识别,通过村、社区等一线力量摸清贫困归侨侨眷底数基本情况。重要节假日,对三县两区和胜利油田部分困难归侨侨眷、侨界知识分子、外派教师家属等 45 人及 4 家侨资企业进行走访慰问,发放慰问品和慰问金 3.5 万元。开展好侨益助学中心工作,向 40 家侨商协会理事企业发放倡议书。组织 2 名归侨侨眷参加全省归侨侨眷技能培训班。规范三侨考生、归侨侨眷身份认定、华侨回国定居条件审批等事项工作流程。印制新归侨侨眷身份证。为一名考生办理"三侨考生"身份认定手续。为韩国华侨子女来东营入学、德国华侨来东营落户等事宜提供政策咨询。妥善解决加拿大籍华人张超医药费报销问题。东营市河口区河安社区被国侨办评为"全国社区侨务工作明星社区",垦利区和平社区被省侨办评为"全省社区侨务工作明星社区",分别获得 3 万元创建配套经费,用于社区侨务建设。

**【海外联络联谊及侨务经科】** 组织 6 家企业赴武汉参加 2016 年华侨华人创业发展洽谈会,推介相关企业和项目,与匈牙利、美国、澳大利亚等 10 余名华侨、华人进行对接。聘请王缜、周建林、柳志青等三名海外联络处主任。组织召开侨商企业家代表座谈会,全市侨商企业代表就企业发展经验、存在问题和困难进行沟通和交流。与市贸促会共同举办"东营市涉外涉侨企业培训班",200 余名企业负责人参加培训。

**【华文教师外派】** 与教育局联合行文下发《关于补充外派教师库人选的通知》,外派教师人才储备库新增 13 人。选派 1 名政治素质高、业务能力强的教师作为第四批外派教师,赴泰国任教两年。坚持定期与教师联系制度,及时了解教师在海外工作生活情况和思想动态。重要传统节日走访慰问教师亲属,为外派教师解决后顾之忧。

**【东营市侨商协会二届二次会议暨精准扶贫动员大会】** 12 月 2 日,东营市侨商协会二届二次会议暨精准扶贫动员大会在东营蓝海御华大饭店召开。省侨办主任刘方会,市委常委、统战部部长聂建军出席会议,市外侨办主任陈广风主持会议,市工商联、市侨联、各县区、开发区外侨办负责人和侨商协会会员单位负责人共计 100 余人参会。市侨商协会会长燕志富作工作报告,从助推经济发展、加强联谊活动、履行社会责任、强化内部建设等方面汇报市侨商协会换届以来的工作。省侨办刘方会主任作重要讲话。东营市侨商协会有会员企业 108 家,在搭建合作平台,促进侨商企业互助合作、东营经济社会对外开放方面发挥积极作用。东营市侨商协会公益慈善基金是市侨商协会公益慈善专款,主要用于侨界安老、扶孤、帮残、助学、济困、救灾等慈善公益事业。

**【东营市外侨志】** 为庆祝东营市建市 30 周年,2013 年初,东营市人民政府外事与侨务办公室开始组织力量编纂《东营市外侨志》,于 2016 年出版。该志上限为 1983 年 10 月东营市成立,下限至 2013 年年底,有些章节适当上溯或下延。首设"综述"统摄全志,中设外事侨务机构、对外交往、东营市与国际组织的合作、因公出国(境)管理、领事服务、外事服务、侨情、侨务工作、县区侨务 9 章专志,"大事记"殿后。较为详实地记述东营建市 30 多年间外事侨务事业从无到有、从小到大、从弱到强的发展历程、取得的成就和基本经验。全书全彩印刷,正 16 开本,共 16 万字。书号 ISBN 978-7-5143-5071-5,印数 1500 册。

**【全市涉外涉侨企业培训班】** 3 月 18 日,全市涉外涉侨企业培训班在东营宾馆举行。该培训班由市政府主办,市外侨办、贸促会、侨商协会承办,省人大城环委副主任、市贸促会名誉会长周燕明出席。各县区、市属开发区分管领导,市直有关部门负责人以及全市涉外涉侨企业负责人共计 200 多人参加培训。培训班邀请著名宏观经济学家、国务院发展研究中心宏观经济研究室主任张立群,国际经理人协会教授、中国企业"走出去"战略顾问、清华浙大客座教授李琴,从当前国际、国内经济发展形势及金融政策,自由贸易区战略及境外投资环境形势与风险防范两大方面进行授课。

(市外侨办　李卫康)

# 黄蓝经济区

# 黄蓝经济区建设

【概况】 2016年,完成国家黄蓝规划确定的主要目标任务,推进东营市加快融入京津冀协同发展战略取得新成就。全市生产总值3450.6亿元,比上年增长10.6%;规模以上工业主营业务收入1.3万亿元,增长16.8%;公共财政预算收入220.1亿元,增长16%。主营业务收入过百亿企业32家,山东百强企业占22%。固定资产投资累计完成1.2万亿元。金融机构各项存款余额3683.5亿元、贷款余额3031.2亿元。

2015年6月4日,根据《关于调整市黄河三角洲建设办公室管理体制等问题的通知》(东编发〔2015〕12号)文件,东营市推进黄河三角洲高效生态经济区建设委员会办公室(挂市推进山东半岛蓝色经济区建设委员会办公室牌子)更名为市区域发展战略推进办公室(挂市推进黄河三角洲高效生态经济区建设委员会办公室、市推进山东半岛蓝色经济区建设委员会办公室牌子),为市发展改革委所属公益一类事业单位,主任由市发展改革委主任兼任,机构和主要职能未作调整。

【迎接国家第三方评估】 2016年8月底国家发改委委托中国国际工程咨询公司对黄河三角洲高效生态经济区发展规划进行第三方评估(发改办投资〔2016〕1643号委托函)。中咨公司于9月对《规划》实施情况开展调研,2016年12月30日形成评估报告。

【融入京津冀协同发展】 2016年2月,国家发改委印发《"十三五"时期京津冀国民经济和社会发展规划》,提出"加强与周边地域合作,支持内蒙古赤峰和乌兰察布、山西大同、河南安阳及山东聊城、德州、滨州和东营等周边毗邻地区融入京津冀协同发展国家战略"。《山东省国民经济和社会发展第十三个五年规划纲要》提出,支持聊城、德州、滨州、东营承接北京非首都功能疏解和京津产业转移,打造京津冀协同发展示范区。2016年6月12日,市委、市政府出台《关于加快融入京津冀协同发展战略的意见》(东发〔2016〕12号),明确全市融入京津冀的功能定位、发展目标、重点任务和保障措施,着力打造高效生态经济集聚区、科技教育合作区、黄河口旅游休闲养老区、京津冀南部重要生态功能区和首都南部功能型卫星城市,建设京津冀协同发展示范区。6月17日,在北京举办东营市融入京津冀协同发展推介会暨重点项目签约仪式,达成签约项目69个,签约总金额699.58亿元,标志东营融入京津冀协同发展实现良好开局。

【项目推进】 ①加强重点推进项目调度。筛选确定91个项目作为2016年重点推进项目,项目计划总投资1074亿元,当年计划完成投资225.7亿元。项目涉及高效生态农业、环境友好型工业、现代服务业、基础设施和科技创新平台等领域。4月12日印发《关于印发2016年黄蓝经济区重点推进项目的通知》(东区域办发〔2016〕9号),采用定期调度项目进展情况,不定期进行实地检查的推进机制推进项目建设。截至年底,当年累计完成投资210.8亿元。②做好专项资金申报争取、组织申报项目、确定项目、公示备案项目。省区域办印发《关于东营市2016年区域战略推进专项切块资金扶持项目的备案意见》(鲁区域办〔2016〕9号)同意上报项目备案。12月21—22日,省区域处长办李晓冬一行对2016年省区域战略突进专项资金使用管理情况进行监督检查,并对东营综合保税区国际商品展示交易中心项目等8个项目实地检查。2016年,全市有10个项目获得省区域战略推进专项资金扶持,共1亿元,分别为东营综合保税区国际商品展示交易中心、东营港广利港区防波堤工程、月湖环线管护道路建设工程、天然柳林停车场生态改造提升工程、鸟岛科普走廊改造提升工程、黄河口管理站入区大门改造工程、大汶流管理站入区大门改造工程、自然保护区黄河口管理站瞭望塔修缮及周边环境改造工程、生态厕所建设工程,广饶县兴安学校建设工程项目。项目涉及园区建设、旅游基础设施和全面改薄或解决城镇中小学大班额问题等领域。截至2016年底,完工项目2个,正在建设项目3个,5个旅游区基础设施项目进入招投标程序。

【调查研究】 先后完成《东营市融入"一带一路"建设对策研究》《蓝色经济区经济形势分析及对策建议》《新时期下东营市深入推进实施国家区域发展战略研究》《海洋产业公共服务平台建设情况调研报告》等多篇调研报告,部分内容被写入市委、市政府出台的文件中。其中,《东营市融入"一带一路"建设对策研究》先后被评为2015年度全市政府系统优秀调研成果一等奖、东营市社会科学优秀成果二等奖。《新时期下东营市深入推进实施国家区域发展战略研究》被列入2016年市政府系统专项调研课题。

【督察考核】 制定年度黄蓝经济区建设目标任务,确定110个被考核单位的区域发展战略推进目标任务。7月,开展黄蓝经济区区域发展战略目标任务半年督查考核。修订《2016年度县区(开发区)黄蓝经济区区域发展战略推进工作考核实施细则(草案)》《2016年度市直部门单位黄蓝经济区区域发展战略推进工作考核实施细则(草案)》。

【宣传推介】 ①在东营日报、东营电视台、东营电台等主流媒体开辟《看"黄三角规划"实施这几年》专栏。在东营日报头版每周两期刊发《一张蓝图绘就的大地》《为黄三角创造"大美生态"》《盐碱地变成"米粮仓"》等20余篇文章,并在中国·东营网站刊发专题文章。电视台、电台同期播放两区建设专题新闻10余条。②按照"简捷、实用、全面、快速"的原则,改版升级网站,将东营黄蓝两区网改版为市区域战略发展办公室发网站。③突出生态主题,筹备黄《规划》实施成果展览。在东营市城市规划展览馆二楼,开展主题为"大美东营、生态之城"为主题的黄《规划》实施五周年成果展览。

(市区域发展战略推进办公室　沈航)

**2016年黄蓝经济区主要经济指标表**

| 指标名称 | 单位 | 山东半岛蓝色经济区 | | 黄河三角洲高效生态经济区 | | 其中:东营市 | |
|---|---|---|---|---|---|---|---|
| | | 数额 | 同比增长% | 数额 | 同比增长% | 数额 | 同比增长% |
| 地区生产总值 | 亿元 | 31386.5 | 7.8 | 9087.6 | 7.3 | 3479.60 | 7.0 |
| 第一产业 | 亿元 | 1888.6 | 3.9 | 653.1 | 4.2 | 121.89 | 4.0 |
| 第二产业 | 亿元 | 14838.3 | 7.1 | 4885.6 | 6.6 | 2163.10 | 6.0 |
| 第三产业 | 亿元 | 14659.6 | 9.1 | 3542.8 | 8.8 | 1194.61 | 9.2 |
| 规模以上工业增加值 | 亿元 | — | 7.8 | — | 6.3 | — | 6.2 |
| 规模以上工业主营业务收入 | 亿元 | 68493.2 | 2.8 | 28695.2 | 2.4 | 13236.02 | 0.2 |
| 规模以上利税总额 | 亿元 | 5857.0 | -1.9 | 1994.8 | -14.3 | 957.52 | -26.7 |
| 规模以上工业利润总额 | 亿元 | 3925.4 | -1.4 | 1315.0 | -14.1 | 599.55 | -30.0 |
| 全社会固定资产投资 | 亿元 | 25117.9 | 8.9 | 6789.4 | -8.7 | 2472.55 | -19.8 |
| 社会消费品零售额 | 亿元 | — | 10.5 | — | 9.6 | — | 8.5 |
| 进出口总额 | 亿美元 | 11494.1 | 0.7 | 2129.4 | 14.2 | 995.1 | 24.6 |
| 出口总额 | 亿美元 | 6619.8 | -1.6 | 920.1 | 1.4 | 300.9 | -2.2 |
| 实际到账外资 | 亿美元 | 801.4 | 12.1 | 81.7 | 4.5 | 14.86 | 7.4 |
| 公共预算财政收入 | 亿元 | 2846.5 | 9.2 | 708.2 | 6.1 | 221.87 | 2.4 |
| 公共预算财政支出 | 亿元 | 3541.2 | 6.8 | 892.4 | 2.0 | 268.20 | 4.1 |
| 金融机构本外币存款余额 | 亿元 | 38862.5 | 3833.5 | 9054.5 | 793.9 | 3986.66 | 303.18 |
| 住户存款余额 | 亿元 | 17983.4 | 1555.5 | 4405.8 | 456.5 | 1478.57 | 149.02 |
| 金融机构本外币贷款余额 | 亿元 | 30514.8 | 2459.1 | 7409.8 | 735.5 | 3507.5 | 476.26 |
| 农民人均可支配收入 | 元 | 16319 | 7.8 | 14814 | 8.2 | 14999 | 8.0 |

说明:1. 山东半岛蓝色经济区包括青岛、东营、烟台、潍坊、威海、日照6市及滨州无棣县和沾化县,黄河三角洲高效生态经济区包括东营、滨州两市以及潍坊寒亭区、寿光市、昌邑市,德州乐陵市、庆云县,淄博高青县和烟台莱州市;
2. 金融机构存贷款余额比上年增长栏为比年初增加额

## 黄河三角洲可持续发展研究

【概况】 2016年,黄河三角洲可持续发展研究院管理中心坚持面向"区域可持续发展需求、产业升级发展需求、企业创新发展需求",服务区域可持续发展。①深化市校院所合作。至2016年底,研究院与16所高校院所达成合作协议,在东营组建8个实体机构。健全完善市校合作创新机构管理服务体制,制订出台《东营市市校合作补助资金项目支出绩效目标管理办法》,推动市校合作创新机构健康发展。②推进人才平台建设。着力打造区域科技创新平台,博士后科研工作站启动运行,首名博士进站开展工作;推进泰山学者、黄河三角洲学者岗位建设;搭建高层次人才创新创业服务平台,支持高层次人才发展促进会与东营博士联谊会开展活动,健全完善高层次人才发展促进会组织运行体系。③加强科研基地建设。深化与胜利油田等部门企业合作,推动Janus材料工程实验室建设,为下一步建设油田污水处理示范项目提供基础性技术支持。与市现代畜牧业示范区管委会、山东省科学院签署协议,合作共建中澳耐盐植物成果转化基地,推动省科学院引种驯化过的耐盐植物在东营建立种质资源库,探索市场化开发模式。建设青岛农业大学耐盐作物基地,开展耐盐碱作物推广实验。④开展项目研发,推进项目立院。实施省科技攻关计划"椒样薄荷培育与产业化开发",在畜牧业示范区开展大田实验,研究在土壤高盐(盐含量超过3‰)条件下,椒样薄荷种植和管理工艺,并申报"盐碱地薄荷种植中再次组培替代套种方法"发明专利。举办中德国际合作"黄河三角洲地理环境与人居环境信息系统"(DELIGHT)项目培训和结题年会,完成DELIGHT系统上线运行,联合项目组组织新项目"黄河三角洲土壤和水资源盐渍化防护技术(SALTEC)"申报德国联邦教育研究部资助计划。

【市校院所合作】 ①推动东营市政府与山东师范大学2016年7月24日签署全面战略合作协议,发挥学校的科技、人才优势和东营的地域、经济优势,重点在逆境植物、文学艺术、教师教育等领域开展全方位合作。②山东大学东营研究院作为山东大学现代远程教育校外学习中心,2016年

椒样薄荷试验田　　（黄三角可持续发展研究院提供）

新增学员123人，累计在校生人员587人。实施山东省科技惠民计划项目“城市生活垃圾焚烧及余热利用科技惠民示范工程”，取得阶段性成果。③青岛农业大学黄河三角洲研究院争取到投资150万元的物联网农业项目，建立示范基地。配合利津县汀罗镇产业结构调整，编制《利津县万亩花生产业示范基地建设规划》。④青岛科技大学科技公司东营分公司与东营百华石油机械有限公司建立研究生科技创新基地，与胜利油田石油工程技术研究院、东营华智石油装备产业孵化器有限公司联合筹建油田橡胶密封材料研究所；协助东营技师学院建设高分子材料实验室。⑤中国石油大学科学技术研究院组建油区环境治理协同创新中心与油田大数据开发应用协同创新中心。“中国石油大学·东营创新广场”平台获得东营市政府支持建设资金120万元，自筹建设资金1500余万元，建成“创客空间”“成果展厅”以及公共区域改造工程；举办油地校科技交流沙龙，开展高水平科研人员技术进企业、进县区等活动。检测评价中心完成标准化体系等相关认证，2016年与油田及企业签订科研合同72个。

**可持续发展研究院管理中心合作高校院所一览表**

| 合作高校院所 | 签署时间 | 合作项目 |
|---|---|---|
| 中国科学院烟台海岸带研究所 | 2008.5 | 中国科学院黄河三角洲滨海湿地生态试验站 |
| 中国农业科学院 | 2011.8 | 中国农科院黄河三角洲现代农业野外环境观测站 |
| 山东大学 | 2011.9 | 山东大学东营研究院 |
| 天津大学 | 2012.7 | 天津大学技术转移公司东营分公司 |
| 青岛大学 | 2012.10 | 青岛大学东营研究院（筹建） |
| 山东建筑大学 | 2012.12 | 山东建筑大学东营研究院（筹建） |
| 聊城大学 | 2012.12 | 聊城大学东营研究院（筹建） |
| 山东工艺学院 | 2012.12 | 山东工艺美术学院东营创意基地（筹建） |
| 青岛农业大学 | 2014.9 | 青岛农业大学黄河三角洲研究院 |
| 山东农业大学 | 2014.9 | 黄河三角洲现代农业试验区示范基地（筹建） |
| 青岛科技大学 | 2015.8 | 青岛科技大学科技公司东营分公司 |
| 滨州学院 | 2015.10 | 东营黄河三角洲生态环境研究基地（筹建） |
| 山东交通学院 | 2015.12 | 山东交通学院东营研究院（筹建） |
| 山东师范大学 | 2016.7 | 山东师范大学东营研究院 |

【人才平台建设】①推进泰山学者、黄河三角洲学者岗位建设。组建以特聘专家杨振忠研究员为学术带头人的7人研发团队，开展Janus材料规模化制备及其在含油污水处理中的应用研究。杨振忠研究员入选第二批国家“万人计划”领军人才及市第五批黄河三角洲学者，团队成员梁福鑫入选省“泰山产业领军人才”（科技创业类）。②推进博士后科研工作站建设，制定博士后科研工作站管理办法。与中科院化学所博士后流动站签署联合培养协议，引进辽宁大学博士史春薇进站开展“Janus材料开发及在含油污水处理中的应用研究”。③服务高层次人才创新创业。支持高层次人才发展促进会与东营博士联谊会开展活动，健全完善高层次人才发展促进会组织体系，指导各县区、开发区均成立高层次人才发展促进会，构建起市县联动的高层次发展促进会工作服务体系。④参与全市泰山学者和泰山产业领军人才的年度考核和申报辅导工作。

【科研基地建设】①建设Janus材料研发平台。与胜利油田等合作开发的具备规模化炼油污水、采油污水处理装置，形成1吨/小时的示范处理能力，为建设油田污水处理示范项目提供基础性技术支持。与杨振忠为首的泰山学者团队、东

Janus 材料工程实验室 （黄三角可持续发展研究院提供）

营雅努斯材料科技有限公司签署合作协议，共建东营 Janus 材料工程实验室，拟通过3年左右的时间，建成研究院所属的第一家省级研发机构。②建设中澳盐生植物成果转化基地。与山东省科学院、东营市现代畜牧业示范区管委会签署协议，合作共建中澳耐盐植物成果转化基地。基地首期规划面积80亩，引种耐盐品种15项，其中耐盐花生、藜麦等耐盐品种表现出较好的经济前景。③建设青岛农业大学东营耐盐作物基地。全年开展滨海重盐碱地小麦—玉米吨粮生产技术研究、滨海重盐碱地花生高产栽培技术、油菜—花生一年两熟种植制度研究与示范等科研课题。④建设黄河三角洲滨海湿地生态试验站。开展黄河三角洲自然保护区生物多样性联合监测巡护，提出黄河三角洲滨海湿地保护与合理利用对策，开展滨海湿地生态环境保护科普教育活动，开展多种形式的社会服务。

（黄三角可持续发展研究院 陈占国）

# 综合经济管理

# 发展与计划管理

【计划与管理】 2016年，编制东营市2016年国民经济和社会发展计划，主要预期目标为：全市生产总值增长7.5%左右，其中第一产业增长4%，第二产业增长7.5%，第三产业增长7.5%左右，规模以上工业增加值增长7.5%左右，全社会固定资产投资增长12.5%左右，社会消费品零售总额增长10%左右，外贸进出口保持适度增长，一般公共预算收入增长6.5%左右，城镇居民人均可支配收入增长8%左右，农村居民人均可支配收入增长9%左右，城镇登记失业率控制在3.5%以内，居民消费价格指数涨幅控制在2.5%左右，人口自然增长率控制在8.5‰以内。完成省政府下达的约束性指标。《东营市2016年国民经济和社会发展计划》经东营市第七届人民代表大会第五次会议审议通过，市政府以东政发〔2016〕4号文件予以下发。（市发改委　张晓慧　钊阳）

**2016年东营市国民经济和社会发展计划及执行情况表**

| 指标名称 | 计算单位 | 2015年增幅(%) | 2016年计划(%) | 2016年初步统计 | | | |
|---|---|---|---|---|---|---|---|
| | | | | 完成 | 增长(%) | 比计划(±%) | 比上年(±%) |
| 一、地区生产总值 | 亿元 | 6.9 | 7.5左右 | 3479.6 | 7 | -0.5 | 0.1 |
| 其中：第一产业 | 亿元 | 4.1 | 4 | 121.9 | 4 | 持平 | -0.1 |
| 第二产业 | 亿元 | 6.6 | 7.5 | 2163.1 | 6 | -1.5 | -0.6 |
| 第三产业 | 亿元 | 7.9 | 7.5左右 | 1194.6 | 9.2 | 1.7 | 1.3 |
| 二、规模以上工业增加值 | % | 6.7 | 7.5左右 | — | 6.2 | -1.3 | -0.5 |
| 三、全社会固定资产投资 | 亿元 | 13.9 | 12.5左右 | 2472.6 | -19.8 | -32.3 | -33.7 |
| 四、一般公共预算收入 | 亿元 | 6.7 | 6.5左右 | 221.9 | 2.4 | -4.1 | -4.3 |
| 五、外贸进出口总额 | 亿元 | — | 适度增长 | 995.9 | 24.7 | — | — |
| 六、吸收外商投资 | 亿元 | — | 适度增长 | 14.9 | 7.4 | — | — |
| 七、社会消费品零售总额 | 亿元 | 9 | 10左右 | 789.7 | 8.5 | -1.5 | -0.5 |
| 八、居民人均可支配收入 | 元 | 8 | — | 32178 | 8.1 | — | 0.1 |
| 其中：城镇居民 | 元 | 7.1 | 8左右 | 41580 | 7.3 | -0.7 | 0.2 |
| 农村居民 | 元 | 8.7 | 9左右 | 14999 | 8 | -1 | -0.7 |
| 九、居民消费价格指数涨幅 | % | — | 2.5左右 | — | 1.7 | 目标以内 | — |
| 十、城镇登记失业率 | % | 2.15 | 3.5以内 | — | 2.42 | 目标以内 | — |

【经济运行监测】 面对经济下行压力持续较大的复杂形势，从完善经济运行分析制度入手，构建涵盖县区、开发区和市直部门在内的经济运行分析平台，月度召集有关部门组织召开经济运行综合分析会议；季度筹备由市领导参加的全市经济运行调度会议，每季度经济运行情况与工作建议均以市委、市政府名义转发执行，促进全市经济平稳运行。探索服务经济决策新路子，建立完善宏观经济研判制度，成立宏观经济研判小组，着力加强对经济形势分析监测和产业转型升级等工作的研究，突出专业分析和特色分析，及时提出有针对性的对策措施，形成相关经济运行专题报告，全年编印《经济分析研究报告》《经济政策动向》和《全市宏观经济监测季报》共20期，为领导科学决策提供重要参考。（市发改委　综合科）

【规划编制和组织实施】 《东营市国民经济和社会发展第十三个五年规划纲要》经市委、市政府研究，市七届人大五次会议审议，于2016年3月12日以东政发〔2016〕5号文件印发执行。

**"十三五"时期东营市经济社会发展主要指标一览表**

| 类别 | 指　标 | 2015年 | 2020年 | 年均增长(%) | 属性 |
|---|---|---|---|---|---|
| 经济发展 | 地区生产总值(亿元) | 3450.6 | - | 7左右 | 预期性 |
| | 公共财政预算收入(亿元) | 220.1 | 302 | >6.5 | 预期性 |
| | 全社会固定资产投资(亿元) | 3084.7 | 5684 | 13左右 | 预期性 |
| | 社会消费品零售总额(亿元) | 728.1 | 1172 | 10左右 | 预期性 |
| | 进出口总额(亿美元) | 129.1 | - | 适度增长 | 预期性 |
| | 吸收外商直接投资(亿美元) | 2.22 | - | 适度增长 | 预期性 |
| | 常住人口城镇化率(%) | 65.52 | 69 | 〔3.5〕 | 预期性 |
| | 户籍人口城镇化率(%) | 51.15 | 61 | 〔9.85〕 | 预期性 |
| 创新驱动 | 研究与试验发展经费支出占GDP比重(%) | 2.58 | 2.78 | 〔0.2〕 | 预期性 |
| | 高新技术产业产值比重(%) | 35 | >37 | 〔>2〕 | 预期性 |
| | 万人拥有有效发明专利数(件) | 4.82 | 13 | 〔8.18〕 | 预期性 |

续表

| 类别 | 指　　标 | 2015年 | 2020年 | 年均增长(%) | 属性 |
|---|---|---|---|---|---|
| 民生福祉 | 居民人均可支配收入(元) | 29758 | 42129 | 7.2 | 预期性 |
| | 城镇新增就业人数(万人) | 4.88 | – | 〔15〕 | 预期性 |
| | 登记失业率(%) | 2.4 | 3.5 | – | 约束性 |
| | 社会保险综合覆盖率(%) | 93.03 | 95 | 〔2〕 | 约束性 |
| | 每千人执业(助理)医师数(人) | 2.7 | 3.0 | 〔0.3〕 | 预期性 |
| | 城镇保障性安居工程建设(套) | – | – | 〔9374〕 | 约束性 |
| | 总人口(万人) | 212 | 227 | 1.4 | 约束性 |
| | 人口自然增长率(‰) | 4.64 | – | 9.78 | 约束性 |
| 生态文明 | 环境空气质量达标比例(%) | 43 | 58 | 〔15〕 | 约束性 |
| | 城市PM2.5浓度降低(%) | 7.7 | – | 〔>25〕 | 约束性 |
| | 单位GDP能耗降低(%) | – | – | 完成省下达任务 | 约束性 |
| | 单位GDP二氧化碳排放降低(%) | – | – | 完成省下达任务 | 约束性 |
| | 主要污染物排放减少(%) | – | – | 完成省下达任务 | 约束性 |
| | 林木覆盖率(%) | 18 | 21 | 〔3〕 | 约束性 |

说明:〔〕内为五年累计数。2016年8月,编制印发《东营市"十三五"规划纲要宣传册》,阐释东营市"十三五"时期的发展愿景,对规划纲要进行详细解读

(市发改委　李宁)

**【重点项目建设】** 2016年,市委、市政府确定77个市重点建设项目,总投资1005亿元,当年计划投资295亿元。在推进过程中,采取市级领导联系、项目现场观摩、一月一展示等方式加强调度,完成投资229.3亿元,完成年度投资计划的77.7%;11个市重点推进项目进展顺利,其中南展区新型农村社区建设政策争取、环渤海高铁和京沪高铁第二通道等项目取得阶段性成果。东营综合保税区封关运营。市一中、二中新校区投入使用。东营港北防波堤全面建成,正在加快推进南防波堤、一突堤等基础设施项目。广利港建设快速推进,港区和防波堤建设全面展开。济东高速建成通车。黄大铁路加快推进。东营疏港铁路前期工作全面完成。东营港10万吨级航道工程列入交通运输部"十三五"规划。长深高速向西延伸到济南机场列入省高速公路网规划。

年初,东营港防波堤项目、东营综合保税区项目、黄河三角洲现代农业孵化展示项目、山东哈迪斯机车配件有限公司轨道列车空气弹簧减震总成项目、东营圣亚生态能源科技有限公司生物燃气生态能源项目等5个项目被省政府确定为2016年度全省重点建设项目。截至年底,完成投资33.2亿元,完成年度投资计划的111.1%。

(市发改委　于武江)

**【对口援建工作】** *对口支援新疆疏勒县工作*。2016年为东营第八批援疆干部在疆的收官之年,市发展改革委会同市援疆指挥部紧紧围绕市委、市政府的决策和部署,坚持以现代文化为引领,以就业、教育、人才和产业援疆为重点,以人才建设为保障,全力实施投资44个援疆项目,合计3.91亿元,各项援疆工作取得新突破。

产业援疆。①重点项目顺利实施,载体支撑能力持续增强。工业园区,投入援疆资金6800万元,重点实施工业园区环境整治、绿化及基础设施维修;疏勒县高新技术产业孵化园项目建设纺织服装标准厂房1栋、生物制药标准厂房1栋、企业服务中心1栋、科技中心(实验楼)1栋及配套附属设施;生态钢城社区、幼儿园附属设施配套工程等项目。农业示范园区,投入援疆资金300万元,建设千亩温室大棚基地低压电力线路6千米、自来水管道8千米及滴灌低压管道建设;生态防护林通达道路建设10千米;疏勒县畜牧养殖孵化园建设项目建设标准化羊舍2栋,每栋610平方米。②招商引资成果逐步显现。多次组织专业招商队伍,累计在谈项目20个,疏勒县牙甫泉镇滑雪场项目、海丽仟木服装公司疏勒镇卫星工厂、阿拉力乡鑫达有限公司卫星工厂等项目落户,计划总投资12亿元。③金融援疆取得新突破。通过山东省援疆工作指挥部联系,积极争取中泰证券股份有限公司与疏勒县人民政府签订结对帮扶工作协议,向疏勒县乡村幼儿园建设项目,捐赠专项扶贫资金人民币100万元;与疏勒县新疆西昆仑骨明胶有限责任公司,昆仑维药,金杨万华木业,疆都管业等企业签订财务顾问服务协议,帮助企业上市。④发展软环境日趋优化。成立以县委副书记、东营市援疆指挥部指挥为组长的软环境和机关效能建设领导小组,优化审批流程,提升工作效能。设立2400万元产业发展扶持基金,重点引进劳动密集型产业落户园区,投入600万元,建设疏勒县巴合齐乡、塔孜洪乡产业社区孵化基地建设项目。

民生援疆。①中职校功能日益完善。投入援疆资金300万元,实施中职校建设实训车间,购置纺织设备,中职校成为南疆地区规模最大、功能最完善的中职学校,年可培训19000余人;探索建立校企合作机制,与海丽仟木服饰有限公司合作,构建"校中厂、厂中校"的办学模式。②教师培训学校规模日益壮大。投入援疆资金150万元,实施教师培训学校建设,引进后方教师充实队伍,加快推进实施教师培训"十百千"工程,设备安装调试到位,教师培训完成年度计划

任务。③新型农民学校作用日益显现。投入援疆资金90万元,实施新型农民学校创建,培养一批有文化、懂技术、会经营的新型农民。投入援疆资金144719万元,实施疏勒县人民医院门诊楼、安居富民房、学校建设提升、城市基础设施建设、小城镇建设、村庄整治、巴仁乡五村扶贫帮扶、车管所建设、福利园区设备采购、消防设施采购、党校学员餐厅等项目,群众生产生活条件得到有效改善。

文化援疆。①编排《疏勒之恋》大型歌舞剧。精心打造极具西域风采,被誉为西域版的“梁山伯与祝英台”的民族特色大型爱情歌舞剧《疏勒之恋》。该剧2016年荣获自治区文化最高奖“天山文艺奖”。②编写《疏勒述说》精品口袋书。以讲述疏勒过去、描绘疏勒当代、讴歌疏勒未来为主题,编写《疏勒述说》系列口袋书。共有《张骞》《班超》《突厥语大辞典》等12本,口袋书出版后,将进村入户对引导基层群众正确认识新疆历史,增强家园、民族及国家认同感具有重要意义。③组织《疏勒如画》系列农民画家培训。与自治区文化馆合作举办南疆片区农民画家培训,集中创作一批反映疏勒风土人情、自然风光和发展新貌的农民画,组织“大地如画”农民画画展。

人才援疆。实施人才援疆“项目化”,帮带措施“具体化”,培训手段“数字化”,最终实现工作机制“长效化”。在援疆教师中开展“一师一优课、一课一名师”活动,在援疆医生中开展“医师梯级培养”活动,在城建援疆人才中开展“同工异构”活动。同时不断加强交流、交往、交融,先后组织400余名县乡村三级干部、教师、医生、农村致富带头人到东营进行培训;组织总计200余人参加“维汉一家亲”。新选派39名医生、教师和2名干部到疏勒县开展援疆工作,进一步加大干部人才互动交流力度,巩固东营干部人才援疆“同心+”品牌。

扶贫协作重庆酉阳县工作。2010年10月,在国务院扶贫办的部署下,重庆市与山东省缔结东西扶贫协作关系,2010年11月2日,召开全省扶贫协作重庆工作会议,山东省14个地级市对口帮扶重庆市14个国家级贫困县,确定东营市与重庆酉阳县建立结对扶贫协作关系(何时结束需国务院定)。东营市对口帮扶酉阳县,签订《山东省东营市人民政府重庆市酉阳县人民政府东西扶贫协作框架协议》,就“政府援建扶贫项目”“整合社会资源推进整村脱贫”等达成协议。为深入贯彻全省扶贫协作工作会议精神,东营市推进对口扶贫协作重庆酉阳县工作,市发展改革委在顶层设计、推动互访交流、政府援助、确定扶贫协作项目、产业合作等方面所做的工作取得良好成效。2016年,完成对口援川审计整改工作;完成《“十二五”扶贫协作酉阳典型材料》《东营市对口扶贫协作重庆酉阳县工作方案》上报工作;代拟《关于进一步做好东西扶贫协作和对口支援工作的实施意见》,市委、市政府以东发〔2016〕27号文件印发;经市政府批复,印发《东营市扶贫协作酉阳县工作专项规划(2016—2020年)》;完成2016年帮扶项目筛选和600万元援助资金的拨付工作;推动广饶县与酉阳县对口扶贫协作框架协议的签约工作,广饶县以2016年财政资金200万元为基数,2017—2020年每年按10%的增长率逐年递增对酉阳县实行政府援助;东营市2016年东西扶贫协作工作在山东·重庆扶贫协作研讨会上作汇报发言。 (田国海)

【东营市城市资产经营有限公司】 概况。东营市城市资产经营有限公司是2003年11月经东营市人民政府批准成立的市属大型国有企业,2007年与东营市城市建设投资发展有限责任公司(正县级财政拨款事业单位)重组,一个机构两块牌子,是市政府运营国有资产、筹集和管理城市基础设施重点项目建设资金的专门机构,承担城市建设的投融资和建设任务,实行政府主导下的市场化运营。2016年底,公司注册资本金达14.56亿元,资产总额达254亿元,上缴税收7亿多元,职工总数400余人,拥有子公司18家,其中,全资公司9家、控股公司3家、参股公司6家,经营领域涉及城市资产经营、投融资、工程建设、土地整理、旅游、房地产开发、物业管理、小额信贷、天然气、铁路、广告等行业。

融资建设。①政府投资基金募集工作取得重要进展。按照市政府安排,公司承担128亿元政府投资基金的募集任务,其中,城市发展基金60亿元、城镇化基金48亿元、农业发展基金20亿元。2016年,积极协调财政、各家银行和基金管理公司,反复整理、修改申报材料,连续克服工商注册受限、合作条款异议、出资方不能及时出具有效注册资料等一系列困难,东营青银发展基金26.67亿元和东营兴业建设基金10亿元募集到位,为全市基础设施建设和产业发展提供有效的资金支持和保障。②南一路快速路PPP项目融资工作成效显著。南一路快速路项目采用PPP模式运作,由公司作为政府出资方代表,与社会资本方北京市政路桥股份有限公司组建东营市城投京路投资建设有限公司作为项目公司,负责项目的投资、建设、运营与管理。2016年,通过引入社会资本,共实现融资6.37亿元,提高建设效率,有效减轻财政负担。该项目被评选为国家级示范项目,成为东营市首批入选的国家级PPP示范项目,获得财政部奖励500万元。③创新融资方式。在银行贷款、发行债券遇到诸多限制的情况下,寻找新的突破口,与山东汇通金融租赁有限公司签署融资租赁合同、咨询服务协议,融集资金2亿元提前归还公司为生态新城项目垫支银行贷款,这是公司在融资方面又一次新的尝试,确保了政府及公司信用,为建立良好银企合作关系奠定坚实基础。

资金争取工作。①争取机场扩建项目贴息资金。公司先后取得贴息资金1314万元,贷款利息贴息率达到65%,将剩余贷款贴息申报材料提报至财政部和相关部门,积极跟踪问效,全力争取贴息资金到位,及时有效缓解公司面临的资金压力。②落实偿债资金。通过多方协调,向市财政争取到项目贷款偿债资金31.2亿元,有效解决公司在国开行、浦发银行等金融机构融资的还本付息问题。③承担担保任务。根据市政府安排，公司为东营市财金投资有限公司担保贷款金额84亿元，2016年底，公司与中国农业发展银行东营分行签署贷款担保合同58亿元，为政府实施林业生态建设提供有力资金支持；为农高区担保资金1.2亿元，推动黄河三角洲现代农业孵化展示项目顺利实施。

重大项目建设。2016年，按照市政府安排，公司承担南一路快速路、胜利机场跑道延长、奥体中心三馆（体育馆、游泳馆、网球馆）、全民健身广场、市级机关战时人口疏散基地等市级重点项目的新建和续建任务。①南一路快速路PPP项目。工程总投资7.38亿元，全年完成投资1.148亿元，完成总工程量的10%。在项目实施过程中，面对项目土地手续审批和土地迁占等一系列困难，协调国土、规划、东营区政府等部门，主动与油田单位以及市和油田供电公司反复对接，前期各项手续和土地迁占工作压茬推进，确保项目全面开工建设。②胜利机场跑道延长项目。工程总投资3.38亿元，全年完成投资8000万元，完成总工程量的23%。经过与华东民航局、国土、发改、东营区及垦利区等部门的协调对接，完成初步设计、地灾及压覆矿等前期手续和土地迁占工作，场道工程施工有序推进，项目建设进入实质性阶段。③生态新城和奥体中心“三馆”项目。工程总投资9.3亿元，完成投资6.3亿元。其中，体育馆按期完工并通过初步验收；网球馆完成土建、钢结构、金属屋面、给排水安装、金属屋面及部分内部安装等建设内容；游泳馆完成土建、钢结构等施工内容。④全民健身广场项目。工程总投资1.84亿元，完成投资8400万元，一标段完成总工程量的50%，二标段完成总工程量的30%。⑤市级机关战时人口疏散基地项目。工程概算总投资1.745亿元，完成投资1911万元。项目前期手续办理完成，施工、监理招标公告和文件经主管部门审查通过，待开标后进入开工建设阶段。

市场经营。①面临全国房地产低迷的大环境，灵活调整房产销售政策，加大公司房产销售力度，全年房产项目实现销售收入5442万元，一定程度上缓解了公司面临的资金压力。②城发物业公司注册资金提高到1000万元，全年实现营业收入1060万元，物业服务满意率96.1%，全面承接水城国际、城发花园、赛拉维广场、香槐公馆、动物园和人防应急指挥中心物业服务后，服务面积达到92.34万平米，为下一步开拓市场打下坚实基础。③动物园管理。公司全年累计接待游客量37万人次，接待社会团体、旅游团体累计436批次，实现经营收入750万元，园区宣传覆盖山东广播电台、东营电视台、车视TV、“东营通”、东青高速路等媒体，对外影响力和知名度进一步提升。④小额贷款公司立足实际，转变思路，全面规范整顿，完善公司治理架构，健全内控制度体系，全年累计回收贷款本金5200万元，初步达到年中制定的回款目标。⑤东营市全民健身公园管理有限公司工商注册工作顺利完成，为全民健身公园和奥体中心三馆运营、维护和管理提供坚强保障。⑥中心城区公共空间实体广告布局方案初步设计顺利完成，为公司下一步开展广告业务创造条件。 （市城市资产经营有限公司 王龙龙）

## 国土资源管理

【概况】 2016年，全市国土资源工作着力在“控、供、改、拓”上下功夫，不断提高国土资源供给质量和效率，圆满完成年度工作任务。①推进供给侧结构性改革，提高国土资源供给质量和效率。实行“有保有压”的差别化用地政策，全市共安排新增建设用地计划14450亩，规划修改土地4042亩，批复用地1815亩。合理安排土地储备和供应，中心城共储备土地3200亩。②合理控制资源开发利用规模，促进资源可持续利用。抓好土地利用总体规划调整完善，全面完成用就基本农田划定工作，中心城区划入永久基本农田3.25万亩，划定后城市周边用就基本农田共12.34万亩。持续推进土地整治，在全省率先完成“十二五”期间高标准基本农田建设任务，建成高标准农田128.04万亩。③注重科技创新和技术应用，提升国土资源科技支撑能力和水平。高标准建设科技管矿信息系统，实现资源环境地质信息三维可视化、集中管理和多元服务，在全省率先建成覆盖全市的地面沉降监测网络和数据库。

【机构沿革】 3月21日，市编办以《关于市国土资源局不动产登记中心机构编制事项的批复》（东编办发〔2016〕21号）批复：①市不动产登记中心，为市国土资源局所属公益一类事业单位，经费实行财政拨款；从市土地评审交易中心划转编制2名，市不动产登记中心编制37名，人员结构为管理人员18名、专业技术人员19名；内设综合科、登记受理科、登记审核科、登簿缮证科、档案管理科、权籍信息科等6个正科级内部机构。其中登记受理科、登簿缮证科各核定科级职数3名，综合科、登记审核科、档案管理科、权籍信息科各核定科级职数2名。调整后，市土地评审交易中心编制为5名，其他不变。②市国土资源局东营分局不动产登记中心（挂市不动产登记中心东营分中心牌子），为市国土资源局东营分局所属公益一类事业单位，经费实行财政拨款；核定编制19名（所需编制从东营分局基层国土资源所调剂），人员结构为管理人员3名，专业技术人员16名，其他不变。③市国土资源局河口分局不动产登记中心（挂市不动产登记中心河口分中心牌子），为市国土资源局河口分局所属公益一类事业单位，经费实行财政拨款；核定编制14名（所需编制从河口分局基层国土资源所调剂），人员结构为管理人员3名、专业技术人员11名，其他不变。④市国土资源局东经济技术开发区分局不动产登记中心（挂市不动产登记中心东营经济技术开发区分中心牌子），为市国土资源局东营经济技术开发区分局所属公益一类事业单位，经费实行财政拨款；核定编制7名（所需编制从东营分局基层国土资源所调剂5名，河口分局基层国土资源所调剂2名），人员结构为管理人员3名，专业技术人员4名，其他不变。

4月5日，市编办以《关于市矿产资源储备与勘查开发中心机构编制问题的批复》（东编办发〔2016〕27号）批复：同意市矿产资源储备与勘查开发中心（市地热资源管理办公室）加挂市地质环境监测站牌子，增加管理人员编制2名，总编制达7名；增配副主任1名。职责任务增加“承担本行政区域内的地质环境监测相关工作”。

7月29日，市编办以《关于调整完善公共资源交易管理体制的通知》（东编发〔2016〕24号）批复：整合市政务服务中心管理办公室、市级机关政府采购中心、市土地评审交易中心相关职责，组建市公共资源交易中心（挂市政府采购中心牌子），从市土地评审交易中心划转编制2名。

**【土地资源构成】** 东营市土地总面积82.43万公顷，其中农用地42.63万公顷，占总面积51.72%；建设用地13.87万公顷，占总面积16.83%；未利用地25.93万公顷，占总面积31.45%。①农用地中，耕地22.56万公顷（占全市土地总面积的27.37%，人均耕地0.12公顷），园地0.43万公顷，林地2.27万公顷，牧草地0.56万公顷，其他农用地16.81万公顷。耕地中有水田0.58万公顷，水浇地16.71万公顷，旱地5.27万公顷。园地中有果园0.31万公顷，其他园地0.12万公顷。林地中有林地1.14万公顷，灌木林地0.87万公顷，其他林地0.26万公顷。牧草地中有天然牧草地0.06万公顷，人工牧草地0.50万公顷。其他农用地中有农村道路1.23万公顷，坑塘水面8.91万公顷，设施农用地0.41万公顷，沟渠6.26万公顷。②建设用地中，城镇村及工矿用地9.26万公顷，交通运输用地1.22万公顷，水域及水利设施用地3.39万公顷；城镇村及工矿用地中有城市用地1.77万公顷，建制镇1.02万公顷，农村居民点4.52万公顷，采矿用地1.84万公顷，风景名胜及特殊用地0.11万公顷；交通运输用地中有铁路用地0.05万公顷，公路用地1.03万公顷，机场用地0.03万公顷，港口码头用地0.1万公顷；水利设施用地中有水库水面2.12万公顷，水工建筑用地1.27万公顷。③未利用土地中，其他草地面积0.86万公顷，河流水面面积1.57万公顷，沿海滩涂面积9.36万公顷，内陆滩涂面积2.26万公顷，盐碱地面积11.87万公顷。

### 东营市2015年度土地利用现状面积统计表

单位：公顷

| 行政区域 | 土地总面积 | 农用地 | 建设用地 | 未利用地 |
|---|---|---|---|---|
| 东营市 | 824326.16 | 426324.04 | 138741.37 | 259260.8 |
| 东营区 | 117817.56 | 50194.06 | 44683.85 | 22939.65 |
| 河口区 | 226744.03 | 100850.28 | 24974.17 | 100919.6 |
| 垦利区 | 233099.18 | 113441.37 | 25293.87 | 94363.94 |
| 广饶县 | 116563.10 | 81432.03 | 25049.93 | 10081.14 |
| 利津县 | 130102.29 | 80406.3 | 18739.55 | 30956.44 |

**【土地管理】** ①规范地籍管理。全市农村宅基地和集体建设用地使用权确权登记发证成果顺利通过省级验收，完成全市29.7万宗、2万公顷农村宅基地、集体建设用地地籍调查，对符合发证条件的23.6万宗、1.7万公顷宅基地及集体建设用地全部进行登记发证，发证率均在96%以上，在此基础上，建立完善农村地籍管理信息系统，实现集体土地所有权和使用权的信息化管理。②编制国有建设用地供应计划。编制发布《关于印发东营市市本级2016年度国有建设用地使用权供应计划的通知》。2016年度市本级计划供应国有建设用地662.80公顷。其中，商服用地64.73公顷；工矿仓储用地339.87公顷；住宅用地117.53公顷；公共管理与公共服务用地52.8公顷；交通运输用地87.87公顷。③建设用地供应。严格执行禁止限制供地目录和节约集约用地标准，强化服务意识，提高办事效率，各项建设用地全部做到及时供应。2016年度，全市供应建设用地309宗，面积1132.29公顷，其中，商服用地26宗，面积26.64公顷，住宅用地44宗，面积109.01公顷，工矿仓储用地122宗，面积613.24公顷，其他用地117宗，面积383.40公顷。④保障性安居工程供地。全年省下达东营市保障性住房任务为城市棚户区（含城中村改造）6474套，其中，货币补贴2169套，实物安置4305套，测算实物建设需用地面积19.13公顷。通过建立保障房用地项目分解台账，逐地块制定推进措施，实行“绿色通道”制度，缩短办理时限，提高土地供应效率，全年落实用地31.44公顷（其中新供用地22.21公顷），面积保障率164.3%。

### 东营市2015年度土地利用现状一级分类汇总表

单位：公顷

| 行政区域 | 耕地 | 园地 | 林地 | 草地 | 城镇村及工矿用地 | 交通运输用地 | 水域及水利设施用地 | 其他土地 |
|---|---|---|---|---|---|---|---|---|
| 东营市 | 225637.18 | 4287.13 | 22726.97 | 14215.36 | 92627.06 | 24491.50 | 317520.94 | 122820.02 |
| 东营区 | 25832.56 | 969.50 | 1890.17 | 41.28 | 27186.74 | 5121.23 | 43869.30 | 12906.78 |
| 河口区 | 41628.66 | 829.58 | 3126.12 | 4534.42 | 15416.00 | 5710.06 | 114071.59 | 41427.60 |
| 广饶县 | 60201.77 | 1278.53 | 974.86 | 257.74 | 21448.11 | 4510.85 | 22650.05 | 5241.19 |
| 垦利县 | 43942.66 | 535.87 | 14525.93 | 9325.16 | 14888.31 | 5434.04 | 104039.36 | 40407.85 |
| 利津县 | 54031.53 | 673.65 | 2209.89 | 56.76 | 13687.90 | 3715.32 | 32890.64 | 22836.60 |

【耕地后备资源】 4月14日，全市耕地后备资源调查评价成果全部通过省级验收。经全面调查评价，全市耕地后备资源面积2.67万公顷（擦除湿地后），其中盐碱地2.53公顷，其他草地0.07万公顷，内陆滩涂0.07万公顷；全市不稳定耕地0.13万公顷。全市耕地后备资源调查评价工作的全面完成，为下一步耕地后备资源的稳定开发与利用奠定基础，为科学制定相关耕地保护政策提供决策依据。

【耕地保护】 2016年初全市耕地面积22.56万公顷，年末耕地面积22.83万公顷，年度增加耕地3087.42公顷，减少耕地413.57公顷。全面推进划定永久基本农田工作，截至2016年底，全市全域永久基本农田划定方案完成市级论证审核，共落实基本农田17.89万公顷，基本农田保护率83%，全市基本农田平均耕地质量等级由8.23提高到8.21。通过土地整理复垦开发新增加耕地3087.42公顷，连续17年实现耕地占补平衡，耕地面积稳重有增。高标准推进年均百万亩土地整治工程，建设高标准农田，共实施高标准基本农田7个，可建成高标准农田4.76万亩，超额完成省下达的3.33万亩年度建设任务。

【矿产资源管理】 “山东省东营市垦利区兴隆地区岩盐矿普查”探矿权成功出让，“东营市钾盐资源调查”和“广饶县石村地区煤炭普查”项目钻探施工，黄河三角洲地质遗迹保护项目通过专家验收。4个地热探矿权转采矿权储量核实报告通过省厅审查，拟出让16个区块地热采矿权完成资源储量评审备案、开发利用方案编制评审和价款评估。高标准建设科技管矿信息系统，实现资源环境地质信息三维可视化、集中管理和多元服务，为矿产资源勘查开发管理提供科学依据和决策平台。在全省率先建成覆盖全市的地面沉降监测网络和数据库，为研究东营市地面沉降奠定基础。在全省首家开展海洋地质调查工作，通过高新技术手段等系统采集海洋地质数据，为全市海洋矿产资源勘查开发和生态保护提供依据。黄河三角洲国家地质公园科普基地在部省专家组初评中获“优秀”等次。开展全市冬季矿业安全生产专项整治行动，对全市地热井进行安全生产巡查，督导地热开发利用企业全部安装水气分离器和远程监测装置，基本建成覆盖全市地热井的地热资源开发利用远程监测系统。开展国土资源领域安全生产隐患大排查快整治严执法集中行动，建立矿山企业安全生产档案107宗。《东营市地热资源勘查开发利用规划》报市政府，《山东省东营市地质灾害（地面沉降）防治规划（2016—2025年）》通过省厅专家组审查。

【执法监察】 市委办公室、市政府办公室联合印发《关于加强国土资源执法监管建立共同责任机制的实施意见》（东办发〔2016〕34号），明确“依法监管、党政同责、部门协同、上下联动，强化监督，严格问题”的指导原则，落实各县区及开发区的主体责任，完善查案互助、联合执法等配套机制，形成政府主导、部门配合、协调联动的工作格局。2016年，全市国土资源违法形势持续向好，矿产管理保持低违法的良好态势，矿产卫片未发现违法采矿行为；土地管理违法用地宗数、面积环比呈现下降趋势，全年全市立案查处违法用地581宗，收缴罚款649万元，没收地上建筑物及附属设施6.52万平方米，提起党政纪处分建议13人，落实7人，依法拆除违法用地129宗553亩（耕地68亩），全市违法面积和占用耕地面积比例分别为8.92%和3.89%，土地矿产卫片执法监督检查工作连续8年实现市县两级“零通报零约谈零问责”。

【测绘及地理信息服务】 ①全面启动“十三五”基础测绘规划编制工作，《东营市“十三五”基础测绘规划》通过市政府批准并发布实施。县区级“十三五”基础测绘规划顺利通过专家组评审。②深入推进“数字城市”建设，全面完成东营市地理信息公共服务平台和“天地图·东营”数据更新，全年修补测90平方公里，地名地址及兴趣点采集与更新5000余条，2016年影像数据、路网数据全部更新，市级地理信息公共服务平台在近30个部门和领域得到广泛应用和推广，在国家测绘地理信息局技术评估中获评四星级，列全省市级节点第4名。县级数字城市建设取得新进展，“数字垦利”“数字河口”“数字利津”“数字广饶”全面建设完成；东营区、开发区基于市级公共平台实现对本辖区单位所需地理信息的共享应用，全市地理信息共享服务整体能力得到全面提升。“数字河口”地理空间框架建设项目获2016年中国地理信息产业优秀工程银奖。③加强测绘资质审批与管理。严格贯彻新修订的《测绘资质管理办法》和《测绘资质分级标准》，全年受理转报新申请测绘资质8家，资质升级6家，信息变更20家。测量标志巡查管护、测绘资质年度报告公示等实现信息化管理，全年公示乙级以下（含乙级）测绘单位48家单位，方便社会监督与查询使用。开展年度测绘地理信息统计年报，全市6个市、县（区）管理部门、48家测绘资质单位全部完成网上直报。对全市4家甲、乙级单位测绘成果和乙级以下10家测绘资质单位进行质量监督检查，检查效果良好。

【不动产登记管理】 9月6日，市住建、海洋渔业、林业等部门停发相关原有权属证书，9月9日起，全市市辖区范围内实行不动产统一登记，标志着东营市正式结束土地、房产等不动产分散登记的历史，转入全面实行不动产统一登记的阶段。2016年，全市完成不动产登记人员、财务、档案移交等工作，设置业务窗口106个，其中市级窗口80个，县级窗口26个。开发建设不动产管理、登记、权籍信息管理系统，实现房地数据挂接。全市共办理不动产登记证书25845

2016 年 9 月 9 日，东营市不动产登记中心服务大厅颁发第一本《不动产权证书》，标志着市区不动产登记工作全面开始实施，"停旧发新" （市国土资源局）

本，证明 6351 份，抵押金额约 130 亿元，查封登记 1521 件，注销登记 2962 件，信息查询 14000 余人次、出具证明 18000 余份。全面完成全市宗地统一代码编制工作，共划分 52 个地籍区，1932 个地籍子区，入库国有土地使用权宗地 3.2 万宗，集体建设用地使用权宗地 0.5 万宗，宅基地使用权宗地 28.99 万宗，集体土地所有权宗地 0.86 万宗。研究出台《关于实施不动产统一登记后有关历史遗留问题的办理意见》，明确有关历史遗留问题的处理意见。

【土地例行督察】 4 月 11—21 日，国家土地督察济南局对东营市土地利用和管理情况开展土地例行督察。重点对全市空闲地情况，2010—2014 年占用耕地情况、2015 年土地开发整理及城乡建设用地增减挂钩项目情况、2015 年度征地补偿落实情况以及土地执法等工作进行检查，审查各类材料 3600 余件，实地核查现场 91 个，对存在的问题出具《督察意见书》。按照督察整改要求对相关问题进行整改，耕地保护方面，拆除占用耕地项目 133 宗 975.84 亩，完善用地手续 78 宗 401.52 亩；组卷上报待批 105 宗 1419.88 亩；征地补偿方面，拨付征地补偿款 2833.91 万元；土地利用方面，通过督促开发、置换、收回、重新供地等方式，全市盘活空闲土地 182 宗 10571.97 亩；执法监察方面，全市立案查处 524 宗 1321 亩，收缴罚款 846 万元，提起党政纪处分建议 14 人，落实 11 人，组织腾退堆放压占土地 14 宗 34.4 亩，违法用地查处整改到位率达到 90%以上，各项问题整改工作基本达到预期目标。

【国土资源信访】 2016 年，从维护社会稳定的大局出发，以开展信访积案集中攻坚和信访基础业务规范年活动为载体，积极稳妥处置各类信访不稳定因素，国土资源信访工作水平明显提升。全年共受理各类信访事项 42 件。其中来访 33 件、来信 7 件、复查 2 件，办结 42 件，办结率为 100%。接听 12336 违法举报电话 132 起，形成有效线索 20 件，全部处理完毕。 （市国土资源局 纪玉广）

## 国有资产管理

【概况】 2016 年 4 月 21 日，根据《东营市人民政府关于整合组建东营市国有资产监督管理委员会的通知》（东政字〔2016〕26 号），市政府决定组建市国有资产监督管理委员会，为市政府派出机构，正处级规格，根据市政府授权依法履行出资人职责，监管市属企业的国有资产。2016 年 5 月 19 日，根据《中共东营市委关于成立中共东营市国有资产监督管理委员会委员会的通知》（东委〔2016〕26 号），市委决定成立中共东营市国有资产监督管理委员会委员会，隶属市委直接管理，领导和指导市属国有企业党的建设。

根据《东营市国有资产监督管理委员会主要职责内设机构和人员编制规定》（东政办发〔2016〕17 号），市国有资产监督管理委员会设 5 个行政科室，分别为：办公室、政策法规科、改革发展科（资本和产权管理科与其合署）、考核评价科、稽查办公室。机关核定行政编制 17 名，配备主任 1 名、副主任 3 名。同时，设公益一类事业单位 1 个，即东营市市管企业监事会工作办公室，核定事业编制 8 名。截至 2016 年底，市国有资产监督管理委员会有在职人员 17 名（含县级领导干部 4 名，其中主任 1 名、副主任 2 名、纪委书记 1 名）。

【筹建工作】 ①建立有关规章制度。参与拟订《东营市国有资产监督管理委员会主要职责内设机构和人员编制规定》，以市政府办公室东政办发〔2016〕17 号文件印发；研究制定《东营市国资委工作规则》《财务报销管理暂行办法》《差旅费管理办法》。通过建立有关制度，完善工作规程，规范机关运行，确保每项工作都有章可循、有规可依。②完善办公条件。协调落实办公场所和改造、办公家具购置、内外网络设置、办公电话安装、财政账户开立、部门预算经费申请等事项，满足办公所需基本条件。③调入工作人员。先后从市纪委、东营银行、市财政局、市物价局调任县级领导干部 4 人，从市财政局和市经信委接收移交人员 6 人，及时办理移交人员的党组织关系、档案关系、工资关系等有关交接工作；同时，公开遴选机关事业单位工作人员 7 人。

【国资监管、国企改革】 研究起草《关于市属国有企业管理责任分工的意见》和《关于市属国有企业管理部门职责的意见》，以市委办公室、市政府办公室东办发〔2016〕42号文件印发，明确市国资委负责监管的市属国有企业名单。同时，厘清市属国有企业管理职责部门分工，理顺政府公共管理部门、国资委和国有企业的关系，构建权责明确、监管高效、规范透明的工作机制。参与东营交通发展集团、东营港务集团、东营综合保税区建设发展公司、市财经投资集团等集团公司的组建工作；明确市国资委对东营地方铁路公司履行出资人职责事宜；参与制定白云驾驶员培训公司和白云石油机械公司脱钩改制工作方案；提出市城资公司、黄河三角洲综合开发公司、龙海旅游公司的股权划转意见。同时，对市属国有企业咨询的改革事项，及时给予答复30余人次。

【履行出资人职责】 截至2016年底，根据市政府授权，市国有资产监督管理委员会履行出资人职责的企业共5家，分别是：东营市城市资产经营有限公司、东营黄河三角洲综合开发有限公司、东营市龙海旅游开发有限公司、东营地方铁路有限公司、东营交通发展集团有限公司。市国资委对履行出资人职责的5家企业行使股东职权，依法享有资产收益、参与重大决策和选择管理者等出资人权利。①做好2016年度国有资本经营预决算执行工作，组织上缴国有资本经营收益195.92万元，完成预算计划118%；完成2017年度国有资本经营预算编制工作，将金融、文化企业外的24户市属国有企业纳入预算范围。②按照新的业绩考核办法和薪酬改革方案，对1户监管企业2015年度经营业绩进行考核，考核重点是经营业绩和全面履职情况，纳入经济增加值、合规经营和履行社会责任等考核指标，根据考核结果兑现2015年度企业负责人绩效年薪。同时，分析测算监管企业经营业绩考核指标，签订2016年度监管企业目标经营责任书，全面落实国有资产保值增值责任。③组织对市属国有企业2015年度财务决算进行审计，对企业的经营成果和会计核算进行评价，对存在的问题给予揭示和反映。④加强章程管理。按照"一企一策"原则，依法制定或参与制定监管企业公司章程，将国有资产出资人意志有效体现在公司章程中。按照把加强党的领导与完善公司治理统一起来的要求，对新设立组建的交通发展集团和全民健身公园管理公司，把党建内容纳入公司章程，推动党组织领导核心和政治核心作用组织化、制度化、具体化。

【基础管理工作】 ①做好国有资产统计分析。截至2016年底，市属一级企业59家，二级企业40家，三级企业12家，共计111家。市属一级企业注册资本合计139.9亿元，其中国有资本91.1亿元，占65.1%；企业资产总额1167.8亿元，负债总额778亿元，所有者权益总额389.8亿元，资产负债率66.6%；职工5127人。2016年，实现营业收入49.3亿元，利润总额19.6亿元，净利润17.3亿元；上缴税收4.9亿元，上缴国有资本经营收益196万元。②做好市属企业国有产权管理。负责做好市属国有企业产权界定、登记、划转、处置等工作，注重国有产权交易环节的监督，严格工作程序，按照规定审核，防止国有资产流失。2016年共办理资产处置事项12个，审核审批成立公司4个，提出对外担保答复建议1个。③做好市属国有企业重大信息公开相关工作。研究落实国有企业重大信息公开制度，规划设计市国资委网站功能模块，设立国有企业信息公开专栏，为依法依规、及时准确披露国有资本整体运营和监管信息提供服务平台，提高企业经营管理透明度，保护出资人及相关利益人的权益。④做好企业及周边综合治理联席会议有关工作。印发考核细则，根据报送资料进行量化打分，并按要求上报省国资委和市综治办。

【国企党建】 ①组织召开监管企业负责人会议。与市城资公司、黄三角综合开发公司、龙海旅游公司3家企业负责人进行座谈，互通情况，明确市国资委与监管企业的关系，落实好各自工作职责。②对市属国有企业党建工作情况进行专题调研。为贯彻落实全国和全省国有企业党的建设工作会议精神，促进市属国有企业坚持党的领导、加强党的建设，配合市委组织部开展专题调研，联合印发《关于开展市属国有企业党建工作调研的通知》；参加3次座谈会，19个主管部门汇报情况、提出国企党建工作建议；对有关问题作重点调查，基本摸清市属国有企业党组织设置、隶属关系、党员队伍等情况，为明确市属国有企业党建工作责任分工打下基础。

（市国资委　李晓林）

# 工商行政管理

【概述】 2016年，全市共新等级各类市场主体29765户，同比增长3.88%，新增注册资本(金)663.78亿元，同比增长68.73%。截至年底，全市市场主体总量150352户，同比增长16.50%。省长郭树清、副省长夏耕在省工商局呈报的《山东省工商局关于在全省推广东营经验以商标国际注册为突破口培育自主品牌的报告》上分别作出重要批示，肯定自主品牌建设和商标国际注册的"东营经验"。世界知识产权组织副总干事王彬颖一行到市工商局考察，对东营市马德里商标国际注册工作取得的成绩给予肯定。市局12315指挥中心被省创建青少年维权岗活动领导小组确定为2016年度省级"青少年维权岗"创建单位，是全省工商系统唯一的创建单位。市广告协会被中国广告协会评为2015—2016年度全国先进广告协会。

【企业登记管理】 ①推进"五证合一、一照一码"登记制度改革。在全面落实"三证合一、一照一码"的基础上，对社会保险登记证、统计登记证进行整合，实施“五证合一、一照一码”改革。推进个体工商户营业执照和税务登记证“两证整合”改革。主动下放企业登记事权，市局负责法定权限内的登记注册工作，其余市场主体全部下放县区局登记，方便市场主体准入。至2016年底，全市市场主体总量达到150352户，同比增长16.50%，总量比2014年启动商事制度改革时翻一番。②履行“双告知”职责。市局根据工商登记后置审批事项目录，制发《告知承诺书》，落实对市场主体后置审批事项的告知责任。召开市场主体登记注册信息查询认领工作会议，为后置审批部门分配“山东省企业信用信息共享交换平台”用户名和密码，市政府办公室转发《关于落实“双告知”制度做好市场主体登记注册信息查询认领工作的意见》，落实后置审批部门认领责任和方法，为审批监管部门做好后续监管工作打下良好基础。③开展企业年报公示及抽查工作。多渠道、多形式、多举措指导企业及时真实进行年报公示，2016年，全市企业、个体工商户、农民专业合作社年报公示率分别为87.87%、93.30%、88.58%，实现应报尽报。制定“双随机一公开”抽查工作实施方案和“两库一单”，组织开展年报信息2次和即时信息抽查，共抽查企业943户、农民专业合作社59户、个体工商户2397户，加强对抽查结果的分析运用。④落实经营异常名录管理制度。对存在未按时年报、公示的年报信息弄虚作假、无法联系等情况的市场主体，移入经营异常名录或标记为经营异常状态，并向社会公示。截至2016年底，全市共有5571户企业、10460户个体工商户、369户农民专业合作社被移入过经营异常名录或标记为异常状态，610户企业、789户个体工商户和26户农民专业合作社在按规定履行相关公示义务后，被移出经营异常名录。⑤建立完善市场主体信用联合惩戒机制。加强与有关部门的协调，推动实施部门协同监管、联合惩戒。市局与市人行签署《失信企业信息交换共享和联合惩戒合作备忘录》，共同实施对列入经营异常名录、金融失信名单的市场主体的联合惩戒。与市发改委等31家市直部门联合转发国家发改委、国家工商总局等38部委《失信企业协同监管和联合惩戒合作备忘录》。加强与人民法院的配合，启动对失信被执行人在登记注册环节的自动拦截和任职限制，协助法院对已冻结股权通过国家企业信用信息公示系统(山东)进行公示。加强与税务部门的联合，对370家连续两年未年报的企业开展信用核查。

【市场管理】 强化流通领域商品质量监管。以保障商品和服务质量为重点，集中开展重点商品抽查检验专项整治，全年对家用电器、纺织品、汽车轮胎、消防器材等24类商品进行抽检，共抽检样品1119个批次；抽检成品油经营单位302家，全市流通领域成品油经营单位实现抽检100%全覆盖，抽检样品604个，最后一次抽检的合格率为100%，流通领域成品油合格率呈现出稳步提高的良好态势。对所有商品检测结果在《东营日报》《黄河口晚刊》、东营红盾信息网和市政府网站进行公示，对所有不合格商品经营单位依法处罚，对生产、销售不合格商品单位产生震慑作用，切实保障市场消费安全。强化网络市场监管。落实线上线下一体化监管要求，深入开展网络监管专项行动，重点整治网络交易平台不履行责任、网络商标侵权、销售假冒伪劣商品、虚假宣传、刷单炒信等违法行为，净化网络市场环境。

【经济合同管理】 完善“守合同重信用”企业公示机制，做好2014—2015年度“守重”企业公示工作。截至2016年底，全市“守重”企业864家，其中国家级33家、省级208家、市级623家。向企业宣传股权出质登记和动产抵押登记知识，提高工商部门内部股权出质和动产抵押登记能力和效率，积极开展股权出质登记和动产抵押登记，帮助企业拓宽融资渠道。2016年，全市共为743家企业办理动产抵押登记融资591.2亿元，同比增长375.2亿元，创历年融资金额之最。

【消费者权益保护】 ①引导经营者依法诚信经营。全市各级工商和消协组织将提高经营者的依法诚信经营意识和能力作为消费维权的治本之策，引导经营者加强制度建设和内部质量控制，强化商品进货渠道的查验和把关，提高商品质量，提升服务标准。对消费者投诉集中的大型企业进行现场指导和行政约谈，从源头上减少消费纠纷因素，净化消费环境。②指导企业投诉站高效发挥作用。在全市60家大中型商贸流通服务企业建立消费者投诉站，指导企业加强投诉站制度、人员和能力建设。投诉站全年为消费者处理纠纷1108起，化解率95%，方便消费者通过和解途径化解纠纷，降低消费者维权成本。③加强消费教育和消费引导。充分利用“3·15”国际消费者权益保护日、“12·4”全国法制宣传日等重要节点，通过举办新闻发布会、发布消费警示等形式，对全市的消费者投诉情况、投诉热点和重要消费侵权案例进行通报，引导消费者科学、理性消费，指导经营者诚信、守法经营。④提高消费调处能力和水平。12315指挥中心根据不同情况实施心理疏导、法律引导、和解指导、调解劝导，前移消费维权关口，全力化解消费纠纷。2016年，全市工商机关共接到各类消费者诉求20135件，其中，解答咨询处理18643件，占92.59%，分流调处1492件，占7.41%。

【商标管理】 实施商标品牌战略。坚持政策拉动、培训与舆论推动、典型带动、指导与考核驱动，促进商标品牌尤其是马德里商标国际注册的快速发展。截至2016年底，全市国内商标注册新申请1795件，新注册1426件，全市拥有国内注册商标12599件，同比增长10.31%；地理标志商标新申请1件，新注册3件，地理标志商标总量达到5件；中国驰名商标新申请4件，新认定1件，总量达到33件；山东省著名商标认定新申请 10 件，新认定 8 件，著名商标总量达到 92 件；马德里商标国际注册新申请 180 件，新注册 172 件，分别同比增长 130.77%、614.29%，马德里国际注册商标总量达到 267 件，注册总量和申请量分别居全省第二位和第一位。积极开展“双打”工作专项整治，严厉打击假冒驰（著）名商标、仿冒知名商品特有名称、包装、装潢等违法行为。

【广告管理】 加大广告监测力度，严厉查办虚假违法广告案件，开展互联网金融广告、涉嫌非法集资广告、房地产广告、违背社会良好风尚和不良影响广告、含有“特供”“专供”内容违法广告等专项整治，对典型违法广告进行公开曝光，加大对违法广告发布行为的监管力度。精心打造黄河三角洲省级广告产业园区平台，通过强化实地调研指导、完善园区规划设计、督导做好园区考核评估相关工作等措施，不断提升产业园区的辐射带动能力。黄河三角洲广告产业园国际广告产业公共服务平台项目，通过省工商局委托第三方评价机构的考核验收。在全省广告产业园区考核工作中，东营市广告产业园区名列前茅。截至 2016 年底，全市共有广告经营单位 1463 户，从业人员 8601 人。

【公平交易执法】 强化反不正当竞争执法。开展非法集资风险专项整治和投资担保企业清查工作，对 680 户投资担保企业进行摸底排查，督促企业严格履行风险提示义务。继续保持打击传销高压态势，开展打击和防范传销进社区、进校园、进商场等活动，在全社会营造防范传销的浓厚氛围。加强对直销企业的监管，对全市 11 家直销经营机构建立执法台账，严格备案制度，推动监管职能到位，东营市成为全省首批五个无传销城市之一。 （市工商局 刘新东）

## 物 价 管 理

【概况】 2016 年，物价管理部门继续深化“提振精神、勇于担当、阳光物价、民生至上”的工作理念，深化改革，开拓创新，推动工作顺利开展，多项工作实现突破。全年居民消费价格总水平（CPI）累计上涨 1.7%，分别低于全国、全省平均水平 0.3、0.4 个百分点，完成预期调控目标。争取国家和省级可再生能源电价补贴资金 1.86 亿元。开展涉税财物价格认定工作，核增税收 300 万元。

【价格调控】 ①加强价格监测分析。密切关注市场物价和 CPI 指数变动情况，在做好日常 366 种商品价格监测的基础上，积极完成零担货运价格、大宗石化产品价格等监测任务，上报各类价格监测报表、分析报告 1910 篇，为党委政府科学决策提供基础资料。②启动应急价格监测。根据省物价局安排，启动食盐应急价格监测工作，在中心城区及垦利区设立 9 个价格监测点，每日按时上报食盐价格；启动大蒜、玉米价格应急监测工作，按时上报价格数据。③扩大“晒价格”品牌影响力。健全完善手机“晒价格”e 信平台，实现各县区全覆盖，为广大市民、企业单位提供便捷的信息服务。全年共发布“晒价格”信息 50 期，在《黄河口晚刊》设置“晒价格”专栏，合理引导居民消费。④规范市场价格行为。建立市场价格监管长效机制，加强商超、家居等行业的“价格诚信档案”和“价格促销档案”建设，引导商家守法经营、诚信经营。全市巡查商场、超市 200 余家次、农贸市场 170 余家次，营造良好的消费环境。

### 2015—2016 年全辖居民消费主要食品价格变动表

| 商品名称 | 规格等级 | 计量单位 | 一季度同期比 | | 二季度同期比 | | 三季度同期比 | | 四季度同期比 | |
|---|---|---|---|---|---|---|---|---|---|---|
| | | | 2015 年 1 月 | 2016 年 1 月 | 2015 年 4 月 | 2016 年 4 月 | 2015 年 7 月 | 2016 年 7 月 | 2015 年 10 月 | 2016 年 10 月 |
| 粳米 | 标一 | 元/500 克 | 2.8 | 2.8 | 2.8 | 2.8 | 2.8 | 2.0 | 2.8 | 2.5 |
| 特一粉 | 无 | 元/500 克 | 1.8 | 1.8 | 1.8 | 1.8 | 1.8 | 1.8 | 1.8 | 1.8 |
| 花生油 | 鲁花一级桶装 | 元/5 升 | 139.9 | 149.9 | 139.9 | 149.9 | 149.9 | 149.9 | 149.9 | 149.9 |
| 豆油 | 当地主销桶装 | 元/5 升 | 50.0 | 43.0 | 48.0 | 43.0 | 43.0 | 44.9 | 43.0 | 40.0 |
| 带鱼 | 冻 250 克左右 | 元/500 克 | 14.0 | 12.0 | 12.0 | 12.0 | 14.0 | 15.0 | 14.0 | 14.0 |
| 鲤鱼 | 鲜活 500 克以上一条 | 元/500 克 | 9.0 | 7.5 | 8.0 | 10.0 | 8.0 | 8.0 | 8.0 | 7.0 |
| 猪肉 | 精瘦肉 | 元/500 克 | 12.0 | 14.0 | 10.0 | 15.0 | 14.5 | 15.0 | 13.5 | 14.0 |
| 鸡蛋 | 新鲜完整 | 元/500 克 | 4.6 | 5.3 | 3.8 | 3.9 | 4.2 | 3.6 | 3.7 | 3.6 |
| 大白菜 | 新鲜 | 元/500 克 | 0.6 | 1.0 | 1.5 | 0.7 | 1.2 | 1.0 | 0.8 | 0.8 |
| 西红柿 | 新鲜 | 元/500 克 | 3.0 | 4.0 | 2.5 | 3.0 | 2.5 | 1.8 | 3.2 | 3.5 |
| 黄瓜 | 新鲜 | 元/500 克 | 3.0 | 4.5 | 1.7 | 1.4 | 2.3 | 2.3 | 1.6 | 2.2 |
| 土豆 | 新鲜 | 元/500 克 | 2.5 | 2.2 | 2.8 | 3.2 | 1.8 | 1.3 | 2.3 | 2.0 |

【价格改革】 ①以市委、市政府文件印发《关于推进价格机制改革的实施意见》。明确 2016—2020 年期间价格改革的指导思想、基本原则、主要目标和具体措施。②实施城市供水价格改革。出台《东营市物价局关于调整城市供水价格的通知》，中心城区自 5 月 1 日起调整水资源费和污水处理费，简化用水分类并相应调整供水价格，同步实施居民用水

2016年12月6日，市物价局在东营宾馆组织召开东营市中心城区居民生活用气阶梯价格改革听证会 （市物件局提供）

落实对整体合法装载鲜活农产品运输车辆的免收通行费政策，全市收费路桥共减免2.16万车次通行费295.83万元，降低农副产品流通环节成本。做好重大节假日期间免收小型客车通行费工作，全市收费路桥共减免7座及以下小型客车47.40万车次通行费1324.83万元。

【价格监管】 ①开展"明码标价月"专项整治。3月，在全市部署开展以"规范明码标价，推进明码实价，共建价格诚信"为主题的"明码标价月"专项整治活动，重点整治商贸流通、医药、电信、餐饮、旅游等行业价格行为，保护消费者和经营者的合法权益，维护市场价格秩序。②开展药品价格专项检查。6月，按照国家发改委、省物价局统一安排，在全市开展药品价格专项检查，采取随机抽查的形式，从药品生产、批发、零售以及医疗单位等范围共确定检查单位35个，覆盖率20%以上。③开展涉企收费专项检查。6—10月期间，按照国家发改委、省物价局统一安排，在全市继续深化涉企收费检查工作，共检查海关、港口、出入境检疫、质检、人防、国土资源等单位32个，未发现乱收费情况。④抓好《商业银行收费行为执法指南》贯彻落实。通过期刊、报纸、互联网等形式对《商业银行收费行为执法指南》以及商业银行收费的有关政策进行广泛宣传，召开由各商业银行负责人参加的提醒告诫会，并对商业银行收费公示工作进行了巡查。经巡查，商业银行能够遵守商业银行收费有关规定，未发现价格违法行为。

阶梯价格制度。③推进供气价格改革。推进中心城区居民生活用气阶梯价格改革，12月6日召开听证会。提高天然气销售价格市场化程度，全面放开化肥用气价格，对非居民用天然气实行基准销售价格管理。开展"燃气村村通"调研工作，为农村天然气价格改革掌握基础资料。④深化公立医院医疗服务价格改革。落实公立医院药品零差率政策，稳步推进市、县公立医院医疗服务价格结构性调整，适当提高诊疗费、护理费、手术费等体现医务人员技术劳动价值的医疗服务价格，同步降低大型医用设备检查治疗项目和检验检测类项目价格，对市第二人民医院287项医疗服务价格进行结构性调整。推进中医优势病种收费改革，13项中医优势病种项目实行按病种收费。扩大医疗机构自主定价权，分两次放开公立医院医疗服务项目定价权313项，7月26日省扩大医疗服务项目自主定价权试点研讨会在东营召开。⑤深化能源价格改革。15次调整成品油价格，降低燃煤发电机组上网电价、一般工商业和大工业用电价格，完善两部制电价政策，引导企业节能降耗、降低成本。制定电动乘用汽车充电服务收费标准，推动电动汽车产业发展。

【清费治乱】 ①加强收费目录清单动态管理。会同市财政局编发市级行政事业性收费和涉企行政事业性收费目录清单，清理规范26个部门单位的77个行政事业性收费项目，其中，涉及企业行政事业性收费部门17个，收费项目28个。②探索事中事后监管。探索建立收费情况报告制度、收费单位巡访制度，在放开收费项目和标准的过程中，及时跟踪评估收费政策执行情况及实施效果，并提出政策优化建议，保证各项收费改革政策落地生根。③发挥市场决定价格作用。落实"放、管、服"的改革要求，承接省局下放的定价权限，放开机动车驾驶员培训费、机动车安全技术检验费、机动车排气污染检验费等29项服务价格，取消建筑工程施工图审查费、国土部门地籍档案资料信息咨询服务费等10个服务收费项目，激发市场活力。④落实有关收费减免政策。

【价格服务】 ①"东营价格通"平台开始试运行。采取"互联网+价格服务"模式，建设"东营价格通"公共服务平台，推出网页端和手机客户端，可以实时显示、查询行政事业性收费和公共事业价格标准，以及全市15家大型商场超市、10家农贸市场、113家药店共计46万余种商品价格。11月开始试运行，社会反响良好。②价格认定工作取得新突破。以"价格认定法治建设年"为契机，做好涉纪、涉案财物价格认定工作。启动涉税财物价格认定工作，会同市地税局出台《东营市存量房交易计税价格认定办法》并抓好落实，此项工作在全省走在前列。全市办理各类价格认定业务876件，标的额8762万元，其中，涉税财物价格认定业务23件，标的额6687万元，核增税收300万元。③支持优势产业发展。完善陆上风电、光伏发电上网电价政策，争取国家和省级可再生能源电价补贴资金1.86亿元，总补贴电量19.95亿千瓦时，涉及全市10个发电企业20多个发电项目，促进可再生能源产业健康发展。加强大闸蟹、育肥羊等特色农产品成本调查和信息发布工作，引导合理种植养殖。拟定生猪目标价格保险工作方案，积极向省局争取在东营市开展试点工作。④

强化价格公共服务。完成成本监审项目7个，核减成本1.52亿元，推动政府科学决策、企业挖潜增效。做好12358价格举报热线、12345民生热线、行风热线、网上民声等受理工作，参加山东省"阳光政务热线"2次、东营市"行风热线"4次，办理各类咨询投诉1800多件，维护群众合法权益。

（市物价局　林冰　郝振强）

## 食品药品监管

【概况】　截至2016年底，全市辖区内共有食品、药品、医疗器械、保健食品化妆品生产经营单位26445家，其中，食品生产、流通及餐饮单位22022家，药品生产、经营及使用单位2314家，保健食品生产、经营企业732家，化妆品生产、经营企业889家，医疗器械生产、经营企业488家，从业人员20余万人。全市规模以上食品加工企业主营业务收入433亿元。全市共抽检食品（含食用农产品）11334批次，合格率为96.51%，较上年上升0.14个百分点，药品医疗器械抽检合格率保持在较高水平。

【食品安全综合协调】　重新调整公布食安委组成人员，组织召开市食安委全体会议，对全市食品安全工作作出安排部署。市政府办公室印发《全市食品安全重点工作安排》，牵头完成2015年度全市食品药品安全考核。进一步完善部门联席会议、信息通报、联合执法等工作制度，形成监管合力。对省食品药品安全考核反馈问题进行逐项分解落实，督促问题整改。接受市人大专题询问，14个部门接受询问，推动大桶水、学校周边、城乡接合部等20余条食品安全问题得到整改落实。将食品安全工作纳入全市科学发展和社会管理综合治理考核体系，责任落实机制进一步健全完善。

【食品安全监管】　①食品生产环节。组织开展《食品生产经营日常监督检查管理办法》集中培训，启动食品安全责任保险试点工作，8家企业参与投保，保额超4000万元。对全市20家重点企业进行飞行检查，发现问题隐患56项，均限期核查处置。②食品流通环节。加强食用农产品监管，制发《市场开办者和入场销售者责任清单》，统一印制销售凭证，监督销售者严格落实"一票通"追溯制度，逐步实现一票通、两头清的追溯目标。开展大型商超专题调研活动，监督大型商超开展危害关键点自查，严格落实经营规范。③餐饮服务环节，狠抓学校食堂安全监管，在全市396家学校食堂率先落实"四定"（定格、定人、定责、定标）；对69家学校食堂开展飞行检查，查处各类问题209条，检查情况及时向社会进行通报；加强学生"小饭桌"监管，对符合条件的151家"小饭桌"在春秋两季开学前向社会公布。强化学校食堂监管，在全省安全督导检查评比综合成绩第二，5家学校取得加分项。深入开展"寻找笑脸就餐"、明厨亮灶、清洁厨房三大行动，全市餐饮单位量化分级率达92.28%，580家单位完成厨房亮化，121家单位创建为省级清洁厨房。④保健食品领域。梳理问题清单10项，分类制定防控措施，全力管控风险隐患。重点围绕生产企业原辅料备案、停产复产报告、经营企业索证索票制度落实等内容，对7家企业进行督导检查，全面规范企业生产经营行为。联合市公安局开展保健食品、配制酒、玛咖制品专项整治行动，严厉查处食品非法添加和非法宣传行为。

【药品医疗器械安全监管】　①在药品生产环节，在全面完成17家单位的换证工作基础上，对4家未换证单位及时进行跟踪检查，严防发生无证生产行为。在高风险药品、中药、特殊药品和医疗机构制剂4类生产单位中开展质量提升行动，40项问题得到整改落实。推进实施药品GMP，对4家企业进行GMP跟踪检查、飞行检查，监督整改问题缺陷20余项，责令问题企业停产整顿，依法对不按GMP生产管理的行为进行查处。强化特殊药品监管，严格特殊药品需用计划审核，定期对生产经营企业特殊药品的进、销、存等情况进行现场检查，确保不发生流弊事件。②在药品经营使用环节，推进实施GSP认证检查145家，飞行检查药品批发企业10家、药品连锁企业11家、零售药店120家，收回证书14张，撤销证书1家。全力查处山东济南庞红卫非法经营疫苗系列案件，对全市疫苗经营使用单位进行全覆盖、无死角检查，配合国家局调查组对案件相关情况进行核查，配合公安机关抓获涉案人员4名，立案查处案件2起。②医疗器械生产经营环节。与公安、工商、卫计等部门开展为期3个月的专项整治行动，对587家生产经营企业实现全覆盖检查，警告、查处、取缔企业39家，有效震慑不法行为。实施医疗器械分级分类监管，加大对高风险企业检查和抽检力度，提高问题发现率，提升监管效能。

【食品药品抽检监测】　编制《市食品药品监管局2016年食品安全抽检计划》，全年安排食品（含保健食品）抽检11334批次，全部完成结果公示及后处理工作，年度抽检量将达到每千人6份。组织开展"食品快检进市场、进商超"活动58场次，快检食品1305批次，对不合格产品依法进行处置。开展食品安全"你点我检"活动，征集消费者意见3500余条，对群众关注度高的熟肉制品、鸡蛋、银耳等17个的重点品种进行专项抽检，监测结果向社会公示，受到一致好评。加大药械产品的抽验力度，完成药品抽验890批次，完成化妆品抽检109批次，医疗器械抽检15批次，均圆满完成年度任务。

【治理整顿】　深入开展"守护舌尖安全"整治行动、惩治食品安全违法犯罪"清源"行动，畜禽水产品抗生素、禁用化合物及售药残留超标专项整治，羊肉及其制品“规范整治打击”专项行动，重点对农兽药使用、肉及肉制品、病死畜禽无害化处理、集体用餐、餐饮具集中消毒和农村食品安全六个方面进行综合治理。将稽查办案作为“一把手”工程，通过用好抽验，畅通热线、受理举报、区域协查、实地侦查等多种途径深挖案源线索，积极融入“环黄渤海6+1”稽查协作平台，截至2016年底，全市共查处案件746起，取缔无证生产经营业户2家，移送其他机关处理19起。

【体系建设】 ①检验检测体系建设。积极争取将市食品药品检验中心电力设施项目列入市政府投资项目，场所改造及设备招标全部完成。加强对4个县级检验机构食品检验能力建设的指导调度，3家取得食品检验资质。积极争取将河口区、利津县列入全国第二批县级检验资源整合项目，完成市级立项。加大科研力度，市科技局组织相关专家对合作完成的“酶基安全高效水质修复剂技术研究与应用”和“水产品特有危害物快速检测技术创新平台”两项目进行成果鉴定，分别达到国内先进和国内领先水平。②信用体系建设：以推动食品药品行业商务诚信为主要内容，东营市被省食品药品监管局确定为食品药品安全信用分级分类管理试点市，被市委全面深化改革领导小组列为2016年重点改革试点任务，对生产企业建立健全守信激励和失信惩戒机制。建立“红黑榜”制度，在《东营日报》《黄三角早报》等媒体发布食品药品抽检信息10期。③应急预警体系建设。印发年度应急管理工作要点，调整充实应急处置队伍。举办全市应急管理培训班，开展突发事件桌面推演，提升应急能力。与全市5家媒体建立舆情监测引导合作机制，及时发现、科学处置舆情事件，正确引导社会舆论。加大不良反应监测工作力度，全市共收集上报各类不良反应报表2523份，发布预警信息12条。

【依法行政】 在全系统建立“双随机”抽查工作机制，明确抽查比例和频次。建立市局直管市场主体名录库、执法检查人员名录库和随机抽查事项清单，并向社会进行公示。建立系统内跨层级联动抽查制度，成立各环节监督检查员队伍，切实提高监管效能。继续推行网格化、痕迹化、标准化、程序化监管模式，做到执法统一规范、全程留痕。制定出台《关于规范行政执法加强执法监督的意见》，对执法行为、执法程序、执法监督提出全面要求。全面推进行政许可和行政处罚信息公开，对156项行政许可和处罚信息全部予以公开。会同市人民检察院、市法制办联合组织开展年度食品药品行政处罚案卷评查暨执法研讨活动，表彰部分优秀案卷，进一步提升标准要求。聘请法律顾问，注重发挥法律顾问在重大决策、案件办理、合同纠纷等方面的咨询论证和审核把关作用，提高决策的科学化、法治化水平。

【示范创建】 争创省级食品安全城市、先进县（区）。结合全国文明城、卫生城复审，实行市、区、街道三级联动，围绕持证亮证、环境卫生等14项内容对中心城区5000余家“三小”（小作坊、小餐饮、小摊贩）食品业户进行拉网式检查，提升食品安全整体水平。东营市顺利进入第二批省级食品安全城市创建行列。加大对广饶县、河口区开展省级食品安全先进县（区）创建工作的指导督导力度，对照创建标准每月暗访巡查，传导压力，对发现问题现场办公、现场处理。广饶县顺利迎接省级食品安全先进县验收工作。

“食安山东”品牌建设。抓好“十个一批”（“十个一批”：创建一批标准化生产基地、放心农产品品牌和区域公用品牌；打造一批出口农产品质量安全示范区；培育一批放心食品生产加工基地和龙头骨干企业；发掘、保护和发展一批食品老字号与传统品牌；打造一批新兴品牌产品；创建一批食品经营示范单位；规划建设和升级改造一批农产品批发市场、冷链加工配送中心和农贸市场；培育一批知名大型餐饮企业；创建一批餐饮安全示范街区、示范学校食堂和示范店；挖掘、保护和发展一批餐饮老字号和地方风味名吃）系列创建，全市共创建食品生产加工示范企业10家、食品流通示范单位21家、餐饮示范单位（街区）69家，创建事迹通过多个媒体平台进行宣传推广，引领行业新风。组织符合条件的96家食品生产经营单位参与示范创建。注重品牌推介，在全市企业家及品牌建设大会上，推荐蓝海酒店集团、一大早乳业两家“食安山东”创建企业作代表发言，企业社会影响力进一步提升。

【服务发展】 ①推进简政放权。进一步梳理调整行政审批事项目录清单和权责清单，通过市编办审定并及时予以公开。严格落实《食品经营许可管理办法》，重新修订《东营市药品零售（连锁）企业许可验收实施标准》，启用新版药品零售许可系统，选取2个县区开展药品零售企业许可下放试点工作。严格落实行政审批“两集中、两到位”制度，优化审批流程，提高审批效能，按时办结审批事项1516件，群众满意度不断提升。②助推行业发展。发挥职能作用，坚持管服并重，指导帮助奥亚乳业、嘉鸿药业等投资过亿元的项目落地投产，协助天东制药完善质量管理体系，帮助企业取得土耳其药品GMP认证。推动山东亦度生物科技公司疫苗生产项目建设，指导生产设备安装及测试。加大对从业人员培训力度，邀请美国药品GMP咨询机构专家现场授课，培训7家制药企业70余人次，提高从业管理人员整体水平。

【社会共治】 ①宣传引导。完善新闻发布机制，召开全市食品安全监管工作新闻发布会，对监督抽检、示范创建、重点工作等情况通报新闻媒体。联合部门、媒体和企业组织开展食品安全宣传周、安全用药月、检验中心开放日、学校食堂集体观摩等系列活动，营造人人关注食品安全的良好氛围。

2016年10月，市食品药品监管局组织开展“安全用药月”活动，图为执法人员为市民讲解用药知识 （盖锐摄）

与大众网、东营日报、东营市广播电视台签订合作协议，拓宽宣传阵地。加大政务微信建设力度，在全省系统官方微信影响力指数排名第5。②发挥各方力量。做好投诉举报工作，开展“12331”主题宣传日活动，调整充实工作力量，修订完善工作制度，进一步畅通投诉举报渠道。共接受公众咨询1026人次，受理投诉举报864件，办结率和回复率均达到100%。发挥东营市医药商业协会、绿色餐饮协会作用，推动行业自律。 （市食品药品监管局 盖锐）

## 审 计

【概况】 2016年《审计情况报表》显示，全市审计机关共完成审计单位256个，其中，审计234个，专项审计调查22个。审计查出主要问题金额2388027万元，其中，违规金额43619万元，管理不规范金额2344408万元；审计发现非金额计量问题848个；损益（收支）不实139509万元；审计期间整改金额38388万元。审计处理情况是：审计处理处罚104735万元，其中，应上缴财政金额44234万元，应减少财政拨款或补贴6989万元，应归还原渠道资金10457万元，应缴纳其他资金7672万元，应调账处理金额35380万元。审计处理结果落实情况是：审计促进整改落实有关问题资金157448万元，其中，增收节支61452万元（包括已上缴财政金额44000万元，已减少财政拨款或补贴5027万元，已归还原渠道资金12425万元）；已缴纳其他资金4923万元，已调账处理金额40544万元。审计促进拨付资金到位金额2979万元；审计后挽回（避免）损失金额16899万元；核减投资额24234万元。出具审计报告和专项审计调查报告370篇。其中，市审计局完成审计单位106个。审计查出主要问题金额2074664万元，其中，违规金额14667万元，管理不规范金额2059996万元；审计发现非金额计量问题494个；损益（收支）不实108814万元；审计期间整改金额35178万元。审计处理情况是：审计处理处罚56364万元，其中，应上缴财政金额37316万元，应归还原渠道资金5458万元，应缴纳其他资金4480万元，应调账处理金额9101万元。审计处理结果落实情况是：审计促进整改落实有关问题资金82958万元，其中，增收节支46134万元（已上缴财政金额36882万元）。审计促进拨付资金到位金额1228万元；核减投资额9507万元。出具审计报告和专项审计调查报告152篇。审计成果利用情况是：审计提出建议166条。

2016年，东营市审计局贯彻落实市委、市政府重大决策部署，以审计“供给侧改革”服务经济结构性改革为主线，适应新常态，依法全面履行审计监督职责。修订出台《东营市审计局审计项目管理办法》等10项制度；在全省审计系统率先实施“二次审理”工作机制，将事后监督转变为全过程监督；创新财政审计“三级联动”审计方法模型扩充，增设部门决算、资产管理、非税等模块；建立全市财政收支相关数据定期报送制度，建成覆盖财政、地税、工商、社保、民政等多行业的审计数据系统，“智慧审计”初见成效。加强党建工作载体创新。在全市审计机关开展优秀“微党课”展讲活动，“适应新常态，践行新理念”“信仰的力量”主题演讲，组织收听收看习总书记“七一”和长征胜利80周年重要讲话及专题片《榜样》《永远在路上》，参观山东抗日根据地审计展馆、党史教育展；组织党员开展“联户帮困”行动，“党员进社区”活动，热心担任“代理妈妈”；对利津县汀罗镇金盆村实施基础设施帮扶和产业发展帮扶的同时开展好党建帮扶；建设党员活动室、廉政书屋，开设“审计讲坛”，建立“东营审计”微信公众号和微信群；在全市审计系统举办廉政书画摄影展，收到参赛作品40余幅；“东营审计”微信公众号刊发系列简报50期。

【政策性审计】 2016年，市审计局政策性审计把握“三个区分”“十五个凡是”的新理念，采取多兵种、大兵团、“1+N”组织模式整合审计资源，延伸对下审计力度。在“五大政策”“五大任务”等20项相关政策涉及的精准扶贫、盘活存量、产业调整、重大建设项目等开展跟踪审计，累计查处各类问题92个，提出审计建议39条，促进完善各项制度办法2件，市政府主要领导批示10件。

【预算执行审计】 2016年，市审计局对市财政局、市地税局、市国库、东营港开发区管委会、市住建局、市交通局等19个单位进行审计，延伸审计单位52个。《审计情况报表》显示，审计查出主要问题金额1075886万元，主要是：预算编报不真实不完整377161万元，未按规定纳入预算管理2033万元，未按规定征收缴纳收入108415万元，违规出借财政资金409105万元，资金不到位不落实5803万元，高风险对外投资4330万元等。

【财政决算审计】 2016年，市审计局结合经济责任审计对河口区、利津县等5个单位进行审计，延伸审计单位19个。审计查出主要问题金额79505万元，主要是：预算编报不真实不完整6322万元，未按规定纳入预算管理3490万元，未按规定征收缴纳收入7964万元，资金滞留闲置2030万元，虚列支出18598万元，违规出借财政资金3000万元，资金不到位不落实3487万元，会计核算不实33910万元等。

【行政事业审计】 2016年，市审计局共对59个行政事业单位进行审计，延伸审计单位41个。其中专项审计调查4个。审计查出主要问题金额680340万元，主要是：预算编报不真实不完整31071万元，未按规定征收缴纳收入42805万元，虚列支出55023万元，违规出借财政资金6353万元，账外资产4448万元，会计核算不实1282万元等。

【专项资金审计】 2016年，市审计局对脱贫攻坚、"三农"、教育、住房等为重点的全市精准扶贫、农村引用水安全、城镇保障性安居工程、养老服务业、社会救助、城镇普通小学大班额等审计9个，专项审计调查2个，延伸审计单位12个。审计专项资金总额16367万元。审计查出主要问题金额4544万元。

【社会保险基金审计】 2016年，市审计局对基本医疗保险基金和医疗救助资金审计等开展审计2个，延伸审计单位26个。审计查出主要问题金额8923万元，其中，财政资金不到位不落实5177万元。

【经济责任审计】 2016年，市审计局经济责任审计重点引入绩效理念，加强对政策执行、资金使用等效果的监督和评价，关注领导干部在履职尽责方面是否办实事、有实效，是否有漏洞、守规章，加强任期绩效监督；针对6个部门领导干部任职时间短、单位资金量小等特点，探索开展领导干部离任经济责任事项交接监督办法。全年共对56名领导干部实施经济责任审计，查出违规和管理不规范问题金额820965万元，其中，违规金额6955万元(直接责任101万元，主管责任319万元，领导责任6534万元)。管理不规范金额814010万元。2016年，以利津县明集乡为试点，探索开展东营市自然资源资产离任审计工作，重点核查对各种资源的保护、开发、利用以及有关项目资金使用情况，促使领导干部树立科学发展理念和正确的政绩观。

【政府投资审计】 按照市委市政府要求，自2016年起对政府投资和以政府投资为主的建设项目全部纳入审计监督管理。对全市重点项目一水库两管线工程、海绵城市(森林公园部分)、南一路快速路、东二路改造、东营港广利港区通用码头一期工程、对口援疆资金项目等80个政府投资实施跟踪审计；对广南水库、金湖银河等125个项目实施工程结算审计，涉及资金总额240.2亿元，查出各类违规金额48.07亿元，为政府直接节约建设资3.11亿元，出具跟踪审计意见单15份，推动出台《东营市政府投资建设项目审计监督办法》(东政办发〔2016〕38号)。纳入《审计统计报表》，审计单位5个，项目投资额84646万元，核减投资额9507万元，出据审计报告5篇，审计查出主要问题金额28554万元，其中，未按规定缴纳收入5447万元，工程结算款不实13016万元，挤占建设成本2606万元等。

【金融审计】 根据省审计厅对全省部分融资性担保公司经营管理情况、农村信用社信贷业务风险管控情况进行审计调查的计划安排，市审计局对市5个金融项目开展专项审计调查，审计查出主要问题金额196909万元。在对华信、金太阳、津源等3家担保公司的审计，全面掌握市融资性担保公司经营管理情况和整体运行状况，客观评价融资性担保公司在支持小微企业和"三农"中发挥的作用，揭示融资性担保公司运行和发展过程中存在的困难、问题和风险隐患，提出审计建议14条；对垦利农村商业银行进行信贷业务风险的专项审计调查，查出农商行在执行国家宏观信贷政策方面、信贷业务风险管控方面、影响农信社可持续发展方面等突出问题8项，分别向公安机关和东营银监局移送问题线索1起。

【信息系统审计专项调查】 2015年底，省审计厅为推进市、县两级被审计单位信息系统审计，在全省范围内组织开展市、县级信息系统专项审计调查。根据《中华人民共和国审计法》第二十七条的规定和省审计厅统一部署，2016年2月，市审计局派出审计组，对市人社局、市城管局、市环保局、开发区管委会、市地税局、市国土局、市质监局7个市直预算单位(含下属单位)的信息系统进行专项审计调查。按照"摸清情况、评价效果、揭示风险、促进发展"的总体思路，在摸清主要信息系统的基本情况及其承载的核心业务基础上，调查信息系统功能实现、应用效果情况及系统管理情况，并对2013—2015年信息系统建设、运维情况和相关资金、资产情况进行审查并出具审计报告，移送案件1件。

【内部审计指导】 2016年底，全市共有内审机构96个，其中,专职机构68个。内审人员326人,其中,专职人员222人。全年共完成审计项目719个,其中,财务收支审计192个,效益审计131个,经济责任审计117个,内部控制评审96个,信息系统审计1个,基本建设审计118个,其他审计64个。审计总金额52436万元。增收节支3825万元,提出建议意见被采纳850条。

**2016年东营市审计局主要审计指标统计表**

单位:万元

| 年度 | 审计单位(个) | 审计查出主要问题情况 | | 审计决定处理处罚 | | | | 审计处理落实情况 |
|---|---|---|---|---|---|---|---|---|
| | | 违规金额 | 管理不规范金额 | 应上缴财政 | 应调账处理金额 | 应归还原渠道资金 | 应缴纳其他资金 | 已上缴财政 |
| 2016 | 106 | 14667 | 2059996 | 37316 | 9101 | 5458 | 4480 | 36882 |

**2016年全市审计机关主要审计指标统计表**

单位:万元

| 年度 | 审计单位(个) | 审计查出主要问题情况 | | 审计决定处理处罚 | | | | | 审计处理落实情况 |
|---|---|---|---|---|---|---|---|---|---|
| | | 违规金额 | 管理不规范金额 | 应上缴财政 | 应减少财政拨款或补贴 | 应归还原渠道资金 | 应缴纳其他资金 | 应调账处理额 | 已上缴财政 |
| 2016 | 256 | 43619 | 2344408 | 44234 | 6989 | 10457 | 7672 | 35380 | 44000 |

(市审计局　蔡玲)

# 质量技术监督

【标准化】　国家标准化试点方圆模式完成创建,万达集团橡胶炼化一体化项目和东营经济技术开发区有色金属标准化示范园区完成国家级循环经济示范单位创建任务。市标准化信息所获批创建全国第一批标准化服务业试点,市民生热线办公室获批创建全国第三批社会管理和公共服务综合标准化试点。黄河三角洲农业高新技术开发区获批创建省级农业标准化试点,并申报全国第九批国家级农业标准化示范区。广饶县食用菌种植国家级农业综合标准化示范区、仙河澳亚奶牛养殖省级农业综合标准化示范区通过验收。东营铜冶炼装备制造标准化试点、黄河三角洲农业高新技术开发区农业标准化试点、东营市实验幼儿园幼儿教育服务标准化试点、东营双桥知识产权(专利)代理服务标准化试点、东营新世纪支持性就业(残疾人)服务标准化试点、东营经济技术开发区政务服务标准化试点、东营市河口区民生热线综合服务标准化试点工作扎实推进。3家企业通过AAA级标准化良好行为确认,2家企业通过AAAA级标准化良好行为确认。全市5家企业提出12项产品采标申请。批准发布2项东营市农业地方规范。全市主持和主要参与制定国际标准1项、国家标准5项。全市有576家企业自我声明公开产品标准2022项。

【质量监督与打击假冒伪劣】　积极创建国家车用汽柴油产品质量提升示范区,创建申请提报国家质检总局待批复。开展成品油市场综合整治工作,对65家成品油生产经营企业进行检查,对甲缩醛以及MTBE等成品油添加剂生产企业开展专项检查。开展资质认定实验室监督检查和机动车检验机构监督执法检查、棉花混等混级和异性纤维问题专项整治、赈灾救济用絮用纤维制品专项检查和学生装质量监督检查活动。组织农资、建材、消防产品等13项专项执法打假活动,检查企业1148家次,立案查处违法行为22起。12365质监热线处理投诉、举报、咨询等1239件,处结率达到100%。制定实施《东营市特种设备使用安全管理标准化规范》,对全市5600多家单位使用的6.5万台特种设备实行安全管理标准化;基于GeniusWorld特种设备安全风险预警服务平台关键技术研究通过科技鉴定。深入开展大快严集中行动,全市建立特种设备单位监管名册1707家,普查特种设备6.5万余台,排查事故隐患2348条。着力开展锅炉安全节能、气瓶安全、电梯安全、大型游乐设施安全攻坚战,推进冬季供暖锅炉专项检查、公众聚集场所电梯安全大检查、电梯维保质量抽查,检查特种设备制造、使用、维保等单位1767家,检查特种设备3420台,下达安全监察指令书128份。

【计量管理与检定】　①工业计量方面,强检计量管理系统完成开发应用。完成强检计量器具备案企业92家,计量器具15400台件。检查涉及安全防护类计量器具使用单位199家,涉及各类安全防护类计量器具9348台件。双随机检查企业16家。按照"四不两直"(不发通知、不打招呼、不听汇报、不用陪同接待、直奔基层、直插现场)原则,暗访检查加气站10家。②民生计量方面,在锦华市场、明月市场推广公平秤管理。检查集市、商场超市、金店电子秤等单位268家(处),加油站201家、加气站30家,医疗机构28家,检查计量器具1458台(件)、加油机868台、加气机112台。在全市集贸市场等免费检定各类计量器具1700多台(件),为群众减免检定费用45万元。能源计量方面,对13家重点用能单位进行监督抽查,召开全市重点用能单位能源计量工作会议。开展能源计量服务活动,指导帮助企业建立能源计量工作体系,9家企业通过计量保证确认。

【宏观质量管理工作】 推进质量强市战略,全国质量强市示范城市验收申请提报国家质检总局。东营市获评2016"质量之光"年度质量魅力城市。东营方圆金属有限公司和中石化胜利石油工程有限公司井下作业公司技能大师范玉斌获得第六届山东省省长质量奖。山东金禹王防水材料有限公司的聚氯乙烯防水卷材、山东华网智能科技股份有限公司的激光夜视仪等2家企业的2个产品获得山东名牌产品称号;东营银座商城有限公司的批发和零售、山东蓝海酒店集团的住宿和餐饮、东营新世纪人才开发中心的人力资源服务、山东德仕石油工程集团股份有限公司的技术推广服务等4家服务单位的4个服务品牌获山东省服务名牌称号。

【质量技术监督能力建设】 国家石油炼制产品质量监督检验中心获得国家认监委授权,山东省危化品储运容器检验中心通过验收,国家有色金属产品质检中心完成申报。市标准化信息所标准化服务中小企业发展试点项目获得审批,2016年新西兰等国外标准体系建设项目通过验收,欧洲电信标准体系建设项目开展标准数据导入14771条;大容量计量检定装置升级改造和杆件(板材)高频疲劳试验工装改造等两个国家质检总局设备改造项目通过验收并开展经费使用绩效评价,井口产品PR2性能鉴定试验关键技术研究和试验装置研制等4个项目通过省质监局验收,申报省质监局科研项目5项,3项列为省质监局2016年度科研项目。

【检验检测工作】 检验工业产品1349批次,棉花纤维制品62批次,国储棉出库等检验25.9万吨;检定计量器具81000余台(件);检验特种设备20052台,压力管道安装监检15.92万米,压力管道元件制造监检352.32万米,锅炉水质监测314批,校验安全阀3143台。

(市质量技术监督局 范玉亮)

## 安全生产管理

【概况】 2016年,全市各级各部门在市委、市政府的正确领导下,紧紧围绕"3510"(即紧紧围绕"抓安全基础、抓本质安全、抓长效机制"的"三抓思路",着力构筑安全生产责任体系、企业安全生产标准体系、安全生产数字化智能化监管体系、安全生产监督管理体系、安全生产应急救援体系等"五大体系",突出做好安全生产隐患大排查快整治严执法集中行动等十方面重点工作)工作总框架,以城市公共安全专项行动和安全生产隐患大排查、快整治、严执法集中行动为总抓手,组织开展安全风险分级管控和隐患排查治理"两个体系"建设,推进违规建设项目处置和打非治违,积极转变监管方式加快安全生产信息化建设,创新实行乡镇和企业"两个责任量化考核",持续深化化工产业转型升级,事故隐患和非法违法行为得到有效整治,全市安全生产形势持续稳定。2016年,全市共发生各类生产安全事故49起、死亡36人,按可比口径,事故起数、死亡人数同比分别下降32.88%、23.4%,其中发生较大事故3起、死亡15人(交通运输业较大事故2起、死亡12人,其他行业较大事故1起、死亡3人),未发生重大及以上事故,全市安全生产形势总体稳定。

(一)分行业事故情况

商贸制造业:共发生事故1起、死亡2人。事故基本情况:2016年9月18日8时38分,位于东营农业高新技术产业示范区,由东营市腾跃化工有限责任公司和绍兴市巴洛特生物科技有限公司合作的非法项目,在生产过程中发生爆燃事故,造成2人死亡、1人受伤,直接经济损失331.5万元。

建筑业:共发生事故3起、死亡4人。事故基本情况:①2016年8月23日下午5时左右,位于广饶县稻庄镇阳光路与乐安大街交会处,稻庄镇集中供暖改造管道穿越施工过程中,因土质松动导致1名施工人员被埋,送广饶县人民医院救治无效死亡,直接经济损失70万元。②2016年9月6日15时13分,位于东营区在建的市公安消防支队执勤公寓楼,在拆除脚手架过程中发生高处坠落事故,造成1人死亡。③2016年11月28日15时50分左右,山东恒祥市政公路工程有限公司在位于石油大学北门西200米左右在建工地施工过程中发生有毒气体中毒事故,造成2人死亡。

交通运输业:共发生事故41起、死亡25人,其中较大事故2起、死亡12人。较大事故基本情况:①2016年7月17日6时许,张栓柱驾驶牌照为鲁VE5080重型半挂牵引车牵引牌照为鲁EN916挂的重型半挂车,沿广饶县开发区綦公路由东向西行驶至永安路口处时,与沿永安路由北向南行驶至此的鲁EZ3240三轮摩托车发生1起道路交通事故,造成9人死亡,直接经济损失310万元。②2016年11月4日17时35分许,广饶县广饶街道办事处前燕村王学政驾驶鲁GN0799重型自卸货车,沿广泰路由西向东行驶至尚能实业公司东侧路口处时,向左打方向导致车辆向右侧翻,将路边的简易房及房内人员砸压,共造成3人死亡,1人受伤,直接经济损失126万元。

其他行业:共发生事故4起、死亡5人,其中较大事故1起、死亡3人。较大事故基本情况:①2016年6月9日14时28分,在东营区东营万达广场污水提升泵站发生窒息事故,造成 3 人死亡、2 人受伤,直接经济损失 305.3 万元。②2016 年 6 月 10 日 14 时左右,东营经济技术开发区滨海临港产业园的东营华泰热力有限公司发生蒸汽管道高温蒸汽泄露灼烫事故,造成 1 人死亡,直接经济损失 150 万元。③2016 年 10 月 27 日 17 时 20 分,山东鑫辰电气工程有限公司施工队在东营区东一路与胶莱河路交叉口东北处胜利公园,对地下电缆故障进行抢修过程中,发生塌方,造成 1 人死亡。④2016 年 12 月 3 日 18 时许,垦利区胜坨镇东营永国物流有限公司院内发生油罐车泄露着火事故,造成 4 辆营运油罐车及 7 辆其他车辆受损、6 人受伤,直接经济损失 128 万元。

(二)分区域事故情况

①东营区:共发生事故 21 起、死亡 10 人,其中发生其他行业较大事故 1 起、死亡 3 人。②河口区:共发生事故 2 起、无人员死亡。③垦利区:共发生事故 6 起,无人员死亡。④广饶县:共发生事故 4 起、死亡 14 人,其中发生道路运输业较大事故 2 起,死亡 12 人。⑤利津县:共发生事故 7 起、死亡 3 人。⑥东营开发区:共发生事故 2 起、死亡 2 人。⑦东营港开发区:未发生生产安全事故。⑧其他区域:共发生事故 7 起、死亡 7 人。

**【内设机构和职能变化】** 2016 年 3 月 25 日,东营市机构编制委员会《关于设立市安全生产举报投诉中心的批复》(东编发〔2016〕12 号),同意设立市安全生产举报投诉中心,为市安监局所属公益一类事业单位,正科级;核定编制 5 名,人员结构为管理人员 1 名、专业技术人员 4 名;配备主任 1 名;经费实行财政拨款。负责全市安全生产举报投诉工作,向公众提供有关安全生产方面的信息咨询服务。市安全生产信息中心编制调整为 8 名,人员结构为管理人员 2 名、专业技术人员 6 名。2016 年 7 月 22 日东营市机构编制委员会办公室《关于追加 2016 年度市直机关单位用编进人计划的通知》(东编办发〔2016〕79 号),同意追加市安监局用人编制计划 3 人。

**【安全生产目标管理】** 各级党委、政府严格落实"党政同责、一岗双责、齐抓共管"和"管行业必须管安全、管业务必须管安全、管生产经营必须管安全"的安全生产责任体系,将安全生产纳入考核科学发展综合指标体系和部门目标管理体系,狠抓安全生产责任落实,严格责任考核,严明责任奖惩,做到职责到位、奖罚到位。不断提高安全生产在科学发展综合考核中的比重,严格实行安全生产"一票否决"。市政府与各县区政府、市属开发区管委会和 43 个市直部门签订 2016 年度安全生产目标责任书和管理承诺责任书,将全年安全生产重点工作和事故控制指标分解下达到各级各有关部门、单位,年底市安委会办公室对各县区政府、东营经济技术开发区、东营港经济开发区及市有关部门落实安全生产目标管理责任和承诺责任完成情况结合城市公共安全提升年专项行动和安全生产隐患大排查快整治严执法集中行动开展情况逐一进行考核。

**【政府安全监管责任落实】** 市委、市政府高度重视安全生产工作,不断完善"党政同责、一岗双责、齐抓共管"安全生产领导体系和监管责任体系、全面压实企业安全生产主体责任和乡镇基层安全生产监管责任、加强安全生产保障能力建设。4 次市政府常务会议和 3 次市委常委会议专题听取安全生产工作汇报,研究解决安全生产工作中的重大事宜。具体工作中,重点突出五方面责任落实:①落实党委政府领导责任。党政主要负责人共同担任市安委会主任,根据市级领导班子调整及时印发《关于调整东营市安全生产委员会和疏港铁路建设指挥部负责人的通知》,确保党委政府领导责任落实到位。②落实领导干部"一岗双责"责任。市委办公室印发《关于实行市级领导联系督导基层安全生产工作的意见》,市级领导按照分工,每季度至少 1 次亲自带队,分别对 44 个镇街(开发区)基层单位进行联系督导,层层传达工作压力,推动基层安全生产工作落实,每位领导的督导情况全部以记录卡的形式存档备案。同时,严格执行部门领导带队检查情况网上公示制度,政府和部门领导干部带队督察情况全部上网公示。③落实行业管理部门监管责任。严格执行专委会专题会议制度,全市 17 个安全生产专业委员会召开行业专题会议 6 次,开展联合执法 165 次,集中解决了一批重点难点问题。④督促落实企业主体责任和员工岗位责任。在全省率先开展企业落实安全生产主体责任量化管理考核,明确考核对象、考核周期、考核方式,强化结果运用,对考核达不到要求的,分别采取约谈、培训、列入安全生产不良记录"黑名单"等惩戒措施,确保企业主体责任落实到位。强化企业落实主体责任情况专项执法检查,采取分级执法、异地互查、专家参与等方式,实现对生产经营单位的全覆盖执法检查,同时,加大行政处罚力度,督促企业主体责任落实到位。⑤充分压实乡镇属地监管责任。在全省率先组织开展乡镇安全生产量化管理考评,科学制定考核细则和评分标准,2016 年度聘请外市专家先后开展实地考评 2 次,出具全市乡镇量化管理考评得分和排名。根据考评情况逐乡镇形成写实性考评报告,列出问题清单,督促县区、乡镇进行整改。严格考评结果运用,兑现奖惩措施,市委、市政府联合发文对年度考评情况进行通报,切实达到鼓励、鞭策、督促、推进基层安全生产工作的效果。

**【"大快严"集中行动】** 2016 年,全市各级各部门以安全生产隐患大排查快整治严执法集中行动为总抓手,深入开展生产经营单位调查摸底、生产经营单位隐患自查自改、企业落实安全生产主体责任专项执法检查等工作。①严格生产经营单位调查摸底。截至 2016 年底,全市共摸排生产经营单位71483家，其中企业16665家，事业单位602家，个体经济组织54216家，实现“一县区一册”“一镇街一册”“一行业一册”“一企一册”，确保监管对象底数清情况明。②严格生产经营单位自查自改。各级各部门按照分级属地原则，组织力量对本辖区本行业领域内所有生产经营单位逐一下达自查自改指令书，督促企业开展隐患自查自改。全市共下达隐患自查自改指令书16000余份，共15306家生产经营单位上报隐患自查自改情况，自查隐患18558项，全部整改完成。③组织开展专项执法检查和冬季安全生产大检查。科学确定市级重点企业名单、科学制定执法检查计划，创新执法检查方式，突出专家机构作用。专项执法检查工作开展后，全市共派出检查组2200多个，检查生产经营单位70998家，排查隐患111123项，整改109512项，隐患整改率98.8%，重大隐患47项，整改47项；立案231起，停业整顿228家，实施处罚967.74万元。5月，迎接省级联合执法检查组对东营市50家企业的执法检查，查处隐患231项，全部整改完成，对2家企业实施行政处罚，罚款25万元。加大冬季安全生产大检查情况工作力度，11月起，全市各级各部门共出动执法检查组1479个，检查各类生产经营单位12626家，查处隐患34183项，整改26836项，整改率78.5%，其中重大隐患21项，整改4项，停产停业整顿企业26家，没收违法所得4次，行政拘留7人，罚款96.15万元。④强化重大安全事故隐患挂牌工作，以市安委会办公室名义将65处重大事故隐患予以挂牌督办，并做好重大安全隐患挂牌督办、督办、验收等任务。

持续加大打非治违工作力度，强化联合执法，严格落实停电、拆除装置等强制性措施。图为打非现场 （市安监局提供）

**【打非治违】** ①全力处置违规建设项目。共摸排违规建设项目1999个，集中关闭取缔850个，剩余的1149个项目按照《关于印发〈关于全市安全生产领域违规建设项目处置意见〉的通知》（东安发〔2016〕16号）要求，逐个拿出处置意见，明确完成手续办理或清理取缔的具体日期、所采取的处置措施、责任单位和责任人。截至2016年底，有643个违规建设项目办理有关安全审批手续。②开展涉油领域打非治违集中行动。2016年12月22日，市安全生产委员会印发《全市涉油领域打非治违集中行动实施方案》，同日，市政府召开市安委会成员（扩大）会议，对集中行动进行安排部署，确定由市经信委、市公安局、市交通运输局、市安监局分别牵头负责具有固定地点和设施非法加油站（点）取缔整治、流动加油站点及非法存售油窝点取缔整治、油品物流运输方面整治、非法调制油品及油品仓储和批发（生产）企业的规范整治，市质监局、市国税局、市城市管理局、市工商局、市公安交警支队等职能部门做好配合工作，各级各有关部门派出检查组3845个，排查“四闲”场所9374处，查处涉油领域非法违法行为597起，关闭取缔各类存售油窝点369处，没收查封115次，行政拘留59人，实施责令自行拆除等其他处罚232处（次）。③严肃问责。因辖区内发生非法生产安全事故，对东营农业高新技术产业示范区1名社区党总支书记、管理中心主任和安监局负责人分别作出免职、停职检查处理。

**【化工产业转型升级】** 在全省率先开展提高安全环保水平促进化工产业转型升级工作，对化工生产企业实行安全、环保、节能评级和综合评价，即“三评级一评价”。对679家化工生产企业开展安全评级评价，整改消除安全隐患7495项，175家“差”等企业全部停产整顿，152家企业拆除生产设备，1个村庄和1所学校完成搬迁。

**【“两个体系”建设】** 转变安全生产监管思路，按照将风险挺在隐患前面，将隐患挺在事故前面的工作思路，全面推进安全风险分级管控和隐患排查治理“两个体系”建设。在全省率先制定出台《东营市城乡公共领域风险源企业风险点安全管控办法（试行）》，按照“分类管理、分级负责、属地管理”的原则，全面摸排城乡公共领域风险源和企业风险点。全市共摸排城乡公共领域风险源1231处，其中市级140处，县区1091处；全市3223家企业上报风险点摸排情况，共摸排风险点11809处，其中一级风险点226处，二级风险点874处，三级风险点3514处，四级风险点7195处，逐一登记建档，实现“一企一册”“一县一册”和“一市一册”。对排查出的风险源、风险点，逐一落实风险管控责任，确保重大安全风险在控可控。完善“企业自查、专家参与、部门检查、政府督导”的事故隐患排查体系，进一步压实企业主体责任，督促企业全面开展隐患自查。

【宣传教育培训】 ①开展全员教育培训。全部实行计算机考试，考试能力扩大一倍，联系安装全省统一的理论考试题库，使考试更加规范、效率更高。印发进一步加强安全生产培训监管工作的通知，明确要求严格分类培训、严禁替考，避免混合培训、替考现象，提高培训的针对性和效果。2016年组织考核21385人，发证11458人。②开展“全国安全生产月”活动。以“安全重于泰山”为主题举办第十五个安全生产月专场文艺演出及县区巡演活动。组织安全生产法律法规学习竞赛活动。组织高危企业主要负责人集中收看《滨源化工“8·31”重大爆炸事故警示录》，发放两高院法释〔2015〕22号《解释》宣传册、挂图1万余套。配合省局组织开展安全生产中小学生“我与安全”有奖征文活动和“守护生命、平安山东”安全生产网络知识大赛活动。③扎实开展举办各类安全培训班。先后成功举办全市安监系统新入职人员培训班、全市安全生产监管业务知识培训班、6期全市重点行业企业安全分管负责人及安全管理机构负责人培训班、全市重点行业企业主要负责人培训班、市安全生产专家业务能力提升培训班等11起培训班，培训1500余人，为建局以来投入人力、精力、财力最多的一年，也是举办培训班期数、人数最多的一年。4月17日，组织召开全市危险化学品安全管理培训会议，邀请国家安监总局安全监管三司司长孙广宇就危化品安全监管做专题辅导，各县区人民政府分管副县(区)长、安监局局长及分管副局长、全市危化品生产企业主要负责人等共计360余人参加培训。④扎实开展安全生产公益宣传。在东营日报和东营电视台开设“安全生产隐患大排查快整治严执法集中行动”专题栏目，持续播放集中行动专题宣传信息。编发以“打非治违”和“持证上岗”为主题的公益广告，分别在东营电视台和广播电台循环播出。在广播电台开辟专题栏目《安全之声》，实时播放安全生产新闻动态，在东营电视台开辟专栏《以案说安》以“情景剧+专家访谈”的形式形象生动地剖析发生在群众身边的典型事故案例。

【数字化监管平台建设】 面对全市安全生产任务日益繁重而监管力量不足的现实和严峻的安全生产形势，市安监局于2015年底启动全市数字化安全监管平台建设项目，制定平台建设方案，提出较为具体的需求说明。创新运用“互联网+安全生产”模式，将安监业务工作全部数字化。同时对各级属地监管、各级行业监管、企业主体责任落实实现网上实时动态监管，做到各项工作“来源可查、过程可追、责任可究、规律可循”。2016年3月，完成信息化平台招标工作，利用近半年的时间开发建设市县乡“一级部署、三级监管、四级应用”的全市数字化安全监管平台。平台涵盖企业数据中心、行政执法监察系统、隐患排查治理系统、行政许可审批系统、应急救援系统、培训考核发证系统、决策分析系统、调度通报系统、投诉举报系统等16个子系统以及针对政府用户和企业用户开发的3个APP软件。为推动平台的使用率和覆盖率，通过机房实地培训验收的方式对全市首批1600余家企业进行数据采集，累计培训19场共计1808人。7月，系统上线后，深入县区累计培训42场次，其中政府监管人员432人，企业用户3561人，通过培训提升平台用户操作水平，为应用推广奠定坚实的基础。2016年9月1日，平台正式上线运行后，共纳入企业2359家，各级安监执法人员共录入执法检查记录2409条，隐患9804条，企业通过平台自查上报隐患30806条；录入企业安全生产量化考核数据1320条，投诉举报信息136条，录入各类人员安全资格证书10000余条，通过平台向各级安监工作人员和企业发送短信27000余条，全面提高了全市安全生产工作的数字化、智能化监管水平。

【基层基础工作】 ①压实基层安全监管责任。按照按照市委办公室、市政府办公室《关于实行乡镇安全生产量化管理的意见》(东办发〔2016〕18号)要求，市安委会办公室先后两次对乡镇(街道、县区开发区、县区派出机构)进行安全生产量化管理考评。通过统一考评方式，聘请外地专家，采取“查阅资料、随机抽查、电话询问、实地核查、拍照取证、签字确认”的方式，全年完成对全市44个乡镇的安全生产量化考评工作，确定各乡镇综合得分和排名，并根据考评发现的问题，由市委督查室、市政府督查室分解下达到各县区、各乡镇、市有关部门并进行督办整改。②强化基层财政补助。2016年，在市安全生产专项资金中列支100万元，用于村居协管员工作经费补贴，调动村居协管员工作积极性，“信息员、宣传员、监督员”的作用得到进一步发挥。③强化基层监管人员业务能力建设。6月14—17日连续举办2期全市安全生产监管业务知识培训班，各县区、乡镇安全监管人员近500人参加培训，就全市安全生产形势与任务、市委市政府新出台的安全生产规范性文件、安全生产执法检查、事故调查处理、职业卫生安全监管等方面的工作进行集中专题辅导，提升基层监管人员业务能力。

【工矿商贸企业安全监管】 截至2016年底，全市共有烟花爆竹批发企业12家，常年零售店128家，非煤矿山企业115家。①严格非煤矿山行政审批。加强对申请非煤矿山安全生产许可证企业的审查，对申请企业材料进行的严格审查，把好市场准入关，从源头加强对非煤矿山企业的安全监管。截至2016年底，共为46家非煤矿山企业办理延期换证手续，为1家退出市场的企业办理许可证注销手续。②加强烟花爆竹安全监管。强化春节、元宵节及高温雨季等重点时段的安全监管工作。春节期间对13家批发企业进行全面检查，对131家常年零售企业、512家临时摊点进行抽查；配合公安开展打非治违，查获两处非法烟花爆竹仓库，收缴非法烟花爆竹5500余箱。组织开展节后烟花爆竹回购工作。严格开展烟花爆竹批发企业换证工作，加强现场核查，对达不到安全生产条件的一律不对许可证进行延期，1家批发企业因安全距离不够许可证被依法注销。③强化有限空间作业安全监管。深刻吸取东营区东营万达广场"6·9"较大中毒事故，开展有限空间排查与辨识、企业隐患自查自纠、员工有限空间作业安全培训及多层级的执法检查，共检查涉及有限空间作业的企业321家，有限空间2243处，其中存在问题的企业108家，限期整改93家，停产停业整顿2家。④全力推动工矿商贸行业安全生产标准化建设。下达创建任务，加强过程控制，提升工作质量，充分运用行政、经济手段带动企业标准化创建工作积极性。2016年度共创建标准化企业380家，其中工商贸企业305家，非煤矿山企业55家，完成年度创建任务的135%。

【危险化学品企业安全监管】 截至2016年底，全市共有危险化学品生产企业281家，使用企业7家，经营企业1233家。全国60个危化品重点县中东营市占3个，全省30个危化品重点县东营市占4个。①认真开展危化品建设项目安全审查和安全生产、经营、使用许可证发放工作。严把项目安全准入关，达不到条件要求的一律不予审查。全年共对65个项目进行安全条件审查，40个项目进行安全设施设计审查，抽查竣工验收项目13个；参与省局审查项目40个。严格行政许可，加强许可证颁发现场核查，隐患整改经专家现场核查确定后方颁发许可证书。全年共办理发放危化品安全生产许可证120个(其中，新办13个，延期45个，变更49个，延期变更14个)、经营许可证226个(其中，新办27个，换证111个，变更47个，延期变更41个)、对24家易制毒危化品生产企业颁发备案说明。②扎实开展危化品攻坚提升。全市4个危化品重点县完成攻坚提升任务后，立即组织专家对攻坚情况进行评估并形成评估报告上报省安监局。③扎实开展安全风险分级管控和隐患排查治理"两个体系"建设。制定印发"两个体系"建设工作方案，明确主要任务、工作步骤、工作措施和有关要求，全面推进"两个体系"建设。考察确认2家企业为"两个体系"建设省级标杆企业，47家企业为"两个体系"建设市级标杆企业。截至年底，全市109家危化品企业完成"两个体系"建设，148家正在开展。④积极配合开展化工产业转型升级。充分发挥安全生产倒逼化工产业转型升级积极作用，在全市化工生产企业开展安全评级工作。制定评级标准及实施细则，通过评级，分类施策整治，对经评级确定的175家"差"等企业全部停产整顿。加大违规建设项目处置力度。对全市危化品建设项目进行逐一排查摸底，分类进行处置。对全市51个经专家论证基本具备安全生产条件的未批先建危化品项目正在进行安全审查，对经整改仍达不到要求的一律不予补办手续。⑤扎实开展组织开展危化品行业专项整治。先后组织开展深刻吸取天津港"8·12"特别重大事故教训集中开展危化品安全专项整治、危化品储存场所专项整治、非药品类易制毒化学品专项整治，明确整治的目的、内容、方式和要求，加强督导调度，定期总结整治情况，完成整治任务。⑥全面提升危化品行业本质安全水平。全市204家涉及"两重点一重大"企业完成本质安全状况评估；247家危化品生产企业达到三级安全生产标准化，22家生产企业达到二级安全生产标准化，达标率96%，除12家长期停产的企业外全部达到三级以上安全生产标准化；开展重大危险源辨识、评估、分级、建档、备案、监测监控工作；全市279处(其中一级75处、二级23处、三级91处、四级90处)重大危险源全部按照规定进行评估备案；加强危化品试生产环节监管；共受理审核试生产项目31个；建立化工企业安全承诺公告制度，实行安全承诺公告制度的危化品企业247家，占比88%；开展危化品企业协作帮扶工作，全市统计上报参与协作帮扶的企业106家，其中较大型企业36家，小型企业60家。

【职业卫生监管】 2016年，以贯彻落实省政府办公厅《关于进一步加强职业病防治工作的通知》为主线，推动用人单位深化基础建设，落实主体责任，强化严重职业病危害源头治理和前期预防，切实保障劳动者生命健康权益。①深化用人单位职业卫生基础建设工作。在1020家用人单位创建中，对24家职业卫生基础建设示范单位进行评选公布。②组织开展职业病危害防治评估工作。东营市被省安监局确定为6个参加省级评估的市之一，认真开展职业病防治评估自评工作，摸清和掌握职业病防治情况，推动用人单位加强职业卫生基础工作，顺利完成省安监局评估迎检工作。③加大职业病防治宣传培训力度。以《职业病防治法》宣传周活动为载体，开展职业病防治宣传，在全社会营造关心关注职业病防治工作的浓厚氛围。加强用人单位主要负责人、职业卫生管理人员培训，举办培训班16期，培训1407人，继续教育培训班11期，培训1058人。④强化建设项目职业健康"三同时"审查。完成196个建设项目职业卫生"三同时"审查、审核和竣工验收，完成定期检测项目127个。⑤强化职业卫生执法监察工作。按照依法治安和重监管、严执法、抓典型、用重典的工作要求，不断加强职业卫生监督执法，加大曝光和处罚的力度。全市完成检查用人单位943家，下达执法文书993份，发现问题和隐患1925项，责令当场整改806项，责令限期整改1119项，罚款118.5万元。⑥加强职业卫生技术支撑体系建设。加强职业卫生专家队伍建设，对职业卫生专家队伍进行调整、充实，扩大专业覆盖面。加大对技术服务机构的监督管理，加强资质管理，提升服务质量，强化行业自律，提升中介机构服务水平。依法加强监管，开展职业卫生技术服务机构监督检查，确保职业卫生技术服务行业健康规范发展。

市安全生产执法监察人员深入企业开展执法检查。图为执法检查现场
（市安监局提供）

【执法监察】①科学制定执法检查计划。按照属地监管、分级负责的原则，明确执法管辖范围和执法检查职责，进一步理清县、乡执法队伍的执法范围和权限，做到各司其职、各负其责，实现市县乡三级执法工作全覆盖。②扎实开展执法检查。以安全生产隐患大快严集中行动和企业落实安全生产主体责任落实情况专项执法检查为抓手，市、县、乡三级执法队伍共执法检查生产经营单位4728家次，下达整改指令书4335份，督促整改各类事故隐患8848余条，办理各类违法案件38起，行政处罚838.2779万元。其中，市安全生产执法监察支队检查生产经营单位349家次，下达整改指令书294份，督促整改各类事故隐患1870余条，立案调查17起，结案8起，行政处罚436.10万元。开展异地执法互查。以安全生产隐患“大快严”集中行动回头看为抓手，由市安监局统一标准，选定危化品、金属冶炼、涉氨涉粉等类型企业60家，组织各县区、开发区全方位开展安全生产异地互查，共发现隐患1250项，其中，当场整改25项，限期整改1225项，拟立案处罚272项，简易处罚（警告）1项，暂时停产停业9家，重大事故隐患31项。

【投诉举报】2016年，市“12350”举报投诉中心共受理举报投诉事项143件，采取转办县区办理和市安委会办公室督办相结合的方式全部办结。受理的143件举报投诉，涉及非法加油的85件，占比59.44%；涉及非法调油的9件，占比6.29%；涉及安全事故的8件，占比5.59%。涉及企业安全隐患的10件，占比6.99%；违规生产存放有害物质的13件，占比9.09%；安全距离不足的7件，占比4.9%；其他11件，占比7.7%。

【应急管理】①狠抓安全生产应急管理，强化生产安全事故应急救援，不断提高事故防范和处置能力。2016年，全市通过应急救援预案审查备案企业1272家，安全生产月期间组织开展应急救援预案评选活动，对评选的优秀预案向全市推广借鉴。②加强应急救援队伍建设，依托公安消防大队和全市7家省级应急示范点和大型企业，建立专职和兼职救援队伍，小型企业均与邻近的专职救援队伍签订救援协议。③开展应急救援演练，举行县区级以上部门大型综合演练11起，组织举行各类演练386余场次，参加演练及观摩人员43000余人。④完善安全生产信息预警机制，借助预警短信平台作用向各级政府、安监部门、重点监管企业发布重要安全生产预警短信和安全提示信息287条，发布预警信息27条，有效防范灾害性天气对安全生产工作的影响。⑤强化应急值守，招聘3名工作人员专职24小时值班，实现应急值守全天候、不间断，及时处理、上报事故信息等应急工作。

举报投诉分类情况柱状图

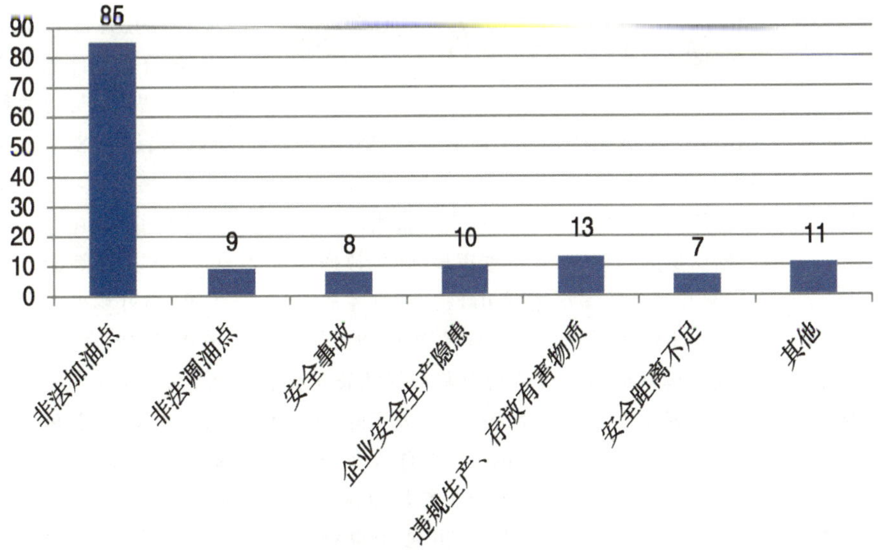

## 东营市安全评价机构情况表

| 单位名称 | 资质等级 | 资质证书编号 | 业务范围 | 注册地址及联系方式 |
|---|---|---|---|---|
| 东营市胜丰安全技术服务有限责任公司 | 乙级 | APJ－（鲁）－314 | 3.石油和天然气开采业；4.a石油加工业，b化学原料、化学品及医药制造业；6.黑色、有色金属冶炼及压延加工业 | 东营市淄博路9号柏年大厦F座301室；电话：7750102 |
| 东营市开元安全评价有限责任公司 | 乙级 | APJ－（鲁）－315 | 4.a石油加工业，b化学原料、化学品及医药制造业；6.黑色、有色金属冶炼及压延加工业 | 东营市府前大街190号；电话：8080069 |
| 山东九洲安全技术有限公司 | 乙级 | APJ－（鲁）－316 | 2.a金属矿采选业，b非金属矿采选业，c其他矿采选业；3.石油和天然气开采业；4.a石油加工业，b化学原料、化学品及医药制造业；6.黑色、有色金属冶炼及压延加工业 | 东营市东营区太行山路117号；电话：8020977 |

## 东营市职业卫生检测评价机构情况表

| 单位名称 | 资质等级 | 资质证书编号 | 业务范围 | 资质证书有效期限 | 注册地址及联系方式 |
|---|---|---|---|---|---|
| 东营胜丰职业卫生检测评价有限责任公司 | 乙级 | （鲁）安职技字（2014）第B－0060号 | 1.石油和天然气开采业；2.化工、石化及医药；3.机械、设备、电器制造业 | 2017年7月27日 | 东营市西城淄博路9号柏年大厦F座301；电话：7750102 |
| 东营恒利职业卫生检测评价有限公司 | 丙级 | （东）安职技字（2015）第C－001号 | 1.化工、石化及医药；2.机械、设备、电器制造 | 2018年1月19日 | 东营市东营区太行山路西、北一路南鑫都五金建材市场A－5；电话8500900 |
| 山东百斯特职业安全监测评价有限公司 | 乙级 | （鲁）安职技字（2014）第B－0054号 | 1.石油和天然气开采业；2.化工、石化及医药；3.轻工、纺织、烟草加工制造业；4.机械、设备、电器制造业 | 2017年5月29日 | 东营市东营区东三路华泰大厦0546－8073567 |
| 山东胜安检测技术有限公司 | 乙级 | （鲁）安职技字（2013）第B－0018号 | 1.冶金、建材 2.轻工、纺织、烟草加工制造业 3.运输、仓储、科研、农林、公共服务业 | 2019年8月24日 | 东营市东营区黄河路430－6号金领国际B座7楼0546－7781899 |

（市安监局　尚帅）

# 统 计 工 作

**【概况】** 2016年，全市统计系统主动适应经济发展新常态，努力提升统计服务能力，不断深化统计制度方法改革，各项工作取得新进展。①顺利完成各项定期报表和调查任务。以提高数据质量为目标，加强数据审核、强化数据质量评估，全年上报率和无差错率均达到100%。相继完成黄蓝战略、文化产业、小康进程、妇女儿童“两纲”等监测工作，组织开展海洋经济、1%人口抽样和劳动力调查等调查工作，各项指标数据全面客观反映全市经济社会发展实际。②稳步实施第三次农业普查工作。市县两级均组建农业普查领导机构和工作机构，选聘普查员和普查指导员6000余人，落实普查经费570万元。通过报刊、广播、电视、互联网等媒体媒介广泛宣传农业普查，营造依法普查的浓厚氛围。开展农业普查综合试点以及清查摸底、查遗补漏工作，建立准确翔实的普查台账。全市共核查农户37.28万户，农业生产经营单位3231个。③保障统计数据质量。严把统计对象入库关，将符合条件的单位及时纳入统计范围，将关停或注销企业及时剔除，努力做到应统尽统、不重不漏。全年新增单位186家，退出87家。在东营区和广饶县部署开展调查单位摸底排查工作，进一步摸清区块内调查单位情况。制定统计执法检查“双随机”抽查工作细则和监管工作实施方案，认真开展“数据造假、以数谋私”专项治理，加大源头数据抽查力度，做好现场数据核实与业务指导。积极构建市县乡三级联合把关的审核评估体系，动态监测联网直报数据报送情况，及时发现和解决数据异动问题。重新修订《东营市统计数据质量控制办法》，强化数据质量评估，定期深入基层了解掌握企业生产经营、项目建设等情况。特别是对统计指标逻辑关系不匹配的企业，逐一列出单子，实行重点核查，确保统计数据准确反映经济发展趋势。④夯实统计基层基础。扎实推进县乡统计规范化建设，开展文明统计站、星级统计站、示范统计站以及统计工作示范企业创建活动，深化“四上”企业星级管理，提升基层统计规范化水平。全市共有示范统计站6家，统计工作示范企业10家，五星级统计站27家，文明统计站35家，“五星级”企业468家。在巩固实体型统计站的基础上，探索成立社区统计调查队和村居统计办公室，推动统计基础工作向村居、企业延伸。推行企业、村居统计岗位考核补贴制度，对统计人员实行定期岗位考核，进一步稳定基层统计队伍。通过逐级负责、集中培训、分批轮训、“一对一”业务指导等方式，加强基层统计人员培训，实现统计业务培训全覆盖。⑤部门统计工作得到全面加强。推行部门统计考核和分类通报制度，对36个市直部门和垂直管理部门的统计工作进行量化考核。健全部门统计会商机制，定期召开部门联席会议，加强政府部门间数据反馈共享，对重要数据同评审、重大问题同研究，提升部门数据与GDP等指标的匹配衔接。部门统计意识显著增强，按照市政府要求，明确统计工作责任，加强统计力量，完善制度流程，强化与同级政府统计部门和上级主管部门的衔接与沟通，部门统计向全行业统计过渡。政府主导、部门配合、各方参与的统计工作联动机制基本形成，保障部门统计工作的有序开展。⑥统计信息化应用持续拓展。积极开展数据平台建设，建成并启用统计地理信息系统平台，有效实现全市统计信息的现场展示和图文分析。同时，制定出台统计地理信息系统使用管理办法，加强平台测试和应用，确保平台功能得到充分发挥。稳步实施市县视频会议系统建设，实现国家、省、市、县视频会议系统联网。加快构建统计信息网络体系，全市“四上”企业数据全部实现网络传输和在线监测。高度重视信息安全，巩固信息系统等级保护测评成果，及时堵塞安全漏洞。升级配置VPN日志服务器，定期开展网络安全、保密培训和检查，有效保障信息安全。

【统计改革】 ①落实国民经济核算改革。开展全市及分县区文化及相关产业增加值核算、非公有和民营经济增加值核算等工作，全力做好资产负债核算各项准备工作，为深化国民经济核算改革打好基础。②做好固定资产投资统计改革。建立投资项目双入库管理制度，顺利实施5000万元及以上投资项目联网直报。积极开展非金融资产财务支出法统计数据与常规投资形象进度法统计数据比对，仔细查找分析数据差异原因，及时解决投资统计存在的问题。③持续推进贸易统计改革。针对贸易领域出现的新业态、新模式、新现象，部署开展贸易领域“三新”统计工作，积极探索电子商务统计工作，强化网上零售统计、城市商业综合体、省级开发园区统计，建立数据资料交换机制，确保应统尽统。不断深化能源统计改革。④健全县区考核机制，加强能耗“两端”核算平衡比较，圆满完成“十二五”能源历史数据调整。⑤认真做好2016年1%人口抽样调查工作。顺利完成机构组建、方案制定、经费落实、“两员”选调、培训试点、宣传发动、入户登记、数据处理等工作，抽样调查数据按时高质量上报并通过抽查验收。

【统计信息咨询服务】 ①紧盯中心任务“做实”统计服务。紧紧围绕全市发展大局和中心任务，扎实开展统计预警监测，积极深入一线，了解掌握经济发展特点及存在问题，密切关注农业、工业、投资、贸易、服务业等重点领域指标走势，第一时间以《统计快报》《统计月报》《统计分析专报》等形式向市委、市政府报送重要统计数据和统计信息，为市委、市政府掌握经济发展情况、开展科学决策提供统计支撑。②聚焦热点重点“做精”统计服务。围绕经济社会发展重点、热点问题，依托统计数据优势，深入开展统计专题分析研究，形成一批反映供给侧结构性改革、工业转型升级、农业现代化、城镇化建设、投资发展状况、消费需求变化、县域经济发展、海洋产业评估、黄蓝经济区建设成果等在内的统计分析报告，其中10篇报告得到市委、市政府领导批示。③突出问题导向“做优”统计服务。针对统计服务能力相对薄弱等问题，积极完善统计服务方式，加大信息发布力度，提升统计服务时效。创新编印《东营重点建设项目服务手册》；及时向市委、市政府提报各县区、开发区主要指标增速和序时进度情况；在东营日报开设“数说发展”“问统计看运行”专栏，定期解读全市经济运行情况。2016年市统计局政务信息在市政府采用数量位居市直部门第2位，有效发挥“晴雨表”“信息窗”作用。全面改造社情民意调查访问室和监听室，规范工作流程，认真组织开展科学发展群众满意度、打霸治痞、公众安全感、人大工作熟知度等电话调查20次，访问有效样本30000余个，搭建起党委政府、部门与社会公众之间的连心桥。

2016年3月9日，全市统计工作会议在东营宾馆召开　（郭强提供）

【统计法制工作】 坚持依法行政、依法统计，严格落实《中华人民共和国统计法》(简称《统计法》)等各项法律法规，顺利通过市人大对贯彻实施《统计法》情况的审议。编印《统计法律法规知识学习手册》3000册,先后3次在东营日报刊发《统计法》知识问答,为全市普法题库补充丰富《统计法》知识,扩大《统计法》及相关法律的知晓面和影响力。严格实行统计执法人员持证上岗和执法资格管理,积极开展统计执法检查,全市共检查单位276家,发现并纠正各类统计违法行为53起,为保障统计数据质量营造良好的统计法治环境。

(市统计局　郭强)

【统计调查】 统计调查任务。①第三次农业普查遥感测量调查。一是组建市、县、乡三级遥感测量队伍,配备无人机、移动式图形工作站等设备,创建多级联动、稳定可靠、持续性强的工作机制,为遥感测量工作全面展开奠定基础。二是完成全市16个乡镇、44个普查样本村的三农普遥感测量调查工作,PDA在秋冬播及春播、夏播外业调查工作中得到广泛应用,为推算本辖区主要农作物种植面积提供可靠依据。三是多次组织开展事后质量抽查,确保第三次农业普查遥感测量调查质量。②农牧业调查。一是全年组织粮食生产形势现场调研4次,定时定点观察和记录粮食长势,科学评估夏秋粮产量。二是主要农作物对地调查工作,运用PDA对全部样本村地块进行定位、切分和登记。三是制订《东营主要畜禽监测联系点管理制度》,认真开展主要畜禽监测调查工作和万头猪场联网直报工作,有效规范基层基础工作,联网平台上报率、正确率均达100%。③城乡一体化住户调查。一是理顺住户调查管理体制,实行各县区账本互审互评,按时发布城乡居民人均可支配收入、消费支出等基础统计数据。二是推行“劳动力调查信息推送提醒”制度,按月进行信息推送,实现劳动力调查数据每月按时按质上报。三是经过充分动员、精心培训,确定全市7个电子记账试点小区,平均开户率达到60%,为全面推行电子记账积累了经验。四是认真完成农民工监测、农民工市民化进程动态监测调查工作。④小微企业调查。一是规下工业调查高效开展,将油田企业纳入调查体系,推行调查数据联网直报,前三季度的企业直报率达到72.4%。二是规下服务业调查、新设立小微企业及个体经营户跟踪调查、限额以下贸易行业抽样与问卷调查工作进展顺利,调查样本运行平稳。三是实现数据质量抽查常态化,按季开展数据质量抽查,切实把牢数据“入口关”。⑤住宅销售价格调查。将市区范围内所有在售楼盘项目和房地产企业纳入调查范围,深入一线楼市,实地调查楼盘项目59个、中介机构11个,对8家房地产企业基础工作进行现场抽查,从源头上把准楼盘价格波动趋势,确保网签整理数据与计算指数准确无误。⑥采购经理调查。加大对网报数据质量监测跟踪调查和数据质量核查力度,对10家重点企业行业开展经常性质量抽查,企业直报率连续多年保持在100%,没有出现迟报、漏报、错报等现象。⑦专项调查。完成2016年度的党风廉政建设民意调查和县区文明城市测评调查。

统计服务成果。撰写统计调查分析,实现从“数库”向“智库”的转变。2016年,全队撰写统计调查分析31篇,被省政府采用1篇,被国家局采用1篇,被市政府采用13篇,被有关部门和报刊采用26篇;撰写工作动态127篇,被总队采用116篇。负责编制整理的东营市1996—2013年度城乡居民收支情况,为完善东营市史志资料提供翔实调查数据。

(国家统计局东营调查队　王玉香)

# 农业

## 综 述

**【概况】** 2016年,全市各级农业部门以国家现代农业示范区建设为统领,全面落实创新、协调、绿色、开放、共享五大发展理念,推进农业供给侧结构性改革,农业农村经济保持良好发展态势。全市实现农林牧渔及其服务业增加值121.89亿元,按可比价增长4.0%;农民人均可支配收入14999元,增长8%。

农林牧渔业产值稳定增长。全市实现农林牧渔及服务业总产值260.29亿元,按可比价格,增长3.9%。其中,农业总产值103.55亿元,增长3.9%;林业总产值2.31亿元,增长4.1%;牧业总产值67.51亿元,增长0.3%;渔业总产值62.89亿元,增长7.8%;农林牧渔服务业总产值24.04亿元,增长5.7%。

调整优化农业产业结构。粮食生产实现面积、总产"双增"。棉花生产深度调整,实现单产、价格、亩效益同步增长,并为产业结构调整、发展特色产业提供空间。水稻、莲藕、食用菌、休闲观光农业等高效特色农业蓬勃发展。突出优质安全,积极调优品质结构,建设省级农业标准化生产基地5个、市级农业标准化生产基地14个,全市560个农产品、230万亩生产基地通过"三品一标"(三品:无公害产品、绿色食品、有机农产品,一标:农产品地理标志)认证。

改善农业生产条件。全市农机总动力232.86万千瓦,农机原值25.5亿元,主要农作物农机化综合水平达到90%。耕地质量和农作物病虫害防治能力进一步提升,农业生态环境持续改善,农业科技对增产增收的支撑能力显著增强。

推进农村综合改革。新型农业经营主体快速发育,全市农业龙头企业、农民合作社、家庭农场、种植大户分别达到650家、2031家、1039家、2835个。多种形式的适度规模经营加快发展,全市流转土地面积68.70万亩,占家庭承包土地总面积的27.72%。巩固深化确权登记颁证成果,积极开展集体土地确权登记颁证和土地经营权证颁发工作。建设全市统一的农村产权交易平台,农村产权制度改革稳妥推进。农业补贴、政策性农业保险等惠民政策全面落实,全市农业农村经济平稳发展。 (市农业局 冯丽)

**【现代农业园区】** 2016年,开展第三批市级现代农业园区认定工作,新认定美奥生物现代农业产业园区等26个市级现代农业园区,并对第一批、第二批市级园区进行复核,同时,市财政安排200万元扶持20个现代农业园区提档升级,带动全市市级现代农业园区发展到169个,年产值125.21亿元,现代农业园区化率48.10%,涵盖生态种养殖、休闲观光、粮油加工、农业物流等各个领域,其中种植类园区64个,畜禽养殖类园区32个,水产养殖类园区20个,休闲观光类园区41个,加工流通类园区12个。通过打造精品类、产业类、综合类现代农业园区,形成以大园区、大项目、大投入带动大发展为主要特征的现代农业园区建设格局。 (市农业局 李玉梅)

**【农产品质量安全】** 2016年全市农产品质量安全形势稳中向好,没有出现农产品质量安全事件。①农产品质量安全监测。组织开展15次蔬菜抽检,抽检蔬菜样品956个,不合格样品4个,合格率99.58%。②开展韭菜质量安全专项整治。建设省级韭菜产品质量安全追溯点1处,在利津县开展韭菜精准施药补助,绘制"韭菜地图",全市半亩以上韭菜地块全部纳入动态监管。③出口农产品质量安全示范市创建任务全面完成。④农产品质量安全县创建。市政府办公室印发《关于深入推进农产品质量安全县创建活动的实施意见》(东政办发〔2016〕92号),广饶县被农业部认定为首批国家农产品质量安全县,垦利区、河口区分别承担2015年、2016年省级农产品质量安全县项目。 (市农业局 张荣娟)

**【农业标准化】** ①开展省市农业标准化生产基地认定。2016年,5家基地通过省级农业标准化生产基地验收,总数达到16家。制定印发《2016年市级农业标准化生产基地考核认定办法》,认定首批14家市级农业标准化生产基地,并安排70万元对基地建设进行补助。②推进"三品一标"认证。组织开展无公害农产品、绿色食品、有机食品认证工作,全市认证"三品一标"农产品560个,面积230万亩。③开展低毒生物农药补贴工作。市财政安排80万元专项资金,通过公开招标择优确定东营区、垦利区、广饶县和利津县的5家农业投入品经营单位开展低毒生物农药配送工作。 (市农业局 张荣娟)

**【农业行政执法】** 2016年,组织开展农业投入品专项整治行动,全市出动农业执法人员1600余人次,检查农资经营门店2200余个、农资生产企业130家次,抽检农药样品81个、肥料样品45个,查货假农药43箱,立案33起,结案27起,罚款136689元,其他案件正在办理。组织培训和宣传,举办农药经营和使用知识培训7次,开展相关宣传咨询活动5场次,接受群众咨询6000多人次,发放各类农资购买和安全使用宣传资料7万余份。 (市农业局 张大伟)

**【农业科研】** 2016年,组织实施各级各类科研项目19项,省成果转化项目、省现代农业产业技术体系创新团队食用菌、杂粮综合试验站建设项目、省农科院农业科技创新工程项目等8个科研项目获得立项支持。新品种选育及高效栽培研究实现新突破,培育出东饲豆2号等3个有苗头新品系,筛选出苜蓿、青贮玉米、棉花、水稻、蔬菜等16个新品种。建设大地乳业苜蓿、禾丰机采棉(杂粮)、垦利街道李王水稻、景屋合作社蔬菜、利津县兴昌食用菌、垦利园宝苗木合作社等7个试验示范基地，培养科技示范户40多户。科研创新平台进一步完善，设立山东省现代农业产业技术体系综合区域试验站5个，实施盐生植物园提升改造工程，改善科研基础条件，提升科技服务能力。 （市农业局 袁玲）

【农业科技教育】 ①完善基层农机推广体系。2016年基层农技推广体系改革与建设补助项目实现5个县区全覆盖，培育农业科技示范户1749户，辐射带动周边农户3.4万余户，建设农业科技试验示范基地17个，培训基层农技人员310人次，建设村级农业技术服务点105个，选聘农民技术员131名。②实施新型职业农民培育工程。河口区、广饶县、利津县3个县区承担新型职业农民培育项目，各培育生产经营型职业农民200人，全市共600人。③实施农村发展带头人培训工程。培训农村村两委成员400名。④实施农业科技服务体系工程。通过“农科通”手机短信科技服务平台发布农业科技信息40余条；县区农业部门在当地电视台播发农业科技电视专题120余期；建设市级农业科技示范培训基地10个，开展农业新品种、新技术试验示范和农民实训工作。 （市农业局 盖广玲）

【农业信息化】 2016年，按照“四化同步”（中国特色新型工业化、信息化、城镇化、农业现代化）的战略部署，结合“互联网+”行动和智慧城市建设，推进信息化在全市农业生产、经营、管理、服务等方面的建设应用，信息化和现代农业进一步融合。①实施“互联网+农业”行动。支持新型农业经营主体带动农户应用农业物联网和电子商务，引导发展精准农业，推动移动互联网、物联网等新一代信息技术在农产品生产环节的推广应用。②推进农产品电子商务工作。搭建农产品电子商务平台，积极开展信息引导、电商技能培训，搞好黄河口优质农产品物联网标准化基地与品牌营销网络体系建设、垦利区京东商城“中国特色·东营农特产馆”建设、广饶县阿里巴巴“特色中国·东营馆”建设，利津县成立全省首家乐村淘电子商务管理中心，拓展全市农产品的营销渠道。③以农业监控指挥中心为依托，整合“智慧农业”试点工程、远程农业专家会诊系统、农业地理信息、农村产权交易综合服务平台等系统，组建全市农业专家库，搭建统一的农业信息化综合服务平台，实现全市涉农网站对接融合。

（市农业局 丁莉）

【农民合作经济组织】 推进农民合作社规范发展，建立2016年“市级优先扶持农民合作社目录”，106家农民合作社确定为市级优先扶持对象。2016年市级财政安排项目资金150万元，重点扶持20家合作社上项目、增实力、提水平。争创省级及国家示范社，10家合作社被评为省级示范社，1家合作社被认定为国家示范社，全市国家示范社达到15家，省级示范社73家。至年底，全市农民专业合作经济组织发展到2095家，其中农民合作社2031家、专业协会64家，固定资产总额15.61亿元，社（会）员近11.47万人，经营范围涉及蔬菜、粮棉、畜禽、渔业、林果、休闲观光等多个产业，辐射带动25万多农户从事订单和专业生产。

（市农业局 丁子久）

【农业龙头企业】 实施东营市民兴食品有限公司3万吨/年出口蔬菜加工基地扩建项目等25个农产品生产加工项目，农产品生产加工能力进一步增强。全市新增农业龙头企业20家，农业龙头企业总量发展到650家。农业龙头企业通过“公司+基地+农户”“公司+合作社+基地+农户”等多种产业化发展模式，不断健全和完善与农户的利益联结机制，并发挥自身优势，为农户提供种养技术、市场信息、生产资料和产品销售等多种服务，促进农民增收和农产品加工业水平的提升。

**2016年东营市重点农业龙头企业基本情况表**

单位：万元

| 序号 | 企业名称 | 主要产品 | 资产总值 | 年销售收入 | 综合货单项在全国或全省同行业为此及所获荣誉称号等 |
|---|---|---|---|---|---|
| 1 | 东营市鲁通米业有限责任公司 | 黄河三角洲大米 | 4600 | 15000 | 黄河三角洲大米获“东营市十大名优农产品”称号 |
| 2 | 东营市景明水产有限公司 | 海参、海米、虾皮等水产品，以及大米等农产品 | 13208 | 12650 | 景明牌“尚品虾皮”“金钩海米”在第十四届山东省旅游商品创新设计大赛获“银奖”，景明牌“海参、虾皮、海米”纳入山东省首批知名农产品企业产品品牌目录 |
| 3 | 山东通和水产有限公司 | 文蛤、蓝蛤、刺参、毛蚶、对虾蛤、竹蛏 | 34500 | 15287 | “通和”牌刺参获东营市十大名优农产品。公司浅海贝类牧场被省海洋与渔业厅认定为“省级海洋牧场”。公司研发平台被省海洋与渔业厅和省发改委认定为山东省海洋工程技术协同创新中心。公司获得山东省技术市场科技金桥奖。公司拥有确权海域4325公顷，是全省最大的浅海滩涂贝类养殖基地 |

续表

| 序号 | 企业名称 | 主要产品 | 资产总值 | 年销售收入 | 综合货单项在全国或全省同行业为此及所获荣誉称号等 |
|---|---|---|---|---|---|
| 4 | 山东飞雪粮油食品股份有限公司 | 小麦粉 | 18938 | 35339 | 2016年在齐鲁股权交易中心挂牌上市。在第五届中国(青岛)国际营养健康暨绿色有机食品博览会上获"山东十佳营养健康食品",在第十六届北京国际营养健康产业博览会上获"十佳推荐健康食品"。"农丰乐"牌、"大码头飞雪"牌小麦特精粉被山东省粮食行业协会评为"放心面"。在2016年中国面粉市场调查中,飞雪牌面粉获"面粉百强品牌"称 |
| 5 | 广饶县汇通粮食有限公司 | 粮食收购销售 | 14695 | 53024 | 山东省十大粮油购销企业 |
| 6 | 广饶中心粮油有限公司 | 小麦粉 | 14429 | 19836 | |
| 7 | 山东半球面粉有限公司 | 小麦粉 | 36528 | 86000 | 获中国名牌、中国驰名商标、中国绿色食品、全国主食加工示范企业、全国绿色食品加工示范企业、全国守合同重信用企业等称号。经中粮协评选,半球公司获"2015年度全国小麦粉加工50强企业",列第17位 |
| 8 | 山东元灏面粉有限公司 | 小麦粉、麸皮 | 35867 | 67409 | 产品获得GB/T19001－2008质量管理体系认证 |
| 9 | 山东华誉集团有限公司 | 冻肉鸡及熟制品 | 142412 | 151796 | 山东省肉类食品行业综合实力50强企业 |
| 10 | 山东万得福实业集团有限公司 | 大豆蛋白系列产品、非转基因大豆油 | 186587 | 125539 | 大豆应用产品位居全国前列 |
| 11 | 东营市一邦农业科技开发有限公司 | 黄河香米、生态米、蟹田米、水晶米等大米产品 | 4870 | 5376 | |
| 12 | 东营市一大早乳业有限公司 | 粗粮饮品、果味饮料、好益多褐色饮料、植物蛋白饮料、八宝粥、含乳饮料 | 36676 | 40451 | "一大早"牌植物蛋白饮料和"好益多"牌乳酸菌饮料在山东省同行业中排名第一 |
| 13 | 东营市民兴食品有限公司 | 速冻芦笋、西兰花、苹果、黄桃等蔬菜水果 | 8112 | 8433 | "东富得"牌西兰花被评为"东营市十大名优农产品",速冻芦笋出口位居全省前列 |
| 14 | 山东利农菌业有限公司 | 白玉菇、蟹味菇 | 15129 | 5957 | |
| 15 | 东营三和油脂有限公司 | 大豆油、花生油 | 23208 | 39400 | |

**【农产品品牌】** 围绕主导产业和区域特色产业,加快实施农产品品牌战略,提高品牌影响力和竞争力。开展东营市第二届十大名优农产品评选活动,认定山东半球面粉有限公司半球牌小麦粉等10个产品为"东营市第二届十大名优农产品"。培育区域公用品牌,垦利大米、垦利黄河滩区小麦注册为地理标志证明商标,黄河口大闸蟹入选"山东省首批知名农产品区域公用品牌",景明水产公司景明牌海参、虾皮、海米等水产品入选"山东省首批知名农产品企业产品品牌"。

(市农业局 王红梅)

**【休闲观光农业】** 先后组织开展"全国休闲农业与乡村旅游示范点创建""全国休闲农业创意精品推介""国民休闲汇"及市内特色采摘等休闲农业节庆活动。举办黄河口渔家美食节、黄河华滩万亩葵园文化旅游节、郝家葡萄文化旅游节、红光赶海拾贝节、麻湾西瓜品尝推介会等节庆活动23次,累计接待游客171万人次。截至年底,全市休闲农业经营主体发展到142家,其中年营业收入500万元以上的经营主体42家,全市休闲农业经营面积13.4万亩,年营业收入12.4亿元,固定从业人员7997人,带动农户15023户。

(市农业局 杨海生)

**【家庭农场】** 2013年中央提出大力扶持发展家庭农场后,全市各级农业部门把培育发展家庭农场作为稳定完善农村基本经营制度的重要举措和培植新型农业经营主体的重要内容,先后制定印发《东营市家庭农场发展的暂行规定(实行)》(东农发〔2013〕93号)和《关于积极推动全市家庭农场又好又快发展的意见》(东农发〔2014〕108号)等规范性文件,明确加快家庭农场发展的重要意义、发展目标和基本原则。2016年,为加快推进家庭农场发展,市财政安排家庭农场补助资金150万元,重点扶持15个家庭农场进行土地流转,加强基础设施建设,发展规模化、标准化生产。至2016年底,全市工商登记家庭农场1039家,其中市级示范场125家、省级示范场15家,覆盖农林牧渔各业及特色产业。(市农业局 贾湘芹)

2016年11月30日,东营市农村产权交易市场首笔网签产权签约仪式
(市农业局提供)

【东亚飞蝗监控与防治】 2016年,东亚飞蝗发生面积267万亩次,防治面积180.5万亩次,总体防效95%以上。其中夏蝗发生面积147万亩,达标防治面积110万亩,夏蝗飞机防治50万亩,地面防治60.5万亩。秋蝗发生面积120万亩,防治70万亩。夏蝗查治共用飞机二架,作业63架次,防治面积50万亩。飞防全部采取生物药剂防治,形成控制蝗害与保护生态和谐统一的治蝗新格局,有效地控制了东亚飞蝗和土蝗的发生与危害,实现"飞蝗不起飞成灾、土蝗不扩散危害、入境蝗虫不二次迁飞"的总体目标。

(市农业局 尹洪德)

【农村新能源】 2016年,新建山东蓝海农业公司1000立方米和广饶淄泰家庭农场400立方米规模化沼气工程2处。市财政扶持资金120万元,建设秸秆综合利用示范基地6处,整合配套建设区域化服务站10处。东营区承担的2014年和广饶县承担的2015年省级生态农业与农村新能源示范县项目全面完成建设任务。(市农业局 魏志顺)

【农村产权制度改革】 ①巩固深化确权登记颁证工作。开展集体土地确权登记颁证和土地经营权证颁发工作,2016年全市为38家新型经营主体颁发土地经营权证,涉及土地约6万亩。在河口区开展农村承包土地的经营权抵押贷款试点,发放土地经营权抵押贷款12笔,贷款金额4060万元,涉及土地32391亩。②筹建农村产权交易市场。8月,东营市农村产权交易监督管理委员会成立(东政办字〔2016〕57号),并印发《东营市农村产权交易管理办法(试行)》(东农交监〔2016〕1号),指导各级市场开展农村产权交易。5个县(区)和7个重点乡镇产权交易市场建成并开始办理业务。10月,全市农村产权交易市场网站正式开通,实现农村产权交易和市级监管的信息化、网络化,截至2016年底,信息平台帮助农户流转土地2361亩,实现农民增收113.2万元。(市农业局 王香玲)

【农业行业扶贫】 成立全市农业行业脱贫攻坚工作领导小组,先后印发《关于加强全市农业脱贫攻坚工作的意见》《东营市农业脱贫攻坚工作实施方案》《东营市农业行业脱贫攻坚工作任务分工方案》,发挥新型农业经营主体示范带动、驻村"第一书记"帮扶和扶贫政策支撑"三个作用",实施高效特色种养业扶贫工程、科技促进扶贫工程和农村改革推动扶贫工程"三大工程",提升贫困人口的"自我造血"功能。2016年帮扶贫困户1682户、贫困人口3958人。

(市农业局 王海英)

## 种植业

【粮食生产】 2016年,全市粮食生产克服低温、干旱等不利气象因素影响,粮食作物喜获丰收。全市粮食播种面积250.02万亩,比上年增加3.8%;单产401.9公斤/亩,比上年减少3.0%;总产100.47万吨,比上年增加0.6%。

### 2016年全市主要粮食作物生产情况表

| 粮食种类 | 播种面积 | | 单产 | | 总产 | | 粮食种类 | 播种面积 | | 单产 | | 总产 | |
|---|---|---|---|---|---|---|---|---|---|---|---|---|---|
| | 万亩 | 比上年增% | 公斤/亩 | 比上年增% | 万吨 | 比上年增% | | 万亩 | 比上年增% | 公斤/亩 | 比上年增% | 万吨 | 比上年增% |
| 夏粮 | 122.61 | 7.7% | 414.1 | -1.9% | 50.78 | 5.6% | 谷子 | 0.14 | -33.8% | 243.7 | 13.2% | 0.04 | -42.6% |
| 秋粮 | 127.41 | 0.3% | 390.0 | -4.3% | 49.70 | -4.0% | 高粱 | 0.26 | -12.5% | 325.2 | -1.4% | 0.09 | -13.8% |
| 谷物 | 125.87 | 0.8% | 392.8 | -4.5% | 49.44 | -3.8% | 豆类 | 1.31 | -29.5% | 115.5 | 14.2% | 0.15 | 39.6% |

续表

| 粮食种类 | 播种面积 | | 单产 | | 总产 | | 粮食种类 | 播种面积 | | 单产 | | 总产 | |
|---|---|---|---|---|---|---|---|---|---|---|---|---|---|
| | 万亩 | 比上年增% | 公斤/亩 | 比上年增% | 万吨 | 比上年增% | | 万亩 | 比上年增% | 公斤/亩 | 比上年增% | 万吨 | 比上年增% |
| 玉米 | 116.40 | 2.0% | 394.8 | -4.4% | 45.95 | 2.5% | 薯类 | 0.23 | -23.9% | 459.3 | 8.2% | 0.11 | 30.2% |
| 稻谷 | 9.06 | 10.9% | 371 | -7.2% | 3.37 | -17.3% | | | | | | | |

（市农业局　杨海生）

【棉花生产】 2016年，全市棉花种植面积70万亩，比上年减少39%。由于天气情况良好，后期没有大的灾害，降雨、光照等对棉花生长有利，子棉亩产206.1公斤，比上年增加22.4%；皮棉亩产85.4公斤，比上年增加28.4%。全市子棉总产14.43万吨，比上年减少25.3%；皮棉总产5.97万吨，比上年减少21.8%。2016年棉花价格高于往年，物化成本略有下降，棉花每亩效益1113.02元，比上年增加86%。

（市农业局　苗兴武）

【蔬菜瓜果食用菌生产】 全市瓜菜播种面积53.86万亩，同比增加0.21万亩，总产207.51万吨，同比减少5.92万吨。其中，蔬菜47.86万亩，同比增加0.38万亩，总产量185.62万吨，同比减少8.2万吨；果用瓜面积6.575万亩，同比增加0.79万亩，总产21.89万吨，同比增加2.28万吨。全市日光温室面积9.005万亩，同比增加0.005万亩，总产74.77万吨，与上年持平。胡萝卜播种面积4万亩，与去年持平，总产14.2万吨，同比增加0.2万吨。全市莲藕面积9.17万亩，总产13.57万吨，分别比去年增加0.96万亩、1.36万吨。大蒜收获面积6万亩，蒜薹、蒜头合计亩产1658公斤，总产9.95万吨，总产值7.31亿元。其中，蒜薹亩产538公斤、总产3.23万吨、总产值1.80亿元；蒜头亩产1120公斤、总产6.72万吨、总产值5.51亿元。2016年，全市食用菌总产13.13万吨，同比减少3.64万吨，产值11.467亿元，同比减少1.61亿元。

新技术推广应用：推广胡萝卜种子带播种、肥水一体化。垦利县东营市盛元生态农业有限公司50亩、252个花莲藕种质资源繁育基地初见成效。莲藕品种对比试验，水泥预制池、混凝土池、土工布池、常规池等4个模式的栽培试验取得新进展。

项目争取：山东省高效特色农业发展平台项目启动，东营市争取到蔬菜项目1个，由广饶县怡丰农业开发有限责任公司、广饶县鲁骜种植农民专业合作社、广饶县富源蔬菜种植农民专业合作社负责实施。（市农业局　王文芬）

【植保工作】 ①病虫草害防治。2016年全市农作物病虫草鼠害发生面积1492.76万亩次，防治1474.52万亩次，挽回粮食损失209615.3吨、棉花16978.83吨、蔬菜196352.84吨、油料249.92吨、果树20554.72吨。发生较重的病虫害为麦蚜、小麦纹枯病、玉米蓟马、二点委夜蛾、二代棉铃虫、棉花枯黄萎病、夏蝗、稻瘟病、稻水象甲等。加强病虫害预测预报，全年发布病虫信息354次，中、长期预报准确率90%以上，短期预报准确率95%以上。加强技术宣传培训，举办科技培训班16期，发放技术资料5500余份，接待农户咨询1860人次。②植物检疫。加强种苗产地检疫和市场检疫检查，2016年实施产地检疫面积0.46万亩，重点检查322家单位或个人，共检查调入种子315批次432.3万公斤、种苗54批次9.7万余株，查获违法调运种子22批次1.21万公斤、种苗14批次1.7万株。加强农业有害生物疫情调查与防控工作。2016年，对6种检疫性有害生物进行普查，普查面积27.42万亩，全面摸清检疫性有害生物的发生和分布情况。③病虫专业化统防统治。全市共建设绿色防控示范样板10个，核心面积3万多亩。创新关键技术集成，重点推广水稻深水灭蛹、稻鸭共生、赤眼蜂防治稻纵卷叶螟等应用技术。推进专业化统防统治，2016年全市统防统治面积185万亩次，其中小麦110万亩次、玉米51万亩次、水稻16万亩次、棉花和其他作物共计8万亩次。④植保项目。争取并实施中央及省级财政农作物重大病虫害统防统治项目、统防统治能力建设项目、小麦“一喷三防”项目、玉米“一防双减”项目、农区蝗虫统防统治补助项目5个，争取资金960万元。

（市农业局　尹洪德）

【种子管理】 实施农作物良种示范工程项目，围绕小麦、玉米、水稻、棉花四大主要农作物，建设千亩高产良种示范园9片，示范园亩产比上年提高5%以上，选拔一批综合性状表现较好的品种。加强良种繁育田基地建设，落实棉花良种繁育田1.02万亩、小麦良种繁育田面积1万亩，最大限度地降低种子生产调剂带来的风险。开展97个农作物新品种的试验、展示、示范工作，在全市建立稳固的试验点8处(小麦2处、玉米2处、水稻2处、棉花2处)。开展种子质量监督抽查，以棉花、玉米、小麦、水稻为重点作物，查处农作物种子违法案件5起，维护种子使用者和经营者的合法权益。

（市农业局　张丽）

## 畜牧业

【概况】 2016年，全市肉蛋奶总产量60.79万吨，实现畜牧业产值 67.51 亿元，同比分别增长-0.05%和 7.06%。人均肉蛋奶产量、人均畜牧业产值等主要指标连续多年位居全省前列。

2016 年，全市畜牧系统围绕现代畜牧业发展，狠抓养殖业生产安全、动物源性食品安全、公共卫生安全和生态安全保障，推进产业结构调整和转型升级。①促进产业转型升级。通过大项目带动、标准化引导、科技化提升等措施，促进产业发展水平提高。畜牧业经济运行情况良好，产业结构进一步优化，规模化、标准化、生态化发展势头强劲。②推进重点项目建设。澳亚乳制品加工项目等 5 个重点畜牧项目总投资 52.07 亿元，累计完成投资 19.86 亿元，其中 2016 年完成投资 4.6 亿元。澳亚日处理 740 吨鲜奶的乳制品加工项目主体工程建设完成，部分设备正在安装；澳源牛业进口肉牛项目，建成屠宰加工车间 12270 平方米，一条牛肉分割线安装完成待投产。正邦集团在三泉、牟桥各建成一个母猪繁育场，常年存栏母猪 1 万头，具备年出栏肥猪 20 万头的生产能力。正大(东营)现代农业科技生态园项目一期 10 万头生猪养殖，完成 4 个养殖场建设，种猪繁育场进猪投产，进种猪 4459 头；二期 6000 头种猪场（含 29000 头配套保育场)完成施工图纸设计，正在进行工程建设招投标。推动“粮改饲”试点方面，市财政投入资金 300 万元、国家投入高产优质苜蓿示范创建项目资金 540 万元，全部用于支持东营市粮改饲试点项目建设；河口区、广饶县先后被列为国家级“粮改饲”示范县，获批项目资金 1800 万元，用于 19 个实施主体在种植、加工和利用方面的规范提升。加快病死畜禽无害化处理体系建设方面，落实《东营市病死畜禽无害化处理实施方案》，探索建立政府引导、财政补贴、企业运作的病死畜禽无害化处理机制，河口区、广饶县、利津县无害化处理厂建成投产并取得《动物防疫条件合格证》，各县区陆续建立 50 处收集暂存点，收集处理病死畜禽 5 万余头(只)，涵盖全市 41 处乡(镇、街道)和所有规模养殖场。③提升产业发展质量。坚持科学化规划布局，委托农业部农村经济研究中心和中央党校国际战略研究院修订完善《东营市现代畜牧业十三五发展规划(2016—2020)》，科学划定禁养区、限养区和适养区。推动产业转型升级，研究制定《东营市奶业转型升级实施方案》等 6 个畜牧业转型升级方案。坚持生态化发展，开展畜禽养殖污染防治和农作物秸秆综合利用试点的技术指导，畜禽粪污无害化处理和资源化利用率达到 95%。坚持标准化提升，争取畜禽粪污治理、奶牛标准化规模养殖场(小区)建设储备项目等省级以上项目 63 个、到位资金 4830 万元，同比增加 134.78%。创建畜禽标准化养殖场国家级 4 处、省级 11 处。加强畜牧合作组织建设，规范提升农民合作社省级示范社 5 家、国家级示范社 1 家。协调抓好畜牧业金融保险工作，联合 5 家银行、4 家保险公司、1 家担保公司，通过采用信贷担保、牛羊等活体抵押贷款等创新金融模式，发放贷款 2527 万元，贴息 54.04 万元，累计为 1095 户畜牧养殖户提供 9403.86 万元的风险保障，扩大财政资金效用 21.68 倍。④防控重大动物疫病。做好集中免疫，全年调拨各类疫苗 3408 万毫升，免疫各类畜禽 4026.5 万头(只)，应免畜禽免疫率 100%。开展动物疫病集中监测、免疫效果评价与防疫监督检查，市级全年共监测动物血清学及病原学样品 3521 份，检测样品 12323 项次，口蹄疫等强制免疫病种免疫抗体合格率均高于农业部规定标准，抽查 10 个乡镇 20 个村的畜禽散养户免疫记录、免疫证齐全，东营市畜禽重大动物疫病处于稳定保护状态，免疫密度 100%。组织完成动物疫病定点监测与流行病学调查，监测畜禽养殖、屠宰、交易、野鸟栖息地等重点区域与场所 96 处，采集动物血清学及病原学样品 6706 份；调查养殖场户 96 处，调查畜禽 301620 头(只)。动物疫病监测与调查结果表明，东营市重大动物疫病防控形势总体平稳可控。加强检疫监督，严格规范检疫证章管理、产地检疫、屠宰检疫和跨省调运动物及动物产品等工作，报检合格率 100%。⑤保障畜产品质量安全。重点开展兽用疫苗专项整治行动、生猪屠宰“扫雷”“清源”行动、“瘦肉精”专项整治行动和生鲜乳专项整治行动，全市出动执法人员 2143 人次，检查畜牧生产经营企业 2736 家，排查各种隐患 13 处。择优公开遴选山东省商业职业学院等 4 家检测机构实施第三方监督性抽样监测，全年完成畜产品监测任务 639 批，协助部、省完成监测抽样 932 批。市财政拿出 22.2 万元奖励资金，对全市 25 家获得 2015 年无公害产地认定、无公害产品认证、绿色产品认证的企业进行奖励，导向行业发展高效高端高质畜牧业。⑥提升产业科技水平。推动产学研融合发展，推动大地乳业、澳亚集团与南澳州基础产业部开展交流合作，促成东营神州澳亚现代牧场有限公司、山东省农业科学院奶牛研究中心、山东奥克斯畜牧种业有限公司合作建设世界一流高产奶牛良种基

2016 年 3 月 20 日，开展“瘦肉精”专项整治行动宣传 (市农业局提供)

地，推动山东农业大学、东营市畜牧局以及胜大奶牛场等三家企业合作共建研究生培养基地，承担《高产奶牛精准化养殖综合关键技术研究与应用》课题研究，获市科技进步二等奖。加大2016年主导品种和主推技术的推广力度，推广奶牛冻精细管10万支，繁殖高产奶牛5万头，高产奶牛覆盖率90%以上，全市产奶牛平均单产突破9.1吨，全市39家奶牛场中，获无公害认证的34家。加强科技人员培训，培树省级新型职业农民培育实训基地3处、新推荐申报3处，组织开展技术培训和实用技术现场指导81班次，培训指导农民及畜牧从业者2397人次。

**2016年全辖畜牧业生产情况表**

| 指　标 | 计量单位 | 数量 | 同比增% | 指　标 | 计量单位 | 数量 | 同比增% |
|---|---|---|---|---|---|---|---|
| 一、生猪存栏 | 万头 | 55.50 | -12.5 | 七、羊出栏 | 万只 | 136.06 | 55.2 |
| 其中:能繁母猪存栏 | 万头 | 6.25 | 0.8 | 八、家禽出栏 | 万只 | 6908.62 | 16.6 |
| 二、牛存栏 | 万头 | 11.09 | -38.7 | 其中:鸡出栏 | 万只 | 4513.22 | 13.4 |
| 1.肉牛 | 万头 | 3.90 | -62.9 | 鸭 | 万只 | 2350.19 | 21.3 |
| 2.奶牛 | 万头 | 6.90 | -3.4 | 九、肉类总产量 | 万吨 | 16.76 | -9.3 |
| 三、羊存栏 | 万只 | 74.06 | -8.1 | 其中:猪肉 | 万吨 | 5.47 | -20.2 |
| 四、家禽存栏 | 万只 | 2134.65 | 4.9 | 牛肉 | 万吨 | 0.61 | -60.7 |
| 其中:蛋鸡 | 万只 | 478.05 | -5.3 | 羊肉 | 万吨 | 1.23 | 31.6 |
| 肉鸡 | 万只 | 1045.76 | 11.6 | 禽肉 | 万吨 | 9.39 | 4.1 |
| 肉鸭 | 万只 | 580.92 | 4.9 | 十、禽蛋产量 | 万吨 | 9.16 | -17.5 |
| 五、生猪出栏 | 万头 | 77.28 | -16.4 | 十一、奶类产量 | 万吨 | 34.86 | 11.6 |
| 六、牛出栏 | 万头 | 4.45 | -60.1 | | | | |

**【品种改良】** 2016年，全市畜牧业围绕六大优势主导产业，加快畜禽良种推广，同时保护当地畜禽遗传资源。①落实良种补贴资金。承担实施国家畜牧良种补贴项目，根据改良计划，对全市能繁奶牛进行改良，提高生产性能。推广奶牛冻精细管10万支，繁殖高产奶牛5万头，高产奶牛覆盖率90%以上。加强选种选育，淘汰低产奶牛，持续改善奶牛结构，产奶牛平均单产突破9.1吨。全市肉鸡、肉鸭、奶牛全为优良品种，生猪、肉牛(渤海黑牛除外)全部是杂交改良，改善了肉质、提高了日增重。全市建立渤海黑牛、中华蜜蜂两个地方畜禽品种保种场，保护地方遗传资源。全市存栏渤海黑牛140头，中华蜜蜂120群。

**【兽药生产与经营】** 至2016年底，全市有兽药生产企业6家，完成兽药产值1.46亿元；兽药经营企业86家，完成销售额2156万元。兽药GSP验收权限下放县区。根据《东营市人民政府关于调整东营市市级行政权力清单有关事项的通知》(东政字〔2016〕28号)要求，兽药GSP检查验收(兽药制剂)事项自2016年4月22日起下放至县级兽医行政主管部门。①兽药追溯体系建设。根据农业部和省畜牧兽医局有关要求，6家兽药生产企业全部安装兽药生产追溯系统，实现兽药产品赋值上市；86家兽药经营企业申报参加国家兽药经营追溯系统试点工作。截至2016年底，完成兽药追溯软件、扫描设备的装配工作，配发识别码，企业正进行数据完善上传。②兽药专项整治。参与组织东营市畜禽水产品抗生素、禁用化合物及兽药残留超标专项整治行动，组织开展全市兽用抗菌药专项整治行动、兽用生物制品违法行为专项整治行动和一系列假劣兽药查处活动、查处黄芪多糖注射液、口服液等疑似假劣兽药活动。截至2016年底，全市出动执法人员1948人次，检查兽药生产、经营和使用单位808家，整顿兽药市场6次，印发宣传资料8300份，查处案件3起，办结2起，罚款1.2万元，没收违法所得9.5581万元。

**2016年全市兽药生产企业统计表**

| 企业名称 | 所在县区 | 是否停产 | 企业总人数(人) | 产值(万元) | 利税(万元) | 固定资产总额(万元) |
|---|---|---|---|---|---|---|
| 山东康普善药业有限公司 | 东营区 | 否 | 27 | 120.45 | 0.8 | 568.61 |
| 山东好利来动物药业有限公司 | 东营区 | 否 | 107 | 2600 | 124 | 12600 |
| 山东佳诚动物药业有限公司 | 垦利区 | 否 | 18 | 2000 | 25 | 1800 |
| 山东天牧生物科技有限公司 | 垦利区 | 否 | 25 | 910 | 7.2 | 400 |
| 新发药业有限公司 | 垦利区 | 否 | 380 | 8 | — | 8600 |
| 山东信合生物制药有限公司 | 利津县 | 否 | 168 | 9000 | 370 | 9500 |
| 合计 | | | 725 | 14638.45 | 527 | 33468.61 |

【饲料饲草生产及管理】 2016年，全市饲料总产值25.63亿元，饲料总产量63.85万吨，其中配合饲料、浓缩饲料、饲料添加剂、混合型饲料添加剂和单一饲料分别为50.76万吨、0.16万吨、0.74万吨、0.011万吨和12.18万吨。①强化责任落实。召开全市兽药饲料质量安全管理培训会，强化饲料管理人员和从业人员的责任意识，与各县区签订饲料质量安全责任书。②强化饲料质量安全监测。年初制定全年的抽检方案，按照方案认真完成本级的抽检计划，并配合完成省、部级抽检任务。全年开展养殖环节尿样抽检6次，共抽检780批；抽检饲料产品3次，共计48批。③强化饲料生产企业日常监管。实施饲料质量安全监督监管报告制度，开展饲料标签和饲料生产企业原料使用两项专项整治活动，为净化饲料生产市场提供助力。

贯彻供给侧结构性改革要求，推动粮改饲各项工作落到实处，提高优质饲草料供给能力。争取市级财政300万元、国家资金2340万元，建设粮改饲试点示范县2个、国家级高产优质苜蓿示范片区3个和3000亩以上苜蓿种植模式探索及高产攻关示范片区3个。开展苜蓿与小黑麦套种等6种种植模式探索和苜蓿半干裹包青贮技术试验，筛选出中苜3号、吉饲2号等10余个适宜东营市种植的牧草新品种，辐射带动千亩以上苜蓿、青贮玉米等成方连片种植地块32处11.1万亩，秸秆青贮实现79.94万吨，青贮种类实现多元化发展，由单一青贮玉米发展到青贮甜高粱、青贮小麦、青贮燕麦和青贮苜蓿。全市饲草饲料作物种植面积58万亩，其中苜蓿种植面积2.8万亩，成方连片3000亩以上地块6处。

### 2016年部分饲料生产企业统计表

单位：吨、万元

| 序号 | 企业名称 | 地　　址 | 产品品种 | 产量 | 同比增±% | 总产值 | 同比增±% |
|---|---|---|---|---|---|---|---|
| 1 | 新发药业有限公司 | 垦利区垦利镇黄店村东 | 饲料添加剂、混合型饲料添加剂 | 6376 | 13.7 | 80180 | 50.5 |
| 2 | 利津六和兴华饲料有限公司 | 利津县盐窝镇永和路226号 | 配合、浓缩饲料 | 38760 | -17.9 | 9395 | -25.6 |
| 3 | 东营和美饲料有限公司 | 利津县利津镇姜家庄 | 配合、浓缩饲料 | 73550 | 26.4 | 18344 | 13.9 |
| 4 | 利津天普阳光饲料有限公司 | 利津县经济开发区 | 配合、浓缩饲料 | 120466 | 40.6 | 30029 | 23.0 |
| 5 | 东方希望(东营)动物营养食品有限公司 | 广饶县潍高路以北，东外环路以西 | 配合、浓缩饲料 | 12381 | -11.4 | 2698 | -18.5 |
| 6 | 东营市华誉饲料有限公司 | 广饶县城北10公里 | 配合饲料 | 86868 | -11.5 | 22780 | -27.6 |
| 7 | 山东天红饲料科技有限公司 | 广饶县城南辛河路东 | 配合饲料 | 60930 | -12.3 | 18193 | -17.0 |
| 8 | 广饶天普阳光饲料有限公司 | 广饶县城北十公里处 | 配合、浓缩饲料 | 56984 | 58.9 | 13647 | 34.9 |
| 9 | 广饶光聚六和饲料有限公司 | 广饶县陈官乡政府驻地 | 配合、浓缩饲料 | 49249 | 39.4 | 19407 | 56.0 |

【畜牧产业化】 2016年，澳亚乳制品加工项目等5个重点畜牧项目总投资52.07亿元，累计完成投资19.86亿元，其中2016年完成投资4.6亿元。争取畜禽粪污治理、奶牛标准化规模养殖场(小区)建设储备项目等省级以上项目63个、到位资金4830万元，同比增加134.78%。创建畜禽标准化养殖场国家级4处、省级11处。加强畜牧合作组织建设，规范提升农民合作社省级示范社5家、国家级示范社1家。

【畜产品质量安全】 制定印发《2016年全市畜产品质量安全整治方案》《2016年全市畜产品质量安全监测方案》，市、县区、乡镇三级层层签订《畜产品质量安全责任书》，畜牧生产、经营企业做出安全承诺，明确自身的监管责任和企业的主体责任。①抓专项整治，治理质量安全隐患。按照"标本兼治、重在治本"的原则，重点开展兽用抗菌药专项整治行动、生猪屠宰"扫雷"行动、瘦肉精"专项整治行动、生鲜乳专项整治行动和农资打假专项治理行动，全市出动执法人员2143人次，检查畜牧生产经营企业2736家，排查各种隐患13处。②抓监督检测，强化质量安全保障。按照《2016年全市畜产品质量安全监测方案》，经市财政局批准，对2016年畜产品质量监测项目进行竞争性评审，山东商院食品检测有限公司等4家机构中标并签订合同书。组织各县区和第三方检测机构完成全年畜产品监测任务，监测肉、蛋、奶、尿样品639批，检测瘦肉精、兽药残留、生鲜乳质量3类项目，监测畜牧养殖、屠宰企业298处，畜产品质量监测合格率98.90%。③抓宣传教育，提高质量安全意识。利用法制宣传日、食品安全宣传周、3·15打假等活动，宣传畜产品质量安全法律法规，全市印发宣传资料1.8万余份、知识手册3000余册，发放告知书、明白纸21365份，制作宣传板报10块，指导培训21场次，指导培训1695人次，提高监管人员和畜牧生产者的质量安全意识和法律责任意识。

【重点畜牧企业选介】 山东华誉集团。成立于1988年1月，是集育种、养殖、加工、贸易、金融、酒店于一体的综合性企业集团，拥有5个公司、25个分场(厂)，资产总值12亿元。年加工能力饲料24万吨、蔬菜2万吨、肉鸡3500万只、熟制品18000吨、纸箱3000万平方米，年存栏种鸡40万套、孵化鸡苗5000万只,可对外提供贷款4.5亿元。基地辐射周边4个市地、8个县区、39个乡镇,带动5000多户农民种养致富,年肉鸡出栏3200万只,蔬菜种植面积1万多亩,饲料转化粮食(大豆、玉米)种植面积15万亩,综合产值20亿元。(市畜牧局 崔帅)

# 海洋与渔业

【概况】 2016年,全市渔业增养殖面积197万亩,其中,海水养殖面积162.2万亩、淡水养殖面积34.8万亩。全市水产品总产量为58.7万吨,同比增长3%,其中,海水养殖产量38.8万吨,淡水养殖产量10.6万吨,渔业捕捞产量9.3万吨。渔业总产值162亿元,同比增长4.5%,其中,渔业第一、二、三产业产值分别为81亿元、27亿元、52亿元,三次比例为50:17:33。

【海洋综合管理】 ①严格落实省政府批复的《东营市海洋功能区划(2013—2020年)》,编制《2015年东营市海域使用管理公报》,严格海域使用项目审批管理程序,2016年全市依法受理用海项目143宗,征收海域使用金2.2亿元,办理28笔海域使用权抵押贷款登记,抵押贷款金额12.17亿元。②推进重大用海项目报批。东营港区万通集装箱仓储区陆域形成工程等6宗围填海项目确权发证,30万吨单点系泊项目由国家海洋局受理,10万吨航道工程海域论证和环评报告书通过专家评审,广利港区10宗用海项目审批手续办理进展顺利。重点围绕平面布局设计、围填海成本分析、价值评估及海上新城运作模式等开展东营海上新城区域战略研究。③推进生态海洋建设。落实海洋生态红线制度,承接做好省厅下放的海洋工程环境影响报告核准工作,全年审核报告书99个,征收生态补偿金2631.62万元。加强国家级海洋特别保护区建设,东营市海洋宣传教育基地建设完成,被国家海洋局批准设立"全国海洋意识教育基地",海洋规划进城市规划展览馆工作进入招标程序。组织开展"世界海洋日"系列主题宣传活动,参加东亚海大会暨2016年PMLG年会。完成全年海洋环境和重点海参养殖区水质监测任务,发布《2015年东营市海洋环境质量公报》,每天通过东营电视台发布海洋预报,服务海上生产作业。东营市作为全省唯一一个"十三五"时期国家级海洋生态文明示范区创建计划市列入《山东省海洋生态文明建设规划(2016—2020年)》。④维护良好用海秩序。落实"岸段负责制""旬巡查、旬督察""用海项目预告知"和海洋工程建设项目"三同时"制度,开展海洋工程、油气开发、养殖用海、海洋环境保护等专项执法,海洋渔业专用执法基地码头建成投用,全市海洋执法监察能力不断提升。

【现代渔业】 全市渔业增养殖面积197万亩,全市实现水产品产量58.7万吨、渔业总产值162亿元,同比分别增长3%和4.5%。①渔业生产规模扩大。全面落实《关于发展现代渔业推进"海上粮仓"建设的实施意见》,全市黄河口海参养殖面积24万亩,产值14.1亿元,同比增长24%,收捕鲜活海参1.53万吨,同比增长21%;支持华春渔业公司创建成为省级海参良种场,黄河口海参广场项目完成室内基本装修,对打造黄河口海参品牌、创新营销理念和营销模式将发挥重要推动作用。全市黄河口大闸蟹养殖面积7.2万亩,产量8500吨,产值4.3亿元,支持恒盛公司开发建设5000亩黄河口大闸蟹产业示范区,通过引进养殖技术,创新养殖模式,提高黄河口大闸蟹的养殖规格和产量,产品通过香港老三阳公司销往港澳市场并出口新加坡等国家和地区,恒盛公司在垦利区流转4000亩地进行黄河口大闸蟹标准化养殖,威海蓝海生物科技公司在垦利区流转6000亩地建设黄河口大闸蟹标准化养殖出口基地,玉峰水产公司在市现代渔业示范区建设大闸蟹生态育苗基地,东营市黄河口大闸蟹产业发展实现新的突破。全市海水南美白对虾养殖面积28.3万亩,产量1.19万吨,产值4.89亿元。淡水南美白对虾养殖面积8.3万亩,产量2.49万吨,产值8.96亿元。工厂化水产养殖势头良好,全市工厂化养虾车间27万平方米,水产育苗水体50万立方米,年繁育各类苗种75亿单位。②渔业资源修复成效明显。全年投入放流资金1704万元,放流中国对虾、海蜇、大闸蟹、文蛤贝类等水产苗种5.4亿单位,东营市近海中国对虾等渔业资源修复效果良好。在河口鸣翠湖公园举办第三届黄河口放鱼节,通过城市水系放流草鱼、鲢鱼、鳙鱼等滤食性鱼苗近120万尾。③渔业第二、三产业加快发展。全市市级及以上渔业龙头企业39家,其中省级渔业龙头企业5家,新增市级渔业龙头企业3家。全市渔民专业合作社97家、家庭渔场31家,其中3家合作社被认定为省级示范社。全市水产品流通业产值36.12亿元,同比增加7.24%。西苑水产品批发市场、广利渔港和红光渔港等水产品交易市场辐射力不断扩大,黄河口大闸蟹公司、景明公司、玉峰公司等水产企业电商销售发展迅速。④推进休闲渔业发展。全市休闲渔业基地35余处,其中省级休闲渔业示范点7处,国家级休闲渔业示范基地1处,重点支持广饶鹊苑农场创建全市首家省级休闲渔业公园,全市休闲渔业基地占地面积总计160万平方米。在垦利以东海域投放生态型人工鱼礁1.5万空方,建立水生生物聚集区,探索建设省级休闲海钓基地。⑤推进"海洋牧场"建设。着手编制《黄河三角洲(东营)海洋牧场建设规划》,探索底播型、海钓型、筏式养殖型三种海洋牧场模式,垦利海盈水产公司建设全市第一个省级海洋牧场(底播型),利津刁口海域吊笼扇贝养殖试验取得预期效果,为建设浅海养殖型海洋牧场积累经验。⑥加强渔业品牌建设。做好"三品一标"认证工作,截至2016年底,全市"三品一标"产地55个,产品96个,面积

118.4 万亩。在腾讯视频发布《黄河口大闸蟹宣传推介》专题片，黄河口大闸蟹获“2016 全国最具影响力水产品区域公用品牌”和“山东知名农产品区域公用品牌”，品牌价值 16.3 亿元。“景明牌”海参、虾皮、海米等水产品纳入山东农产品知名品牌目录。

【渔业科技】 ①渔业科研平台建设取得突破。与省海洋生物研究院、河口区政府签署“海生·河口”渔业科技精准对接战略合作协议，打造黄河三角洲科技协作创新平台，初步确定渔业科研项目 11 个，涉及海参、对虾、贝类等主导养殖品种。推进垦利区与省淡水渔业研究院对接合作，共建黄河口大闸蟹产业技术研究院，搭建黄河口大闸蟹产业研发平台。②渔业科研项目成效明显。刺参—对虾循环养殖试验面积 1050 亩，刺参平均规格达到 155 克，平均亩产 116 公斤，南美白对虾平均亩产达到 151 公斤，较单独养殖刺参综合效益翻番。黄河口滩涂资源调查初步摸清全市主要经济贝类的分布和生长规律，对文蛤、四角蛤蜊、魁蚶、沙蚕等主要经济种类的增殖关键技术进行优化研究。③开展渔业科技推广和服务。推进“渔业通”信息化平台建设，开通县级平台 5 处，企业平台 11 处，安装手机端 748 个，标注渔场 160 处。组织开展基层渔业技术推广体系改革与建设项目，选聘技术指导员 190 名，培育科技示范户 2300 户。2016 年，全市举办培训班 83 期，培训渔民 5700 余人次，发放技术手册和明白纸 8500 余份。

【渔业安全管理】 ①提升渔业安全保障能力。实施平安渔业建设项目，为刁口渔港配备消防设施。推进广利渔港红光渔港建设论证，委托中交一航院开展设计论证、勘测试验等前期工作。开展渔业互保工作，全年完成保费 660 万元，参保渔民 3100 余人。做好渔业捕捞和养殖业油价补贴发放工作，发放补助资金 4993 万元。②做好渔业安全生产监督检查工作。落实班子成员包县区责任制，定期深入渔港、码头开展安全隐患排查，全年派出督查检查组 127 个，查出一般隐患 105 项，全部整改到位。分别在黄河口中心渔港、小岛河渔港组织海上搜救消防综合应急救援演练，加强宣传培训，提高渔民安全意识和能力。②加强渔船渔港管理。开展渔业捕捞许可证年审，完成黄河口中心渔港等 5 座等级渔港和 13 处自然码头、港湾的普查、认定工作，举办 5 期三级职务船员培训班，对全市 26 艘涉外渔船实行包保盯靠管理，对排查出的 89 艘涉渔“三无”船舶实行定点扣押监管，全面加强伏季休渔管理工作力度，强化海陆监督检查，维护伏休秩序。③加强水产品质量安全管理。组织开展苗种、成品、投入品、海参等专项整治活动，出动执法人员 2000 余人次，检查育苗、养殖企业 939 家次，全年完成市级以上监督抽检及风险监测任务 488 个，合格率 99.6%。

【淡水养殖】 全市淡水养殖面积 34.8 万亩，实现水产品产量 101807 吨，产值 236038 万元，养殖品种以淡水鱼、黄河口大闸蟹、黄河口鳖、南美白对虾等为主。

**2016 年全市淡水养殖主要产品产量产值表**

| 种类名称 | 养殖面积(万亩) | 同比增% | 产量(吨) | 同比增% | 产值(万元) | 同比增% | 产 地 |
|---|---|---|---|---|---|---|---|
| 总计 | 34.8 | 3.26 | 10.1807 | 1.98 | 236038 | -9.66 | 全市各县区 |
| 其中:鱼 | — | 5.83 | 7.5070 | 4.55 | 54428 | -23.43 | 全市各县区 |
| 虾 | 8 | — | 1.8065 | -5.24 | 105700 | -5.24 | 全市各县区 |
| 蟹 | 7.2 | — | 0.8464 | -4.25 | 72790 | -4.25 | 全市各县区 |
| 鳖 | 0.31 | — | 0.0208 | 62.5 | 3120 | 62.5 | 广饶县、垦利区 |

【海水养殖】 全市海水养殖面积 158.75 万亩，实现水产品产量 387579 吨，产值 421385 万元，养殖品种有海参、日本对虾、南美白对虾、梭子蟹和半滑舌鳎等。其中全市海参开发养殖面积 26.6 万亩；浅海护养面积 111.255 万亩，以文蛤、青蛤、四角蛤、杂色蛤、竹蛏等贝类养护为主。

**2016 年全市海水养殖主要产品产量产值表**

| 种类名称 | 养殖面积(万亩) | 同比增% | 产量(吨) | 同比增% | 产值(万元) | 同比增% | 产 地 |
|---|---|---|---|---|---|---|---|
| 总计 | 158.75 | -1.58 | 38.7579 | 3.69 | 421385 | 14.61 | 全市各县区 |
| 其中:鱼 | 0.015 | — | 0.0071 | 1.43 | 497 | 65.66 | 利津县、广饶县 |
| 虾 | 20.11 | 7.43 | 1.2546 | 44.31 | 125460 | 20.26 | 全市各县区 |
| 蟹 | 0.77 | -34.18 | 0.0774 | -28.8 | 6192 | -43.04 | 东营区、垦利区 |
| 海参 | 26.6 | -17.9 | 1.3747 | 16.14 | 118224 | -0.12 | 东营区、河口区<br>垦利区、利津县 |
| 贝类 | 111.255 | 2.07 | 36.0441 | 2.37 | 171012 | -27.82 | 全市各县区 |

【海洋捕捞】 全市完成捕捞产量93258吨,产值131353万元,主要捕捞品种有鳀鱼、梭鱼、海蜇、毛虾、中国对虾、梭子蟹、四角蛤等。

**2016年全市海洋捕捞主要产品产量产值表**

| 种类名称 | 产量(吨) | 同比增% | 产值(万元) | 同比增% | 种类名称 | 产量(吨) | 同比增% | 产值(万元) | 同比增% |
|---|---|---|---|---|---|---|---|---|---|
| 总计 | 93258 | 1.45 | 131353 | -4.45 | 三、甲壳类 | 1283 | -2.26 | 64355 | 7.81 |
| 一、鱼 | 56751 | 2.17 | 51176 | 2.17 | 其中:虾 | 10146 | 0.79 | 42183 | 0.97 |
| 其中:鳀鱼 | 31738 | 17.66 | 6348 | -1.93 | 蟹 | 2737 | -12.13 | 22172 | -20.7 |
| 梭鱼 | 14536 | 1.46 | 45429 | 1.46 | 四、其他 | 4846 | -12.73 | 4846 | -29.9 |
| 二、贝类 | 18778 | 2.71 | 10976 | 2.71 | 其中:海蜇 | 4846 | -12.73 | 4846 | -29.9 |

【海洋与渔业资源保护】 全年投入放流资金1704万元,放流中国对虾、海蜇、大闸蟹、文蛤贝类等水产苗种5.4亿单位,近海中国对虾等渔业资源修复效果良好。在河口鸣翠湖公园举办第三届黄河口放鱼节,通过城市水系放流草鱼、鲢鱼、鳙鱼等滤食性鱼苗近120万尾。

**2016年全市渔业资源保护区情况表**

| 保护区名称 | 建立时间 | 位置 | 面积(公顷) |
|---|---|---|---|
| 东营黄河口文蛤国家级水产种质资源保护区 | 2006.10 | 河口区东部浅海 | 2189 |
| 广饶海域竹蛏国家级水产种质资源保护区 | 2007.6 | 广饶县东部浅海 | 2050 |
| 黄河口半滑舌鳎国家级水产种质资源保护区 | 2008.10 | 利津县刁口乡沿海 | 10075 |
| 黄河口四角蛤兰蛤省级水产种质资源保护区 | 2014.6 | 垦利区东部浅海 | 970 |

【水产品加工与流通】 2016年,全市水产品流通业产值36.12亿元,同比增加7.24%。全市市级及以上渔业龙头企业39家,其中省级渔业龙头企业5家,新增市级渔业龙头企业3家。全市渔民专业合作社97家、家庭渔场31家,其中3家合作社被认定为省级示范社。西苑水产品批发市场、广利渔港和红光渔港等水产品交易市场辐射力扩大,黄河口大闸蟹公司、景明公司、玉峰公司等水产企业电商销售发展迅速。做好"三品一标"认证工作,全市"三品一标"产地55个,产品96个,面积118.4万亩。

**2016年全市主要水产品加工企业基本情况统计表**

单位:万元、吨

| 企业名称 | 主要业务 | 地址 | 固定资产 | 年销售额 | 年加工能力 |
|---|---|---|---|---|---|
| 东营市鑫港渔业有限公司 | 水产品加工 | 东营区广利港 | 2746 | 10251 | 3000 |
| 山东景明海洋科技有限公司 | 水产养殖、加工、科研、销售、休闲观光 | 东营区北二路胜利油田供水公司 | 4910 | 22547 | 939.45 |
| 山东海星集团有限公司 | 浅海养殖、加工及销售;苗种繁育 | 河口区仙河镇 | 12000 | 18000 | 5000 |
| 东营海跃水产科技有限公司 | 海参养殖、育苗;刺参、菲律宾蛤仔苗种生产 | 东营市现代渔业示范区 | 24713 | 3600 | 6000 |
| 东营振宇水产资源开发有限公司 | 养殖、加工、销售各种贝类等水产品 | 河口区新户镇 | 14000 | 20000 | 1500 |
| 东营通和水产有限公司 | 海淡水产品养殖、加工、销售 | 河口区新户镇 | 7000 | 8000 | 600 |
| 东营市海华水产有限责任公司 | 水产养殖、水产加工、冷藏、销售 | 河口区河口街道 | 4000 | 1500 | 2000 |
| 东营老船家水产品开发有限责任公司 | 食品加工、销售 | 河口区六合街道 | 1000 | 800 | 800 |
| 东营市蓝田水产养殖有限公司 | 水产苗种繁育、养殖、销售;其他水产加工品 | 垦利经济开发区东安路西侧 | 3217 | 11962 | 400 |
| 东营市海盈水产品开发有限公司 | 水产品养殖、加工 | 垦利区红光渔业示范区 | 6500 | 7000 | 17000 |
| 山东黄河口大闸蟹有限公司 | 大闸蟹、甲鱼养殖加工 | 垦利区永安镇经二西路南侧 | 2408.43 | 3386.41 | 220 |
| 东营市玉峰水产加工公司 | 水产养殖、加工、销售 | 垦利区永安镇政府驻地北部 | 1600 | 1760 | 130 |
| 山东黄河口水产有限公司 | 水产养殖、加工、销售 | 垦利区永安镇政府驻地北部 | 1300 | 1100 | 80 |
| 东营市亚东星海水产品开发有限责任公司 | 水产养殖、加工、销售及研发 | 广饶县丁庄镇 | 1344 | 3000 | 2000 |

**【渔政管理】** 渔业安全隐患大排查。成立渔业安全生产隐患大快严集中行动领导小组，派出督查检查组127个，检查渔船4006艘，排查渔业企业33家，查出一般隐患105项，整改105项。

涉外渔业综合管理。市政府召开两次调度会议部署加强涉外渔船管理和渔船严管严控工作。按照《关于从严加强海洋渔船管理工作的通知》，开展全市海洋渔船普查和推进渔港认定工作，对涉外渔船实行包保盯靠管理，组成专门工作组，分赴石岛和羊口等地，对涉外渔船实行驻地盯防，全市涉外渔船管控总体形势保持稳定。

涉渔“三无”船舶专项治理。开展全市海洋渔船普查工作，对海洋捕捞渔船、辅助渔船、养殖渔船、特殊渔船、涉渔“三无”船舶及脱审(脱检)等渔船信息进行全面排查摸底。出台《海洋涉渔“三无”船舶拆解工作规程》，完善取缔操作细则，对全市排查出的89艘涉渔“三无”船舶，实行定点扣押监管。

清理违规渔具专项整治行动。制定下发工作实施方案，组织各县区、渔业协会集中开展清理“须子网”“地笼”等违规渔具整治行动。海上渔政船与护渔协管船只配合，重点取缔增殖区域内的违规禁用渔具。联合边防、社区，集中销毁渔港码头堆放、渔船装载的禁用渔具。2016年，全市共清理取缔“须子网”2000余米，“地笼”180余具，电网渔具15套。

伏季休渔管理。成立市伏休领导小组，分设陆地、海上、安全三个执法工作组，发放《致全市渔工渔民的一封信》4000份，悬挂横幅80余幅、张贴通告300余张。通过报纸、电视、广播、政府网站等新闻媒体扩大宣传范围，循环播出伏休公益广告，及时刊发伏休政策信息，营造伏休浓厚氛围。强化海陆监督检查，对渔港码头实行每日巡查，对应休渔船定期进行清点，对收购站点、水产批发市场实施全面监控。联合边防、海事部门开展海上集中巡航执法检查。伏休期间，全市累计检查渔船5775艘次，查处违规渔船13艘。

海蜇专项资源管理。在广利渔港开展海蜇专项资源社会化管理试点工作，依托广利渔港渔业协会成立以执法船为主，护渔协管船为辅，渔政、渔港、边防及船民协会、护渔协管员参与的海上管护队伍，参与海蜇资源管理。渔业协会对海蜇苗种培育、组织放流、监督管理、捕捞证旗的发放等全程参与，对放流区域、地点、密度等全部由渔民自行选择确定，对资源调查、开捕期的确定等充分征求渔民群众意见，海蜇社会化管理工作取得显著成效。

**全市渔港基本情况统计表**

| 渔港名称 | 地　　址 | 等级 | 港池面积(万平方米) | 岸线长度(米) | 码头长度(米) | 陆域纵深(米) | 陆域面积(万平方米) | 年停泊艘数(艘) | 年卸港量(吨) | 防灾减灾标准 |
|---|---|---|---|---|---|---|---|---|---|---|
| 黄河口中心渔港 | 河口区仙河镇 | 中心 | 49 | 2500 | 800 | — | 80 | 1500 | 18000 | 50年 |
| 广利一级渔港 | 东营区黄河办事处 | 一级 | 129.38 | 2400 | 870 | 3000 | 194.77 | 1000 | 56500 | 50年 |
| 新户渔港 | 河口区新户乡 | 群众 | — | — | 120 | — | — | 200 | 1000 | — |
| 刁口渔港 | 利津县刁口乡 | 三级 | 6 | 2695 | 320 | 2000 | 80 | 200 | 17500 | — |
| 红光渔港 | 垦利区红光办事处 | 二级 | 1.8 | 1000 | 800 | 600 | 3 | 300 | 800 | — |
| 小岛河渔港 | 垦利区永安镇 | 二级 | 1 | 900 | 600 | 500 | 2.5 | 2500 | 510 | — |
| 支脉河渔港 | 广饶县清河办事处 | 三级 | 1.2 | 3000 | 590 | — | 100 | 230 | 8000 | — |

**【渔业技术推广与服务】** 2016年，全市海洋与渔业科技推广服务体系进一步完善。7月27日，与山东省海洋生物研究院、河口区人民政府签订“海生·河口”渔业科技精准对接战略合作协议，合力建设渔业科技协作创新示范平台，针对黄河三角洲渔业产业技术需求，开展新技术、新模式、新装备的研发与示范。依托山东省虾蟹类、贝类、刺参产业创新团队，分别与华春、春兴、通和等渔业龙头企业签订合作协议，开展“一对一”科企精准对接工作。初步研究确定渔业技术研究项目11个。组织编制《河口区“海上粮仓”发展规划(2016—2020年)》；引进魁蚶、单体三倍牡蛎、“渤海红”扇贝等新品种并进行中间培育；试验和示范刺参—对虾循环养殖模式优化研究、刺参工厂化养殖实验、凡纳滨对虾生态工业化养殖、贝类的筏式养殖和设施养殖等新技术。

实施农业部基层水产养殖技术推广体系改革与建设补助项目，获得中央财政补助175万元，选聘190名技术指导员。全市共开展渔业科技入户152次，指导示范户2300余人次，制定印发《海参、大闸蟹、南美白对虾、淡水鱼夏季养殖管理技术要点》，发放养殖技术手册和明白纸8500余份。推进“渔业通”信息化平台建设，县级平台全部开通，企业平台开通9处，在建2处，“渔业通”手机端安装748个，进行渔场标注160处。渔业科技推广服务效能提高。

刺参-对虾循环养殖模式优化研究，较单养刺参综合效益翻番，有效解决刺参安全度夏难题；引进俄罗斯红参苗种进行试养殖，生长速度较一般刺参快10%以上。引进点篮子鱼进行刺参池塘养殖环境生物调控技术研究，效果良好；黄河三角洲主要滩涂经济贝类调查及高效养殖模式关键技术研究，初步摸清全市主要经济贝类的分布、生长规律及黄河口地区贝类产业的发展现状，有针对性地开展魁蚶、文蛤、四角蛤蜊、沙蚕等主要经济种类的增殖关键技术优化研究。

**【东营市海洋与渔业监督监察支队成立】** 2016年7月29日,市编办下发批复文件《关于东营市海洋与渔业局整合组建海洋与渔业综合执法机构实施方案的批复》(东编发〔2016〕19号),同意东营市渔政渔港监督监察支队与中国海监东营市支队整合为东营市海洋与渔业监督监察支队,公益一类事业单位,副处级,编制99人,设支队长1名、副支队长3名。主要职能:拟订全市海洋与渔业执法事业发展规划及海洋与渔业执法能力建设规划。依法保护全市渔业资源,查处渔业违法违规行为。负责水产苗种、渔用兽药、水产品质量的执法管理。对市管辖海域实施海洋监察执法,依法查处违法违规行为。负责渔港水域交通安全和渔业航标规划、建设及维护管理。承担渔业船舶管理工作;负责渔业船员的培训、考试、发证工作。承担市海洋与渔业主管部门应急管理相关工作,组织协调海上突发事件的应急相应行动。对渔船和渔港实施安全生产监督管理及海事调查处理。承担渔业无线电通信管理和渔业安全通信体系建设。

(市海洋与渔业局 郭成秀)

## 林 业

**【概况】** 2016年,全市林业以深入实施"三年增绿"为抓手,以建设"生态林业""民生林业"为目标,初步实现"大地增绿、林业增效、林农增收"的工作目标。全年实现新增造林13.5万亩,完成森林抚育经营面积9.4万亩,义务植树43万株,新增育苗面积1.62万亩,产销花卉2133万盆(株),生产果品14.2万吨,根据本部门统计,2016年实现林业产值117亿元。

**【三年增绿工程】** ①重点项目带动。实施的城北防护林、荣乌高速公路绿化,河口区城东防护林、垦利区沿黄生态绿化等一批重点工程,设计标准高、施工质量好,成为三年增绿样板工程,带动全市绿化水平提高。②政策配套,建立科学规范的工作标准和责任体系。市和县区分别制定三年增绿总体规划方案和年度实施方案,制定出台奖补政策、标准要求和考核办法等一系列政策文件,明确目标任务,规范质量标准,落实工作职责,调动各方面积极性。③创新督导考核方式。市政府督查办把三年增绿工作列入市政府专项督导考核,市三年增绿办抽调县级干部成立督导组包县区,采取日常调度与专项督导相结合的方式,及时通报进展情况,督导各项工作深入开展。各县区结合自身实际情况,采取行之有效的督导机制。利津县推行"县直部门单位网格化造林"模式,河口区实行干部包镇街制,广饶县采取科级干部包工程等强有力措施,集中推进土地流转、工程拆迁和施工建设,加快工程建设进度。④推进政策性融资,构建多渠道的融资体系。市三年增绿办与市发改、财政、财金公司及农发行等多个部门密切配合,联合行动,协同推进工程规划、项目立项和专家评审等工作,通过国家农发行组织的政策性贷款审批,获批政策性贷款额度58亿元,为全市三年增绿行动计划顺利实施奠定资金基础。2016年,全市三年增绿工程新增造林13.35万亩,流转土地9.3万亩,封育天然柽柳林1万亩,累计投资9.55亿元,全面完成年度计划任务。

诸官河水系绿化 (市林业局提供)

### 2016年度全市三年增绿工程完成情况汇总表

| 序号 | 单位名称 | 投资(万元) | 核查完成造林面积(亩) | 种植种类 | 种植数量(万株) | 造林完成任务占比(%) |
|---|---|---|---|---|---|---|
| 1 | 东营区 | 8056.1 | 12809.39 | 柳树、白蜡、杨树、白榆,少量法桐等 | 140 | 104 |
| 2 | 河口区 | 14291.28 | 40453.54 | 路域:白蜡、白榆等;经济林:苹果等 | 440 | 244 |
| 3 | 垦利区 | 21319.8 | 21500 | 路域:白蜡、榆树、杨树,部分柳树;经济林:苹果、桃、梨、樱桃,部分无花果 | 防护林:210万株,经济林10万株 | 118 |
| 4 | 广饶县 | 11555.45 | 12840 | 杨树、白蜡、国槐、榆树、柳树等 | 115.36 | 65 |
| 5 | 利津县 | 20762.65 | 20993.2 | 白蜡、榆树等 | 165 | 111 |
| 6 | 农高区 | 4525 | 1398.8 | 白蜡、榆树、柽柳 | 33 | 175 |
| 7 | 畜牧业示范区 | 125.3 | 691 | 白蜡、柽柳、刺槐 | 7.6 | 71 |

续表

| 序号 | 单位名称 | 投资（万元） | 核查完成造林面积（亩） | 种植种类 | 种植数量（万株） | 造林完成任务占比（%） |
|---|---|---|---|---|---|---|
| 8 | 市林业局 | 17475.57 | 14142 | 白蜡、榆树、刺槐 | 150 | 61 |
| 9 | 市水利局 | 1625.2 | 5792.36 | 白蜡、欧美杨、紫穗槐等 | 823.4 | 35 |
| 10 | 自然保护区 | 445 | 1216.5 | 柽柳等 | 13 | 111 |
| 11 | 济军基地 | 193 | 1565 | 白蜡、107杨、苹果 | 17 | 68 |
| 12 | 胜利油田 | — | 135.1 | 白蜡、紫叶李等 | 1.4 | 6 |
| 13 | 东营港 | — | — | — | — | — |
| 总　计 | | 100374.35 | 133536.89 | — | — | 100 |
| 市级工程合计 | | 62382.42 | 50905.96 | — | — | 71 |
| 县级工程合计 | | 37991.93 | 82630.93 | — | — | 133 |

【林业生产】 ①龙头企业。紧抓龙头企业培育，实现龙头企业带动生产基地、带动农户共同发展。2016年，全市有国家级林业龙头企业2家，省级林业龙头企业33家，市级林业龙头企业63家。②林下经济。各生态林场、林业企业、专业大户，依托大面积片林，发展以林下中药材种植、食用菌培育、林下畜禽养殖为主的林下经济，发展林下经济32560亩。各林下经济生产加工企业、专业合作社开展商标注册和“三品一标”认证，新注册商标6个。③种苗花卉。2016年，全市实际育苗面积16.1万亩，完成林业新育苗面积1.62万亩，完成年度计划的162%，共繁育各类苗木2.02亿株，全市林业育苗公司化运作率位居全省前列。全市花卉生产经营企业发展到188余家，其中大中型企业10家，花卉市场9个，生产温室面积64.5万平方米，花卉种植面积1876.1公顷，生产盆栽花卉2133.9万盆，年产值大约6.32亿元。④优质果品基地建设。设施栽培和矮砧密植栽培逐步成为果品发展的趋势，企业、大户规模化种植成为果园建设的主力。2016年新建果园4351亩，完成计划的145%。全市果园面积18.21万多亩，果品产量14.2万吨。⑤生态旅游。各地依托生态林场、森林公园、湿地公园和林业产业基地，着力打造生态旅游品牌。东营区以龙居生态林场为依托打造林产品采摘、农家乐、休闲游品牌；河口区以刺槐林场为依托打造石油文化旅游品牌；垦利区以兴隆林场为依托打造果品采摘体验品牌，以天宁寺林场为依托打造佛教文化旅游品牌；广饶县以大王林场为依托打造森林红色旅游品牌，以孙武湖林场为依托打造孙子文化旅游品牌。

## 2016年全市经济林面积产量统计表

单位：万亩、吨

| 项目 | | | 全市 | 东营区 | 河口区 | 垦利区 | 广饶县 | 利津县 | 济军生产基地 | 胜利油田 |
|---|---|---|---|---|---|---|---|---|---|---|
| 面积 | | | 18.69 | 0.72 | 3.88 | 3.86 | 4.45 | 5.36 | 0.2 | 0.22 |
| 产量 | | | 143082.30 | 4760.00 | 47630.00 | 11405.00 | 38908.30 | 38279.00 | 2100.00 | — |
| 果树 | 面积 | | 18.21 | 0.62 | 3.85 | 3.86 | 4.33 | 5.35 | 0.2 | — |
| | 产量 | | 142714.00 | 4680.00 | 47470.00 | 11405.00 | 38790.00 | 38269.00 | 2100.00 | — |
| | 冬枣 | 面积 | 6.34 | — | 1.06 | 2.17 | 2.14 | 0.97 | — | — |
| | | 产量 | 24119.00 | — | 10600 | 330 | 9500 | 3689 | — | — |
| 桑树 | 面积 | | 0.1 | 0.1 | — | — | — | — | — | — |
| | 产量 | | 80 | 80 | — | — | — | — | — | — |

【资源安全保护】 ①加大湿地修复与综合整治力度。根据《东营市生态红线保护规划》，将黄河三角洲保护区国际重要湿地和8处湿地公园划入东营市生态保护红线范围。通过开展保护湿地的宣传和执法行动，查处破坏湿地资源的违法行为。实施黄河河口湿地保护淡水补给工程和黄河三角洲湿地关键物种栖息地营造、优化等湿地保护工程，对大汶流、黄河故道等保护区内湿地进行恢复建设，湿地萎缩、功能退化问题得到有效缓解。聘请省林业规划勘察设计院专家，编制《垦利米荷湾湿地公园总体规划》，推荐参加国家湿地公园评审，提报7处湿地参加省级湿地公园评审工作，黄河三角洲湿地、孙武湖湿地被评为山东省最美湿地。2016年度完成修复、恢复湿地10万亩，一些重要陆域湿地得到有效保护。②加强林业执法。严厉惩治各类涉林、涉野生动植物违法犯罪活动。开展“严厉打击野外违法用火行为专项行动”“打击破坏野生动物资源违法犯罪专项行动”等一系列专项整治活动，侦破一批涉林、涉野生动物违法犯罪案

件。2016年,全市森林公安机关接处警419起,立各类案件217起,刑事案件32起,采取刑事强制措施45人;受理涉林行政案件183起,立查治安案件2起。③抓好林业有害生物防控工作。贯彻落实国家、省、市关于加强林业有害生物防治工作的意见精神,及时印发《东营市2016年林业有害生物防控工作实施方案》和《考核办法》,明确全年防治目标、任务和重点工作,争取市财政补助200万元,撬动社会资本2000多万用于林业有害生物防治工作。2016年,全市防治作业面积130万亩次,春尺蠖、美国白蛾等重大林业有害生物轻度发生,蛀干害虫、杨树溃疡病等有害生物成灾率控制在2‰以内,有害生物的传播和蔓延得到有效控制。④开展森林防火工作。贯彻落实市政府《关于加强森林防火能力建设确保森林资源安全的意见》和省政府开展的《森林防火能力建设达标和示范县创建活动》,多次召开森林防火调度会议,对全市森林防火工作进行部署,层层签订森林防火目标责任状,规范和细化工作制度,划分责任区,实现连续十六年森林防火无大事故。

【林权制度配套改革】 ①推进林权抵押贷款和政策性森林保险。发挥行业主管部门职能,深化林业产权配套改革,切实加强森林资源评估、流转和采伐等环节的管理,大力宣传引导,调动林企林农积极性,为林权抵押贷款创造良好环境。鼓励中小林企、林业经营大户自愿成立贷款联保协会或小组,设立林业合作担保基金,引导林权所有者参加政策性和商业保险,确保林权制度改革和林权抵押贷款顺利实施。2016年,全市办理林权抵押贷款总金额3250万元,森林投保面积12.7万亩。②完善林业产权交易服务体系建设。组建较为权威公正的森林资产评估机构,严格评估机构和人员的资质管理,建立健全评估责任追究制度,确保林权评估价值科学、公正。依托东营国林森林资源资产价格评估有限公司,为林企林农做好有关价格评估和咨询等服务,助推产业发展。抓好林权交易平台建设,为林权流转、市场交易、信息发布、政策咨询、中介服务等提供高效便捷的服务平台。③引导林业合作社建设。以国家和省市示范社创建工作为纽带,引导林业合作社在规范化管理、产业化服务、规模化经营上下功夫,助推其规范化发展,做大做强合作社规模,促进林业产业持续健康发展。2016年,全市被评为国家级林业专业示范社1家,省级"十佳"林业专业合作社1家。④开展有关政策宣传培训。指导组织县区开展各种形式的政策宣传和培训,调动各方参入林改工作的积极性和主动性。全市开展林权抵押贷款和森林保险政策宣传20余次,举办培训班8期,培训农民300余人次。

(市林业局 宋家清)

## 水利

【概况】 截至2016年底,全市有万亩以上引黄灌区17处,其中大型引黄灌区3处,中型引黄灌区7处,设计灌溉面积326万亩;列入水利部管理的大型灌区3处,列入省级管理的中型灌区3处。引黄闸(泵站)18座,引提黄河水能力516立方米/秒,其中动力提引水能力267立方米/秒。灌区干级渠道475.2公里,已衬砌改造392.9公里,农田灌溉面积303.2万亩,灌溉覆盖率93%。建设水库333座,总设计库容6.55亿立方米,其中,大型水库1座,设计库容1.14亿立方米;中型水库14座,设计库容3.11亿立方米;小(1)型50座,设计库容2.3亿立方米;小(2)型268座,设计库容0.68亿立方米。建设设计蓄水量在10万立方米及以上的拦河闸坝25座,总设计蓄水量0.86亿立方米。

2016年,全市用水量为9.8339亿立方米,其中农业用水量6.0701亿立方米,工业用水量1.9305亿立方米,居民生活0.9831亿立方米,城镇公共用水0.2958亿立方米,生态用水0.5544亿立方米。

【防汛抗旱】 2016年,针对春旱夏涝、晚秋又旱的实际,科学制定引黄供水计划,改进灌区管理,完善节水措施,实行上下游轮灌,错时供水灌溉,引黄分类分供,全年引水11.7亿立方米,蓄水2.4亿立方米,满足全市用水需求。坚持把防汛责任制贯穿于整个汛期,全市30条骨干河道、350公里海堤、68座闸坝和30处农田低洼易涝区责任全部落实到人,对全市30条河道和14处在建工程全部编制应急度汛方案。检查各类工程826处,排除安全隐患159项。组建市、县、乡三级防汛机动抢险队312支、14412人,落实防汛物资储备库27处,储备防汛物资31种。成功应对多次强降雨,确保全市度汛安全。

【重大水利工程建设】 ①加快推进南水北调配套工程建设,投资5.366亿元实施南水北调中心城区供水单元工程,新开挖衬砌干渠22.8公里,建设高店支线5.4公里、耿井支

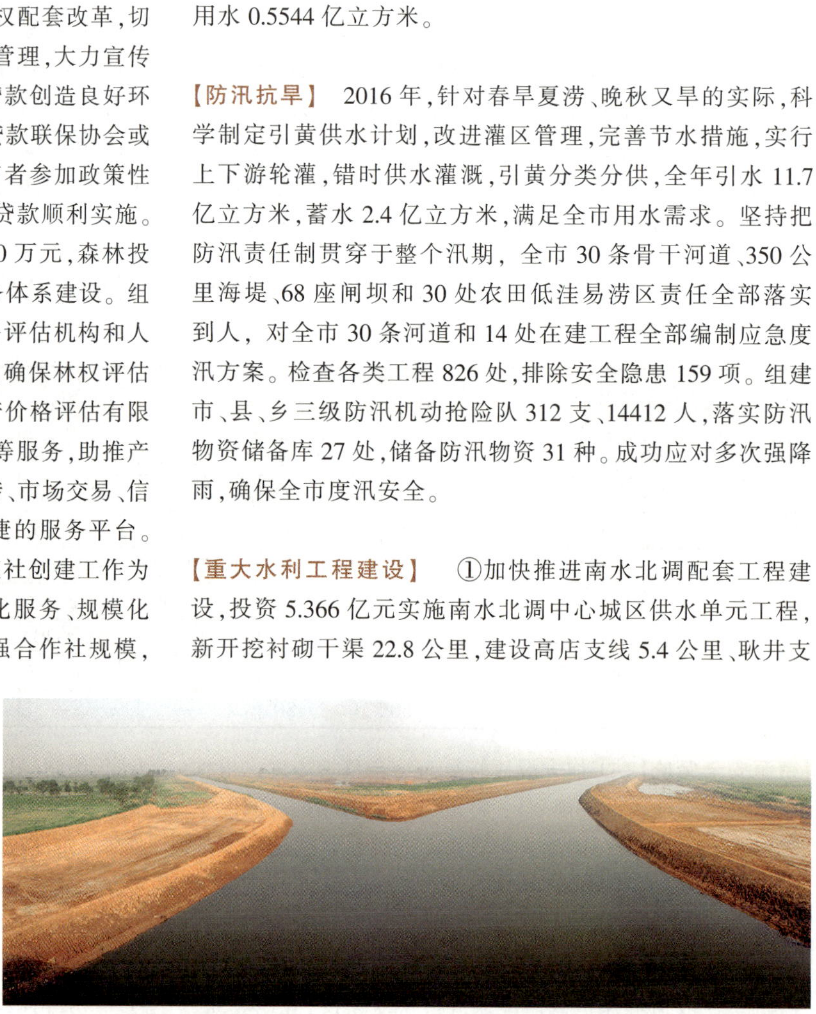

溢洪河治理工程 (市水利局提供)

线 4.1 公里，新建配套建筑物 82 座。工程建成后，每年调引长江水 2 亿立方米，成为东营市重要的战略后备水源。②实施骨干输水渠道改造提升，投资 1688 万元实施的曹店灌区节水改造工程投入使用，跨年度实施的王庄、麻湾灌区续建配套与节水改造工程正在推进，麻湾四干北隋节制闸及配套工程完成施工招标，纯化水库引水渠及配套工程进行初步设计。③实施河道综合治理和雨洪水资源开发利用。在对全市 30 条骨干河道全部周期性治理一遍的基础上，启动实施新一轮综合治理提升，实施支脉河综合治理和溢洪河治理工程，提升区域防洪除涝能力。探索雨洪水资源综合开发利用，推进实施高店水库增容工程，库容拦蓄能力由原来的 600 万方提高到 2300 万方，日供水能力达到 20 万立方米。六干排综合治理工程获得山东省水利基建工程最高奖项"鲁水杯"优质水利工程称号。

【农田水利会战】 着力打通田间灌排"最后一公里"，从 2013 年开始连续三年实施大规模农水会战。2016 年投资 7.65 亿元，实施市县乡三级农田水利建设项目 73 个，搬动土石方 2348 万立方米，衬砌渠道 173 公里，综合治理河道 81 公里，改善恢复灌溉面积 81 万亩，改善除涝面积 72 万亩，发展节水灌溉面积 9.8 万亩，灌溉水有效利用系数由原来的 0.615 提升至 0.6227，建设项目、投资规模、治理面积均创历史新高。

【水生态文明建设】 贯彻落实最严格的水资源管理制度，着力强化用水计划管理，下发《关于印发东营市 2016 年度水资源管理控制目标的通知》，将具体指标分配到各县区，对全市 384 家规模以上工业用户下达用水指标。严格执行建设项目水资源论证制度，加快推进节水型社会建设，万元工业增加位用水量同比下降 8.62%，灌溉水有效利用系数由原来的 0.615 提升至 0.6227。加快实施水域生态绿化和水流域治理，实施河口区义和镇西河片水土保持综合治理，修复水土流失面积 20 平方公里。按照全市"三年增绿"工作要求，实施水系生态绿化，计划三年投资 6.4 亿元，对 9 条市管渠道、12 条市管河道和城东防潮堤实施绿化，绿化面积 5 万亩，植树 600 万株，改善区域水系生态环境，工作全面展开。

【依法行政管理】 组织开展世界水日、中国水周及全国水土保持宣传月宣传教育活动，发放节水倡议书 3 万份，现场接受市民各类咨询 200 起。强化水利综合执法，加强执法巡查、稽查工作，联合广饶县水利局、胶东调水局东营分局开展胶东调水渠(东营段)执法巡查工作，严厉打击非法取水和擅自抢水等违法行为。加快水利综合执法改革，《东营市水利局综合行政执法体制改革实施方案》获得市编办批复，集中行政处罚、行政强制等执法权，实现水政监察支队一支队伍对外。水土保持工作机制不断改进，水土保持补偿费征收大幅增长，全年征收水土保持补偿费 7689.57 万元，比去年翻一番。水库移民帮扶、水利工程运行管理工作水平不断提高。

【重点项目建设与区域发展战略】 积极与国家发改委、水利部、省发改委、省水利厅等部门联系，在防汛抗旱、水土保持、灌区续建配套与节水改造、中小河道综合治理等方面争取项目和资金，全年争取省级以上资金 12989 万元。配合水利部完成《黄河南展区居民迁建政策实施连带影响评估报告》。同时，做好重大项目推进工作，黄水东调应急工程、纯化水库输水渠及配套工程纳入区域重大水利项目。

2016 年，省委、省政府从解决胶东地区水资源短缺，优化全省水资源配置的高度，提出并启动实施总投资 30.3 亿元的黄水东调应急工程，计划从东营市广南水库通过加压泵站、输水管道向潍坊市调水，年调水量 3.15 亿立方米，东营境内工程投资 15.05 亿元，工程项目法人为山东水发集团，委托东营市代建，工程于 2016 年 12 月启动，计划 2017 年 6 月底达到通水条件。

纯化水库输水渠及配套工程计划在麻湾灌区总干渠新建提水泵站 1 座、麻湾总干渠节制闸 1 座、输水管线 1 条及管理线配套构筑物、进场路 1 条。2016 年 12 月，工程进行工程勘察设计招标。 （市水利局 盖强）

【水文工作】 机构设置。根据省编委文件《关于调整省水文水资源勘测局及所属单位机构编制事项的批复》(鲁编〔2011〕40 号)，批复成立东营市水文局(挂市水土保持监测站牌子)，受省水利厅和东营市政府双重管理，主要职责是：在省主管部门和市政府的领导下，负责区域内水文站网的建设与管理；负责水文水资源监测、调查评价和水土保持的监测工作，按照规定权限发布雨情、水情信息，情报预报和监测工作；负责水文水资源资料的汇交、保管和审核工作；负责地表水、地下水和区域外调入水开发利用量以及水功能区水质的监测工作。下设办公室、计划财务科、测验科、水情科、水资源科、水环境监测科 6 个科室和市水环境监测中心。

站网建设。东营市水文局建成国家基本水文站 2 处，中小河流水文站 16 处，雨量站 72 处，水位站 9 处，蒸发站 1 处，地下水监测井 39 眼，墒情监测站 30 处，省级水功能区水质监测站 5 处，城市重要供水水源地水质监测站 1 处，入河排污口监测点 30 处，区域水资源监测站 19 处。市级水文巡测基地正在建设中。由 200 余处站点组成的上下联动、量质并重的全市水文水资源、水环境监测网络，为全市防汛减灾、水资源管理、水生态建设以及经济社会发展提供优质水文服务。

水文测报。全年准确及时地完成石村、王营两个国家基本水文站，7个区域水资源监测站，11个国家雨量站，34个区域用水总量监测雨量站的防汛测报任务。本年度共实测5场较大暴雨洪水过程，王营、石村两个基本站实测流量160多次，区域水资源监测站实测流量120多次。全年共编发雨水情短信30783条、15670人次；向市直机关发放水文情势分析4期、季度情势分析2期，共计1800本。

国家地下水监测工程建设。国家地下水监测工程（水利部分）山东省监测井建设工程东营标段，总投资110.17万元，新建国家级地下水监测井20眼，改建国家级地下水监测井6眼，新建5处站房。2015年11月20日开工，2016年5月31日完成土建工程。该工程对提高全市地下水监测水平，支撑最严格水资源管理制度实施、促进水资源可持续利用、推进生态文明建设、保障经济社会可持续发展具有重要意义。

山东省中小河流水文监测项目建设。顺利完成2013—2014年度中小河流水文监测断面设施工程。新建16处水文站于2016年4月通过验收；河口区东劝学、广饶县甄庙生产业务用房于2016年11月顺利通过验收；东营区广利生产业务用房、水文巡测基地和水环境监测中心工程于2016年7月2日正式开工建设，10月17日工程主体封顶。

（市水文局　刘鹏）

【南水北调工程】　中心城区供水单元配套工程基本完成。工程设计引江流量13立方米每秒，年引江水量1.75亿立方米，供水范围包括广饶县丁庄镇、陈官镇，东营区六户镇，东营市农高区及中心城区，共新征永久占地1367.8亩，临时占地1534.7亩。其中，四干渠以南段工程新开挖衬砌输水干渠15.4千米，建设高店水库支线5.2千米，配套建筑物50座；四干渠以北段工程新开挖衬砌输水干渠7.4千米，建设耿井支线4.1千米，配套建筑物32座。

干线工程征迁工作顺利推进。南水北调东线一期引黄济青明渠段工程涉及东营市境内的工程征迁区域长约12.7公里，工程影响范围主要涉及广饶县的花官镇、稻庄镇、丁庄镇。完成施工临时用地复垦工作，交付村集体使用。完成土地确权发证、市县级验收、界桩补设工作，无征迁遗留问题。

（东营市南水北调工程建设管理局　路丽丽）

## 农业机械

【概况】　2016年，全市农机总值22.25亿元，总动力达到272.95万千瓦。拖拉机达5.83万台，其中大中型拖拉机1.64万台；联合收获机8000台，新增高性能小麦联合收获机200多台、自走式玉米联合收获机300多台。

【农机购置补贴】　严肃购机补贴资金管理纪律，以资金安全、人员安全、国二改国三时间节点、补贴额双限、机具型号相符、严防骗补套补为工作重点，确保落实政策不走样、不变调。全市落实补贴资金6610万元，补贴各类农机具2700多台，受益农户（组织）2100余个。全年完成深松(深耕)作业75万亩，其中完成省农机深松（深耕）作业试点23万亩，落实中央补助资金920万元，市级补助资金500万元。

【农机跨区作业】　先后召开春季农机深松作业现场演示培训会、三秋农机新装备新技术演示会、机采棉播种现场会等农机作业服务推进会，举办全省机采棉现场会。会同联通公司，及时发布作业信息，做好跨区作业机械的跟踪服务，引导机械合理流动。全年检修各类农机具6.3万余台，储备各类配件1800余万元，组建跨区机收服务队35个，免费发放《跨区作业证》800个，全年投入各类作业机械9.7万台次，完成农机化作业面积1000多万亩次，实现农机社会化服务收入43亿元。

【农机培训】　全市6名乡镇优秀农机技术人员被评为省级乡优，100名农机合作社带头人被列入省新型职业农民培育工程，350名农机手列入省培训计划。在利津县、垦利区组织实施基层农机推广体系改革与建设补助项目，培训基层农机技术人员40人，建设农业科技示范基地2个，培训农机科技示范户12个，辐射带动周边农机户120个。围绕农机购置补贴发放、农机安全生产、农机农艺融合农机新技术的推广，全市培训各类农机人员1.2万人次。

利津县采棉机在机采棉示范基地采收棉花　（市农业局提供）

**【农机推广】** ①棉花收获机械化创新示范工作。全市机采棉播种4.02万亩,实际机械采收3.1万亩。全市建立11处机采棉创新示范点,2处机采棉品种筛选试验点,进行14个品种的种植对比试验。研制新型机采棉配套播种及田间管理机械120台。②保护性耕作。推广小麦联合收获—秸秆还田—玉米免耕直播、玉米联合收获—秸秆还田—小麦免耕播种一条龙作业模式和农机化新技术,全市小麦免耕播种14万亩,玉米贴茬直播105万亩,小麦、玉米机收率分别达到100%和99%。

2016年11月4日,黄河三角洲农高示范区成立大会召开　（刘娜娜摄）

**【农机供应与维修】** 坚持农机维修管理规范化建设和"属地管理、就近处理、首问负责、无偿服务"的原则,重点围绕整顿和规范农机维修市场、农机补贴产品质量投诉监管和农机消费领域打假护农,规范农机产品消费市场,维护农机消费者合法权益。加强农机维修技术合格证书核发和管理,组织开展"星级文明农机维修网点"创建活动,开展农机市场集中"打假"联合行动,加强农机产品及配件质量监督检查,受理农机质量投诉。举办全市首届农机职业技能竞赛,组织参加全省、全国比赛。

**【农业机械社会化服务】** 开展星级农机专业合作社创建活动,鼓励成立农机合作社联合社,全市专业农机合作社总量达到193个。全市达到"五有"标准的合作社57家、成立联合社2家,全国农机合作社示范社5家、省级示范社10家。通过规范合作社运营发展,推动土地流转和规模经营的发展。（市农业局　李好东）

## 黄河三角洲农业高新技术产业示范区

**【概况】** 2015年10月19日,国务院以《国务院关于同意设立黄河三角洲农业高新技术产业示范区的批复》(国函〔2016〕188号)批复同意设立黄河三角洲农业高新技术产业示范区。2016年11月4日,示范区正式启动运行,辖区面积350平方公里,包含东营农高区、滨海新区、丁庄街道、盐业公司4个单位,人口5.4万人,辖49个村、5个社区。全年实现地区生产总值58亿元,实现财政总收入2.3亿元,完成固定资产投资37.6亿元。

**【发展规划】** *总体思路*。按照国务院批复的功能定位,着眼未来现代农业发展趋势,经过各方深入分析论证,确定黄河三角洲农高示范区发展思路:围绕全国"现代农业硅谷、创新发展引擎"的功能定位,以农业供给侧结构性改革为主线,以打造一二三产融合的新六产为方向,以体制改革和机制创新为根本途径,坚持国际化、高端化、平台化、绿色化,着力构建农业高新技术产业示范体系,新型农业科研孵化推广转化服务体系,创新农业政策、制度、标准体系,打造现代农业自主创新示范区、一二三产融合发展先行区、五化同步发展引领区、国际盐碱地改良综合利用样板区,努力建设生态智慧、高端高效、产镇融合的国际一流农业高新技术产业示范区。

*规划布局*。按照"3+1"功能分区进行布局。①农业科教研发孵化区,主要包含农业科教城、国际农业创新园。②涉农工业区,主要包含原东营农高区农业生物产业与农业智能装备制造产业园和滨海工业园。③五化同步发展示范区,着力打造新型城镇化、新型工业化、农业现代化、信息化、绿色化同步发展示范区。④全域生态科技旅游区,按照全域旅游景区的要求规划建设,利用"旅游+""科普+"等模式,推进农业、林业、加工业、农业科学实验、健康疗养等与文化旅游业深度融合,打造农业园区百年休闲度假区。功能分区嵌入一城、两园、农业特色小镇、8个产村融合的新型社区,实现协调创新高效发展。打造现代农业科技城,重点建设科技研发、教育培训、创业孵化、知识产权交易、电子商务、检验检测认证、信息化服务等功能性服务平台。国际农业创新园,重点建设国家级科研院所新品种、新技术、新装备、新模式试验示范基地、国际科技合作基地等,开展高新农业科研开发、成果转化、试验示范;涉农工业产业园,以农产品深加工、生物技术、食品科学技术集成创新为支撑,发展生物基材料、生物医药产业,健康功能食品产业,农业智能装备和蓝色海洋产业。农业特色小镇主要建设智慧农业小镇、中以国际农业小镇、健康养老休闲小镇、汽车航空文化小镇。产村融合新型社区重点打造花卉苗木、设施渔业、功能蔬菜特色林果、休闲养生中草药草畜一体化、光伏农业、农耕文明、盐浴温泉、循环农业等8个特色社区。

主导产业。按照现代农业跨界融合、全链条增值、品牌化专业化的发展需求和导向，重点发展现代种业、功能农业、智能装备制造、农业高端服务业、文化旅游业五个主导产业，构建以农业为基础、高端服务业、高新技术产业、战略新兴产业交叉融合的现代产业体系。①现代种业。重点围绕耐盐植物、草食畜牧、海珍品等特色品种，综合运用生物技术、工厂化繁育等新技术，建设蔬菜种苗繁育工厂和耐盐苗木、耐盐牧草繁育基地，构建市场为导向、企业为主体、基地为依托、育繁推一体化的现代种业示范区。②功能农业。重点围绕保健品、药食同源食品等功能食品精深加工，建设黄河三角洲功能农业技术研究检测中心和功能农业示范区，招引培育一批农产品精深加工龙头企业，建设黄河三角洲特色农产品精深加工基地。③生物产业。以农产品为原料的生物医药、生物新材料等为重点，打造国际知名的生物医药和生物基材料产业化基地。④智能装备制造业。重点发展汽车整车及关键零部件研发检测认证、全车型综合性能试验，农业设施装备智能监控系统、北斗及智能导航系统和农业机器人研发生产。⑤农业高端服务业。重点围绕农业大数据的汇集、整合、交易、利用，搭建大数据中心、优质农产品交易、检测认证等功能平台，构建以大数据服务为基础的农业物联网产业，推进农业大数据国际化、产业化、智能化，打造中国物联网农业大数据产业示范区。⑥文化旅游业。整合区域旅游资源，挖掘文化传承、休闲观光、农游体验功能，引进旅游龙头企业，加快发展会展业，建设特色农业展馆，创新现场展示、展馆展示、网络展示相结合的展会模式，打造全域旅游的样板和示范。

【重点项目】 ①在建项目。孵化展示区完成投资2.8亿元，植物工厂果菜区完成种植，序厅、未来农业孵化中心主体钢构施工完成；陆基三文鱼养殖车间完成95%，达到鱼苗暂养条件；生态牧场项目全部完成基础设施配套工程。②引导企业做大做强。盐化集团扩产改造工程竣工，产能效益大幅提升；齐润公司200万立方米原油库区及1000万吨/年输油管线项目、华邦公司10万吨/年碳四深加工项目进展顺利；俊源公司、正华工贸等4家企业完成改制。全区主营业务收入过亿元的企业发展到6家，拥有自由进出口权的企业达到6家，实现进出口额4.5亿美元。③大项目招商引资。成立招商引资工作小组，瞄准大型央企、国企、民企、科研机构院所进行招商，筛选储备了中能集团年产5万吨生物基长链二元酸产业化、邦尼集团有限公司农业大数据中心、国际健康诊疗中心、通用机场等10个重大项目，计划投资总规模达110亿元。④国际合作交流。中以农业科技生态城列入中以两国政府合作共建项目，总体规划进入编制方案阶段；与加拿大合作设立中加农业和农业食品国际技术转移中心，在陆基循环水养殖领域开展合作；与荷兰、加拿大、日本在工厂化农业、渔业、食药用菌等领域科研孵化合作取得积极进展。

【支撑平台】 以加强科技创新能力为重点，建设一批功能齐全、服务配套、机制灵活、催生产业的国家级科研孵化平台，培育创新链、资金链与产业链相融合的新型农业科技创新主体，融合聚集国内外高层次人才和高端技术，打造创新示范和带动能力强的区域性创新平台。①建设黄河三角洲现代农业研究院。以建设国家重大科研基础设施为目标，聚焦动植物分子育种、设施农业及智能装备、草食畜牧业、农产品精深加工与功能食品开发等重大关键领域，聚集国内外高端资源，建设黄河三角洲现代农业研究院，打造国家级开放式协同创新平台，建成世界一流的科学家汇聚地、科技创新成果发源地和高层次人才培养地。②建设世界级盐碱地改良利用技术创新中心。落实国务院赋予示范区在盐碱地治理方面走在全国前列的战略任务，以创建国家实验室为目标，整合国际一流人才技术力量，建设国际一流盐碱地改良利用技术创新中心，为“渤海粮仓”“一带一路”战略实施提供人才、技术、服务和装备保障，探索盐碱地增产增效新模式，与中国农业大学、中科院南京土壤所、中科院地理信息研究所合作，组建黄河三角洲滨海盐碱地基础研究、耐盐生物种质创新、滨海盐碱地高效利用等创新团队，并开展相关课题研究。③建设农业科技成果孵化器。按照研发设计、成果转化、咨询服务、检测认证、金融服务、创业辅导、人才培养等科研孵化服务链条，构建示范区农业科技成果孵化器。整合中国农科院、中国科学院、荷兰、以色列等国内外科教资源和有关企业，依托现代农业孵化展示区，孵化设施农业、生物基材料、功能健康食品等现代农业新技术新模式，打造农业高新技术全产业链孵化基地，上半年建成投入使用。以科研楼、电商总部基地、农业金融大厦为主组合建设示范区科技企业孵化器，力争建成设施完善、管理规范、服务体系健全的国家科技企业孵化器，年内孵化创新型企业10家以上。会同国家有关部门单位，年内举办中国农业科技创新创业大赛、首届中国东部农业高新技术成果博览会等系列品牌活动，设立以职业农民和科技特派员为重点的人力资源洽谈展会。④引进设立研究型大学。立足园区产业发展需求，引进中国农科院、山东农业大学、以色列希伯来大学等国内外高校与科研院所到区设立研究型教学基地，打造高校院所现代农业科研示范基地、农业科技管理干部素质提升基地、职业农民培训基地。⑤筹建知识产权交易中心。抓住国务院赋予示范区在知识产权制度改革方面的先试先行政策，依托国际农业专利数据库，实施“互联网+”融合重点领域专利导航项目，引导园区现代农业、智慧能源、绿色生态等融合领域的知识产权战略布局，开展知识产权抵押融资工作，推动专利技术就地产业化。建立完善知识产权、科技成果分析评价和项目评估机制，为战略规划、政策制定、项目确立等提供依据。

【社会事业】 ①改善城乡居民生活环境。丁庄街道镇区供暖、供水、绿化、亮化全面配套,完成城乡幼儿园和社区卫生服务站建设改造工程,城乡环卫、供水、供气一体化和农村旱厕改造提升农村基础配套和公共服务水平。②促进增收致富,完善保障体系。落实支持"双创"政策措施,发放小额担保贷款 1100 万元;成立家庭农场 150 家,培育农民专业合作社 9 个, 其中 2 家家庭农场和 3 个合作社被推选为省农广校创业典型。全面完成贫困户脱贫工作,做好社会保障和困难救助等工作。③确保社会和谐稳定。持续推进"平安园区"建设,发挥社会事务局、信访办牵头抓总以及街道、社区、企业、农村第一防线的作用,确保各种不安定因素化解在内部、解决在基层、处理在萌芽状态,全年受理信访件总量同比下降 15%,涉法涉诉案件得到有效化解。④做好安全生产工作。严格落实安全生产责任制,实行领导干部包靠重点企业制度,持续不断地开展安全生产隐患"大排查快整治严执法"行动,对重大隐患挂牌督办,一抓到底。滨海新区对达不到开工条件和存有隐患的企业,出实招盯紧靠实,安排专人严防死守,取得良好成效。开展安全教育进社区、进农村、进学校、进工厂活动,夯实安全生产基层基础,提升全社会安全意识和水平。

(山东省黄河三角洲农业高新技术产业示范区管委会)

## 东营市现代畜牧业示范区

【概况】 2016 年,市现代畜牧业示范区确立以创建省级农高区为总抓手,以项目建设为载体,以问题解决为突破,着力破解发展瓶颈、拉长产业链条、培育主导产业,全面启动产业园区开发建设, 加快建设全国重要的绿色生态农业种植基地、黄河口品牌渔业养殖基地、特色畜牧业养殖加工基地、现代农业科技创新孵化基地和休闲生态特色旅游小镇。2016 年全区实现生产总值 5.11 亿元, 同比增长 13.6%, 其中第一产业实现增加值 3.42 亿元,同比增长 5.9%;第二产业实现增加值 0.97 亿元,同比增长 47%;第三产业实现增加值 0.72 亿元,同比增长 18%;财政总收入 4436.03 万元;完成固定资产投资 3.9 亿元。

【省级农高区创建】 10 月 27 日,向山东省人民政府呈报关于东营市现代畜牧业示范区申报省级农高区的请示文件,11 月 1 日, 副省长王书坚批转省科技厅研究提出具体意见,经汇报沟通省科技厅同意开展前期工作。为加快省级农高区创建与中国科学院地理资源研究所进行战略合作,进一步完善提升园区规划,同时正按照省级农高区建设标准,开展各项准备工作。

【重大项目建设】 ①5000 亩黄河口大闸蟹产业示范园,开发标准化养殖池 14 个、育苗池 1 个,实现"当年规划、当年建设、当年投产达效"。创新"养殖、销售和合作"模式,总产大闸蟹 217.5 吨,实现增产增效。创新养殖模式,通过种植水草改善水质、提供饵料,采用生态位互补的多品种混养模式,实现大闸蟹、小龙虾、鳜鱼立体混养,稻蟹混养;创新销售模式,与境外高端知名销售企业合作,一部分直销香港、出口新加坡等国家,其余通过电商销售以及线下销售,产品供不应求;新企业合作模式,与江苏养殖企业合作,引进先进的养殖技术团队,实现优质高产,提升黄河口大闸蟹养殖的技术水平和科技含量,实现高附加值开发和集约化经营,有效带动全市黄河口大闸蟹养殖产业的发展。②正大现代农业科技生态园。种植水稻 6 万亩,进行规模化生产、机械化管理,总产水稻 3010 万斤。年出栏 10 万头种猪养殖繁育项目于 7 月运营投产,采用国际先进的生产工艺,开展规模化、标准化、生态化养殖,存栏祖代种猪 5529 头,加快推进 50 万头生猪产业链项目前期工作,建设全国重要的生猪产业基地。初步培育水稻种植、黄河口大闸蟹养殖和生猪养殖主导产业。

【农业科技合作】 ①10 月 8 日,中科院院士秦大河、中科院地理资源所研究员欧阳竹率领专家到区考察, 中科院地理资源所确定在畜牧区建设中国科学院黄河三角洲研究中心。主要围绕生态、资源、环境等三角洲可持续发展问题开展理论方法创新研究、关键核心技术开发和产业化示范,建设立足黄河三角洲全球知名的国字号科技创新中心。②与

10 万头种猪养殖标准化养殖厂内景 (市现代畜牧业示范区管委会提供)

山东省农科院、山东省科学院、山东农业大学、青岛农业大学等4家科研院所建立起良好稳定的合作关系。省农科院设立“耐盐植物资源博士科研工作站”,与省科学院合作共建“中澳耐盐植物国际合作成果转化基地”,青岛农业大学设立“耐盐作物种质创新与利用工程技术研究基地”,搭建科研平台,促进区域农业科技水平的提高。

**【“渤海粮仓”科技示范工程】** 2016年,建设“渤海粮仓”科技示范工程核心区1.2万亩、示范区6万亩。其中,核心区种植小麦1万亩、水稻0.2万亩,示范区种植水稻6万亩。开展盐碱地改良、耐盐小麦玉米水稻良种选育、新技术新模式试验,试验耐盐小麦品种37个、玉米品种18个、水稻品种102个,筛选出耐盐小麦良种3个(青麦6号、邯6172、山农25)、玉米良种2个(鲁单818、鲁单9066)、水稻良种2个(锦稻105、圣稻19)。小麦种植采用“小麦—青贮玉米轮作”模式,实现一年两熟,采用土地深耕深松及绿肥改碱措施和宽幅精播技术,小麦最高亩产达551.16公斤,连续三年创山东省“渤海粮仓”最高产量。水稻种植,实行工厂化育秧、机械化插秧、规模化和精细化管理,建设盐碱地水稻高效体系研究院,试验特色稻品种5个、优质稻品种80个,发展6.2万亩生态水稻种植,配套物联网和农产品质量体系,建成全省单片最大的水稻种植基地。2016年,全区“渤海粮仓”科技示范工程实现粮食总产6914.16万斤(亩产960.30斤),较上年增产465.12万斤,占比7.21%,亩均净效益386.15元,经饲作物亩产6112.6斤,亩均净效益570元,实现增粮增效。

**【政策项目支持】** 争取市委市政府支持,落实未利用地开发占补平衡指标交易分成政策,提高土地开发效益。组织土地开发项目三期工程初验、整改,实施700亩未利用地开发项目,编制土地开发项目四期工程规划设计方案,推进土地资源科学开发、高效利用。争取上级项目支持实施5号支渠节水改造工程、5000亩农田田间整平工程和现代渔业平台项目,逐步完善农田水利设施配套。

**【规范土地管理】** 开展土地清理清查,成立黄河、青坨两个工作组,对全区土地承包经营情况开展清理清查,清理整顿原黄河农场土地88宗4300余亩;对原青坨农场土地进行排查梳理,逐宗研究处理意见。通过追缴土地承包费欠款,阻止叫停侵占土地资产行为,提起法律诉讼等方式,切实主张和维护农场土地权益。对闲置的回收土地、项目预留地进行统一公开发包,加强和规范土地租赁行为,土地承包价格亩均增长60元。加强对土地利用规划和现状管控,逐步完善土地档案资料,努力从根本上理顺和规范全区土地经营、利用行为。对土地回收中的突出问题,坚持分类处置,依法解决。对省高院王新海土地侵权赔偿案件,全面搜集资料证据,做好应诉工作;同时,努力通过向最高人民法院申请再审、最高人民检察院抗诉、外交途径等努力挽回,土地合同解除诉讼损失。对永丰公司、华城公司土地回收遗留问题,通过协商、诉讼等途径妥善化解。

**【民生实事建设】** 启动保障房建设,制定分区块启动住房建设的方案和与延期交房相关的优惠措施。一期建设440套住房及配套工程,全面启动,加快房屋内外装和小区配套土方工程施工,精心组织科学调度。同时,在金融机构融资保障住房建设资金需要,政策性贷款完成前期手续办理,保障后期住房建设资金需求。协调垦利区人民政府实施永青路道路改造工程,设置青坨管理区卫生室,完成居民小区电力设施改造,改善职工群众的生活条件。

(市现代畜牧业示范区管委会　赵磊)

# 黄河口

## 综　　述

**【黄河从东营入海】** 史载，王莽新朝始建国三年(公元11年)，黄河于魏郡(今濮阳境)改道东流，自千乘境(今利津)入海。唐景福二年(893年)，黄河在今滨州惠民县境改道北流，至无棣入海。清咸丰五年(1855年)，黄河在兰阳铜瓦厢(今河南省兰考县境)决口，夺大清河道东流，复由东营境地入海。1938年，南京国民政府下令炸开郑州花园口大堤，河水南行入淮，东营境河竭。1946年，南京国民政府下令堵筑花园口口门，引黄河水归故道东流。1947年3月15日，花园口堵筑工程合龙，水头于23日进入东营境，行水至今。

黄河由东营入海以来，出海口门屡被泥沙淤积，出水不畅，在以宁海为顶点的三角洲洲面上发生50多次分汊、决口，导致尾闾流路多次变迁。至20世纪60年代初，在东营地区发现油田后，黄河河口治理日益受到重视。1964年1月1日，经查勘研究，山东省委授权由惠民地委决定，在罗家屋子爆破民坝分泄凌洪，由草桥沟、洼拉沟入刁口河向北漫流入海，终成改道刁口河，行水至1976年。经多年筹划，1976年5月，改道清水沟计划付诸实施，在罗家屋子进行人工截流成功，炸开西河口引河挡水坝，改由清水沟向东入海。1996年5—6月，为进一步改善河口地区防洪形势、服务油田开发建设，实施河口自清8汊河人工改道入海工程：在清8以下左岸开挖引河，调整大河入海方向，使入海河道缩短15公里。工程完成后，黄河水于7月18日10时由清8汊河过流入海至今。

**【黄河东营段】** 黄河东营段左岸自利津县董王村南，右岸自东营区老于村西入境，流经利津县、东营区，河道全长138公里。黄河携带泥沙至河口，营造出黄河三角洲。1855—1985年，黄河平均每年淤地造陆3万~4万亩；1985年后，因黄河来水量减少，造陆速度趋缓。1950—2001年，黄河利津水文站年平均径流量为332.6亿立方米，年平均输沙量为8.36亿吨；年最大水量973.1亿立方米(1964年)、沙量21亿吨(1958年)；年最小水量18.8亿立方米(1997年)、沙量0.15亿吨(1997年)；最大流量100400立方米每秒(1958年7月)。黄河(利津水文站)自1972年开始出现阶段性断流，特别是进入20世纪90年代后，断流频繁，1997年断流13次、计226天。为此，黄河水利委员会加强对黄河水量的统一调度，2000年至今实现黄河不断流。2016年，黄河到达利津站径流量为82.34亿立方米，比多年平均值减少214.08亿立方米；输沙量为0.103亿吨，比多年平均值减少6.682亿吨。

**【黄河河口管理】** 黄河河口管理局是隶属山东黄河河务局的副厅级全民事业单位，驻地山东省东营市，下辖东营、河口、垦利、利津4个区(县)河务局以及服务处、经济发展管理局、山东黄河供水局河口分局、东营津泰黄河水利工程维修养护总公司、山东乾元集团公司等直属单位。2016年年底，共有职工1302人，其中在职职工712人，担负着黄河河口地区防凌防洪、水行政管理、防洪工程建设与管理、河口治理与研究、引黄供水调度等任务，为东营市和胜利油田的开发建设做出贡献。

2016年，河口管理局圆满完成各项治黄任务：防凌防汛扎实开展，落实各类防凌防汛责任制，对机动抢险队进行整合，新组建武警抢险队，组织油地军黄河防汛联合演习，迅速有效地处置苇改闸险情，确保黄河安全；水资源管理进一步强化，全年供水11.37亿立方米；工程建设与管理强力推进，黄河下游防洪工程进展顺利，保质保量完成年度建设任务，新创建黄委示范工程(庭院)3处；依法治河管河成效显著，管理局荣获山东省"六五"普法先进集体；党风廉政建设持续深化，开展以"尊党章、学准则、用条例"为主题的党风廉政宣传月活动，河口管理局机关、各区(县)河务局和基层段所均建立廉洁教育展厅，东营市纪委开先例为管理局特办全封闭免费廉政培训班；全局五个单位全部保持省级文明单位称号，西河口管理段获山东省"工人先锋号"称号；利津局张滩管理段设立山东省技师工作站，技术工人刘彤宇获第十三届"全国技术能手"称号，李敬文获"黄委首席技师"称号；治黄改革、科技创新、安全生产、综合管理等各项工作稳步推进，不断实现河口治理新跨越。

**【水行政执法】** 2016年，河口管理局加强普法宣传，对"六

2016年7月18日，东营市油地军黄河防汛联合演习现场(黄河河口管理局提供)

五”普法工作进行全面总结，启动“七五”普法规划，积极探索新颖有效的法制宣传教育形式和途径，广泛深入地开展“世界水日”“中国水周”宣传活动，开通微信公众号“法润黄河口”，先后在商场、集市设立水法咨询站点10处，利用商城电子屏进行宣传并开展H5新媒体征集，向沿黄群众发放印有普法公众号及水周主题的鼠标垫3000个，手提袋2000个、宣传单20000份。联合多部门在垦利义和对中学生开展了爱河护河主题教育，并在人群密集区域和沿黄村镇开展巡回宣传。强化法治文化阵地建设，依法治河管河成效显著，获山东省“六五”普法先进集体。加强河道监管，完善水行政执法工作的综合、联合机制，定期开展联合执法检查，严厉打击各类水事违法行为。累计开展河道巡查818次，立案查处水事案件1起，现场制止各类违法行为135起。开展河道管理范围专项整治活动，依法拆除违章房屋6处1717平方米，清除违章树株4300株57亩；与公安联合执法，两次清除保护区内一种植大户非法取水的6台水泵，维护供水秩序，彰显河务部门的执法地位和形象，得到胜利油田、自然保护区等部门的肯定与赞赏。

【深化治黄改革】 按照总体方案部署积极推进各项改革进程。改革方案确定的9项任务中，抢险队整合、职代会建设、纪检监察体制改革等5项已完成，其余4项均取得阶段性成果。完成水行政综合执法改革试点经验总结和推广工作，开展供水运行机制改革实践，完成供水资产、编制人员划归管理局工作，召开发展经济科学供水深化机制改革座谈会，探索实行闸管所委托区（县）局管理模式，实行超指标用水协议收费。完成企业清理整合，全局保留施工企业5家，集中清理驻外项目部、联络处。开展公务用车改革准备工作，稳步实施事业单位绩效工资改革。

【精神文明】 开展群众性文明创建活动。组织“清洁环境、美化家园”义务劳动，净化网格化责任区，巩固全国文明城市创建成果。组织举办纪念人民治黄70周年“心系黄河情　放飞中国梦”主题演讲比赛。与《齐鲁晚报·黄三角早报》联合举办“江河卫士——母亲河守护行动”启动仪式，开展学雷锋志愿服务活动。到利津县盐窝镇林河村开展联户帮困暨春节走访慰问活动，为每个困难户送去200元慰问金和油米面等慰问品。加强对基层文明创建工作的指导，对河口河务局争创全国水利文明单位给予支持和指导，全局五个单位全部保持省级文明单位称号。

（黄河河口管理局供稿）

# 黄　河　防　汛

【概况】 黄河常见汛期除伏、秋大汛外，还有冬季“凌汛”和春季“桃汛”，兼之黄河东营段为地上悬河，自古以来防汛任务艰巨。新中国成立后，各级党委、政府高度重视黄河治理，不断加大投入，强化险工埽坝和控导工程，培修加固堤防，连续近60年实现黄河安澜。至2016年底，辖区内河道全长138公里，有防守任务的各类堤防202公里，其中临黄堤130公里、北大堤44公里、防洪堤28公里，险工22处，控导工程18处，各类涵闸20座。

【防凌防汛】 2016年，河口管理局严密组织，科学调度，安全度过2015—2016年度凌汛期。做好2016—2017年度防凌准备工作，11月27日启动防凌运行机制，组织15个冰凌观测组定时进行冰凌实时观测，加强防凌值班工作，实行领导带班和24小时值班制度；适时组织冰凌普查，加强防凌检查与调度；举办防凌防汛知识培训班，做好防凌准备。

扎实开展防汛工作，全面落实以行政首长负责制为核心的各项黄河防汛责任制；修订完善各类防汛预案，对县级预案逐一进行审查；全市共落实群防队伍97236人，其中一线防汛队伍48618人，二线防汛队伍48618人，对机动抢险队进行整合，组建武警抢险队；举办东营市油地军黄河防汛联合演习和各类防汛抢险培训班；落实防汛石料管理规定，搞好防汛物资储备管理，共落实社会团体备料和群众备料软料6994吨、袋类103.4万条、雨具5.91万件、棉衣被7.48万条、铅丝62.8吨、照明设备44台、小型车辆2904台、大型车辆645台等；迅速、有效地处置苇改闸险情，确保伏秋大汛安全。

【河口治理】 加大协调、监督和检查力度，狠抓工程现场建

2016年1月27日，冰凌普查河口区职工查看河段冰凌情况

（黄河河口管理局提供）

设管理，严防工程转包和违法分包，保质保量完成年度建设任务。黄河下游防洪工程一标綦嘴险工、王庄险工改建完工，二标放淤固堤、三标义和险工、麻湾闸前围堰改建开工，施工进展顺利。配合地方政府强力推进移民迁占，利津、垦利、东营局迁占工作走在山东全河前列，满足施工需要。完成治理利津堤防帮宽等7项防洪工程的竣工验收工作，督促完成移民资金决算审计和尾工建设。水保、环保、移民、档案专项顺利通过验收，档案专项取得黄委、山东河务局双优好成绩。

【工程管理】 加强工程日常管理，全年共完成维修养护土方18.07万立方米，石方1.80万立方米，累计完成投资2988.13万元；完成春季植树5.16万株，完成率115%。争取市政府投资1700万元对黄河口模型周边环境进行绿化，并将黄河大堤绿化列入全市三年增绿规划，利用市政府投资绿化黄河大堤走廊；争取东营区政府投资把辖区内临黄堤、南展堤堤顶道路全部硬化；争取胜利油田资金把河口区局的6千米堤防道路进行硬化。完成9处专项建设及4处难点治理，新创建黄委示范工程（庭院）3处，复核通过1处。完成利津、河口水政执法远程巡视系统和2座浮桥监控系统建设。科技创新项目获山东河务局科技进步一等奖4项、二等奖2项、三等奖2项、火花奖6项；申报黄委集中评审科技项目6项，全部通过；申报黄委科技进步奖5项，全部获奖。积极鼓励技术人员撰写学术论文，组织参加各类学术交流活动，19篇论文入选“山东黄河治理学术研讨会”论文集。

## 引黄兴利

【概况】 东营境内黄河引水兴利始自新中国成立之后。经过数十年发展，至东营市成立之后，多年平均年引水量10亿立方米左右，为东营市和胜利油田的开发建设作出贡献。2016年底，辖区内正常运作的引黄取水口16个，设计引水能力483.76立方米/秒，全年引水11.37亿立方米，比上年减少3.4亿立方米。

2016年8月31日，苇改闸抢险现场 （黄河河口管理局提供）

【引黄抗旱】 强化供水服务，春灌用水高峰期实行24小时昼夜值班制度，对不同流量级涵闸引水能力进行普查，分析水情和引水形势，实施科学调度、精细调度。组织开展“水资源管理与调度督查年”活动，加强用水计划管理和用途管制，强化实时调度，严格执行调度指令。经过各级的共同努力，全市引黄水量11.37亿立方米，其中，农业用水6.21亿立方米，非农业用水5.16亿立方米，向胶东供水878.2万立方米，最大限度地满足东营市、胜利油田和济军基地生产、生活、生态用水需求，取得显著的社会效益、经济效益和生态效益。

（黄河河口管理局 神盈盈）

# 石油

# 综　述

【概况】　胜利油田是中国石油化工集团公司胜利石油管理局、中国石油化工股份有限公司胜利油田分公司和中石化石油工程技术服务有限公司胜利石油工程有限公司的统称，主要从事石油天然气勘探开发、工程技术服务、生产保障、矿区服务等业务。截至2016年底，胜利油田机关设34个职能处室，14个直属单位；下设二级单位65个、托管单位5个、全资法人单位2个、控股子公司1个、局属经济实体2个、直属项目部21个，合计14.54万人。

胜利油田作为中国东部重要的石油工业基地，始终把为国家多产油、多做贡献放在第一位，走出一条开拓创新、科学发展的胜利之路，创造石油工业发展史上的辉煌业绩。截至2016年底，胜利油田已找到不同类型油气田81个，累计探明石油地质储量54.55亿吨；投入开发油气田74个，累计生产原油11.53亿吨，生产天然气573.02亿立方米。为保障国家能源安全，促进国民经济发展做出重要贡献。

2016年，面对持续低油价严峻形势，胜利油田上下认真贯彻党的十八大和十八届三中、四中、五中、六中全会精神，全面落实集团公司决策部署。着力推动转变观念、深化改革、创新机制、精细管理、减亏增效各项工作，圆满完成各项生产经营任务，保持大局和谐稳定。全年新增控制石油地质储量6692万吨、预测石油地质储量1.05亿吨；生产原油2390.19万吨、天然气4.03亿立方米，技术可采储量实现储采平衡，加工原料油159.59万吨。

【改革调整】　矿区(社区)体制调整基本到位，管理局二级单位机关科室及直属单位压减21.6%、管理人员压减14.8%，三级、四级单位压减51.6%、管理人员压减39.7%。配套机制不断完善。制定9大类853项内部专业化市场服务价格标准，实施员工价值积分管理，优化调整绩效考核政策，积极推进市场化经营管理。“四供一业”(供水、供电、供气、供暖、物业管理)及其他办社会职能分离移交稳步实施，油地联合成立分离移交工作领导小组，统筹做好方案制定、资产清查等工作，分类分批加快推进移交，淄博胜辛、铁山2个油田小区四供业务，已移交地方专业化公司运营，临盘、滨南、龙口等外围区域6个分离移交项目签订协议，中心城区及外围区域109项市政设施移交有序推进。资源配置持续优化。稳妥实施用工形式调整，强化用工总量管控，完善配套政策机制，油田及二级单位层面累计优化盘活用工5821人，依法规范清退业务外包用工3682人；公务用车实现区域集中管理、统一调派，车辆压减30.3%，实现增效6330万元；采油厂与油公司资源共享、低效无效资产盘活利用等成效明显，医疗卫生、学前教育优化整合持续推进，物探卫生院、幼儿园移交政府管理，9所幼儿园实现自有他营，对外合作合营医疗项目达到16个。

# 勘探开发

【油气勘探】　按照“三不打”(不具备战略引领意义的风险井坚决不打、圈闭不落实的预探井坚决不打、不新增商业开发储量的评价井坚决不打)要求，优化区带目标和井位论证方式，狠抓探井实施、设计优化和项目运行，加快向突出商业发现、提升储量价值转变，探井成功率同比提高7.1个百分点。深化精细勘探，重建地质模型，开展济阳坳陷资源再认识，优先研究部署剩余资源丰度高、易于开发动用的目标。东部探区取得新突破，在青西、埕岛等地区取得油气发现，特别是车古27、桩斜169探井获得高产商业油气流，展示济阳坳陷古生界潜山的增储潜力。加强准西车排子地区沙湾组、西翼石炭系等重点地区评价部署。西部探区再获新发现，在山前带、准东二叠系和外围重点盆地取得进展，其中，车排子西翼石炭系发现整装稀油区带，新增预测储量4332万吨；春风油田南扩发现千万吨级浅层稠油油藏，落实控制储量1611万吨，夯实西部可持续发展的资源基础。

【油气开发】　立足增量增效、存量创效，全面优化开发部署、新老区方案设计和老区存量调整，推动成本预算、产量运行与油价变化联动，效益开发理念深入人心，生产运行质量持续提升。深化勘探开发一体化结合，加强十个重点地区滚动评价，加大老区高效注采完善，健全产能建设项目效益评估、排队优选机制，强化钻井运行管理和质量监督，加快油藏评价、优化效益开发方案，储量动用高效实施。全年新增商业开发储量2486万吨，新建(增)产能57.5万吨，单井能力同比提高0.6吨，百万吨产能新增开发投资同比下降8.5亿元。实施产量、产液和工作量结构优化调整，暂关一批无效区块和油水井，调减无效益产量98.6万吨、无效液量880万吨、无效注水量470万立方米，稀油措施工作量同比减少35.8%，把算效益账、干效益活、产效益油落到实处，存量结构不断优化。把注水开发作为核心工作来抓，开展一体化治理与注采井网完善，加大长停井治理、管杆更新力度，注采对应率、分注率、层段合格率同比分别提高2.0、1.1、1.4个百分点，还原稀油自然递减率控制在计划以内，稳产基础持续改善。

# 工程技术

【石油工程】　坚持勘探开发工程一体化，促进工作量释放。严格执行油田分公司单机排名制度，优选高效钻机施工，动用钻机生产时效95%。国内市场有效突破，重返东北油气分公司市场，进入涪陵页岩气钻井市场。海外市场逆势增长，突出沙特、科威特规模化高端钻井市场的战略核心地位，全方位多渠道拓展服务领域。实施分类预算管控，加大降本减费力度，提升在建项目效益。撤销5个钻井分公司，减少管理人员290余人，实现钻井总公司直接管理基层队。推进二级机关科室及直属单位优化整合，共计压减48个，平均减幅34%；精简人员272人，平均减幅27%，二级机关更加精干高效。项目管理体制机制加快探索，绩效考核力度不断加大。集成地质、钻测录等多项技术，形成水平井综合地质导向技术，油层钻遇率95.4%。全年实施科技项目86项，其中国家级课题10项，集团公司23项。共获奖38项，其中"自解堵疏水暂堵钻完井液技术"等10项科技成果获省部级以上奖。共授权专利172项，其中"PDC防斜钻头"荣获中国专利优秀奖。"随钻测控技术"在中石化科技创新大会上做典型介绍。关键核心技术取得新突破，175℃高温MWD仪器圆满完成试验，成为少数掌控高温技术的油服公司之一。成功研制耐温230℃、耐压160MPa双系列高温满贯测井仪器，占领高端测井市场。研发SINOLOG900网络成像测井系统，完成整套系统软硬件测试和产品发布，打响胜利测井品牌。随钻伽马成像工具试验成功，为精细评价地层、提高储层钻遇率再添利器。

【科技创新】 全年实施各类课题315项，其中国家项目6项、集团公司项目84项；申请专利608件，其中发明专利338件，获得授权95件、同比翻一番；获集团公司技术发明一等奖1项、科技进步奖13项，获奖总数占中石化科技奖总数的1/10，胜利油田荣获集团公司首批创新型企业和知识产权先进单位荣誉称号。胜利油田特高含水期提高采收率技术、渤海湾盆地精细勘探关键技术等国家重大专项研究持续深化，丰富发展隐蔽油气藏勘探、陆相水驱剩余油富集、极端耗水层带等理论认识，支撑资源接替和老区开发调整。精细勘探技术、油藏地球物理技术持续完善，整装油藏流场转换、稠油化学蒸汽驱、集输短流程油水处理等技术攻关取得积极进展，精选油水井快速修套、测调一体化分注等一批低成本技术集中推广，组织实施10项技能创新成果集成优化项目，技术降本增效优势充分发挥。创新激励机制持续完善。出台《科学技术奖励管理办法》等5项文件，增设科研项目负责人、技术首席岗位津贴，将技能创新成果纳入油田级科技奖励，新增年度配套奖励1100万元、总额达2000万元以上，激发创新创造活力。

## 企 业 管 理

【经营管理】 "三基"(基层建设、基础工作和基本功训练)工作改进提升。制定实施"三基"工作和班站建设指导性文件，以《基层单位管理手册》《基层岗位操作手册》和《员工价值积分管理手册》"三册"管理，规范促进岗位责任落实，提升班站、现场、岗位"三标"建设水平。精细管理不断深化。建立成本洋葱模型，成立十大降本减费增效项目组，加大产销存动态优化和天然气挖潜，深挖用电、运费、土地、物资采购、外委劳务、财务费用、非生产性支出等降本潜力，十项管理费用在"十二五"硬减半的基础上再降15.4%，全年实现挖潜增效31.9亿元。"两化"融合加快推进。全年实施油公司"四化"建设项目68个，覆盖面达到60%以上；打造集成服务云平台，主力单元地质模型化率达到97%，勘探开发应用系统实现平台化集成共享，探井在线等10个业务移动APP以及油公司ERP大集中顺利上线，信息化支撑能力不断增强。风险防控有力有效。推进风控、内控、制度一体化建设，全面梳理制度和流程，形成油田业务流程手册，加强法律审查、内控执行、审计监督、效能监察、财务稽核等工作，确保依法经营、合规管理、规范运行。

【QHSE管理】 狠抓责任落实，修订完善全员安全生产责任制，成立油田层面7个、二级层面162个HSE专业委员会，健全局处两级安全督察队伍，建立"低老坏"(低标准、老毛病、坏习惯)问题常态化曝光机制，完善承包商信用管理体系和安全"黑名单"制度，加大隐患排查和风险管控，全年实施隐患治理项目158个，封堵废弃井2878口，累计治理管道隐患6591处，在山东省和集团公司备案的长输管道隐

2016年8月30日，基地南区污水处理厂顺利通过竣工验收　(吕艳红摄)

患治理全部完成。节能减排成效显著。“碧水蓝天”项目全面完成，“能效倍增”计划、锅炉烟气脱硫脱硝及排放治理有序推进，地热余热利用规模持续扩大，二氧化硫、氮氧化物排放量同比分别下降11%、13%，分公司吨油气综合能耗、管理局万元产值综合能耗分别比总部考核指标低5.2%、3.7%。质量管控能力持续提升，健全质量能源管理体系，加大原油、物资等质量稽查力度，重点单位、领域、工程和环节实现质量管控全覆盖，通过三级物资质量管控挽回经济损失4246万元。开展健康查体、职业病防治评估等工作，建立健康监护一人一档，切实维护员工权益。

## 矿 区 服 务

【公用工程　矿区建设】　发供电系统加强一体化运行，统筹推进铁路专线、超低排放、电网升级等重点改造建设项目，争取到大用户电量直接交易政策，供电单位标煤耗、供电线损率同比分别下降0.6、0.5个百分点，经营创效和热电保障能力不断增强；供水系统多措并举推进布局优化、降漏增收，落实水价调整政策，积极发展水务衍生业务，水务公司创效优势明显，供水产销差率同比降低0.87个百分点，整体运行质量稳步向好；供热系统推进区域一体化集中调控，优化供热布局、燃料结构和油地热源统筹利用，实施室内暖改、老旧小区管网改造，管网热损失和供暖成本持续下降。社区服务水平不断提升。完善服务标准体系和考核管理制度，建成集团公司矿区(社区)首个440“一号通”集中呼叫平台，开发推广胜利管家APP，升级“胜利一卡通”，新增集团公司5A级文明和谐示范小区3个、4A级10个，服务满意率连续三年保持集团公司矿区(社区)系统第一。积极创造条件增加有效工作量，石油工程、物探、地面建设、改制企业等，努力提升工程服务和产品质量，在保障油田生产建设的同时，实现抱团取暖、共同发展。

2016年7月18日，胜南物探卫生院医疗服务职能全面移交政府管理。图为移交仪式　　(胜利油田史志办提供)

【民生建设】　实施“十百千”工程，依法合规支持改制企业发展，与改制企业签订科技成果转让协议5项，对203个基层单位进行重点帮扶，走访慰问和实施困难帮扶救助6.1万人次，关心慰问离退休人员、劳动家属等非在职群体，实施24个老旧小区综合改造治理，落实公积金提取惠民政策，深入开展“走基层、访万家”、便民志愿服务和“EAP服务一线行”活动，抓实信访、综治、舆情引导处置等工作，推动油地融合协同发展，为胜利油田改革发展营造良好环境。

(胜利油田史志办　阮德茂　宋占魁　苗　勇)

# 工业

## 综　　述

【概况】 2016年，全市规模以上工业企业946户，完成现价产值13380.4亿元，同比增长8.7%，增加值同比增长6.2%，实现主营业务收入1.3万亿元、利税957.5亿元、利润599.6亿元，分别居全省第4位、第5位和第5位。其中，地方规模以上工业完成现价产值12916.9亿元，同比增长8.9%，增加值同比增长7.7%；实现主营业务收入12627.9亿元、利税1097.8亿元、利润824.6亿元，同比增长分别为1.1%、-13.8%和-12.5%。胜利油田累计生产原油2295.3万吨，同比下降12.0%；完成现价产值463.5亿元，同比下降8.1%，增加值同比下降9.6%；实现主营业务收入506.3亿元、利税-149.7亿元、利润-229.7亿元，同比分别下降17.6%、837.7%和147.7%。

全市地方工业共有在建项目211个，完成工业投入397亿元。其中，化工产业项目70个，完成投资162.7亿元，分别占33.2%、41%；装备制造产业项目54个，完成投资54.5亿元，分别占25.6%、13.7%；新能源产业项目24个，完成投资69.8亿元，分别占11.4%、17.6%；汽车及零部件产业项目13个，完成投资28.9亿元，分别占6.2%、7.3%；橡胶轮胎及配套产业项目6个，完成投资8.9亿元，分别占2.8%、2.2%；有色金属产业项目3个，完成投资6亿元，分别占1.4%、1.5%；建材项目10个，完成投资17.2亿元，分别占4.7%、4.3%。其他产业项目31个，完成投资49亿元，分别占14.7%、12.4%。

【工业运行保障】 ①强化顶层设计。围绕新常态下工业转型、产业升级、企业培育、发展环境等重点工作，编制《东营市"十三五"工业和信息化发展规划》，确定技术创新、工业+互联网、质量品牌建设、绿色发展、企业培育等重点任务，全力推动工业稳定健康发展。②强化运行调度。综合经信、海关、税务、统计、商务、银行、电力等信息，盯紧行业骨干企业、亏困企业和重点风险企业，及时关注资金流、物流情况，确保不发生系统性资金链风险。围绕80家重点企业、84种重点产品和原材料运行情况，综合研判重点行业、骨干企业运行状态，每月编印工业快报、月报，掌握经济走势，分析突出问题，提出发展措施。③加强要素保障。抓好政策落实，推荐"有市场、有订单、有效益"的企业获得省政府支持，申请流动资金贷款94亿元。新组织5家企业申报原油进口使用和原油非国营贸易进口资质，全市有7家企业获批年进口原油使用配额2000万吨，截至2016年底，累计进口原油1680万吨。帮助企业争取全省电力直接交易试点用户资格，45家企业获批交易额度55.46亿千瓦时，可减少电费支出2.8亿元。

【推进工业转型升级】 ①技术研发创新。修改完善企业技术中心管理办法，培育省级工业设计中心3家、省级企业技术中心6家、市级企业技术中心20家，推动企业加快创新步伐。强化高端人才培养。组织泰山产业领军人才参加专题培训，搭建产学研平台，组织2次技术难题和关键人才需求征集，带领企业与沈阳生态研究所等高校院所现场对接。组建专家宣讲团，对企业研发费用加计扣除调整政策进行解读，开展政策应用辅导。推动中小企业创新创业，新培育市级中小企业"一企一技术"研发中心23个、创新企业21家、"专精特新""专精特新"企业37家，分别培育省级12个、9家和20家，取得"煤矿瓦斯与细水雾混合输送方法及装置""煤矿低浓度瓦斯甲烷销毁方法及装置"等填补世界空白的重大技术突破，全市有112个项目列入省计划，累计完成研发投入6.79亿元，高盐浓度海水淡化膜研发等32个项目达到国际先进以上水平。②信息技术应用。推进企业智能化改造，出台智能制造3年行动方案，举办首届智能制造发展论坛。加快推动互联网与制造业融合发展，研究互联网技术对石油化工、橡胶轮胎等重点产业的嫁接改造路径、方案和措施，组织第三方机构服务试点企业提升水平。推进企业开展两化融合贯标，对125家企业进行两化融合水平评估，组织企业补齐短板，万达、海科等6家企业通过工信部贯标认定。全市两化融合水平提升明显，培育11家市级智能制造试点示范企业、8家国家级两化融合管理体系贯标试点企业、3家省级智慧园区试点。③节能低碳发展。开展固定资产投资项目节能评估审查，严格单耗准入控制，审查备案能评项目35个，杜绝"两高一资"(高耗能、高污染、资源性)项目投建。落实产业政策，淘汰绿洲醇公司碳酸饮料生产线等5个落后产能项目，组织6家炼油企业淘汰1452万吨常减压装置、重质油品综合利用装置。推行清洁生产，对重点行业、重点企业进行清洁生产审核，组织企业对关键领域和薄弱环节实施清洁生产技术改造。推动循环发展，组织国家级、省级3个示范园区加快循环化改造；获得国家园区循环化改造示范试点专项资金支持的17个项目全部开工建设，累计完成投资21.05亿元。实施节能技术升级，2家企业获得国家财政奖励，8个项目入选省太阳能集热系统财政补贴计划，5家企业获得省政府节能奖。安排950万元专项资金，切块划拨各县区，强化政策导向，推动区域经济社会绿色低碳发展。④产业服务支撑。加大电子商务培育力度，推动企业自建电商系统、借助大型电商平台发展电子商务，重点调度的"胎大王"橡胶轮胎、休斯敦石油装备等4家行业平台年交易额突破470亿元。推动制造业加快服务化转型发展，支持科瑞集团、方圆集团、海利丰公司等企业借助先进技术、装备拓展服务领域，寻求增值业务空间。

【工业企业培育】 ①增强转型发展动力。加大项目建设推进力度,推进解决82个项目建设中存在的土地、环保、融资等方面的难题。2016年实施优质技改项目211个,完成投入551.3亿元。石大胜华六氟磷酸锂、胜通集团光学基膜特种母料等高端项目投资建设,科瑞公司系列液化天然气设备、海科化工集团汽油加氢改造项目等投产达效。②提高现代管理水平。深化规上企业规范化改制,组织上海通和公司、琴岛律师事务所对50余家企业进行专题培训和推进指导,全市70家企业完成改制任务。秦恒公司申请新三板挂牌,盛泰集团开展内部资本运营平台策划和重组。③推动企业赶超提升。组织赴欧美等国家开展对标考察2期、国内重点产业对标提升4期,完成市内高端培训10余期,培训企业高级管理人才近千名。④抓平台,提升公共服务水平。围绕四大产业集群发展,划拨934万元专项支持公共服务平台建设26个。⑤落实政策,导向精准。落实国家产业政策,全年申请流动资金贷款94亿元,办理审批服务事项367件,企业满意率100%。全市946家规模以上企业主营业务收入过亿元企业517家,占规上企业的54.7%,过百亿元32家。入围中国企业500强13家、中国民营企业500强17家、中国制造业企业500强19家,2家企业获批国家单项冠军企业。全年石油装备、纺织服装、盐化工3个产业产值超过500亿元,有色金属产业超过1000亿元,橡胶轮胎产业近2000亿元,石油化工产业超过4000亿元。

**【重点领域综合整治】** ①化工产业转型升级。开展“三评级一评价”(安全评级、环保评级、节能评级和综合评价)工作,对679家化工生产企业进行评级评价,组织175家“差”等企业全部停产整顿。根据梳理排查的1.4万项问题,明确责任主体、完成时限组织整改,问题整改完成率82.1%。全市152家企业拆除生产设备退出化工生产行业,关停、取缔企业77家。对24个化工园区、集中区进行评价、诊断,出台调整化工产业布局的意见,确定“1+N”化工产业布局模式。组织对敏感区域的5个村庄、2所学校、4家企业实施搬迁。按照安全、环保优先的原则,推动对全市484个化工生产项目依法依规进行手续补办工作,补办各类手续近200个。围绕化工产业转型升级,提出项目准入标准、项目载体和项目审批等3个方面的具体要求,确保新上项目技术先进、手续合规,符合安全生产、节能环保标准。出台化工项目先期联合会审办法,分批次开展产业政策合规、安全环保节能达标等方面的论证,为项目实施提供先期服务。②电力安全供应保障。加强电力重要用户管理,对97家一级、二级电力用户进行审查认证。印发全市电力迎峰度夏预案、电网大面积停电事件应急预案和有序用电工作方案,组织企业错避峰生产。深化电力设施保护区安全整治,推进全市134处安全隐患整治。③工业安全生产指导。完成承担的安全生产“大快严”集中行动、企业主体责任落实专项执法检查、公共领域安全生产风险源排查、安全生产月、冬季安全生大检查等专项任务,督导检查东营经济技术开发区安全生产工作12次,牵头对利津县开展专项巡查,做好国务院安全生产巡查资料提报和情况汇报工作。落实电力线路、成品油储销、铁路道口、直属企业等领域相关安全生产任务。④电信基础设施建设。以宽带中国示范城市建设为抓手,组织编制《移动基站设施布局专项规划》,规范移动基站设施建设,推动电信基础设施加快共建共享。限制开发商红线内投资28项,通信行业共享基站911处、杆路73公里,共建共享管道32公里,节省投资近7000万元。⑤油品市场综合整治。组织对306家成品油批发、仓储、零售企业进行年审。落实成品油经营行业发展规划,审查8家批发企业、92家零售企业新建、改扩建条件。加强成品油市场监管,开展成品油生产经营企业专项整治,查处无证无照非法经营企业81家,限期整改40家,取缔41家。⑥煤炭高效清洁利用。组织燃煤电厂、锅炉和散煤用户情况排查,加快构建煤炭加工储备配送体系,推进供热设施升级改造。通过电厂余热供暖,替代239.2兆瓦燃煤锅炉。抓好散煤清洁化治理,组织文汇街道等5个乡镇开展洁净型煤取暖试点,推广使用高质、洁净型煤2万余吨。组织河口区中心片区、大王镇开展“煤改气”“户户通”示范,50个行政村、35个社区接通天然气。

**2016年全市规模以上工业企业生产效益情况表**

单位:亿元

| 单位 | 增加值同比增长% | 主营业务收入 | | 利润总额 | | 利税总额 | |
|---|---|---|---|---|---|---|---|
| | | 累计 | 同比增长% | 累计 | 同比增长% | 累计 | 同比增长% |
| 全市工业 | 6.2 | 13134.2 | 0.2 | 948.1 | -26.7 | 594.9 | -30.0 |
| 胜利油田 | -9.6 | 506.3 | -17.6 | -149.7 | - | -229.7 | - |
| 地方企业 | 7.7 | 12627.9 | 1.1 | 1097.8 | -13.8 | 824.6 | -12.5 |

## 2016年全市地方工业主要产品产量表

| 产品名称 | 单位 | 产量 | 同比增长% | 产品名称 | 单位 | 产量 | 同比增长% |
|---|---|---|---|---|---|---|---|
| 小麦粉 | 万吨 | 75.6 | -11.0 | 橡胶轮胎外胎 | 万条 | 17563.9 | 16.2 |
| 乳制品 | 万吨 | 51.3 | 1.2 | 其中:子午胎 | 万条 | 16729.7 | 13.5 |
| 纱 | 万吨 | 73.1 | -0.6 | 无缝钢管 | 万吨 | 20.9 | 4.0 |
| 布 | 亿米 | 3.0 | -20.7 | 精炼铜(电解铜) | 万吨 | 74.8 | 7.3 |
| 无纺布 | 万吨 | 26.8 | 4.5 | 铜材 | 万吨 | 34.3 | 14.9 |
| 纸浆 | 万吨 | 160.1 | 3.0 | 汽车 | 辆 | 4540 | -32.9 |
| 机制纸及纸板 | 万吨 | 203.8 | 3.2 | 低速载货汽车 | 辆 | 26186 | 8.6 |
| 其中:新闻纸 | 万吨 | 80.6 | -20.3 | 天然原油 | 万吨 | 2295.3 | -12 |
| 原盐 | 万吨 | 188.3 | -14.6 | 原油加工量 | 万吨 | 2613.3 | 25 |
| 烧碱(折100%) | 万吨 | 191.3 | 7.2 | 汽油 | 万吨 | 1214.1 | 25.1 |
| 盐酸(31% HCL) | 万吨 | 12.8 | 20.4 | 柴油 | 万吨 | 2047.8 | 26.7 |
| 电力电缆 | 万千米 | 123.1 | 20.6 | 液化石油气 | 万吨 | 617.3 | 88 |

## 2016年全市重点企业集团主要经济指标完成情况表

单位:万元

| 企业名称 | 工业总产值 | | 主营业务收入 | | 利税总额 | | 利润总额 | | 产销率% | | 两金占用比例% | | 资产负债率% |
|---|---|---|---|---|---|---|---|---|---|---|---|---|---|
| | 本期 | 同比增% | 本期 | 同比增% | 本期 | 同比增% | 本期 | 同比增% | 本期 | 同期 | 本期 | 同期 | |
| 合　计 | 70671695 | 8.4 | 70802667 | 7.5 | 6160869 | 1.3 | 4148090 | 3.2 | 99.4 | 99.6 | 21.4 | 20.7 | 50.7 |
| 华泰集团 | 6594409 | 11.2 | 6569618 | 10.5 | 656467 | 10.1 | 338068 | 12.9 | 99.7 | 100.2 | 10.4 | 10.6 | 42.9 |
| 万达集团 | 6325832 | 15.9 | 6253105 | 15.4 | 583176 | 7.5 | 490593 | 6.1 | 98.3 | 98.0 | 20.0 | 22.8 | 57.9 |
| 利华益集团 | 5623588 | 27.3 | 5621605 | 27.3 | 601817 | 28.8 | 239586 | 20.8 | 100.0 | 100.0 | 9.0 | 9.7 | 50.8 |
| 海科集团 | 4696782 | 7.3 | 5083216 | 6.1 | 160694 | 12.2 | 81934 | -5.6 | 108.2 | 109.4 | 37.2 | 38.2 | 78.1 |
| 方圆有色 | 3222786 | 3.2 | 3222246 | 7.4 | 396138 | 2.6 | 132267 | 5.3 | 100.0 | 100.0 | 0.0 | 0.0 | 50.8 |
| 科达集团 | 2772430 | 37.1 | 3085852 | 11.4 | 85942 | 51.3 | 72944 | 105.5 | 95.9 | 98.3 | 36.8 | 42.0 | 40.1 |
| 东辰集团 | 2661066 | 9.8 | 2661065 | 9.8 | 418125 | 4.0 | 346244 | 4.5 | 100.0 | 100.0 | 9.5 | 14.4 | 17.2 |
| 华星集团 | 2393293 | -11.2 | 2388460 | -11.2 | 107206 | -27.5 | 55294 | -26.2 | 99.8 | 99.9 | 16.5 | 17.4 | 79.7 |
| 万通石化 | 2378157 | 10.4 | 2378158 | 10.4 | 126784 | 26.1 | 120037 | 24.1 | 96.2 | 101.6 | 33.4 | 32.7 | 57.0 |
| 垦利石化 | 2236533 | 8.1 | 2232061 | 8.2 | 235296 | 27.2 | 19912 | 13.0 | 99.8 | 99.8 | 1.2 | 1.1 | 89.5 |
| 富海集团 | 2115675 | 25.3 | 2113601 | 25.2 | 118617 | 210.1 | 89561 | 247.2 | 99.9 | 99.9 | 20.2 | 29.1 | 50.8 |
| 正和集团 | 2059816 | 3.0 | 2065221 | 2.0 | 91862 | -13.8 | 31827 | -18.4 | 100.3 | 100.2 | 18.9 | 32.0 | 60.9 |
| 大海集团 | 2079561 | 5.1 | 2018418 | 3.6 | 296987 | -6.4 | 212975 | 10.7 | 98.5 | 99.7 | 34.3 | 36.5 | 51.7 |
| 金岭集团 | 1925724 | 12.9 | 1914662 | 11.9 | 156087 | -5.3 | 127642 | -6.4 | 99.3 | 99.6 | 10.6 | 9.4 | 31.2 |
| 兴源轮胎 | 1875086 | 11.1 | 1873820 | 13.1 | 233911 | 6.4 | 200338 | 10.1 | 99.9 | 99.5 | 6.9 | 8.5 | 13.6 |
| 金茂纺织 | 1822928 | 7.0 | 1795827 | 2.5 | 248790 | -40.6 | 181383 | -30.2 | 93.2 | 93.4 | 30.8 | 29.1 | 57.6 |
| 天圆铜业 | 1791596 | -19.1 | 1777996 | -19.1 | 36197 | -65.4 | 36193 | -65.2 | 99.2 | 99.1 | 12.1 | 8.9 | 13.0 |
| 中海化工 | 1905462 | 32.7 | 1695375 | 23.4 | 43326 | -50.4 | 28932 | -7.4 | 100.0 | 100.0 | 12.5 | 5.5 | 77.0 |
| 胜通集团 | 1620125 | -7.2 | 1587711 | -7.2 | 171553 | -15.7 | 152501 | -7.9 | 98.0 | 98.0 | 19.9 | 16.3 | 38.1 |
| 神驰化工 | 1569467 | 6.0 | 1569461 | 6.0 | 132005 | 47.5 | 129161 | 48.7 | 100.0 | 100.0 | 14.5 | 8.9 | 35.7 |
| 亚通石化 | 1302872 | 67.2 | 1375257 | 71.3 | 120728 | 421.6 | 92026 | 1106.2 | 94.9 | 81.2 | 33.8 | 21.4 | 85.4 |
| 齐润化工 | 1125845 | -12.7 | 1125927 | -12.1 | 50697 | -53.3 | 38012 | -62.4 | 100.0 | 99.4 | 23.9 | 20.3 | 50.0 |
| 石大胜华垦利分公司 | 1035406 | 2.9 | 1035406 | 2.9 | 85622 | -3.1 | 74520 | -2.1 | 100.0 | 100.0 | 0.0 | 0.0 | 23.3 |
| 澳亚纺织 | 975486 | 8.4 | 972585 | 10.6 | 115073 | 0.1 | 111226 | 0.0 | 97.8 | 98.6 | 23.0 | 20.6 | 43.1 |
| 永盛橡胶 | 930548 | 26.9 | 922453 | 26.3 | 95661 | 10.2 | 89355 | 12.8 | 98.0 | 99.1 | 22.0 | 22.7 | 44.6 |
| 永泰化工 | 634064 | 0.9 | 631027 | 1.0 | 68125 | -6.1 | 58909 | 0.3 | 99.3 | 95.7 | 27.0 | 27.7 | 59.1 |
| 新发药业 | 605058 | 13.3 | 603195 | 13.3 | 130396 | 14.7 | 120251 | 15.8 | 99.7 | 99.7 | 11.1 | 11.1 | 48.1 |
| 胜星化工 | 600650 | 1.1 | 594412 | -1.4 | 64713 | 5.8 | 58394 | 6.8 | 99.0 | 102.4 | 17.3 | 16.8 | 12.1 |
| 金宇轮胎 | 581642 | -1.1 | 582184 | -0.4 | 48715 | -9.7 | 37344 | 6.0 | 100.1 | 99.4 | 59.9 | 63.0 | 70.9 |
| 明珠集团 | 524487 | -0.3 | 512324 | 0.5 | 101296 | -0.2 | 85640 | -0.2 | 97.7 | 98.6 | 30.4 | 34.5 | 9.6 |
| 科瑞机械 | 583222 | -2.8 | 498026 | -5.2 | 53016 | -13.8 | 39131 | -19.4 | 85.4 | 87.5 | 65.9 | 67.1 | 61.7 |
| 恒宇科技 | 483638 | 31.8 | 479253 | 38.7 | 42229 | 41.2 | 42185 | 41.2 | 98.5 | 98.4 | 76.9 | 84.3 | 67.4 |

续表

| 企业名称 | 工业总产值 | | 主营业务收入 | | 利税总额 | | 利润总额 | | 产销率% | | 两金占用比例% | | 资产负债率% |
|---|---|---|---|---|---|---|---|---|---|---|---|---|---|
| | 本期 | 同比增% | 本期 | 同比增% | 本期 | 同比增% | 本期 | 同比增% | 本期 | 同期 | 本期 | 同期 | |
| 宜坤集团 | 473704 | 1.7 | 473607 | 1.7 | 29009 | -2.1 | 19835 | 10.0 | 100.0 | 100.0 | 9.1 | 7.4 | 10.7 |
| 盛泰车轮 | 458362 | 5.6 | 458566 | 8.4 | 52452 | -4.8 | 49779 | -3.2 | 100.7 | 97.4 | 29.7 | 38.5 | 16.8 |
| 信义集团 | 460345 | 4.7 | 457412 | 4.9 | 46814 | 5.4 | 38011 | 4.2 | 99.1 | 99.4 | 13.2 | 12.8 | 28.8 |
| 胜机石油装备 | 400441 | 0.0 | 379011 | -2.2 | 38515 | -13.8 | 29528 | -11.7 | 100.0 | 97.5 | 77.0 | 41.4 | 44.8 |
| 胜动机械 | 370169 | -3.9 | 359900 | 0.0 | 52247 | -3.2 | 30268 | -5.0 | 100.0 | 100.0 | 60.9 | 64.9 | 86.8 |
| 胜利高原 | 301776 | -28.8 | 301098 | -26.7 | 1316 | 139.9 | -2580 | - | 99.8 | 97.0 | 44.5 | 46.1 | 65.5 |
| 东方曼 | 193903 | 10.2 | 193024 | 9.8 | 17826 | 35.9 | 16655 | 36.2 | 99.5 | 99.9 | 10.5 | 11.9 | 45.8 |
| 仙河药业 | 189444 | -0.5 | 187203 | 0.0 | 24857 | -25.6 | 20154 | -24.8 | 98.8 | 98.3 | 27.7 | 26.5 | 52.1 |
| 半球面粉 | 153869 | -5.7 | 153442 | -5.6 | 1599 | -32.7 | 1544 | -33.5 | 99.7 | 99.9 | 19.4 | 18.9 | 23.8 |
| 万得福 | 156775 | 4.4 | 153047 | 3.5 | 8645 | 0.1 | 8481 | 0.2 | 97.6 | 98.5 | 16.4 | 12.3 | 60.4 |
| 华誉集团 | 148009 | 2.7 | 142523 | 0.1 | 2978 | -22.3 | 2922 | 10.0 | 95.2 | 94.3 | 20.6 | 28.1 | 77.9 |
| 金岛实业 | 128711 | -56.4 | 128701 | -56.3 | 13453 | -76.3 | 7513 | -76.1 | 100.0 | 100.0 | 73.1 | 77.1 | 55.5 |
| 天信光伏 | 89015 | -14.9 | 105831 | 22.5 | 5542 | -26.2 | 4395 | 15.0 | 97.1 | 97.0 | 43.6 | 44.8 | 27.7 |
| 东营光伏 | 58024 | -81.3 | 54039 | -81.7 | 3208 | -90.5 | 3206 | -87.8 | 100.0 | 92.0 | 52.9 | 19.3 | 82.9 |
| 鸿基机械 | 39940 | -59.9 | 35490 | -63.3 | 1893 | -57.7 | 1871 | -58.0 | 88.9 | 97.2 | 14.8 | 28.6 | 39.6 |
| 孚瑞特 | 43617 | -40.7 | 26811 | -51.0 | -5894 | - | -7584 | - | 82.8 | 80.6 | 29.3 | 49.5 | 80.8 |
| 雅美纺织 | 22956 | 6.9 | 22488 | -4.1 | -492 | - | -573 | 0.0 | 104.4 | 111.4 | 8.6 | 12.9 | 81.2 |
| 中凯重工 | 10084 | -91.0 | 8995 | -91.4 | 551 | -88.8 | 448 | -89.8 | 92.9 | 94.9 | 18.8 | 20.3 | 18.7 |

**2016年主导产业主要经济指标表**

单位:亿元

| 单　位 | 户数 | 主营业务收入 | | | 利税合计 | | | 利润总额 | | |
|---|---|---|---|---|---|---|---|---|---|---|
| | | 累计 | 同比增长% | 占地方比重% | 累计 | 同比增长% | 占地方比重% | 累计 | 同比增长% | 占地方比重% |
| 石化产业 | 128 | 4431.2 | 12.1 | 35.1 | 294.4 | 5.8 | 26.8 | 182.2 | -0.8 | 22.1 |
| 橡胶轮胎制造业 | 82 | 1837.2 | 1.5 | 14.5 | 196.0 | -5.9 | 17.9 | 172.8 | -3.8 | 21.0 |
| 有色金属冶炼和压延业 | 14 | 1169.7 | 6.2 | 9.3 | 77.9 | -5.9 | 7.1 | 48.3 | -8.9 | 5.9 |
| 石油装备制造业 | 125 | 642.8 | -20.6 | 5.1 | 68.1 | -35.8 | 6.2 | 51.8 | -34.7 | 6.3 |
| 盐化产业 | 21 | 633.0 | 6.1 | 5.0 | 53.6 | -25.4 | 4.9 | 41.1 | -17.8 | 5.0 |
| 纺织服装业 | 44 | 583.8 | -6.3 | 4.6 | 71.0 | -13.5 | 6.5 | 59.6 | -9.4 | 7.2 |
| 农副食品加工业 | 77 | 386.5 | -11.7 | 3.1 | 34.6 | -25.3 | 3.1 | 26.7 | -16.3 | 3.2 |
| 汽车及零配件业 | 36 | 325.0 | 8.7 | 2.6 | 31.9 | -0.3 | 2.9 | 29.9 | 3.2 | 3.6 |
| 造纸业 | 5 | 164.7 | 2.8 | 1.3 | 22.9 | 3.6 | 2.1 | 14.7 | 6.1 | 1.8 |
| 合计 | 532 | 10173.8 | 3.9 | 80.6 | 850.3 | -8.5 | 77.5 | 627.1 | -8.6 | 76.1 |

# 石 化 产 业

【概况】 2016年,全市石化产业完成工业总产值4461.2亿元,同比增长13.3%;累计产销率98.6%,同比下降0.4%;实现主营业务收入4431.2亿元、利税294.4亿元、利润182.2亿元,同比分别增长12.1%、5.8%和-0.8%,分别占地方比重为35.1%、26.8%和22.1%。有规模以上企业128家,主营业务收入过百亿元企业15家,过50亿元企业22家。重点调度的地炼企业20家,原油一次加工产能6800万吨,约占国家地炼企业的9.6%。自2015年起,垦利石化、利华益、亚通公司、天弘化学、齐润化工、神驰化团和海科瑞林7家企业获批进口原油使用资质,获批额度2000万吨/年。2016年,全市炼化企业加工原油2844万吨、燃料油2686万吨,同比增长105.7%和20.2%;生产汽油1028.4万吨、柴油1841.9万吨,同比增长21.3%和-6.8%。利华益集团、海科化工集团设有博士后工作站,利华益集团、正和集团设立省级企业技术中心。神驰化工等9家企业设有市级企业技术中心。全市19家地炼企业实施油品质量升级项目38个,7家企业淘汰常减压、重质油品综合利用等25套装置、合计产能1639万吨,各企业生产装置和工艺水平国内先进,保证成品油品质,除正和、华星等企业外,其余企业均完成油品升级,达到国Ⅴ标准。

【企业选介】 利华益集团。利华益集团是以石油化工为主导产业,兼有制药、纺织服装、进出口贸易多元化经营的股份制大型企业集团,资产总值300亿元,是中国企业500

强、中国制造业企业500强、中国化工企业500强、中国民营企业500强、全国大中型工业企业自主创新能力行业10强、山东省百强企业，由利华益维远化工有限公司、利华益利津炼化有限公司、山东凤凰制药股份有限公司、三阳纺织有限公司、山东国能石化进出口有限公司等十余家子公司组成，获中国优秀企业、国家重点高新技术企业、国家级博士后科研工作站、中国驰名商标、中国名牌产品、全国安康杯竞赛优胜企业、全国清洁文明工厂，改革开放30年山东省功勋企业、山东省省长质量奖、企业管理奖、安全生产先进单位、节能先进企业、环境保护优秀企业等称号。2016年实现工业总产值552.3亿元，同比增长27.7%，利税58.9亿元，同比增长29.7%，利润23亿元，同比增长21.6%。

**2016年石化产业主要企业情况表**

单位：万元

| 企业名称 | 工业总产值 | | 主营业务收入 | | 利税总额 | | 利润总额 | |
|---|---|---|---|---|---|---|---|---|
| | 本期 | 同比% | 本期 | 同比% | 本期 | 同比% | 本期 | 同比% |
| 利华益集团股份有限公司 | 5523267 | 27.7 | 5521311 | 27.7 | 589519.5 | 29.7 | 230310.1 | 21.6 |
| 山东海科化工集团有限公司 | 2740839.9 | -13 | 2629703.1 | -13.6 | 94434.8 | 9.4 | 45196 | 14.8 |
| 山东华星石油化工集团有限公司 | 2393293.1 | -11.2 | 2388460.3 | -11.2 | 107206.4 | -27.5 | 55293.7 | -26.2 |
| 山东万通石油化工集团有限公司 | 2378157.5 | 10.4 | 2378157.5 | 10.4 | 126783.8 | 26.1 | 120036.5 | 24.1 |
| 山东垦利石化集团有限公司 | 2236533.3 | 8.1 | 2232060.9 | 8.2 | 235296.3 | 27.2 | 19911.9 | 13 |
| 富海集团有限公司 | 2115675.2 | 25.3 | 2113600.5 | 25.2 | 118617.3 | 210.1 | 89561 | 247.2 |
| 正和集团股份有限公司 | 2059816.4 | 3 | 2065220.7 | 2 | 91861.5 | -13.8 | 31826.9 | -18.4 |
| 山东中海化工集团有限公司 | 1905462.1 | 32.7 | 1695374.7 | 23.4 | 43326 | -50.4 | 28932.3 | -7.4 |
| 合　计 | 21353044.5 | 9.4 | 21023888.7 | 8.6 | 1407045.6 | 16.6 | 621068.4 | 20.8 |

## 橡胶轮胎制造业

**【概况】** 2016年，全市橡胶轮胎产业完成工业总产值1854.5亿元，同比增长1.7%；累计产销率99.2%，同比增长0.6%。有规模以上企业82家，主营业务收入过百亿元企业4家，过50亿元企业11家，过10亿元企业28家，过5亿元企业37家。2016年恒丰橡胶、兴源轮胎、山东盛泰、山东永泰、中一橡胶、山东永盛和万达宝通等7家企业入围全球轮胎75强排行榜，恒丰橡胶排名第21位。2016年，全市子午胎产能1.68亿条，其中半钢子午胎产能1.3亿条；行业产能利用率99.4%，子午胎产量1.67亿条，同比增长13.5%，完成出口22.7亿美元，占全市出口总额的15.7%。建有国家级企业技术中心1个，省级企业技术中心8个。轮胎行业超过84%的装备达到国内先进水平、61%的装备达到国际先进水平，产品一次交验合格率99%、出口抽检合格率97.6%。产业拥有包括天然胶种植、炭黑、胎圈钢丝、帘子布、橡胶助剂、钢丝帘线、硫化机、轮胎胶囊、轮胎模具等在内的较为完善的产业链，炫彩胎、缺气保用胎、彩色烟雾胎等高端产品研发投产。

**【企业选介】** 山东金宇轮胎有限公司。始建于1995年，是一家专业的汽车轮胎研发制造企业。集团拥有先进的轮胎生产、研发、检测装备和专业化的技术、管理团队，建立完善的质量保证体系，有员工5000余人，拥有全钢载重子午胎300万套/年和半钢子午胎1200万套/年的制造能力，销售市场遍及全国各地和海外100多个国家和地区。公司通过ISO/TS 16949质量管理体系、ISO 14001环境管理体系、OHSAS 18001职业健康安全管理体系等国际性认证；产品通过国家CCC、美国交通部DOT、欧洲经济委员会ECE、巴西INMETRO等国内外产品认证；公司实验室通过ISO/IEC17025实验室认可。“金宇”牌轮胎产品被认定为“山东名牌”产品。公司被认定为国家级守合同重信用企业、国家信息化500强企业、中国进出口质量诚信企业、中国石油和化工行业出口前百家企业、省级高新技术企业、山东最佳企业公民、省银行业最佳信贷诚信客户、中国建设银行总行级重点客户、中国工商银行总行级产业链核心客户、国际贸易融资重点客户。2016年，公司主营业务收入58.1亿元，利税4.8亿元，利润3.7亿元。

**2016年橡胶轮胎制造产业主要企业情况表**

单位:万元

| 企业名称 | 工业总产值 | | 主营业务收入 | | 利　税 | | 利　润 | |
|---|---|---|---|---|---|---|---|---|
| | 本期 | 增幅% | 本期 | 增幅% | 本期 | 增幅% | 本期 | 增幅% |
| 万达集团股份有限公司 | 4366715.3 | 4.8 | 4362070.8 | 4.9 | 438741 | -0.4 | 381168 | 4.4 |
| 兴源轮胎集团有限公司 | 1875086.2 | 11.1 | 1873820.3 | 13.1 | 233910.8 | 6.4 | 200337.5 | 10.1 |
| 盛泰集团 | 1623623.5 | 22.5 | 1573938 | 17.1 | 221476.2 | 4.1 | 182140.6 | 2.5 |
| 山东胜通钢帘线有限公司 | 1067118.4 | 5.9 | 1046012.7 | 4.6 | 163645.1 | 2.6 | 156940.4 | 2.6 |
| 山东永盛橡胶集团有限公司 | 930548.4 | 26.9 | 922452.5 | 26.3 | 95661.4 | 10.2 | 89354.5 | 12.8 |
| 合　计 | 9863091.8 | 10.5 | 9778294.3 | 10 | 1153434.5 | 3 | 1009941 | 5.5 |

## 有色金属产业

【概况】　2016年，全市有色金属产业完成工业总产值1176.3亿元,同比增长4.7%;累计产销率100.2%,同比增长0.7%。实现主营业务收入1169.7亿元、利税77.9亿元、利润48.3亿元,同比增长分别为6.2%、-5.9%、-8.9%。占地方比重分别为9.3%、7.1%、5.9%。有规模以上企业企业14家,方圆、鲁方、天圆等5家企业超过百亿元。产业形成多金属矿综合提取,阳极板、阴极铜生产,铜板带、电磁线、线杆等铜材深加工等能力,阴极铜产能90万吨、低氧线杆产能27万吨、阳极板产能45万吨。2016年,生产精炼铜74.8万吨、铜材34.3万吨,同比分别增长7.3%、14.9%;建有省级企业技术中心2家,拥有各类专利175件。方圆集团铜冶炼工艺引领行业发展，成长为一个年销售收入超过300亿元的企业集团。天圆铜板带生产线、亨圆连铸连轧生产设备国际先进，迪赛机电是我国长江以北地区唯一生产高速列车接触线的企业。

【企业选介】　山东方圆有色金属集团。成立于1998年,是一家以铜、金、银生产为主,铂、钯、硒、锑、铋等稀贵稀散金属综合提取,集科工贸为一体的集团化企业。集团总资产282亿元,员工近3000人,铜产量位列全国第五位,金、银产量均列全国前十位,是山东省百强、全国500强企业。集团系国家循环经济标准化试点单位、国家重有色金属质量监督检验中心高新技术创新基地、国家国际科技合作基地(有色金属冶炼)、北京现代循环经济研究院研究基地。2016年公司主营业务收入322.3亿元,利税39.6亿元,利润13.2亿元。

**2016年有色金属产业主要企业情况表**

单位:万元

| 企业名称 | 工业总产值 | | 主营业务收入 | | 利　税 | | 利　润 | |
|---|---|---|---|---|---|---|---|---|
| | 本期 | 增幅% | 本期 | 增幅% | 本期 | 增幅% | 本期 | 增幅% |
| 东营鲁方金属材料有限公司 | 3720084.1 | 24.4 | 3711216.3 | 24.8 | 154556.2 | 4.4 | 139712.5 | 7.5 |
| 东营方圆有色金属有限公司 | 3222785.6 | 3.2 | 3222245.8 | 7.4 | 396137.9 | 2.6 | 132267.1 | 5.3 |
| 山东天圆铜业有限公司 | 1791595.7 | -19.1 | 1777995.6 | -19.1 | 36197.3 | -65.4 | 36192.6 | -65.2 |
| 山东金信新材料有限公司 | 1158937.3 | 5.9 | 1115542.8 | 3.4 | 109675.3 | 4.1 | 95876.6 | 3.9 |
| 山东亨圆铜业有限公司 | 1073099.5 | 1.7 | 1073099.5 | 5.6 | 38289.3 | -2.6 | 38033.2 | -2.6 |
| 合　计 | 10966502.2 | 4.6 | 10900100 | 6.2 | 734856 | -6.2 | 442082 | -9.9 |

## 石油装备制造业

【概况】　2016年，全市石油装备制造业完成工业总产值678.8亿元,同比增长19.7%;累计产销率97.2%,同比下降0.1%。实现主营业务收入642.8亿元、利税68.1亿元、利润51.8亿元,同比分别下降20.6%、35.8%、34.7%。占地方比重分别为5.1%、6.2%、6.3%。全市有规模以上企业125家,过50亿元企业1家,过10亿元企业20家。建有国家级工程技术研究中心1家、省级工程技术研究中心11家,设有院士工作站4家、博士后科研工作站9家。企业入选省级企业技术中心18个、市级21个,省级工业设计中心2个、市级14个。科瑞公司、孚瑞特公司分别有1个品牌被省商务厅认定

2016年9月，第九届中国(东营)国际石油石化装备展　（市经信委提供）

为国际知名品牌。东营市石油装备产品发展到31个系列1500多个品种，形成集研发、制造、服务、内外贸于一体的完整产业体系，钻机、抽油机、抽油杆、重油开发专用管产能国内第一，潜油泵国内第二。石油钻采设备产量占全省的95%。交流电驱动超深井钻机、液压式快速移动钻机等20余种产品和技术达到国际领先水平。东营市主要钻采装备技术水平国内领先，压裂泵车研制等多项技术打破国际垄断，胜利高原、科瑞集团、胜动集团等企业的作业服务、工程总承包等业务是近年产业发展的新的增长点。胜利高原、科瑞、孚瑞特进入国内行业20强。

【企业选介】 山东科瑞控股集团有限公司。成立于2001年，是一家集高端石油装备研发制造、油田一体化工程技术服务、油田综合解决方案提供与油田EPC工程总承包三位一体的综合性国际化企业集团。集团总资产84.6亿元，有员工8000余人，拥有陆地与海洋钻修井装备、油田大型压裂机组、天然气压缩机等十大高端系列产品，具备年产80套石油钻机、50套大型成套压裂机组、100(套)膜分离制氮设备、200套天然气压缩机、5000套采油机械设备、8000台套井口井控设备等产品的产能规模。公司先后被评为国家火炬计划石油装备特色产业基地骨干企业、山东省首台(套)技术装备企业、山东省优质石油装备制造业生产基地龙头骨干企业、省级守合同重信用企业、山东省最佳企业公民、山东省出口名牌、山东省重点培育和发展的国际知名品牌等，“膜分离制氮机组”“石油钻机”被评为山东省名牌产品，“科瑞”品牌被评为山东省著名商标。

**2016年石油装备制造产业主要企业情况表**

单位:万元

| 企业名称 | 工业总产值 | | 主营业务收入 | | 利　税 | | 利　润 | |
|---|---|---|---|---|---|---|---|---|
| | 本期 | 增幅% | 本期 | 增幅% | 本期 | 增幅% | 本期 | 增幅% |
| 山东科瑞机械制造有限公司 | 583221.5 | -2.8 | 498026.2 | -5.2 | 53016.1 | -13.8 | 39130.7 | -19.4 |
| 山东胜利明珠集团有限公司 | 524486.8 | -0.3 | 512324.2 | 0.5 | 101295.6 | -0.2 | 85639.9 | -0.2 |
| 山东恒业石油新技术应用有限公司 | 491156.3 | -1.8 | 449497.4 | -9.1 | 37048.6 | -27 | 31136.7 | -25.9 |
| 胜利油田高原石油装备有限责任公司钻机制造 | 410724.9 | -0.8 | 409082 | -0.8 | 44307.5 | -32.1 | 31444.4 | -38.4 |
| 胜利油田胜机石油装备有限公司 | 400440.6 | 0.01 | 379011.4 | -2.2 | 38515.4 | -13.8 | 29527.6 | -11.7 |
| 合　计 | 2410030.1 | -1.2 | 2247941.2 | -3.5 | 274183.2 | -15.3 | 216879.3 | -16.8 |

## 盐 化 产 业

【概况】 2016年，全市盐化产业完成工业总产值640.9亿元，同比增长7.7%；累计产销率97.9%，同比持平；实现主营业务收入633亿元、利税53.6亿元、利润41.1亿元，同比增长分别为6.1%、-25.4%、-17.8%，占地方比重分别为5%、4.9%、5%。全市有规模以上企业21家，过百亿元企业3家，过10亿元企业5家，过亿元企业8家。离子膜烧碱产能184万吨，居全省第1位，隔膜法烧碱装置全部淘汰。全年生产烧碱191.3万吨，同比增长7.2%，产量占全省的23.8%。以金岭集团、金毛纺织化工、华泰化工等企业为依托，主导产品有烧碱、盐酸、甲烷氯化物、氯仿、有机硅、苯胺、环氧丙烷等，基本形成上下游配套的产品链条。建有省级企业技术中心1家、市级1家。金岭集团是全国最大的烧碱、苯胺、甲烷氯化物生产基地之一，建设山东省氯甲烷材料工程技术研究中心。

【企业选介】 华泰化工集团。以盐化工为中心，精细化工、氯碱、热电相配套的综合性国家大型企业，有员工2000余人，资产总值60亿元。集团下辖七个子公司，除山东黄河三角洲矿盐化工有限公司200万吨/年盐矿项目位于垦利经济技术开发区外，其余全部位于东营经济技术开发区。集团拥有年产50万吨离子膜烧碱、34万吨过氧化氢、5万吨氯丙烯、3万吨环氧氯丙烷、3万吨环氧丙烷、3000吨过氧乙酸等装置，主导产品涵盖八大类20余个品种。

**2016年盐化产业主要企业情况表**

单位：万元

| 企业名称 | 工业总产值 | | 主营业务收入 | | 利 税 | | 利 润 | |
|---|---|---|---|---|---|---|---|---|
| | 本期 | 增幅% | 本期 | 增幅% | 本期 | 增幅% | 本期 | 增幅% |
| 山东金岭集团有限公司 | 1925724 | 12.9 | 1914662 | 11.9 | 156087.3 | -5.3 | 127641.7 | -6.4 |
| 山东金茂纺织化工集团有限公司 | 1822928 | 7 | 1795827 | 2.5 | 248790 | -40.6 | 181383 | -30.2 |
| 山东金岭新材料有限公司 | 1297233 | 3.4 | 1296929 | 3.4 | 72357.8 | 5.3 | 63187.9 | 2.9 |
| 东营华泰化工集团有限公司 | 880507.1 | 10 | 833191.2 | 8.9 | 42353.6 | -3.1 | 30856.8 | 4.2 |
| 山东金岭化学有限公司 | 328192.8 | 2.1 | 339464.2 | 5.3 | 6146.4 | -2.7 | 5479.6 | -3.9 |
| 合 计 | 6254585.4 | 8.1 | 6180072.7 | 6.4 | 525735.1 | -25.2 | 408549 | -17.1 |

## 纺织服装业

**【概况】** 2016年，全市纺织服务业完成工业总产值602.4亿元，同比下降4.7%；累计产销率98.4%，同比下降0.8%；实现主营业务收入583.8亿元、利税71亿元、利润59.6亿元，同比分别下降6.3%、13.5%、9.4%。占地方比重分别为4.6%、6.5%、7.2%。有规模以上企业44家，金茂纺织、澳亚纺织超过百亿元，过50亿元企业4家。纺织棉纱产能218万纱锭。

**【企业选介】** 东营鹏杰色织有限公司。成立于2001年12月，占地350余亩，资产30.99亿元，有职工550人，高档精梳棉纱12万纱锭。公司主产纯棉高支精梳纱线、紧密纺纱线及功能纱线等产品，原料以长绒棉、SJV美棉和MOT美棉为主，具有强力高、条干匀、棉结少、无异性纤维等特点，通过计算机系统优化配棉，产品质量稳定，各项质量指标均达到乌斯特公报(2001年)5%水平。通过ISO 9000国际质量体系认证，并取得BMTRADA亚洲认证技术认证，ISO 14000环保认证。公司生产的棉纱为雅格尔服饰、鲁泰纺织、广东溢达等国内知名企业的指定用纱，出口欧洲、美国、香港等十几个国家和地区。

**2016年纺织服装产业主要企业情况表**

单位：万元

| 企业名称 | 工业总产值 | | 主营业务收入 | | 利 税 | | 利 润 | |
|---|---|---|---|---|---|---|---|---|
| | 本期 | 增幅% | 本期 | 增幅% | 本期 | 增幅% | 本期 | 增幅% |
| 山东大海集团有限公司 | 2079561 | 5.1 | 2018418 | 3.6 | 296987.4 | -6.4 | 212974.7 | 10.7 |
| 山东澳亚纺织有限公司 | 975486 | 8.4 | 972585.2 | 10.6 | 115073 | 0.1 | 111225.7 | -0.03 |
| 东营市半球纺织有限公司 | 791711.5 | 19.3 | 791051.1 | 20.2 | 35924 | -28.8 | 34856.7 | -29.5 |
| 东营鹏杰色织有限公司 | 612545.9 | 3.6 | 607542.4 | 4.7 | 95950.5 | 3.2 | 82922.8 | 2.8 |
| 山东海威卫生新材料有限公司 | 219165 | -3.9 | 221678.9 | -0.2 | 24906.2 | -15.3 | 24852.5 | -15.5 |
| 合 计 | 4678469.6 | 7.3 | 4611275.5 | 7.5 | 568841.1 | -6 | 466832.4 | 0.8 |

## 汽车及零配件业

**【概况】** 2016年，汽车级零配件业完成工业总产值333.6亿元，同比增长9.3%；累计产销率98%，同比增长0.3%。全市有规模以上企业36家，培育广汽吉奥、俊通、东方曼3个整车制造企业和一批汽车零部件生产企业，汽车配件产品有30多类数千种，刹车片和刹车盘产能达到1亿套，在全国主机配套市场占有率超过30%。建有国家级企业技术中心1个，省级企业技术中心5个、工程技术中心3个，市级企业技术中心8个。2016年，规模以上企业生产汽车4540辆、低速载货汽车26186辆，同比分别增长-32.9%、8.6%；实现主营业务收入325亿元、利税31.9亿元、利润29.9亿元，分别占全市总量的2.6%、2.9%和3.6%,增幅分别为8.7%、-0.3%和3.2%。信义集团研发投入占销售收入比例高于5%,拥有发明专利6件、实用新型专利12件、外观设计专利9件,信义牌刹车片被评为中国驰名商标,产品出口70多个国家和地区,被商务部授予"国家汽车零部件出口基地企业"称号。

【企业选介】 山东东方曼商用车有限公司。成立于2009年4月，由东营科瑞达汽车配件制造有限公司与潍坊三富汽车制造有限公司进行重组建立,注册资本5000万元,是一家专业生产轻卡、低速载货汽车及相关零部件的汽车制造企业。公司有国家公告商用车产品三大系列18种车型,其主导产品为"东方曼·金菱"品牌系列轻型微型卡车。2010年5月,成立东营俊通汽车有限公司,致力于新能源纯电动汽车、电动观光车及关键零部件的研发制造,与国内知名的汽车设计单位上海同济同捷科技有限公司等进行全方位的技术合作,2012年8月1日，公司首批新能源汽车正式下线,全面进入新能源汽车市场。

**2016年汽车及零配件产业主要企业情况表**

单位:万元

| 企业名称 | 工业总产值 | | 主营业务收入 | | 利　税 | | 利　润 | |
|---|---|---|---|---|---|---|---|---|
| | 本期 | 增幅% | 本期 | 增幅% | 本期 | 增幅% | 本期 | 增幅% |
| 信义集团公司 | 460344.7 | 4.7 | 457412.3 | 4.9 | 46814.2 | 5.4 | 38010.5 | 4.2 |
| 山东盛泰车轮有限公司 | 458362.4 | 5.6 | 458565.5 | 8.4 | 52451.9 | -4.8 | 49779 | -3.2 |
| 山东贝特尔车轮有限公司 | 399225.3 | 24.4 | 395814.2 | 23.6 | 42241.8 | -16.1 | 41165.4 | -16.1 |
| 山东金山汽配有限公司 | 328424.3 | -1.2 | 318055.8 | -3.7 | 34841.5 | -14.9 | 34647.1 | -5.0 |
| 山东鸿亦机械有限公司 | 296886.3 | 0.2 | 293719.1 | 0.1 | 18729.1 | 0.7 | 18133.5 | 0.3 |
| 合　计 | 1943243 | 6.6 | 1923566.9 | 6.7 | 195078.5 | -6.8 | 181735.5 | -5.1 |

## 造 纸 业

【概况】 2016年,全市造纸业完成工业总产值165.6亿元,同比增长3.0%；累计产销率99.6%，同比增长0.1个百分点。全市有规模以上企业5家,过100亿元企业1家。造纸产能238万吨,其中新闻纸100万吨,铜版纸70万吨,文化纸40万吨。2016年完成机制纸203.8万吨,同比增长3.2%,其中，生产新闻纸80.6万吨。实现主营业务收入164.7亿元、利税22.9亿元、利润14.7亿元，分别占全市总量的1.3%、2.1%和1.8%,增幅分别为2.8%、3.6%和6.1%。华泰集团与德国福伊特集团合作，运用造纸4.0技术进行技术升级,全面实现造纸工业的智能制造。

【企业选介】 华泰集团。成立于1976年,是一家以造纸、化工为主导产业,集印刷、热电、物流、林业、环保、商贸、房地产等十大产业于一体的全国500强企业集团。有员工1.5万余人,总资产300亿元,年造纸生产能力400万吨,化工及造纸助剂200万吨,年承接印刷能力80万色令,是全球最大的高档新闻纸生产基地和全国最大的盐化工生产基地。公司先后被评为国家重点高新技术企业、中国上市公司百强,全国守合同重信用企业、全国质量管理先进企业、改革开放30年山东省功勋企业等。

**2016年造纸产业主要企业情况表**

单位:万元

| 企业名称 | 工业总产值 | | 主营业务收入 | | 利　税 | | 利　润 | |
|---|---|---|---|---|---|---|---|---|
| | 本期 | 增幅% | 本期 | 增幅% | 本期 | 增幅% | 本期 | 增幅% |
| 华泰集团有限公司 | 1512663 | 2.6 | 1512041 | 2.7 | 220812.2 | 4 | 141132.3 | 6.4 |
| 山东斯道拉恩索华泰纸业有限公司 | 49313.9 | 3.3 | 41265.1 | -9.2 | 468.1 | 286.2 | -656.3 | 0 |
| 东营华泰清河实业有限公司 | 48345.3 | -1.2 | 48345.3 | -1.3 | 2355 | -2.9 | 1448.8 | -3.4 |
| 东营市康森秸秆制品有限公司 | 45179 | 34.2 | 44585.6 | 34.6 | 5488.6 | -8.9 | 5477.3 | -8.4 |
| 东营华鹏纸业有限公司 | 671.9 | -74.3 | 643 | -75.2 | 88.2 | -78.3 | 80.7 | -79.1 |
| 合　计 | 1656173.3 | 3 | 1646880.3 | 2.8 | 229212.1 | 3.6 | 147482.8 | 6.1 |

场需求仍显疲软。

## 农副食品加工业

【概况】 2016年，全市农副食品加工业完成工业总产值387.2亿元，同比下降11.7%，累计产销率98.9%，同比下降0.3%。全市有规模以上企业77家，生产小麦粉75.6万吨、乳制品51.3万吨，同比增长分别为-11%和1.2%；实现主营业务收入386.5亿元、利税34.6亿元、利润26.7亿元，分别占全市总量的3.1%、3.1%和3.2%，增幅分别为-11.7%、-25.3%和-16.3%。面粉加工行业平稳运行，肉食加工行业市场较为疲软。面粉加工方面，小麦及面粉价格略有上行，企业产销较为平衡。12月，小麦收购价格2630元/吨，较年初上涨250元/吨。面粉平均价格约3320元/吨，较年初上涨约120元/吨。肉鸡行业总体较平稳，但产品市场价格较低，市场需求仍显疲软。

【企业选介】 山东驰中集团。成立于1998年，注册资本16080万元，位于广饶县潍高路116号，是集蔬菜种植及精细深加工、肉类食品综合加工、国际贸易为一体的农业产业化国家重点龙头企业。拥有年加工出口能力10万吨的蔬菜加工厂，产品达到速冻、脱水、蒸、烤、低温真空油炸等功能齐全的深加工。主导产品有速冻、保鲜、冻干、调理蔬菜等出口蔬菜系列产品，VF果蔬脆片系列产品。"驰中"牌肴驴肉等肉类系列产品。公司先后通过ISO 9001国际质量体系认证、ISO 14001国际环境体系认证、ISO 22000(HACCP)国际食品安全管理体系认证、犹太洁食认证(KOSHER)和全球食品标准认证(BRC)。"驰中"商标被认定为山东省著名商标和中国驰名商标，驰中集团被认定为农业产业化国家重点龙头企业和山东老字号企业。

**2016年农副食品加工产业主要企业情况表**

单位:万元

| 企业名称 | 工业总产值 | | 主营业务收入 | | 利 税 | | 利 润 | |
|---|---|---|---|---|---|---|---|---|
| | 本期 | 增幅% | 本期 | 增幅% | 本期 | 增幅% | 本期 | 增幅% |
| 山东光聚集团有限公司 | 408319.3 | 3.2 | 405734.4 | 4.3 | 38377 | -28 | 37894.1 | -2.6 |
| 东营市博大食品有限责任公司 | 298317.5 | -21.9 | 298158.5 | -24 | 30688.8 | -4.3 | 17178.5 | 10 |
| 山东绿洲醇食品有限公司 | 293031.2 | 14.4 | 289200.5 | 14.1 | 13764.8 | -15.2 | 7233.9 | -2.1 |
| 东营市一大早乳业有限公司 | 284324.7 | 5.6 | 284324.5 | 5.6 | 24218 | -5.5 | 16812.7 | 6 |
| 山东鹤园食品有限公司 | 258835.1 | -0.1 | 258735.4 | -0.2 | 46295.3 | 3.1 | 45791.6 | 2 |
| 合 计 | 1542827.8 | -1.2 | 1536153.3 | -1.7 | 153343.9 | -10.9 | 124910.8 | 1.8 |

（市经信委 贾小龙）

## 盐业生产及盐政执法

【概况】 至2016年底，全市原盐生产能力469万吨/年，盐田面积77.75万亩。2016年，生产原盐267万吨，销售原盐234万吨，分别比上年减少29.59%和13.3%。生产溴素11320吨，同比增长13.89%。生产食盐7.1万吨，同比增长6%。全市盐行业实现现价工业总产值5.26亿元，现价销售产值5.78亿元，利税0.88亿元。全市三县两区均有制盐企业，重点制盐企业有东营市广饶县盐化工业集团总公司、东营春兴盐化有限公司等共13家。

【防治碘缺乏病宣传教育】 5月10日，下发《关于开展2016年防治碘缺乏病日宣传活动的通知》，安排部署全市"防治碘缺乏病日"宣传活动，宣传主题是"坚持科学补碘，建设健康中国"，旨在加大科学补碘宣传力度，引导群众合理补碘，动员全社会积极参与碘缺乏病防治工作，巩固防治成绩，确保持续消除碘缺乏病。5月13日起，全市各级分别联合卫生、疾控、教育、食药等部门开展各具特色的防治碘缺乏病日主题宣传活动。活动主会场设立宣传点1处，各县区分会场共设立宣传点6处，通过悬挂宣传条幅、摆放宣传展板、发放宣传材料和现场讲解咨询等方式，引导广大市民科学补碘、健康用盐。

【食盐专营】 2016年，全市设置食盐零售点2148个，销售各类食盐9713吨。①落实食盐经营计划。制定2016年度食盐和小包装食盐经营计划，制定《食盐计划管理暂行办法》和《食盐经营工作考核实施方案》，实行按月考核调度，加强对食盐和小包装食盐经营工作情况的监督，强化计划落实。②加强政策宣传解读。围绕盐业改革、专营政策和结构调整等热点，加强与发改、经信、卫生、物价、民生热线、消协等部门的沟通交流，借助报刊、电视、电台等传统媒体和微信、微博等新兴媒体，通过专栏报道、新闻采访、公益广告、印发彩页、张贴公告、组织参观、有奖征文、撰写信息等方式，面向社会开展食盐政策宣传与解读，引导正面舆论。③推进结构调整。开展全市食盐市场调研与分析，加强与食盐定点生产企业的业务洽谈，召开食盐品种结构调整会议；出台《东营市食盐零售许可证管理办法》，加强市场细分和零售网点管理，扩大物流配送范围，完善对市场终端的掌控；落实定期走访、市场维护等制度，加大售后服务力度，及时接收终端市场销售反馈，逐步建立起符合全市消费特点的食盐产品结构。④保障食盐安全稳定供应。健全食盐质量管理体系，制定《食盐质量安全管理办法》，开展质量与安全检查，加强食盐购销台账登记与可追溯管理，修订《东营市食盐供应应急预案》，逐层压实食盐安全管理责任，严防食盐安全事故发生。

【盐政执法】 2016年，全市出动盐政执法人员5507人次，查处涉盐违法案件171起，查没盐产品57.6吨，罚款7.18万元。①搭建执法联动机制。加强与市公检法等部门的对接，联合惩治涉盐违法犯罪行为，推动县区涉盐案件移交办理；联合市公安局调整充实公安盐政联合办公室，建立联合执法工作机制；联合市食药监局成立盐业市场联合整治工作机构，建立联系会议制度，建立盐务、食安间的双向联合、联动机制。②组织开展集中整治。全年开展4次食盐市场集中整治行动。其中，7月底，市直9部门联合在全市开展制贩假盐专项行动，查处案件70起，端掉售假窝点9个，查没盐产品4.5吨，移交公安机关立案侦查案件2起。其中，查获河口区某违规购销假冒伪劣食盐2.3吨；查获垦利区假冒食盐600公斤，最终以涉嫌销售不符合安全标准的食品罪对当事人刑事拘留，为全市首例。③加强执法人员培训。5月16—17日，举办全市第十五届盐政执法培训班。市、县盐务局共40多名盐政执法人员参加培训。组织执法人员参加执法证件审验考试。④坚持依法依规治盐。严格执行《东营市盐业行政处罚裁量基准》。建立盐业市场监管"双随机"抽查机制，出台《案审委员会工作规定》《盐政执法规范管理规定》《盐政执法错案责任追究暂行办法》等制度，坚持大案要案市局备案制度，杜绝"人情案"，确保处罚的统一规范。

【行业管理】 ①加强生产调度指导。印发《2016年度原盐生产指导意见》，就制盐企业去库存、去产能、降成本、补短板，推进供给侧结构性改革进行安排部署。引导制盐企业转变单一的制盐经营方式，调整内部产业结构，利用蒸发池、制卤区等水面资源，做好海产品养殖工作，由盐到养转型工作迈出新步伐。②高度重视安全生产。出台《东营盐业安全生产管理暂行办法》，制定《安全生产事故应急预案》。组织开展"安全生产月"、夏季消防检查、安全生产隐患大排查快整治严执法和消防安全知识培训等活动。注重加强对企业，尤其是溴素生产企业的安全检查，全年未发生重特大安全责任事故。③强化服务行业发展。转发极端天气预警，帮助企业提前做出应对措施。组织部分盐业企业，赴河北省唐山市和沧州市的四个大中型盐化企业学习生产管理、质量管控和转型发展经验做法。④加强对矿盐项目的政策引导与服务。深入黄河三角洲矿盐化工公司工程一线为企业提供现场服务与政策指导。 （市盐务局 刘维清）

# 中小企业　服务业

# 中 小 企 业

**【概况】** 2016年末，全市累计登记企业数45330户，增长21.0%；拥有省级及以上中小企业公共服务平台8个，增长100%；拥有省级及以上中小企业创业辅导基地6个，同比增长20.0%；拥有省级“专精特新”企业57家，增长54.1%；拥有省级“一企一技术”研发中心45个、创新企业50家，分别增长36.4%和21.95%；拥有有效授权专利1299件，增长29.4%；年末小微企业贷款余额714.7亿元，增长22.1%；全年减半征收小微企业所得税3626.3万元，增长27.3%；暂免小微企业增值税1132.2万元，增长9.6%；全年规模以上工业中小微企业实现利润421.1亿元，占全市规模以上工业的比重70.8%；规模以上中小微工业企业主营业务税金及附加、应缴增值税之和97.6亿元，同比下降29.1%，绝对值占本市规模以上全部工业企业比重为27.6%。

**【推进中小企业发展】** 运行监测。①加强对中小企业经济运行的调度分析，按时上报160户省重点监测企业报表、县区创新服务调度表、电子商务情况调度表、创业辅导基地建设情况调度表。截至12月底，全市规模以上工业中小企业892户。资产总额4246.8亿元，同比增长5.1%；从业人员14.75万人。全年规模以上工业中小企业实现主营业务收入6156.2亿元、利税518.6亿元、利润421.1亿元，占全部规模以上工业的比重分别为46.9%、54.7%和70.8%。②推动产业集群和特色产业镇发展。加强对已认定的省级中小企业产业集群的调度，指导产业集群加快发展。截至2016年底，5个省级中小企业产业集群拥有工业企业616户，从业人员9.16万人，实现营业收入3853.6亿元、利润369.9亿元。推荐东营区史口镇、利津县陈庄镇认定为山东省特色产业镇，省级特色产业镇总数达到8个。③组织参加2016年山东特色产业镇发展峰会。广饶县大王镇被省中小企业局评为“2016山东省特色产业镇创新发展20强”。

宣传调研。①推荐4家企业录制山东省《中小企业之声》宣传节目，宣传中小企业创业创新典型。②对中小企业科技创新情况、产业集群发展情况、民间投融资情况进行调研，撰写《东营市中小企业科技创新情况的调研报告》《东营市中小企业产业集群发展情况的调研报告》《东营市民间投融资情况调研分析报告》。③参加省中小企业局组织的赴江苏浙江考察中小企业产业集群活动，撰写《经济新常态下加强东营市中小企业服务体系建设的思考》的文章，被评为2016年全省中小企业系统优秀调研成果二等奖。

市场开拓。①组织4家企业参加在济南举办的2016海峡两岸(山东)创业创富项目博览会暨中小企业展洽会。组织2家企业参加第九届APEC中小企业技术交流暨展览会。组织3家企业参加第十三届中国国际中小企业博览会。东营市中小企业办公室被省中小企业局授予“优秀组织奖”。②开展“互联网+中小企业”活动，推荐6家企业电子商务项目列入山东省中小企业“互联网+”示范培育计划。组织企业参加第三届山东省互联网大会、2016中国(山东)网络商品博览会暨中小企业跨境电商展洽会(以下简称“网博会”)。③推动军民融合发展，推荐12家企业产品申请纳入军队供应商库。④东营市经济和信息化委员会印发《关于开展中小微企业划型认定的通知》(东经信发〔2016〕163号)，组织县区、市属开发区主小企业主管部门为有实际需求的小微企业开具《小微企业证明》，支持小微企业参与政府采购等经济活动。

公共服务。①推动中小企业公共服务平台建设。推荐东营市黄河三角洲继续教育培训平台、垦利县物流行业服务平台、山东宜坤信息技术服务平台认定为山东省中小企业公共服务示范平台，省级平台数达到7家。东营市中小企业公共服务平台被评为山东省中小企业服务体系建设示范服务平台。②推进市平台与中小企业服务机构深度合作，开展“一企一策”专家会诊活动，为企业破解遇到问题。6家企业申请参加省中小企业局组织的“一企一策”专家会诊活动，17家企业参加市“一企一策”专家会诊活动。③完善中小企业法律咨询服务中心功能，加大与律师事务所等司法机构合作。联合山东龙合律师事务所举办“东营市中小企业合同法律风险防范与控制培训班”，培训企业人员50余人。

创业创新。①新认定市级中小企业“一企一技术”研发中心23个、“一企一技术”创新企业21家、市级“专精特新”中小企业37家，总数分别达到104家、55家和271家。②新认定省级“一企一技术”研发中心12个、省级“一企一技术”创新企业9家、省级“专精特新”中小企业20家，总数分别

2016年3月25日，参加海峡两岸(山东)创业创富项目博览会暨中小企业展洽会开幕式
(市中小企业办提供)

达到45家、50家和57家。③推荐广饶县申报省级创新转型县,东营海森密封技术有限责任公司等13家企业申报创新转型示范企业。截至2016年底,省级中小企业创业辅导基地6家,市级小微企业创业辅导基地9家。

政策支持。市财政安排2016年度市中小企业发展专项资金560万元,切块下达各县区、东营经济技术开发区、东营港经济技术开发区、黄河三角洲农业高新技术产业示范区。市经信委与市财政局联合印发《关于做好2016年市级中小企业发展专项资金管理工作的通知》(东经信发〔2016〕86号),指导县区做好项目申报和资金分配监管工作。

(市中小企业办公室 刘华)

# 服 务 业

【概况】 2016年,全市实现服务业增加值1194.61亿元,增速9.2%,比全市生产总值增速高2.2个百分点。全市服务业增加值占生产总值的比重34.3%。同比提高2.4个百分点,居全省第一。完成投资1104.4亿元,同比下降1.8%,高出全社会固定资产投资18个百分点。服务业投资占全社会固定资产投资的比重44.7%,同比提高8.2个百分点。完成地税收入61.4亿元,占全部地税收入的42.2%。

【服务业重点行业】 消费品市场。2016年,全市实现限额以上消费品市场零售额789.72亿元,增长8.5%。22家重点调度商贸流通企业(含2户餐饮企业)实现营业收入163.16亿元,下降4.09%;利税10.8亿元,增长9.59%。

文化旅游业。2016年,全市旅游消费总额142.62亿元,同比增长14.27%。建成A级景区34家,其中国家AAAA级旅游景区6家,AAA级旅游景区19家。接待入境游客5.98万人次,同比增长3.99%,入境游客消费0.53亿美元,同比增长1.70%;接待国内游客1503.14万人次,同比增长9.05%,国内游客消费125.63亿元,同比增长14.4%。国家旅游局完成黄河口生态旅游区国家AAAAA级旅游景区景观质量评审。全市有旅行社(分社)117家,星级饭店28家,其中五星级饭店2家、四星级饭店4家。涉足旅游商品的企业131余家,旅游商品290余种。

金融市场。全市本外币各项存款余额3989.66亿元,比年初增加303.18亿元。各项贷款余额3507.50亿元,比年初增加476.26亿元。全市有银行业金融机构29家,小额贷款公司30家,融资性担保公司16家,保险公司41家,民间资本管理公司25家,典当企业29家。

现代物流业。2016年,全市实现社会货物物流总额15482.8亿元,同比增长4.3%。临港物流园建设基本完成,广饶物流园、海科物流园项目推进建设。7家物流企业入选山东省第五批星级物流企业和物流园区。

房地产业。2016年,全市完成开发投资208.8亿元,同比增长7.7%。房屋销售面积310.5万平方米,同比增长10.3%;房屋销售额161.75亿元,同比增长5.3%。房屋施工面积1320.59万平方米,同比增长4.9%。全市房地产市场持续回暖,房地产投资保持平稳。

【推进服务业工作】 研究制定服务业发展规划和政策。根据全市服务业发展现状、特点和发展需求,研究提出“十三五”服务业发展的思路,编制印发“十三五”服务业发展规划。按照经济转型升级要求,根据《国务院关于加快发展生产性服务业促进产业结构调整升级的指导意见》《国务院办公厅关于加快发展生活性服务业促进消费结构升级的指导意见》,结合省实施意见,出台《东营市人民政府关于进一步加快生产性服务业发展的实施意见》《关于加快发展生活性服务业促进消费结构升级的实施意见》。

推进非主营业务剥离工作。建立健全剥离工作长效机制,将企业非主营业务剥离作为常态化工作来抓。自2014年实施剥离以来,全市累计剥离新设服务业企业777家,服务业发展的规模和质量提升。

服务业重点项目建设。论证实施总投资178亿元的20个市级服务业重点建设项目全部开工,累计完成投资73亿元。东营综合保税区、新邦涌金广场创富中心等一批大项目进展顺利。

引导资金的争取和管理。为东营华智石油科技创新创业服务平台等3个项目争取省服务业发展引导资金600万元。加大扶持项目管理力度,对2015年省服务业发展引导资金扶持项目进行现场督查。

综合改革试点。推进中国石油大学国家大学科技园省级服务业综合改革试点工作,探索发展生产性服务业集聚区的有效模式和途径。组织东营区、垦利区编制申报材料,参与申报“十三五”省级服务业综合改革试点。

规模企业规范化公司制改制。对规模以上服务业企业进行全面摸底,研究提出规模企业规范化公司制改制5年计划。定期对各县区市属开发区进行督导调度,海利丰清洁能源、汇佳软件、汇东商贸、蓝海酒店管理、金钊源物流、胎智汇电子商务6家服务业企业完成改制工作任务。

(市发改委服务业办 邵杰光)

# 交通　邮政　电力

# 交 通 运 输

【概况】 至2016年底，全市公路通车总里程9099.433公里;有客运企业12家,客运车辆524辆;有危险品运输企业165家,危险品车辆10352辆;有驾驶员培训机构26家;有机动车维修业户515家;汽车综合性能检测站8家,全部为A级站;全年完成公路客运量599万人次、货运量5144万吨。全市共有水路运输企业36家,营业性运输船舶116艘,营运船舶总运力68935载重吨，全年完成港口货物吞吐量4300万吨，连续5年增长超过25%，完成货运量243.4万吨,货运周转量246989万吨公里,同比增长5.97%和7%。民航旅客吞吐量达到38万人次,同比增长18.8%。

【港口发展】 全年引航船舶987艘次。《东营港总体规划》修编推进顺利，东营港区南防波堤工程开工，完成投资3.1551亿元。2016年12月9日,东营港调度管理中心通过验收开始试运行。调度管理中心系统投资2600万元,集港口基础信息管理、危险货物管理,应急管理、引航管理、拖轮使用、船舶调度等港口管理核心业务与港口地理信息系统、港口视频监控系统,船舶自动识别系统、无人机遥测系统、海况气象监测系统等港口业务支撑类应用于一体，供调度工作人员对各类信息及时做出判断和处理，从而实现实时监控和集中控制调度指挥。

东营港—广饶输油管道一期工程开工。广利港区北防波堤工程完工,通用堆场、物流园区及辅建区陆域形成工程完成交工验收,防波堤延伸工程、南防波挡沙堤工程、航道工程开工。小清河复航工程全面启动。

**2016年东营港码头情况表**

| 码头长度（米） | 泊位（个） | 万吨级泊位（个） | 集装箱泊位（个） | 港口货物吞吐量（万吨） | 进港货物吞吐量（万吨） | 出港货物吞吐量（万吨） |
|---|---|---|---|---|---|---|
| 7274 | 45 | 8 | 0 | 4321.5 | 2935.9 | 1376.6 |

【公路建设】 2016年,全市公路续建、新建和前期项目15个,总投资28.8亿元(其中争取省投资金19亿元),超过“十二五”时期项目投资总和。济东高速公路东营段竣工通车,济东高速公路途经济南、滨州、东营3市,全长为162公里,比以前路程缩短60公里。从济南到东营只需1个半小时,节约半个小时;东二路拓宽及路面改造、南二路(东八路至西四路段)路面改造、永馆路大修、河辛路大中修、潍高路广饶段改线二期工程完工通车;长深高速广饶至高青段开工,河辛路河口绕城线和永莘路利津绕城线项目开工。

**2016年全市公路情况统计表**

| 项　目 | 数　量 | 项　目 | 数　量 |
|---|---|---|---|
| 通车总里程 | 9098.2公里 | 县　道 | 590.741公里 |
| 干线公路 | 883.4公里 | 乡　道 | 1712.046公里 |
| 高速路 | 217.7公里 | 村　道 | 4776.118公里 |
| 国　道 | 412.611公里 | 油田专用路 | 1137.028公里 |
| 省　道 | 470.696公里 | 桥　梁 | 523座,17926.93米 |

说明：干线公路为国、省道路总和。2016年因国、省道路网调整,部分省道调整为国道，比如东二路原省道S230调整为国道G516。

【民航发展】 商飞试飞中心东营基地正式揭牌启用。机场跑道延长工程开工,开通东营—北京第二航班以及东营—郑州—成都、北京（南苑)—东营—佛山航线,机场航线达到12条。

2016年10月30日晚7时9分,东营—郑州—成都航班开通

（市交通运输局提供)

## 东营胜利机场航班时刻表

| 序号 | 航班 | 航班号 | 起飞时间 | 到达时间 | 机型 | 每周班期 | 票价(元) |
|---|---|---|---|---|---|---|---|
| 1 | 东营—北京 | HU7616 | 9:50 | 10:55 | B738 | 1、2、3、4、5、6 | 630 |
| | | | 10:15 | 11:20 | | 4 | |
| | 北京—东营 | HU7615 | 6:55 | 8:00 | | 1、2、3、4、5、6、7 | |
| 2 | 东营—北京 | KN5962 | 11:30 | 12:20 | 73U | 2、4、6 | 700 |
| | 北京—东营 | KN5961 | 18:25 | 19:15 | | 2、4、6 | |
| 3 | 东营—北京 | MU5164 | 22:45 | 23:45 | A320 | 2、4 | 630 |
| | | | 23:20 | 00:35+1 | | 6 | |
| | 北京—东营 | MU5163 | 20:45 | 21:50 | A320 | 6 | |
| | | | 21:00 | 22:00 | B738 | 2、4 | |
| 4 | 东营—上海 | HO1174 | 11:10 | 13:15 | A320 | 1、2、3、4、5、6、7 | 1040 |
| | 上海—东营 | HO1173 | 7:55 | 10:10 | | | |
| 5 | 东营—上海 | 9C8738 | 21:10 | 23:00 | A320 | 1、3、5、7 | 1040 |
| | | | 22:10 | 23:55 | | 2、4、6 | |
| | 上海—东营 | 9C8737 | 18:40 | 20:25 | | 1、3、5、7 | |
| | | | 19:30 | 21:15 | | 2、4、6 | |
| 6 | 东营—成都 | 3U8320 | 19:05 | 23:20 | A320 | 1、3、5、7 | 1600 |
| | 成都—东营 | 3U8319 | 14:05 | 18:25 | | | |
| 7 | 东营—成都 | CA4278 | 20:00 | 00:35+1 | A320 | 2、4、6、7 | 1600 |
| | 成都—东营 | CA4277 | 15:15 | 19:15 | | | |
| 8 | 东营—西安 | 3U8320 | 19:05 | 20:30 | A320 | 1、3、5、7 | 1030 |
| | 西安—东营 | 3U8319 | 16:35 | 18:25 | | | |
| 9 | 东营—大连 | G52724 | 22:20 | 23:00 | CRJ900 | 1、3、5、7 | 800 |
| | 大连—东营 | G52723 | 16:05 | 16:40 | | | |
| 10 | 东营—杭州 | G52723 | 17:20 | 18:50 | CRJ900 | 1、3、5、7 | 1100 |
| | 杭州—东营 | G52724 | 20:00 | 21:40 | | | |
| 11 | 东营—郑州 | CA4278 | 20:00 | 21:20 | A320 | 2、4、6、7 | 630 |
| | 郑州—东营 | CA4277 | 18:10 | 19:15 | | | |
| 12 | 东营—佛山 | KN5961 | 20:00 | 23:00 | 73U | 2、4、6 | 1900 |
| | 佛山—东营 | KN5962 | 7:50 | 10:40 | | | |

说明:东营胜利机场航线航班班次及时刻在冬春航季和夏秋航季可能略有不同,具体情况请以实时查询时刻为准。以上所指全票价是指经济舱全票价,不含头等舱。一般按照提前购票时间不同机票价格都有不同幅度优惠折扣。全票价格不含机场建设费

**【客货运输】** 全市道路客运企业12家,客运车辆524辆。全年完成公路客运量599万人次,同比增长-14.43%;货运量5144万吨,同比增长3.75%。有水路运输企业36家,营业性运输船舶116艘,营运船舶总运力68935载重吨,东营港货物吞吐量突破4300万吨,连续5年增长超过25%;水路客运量46.89万人次,同比增长81.18%,水路货运量243.4万吨,同比增长5.97%。东营机场增开航线5条,民航旅客吞吐量37.78万人次,同比增长18.32%。全市危险品企业165家,危险品车辆10352辆。驾驶员培训机构26家。机动车维修业户515家。汽车综合性能检测站8家,全部为A级站。

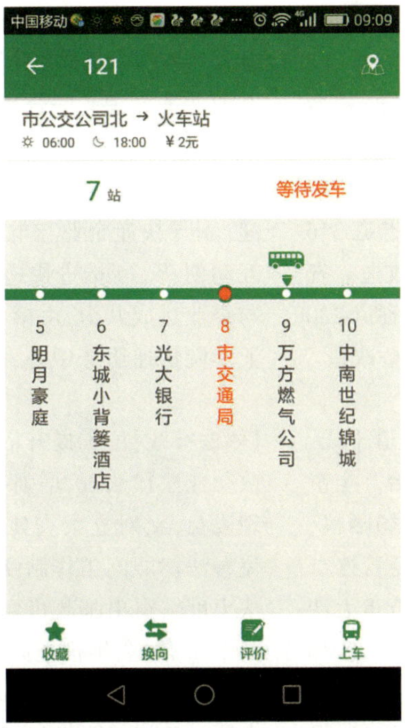


智慧公交截图

（市交通运输局提供）

【城市公交】 2016年总客运量5816.57万人次，票款收入8280.08万元。共有运营线路85条，站点1000个，运营线网长度1802.45千米，线路总长度1802.45千米，总运营里程3571万千米；车辆679辆，总运营班次169.4万个。全市增加新能源公交车216台，新增和优化公交线路16条。利津组建公交公司，解决没有公交的问题。新建改造公交候车亭105个，加密东西城主要线路班次138个；开发手机APP软件，搭建乘客导乘信息化平台。

【服务民生】 全年新建改造农村公路400公里，改造危桥10座，建设农村公路安全生命防护工程3563.4公里。投资2636.8万元，帮助全市31个贫困村建设村内道路46.01公里。建成8个贫困村客运招呼站。完成重点县乡公路及校车路段等重点公路路段隐患治理任务1836公里，超额完成2016年度村道隐患治理任务1600公里，共计消除安全隐患点2025处。公共自行车二期工程投资2100万元，新建公共自行车站点140个，投放自行车2800辆，覆盖范围扩大至东一路以东、东四路以西、北二路以南、南二路以北区域，用户4000余人。利津县长途客运总站、广饶县公交换乘车站完成主体工程。

【行业管理】 全市新增货运车辆4860辆，培训驾驶员43636人次，培训道路运输从业人员9799人次，维修车辆136万余辆次。落实“计时培训计时收费、先培训后付费”的驾培服务新模式，培训质量提升。客运、货运、驾培、维修等行政许可项目全部下放县区。理顺安全生产层级监管关系，全市800余家交通运输企业纳入“网格化、实名制”管理，“两客一危”（指客车、旅游包车和危险化学品运输车辆）企业全部通过安全生产标准化达标考核。全年查处超限超载车503辆次、卸货4766.67吨，查处危化品运输车1070辆次、向违法车辆所属企业开出万元以上罚单188笔，查处其他违章车辆180辆次。启动出租汽车行业改革工作。投资222.31万元建设市、县（区）两级视频监控平台，市和县（区）全部设立寄递6个安全信息服务中心。

截至2016年底，全市共有出租汽车3405辆，分属10家出租汽车公司，从业人员5000余人。

## 全市出租汽车企业查询表

| 序号 | 企业名称 | 企业地址 | 法定代表人 | 车辆数量 |
|---|---|---|---|---|
| 1 | 东营市交运出租汽车有限责任公司 | 东营区西二路222号 | 袁建国 | 1042 |
| 2 | 东营宏运出租汽车有限责任公司 | 东营区西四路898号 | 陈 伟 | 473 |
| 3 | 东营鑫通出租汽车有限公司 | 东营区经济园区光辉大厦二期 | 张新国 | 606 |
| 4 | 东营鑫通恒顺出租汽车服务有限公司 | 东营区黄河路与曹州路交界处 | 刘金效 | 344 |
| 5 | 东营市公共交通汽车公司出租运营中心 | 东营区胶州路 | 朱新民 | 163 |
| 6 | 垦利交通兴运出租汽车服务站 | 垦利区利河路310号 | 魏培田 | 173 |
| 7 | 东营市金正置业有限责任公司 | 河口区河庆路149号 | 郭玉伟 | 105 |
| 8 | 河口安运出租汽车有限责任公司 | 河口区经济开发区海盛路 | 袁占奎 | 199 |
| 9 | 山东宇通集团出租汽车有限公司 | 广饶县东外环宇通公司 | 杨建峰 | 200 |
| 10 | 广饶立兴汽车出租有限公司 | 广饶县乐安街道北花园村 | 张 海 | 100 |

（市交通运输局 燕增鑫）

【公路养护】 累计实施挖补3.5万平方米，施划标线27万平方米，完成日常养护工程投资3200万元；市政府投资480万元购买5台清扫车和2台清洗车，对中心城周边干线公路实施无尘化清扫；完成新博路、东青路、河辛路、永莘路、潍高路等7条路段的安全风险路段整治提升工程，处置路段296公里，消除B类风险点108.5公里，完成投资4423

万元。协调地方政府、公安、交警等开展中央护栏集中整治，累计封堵道口340余处计7770米；落实桥梁养护“四个一”(指针对辖区内每一座管养桥梁，落实一名行政领导、一名技术员、一名路政员、一名养护员)管理制度，根据桥梁定期检查的评估结果进行分类处置。2016年，市财政投资787万元完成对省道230东青线四干排桥、预备河桥，省道316永莘线广利河桥、六干排桥、六干桥等5座小桥的改造。省财政投资840万元实施国道220东郑线利津河桥、省道230东青线武家大沟桥、省道310东滨线挑河桥3座中桥改造。

【路政管理】 开展的“拆违治乱”行动，重点对国省道干线、高速公路用地及控制范围内的非公路标志进行整治。全市共拆除立柱式非公路标志960余块；开展“公路打场晒粮、摆摊设点、桥下空间治理”等专项整治，清理违法经营摊点58处、占路集贸市场4处，清理桥下空间35处；执行重大涉路工程许可安全评价制度，加强许可的事中事后监管。2016年，审批涉路工程14件，实施事中事后监管32次，纠正涉路工程违法行为27次；落实96660值班制度，及时采集、报送和发布路况信息。2016年，全市路政巡查里程83万公里，查处路政案件228起，路赔回收率达100%。2016年，完成通行费征收1082.89万元，完成年度计划的91.77%。

【行业改革】 根据中央、省市关于事业单位改革的有关部署，参照齐鲁交通发展集团和其他市交通发展集团组建经验，推动桥检中心、工程处、设计院、公路养护中心等4家生产经营单位整体转企改制，组建具有投融资功能的交通发展集团。2016年8月4日，市政府下发《关于东营交通发展集团有限公司组建工作有关事宜的批复》，同意组建方案，集团公司改制为市管功能型国有资本投资运营公司，注册资本金10亿元，涉及正式事业编人员252人。

(市公路局　王张店)

## 邮　　政

【概况】 2016年，全市邮政企业和快递服务企业业务收入(不包括邮政储蓄银行直接营业收入)累计完成3.56亿元，同比增长21.29%；业务总量累计完成3.5亿元，同比增长28.82%。其中，全市快递服务企业业务量累计完成920.89万件，同比增长40.23%；业务收入累计完成1.38亿元，同比增长33.03%。

【发展环境】 ①编印“十三五”邮政业发展规划。将促进快递业发展写入市政府工作报告，将市邮政业纳入全市“十三五”规划纲要。②深化“放管服”(简政放权、放管结合、优化服务的简称)改革。参与编制市级邮政行政管理“三张清单”。规范邮政普遍服务“两项行政审批”，优化快递业务经营许可审批，对所需材料和审批流程予以一次性告知，方便企业业务办理。联合市交警支队为寄递企业创造便利通行条件，推进寄递车辆通行政策落实，为外地邮政快递车辆在中心城区禁行区域办理通行证42张。③推进“互联网+”快递。引导快递企业与电子商务企业深度合作，促进线上线下互动创新。④推进快递进校园。联合市快递行业协会、院校与企业达成共识，由第三方代理校园快递服务，成立东营职业学院快递服务中心，推进校园快递服务规范化。

【依法行政】 ①提升依法行政能力。组织执法人员学习邮政行业法律法规，增强执法队伍依法行政意识。成立案件审理委员会，对立案查处案件讨论研究，规范行政执法行为。完善法律顾问工作制度，强化法律服务支撑。②加大行政执法力度。突出邮政机要通信保密安全和纪特邮票发行监管两个重点，全年检查邮政普遍服务营业场所84处，检查比例100%，出动检查260人次，印发检查通报4份。对9套重点题材纪特邮票发行销售工作、全市5处机要通信网点开展2轮保密安全专项检查，下发检查通报2份，下发责令整改通知书4份。加强邮政市场执法规范化建设，2016年开展快递市场、集邮市场和邮政用品用具市场检查460次，检查单位270家，出检1211人次，下达行政处罚决定15份，罚款人民币金额5.3万元。③提高行业服务质量。建立申诉受理与市场监管联动机制和依法约谈邮政、快递企业机制，推行申诉处理质量考核通报制度，维护用户合法权益。

【寄递安全】 ①督促寄递企业落实安全生产主体责任。开展邮政业“安全生产月”活动、安全隐患排查整治和危化品寄递专项整治行动、快递市场清理整顿专项行动。联合市公安局开展危爆物品、禁毒专项培训，联合区消防支队开展消防应急演练现场观摩，联合市红十字会开展应急救护知识培训，联合X光机厂家开展X光机安全操作培训等安全培训，累计培训420人次。②加强监管体制机制建设。市及所辖县区全部成立寄递安全信息服务中心。投资222.31万元建设市县(区)两级寄递安全信息视频监控平台，全市49家企业接入平台，联通监控探头152路，平台上接省级安全中心，并与所在地公安机关联网，业务监管平台由寄递安全管理信息系统和“三拍两输”APP软件组成，破解源头环节的管控难题。③落实寄递安全“三项制度”。推动过机安检制度落实。市财政列支900万元对寄递企业新购置的X光机按照购价的50%给予一次性补助，实现安检设备县区以上分支机构全覆盖，配备安检设备49台、安检机操作员110人。2016年拒收拒绝开箱验视交寄物品20件次，通过过机安检堵截违禁品32件次，其中移交公安机关涉枪线索2次，配合公安机关堵截违禁品流入东营市2次。完成全国“两会”、G20峰会、“双11”期间寄递安全保障任务，做好邮政业反恐禁毒、打击侵权假冒、扫黄打非等工作。④推进安全生产标准化建设。建立企业基础信息档案、安全生产、应急管理等企业安全生产信息档案。推行企业生产经营资质和突发事件应急预案公示制度，为全市快递企业免费制作安装安全生产制度66套。

【基础保障】 ①推进职业技能鉴定和行业人才培养工作。联合东营职业学院举行职业技能鉴定培训班，免费培训快递企业人员200余人次，并组织企业员工280人分3批次参加全国职业技能鉴定考试，提升从业人员素质。②强化综合管理。加强行业数据统计分析，规范行业统计工作，获评“全省邮政管理系统统计工作先进单位”。③加强新闻宣传，发挥“一杂志、一网站、一微信公众平台”的宣传阵地作用，编发《东营邮政快递》杂志6期，合计刊载信息350篇。

（市邮政管理局 丰百玉）

## 电 力

【概况】 国网东营供电公司2016年完成县公司子改分后，实行市公司与三区两县供电公司一体化管理。截至2016年底，市县公司共有在职员工2046人，服务客户69万户，主要担负东营市及胜利油田的供电任务。截至2016年底，东营电网拥有500千伏变电站2座、变电容量425万千伏安，35~220千伏变电站164座、变电容量1687万千伏安，输电线路总长度3545.7公里，配电线路总长度9867公里。2016年，东营市全市全社会用电量完成269.72亿千瓦时，同比增长9.84%。其中东营区、河口区、垦利区、广饶县、利津县全社会用电量分别为12.93亿千瓦时、10.07亿千瓦时、17.49亿千瓦时、54.21亿千瓦时、20.43亿千瓦时，分别同比增长28.4%、26%、8.5%、13.6%、32.7%。直供区用电量86.98亿千瓦时，同比增长16.2%。胜利油田用电量67.6亿千瓦时，同比降低7.62%。按产业划分，第一、二、三产业用电量分别为3.77亿千瓦时、243.63亿千瓦时和11.47亿千瓦时，同比分别增长5.34%、9.96%和9.37%。居民生活用电量10.84亿千瓦时，同比增长9.26%。供电公司售电量完成180.29亿千瓦时，同比增长21.5%，增长率居全省第1位。市、县居民电压合格率全部达到或超过承诺标准。

【供电安全】 开展本质安全型员工建设专题研究、深化“三归零”安全管理，提升安全综合管理水平。开展“三查三强化”安全专项行动，部署107个工作组开展5轮全员隐患大排查，查改各类隐患2055处。加强设备运行维护，实施各类检修任务394项，提升设备健康水平。加大输电设备防外破防护力度，建成东营输电线路监控中心，实现295处隐患点实时监控，清理树障7万余棵，220千伏线路外破跳闸降至0次。重视电网运行风险管控，对五级电网风险采取“月分析、周发布、日管控”，完成线路防护111条次、变电站值守防护5座。电网监控、调度全年24小时无休，重大停电检修期间，严密做好重要变电站和线路巡视防护，完成春节、各级“两会”、黄河口国际马拉松赛等保电任务。截至12月31日，公司安全生产记录9274天，被中国电力企业联合会评为“电力安全生产标准化一级企业”。

【电网建设】 东营地区第三座500千伏工程垦东变电站开工建设，完成“十三五”电网规划滚动修编及新一轮农网改造升级规划编制，11项工程通过可研评审，6项工程完成核准，中低压项目储备5.7亿元。向山东省电力公司争取35千伏及以上电网建设项目28项。全年投产220千伏裕民输变电等工程16项，新增输电线路长度231.5公里、变电容量205.4万千伏安。推广GIS“无尘化”安装等工艺，施行设备安装质量管控责任卡。实施配农网大整治，完成133条重复跳闸线路治理，配电自动化终端在线率提升至98.5%以上，全市配网故障率较上年同期下降3.45次/百公里·年。完成全部3批7439眼机井、207个小城镇（中心村）电网改造任务，新增、改造10千伏线路458公里、配变容量26.6万千伏安。直供A类供电区域全面建成“一流配电网”。

2016年1月22日，设备巡视人员在220千伏东城站进行测温，保障设备可靠运行 （任海涛提供）

【供电服务】 深化“客户导向型”大服务机制落地应用，公开发布服务“建设美丽幸福新东营，促转型惠民生亮彩虹”十大行动，“三层控制、六个环节”大服务机制持续提效。推广“互联网+电力营销”智能互动服务，微信平台绑定客户 10.3 万户，掌上电力、95598 网站等推广应用位居全省前列，客户新用电业务网上办理比例 99%。实现全市电费集约化核算，完成“多表合一”建设接入 1.55 万户。精简业扩报装流程，10 千伏及以下报装全部实行“先接入、后改造”。在重点园区、油地混供区设置 21 名专属客户经理，完成高压业扩报装 862 户，新增容量 86.94 万千伏安，保证东营市一中等项目及时用电。开展政企联合用电检查，累计排查安全隐患 894 条，整改完成 876 条，整改率达到 97.99%。开展配网不停电作业 3844 次，减少停电 12.8 万时·户。推行“五个一”标准化抢修，故障报修类工单平均处理时间较年初缩短近一小时。加快老旧小区等用户资产接收，实现优质服务直通到户。设立投诉举报“曝光台”，实行“说清楚”制度，改善窗口服务水平。

【服务社会】 深化“海蓬行动”道德实践，联系重点企业 44 个，贫困户 590 余户，累计帮扶助困 5300 余人次。助力燃煤锅炉治理，消纳清洁能源 18.84 亿千瓦时，降低碳排放 6.3 万吨。落实绿色发展理念，推广新型节能设备，全部项目通过省级环评。促进绿色能源转型升级，建成投运 2 座公交充电站、2 座城区公共快充站、2 座高速路服务区快充站，投入运行充电桩 88 个。服务新能源发展，消纳分布式光伏 429 户容量 8.3 万千瓦，东营新能源总装机容量 1170 兆瓦。推进大气污染治理，实施热泵、蓄冷蓄热等项目，完成替代电量 3.51 亿千瓦时。

## 东营市供电营业网点一览表

全市统一投诉举报电话:95598

| 单位名称 | 供电营业网点 | 通讯地址 | 电话号码 | 邮政编码 |
|---|---|---|---|---|
| 东营供电公司 | 中心营业厅 | 东营区南一路 357 号 | 8192266 | 257091 |
| | 开发区营业厅 | 东营区运河路 431 号 | 8192256 | 257091 |
| | 金辰路营业厅 | 东营区金辰路 311 号 | 6098001 | 257091 |
| | 广北营业厅 | 广饶县新海路与广青路交叉口 | 6087306 | 257000 |
| | 东营港营业厅 | 东营港港城路与港东一路交叉路口向西 200 米路北 | 8192558 | 257091 |
| 东营区供电公司 | 中心营业厅 | 东营区宁阳路 98 号 | 8257991 | 257091 |
| | 文汇营业厅 | 东营区淄博路 87 号 | 8195095 | 257000 |
| | 牛庄供电所 | 东营区牛庄镇聚华路东首 | 8291157 | 257100 |
| | 辛店供电所 | 东营区胜辛路由南向北 1.2 公里处 | 8992458 | 257000 |
| | 胜利供电所 | 东营区新泰路 29 号 | 8261687 | 257091 |
| | 史龙供电所 | 东营区龙居镇庄子村对面 | 8107919 | 257106 |
| 河口区供电公司 | 中心营业厅 | 河口区海宁路 3 号 | 3657311 | 257200 |
| | 新合供电所 | 河口区经济技术开发区河庆路与海河路交叉路口东南角 | 3632858 | 257232 |
| | 义和供电所 | 河口区义和镇政府南首 | 3083306 | 257234 |
| | 新户供电所 | 河口区新户镇义新路25号 | 3181566 | 257236 |
| | 城区供电所 | 河口区海盛路北首 | 3881718 | 257200 |
| | 孤岛供电所 | 河口区济军生产基地军北滨孤路东侧 | 8880010 | 257231 |
| 垦利县供电公司 | 中心营业厅 | 垦利区城胜兴路 9 号 | 2583281 | 257500 |
| | 双河供电所营业厅 | 垦利区城振兴路 92 号 | 2583645 | 257500 |
| | 胜坨供电所营业厅 | 垦利区胜坨镇政府驻地 | 2583610 | 257506 |
| | 董集供电所营业厅 | 垦利区董集镇政府驻地 | 2583600 | 257505 |
| | 永安供电所营业厅 | 垦利区永安镇政府驻地(博新路与经四路交叉路口) | 2583616 | 257503 |
| 广饶县供电公司 | 东营广饶供电营业厅 | 广饶县广颖路 1 号 | 6192220 | 257300 |
| | 广饶供电所 | 广饶县孙武路 218 号 | 6192704 | 257300 |
| | 大王供电所 | 广饶县大王镇青肯路 151 号 | 6881028 | 257335 |
| | 稻庄供电所 | 广饶县稻庄镇政府驻地 | 6505091 | 257336 |
| | 李鹊供电所 | 广饶县李鹊镇政府驻地 | 6286036 | 257333 |
| | 码头供电所 | 广饶县码头乡政府驻地 | 6611034 | 257337 |
| | 丁庄供电所 | 广饶县丁庄镇政府驻地 | 6401345 | 257345 |
| | 乐安供电所 | 广饶县原石村镇政府驻地 | 6192765 | 257342 |
| | 花官供电所 | 广饶县花官乡政府驻地 | 6192774 | 257343 |
| | 陈官供电所 | 广饶县陈官镇政府驻地 | 6432399 | 257344 |
| 利津县供电公司 | 营销部营业厅 | 利津县利二路 301 号 | 5687213 | 257400 |
| | 利城供电所 | 利津县津二路 176 号 | 5687792 | 257400 |
| | 北宋供电所 | 利津县北宋镇大盖村向北 20 米 | 5687782 | 257400 |
| | 明集供电所 | 利津县利津街道王庄管区北滨港路西侧 | 5687772 | 257400 |
| | 盐窝供电所 | 利津县盐窝镇北岭社区以西 300 米路北 | 5687762 | 257400 |
| | 陈庄供电所 | 利津县陈庄镇滨港路2号 | 5687750 | 257400 |
| | 汀罗供电所 | 利津县汀罗镇六一村(汀河中学南 500 米) | 5687737 | 257400 |

## 2016年东营市运行地方电厂状况统计表

| 所在地域 | 电厂名称 | 电厂性质 | 装机容量（万千瓦） | 年发电量（万千瓦时） |
|---|---|---|---|---|
| 东营区 | 胜利发电厂一期 | 自备 | 44 | 287024.47 |
| | 胜利发电厂二期 | 公用 | 60 | 296174.40 |
| | 胜利国电（东营）公司 | 公用 | 66 | 241979.10 |
| | 山东万通石油化工集团有限公司 | 公用 | 0.6 | — |
| | 东营太阳能 | 公用 | 1 | 1217.47 |
| 河口区 | 国华瑞丰（东营河口）风力发电有限公司 | 公用 | 4.95 | 8979.88 |
| | 华能东营河口风力发电有限公司 | 公用 | 29.7 | 53209.30 |
| | 华能东营新能源有限公司 | 公用 | 4.8 | 10851.78 |
| | 国华（东营河口）新能源有限公司 | 公用 | 4.95 | 10187.52 |
| | 港城热力电厂 | 公用 | 6 | 5539.52 |
| | 东营市曙光太阳能 | 公用 | 4.9 | 8388.59 |
| | 东营东兴三力光伏 | 公用 | 2.0 | 2674.37 |
| 垦利区 | 山东兴达新能源 | 公用 | 21 | 8298.91 |
| | 山东万达热电有限公司 | 公用 | 2.4 | 4356.14 |
| | 垦利惠能热电有限责任公司 | 公用 | 2.4 | 249.14 |
| | 国能垦利生物发电有限公司 | 公用 | 3 | 22266.27 |
| | 垦利恒泰太阳能 | 公用 | 3 | 4701.57 |
| | 垦利神舟新能源 | 公用 | 4 | 6618.10 |
| | 垦利光达新能源 | 公用 | 4 | 8180.15 |
| | 华润新能源风电 | 公用 | 9.96 | 10317.87 |
| 广饶县 | 东营市西水集团热电有限责任公司 | 公用 | 2.4 | 13181.07 |
| | 山东正和热电有限公司 | 公用 | 1.2 | 6745.09 |
| | 山东永泰化工集团有限公司（永泰热电） | 公用 | 2.4 | 2917.44 |
| | 东营恒丰热电有限公司 | 公用 | 0.6 | 44.13 |
| | 国华广饶风电 | 公用 | 9.9 | 17967.25 |
| | 山东贝斯特化工有限公司（贝斯特热电） | 公用 | 2 | 8535.74 |
| | 正和石化热电 | 自备 | 0.6 | 1931.01 |
| | 山东金岭化工股份有限公司（金岭热电） | 自备 | 9.8 | 33865.76 |
| | 东营华星热电有限公司余热机组 | 自备 | 2.5 | — |
| | 华泰集团热电 | 自备 | 29.4 | 89419.90 |
| 利津县 | 利津石油化工厂有限公司（利津热电） | 公用 | 1.2 | 500.09 |
| | 利津力能热电有限公司#1 机 | 公用 | 2.4 | — |
| | 国华瑞丰（利津）风力发电有限公司 | 公用 | 9.9 | 16968.71 |
| | 华能利津风力发电有限公司 | 公用 | 4.95 | 9455.42 |
| | 国华（利津）新能源有限公司 | 公用 | 4.95 | 9302.80 |
| | 利津力能热电有限公司#2 机 | 自备 | 2.4 | 12700.8923 |
| 东营经济技术开发区 | 东营金茂铝业高科技有限公司（金茂铝业热电） | 公用 | 2.5 | 3283.02 |
| | 山东大唐国际东营风电有限责任公司 | 公用 | 4.95 | 8041.23 |
| | 泰和光伏太阳能 | 公用 | 0.7 | 989.58 |
| | 三峰垃圾电厂 | 公用 | 1.2 | 9362.97 |
| | 东营市滨海热力有限公司 | 自备 | 30 | 189185.84 |

（东营供电公司　秦鹏里　张云奇　董贯雷　解鹏）

# 信息业

## 信息化建设

【信息化与工业化发展】 以典型示范为突破口，探索新型工业化发展模式，着力提升信息化应用水平，推动经济结构调整和发展方式转变。①编制《东营市"十三五"工业和信息化发展规划》，确定技术创新、工业+互联网、质量品牌建设、绿色发展、企业培育等重点任务，研究制定组织领导、政策支持、要素保障等措施办法，全力推动工业稳定健康发展。②加快推进企业智能化改造，出台智能制造3年行动方案，完善《东营市智能车间规范》，印发智能制造工作指南，举办首届智能制造发展论坛，组织专业公司为重点企业提供互联网+解决方案。加快推动互联网与制造业融合发展，认真研究互联网技术对石油化工、橡胶轮胎等重点产业的嫁接改造路径、方案和措施，组织第三方机构服务试点企业提升水平。扎实推进企业开展两化融合贯标，对125家企业进行两化融合水平评估，组织企业补齐短板，万达、海科等6家企业通过工信部贯标认定。全市两化融合水平提升明显，培育11家市级智能制造试点示范企业、8家国家级两化融合管理体系贯标试点企业、3家省级智慧园区试点。③加大电子商务培育力度，推动企业自建电商系统、借助大型电商平台发展电子商务，涌现出正和、利华益等典型企业和华东石油交易中心等行业电商平台。重点调度的"胎大王"橡胶轮胎、休斯敦石油装备等4家行业平台年交易额突破470亿元。

【基础设施建设】 以宽带中国示范城市建设为抓手，组织编制《移动基站设施布局专项规划》，规范移动基站设施建设，推动电信基础设施加快共建共享。2016年，全市光缆长度14.99万芯公里，同比增长11.21%，杆路长度1.61万公里，同比增长-19.7%，管道长度6692.55公里，同比增长10.28%；基站14864座，同比增长80.02%，其中3G基站2807座、4G基站5867座。电信基础设施建设投资5.56亿元，同比下降16.18%，接入省级以上互联网骨干网带宽793Gpbs，同比增长96.77%。限制开发商红线内投资28项，通信行业共享基站911处、杆路73公里，共建共享管道32公里，节省投资近7000万元。

## 电子信息制造与软件业

【电子信息制造业】 2016年，东营市纳入省级统计范围的电子产品制造业企业19家，实现主营业务收入144.9亿元，实现利税15.5亿元，利润13.68亿元。

【软件业】 2016年，上报软件和信息技术服务业报表的企业25家，实现营业收入33847.54万元；实现税金2133.83万元，利润5911.46万元。

【东营软件园】 截至2016年底，软件园签约入驻企业140家，登记从业人员3200余人。其中，博士19人，硕士135人，计算机软件专业技能人才超过2000人。软件园拥有双软企业33家、高新技术企业9家、科技型企业20家；入园企业累计获得计算机软件著作权296项，认定软件产品181个，授权专利106件；获得计算机信息系统集成资质的企业15家，质量管理体系认证的企业24家；通过ISO/IEC 27001国际信息安全管理体系认证的企业12家；通过CMMIL3国际认证的企业6家。园区形成了石油信息技术及解决方案、系统集成、行业应用软件、服务外包、文化创意、物联网及电子商务等几个产业主导方向，其中石油信息技术及系统集成两个产业方向仍占比较大，占园区总产值的70%以上。

（市经信委 贾小龙）

2016年4月21日，东营市举办智能制造发展论坛 （董文杰提供）

## 电 信 业

【概况】 2016年，全市共完成电信基础设施建设投资5.56亿元，同比增长-16.18%，完成电信业务总量49.07亿元，实现主营业务收入21.58亿元，同比分别增长12.49%和9.86%；移动电话用户数达257.28万户，宽带互联网用户数53.44万户，使用20兆及以上宽带接入用户达51.63万户。

**【中国联通东营分公司】** ①提升移动网络支撑能力。2016年移动网规划并建设开通4G基站248处，总量增至1439处；全市4G驻留比提升至92%，全省排名位居前列。开展农村广覆盖工程，完成143个站点的开通优化入网工作，进度及优化入网比例均居全省上游水平。与东营电信签署移网深度合作协议，双方互相开放网络资源提供共享，成为全省首个在联通电信双方网络均开通4G共享基站的地市。全年建设FTTH端口10.59万个，改造ADSL用户2.2万户，改造传统LAN6.77万户，全市宽带端口达到74.5万，全部具备20兆以上带宽接入能力。5.17世界电信和信息社会日向社会各界发布联通宽带“免费无条件提速、速率货真价实、480限时服务”三项承诺。自实施以来，累计提速用户35.76万户。依托已完成改造的全光网络，通过裂分优化满足全市用户20~100兆带宽。②信息化应用发展。聚焦“智慧城市”建设及产业互联网，精耕党政、教育、油田等核心行业，完成东营市电子政务外网整合项目、东营市经济技术开发区监控维保项目、东营区教育信息化网络集成项目、垦利董集政府“平安监控”项目等82个大型项目。IDC/云数据业务统筹存量和增量能力建设，资源布局与客户结构进一步优化，省外互联网用户规模持续增长。物联网、数据聚焦车辆服务、智能表具、无线POS领域，引导客户体验，开展项目转化。推出“美丽乡村”平台，成为东营市“服务三农”主流信息化解决方案，“美丽乡村”注册用户超过1.04万户，活跃率达到85%。③提升口碑效应和NPS用户净推荐值。围绕“提升固网客户感知、提升移网客户感知、提升集团客户感知”三条主线，建立健全完善大运维管理体系，以优质的服务提高社会影响力，提高企业竞争力。组建专业团队，对集团客户在售前、售中、售后环节重点支撑，优化建设方案、专项调度。先后完成银行、证券、公安等重点客户网络整改，对全市300多家集团客户宽带进行提速改造。

**【中国移动东营分公司】** 2016年实现运营收入9.3亿元，电信基础设施建设投资2.85亿元。有线宽带客户达13.9万户，固定电话用户达1.7万余户，移动电话客户达164万户，其中，4G客户近85万户。①加快4G网络建设步伐。2016年，新建4G基站1386个，在网运行基站达到4178个，实现乡镇以上区域、铁路、高速、国道、省道的连续覆盖和100%行政村的有效覆盖，发展4G客户40余万户，普及率达到54.35%，手机上网流量累计增幅145.12%，在全省4G持续领先工程劳动竞赛中获第6名。②有线宽带持续发展。2016年，有线宽带实现覆盖77.91万户家庭，其中，接入油田小区110处，覆盖8.65万户家庭。全年发展客户7.2万户，魔百和客户7万余户，20兆以上客户占比近100%。装机及时率、投诉处理及时率、故障处理及时率、短信装机回访满意度处于全省行业较好水平。③发展集团信息化业务。云总机、云企信、云视讯、大数据应用、4G视频监控、移动办公、集团通讯录，职能巡更、流量统付、集团短彩信、信息安全、和对讲等多种“互联网+”类信息化产品已在全市各行各业广泛应用。2016年，上线运行“美丽乡村”综合信息化服务平台，面向市、县、乡等各级党政部门和广大农民，提供智慧农业、基层党建、精准扶贫等10余项功能模块的上百项服务，推动信息服务下乡，助广大农民脱贫致富。积极参与智慧城市和智慧油田建设。

**【中国电信东营分公司】** 2016年，客户规模比去年增长6.7%，全业务收入同比去年上升5.8%。①加大网络基础设施建设，累计完成投资1.1亿元，四期LTE1800M基站新建102个，累计达983个4G基站。基本实现城区和重点乡镇的覆盖，城区覆盖率达到99%。4G室内分布新建完成30套，共享联通140套。小区覆盖3.5万户，民资合作主干覆盖1.5万户，LAN小区改造2.5万户，合计覆盖7.5万户。新建宽带FPON网络新建OLT端口1040个，新增FTTH端口5.6万个。2016年承载网以“SDH缩容和IPRAN成环”为主线，提前完成30%SDH缩容计划，并逐步将IPRAN成环率由63%提升至93%宽带网先后提前完成CC08和NGN的退网和1.2万LAN用户迁移，连续8个月装机时长全省领先。②2016年5月12日，中标东营市二中校园信息化建设项目，贡献收入480万元，带动200户移动网用户入网。5月24日成功中标东营市政务云服务商和监管平台建设项目，成为省内突破的第一个政务云项目，也是北方十省市政务云首单，实现每年500万元的IDC、云服务收入。9月中标东营市机关事务局公车管理平台项目，带动全市2000余量驾驶员的移动网新入网业务，使东营电信迅速占领公车改革业务市场。

## 无线电管理

**【频率台站管理】** 设台审批。2016年共接待来人来电业务咨询200多人次，耐心为群众解答疑问，指导办理各类审批。全年共办理行政许可28件，新设无线电台76座，核发电台执照76个，报废各类无线电台228部，换发电台执照236个。做好春节、两会期间重点行业、部门无线电频率协调及保障工作。按照《关于进行1.4GHz/1.8GHz频段无线电频率规划调研的函》(鲁无办频〔2016〕1号)文件要求，对全市15家设台单位认真开展该频段调研。做好东营胜利机场电磁环境保护区设立的协调工作，并按照要求对制定出台的保护区文件进行备案。认真做好2016黄河口(东营)国际马拉松赛频率指配工作，依法依规为赛事直播。批复直升机航拍数字微波频点2个，通信对讲频点4对，图像传输用移动数字微波频点14个(其中3个备用)等临时用频，为赛事组委会提供频率保障。

台站管理。①根据省、市各级要求，结合实际，就行政审批事项编制业务手册和服务指南，为工作人员按照业务手册规范审批流程、严格把关申请材料提供行政审批事项的操作标准，为行政相对人办理行政审批事项提供具体指引。②加强事中事后监管，实施无线电管理“双随机、一公开”制度。结合年审验证及无线电频谱评估专项活动等重大活动，对辖区内重点设台单位的无线电台站进行随机抽查，对抽查结果、整改进度及时在单位网站进行公开。③结合年审验证做好服务设台单位工作。通过两个月的年审检查，共完成年审单位 23 家，审验电台执照 92 个，审验超短波对讲机 168 个，超短波中继电台 5 部，5.8 吉赫扩频通信站 165 个，甚高频电台 1 部；换发电台执照 84 个，变更设备 13 部。

业余电台管理工作。①接待前来审证、换证的业余爱好者，全年共发放业余电台执照 21 个、审验业余无线电台 83 部。②做好业余电台管理协调工作。在国际马拉松赛事期间，提前与市业余无线电运动协会联系，要求其在比赛当天关闭中继台、保持无线电静默，以免影响赛事用频。③为业余爱好者做普法宣传。5 月 6 日，安排工作人员参加由业余无线电爱好者组织的“五五”节活动。现场向参加活动的爱好者发放无线电科普宣传手册，讲解业余无线电通讯应用和抢险救灾等突发事件中常规通信手段、无线电测向原理、方法、技巧。④组织开展业余无线电操作等级考试工作。委托市职业学院开展操作等级 A 类、B 类的相关考务工作，参加考试 107 人次，33 人通过了 A 类考试，7 人通过 B 类考试。

【无线电频谱使用评估专项活动】 2016 年，将无线电频谱使用评估专项活动作为年度业务工作重点。①严格按照频谱评估范围要求，开展相关频段设台单位频率使用和台站设置的自查、核查工作。要求各单位结合用台实际填报《无线电台站使用情况自查表》，工作人员在实地核查时，按照设备参数、数据库资料以及《无线电台站使用情况自查表》进行比对，及时发现台站使用中的问题，为以后的频谱评估数据采集工作奠定基础。②按时完成卫星地球站核查上报工作。向相关设台单位提前印发《关于开展全市无线电频谱使用评估专项活动卫星地球站信息现场检查的通知》，指导设台单位做好卫星地球站自查与数据统计工作；实地核查卫星地球站经纬度、发射频段等信息，与设台单位自查数据做好比对，发现问题及时纠错。经实地核查、数据库比对，我市共有亚洲 4 号、亚洲 7 号网内的 31 座卫星地球站，其中部分台站频率使用期限到期，正在办理续用手续，其他设台单位均按照国家批复文件合法用台。③做好频谱评估软硬件配套支撑工作。组织频管、监测等业务科室技术骨干，学习《山东省无线电频谱使用评估业务培训材料》。配合嵘兴公司对东营管理处所有固定站和移动监测车进行软件安装调试，对所有设备开展数据试采集，所有设备均正常工作。随即根据省办部署进行移动监测车 20 公里、固定站 24 小时数据的试采集工作，顺利通过前期调试。④按照技术方案要求开展数据采集。9 月，沿规划道路对 30~3000 兆赫全频段和基站 ID 进行扫描监测与数据采集，基本实现全市建成区以及中心城区通往各县区、中心镇主干道路沿线数据采集全覆盖。通过此次专项活动，掌握公众通信频谱资源的使用情况，摸清东营市无线电频谱使用“家底”，初步建立、熟悉频谱评估数据采集工作制度和技术要求，更锻炼技术队伍，提升技术人员发现问题、分析问题、解决问题的能力。⑤通过年审验证完善台站规范化管理工作机制。从落实行政审批权责清单，提升工作质量和效率；与设台单位建立对口服务单位制度；开展“技术专家用户行”活动；宣传无线电管理法律法规和保护用户的合法权益等五个方面开展工作，进一步增强沟通了解，切实帮助设台单位解决实际问题，全面开展“服务型管理”职能，提升部门效能服务。⑥做好频率台站数据库管理维护。安排专人负责台站数据库的日常维护完善工作，做到数据真实、内容充实、更新及时。同时强化保密观念，对频率台站数据做到专门存放、与其他网络物理隔离，确保保密资料安全。

【依法行政】 ①规范行政行为。根据市编办要求，梳理无线电管理行政执法自由裁量权、行政权力清单和责任清单，并通过市政府网站进行公示，确定行政征收项目 1 个，行政审批项目 1 个，其他行政权力项目 4 个。根据上级要求，为切实减轻企业负担，结合无线电管理日常执法监督检查实际，制定并按时上报涉企执法检查计划。做好执法人员执法资格确认工作，具有执法资格人员共 13 人（占比 93.33%），其中 6 人已通过执法证审验，3 人已新申领执法证。3 人取得听证主持人证。②查处非法设台和有害干扰。扎实开展打击治理“黑广播”“伪基站”违法犯罪专项行动，加大日常执法监督检查，并结合春节、两会和各类展销会、东营国际马拉松比赛、首届公路自行车比赛、年审验证、销售市场专项检查、高考及各项专业资格等人事考试保障时机，积极巩固打击治理活动成果，强化执法管理，加大执法频率。全年共开展执法监督检查 130 余次，共计 520 余人次，组织参加并开展联合技术演练 3 次，查处“伪基站”案件 2 起，查处“黑广播”案件 21 起，排查不明广播信号 12 个，排查 2 起通信基站干扰案件，排查省办转办民航干扰案件 2 起，查处市民电话投诉及网上民生投诉案件各 1 起。③重大活动保障。完成各类考试保障，全年共完成职称外语、高考、公务员招考等重要考试保障 23 场。配合公安部门共查处考试作弊案件 3 起，抓获作弊嫌疑人 3 人，查扣作弊嫌疑车辆 1 辆，查获作弊无线电设备 16 台（套），压制可疑作弊信号 10 个，有力打击作弊分子作弊行为，维护考试的公平公正。完成第九届黄河口（东营）国际马拉松赛、首届黄河口（东营）公路自行车赛、“C20 会议”、“G20 峰会”和党的十八届六中全会期间无线电保障工作任务。

【监测网络】 ①日常监测。做好春节、五一、国庆等节假日和全国两会、“C20”会议、“G20”峰会和党的十八届六中全会等重大活动期间无线电监测值班工作，加强对航空导航、水上救援、广播电视等频段监听监测，确保重要业务通信畅通。全年共开机监测12416.2小时，为马拉松比赛组委会、海科集团等提供预指配频率6对；共检测业余电台及运营公司基站38台；完成11期监测月报的编辑、上报，在全省月调度监测通报中均获得满分。②基础设施建设。根据省办航空监测网建设规划要求，做好航空专用站的选址和设备安装调试工作。完成龙悦湖小型站基础设施建设和小型站设备的安装工作；完成无线电指挥中心建设工作，已进入试运行阶段；推进电信基础设施管理系统及手持式无线电监测设备招标采购工作；搞好设备维护、管理，对各固定站防雷进行检测，对西城高山站铁塔存在隐患进行维修维护，对监测车发电机、高山站空调进行维护保养。

【法律法规宣传】 结合“2·13”第五个“世界无线电日”、“3·15”消费者权益日、马拉松比赛、首届公路自行车赛、年审验证、各类考试保障、打击治理“黑广播”“伪基站”专项行动和“全国无线电管理宣传月”等时机，开展形式多样、特色突出的无线电管理法律法规宣传。全年共发送手机公益短信200余万条、发放无线电宣传资料3000余份、接受群众咨询30余人次，制作宣传条幅20余个，制作宣传展板30余块。并在中国无线电管理网站、山东省无线电管理网站、中国网、大众网、齐鲁网和东营网等各级网站和《中国无线电》《无线电管理工作通讯》《山东无线电管理》《东营日报》《黄三角早报》等杂志、报刊刊发129篇相关无线电管理动态、图片新闻、法律法规和科普知识等信息，更新管理处网站内容达192篇。全年信息宣传工作成效显著，在2016年全省无线电管理宣传工作会议上作典型发言，介绍信息宣传工作经验及做法。 （市无线电管理处）

# 城建 环保

# 城乡规划

【规划编制】 城市总体规划编制。3月31日，国务院办公厅印发《关于批准东营市城市总体规划的通知》(国办函〔2016〕35号)，东营市城市总体规(2011—2020)于2016年3月31日经国务院批复，确定东营市城市性质定义为黄河三角洲的中心城市，国家重要的石油基地。

控制性详细规划。开展控制性详细规划整合工作，对中心城控规逐一审查，严把"三区四线"(三区指禁建区、限建区、宜建区；四线指道路红线、绿化绿线、水体蓝线、市政设施黄线。)，调整完善部分地块控规，组织市政府片区等13项片区的控规编制、报批，总用地面积约90平方公里。

专业专项规划。加快专业专项规划编制步伐，编制完成东营市公共体育设施、中心城供水、燃气、供热、中小学及幼儿园布局、绿道网等专项规划，其中，市政府批复东营市公共体育设施规划4项规划。中心城地下管线综合规划和停车场规划编制完成，中心城水系工程规划完成初步成果。

城市设计。按照"中心城区城市设计三年工作计划"，委托中国城市规划设计研究院开展中心城总体城市设计工作，完成方案成果；编制完成生态新城片区、金湖银河、黄河路南片区等12项区段城市设计；编制完成东城核心区风貌特色城市设计。中心城城市设计导则和城市设计图则技术标准正在制定。东营市拟列为全国城市设计工作试点城市。

推进村镇规划。开展全市村庄规划编制和特色村镇规划建设调研，完成市、县乡村规划工作方案及县域乡村建设规划、村庄规划试点申报工作。完成龙居镇总体规划初步审查，盐坨村传统村落保护规划审查及备案工作；开展县(区)农村污水处理设施建设规划编制工作；广饶县大王镇、丁庄镇入选"美丽宜居小镇"；大王镇吴家村等4个村庄入选"美丽宜居村庄"。

【规划管理】 规范规划管理。全年召开规委会会议5次，规咨委会议13次，局业务办公会45次，共受理各类报件1279件，发放规划许可证件434件。调整明确行政权力清单，健全规划报建要素，完善报建指南、业务手册，做到动态管理和维护，提高行政审批效率。

规划建筑方案审查。严把规划建筑方案审查关，通过组织多家设计单位方案比选、重要项目方案招投标、土地出让附带城市设计等措施，提高规划建筑方案水平，提升城市品质。

规范设计项目委托代理。制定出台《东营市城乡规划局政府性投资规划设计项目设计单位选用办法》《东营市城乡规划局50万元以下规划设计项目设计单位选用办法》，通过设立采购设计单位库，公开招标等方式，规范规划编制委托工作。

加强规划执行力度。严格按照审批方案开展规划验收，全年拆除违反规划许可的平房等建筑物600平方米，围墙等构筑物近2000米。配合住建部派驻城乡规划督察员开展工作，全年共核查卫星图斑243处，对违法建设行为坚决予以纠正。抽调人员参与全市拆违治乱整治行动，开展现场核查，依法处理违法违规建(构)筑物。

【城市规划设计研究院】 市城市规划设计研究院发挥技术中坚作用，积极参与城市设计与控制性详细规划整合，保证森林公园等重点项目顺利推进；加强项目管理，注重学术与技术交流，单位内部专业协作与团队凝聚力明显提高；拓展外部市场，实现年度收入1331.8万元；按照上级统一部署，成立了改制工作领导小组，邀请律师讲解了公司法，到临沂市规划院进行了参观学习，拟聘请转制中介服务机构协助稳妥、积极地推进事业单位改制。

【规划研究中心】 市规划研究中心(市城市规划展览馆)整体建设验收完毕，中央数字沙盘安装运行，接待参观团体145批次，累计接待参观近万人次；明确岗位职责和工作制度，开展工作人员培训，提高管理规范化水平。

【规划技术服务中心】 市规划技术服务中心全年完成叠加规划道路红线、用地界线地形图制作253份，完成建、构筑物的试放线、放线和验线1600余栋，完成建设项目竣工验收测绘200个，为规划管理提供技术支撑。

(市规划局　罗林)

# 城乡建设

【建筑业】 据住建局数字统计，全市完成建筑业总产值357.7亿元，实现增加值84.8亿元，利税38亿元，分别完成年度任务的137.6%、212%、292.3%。①完成全市建筑业企业资质换证工作。全市原有建筑业企业519家，应参加资质换证的建筑业企业473家，46家企业不在换证范围。在参加换证的企业中，464家建筑业企业通过审查，9家建筑业企业放弃换证。全年受理建筑业企业资质申请235项，其中市批资质61项，省批资质15项(三级晋升二级资质8家)，部批资质4项，资质变更155项。②引导企业开拓境外市场。2016年，境外施工产值7.22亿元，其中，中石化胜利建设工程有限公司境外产值为1.77亿元，中石化胜利油建工程有限公司境外施工产值为5.45亿元。③推进企业工程创优。印发《关于评选2015年度全市建设工程质量"金洲杯"奖的通知》，组织县区、油田及市直建筑业企业申报"金洲杯"奖工程。评选出建设工程质量"金洲杯"奖一等奖25项，二等奖25项，三等奖33项，建筑装饰装修工程质量“金洲杯”奖一等奖1项，二等奖2项。申报建筑工程质量“泰山杯”工程3项，省外工程1项，装饰装修工程质量“泰山杯”工程2项。申报国优工程1项。获省建筑业优秀QC成果二等奖、优秀奖各1项；获国家工程建设质量奖审定委员会优秀QC小组4项；申报国家创新奖1项及优秀项目经理1人，申报全国优秀建筑企业优秀项目经理1人。④强化企业培训。举办“营改增”培训班。各企业负责人、财务负责人680人参加培训。参加省建设工会组织的全省建筑安装行业电焊工、管道工职业技能竞赛，获团体二等奖，最佳组织奖。举办全市第九届建筑业职业技能大赛，全市66家建筑业企业的131名操作工人报名参加。全年培训、鉴定建筑业职业技能工人3459人。

## 2016年东营市建筑业企业主要指标快报表

| 类别名称 | 企业个数 | 新签工程承包合同额（万元） | 建筑业总产值（万元） | 房屋建筑施工面积（仅建筑工程总包资质填报）（平方米） | 房屋建筑竣工面积（仅建筑工程总包资质填报）（平方米） | 企业总收入（万元） | 工程结算收入（万元） | 企业利润总额（万元） | 工程结算利润（万元） | 应收工程款（万元） | 竣工工程款（万元） | 建筑业平均人数（人） | 外出施工产值（出省、出国）（万元） | 出省出国施工产值（万元） | 实缴税金（万元） | 建筑业增加值（万元） |
|---|---|---|---|---|---|---|---|---|---|---|---|---|---|---|---|---|
| 市辖区 | 28 | 114154.70 | 135958.00 | 151467.00 | 116353.00 | 125271.90 | 117684.60 | 21341.70 | 15011.90 | 40615.90 | 34621.70 | 3164.00 | 0.00 | 0 | 5372.60 | 23963.30 |
| 东营区 | 216 | 1407019.20 | 1486615.40 | 2274375.00 | 1090080.00 | 1700376.00 | 1555987.90 | 27390.40 | 96581.00 | 758055.80 | 505472.10 | 41604.00 | 368224.20 | 409828.2 | 78010.50 | 345826.10 |
| 河口区 | 42 | 202166.90 | 237221.40 | 552119.00 | 402646.00 | 241873.10 | 232725.50 | 10364.50 | 14765.70 | 138573.60 | 134619.60 | 8029.00 | 8000.00 | 16029 | 9620.30 | 48149.00 |
| 垦利县 | 43 | 208759.80 | 266563.00 | 864894.00 | 559571.00 | 273434.70 | 222849.50 | 21904.70 | 22084.00 | 103219.80 | 77555.60 | 10500.00 | 765.10 | 11265.1 | 13235.60 | 66537.80 |
| 利津县 | 27 | 162197.50 | 168298.20 | 1094037.00 | 986977.00 | 158369.90 | 156294.30 | 16832.70 | 18995.70 | 57642.00 | 49232.70 | 5335.00 | 0.00 | 5335 | 14253.80 | 36357.10 |
| 广饶县 | 78 | 950858.40 | 947987.90 | 3425119.00 | 2053455.00 | 967399.50 | 892102.60 | 75950.20 | 67795.80 | 402984.60 | 323311.50 | 32953.00 | 24201.00 | 57154 | 31409.30 | 262803.00 |
| 市现代畜牧业示范区 | 0 | 0.00 | 0.00 | 0.00 | 0.00 | 0.00 | 0.00 | 0.00 | 0.00 | 0.00 | 0.00 | 0.00 | 0.00 | 0 | 0.00 | 0.00 |
| 东营农高区 | 1 | 0.00 | 5369.00 | 0.00 | 0.00 | 3163.00 | 3163.00 | 128.10 | 128.10 | 2672.00 | 3579.00 | 150.00 | 0.00 | 150 | 0.00 | 1198.90 |
| 东营港开发区 | 5 | 17870.30 | 18686.30 | 0.00 | 0.00 | 15577.80 | 14869.00 | 1189.40 | 1136.20 | 12043.60 | 9387.90 | 374.00 | 0.00 | 374 | 273.80 | 2239.60 |
| 东营开发区 | 50 | 308056.50 | 310672.10 | 319672.00 | 83396.00 | 338310.30 | 272951.40 | 38168.00 | 32898.50 | 116402.40 | 77788.10 | 6923.00 | 2359.50 | 9282.5 | 14532.70 | 61279.10 |
| 合 计 | 490 | 3371083.30 | 3577371.30 | 8681683.00 | 5292478.00 | 3823776.20 | 3468627.80 | 213269.70 | 269396.90 | 1632209.70 | 1215568.20 | 109032.00 | 403549.80 | 512581.8 | 166708.60 | 848353.90 |

**【勘察设计行业管理】** 全市有勘察设计单位65家，其中甲级企业13家，乙级企业31家。全年实现产值26.32亿元，同比增长6.9%；实现利税2.01亿元，同比增长3.6%。全市有6个项目在山东省“建科杯”新农居建筑设计方案竞赛中获奖，4个项目在山东省工程建设（勘察设计）优秀QC小组评选中获奖，并且中石化石油工程设计有限公司的川气东送管道工程岩土工程勘察、川气东送管道工程测量两个项目获得全国优秀工程勘察设计行业奖（工程勘察）一等奖。

## 2016年东营市勘察设计企业一览表

| 序号 | 单位名称 | 资质等级 | 资质类型、证书编号及级别 | 地址 | 联系电话 |
|---|---|---|---|---|---|
| 1 | 中石化石油工程设计有限公司 | 甲 | 石油天然气（海洋石油）行业甲级；电子通信广电行业（电子系统工程）专业乙级；市政行业（热力工程）专业甲级；海洋行业（离岸工程）专业甲级；建筑行业（建筑工程）甲级电力行业乙级；海洋行业（沿岸工程）专业乙级；化工石化医药行业（化工工程）专业乙级；机械行业（道路工程、给水工程、环境卫生工程、排水工程、城镇燃气工程）专业乙级工程勘察综合类甲级 | 山东省东营市济南路49号 | 8781252 |
| 2 | 东营市建筑设计研究院 | 甲 | 建筑行业（建筑工程）甲级；市政行业（道路工程、给水工程）专业丙级；建筑智能化系统设计专项乙级；市政行业（排水工程）专业丙级 | 东营市东城府前大街98号 | 8332194 |

续表-1

| 序号 | 单位名称 | 资质等级 | 资质类型、证书编号及级别 | 地址 | 联系电话 |
|---|---|---|---|---|---|
| 3 | 东营市勘察测绘院 | 甲 | 工程勘察专业类(岩土工程(勘察、咨询、监理))甲级;工程勘察专业类(岩土工程(设计、测试、监测)、工程测量)乙级 | 东营市东三路149号 | 8332815 |
| 4 | 山东中石大工程设计有限公司 | 甲 | 建筑行业(建筑工程)甲级;石油天然气(海洋石油)行业(管道输送)专业甲级;风景园林工程设计专项乙级;市政行业乙级;化工石化医药行业(炼油工程)专业乙级;石油天然气(海洋石油)行业(油气库、油田地面)专业乙级 | 山东省东营市北二路271号(石油大学院内) | 8392545 |
| 5 | 山东信诚建筑规划设计有限公司 | 甲 | 建筑行业(建筑工程)甲级 | 山东省东营市济南路20号 | 8270187 |
| 6 | 胜利油田正大工程开发设计有限公司 | 甲 | 建筑行业(建筑工程)甲级;石油天然气(海洋石油)行业(油田地面)专业乙级;市政行业(城镇燃气工程、桥梁工程)专业乙级;市政行业(道路工程、给水工程、排水工程、热力工程)专业丙级 | 山东省东营市济南路290号 | 8550093 |
| 7 | 东营筑城建筑设计有限公司 | 甲 | 建筑行业(建筑工程)甲级;石油天然气(海洋石油)行业(油田地面)专业乙级 | 东营市东营区南一路228号东营软件园8号研发楼 | 8352899 |
| 8 | 东营市海天勘察测绘有限公司 | 甲 | 工程勘察专业类(岩土工程(勘察))甲级;工程勘察专业类(工程测量、岩土工程(设计,物探测试检测监测))乙级 | 东营市东营区沂河路603号 | 8312376 |
| 9 | 山东新汇建设集团有限公司 | 甲 | 工程勘察专业类(岩土工程(勘察))甲级;工程勘察专业类(工程测量、岩土工程、水文地质勘察)乙级;风景园林工程设计专项乙级;建筑行业(建筑工程)乙级;市政行业(道路工程、桥梁工程、给水工程、排水工程)专业乙级;水利行业(灌溉排涝)专业甲级;水利行业(水库枢纽、引调水、河道整治、城市防洪、围垦)专业乙级 | 东营区胶州路532号 | 8316096 |
| 10 | 东营市公路勘察设计院 | 甲 | 公路行业(公路)专业甲级;勘察专业类(水文地质、工程测量)乙级 | 东营市东营区东城府前大街130号 | 8082827 |
| 11 | 山东华凌科技工程集团有限公司 | 甲 | 建筑智能化系统设计专项甲级;消防设施工程设计专项乙级 | 山东省东营市东营区北一路315号 | 7368999 |
| 12 | 山东东信岩土工程有限责任公司 | 甲 | 工程勘察专业类(岩土工程(勘察))甲级 | 东营市东城府前街西段(黄河工贸园) | 8098897 |
| 13 | 中石化胜利建设工程有限公司 | 甲 | 消防设施工程设计专项甲级;公路行业(公路)专业乙级;建筑装饰工程设计专项乙级;工程勘察专业类(工程测量)乙级(限小型) | 山东东营北二路755号 | 8555180 |
| 14 | 东营市城市规划设计研究院 | 乙 | 风景园林工程设计专项乙级;建筑行业(建筑工程)乙级;市政行业(道路工程)专业丙级 | 东营市东城南一路1226号 | 8335812 |
| 15 | 东营市恒信设计有限责任公司 | 乙 | 建筑行业(建筑工程)乙级 | 垦利县经济开发区振兴路211号 | 2525066 |
| 16 | 山东金宇建筑集团有限公司 | 乙 | 轻型钢结构工程设计专项乙级 | 广饶县大王镇经济开发区(青垦路159#) | 6881689 |
| 17 | 胜利油田胜利工程水文地质勘察有限责任公司 | 乙 | 工程勘察专业类(岩土工程、水文地质勘察)乙级 | 东营市东营区北二路681号 | 8737017 |
| 18 | 东营市创新工程勘察有限公司 | 乙 | 工程勘察专业类(岩土工程(勘察、咨询、监理))乙级 | 东营区惠州路52号 | 8317003 |
| 19 | 东营市中汇工程勘察设计有限公司 | 乙 | 工程勘察专业类(岩土工程(勘察))乙级 | 山东省东营市东城沂河路188号 | 8308686 |
| 20 | 山东中咨公路咨询设计有限公司 | 乙 | 公路行业(公路)专业乙级 | 东营市开发区府前街288号302室 | 8082827 |
| 21 | 东营市市政工程设计院 | 乙 | 风景园林工程设计专项乙级;市政行业(城镇燃气工程、道路工程、给水工程、排水工程、桥梁工程、热力工程)专业乙级;照明工程设计专项乙级 | 东营市辽河路115# | 8026366 |
| 22 | 东营方大电力设计规划有限公司 | 乙 | 电力行业(变电工程、送电工程)专业乙级 | 东营市东营区运河路431号三楼 | 8192563 |

续表－2

| 序号 | 单位名称 | 资质等级 | 资质类型、证书编号及级别 | 地址 | 联系电话 |
|---|---|---|---|---|---|
| 23 | 山东国网启明电力勘察设计有限公司 | 乙 | 电力行业(变电工程、火力发电、送电工程)专业乙级;石油天然气(海洋石油)行业(管道输送、气田地面、油田地面)专业乙级 | 东营市东三路151#军供站506 | 8329188 |
| 24 | 胜利油田胜利动力机械集团有限公司 | 乙 | 电力行业(新能源发电)专业乙级 | 山东省东营市经济开发区府前街与东六路交叉路口 | 18866471091 |
| 25 | 胜利油田胜大园林工程有限公司 | 乙 | 风景园林工程设计专项乙级 | 山东省东营市东营区淄博路50号 | 8702491 |
| 26 | 山东格维规划设计有限公司 | 乙 | 风景园林工程设计专项乙级 | 东营市济南路20号鑫都财富中心 | 8270216 |
| 27 | 东营园林投资发展有限公司 | 乙 | 风景园林工程设计专项乙级 | 东营市东城潍河路南、广利河北、湿地公园内 | 8312826 |
| 28 | 东营旭东工程有限公司 | 乙 | 风景园林工程设计专项乙级 | 东营市东营区胶州路105号 | 7765607 |
| 29 | 科达集团股份有限公司 | 乙 | 风景园林工程设计专项乙级;建筑行业(建筑工程)丙级;市政行业(道路工程)专业乙级;公路行业(公路)专业乙级;市政行业(桥梁工程)专业乙级;市政行业(给水工程)专业丙级 | 广饶县大王经济技术开发区 | 8300767 |
| 30 | 山东阳光园林建设有限公司 | 乙 | 风景园林工程设计专项乙级 | 东营市东营区淮河路118号 | 0546－8313256 |
| 31 | 胜利油田森诺胜利工程有限公司 | 乙 | 石油天然气(海洋石油)行业(气田地面、油田地面)专业乙级;建筑行业(建筑工程)乙级;石油天然气(海洋石油)行业(管道输送)专业乙级;市政行业(城镇燃气工程、给水工程、环境卫生工程、排水工程、热力工程)专业乙级新增:电力行业(变电工程、送电工程)专业乙级 | 东营市黄河路721号森诺胜利大厦 | 8772244 |
| 32 | 东营海利丰志成工程设计咨询有限公司 | 乙 | 石油天然气(海洋石油)行业(管道输送、油气库、油田地面)专业乙级 | 东营市东营区济南路20号 | 8093637 |
| 33 | 山东龙跃兴建设集团有限公司 | 甲 | 水利行业(灌溉排涝、水土保持)专业乙级;水利行业(河道整治)专业甲级;市政行业(道路工程)专业乙级;市政行业(给水工程、排水工程)专业丙级;水利行业(城市防洪、水库枢纽、围垦、引调水)专业丙级;工程勘察专业类(工程测量)乙级;市政行业(道路工程)专业乙级 | 东营市东营区府前大街72号海通智慧广场D座303室 | 8307578 |
| 34 | 山东莱克工程设计有限公司 | 乙 | 石油天然气(海洋石油)行业(管道输送、气田地面、油田地面)专业乙级 | 东营市东营区北一路787号 | 8282658<br>8282958 |
| 35 | 东营市泰基工程设计咨询有限责任公司 | 乙 | 建筑幕墙工程设计专项乙级 | 东营市东城沂河路603号 | 8305188 |
| 36 | 山东泰克拓普光电科技有限公司 | 乙 | 照明工程设计专项乙级 | 东营市东营经济开发区东六路56号 | 8956678 |
| 37 | 胜利油田信科海洋勘察测绘有限公司 | 乙 | 海洋工程勘察(海洋岩土工程勘察) | 山东省东营市通海路5号 | 8730762 |
| 38 | 山东三瑞土木工程有限公司 | 乙 | 工程勘察专业类(岩土工程(勘察))乙级 | 东营区府前大街与康洋路交叉处(京华观邸152－18号) | 7086998 |
| 39 | 山东大沣岩土工程有限公司 | 乙 | 工程勘察专业类(岩土工程(勘察))乙级 | 山东省东营市东城区登州路71号 | 7796886 |
| 40 | 山东正鑫工程设计有限公司 | 乙 | 建筑行业(建筑工程)乙级 | 山东省东营市东营区府前大街55号国际金融港A座910室 | 6066610 |

续表－3

| 序号 | 单位名称 | 资质等级 | 资质类型、证书编号及级别 | 地址 | 联系电话 |
|---|---|---|---|---|---|
| 41 | 山东泰克立德能源工程有限公司 | 乙 | 化工石化医药行业（石油及化工产品储运）专业乙级；石油天然气（海洋石油）行业乙级；市政行业（城镇燃气工程）专业乙级 | | |
| 42 | 东营市众成建筑设计有限公司 | 丙 | 建筑行业（建筑工程）丙级 | 山东省东营市东营区辽河路105号 | 8085679 |
| 43 | 利津县建筑规划设计院 | 丙 | 建筑行业（建筑工程）专业丙级 | 山东省东营市利津县利一路105号 | 5622430 |
| 44 | 广饶县建筑规划设计院 | 丙 | 建筑行业（建筑工程）丙级 | 广饶县月河路34号 | 6441837 |
| 45 | 东营宏图工程设计有限公司 | 丙 | 电力行业（送电工程、变电工程）专业丙级 | 广饶县广颖路1号 | 6192886 |
| 46 | 胜利油田新邦水务工程设计有限责任公司 | 丙 | 市政行业（给水工程、排水工程）专业乙级；建筑行业（建筑工程）乙级；市政行业（道路工程）专业丙级；水利行业（灌溉排涝、河道整治、水库枢纽、引调水）专业丙级。 | 东营市东营区北二路681号 | 8551257 |
| 47 | 山东同正勘察设计有限公司 | 丙 | 水利行业（灌溉排涝、河道整治、水库枢纽、水土保持）专业丙级 | 东城沂河路603号（海通商务中心二楼） | 2962305 |
| 48 | 垦利明珠电力设计有限公司 | 丙 | 电力行业（送电工程、变电工程）专业丙级 | 垦利县开发区胜兴路东首路南 | 2882668 |
| 49 | 东营春霖电力工程有限公司 | 丙 | 电力行业（变电工程）专业丙级；电力行业（风力发电）专业乙级；电力行业（送电工程）专业丙级；水利行业丙级 | 东营区东三路138号 | 8083166 |
| 50 | 东营市东泰工程设计有限公司 | 丙 | 市政行业（道路工程）专业丙级 | 东营区沂河路603号6号楼407室 | 8305188 |
| 51 | 东营市启程工程设计有限公司 | 丙 | 水利行业（灌溉排涝）专业丙级 | 东营市东营区淮河路191号(安兴盛元商务中心,A座) | 7151198 |
| 52 | 东营畅通公路设计有限公司 | 丙 | 公路行业（公路）专业丙级 | 黄河路170号 | 13280300999 |
| 53 | 山东双宇装饰有限公司 | 壹级 | （建筑幕墙工程设计与施工、消防设施工程设计与施工）专业贰级 | 东营市西二路华纳大厦 | 8298777 |
| 54 | 山东圣光装饰工程有限公司 | 壹级 | （建筑装饰装修工程设计与施工）专业壹级 | 山东省东营市广饶经济开发区九号路北侧20号 | 6920677 |
| 55 | 山东中亚建设集团有限公司 | 壹级 | 建筑装饰装修工程设计与施工专业壹级；建筑幕墙工程设计与施工、消防设施工程设计与施工专业贰级 | 东营市东营区北二路209号 | 8527513 |
| 56 | 东营市天河装饰工程有限责任公司 | 壹级 | 建筑装饰装修工程设计与施工专业壹级 | 东营区惠州路52号11幢21 | 8333036 |
| 57 | 山东省胜安伟业消防工程有限公司 | 贰级 | 消防设施工程设计与施工专业贰级 | 山东省东营区太行山路105号 | 8283888 |
| 58 | 山东茂邦建筑安装有限责任公司 | 贰级 | （建筑装饰装修工程设计与施工）专业贰级 | 东营区北二路132号 | 7585836 |
| 59 | 东营市华祥装饰工程有限责任公司 | 贰级 | 建筑装饰装修工程设计与施工专业贰级 | 东营区黄河路以北万象城商业广场 | 8238996 |
| 60 | 东营长江建设有限公司 | 贰级 | 建筑幕墙工程设计与施工专业贰级；建筑智能化工程设计与施工专业贰级 | 山东省东营市东营区辽河路18号 | 8057776 |
| 61 | 东营市泰和消防工程有限公司 | 贰级 | 消防设施工程设计与施工贰级 | 东营区南一路南院38号 | |
| 62 | 山东昱景设计有限公司 | 丙级 | 市政行业（道路工程）专业丙级 | 东营区淮河路191号221室 | |

续表-4

| 序号 | 单位名称 | 资质等级 | 资质类型、证书编号及级别 | 地址 | 联系电话 |
|---|---|---|---|---|---|
| 63 | 山东黄河三角洲工程咨询院有限公司 | 丙级 | 水利行业(灌溉排涝、河道整治)专业丙级 | 东营市东营区黄河路38号(中国石油大学国家大学科技园"生态谷"4号研发楼) | 8302591 |
| 64 | 山东宏瑞建设集团有限公司 | 丙级 | 公路行业(公路)专业丙级 | 东营市东营区浏阳河路109号 | |
| 65 | 山东海菲电力工程设计有限公司 | 丙级 | 电力行业(变电工程、送电工程)专业丙级 | 东营市东营区东六路25号1栋101 | |

【市政行业管理】 全市市政公用工程施工企业132家(不含增项),其中一级资质企业6家,二级资质企业47家,三级资质企业79家。全行业拥有注册建造师2000余人,其中一级建造师160余人,二级建造师1900余人。按照住建部进行新版建筑业资质换证的要求,完成对全市99家市政公用工程施工企业的资质换证工作;完成50项申请三级市政公用工程施工资质的核准审批工作以及7项市政公用工程施工资质晋升审核上报工作。组织开展2016年全市市政公用工程施工企业资质动态核查工作。完成2016年度山东省"市政金杯示范工程"的组织申报工作,8项工程被授予全省2016年度市政金杯示范工程。组织开展市政施工企业现场管理人员岗位证书新取证和继续教育培训,共培训1800余人。

【工程监理行业管理】 全市有监理企业34家,其中综合资质企业1家、甲级资质企业9家、乙级资质企业14家、丙级资质企业10家。2016年共监理项目333个,办理合同备案71项,实现企业收入3.9亿元。规范监理企业跨地或承揽业务服务监管工作,推动市场统一开放,取消外地监理企业备案;规范监理市场秩序,完成省、市建设监理专项检查和资质核查,共检查监理企业42家,其中本地18家,外地24家,项目81个。

## 2016年东营市监理企业一览表

| 序号 | 企业名称 | 企业资质 | 地　址 | 电话 |
|---|---|---|---|---|
| 1 | 胜利油田胜利建设监理有限责任公司 | 综合资质 | 东营市西二路474－18号华纳大厦19－20层 | 8798818<br>8798808 |
| 2 | 东营开元建设监理有限责任公司 | 房屋建筑甲级、市政公用甲级、水利水电丙级 | 东营市东营区府前街105号 | 8080991 |
| 3 | 山东东昊工程监理有限公司 | 房屋建筑甲级、市政公用甲级、化工石油乙级、水利水电乙级 | 东营市东城曹州路商贸城工会园 | 8088586 |
| 4 | 山东科正工程项目管理有限公司 | 房屋建筑甲级、市政公用甲级、水利水电丙级 | 广饶县府前街57号;办公地址:广饶县乐安大街565号 | 6453898 |
| 5 | 山东天昊工程项目管理有限公司 | 房屋建筑甲级、市政公用甲级、水利水电甲级、化工石油甲级、电力工程甲级 | 东营市太行山路117号 | 8119999 |
| 6 | 胜利油田新兴工程监理咨询有限公司 | 房屋建筑甲级、化工石油甲级、市政公用乙级 | 资质证书地址:东营区嵩山路13号;现办公地址:东营市北一路749号 | 7781222 |
| 7 | 中石化石油工程设计有限公司 | 房屋建筑甲级、化工石油甲级、电力工程乙级、市政公用乙级 | 山东省东营市济南路49号 | 8705713 |
| 8 | 东营市筑博建设工程监理有限公司 | 房屋建筑工程甲级、市政公用工程乙级 | 东营市东城府前大街98号、东营市建筑设计研究院3楼 | 7277398 |
| 9 | 胜利油田中睿建设监理有限责任公司 | 化工石油甲级、房屋建筑乙级、市政公用乙级 | 资质证书:东营市西四路东、菏泽路北;现办公地址:东营市西城菏泽路196号万吉综合楼2楼 | 8509050 |
| 10 | 胜利油田恒伟工程管理有限公司 | 化工石油甲级、房建乙级、市政公用乙级 | 西四路324号　胜利油建公司 | 8501858 |
| 11 | 东营市广厦建设监理有限责任公司 | 房屋建筑乙级、市政公用乙级 | 东城辽河路105号 | 8309277 |
| 12 | 东营市东岳监理工程有限公司 | 房屋建筑工程监理乙级 市政公用工程监理乙级 | 东营市广饶县迎宾路东首东营市广饶县月河路 | 6453498 |

续表

| 序号 | 企业名称 | 企业资质 | 地　址 | 电话 |
|---|---|---|---|---|
| 13 | 东营市正大建设监理有限责任公司 | 房屋建筑乙级、市政公用乙级 | 东营区东二路50号；东营商贸园亚圣路56号 | 7583177 |
| 14 | 山东正成工程项目管理有限公司 | 房屋建筑乙级、市政公用乙级 | 东营市府前大街53号国贸大厦东座14楼（开发区）（营业执照开发区发）；办公地址：同上 | 8093935<br>8093900 |
| 15 | 垦利县工程建设监理有限责任公司 | 房屋建筑乙级、市政公用乙级 | 垦利县中兴路31号 | 2582107 |
| 16 | 东营市至诚建设监理有限公司 | 房屋建筑乙级、市政公用丙级 | 资质证书地址：东三路237号；现办公地址：锦苑三区物业楼一楼 | 13864761500 |
| 17 | 东营市天衡建筑工程监理有限责任公司 | 房屋建筑乙级 | 东营市东营区北二路755号 | 8776183 |
| 18 | 山东龙跃兴建设集团有限公司 | 房屋建筑乙级、市政公用乙级 | 注册地址：东营市东营区府前大街72号海通智慧广场D座303室（营业执照是开发区发的）；办公地址：同上 | 8307578 |
| 19 | 东营天信工程项目管理有限公司 | 房屋建筑乙级、市政公用丙级 | 资质证书：东营区胜泰路27号办公地址：东营区胜泰路27号教工之家5楼 | 18866477056 |
| 20 | 东营华为工程项目管理有限公司 | 房屋建筑乙级、市政公用乙级 | 东营区沂河路603号 | 7956000 |
| 21 | 东营诚泰工程项目管理有限公司 | 房屋建筑乙级、市政公用乙级 | 东营市沂河路619号 | 7155690 |
| 22 | 东营华正建设项目管理有限公司 | 房屋建筑乙级、市政公用乙级 | 注册地：东营市东营区南二路1769号（营业执照是开发区发的）；办公地点：沂河路华龙集团五楼 | 8307057 |
| 23 | 东营市中衡建设项目管理有限责任公司 | 房屋建筑乙级 | 注册地：东营市东营区府前街以北、实验中学以南/办公地点：东营市东营区南一路227号名相大厦五楼 | 8338529 |
| 24 | 山东新汇建设集团有限公司 | 市政公用乙级 | 东营市胶州路东沂河路北/东营市胶州路532号 | 8316096 |
| 25 | 东营市金海建设工程监理有限公司 | 房屋建筑丙级 | 资质证书上的地址：河滨路9号。现办公地址：海盛路北首 | 3662512 |
| 26 | 东营市河口区建设监理有限责任公司 | 房屋建筑工程监理丙级 | 东营市河口区黄河路166号、东营市河口区住房和城乡建设局质检站三楼 | 3655625 |
| 27 | 山东正旭建设监理有限公司 | 房屋建筑工程丙级 市政公用工程丙级 | 注册地：东营市东营区西四路430号；办公地点：山东省东营市西城区长安广场B413 | 18366917791 |
| 28 | 东营市九洲建设监理有限公司 | 房屋建筑工程监理丙级、市政公用工程监理丙级 | 注册地：东营市东城沂州路25号二楼；办公地：同上 | 13562263908 |
| 29 | 东营海跃工程项目管理有限责任公司 | 房屋建筑工程监理丙级、市政公用工程监理丙级 | 注册地：辽河路以北、胶州路以西；辽河路115号西楼3601；办公地址：北二路与西五路交叉口北 | 8290025 |
| 30 | 东营实达工程造价咨询有限公司 | 房屋建筑丙级、市政公用丙级 | 注册地：东营区绿洲路1—37号（开发区）（营业执照是东营区发的）；办公地点：东三路与南一路交叉口南100米路西金石国际大厦607 | 13054667912 |
| 31 | 东营智科建设监理有限公司 | 房屋建筑丙级 | 名相大厦（清风湖东侧） | 18678683888 |
| 32 | 胜利油田同舟招标代理有限公司 | 房屋建筑丙级 | 东营区沂州路62号1幢3楼 | 7760278 |
| 33 | 山东中浩工程项目管理有限公司 | 市政公用工程监理丙级 | 资质证书地址：东营市东营区府前大街111号、现办公地址：东营市东营区北二路1199号 | 8097866 |
| 34 | 山东胜利水务有限责任公司 | 水利水电丙级、市政公用丙级 | 资质证书地址：东营市东营区北二路37号 现办公地址：东营市东营区北二路681号 | 8521867<br>8521065 |

【建设工程招投标监管】 2015年市直共完成开标125场次，招标工程项目265个，招标项目建筑面积1.5万平方米，中标造价45.4亿元。累计接待建筑业农民工拖欠问题来人来访125起，涉及农民工1800人次，解决拖欠工资2605.13万元。①制定《工程项目建设中遇到的主要问题及解决方案》，保障市重点工程建设顺利实施；以市政府文件印发《关于进一步加强政府投资建设工程招标投标监督管理的通知》(东政办发〔2016〕35号)，规范政府投资项目招标投标活动。②完善工程项目电子招标投标。招标类信息从电子招标投标系统发布至东营建设信息网、山东省建设工程招标投标管理信息网，电子评标系统增加最低投标价法、合理低价法、合理区间法等评标办法。③实行投标保证金集中收退制度。投标企业法人基本账户在东营信息网公示，投标保证金的缴纳与返还在投标企业法人基本账户和市公共资源电子交易系统随机产生的虚拟账户往来，最大限度遏制借用资质投标等现象的发生。④实行统一的施工招标评标办法。市财政投资项目施工招标全部使用工程量清单计价招标，使用统一的评标办法，限额以上工程以及有特殊专业技术要求、施工技术复杂的工程可以使用综合评估法；限额以下工程实行最低投标价法、合理低价法、合理区间法等评标办法，技术标采用合格制评审，取消评标专家打分自由裁量权。⑤招标代理管理。组织全市招标代理专职人员从业资格证到期人员50余人参加考试。⑥评标专家管理。对评标专家进行动态管理，严格按照《山东省建设工程评标专家评标行为考核办法》对专家进行考核，对评标行为不符合规范的2名评标专家进行记分并暂停一段时间评标的处理；出台《东营市住房和城乡局关于进一步加强房屋建筑和市政工程评标专家管理的通知》；组织开展新专家资格认定工作，对新申请专家进行资格初审，36名专家取得建设工程评标专家资格；对2016年资格到期的278名专家进行初审，236名专家报名参加资格延续考试。⑦开展招标投标专项整治行动。出台《东营市住房和城乡建设局关于开展全市房屋建筑和市政工程招标投标专项整治行动检查的通知》，制定《全市房屋建筑和市政工程项目招标投标专项治理实施方案》，抽查9个县区(示范区)共24个建设工程项目，受理投诉20个项目，规范招投标投诉受理、调查、处理程序，依法处理招投标违法违规行为。对1家违规企业下发《停止违法行为通知书》，并进入调查程序。

【中心城城建重点项目】 ①市档案馆项目完成前期手续办理、桩基和地下人防工程施工。②德州路道路工程(西四路至东八路)完成立项、规划和招标手续并开工，完成总投资的30%。③市新型养老社区项目办理老年康复护理中心(战时人口疏散基地)选址意见书、用地预审并开工建设。④全市开工城市地下综合管廊14.43公里、建成7.1公里，分别完成年度任务的120%和118%。⑤东营河及北二路环境综合整治完成概念性规划方案编制，拟定片区拆迁方案，做好后续工作衔接。⑥全市改造老旧住宅小区146个，惠及居民25161户。⑦原华联商厦两栋职工住宅楼等搬迁改造工作完成。⑧天信、华泰生活区搬迁安置项目，选择货币补偿的473套被搬迁房屋补偿款结算全部完成，组织选择产权调换的251套被搬迁房屋的产权人自行选择安置房，签订补偿协议的724套住宅基本拆除完毕。⑨东城旧城区改造区域安置房项目完成综合楼管护移交、资产划转，通过网上公开拍卖及时处置剩余商业房和住宅。⑩中心城区地下管线补测补绘项目中油田负责的110平方公里地下管线普查完成，年度任务全面收尾。⑪奥体中心体育馆完工，网球馆完成土建、钢结构和金属屋面施工，游泳馆完成土建、钢结构施工。⑫市司法局片区改造项目有序铺开。⑬全市改造农村旱厕32862户，完成省定任务的230%，进度位列全省第一。

【城镇化和村镇建设】 提请市委、市政府印发《东营市新型城镇化规划(2015—2020年)》《东营市推进新型城镇化近期工作重点》，明确城镇化工作思路、推进重点。开展人口市民化问题专题调研，起草《东营市人口市民化专题研究》，全市人口市民化规划报告形成中间成果。向各县区分解下达2016—2020年人口市民化目标任务。加强新型城镇化试点工作，东营市大城市试点、广饶县Ⅰ型小城市试点、大王镇新生小城市试点、黄河口滨海旅游小镇和陈庄荻花小镇两个省级特色小镇全部申报成功。农村危房改造稳步推进，完成省里下达给东营市的2015年3860户改造任务；2016年1100户改造任务全部开工，竣工910户。全市有2镇4村创建为全省第三批“美丽宜居小镇、美丽宜居村庄”。黄河南展区二期3063套安置房全部开工；南展区安置房累计分房到户3846套，占全市已实施南展区安置房总数的62%。利津县打造特色园区，新建北宋1万亩花卉苗木基地、明集7000亩中小企业创业园。

【建筑节能】 2016年全市完成公共建筑节能改造项目14个，面积7.61万平方米，完成省下达任务的126.8%。①严格执行绿色建筑标准。2016年绿色建筑推广工作全面展开。绿色建筑推广面积320万平方米，设计阶段标准执行率96%，新增绿色建筑设计标识91万平方米。②可再生能源建筑应用工作情况。按照《东营市建筑领域太阳能技术应用意见》要求，印发《东营市2016年建筑节能工作考核要点》，将太阳能光热建筑一体化应用工作任务进行分解。全市新建12层以下居住建筑太阳能光热建筑一体化同步设计、同步施工、同步验收比例达到100%。2016年完成太阳能光热建筑一体化项目33个，面积195.2万平方米，完成省下达任务的216.9%。③加强公共建筑节能监管体系建设及节能改造工作将新建机关办公建筑和大型公共建筑的能耗监测系统建设作为图纸审查和竣工验收工作的必要条件，严把新建项目竣工验收关口，对未按设计进行能耗监测施工的一律不予验收。实现公共建筑能耗监测系统上传率100%；更新升级市级建筑能耗监测中心软硬件，东营市建筑能耗监测中心具备同时在线监测1000栋公共建筑的能力，能满足未来10年发展需要，数据稳定上传率达到全省前列。④深化国家可再生能源建筑应用示范市建设情况。至2016年底，全市国家可再生能源建筑应用示范市已到位国家专项补助资金5400万元，并及时拨付到相关项目。对全市29个260万平方米可再生能源示范项目进行初步审查和现场验收，每年可节约标煤7.6万吨，减排二氧化碳21万吨。7月，以市政府名义提请省住建厅对东营市示范项目进行全面评估验收。⑤全力推进国家智慧城市试点建设。市政府印发实施《东营市人民政府关于加快推进智慧城市建设的意见》。将智慧住建、智慧住区被市政府列为重点建设项目。⑥新墙材生产应用情况。2016年全市新型墙体材料生产企业38家，合计新型墙体材料生产总量19.5亿块标准砖，新型墙材应用13.6亿块标准砖，占建筑墙材生产应用总量的比例保持100%。实现节约土地1560亩，节约能源14.3万吨标准煤，利用废渣325万吨，减少二氧化碳、二氧化硫排放量21.5万吨。

市住建局组织建筑安全生产大检查活动

**【建设工程质量安全管理】** ①建筑施工安全管理。以开展安全生产隐患“大快严”集中行动为重点，加大监管力度，全市建筑施工安全生产态势平稳。严格执行一般安全生产条件和施工现场安全生产条件“双考核”联动机制，全市330家参加考核的建筑施工企业中，纳入红色监管的5家、黄色监管的13家、绿色监管的312家；提请暂扣安全生产许可证的4家、注销安全生产许可证的1家。紧扣春季复工、汛期、冬季等重点时段和有限空间作业、建筑起重机械、深基坑、高支模等重点环节，开展施工安全生产专项检查，督促抓好问题整改。组织开展“安康杯”竞赛、安全生产专题演讲比赛、生产安全事故应急救援预案演练等活动，加强安全知识技能培训，夯实安全生产工作基础。②工程质量管理。以“工程质量治理两年行动”为抓手，严格执行国家有关法律法规和工程建设强制性标准，加强对工程质量各方责任主体质量行为和工程实体质量的监督，提高建设工程质量水平。针对政府投资工程数量不断增加、规模不断增大的实际，提请市政府办公室专门出台意见，就强化政府投资建设工程建设单位和施工单位责任、加强工程建设关键环节管理、强化质量管理保障措施等三个方面制定10条具体措施。组织开展全市检测机构和预拌混凝土企业专项检查，下发整改通知单17份，检查中发现的问题整改到位。推进工程质量创优，创建省“市政金杯示范工程”8项，市“优质结构工程”56项、“金洲杯”工程86项。

**【行政审批】** 规范建筑施工企业、市政施工企业资质核准公示制度，将企业审核情况及存在问题一并予以公示，资质核准阳光、透明。按照承诺件100%、即办件不低于30%的比例加强办理事项回访，回访1800余人次，回访满意率100%。加强简政放权工作，全面梳理进驻市政务服务中心的行政审批和服务事项，梳理后进驻事项50项，做到“目录之外无审批，清单之外无权力”。加强重点项目建设手续办理服务，为市一中新校、市二中迁建等重点项目办理手续1683项。加强建设工程前期手续办理提前告知服务，为46项工程免费发放告知书。对批量服务或有特殊需求的服务对象提供上门服务5次。

**【标准与造价管理】** 全市有46家工程造价咨询企业，其中甲级企业13家，乙级企业33家。全市工程造价咨询企业期末人员2012人，其中工程造价专业人员共840人，(含注册造价工程师394人，造价员446人)。全年工程造价咨询营业收入共18331.66万元，营业利润4284万元，上缴所得税1146.1万元；完成资质变更企业6家，分支机构备案受理15家，资质转正2家，资质延续8家，申请暂定乙级1家；对全市乙级工程造价咨询企业的资质审批和变更工作全部使用网上办理；完成工程造价专业人员单位变更259人，省内转入32人，转出7人；完成2015年度考试合格267人的资格证书编号、打印、盖章等工作。2016年办理招标控制价备案170项，合计工程造价49.5亿元，完成121个项目的工程竣工结算备案，共计工程造价49.07亿元，建筑面积288.92万平方米。

【建筑执法】 起草《东营市住房和城乡建设局行政处罚工作规范》。加大对市直管在建工程项目执法检查力度,开展勘察设计市场、监理企业资质和注册监理工程师动态核查、工程质量治理两年行动、全市房屋建筑和市政工程招标投标专项整治行动、房地产市场秩序等5项专项执法检查。全年检查工程项目370项次,下达《责令限期改正违法行为通知书》3份、《责令停止违法行为通知书》119份。依法严肃查处各类违法违规行为,立案查处16起,下达《建设行政处罚听证权利告知书》16份、《建设行政处罚决定书》16份,罚款入库1.12亿元。

【城建档案管理】 2016年签订《山东省建设工程档案移交合同》152项,发放《山东省建设工程档案预验收意见书》170项738个单体工程,发放《山东省建设工程档案合格证》145项896个单体工程。整理建设工程档案9600余卷。对馆藏档案进行数字化加工,完成各类著录15万余条,扫描各类图纸文件100万余张,扫描档案7400余卷。为社会各界提供档案服务130人次,调阅档案1100余卷。查询地下管线项目64个,打印各类图纸1080张,查询管线27万余米,实现社会效益1亿余元。规范地下管线建设管理程序,制定《东营市地下管线外业测量及内业入库执行标准》,采取各种措施收集地下管线档案,收集东城污水管网改造、南三路建设等16个管线工程档案724卷全部接收进馆,接收各类管线数据120公里,确保地下管线信息系统的动态更新。

(市住建局 燕春雷)

## 城市管理

【城市供水】 打造"民生城管",提升与市民日常生活息息相关的城市供水保障能力和服务水平。供水设施管网完善一批工程建成通水,安居小区直饮水计量系统升级维修改造完工,彻底解决抄表入户难、收费难、抄表扰民等问题。市自来水公司水厂出水总量4540万立方米,征收水费1.07亿元,首次突破亿元,日最大供水量17.5万立方米;严格水质检测制度,提高检测频率,全年采集水源水、生活饮用水、饮用净水等水样4000余个,出具检测报告90余份,报表730余份,保证供水水质达标。

【城市供气】 推进市域五大高压环网建设,济南—青岛输气管道二线工程及中心城环网等正在建设,提高东营市供气保障能力,为"煤改气"做准备;东营消防支队、武警支队及山东边防支队训练基地,新市一中、新市二中周边区域,东一路、南一路周边区域燃气配套工程等均竣工通气。

【城市供热】 采用市场化方式引入外部热源,实现山东兴达新能源有限公司热电厂热源为东城北部区域66万平方米取暖面积供热,关停区域锅炉房,改善环境;东一路供热站供热管网完善工程、东营宾馆片区供热完善工程等完工投用;开通暖气费网上交纳,给广大市民提供便利。

【市政公用设施管理】 创新探索精细市政,做好市政设施维修养护,提升道路、桥梁、路灯、泵站等市政设施日常管养水平。引入最新先进技术,提升专业装备水平,实现市政排水管道的声呐技术成像检测。

【城市日常管理】 报经市委办公室、市政府办公室印发《关于推行城市精细化管理的实施意见》;明确未来三年城市精细化管理的重点工作任务。城市道路"专业化、市场化、数字化"的监管机制基本建立,提升保洁质量水平。提高机械化作业能力,中心城累计投资4000余万元,购置环卫作业车辆130余台,中心城道路清扫作业车辆(湿扫车、干扫车、洒水车、冲洗车)累计达到246辆,提升城市道路湿法保洁水平,中心城城区道路机扫率、冲洗率、洒水率分别达到65.1%、59.2%、78.2%,平均比年初提高10个百分点,东城道路机扫率、冲洗率均达到80%,"以克论净"城市道路深度保洁示范路通过省现场实测验收。严格执行行业规范标准,推行园林绿地专业化养护,提升园林绿地精细化管养整体水平,东八路及商飞大道绿地养护等3个项目荣获山东省"省级精细养护示范绿地"。

【数字城管】 扩大数字城管覆盖范围,将八分厂片区等30平方公里区域纳入数字城管覆盖范围,中心城区数字城管覆盖面积243.93平方公里,提升城市管理质效。东营市数字化城管拓展及智慧化提升项目入选山东省人居环境范例项目。

【违法建设治理】 全面排查辖区违法建筑,制定出台《中心城住宅小区违法建筑分类处置意见》《中心城住宅小区以外区域违法建筑分类处置意见》《东营市高速公路沿线和中心城区立柱广告牌整治方案》等政策文件,为违法建设集中处置提供法制保障;实施重点项目建设区域以及鲁班公寓片区、华山路片区、惠州路周边、北二路周边、市消防指挥中心周边等区块的违法建筑拆除工作,启动实施康力家园、雅仕方舟、齐龙世纪花园、龙熙新都、都市秀水、涌金花园、明月豪庭、东方明珠等18个小区的违法建筑处置工作。全市累计拆除违法建设178.5万平方米,其中住宅小区违法建设10000余平方米,拆除大型立柱及油井围挡广告牌1970块。

【城管执法】 创新执法理念,探索实施"公安+城管"联合执法新模式。把胶州路作为试点,实行"公安+城管"联勤联动协作机制,公安部门整合治安、特警、交警、派出所等多警种，对城管执法工作实行全程保障。统筹人员、职能、区域等方面，将辖区调整为8个管理区，重新调配人员，提升网格化精细管理水平。推进执法力量下沉，与街道办密切配合，提高执法工作实效。开展露天烧烤整治行动，油烟污染得到管控；开展扬尘和散流物体专项整治，强化施工工地管理，严格监管防尘措施落实，有效遏制扬尘、遗撒等环境污染行为。

【城市管理法治建设】 12月1日，正式施行《东营市城镇容貌和环境卫生管理条例》，是东营市有地方立法权以来颁布的第一部地方性法规，为实施城市精细化管理、全面提升城市管理水平提供法制保障。《东营市建筑垃圾管理办法》起草完成，提报市政府研究。实施行政权力清单制度，全年受理审批事项611个；加强执法人员资格管理和法制培训，开展法制宣传，联合市人大法工委、市政府法制办公室举办《东营市城镇容貌和环境卫生管理条例》电视知识竞赛；严格依法依规，全年办理行政处罚类案件64件，无一件提起行政复议或行政诉讼。严格贯彻落实住房和城乡建设部《关于推动建筑市场统一开放的若干规定》要求，1月1日起，取消外地园林绿化企业到东营市承揽业务备案管理，转为实行企业信息报送制度。

【行业监管】 市政府批复实施《东营市域高压次高压天然气管网规划(2016—2020年)》《东营市中心城区供热专项规划(2013—2020年)》《东营市海绵城市建设实施方案》，《中心城供水中长期专项规划》经市政府批复，《东营市中心城海绵城市建设专项规划(2016—2030)》由省住建厅组织专家进行论证，《城市排水防涝专项规划》完成社会公示，《东营市中心城燃气专项规划》通过专家评审，完成《东营市中心城绿道网综合规划及示范线设计实施导则》的规划编制。提高质监工作标准，修改完善并严格执行质监程序，健全园林质监制度体系，开展园林工程质检工作，受理质监申报33个项目70个标段。做好行业规划、政策规章等制定完善，加强规范指导，严格监督落实，不断提升行业监督管理和规范化发展水平。《东营市域高压次高压天然气管网规划(2016—2020年)》《东营市中心城区供热专项规划(2013—2020年)》《东营市海绵城市建设实施方案》批复实施，《中心城供水中长期专项规划》报经批复，监督指导各级各部门认真落实。对全市环卫作业企业2015年度经营状况进行监督检查，对不符合条件的环卫企业限期整改。办理临时占用、挖掘城市道路手续，依附于城市道路桥梁设置管线杆线手续，垃圾清运、收集、运输行政许可及变更、升级14件。加强城市园林绿化行业管理工作，为12家企业办理安全生产许可证延续手续，为8家园林绿化企业资质变更企业法人，为1家园林绿化企业变更安全生产许可证，新办理6家园林绿化企业安全生产许可证，新办理三级园林企业11家，延续1家二级园林企业、2家三级园林企业，组织开展春季冬季园林绿化管养检查和园林绿化病虫害防治工作；严把“绿色图章”办理，完成绿化建设项目绿化规划核准45份；提高园林质监工作标准，修改完善并严格执行质监程序，健全园林质监制度体系，受理质监申报33个项目70个标段。加强城镇污水处理厂、生活垃圾焚烧发电厂运营监管和全市城镇生活饮用水水质安全监管。加强燃气热力经营许可及日常管理，开展燃气热力工程审查及竣工验收备案。强化安全、应急、防汛督导，深入开展燃气、施工等安全生产“大快严”活动，定期对市政公用事业运行情况进行安全专项检查。

【城乡环卫一体化】 城乡环卫一体化工作实现常态长效监管，在全省城乡环卫一体化农村群众满意度电话抽样调查中取得第五名。市委办公室、市政府办公室印发《东营市农村生活污水处理实施方案》，推进农村生活污水处理工作，实施农村污水处理项目72个。

【重点项目建设】 2016年，全局承担各类项目112个，估算投资162亿元，完工项目62个，完成投资约43亿元。森林湿地公园全面开工，规划面积24.25平方公里；着力打造的南二路首条“高大上”的银杏大道已现雏形，10个城市公园主体完工，利三沟水系完善等生态廊道进展顺利，15处街头游园和107公里城市绿道建设完成；持续深入实施裸露土地绿化，第二轮普查的裸露土地完成99.1%，英华园游园等5个裸露土地绿化项目被省住房和城乡建设厅评为2016年度“城市裸露土地绿化示范项目”；全面启动“海绵城市”建设试点，实施40余个建设项目；水环境治理加快推进，东城北、西城北、五六干合排污水处理厂收水区域及广利河收水区域一期工程完工；公用事业增容提质积极推进，“一水库两管线”项目开工建设；城市路网加快完善，实施东二路、南二路、西一路、西二路等4条城市主干道路综合改造及部分次干道、支路建设，横跨秋月湖的大渡河路(登州路至康洋路)顺利通车，便利并密切了东城与开发区的联系。24项工程荣获2016年度山东省“省级园林绿化示范工程”。开展在建园林绿化工程专项大检查，在全市通报检查结果，首次启动对6家园林绿化企业负责人的约谈。代表东营市圆满完成第十届中国(武汉)国际园林博览会东营园建设和参展任务，获代表最高水平的第十届中国(武汉)国际园林博览会室外展园综合奖金奖。（市城市管理局　孙光辉）

## 房地产开发与管理

【概况】 2015年底，全市有房地产企业220家。其中，一级资质6家、二级资质24家、三级资质23家、四级资质44

家、限售6家、暂定资质117家。2016年,共组织房地产资质审查4次、112家。其中,新申报暂定资质企业11家,暂定延续企业31家,暂定核四级企业9家,暂定升三级企业2家,四级延续企业9家,三级延续企业9家,二级延续企业4家,一级延续企业2家,同时,注销资质企业1家,限售资质企业6家,失效资质28家。全市年完成房地产开发投资完成124.7亿元,同比下降26.5%;房屋施工面积1438.1万平方米,同比下降3.3%;商品房新开工面积142.7万平方米,同比下降0.3%;商品房竣工面积394.2万平方米,同比下降32.1%;商品房销售面积490.9万平方米,同比增加16%,平均销售价格5151.5元/平方米,同比下降1.0%;存量房面积789.8万平方米,同比下降8.5%。

【房地产市场管理】 出台《关于进一步规范商品房网签合同和预售资金监管工作的通知》《关于进一步规范中心城区商品房预售合同网上签约撤销有关问题的通知》《关于将新版合同作为附加条款与旧版合同一起进行在线签订和备案的通知》加强对商品房预售资金的管理,规范中心城区(不含市属开发区)商品房预售合同网上签约工作。7月1日至10月10日组织各县区住建局检查全市房地产中介机构及从业人员,对发现违法违规行为下达整改通知书。出台《关于进一步做好房地产估价机构管理工作的通知》,对外来企业实行登记制度,进一步放开房地产估价市场,减轻企业负担。开展全市房地产市场秩序集中执法检查,检查项目164个。全年审批商品房预售许可证66件,批准预售面积147万平方米;签订商品房预售资金监管协议87份;商品房预售资金使用申请582件;商品房预售方案备案87件;审核商品房预售资金监管核减13件,撤销31件;商品房预售资金缴存确认4148次,发放预售资金监管明白纸4300份;办理房地产估价机构资质延续、变更、备案等业务12件。

【房产交易】 2016年,全年办理商品房现房网上签约4773套,面积53.72万平方米,成交金额30.77亿元。建立、审核房屋楼盘表1285幢;二手房网上签约5938套。根据市编委《关于整合不动产登记职责和机构的通知》(东编发〔2015〕30号)规定,做好有关工作人员划转、不动产登记机构办公场所安排使用、房屋档案资料移交使用等工作。自9月9日起,东营市不动产统一登记工作实施,房产交易管理部门履行房屋产权交易管理职责。不动产统一登记实施前房产交易与不动产登记两部门共同办理房产交易登记业务,共办理房屋初始登记63件,面积215.17万平方米;转移登记11631件,面积189.14万平方米,成交金额69.01亿元;他项权利登记11238件,面积237.3万平方米,抵押金额177.3亿元;变更登记555件,面积46.98万平方米。不动产统一登记实施后办理房屋首次确权7宗,房屋转让手续1594宗,房屋抵押手续44宗。按照统一政策、标准、程序的原则组织市区房屋委托业务的管理,审核房产交易业务8088件。开展有关全市档案执法检查工作,协助公安、法院、检察机关办理司法查封业务2300宗。投资2.8万元,更新档案库房智能化管理系统部分设备。整理房屋档案2.63余宗,配合有关单位查询政策性住房2500余户,面向社会提供房屋信息或档案查询10万余次,出具证明2.5余份。

【保障性住房】 ①城镇住房保障。2016年,全市开工各类保障性住房6868套(户),开工率105.1%,其中,开工公共租赁住房60套、棚户区改造6808户,分别完成年度任务的100%、105.2%;基本建成14274套,任务完成率246.3%;新增发放租赁补贴131户,任务完成率100.8%。②棚改货币化安置。全年实施棚改货币化安置4851户,货币化安置率71.2%。③公布《关于公布东营市中心城2016年度住房保障有关政策标准的通知》(东政办字〔2016〕54号)。将城市低收入家庭收入标准确定为家庭人均年收入低于30988元;将城市中等偏下收入家庭收入标准确定为家庭人均年收入低于38735元。④2016年度市直公共租赁住房分配到户。分配到户286套,签订租赁合同572份,收缴租金99.54万元。⑤推进市直已配租公租房年度复核。印发《关于认真组织做好市直公共租赁住房年度复核工作的通知》,复核承租家庭的户口、收入、住房、车辆等情况776户,完成676户,收缴租金266万元。⑥办理市直经济适用住房上市交易审批手续37户,收缴政府收益473万元;办理市直经济适用住房货币补贴退还审批8户,退还金额24.3万元。办理退房改手续3户,出具《购买政策性住房情况证明》87份,为荣兴石油公司职工房改出具证明30户,办理引进人才公寓入住手续17户,为交运集团职工购买单位所建限价商品住房资格审核181户,为企业取暖补贴人员资格审核234户。争取国家及省级各项保障性安居工程奖补资金及中央预算内资金20444万元,其中中央资金18522万元,省级资金1922万元。

【物业管理】 ①完成老旧小区改造任务。2016年全市完成老旧小区改造任务146个,其中东营区55个、河口区10个、垦利区8个、广饶县65个、利津县2个、东营经济技术开发区6个。②2016年12月23日,市长赵豪志签署《东营市物业管理办法》(市政府令第195号),新出台的《东营市物业管理办法》主要界定了物业管理的概念,明确了政府相关部门的职责,主要内容包括:新建物业、前期物业管理与交付、业主大会与业主委员会、物业服企业与物业服务、物业的使用与维护、老旧住宅区物业管理、法律责任等。对规范我市物业管理活动,维护物业管理各方的合法权益,营造良好的居住和工作环境具有重要意义。③做好油田“三供一业”(供水、供气、供暖和物业)移交有关工作。起草油田“三供一业”物业移交框架协议、委托服务协议、调研报告,制定移交初步方案、物业移交标准，进行改造费用测算。④做好物业安全生产工作。制定《关于深入开展物业服务企业安全生产责任落实情况专项执法检查的通知》《关于做好2016年中心城住宅小区防汛工作的通知》，做好安全生产工作。开展老楼危楼安全排查工作，全市排查老旧房屋2778幢，面积2642万平方米；已加固整改5幢，0.6万平方米。开展物业安全生产检查活动，重点检查物业服务企业安全生产和运行维护规章制度建立、安全生产工作规程、防护装备配置和定期维护、人员教育培训、应急预案制定和演练情况。⑤转发省厅《新建物业质量保修金管理办法》，制定《关于进一步加强物业服务合同备案管理工作的通知》，起草《东营市物业服务企业信用档案考评管理办法》；充实调整全市物业评标专家库；修改完善行政审批窗口办事指南。

**2016年东营市房地产开发企业一览表**

| 序号 | 企业名称 | 法人代表 | 资质等级 | 企业地址 |
|---|---|---|---|---|
| 1 | 山东胜通房地产有限公司 | 王银河 | 1级 | 垦利县新兴路377号 |
| 2 | 科达集团股份有限公司 | 刘锋杰 | 1级 | 广饶县大王经济技术开发区 |
| 3 | 胜利油田胜利房地产有限责任公司 | 王庆水 | 1级 | 东营市东营区北二路468号 |
| 4 | 山东众成地产集团有限公司 | 董建华 | 1级 | 东城辽河路105号 |
| 5 | 山东万达地产有限公司 | 高兴军 | 1级 | 东城府前大街67号 |
| 6 | 山东金辰建设集团有限公司 | 周北平 | 1级 | 山东省东营市东城东三路509号 |
| 7 | 东营大海房地产开发有限公司 | 武海峰 | 二级 | 东营开发区东四路西、府前街南 |
| 8 | 东营市宏太房地产开发公司 | 连名一 | 二级 | 东营市广饶县开发区8号路北侧38号 |
| 9 | 山东城投悦来地产有限公司 | 杜利峰 | 二级 | 东营市东营区府前大街59号新孵化大厦(B楼)523室 |
| 10 | 山东东辰佳日置业有限公司 | 张振武 | 二级 | 东营市经济开发区康洋路168号东辰鉴墅会所2楼办公室 |
| 11 | 东营渤海房地产开发有限公司 | 王春元 | 二级 | 东营市广饶县东辛路东侧 |
| 12 | 山东鑫都置业有限公司 | 张玉东 | 二级 | 东营市东营区济南路20号16层 |
| 13 | 东营富海房地产开发有限公司 | 樊相军 | 二级 | 河口区黄河路37号 |
| 14 | 伟浩建设集团有限公司 | 许孝和 | 二级 | 东营市东营区沂州路68号 |
| 15 | 东营市豪帝利置业有限公司 | 孙宜刚 | 二级 | 东营市广饶县红旗路19号 |
| 16 | 山东海通地产有限责任公司 | 张俊林 | 二级 | 山东省东营市东营区沂河路206号107幢102室 |
| 17 | 山东凯泽房地产开发有限公司 | 李连顺 | 二级 | 广饶县花苑路132号西段南侧 |
| 18 | 东营恒瑞地产有限公司 | 李晓明 | 二级 | 东营区淄博路63号 |
| 19 | 胜利油田胜宏置业有限公司 | 聂雪强 | 二级 | 东三路186号 |
| 20 | 东营里奥置业有限公司 | 肖　剑 | 二级 | 东营市黄河口商贸城834号 |
| 21 | 东营市明珠置业有限公司 | 许林民 | 二级 | 垦利县中兴路291号 |
| 22 | 山东驰扬房地产开发有限公司 | 卢　云 | 二级 | 广饶县傅家路565号 |
| 23 | 山东君睿置业有限公司 | 陈　君 | 二级 | 广饶县汽车总站院内 |
| 24 | 山东康力集团有限公司 | 薛立林 | 二级 | 东营市经济开发区莒州路57号 |
| 25 | 东营新邦房地产开发有限责任公司 | 刘德功 | 二级 | 东营区北二路669号 |
| 26 | 山东金宇房地产开发有限公司 | 延　滨 | 二级 | 广饶大王镇政府驻地 |
| 27 | 山东景港房地产有限公司 | 姜子军 | 二级 | 东营经济开发区府前街与东四路交汇处 |
| 28 | 山东龙德置业有限公司 | 张玉波 | 二级 | 广饶县开发区8号路北侧 |
| 29 | 东营市胜中房地产开发有限责任公司 | 祝　昆 | 二级 | 东营市东营区物华苑小区 |
| 30 | 东营中建国际置业有限公司 | 蒋金木 | 二级 | 东营市府前街59号(孵化大厦B楼) |
| 31 | 东营浩华伟业房地产开发有限公司 | 李淳朴 | 三级 | 东营市河口区河庆路175号 |
| 32 | 东营金岭置业有限公司 | 赵　栋 | 三级 | 广饶县大王镇金岭集团 |
| 33 | 东营天华房地产开发有限公司 | 徐九增 | 三级 | 东营市开发区沂洲路110 |
| 34 | 东营市陆陆鑫置业有限公司 | 孙　利 | 三级 | 东营区黄河路430－1号 |
| 35 | 垦利城市建设开发投资有限公司 | 夏之剑 | 三级 | 垦利县中兴路31号 |
| 36 | 山东万里置业有限公司 | 马艳丽 | 三级 | 东营区胜利工业园11号路西8号路北 |
| 37 | 东营市远创现代置业有限公司 | 高玉君 | 三级 | 河口区黄河路87号 |
| 38 | 东营亚泰置业有限公司 | 吴克孟 | 三级 | 广饶县花苑路以北(体育馆) |
| 39 | 利津金桥置业有限公司 | 于　洋 | 三级 | 利津县委员会(利一路8号) |
| 40 | 东营恒大华府置业有限公司 | 谈朝晖 | 三级 | 东营区南一路228号东营软件园A707室 |
| 41 | 东营盛运家园房地产开发有限公司 | 陈　勉 | 三级 | 东营区黄河路南、西四路西 |
| 42 | 东营市金达源房地产开发有限责任公司 | 赵洪修 | 三级 | 东营市黄河路577号 |
| 43 | 山东高速绿城置业投资有限公司 | 马　骥 | 三级 | 东营市宁阳路41号 |

续表-1

| 序号 | 企业名称 | 法人代表 | 资质等级 | 企业地址 |
|---|---|---|---|---|
| 44 | 山东津瀚昊坤置业有限公司 | 王光和 | 三级 | 东营市利津县陈庄镇工业园 |
| 45 | 东营黄河生态城开发建设有限公司 | 卫福才 | 三级 | 东营市东营区南一路228号东营软件园 |
| 46 | 东营胜兴置业有限公司 | 萧德迎 | 三级 | 东营市东城南一路323号(黄河大酒店17楼) |
| 47 | 东营市鲁星房地产开发有限公司 | 任建平 | 三级 | 广饶县孙武路126号 |
| 48 | 山东新汇置业有限公司 | 刁 峰 | 三级 | 东营市东营区胶州路东沂河路北 |
| 49 | 东营市祥泰房地产开发有限责任公司 | 李志杰 | 三级 | 东营区东三路111号 |
| 50 | 山东华瑞房地产有限公司 | 苏大为 | 三级 | 东营市广饶县潍高路116号 |
| 51 | 东营市源通房地产开发公司 | 赵光彦 | 三级 | 利津县陈庄镇商贸城 |
| 52 | 东营华东房地产开发有限公司 | 项跟臣 | 三级 | 广饶迎宾路南侧 |
| 53 | 东营华都置业有限公司 | 胡志强 | 三级 | 东营新区菊香园 |
| 54 | 东营蓝天房地产开发有限公司 | 孙隆昌 | 四级 | 东营市黄河路交警西邻 |
| 55 | 东营市中兴地产有限公司 | 周育成 | 四级 | 东营市经济开发区 |
| 56 | 山东汇丰园房地产开发有限公司 | 苟增波 | 四级 | 东营区沂河路189号 |
| 57 | 山东嘉良地产开发有限公司 | 张纯岐 | 四级 | 东营市东营区南一路280号 |
| 58 | 山东瑞辰置业有限公司 | 周北平 | 四级 | 东营市东城东三路237号 |
| 59 | 东营市华鑫房地产开发有限责任公司 | 陈美华 | 四级 | 东城商贸城海关园16号 |
| 60 | 东营市华鑫房地产开发有限责任公司 | 苏智辉 | 四级 | 东营市经济开发区登州路69号 |
| 61 | 东营市建大置业有限公司 | 隋同岐 | 四级 | 东营区牛庄镇前街106号 |
| 62 | 东营市康贝置业有限公司 | 满善平 | 四级 | 东营市东营区济南路19号 |
| 63 | 东营市润泽房地产开发有限责任公司 | 赵顺波 | 四级 | 利津利三路65号 |
| 64 | 山东安盛房地产开发有限责任公司 | 李秀芝 | 四级 | 利津县陈庄镇商业街盛苑路71号 |
| 65 | 山东富邦房地产开发有限公司 | 潘成祥 | 四级 | 东营区运河路539号 |
| 66 | 东营市东建房地产综合开发有限责任公司 | 刘海玉 | 四级 | 东营区青岛路70号 |
| 67 | 东营市益通房地产开发有限责任公司 | 胥安源 | 四级 | 东营市东营区西四路584号 |
| 68 | 垦利县胜坨房地产综合开发有限公司 | 张洪亮 | 四级 | 垦利县胜坨镇永莘路北 |
| 69 | 山东柳桥帝纱房地产开发有限公司 | 傅妙奎 | 四级 | 东营市垦利县胜利路东侧 |
| 70 | 山东钱江置业有限公司 | 吴盛波 | 四级 | 东营市利津县大桥路1001号西湖春天会所 |
| 71 | 山东祥峰房地产开发有限公司 | 白少军 | 四级 | 东营市济南路158号 |
| 72 | 东营市华安房地产开发有限责任公司 | 马 波 | 四级 | 东营区北二路467号 |
| 73 | 东营创鸿置业有限公司 | 张 伟 | 四级 | 东营区济南路47号 |
| 74 | 东营绿苑房地产开发有限责任公司 | 刘克军 | 四级 | 东营市河口区河一路南海盛路东 |
| 75 | 东营市大成房地产开发有限责任公司 | 康文海 | 四级 | 东营区北二路739号 |
| 76 | 东营市光明房地产开发有限公司 | 揣忠臣 | 四级 | 凤凰国际城以北东三路以西 |
| 77 | 利津凤凰房地产开发有限公司 | 薄惠清 | 四级 | 利津县城利一路2号 |
| 78 | 东营市正泰房地产开发有限责任公司 | 杨敦宝 | 四级 | 东营市东营区府前大街67号411 |
| 79 | 东营白泰置业有限公司 | 丁宾营 | 四级 | 广饶县丁庄镇政府驻地 |
| 80 | 东营市和利时置业有限公司 | 李建新 | 四级 | 垦利县广兴路以北、绿洲路以东 |
| 81 | 利津利华益丰汇置业有限公司 | 王守业 | 四级 | 利津县永莘路55号 |
| 82 | 山东中海利群置业有限公司 | 张学文 | 四级 | 东营市河口区滨孤路以南,军马场十七连 |
| 83 | 山东澳能置业有限公司 | 张思杰 | 四级 | 利津县津苑小区73号 |
| 84 | 山东盛运置业集团有限公司 | 李 征 | 四级 | 东营市东营区浏阳河路67号5幢 |
| 85 | 东营市恒润房地产开发有限公司 | 耿 军 | 四级 | 垦利县新兴小区 |
| 86 | 东营华凯伟业房地产开发有限公司 | 潘东汉 | 四级 | 东营市河口区河二路北侧 |
| 87 | 山东乐安房地产开发有限公司 | 张秀华 | 四级 | 广饶县广饶镇踊跃路6号 |
| 88 | 东营市仙河广厦房地产开发有限责任公司 | 马拥军 | 四级 | 河口区仙河镇神州路商品房二号 |
| 89 | 东营中南城市建设投资有限公司 | 陈锦石 | 肆级资质 | 运河路661号 |
| 90 | 东营长安房地产开发有限公司 | 杜 斌 | 肆级资质 | 西四路346号 |
| 91 | 东营大连万达广场投资有限公司 | 齐 界 | 肆级资质 | 太行山路华纳大街29号 |
| 92 | 胜利油田胜大置业有限公司 | 江成国 | 肆级资质 | 六户镇胜大路369号 |
| 93 | 东营市天地房地产开发有限责任公司 | 胡俊涛 | 肆级资质延续 | 东营区辛店商贸城21号 |
| 94 | 东营银座房地产开发有限公司 | 董红林 | 肆级资质延续 | 西二路166号 |
| 95 | 东营市万佳房地产开发有限公司 | 岳彩鹏 | 肆级资质延续 | 华纳大街83号 |
| 96 | 山东嘉良地产开发有限公司 | 张纯岐 | 肆级资质延续 | 东营市东营区南一路280号 |

续表－2

| 序号 | 企业名称 | 法人代表 | 资质等级 | 企业地址 |
|---|---|---|---|---|
| 97 | 东营市建大置业有限公司 | 隋同岐 | 肆级资质延续 | 牛庄镇镇前街106号106室 |
| 98 | 山东绿岛置业集团有限公司 | 宁兆绪 | 限售 | 东营区淮河路172号 |
| 99 | 东营天正房地产开发有限公司 | 闫冬华 | 限售 | 广饶县大码头乡政府驻地 |
| 100 | 东营新元置业有限公司 | 赵玉富 | 限售 | 东营市河口区中心城49号 |
| 101 | 广饶县大海房地产开发有限公司 | 牛永莉 | 限售 | 广饶稻庄镇闫口村 |
| 102 | 广饶永泰利苑房地产开发有限公司 | 刘　娜 | 限售 | 广饶县大王镇 |
| 103 | 东营汇金房地产开发有限公司 | 王金行 | 限售 | 广饶县稻庄镇镇政府驻地 |
| 104 | 东营星凯置业有限公司 | 蔡永青 | 暂定 | 东营市东营区北一路以北、太行山路以东 |
| 105 | 东营市昌隆置业有限公司 | 安智勇 | 暂定 | 东营区经济园区精益大街 |
| 106 | 东营市福康置业有限公司 | 翟松霞 | 暂定 | 东营港经济开发区东港村28号101路 |
| 107 | 东营市海翔数码置业有限公司 | 李德来 | 暂定 | 东营市商河路商业街步行街q组团 |
| 108 | 东营市坤明置业有限公司 | 李月锋 | 暂定 | 东营区黄河路676号 |
| 109 | 东营市万通海欣置业有限公司 | 王海军 | 暂定 | 山东东营港经济开发区港城路北、海滨路东 |
| 110 | 东营维特置业有限公司 | 傅辉亮 | 暂定 | 东营区胜泰路32号 |
| 111 | 山东旭鑫置业有限公司 | 路清和 | 暂定 | 东营区史口镇消防路9号 |
| 112 | 东营恒联置业有限公司 | 冯　浩 | 暂定 | 东营农业高新技术产业示范区东五路以东 |
| 113 | 东营金诚置业有限公司 | 张树勇 | 暂定 | 东营市东城辽河路104号 |
| 114 | 东营新基置业有限公司 | 郝宝清 | 暂定 | 东营区北一路以北庐山路以东 |
| 115 | 山东泰富置业有限公司 | 王　猛 | 暂定 | 东营市河口区海宁路180号 |
| 116 | 山东绿地房地产开发有限公司 | 周国良 | 暂定 | 垦利县开发区青垦路2号 |
| 117 | 东营市旭升置业有限公司 | 王银中 | 暂定 | 广饶县大王镇永安路 |
| 118 | 东营爱家房地产开发有限公司 | 董文彬 | 暂定 | 东营市东营区莒州路57号 |
| 119 | 东营崇安置业有限公司 | 周炳香 | 暂定 | 东营市河口区海盛路69号 |
| 120 | 东营东晓置业有限公司 | 王瑞芳 | 暂定 | 东营市利津县大桥路南 |
| 121 | 东营冠宜园置业有限公司 | 梁延民 | 暂定 | 东营市垦利县中兴路288号 |
| 122 | 东营润都置业有限公司 | 秦荣胜 | 暂定 | 东营西效现代服务区北二路西首(垦利) |
| 123 | 东营市东凯置业有限公司 | 李宗福 | 暂定 | 东营市东营区府前大街59号新孵化大厦(B楼)523室 |
| 124 | 东营市华纳沃德房地产开发有限公司 | 徐绥远 | 暂定 | 东营区府前大街52号501室 |
| 125 | 东营万得福房地产开发有限责任公司 | 房吉国 | 暂定 | 垦利县经济开发区胜利路以东、胜兴路以北02幢 |
| 126 | 东营祥安置业有限公司 | 将海丰 | 暂定 | 山东省东营区河口区孤岛镇 |
| 127 | 东营永晖置业有限公司 | 徐永军 | 暂定 | 东营区府前大街59号孵化大厦B楼516室 |
| 128 | 广饶县辰峰房地产开发中心 | 蒋国利 | 暂定 | 广饶县新城花园 |
| 129 | 山东辰浩地产有限公司 | 李孝玉 | 暂定 | 东营市东营区运河路433号 |
| 130 | 山东董诺置业有限公司 | 王华伟 | 暂定 | 垦利县董集镇商业街 |
| 131 | 山东圣涛置业有限公司 | 赵培凯 | 暂定 | 利津县城利二路 |
| 132 | 东营宝世达房地产开发有限公司 | 梁　广 | 暂定 | 东营市垦利县胜坨镇景路39号 |
| 133 | 东营长城房地产开发有限责任公司 | 汪广山 | 暂定 | 广饶县经济开发区 |
| 134 | 东营尚能置业有限责任公司 | 张英君 | 暂定 | 广饶县开发区8号路北侧 |
| 135 | 东营市泰宇置业有限公司 | 董立业 | 暂定 | 广饶县华泰、东方威尼斯小区 |
| 136 | 东营市学大置业有限公司 | 巴　路 | 暂定 | 垦利县郝家镇大务村(北二路西首西效现代服务区) |
| 137 | 东营新金基房地产开发有限公司 | 吴敢月 | 暂定 | 东营市东营区蒙山路7号 |
| 138 | 广饶鸿泽房地产有限公司 | 张树平 | 暂定 | 广饶经济开发区同和大厦15楼1506房 |
| 139 | 垦利丰民置业有限公司 | 张延军 | 暂定 | 垦利县育才路北十井9－05号 |
| 140 | 垦利金辰房地产有限公司 | 周北平 | 暂定 | 垦利县胜兴路以南、新一路以西16幢(辰兴商贸园) |
| 141 | 利津金凤新农村建设投资有限公司 | 杜福磊 | 暂定 | 利津县经济开发区 |
| 142 | 山东德润地产开发有限公司 | 姜元飞 | 暂定 | 垦利县郝家镇政府驻地 |
| 143 | 山东燎申置业有限公司 | 管耀芳 | 暂定 | 东营市东营区东四路45号 |
| 144 | 山东万坤置业有限公司 | 柏传保 | 暂定 | 东营市垦利县郝家镇大务村 |
| 145 | 胜利油田东胜精功石油开发集团股份有限公司 | 毕义泉 | 暂定 | 东营市东营区西四路260号 |

续表－3

| 序号 | 企业名称 | 法人代表 | 资质等级 | 企业地址 |
|---|---|---|---|---|
| 146 | 东营奥城房地产开发有限公司 | 李孝玉 | 暂定 | 东营市东营区东四路56号 |
| 147 | 东营丰华房地产开发有限公司 | 朱翠莲 | 暂定 | 垦利县永安镇博新路83号2幢 |
| 148 | 东营国瑞置业有限公司 | 耿永全 | 暂定 | 山东省东营市垦利县明德路西段北侧前榆社区办公楼205号 |
| 149 | 东营金海置业有限责任公司 | 董精印 | 暂定 | 东营市东营港务管理局院 内 |
| 150 | 东营金信置业有限公司 | 王　凯 | 暂定 | 利津县津二路342号 |
| 151 | 东营市科英置业有限公司 | 宋振林 | 暂定 | 东营市东城经济开发区 |
| 152 | 东营万润置业有限公司 | 朱世杰 | 暂定 | 东营市广饶县孙武路150号 |
| 153 | 垦利众成置业有限公司 | 董建华 | 暂定 | 垦利县胜兴路北侧、育才路西侧 |
| 154 | 山东福华房地产开发有限公司 | 翁金标 | 暂定 | 东营市垦利县明德路西首 |
| 155 | 山东卓正置业有限公司 | 延　芳 | 暂定 | 广饶县大王镇延集村 |
| 156 | 广饶中南房地产有限公司 | 陈锦石 | 暂定 | 广饶县中心商务区银座购物广场(商务楼) |
| 157 | 东营亚通置业有限公司 | 牟成华 | 暂定 | 山东省东营市东营港开发区港城路中段 |
| 158 | 山东德昊房地产开发有限公司 | 宋士德 | 暂定 | 东营市广饶县东王路以东盛泰路以北 |
| 159 | 利津海通地产有限责任公司 | 张洪涛 | 暂定 | 利津县大桥路125号 |
| 160 | 广饶峰源置业有限公司 | 李继刚 | 暂定 | 广饶街道城中社区兵圣路278号 |
| 161 | 东营市海辰置业有限公司 | 陈建文 | 暂定 | 东营市垦利县黄河路以东、明德路以北 |
| 162 | 东营市美园房地产开发有限责任公司 | 郭守勤 | 暂定 | 东营市东营区胶州路5号108室 |
| 163 | 胜利油田利丰置业有限责任公司 | 武　军 | 暂定 | 东营市东营区西三路27号 |
| 164 | 山东新汇建设集团有限公司 | 刁　峰 | 暂定 | 东营市胶州路东沂河路北 |
| 165 | 东营昌丰置业有限公司 | 李圣法 | 暂定 | 广饶县明月南区丙段3号房 |
| 166 | 东营宇通房地产开发有限公司 | 杨晓东 | 暂定 | 广饶县花苑路6号 |
| 167 | 垦利海通地产有限责任公司 | 张洪涛 | 暂定 | 垦利县北二路南侧郝家镇大务新村驻地、西园信用社东临 |
| 168 | 山东澳亚置业有限公司 | 门瑞营 | 暂定 | 东营广饶县经济开发区 |
| 169 | 东营昌泽房地产开发有限公司 | 张学芳 | 暂定 | 利津县盐窝镇孟北村(北岭社区驻土) |
| 170 | 东营金座房地产有限公司 | 崔荣峰 | 暂定 | 利津县陈庄镇陈东村 |
| 171 | 东营市宁宇房地产开发有限公司 | 崔树梅 | 暂定 | 利津县陈庄镇工业园区 |
| 172 | 山东鸿海投资置业有限公司 | 赵亚洲 | 暂定 | 东营市河口区仙河镇长江路4号 |
| 173 | 广饶县陈峰房地产开发中心 | 将国利 | 暂定 | 广饶县新城花园 |
| 174 | 东营齐润置业有限公司 | 王建华 | 暂定 | 东营市广饶县丁庄镇政府驻地 |
| 175 | 东营科瑞置业有限公司 | 杨子正 | 暂定资质 | 东营区北一路740号 |
| 176 | 山东吞达房地产开发有限公司 | 李　超 | 暂定资质 | 东营区玉山路46号 |
| 177 | 东营市万方置业有限公司 | 董圣镯 | 暂定资质 | 东二路741号 |
| 178 | 胜利油田兴港房地产开发有限责任公司 | 靳相儒 | 暂定资质 | 商贸园华纳大街29号 |
| 179 | 东营同惠置业有限责任公司 | 王金山 | 暂定资质 | 运河路696号 |
| 180 | 东营市骏腾房地产开发有限公司 | 王　峰 | 暂定资质 | 黄河路161号45幢318室 |
| 181 | 东营市世誉置业有限公司 | 陈占芳 | 暂定资质 | 运河路661号 |
| 182 | 山东胜动凯莱房地产开发有限公司 | 韩　冲 | 暂定资质 | 北一路1060号 |
| 183 | 山东拓坤置业有限公司 | 王　君 | 暂定资质 | 东营区淄博路65号 |
| 184 | 东营交运置业有限责任公司 | 贾乐吉 | 暂定资质 | 运河路696号 |
| 185 | 东营华凌置业有限公司 | 盖文华 | 暂定资质 | 东营区云门山路41号福兴社区工作站四楼 |
| 186 | 东营市鑫源新农村建设投资开发有限公司 | 成艳艳 | 暂定资质 | 东营区宁阳路41号 |
| 187 | 山东旭鑫置业有限公司 | 路清和 | 暂定资质 | 东营区史口镇消防路9号 |
| 188 | 东营市华鑫房地产开发有限责任公司 | 陈美华 | 暂定资质 | 东城商贸城海关园2号 |
| 189 | 东营新基置业有限公司 | 倪　斌 | 暂定资质 | 东营区北一路以北,庐山路以东 |
| 190 | 东营市星凯置业有限公司 | 蔡永清 | 暂定资质 | 东营市东营区北一路以北、太行山路以东 |
| 191 | 东营中润置业有限公司 | 刘　波 | 暂定资质 | 山东省东营市东营区曹州路39号金汇大厦319室 |
| 192 | 山东汇丰园房地产开发有限公司 | 苟增波 | 暂定资质 | 东营区沂河路189号 |
| 193 | 东营市坤明置业有限公司 | 徐团结 | 暂定资质 | 东营区黄河路676号 |
| 194 | 东营鸿源置业有限公司 | 赵洪修 | 暂定资质 | 东营区北一路726号 |
| 195 | 东营福麒置业有限公司 | 陈　宇 | 暂定资质 | 东营区登州路69号124室 |
| 196 | 东营鲁方置业有限公司 | 王向民 | 暂定资质 | 东营区南一路323号 |

续表-4

| 序号 | 企业名称 | 法人代表 | 资质等级 | 企业地址 |
|---|---|---|---|---|
| 197 | 东营市南郊置业有限公司 | 范友金 | 暂定资质 | 东营区宁阳路8号 |
| 198 | 东营康贝置业有限公司 | 满善平 | 暂定资质 | 东营区济南路19号 |
| 199 | 山东华隆集团有限公司 | 张　渤 | 暂定资质延续 | 南二路1769号 |
| 200 | 东营鲁方置业有限公司 | 王向民 | 暂定资质延续 | 南一路323号 |
| 201 | 东营文渊置业有限公司 | 谢锡民 | 暂定资质延续 | 济南路20号 |
| 202 | 东营兴达房地产开发有限责任公司 | 王西武 | 暂定资质延续 | 济宁路4号 |
| 203 | 东营市南郊置业有限公司 | 范友金 | 暂定资质延续 | 东营区宁阳路8号 |
| 204 | 东营信丰置业有限公司 | 李世新 | 暂定资质延续 | 南二路以北,东二路以西清风小镇 |
| 205 | 胜利油田胜东房地产开发有限责任公司 | 郝俊刚 | 暂定资质延续 | 东二路261号 |
| 206 | 东营新大盛世康城置业有限公司 | 赵洪修 | 暂定资质延续 | 北一路59号 |
| 207 | 山东揽翠湖建设开发有限公司 | 康俊水 | 暂定资质延续 | 南二路201号 |
| 208 | 东营市利和置业有限公司 | 李志杰 | 暂定资质延续 | 东三路111号 |
| 209 | 东营同创置业有限公司 | 张洪升 | 暂定资质延续 | 曹州路5号绿岛园3幢39 |
| 210 | 山东地球村置业有限公司 | 闫爱春 | 暂定资质延续 | 府前大街128号 |
| 211 | 华纳万海建设股份有限公司 | 徐绥远 | 暂定资质延续 | 华纳大街 |
| 212 | 东营宝龙房地产开发有限公司 | 许健康 | 暂定资质延续 | 东营区南王屋新社区 |
| 213 | 东营南成置业有限公司 | 蔡垚鑫 | 暂定资质延续 | 胜利街道办事处辛镇村 |
| 214 | 山东华利地产有限公司 | 闫　帅 | 暂定资质延续 | 府前大街128号 |
| 215 | 东营市嘉浩置业有限公司 | 王建洲 | 暂定资质延续 | 东二路68号 |
| 216 | 东营市东商伟银置业有限公司 | 张　雷 | 暂定资质延续 | 东营区莱州湾 |
| 217 | 山东凌上置业有限公司 | 边盛国 | 暂定资质延续 | 东二路306号 |
| 218 | 东营鹏豪房地产开发有限公司 | 张传明 | 暂定资质延续 | 黄河路678号701室 |
| 219 | 山东鑫辰房地产开发有限公司 | 许彤彤 | 暂定资质延续 | 东营市东营区南一路333号2 |
| 220 | 东营市万通海欣地产有限公司 | 王海军 | 暂定资质延续 | 东营市东营区史口镇炼化路3号 |

（市住建局　燕春雷）

## 住房公积金管理

【概况】 2016年,市住房公积金管理中心坚持以改善服务民生为宗旨、坚持依法行政,加大政策宣传力度,推进政府牵头、部门联动的协调机制,以大中型企业为突破口,以民营企业为重点,通过召开座谈会、知识讲座、发放明白纸等形式,推进扩面归集工作,特别是为农民工广泛建立住房公积金制度,维护了职工的合法权益;印发住房公积金归集、提取和贷款管理办法,规范归集、提取和贷款业务;加强信息化建设,提升科技支撑。修改完善住房公积金综合管理系统,在全省率先与住建部资金结算采集系统实现直连。投资300余万元规划建设高标准的机房和配套设备,建立数据中心,融通缴存、贷款、会计等数据,实现数据共享,并对住房公积金网站功能及安全防护进行升级改造。

【住房公积金归集】 至年底,有2988个单位建立住房公积金制度,覆盖职工19.20万人,全市缴存覆盖面为93.48%。当年新建单位264个,新增缴存职工6123人,完成政务督查任务(下同)的204.1%,归集住房公积金20.82亿元,完成任务的112.54%,同比增长15.37%。累计归集住房公积金131.37亿元,缴存余额52.02亿元。

【公积金使用】 落实各项惠民政策,加大使用力度,促进住房消费。全年为4921人发放个人住房公积金贷款16.45亿元,完成任务的235%,同比增长14.90%。职工提取住房公积金14.85亿元,完成任务的135%,同比增长34.06%,当年资金使用率96.7%。累计为5.1万名职工发放住房公积金贷款83.05亿元,累计提取住房公积金79.35亿元。

【资金管理】 健全完善内部管控机制,防范化解资金风险,确保资金安全完整。严格审核提取和贷款资料,有效防范资金风险;健全完善资金管理预警机制、重大会计事项联签制度、大额资金集体研究决策制度和零余额账户管理制度;开展会计联审互查、贷款提取业务稽查、担保公司保证金检查和查处非法提取住房公积金小广告等,保障资金安全;采取调剂资金和多种存款方式等措施,确保住房公积金收益最大化。2016年,实现业务收入15611万元,业务支出10248万元,实现增值收益5363万元,完成任务的178.77%,同比减少57.81%,提取公共租赁住房建设资金2410万元,已累计提取公共租赁住房建设资金3.15亿元,有力地支持了保障性安居住房建设。

（市住房公积金管理中心　李仕刚）

# 环境保护

**【概况】** 2016年，市环保部门全面加强污染治理和生态保护，持续推进水气污染整治专项行动，水气环境质量得到大幅改善，环保各项工作取得新进展。累计争取各类环保专项资金2.3亿元。

**【环境质量】** 环境空气质量。2016年全市环境空气二氧化硫、PM10、PM2.5年均值分别为46微克/立方米、122微克/立方米、65微克/立方米，分别比上年改善14.8%、10.3%、17.7%，二氧化氮年均值为42μg/m³，同比恶化2.4%，环境空气质量综合指数平均为7.13，同比改善9.5%。“蓝天白云、繁星闪烁”天数273天，居全省第5位，比上年增加46天。空气优良率为52.5%，同比增加15.9%。

大气降水。2016年东营市降水pH值在6.89~7.96之间，无酸雨出现。

水环境质量。2016年，省控重点河流COD、氨氮浓度分别为33.42毫克/升、1.43毫克/升，比上年改善16.95%、41.39%；市控河流水质逐步好转。①全市地表水中，黄河水质达到《地表水环境质量标准》(GB3838—2002)Ⅲ类水质标准；广利河达到《地表水环境质量标准》(GB3838—2002)Ⅴ类水质标准，符合功能区划要求；小清河、支脉河、阳河、织女河、太平河等省控河流基本达到确定的水质年度目标。②东营市主要饮用水源地市自来水公司、耿井水源、孤河水库水质达到《地表水环境质量标准》(GB3838—2002)Ⅲ类标准。③东营市近岸海域水质符合功能区划要求。

声环境质量。①功能区噪声。2016年，全市省控功能区中，西小区等4个1类功能区昼间噪声、夜间噪声达标率均为100%；八分场等4个2类功能区昼间噪声、夜间噪声达标率均为100%。②区域环境噪声。东营市建城区昼间平均等效声级为55.5分贝，噪声总体水平三级，评价为一般。③道路交通噪声。东营市建城区17条主要交通道路的53个路段监测点昼间噪声值为64.6~67.2分贝，建城区交通道路噪声强度为一级的路段为100%，交通道路噪声质量为好。

**【总量减排】** 按照国家考核数据，2016年全市化学需氧量、氨氮、二氧化硫、氮氧化物排放量分别比2015年削减2.77%、3.58%、8.06%、5.57%，圆满完成了2016年主要污染物减排任务。

**【环境管理】** ①开展水气整治专项行动，全力推进环保工程建设。深入开展水气污染整治专项行动，突出重点流域、重点区域和重点行业污染整治，制定出台《东营市河流水质考核办法》《东营市环境空气质量考核办法》《东营市水气环境质量考核责任追究办法》等文件，推动水气环境质量持续改善。截至年底，水气污染整治专项行动确定的87项水污染治理工程，完成79项；确定的81项大气治理工程，完成77项。②严格建设项目环评审批，提高建设项目环境准入门槛。对化工石化、涉重金属重点行业和异味污染较重的重点区域的建设项目慎重审批。2016年共审批建设项目环评文件124个；加强事中事后监管，严格项目竣工环保验收，确保“三同时”(建设项目中防治污染的措施，必须与主体工程同时设计、同时施工、同时投产使用)制度落到实处，2016年验收建设项目108个。③开展各级生态系列创建工作。2015年组织申报4个国家级、1个省级生态村；命名166个市级生态村。全市获命名国家级生态乡镇(街道)27个(创建率达到67.5%)，省级生态乡镇4个，市级生态村895个。④加强环境辐射管理。对全市辐射工作单位信息进行及时更新和放射源数据库的升级，对国家核与辐射安全监管系统进行及时补充、维护、更新；全市辐射工作单位按省厅17项要求建立辐射工作动态管理档案。

**【环境监察】** 强化污染源全过程监管。推进网格化环境监管，开展重点区域建设项目专项检查，加大对未批先建、未经验收擅自投产、不执行“三同时”制度等环境违法行为查处力度。加大重点企业环境监察力度，开展污染源随机抽查工作，建立健全重点污染源监管档案，做到一企一档，动态管理。提高污染处理设施监察力度和频次，确保水、气污染物稳定达标排放，有效遏制偷排、超排等事件发生。加强油区环境监督管理，确保各油田单位污染治理设施运行正常，环保措施落实到位。高效能查处群众环境信访案件，快速、及时、妥善办理各类环境信访事项，维护人民群众环境权益。全年共出动执法人员5000余人次，检查企业2300余家次，立案查处环境违法行为21起，取缔土小污染企业89家，征收排污费3960万元，处理各类环境信访案件143件，办理答复人大代表建议、政协提案3件。

**【环境监测】** 2016年全年共组织开展省控以上污染源监测500余家次，开展河流断面、饮用水水源地、海水等例行监测700余家次，填表监测数据和采样记录2000余份，累计编写完成重点污染源监督监测报告225份，专项检查监测报告18份。承担《环境友好型多功能抗盐保水剂的研制与应用》项目研究工作。

**【环境宣传】** 2016年，围绕水气污染整治专项行动和城市生态环境建设年活动开展环保宣教工作。①新闻媒体宣传。在中国环境报及省市新闻媒体制作播(刊)发环保新闻80期；与市广播电视台合作共办《美丽东营》栏目，将其作为宣传东营环保形象的重要窗口；与《黄三角早报》合作，系统解读《山东省大气污染防治条例》。②社会宣传。在全市小学校中组织开展青少年环境知识科普课堂——生命之水活动；与市教育局在全市中小学中组织开展争创"齐鲁环保小卫士"活动；每季度举办市政府新闻发布会，发布全市各季度环境质量状况、环境空气质量生态补偿及执法处罚情况；局党组书记、局长马保峰为市委党校春季主体班次的全体学员作《加强环境保护建设美丽幸福新东营》的辅导报告。③环境日宣传。与市教育局联合开展"小手拉大手娃娃看环保"绘画比赛；联合市教育局、市妇联、市林业局、黄河水城管理办公室、市少先总队举办纪念"6·5"环境日暨环保局环境教育基地启用仪式，发出《绿色周末》倡议书，邀请市实验学校六年级部分师生参观"小手拉大手，娃娃看环保"绘画展、"向污染宣战"环境文化教育长廊及市环境监测站；与市公交公司联合举办纪念"6·5"环境日绿色骑行活动；委托市黄河口艺术团在东西城银座购物广场举办以环保宣传为主题的"快闪行动"。④绿色示范创建。组织、指导东城街道办事处安泰社区、怡和家园等10个社区创建第六批省级绿色社区。组织指导各县区以污水处理厂为依托，打造各具特色的环境教育基地。配合市教育部门建设好市青少年示范性综合实践基地低碳环保馆建设。黄河三角洲自然保护区被环境保护部、教育局命名为全国中小学环境教育社会实践基地。

2016年6月2日，纪念六五环境日暨市环保局教育基地启用仪式

（市环保局提供）

（市环保局　尚辉）

# 旅游

## 综 述

【概况】 2016年，全市旅游工作坚持以发展全域旅游为目标，以项目推进为主线，以政策扶持为支撑，推进乡村旅游发展，强化品牌创建和宣传营销，完善旅游基础设施和服务设施，优化旅游发展环境，提升旅游业综合竞争力，开创旅游发展新局面。一是旅游管理体制得到加强。2016年8月24日，根据《东营市人民政府关于东营市旅游局更名为东营市旅游发展委员会的通知》(东政字〔2016〕60号)，市旅游局更名为市旅游发展委员会，加强旅游综合协调职能。二是AAAAA级旅游景区创建工作取得突破性进展。黄河口生态旅游区列入国家5A级旅游景区创建预备名单。三是积极创建山东省全域旅游示范区。东营市被列为全省首批创建单位，编制东营市全域旅游发展策划方案，整体布局“三线四板块五区十五个小镇”。

2016年，全市实现旅游消费总额142.62亿元，同比增长14.27%。接待入境游客5.98万人次，同比增长3.99%，入境游客消费0.53亿美元，同比增长1.70%；接待国内游客1503.14万人次，同比增长9.05%，国内游客消费125.63亿元，同比增长14.4%；居民出游前后消费13.45亿元，同比增长14.29%。

## 旅游项目建设

【概况】 全市共规划建设旅游项目27个，总投资382.6亿元，累计完成投资112.7亿元，当年完成投资29.3亿元。孙子文化旅游区二期年内完成投资1.75亿元。推荐揽翠湖温泉度假区、利丰温泉度假村项目入选2016年国家优选项目，揽翠湖旅游度假区温泉中心完成主体建设，龙居利丰温泉旅游度假村项目完成投资1.7亿元。诚航旅游观光车项目累计完成投资8.4亿元。桃花岛新上太极八卦阵、滑草、马术练习场等项目。推动揽翠湖温泉度假区、黄河口生态旅游区、市旅游集散中心入选国家专项基金项目，破解项目建设资金瓶颈。申报2016年重点用地项目3个，协调解决项目建设用地问题。重新编制旅游招商手册，与中信旅游就国家黄河口生态旅游基地建设达成初步合作意向。

【旅游规划】 ①编制完成《东营市“十三五”旅游产业发展规划》。委托市规划院编制规划，确定“十三五”期间的发展目标、思路以及工作计划。②着手编制全域旅游发展规划。按照国家旅游局和省旅游发展委工作部署，将创建国家全域旅游示范市作为发展目标，拍摄完成《全域旅游在东营》汇报片。与国家旅游局智库专家石培华达成战略合作协议，委托编制《东营市全域旅游发展三年行动实施方案(2017—2019年)》，规划三年内将东营市创建为国家全域旅游示范市。③协助完成“黄河入海”文化旅游目的地品牌规划。3月，市政府与省旅游发展委联合举办山东·东营“黄河入海”文化旅游目的地品牌研讨会，形成加快东营市旅游业发展的具体措施15项，明确旅游业发展布局和思路。协助省旅游发展委编制完成《“黄河入海”文化旅游目的地品牌建设总体规划》，东营市成为“黄河入海”文化旅游目的地的核心组成部分。

【景区建设】 ①创建国家AAAAA级景区。黄河口生态旅游区全面实施改造提升工程，列入国家AAAAA级旅游景区创建预备名单。引导孙子文化旅游区对照国家AAAAA级旅游景区创建标准完善旅游服务设施，适时启动国家AAAAA级旅游景区创建工作。②规范提升旅游景区发展水平。组织开展A级旅游景区评定复核工作，新增AAA级旅游景区5家。龙悦湖旅游度假区、河口区新户百枣园、垦利区陶园农业生态观光园，因不具备A级景区条件予以摘牌处理。全市AA级以上景区34家，其中4A景区5家，AAA级景区21家。③加大景区奖励扶持力度。按照《东营市旅游景区若干奖励政策》，利丰温泉旅游度假村、龙居桃花岛旅游区、蓝海逸园、利津县博物馆、东营新汇东海岸温泉旅游度假区被评为国家3A级旅游景区，分别奖励10万元。

【乡村旅游】 ①以创建提升发展水平。成功创建省级全域旅游示范镇1个，省级乡村旅游示范村2个，传统古村落1个，争取省级奖励资金140万元。加强对乡村旅游点的规范管理，提升乡村旅游硬件设施和服务品质。申报创建省级乡村旅游点，成功创建旅游强乡镇1个、旅游特色村5个、农业旅游示范点9个、好客人家农家乐5个、精品采摘园5个、开心农场3个。②重视旅游扶贫。精准筛选乡村旅游扶贫村13个，贫困户166户，贫困人口303人，通过乡村旅游项目扶贫、送智送教、企业对口帮扶等措施，带动贫困人口增收致富，争取省级扶贫资金120万元，落实市级扶贫资金20万元。支持帮扶村谢何村发展乡村旅游，累计投入241.3万元，实施乡村旅游规划编制、旱厕改建、打造景观一条街、建设“农家乐”接待院落、建设村史文化展示馆等帮扶工程。④加强乡村旅游管理人员培训。参加省旅发委组织精准交流等培训活动，旅游特色村、工农业旅游示范点、旅游扶贫村等乡村旅游带头人近百名参加培训。举办“送智下乡送教入户”培训，培训范围覆盖全市重点旅游强乡镇、特色村和13个旅游扶贫村，培训人数80余人。

【旅游基础设施建设】 ①规划建设市旅游集散中心。在森林公园区域选址，规划建设集城市形象展示、宣传咨询、游客集散、旅游监控等于一体的旅游集散中心。②开展“厕所革命”。市政府办公室印发《东营市旅游厕所建设管理实施方案》(东政办字〔2016〕19号)，全市旅游厕所总任务为2094座，全市完成新建170座，改建2014座，争取旅游厕所奖励资金291.026万元，其中国家级奖励资金136万元，省级奖励资金155.026万元。③完善旅游标识系统。结合AAAAA级旅游景区创建，更新完善通往A级旅游景区、高速路口等区域的旅游标识牌，更新15块，新增22块。

【旅游项目选介】 黄河口生态旅游区项目。黄河口生态旅游区列入国家AAAAA级旅游景区创建名单，完成交通集散、游客中心1号楼功能完善工程、大汶流门口桥涵改造工程、天然柳林景区停车场改造提升工程、雁湖厕所及停车场提升工程、浮桥以北院落及周边环境整治工程、浮桥区域环境整治、远望楼区域环境提升工程等。实施黄河三角洲鸟类博物馆、油田设施景观整治工程。

孙子文化园项目。位于广饶县孙子文化旅游区内，占地86.67公顷，总投资16亿元。规划布局兵圣宫、兵器展示区、儿童游乐区、水上交战区、攻城演绎区、速度体验区以及后勤保障基地等功能分区。一期于2014年7月对外开放，二期新增环园小火车、XD电影、飞行岛、波浪翻滚等项目，新开放攻城演绎区、春秋小镇、兵器馆等区域。

天宁寺文化旅游区项目。位于垦利县胜坨镇，占地1500亩，总投资6.5亿元。主要建设天宁寺、民俗文化街、森林公园、百龄园公墓、敬老院、佛学院六大区块。完成投资4.22亿元，2014年举行开光仪式。森林乐园开工建设，森林公园内绿化、广场铺装、道路配套、亮化等工程完成，共计造林550亩，种植法桐、银杏、国槐、樱花、菩提等30余种树木约8.3万株。

揽翠湖旅游度假区温泉中心项目。位于揽翠湖旅游度假区内，占地212亩，建筑面积7万平方米，计划投资9.7亿元，主要建设温泉度假中心室内外温泉、温泉会所及油田老年公寓。项目完成投资5.84亿元，温泉中心主体完成建设，正在进行内外装修，2017年对外开放。

龙居黄河森林旅游度假区项目。规划面积4.1万亩，完成投资7.8亿元，建设龙栖湿地公园、利丰温泉旅游度假村、桃花岛旅游度假区、聚龙山庄等景点。其中，桃花岛项目在原有的滑雪场基础上，新增水上休闲、滑草场等项目建设并对外营业。休闲观光牧场、跑马场建设完成投入使用。龙居利丰温泉旅游度假村完成投资1.5亿元，建成游客接待中心、苗圃基地和16栋休闲景观房并对外营业。与山东水务集团签约，建设就业实训基地、温泉理疗养生中心、康复医疗中心、高效生态观光农业示范基地，打造黄河三角洲生态旅游文化及温泉乐养健康城。

## 旅游市场开发

【旅游宣传】 ①增强品牌影响力。参加省旅游发展委组织的“联合推介、捆绑营销”活动，在央视等主流媒体宣传推介“黄河入海”旅游品牌。《东营日报》旅游专版发布46期，《黄河口晚刊》“周末去哪儿”专版发布46期，在《中国旅游报》开设乡村周末10期。在主要客源城市济南、青岛等地重要交通节点大型LED屏推出东营市旅游品牌广告，对东营市旅游地图进行改版升级，与市邮政局合作印制标有东营市特色景区的旅游明信片。②展会宣传。结合旅游剧《黄河口奇缘—天鹅》，在北京保利剧院举行东营市旅游推介会，分别在济南和青岛举办东营市旅游推介会，开拓市场。③新媒体宣传。利用“东营市旅游局”微信公众平台、腾讯微博、新浪微博等信息服务平台，坚持日更新、日维护，全年编发微博600余篇，微信300多期，新浪微博“粉丝”204万人，提升东营旅游的知名度和影响力。

【旅游节会】 举办2016年“好客山东贺年会”，在元旦、春节、元宵三大节点推出具有地方特色的民俗节庆活动、乡情乡韵贺年产品。4—5月，举办园博园郁金香文化旅游节，日接待游客最高1万余人次。“五一”小长假期间，举办中国黄河口第十四届桃花文化旅游节、2016东营龙居乡村旅游文化节、第五届黄河三角洲湿地槐花节等活动。中秋至“十一”黄金周期间，举办2016黄河口旅游文化节，同步举办荷兰大黄鸭全球之旅、黄河口大闸蟹美食节、黄河口旅游休闲产业节等系列活动，以及第八届垦利赶海拾贝旅游节、黄河口第十三届蜜桃·冬枣采摘节等节庆活动，丰富市民和游客的假日生活。

## 节庆活动

【第五届黄河三角洲湿地槐花节暨全国摄影展】 5月1日，第五届黄河三角洲湿地槐花节暨全国摄影展在河口区孤岛万亩槐林举行。槐花节期间举办山东作家“槐香之约”采风活动、“美丽中国·魅力河口”2016年全国摄影作品展、“激情五月，浪漫约定”第五届槐林帐篷节等八项活动，让游客体验黄河三角洲“新、奇、旷、野、美、趣”的原生态湿地景观。

【第八届垦利赶海拾贝旅游节】 9月24日，第八届垦利赶海拾贝旅游节在新汇东海岸活动广场举行。开幕当天安排开场演出、海滩赶海拾贝壳、海滩寻宝、全民摄影展、海岸垂钓等活动。旅游节持续到10月7日，为市民和广大游客提供体验渔民生活、参加渔乡特色民俗活动好去处。

【第十三届蜜桃·冬枣采摘节】 9月10日至10月7日，在垦利街道西宋万亩桃园举办。以“世外桃园，甜蜜四方”为主题，精心策划优势农产品推介、蜜桃大胃王趣味比赛及黄河口庄户剧团等一系列节庆活动。接待游客5万余人次，旅游总收入突破1000万元。

## 行业管理

【旅行社】 推进旅行社网络化、品牌化、多元化经营，旅游服务质量和旅游市场竞争力不断提高。全市旅行社发展到

86家、分社18家,其中新设立旅行社7家、分社4家,注销旅行社8家、分社2家;出境组团社12家;旅行社门市部126处,设门市部的旅行社29家。金桥国旅被评为全国百强旅行社、山东省智慧旅行社,荣获十一假日旅游全国优秀旅行社("红榜"全省唯一入选的旅行社)。新评定AAA级旅行社3家,AAA级以上旅行社24家。落实招徕游客奖励办法,江川国旅、黄河口旅游集团招徕游客分别达到5000人次以上。

## 东营市旅行社基本信息一览表

| 序号 | 旅行社名称 | 联系电话 | 地址 |
|---|---|---|---|
| 1 | 山东黄河口旅游集团有限公司(出境组团社,5A级旅行社) | 7751101、7751188 | 河口区和平街以南河口二、三矿以西 |
| 2 | 山东毓龙航空国际旅行社有限公司(出境组团社,5A级旅行社) | 7788528 | 东营区淄博路东首毓龙航空大厦 |
| 3 | 东营市金桥国际旅行社有限责任公司(出境组团社,5A级旅行社) | 8275795 | 河口区黄河路54号 |
| 4 | 胜利油田青年国际旅行社有限公司(出境组团社,4A级旅行社) | 8557505 | 东营区西四路826号嘉禾大厦一楼 |
| 5 | 东营鲁风国际旅行社有限责任公司(出境组团社;4A级旅行社) | 8062766 | 东营区东三路180号东营宾馆谊宾楼 |
| 6 | 东营利丰国际旅行社有限公司(出境组团社,3A级旅行社) | 7772323 | 东营区北一路1232号胜大中心超市西邻 |
| 7 | 胜利油田豪威国际旅行社有限责任公司(出境组团社,3A级旅行社) | 8777688 | 东营区西三路133号 |
| 8 | 东营市九州国际旅行社有限责任公司(出境组团社,3A级旅行社) | 7788188 | 东营区淄博路86—4号 |
| 9 | 东营市金秋国际旅行社有限公司(出境组团社,3A级旅行社) | 8260755 | 河口区海宁路以西河聚路以南河安小区 |
| 10 | 山东传奇国际旅行社有限公司(出境组团社) | 8291186 | 东营区西四路牛庄段文化街中段 |
| 11 | 东营市江川国际旅行社有限公司(出境组团社、3A级旅行社) | 8080789 | 东营区沂河路136号 |
| 12 | 东营市凤凰国际旅行社有限公司(出境组团社、3A级旅行社) | 5685000 | 利津县利二路187号 |
| 13 | 东营市金色假日国际旅行社有限公司(3A级旅行社) | 8201234 | 东营区淄博路105—1号1幢 |
| 14 | 东营市胜利国际旅行社有限公司(3A级旅行社) | 8789200 | 东营区北一路246号胜利软件大厦一楼 |
| 15 | 东营工益假日旅行社有限公司(3A级旅行社) | 8718418 | 东营区西四路630号海通大厦F210室 |
| 16 | 东营联合假日国际旅行社有限责任公司(3A级旅行社) | 8710558 | 东营区济南路鑫都财富中心503室 |
| 17 | 东营海洋国际旅行社有限责任公司(3A级旅行社) | 2917177 | 河口区河庆路179号河口高新技术创业园一楼西侧 |
| 18 | 东营市天汇国际旅行社有限责任公司(3A级旅行社) | 3997678 | 河口区黄河路72号 |
| 19 | 东营风光国际旅行社有限公司(3A级旅行社) | 8278288 | 东营区黄河路369号 |
| 20 | 东营一鸣国际旅行社有限公司(3A级旅行社) | 6922222 | 广饶县兵圣路272号 |
| 21 | 东营油城国际旅行社有限责任公司(3A级旅行社) | 8210555 | 东营区玉山路5号 |
| 22 | 东营市华夏国际旅行社有限公司(3A级旅行社) | 8921077 | 东营区府前街73号日报社新闻中心一楼 |
| 23 | 东营锦程国际旅行社有限公司(3A级旅行社) | 7773222 | 利津县利二路西关桥路西169号 |
| 24 | 东营海天国际旅行社有限公司(3A级旅行社) | 2562199 | 垦利区兴隆路142—9号 |
| 25 | 东营华旅假日旅行社有限公司(3A级旅行社) | 8778066、8778399 | 东营区云门山路16号501室 |
| 26 | 东营市国际旅行社 | 8339833 | 东营区府前街96号 |
| 27 | 东营胜油国际旅行社有限公司 | 8795991 | 东营区济南路106号 |
| 28 | 东营神州旅行社有限公司 | 8016588 | 东营区东三路138号银座城市广场B2区111号 |
| 29 | 东营渤海假日国际旅行社有限公司 | 8072888 | 东营区黄河路355号 |
| 30 | 东营海外国际旅行社有限责任公司 | 8069000 | 东营区东三路121号 |
| 31 | 东营青年旅行社有限责任公司 | 8703211 | 东营区淄博路82号 |
| 32 | 东营市交通旅行社有限责任公司 | 8255669 | 东营区济南路85号胜中商务楼2楼216室 |
| 33 | 胜利油田白云旅行社有限责任公司 | 7660599 | 东营区北一路188号 |
| 34 | 东营市胜中明珠旅行社有限责任公司 | 8797751 | 东营区北一路中段 |
| 35 | 东营天马旅行社有限责任公司 | 5686787、5683888 | 利津县利二路329—8号 |
| 36 | 东营市乐安旅行社有限公司 | 6925688 | 广饶县迎宾路232—2号 |
| 37 | 东营市阳光旅行社有限责任公司 | 8226767 | 东营区北一路1310号 |
| 38 | 东营市中力假日旅行社有限责任公司 | 8711566 | 东营区胜利广场东侧新华大厦601室 |
| 39 | 东营市康辉国际旅行社有限责任公司 | 8857777 | 东营区淄博路132号 |
| 40 | 东营市顺康旅行社有限公司 | 6920022 | 广饶县市场街以北书店路综合楼 |
| 41 | 东营市山水旅行社有限责任公司 | 8309575 | 东营区沂河路南曹州路西(明月豪庭) |
| 42 | 东营市交运旅行社有限责任公司 | 7761296 | 东营区黄河路355号汽车总站二楼旅游部 |
| 43 | 东营天驰旅行社有限公司 | 8989898 | 东营区胜泰路中段 |
| 44 | 东营市胜华旅行社有限公司 | 8539222 | 东营区西二路华安街169号 |
| 45 | 东营市飞扬旅行社有限责任公司 | 8671788 | 河口区黄河路62号 |
| 46 | 东营市涵桥旅行社有限公司 | 7367876 | 东营区商贸园港粤路黄山街41号 |
| 47 | 东营蒲公英旅行社有限责任公司 | 8777711 | 东营区淄博路胜光街2号 |
| 48 | 东营黄河水城旅行社有限公司 | 8339111 | 东营区胶州路245号 |

续表

| 序号 | 旅　行　社　名　称 | 联系电话 | 地　　址 |
|---|---|---|---|
| 49 | 东营市隆程旅行社有限责任公司 | 3995555 | 河口区黄河路53号中国联通营业厅西 |
| 50 | 东营市蔚蓝旅行社有限责任公司 | 8059990 | 东营区沂河路176号 |
| 51 | 东营市国泰旅行社有限公司 | 8783333 | 东营区淄博路135号 |
| 52 | 东营市锦华旅行社有限公司 | 6440123 | 广饶县文安路307号 |
| 53 | 东营丽景旅行社有限责任公司 | 8730766 | 东营区沙河路2号 |
| 54 | 东营金海岸旅行社有限责任公司 | 13780760006 | 垦利区长途汽车站 |
| 55 | 东营一诺旅行社有限公司 | 13954697378 | 利津县利三路148号 |
| 56 | 东营市名仁旅行社有限责任公司 | 8550536 | 东营区济南路胜兴街10号 |
| 57 | 东营市海峡旅行社有限公司 | 7770063 | 东营区黄河路676号百合广场1212室 |
| 58 | 东营市友好国际旅行社有限公司 | 8646666 | 东营区聊城路1号 |
| 59 | 胜利油田东胜国际旅行社有限公司 | 8688666 | 东营区西四路616号东胜大厦 |
| 60 | 东营红蜻蜓旅行社有限公司 | 82671770 | 东营区天目山路1016－8号 |
| 61 | 东营五洲旅行社有限公司 | 8078789 | 东营区东城银座城市广场B4座121号 |
| 62 | 东营方舟旅行社有限公司 | 8771888 | 东营区北一路1330号 |
| 63 | 东营市盛中旅行社有限公司 | 8710444 | 东营区西四路西侧(滨海消防支队南50米) |
| 64 | 东营市大地旅行社有限公司 | 8339086 | 东营区西二路434号 |
| 65 | 东营市海韵旅行社有限责任公司 | 8276266 | 东营区西二路490号五一大厦A座 |
| 66 | 东营朋程旅行社有限责任公司 | 8555677 | 东营区黄河路9号运吉商务楼 |
| 67 | 胜利油田黄蓝旅行社有限责任公司 | 8508511 | 东营区黄河路南玉景花园7号 |
| 68 | 东营美华旅行社有限公司 | 7168688 | 东营区东城银座城市广场B4－125号 |
| 69 | 东营鑫源旅行社有限公司 | 3668597 | 河口区海宁路109号 |
| 70 | 东营华洋旅行社有限公司 | 8933111 | 东营区济南路47号 |
| 71 | 东营市同行天下旅行社有限公司 | 8776188 | 东营区西四路618号友谊大酒店901、902室 |
| 72 | 东营光大旅行社有限公司 | 8332009 | 东营区淮河路249号天鹅花园A区 |
| 73 | 东营腾浩旅行社有限公司 | 8297888 | 东营区文汇西二路474－18号 |
| 74 | 东营市春天旅行社有限责任公司 | 8136666 | 东营区西二路685－6号 |
| 75 | 东营市途牛旅行社有限公司 | 2956667 | 广饶县华泰孙武湖温泉度假酒店有限公司 |
| 76 | 东营市印象旅行社有限公司 | 8671691 | 河口区海盛路中段东侧 |
| 77 | 东营市春江旅行社有限责任公司 | 8990055 | 东营区黄河路433号 |
| 78 | 东营市百货大楼旅行社有限责任公司 | 5059999 | 东营区黄河路430－6号 |
| 79 | 东营市龙海旅行社有限公司 | 8656103 | 东营区南一路227号 |
| 80 | 东营銘石旅行社有限公司 | 3661199 | 河口区海康路39号 |
| 81 | 山东宜途旅行社有限公司 | 6862569 | 广饶县大王镇小王路北侧111号 |
| 82 | 东营市记忆之旅旅行社有限公司 | 8796222 | 东营区淄博路255号 |
| 83 | 山东途游旅行社有限公司 | 6660687 | 广饶县花苑路6号 |
| 84 | 东营众程旅行社有限公司 | 6392717 | 东营区淮河路306号125室 |
| 85 | 东营锦途旅行社有限公司 | 8237880 | 东营区西四路630号 |
| 86 | 东营市景灏旅行社有限责任公司 | 8670819 | 河口区海盛路中段 |
| 87 | 山东大掌柜旅行社有限公司 | 7776799 | 东营区西四路870号 |
| 88 | 山东省中国旅行社东营分社(具有赴台资质) | 7777770、7778880 | 东营区天目山路万象游乐园西门 |
| 89 | 山东省中国国际旅行社东营分社 | 8211111 | 东营区淄博路西首明苑小区 |
| 90 | 港中旅国际(山东)旅行社有限公司东营分公司(具有赴台资质) | 8335666 | 东营区前街105号(开元办公楼一楼) |
| 91 | 中国旅行社总社(青岛)有限公司东营分公司(具有赴台资质) | 8782128 | 东营区北一路1232号 |
| 92 | 山东旅游有限公司东营胜利分公司(具有赴台资质) | 8088500 | 东营区北一路科技一村 |
| 93 | 山东嘉华文化国际旅行社有限公司东营分公司(具有赴台资质) | 8278589 | 东营区西四路604号 |
| 94 | 中国国旅(青岛)国际旅行社有限公司东营胜利分公司(具有赴台资质) | 8332668 | 东营区曹州路3号 |
| 95 | 山东旅行社国际旅游有限公司东营分公司 | 8072888 | 东营区北一路747号东赵大厦11楼 |
| 96 | 山东国际旅行社有限公司东营分公司(具有赴台资质) | 5685000 | 利津县城区利二路189号 |
| 97 | 大连中海远洋国际旅行社有限公司东营分公司 | 15288884348 | 东营区黄河路130号 |
| 98 | 山东交运旅游集团有限公司东营分公司(具有赴台资质) | 7777036 | 东营区西三路133号 |
| 99 | 北京凯撒国际旅行社有限责任公司东营分公司 | 7063698 | 东营区黄河路以南、太行山路以东 |
| 100 | 青岛沪春秋国际旅行社有限公司东营分公司 | 7668583 | 东营区西四路618号(友谊大厦701室) |
| 101 | 临沂国际旅行社有限公司东营分公司(具有赴台资质) | 8989898 | 东营区西四路598号 |
| 102 | 同程国际旅行社有限公司东营分公司 | 7068555 | 东营区济南路92号 |
| 103 | 山东省中国旅行社垦利分社 | 7077199 | 垦利区永安镇博新路东侧 |
| 104 | 盈科美辰国际旅行社有限公司东营分公司 | 8239211 | 东营区淄博路132号 |

【星级饭店】 开展星级饭店复核工作，规范星级饭店经营行为，强化星级饭店退出机制，提高星级饭店服务质量，取消星级饭店资格9家。2016年底，全市星级饭店22家，其中五星级饭店2家，四星级饭店4家。联合市卫生计生委、市食品药品监管局组织开展旅游饭店(餐馆)卫生专项监督检查，保障游客就餐安全。联合市人力资源社会保障局等五部门举办第二届东营市旅游饭店行业服务技能大赛，40余名选手参赛。由蓝海酒店集团4名选手组成的东营代表队，参加第二届山东省旅游饭店行业服务技能大赛并获奖。

**东营市星级饭店一览表**

| 序号 | 星级 | 饭店名称 | 地　址 | 电话 |
|---|---|---|---|---|
| 1 | 五星 | 东胜大厦 | 东营区西四路616号 | 8687777 |
| 2 | 五星 | 蓝海国际大饭店 | 东营区黄河路与庐山路交汇处 | 8266666 |
| 3 | 四星 | 东营宾馆 | 东营区东三路180号 | 8062999 |
| 4 | 四星 | 新悦大饭店 | 东营区西二路181号 | 7667777 |
| 5 | 四星 | 华泰大厦 | 广饶县大王镇 | 2971100 |
| 6 | 四星 | 大明大厦 | 东营区济南路57号 | 7888888 |
| 7 | 三星 | 蓝海大饭店 | 东营区府前大街158号 | 8081588 |
| 8 | 三星 | 聚丰大酒店 | 东营区北一路1232号 | 8501888 |
| 9 | 三星 | 西城宾馆 | 东营区淄博路200号 | 7669999 |
| 10 | 三星 | 广饶宾馆 | 广饶县迎宾路253号 | 6680668 |
| 11 | 三星 | 桩西宾馆 | 河口区仙河镇汉江路13号 | 8589108 |
| 12 | 三星 | 河口宾馆 | 河口区海宁路285号 | 3888888 |
| 13 | 三星 | 利津宾馆 | 利津县利一路112号 | 5621315 |
| 14 | 三星 | 蓝海汇洲大酒店 | 垦利区新区民丰路 | 2891999 |
| 15 | 三星 | 东方俱乐部 | 东营区府前大街120号 | 8835239 |
| 16 | 三星 | 白云饭店 | 东营区北一路188号 | 7660888 |
| 17 | 三星 | 垦利宾馆 | 垦利区黄河路22号 | 2898666 |
| 18 | 三星 | 京华酒店 | 东营经济技术开发区府前街 | 7752777 |
| 19 | 三星 | 新汇东海岸温泉大酒店 | 垦利区红光大道与永丰路交叉口东南 | 2166555 |
| 20 | 三星 | 新发饭店 | 垦利区永安镇永馆路7号 | 2266777 |
| 21 | 三星 | 长兴宾馆 | 东营区蒙山路31号 | 7761999 |
| 22 | 二星 | 东营大酒店 | 东营区商河路71号 | 8224777 |

【旅游商品开发】 扩大旅游商品企业规模，全市涉足旅游商品的企业130余家，旅游商品290多种。①加强旅游商品研发力度。打造旅游商品研发平台，借助旅游节庆、旅游商品展销等活动，促进旅游商品的研发销售。参加首届山东省新品牌旅游商品评选暨第十四届山东省旅游商品创新设计大赛，山东黄河口大闸蟹有限公司《河海汇丰牌黄河口大闸蟹》获得山东省新品牌旅游商品称号。②开展创建工作。新评省级金牌旅游购物商店3家，省级旅游休闲购物街区1家。全市共创建省级旅游休闲购物街区1条，省级旅游商品研发基地3家，省级金牌旅游购物商店6家，培育山东省民间手工艺大师3名。③落实奖励政策。实施《旅游商品研发奖励办法》，山东油田人家酒业有限公司、东营黄河口旅游产品有限公司、东营区东城银河礼品超市3家企业被评为“山东省金牌旅游购物商店”，分别奖励5万元；山东黄河口古玩城有限公司被评为“旅游休闲购物街区”，奖励10万元；东营市景明水产有限公司以连锁直营方式开办旅游购物商店6家，奖励8万元，共计33万元。

【旅游市场管理】 以深入推进“大快严”集中行动为抓手，以开展旅游企业安全生产主体责任落实情况专项执法检查为重点，抓好旅游行业安全日常监管，严防各类安全事故发生。在广饶县召开全市旅游安全工作现场会，推广广饶县强化旅游安全生产监管责任、落实旅游企业安全生产主体责任、全面实施安全生产网格化监管的经验做法，在全市旅行社中推行旅游安全“一团一旅游合同”“一团一租车合同”“一团一游客名单”做法。开展“安全生产月”“打非治违”和隐患排查治理、旅行社隐患自查自纠、旅游应急演练、汛期旅游安全督导检查等专项行动，确保全市旅游安全生产形势稳定。全年接到投诉、举报、咨询类电话330余起，其中有效旅游投诉案件65起，结案率100%，投诉人满意率100%，为游客挽回经济损失共计10万余元。

## 东营市旅游景区、工农业示范点、强乡镇、特色村名录一览表

| 等级类别 | | 名　称 | 评定年份 |
|---|---|---|---|
| A级旅游景区·34个 | AAAA级旅游景区 | 黄河口生态旅游区 | 2008 |
| | | 孙子文化旅游度假区 | 2012 |
| | | 红色刘集旅游景区 | 2013 |
| | | 天宁寺文化旅游区 | 2014 |
| | | 揽翠湖旅游度假区 | 2015 |
| | AAA级旅游景区 | 龙居黄河森林旅游区 | 2012 |
| | | 民丰湖休闲娱乐区 | 2008 |
| | | 东营市历史博物馆 | 2008 |
| | | 胜利油田科技展览中心 | 2009 |
| | | 黄河入海口生态农业观光园 | 2011 |
| | | 东营区华林庄园 | 2011 |
| | | 孤岛槐树林温泉旅游区 | 2012 |
| | | 龙居黄河森林旅游区 | 2012 |
| | | 黄河华滩生态公园 | 2013 |
| | | 东营园博园 | 2014 |
| | | 黄河三角洲动物园 | 2014 |
| | | 东营万象游乐园 | 2014 |
| | | 河口区鸣翠湖湿地风景区 | 2014 |
| | | 利津县凤凰城滨河休闲旅游区 | 2014 |
| | | 雪莲大剧院 | 2015 |
| | | 广饶上农休闲旅游区 | 2015 |
| | | 蓝海逸园 | 2016 |
| | | 龙居桃花岛旅游度假区 | 2016 |
| | | 利丰温泉旅游度假区 | 2016 |
| | | 利津县博物馆 | 2016 |
| | | 东营新汇东海岸温泉旅游度假区 | 2016 |
| | AA级旅游景区 | 垦利渤海垦区革命纪念馆 | 2008 |
| | | 河口蓬莱公园 | 2008 |
| | | 东营区丽日锄禾 | 2009 |
| | | 胜利油田森林木屋 | 2009 |
| | | 河口区军马场农博园 | 2009 |
| | | 河口区孤岛植物园 | 2009 |
| | | 垦利郝家绿色生态观光园 | 2010 |
| | | 广饶瀚海海上休闲旅游区 | 2011 |
| | | 黄河口古玩城 | 2014 |
| 示范点·43个 | 山东省工业旅游示范点 | 胜利油田科技展览中心 | 2007 |
| | | 东营市阳光丝业有限责任公司 | 2009 |
| | | 河口区孤岛欣马酒业 | 2014 |
| | | 利津山东省绿洲醇食品有限公司 | 2014 |
| | | 河口山东黄河王酒业有限公司 | 2015 |
| | | 东营市兵圣王酒业有限公司 | 2015 |
| | 山东省农业旅游示范点 | 黄河入海口生态观光园 | 2007 |
| | | 东营揽翠湖旅游度假区 | 2008 |
| | | 河口区军马场农博园 | 2008 |
| | | 垦利县郝家绿色生态观光园 | 2008 |
| | | 广饶县丁庄冬枣采摘园 | 2008 |
| | | 东营市丽日锄禾农业开发有限公司 | 2009 |
| | | 胜利油田胜大实业总公司森林木屋 | 2009 |
| | | 东营河口区新户百枣园 | 2009 |
| | | 利津县绿野菇业有限责任公司 | 2009 |
| | | 东营区华林庄园 | 2010 |
| | | 东营区开心农场 | 2010 |
| | | 东营区景明水产 | 2010 |
| | | 垦利县胜坨镇伟嘉园林 | 2010 |
| | | 东营区牛庄镇现代农业产业园 | 2011 |
| | | 河口区义和镇申丰农庄 | 2012 |
| 示范点·43个 | 山东省农业旅游示范点 | 新户镇志鹏珍禽生态旅游观光园 | 2012 |
| | | 仙河镇海星集团 | 2012 |
| | | 广饶武圣生态旅游文化交流中心 | 2012 |
| | | 广饶县李鹊镇西大张村裕茂园林 | 2013 |
| | | 广饶县丁庄镇西马楼村瀚海海上休闲旅游区 | 2013 |
| | | 东营区欢乐庄园 | 2014 |
| | | 广饶县润金农林 | 2014 |
| | | 广饶县东营康汇四季采摘园 | 2014 |
| | | 垦利县万得福高科技生态农业园 | 2014 |
| | | 东营区桃花生态农庄 | 2015 |
| | | 东营区趣园农家乐 | 2015 |
| | | 河口东营天天有鱼旅游开发有限公司 | 2015 |
| | | 广饶县李鹊镇鹊苑精致农业示范园 | 2015 |
| | | 东营区康源农业开发有限责任公司 | 2016 |
| | | 东营区金丰家庭农场 | 2016 |
| | | 河口区新户镇新芹果蔬合作社 | 2016 |
| | | 河口区六合街道伍岳生态园 | 2016 |
| | | 河口区孤岛镇神仙园 | 2016 |
| | | 河口区新户镇苗丰林木经济旅游示范点 | 2016 |
| | | 广饶县稻庄镇广汇家庭农场 | 2016 |
| | | 利津县皓月家庭农场 | 2016 |
| | | 利津县汀罗镇前关村农业休闲园区 | 2016 |
| 山东省旅游强乡镇·20个 | | 东营区龙居镇 | 2008 |
| | | 东营区六户镇 | 2009 |
| | | 河口区孤岛镇 | 2009 |
| | | 广饶县丁庄镇 | 2009 |
| | | 垦利县郝家镇 | 2009 |
| | | 河口区仙河镇 | 2009 |
| | | 垦利县胜坨镇 | 2010 |
| | | 利津街道办事处 | 2010 |
| | | 广饶县大王镇 | 2011 |
| | | 东营区牛庄镇 | 2011 |
| | | 垦利县垦利街道办事处 | 2011 |
| | | 河口区新户镇 | 2012 |
| | | 广饶县稻庄镇 | 2012 |
| | | 广饶县李鹊镇 | 2013 |
| | | 东营区黄河路街道办事处 | 2014 |
| | | 垦利县红光渔业办事处 | 2014 |
| | | 东营区胜利街道办事处 | 2015 |
| | | 河口区义和镇 | 2015 |
| | | 垦利县黄河口镇 | 2015 |
| | | 垦利县永安镇 | 2016 |
| 山东省旅游特色村·32个 | | 东营区龙居镇小麻湾村 | 2008 |
| | | 河口区仙河镇海星村 | 2008 |
| | | 垦利县黄河口镇万尔村 | 2008 |
| | | 利津县城关镇东关村 | 2008 |
| | | 广饶县丁庄镇王道村 | 2009 |
| | | 利津县汀罗镇毛坨村 | 2009 |
| | | 河口区河口街道八吕村 | 2009 |
| | | 东营区牛庄镇王营村 | 2009 |
| | | 河口区新户镇东鲍井村 | 2010 |
| | | 垦利县郝家镇薛家村 | 2010 |
| | | 广饶县大王镇刘集后村 | 2010 |
| | | 东营区六户镇东六户村 | 2011 |
| | | 东营区牛庄镇大杜村 | 2011 |
| | | 河口区河口街道长青村 | 2011 |

续表－1

| 等级类别 | | 名　　称 | 评定年份 |
|---|---|---|---|
| 山东省旅游特色村·32个 | | 垦利县垦利街道办事处卫东村 | 2011 |
| | | 垦利县红光办事处红光新村 | 2011 |
| | | 垦利县胜坨镇东王村 | 2011 |
| | | 东营区黄河路街道耿井村 | 2012 |
| | | 东营区史口镇大宋村 | 2012 |
| | | 东营区史口镇刘营村 | 2012 |
| | | 东营区龙居镇小杨村 | 2012 |
| | | 广饶县李鹊镇西大张村 | 2012 |
| | | 利津县利津街道办事处毕庄村 | 2012 |
| | | 垦利县胜坨镇大白村 | 2014 |
| | | 东营区胜利街道辛镇村 | 2014 |
| | | 利津县利津街道办事处綦家夹河村 | 2015 |
| | | 利津县汀罗镇前关村 | 2015 |
| | | 东营区龙居镇朱家村 | 2016 |
| | | 东营区史口镇劳家村 | 2016 |
| | | 东营区史口镇林家村 | 2016 |
| | | 垦利区黄河口镇小高村 | 2016 |
| | | 广饶县丁庄镇西马楼村 | 2016 |
| 星级农家乐·22个 | 五星级 | 广饶县大王镇广饶武圣府生态旅游文化交流中心 | 2013 |
| | 四星级 | 垦利县丽丽农家饭生态园 | 2014 |
| | | 利津县观澜园饭庄 | 2014 |
| | | 利津县黄河故道新发鱼汤餐饮有限公司 | 2014 |
| | | 广饶县丁庄镇云禧园开心农场 | 2016 |
| | 三星级 | 河口区义和锦绣庄园 | 2014 |
| | | 河口区义和申丰农庄 | 2014 |
| | | 河口区孤岛槐林人家 | 2014 |
| | | 河口区仙河林槐园 | 2014 |
| | | 利津县绿野菇业生态农业园 | 2014 |
| | | 东营区龙居镇熬鱼坊 | 2015 |
| | | 东营区龙居镇八大碗餐厅 | 2014、2015升三星 |
| | | 垦利县董集镇蝶文化农家乐 | 2015 |
| | | 垦利县黄河口镇黄河口生态苑 | 2015 |
| | | 河口区仙河镇槐林农家 | 2016 |
| | | 河口区孤岛镇神仙园 | 2016 |
| | | 广饶县稻庄镇悠然家庭农场 | 2016 |
| | | 东营区欢乐庄园 | 2014 |
| | | 东营区聚龙山庄 | 2014 |
| | | 东营区趣园农家乐 | 2014 |
| | | 东营区瑞丰家庭农场 | 2016 |
| | 二星级 | 黄河展区生态园 | 2008 |
| 精品采摘园·21个 | | 东营区山东蓝海逸园 | 2014 |
| | | 东营区东营康源农业开发有限责任公司 | 2014 |
| | | 河口区义和申丰农庄 | 2014 |
| | | 河口区义和锦绣庄园 | 2014 |
| | | 广饶县东营成丰农业观光采摘园 | 2014 |
| | | 广饶县孙武湖绿色果蔬基地 | 2014 |
| | | 垦利县郝家镇绿色生态观光园 | 2014 |
| | | 永安镇汇丰家庭农场 | 2014 |
| | | 利津县聚鑫林果采摘园 | 2014 |
| | | 利津县盐窝志强家庭农场 | 2014 |
| | | 东营区趣园胜利采摘园 | 2015 |
| | | 东营城市中心果蔬采摘园 | 2015 |
| | | 孤岛镇绿康蔬菜采摘园区 | 2015 |

| 等级类别 | | 名　　称 | 评定年份 |
|---|---|---|---|
| 精品采摘园·21个 | | 垦利县恒达现代农业种植基地 | 2015 |
| | | 垦利县黄河口镇龙腾生态农业科技园 | 2015 |
| | | 垦利县东营飞翔农业开发有限责任公司 | 2015 |
| | | 河口区义和镇年丰家庭农场 | 2016 |
| | | 河口区义和镇北大屋葡萄采摘园 | 2016 |
| | | 河口区西韩无花果采摘园 | 2016 |
| | | 东营市伟浩养殖有限公司(垦利区) | 2016 |
| | | 利津县盐窝镇新合南村农业观光园 | 2016 |
| 开心农场·7个 | | 广饶县千乘休闲观光园 | 2015 |
| | | 垦利县董集镇清湖家庭农场 | 2015 |
| | | 垦利县黄河口镇心语莲藕种植家庭农场 | 2015 |
| | | 利津县北宋镇鑫源花木有限公司 | 2015 |
| | | 垦利区东王村 | 2016 |
| | | 东营市华强农业科技有限公司(垦利区) | 2016 |
| | | 广饶县李鹊镇鹊苑家庭农场 | 2016 |
| 乡村旅游示范单位·60个 | 示范县 | 垦利县 | 2015 |
| | 品牌化发展县 | 广饶县 | 2015 |
| | 示范镇 | 东营区龙居镇 | 2014 |
| | | 东营区胜利街道 | 2015 |
| | 示范村 | 广饶县刘集后村 | 2013 |
| | | 东营区东六户村 | 2013 |
| | | 垦利县万尔村 | 2014 |
| | | 东营区牛庄镇王营村 | 2015 |
| | | 东营区龙居镇谢何村 | 2016 |
| | | 利津县利津街道綦家夹河村 | 2016 |
| | 示范点 | 广饶县东营瀚海旅游有限责任公司 | 2014 |
| | | 广饶县武圣府实业发展有限公司 | 2014 |
| | | 垦利县东营市陶园农业技术开发有限公司 | 2014 |
| | | 垦利县红光渔业办事处红光新村 | 2014 |
| | | 垦利县东营市入海口生态旅游开发有限公司 | 2014 |
| | | 垦利县东营市伟浩养殖有限公司 | 2014 |
| | | 东营区丽日锄禾农业开发有限责任公司 | 2014 |
| | | 利津县山东绿野生物科技园股份公司 | 2014 |
| | | 河口区东营志鹏珍禽有限公司 | 2014 |
| | 示范户 | 东营区丽日锄禾 | 2013 |
| | | 垦利县丽丽农家饭生态园 | 2013 |
| | | 河口区孤岛槐林人家度假村 | 2013 |
| | | 利津县观河膻庄 | 2013 |
| | | 利津县黄河古道新发鲜鱼汤餐饮有限公司 | 2014 |
| | | 垦利县黄河口镇黄河口生态苑 | 2014 |
| | | 东营区趣园农家乐菜馆 | 2014 |
| | | 利津县滨河旅游开发有限公司吴君经营户 | 2014 |
| | | 东营区蓝海生态农业观光园逸园生态餐厅 | 2014 |
| | 品牌经营户 | 东营经济开发区钓鱼岛生态渔庄 | 2015 |
| | | 东营区黄河路街道趣园农家乐菜馆 | 2015 |
| | | 东营龙居镇龙居利丰温泉旅游度假村 | 2015 |
| | | 东营区东城街道开元快餐 | 2015 |
| | | 东营区牛庄镇蓝海生态农业观光园 | 2015 |
| | | 东营区龙居镇桃花岛八大碗餐厅 | 2015 |
| | | 东营区牛庄镇一家人生态园 | 2015 |
| | | 东营区胜利街道欢乐庄园 | 2015 |
| | | 东营区黄河路街道开心农场 | 2015 |
| | | 河口区孤岛镇军马场农博园 | 2015 |
| | | 河口区孤岛镇槐林人家 | 2015 |
| | | 河口区义和镇义和锦绣庄园 | 2015 |
| | | 河口区义和镇申丰农庄 | 2015 |

续表－2

| 等级类别 | | 名　　称 | 评定年份 |
|---|---|---|---|
| 乡村旅游示范单位·60个 | 品牌经营户 | 广饶县广饶经济开发区百苑风味食府 | 2015 |
| | | 广饶县大王镇武圣府生态旅游文化交流中心 | 2015 |
| | | 广饶县丁庄镇广饶瀚海旅游有限责任公司 | 2015 |
| | | 广饶县广饶经济开发区润金农林休闲农庄 | 2015 |
| | | 广饶县大王镇大王绿色庄园农家乐 | 2015 |
| | | 广饶县稻庄镇东营康汇四季采摘园 | 2015 |
| | | 垦利县黄河口镇黄河口生态苑 | 2015 |
| 乡村旅游示范单位·60个 | 品牌经营户 | 垦利县胜坨镇陶园农业 | 2015 |
| | | 垦利县永安镇丽丽农家饭生态园 | 2015 |
| | | 垦利县黄河口镇金海岸美食苑 | 2015 |
| | | 垦利县永安镇炊烟渺渺农家乐 | 2015 |
| | | 垦利县永安镇宏盛绿园快餐店 | 2015 |
| | | 垦利县永安镇汇丰家庭农场 | 2015 |
| | | 利津县陈庄镇黄河古道新发鲜鱼汤餐饮公司 | 2015 |
| | | 利津县利津街道观河膳庄 | 2015 |
| | | 利津县利津街道观澜园饭庄 | 2015 |
| | | 利津县利津街道茂盛馆水煎包铺 | 2015 |
| | 扶贫村 | 利津县利津街道后宋村 | 2015 |
| | 传统古村镇 | 垦利县胜坨镇东王村 | 2016 |

## 旅游线路与景点

【旅游线路】

**中心城生态文化二日游**

D1：天宁寺文化旅游区—红光滨海休闲旅游区—园博园

D2：黄河三角洲动物园—万象游乐园—揽翠湖旅游度假区

**南线孙子文化二日游**

D1：东营市历史博物馆—孙子文化旅游区—广饶武圣府旅游文化交流中心

D2:红色刘集旅游区—蓝海逸园生态区

**东营精品三日游路线**

D1：黄河口生态旅游区—红光滨海休闲旅游区—天宁寺文化旅游区

D2：园博园—黄河三角洲动物园—万象游乐园—揽翠湖旅游度假区—龙居桃花岛旅游度假区—清风湖公园

D3：孙子文化旅游区—广饶武圣府旅游文化交流中心—红色刘集旅游区

【景点选介】 黄河口生态旅游区。国家AAAA级旅游景区。位于东营市东北部的黄河入海口，总面积15.3万公顷，是以保护新生湿地生态系统和珍稀、濒危鸟类为主体的湿地类型保护区。区内生态环境独特，动植物资源丰富，共有动植物1900多种，其中属国家重点保护的有江豚、斑海豹等，属国家一级重点保护鸟类有丹顶鹤、东方白鹳等9种。该区以独特的生态环境，得天独厚的自然条件，造就了“新、奇、特、旷、野”的美学特征，形成以黄河入海口、天然苇荡、沼泽湿地、浅海滩涂、野生鸟类等丰富而又独具特色的自然景观。黄河三角洲湿地是全球十九大湿地之一，也是全世界增长最快、中国最大的新生湿地。被国内外生态专家誉为中国暖温带保存最完整、最广阔、最年轻的湿地生态系统，是东北亚内陆和环西太平洋鸟类迁徙重要的中转站、越冬栖息地和繁殖地，是研究生物衍化及演变规律的“基因库”。

孙子文化旅游区。国家AAAA级旅游景区。景区规划总面积42平方公里，以孙武湖综合开发为基础，依据国家级生态旅游示范区和旅游度假区标准，按照“生态、旅游、文化、城市”功能定位开发建设综合性旅游度假区，重点布局孙子文化园、欢乐海洋、孙子学院、乐安古城、马鸣寺等旅游休闲项目。2016年新赠环园小火车、XD电影、飞行岛、波浪翻滚等项目，新开放攻城演绎区、春秋小镇、兵器馆等区域，孙子文化旅游区接待服务能力不断提升。

天宁寺文化旅游区。国家AAAA级旅游景区。包括天宁寺、民俗文化街、黄河三角洲顶点公园、溢洪河公园等区块。其中，天宁寺大雄宝殿为国内建筑面积最大；民俗文化街是以民俗工艺品展示、文艺演出、地方风味小吃为特色的庙会聚集地；溢洪河公园以“滨河佛教文化生态旅游圣地”为定位，以佛学文化为核心，以乡村旅游为重点，成为人们修习佛法、修身养性的重要场所。

红色刘集旅游景区。国家AAAA级旅游景区，建有全国第一个共产党宣言纪念馆、中共刘集支部旧址纪念馆、张太恒上将纪念馆、中共延集支部纪念馆等多个红色景点，展馆地下建设300米的观光地道，融入声、光、电等高科技元素，是远近闻名的红色教育基地。景区内织女河生态林场，涵盖饮马湖、将军湖以及拓展中心、采摘区、垂钓区、水上游乐区等特色项目。

揽翠湖旅游度假区。国家AAAA级旅游景区。位于东营市东、西城中间，占地3700多亩。度假区内初步建成四大区域：水上活动中心区、生态植物观光区、特色商务休闲区、中老年康体活动区，其间分布着水面400亩，树木160万株，绿地60万平方米，拥有高尔夫球场、拓展基地、花卉蔬菜观赏园、植物科普园、果品采摘园、水上乐园、生态餐厅、温泉洗浴等项目与景点。温泉度假中心项目开工建设，配套服务设施不断完善。

龙居黄河森林旅游区　　（市旅游发展委员会提供）

龙居黄河森林旅游区。国家AAAA级旅游景区，位于东营区龙居镇，西依黄河，植被丰茂，生态环境优良，自然风光旖旎，黄河文化、龙文化、历史文化厚重，民风淳朴，物产丰富。景区规划面积4.1万亩，完成投资7.8亿元，建有龙栖湿地公园、利丰温泉旅游度假村、桃花岛旅游度假区、聚拢山庄等景点。

东营市历史博物馆。国家AAA级旅游景区。位于广饶县城。占地4万多平方米，总建筑面积6812平方米，陈列总面积3500平方米，一楼为史前文化展、馆藏文物精品展、石刻造像展、历史名人、地方革命史、齐风古韵古乐器展；二楼为馆藏书画精品展、广饶民俗风情展、吕剧起源与发展专题展；三楼是发展成就展览。馆藏文物5000余件，其中国家三级以上文物320余件，包括全国重点文物保护单位—傅家遗址出土的史前（5000年前）全国最早的开颅术例证以及自龙山文化下迄明清时期各类文物精品、石造像、碑刻等文物，有全国现存最早的中文译本《共产党宣言》，是鲁北最大的区域性博物馆。

东营园博园。国家AAA级旅游景区。位于东营市金湖银河生态工程郊野公园。秉承“自然、生态、质朴、互动、乐享”的理念，建有主展馆、博园、生·动展园、灵·动展园、心·动展园、艺·动展园、璞园、智园、国际设计师展园、国际园林企业展园、趣味迷宫、县级展园、油田企业展园、滨水活动区等，注重生态性与文化传承，强调市民参与，带给市民新的运动体验、生态体验、科技体验、趣味体验和邻里体验。

黄河三角洲动物园。国家AAA级旅游景区。位于东营新区广利河以南，东青高速以西，南二路以北。占地面积1000亩，是集野生动物观赏与保护、科普教育、休闲娱乐为一体的大型综合性城市动物乐园。园区分为迎宾广场、欢乐部落、动物展示区、游乐场以及主题餐厅等功能片区。其中，动物展示区饲养有金虎、长颈鹿、白犀、环尾狐猴等珍稀野生动物100余种，1000余只。游乐场有过山车、大摆锤等大型惊险刺激类游乐设备以及大青虫、泡泡球馆等亲子类设备。园区先后引进“海洋馆”“日光猿军团猿剧场”等观赏体验项目，丰富园区游览项目。

胜利油田科技展览中心。国家AAA级旅游景区。位于东营市西城。设有油田发展史、勘探开发和科技成就三个展厅，全面展示胜利油田50年的发展历史、勘探开发历程和取得的科技成就。厅内陈列着各类标本、实物、模型和史料2000余件，有游客可参与操作的演示模型等。为山东省三星级科普教育基地、山东省青年科技创新行动教育基地。

鸣翠湖湿地风景区。国家AAA级旅游景区。位于河口区城区西侧。规划面积15.6平方公里，空间布局包括“一湖、两心、一带、多组团”，按照都心商务、国际社区、滨湖尚居、东岸商业4个功能分区，规划建设7大特色组团，将湖滨新区打造成为集生活、文化、教育、休憩于一体的城市核心景观区。市民广场、音乐喷泉等沿湖景观建成开放，鸣翠湖核心景观初步形成。

民丰湖休闲娱乐区。国家AAA级旅游景区。位于垦利区东部。湖区水面面积76万平方米，依水而建盘龙岛、龙门塔、卧龙桥、雨荷蛙鸣、临水沙滩、叠水瀑布、荷花渡、水上游乐区等景点，形成“卧龙桥边民丰塔，一湖碧水映民丰”的怡人景观。

凤凰城滨河休闲旅游区。国家AAA级旅游景区。位于利津县城黄河沿岸。全长27.5公里，占地近1300公顷，是国家级水利风景区、山东省自驾游示范点和山东自驾游网露营基地。景区黄河文化底蕴深厚，河防景观独特，生态环境优美，集雄、奇、险、峻于一身，有“水上长城、生态画廊”的美誉。完成投资1.2亿元，建有黄河浴场、黄河游船、CS扩展基地、凤凰田园、“和乐园”湿地公园等。

雪莲大剧院。国家AAA级旅游区。位于东城胜利大街以东、广利河以南，南二路以北。建筑面积45094平方米，造型取自黄河源头的巴颜喀拉山雪莲花。大剧院主体一层，局部6层，观众厅设有座位1340个，可供大型歌剧、舞剧、芭蕾舞、交响乐演出，同时具备演出团队及文化艺术交流提供排练、会议、餐饮、娱乐等服务功能。

万象游乐园。国家AAA级旅游景区。位于东营区宁阳路与天目山路交汇处。占地面积80亩，包括游艺游乐园、水上游乐园、滑雪场三部分。游艺游乐园有20余套游乐设施组合。

渤海垦区革命纪念馆。国家AA级旅游景区。位于垦利区永安镇驻地。总建筑面积3200平方米，总投资800多万元，设有9个展厅、1个报告厅和部分红色文化设施，藏有

图片584幅,实物763件。主要展示抗日战争及解放战争革命史、民俗文化等内容。 (市旅游发展委 温暖)

## 山东黄河三角洲国家级自然保护区

【概况】 山东黄河三角洲国家级自然保护区(以下简称自然保护区)是以保护黄河口新生湿地生态系统和珍稀濒危鸟类为主体的湿地类型自然保护区,1992年10月由国务院批准建立,同年12月成立自然保护区管理局。自然保护区总面积1530平方公里,分为南北两个区域,南部区域位于现行黄河入海口,面积1045平方公里;北部区域位于1976年改道后的黄河故道入海口,面积485平方公里。

自然保护区是中国暖温带最年轻、最广阔、保存最完整的湿地生态系统。同时,黄河携带大量泥沙在此沉积,使这里成为共和国最年轻的土地。区内鸟类众多,共有鸟类368种。国家一级重点保护鸟类有丹顶鹤、东方白鹳等12种,国家二级保护鸟类有大天鹅、灰鹤等51种。珍稀濒危鸟类逐年增多,每年春、秋候鸟迁徙季节,数百万只鸟类在这里捕食、栖息、翱翔,成为东北亚内陆和环西太平洋鸟类迁徙重要的中转站、越冬栖息地和繁殖地,被国内外专家誉为“鸟类的国际机场”。区内植物资源丰富,共有植物393种,其中野生种子植物116种。盐地碱蓬、柽柳和罗布麻在自然保护区内广泛分布,是中国沿海最大的新生湿地自然植被区。

2016年7月20日,省编办以东政字〔2016〕59号《关于设立山东黄河三角洲国家级自然保护区管理局(挂东营市黄河口生态旅游区管理委员会牌子)的通知》批复同意设立山东黄河三角洲国家级自然保护区管理局(挂东营市黄河口生态旅游区管委会牌子),为市政府派出机构,实现从事业到行政的转变。8月26日,市编委以东编发〔2016〕32号《关于设立自然保护区管理局(加挂黄河口生态旅游区管委会牌子)所属事业单位的通知》设立行政执法支队等4个正科级事业单位。2016年,自然保护区总体工作围绕生态文明建设这条主线,突出国家AAAAA级旅游景区创建,实施法制化、规范化和智能化建设,做好保护管理、生态旅游、科研监测、宣传教育工作,提升保护管理水平,促进创新、协调、绿色、开放、共享发展。

10月30日至11月9日,到南非德班市伊斯曼加里索湿地保护区就湿地生态恢复技术、湿地缺水解决策略、湿地资源可持续开发利用等问题考察学习,签署交流合作意向书。这是东营市国家级自然保护区签署的首个国外合作协议。2016年2月25日,中国野生动物保护协会授予东营市“中国黑嘴鸥之乡”称号,4月18日,山东黄河三角洲国家级自然保护区管理局被中国环境科学学会授予“十二五”环保科普工作先进集体。

【依法保护管理】 保护管理。①法制建设进展顺利。《山东黄河三角洲国家级自然保护区条例(草案)》编制完成,经市政府第7-100次常务会议讨论通过,10月27日市七届人大常委会第41次会议对《条例(草案)》进行第一次审议。2016年自然保护区被确定为省政府法制办第二批依法行政工作联系点及信息直报点单位,是东营市2个全省依法行政联系点之一。②开展巡护监测。组建专业巡护监测队伍,对区内资源和环境进行全面巡护监测,与市林业局联合组织开展打击非法狩猎行为“百日专项行动”,实现对保护区重点区域、重要节点的实时监控,有效地保护自然资源和自然环境,制止违法破坏活动。③规范土地海域管理。规范到期承包土地管理,加强实验区土地用途管制,利用到期土地进行试点,留取种植面积的5%~10%免于收获,用于鸟类补食,探索鸟类补食新机制。建立启用土地综合利用管理系统,初步实现对土地海域的规范化、数字化管理。④入区管理规范有序。严格执行《非旅游人员及车辆入区管理暂行办法》,自1月18日起对区内油田单位等非旅游人员正式启用入区通行证,有效遏制区内破坏自然资源和自然环境的不法行为,避免旅游收入流失,规范入区管理秩序。⑤安全生产形势持续稳定。签订责任状,传导压实责任。以开展“安全生产百日攻坚”活动为契机,严格落实巡逻检查、隐患排查、计划性烧除等防范措施,抓好防火、疫源疫病防控等工作。

创建国家AAAAA级旅游景区。①筹备国家资源与景观质量评审。多次到国家旅游局、省旅游发展委对接汇报创建工作,6月27日,市委书记申长友在2016东营市旅游推介会(北京)期间到国家旅游局对接汇报,局长李金早亲切会见并表示重点支持。同时,完成《景观质量》台账、评审报告、汇报PPT和景观质量宣传片等申报材料,做好评审准备。②科学编制规划,统筹推进项目建设。适应新的国家AAAAA级旅游景区创建标准,重新编制旅游区总体规划和提升规划,并调整创建之初确定的90项任务,梳理出76项整改事项。2016年底,22个一期建设项目进展顺利,游客中心1号楼功能完善、大汶流门口桥涵改造等8个项目完成。同时新增整改项目25个,完成20项。③加强软件建设,全面提升管理服务水平。引进高水平创建咨询机构及驻场管理团队,聘请专家对创建AAAAA存在的问题进行会诊,对景区48名导游人员进行全员培训,招聘市场营销、工程管理、电子信息等专业管理人员22名,与40多家大型旅行社、5家新闻主流媒体签订合作协议,景区管理服务水平和社会认知度及影响力提升。2016年接待游客24.39万人次,实现门票收入1854.44万元。

对外宣传。①权威媒体报道。新华社、人民日报、大众日报、加拿大国内七天传媒等多家国内外权威媒体先后10余次到保护区采访,并以《黄河口600万鸟儿温馨的家》《黄河三角洲静听雏鸟破壳声》《黄河口处鸟与人,北归南渡又

远望楼　　（黄河口生态旅游区管委会提供）

一春》《黄河三角洲上演"珍鸟传奇"》等文章报道保护区生态保护成效。中央电视台国际频道CCTV-4以"黄河三角洲自然保护区迎来10万只珍惜候鸟"为题，详细介绍保护区鸟类迁徙情况；山东电视台、齐鲁电视台、东营电视台多次宣传报道。截至12月底，市政府网站采用信息94条，在委门户网站刊发信息212条，全年编辑印发创AAAAA工作简报23期，制作微信订阅号187期、大厅电子屏宣传版面156期。②各类宣传活动。召开旅游区市民年卡新闻发布会；与东营市油画院联合举办黄河入海流—"加拿大白石·中国东营"友好城市文化之旅艺术创作活动，邀请40余位国内外知名油画家到保护区写生创作，并进行作品展览和写生活动学术研讨。举办"同饮黄河水，共筑中国梦"2016黄河万里行大型生态人文交流活动。完成黄河口散文集《作家眼中的黄河口》初稿编写，印制新版宣传册《黄河入海的地方》等宣传材料，增添保护区文化元素。③系列科普教育活动。组织开展"知我东营、爱我家乡—湿地之旅""2016假期课外大讲堂"等科普教育活动，参加人员2000余人次。

**【重点工程】** ①黄河三角洲湿地关键物种栖息地营造优化工程。实施面积2740公顷，主要包括东方白鹳繁殖地保护、鹤类栖息地保护、野生植物及生境保护、黑嘴鸥繁殖地保护工程四部分内容。2016年7月完工验收并投入使用。②黄河三角洲地质环境治理项目。该工程以防治海水入侵为主，修筑破浪岛24个，新建围坝3088米，新建3孔连通闸6个，新修水渠7005米，整修加固堤坡41054米，2016年6月竣工。③黄河三角洲湿地生态多样性保护工程。该工程建设地点位于大汶流管理站的南部区域，总面积1.12万亩。主要建设沉沙池1座，引水闸2座，栖息繁殖岛20个，柽柳、芦苇生态岛5个。完成工程立项、招标方案核准、概算批复、选址意见、市规委会项目设计方案审批等前期工作。

**【科研工作】** ①自然资源与环境监测调查。完成林业有害生物调查，开展植物、黄渤海水鸟、浮游动植物、鱼类调查及昆虫普查，编写完成巡护监测年度报告和东方白鹳、黑嘴鸥等专题报告，逐步掌握动植物资源种类、分布和变化规律。全年有效监测230天，鸟类监测记录570份，专项调查资料192份、照片600多张。②繁殖期鸟类调查环志完成年度任务。2016年东方白鹳成功繁殖67巢、孵化雏鸟196只，环志东方白鹳幼鸟13只，黑嘴鸥繁殖种群数量7186只（占全球总种群近50%），成功营巢3593个。保护区成为黑嘴鸥全球第二大繁殖地，被中国野生动物协会授予"中国黑嘴鸥之乡"称号。③加强科研合作与交流。与中科院烟台海岸带所、北京师范大学合作开展水质和土壤监测，与山东理工大学合作开展两栖动物调查、初步监测到区内两栖动物共5种，与北京师范大学、海洋一所制定细化垦东五鸟类救护中心科普产品设计方案，推动科研、保护、管理等方面的合作交流。④开展科技攻关。与中科院烟台海岸带所开展典型滨海湿地及潮间带生态环境脆弱性评估和生态修复示范项目，完成项目中期评估，达到项目设计要求。

（黄河口生态旅游区管委会　董希堂）

# 国内贸易

# 商 贸 流 通

**【概况】** 2016 年，全市实现社会消费品零售总额 789.7 亿元，增长 8.5%。其中，限额以上市场零售额 366.8 亿，下降 1.5%。22 家重点调度企业实现销售额 163.16 亿元，同比下降 4.1%；实现利税 10.8 亿元，增长 9.6%。在国内经济下行压力加大和各种新业态、新模式严重冲击下，商贸流通企业主动适应、创新作为、综合施策，商超零售、住宿餐饮等主要指标均实现稳定增长。①扩大消费保障运行。在保障市场有效供给的前提下，加大市场运行监测力度，启动消费品零售企业日报制度，同时对鲁百、胜大、银座、蓝海等 6 家企业进行重点监测，市场总体运行平稳。②推进商业网点规划编制工作。在征求市直有关部门、各县区、开发区意见的基础上，制定商业网点规划编制工作方案，规划编制工作取得实质性进展。③推进"互联网+餐饮"模式。协调市餐饮协会和相关企业建设网上购销信息平台，为餐饮企业在原材料采购、菜品销售、信息咨询等方面打通便捷通道。④维护良好市场秩序。开展打击侵权假冒工作，办理侵权假冒案件 95 件。开展二手车流通和报废汽车回收拆解行业集中整治行动，现场监督拆解报废汽车 1800 余台，回收拆解率 100%。加强对拍卖、典当、商业特许经营、零售商供应商公平交易、单用途商业预付卡等领域的监管，开展商务综合行政执法工作。⑤狠抓商务领域安全生产。商务领域安全生产形势稳定，没有发生大的安全事故。完成企业安全调查摸底 424 家，制定安全生产督导检查制度和安全生产督导检查工作流程及检查标准，对县区、开发区督查 4 次，重点企业检查面 100%。开展平安商场创建工作，将责任层层传导到基层，形成上下联动、群防群治的创建工作机制。

**【推进餐饮业发展】** ①组织蓝海集团等 7 家餐饮企业及餐饮协会召开"促进餐饮业转型发展"座谈会，撰写促进全市餐饮业转型发展的调研报告。②按照《山东省旅游厕所建设管理实施方案》的要求，对照建设标准，组织县区做好新改建旅游餐馆厕所工作，全市新改建旅游餐馆厕所 27 个，完成指标任务 180%。③陪同市政府督查室先后到河口、垦利、利津、东营港等地对旅游厕所建设情况进行现场督导。④按照省商务厅统一安排，完成全市市餐饮业转型发展、老字号等专题调研材料，组织上报东营市商贸服务行业协会调查表、"减免征收污水处理费情况"等相关资料，撰写全市餐饮行业供给侧结构性改革调研材料，并组织蓝海集团提报企业供给侧改革典型材料。

**【拍卖业】** 2016 年，全市 12 家拍卖企业共举办拍卖会 210 场次，同比增长 24.26%。实现佣金总额 1358.56 万元，同比增长 60.08%。成交额 165265.72 万元，同比增长 170.9%，其中，房地产成交额 149523.55 万元，同比增长 210.1%；机动车成交额 6514.14 万元，同比增长 329.14%；其他类成交额 2500.45 万元，同比下降 66.68%；土地使用权成交额 6617.37 万元，同比增长 52.92 倍；无形资产成交额 110.21 万元，同比下降 84.72%；文物艺术品、股权、债权、农副产品等均无成交额。

**【典当业】** 2016 年，全市 29 家典当企业完成典当业务 882 笔，同比下降 18.8%。典当总额 67815.13 万元，同比下降 22.6%，其中，动产质押 27120.33 万元，同比下降 28.7%；房地产抵押 37610.8 万元，同比下降 19.4%；财产权利质押 3084 万元，同比增长 5.8%。实现营业收入 2361.08 万元，同比下降 33.7%。净利润 547.27 万元，同比下降 60%。上缴税金 184.4 万元，同比下降 44.81%。

**2016 年全市重点流通企业主要经济指标表**

单位：万元

| 单 位 | 位次 | 营业收入 | | 利税总额 | | 利润总额 | | 资产总额 | | 负债总额 | | 从业人员 | |
|---|---|---|---|---|---|---|---|---|---|---|---|---|---|
| | | 本期 | 同比增% | 本期 | 同比增% | 本期 | 同比增% | 本期 | 同比增% | 本期 | 同比增% | 本期 | 同比增% |
| 合 计 | | 1649428 | -3.73 | 109382 | 9.37 | 51711 | 24.06 | 1125877 | -27.14 | 725153 | -8.25 | 29764 | 1.22 |
| 商贸企业(20 户) | | 1471491 | -5.21 | 95585 | 1.03 | 42,190 | -5.91 | 709084 | -40.73 | 490329 | 11.64 | 19564 | -3.60 |
| 中国石油化工股份有限公司山东东营石油分公司 | 1 | 246277 | 7.70 | -617 | -89.30 | -617 | -89.30 | 35 | -99.99 | 44734 | 9.04 | 521 | -3.87 |
| 东营烟草有限公司 | 2 | 177326 | -9.16 | 45566 | -5.30 | 11612 | -32.35 | 60300 | -14.12 | 3976 | 22.83 | 474 | -1.86 |
| 东营银座购物广场有限公司 | 3 | 141231 | -9.97 | 13956 | -15.49 | 9,305 | -20.50 | 92,926 | 3.71 | 23035 | -14.08 | 1270 | -18.38 |
| 山东鲁百百货大楼集团有限公司 | 4 | 169632 | -7.00 | 1481 | -21.85 | -2287 | 13.95 | 93649 | 10.58 | 88152 | 14.68 | 1424 | 0.00 |
| 东营金田小商品市场发展有限公司 | 5 | 180432 | -9.63 | 18362 | 17.61 | 15596 | 8.31 | 27842 | -12.72 | 5298 | -18.68 | 2471 | -0.12 |

续表

| 单位 | 位次 | 营业收入 | | 利税总额 | | 利润总额 | | 资产总额 | | 负债总额 | | 从业人员 | |
|---|---|---|---|---|---|---|---|---|---|---|---|---|---|
| | | 本期 | 同比增% | 本期 | 同比增% | 本期 | 同比增% | 本期 | 同比增% | 本期 | 同比增% | 本期 | 同比增% |
| 山东鑫昊农副产品有限公司 | 6 | 67299 | -17.75 | 2816 | -28.83 | 2562 | -28.13 | 25072 | 0.00 | 4970 | -27.45 | 136 | 3.03 |
| 胜大超市 | 7 | 126351 | 0.63 | 1772 | 3.08 | 333 | 1.22 | 55015 | -20.06 | 64566 | -6.42 | 4366 | -4.25 |
| 东营五一商贸集团 | 8 | 77347 | -1.63 | 2861 | 0.60 | 1923 | -0.36 | 26354 | 7.74 | 29846 | 14.51 | 417 | -7.74 |
| 东营市商业大厦 | 9 | 53776 | -11.65 | 1408 | -5.50 | 54 | -19.40 | 19633 | -20.35 | 16899 | -23.04 | 2336 | 0.00 |
| 广饶县汇通机车市场有限公司 | 10 | 41831 | -32.58 | 1269 | -36.55 | 933 | -37.09 | 175044 | -43.81 | 75832 | 71.16 | 620 | 0.00 |
| 东营市医药公司 | 11 | 62903 | 18.47 | 2461 | 16.75 | 1420 | 152.22 | 38004 | 51.56 | 40230 | 40.68 | 925 | 16.65 |
| 东营振华百货发展有限公司 | 12 | 26626 | -13.08 | 1646 | -13.19 | 604 | -17.03 | 13492 | -12.77 | 10740 | -15.92 | 902 | -11.22 |
| 东营信誉楼百货有限公司 | 13 | 42303 | 2.88 | 2369 | 12.33 | 1851 | 1.37 | 16127 | 0.04 | 11139 | -7.67 | 900 | 0.00 |
| 东营市银座家居有限公司 | 14 | 18659 | 13.66 | 1298 | 18.86 | 771 | 13.22 | 21658 | 6.75 | 22954 | -0.64 | 75 | 4.17 |
| 利群集团东营瑞泰购物广场有限公司 | 15 | 7930 | -30.95 | -1354 | -23.02 | -1584 | -17.54 | 4501 | -8.96 | 13342 | 9.35 | 1239 | -13.78 |
| 广饶佳乐购物广场 | 16 | 19007 | 34.73 | 1058 | 44.93 | 589 | 156.09 | 28393 | 25.27 | 26048 | 26.62 | 990 | 0.00 |
| 东营民建购物广场有限公司 | 17 | 3992 | -40.00 | -17 | -111.56 | -56 | -1033.33 | 2173 | 29.04 | 1121 | 11.10 | 100 | -6.54 |
| 东营大昌工贸有限责任公司 | 18 | 5481 | -0.35 | 205 | 1.99 | 160 | -4.19 | 5484 | 5.08 | 3883 | 11.52 | 278 | -1.07 |
| 江苏乐天玛特东城店 | 19 | 2476 | 126.12 | -1054 | 170.26 | -1078 | 169.50 | 1632 | 6.11 | 2719 | 40.30 | 83 | 1.22 |
| 山东黄河三角洲畜产品购销有限公司 | 20 | 612 | 5.88 | 99 | 11.24 | 99 | 11.24 | 1750 | 7.36 | 845 | 1.56 | 37 | 0.00 |
| 餐饮企业(2户) | | 177937 | 10.60 | 13797 | 155.55 | 9521 | -401.39 | 416793 | 19.48 | 234824 | -33.12 | 10200 | 11.94 |
| 山东蓝海集团 | 1 | 160356 | 11.64 | 12101 | 224.25 | 8278 | -289.51 | 406734 | 20.04 | 232906 | -33.13 | 8860 | 15.56 |
| 东营市喜文化餐饮有限责任公司 | 2 | 17581 | 1.95 | 1696 | 1.74 | 1243 | 2.81 | 10059 | 0.44 | 1918 | -31.79 | 1340 | -7.27 |

(市商务局　郭志彬)

# 供 销 合 作

**【概况】** 2016年,市供销社以深化供销合作社综合改革为主线,着力培育新型农业生产经营服务主体。2016年,建成"社村共建"示范点10个,全市共完成"社村共建"21个,其中,共建合作社16个,共建农产品生产基地16个,共建项目12个,实现村集体增收70余万元。先后有3个村获得省级示范点荣誉称号,争取上级扶持资金30万元。

**【基层组织体系建设】** 按照壮大一批、规范一批、扶持一批的原则,对乡镇基层社进行分类改造提升,盘活社有资产,吸收社会资本参与,提升服务能力,完成改造提升基层社6家。依托农业龙头企业、基层供销社、种植大户、社会能人,围绕农业优势特色产业,带动更多的农民参与农业产业化经营,领办创办农民合作社20家;进一步规范农民合作服务,创新管理体制和经营机制,规范提升农民合作社10家。全市供销社系统领办创办农民专业合作社224家,发展农民专业合作社联合社6家,建立农产品生产基地47个,基地面积30万亩。

**【农业社会化服务体系建设】** 按照服务半径3~5公里、服务面积3~5万亩的标准,全市供销系统以产业服务推动为农服务中心建设,整合嫁接资源,建成为农服务中心10处。自2015年起,共投资5000余万元,建成为农服务中心22处。2016年,各为农服务中心突出优势,配备粮食烘干机7台,日烘干能力达到1040吨,仓储能力达到3.6万吨,测土施肥面积达到37万亩,飞防服务面积24万亩,助农增收420万元。围绕解决"谁来种地、怎么种地"这一问题,完善订单式、参股式等全托管服务方式，推进“菜单式”半托管服务，为农民提供大田作物病虫害防治、机械化耕种、测土配肥、技术培训、农资供应等服务。2016 年，实现大田托管服务面积 80 万亩，建立起支撑农业产业化发展的经营服务体系。

【农村现代流通服务体系建设】 ①完善特色农产品经营服务网络。拓展黄河口大闸蟹公司经营服务网络，在北京、上海、石家庄等地建设直营分公司 4 家，加盟店 15 家，经销商 50 家；投资 300 万元，综合利用互联网及移动互联网等媒介，搭建起大闸蟹、海参、大米等东营优质农产品销售及品牌宣传平台；投资 200 万元实施黄河口大闸蟹“一、二、三产业融合”示范一期项目，打造 500 亩生态养殖示范区，实现当年建设、当年投入、当年产出、当年盈利，大规格蟹占 30% 以上，亩产在 150 斤左右，亩毛收入 7000 元左右。②推进日用消费品和农资服务网络建设。新建改造农村日用品超市 15 处，农资超市 17 处；抓好农资直供、“放心农资惠万家”活动，按照每吨农资优惠 200~400 元不等的价格销售给农民，优惠直供各种农资近 2 万吨，为农民节约开支 300 余万元。推广先进植保技术，围绕做好“减”字文章，开展测土配方、精准施肥，提升服务水平，提高农民科学种田水平，完成测土配方智能配肥面积 55 万亩，统防统治面积 47 万亩。③推进农村电商发展。组织 500 余人(次)参加的农村电商业务知识培训，河口区供销社供销宜家电子商务公司组建成立，黄河口大闸蟹和利津县供销社“农商 1 号”电商平台实现互联网销售收入 1400 万元。

【新型农民素质提升工程】 按照“实效、管用”的原则，围绕农村产业发展和农民群众需求，培训合作社负责人、管理人员、农民社员及种养殖大户 15867 人。加强新型农民创业基金管理，自新型农民创业基金开展以来，累计为农户提供贷款担保 9120 笔、83426.8 万元，节省利息支出 8000 万余元；2016 年提供贷款担保 2551 笔、25643.9 万元。为解决涉农小企业、农民合作社贷款难题进行有益探索，发放担保贷款 5 笔、1338 万元。

【精准扶贫】 认领帮扶贫困户 333 户、782 人，完成省社任务的 122%、120%。与市扶贫办对接，建立联络机制，作为第一个与市扶贫办进行扶贫项目、扶贫政策、贫困户认领等对接的责任部门，按照信息共享，政策共用的原则，承接落实“1+N”政策措施(“1+N”为是扶贫办提出的政策措施，1 为总精准扶贫方案，N 为各单位制定的扶贫方案)。从全市 60 个省定贫困村中优选有特色种养殖、专业合作社、农村电商或者其他带动作用明显的富民项目，列入全市扶贫攻坚项目盘子，由市县扶贫办统一规划实施，市县供销社全面参与推动落实。2016 年，从改革发展资金中列支 20%计 66 万元作为精准脱贫专项资金，由市县扶贫办统一规划实施(该资金由扶贫办实施，供销社只列支资金不直接参与实施)；从项目经费中列支 30 万元作为承担脱贫任务的合作社等直供农资、智能配肥和庄稼医院等项目的补贴，减少群众的生产性支出，促进贫困户脱贫致富。 (市供销社　王峰)

## 粮食流通管理

【概况】 2016 年，市粮食局牢牢把握国家粮食安全战略，加快推进“粮安工程”建设，着力抓收储、稳调控、防风险、重法治、促产业、惠民生。至年底，全市粮油流通、加工企业 56 家；全年社会粮食购销总量 414.2 万吨，实现销售收入 73.59 亿元，利税总额 2.58 亿元。

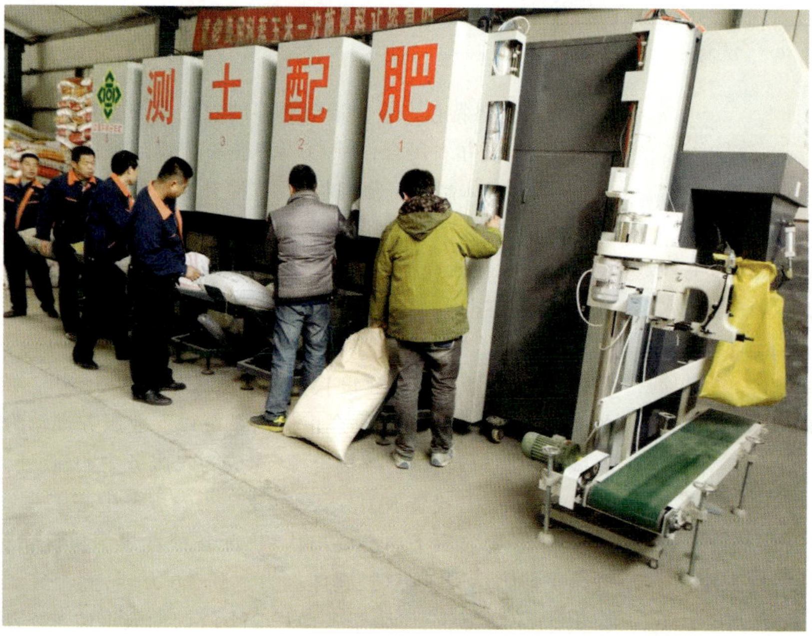

为农服务中心进行智能培肥 (市供销社供稿)

【粮食宏观调】 发挥政策规划的指导作用，研究出台《东营市粮食收储供应安全保障工程建设规划(2016–2020)》和《东营市粮食流通“十三五”发展规划纲要》。规范粮油统计工作，提高统计数据质量，联合农业、气象和统计等部门，召开供需平衡调查会商会议。加强市场粮油价格监测，全年上报价格周报 52 期，提报市场价格动态 22 期，入统涉粮企业实现统计数据从企业到国家局的直接报送，为宏观决策提供参考依据。完善预警应急体系，组织开展应急网络检查评估，调整充实粮食应急体系，全市建设粮食应急供应点 97 个、粮油应急加工企业 14 个和粮食应急配送

市级储备粮轮换完成 （市粮食局供稿）

企业7个，实现每个乡镇、街道(社区)至少有一个应急供应网点和每个县区有1个应急配送企业的目标。多措并举化解收储矛盾，十年来首次启动小麦最低收购价执行预案，协调筹措资金10亿余元专项用于支持夏粮收购工作，全省执行小麦最低收购价启动仪式在东营市举行，8个托市收储库点累计收购小麦10.4万吨，国有粮食储备企业提前执行最低收购价标准，3.2万吨储备粮轮换任务完成。军粮质量、服务水平稳定提升，军粮供应保障任务完成。

【粮食安全责任制】 在全省率先出台《东营市人民政府关于贯彻落实粮食安全责任制的实施意见》(东政发〔2016〕10号)，督导各县区印发落实粮食安全责任制的实施意见，成立粮食安全责任考核工作组，为工作开展提供组织保障。召开全市粮食安全责任考核工作组会议，研究通过《东营市粮食安全责任考核工作方案》和《关于开展2016年度粮食安全责任考核工作的通知》，安排部署相关考核工作。

【提升储备管理水平】 推进“粮安工程”建设，“危仓老库”维修改造项目通过省级验收，新增地方储备粮规模9000吨，全市地方储备总规模14.9万吨。全市地方储备库全部纳入省级粮库智能化升级项目，其中，市粮食储备库纳入全省5家示范库系统之一。出台《东营市地方储备粮管理办法》，完善《东营市市级粮食储备库监督管理暂行办法》，举办全市粮食行业保管员和质检员职业技能竞赛，技师工作站被确定为2016年度东营市五家首席技师工作站之一，规范化管理水平继续在全省保持领先。切实加强安全监管，组织全市粮食行业安全生产隐患大排查、快整治、严执法集中行动，开展秋冬粮油安全大检查，“安全生产月”活动获优秀组织奖，行业安全生产和储粮安全形势保持稳定。

【粮食经济增长】 推进粮食供给侧结构性改革，推动粮食经济结构优化和产业转型升级，扶持企业做大做强，推进粮油品牌建设，开展全市粮油精品展销活动，组织企业参加各类展会，提高产品知名度，两家企业入选全国粮油加工企业50强、10强，半球牌特精粉荣获第十四届中国国际粮油产品及设备技术展示交易会金奖。实施放心粮油工程，修订完善《东营市放心粮油工程建设标准及管理暂行办法》，坚持定期检查与日常检查相结合，邀请社会监督员视察放心店，实施动态管理，提高建设质量和服务水平，2家企业通过全国放心粮油示范企业复审，5家粮油企业的9种粮油产品入选全省“放心粮油”产品名单，改造提升放心粮油供应网点40家，提前实现每个乡镇、街道至少有一个放心粮油供给网点的目标，省粮食行业协会推荐广饶县作为全省首家申报“全国放心粮油示范县”。推进主食产业化项目建设，每月调度进展情况，6个主食产业化建设项目基本完成，联合财政局对3个项目完成正式验收。

【法治粮食建设】 开展夏秋粮收购、统计制度执行、政策性粮食销售出库等专项检查和社会粮食流通监管工作，全市开展各类执法检查29次，出动检查人员224人次，检查企业219家次，维护粮食流通市场秩序，保障国家粮食政策落实。加强粮食质量安全监管，制定粮食质量监督检查的事中事后监管制度，完善粮食质量风险监测体系，开展储备粮储存质量检查和夏粮收获质量调查，分别检验样品142个，获取数据934个，完成省粮食局下达的新收获粮食样品扦取任务，采集小麦样品13个，玉米样品12个。建立部门联动机制，加强与有关部门的协调配合，联合工商局下发《关于进一步加强粮食市场联合监管工作的通知》，与农发行和中储粮制定《最低收购价粮监管考核办法》，出台《行政复议纠错制度》和《行政诉讼败诉报告制度》，健全执法体系，规范执法行为。完成全国粮食库存大检查工作有关任务，东营市地方储备粮在省内异地“双交叉”检查中发现的问题最少，没有列入需省级以上督导整改的事项。组织开展粮食科技周、世界粮食日和全国爱粮节粮宣传周活动。

### 2016年全市粮油购销主要企业基本情况表

单位:万元

| 序号 | 企业名称 | 资产总值 | 产值 | 利税 | 企业地址 | 电话 | 品牌名称 |
|---|---|---|---|---|---|---|---|
| 1 | 东营市粮食储备库 | 28421 | 7251 | 448 | 东营区南二路1215号 | 8185192 | 自2004年始连续荣获"省级示范粮库",2010年荣获"全国粮油仓储规范化管理先进企业"称号。2011年荣获全省十佳粮库称号 |
| 2 | 山东半球面粉有限公司 | 36558 | 72395 | 46 | 广饶县孙武路83号 | 6916176 | 2007年,"半球"面粉荣获中国名牌 |
| 3 | 广饶县汇通粮食有限公司 | 6239 | | 985 | 广饶县李鹊镇小张村 | 6463866 | |
| 4 | 东营市鲁通米业有限公司 | 9000 | 13560 | 905 | 东营区北二路阜盛大街37号 | 8983863 | 2007年注册"黄河三角洲"品牌大米 |
| 5 | 山东万得福实业集团有限公司 | 134185 | 156775 | 8592 | 垦利区利河路187号 | 7738838 | 绿色家园大豆油2010年荣获山东名牌 |

注:数据来源为2016年报表

(市粮食局　刘兴武　张朋辉)

**【中央储备粮东营中心库】** 2016年,中央储备粮东营中心库经济运行质量良好。各类政策性粮食质量达标率、账实相符率、综合宜存率继续保持100%。

推进"五个做实"。①加强粮食数量、质量管控。开展产前质量调查。执行可追溯责任体系,落实入库粮食数量质量全过程负责制。规范入库水杂扣量标准,单车样品留存备查。坚持首扦首检负责、保管员仓前把关、每满1/3仓质量预警、复检验收考核"四位一体"入库检验制度。2016年底,质量管理贯彻落实"双导向双服务"理念,逐步建立市场品质指标。②做实包仓制,抓好单仓核算。完善细化《包仓制实施办法》以及《红旗仓评比办法》,组织仓储考评,当月考核与工资挂钩。③科技储粮和智能化粮库全覆盖。采取敷设屋面、墙面防潮隔热材料,安装内环流控温和空调,门窗双密闭等方式,储粮控温率100%,实现最好水平。直属库、分库智能化粮库全部建设完成并上线运行,仓内外151个摄像头正常发挥效用。为仓储员工配备平板电脑并建立使用单仓APP软件,实现单仓档案管理信息化。④仓储设施焕然一新。坚持应修必修,加大投资力度,实施维修改造项目21个,投资完成率100%,辖区储粮基础条件和设施设备明显改善。⑤新建仓房顺利完工。利用直属库和分库闲置土地扩大规模,新建仓房7栋共4.2万吨,率先在分公司系统通过预验收,3栋投入使用。⑥安全生产持续零事件。切实按照"四个时刻"和"四个看待"落实安全生产工作,做好"四个结合",守住"四无底线",做到"七个常有"。实施安全生产全员"网格化"管理。建立安全生产、储粮隐患排查台账。使用好智能化粮库智能安防系统,对违反规定的责任人员进行严格处理。2016年,每周组织安全制度落实督查,每月开展一次安全生产自查,年内组织开展防汛、秋季粮油安全大检查、回头看等专项检查15次。辖区安全生产形势持续稳定。

深化基础管理。①抓好重要事务工作。落实督办制度,对库党委和主任办公会安排的重要内容进行督办,及时下发督办单,确保事事有回音、件件有落实。②完善管理制度。对《员工出差管理办法》等各项规章制度进行重新修订完善,企业管理水平稳步提升。③规范劳务派遣人员管理,重新签订规范的合同,节约费用,保障派遣人员的权益,规避用工风险。④加强学习培训。2016年,组织员工参加各类学习培训1400余人次,员工持证上岗比例提高到65%,员工素质和专业人才比例稳步提升。⑤抓好薪酬分配工作。做好工资测算工作,按时完成备案,批复后召开职代会,全票通过,调动全体员工积极性。

服务宏观调控。①完成托市收购。2016年共启动收储库点8个,累计收购104031吨,其中利用铁路罩棚和仓间罩棚直接收购托市小麦2万吨,辖区收购总量和东营库本身收购数量创历史新高。②完成"去库存"任务。按期完成政策性粮食拍卖出库任务,满足行情下跌情况客户出库强烈的意愿。③完成轮换购销工作。严格按照轮换计划,完成分公司下达直属库轮换计划11779吨,不存在"转圈粮"、无计划轮换、未轮报轮、未经批准超架空期、擅自变更储存库点等情况。1个月内全面完成一次性储备玉米销售计划9315吨。

(中央储备粮东营中心库　韩燕)

## 烟 草 专 卖

**【概况】** 至2016年底,东营市烟草专卖系统共有从业人员608人(含市1532公司自主招聘57人),其中在岗人员522人,离岗内退21人,离退休65人。总资产60682万元,其中,固定资产19734万元、流动资产44382,资产负债率13.85%。销售卷烟76206箱,实现单箱销售额27225元,人均条数9.36条;实现利税4.56亿元;其中上缴税金3.4亿元,同比增长9.7%。查获各类涉烟违法案件644起,查获卷烟951万支,案值354万元;破获符合公安部、国家局标准网络案件5起,刑事拘留28人,逮捕11人,判刑8人。

【卷烟经营】 提高市场调控水平,建立"静-动"结合投放策略库,实行"日调度、周分析"制度,优化品类布局,明确10个价位段重点培育规格,加大四五类烟调控力度,引导消费向低三类、高三类梯次上移。深挖特类市场潜力。聚焦鲁产、细支、农村、婚庆四类市场开发,建立高端、普一类、二类细支和鲁产四个"营销单元",分类开展"提升月"专题营销。销售细支烟9471箱,同比增长28.88%;人均条数1.03条,居全省第1位;占总销量比重12.43%,居全省第2位。鲁产烟销量40050箱,销量占比52.57%;人均5.07条,高于全省平均0.83条,居全省第1位。推进客户服务体系建设。建立完善涵盖八大功能模块的客户服务体系,全市运行基层客户服务站14个,组织架构由扁平调整为锥形。加快客户经理职能转型,推行"双6+"工作法,建立团队建设跟进补位、市场经理动态调整和"三维一体"绩效考核机制。

【专卖管理】 开展"齐鲁之盾"(2016)专项行动。完善市综治委联席会议制度,强化与公检法等多部门协作机制,保持监管高压态势。强化大要案及网络案件侦破。注重提升案件经营能力,在案件质量上下功夫,利津县"2·17"网络案件涉案金额6800万元,被省"打网办"挂牌督办。部署推进"1234"专卖强基建设。突出抓好市场稽查、市场基础、现场管理等九项重点工作,试点推广以"四维"综合分析体系为重点的APCDA工作模式,全市市场检查季度覆盖率由92%提高到97%。持续抓好规范经营。严格执行"六条禁令"及其处理规定,卷烟外流数量同比下降40.18%,案值下降60.5%,未发生"双30"标准以上案件。开展"七五"普法宣传教育,设置法律顾问工作室,推进法律风险防控体系建设。

【企业管理】 部署"基层基础工作提升年"活动。细化79项主要工作,对照任务配档表逐项督导落实,下发月度工作通报10期,在东营区局(营销部)、广饶县局、物流配送中心召开全市系统客户服务体系建设、专卖"强基"建设和精益管理三个现场会。开展精益现场管理推进月、精益看板管理等活动,1项精益课题、2个创新项目在省局(公司)立项,征集QC小组活动成果9项,岗位创新成果45个,获得软件著作权3项,申请专利2项,获奖学术论文5篇,获评全省"优秀质量管理小组"和全系统"精益十佳"课题、个人等荣誉称号。深挖降本增效潜力。全程管控重点费用,研究不可控费用管理。"三项费用"(销售费用、管理费用、财务费用)减少636万元,下降3.82%。落实审计全覆盖,开展各类审计项目113项,审减节约资金11.4万元。理顺精益运行机制。完成标准体系二级拆分,内部审核发现问题项229项,文件执行率91.1%。开展"制度建设年"活动,新建、修订制度29项,废止33项。加强投资、采购计划管理,取消、调减采购项目10项,减少采购支出367万元。

【多元化经营】 落实大物流建设"统一核算、统一经营、统一管理"工作思路,坚持"零库存"管理,提高盈利水平,实现销售额4235万元,毛利403万元,毛利率9.51%,人均非烟销售额、人均毛利均居全省第1位。

(市烟草专卖局　刘耀辉)

## 东营市医药公司

【概况】 东营市医药公司内设8个职能科室,下辖9个经营单位,其中1个医药药材采购供应站、6个批发经营部、1个基层药品配送中心、1个康之堂药业连锁有限公司。有职工290人。具有中级职称人员42人,有初级职称人员246人;具有从业药师和执业药师资格人员88人。总计仓储面积9894平方米。

【药品经营】 公司主要经营业务为药品批发和配送,主要经营范围包括中药材、中药饮片、中成药、化学原料药、化学药制剂、抗生素、生化药品、生物制品、麻醉药品、精神药品、医疗用毒性药品、罂粟壳、蛋白同化制剂、肽类激素、医疗器械、玻璃仪器、医疗保健品、计生用品和保健食品等10000多个品种规格。主要营销网络为胜利油田和地方各医疗单位和社区诊所及药店。2016年实现商品销售额36568万元,同比增长6.06%,实现利税625.8万元,同比增长43.27%。

**2016年主要医药经营情况表**

单位:万元

| 项　目 | 销售额 | | 毛利润 | |
|---|---|---|---|---|
| | 当年 | 同比增% | 当年 | 同比增% |
| 中药材 | 120 | -38.14 | 37 | -33.15 |
| 中成药 | 10780 | 4.37 | 890 | 4.46 |
| 西药 | 22968 | 4.03 | 1728 | 4.21 |
| 麻药 | 966 | 32.87 | 174 | 31.37 |
| 医疗器械 | 470 | 48.33 | 62 | 45.37 |

【营销网络】 营销网络主要集中在东营市和胜利油田各医疗单位及社区卫生服务中心。经营模式:对县级以上医院批发经营;对基层医疗单位(社区卫生服务中心、乡镇卫生院、民营医院、个体诊所、药店等)药品配送;对广大市民进行药品零售。

【基层药品配送和零售】 市直基层药品配送工作因市场变化和业务调整受到一定影响,销售总额较同期有所下滑。基本药物配送工作根据经营工作需要,理顺内部经营机构。基层药品送全年实现销售收入937万元。2016年7月,公司全资收购康之堂药业连锁有限公司产权,11月,康之堂中医馆开业,发展7家药店、1家中医馆,形成药品零售和中医药养生保健理疗服务一体的零售模式,全年实现销售收入1566万元。 (市医药公司　李维国)

# 东营石油分公司

【概况】 中国石化销售有限公司山东东营石油分公司为国有控股分支机构,隶属于中国石化销售有限公司山东石油分公司,下辖4个区县公司。2016年实现成品油销售53.41万吨,非油品累计销售6615.5万元,共完成利润2046万元。

**2016年公司系统成品油购销情况表**

| 分类 | 单位 | 汽油 | 同比增% | 柴油 | 同比增% |
|---|---|---|---|---|---|
| 购进量 | 吨 | 178185 | 3.51 | 358160 | 36.76 |
| 售出量 | 吨 | 176727 | 3.44 | 357141 | 36.97 |
| 销售额 | 万元 | 120753 | -6.72 | 161653 | 19.89 |

【经营网点建设】 2016年,完成10座加油站油罐和罩棚的隐患治理工作,完成38站样板站改造工作;完成2座加油站提量改造招标等前期手续;完成9座加油站进出路口的改造工作;完成3座加油站汽服改造招标等前期工作;完成40座加油站液位仪改造工作。全年完成网络建设投资1738.03万元,至年底共有加油站50座,其中,大型站20座、中型站17座、小型站12座。

**2016年全辖加油站基本情况表**

单位:个、吨、万元

| 分类 | 单位 | 按类型 | | | 按区域 | | | | |
|---|---|---|---|---|---|---|---|---|---|
| | | 大型站(年加油3000吨以上) | 中型站(年加油1000~3000吨) | 小型站(年加油1000吨以下) | 市区 | 河口区 | 广饶县 | 垦利县 | 利津县 |
| 数量 | 座 | 22 | 16 | 12 | 17 | 4 | 16 | 6 | 7 |
| 从业人员 | 人 | 221 | 100 | 61 | 157 | 11 | 98 | 48 | 43 |
| 加油机 | 座 | 73 | 36 | 19 | 50 | 12 | 33 | 13 | 20 |
| 罐容 | 吨 | 5875 | 2455 | 1895 | 4925 | 860 | 2467 | 885 | 1088 |
| 日加油量 | 吨 | 367 | 84 | 18 | 230 | 33 | 168 | 22 | 52 |
| 年销售额 | 万元 | 100208 | 20858 | 4596 | 59026 | 4778 | 37536 | 15607 | 13494 |

(东营石油分公司　毕泽文)

# 东营市物资总公司

【管理体制】 东营市物资局自1993年3月改设东营市物资总公司一直履行着市属物资企业改革和职工管理等职责,2013年其行政业务、党务等各项工作由市商务局代管,主要职能负责市属物资企业(含已破产、停业企业)职工及涉军人员的管理、棚户区改造、相关企业改制调查研讨、国有资产管理、党建、服务工作等。

【物资经营】 市属物资企业主要负责废旧金属回收交易及市场运营,废旧金属经营主要依托废旧金属市场,近年经营进入低迷期,其中部分经营户通过废旧金属加工增值来抵抗市场风险,场内经营步入流通和深加工结合运作模式,2016年,场内交易有所好转 。二车机动车业务主要依托二手机动车市场运营,旧车回收报废拆解转入民营企业,并严格执行国家相关规定。

【职工安置】 2016年主要解决涉及职工切身利益的热点、难点问题,配合市住建委、商务局等部门与棚改范围所遗留相关问题进行善后处理。2016年与棚改范围职工签订相关协议52户,为6个市属物资企业没有实施集中供暖的小区57户职工家庭申请发放冬季取暖补贴4.56万元。为志愿兵等涉军人员做好生活费发放,社保缴纳共计19.6万余元。协调下岗职工的退休、社保缴费、退休职工年审认定等工作。为老企业遗留下来的物业缺失的职工住宅小区做好水电等管理工作。 (东营市物资总公司　张光华)

# 财政税务

# 财　政

【概况】 2016年,全市境内财政收入累计完成448.64亿元,增长3.9%。分级次,中央级完成193.41亿元,增长9.6%;省级完成33.36亿元,下降4.8%;全市公共财政收入221.87亿元,完成年度预算的101.6%,同口径增长2.4%。全市财政支出265.47亿元,完成年度预算的101.7%,增长3%。

2016年,市本级财政收入(不含开发区)实现77.33亿元,完成年度预算的102.3%,同口径增长10.1%。市本级财政支出(不含开发区)86.8亿元,完成年度预算的93.3%,增长9.9%。东营经济开发区财政收入完成16.72亿元,同口径下降2.1%;财政支出完成14.13亿元,下降20.1%。东营港经济开发区财政收入完成7.91亿元,同口径增长45.5%;财政支出完成7.74亿元,下降1.8%。东营农高区财政收入完成0.48亿元,同口径增长9.3%;财政支出完成1.85亿元,增长28.7%。

2016年,县区级财政收入完成119.43亿元,同口径下降3.3%;财政支出完成154.95亿元,增长2.2%。东营区财政收入完成26.29亿元,同口径下降10.9%,财政支出完成34.7亿元,增长11.5%;河口区财政收入完成18.06亿元,同口径增长4.5%,财政支出完成21.4亿元,增长5.7%;垦利区财政收入完成21.27亿元,同口径增长3.4%,财政支出完成27亿元,增长5.2%;广饶县财政收入完成40.94亿元,同口径下降5.6%,财政支出完成49.2亿元,下降4.1%;利津县财政收入完成12.88亿元,同口径增长0.8%,财政支出完成22.65亿元,下降2.7%。

## 2016年全市公共财政预算收入主要项目完成情况统计表

| 序号 | 项　目 | 收入额(万元) | 比上年增长(%) | 序号 | 项　目 | 收入额(万元) | 比上年增长(%) |
|---|---|---|---|---|---|---|---|
| 1 | 增值税 | 426412 | 14.4 | 11 | 车船税 | 24639 | 10.4 |
| 2 | 营业税 | 281600 | -20.4 | 12 | 耕地占用税 | 11963 | 43.5 |
| 3 | 企业所得税 | 118369 | -16.1 | 13 | 契税 | 39358 | -37.2 |
| 4 | 个人所得税 | 54467 | 14.1 | 14 | 国有资本经营收入 | — | — |
| 5 | 资源税 | 2224 | -40.2 | 15 | 行政事业性收费收入 | 88321 | -13.6 |
| 6 | 城市维护建设税 | 118154 | -10.8 | 16 | 罚没收入 | 90131 | 108.2 |
| 7 | 房产税 | 49319 | 7.3 | 17 | 国有资源(资产)有偿使用收入 | 314718 | 2.8 |
| 8 | 印花税 | 41099 | 9.8 | | | | |
| 9 | 城镇土地使用税 | 269392 | 15.2 | 18 | 专项收入 | 144804 | -7.0 |
| 10 | 土地增值税 | 37358 | -11.3 | 19 | 其他收入 | 106311 | 243.7 |

## 2016年全市公共财政预算支出情况表

| 序号 | 项　目 | 支出额(万元) | 比上年增长(%) | 序号 | 项　目 | 支出额(万元) | 比上年增长(%) |
|---|---|---|---|---|---|---|---|
| 1 | 一般公共服务 | 262668 | 10.8 | 12 | 资源勘探电力信息等事务 | 71714 | -36.8 |
| 2 | 公共安全 | 145202 | 16.4 | | | | |
| 3 | 教育 | 525599 | 6.3 | 13 | 其他支出 | 70823 | 37.4 |
| 4 | 科学技术 | 29646 | 10.1 | 14 | 住房保障支出 | 38053 | 17.2 |
| 5 | 文化体育与传媒 | 37462 | 0.4 | 15 | 国防 | 13246 | — |
| 6 | 社会保障和就业 | 243233 | 5.9 | 16 | 粮油物资储备事务 | 3685 | — |
| 7 | 医疗卫生与计划生育支出 | 214382 | 6.4 | 17 | 债务付息支出 | 56744 | — |
| 8 | 商业服务业等事务 | 51356 | -18.2 | 18 | 金融支出 | 2483 | — |
| 9 | 城乡社区事务 | 385264 | 8.9 | 19 | 节能环保支出 | 64868 | — |
| 10 | 农林水事务 | 287216 | -15.3 | 20 | 国土海洋气象等支出 | 64970 | — |
| 11 | 交通运输 | 106322 | 36.2 | 21 | 援助其他地区支出 | 6514 | — |

【调整优化支出结构】 ①发挥财政牵头职能,加强收入组织调度。主动协调国税、地税部门,强化收入运行监测和分析。年中,根据形势变化,组织召开财税调度会议,调整分解任务目标,出台应对措施,把握收入工作主动。②建设涉税信息平台,完善税收保障机制。建成综合涉税信息管理平台,实现涉税信息的互通共享和及时传递,提高税源管控能力。③多措并举做好协税护税工作。支持执收部门联合办税,从政策增收、管理增收、稽查增收等方面细化工作措施,确保财政收入应收尽收。④加大政策争取力度。针对增值税收入划分体制改革的不利因素,围绕胜利油田增值税分享、税收转移、中海油渤海油气增值税收入划分、地方油公司增值税基数、城镇土地使用税等重大问题,提前研究预判,反

复测算分析，多次到财政部、财政厅汇报东营面临的特殊情况和实际困难，争取中央、省财政支持。在增值税收入划分改革中，保持财力格局稳定。⑤开展非税收入专项清查。重点规范执收大户征管行为，严格按照收入分类和级次清欠补漏，查处问题金额8.16亿元，催缴入库非税收入2.43亿元。⑥优化支出结构，保障改善民生。在收入增速放缓的情况下，民生支出力度不减。2016年，全市公共财政支出265.47亿元，增长3%。其中，民生支出185.05亿元，占全市公共财政支出总量的73.9%，比2015年增支15亿元，占比提高5.8个百分点。优先保障教育发展。落实统一城乡义务教育经费保障政策，支持胜景、齐龙等4所幼儿园建设，促进普惠式学前教育发展。推动义务教育营养工程和"春苗营养厨房"建设，切实改善中小学生营养状况。健全助学贷款和助学金等资助政策，约15万名学生得到资助，2.2万名学生享受免学费政策。支持做好社会保障工作。继续提高城乡居民基本养老金、低保、困难救助、残疾人补贴等八项标准，筹措资金11.5亿元支持深化医药卫生体制改革，实现基本公共卫生服务全覆盖；落实小额担保贷款贴息、就业补助等扶持政策，支持创业孵化基地、创业园区建设，创业带动就业工作保障有力。推动改善人居环境。支持节能公交和公共自行车建设，兑付黄标车提前淘汰补贴，推动绿色出行。加大节能技改、循环经济、绿色建筑、保障房建设力度，支持提高水气监测能力，为提升环境质量、打造宜居城市提供财力保障。

**【落实积极财政政策】** 围绕推动"三去一降一补"五大任务（去产能、去库存、去杠杆、降成本、补短板），注重运用市场手段和改革办法落实积极财政政策，创新财政引导扶持方式，释放市场潜力和企业活力，积极应对经济下行压力挑战。①切实降低企业税费负担。全面推开营改增试点，全年发放财政补助资金2442万元，降低企业税负18.7亿元，涉改行业实现总体税负只减不增的预定目标。出台《东营市关于减轻企业税费负担降低财务支出成本的意见》，灵活运用减税降费、政府采购、风险补偿等方式，降低企业财务成本，促进实体经济发展。2016年，为企业落实各项税收优惠政策58.27亿元，出口退税22.3亿元，减免行政事业性收费项目48个，减免金额2.27亿元。②适当扩大财政投资力度。继续加大结余结转资金清理力度，市本级全年盘活存量资金6.2亿元，全部调整用于稳增长、调结构、保民生等关键领域和环节。加大向上争取力度，争取上级各类转移支付资金37.9亿元，地方政府债券资金133.76亿元，为加大财政投入力度创造条件。创新财政投融资方式，按照市场化运作和可持续要求，统筹运用政府购买服务融资、投资引导基金、政府和社会资本合作等方式，带动扩大有效投资，增加有效供给，为供给侧结构性改革营造良好环境。2016年，投入资金38.26亿元，支持城乡环境治理、森林公园、东营港保税区等300个政府投资项目建设。③推进转型升级。出台支持扩大消费实施意见，运用综合政策措施，引导提升城乡居民消费能力，优化消费环境，发挥消费引领作用，助推经济进入良性循环。支持实施创新驱动战略、工业提质增效升级和品牌战略，促进支柱行业、重点产业、重要领域加快发展，培植涵养高效财源。保障"黄河三角洲专家学者""金蓝领""百名博士进东营"等人才带动战略实施，促进高端人才聚集。注重发挥税收调节作用，落实众创空间、高新技术企业、小微企业的税收优惠政策，通过税收杠杆增强财政扶持的普惠性、精准性。完善政府采购政策，加大对创新产品、绿色产品和小微企业支持力度。④加大补短板力度。落实精准扶贫要求，累计投入扶贫专项资金4752万元。加强扶贫资金监管，制定专项扶贫资金管理办法，将扶贫资金管理全面纳入制度"笼子"。落实《关于支持农业转移人口市民化若干财政政策的意见》精神，实施《东营市农业转移人口市民化奖励资金管理办法》，建立农业转移人口市民化与转移支付相挂钩的机制，加快"三个市民化"进程，提高基本公共服务均等化水平。加大财政支持新型城镇化发展力度，投入资金3.12亿元，支持黄河南展区、美丽乡村、特色小镇、宜居小镇等项目建设，提高新型城镇化水平，促进城乡区域协调发展。安排资金10.97亿元，落实强农惠农政策，完善涉农补贴和粮食补偿机制，推进农业综合开发、农田水利和"渤海粮仓"建设，加快补齐"三农"短板。

**【深化财税体制改革】** ①合理调整市以下财政体制。制定营改增后市以下收入划分体制。出台《关于全面推开营改增试点后市与县区收入有关预算管理问题的通知》《全面推开营改增后试点后调整市以下增值税收入划分过渡方案》，理顺市与县区增值税收入划分体制，保障市县财力稳定和正常运转。研究制定市与东营开发区非工业用地土地出让收入分成政策，理顺市与开发区事权与支出责任，建立权责匹配的城市建设管理长效机制。②规范专项资金管理。紧扣"目录清单、信息公开、绩效评价"等关键环节，实施市级财政专项资金管理办法、专项资金信息公开办法、专项资金预算绩效管理办法和专项资金清理整合工作方案，建立定期清理、评价、退出机制。通过压减、整合等措施，市级专项资金由220项减少为39项，全部纳入目录清单，实行动态管理。严控新增专项，原则上不新设专项资金，确需设立的从存量专项资金中调剂解决。同时，实行"一个专项一个办法"管理模式，细化管理措施。解决专项资金种类较多、重复交叉、多头管理、资金使用效率不高等问题，初步建立起公正、透明、规范的专项资金分配制度。③提升财政预算管理水平。制定《市级部门项目支出预算管理暂行办法》《市级财政支出调整内部操作规程》，印发《关于进一步规范2017年预算编制有关事项的通知》，优化项目预算管理，规范预算调整程序。及时批复下达部门预算和转移支付预算，加快支出预算指标分解下达，加大对部门项目组织实施的督察力度，预算执行进度明显加快。坚持先预算后支出、无预算不支出，严格控制预算追加调整事项，追加支出一律提报财委会审批决定，硬化预算约束，加强预算的权威性和严肃性。加强绩效目标管理，市级新增及50万元以上项目、300万元以上专项资金全部编制绩效目标，扩大绩效目标管理覆盖面。2016年市级重点支出绩效评价项目金额4.75亿元，预算绩效管理改革深入推进。市县两级政府预决算、部门预决算和"三公"经费预决算、采购信息全面公开，将部门预决算和"三公"经费预决算公开范围扩大到除涉密部门以外的所有预算部门。在全国295个地级及地级以上市政府财政透明度排行榜中，东营市位列第26位，预算公开水平明显提高。④强化政府债务风险防控。制定《东营市政府性债务管理暂行办法》，强化政府债务限额管理、预算管理，将政府债券收支全部纳入预算管理，严控债务限额，建立"借、用、还"相统一的政府性债务管理机制，防范化解债务风险。加强债务风险评估和预警，合理确定债务风险指标，强化县区、开发区政府债务考核，督导做好风险防控，确保财政可持续发展。2016年，全市共争取地方政府债券133.76亿元，比上年增加111.2%，进一步优化债务结构，有效降低融资成本，促进全市经济社会发展。

【创新投融资机制】 注重发挥财政资金引导带动功能，创新政府投融资机制，通过政府购买服务、基金投资、PPP模式等方式，鼓励和撬动社会资本、金融资本进入公共服务、资源环境、生态建设、基础设施等重点领域，构建多元化投入体系，促进调结构、补短板、增供给，切实发挥有效投资对经济增长的关键作用。①政策性贷款取得突破。发挥财政牵头职能，严把财政承受能力评估关，提高项目申报效率，强化资金监督管理，合理控制融资规模，政策性贷款工作取得阶段性成果。2016年，申报项目资金272亿元，已获批授信241.53亿元，签订贷款合同139.5亿元，发放贷款34.4亿元。通过争取国家专项基金、募集城市发展基金、地方债券置换等多种形式，筹集市级政策性融资项目资本金19.8亿元，保障棚户区改造、教育大班额、城乡水环境等重点项目建设。②政府投资基金引导效应有效发挥。加强财政与金融资本合作，组建成立总规模94亿元的东营青银发展基金和兴业建设基金，分别到位27亿元和10亿元。青银发展基金成立当年即实现投资14.16亿元，支持林业生态、海绵城市建设等重点项目17个。依托已设立基金，壮大产业基金规模。市级政府投资基金已参股设立子基金5只，总规模98亿元，初步形成具有不同政策导向、不同投资偏好的基金群。③PPP项目落地步伐加快。累计完成南一路快速路建设、广利港区防波堤航道、五六干合排污水处理等落地签约项目7个，涉及总投资37.57亿元，全部开工建设。另有疏港铁路、城乡道路建设项目进入采购阶段，2个项目通过物有所值评价与财政承受能力论证，涉及总投资89.98亿元。筛选充实项目储备库，储备项目达28个，概算总投资272.49亿元，涵盖交通运输、市政工程、教育医疗等多个领域，项目储备体量明显增加，行业覆盖面日益扩大。④创新财政投融资载体。注资50亿元组建成立东营市财金投资控股集团，发挥政府投资带动示范作用，打通融资瓶颈，加强市级财政投资、国有资产和引导基金管理，打造政策性贷款操作平台、企业应急转贷处置平台、政府引导基金运营平台、政银企合作服务平台和国有资产管理运营平台。

【加强财政监督】 ①严格控制一般性支出。年初预算对市级一般性支出压缩10%，开展市直单位公用经费专项检查，查处违规超标准、超范围报销费用75.81万元，印发《关于严格落实公用经费管理制度加强财务管理的通知》，规范各预算单位财务管理行为，市本级"三公"经费、会议费、培训费比2015年减少2090.14万元，下降14.2%。②完善公务支出管理制度体系。出台《东营市市直机关差旅费管理办法》《东营市市直机关及事业单位挂职锻炼干部伙食补助费管理办法》《东营市党政机关国内公务接待实施细则》，修订差旅费、住宿费、市内交通费等补助标准，完善经费支出管理制度体系。结合推进公车改革，及时调整公车运行、差旅费等综合定额标准，改进基本支出预算管理，确保公车改革顺利推进。③开展"小金库"专项治理。范围涵盖全市机关事业单位、社会团体及国有企业，912个单位按照要求进行自查，发现"小金库"31个，涉及金额207.89万元；存在不规范资金单位2个，涉及金额73.06万元。构建和完善防治"小金库"长效工作机制，从源头上斩断不良作风的"资金链"。④加快内部控制建设。以《东营市财政局内部控制基本制度》为基础，重点聚焦预算管理、资金分配等业务环节，制定专项内部操作规程8个，实行分事行权、分岗设权、分级授权，全面建立和实施内控制度，建立有效的风险应对和问责机制，提高行政效率。⑤加强政府采购监督。扩大服务类采购面，推动服务项目和融资贷款项目采购模式创新。规范政策性融资贷款项目采购程序，确保融资贷款项目依法合规履行政府采购程序。2016年，市本级完成采购合同金额485600万元，节约资金71000万元，节支率12.75%。

（市财政局　孟瑞）

## 国家税务

【税收收入】 2016年，全市完成税收收入139亿元，其中市级以下收入44.1亿元，市本级收入8.7亿元，同比增长增长55.8%。①强化分析，应收尽收。依托收入管理系统，将全市重点企业、典型行业全部纳入采集范围，动态掌握原油、成品油等大宗商品的价格走势，深入了解重点企业生产经营情况和税收实现状况,强化宏观行业和重点税源分析,做到心中有数、工作有序,为完成收入任务奠定坚实基础。②多措并举,堵漏增收。结合实际强化政策增收、管理增收、评估增收、稽查增收四个方面35项具体措施,持续强化纳税评估,全年发起评估事项1902户次,增收税款2.85亿元;加强税警等多部门合作,成立公安派驻国税联络办公室,联合部署开展重点行业专项检查和打虚打骗专项行动;推进成品油生产行业专项检查,配合国家发改委、审计署、财监办等部门开展检查,地炼企业自查应补税9.4亿元,已入库4.6亿元。③多方争取,拉动增收。中海油在东营港注册成立中海油(山东)贸易公司,自8月起已入库税款6765万元,实现市级以下收入2900万元。向省局争取调库指标5.44亿元,增加市级以下收入2.4亿元。通过加强委托代征、清理漏征漏管、办理调库等措施,增加市本级收入6000万元。

**2016年全市国税系统税收收入完成情况表**

单位:万元

| 项　目 | 全　市 | | | |
|---|---|---|---|---|
| | 累计收入 | 上年同期 | 同比±% | 同比±额 |
| 税收收入合计 | 2599018 | 2452580 | 5.97 | 146438 |
| 一、国内税收收入 | 1917311 | 1978151 | -3.08 | -60840 |
| 其中:中央级收入 | 1297740 | 1518972 | -14.56 | -221232 |
| 省级收入 | 125668 | 100025 | 25.64 | 25643 |
| 市级以下收入 | 493903 | 359154 | 37.52 | 134749 |
| 其中:市本级 | 128213 | 103897 | 23.40 | 24316 |
| 县区级 | 365690 | 255257 | 43.26 | 110433 |
| (一)国内两税 | 1647696 | 1642843 | 0.30 | 4853 |
| 1.国内增值税 | 1247452 | 1271089 | -1.86 | -23637 |
| 其中:直接收入 | 1180052 | 1164589 | 1.33 | 15463 |
| 免抵调库 | 67400 | 106500 | -36.71 | -39100 |
| 2、国内消费税 | 400244 | 371754 | 7.66 | 28490 |
| (二)企业所得税 | 201394 | 256608 | -21.52 | -55214 |
| 其中:内资企业 | 171064 | 216526 | -21.00 | -45462 |
| 涉外企业 | 30330 | 40082 | -24.33 | -9752 |
| (三)个人所得税 | 8 | 11 | -27.27 | -3 |
| (四)车辆购置税 | 68213 | 78689 | -13.31 | -10476 |
| 二、海关代征 | 681707 | 474429 | 43.69 | 207278 |
| 附:出口退税 | 222700 | 295800 | -24.71 | -73100 |

【落实政策】 ①推进营改增试点。针对营改增后外来建筑行业的征管难题,探索建立"政府主导,税务、财政、住建多部门参与"的建筑行业税收综合管控机制。2016年5月,4个试点行业共有23271户纳税人完成税制转换,累计实现应纳增值税15.8亿元,与上年同期缴纳营业税相比,实现减税13.9亿元。除四大行业本身减税外,原增值税行业增加抵扣减税5.5亿元。②全面落实结构性减税政策。通过强化宣传辅导、简化备案流程、严格督导检查等措施,全面落实小微政策扩围、小排量汽车车购税减半征收、支持高新技术企业、循环经济发展等税收优惠政策,合计减免各项税收35.2亿元。③落实出口退税政策。建立出口企业动态分类管理机制,对一类企业,减少流转环节,在5个工作日内办结退税手续;二、三、四类企业通过精简报送资料、下放审批权限,优化业务流程等措施,分别在10个、15个、20个工作日办结相关手续。2016年,全市共办理出口退免税22.3亿元。

【税收改革】 ①推进国地税征管改革。按照服务深度融合、执法适度整合、信息高度聚合的工作要求,推进国地税征管改革。服务融合方面,采取国地税互设窗口、共建办税服务厅和国地税事项全省通办等方式,逐步实现纳税人"进一家门,叫一个号、办两家事";执法整合方面,通过联合确定稽查对象、联合进户执法和统一税务行政处罚裁量权基准等措施,有效减少对纳税人正常生产、经营的影响;信息聚合方面,依托金税三期,共享应用双方内部涉税信息,联合采集第三方涉税信息,共同开展税收风险分析和协同监督管理,推动税收管理方式由"以票控税"向"合作管税""信息管税"转变。②深化银税合作。加强与金融等部门的信用信息共享,国地税、银监局、人民银行及32家银行业金融机构共同签署合作协议,在全省率先实现"银税互动"全覆盖,增强纳税信用在社会信用体系中的基础性作用,实现税、银、企三方共赢。③打造智慧国税。统筹做好数据清理、人员培训、系统迁移、实景演练等工作,实现金税三期软件换版。创新应用"互联网+"技术,开发"税收规范一体化电子活页系统"、营改增"移动学堂""为您算税"小助手等,推动税收治理。

【纳税服务】 ①实施个体工商户"两证合一",推进个体商事制度改革。加强与工商部门的合作,将原本由国地税、市场监管等部门的多份申请资料合并成为一份,一次申请、一窗受理、限时办结,在全省率先实现个体工商户商事制度改革的新突破,个体户平均办证时间由原来的10天缩减为20分钟。②构建多元化办税平台,推动办税便利化改革。在广饶试点,探索建立"四位一体"多元化办税模式,通过整合国地税办税资源,创新多元化办税措施,开展跨部门协税合作,"以网上办税为主、自助办税为辅、第三方代办为补充、办税服务厅兜底"新的办税模式初步建立,纳税服务更加快捷、高效和规范。③推动"横向联网四方协议网签",减轻纳税人办税负担。针对新办纳税人签署税库银协议,需多次往返税务机关、银行的问题,在全国首创推动"横向联网四方协议网签",将以往纳税人在商业银行、税务部门多次往来、签章确认的手工协议签署,改为网上办理,纳税人足不出户2分钟即可完成协议签署。

【队伍建设】 ①开展“传承好家风、好家训”、庆“六一”亲子经典诵读、“国税讲堂”党员“五亮”等系列活动，将“知行合一、学做一体”的理念内化为干部职工的行为准则。②创建东营国税文化核心“三个一”：一个品牌，即“动赢国税”文化品牌，“动”即干在实处，“赢”即追求卓越；一种精神：“闻令而动，同心共赢”；一个愿景：我因团队而自豪，团队因我而精彩，我们因国税使命而荣耀。③能力建设促提升。围绕数字人事业务能力升级开展集中培训，实施“以师带徒”，全市结成师徒200余对。加强公职律师建设，对取得司法和律师资格的12名干部，全部挂靠律师事务所开展执业实习。④抓纪律保廉政。落实“两个责任”，推动廉政教育常态化。综合用好监督执纪批评教育、组织处理、纪律处分、立案审查“四种形态”。⑤强化管理提站位。建立完善绩效管理、数字人事、项目化管理等运行机制，东营国税在全省的绩效考核位次大幅提升。2016年，获得省部级及以上领导批示4次，市领导批示33次；获省局领导批示5次，在央视《新闻联播》、央广《新闻和报纸摘要》、《人民日报》要闻版、《经济日报》头版等中央级媒体发表稿件15篇，相关工作经验被财政部、国税总局等官方网站多次转载。

（市国税局　王峰）

## 地方税务

【税收收入】 2016年，按可比口径统计（扣除上年营改增基数），全市各级地税部门组织收入145.54亿元，同比增收3.73亿元，增长2.6%。其中，中央级收入14.47亿元，同比增收1.77亿元，增长13.9%；省级收入17.22亿元，同比减收7.79亿元，下降31.2%；市县级收入113.85亿元，同比增收9.67亿元，增长9.3%。市县级公共预算收入112.14亿元，完成年度收目标的103%，超收3.29亿元，同比增长9.3%。

### 2016年全市地税税收完成情况表

单位：万元

| 项　目 | 完成收入 | 上年同期 | 同比增收 | 同比增长% |
|---|---|---|---|---|
| 各项收入合计 | 1455380 | 1418059 | 37321 | 2.63 |
| 中央级 | 144668 | 126979 | 17689 | 13.93 |
| 省级 | 172197 | 250085 | -77888 | -31.14 |
| 市级 | 401962 | 376960 | 25002 | 6.63 |
| 县区级 | 736553 | 664035 | 72518 | 10.92 |
| 一、国内税收收入合计 | 1331577 | 1282882 | 48695 | 3.80 |
| 1. 增值税 | 4272 | — | 4272 | 100 |
| 2. 消费税 | — | — | — | — |
| 3. 营业税 | 318510 | 220820 | 97690 | 44.24 |
| 4. 企业所得税 | 94968 | 92337 | 2631 | 2.85 |
| 5. 个人所得税 | 136159 | 119295 | 16864 | 14.14 |
| 6. 资源税 | 174337 | 253726 | -79389 | -31.29 |
| 7. 固定资产投资方向调节税 | — | — | — | — |
| 8. 城市维护建设税 | 130199 | 143939 | -13740 | -9.55 |
| 9. 房产和城市房地产税 | 49320 | 45970 | 3350 | 7.29 |
| 10. 印花税 | 41101 | 37417 | 3684 | 9.85 |
| 11. 城镇土地使用税 | 269392 | 233897 | 35495 | 15.18 |
| 12. 土地增值税 | 37358 | 42108 | -4750 | -11.28 |
| 13. 车船使用和牌照税 | 24639 | 22312 | 2327 | 10.43 |
| 14. 耕地占用税 | 11963 | 8338 | 3625 | 43.48 |
| 15. 契税 | 39359 | 62723 | -23364 | -37.25 |
| 二、非税收入合计 | 123803 | 135177 | -11374 | -8.41 |
| 1. 教育费附加收入 | 61261 | 67018 | -5757 | -8.59 |
| 2. 地方教育附加 | 40851 | 44694 | -3843 | -8.6 |
| 3. 文化事业建设费收入 | 28 | 17 | 11 | 64.71 |
| 4. 残疾人就业保障金收入 | 1128 | 1237 | -109 | -8.81 |
| 5. 税务部门罚没收入 | 221 | 171 | 50 | 29.24 |
| 6. 地方水利建设资金 | 20314 | 22040 | -1726 | -7.83 |

说明：2016年5月以后全面推行“营改增”政策，本表按照可比口径统计。2015年税收收入扣减营业税297366万元

【税收管理】 强化税收预测分析，集中开展经济税源调查，年度收入预测准确率99.1%。加强基础数据管理，深化与国税、国土、工商等部门的信息共享，利用金税三期优化版上线契机，对纳税人征管基础信息进行全面核实。开发完善东营地税数据信息管理平台，实现对海量数据的“秒”级分析和展示。推进税收风险应对工作，与中介机构组成专家团队，联合开展税收风险指标设计、风险识别和应对，共同参与集团公司专项纳税评估和企业所得税汇缴核查。加强重点税源管理，开展对胜利油田的土地专项清查，完成胜利油田分公司所辖的46400宗土地的实地测量和明细申报，年增土地使用税15亿元。彻底解决油田企业土地底数不清、“打包缴税”等历史遗留问题，在全国石化系统首次成功探索土地使用税精细化管理的新路子。

【税务稽查】 研究制定《税务稽查与税收征管互动管理暂行办法》，加大涉税案件查处力度，做到“逢查必罚、逢罚必有滞纳”，全年立案检查各类案件493起，处罚税收违法行为1.2万户次，查补各项收入2.3亿元。2016年7月25日，东营市公安局派驻市国家税务局、市地方税务局联络机制办公室正式揭牌成立。公安与国地税部门通过联络机制办公室，落实警税全面协作的制度规范，建立健全打击涉税违

2016年7月25日，东营市公安局派驻国税、地税联络机制办公室揭牌成立
（市地税局提供）

法犯罪工作新机制，在信息共享、案件移送、联合执法、资金查控、追赃挽损和宣传培训等方面切实加强警税协作，发挥职能作用，形成工作合力。

【纳税服务】 2016年，为4390户小微企业减免税收219.6万元，通过优惠备案管理减免税款3.67亿元。探索“互设窗口、互派人员、共建大厅”的联合办税模式，与国税局共建办税厅11个，互设窗口服务厅17个。加强信用管理工作，推进“银税互动”，有效帮助企业降低融资成本。开展“便民办税春风行动”，推出12类40项便民措施，在办税厅设立专家坐席、开设微信公众号、成立“纳税人维权服务中心”，提升纳税人获得感和满意度。

【税收宣传】 开展第25个税收宣传月活动，利用手机短信向全市10万纳税人发送税法宣传信息，在《国内动态清样》《中国税务报》《大众日报》等省级以上媒体刊登稿件230余篇，在《东营日报—黄河口晚刊》上刊登《地税在线》专版24期，制作的两部税收公益广告获得全国2016税收公益广告大赛鼓励奖。与潍坊税校结成战略合作伙伴，实现税收法治宣传培训的常态化、纵深化。开展“税收微体验”“纳税人学堂”“税法十进”等活动，进行多层次的税法宣传教育，600余名税务干部、3000余户次纳税人从中受益。

【营改增】 完成“营改增”纳税人资料移交、政策培训、代征税款清查等工作。先后4次召开国地税联席会议，提供营改增纳税人基础登记信息26355户、营业税纳税人申报入库信息35971条、发票用量信息5059户、税控信息2343户、减免税信息24981户，为国税开展分析测算提供便利。在全市范围内组织开展以房地产业、银行业为重点的“营改增”行业税收专项纳税评估工作，评估检查1094户“营改增”企业，评估确认税款近3亿元。做好“营改增”后续工作，推进国地税深度融合。建立国地税涉税信息数据交换机制，联合开展委托代征和合作征收税款工作。2016年3月30日，在全省率先试点启动个体工商户“两证合一”登记制度改革。

【软实力建设】 创建“清风地税扬正气”品牌。加强基层软实力建设，创办《心合税苑》内刊报纸，组织开展“心合家园汇民智问计于春谋发展”主题调研活动，规划设计集文化建设、廉政建设、党的建设为一体的大型文化展厅。加强基层教育培训，全年累计举办各类培训班8个，参训人员800余人次。推荐系统内先进典型，东营市地税局党组书记、局长潘荣文被全国总工会授予“全国五一劳动奖章”。

（市地税局　宋欢）

# 金融

# 综述

【概况】 2016年，东营市主动适应经济发展新常态，积极扩大信贷投放，主动提升金融服务效能，不断推动金融改革发展，在有力支持区域经济发展的同时，实现金融业自身的平稳健康发展。全市金融业实现增加值184.75亿元，同比增长12.9%，占服务业增加值比重15.47%，占全市GDP比重5.31%。截至2016年底，全市共有各类银行机构32家，本外币各项存款余额3989.66亿元，比年初增加299.78亿元，增长8.21%；各项贷款余额3507.51亿元，比年初增加476.03亿元，增长15.70%，信贷增量居全省第3位、增速居全省第2位；不良贷款余额50.58亿元，不良贷款率1.44%，信贷资产质量继续保持全省较好水平。证券机构18家，证券交易额3902.18亿元，同比减少44.61%。保险机构41家，保费收入89.69亿元，同比增长13.84%；其中：财产险保费收入27.34亿元，同比增长3.97%，人身险保费收入62.35亿元，同比增长18.78%。期货公司3家，期货交易额1122.20亿元。小额贷款公司30家，累计发放贷款93.85亿元，贷款余额58.52亿元。融资性担保机构16家，在保责任余额30.76亿元。民间资本管理公司25家，投资余额12.24亿元。民间借贷服务中心5家，累计对接民间资本1350万元。

【信贷投放】 坚持扩大总量、盘活存量、优化增量，引导银行机构挖掘信贷潜力，加快信贷投放进度，支持实体经济发展。深化银企合作，2016年召开互联网银企洽谈会签约金额246.95亿元，到位资金370.92亿元，到位率150.21%。开展走访企业和银企对接活动，增加授信23.18亿元。鼓励银行机构发展表外业务，全市银行表外业务余额2198.82亿元，其中银行承兑汇票1373.60亿元、信用证545.26亿元，对信贷投放形成有效补充。积极争取政策支持和信贷规模，市政府与平安银行山东省分行签署战略合作协议，合作银行达到8家，抓好市政府与金融机构的战略合作协议或备忘录落实。优化银行发展环境，全面落实支持银行业发展的意见，实施打击恶意逃废银行债务专项行动，开展银行机构支持地方经济社会发展评价，为银行机构在东营市开展业务营造良好环境。

【直接融资】 加快推进企业上市挂牌，组织召开全市企业集中挂牌暨对接资本市场培训会议，落实企业上市挂牌奖励政策，调整充实企业上市挂牌资源库，实施重点推进，形成培育一批、推进一批、上市挂牌一批的工作格局。2016年，新增上市挂牌39家，其中新三板挂牌5家、区域股权交易市场挂牌34家，累计融资9.88亿元。扩大企业债券融资，召开企业债券融资推介会，引导企业通过银行间债务市场进行融资，2016年，实现债券融资216.8亿元，其中5家企业在银行间市场通过发行短期融资券、中期票据、定向工具等方式实现融资87.5亿元，6家企业发行109.3亿元公司债，1家企业发行20亿元企业债。支持企业盘活存量资产，东海融资租赁公司先后发行6期资产证券化产品，实现融资4.03亿元。

【保险服务】 积极稳妥推进保险产品、保险机制创新，支持实体经济发展。大力发展环境、食品、生产等领域责任险，全年实现风险保障1353亿元，支付赔款2372万元。巨灾保险试点工作实现突破，人保财险东营支公司承保城乡居民住宅地震巨灾保险15笔，保费1902.4元，承担风险责任1129万元。推广农业保险，全市实现农业保险保费收入8543万元，承担风险责任30.88亿元，支付赔款5207万元。城乡居民承保大病保险实现全覆盖，当期承保125.27万人，为全市城乡居民提供3758亿元的风险保障，2016年度已支付赔款6034.67万元。加快发展小额贷款保证保险，运用“银行+保险”模式，在小额信贷业务中引入保险机制，2016年，全市保证保险实现保费收入3272万元，同比增长12.67%，承担风险责任42856万元。

【地方金融组织体系】 加大金融机构引进培育力度，不断完善以银行、证券、保险机构为主体，其他金融机构为补充的金融组织体系。大力引进金融机构，广发银行东营分行、平安银行东营分行先后开业运营；浙商银行东营分行、烟台银行东营分行正在筹建；新增国盛证券、安信证券、光大证券3家证券营业部；新增长安责任保险、华海财险、英大泰和、德华安顾4家保险机构。稳步发展地方金融组织，引导小额贷款公司用足用好上级政策，探索开展小微贷款以及股权投资、资产证券化等业务，提升发展活力；广饶县经济发展融资担保有限公司资本金增至7亿元，市政府参股融资担保公司组建工作积极推进；开展全市民间融资机构业务许可申报和民间资本管理公司分类评级，指导县区金融办做好民间借贷服务中心公司制转制，推动民间融资组织规范运营。积极推动大宗商品交易市场试点工作，山东黄河三角洲产权交易中心累计成交8804万元；山东休斯敦石油装备交易中心、华东石油交易中心、山东广丰橡胶轮胎交易中心累计成交550亿元。

## 2016年全市民间融资机构基本情况表

| 机构名称 | 注册资本（万元） | 注册地址 | 法定代表人 | 联系电话 |
|---|---|---|---|---|
| 东营市路通民间资本管理股份有限公司 | 5000 | 东营区府前大街55号金融港G座 | 杨强 | 7678996 |
| 东营市河口区骏锐民间资本管理股份有限公司 | 5000 | 河口区海宁路286号 | 巴树庄 | 3616777 |
| 东营市河口区汇元民间资本管理股份有限公司 | 5000 | 河口区朝阳街75号 | 田景亮 | 8573168 |
| 垦利县汇利民间资本管理股份有限公司 | 5000 | 垦利县胜利路以东、胜兴路以北 | 刘季善 | 6378819 |
| 垦利县鲁东民间资本管理股份有限公司 | 10000 | 垦利县胜坨镇永莘路南 | 崔新海 | 7073567 |
| 东营通和民间资本管理股份有限公司 | 5000 | 垦利县胜兴路以南、新一路以西16幢 | 周北平 | 2563888 |
| 垦利县信诺民间资本管理股份有限公司 | 10000 | 垦利县胜兴路99号 | 滕滨强 | 2666999 |
| 广饶县兴业民间资本管理股份有限公司 | 5000 | 广饶县大王镇经济开发区 | 李晓刚 | 6878583 |
| 广饶县融信民间资本管理股份有限公司 | 10000 | 广饶县民安路67号 | 杨晓东 | 6911111 |
| 广饶县华通民间资本管理股份有限公司 | 5000 | 广饶县经济开发区同和商业街A段幢 | 李　强 | 6458897 |
| 广饶县盛宇民间资本管理股份有限公司 | 5000 | 广饶县新天地商务中心南段 | 司继同 | 6917619 |
| 广饶县元通民间资本管理股份有限公司 | 5000 | 广饶县丁庄镇黄河路以西聚财路以东渤海路以北鼎盛庄园公建楼A段座A单元1－2层1－118号房 | 张学永 | 6662277 |
| 利津县金洲民间资本管理股份有限公司 | 5000 | 利津县凤凰广场以西、利一路以东 | 兰俊海 | 5683966 |
| 利津县金河民间资本管理股份有限公司 | 5000 | 利津县陈庄镇政府驻地 | 董俊娟 | 7085577 |
| 利津县汇鑫民间资本管理股份有限公司 | 10000 | 利津县永莘路以北、宫家干渠以西 | 胡兴书 | 7157176 |
| 东营元迪民间资本股份有限公司 | 5000 | 利津县利二路与津八路交叉口凤凰城投资创业大厦702室 | 吕淑萍 | 8289888 |
| 东营鲁百民间资本管理股份有限公司 | 6000 | 利津县凤凰城投资创业大厦 | 王湛源 | 8379555 |
| 东营红利民间资本管理股份有限公司 | 5000 | 东城府前大街52号 | 商慧林 | 7779369 |
| 东营祥汇民间资本管理股份有限公司 | 5000 | 东营经济技术开发区府前大街52号 | 孙金山 | 18554660543 |
| 东营金诺民间资本管理股份有限公司 | 5000 | 东营区南一路265号 | 任英磊 | 8305098 |
| 东营市华融民间资本管理股份有限公司 | 10007 | 东营区府前大街73号 | 张国军 | 18866675111 |

【金融创新】 农信社改革取得重大进展，全市农村合作银行全部改制为农村商业银行。推动规模企业规范化改制，出台《支持规模企业规范化公司制改制若干政策措施》，为改制企业提供补偿奖励；成立财税、土地房产权证办理、行政许可手续办理3个工作组，有针对性地解决企业改制过程中的突出问题。稳妥推进新型农村合作金融试点，试点县区实现全覆盖，全市试点农民专业合作社6家，互助金总限额1900万元，互助社员人数415人。创新金融产品和服务，继续推广知识产权、林权、海域使用权、近海滩涂使用权、奶牛等抵（质）押贷款业务，全年合计贷款余额5.34亿元；与市人行等部门共同探索推动农村承包土地的经营权抵押贷款试点业务，4家银行开展试点业务，累计发放贷款12笔、金额4060万元。鼓励保险公司开展“政银保”贷款保证保险业务，召开全市“政银保”贷款保证保险业务对接会，推介“政银保”贷款保证保险业务。一家小微企业获批贷款300万元。

【金融环境】 完善风险防控工作机制，建立金融工作定期研究机制，每季度召开一次全市金融工作座谈会，分析经济金融形势，研究部署工作措施；建立防范银行业金融风险考核机制，明确第一责任人，有效落实属地管理职责。加大预警监测工作力度，科学研判企业生产经营情况和偿贷能力，为处置化解企业资金链断裂风险提供信用信息支持。市县党委、政府协调政银企合作一致，果断处置，及时化解，个别企业资金风险得到有效处置。开展防范和打击非法集资宣传和风险排查，通过报纸、电视、通信、网络等媒体广泛开展宣传活动，对16家问题企业纳入非法集资风险专项整治工作台账管理。开展互联网金融风险专项整治，统筹协调各分领域专项整治工作，通过机构自查、重点检查、现场核查开展摸底排查，对查出的问题进行限期整改，提升互联网金融企业规范化运作和风险防控水平。 （市金融办　田新丽）

## 银　　行

【概况】 2016年，在复杂严峻的经济金融形势下，东营市持续加大供给侧改革推进力度，各项工作取得积极进展。截至2016年底，全市共有各类银行机构33家，本外币各项贷款余额3507.59亿元，较年初增加476.36亿元，增长15.71%，高于全省（不含青岛）平均增速5.6个百分点，信贷增量居全省第3位、增速居全省第2位。不良贷款余额

50.58 亿元，不良贷款率 1.44%，不良贷款率全省第 2 好，信贷资产质量继续保持全省最高水平。2016 年，辖区银行业共实现税后利润 56.59 亿元，盈利能力继续全省领先。

2016 年 9 月 28 日，山东银监局局长陈颖到东营开展"进走访"活动
（中国银监会东营监管分局提供）

【业务监管】 提升服务实体质效。①监管部门主动施力，持续优化资金供给。借助省银监局局长将东营作为全省首个"进走访"地市，并先后两次赴东营开展"进走访"活动的有利时机，营造活动氛围。活动期间，银行机构累计走访企业 687 家次、项目 173 个次、园区 75 个次，分别针对 579 家企业、117 个项目、35 个园区制定综合服务方案；企业、项目贷款余额分别增长 2.14%、34.5%，银行机构资金对接实体精准度与辖区产融结合度得到显著提升。推动组建债权人委员会 102 家，涉及授信规模 3981.78 亿元，贷款余额 1761.48 亿元，召开困难企业救助专题会议 25 次，债委会"稳定预期，稳定信贷，稳定支持"作用得到广泛认可。将 102 家债委会按照优先、鼓励、支持、维持、限制和打击等六类标准进行分类，引导和推动辖内银行业为企业提供有重点、有差异的金融服务。截至 2016 年底，全辖优先、鼓励、支持类企业贷款分别较年初增加 135.97 亿元、682.66 亿元、66.79 亿元，增幅分别为 58.27%、24.91%、13.06%，限制类企业贷款增速显著下降，银行业在支持供给侧结构性改革中的核心载体作用逐步显现。督导辖区银行业支持 6 家地炼企业淘汰落后炼油产能，淘汰常减压装置、重质油品综合利用装置装置 22 套、加工能力 1484 万吨，有效盘活在低效领域的信贷资源。全年过剩产能行业信贷增速 5.12%，低于各项贷款增速 6.24 个百分点，产能过剩行业信贷增速回落趋势明显。引导辖区银行业通过表外额度转表内、小微企业无还本续贷等措施，降低企业融资成本，全年各项贷款加权平均利率为 5.32%，同比降低 1.03 个百分点。辖区各银行机构取消服务收费 62 项、整合精简收费 51 项、下调收费费率 15 项，主要银行机构服务收费同比减少 2.1 亿元，减费让利工作深入推进。②推动银行机构积极发力，提升服务实体质效。制定小微企业金融服务考核工作实施意见，建立监测台账。开展"银税互动"助力小微企业活动，建立税银合作联席会议制度，率先实现辖区机构银税合作全覆盖。建立小额扶贫信贷"包干服务"制度，鼓励加大产品创新和模式创新，放大金融扶贫"造血"功能。截至 2016 年底，辖区银行机构小微企业贷款余额 842.67 亿元，较年初增加 127.73 亿元，增速 17.87%；小微企业贷款户数 22171 户，较去年同期增加 1149 户；小微企业申贷获得率 96.82%，高于去年同期 1.71 个百分点，"三个不低于"监管目标全面完成。发放创业扶贫担保贷款、光伏扶贫贷款等各类扶贫贷款 2790 笔 3446.79 万元，金融扶贫工作成效显著。5 家国有银行合计中标政府投资基金 84.6 亿元，为推进全市环保、教育、基础设施、城镇化建设和农业发展提供有力资金支持。

严控"三类风险"。①做好信用风险防控化解工作。引导各银行机构抓住当前不良贷款处置政策机遇期，通过现金清收、核销等传统手段加大不良贷款处置力度的同时，积极开展不良贷款批量转让业务，多渠道提升资产质量。2016 年，辖区银行业机构累计处置不良贷款 61.13 亿元，同比增加 39.85 亿元。8 月下旬起，针对天圆铜业、天信集团经营整体下滑，资金困难的状况，按照"政府主导、依法处置、监管跟进、风险共担"的原则，全力做好风险化解工作。截至 2016 年底，共有 7 家银行降低缴存保证金比例，16 家银行对天信集团所属企业进行产品结构的优化调整，有 12 家银行对天信集团企业降低贷款利率、信用证议付费用等，两项合计可为企业减少财务费用 462.76 万元。企业生产运营正常平稳，风险化解工作初见成效。推动市委、市政府联合印发《2016 年度县区（开发区）防范银行业金融风险考核办法》，将不良贷款率、不良贷款处置率、大额信用风险防控、逃废银行债务等 7 项信用风险指标纳入对地方政府综合考核，推动政府严格落实区域风险防控的属地管理责任。②防范社会融资风险。开展非法集资整治活动，对东营市理财及财富管理机构进行非法集资风险排查。开展宣传教育活动，进行内部警示教育 27 次、外部宣传 34 次、累计发放宣传页 1 万余份。开展 P2P 网贷风险专项整治活动，与市金融办联合牵头完成摸底排查和分类处置，实地调查覆盖面 100%，最终确认整改类机构 3 家。开展打击金融逃废债专项行动，指导协会制定《"逃废银行债务机构"名单管理办法（试行）》，全面启动打击逃废银行债务专项行动，加大对失信企业和人员的惩戒力度，年内确认逃费银行债务企业136家，涉及逃费银行债务36.40亿元。③紧盯内控合规风险。开展“两个加强、两个遏制”回头看工作，把防止屡查屡犯、提高监管自查质量、提升处罚有效性作为工作重点。制定机构自查存在问题的处理原则，对17种不认真或走过场的情形，根据具体性质及整改情况逐一提出处理意见，形成自查自纠的行业氛围。辖内银行机构累计自查发现1727个问题，完成整改1703个，机构内部问责人员1276人次。开展监管检查，累计发现问题211个，立项行政处罚3个。开展案防法规和岗位禁止性规定集中测试，在全辖银行机构中随机抽取654人参加考试，切实增强案防工作重视程度。组织开展村镇银行票据业务案件风险排查，加强票据业务行为管理，各行票贷比均控制在40%以内。

【银行改革】 2016年，以完善公司治理为重点，以加快转型发展为主线，深入推进辖区法人机构改革，取得积极进展。①持续推进东营银行改革转型，督导完成“三会”换届，完善公司治理架构。制定全面风险管理体系联合实施方案和2016年实施计划，初步搭建全面风险管理体系框架。推进小企业专营中心由业务中心向管理中心转型，为小微模式在全行范围的复制推广创造条件。深化零售业务转型，推出多种特色产品，推行大堂经理制，制定服务规范，引入神秘人服务访查机制，服务质量持续提升。②推进农商银行深化改革，胜利农合行、河口农商行合并组建东营农商行工作顺利完成，辖内农合机构改革全面完成。开展公司治理评估，督促4家农商行进一步明晰“三会一层”注:(董事会、监事会、股东大会、高管层)职责边界，以“分权”与“制衡”为核心改进公司治理。③村镇银行完善公司治理取得明显进展。解决东营融和村镇银行董事长长期履职缺位问题，全面理顺公司治理框架，督促东营河口中成村镇银行高管本土化。推动东营莱商村镇银行股权结构优化，增资扩股1.16万股，主发起行持股比例由51%降至20%，股权集中度进一步降低，本地股东持股比例稳步提升。

截至2016年底，全辖共有银行机构33家、各类营业网点617个，见下表：

**2016年全市银行统计表**

| 序号 | 机构名称 | 地　　址 | 咨询电话 | 举报电话 | 网　址 |
|---|---|---|---|---|---|
| 1 | 中国农业发展银行东营市分行 | 东营区南一路325号 | 8318963 | 8329992 | www.adbc.com.cn |
| 2 | 中国工商银行股份有限公司东营分行 | 东营区南一路278号 | 8307199 | 8307199 | www.icbc.com.cn |
| 3 | 中国农业银行股份有限公司的东营分行 | 东营区济南路38号 | 8221781 | 8221637 | www.abchina.com |
| 4 | 中国银行股份有限公司东营分行 | 东营区南一路270号 | 8928810 | 8928810 | www.boc.cn |
| 5 | 中国建设银行股份有限公司的东营分行 | 东营区西二路508号 | 8230656 | 8223627 | www.ccb.com |
| 6 | 交通银行股份有限公司东营分行 | 东营区东二路213号 | 8831866 | 8831800 | www.bankcomm.com |
| 7 | 恒丰银行股份有限公司东营分行 | 东营经济技术开发区府前大街东营市地税局西侧附楼 | 4008138888 | 4008138888 | www.egbank.com.cn |
| 8 | 华夏银行股份有限公司东营分行 | 东营区北一路749号 | 95577 | 95577 | www.hxb.com..cn |
| 9 | 中信银行股份有限公司东营分行 | 东营区东城府前大街128号 | 95558 | 95558 | www.ecitic.com |
| 10 | 招商银行股份有限公司东营分行 | 东营区济南路47号科贸中心一、二层 | 95555 | 95555 | www.cmbchina.com |
| 11 | 上海浦东发展银行股份有限公司东营分行 | 东营区府前大街67号 | 95528 | 95528 | www.spdb.com.cn |
| 12 | 中国民生银行股份有限公司东营分行 | 东营区北一路726号 | 95568 | 95568 | www.cmbc.com.cn |
| 13 | 光大银行股份有限公司东营分行 | 东营区南一路333号 | 7279101 | 7279101 | www.cebbank.com |
| 14 | 兴业银行股份有限公司东营分行 | 东营区府前大街80号1-3楼 | 8386111 | 8191665 | www.cib.com.cn |
| 15 | 广发银行股份有限公司东营分行 | 东营区府前大街78号 | 6098708 | 4008308003 | www.cgbchina.com.cn |
| 16 | 平安银行股份有限公司东营分行 | 东营区府前大街55号黄蓝时代(东营)国际金融港 | 7076909 | 7076915 | www.pingan.com |
| 17 | 东营银行股份有限公司 | 东营区井冈山路808号 | 96588 | 96588 | www.dyccb.net |
| 18 | 青岛银行股份有限公司东营分行 | 东营市经济开发区府前街72号 | 4006696588 | 4006696588 | www.qdccb.com |
| 19 | 齐商银行股份有限公司东营分行 | 东营区东城东二路213号 | 8733111 | 8733111 | www.qsbank.cc |
| 20 | 天津银行股份有限公司东营分行 | 东营区府前大街55号 | 7278822 | 7278796 | www.bank-of-tianjin.com.cn |
| 21 | 威海市商业银行股份有限公司东营分行 | 东营区西二路500号 | 8150989 | 8150989 | www.whccb.com |
| 22 | 中国邮政储蓄银行东营市分行 | 东营区沂河路15号1号楼 | 7766835 | 7766810 | www.psbc.com |

续表

| 序号 | 机构名称 | 地　　址 | 咨询电话 | 举报电话 | 网　址 |
|---|---|---|---|---|---|
| 23 | 山东省农村信用社联合社东营办事处 | 东营区宁阳路与庐山路交叉路口东南角 | 8328238 | 8328385 | www. sdnxs. com |
| 24 | 山东广饶农村商业银行股份有限公司 | 广饶县城花苑路 285 号 | 6456211 | 6926977 | |
| 25 | 山东利津农村商业银行股份有限公司 | 利津县城津三路 276 号 | 5120063 | 5622217 | |
| 26 | 山东东营农村商业银行股份有限公司 | 东营区庐山路 1028 号 | 8217377 | 8232335 | |
| 27 | 山东垦利农村商业银行股份有限公司 | 垦利县中兴路 187 号 | 2527366 | 2885756 | |
| 28 | 东营莱商村镇银行股份有限公司 | 东营区沂州路 68 号 | 8036889 | 8036788 | www. dylsbank. com |
| 29 | 广饶梁邹村镇银行股份有限公司 | 广饶县银座商务中心商务楼 1－1 号 | 6686736 | 6686789 | |
| 30 | 垦利乐安村镇银行股份有限公司 | 垦利县胜兴路辰兴商贸园 101 号 | 2779666 | 2779666 | |
| 31 | 东营河口中成村镇银行股份有限公司 | 河口区仙河镇汉江路 30 号 | 7081719 | 7081719 | |
| 32 | 东营融和村镇银行股份有限公司 | 东营区东三路 218－1 号 | 7905778 | 7905776 | |
| 33 | 山东利津舜丰村镇银行股份有限公司 | 利津县津二路中段银座花园西门西南角沿街房 | 5028677 | 5028699 | www. ljsfrb. com |

**【担保圈风险化解】** 2016 年，面对经济新常态及供给侧改革带来的诸多挑战，辖内担保圈风险积聚劣变形势尤为严峻。①加强监测，推进担保圈信息共享。指导银行业机构深度落实省局防范担保圈风险指导意见，依托“担保圈风险识别监测与共享系统”，做好担保圈信息共享，厘清和绘制担保圈关系图谱，建立担保圈风险监测台账，开展续时监测分析，按季形成专项监测报告。对已纳入债委会核心客户且贷款 5 亿元以上的担保圈，全面落实监测分析工作。②建立规划，稳步推动破圈解链工作。制定出台《东营银监分局关于加强企业担保圈风险防范和化解工作的指导意见》，按定性和定量相结合的方法评估担保圈风险，按风险高低将担保圈分为低风险、中风险、高风险三类，要求大型银行年内自主选择 1 家中型低风险担保圈进行拆解试点，总结经验，制定计划，因圈施策，扎实推进。5 家大型银行试点拆解工作顺利开展，相关材料上报分局。③实行源头控制。引导各银行业金融机构综合运用各种组合增信和风险缓释措施，减少借款人对保证担保方式的过度依赖，积极压降保证贷款，发展信用贷款，不断优化信贷业务结构，严控担保圈新增风险。截至 2016 年底，辖区银行业保证贷款占比 67.28%，较年初下降 1.36 个百分点；信用贷款占比 4.89%，较年初提高 1.52 个百分点。　　（中国银监会东营监管分局　郭娜）

**【中国人民银行东营市中心支行】** 2016 年底，全市本外币各项贷款余额 3507.5 亿元，较年初增加 476.26 亿元，增长 15.71%；本外币各项存款余额 3989.66 亿元，较年初增加 303.18 亿元，增长 8.23%。

*贯彻执行稳健货币政策。*①积极传导稳健货币政策，促进信贷总量合理较快增长。加强窗口指导，按季组织召开货币政策与金融管理工作通报会，制定下发《关于增强信贷服务有效性加大对实体经济资金支持力度的通知》，引导金融机构紧紧围绕实体经济资金需求，加大对工业转型升级和经济结构调整的支持力度。优化信贷结构，印发《贯彻稳健货币政策改进金融服务和外汇管理支持全市推进结构性改革和经济转型升级的意见》《金融支持石油化工橡胶轮胎结构调整转型升级指导意见》等，引导金融机构降低社会融资成本，将更多的信贷资源配置到三农、小微企业、节能环保、科技等重点领域和薄弱环节。发挥货币政策工具的引流示范作用，做好再贷款、再贷款、再贴现发放工作。创新信贷管理，制定《货币信贷管理督查督办制度》《信贷业务重要事项报告管理办法》。开展宏观审慎评估工作，报送《关于对金融机构实施宏观审慎评估相关情况的报告》被东营市委书记申长友批示。②加强银企精准对接，增强信贷服务有效性。一是开展“金融服务企业百日行”活动。引导银行机构对辖内重点企业逐户走访，摸清企业需求和实际困难。组织金融产品和服务宣传推介会，为银行机构和企业搭建面对面沟通平台。督导银行机构按照“一企一策”原则制定专项金融方案，满足企业融资需求。二是做好扶贫开发金融服务工作。制订《东营市金融助推脱贫攻坚工作实施方案》和《2016 年东营市金融助推脱贫攻坚宣传方案》，组织召开全市金融助推脱贫攻坚推进会、全市扶贫开发领导小组暨现场推进会议、全市金融扶贫工作培训班等，深入开展金融精准扶贫融资需求对接百日攻坚活动和“金融扶贫青春同行”活动。③推进创新和试点工作开展。推进“两权”抵押贷款试点工作。成立全市农村承包土地的经营权抵押贷款试点工作金融业务领导小组和推进小组，协助河口区政府制定《农村承包土地的经营权抵押贷款财政贴息资金管理办法》《河口区农村承包土地的经营权抵押贷款风险补偿基金管理办法》，完善试点工作的配套机制建设。联合河口区政府召开农村承包土地的经营权试点工作推进会议暨签约仪式，建立河口区农村承包土地的经营权抵押贷款试点工作主办行制度。开展“两权”抵押贷款知识进村入户宣传活动，切实加强对“两权”抵押贷款试点的推进管理工作。做好信贷资产质

押再贷款试点工作。做好银行间市场管理工作，制定《东营市债务融资工具发行企业后续监测管理办法》，分类建立全市债券融资后备资源库，完成首次债务融资工具发行企业后续监测工作。

维护金融稳定。扩大风险监测范围，实现风险监测全覆盖。深入分析核查重要指标的异常变化，提高重要风险的分析研判水平。密切关注银行业金融机构资产质量变化、流动性风险状况、违规经营和案件风险。建立重点企业监测制度，将融资规模10亿元以上的重点企业纳入监测范围，分区域、分情况制定具体监测指标，重点关注大型企业融资和担保状况，加强风险监测和预警。建立重大事项报告情况通报制度，实现重大事项检查全覆盖，提高银行落实重大事项报告管理办法的主动性和人民银行监测重大风险事件的效率。做好反洗钱监测调查，指导辖区5家金融机构报送重点可疑交易报告7份，指导辖区金融机构堵截电信诈骗、冒名开户、虚假凭证诈骗等风险事件10起。推进"打击利用离岸公司和地下钱庄转移赃款专项行动"。做好存款保险组织实施工作。建立投保机构预审、县支行初审、中支复审的三重保障机制，圆满完成存款保险保费核算和缴纳工作。

提升金融服务和管理水平。把强化金融服务作为新时期履行基层央行职责的新的切入点，面向金融和社会民生难题，积极创新金融服务措施，大力发展普惠金融，促进金融服务工作不断取得新亮点。金融统计和研究水平不断提高。强化对辖区金融机构统计制度辅导，稳步推进存贷款抽样统计工作。推进农村支付服务环境建设工作，在三县全面推开新型助农取款服务点建设工作。组织开展联合整治支付结算重大违法犯罪工作，与市公安局牵头成立联合整治支付结算重大违法犯罪办公室，建立电信网络新型违法犯罪涉案账户紧急止付和快速冻结机制。组织落实个人银行账户分类管理制度。加强电子商业汇票推进力度，电子商业汇票业务量位居全省前列。金融科技建设快速发展。加强宣传，积极推进东营市菜市场、出租车、校园园区的金融IC卡项目建设。开展银行卡信息泄露风险专项排查工作，防范支付敏感信息和资金的安全风险，切实保障消费者合法权益；开展东营市第三届"银商杯"收银员知识与技能竞赛，推进银行卡受理环境建设。货币金银工作取得新成绩。加强发行基金调拨管理，确保辖区现金供应总量充足、结构合理。开展"银行业金融机构现金全额清分冲刺年活动"，城区及县区金融机构营业网点对外支付现金均做到全额清分，提前完成现金全额清分的工作目标；做好现金横向调剂和零币定投及硬币自循环工作，建设县域区域现金中心。国库业务创新成果突出。开发完成"三方协议"网上签约程序，在全国率先实现TIPS业务全程电子化。开发《政府收入电子缴库业务处理系统》(一期)在全省率先实现海关税款当日入库。开发《政府收入电子缴库业务处理系统》(二期)在全省率先实现非税收入电子入库。新拓展"租赁住房货币化补贴资金"等5个国库直接支付政府补助资金项目，有效促进企业发展，助推民生改善。征信体系建设取得新进展。在全省率先实现中小企业和农户信用信息数据库双库同步达标，相关做法被分行副行长刘振海批示。应收账款融资服务平台推广应用工作继续保持全省领先地位，实现应收账款融资金额110.77亿元，位居全省第4位；与各县区政府、市发改委等36家单位和部门建立信用信息共享机制，构建全市守信联合激励失信联合惩戒机制，推进"信用东营"建设进程。跨境人民币业务平稳推进。坚持业务发展与风险防范并重，以服务实体经济发展为中心，借助展会等形式加强宣传引导，稳定业务总量。金融消费者权益保护工作取得新成效。推进农村金融消费维权联络点建设，开展金融消费纠纷仲裁中心建设，设立金融消费站，实现金融消费保护下沉县乡，有效提高金融消费纠纷处理效率。金融服务的规范化管理水平不断提升。加强同城清算、账户、全国支票影像业务和支付系统监督管理。开展互联网金融风险专项整治工作，制订实施方案，开展风险摸排和整顿。组织对征信、国库、金融稳定、调查统计等业务开展专项检查或评估。

促进全市贸易投资便利化。落实总分局"控流出、扩流入"工作部署，采取加强窗口指导、企业约谈及现场非现场检查等系列措施，辖区外汇流出压力得到缓解。①加强对外投资、利润汇出、个人购付汇、异地购付汇等重点交易项目监测分析和核查检查，及时了解企业大额购付汇交易背景及总量差额较大深层次原因。②加强预期管理，做好大额购付汇约谈工作，重点关注石油化工、有色金属冶炼等行业大额购付汇，先后对25家企业进行约谈，是全省约谈企业数量最多的地市。③加强外汇核查检查，提高管理检查威慑力，在非现场监测分析的基础上，加强对重点行业、重点区域、重点交易渠道异常数据持续动态监测。④利用金融消费者权益保护、轮胎展、石油装备展等大型活动，组织多次跨境人民币结算、外汇管理改革政策宣传，并赴外汇指定银行进行现场指导，做好相关服务。⑤推进跨国公司资金集中运营工作，服务外汇资金流入。

## 2016年全市本外币信贷收支情况表

单位:万元

| 项 目 | 余额 | 较年初增加额(+、-) | 较年初增长(%) |
|---|---|---|---|
| 一、各项存款 | 39866590 | 3031843 | 8.23 |
| (一)境内存款 | 39859565 | 3032340 | 8.23 |
| 1.住户存款 | 14785678 | 1490250 | 11.21 |
| (1)活期存款 | 4855175 | 444476 | 10.08 |
| (2)定期及其他存款 | 9930503 | 1045773 | 11.77 |
| 2.非金融企业存款 | 18705067 | 1503020 | 8.74 |
| (1)活期存款 | 5751678 | 1183190 | 25.90 |
| (2)定期及其他存款 | 12953388 | 319830 | 2.53 |
| 3.广义政府存款 | 6006593 | 109537 | 1.86 |
| (1)财政性存款 | 338083 | 27377 | 8.81 |
| (2)机关团体存款 | 5668510 | 82159 | 1.47 |
| 4.非银行业金融机构存款 | 362226 | -70467 | -16.29 |
| (二)境外存款 | 7025 | -497 | -6.60 |
| 二、各项贷款 | 35074982 | 4762574 | 15.71 |
| (一)境内贷款 | 35050877 | 4739121 | 15.63 |
| 1.住户贷款 | 5120861 | 265071 | 5.46 |
| (1)短期贷款 | 1180872 | -198119 | -14.37 |
| 消费贷款 | 295565 | -50078 | -14.49 |
| 经营贷款 | 885307 | -148041 | -14.33 |
| (2)中长期贷款 | 3939989 | 463189 | 13.32 |
| 消费贷款 | 3704092 | 469580 | 14.52 |
| 经营贷款 | 235897 | -6391 | -2.64 |
| 2.非金融企业及机关团体贷款 | 29930016 | 4474050 | 17.58 |
| (1)短期贷款 | 22590563 | 1938001 | 9.38 |
| (2)中长期贷款 | 5215066 | 1132345 | 27.74 |
| (3)票据融资 | 1949000 | 1250604 | 179.07 |
| (4)融资租赁 | — | — | — |
| (5)各项垫款 | 175387 | 153100 | 686.94 |
| 3.非银行业金融机构贷款 | — | — | — |
| (二)境外贷款 | 24105 | 23453 | 3594.45 |

(市人行 任小强)

【中国农业发展银行东营市分行】 2016年,东营市分行发挥农业政策性银行职能,全面落实强农惠农政策,加大对农业农村重点领域的支持力度,引导和支持企业健康发展,在保障地方粮食安全、保护农民利益、保证粮棉油收储和市场稳定、支持全市农村经济健康发展上发挥独特作用。截至2016年底,各项贷款余额86亿元,各项存款日均余额32亿元,完成国际结算业务2.2亿美元,实现账面利润1.1亿元。

支持农业基础设施建设。东营市分行积极履行确保地方粮食安全、支持政府贷款投入和扶贫开发三大政治任务,把支持服务政府中心工作作为农发行一项长期重点工作。2016年,累计审批中长期贷款项目21个,审批额度169亿元,居全省第二位。全年累计投放46.03亿元,年末贷款余额85.46亿元,净增33.23亿元,特别是市政府高度关注的林业生态建设项目贷款,贷款金额58亿元,系农发行系统内单笔额度最大的林业资源开发与保护贷款,为全市三年增绿工程提供强力保障。

推动重点建设基金稳健落地。按照市委、市政府指示和上级行要求,创新管理方式,"投贷结合",做好项目对接工作。全年共审批基金项目13个,金额9.14亿元,年底全部投放完毕。有效解决制约基础建设项目启动的资本金问题,以低息资本金撬动社会资金反哺"三农",发挥农发行在国家"稳增长,促调节"政策中的积极作用。

推进托市收购圆满收官。2016年,东营首次启动小麦托市收购预案,农发行切实发挥政策性职能,全力做好托市收购资金的供应和管理工作。全年累计发放夏粮收购贷款3.5亿元,支持收购小麦25158万斤。做到钱到位、人到位、协同推进到位、政策宣传到位,实现政府、粮农、中储粮直属库三满意。

国际实现新突破。通过中长期贷款、政府、财政和关键企业及关键人员,在业务延伸中发展国际业务客户群。全年完成国际业务482笔,结算量2.15亿美元,完成省行任务的127.03%。 (农发行东营市分行 吴海生 董雪)

【中国工商银行东营分行】 概况。2016年,工商银行东营分行坚持服务地方经济发展、支持实体经济转型发展的方针不动摇,各项工作稳步推进。2016年底,本外币存款余额561.44亿元,存量四行占比32.29%,排名第一,较年初增加47.96亿元,增量四行占比76.63%,排名第一。其中:公司存款186.18亿元,较年初增加35.16亿元;机构存款136.24亿元,较年初增加6.56亿元;个人存款237.71亿元,较年初增加10.9亿元。本外币各项贷款余额483.93亿元,存量四行占比28.84%,排名第一,较年初增加37.25亿元,增量四行占比32.74%,排名第二,不良率0.42%。缴纳地方营业税金及附加9633.40万元、房产税299.57万元、印花税200.1万元、土地使用税120.92万元,总计纳税数额地方留存15767.62万元。

助力经济转型升级。紧跟市委市府新常态下推动经济转型升级的思路,把扶持全市重点工程、重点项目作为头等大事来抓,对于符合国家产业政策、环保政策和工商银行信贷政策的重点优质项目,最大限度地争取优惠政策,加大倾斜力度。全年完成审批项目贷款16个,贷款金额44.29亿元。先后为神驰液化气深加工综合利用项目牵头发放银团贷款5亿元,为佳昊化工20万吨/年异丁烷脱氢发放项目贷款1.69亿元,为亚通石化加氢精制深加工项目审批项目贷款4亿元,为实体经济淘汰落后产能,改进技术实现转型发展提供资金保障。积极响应市委市政府号召,优先支持基础设施建设及改善民生等重大项目工程。先后向东营区城乡路网改造提升工程项目、西城片区旧城区提升改造项目、东营区改善农村人居环境建设项目、东营区棚户区改造项目以及棚户区改造补充服务项目等发放项目贷款12.24亿元,促进城市形象的提升。

推广智能银行设备　　（工商银行东营分行提供）

支持实体经济提质。研究国家产业政策和工商银行行有利于企业发展的信贷政策，通过新业务、新产品的推广应用进一步满足实体经济的资金需求，丰富企业融资来源、畅通融资渠道。针对石油化工、橡胶轮胎等传统产业转型升级需求，先后为方圆集团、万达集团等49个关联集团客户累计发放贷款近400亿元，支持传统行业发展。立足东营经济发展实际，从“做小、做多、做优”上下功夫，重点支持500万元以下的小微企业客户，充分利用“网贷通”业务网络融资、循环使用的特点加大资金支持力度。2016年新增小微企业有贷户106户，为历年最多；小微企业贷款余额达到38.34亿元，比年初增加2.11亿元。坚持国际业务与人民币业务并重，加大对进出口企业融资支持，累计办理国际贸易融资9.52亿美元，较同期增加2.74亿美元，增幅40.41%。累计办理结售汇25.9亿美元，较同期增加8.4亿美元，增幅48%。累计签发银承184.45亿元，同比多签发14.77亿元；累计办理票据贴现164.5亿元，同比增加121.05亿元，增幅达279%；到年末贴现余额43.08亿元，较年初增加20.06亿元，丰富了企业的融资来源。

维护金融生态环境。落实内控管理要求，以内部精细化管理为重点，以强化“三道防线”为基础，以合规文化教育为支撑，丰富内控管理方式，不断提高监督检查、监测分析和风险预警能力，为全行持续健康发展提供有力保障。全面组织开展“一加强、两遏制”回头看专项检查活动，以整改问题为抓手，以“整改、整制、整饬、整顿”八字为主线开展工作，对于形成重大风险事件的违规违纪，严肃追究有关管理责任。坚持“扑明火”与“防隐患”并重的原则，采取“主动出击、防控结合、以防为主”的工作思路。对经营暂时出现困难的企业，本着风险“不扩散、不延伸”的原则，坚持做到“不抽贷、不压贷”，一户一策制定帮扶措施，有效运用展期、重组、再融资等风险缓释措施，切实帮助企业渡过难关，助推经营状况逐步改善。全年打包处置不良贷款7.22亿元，减轻了企业负担。

构建无缝隙全覆盖服务网络。在全市布投放智能设备220台，智能化网点覆盖率达94.3%，服务渠道更加多元。加大互联网金融品牌推广力度，新增手机银行客户7.2万户，新增工银e支付客户11.5万户，新增融e联客户17.8万户，有效满足互联网时代下客户多样化、综合化、差异化的需求。以银行业文明规范服务示范单位评选活动为契机，突出服务规范主题，优化服务流程，加强对全行营业网点服务过程的管理、监督及考核，全行服务工作持续向好发展，服务质量和效率进一步提升。加大个人贷款投放力度，推广个人助业贷款、家居消费贷款、出国留学贷款等产品。年末个人贷款余额95.99亿元，较年初增加2.63亿元，日均增加8.95亿元。分期付款余额6.6亿元，发生额7.87亿元，银行卡发卡存量突破40万张，全年实现银行卡消费额74.3亿元。加大个人理财产品、贵金属投融资营销力度，为居民理财投资提供便利。　（工商银行东营分行　崔海鹏）

【中国农业银行东营分行】 2016年，中国农业银行东营分行积极扩大信贷投放，加快经营转型步伐，全面强化风险管控，为地方经济发展提供强有力的金融支撑。年末，表外融资余额200多亿元，各项信用总量近700亿元，继续保持同业首位和系统内前列。各项存款余额459.9亿元，较年初增长10.8亿元；存量、增量分别居同业（四大行，下同）第2位、第3位。各项贷款余额470.6亿元，较年初增加5.8亿元，存量、增量分别居同业第2位、第4位。全行成本收入比19.73%，系统内最优。全年未发生案件和责任事故。

支持产业转型升级。加大政府购买服务、城镇化、水利项目及水利建设等创新型业务推广力度，参与东营市政府投资基金34亿元；成功获批中小学大班额项目贷款28亿元、支脉河、溢洪河和南水北调项目贷款4亿元；加大对传统产业改造升级和战略性新兴产业发展的信贷投放，支持利津石化、宝港国际和亚通石化等重点项目建设，累计投放项目贷款8亿元。

建设良好金融环境。加强企业运行监测，注重信息沟通，积极参与、主动配合做好重点风险客户的化解工作，做到早研判、早预警、早介入；积极向上级行争取资源，用足用好现有政策，做到不抽贷、不压贷、不延贷；坚持分类处置原则，加快不良贷款处置力度，累计打包转让7亿元，核销贷款6亿元，有效减轻地方负担。

拓宽融资渠道。积极应对金融脱媒趋势，发展债务融资

农行东营分行客户经理深入田间地头，了解棉花产出情况，抓实贷后管理
（崔吉皓摄）

工具，引导资金合理配置，累计承销债务融资工具5亿元，办理黄金租赁5亿元；通过跨境直贷、参融通、内保外贷等跨境联动业务，实现境外资金企业融资54亿元。

扩大“三农”覆盖面。新投放“丰收村”棚户区改造项目贷款0.9亿元；成功发放全市首笔农村土地承包经营权抵押贷款；为56名社员开立惠农卡，实现合作社互助托管业务破题；积极发展农户新居住房贷款业务，2016年累计发放“农民安家贷”1.2亿元；推进“银企共建升级版”惠农通工程，建成精品服务点3个、标准服务点5个；加快电商模式服务点建设，建成乐村淘电商服务点6处。

提高金融综合服务能力。坚持“因需而变”的服务宗旨，深化网点经营转型，构建立体化的金融服务体系。新增4处离行式自助银行，新增布放超级柜台49台。全行61个营业网点正常营业，共有自助银行107个，布放自助设备698台，进一步优化网点的布局结构，增强客户的服务体验。强化文明标准服务督导检查，在省行服务考核中居第2位。精神文明建设稳步推进，新增“中国农业银行先锋号”、总行“女职工文明示范岗”、总行“青年文明号”各1处；文明单位覆盖率100%，继续保持东营市金融系统唯一一家“文明行业”称号。（农行东营分行 朱玉鑫）

【中国银行东营分行】 概况。2016年，东营中行实现本外币各项存款余额292.2亿元；本外币贷款余额330.6亿元；实现拨备前利润13亿元，税后净利润7.14亿元，盈利水平在全省中行系统内名列前茅。2016年，联合团市委举办“希望工程”阳光公益活动；一次性向汀河三村捐赠道路维修资金10万元，用于村内背街小巷路面硬化；同时为该村9名当年新录取的大学生各送去1000元助学金。在东营市外汇局执行外汇管理情况考核中，连续7年获得A级的；在2016年东营市内部审计师协会组织的评选中，连续12年获得先进单位称号。

支持和服务实体经济发展。①服务小微企业发展。发挥中银信贷工厂、中小企业跨境撮合的优势，通过中行特色的服务体系，为中小企业“融资难、融资贵”解决问题。截至12月底，全行小微企业贷款增速21.28%，高于各项贷款平均增速3.97个百分点；全行小微企业贷款户数合计652户，较年初增加154户；小微企业贷款申贷获得率100%，全面实现“三个不低于”监管目标。②坚持国际化发展。紧跟国家“一带一路”等重大战略，发挥专业优势，形成国际化业务双向发展的新局面。巩固传统国际结算业务优势，发展跨境人民币结算、远期结售汇和个人结售汇业务，满足全市“走出去”企业、优质企业客户和财富高净值人士的国际业务需求。截至12月底，全行实现跨境结算量92亿元，国际结算量72.33亿美元，市场份额居全市前列。充分利用境内、境外两种资源和两个市场，通过组合汇率、利率和表内、表外负债及资产，为东营地区“走出去”企业铺路搭桥，全年引进海内外资金约86.8亿元，有效支持地方经济的发展。

强化风险防控和合规经营。①严守风险底线。强化全面风险管理，开展授信业务合规性重检，持续夯实授信资产质量；强化授信基础管理，加强风险预警监控，探索担保圈和大户管控手段。②加强内控案防。建立非法集资监测预警机制，利用反洗钱甄别与G-MAP监控等手段，全面提升内控

2016年3月19日，东营中行联合团市委举办“希望工程”阳光公益活动
（刘羊提供）

质效;开展“两个加强,两个遏制”回头看专项行动,全面梳理问题,严格落实整改;加强网点安保力量配置和技防物防建设,做好营业场所和自助银行防抢劫、防盗窃工作,抓好消防管理,保障客户、员工的人身安全和资金安全。

(中国银行东营分行 吴婷)

【中国建设银行东营分行】 截至2016年底,各项贷款余额356.76亿元,新增15.71亿元,;其中对公贷款新增8.18亿元;个人贷款新增7.53亿元;理财、债券承销等投行业务余额60.6亿元,成功办理理财业务融资13笔、金额19.6亿元;债券承销融资5笔,金额41亿元。

加大信贷投放。抓住国家对石油炼制行业的政策红利期和全市加快转型升级步伐的契机,在对重点项目进行梳理的基础上,展开精确营销,加大项目储备和信贷投放,累计投放信贷资金732亿元。成功中标东营市政府投资基金并获得总行批复30亿元,成功批复东营市财金投资有限公司7亿元股权投资类理财产品。同时以大项目好项目的建设为总抓手,持续加大信贷投放,累计投放信贷资金732亿元,2016年,成功批复市南一路快速路(华山路至西一路)建设工程PPP项目5.23亿元、利华益集团10万吨/年甲基丙烯酸甲酯项目7亿元、金钊源物流仓储物流园区一期1亿元、兴达新能源热电联产4亿元、齐成芳烃及液化气2亿元等固贷项目12个,金额51亿元,投放项目贷款近40亿元。2016年底,储备的重点项目10户,金额合计74.97亿元,完成综合授信业务申报36笔、金额187亿元,完成信用额度申报199笔、金额576亿元,新增全球授信客户2户(科瑞集团和万达集团),大中型授信客户达253家,授信总量658亿元,其中总行级主办银行2家,总行级重点客户39家,总行级战略客户5家,省行级战略客户10家。

履行社会责任。①支持社保信息一体化项目。与市人社局合作的社保信息一体化项目是全市重要的惠及民生工程。投入资金3000余万元推进社保项目建设。2016年在全省率先启动人力资源和社会保障公共服务一体化系统,打破原先的受区域限制、柜台服务的小社保模式,突破办事时间、地点、方式的限制,提高了服务效率和质量。②新版住房公积金管理系统成功上线。先后投资500多万元与市住房公积金管理中心联合研发的新版住房公积金综合管理系统,12月正式上线。公积金管理系统上线以后,职工在提取公积金时可以直接打入提取职工本人的银行账户中,无需再跑银行,提取公积金更加便捷。③深化与市政府相关职能部门合作。先后为东营区人民医院、广饶县人民医院上线“银医一卡通”,构建新型现代医疗和金融协作服务模式,推进医院门诊流程优化及“数字化医院”管理;支持东营市一中“智慧校园”建设;与市国税局率先创新财税库银三方协议网签业务;与市工商局签署战略合作协议,企业在办理新成立注册、变更和提交年度报告等环节时,将依托网银安全认证工具,实现全流程线上办理等等,为全市居民和企业提供更加快捷高效的服务;与农高区深化合作,推动农高区支行筹建。

维护金融环境。2016年,与省分行汇报沟通,调整优化信贷结构,加大表外业务向表内贷款转化力度,主动减费让利,减少中间业务收入1亿元、减少企业利息支出2.3亿元;同时持续强化产品创新,全力推进投行、国际业务发展,以理财、债券承销等多样化的新型融资产品为手段,进一步扩大融资规模,新型融资累计额达105.35亿元,并为企业节省财务费用近8000万元,在为企业提供资金支持的同时,切实降低企业的资金成本。同时在当前风险防控压力增大的形势下,认真落实《东营市防范化解企业资金风险债权银行总公约》的要求,密切关注企业经营情况,争取上级行的政策支持,通过再融资、期限调整、业务承接等方式,有效缓解34户企业还款资金压力,金额18亿元,并对部分经营周转困难的企业,主动发挥大行作用,加快核销处置,全年核销处置不良贷款5.5亿元。

推动产业转型升级。①围绕政策导向和转型要求,积极支持优势产业升级。立足于炼油、化工、轮胎、石油装备等传统优势行业,优先选择行业龙头和重点客户,鼓励和支持炼油企业进行油品质量升级,鼓励和支持轮胎、石油装备等企业加快产品升级。累计为利津石化、垦利石化、天弘化学、亚通石化、齐润化工五家获得进口原油使用权的企业新增42亿元一类贸易融资额度用于支持企业进口原油和后续融资业务;通过信贷业务支持永泰化工、恒丰橡塑、金宇实业、盛泰集团等公司的业务发展,成功支持皓宇橡胶二期全钢子午胎项目建设,成功为金宇轮胎等办理境内外汇筹资转贷款业务,并综合运用融资、结算等金融工具强化“胎大王”电商平台的合作。②推动小企业和个贷业务发展。依托网点和专业化经营中心,通过“五贷一透(税易贷、善融贷、创业贷、信用贷、POS贷,结算透)”“快贷”、住房贷款等多样化产品,有效满足小微企业、个体工商户等的多元化融资需求,“五贷一透”客户达到256户,新增132户,四部委口径小企业客户605户,贷款户数新增76户,贷款增速17.81%,审贷获得率98.38%,全面完成“三个不低于(申贷获得率不低上年同期、小企业信贷投放增速不低于全行全部信贷投放增速、信贷户数不低于上年同期)”的监管指标要求;个人住房类贷款、个人消费经营类贷款新增均居四行第一,其中“快贷”余额1.24亿元,新增1.17亿元,“快贷”导入代工单位覆盖率及客户激活率均居全省首位。③强化产品创新。先后办理全省首笔卖出看跌期权业务、原油、天然橡胶大宗商品套保、“双币种”存款、“销货通”、BOO贷款、国内信用证福费廷业务等30多项新业务;办理东营分行首笔跨境融资性风险参与业务、首笔出口应收账款池融资业务,为方圆有色金属、金华精细化工、万达集团、利华益集团、永泰集团、科瑞石油装备等6家客户办理跨境人民币双向资金池备案。

(中国建设银行东营分行 侯新和)

【交通银行东营分行】 2016年底，分行本外币各项存款61.96亿元，本外币各项贷款75.87亿元，其中涉农贷款42.56亿元，小微企业贷款15.78亿元。分行资产总量77.86亿元，总授信投放146.64亿元。缴纳地方税收2677.57万元。积极争取市外资金支持，助力本地经济发展。人民币国内贸易融资3.07亿元；签发银行承兑汇票115.61亿元，较年初增加50.66亿元。2016年，交通银行东营分行营业部获2016年中国银行业协会文明规范服务千佳示范单位，交通银行山东省分行2016年度房贷全流程时效奖，交通银行东营分行营业部党支部被评为交通银行总行先进基层党支部。 （交通银行东营分行　宋吉森）

【中信银行东营分行】 2016年，中信银行东营分行紧紧围绕分行“转型发展、晋位提升”的发展战略，结合东营地区的经济政策，与高新技术、石油化工、石化装备、有色金属及高效生态农业等多个行业的数十家企业达成战略合作伙伴。截至2016年12月底，各项存款余额137.74亿元；各项贷款余额105.52亿元，资产质量保持良好。2016年12月，中信银行东营西城支行获评“2016年度山东省银行业普惠金融示范单位”。 （中信银行东营分行　崔卫）

【中国光大银行东营分行】 2016年，中国光大银行东营分行紧紧围绕市委市政府发展路线和方针政策，贯彻执行监管部门和上级行的管理要求，秉承“开拓与管理并重”的发展原则、“区域领先、价值提升”的核心理念，以诚信务实的态度，立足东营，服务东营。截至2016年底，实现各项本外币存款余额80.79亿元，较年初增加40.76亿元，增幅101.83%；各项贷款余额57.81亿元，较年初增加9.17亿元，增幅18.85%；实现净利润1.59亿元，纳税1322.07万元，拥有授信企业客户共计154家。1月27日，中国光大银行东营广饶支行开业，开拓中国光大银行在东营市县域金融发展的新局面。 （中国光大银行东营分行　陈昊）

【华夏银行东营分行】 2016年，华夏银行立足“中小企业金融服务商”战略定位，发挥“大众理财银行”产品优势，支持地方经济发展。截至2016年12月底，一般性存款余额80.2亿元，其中储蓄存款8.36亿元；各项贷款余额77.73亿元，较年初增加12.41亿元；实现中间业务收入3615.07万元，实现利润2.85亿元。①支持地方经济发展。为山东黄河口水务发展有限责任公司、山东鑫立方农业投资集团有限责任公司等重点项目企业提供中期流动资金贷款共计4亿元。②做实基础客户群体。建立厅堂营销、四进营销、公私联动营销相结合的个人客户营销机制，截至12月底，分行共有个人客户53044户，其中有效客户19940户。③开展企业文化建设。开展“学产品，促发展”专项活动，开展各类培训70余期，行外专业机构合作培训3期，会计技能竞赛4期，全员持证上岗率100%。 （华夏银行东营分行　姜丽婷）

【招商银行东营分行】 2016年，招商银行东营分行面对低迷的经济形势，在把握风险情况下实现资产业务精准投放，批发条线资产规模保持稳定。截至年底，分行全折人民币自营存款余额55.31亿元，全折自营贷款余额94.41亿元，中间业务收入0.64亿元。东营分行采取拓展零售客户群，突出差异化、专业化、特色化等措施，打造零售市场优势，2016年12月初零售贷款余额余额超38亿元。2016年，招商信用卡新增发卡达3万户。东营分行信用卡部与较为知名的54家餐饮商户，3家影城，2家KTV，2家洗车店合作。自2016年6月东营卡部开通“掌上生活”线上经营权限之后，共销售“饭票”3099张，线上消费金额26.6万元。加大对区域授信客户担保圈的管理。东营分行对公授信保证方式高达95%，形成错综复杂的互保圈关系。按照“节点切割、大圈化小、缩短链条、压缩担保”的原则推动开展破圈解链工作，对担保圈中的核心企业及关键链条通过抵质押担保方式置换、更换圈外担保等方式适时进行切割，使复杂的担保关系分解为多个相互独立的个体，构建担保清晰、结构扁平的担保架构，逐步缩短担保路径，使大圈化小，圈圈不连，缓释集中度风险。 （招商银行东营分行　许歆）

【上海浦东发展银行东营分行】 截至2016年12月，人民币存款81.2亿元，较年初下降35.5亿元，人民币基础存款72.78亿元，较年初下降17.67亿元，结算存款8.65亿元，较年初下降1.47亿元。2016年东营分行金融市场业务全面启动，截至2016年底实现中收4343万元，票据业务实现迅猛发展，办理票据贴现60多亿元，实现票差收益3630万元；积极推动合意资产投放，全力巩固营收增长。项目及中长期贷款20.06亿元，较上半年增长8.45亿元，增幅72.84%，对拉升受益、控制风险起到良好的效果。东营分行营业部被省银行业协会评选为“银行业文明规范服务千佳示范网点”。 （浦发银行东营分行　赵文艳）

【中国民生银行东营分行】 截至2016年末，东营分行各项本外币存款70.60亿元，较年初减少13.46亿元，减幅16.01%；各项贷款余额94.74亿元，较年初增加32.15亿元，增幅51.37%；其中不良贷款余额1.65亿元，占比1.74%，全部为本年新增；实现净利润-0.33亿元，同比减少2.54亿元，缴纳地方税收额为3429万元。2016年，东营交易银行业务中心运用国内证结构性福费廷、买方保理担保、进口信用证押汇、掉存通、保函和大宗商品预付款融资等多种贸金产品满足企业资金需求。成功办理民生银行第一单商业承兑汇票资产证券化业务，业务金额2亿元，实现创利160万元，东营分行9月筹备并成立两个利润中心。零售业务坚守

“聚焦小微，打通两翼”的核心目标，以“两小金融”作为零售业务的两大有力抓手，在零售业务上始终紧跟总行、分行的战略方向，坚持公私联动营销，因地制宜，实现东营分行“聚焦两小、多头并进”的发展模式。小微贷款余额4.85亿元，消费贷款余额2121万元，按揭贷款余额7911万元。储蓄存款余额13.87亿元，非储蓄金融资产5.56亿元，基金余额1.4亿元。

严格落实月度“合规内控议决行”制度，优化合规系统操作流程，按季度开展合规培训。2016年，东营分行根据总分行各条线规章制度共印发各类规章制度11项，涉及对公、零售条线考核、重大事项报告、群体性事件处置机制、统计、纪检、财务等各个方面。组织参加反假货币宣传、打击非法集资、“金融知识进万家”宣传服务月、五周年行庆晚会、金融港·民生之夜、金秋·健步走、职工才才艺大赛及多项捐资助学活动。

（民生银行东营分行　黄连龙）

2016年11月8日，利津支行开业　（恒丰银行东营分行提供）

**【恒丰银行东营分行】** 2016年，恒丰银行东营以“稳增存款，创利为先，严控风险，创新发展”为工作思路，全力推进指标完成和规模提升，保持各项经营指标稳步增长，2016年，全行总资产达到172.73亿元，较年初增长13.96亿元，增幅达8.79%，较去年同期增长13.97亿元，增幅8.8%；各项存款余额170.36亿元，较年初增长17.38亿元，增幅11.37%；存款日均164.97亿元，较年初增长38.16亿元，增幅30.09%；各项贷款余额116.75亿元（含贴现），较年初增长48.51亿元，增幅71.09%；贷款日均90.66亿元，较年初增长41.52亿元，增幅84.49%；全行信贷业务余额366.44亿元，较2016年初增加70.89亿元，其中敞口余额219.29亿元，较年初增加44.54亿元。累计投放信贷资金541.91亿元，较2016年初增长60.59亿元。累计上缴税收2.48亿元，较2016年初增长17.9%。在与同业对标上，据人行统计数据，截至2016年底，恒丰银行东营分行人民币存款余额在东营市场份额占比4.24%，较年初增长0.94%，存款余额在当地股份制银行中排名第一，领先优势进一步增大，人民币贷款余额在当地市场份额占比3.23%，较年初增长1.05%。

2016年，恒丰银行东营分行根据上级行信贷投向政策和辖区实际，以着重研究区域和行业经济特点为前提，在信贷投放方面加大对新能源、新材料以及高效生态农业等优质行业和新兴行业的支持力度，加大对石化、轮胎等区域优势行业和龙头企业的授信支持力度，为东营实体经济发展和供给侧结构性改革提供强力融资支持。恒丰银行东营分行组织6家客户入围济南分行在系统内成立首家“商品家俱乐部”分支机构，截至2016年底，该行对“商品家”成员企业总授信额度达近60亿。积极为中小企业提供信贷支持，与山东浩泰天然气合作，创新推出“大王村村通福气快线金融”平台，通过天然气收费权质押以及担保贷款等方式，取得授信1000万元。搭建业务交流平台，2016年7月，举办以“新起点·心交流·共发展”为主题的银企洽谈暨业务推荐会，全市约30家大型企业参加。完善机构布局。7月22日，垦利支行开业；11月8日，利津支行开业；河口支行取得筹建批文。

（恒丰银行东营分行　孙坤）

**【东营银行】** 截至2016年底，全行员工1208人，总行部门16个，小企业专营中心1家，异地分行4家，异地支行11家，同城支行47家，注册资本17.83亿元，资本净额67.68亿元，全行资产总额643.49亿元，较年初增加83.53亿元，增长14.92%；各项存款524.82亿元，增加74.54亿元，增长16.55%，贷款余额330.80亿元，增加42.05亿元，增长14.56%。全年实现经营利润12.85亿元，实现净利润7.26亿元。不良贷款率1.65%，拨备覆盖率165.51%，贷款损失准备充足率216.52%，资本利润率14.63%，资产利润率1.21%，资本充足率12.75%，核心一级资本充足率9.82%。各项综合指标位居全省城商行前列，在2016年山东省地方金融企业绩效评价获评AAA级优秀金融企业。

*公司治理建设*。东营银行以公司治理换届为契机，努力构建和完善科学有效的公司运行机制，1名国家“千人计划”专家和1名金融学教授分别入选董事会、监事会，重构董事会专门委员会，按照上市银行标准修订公司章程、“三会一层”议事规则，公司治理机制更加完善，运作水平进一步提升。

*金融精准扶贫*。全面贯彻落实市委市政府的精准扶贫战略部署，严格执行监管部门的各项金融扶贫服务政策，制

定《东营银行发展普惠金融的实施意见》,将精准扶贫工作提升到银行发展的战略高度,作为重点工作推进。以"移动金融"为延伸,不断完善网上银行、手机银行功能,开发建设直销银行,打通金融服务"最后一公里"。创新金融产品,试点农村土地承包经营权抵押贷款,发放全市首笔"光伏扶贫贷款""创业扶贫担保贷款"业务,加快推进农村劳动者就近就地创业和居家就业,增强其"造血"功能,实现精准扶贫。

开展"进走访"活动。成立以行长挂帅的"进走访"活动领导小组,制定走访工作方案,改进工作方式方法,实现"行长走厂长"常态化。历时三个月,东营银行共走访企业115户,项目24个、园区14个,为87户企业、15个项目、6个园区制定综合金融服务方案,为被走访企业和项目分别增加信贷授信额度7.33亿元和3亿元。

跨境人民币结算助力企业"走出去"。顺应客户需求,加强产品创新,形成包括同业代付、进出口风险参与等产品的跨境人民币产品体系,提升跨境金融服务能力。2016年,东营银行实现跨境人民币收付业务量31.69亿元,连续八年被评为"执行外汇管理法规考核A类行"。

(东营银行　丁玉磊)

**【青岛银行东营分行】** 2016年,东营分行围绕总行"激发动能,稳健发展,营治风险、提升市值"的战略目标,面对复杂多变的内外部经济形势,攻坚克难,化危为机。截至2016年末,实现存款79.04亿元,较年初增长12.97亿元;信贷规模快速膨胀,总贷款余额79.19亿元,较年初增长5.59亿元。3月25日,作为全市首笔政府和社会资本合作项目——东营西郊工程运营管理有限公司PPP项目成功在青岛银行东营分行落地。2016年,青岛银行东营分行获"省富民兴鲁劳动奖状"称号。　(青岛银行东营分行　孟晓娟)

**【齐商银行东营分行】** 2016年底,东营分行在职员工134人,下辖营业部、西城支行、垦利支行、广饶支行、辽河路小微支行和办公室、风险管理部、零售业务部、国际业务部、会计结算部、小企业金融服务中心。实现各项存款余额31.56亿元,各项贷款余额18.77亿元,累计缴税合计3097万元。　(齐商银行东营分行　梁金全)

**【中国邮政储蓄银行东营市分行】** 概况。2016年,全辖各项存款余额155.34亿元,较年初增长29.17亿元,增长率23.12%。各项贷款余额94.6亿元,较年初增长49.44亿元,增长率109.5%。存贷款比例为60.90%,较上年末增加25.11个百分点。市分行连续6年被评为省级文明单位,被总行授予"模范职工之家"称号,被省行授予"先进基层党组织"荣誉称号。

强化三农服务。加大对农业龙头企业、家庭农场(专业大户)等涉农贷款支持力度。2016年涉农贷款净增10.88亿元,结余22.02亿元。加强同地方人社、财政、妇联等政府部门的沟通协作,深化与担保公司平台的合作,全力做大再就业担保贷款规模,助力青年就业创业。发放再就业担保贷款5.69亿元,助力创业就业5500余人。开展现代农业特色支行建设,成功建成利津北岭"肉牛羊"特色支行、垦利黄河口"水产养殖"特色支行,实现特色行业的集中批量开发,助力特色产业发展壮大。加快三农贷款产品创新力度,推出融资增信、土地承包经营权抵押贷款等产品,适应新型农业经营主体的资金需求。

支持小微发展。以解决小微企业发展融资难为切入点,进行产品创新,先后推出"税贷通""供热贷"等新产品,加大对小微企业的融资支持力度。2016年发放小微贷款15.89亿元,为近3500家小微企业提供资金支持。同时,从客户准入、资料要求、信用评级、额度测算、业务流程等方面进行简化和优化,满足小微企业对资金需求"短、小、频、急"的特点。

助推黄蓝战略。①加大资金投放力度,支持电力、造纸、化工等一批重大项目,助力利华益、华泰、大唐(东营)发电、石大胜华等特色龙头企业转型升级。2016年,新增授信客户5户,新增授信额度24.05亿元,累计发放公司贷款17.94亿元。②积极参与政府主导的融资基金项目和民生工程,投放棚改项目资金3.89亿元,授信大班额项目2.55亿元。③结合东营区域特点,拓展国内信用证、国际信用证、国内信用证议付等贸易融资业务,为客户提供全方位的金融服务。各项业务均位居全省系统内第一位。

履行社会责任。开展金融知识宣传活动,先后组织开展

2016年8月27日,中国邮政储蓄银行普惠金融知识宣传

(邮储银行东营分行提供)

"金融知识进万家""金融知识万里行"等系列宣传活动，通过多种渠道进行广泛宣传，提高了公众维护自身资金和信息安全的意识和能力。全面开展整治非法买卖银行卡信息专项活动，严厉打击银行卡非法买卖等犯罪行为，保障用卡环境安全，规范银行卡账户申领程序，强化银行卡账户信息管理，增强业务风险防范能力，提升持卡人合法合规用卡意识，维护公平诚信的金融环境。

（邮储银行东营市分行　杨庆磊）

3月26日，东营农商银行挂牌开业，山东省农村信用社省联社副主任王宝城和东营市副市长李俊峰共同揭牌　（东营市农村商业银行提供）

【东营市农村商业银行】　概况。至2016年底，全市农村商业银行各项存款余额447.04亿元，较年初增加16.36亿元，增幅3.8%。各项贷款余额330.53亿元，较年初增加22.36亿元，增幅7.26%。全市农商银行全年实现各项收入30.62亿元，经营利润15.06亿元，账面利润7.55亿元。全市农商银行统算资本充足率、拨备覆盖率分别达到13.87%和214.91%。

银行化改革。3月26日，在原胜利农村合作银行、河口农村商业银行基础上以新设合并方式发起设立的东营农村商业银行股份有限公司揭牌开业。标志着东营市农村信用社银行化改革全面完成，顺利实现所辖法人机构全部改制成立农商银行的目标，成为全省第三个全部完成银行化改革的市地。

普惠金融。启动"家庭银行"商业模式，实现服务重心由为单个客户服务向为家庭成员生产生活提供一揽子金融服务转变，推出的家庭成员为担保人的"家庭贷"，有效缓解贷款难、担保难问题。至年底，全市农商银行签约"家庭银行"客户5249户，发放"家庭贷"2586笔、4.58亿元。2016年，全市农商银行新建社区银行网点16处，辐射社区、村庄98个；旨在打通农村金融服务"最后一公里"的易POS助农取款点建设工作全面铺开，为供电系统营业网点、农电工、金融服务点配备"易POS"800台；4家农商银行全部入驻山东省农村信用社自主研发上线的"智e购"网上商城，商户首批上线59家，上线商品298款，为本地农特产品的推广起到积极作用。

经营转型。东营办事处组织技术人员研发以筛选优质客户资源为核心的精准营销分析系统，助力全市农商银行实现零售型精准营销。全市农商银行发售理财产品34期，金额3.64亿元；垦利、东营农商银行相继上线贵金属业务；东营农商银行推出公司出口订单融资和速贷通业务、个人信用消费贷款、信用经营贷款、农村承包土地经营权抵押贷款等信贷产品；广饶农商银行推出"福e家"家庭银行品牌；垦利农商银行梳理形成"惠农兴商"六大系列35类信贷产品；利津农商银行紧跟百姓消费需求，创新推出"鑫薪贷""鑫居贷""鑫业贷"等信贷产品，满足各层次客户的需求。开展中间业务，与市总工会、万众生活网联合发行"泰山如意工会服务卡"3.6万张，打造服务市民的"民心工程"；参与社会保障卡发行工作，发卡5万多张，惠及群众2万多户。

（东营市农村商业银行　巴艳徽）

【东营莱商村镇银行】　2016年，东营莱商村镇银行资产总额84.17亿元、贷款50.15亿元、存款72.53亿元，全年上缴各项税收4.35亿元，实现净利润7.31亿元，各项经营指标继续保持全省村镇银行序列第一，连续六年被山东省财政厅评为AAA级村镇银行，被山东省办公厅评为"山东省金

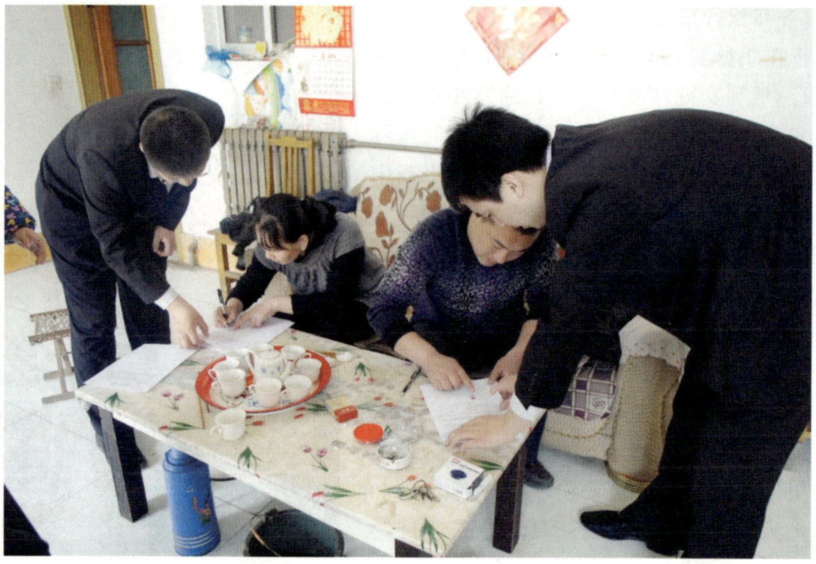

莱商村镇银行提供2012年11月28日惠民信贷服务进村入户，客户经理上门签署借款合同　（东营莱商村镇银行提供）

融发展贡献先进单位”。

2016年12月19日，与中国人民银行东营市中心支行、市国税局、市地税局、建设银行东营分行、东营银行代表及财税库银三方协议网络签署平台开发项目组成员共同按动启动球，在全国范围内率先开发上线电子划缴税款系统，实现缴税业务的全流程网上办理，成为全市首批开通该系统的3家银行之一。积极响应国家“金融扶贫”“精准扶贫”的政策号召，自觉加大精准扶贫力度，采用一户一策的思路，克服扶贫贷款点多、面广、户散的实际困难，全行联动，进村入户，开展“扶贫贷”“助学贷”等扶贫信贷业务，对全市范围内的建档立卡贫困居民进行小额信贷扶持，2016年先后出动人力3000余人次，发放“扶贫贷”2713笔、“助学贷”1578笔。（东营莱商村镇银行　李怀超）

【东营融和村镇银行】　以“服务三农、服务社区、服务中小企业”为经营宗旨，充分发挥独立法人银行决策高效、审批快速的优势，在严控风险的基础上大力拓展业务，全力支持区域内小微企业发展。截至2016年12月底，有营业网点2家，包括营业部1家，支行1家，员工41人。资产总额为2.99亿元，较年初增加0.75亿元，增长33.48%；负债总额1.90亿元，较年初增加0.53亿元，增长38.69%；所有者权益总额为1.08亿元；各项存款1.89亿元，较年初增加0.63亿元，增长50%；各项贷款2.01亿元，较年初增加0.49亿元，增长32.24%；资本充足率50.04%；流动性比例49.93%。

（东营融和银行　任成武）

【兴业银行东营分行】　紧扣行业调研和移动支付“两个重心”，抢抓提升对公业务、突破零售业务、创新中间业务“三项重点”，努力夯实客户、转型、管理和团队“四个基础”，持续强化全面风险管理，加强党建和企业文化建设，各项业务实现持续稳健发展。2016年，兴业银行东营分行完善机构和人员建设。筹建完成金辰社区支行、东营胜利支行，均实现顺利开业。截至12月底，兴业银行东营分行全行本外币存款余额56.51亿元，较年初新增1.86亿元；全行本外币贷款余额48.09亿元，较年初新增8.7亿元；开出银行承兑汇票51.10亿元，信用证7.57亿元，授信客户136户。结合东营产业特点，加大对地炼、橡胶轮胎、油品贸易三个行业的调研，以地炼行业为突破重点，有效夯实对公业务发展基础；积极跟进重点项目建设，2016年投放7.5亿元项目贷款；以政府重点投资基金项目为重点，成功中标东营市政府40亿元城市引导基金，首笔10亿元业务于12月5日投放落地。积极推动零售业务发展，个人存款余额4.77亿元，个人贷款余额8.34亿元，信用卡业务全量发卡2.2万张。以个人按揭贷款业务为重点，截至12月底，兴业银行东营分行按揭类贷款余额6.47亿元。

（兴业银行东营分行　应婉露）

【天津银行股份有限公司东营分行】　2016年，天津银行股份有限公司东营分行坚持以市场为导向，以经济效益为中心，狠抓风险防范和内控管理，倡导合规文化建设，各项业务工作齐头并进，分行规模日益壮大，6月16日，经东营银监分局审批，天津银行东营西城支行正式获准开业。截至年底，天津银行东营分行本外币存款余额60.38亿元，较年初减少0.21亿元，降幅0.34%；各项贷款余额为53.67亿元，较年初增加21.30亿元，增幅65.79%。实现小微贷款新增6.02亿元，新增签约客户完成29户；储蓄存款日均3.7亿元，个人贷款发放3.26亿元；不良贷款零余额；实现利润总额1.84亿元，同比增加6564.74万元，盈利能力持续增强。面对日益严峻的经济形势，东营分行结合东营地区的经济结构特点，有针对性地开展营销组织工作，有效带动业务发展。同时，东营分行建立全方位的风险管控防线，贯彻落实授信后管理例会制度，千方百计地守底线，稳定授信质量。

（天津银行东营分行　李莉）

【威海市商业银行东营分行】　2016年，威海市商业银行东营分行坚持“抓小不放大、聚焦小微、专注零售”的市场定位，积极融入全市经济社会建设，不断加大对实体经济的支持力度，各项工作扎实推进，经营业绩和管理水平不断提升。截至2016年底，分行全体员工71人，资产总额39.57亿元，各项存款余额38.36亿元，小微企业贷款余额16.32亿元，全年分行实现经营利润9853.94万元。

（威海市商业银行东营分行　郭永祥）

【平安银行东营分行】　5月26日，平安银行东营分行举行开业仪式，开业首日存款规模达到130亿元以上，授信总量突破150亿元。开业仪式后，平安银行济南分行与东营市政府签订战略合作协议。截至年底，分行全体员工54人，资产总额36.72亿元，各项存款余额35.72亿元，小微企业贷款余额2.12亿元。平安银行东营分行是平安银行在山东省设立的第四家二级分行，东营分行将以“扎根东营地区、创新服务模式、发挥平安特色，助力经济社会发展”为经营思路，重点支持基础设施建设、高新科技企业和小微客户发展，在东营经济社会发展中贡献自己的力量。

（平安银行东营分行　王鑫）

【广发银行东营分行】　广发银行东营分行位于东营市府前大街78号广发银行大厦，是广发银行布局环渤海经济区、服务黄河三角洲开发的重要战略举措。广发银行东营分行自2016年5月9日开始营业以来，各项业务发展稳健。截至2016年12月31日，各项存款余额26.42亿元；各项贷款余额22.47亿元。“广纳百川、发展无限”，广发银行东营分行将秉承“只争朝夕，臻于至善”的企业精神，支持重大项目，服务中小企业，拓展民生金融，践行社会责任，为东营经济社会持续健康发展添砖加瓦。

（广发银行东营分行　王建飞）

## 保　　险

【概况】 2016年，全市保险业深入贯彻落实国务院和省市政府加快发展现代保险服务业意见精神，创新发展，用心经营，行业整体发展水平有新的提升。①保费规模稳定增长。全市共实现保费收入89.69亿元，同比增长13.84%。其中，财产险保费收入27.34亿元，同比增长3.97%；人身险保费收入62.35亿元，同比增长18.78%。②业务结构不断优化。财产险市场，车险占比79.9%，车险市场份额稳定在80%以下，责任保险、保证保险、农业保险、短期健康保险业务发展较快，市场占比持续提升。人身险市场，个险业务市场占比达到47.17%，同比增长4.51个百分点；个险新单保费9.29亿元，同比增长71.97%，在各业务渠道中增幅最快。③服务能力持续增强。全行业提供各类风险保障1.37万亿元，支付赔款与给付27.73亿元，赔付金额同比增长16.32%。农业保险承担风险责任30.88亿元，年内已支付赔款5207万元。各类责任保险提供风险保障1353亿元，支付赔款2372万元。大病保险顺利推进，为125.27万城乡居民提供风险保障3758亿元，2016年度已支付赔款6034.67万元。全行业缴纳各类税费3.78亿元，同比增长62.23%，财产保险公司代收代缴车船税2.44亿元，同比增长7.02%。④市场主体继续增加。2016年，新增华海财险、英大泰和财险、华安财险、信泰人寿4家保险公司，保险市场主体发展到44家，其中财产保险公司24家，人身保险公司20家。

【东营市保险行业协会】 截至2016年底，有会员单位41家。

优化行业发展环境。主动向市政府报告全市保险业发展状况和存在的问题困难，提出加快发展现代保险服务业的意见建议；加强与相关政府职能部门的协调配合，推动农业保险、责任保险、保证保险等业务开展；通过提交政协提案、报送社情民意信息等形式就促进全市保险业发展向市政协建言献策；与市金融办、市人行、东营银监分局联合制定印发《东营市"十三五"金融业发展总体规划》，明确"十三五"期间全市保险业发展的指导思想、总体目标和重点工作措施。

规范市场秩序。财产保险市场，开展财产险竞争秩序专项调研；召开自律工作会议传达监管政策强化市场主体依法合规经营意识和理性竞争意识；组织财产险公司签署《山东省保险行业机动车辆保险自律公约》；重点围绕机动车险违规赠送额外利益行为开展自律检查。人身保险市场，组织人身险公司签署《山东省人身保险销售从业人员防止销售误导自律公约》履约承诺书；组织开展防止销售误导专项自律检查；加强人身保险个险新单件数13个月继续率指标调度工作，建立个险新单件数13个月继续率统计月报、信息通报及与自律检查挂钩等相关制度。

提供优质服务。①推进反保险欺诈工作。与市经侦支队建立反保险欺诈联席会议制度；与法医司法鉴定机构召开座谈会研讨打击不法分子通过"低残高评"手段骗取高额保险赔偿行为；对利用高档二手车辆故意制造落水案件或通过买卖事故获取超额保险赔偿的案件开展集中排查。2016年，东营市反保险欺诈工作站共接办保险欺诈案件68件，侦破33件，协助保险公司调查嫌疑线索197条，避免或挽回经济损失近500万元。②加强风险防范工作。建立行业风险防范联席会议制度，加强对风险的监测预警，开展互联网保险风险专项整治工作，做好客户投诉处理工作，守住不发生区域性、系统性风险的底线。③开展保险宣传工作。加强与新闻媒体的联系沟通，在合作媒体和协会自媒体刊登保险基础知识、消费提示、维权知识等内容；在"3·15"消费者权益保护日、"5·15"打击经济犯罪宣传日、"7·8"全国保险公众宣传日、防范和打击非法集资宣传月等时间节点，组织会员公司开展集中宣传活动，提升行业社会形象。④开展保险数据统计分析工作。做好保险业务数据月报工作，为会员公司开展业务分析、制定经营策略提供有力的数据支撑；加强车险理赔信息共享平台建设，及时统计筛查疑似重复索赔数据，在预防重复索赔案件方面产生较好效果。⑤组织开展考试工作。承办由中保协组织的车险查勘定损初级和二、三级考试、责任险初级综合科目和专业科目考试、人身险核保核赔考试，承接东营、潍坊和滨州3市人员的考试工作。2016年顺利组织2次考试，参考126人。

维护消费者权益。①开展保险纠纷调解及诉调对接工作。完善调解工作制度，理顺调解工作流程，认真调解好每一起纠纷案件，不断提高调解工作规范性；深入推进诉调对接机制建设，6月，与市中级人民法院联合印发《关于建立保险纠纷诉讼与调解对接机制的意见》，召开保险纠纷诉调对接调解中心启动大会，保险纠纷诉调对接机制实现全市覆盖。2016年，东营市保险行业协会保险纠纷人民调解委员会共受理保险纠纷案件169件，成功调解162件，涉案金额458万元；通过诉调对接机制接收案件67件，成功调解60件，申请司法确认3件。②加强道路交通事故理赔服务中心建设。健全完善中心管理制度和工作流程，加强理赔大厅窗口人员日常管理和拆检秩序管理，保持中心良性运转。依托中心组织开展车险理赔服务质量达标、车险理赔查勘模拟测评、财产险公司客服工作现场观摩暨经验交流等服务质量提升活动。③组织开展人身保险公司服务质量达标测评。12家公司被授予人身保险优质服务先进单位称号，5家公司被授予人身保险服务达标先进单位称号。④组织开展"保险双星"评选表彰活动。在全行业评选表彰第七届东营市"保险之星"100人和"十大保险明星"10人，树立行业诚信服务榜样。

## 2016年东营市保险公司一览表

| 分类 | 公司名称 | 地址 | 电话 |
| --- | --- | --- | --- |
| 财产保险公司 | 人保财险东营市分公司 | 东营区南一路329号 | 8328949 |
| | 平安财险东营中心支公司 | 东营区淄博路2号 | 7756220 |
| | 太平洋财险东营中心支公司 | 东营区南一路258号3栋 | 8233490 |
| | 天安财险东营中心支公司 | 东营区天目山路万象商业广场 | 7786003 |
| | 大地财险东营中心支公司 | 东营区府前大街67号 | 7788026 |
| | 永安财险东营中心支公司 | 东营区北一路287号 | 7786608 |
| | 中华联合财险东营中心支公司 | 东营市区府前大街52号金融大厦 | 7788707 |
| | 阳光财险东营中心支公司 | 东营区北一路287号 | 7777958 |
| | 安邦财险东营中心支公司 | 东营区府前大街52号金融大厦 | 7756555 |
| | 渤海财险东营中心支公司 | 东营区北二路478号 | 8210858 |
| | 都邦财险东营中心支公司 | 东营区北二路699号 | 8799169 |
| | 永诚财险东营中心支公司 | 东营区香山路829号 | 8970016 |
| | 亚太财险东营中心支公司 | 东营区曹州路金汇大厦8楼 | 7768902 |
| | 中国人寿财险东营市中心支公司 | 东营区府前大街53号国贸大厦 | 7907901 |
| | 浙商财险东营中心支公司 | 东营区府前大街55号金融港A座15层 | 8975002 |
| | 安盛天平财险东营中心支公司 | 东营区北二路699号 | 7750192 |
| | 泰山财险东营中心支公司 | 东营区滨溪东路64号 | 8566106 |
| | 太平财险东营中心支公司 | 东营区运河路673号 | 8351007 |
| | 中银保险东营中心支公司 | 东营区府前大街金融港B座12层 | 7077890 |
| | 安华农险东营中心支公司 | 东营区南一路227号 | 7760396 |
| | 长安责任保险东营中心支公司 | 东营区辽河路辽河社区工作站5层 | 8656795 |
| | 华海财险东营中心支公司 | 东营区府前大街55号金融港B座7楼 | 7268779 |
| | 英大泰和财险东营中心支公司 | 东营区南一路268号3栋28号楼 | 8957251 |
| | 华安财险东营中心支公司 | 东营区府前大街55号金融港D座11层 | 8959556 |
| | 信达财险东营中心支公司 | 东营区黄河路与沂州路交叉口东南角 | 7907301 |
| 人身保险公司 | 中国人寿东营分公司 | 东营区淄博路66号 | 8224686 |
| | 平安人寿东营中心支公司 | 东营区淄博路2号 | 7753707 |
| | 太平洋人寿东营中心支公司 | 东营区南一路258号3栋 | 8257912 |
| | 泰康人寿东营中心支公司 | 东营区黄河路430－6号金领国际 | 8227111 |
| | 新华人寿东营中心支公司 | 东营区府前大街132号 | 6079158 |
| | 太平人寿东营中心支公司 | 东营区黄河路100号嘉润大厦 | 7666756 |
| | 合众人寿东营中心支公司 | 东营区西二路474号 | 7787689 |
| | 农银人寿东营中心支公司 | 东营区北二路623号 | 7755070 |
| | 人保寿险东营中心支公司 | 东营区南一路329号 | 8330577 |
| | 阳光人寿东营中心支公司 | 东营区北一路740号 | 7756606 |
| | 国华人寿东营中心支公司 | 东营区曹州路北首亿腾大厦五楼 | 7787810 |
| | 华泰人寿东营中心支公司 | 东营区黄河路富海交运大厦8楼 | 6381309 |
| | 富德生命人寿东营中心支公司 | 东营区北一路740号 | 7167901 |
| | 建信人寿东营中心支公司 | 东营区济南路71号2号楼 | 8257777 |
| | 天安人寿东营中心支公司 | 东营区淄博路9号 | 8503567 |
| | 华夏人寿东营中心支公司 | 东营区府前大街53号国贸大厦东13层 | 7760757 |
| | 工银安盛人寿东营中心支公司 | 东营区北二路91号 | 8191002 |
| | 德华安顾人寿东营中心支公司 | 东营区府前大街金融港D座10层 | 7796008 |
| | 平安养老保险东营中心支公司 | 东营区淄博路2号 | 7753722 |
| | 信泰人寿东营中心支公司 | 东营区淄博路150－1号1幢福地大厦六层 | 7791027 |

【保险公司选介】 中国人民财产保险股份有限公司东营市分公司。1983年10月26日，伴随着东营市的建立，中国人民保险公司东营市分公司正式成立。2016年，实现保费收入11.81亿元，同比增长4.91%，市场份额43.22%。为全市超过22万家庭自用车客户、1790家企事业单位、125.3万城乡居民、12.91万农户提供各类风险保障7314.28亿元。吸纳各类用工3377人。处理赔案13.65万件，支付赔款6.62亿元。上缴及代缴税金1.71亿元。开办好政策性农业保险。承保145.22万亩的小麦、玉米、棉花等种植业保险，承保299712头育肥猪、能繁母猪、奶牛等养殖业保险，承保6027亩的公益林、商品林、苹果等特色保险，累计承担风险总额4.89亿元，放大财政资金效用17倍，已支付农险赔款1426余万元，受益农户36885户次。公司在三区两县的中心乡镇建立8个三农保险服务部，19个三农保险服务站，在全市1431个行政村设立三农保险服务点，建立起部、站、点三级农村服务网络，可以直接将承保、理赔服务送到农民身边。与市综治办共同开展治安保险。实现53个乡镇/街道的承保面，乡镇覆盖率达到100%，为1308户居民提供经济补

偿,赔款177.32万元,为全市居民撑起家庭财产的保护伞。开展责任保险业务。2016年,为653家企业提供78.5亿元的安全生产责任风险保障。主承保全市医疗责任保险,为371家医疗机构提供风险保障,分散医生职业风险,缓和医患矛盾。开办城乡居民大病保险业务。2014年起,承保城乡居民大病保险379.24万人次,已累计补偿13.16万人次,支付补偿款共计2.34亿元,充分发挥了商业保险补充作用,完善了多层次社会保障体系。

中国人寿保险股份有限公司东营分公司。中国人寿保险股份有限公司东营分公司设个险、银保和团险3个销售渠道、10个内设部门、5个县区支公司、8个城区专业化支公司和24个营销服务部,有员工及营销员3000余人。2016年实现保费收入11.75亿元,同比增长14.48%;缴纳各项税金2337.92万元;接受理赔案件24781件,支付赔款6545.85万元,满期给付6.14亿元。限时理赔。公司在全市系统实现500元以下小额给付案即送即领,立等结案;500元以上案件一周内结案,赔付款项以转账方式转入客户提供的账户;5万元以上大额理赔上门送款,配合此项措施实行客户首问负责制和服务承诺制度。“1+N”服务。通过国寿客户节、国寿大讲堂、客户体检活动等一系列服务活动,擦亮国寿“1+N”服务品牌,让客户体验更贴心的附加值服务。银龄安康工程。同市老龄委一起,推动银龄安康工程稳步、健康发展。全市共计承保124万人次,承保覆盖率80%以上,累计赔付1056人次,赔付金额1085万元,填补老年人商业保险的空白,实现保障效益和社会效益的双赢。学生安全保险。为全市学生安全保驾护航,每年参保学生人数22万余人,有效减轻学生家庭经济负担。

中国平安财产保险股份有限公司东营中心支公司。成立于1996年11月25日,有员工300余人,下设广饶、河口、利津、垦利、东城、东营港经济开发区6个支公司及大王营销服务部。平安财险东营中支根据国家有关方针、政策和法规,经营各种本、外币财产保险、环境安全等责任保险、人身保险、再保险、机动车辆保险、农业保险、理赔追偿业务及保监局批准的其他业务。2016年实现保费收入5.09亿元,同比增长5.3%;市场占比20.1%,居市场第二位;全年累计缴纳税收8388万元,服务客户40余万人。公司率先实行先进的核保人、核赔人制度,率先引进风险控制体系,实现全国通赔车险理赔服务;在业内首创新车电话批改服务,并提供两证到期短信提醒、直赔服务、全程理赔短信告知等“客户关怀”服务。

中国平安人寿保险股份有限公司东营中心支公司。成立于1996年,有正式员工100余人、保险销售代理人2000余人。2016年,实现首年保费1.97亿元,理赔结案3898件,给付理赔金额3633万元,豁免保费635万元。理赔时效持续提升,标准案件2日结案率95.92%,理赔获赔率97%。持续为重疾客户提供理赔特殊关爱服务,重疾先赔服务13例,累计赔付金额103万元。推出安e赔自助理赔服务,客户或代理人通过平安人寿线上平台(平安金管家APP、口袋e行销、快易达)进行理赔在线申请,通过手机拍照上传理赔资料并经客户电子签名确认后,进入智能化理赔审核的互联网+理赔模式,为客户提供安逸、安心、安全的理赔服务体检。公司安e赔系统自2016年3月1日试点启动,E化受理案件2195件,E化赔付金额716.2万元,E化受理到结案平均时效0.88天。

中国太平洋财产保险股份有限公司东营中心支公司。成立于2002年2月。下辖垦利、河口、广饶、利津、孤岛、港区、东城、西城八个支公司,服务机构覆盖全市,有正式员工128人,营销员19人。承保人民币和外币的各种财产保险、短期健康保险和意外伤害保险业务。2016年实现保费收入1.96亿元,支付赔款1.72亿元。上缴税收1105万元,代收代缴车船税1867万元。

中国太平洋人寿保险股份有限公司东营中心支公司。成立于2002年4月27日,下设广饶县、利津县、垦利区、河口区、东营区5个支公司和丁庄、胜坨、陈庄、盐窝、孤岛、仙河6个营销服务部。有100余名正式员工,2700余名营销员。2016年,全年规模保费4.30亿元,同比增长25.8%,承保金额195亿元,赔款金额2135万元。公司运用“神行太保”等创新技术手段,提升营销员销售能力。基本法基因的植入和安装基本完成,人力发展、业务发展的内驱力建设初步到位。客户经营的意识和能力显著提升,科技应用渐入佳境,数据驱动管理的能力不断增强。严格落实风险防控工作,加强内部管控,依法合规经营,2016年被人民银行东营市中心支行评为“保险业金融机构综合评价A级单位”。

泰康人寿保险股份有限公司东营中心支公司。2016年,泰康人寿个险年度达成新契约标准保费5489万元,同比增长82.72%;银保年度达成新契约标准保费1200万元,同比增长9.1%;个险续期保费1.56亿元。个险营销团队人力1839人,同比增长66%;客户13个月继续率达到93.86%。

新华人寿保险股份有限公司东营中心支公司。成立于2002年12月,目前设有东营支公司、广饶支公司、利津支公司3家四级机构,有员工及营销员500人,服务客户数量超过5万人。2016年实现保费收入2.7亿元,上缴税金476万元。新华保险45%的理赔案件1小时简易结案;78%的理赔案件在1天内结案;复杂疑难理赔确保不超过30天;66%的案件由保单服务人员通过移动设备进行现场签收。为向客户提供更加方便、快捷的理赔服务,新华保险推出保单一号通、保单无障碍迁移、保全免单服务、保全失单保障、全国通赔、理赔款预付、全球化人身风险服务管理方案、理赔星级标准管理模式、理赔关怀公益活动等一系列创新举措。

中国大地财产保险股份有限公司东营中心支公司。成立于2004年10月20日。业务经营范围涵盖非寿险业务的各个领域，包括企业财产保险类、机动车辆保险类、工程保险类、责任保险类、信用保险类、保证保险类、家庭财产保险类、货物运输保险类、船舶保险类、农业保险类以及短期健康保险和意外伤害保险等。2016 年实现保费收入 1.45 亿元，同比增长 11.13%；支付赔款 5680 万元；上缴税收 828 万元，代收代缴车船税 1577 万元。公司致力于建设全面化客户服务体系，在全国统一客户服务专线 95590 平台基础上，拓展车险网电一体销售服务渠道，建立 3G 智能理赔、全国通赔、承保理赔信息在线查询、事故定责指导、限时赔付、赔款全国集中支付、非事故道路救援、风险提示等优质服务体系，为客户提供更便捷、实惠的服务。

太平人寿保险有限公司东营中心支公司。成立于 2004 年 4 月。下设广饶、垦利、东城、利津、河口 5 家分支机构，有员工及营销员 1200 余人，隶属于中管金融保险集团中国太平保险集团有限责任公司。2016 年实现保费收入 5.17 亿元，同比增长 25.8%；支付赔款及年金 4227 万元，满期给付 4190 万元；缴纳各项税金 810 万元。创新蓄客模式，深入客户服务。10 月，太平人寿东营中支与胜利油田中心医院签署战略合作协议，开展“服务百姓健康行动”健康大讲堂(义诊)10 余场次，粉红丝带乳腺筛查活动 15 场，服务群众 3000 余人次。履行央企责任，助力民企发展。6 月，与东营市工商联联办“非公有制企业健康发展大讲堂”系列活动；11 月，举办第二届“2016 东营经济巅峰论坛”暨民营企业发展研讨会；共为市内大小千余家企业高管在转型升级、经营发展等方面提供高品质的学习交流机会。

阳光财产保险股份有限公司东营中心支公司。成立于 2005 年 11 月 11 日。三区两县均设置机构，有员工百余人。2016 年保费收入 11764.59 万元，支付赔款 5353.78 万元，实现利税 611.22 万元，代收缴车船税 1036.48 万元。

合众人寿保险股份有限公司东营中心支公司。成立于 2006 年 11 月。下设广饶县、垦利县、河口区、东营区 4 个服务部。主要险种有养老保险、意外伤害保险、健康保险、保障类保险、少儿保险、投资理财保险。2016 年，全年实现保费收入 3982 万元，个险新单 13 个月继续率 92%，银保新单 13 个月继续率达到 100%。公司一直秉承“诚信服务、始终如一”的服务理念和“合众保险，理赔不难”的服务承诺，服务广大的客户群体。

农银人寿保险股份有限公司东营中心支公司。成立于 2007 年 5 月 21 日。下辖河口、垦利、广饶 3 家四级机构，主要经营各类人寿保险、健康保险、意外伤害保险业务。2016 年，农银人寿东营中支实现保费收入 16215 万元，同比增长 29%。公司追求“将农银人寿打造成农业银行服务客户的重要平台之一”的愿景，遵循“以市场为导向、以客户为中心、以效益为目标”的经营理念，秉承“合规创造价值，责任成就事业”的价值观，全力构筑高效的经营管理团队、良好的运行保障机制以及健全的规章制度体系。

渤海财产保险股份有限公司东营中心支公司。成立于 2008 年 6 月 18 日，有员工 20 余人，内设 6 个管理部门。公司主要经营财产损失保险、责任保险、信用保险和保证保险、短期健康保险、意外伤害保险以及经中国保监会批准的其他业务。坚持“以客户为中心”的服务宗旨，不断加强服务能力建设，提升服务水平，致力于为客户提供专业、高效的风险管理方案。2016 年实现保费收入 576 万元。

都邦财险保险股份有限公司东营中心支公司。成立于 2008 年 6 月 17 日，下辖广饶、垦利、东城三家营销服务部，有员工 40 人。2016 年实现保费收入 2308.86 万元，支出赔款 1566.89 万元，上缴各类税费(含车船税)272.30 万元，累计承担风险责任总额 59 亿元。历年累计支付赔款 8599 万元，承担风险责任总额近 341 亿元，上缴各类税费(含车船税)4656.81 万元。

永诚财产保险股份有限公司东营中心支公司。成立于 2008 年 8 月，业务经营范围包括财产损失保险、责任保险、信用保险和保证保险、短期健康保险和意外伤害保险、机动车辆保险、再保险业务、国家法律法规允许的保险资金运用业务及经保监会批准的其他业务。2016 年，总达成保费 826.05 万元，车险保费 671.53 万元，非车保费 154.52 万元。支付赔款 836.81 万元，上缴各类税金 24.53 万元。

亚太财产保险有限公司东营中心支公司。前身为民安财产保险有限公司东营中心支公司，成立于 2008 年 10 月 10 日。2016 年 1 月更名为“亚太财产保险有限公司东营中心支公司”。公司主要经营财产损失保险、责任保险、信用保险和保证保险、短期健康保险和意外伤害保险。2016 年实现保费收入 1872 万元，累计赔款 534 万元。

中国人民人寿保险股份有限公司东营中心支公司。成立于 2008 年 9 月，三区两县均设置服务机构，员工及营销队伍 600 余人，主要经营人寿保险、健康保险和意外伤害保险等保险业务。2016 年，实现保费收入 1.93 亿元，同比增长 35.71%；缴纳各项税金 141.62 万元，赔款支出 350.66 万元，满期给付 1.25 亿元；个险 13 个月保费继续率 95.05%。

浙商财产保险股份有限公司东营中心支公司。成立于 2010 年 12 月 30 日，2012 年 2 月设立广饶、河口两个支公司，经营险种有 12 个大类、100 余个主险产品、300 余个附加险产品。2016 年实现保费收入 1683 万元，承担风险责任 32.56 亿元；上缴税收 128.4 万元，代收代缴车船税 184.18 万元；支付赔款 899.31 万元，历年制赔付率 53.26%。

安盛天平财产保险股份有限公司东营中心支公司。成立于 2014 年 3 月 31 日。2016 年实现保费收入 6269 万元，支出赔款 2365 万元，上缴各类税收 1123 万元，累计承担风险责任总额 159 亿元。

富德生命人寿保险股份有限公司东营中心支公司。成立于 2012 年 1 月。东营中支 2016 年合计规模保费 3.17 亿元。公司推广创新服务，将先进技术应用于线上线下多个服务平台。E动生命APP为客户提供手机端保险服务,官方网站、微信公众号、自助终端机为E服务平台锦上添花,让客户足不出户享受公司便捷的服务。

泰山财产保险股份有限公司东营中心支公司。成立于2012年7月19日。经营范围包括各类财产保险、责任保险、农业保险、信用保险、短期健康保险和意外伤害保险以及经保监会批准的其他业务。2016年实现保费收入1823万元,提供风险保障48亿元。

太平财产保险有限公司东营中心支公司。成立于2012年11月21日。经营范围包括机动车辆保险、企业财产保险、工程保险、责任保险、货运保险、船舶保险、意外伤害保险、健康保险、信用保险、保证保险等。2016年实现保费收入5365万元,支付赔款1401万元,上缴各类税金900万元。公司理赔推行"先领赔款,再修车,太平车险快易赔"和"万元以下,8小时赔付"的服务承诺。

建信人寿保险股份有限公司东营中心支公司。成立于2013年1月8日。2016年实现规模保费28398万元。4月开设个险部,2016年个险部实现规模保费167万元,人力架构达21人。全年总计赔付意外医疗、意外身故及建行员工医疗理赔案件1462件,赔款310万元。

天安人寿保险股份有限公司东营中心支公司。成立于2013年3月,有内外勤员工近200人。2016年实现规模保费8.23亿元。

华夏人寿保险股份有限公司东营中心支公司。成立于2013年5月,东营中支下辖西城、河口、广饶、利津4家营销服务部,有内外勤员工400余人。2016年实现保费收入50408万元。

工银安盛人寿保险股份有限公司东营中心支公司。成立于2013年11月25日。有员工12人,经营范围:人寿保险、健康保险和意外伤害保险等保险业务及上述业务的再保险业务。2016年实现保费收入8700万元,同比增长108%,支付赔款55万元。

安华农业保险股份有限公司东营中心支公司。成立于2014年7月30日,经营农业保险、财产损失保险、责任保险、信用保险、保证保险、短期健康保险和意外伤害保险业务。2016年实现保费收入1080万元。

德华安顾人寿保险股份有限公司东营中心支公司。成立于2015年12月17日。设东营本部及河口、广饶2个支公司,主要经营人寿保险、健康保险、意外伤害保险等保险业务及上述保险的再保险业务。2016年实现保费收入378.34万元,缴纳税收22.68万元。

长安责任保险股份有限公司东营中心支公司。长安责任保险股份有限公司东营中心支公司成立于2015年12月,主要以责任保险为特色,经营范围涵盖财产损失保险、信用保险、保证保险、短期健康保险和意外伤害保险等。2016年实现保费745万元。

信泰人寿保险股份有限公司东营中心支公司。成立于2016年11月14日。内设6个部门和2个业务条线,2016年实现保费收入14万元。 (市保险协会 张树泉)

## 证券 期货

【证券】 2016年底,全市有18家证券营业部、3家期货公司,全市证券交易额3902.18亿元,客户交易结算资金余额22.08亿元,托管股份总市值230.20亿元;期货交易额1122.20亿元,累计成交264.86万手,客户保证金余额5398.93万元。

【证券期货机构选介】 中泰证券股份有限公司东营分公司。前身为齐鲁证券有限公司,成立于2011年10月。2016年底,下辖7个营业网点,其中东营北一路证券营业部(原东营济南路证券营业部)为东营首家证券公司,成立于1994年10月。为投资者提供沪、深A股、B股、债券、基金、权证、代办股份转让等经纪业务、融资融券业务、转融通业务、股票质押业务、股指期货业务、沪港通业务等;为企业提供IPO、再融资、并购重组、代办股份转让、固定收益等项目服务,涵盖股票、公司债保荐、承销,"新三板"的推荐挂牌,以及企业并购重组、改制辅导、融资安排等财务顾问服务。

国泰君安证券东营营业部。成立于2014年7月。经营范围:证券经纪、证券投资咨询、融资融券、证券投资基金代销、为期货公司提供中间介绍业务、代销金融产品。

中信建投证券股份有限公司东营东三路证券营业部。成立于2013年12月。主要经营范围:证券经纪,证券投资咨询,与证券交易、证券投资活动有关的财务问题,融资融券,证券投资基金代销,代销金融产品,证券承销与保荐,证券资产管理,销售贵金属制品等。

海通证券东营东三路营业部。2014年6月正式营业。经营范围包括:沪深A股、国债逆回购、封闭式基金、开放式基金、人民币集合理财产品、代办股份转让、委托理财、股指期货交易等业务,为客户开辟多样化的投资渠道。

广发证券股份有限公司东营北一路证券营业部。成立于2003年。主营业务为:证券经纪,证券投资咨询,融资融券,证券投资基金代销,为期货公司提供中间介绍业务,代销金融产品,与证券交易、证券投资活动有关的财务顾问,证券承销与保荐业务。

上海东证期货有限公司东营营业部。成立于2015年3月。主要经营业务是商品期货经纪、金融期货经纪。营业部坚持以"实现投资者利益增值,客户与公司共同成长"为发展目标,立足东营及周边地区,服务原油产业链、有色(铜)产业链、橡胶产业链、农产品产业链等产业集群,持之以恒地为客户提供全方位优质服务。 (市金融办 宋纪祥)

# 科学

# 科技工作

【概况】 2016年,全市科技工作坚持科技面向经济社会发展导向,全面完成各项目标任务,区域自主创新能力不断提高,为经济转型升级和社会发展提供有力支撑。全市高新技术产业累计实现产值4746.01亿元,占规模以上工业总产值的比重为35.47%,较年初上升0.45个百分点。新上省级以上科技计划项目68项,争取无偿资金7280万元;下达市级科技计划项目49项、资金1807万元。新增省级示范工程技术研究中心1家;新增省级企业院士工作站6家;新增国家火炬计划产业基地1家,全市达到5家。连续三年创造全省中度盐碱地小麦单产最高纪录,达到551.16公斤/亩。东营市1人入选科技部创新人才推进计划创新创业人才项目、4人入选泰山产业领军人才项目;全市列入省级以上人才工程34人,其中"千人计划"5人。

【高新技术企业及产业发展】 全年新认定市级科技型企业63家,全市达到348家;新认定省科技型中小企业库备案企业122家;新认定高新技术企业32家,有效期内高企达到111家,共为高新技术企业兑现所得税减免1.34亿元。按照"每个产业建设一个产业技术研究院、创建一个国家级创新平台、制定一个产业技术路线图"思路,重点推动石油化工、有色金属、橡胶轮胎、石油装备等四大优势产业创新发展。全市产业技术研究院12家,编制实施石油化工产业技术路线图。组织78家企业和团队参加第五届中国创新创业大赛山东赛区东营地方赛,其中1家企业获省赛三等奖,并获国家赛获优秀企业奖。东营软件园被科技部认定为"国家火炬计划软件产业基地",迈入国家级软件产业园区行列。

### 2016年新认定高新技术企业名单(共32家)

东营汉威石油技术开发有限公司
山东华网智能科技股份有限公司
山东柯林瑞尔管道工程有限公司
山东石大胜华化工集团股份有限公司
山东胜油固井工程技术有限公司
山东冠森绝缘制品有限公司
山东山尔铝业有限公司
胜利油田胜鑫防腐有限责任公司
山东陆宇塑胶工业有限公司
山东俊富无纺布有限公司
东营市勘察测绘院
山东汇东新能源有限公司
山东荣兴石油工程有限公司
山东创新石油技术有限公司
东营市永利精工石油机械制造有限公司
东营万邦石油科技有限责任公司
东营市瑞丰石油技术发展有限责任公司
东营瑞奥工贸有限责任公司
胜利方兰德石油装备股份有限公司
山东龙翔实业有限公司
山东中阳碳素股份有限公司
山东恒益模具有限公司
胜利油田胜利泵业有限责任公司
山东亦度生物技术有限公司
山东国丰君达化工科技股份有限公司
山东宝莫生物化工股份有限公司
山东欧铂新材料有限公司
山东德阳化工有限公司
山东神驰石化有限公司
山东科瑞石油天然气工程集团有限公司
山东海格石油工程有限公司
胜利德润能源股份有限公司

【科技服务业】 ①研发机构提质升级工程建设。国家采油装备工程技术研究中心迎接科技部验收工作基本就绪,研发大楼建成投用,实验室常规设备布置完成,检测中心、实验室等试验平台陆续搬入,综合展厅正在进行设计。积极推进创建电子陶瓷材料、铜复杂资源清洁冶金两家国家工程技术研究中心,省科技厅向科技部作重点推荐。②科技孵化设施建设。依托石油大学东营校区2万平方米闲置资产,与石油大学联建东营创新广场,建设通过国家实验室认可评审的检测评价中心,入驻研究机构16家、研究人员326人,当年申请专利56件,转化成果27项,成为区域协同创新的重要载体,正在打造万人创新创业示范基地。全市众创空间场地面积发展到10.14万平方米,入驻创业团队和企业607家;16家孵化器(众创空间)在省科技厅备案,2家众创空间在科技部备案。③畅通成果转化渠道。取消科技成果鉴定计划管理,实行"全天候"受理,并将成果鉴定与项目论证有机结合,方便了科技人员,提升成果鉴定质量。推动大型科学仪器共享,入网仪器361台,设备原值3.6亿元,组织市直单位大型进口仪器专家论证会5次,对78台(套)总价值1841万元进口仪器设备进行论证审核;争取省创新券为小微企业提供直接补助3.5万元,降低企业创新成本。

【省级高新技术开发区建设】 针对东营市科技园区建设实际,市政府提出以胜利经济开发区为主体建设、加快创建以石油装备产业为特色的国家高新区建议。8月16日,根据《山东省人民政府关于将山东东营胜利经济开发区更名为东营高新技术产业开发区的批复》(鲁政字〔2016〕175号),胜利经济开发区更名为东营高新技术产业开发区,纳入省级高新区管理序列,东营市创建石油装备产业国家高新区取得阶段性成果。省级高新区管理体制方案报送省科技厅,国家高新区创建工作机构方案(初稿)报送市政府。大学生创业园申报为国家级众创空间;科技创新园科创中心、一站式服务大厅、胜利知识产权运营中心、高新区展厅等一批基础性科技服务机构正在建设,加州能源与环境工程研究院中国分院、国家级石油装备产品质检中心、中国石油高校科技成果转移中心、东营石油经济技术研究院管理中心、东营高新技术创业服务中心、东营石油产业高新技术创新联盟、市石油装备科技文献信息服务平台、山东石油学会办事机构等一批创新公共平台入驻。

【中国石油大学国家大学科技园及“生态谷”】 全年新注册机构49家,园区机构总数达到350家。众创空间成功注册企业18家,累计吸引注册初创企业和创业团队163家;黄蓝科技超市在线平台上线运营,科技成果录入4000余项,技术需求录入500余项,申报软件著作权3项。胜利科技创新园区成为全国重要的石油装备产业聚集区。大学园实现由市科技局独自建设管理变为东营经济技术开发区负责建设管理。各项移交工作基本完成。

【创新平台】 至2016年底,全市共有省级以上工程技术研究中心50家,省级院士工作站9家,省级企业重点实验室5家。

2016年新增省级示范工程技术研究中心

山东省大豆加工副产品高值化利用示范工程技术研究中心

依托单位:山东万得福实业集团有限公司

### 2016年新备案省级企业院士工作站名单(共6家)

| 依托企业 | 合作院士 | 院士工作单位 |
|---|---|---|
| 山东汇海医药化工有限公司 | 张文海 | 中国瑞林工程技术有限公司 |
| 胜利油田孚瑞特石油装备有限责任公司 | 李鹤林 | 中国石油天然气集团公司石油管材研究院 |
| 山东大王金泰集团有限公司 | 王国栋 | 东北大学 |
| 山东宝力生物质能源股份有限公司 | 逯高清 | 英国萨里大学 |
| 山东众力棉业科技有限公司 | 喻树迅 | 中国农业科学院棉花研究所 |
| 北方超级稻产业化中心有限公司 | 袁隆平 | 国家杂交水稻工程技术研究中心 |

【科技计划】 按照“顶层重构、流程再造、重点突破”的原则,制定出台《关于改进和加强市级科技计划管理的意见(试行)》,整合设立重点研发计划、创新公共服务平台计划、科技金融专项和成果转化专项。出台《东营市重点研发计划管理暂行办法》《东营市创新公共服务平台计划管理办法》,完成《东营市科技型中小企业信贷风险补偿专项资金管理办法》(初稿)和《东营市大型科学仪器共享资金管理办法》(初稿),建立起适应科技创新规律、职责清晰、科学规范、公开透明的市级科技计划和项目管理体制。建设科技报告制度,起草并由市政府转发实施《关于建立科技报告制度的实施意见》,为推动科技成果的持续积累、开放共享和转化应用奠定基础。2016年,市级计划共立项项目49项,扶持经费1807万元;积极争取上级支持,全市新上省级以上项目68项,争取无偿资金7280万元。

### 2016年度东营市新上省级以上项目汇总表

| 序号 | 项目名称 | 项目类别 | 承担单位 |
|---|---|---|---|
| 1 | 基于三元体系富锂锰高电压正极材料与电解液相匹配的动力电池技术研究与应用 | 中央引导资金 | 山东恒宇新能源有限公司 |
| 2 | 黄河三角洲现代农业星创天地 | 中央引导资金 | 山东省黄河三角洲高效生态农业发展研究院 |
| 3 | 高耐盐经济植物 | 农业科技发展资金(省级农业园区) | 山东利全生态林业有限公司 |
| 4 | 红掌多倍体技术及抗寒品种的研发与推广 | 农业科技发展资金(省级农业园区) | 山东东方花卉有限责任公司 |
| 5 | 滨海盐碱地高耐盐经济植物筛选与规模化选育 | STS项目奖励性后补助 | 山东利全生态林业有限公司 |
| 6 | 耐盐碱玉米种质创制及综合栽培措施研究 | 省重点研发计划 | 山东汇邦渤海农业开发有限公司 |
| 7 | 增强型有机无机杂化中空纤维超滤膜的开发与产业化 | 省重点研发计划 | 东营净泽膜科技有限公司 |
| 8 | * * * | 重点研发(军民科技融合)计划 | * * * |

续表一1

| 序号 | 项目名称 | 项目类别 | 承担单位 |
| --- | --- | --- | --- |
| 9 | 基因工程重组菌多级连续催化法生产丙烯酰胺 | 科技重大专项结转计划 | 山东宝莫生物化工股份有限公司 |
| 10 | 废钻井泥浆环保处理技术与设备 | 科技重大专项结转计划 | 东营顺通化工(集团)有限公司 |
| 11 | 黄河三角洲大豆精深加工及产业化示范 | 科技重大专项结转计划 | 山东万得福实业集团有限公司 |
| 12 | 2万吨/年塞隆一碳化硅一刚玉复合材料 | 科技重大专项结转计划 | 山东宇佳新材料有限公司 |
| 13 | 海洋石油钨合金防腐钻杆关键技术研发及产业化 | 科技重大专项结转计划 | 胜利油田胜鑫防腐有限责任公司 |
| 14 | 高性能铜材及复合材料深加工技术研究开发及产业化 | 科技重大专项结转计划 | 山东天圆铜业有限公司 |
| 15 | 黄河三角洲盐碱地高效生态林业产业技术体系研究与示范 | 科技重大专项结转计划 | 东营菁华现代林业发展有限公司 |
| 16 | 海上边际油田移动式采储修一体化平台研制及产业化 | 省重点研发计划(重大关键技术)有资项目 | 山东科瑞机械制造有限公司 |
| 17 | 电动汽车动力电池及智能管控管理系统关键技术研发及产业化 | 省重点研发计划(重大关键技术)有资项目 | 山东恒宇新能源有限公司 |
| 18 | 钻井废弃液资源化综合利用技术 | 省重点研发计划(重大关键技术)后补助项目 | 胜利油田博友泥浆技术有限责任公司 |
| 19 | 年产1000万立方米秸秆沼气关键技术研究及示范工程 | 省重点研发计划(重大关键技术)后补助项目 | 山东宝力生物质能源股份有限公司 |
| 20 | 生物多肽缩合剂(DCC、DIC、EDC)水相绿色合成技术的开发 | 省重点研发计划(重大关键技术)后补助项目 | 山东汇海医药化工有限公司 |
| 21 | 高品质植物蛋白绿色制备工艺全互联智能关键技术研究与应用示范 | 省重点研发计划(重大关键技术)后补助项目 | 山东万得福实业集团有限公司 |
| 22 | 节能变频专用绝缘栅双极晶体管芯片及器件产业化项目 | 省重点研发计划(重大关键技术)后补助项目 | 科达半导体有限公司 |
| 23 | 中以农业科技生态城建设 | 省重点研发计划(第四批) | 山东省黄河三角洲高效生态农业发展研究院 |
| 24 | 山东省盐碱地改良利用技术创新中心 | 创新公共服务平台专项计划 | 东营农业高新技术产业示范区(黄河三角洲农业高新技术产业示范区) |
| 25 | 国家采油装备工程技术研究中心 | 创新公共服务平台专项计划 | 胜利油田高原石油装备有限责任公司 |
| 26 | 多层陶瓷电容器用粉体材料产业化 | 自主创新及成果转化结转部分 | 山东国瓷功能材料股份有限公司 |
| 27 | ZJ90/5850DB海洋钻井装备 | 自主创新及成果转化结转部分 | 山东科瑞机械制造有限公司 |
| 28 | 溶剂萃取法橡胶促进剂M清洁生产工艺技术研究开发 | 自主创新及成果转化结转部分 | 山东戴瑞克新材料有限公司 |
| 29 | 200万根/年异型胎圈钢丝帘线技术开发及产业化 | 自主创新及成果转化结转部分 | 山东胜通钢帘线有限公司 |
| 30 | 绿色高可靠性全钢载重子午线轮胎制造关键技术研发与应用 | 自主创新及成果转化结转部分 | 山东恒宇橡胶有限公司 |
| 31 | JKB型井口热胀补偿器 | 中小企业发展专项资金 | 东营市东达机械制造有限责任公司 |
| 32 | 新型侧钻工具的开发 | 中小企业发展专项资金 | 东营博深石油机械有限责任公司 |
| 33 | 海洋耐高温玻璃钢井下油管 | 中小企业发展专项资金 | 山东高原新材料科技有限公司 |
| 34 | 5吨/年酵母高密度发酵生产麦角甾醇及其衍生物 | 中小企业发展专项资金 | 东营市科维生物技术有限公司 |
| 35 | 变频电磁复合稀有金属阻除垢仪 | 中小企业发展专项资金 | 山东拓普石油装备有限公司 |
| 36 | 扩张式锚定封隔器 | 中小企业发展专项资金 | 东营市兆鑫工贸有限责任公司 |
| 37 | 废钻井泥浆无害化处理和资源化利用系统 | 中小企业发展专项资金 | 东营顺通化工(集团)有限公司 |
| 38 | HTSS完井滤砂筛管 | 中小企业发展专项资金 | 东营百华石油技术开发有限公司 |
| 39 | 超导旋磁节油装置 | 中小企业发展专项资金 | 东营市百祥石油机械有限公司 |
| 40 | 氧氮化硅结合碳化硅陶瓷升液管的研制 | 中小企业发展专项资金 | 东营新科信特陶有限责任公司 |
| 41 | ACH钢管内壁防腐材料的优化与应用 | 中小企业发展专项资金 | 胜利油田金岛工程安装有限责任公司 |
| 42 | 大豆基可降解新型功能材料特性的研究与产品开发 | 中小企业发展专项资金 | 山东美吉客生物科技有限公司 |
| 43 | LH—3钻井液综合实验仪 | 中小企业发展专项资金 | 山东陆海钻采科技有限公司 |
| 44 | 缓冲型耐温电动潜油泵电力电缆项目 | 中小企业发展专项资金 | 东营广兴石油装备有限公司 |
| 45 | 高新纳米轮胎硫化胶囊技术研究与应用 | 中小企业发展专项资金 | 山东西水永一橡胶有限公司 |
| 46 | 大豆酶法制油及高值化利用关键技术开发与产业化示范 | 省泰山产业领军人才工程高效生态农业创新类计划 | 山东万得福实业集团有限公司 |

续表一2

| 序号 | 项目名称 | 项目类别 | 承担单位 |
|---|---|---|---|
| 47 | 黄河三角洲棉花商业化育种及产业化 | 省泰山产业领军人才工程高效生态农业创新类计划 | 山东众力棉业科技有限公司 |
| 48 | 渤海粮仓科技示范工程 | 渤海粮仓科技示范工程 | 东营市一邦农业科技开发有限公司<br>东营市金山农化有限责任公司<br>东营市盛元生态农业有限责任公司<br>东营市众兴农业科技开发有限公司<br>山东黄三角生态农业有限公司<br>山东景明海洋科技有限公司<br>山东众力棉业科技有限公司<br>垦利县黄河大米农民专业合作社<br>东营裕丰生态农业科技有限公司<br>东营坤泽农业开发有限公司<br>东营正邦生态农业发展有限公司<br>山东正邦养殖有限公司<br>中国人民解放军济南军区黄河三角洲生产基地<br>东营康益农业科技有限责任公司<br>正大桑田(东营)农业发展有限公司<br>东营鑫源永盛农业科技有限公司<br>东营市恒盛农业科技有限公司<br>山东汇邦渤海农业开发有限公司<br>山东绿洲醇农业技术有限公司<br>东营市华建园林建设工程有限公司<br>利津县26家家庭农场 |

【"渤海粮仓"科技示范工程】 以"四个一"创建(每个示范区至少合作一家高校院所、建立一支专家技术队伍、配套一个综合试验基地、实施一项新型关键技术或品种)为重点,加快完善技术支撑体系、多元种植模式。全市渤海粮仓示范区新建核心区1个,核心区总数达到4个;筛选耐盐品种12个;稻田生态种养模式不断优化,亩均纯收入达到普通水稻种植的5倍;基质无土栽培技术成果转化效益显著,每亩大棚年收入8万元,2年收回成本。32名省内外知名专家深度参与工程实施,2人评为泰山产业高效生态农业领军人才。19家企业、27个家庭农场,承担全市42.4万亩示范区任务,亩纯收入达到600元,"渤海粮仓"成为东营市农业转型的名片。

【农业科技】 ①抓农业科技园区建设。7月,东营区高耐盐经济植物省级农业科技园区获省科技厅批复,至此5个县区实现省级农业科技园区全覆盖。黄河口生态科技城、长城创新港等县域特色科技园区启动规划建设。②抓创新平台建设。2家星创天地在科技部备案,省大豆加工副产品高值化利用示范工程中心被认定为省级示范中心,黄河三角洲海岸农业联合研究中心、青岛农业大学东营研究院等创新平台功能不断完善,辐射带动作用不断增强。③抓科技项目建设。新上省级以上科研项目9项,扶持经费2820万元。中科院科技服务计划项目通过验收。"滨海盐碱地高耐盐经济植物筛选与规模化繁育"项目筛选60余种耐盐经济植物,建立450亩种源繁育基地和盐生植物种质资源圃,筛选出的耐盐狗牙根实现原土栽培,成本比普通绿化工程节省三分之二。农业领域承担国家、省、市农业科技项目9项,获扶持经费2040万元。④抓人才队伍建设。中科院棉花所喻树迅院士、东北农大江连洲教授被评为山东省高效生态农业创新类泰山产业领军人才,实现该领域省级以上人才工程"零"的突破。⑤抓科技扶贫工作。实施"1251"科技扶贫专项行动(构建一个科技扶贫协同推进体系,选派科技指导人员和专家服务团两支队伍,建设五处"农村驿站"服务站点,实施一批结对帮扶农业科技项目),依托9个科技扶贫成员单位组建17人的专家指导团,依托科研机构、农业企业和科技园区组建60人的科技扶贫指导队伍。

【科技惠民工程】 对人口健康与医药卫生、公共安全、资源与环境、区域可持续发展等方面进行调研;对生物质燃气、城市水系治理等优秀惠民项目进行宣传推广。省科技惠民计划项目和市科技惠民项目进展顺利,2个项目进入验收程序。农作物秸秆高值化利用、盐碱地改良科技惠民项目效果良好。城乡生活垃圾无害化处理、城市水体修复、智能养老等科技惠民项目进展顺利。首次承担实施省军民融合专项,获300万元支持。

【科技成果及奖励】 8月,科技部取消科技成果鉴定工作,市科技局出台《东营市科技成果评价暂行管理办法》,推进科技成果社会化、专业化、标准化评价改革。下半年暂行科技成果鉴定受理制度，全年共鉴定登记科技成果105项。登记技术合同846份，实现技术交易额15.46亿元。完成科技查新项目251项。积极应对省级科技奖励数量大幅压减、项目申报条件更趋严格的形势，从形式、内容和材料的完整性、规范性等方面，对申报单位逐一辅导，有效提高申报项目的质量。2016年，东营市获得省级科技奖励6项，其中一等奖1项，二等奖5项。评选出市科技进步奖经济发展类一等奖10项、二等奖15项、三等奖20项；社会公益类一等奖7项、二等奖10项、三等奖15项。薄学锋被授予市科学技术最高奖，郭文、刘永红、肖文生、于慧敏、于文吉被授予市科技合作奖，刘福海、刘华伟、马凯军、吴苗法、朱怀军被授予市科技成果转化促进奖。

**2016年山东省科学技术奖获奖项目一览表**

| 奖项 | | 项目名称 | 完成单位 |
|---|---|---|---|
| 山东省科技进步奖 | 一等奖 | 致密碎屑岩储层核磁共振测井新技术及产业化应用 | 中国石油大学（华东）、中国石油天然气股份有限公司勘探开发研究院、苏州纽迈分析仪器股份有限公司 |
| | 二等奖 | 果蔬中抗氧化、抗炎活性物质制备关键技术及产业化 | 山东省农业科学院农产品研究所、曲阜师范大学、东营广元生物科技股份有限公司、山东玉皇粮油食品有限公司 |
| | | 内源微生物驱油提高中高温油藏采收率技术 | 中国石油化工股份有限公司胜利油田分公司石油工程技术研究院 |
| | | 头孢曲松关键中间体三嗪环的合成技术及产业化 | 山东汇海医药化工有限公司、济南大学 |
| | | 劣质重油供氢减粘－深度热解组合工艺 | 中国石油大学（华东）、江山联合化工集团有限公司 |
| | | 高苛刻度低结焦速率焦化炉技术 | 中国石油大学（华东）、中国石油化工股份有限公司金陵分公司 |

**【科技合作与交流】** ①国内合作交流。8月27—28日，国家科技领军人才石油化工产业对接洽谈会在垦利区召开，国内知名高校院所的48名科技领军人才参加洽谈会。市政府确定与科技部人才中心签约共建科技领军人才创新驱动中心，规划建成山东省第一家此类机构。6月17日，市委、市政府邀请中科院、中国农科院、中国林科院等院所在北京召开“东营市融入京津冀协同发展推介会”，积极对接京津冀技术转移协同创新联盟。②国际交流合作。组团访问澳大利亚、新西兰，推动山东宝力生物质能源公司和山东大地乳业集团公司与澳大利亚合作，市高层次人才发展促进会在悉尼设立工作站。积极开展与欧盟、东盟以及俄罗斯等“一带一路”沿线国家的科技合作交流，与以色列合作取得新进展，中以农业科技生态城建设获得省中以合作专项850万元资金支持。有色金属冶炼国际科技合作示范基地、黄河三角洲国家现代循环农业国际创新园建设成效明显，循环水三文鱼养殖取得成功，国家国际科技合作专项“降低炼铜弃渣含铜技术与装置联合研发”通过专家验收。全年共开展技术对接活动13次，筛选引进推介国内外技术项目264项。

**【科技金融】** 设立科技金融结合专项，通过实施增信服务，引导银行金融机构面向小微企业加大贷款力度。给予科技型中小企业科技银行贷款贴息支持，共为企业落实贴息资金90.16万元，争取银行贷款2.47亿元。组织开展科技板挂牌工作，成功推动智通新能源、汇海医药化工和中意润通3家科技型企业在科技板挂牌上市。

2016年8月17日，中科院科技服务网络计划一期工程验收会暨二期工程合作备忘录签字仪式在东营市举行 （市科技局提供）

**【科技体制改革】** ①政策体系持续优化。市委五届九次全体会议专题研究科技创新工作，市委、市政府印发《关于全面实施创新驱动发展战略的意见》《关于深化科技体制改革加快创新发展的实施意见》，编制完成市“十三五”科技创新发展规划，为科技创新提供坚实政策保障。②组织机构建设不断完善。市委成立推进创新工作委员会,为统筹各级力量共推科技发展提供组织保障。根据政府职能从研发管理向创新服务转变的要求,整合市科技情报研究所、星火计划管理办公室、大学科技园管委会办公室职能,组建市科技创新服务中心,局机关承担的一些具体事务性工作交由科技创新服务中心承担。

(市科技局　孙海冰)

## 知识产权工作

【概况】 2016年,全市发明专利申请1226件,占申请量总数的23.56%;发明专利授权360件,同比增长16.5%;全市发明专利有效量1299件,同比增长29.4%;万人拥有有效发明专利6.19件,居全省第7位。全国知识产权示范城市绩效考核列全国地级城市第9名,连续四年被国家知识产权局评为示范城市工作先进集体,1人被评为先进个人。4个专利项目获第十八届中国专利奖优秀奖;1个专利项目获第一届山东省专利奖三等奖;8个专利项目在第九届国际发明展上获奖,其中金奖2项,银奖4项,铜奖2项。全年质押登记额3.74亿元,列全省第3位。

【知识产权强市建设】 东营区、广饶县被认定为国家知识产权强县工程示范县,东营经济技术开发区被认定为国家知识产权示范园区,黄河口高新技术创业园被认定为山东省试点园区,万达集团股份有限公司、胜利油田新大管业科技发展有限责任公司、山东旭业新材料股份有限公司被评为全国知识产权优势企业,知识产权优势县区和园区成为支撑新一轮县域经济发展的重要平台。12月13日,市政府印发《东营市深入实施知识产权战略行动计划(2016—2020年)》,提出构建以知识产权为支撑的现代产业体系,提升知识产权对经济增长的贡献率,为加快建设美丽幸福新东营提供保障。12月29日,市政府办公室印发《东营市新一轮国家知识产权示范城市建设工作方案》,提出至2018年全市发明专利申请量年均增长10%以上、专利权质押融资额度年均增长20%以上、全市专利行政执法案件年度结案率力争达到95%以上的目标任务。

【知识产权创造能力】 ①开展“十百千万”优势培育工程。提出至2020年全市重点培育10家核心竞争力强、知识产权制度健全、专利过百的国家级知识产权优势、示范企业;培育百家知识产权意识强、管理规范、运用效果明显的省级知识产权优势、示范企业;培育千家专利消零企业,进一步挖掘企业发明专利申请资源,促进企业更多的核心技术专利化、产业化,增强企业的知识产权内生动力。重点为全市培育知识产权密集型新材料、新能源、新制药、节能环保新产业。年内对全市126余家企业进行实地调研,筛选出14家国家级和107余家省级培育企业。至年底,全市培育出51家省级知识产权优势培育企业,8家省级示范企业,5家国家级优势培育企业。②主导产业知识产权快速发展。围绕全市石油化工及盐化工产业、橡胶轮胎及汽车零部件产业、有色金属产业以及石油装备产业四大主导产业,积极搭建知识产权服务平台,推进产业联盟建设。至年底,四大主导产业集群共授予专利7129件,占全市总量25.8%。其中,石油装备产业专利6391件,占全市总量23.1%,居全省第1位;橡胶轮胎产业专利386件,占全市总量1.4%;石油化工专利211件,占全市总量0.8%;有色金属产业专利141件,占全市总量0.5%,居全省第9位。

【知识产权运用】 ①优化政策环境。重新修订《东营市专利申请资助办法》,重点支持发明专利,资助金额由原来1000元增至2000元,共收到发明专利资助申请272件,其中国内发明专利265件,PCT专利7件,资助金额60万元。制定《2016年知识产权专项资金使用意见》,将知识产权专项资金通过切块形式分配到各县区和开发区,指导全市40个知识产权产业化项目实施。推进设立专利奖,完善《东营市专利奖励办法》。②知识产权质押融资。组织全市知识产权质押融资银企对接会,30多家银行和40多家科技型企业现场进行对接活动。全市专利权质押登记额度3.74亿元,列全省第3位,登记额度同比增长219.66%。③专利导航产业。实施市知识产权局专利布局导航分析项目,对全市四大主导产业进行导航分析,引进山东智宇知识产权运营公司,对电子陶瓷产业进行专利导航分析,为国瓷公司等相关新材料企业提供专利产业导航报告。

【知识产权保护】 ①实施委托执法。委托县(区)行使行政执法职权,签订委托执法协议,配备照相机、执法记录仪等执法装备,处理侵权案件35起,案件同比增长133.33%。②提升专利执法能力。实施专利行政执法能力提升工程,组织一线执法人员60余人次参加国家、省级培训班5期,举办专利行政执法业务培训班1期。开展知识产权执法维权“护航”打击侵犯知识产权和制售假冒伪劣商品专项行动,专项检查商品32000多种,登记专利产品865件,立案查处假冒案件130件,同比增长160%,列全省第1位。③建立协作机制。建立27个市直部门为成员单位的知识产权战略推进联席会议制度,协调全市知识产权联合执法。联合工商局在东城银座广场开展“3·15”执法宣传活动,与公安局经侦支队共同开展经侦执法行动,联合文广新局对全市侵权盗版物品进行集中销毁。利用国家局、省局、纪检、法制办案件公开系统,信息共享平台公布案件、联合办案。完善案件移送机制,共同建立案件联查联办系统。④加强维权援助服务。开展维权援助“721”工程,在县(区)、知识产权园区建立7个知识产权维权援助分中心,在知识产权优势企业建立20家知识产权维权援助工作站，在企业、学校、科研单位培养100名知识产权维权援助工作联络员，实现县(区)、园区、企业、学校等维权援助工作全覆盖。招募保护知识产权服务志愿者、知识产权维权援助志愿者、大学生知识产权宣传志愿者共30人，建立知识产权公益服务专家库，形成知识产权维权援助工作协作机制。全年共接听“12330”公益服务热线2000余人次，受理权利人举报投诉21起，出具专利侵权判定咨询意见12份。⑤重大活动维权。进驻广饶橡胶轮胎展，中国(东营)国际石油石化装备产品与技术博览会、黄河三角洲经济洽谈会、黄河三角洲国际马拉松赛、首届汽车展会现场，在展会现场设立知识产权办公室，现场受理举报投诉8起。

【知识产权管理与服务】 ①企业知识产权管理。开展知识产权优势企业培育工作，出台《东营市关于推进知识产权贯标工作的意见》，召开全市知识产权工作调度会暨东营市《企业知识产权管理规范》贯彻落实启动会议，聘请国家局专家对全市60家企业120余人进行培训。筛选22家企业参加省知识产权优势培育企业遴选工作，万达集团、新大管业等15家企业通过《企业知识产权管理规范》外审。②知识产权服务平台建设。完善知识产权信息服务平台建设，推进石油装备制造业知识产权公共服务平台建设。建立东营农高区知识产权银行，加快技术转移转化。天元信息科技股份有限公司的地理信息系统知识产权运营平台、东营胜利知识产权展示交易中心的石油装备知识产权运营平台共获省级专项资金45万元扶持。③知识产权服务业发展。召开全市知识产权服务业会议，组织人员赴苏州学习服务业先进经验。至年底，全市专利代理机构1家，外地专利代理分支机构3家，从事知识产权代理服务中介机构15家，拥有专利代理人62人。

【知识产权宣传培训】 举办知识产权贯标、执法、质押融资等3期培训班，参加国家和省知识产权工作培训10期，培训500余人。在大众日报、东营日报、大众网等媒体发表信息20余篇，与市电视台“创富东营”栏目联合开展“知识产权助推企业转型升级”系列报道活动。成立知识产权宣讲团，深入县区针对1000家专利消零企业进行巡回宣讲，普及知识产权基本知识，宣传知识产权政策法规。

（市知识产权局　徐玉娥）

## 科协工作

【概况】 2016年，创建四星级、二星级山东省科普教育基地各1处；有农村科普示范基地157个；有各类农村专业技术协会137个；有各类市级学会(协会、研究会)29个。实现校园科技馆县区全覆盖，安装数字科普终端125套。推进社区科普大学建设，在50个城市社区成立教学点。有6个社区获得全国、省科普益民计划项目表彰，有3个镇街被命名为三星级“全省科学·关爱·和谐乡镇(街道)”。4个单位被表彰为全国“基层科普行动计划”活动先进单位，获奖补资金80万元，2人获得中国科协、科技部等部门联合表彰。垦利县获“首批2016—2020年度全国科普示范县”荣誉称号。

【提升全民科学素质】 积极参与全市公共文化服务体系建设，制作配送科普服务站和数字科技馆牌子588套，科普挂图2000套。实施“互联网+”科普工程，市科协和3个县区科协开通科普微信公众号，编发科普知识3570条，科普资讯553条。广饶县开通科协网站，在县电视台、《广饶大众》开办《科普1刻钟》《科普之窗》两档栏目，不断拓展公众获取科普知识的渠道加大大众传媒的科技传播力度。提出影响基层科协发展的机构编制最低线和“一根冰棍”科普经费建议，引起省科协高度重视。12月1日，召开东营市全民科学素质工作领导小组第十次会议，学习传达市政府办公室印发《东营市全民科学素质行动计划纲要实施方案(2016—2020年)》。《实施方案》提出到2020年，全市公民具备基本科学素质的比例达到10%~11%，市级和县区级人均科普经费投入超过一元钱，至少一半以上的县区建成启用县级科技馆，力争实现县级科技馆全覆盖。各县区加大“十三五”素质方案的落实力度，垦利区、河口区印发实施方案。年底对各个县区、开发区提升全民科学素质的考核，强化全民科学素质推进机制。

【“安全”主题科普宣传】 市科协制定《关于开展安全知识主题宣传活动的意见》，组织开展“安全知识进万家，幸福送给你我他”系列科普知识“四进”活动。①与市林业局联合开展森林防火安全知识进林场活动，在全市10处大型生态林场制作安装大型宣传栏20个，开展《预防森林火灾、保护绿色家园》万人签名活动，现场发放《森林防火条例》《森林法》《致学生家长的一封信》等宣传材料6万余份。②与市教育局开展“交通安全知识进校园”活动，为全市120多处中小学配送价值30多万元交通安全知识图书和挂图，举办食品安全知识讲座20余次，设计制作交通安全知识展板50块，到36所中小学进行展览。③与市安监局联合四是联合举办“安全生产知识有奖答题”活动，向有关企业发放3.3万份，奖励100名优秀参与者。④与县区科协组织安全生活知识进社区活动。深入全市21个社区开展“安全生活知识”讲座；设计制作安全生产科普知识展板45张，全年共组织各类安全知识讲座60多场次，发放明白纸20000余份，安全科普短信1800多条，提高社区居民安全知识的知晓率、参与度和自救自护能力。⑤与新闻媒体加强“安全”主题宣传。在东营交通音乐广播频道开通《安全科普一分钟》栏目，在东营电视台图文频道冠名播出《科普东营》，在东营日报合作开设《科普园地》栏目。全年共在各类媒体刊登、播放安全科普知识近1500次，发放各类科普挂图、图书近7万册，先后有23万名群众收听收看安全生产、生活知识宣传或参加有关活动。

海洋科普进校园　　（市科协提供）

**【"五大重点人群"科普宣传】** ①未成年人科普。圆满完成"山东省青少年科普报告百校行、希望行"活动。组织青少年科技创新大赛，获得省一等奖34项，二等奖25项，三等奖27项，优秀组织奖1项，其中获全国大赛二等奖1项，三等奖4项；组织机器人竞赛，获得省一等奖3项，三等奖15项，其中全国三等奖1项；组织省航模、无线电科技竞赛、信息学奥赛和全国青少年高校科学营等科技竞赛活动等竞赛，获省一等奖11名、二等奖11名、三等奖13名，团体一等奖4名、二等奖2名；在青少年科学调查体验活动中，市二中等3所学校获得"省科学调查体验活动优秀示范学校"称号，市科协荣获"省优秀组织单位"，最终市二中获得"全国科学调查体验活动优秀示范学校"称号。组织"2016年山东省青少年科普报告百校行"活动，邀请中科院和省青少年科普专家团的专家教授为30所学校1.3万名师生作科普报告。将流动科技馆和4辆科普大篷车开进20多所学校，有2万多名学生参加。东营区三中、河口区河安小学、垦利区董集实验学校和广饶县实验中学4所学校获得省科协、省教育厅授予的"山东省科普示范学校(2016—2020年)"称号。②农民科普。为全市60个省级贫困村订阅《山东科技报》《科技经济导刊》，在6个贫困村开展专家精准扶贫服务行动。各成员单位举办各类实用技术和劳动力移动培训4175期，24.8万人参加。组织开展2016年农民科学素质网络知识竞赛。③城镇劳动者科普。推进社区科普大学建设工作，统一《社区科普大学规章制度》等。东营区辽河社区积极推进全市首家社区科普馆建设，牛庄镇东庞社区成为全市首家启动农村科普馆建设的农村社区。。④领导干部和公务员科普。邀请知名科普专家举办《当代科技发展的态势与前瞻》报告会，组织7500多名领导干部和公务员参观科普场馆、科普讲座。⑤社区居民科普。联合开展"爱鸟周"宣传活动，制作展板102块，印制发放宣传画册1000册，举办鸟类识别赛，普及黄河口鸟类知识，动员大家保护生态、爱护鸟类。联合市观鸟协会编印《黄河三角洲鸟类画册》5000册，广饶县编印系列科普丛书《科学健康生活小常识1、2》3000册。

**【全国科普日活动】** 9月14日，市科协、市教育局、市科技局、市文化活动中心在东营市科技馆联合举办主题为"创新放飞梦想，科技引领未来"的"2016年全国科普日东营主场活动启动仪式"，500余人参加启动仪式。14—23日，每天在新闻联播前播放"全国科普日"宣传字幕；17—23日，每天宣传推介一处影响力较大的省级以上科普教育基地，东营日报在《科普园地》栏目及时刊登各县区、基地活动开展情况，各级科技馆、省级以上科普教育基地面向公众免费开放，各县区均开展丰富多彩的科普活动；18日，东营日报头版报道东营市全国科普日启动仪式情况；19日，在东营日报头版头条刊登题为"我市着力提升全民科学素质"新闻并出专版，重点宣传向广大群众介绍科普日的来历意义，以图文并茂的形式对7个有影响的省级以上科普教育基地进行宣传推介。

**【创新驱动工程】** ①申报全省助力地方创新驱动项目，东营区、垦利县入选2016年度山东省科协助力地方创新驱动发展工程示范区，胜利油田中心医院入选省科协助力地方创新驱动发展工程医科类科技协同创新服务站。②与发改委联合印发《关于共同推进大众创业万众创新工作的实施方案》，推进大众创业万众创新，制作展板42块，组织有关企业参加"2016年山东省大众创业万众创新活动周"启动仪式。③组织优秀科研团体和个人参加全省首届智能制造(工业4.0)创新创业大赛。

**【市科技馆】** 市科技馆试运行期间运转良好，以接待团体观众参观为主，日最大接待量突破1.1万人次。3月，市科技馆正式对外开放，按要求完全免费，共接待社会团体100余个，观众5万余人次。市科技馆成为提升全民科学素质、提供公共科普服务的重要载体和平台，年内获中央财政补助资金276万元。

**【市级学会建设】** ①学会换届。积极推动老科协和农技协学会换届工作。②开展评先树优活动。开展第6届东营市杰出工程师评选活动，评选出杰出工程师10名，优秀工程师15名，并择优推荐3名参加省级评选。组织第8届青年科技奖表彰工作，10名获奖者每人获得奖金1万元，东营电视台、《东营日报》对获奖者事迹进行宣传报道。举办以“现代医学模式下的发展趋势”为主题的第21届黄河口科技论坛，交流论文近200篇，评选出获奖论文31篇。组织胜利学院大学生科技文化协会等6家社团和7名学生干部参加山东省优秀大学生科技社团和学会干部评选。③助推经济社会发展。市药学会承担科技部863课题“重要鲜活水产品绿色供应链技术创新与集成”子课题。市博士联谊会邀请中科院院士韩步兴等50余名中科院科学家与东营市企业开展产业技术对接；举办2016年人才开发论坛，吸引80多名博士、专家及市级学会工作者积极参与。市心理学会在广饶一中“五一六”纵火案发生以后，迅速成立心理危机干预小组，及时对有关班级学生进行心理危机干预，有效化解学生容易产生的心理危机问题。市医学会大胆创新，根据东营市学科发展情况，先后成立肝胆外科、胃肠外科、脊柱脊髓专业、乳腺甲状腺专业分会，率先成立护理学会PICC专业委员会，在医院推广PICC专科门诊，促进东营市医疗技术水平的提升。

【培训与交流】 组织市直及县区学会秘书长近40人赴中国石油大学（华东）开展学会组织承接政府转移职能专题培训，提升学会民主办会、服务科技工作者的水平和能力。组织有关科技工作者5人赴江苏盐城参加全国科技信息企业推广应用服务工作培训。组织华泰集团，万达集团等企业的6名科研人员赴济南参加可拓创新方法培训班。组织6名科技辅导员赴烟台参加省调查体验和影像节培训活动。组织2名科技辅导员赴北京参加“2016年山东省青少年科学教育提升项目”活动。林学会、心理学会、药学会等面向会员，组织开展现代林业知识培训、咨询师考前培训和《焦点解决咨询技术》等培训，参训科技工作者670人。与威海老科协、辽宁葫芦岛老科协就保护湿地工作开展学术交流活动。

（市科协　李帅帅）

## 社 会 科 学

【社科研究】 2016年，围绕市委市政府中心工作和全市改革发展重大现实问题，组织多学科、多领域专家和实际工作者协同攻关，服务全市改革发展。①创新选题办法，增强选题科学性。课题立项结合全市资源城市转型攻坚、战略地位提升跨越、经济转型升级、率先全面建成小康社会、建设美丽幸福新东营等重点问题，突出立项课题科学性、前瞻性和可操作性，全年共立项课题64项。②完善课题招标办法，提高课题研究质量水平。对领导点题、调研工作难度大、时效性较强、与实际联系密切课题，直接委托给研究能力强的部门，切实增强课题研究针对性。对于涉及多学科的综合性课题，整合各方面研究力量组成课题组，集体开展课题攻关。③提高课题督导调度和跟踪服务。根据课题研究组要求和研究进度，协助课题组开展调研，收集整理研究数据材料，从研究进度、课题质量等方面对课题组加强指导，为课题组开展调研提供服务和帮助。④推进研究成果的转化应用。以《成果要报》的形式报市委市政府领导参阅，使社科研究成果及时进入领导视野，为领导科学决策提供理论依据。有11项成果得到市领导批示。⑤加强联合攻关，积极推进省级课题研究任务。完成山东社科院智库联盟立项的课题《山东省农民专业合作社金融支持研究》调研任务，成果要报呈报省领导。积极推进《黄蓝融合发展背景下东营经济转型升级对策研究》等3项省社科联十大专项课题和全省年度经费资助课题结项工作，课题组完成课题研究任务。

**2016年东营市社会科学研究课题立项情况一览表（第一批）**

| 课　题　名　称 | 课题类别 | 负责人 | 工作单位 |
|---|---|---|---|
| 东营市落实《环渤海地区合作发展纲要》的应对策略研究 | 经费资助 | 种效博 | 中共东营市委党校 |
| 东营市建设国家级石化产业基地研究 | 经费资助 | 付代红 | 中国石油大学（华东） |
| 东营市橡胶轮胎产业出口贸易技术壁垒应对研究 | 经费资助 | 徐五通 | 东营出入境检验检疫局 |
| 供给侧改革背景下东营市产业转型发展路径分析 | 经费资助 | 陈安忠 | 中共东营市委党校 |
| 低油价背景下东营市产业结构调整的困境与对策研究 | 经费资助 | 魏振香 | 中国石油大学（华东） |
| 东营市区域公共资源整合利用研究 | 经费资助 | 孙家恩 | 东营日报社 |
| 东营农业高新技术产业示范区发展战略研究 | 经费资助 | 刘裕民 | 中共东营市委党校 |
| 东营市农民合作社金融支持研究 | 经费资助 | 韩　民 | 中国石油大学（华东） |
| 东营经济技术开发区税收与经济结构研究 | 经费资助 | 崔士军 | 东营经济技术开发区国税局 |
| 地方政府债券融资风险问题及对策研究 | 经费资助 | 杜金岗 | 东营市财政局 |
| 东营市公共文化服务体系建设问题及对策研究 | 经费资助 | 李寿峰 | 中共东营市委党校 |
| 东营市宣传文化人才队伍建设对策研究 | 经费资助 | 崔建国 | 中共东营市委宣传部 |
| 东营市村级干部队伍建设研究 | 经费资助 | 周新芳 | 中共东营市委党校 |
| 政府向社会组织转移职能研究 | 经费资助 | 杜金亮 | 东营千乘社会组织 |

续表

| 课 题 名 称 | 课题类别 | 负责人 | 工作单位 |
|---|---|---|---|
| 服务与评估中心地方广播电视台媒体融合矩阵平台设计与建设研究 | 经费资助 | 范宝苍 | 东营市广播电视台 |
| 东营市心智障碍者支持性就业现状研究 | 经费资助 | 许建仁 | 东营市残联 |
| 胜利学院向应用技术型大学转型研究 | 经费资助 | 刘兆军 | 中国石油大学胜利学院 |
| “一带一路”战略背景下东营深化与东盟合作交流研究 | 经费自筹 | 王洪艳 | 东营职业学院 |
| 东营市石油装备制造业国际化战略研究 | 经费自筹 | 李治国 | 中国石油大学(华东) |
| 新常态下东营港开发建设战略研究 | 经费自筹 | 董文兵 | 中共东营市委党校 |
| 东营市新型城镇化与生态文明协同发展的策略研究 | 经费自筹 | 丁 浩 | 中国石油大学(华东) |
| 东营市安全生产网格化监管责任体系构建研究 | 经费自筹 | 王 辉 | 中共东营市委党校 |
| 东营市物流园区危化品仓储现状、问题及优化对策研究 | 经费自筹 | 陈 晨 | 中国石油大学(华东) |
| “CGB”食品安全智慧监管创新模式研究 | 经费自筹 | 赵志峰 | 垦利县市场监督管理局 |
| 东营市建设城市绿色交通体系研究 | 经费自筹 | 王红妮 | 东营职业学院 |
| 东营市农村一二三产业融合发展研究 | 经费自筹 | 刘东斌 | 东营市农业生态环境 |
| 保护监测站东营市家庭农场建设对策研究 | 经费自筹 | 李丽霞 | 东营市农业科学院 |
| “互联网+”背景下东营市农村电子商务模式研究 | 经费自筹 | 郭宁宁 | 中国石油大学(华东) |
| 东营市农产品品牌建设发展对策研究 | 经费自筹 | 巴永青 | 中国石油大学胜利学院 |
| 东营市“海上粮仓”建设可持续发展研究 | 经费自筹 | 蒋万钊 | 东营市海洋经济发展研究院 |
| 东营市促进企业自主创新的财税政策研究 | 经费自筹 | 黄 朴 | 中国石油大学(华东) |
| 油气资源开发生态补偿机制研究——以东营为例 | 经费自筹 | 殷爱贞 | 中国石油大学(华东) |
| 东营市公共服务领域PPP融资模式应用研究 | 经费自筹 | 梁 岩 | 中国石油大学(华东) |
| 东营市担保圈现状、问题及化解对策研究 | 经费自筹 | 于树明 | 东营银监分局 |
| 东营市精准扶贫对策研究 | 经费自筹 | 鲁彦平 | 中国石油大学(华东) |
| 东营市农村集体土地三权分置问题研究 | 经费自筹 | 宋维强 | 东营市农村经济经营管理站 |
| 东营市“医养结合”养老模式研究 | 经费自筹 | 张乃龙 | 东营市人民医院 |
| 新型智库建设背景下东营市社科研究的实践与探索 | 经费自筹 | 王鹏继 | 东营市社科联 |
| 东营市农村文化建设对策研究 | 经费自筹 | 尚 勇 | 中共东营市委党校 |
| 东营市吕剧艺术的保护与发展对策研究 | 经费自筹 | 高美萍 | 东营职业学院 |
| 历史学视野下黄河口“兵学文化”研究 | 经费自筹 | 李万立 | 东营职业学院 |
| 区域文化整合视角下城市形象提升研究——以东营为例 | 经费自筹 | 杨朝辉 | 中国石油大学胜利学院 |
| 东营农村婚嫁的习俗演变和消费状况研究 | 经费自筹 | 魏松英 | 中国石油大学胜利学院 |
| 提升市民人文科学素养对策研究 | 经费自筹 | 郭 婵 | 东营职业学院 |
| 东营市“二孩时代”家庭教育指导服务体系建构研究 | 经费自筹 | 呼立花 | 东营职业学院 |
| 新常态下东营地区高校智力服务体系创新研究 | 经费自筹 | 张小云 | 中国石油大学胜利学院 |
| 中学“成人教育”实践案例研究 | 经费自筹 | 明 玮 | 东营市实验中学 |
| 东营市适性教育的校本行动研究 | 经费自筹 | 齐方国 | 东营区三中 |
| 高中学困生在“能行”教育中的转化实践研究 | 经费自筹 | 张振峰 | 东营市市二中 |
| 立德树人理念下的城镇小学课程重组与整合研究 | 经费自筹 | 曹玉泮 | 东营经济技术开发区东凯小学 |
| 东营市特殊家庭心理援助研究 | 经费自筹 | 王学红 | 东营职业学院 |
| 东营市环境保护规范遵从行为研究—基于社会治理的视角 | 经费自筹 | 吕肖东 | 中国石油大学(华东) |
| 羁押必要性审查后续配套机制建设研究——以“黄河驿站”为视点 | 经费自筹 | 张丰乐 | 东营市检察院 |
| 新常态下东营市创新驱动发展对策研究 | 青年课题 | 谢 芹 | 中国石油大学胜利学院 |
| 东营综合保税区发展战略研究 | 青年课题 | 王 丛 | 中国石油大学(华东) |
| 东营市农民工生存状态研究 | 青年课题 | 孙 婧 | 垦利县社科联 |
| 东营市智慧社区建设研究 | 青年课题 | 王 腾 | 中共东营市委党校 |
| 东营市文化旅游产业融合发展研究 | 青年课题 | 李 峰 | 中共东营市委党校 |

## 2016年东营市社会科学研究课题立项情况一览表(第二批)

| 序号 | 课题名称 | 课题类别 | 负责人 | 工作单位 |
|---|---|---|---|---|
| 1 | 社会治理视角下的东营人大工作 | 经费自筹 | 种效博 | 中共东营市委党校 |
| 2 | 东营市社会组织成长的关键影响因素研究 | 经费自筹 | 梁敬升 | 中国石油大学胜利学院 |
| 3 | 东营市行政权力监管机制建设研究 | 经费自筹 | 燕杰贵 | 东营市编办 |
| 4 | 基于模糊综合评价法的地方政府债务风险预警系统研究 | 经费自筹 | 霍成义 | 中国人民银行 |
| 5 | 东营市中心支行供给侧改革背景下东营市城乡基础教育协调发展研究 | 经费自筹 | 李 军 | 中国石油大学胜利学院 |
| 6 | 东营市水利工程生态化建设研究 | 经费自筹 | 石 磊 | 东营区辛店街道办事处 |

【社科普及】 ①科普活动周。贯彻落实《山东省社会科学普及条例》，结合全市宣传思想文化工作会议精神，在全市组织开展以“树立五大发展理念，让我们生活更美好”为总主题的社会科学普及系列活动。5月11日，由省委宣传部、省社科联、东营市委宣传部、东营市社科联主办的山东省暨东营市第十三届社会科学普及周开幕式及山东省社科专家基层行启动仪式在东营新世纪广场举行，500余人参加开幕式。5月11—14日，省社科专家基层行专家组对河口区、垦利县、黄河三角洲高效农业技术示范区等农产品生产基地和加工企业进行深入调研，形成《以生态农业为引领，打响“黄河口”品牌——东营市现代农业建设的路径选择》调研报告，赵豪志市长签批并以“内部参阅”形式在全市印发。举办“中华优秀传统文化传承与创新”活动，东营市宜通文化中心举办两期“中华好家风”道德教育公益讲座。开展“心理健康进校园”活动，邀请任丽华、李增祥、张祖玲等市知名心理学专家深入中小学，与广大学生、教师及家长进行面对面交流，帮助学生疏导成长中的心理障碍，帮助教师应对教育中的职业倦怠，帮助家长树立正确的家庭教育观念。②“黄河口大讲堂”活动。贯彻落实市委宣传部关于在全市宣传文化系统开展宣传文化工作创新年活动的有关要求，与市委宣传部、市文广新局联手推出大型公益讲坛——“黄河口大讲堂”。创新宣讲载体形式。采用固定讲堂与流动讲堂相结合方式，每周六上午邀请市内外知名社科理论专家，在市文化馆二楼多功能厅举办专题讲座，内容涵盖党的政策、传统文化、中医保健、心理健康等方面。打造优质授课团队。鼓励和引导本地专家走上讲台，宣讲理论和社科知识，讲好东营故事。通过前期挖掘整理和后续边发现边补充，逐渐形成以本地专家为主、外地专家为辅的专家授课团队。整合宣传媒体。坚持多媒体、多渠道联动的传播模式，积极探索利用互联网、微信等新型媒体资源，扩大传播覆盖，“东营社科界”微信公众平台开辟与市民零距离沟通的新渠道。东营日报、东营电视台、东营宣传网、东营网、黄河口晚刊等媒体作相关报道。全年共组织讲座40场，受众10000余人次。其中，7月15日，“黄河口大讲堂” 第5期邀请中国社科院政治学所研究员房宁、山东大学马克思主义学院教授方雷，在黄河口生态旅游区以“全面从严治党与历史责任”为主题，围绕“中国历史上反腐倡廉的经验制度”“建设与全面从严治党”等内容进行授课，并在山东电视台《新杏坛》栏目播出。③县区社科普及。组织志愿者开展进机关、进企业、进学校、进农村、进社区的“五进”活动，发放宣传单20000余份、宣传读本2000余册，直接受众5万余人次，全市上下联动的大科普工作格局逐渐形成。积极推进社科普及载体建设，东营区被命名为省级社科普及示范区，黄河口镇、六合街道被命名为省级社科普及示范镇，胜利街道庐山社区等6个村（社区）被命名为省级社科普及示范村（社区），垦利区博物馆被命名为“第九批山东省社会科学普及教育基地”。

【社科优秀成果奖评选】 修订完善《东营市社会科学优秀成果奖评选实施细则》，增加查重、评审专家签订诚信承诺书、各学科组增加落选指标等重要环节和内容，进一步提升评奖的科学性和公信力。全程邀请市纪委监督，奖金发放采用直接支付的形式等10项措施有效防控廉政风险。5月，组织参加山东省第三十次社会科学优秀成果奖评选，8项成果通过省社科联审核，推选出3项优秀成果参加省评奖。11月13日，东营市第二十五次社会科学优秀成果奖公布，评出优秀成果167项，其中一等奖19项，二等奖36项，三等奖86项，优秀奖26项。

### 东营市第二十五次社会科学优秀成果奖评选获奖情况一览表

| 序号 | 成果形式 | 成果题目 | 作者姓名 | 第一作者工作单位 | 发表刊物、出版社或通过鉴定 | 发表、出版或通过鉴定时间 | 获奖等次 |
|---|---|---|---|---|---|---|---|
| 1 | 著作 | 大学生创业实训教程 | 王　伟 | 东营职业学院 | 国家行政学院出版社 | 2015.09 | 一等奖 |
| 2 | 著作 | 尊重每一个孩子的发展权——齐鲁名校长张广利的“知”与“行” | 季俊昌 | 东营市教育科学研究院 | 福建教育出版社 | 2015.02 | 一等奖 |
| 3 | 著作 | “滚动式——双环节”高效教学模式研究与实践 | 李建文 | 广饶县稻庄镇实验中学 | 山东人民出版社 | 2015.12 | 一等奖 |
| 4 | 著作 | 点燃智慧的圣火——叩问慧润教育的黄金密码 | 赵新峰 | 广饶县实验中学 | 光明日报出版社 | 2015.08 | 一等奖 |
| 5 | 著作 | 中共东营地方画史 | — | 中共东营市委党史研究室 | 中共党史出版社 | 2015.02 | 一等奖 |
| 6 | 著作 | 国家应对气候变化立法研究——以立法目的多元论为视角 | 董　岩 | 中国石油大学（华东） | 中国政法大学出版社 | 2015.09 | 一等奖 |
| 7 | 课题 | 东营市产业竞争力提升研究 | 张志国 | 中共东营市委党校 | 市社科联鉴定通过 | 2015.02 | 一等奖 |
| 8 | 课题 | 东营市海洋生态环境现状及其保护对策研究 | 蒋万钊 | 东营市海洋经济发展研究院 | 市社科联鉴定通过 | 2015.02 | 一等奖 |

续表-1

| 序号 | 成果形式 | 成果题目 | 作者姓名 | 第一作者工作单位 | 发表刊物、出版社或通过鉴定 | 发表、出版或通过鉴定时间 | 获奖等次 |
|---|---|---|---|---|---|---|---|
| 9 | 课题 | 东营市油气资源开发的生态环境监管研究 | 刘 慧 | 中国石油大学(华东) | 市社科联鉴定通过 | 2015.11 | 一等奖 |
| 10 | 课题 | 初中思想品德课堂教学生活化创新探索与实践 | 赵 慧 | 东营市教育科学研究院 | 山东省教学研究室鉴定通过 | 2015.07 | 一等奖 |
| 11 | 课题 | 东营市公共文化产品供给体系化研究 | 李寿峰 | 中共东营市委党校 | 市社科联鉴定通过 | 2015.02 | 一等奖 |
| 12 | 调研报告 | 东营市实施创新驱动战略实策研究 | — | 中共东营市委政策研究室 | 领导参阅 | 2015.09 | 一等奖 |
| 13 | 调研报告 | 东营市小微企业发展问题研究 | 徐三朋 | 中共东营市委党校 | 领导批示 | 2015.07 | 一等奖 |
| 14 | 论文 | 国际油气投资环境潜力演化和差异变动趋势研究 | 王信敏 | 中国石油大学(华东) | 世界经济研究 | 2015.02 | 一等奖 |
| 15 | 论文 | 教育公平:理想、现实与责任 | 梁海伟 | 东营市教育局 | 人民教育 | 2015.12 | 一等奖 |
| 16 | 论文 | 把游戏的权利还给孩子——基于户外区域自助游戏开展的园本教研 | 王鎏美 | 东营市实验幼儿园 | 山东教育 | 2015.12 | 一等奖 |
| 17 | 论文 | 自然科学与工程技术期刊刊名词缀使用探析 | 徐会永 | 中国石油大学(华东) | 中国科技期刊研究 | 2015.02 | 一等奖 |
| 18 | 论文 | 论法国国际私法视阈下的公序法 | 董金鑫 | 中国石油大学(华东) | 环球法律评论 | 2015.10 | 一等奖 |
| 19 | 论文 | 我国保险损失计量规则之反思与重构——以美国司法裁判中对“实际现金价值”的解读为借鉴 | 康雷闪 | 中国石油大学(华东) | 保险研究 | 2015.10 | 一等奖 |
| 20 | 著作 | 党校精品专题课 | 陈安忠 | 中共东营市委党校 | 国家行政学院出版社 | 2015.12 | 二等奖 |
| 21 | 著作 | 语文深处的诗意 | 孟宪军 | 东营市教育科学研究院 | 济南出版社 | 2015.01 | 二等奖 |
| 22 | 著作 | 大学语文 | 于保泉 | 东营职业学院 | 中国石油大学出版社 | 2015.08 | 二等奖 |
| 23 | 著作 | 且行且思——小学数学教学实录与反思 | 王海荣 | 东营市晨阳学校 | 安徽师范大学出版社 | 2015.06 | 二等奖 |
| 24 | 著作 | 研究·实践:有效参与教育的校本探索 | 杨国营 | 广饶县广饶街道颜徐学校 | 山东人民出版社 | 2015.08 | 二等奖 |
| 25 | 著作 | 石油工业俄语阅读与翻译 | 孙大满 | 中国石油大学(华东) | 中国石油大学出版社 | 2015.12 | 二等奖 |
| 26 | 著作 | 解构地域新闻 | 薄文军 | 东营日报社 | 黄河出版社 | 2015.06 | 二等奖 |
| 27 | 著作 | 庆亲王 | 朱淑君 | 中国石油大学(华东) | 江苏凤凰文艺出版社 | 2015.05 | 二等奖 |
| 28 | 课题 | 东营市社会治理体制创新研究 | 孟鲁平 | 中共东营市委党校 | 市社科联鉴定通过 | 2015.11 | 二等奖 |
| 29 | 课题 | 东营市产业集群发展对策研究 | 刘桂花 | 中共东营市委党校 | 市社科联鉴定通过 | 2015.02 | 二等奖 |
| 30 | 课题 | 东营市资源回收产业发展研究 | 王 腾 | 中共东营市委党校 | 市社科联鉴定通过 | 2015.11 | 二等奖 |
| 31 | 课题 | 垦利县农村环境治理情况的调查与研究 | 周玉林 | 中共垦利区委党校 | 市委党校鉴定通过 | 2015.02 | 二等奖 |
| 32 | 课题 | 广饶县现代物流业发展问题研究 | 崔佃江 | 中共广饶县委党校 | 省委党校鉴定通过 | 2015.03 | 二等奖 |
| 33 | 课题 | 资源约束下山东省石油工业自主创新能力提升研究——以胜利油田为例 | 范秋芳 | 中国石油大学(华东) | 山东省社会科学规划管理办公室鉴定通过 | 2015.11 | 二等奖 |
| 34 | 课题 | 蓝黄两区发展循环经济促进产业优化升级的对策研究 | 刘广生 | 中国石油大学(华东) | 省软科学办公室鉴定通过 | 2015.12 | 二等奖 |
| 35 | 课题 | 东营职业学院产教融合体制机制及政策研究 | 刘立国 | 东营职业学院 | 东营职业学院鉴定通过 | 2015.12 | 二等奖 |
| 36 | 课题 | 东营市重点行业税收形势分析 | 温丽萍 | 中国石油大学胜利学院 | 市社科联鉴定通过 | 2015.11 | 二等奖 |
| 37 | 课题 | 东营市融入“一带一路”建设对策研究 | 宋维海 | 东营市区域办 | 市社科联鉴定通过 | 2015.11 | 二等奖 |

续表-2

| 序号 | 成果形式 | 成果题目 | 作者姓名 | 第一作者工作单位 | 发表刊物、出版社或通过鉴定 | 发表、出版或通过鉴定时间 | 获奖等次 |
|---|---|---|---|---|---|---|---|
| 38 | 课题 | 东营市城乡居民教育消费研究 | 王鹏继 | 东营市社科联 | 市社科联鉴定通过 | 2015.06 | 二等奖 |
| 39 | 课题 | 基于职业竞争力导向的IT领域高职课程开发方法研究 | 周连兵 | 东营职业学院 | 山东省教育厅鉴定通过 | 2015.03 | 二等奖 |
| 40 | 课题 | 基层政协协商民主制度建设对策研究 | 魏　虹 | 东营市政协 | 市社科联鉴定通过 | 2015.11 | 二等奖 |
| 41 | 课题 | 东营市非物质文化遗产挖掘与保护研究 | 李志强 | 中国石油大学胜利学院 | 市社科联鉴定通过 | 2015.02 | 二等奖 |
| 42 | 调研报告 | 关于利津县凤凰城街道店子村土地经营权流转情况的调查 | 徐福生 | 中共东营市委政策研究室 | 领导批示 | 2015.10 | 二等奖 |
| 43 | 论文 | 信息产品出口成本为零现象的探索研究—对李嘉图比较优势理论的改进探索 | 杨兴寿 | 中国石油大学(华东) | 国际商务 | 2015.01 | 二等奖 |
| 44 | 论文 | 石油工程专业应用型人才培养课程体系的探索与实践 | 时凤霞 | 中国石油大学胜利学院 | 中国石油大学胜利学院学报 | 2015.12 | 二等奖 |
| 45 | 论文 | 新型主办银行制的经济学分析及制度边际改进 | 霍成义 | 中国人民银行东营市中心支行 | 现代商业 | 2015.07 | 二等奖 |
| 46 | 论文 | 在主动探究中构建生物学概念——以“神经调节的基本方式”一节为例 | 杨守菊 | 东营市教育科学研究院 | 生物学通报 | 2015.02 | 二等奖 |
| 47 | 论文 | 我国职教集团组织结构分析及优化设计 | 李广坤 | 东营职业学院 | 中国职业技术教育 | 2015.10 | 二等奖 |
| 48 | 论文 | 磨课要修炼收放自如的内外功 | 于保东 | 东营市实验中学 | 语文教学通讯 | 2015.01 | 二等奖 |
| 49 | 论文 | 试论高校体育课程体系改革与结构优化 | 周　伟 | 中国石油大学(华东) | 黑龙江高教研究 | 2015.01 | 二等奖 |
| 50 | 论文 | 用心若镜:论庄子体道的镜子思想 | 王永豪 | 中国石油大学(华东) | 东岳论丛 | 2015.03 | 二等奖 |
| 51 | 论文 | 朝鲜对清、日海难漂流民态度比较研究(1882—1894) | 周国瑞 | 中国石油大学(华东) | 山西档案 | 2015.07 | 二等奖 |
| 52 | 论文 | 低碳视野下我国页岩气法律制度构建研究 | 孙增芹 | 中国石油大学(华东) | 生态经济 | 2015.04 | 二等奖 |
| 53 | 论文 | 以通用名称抗辩的类型化审查 | 李　敏 | 东营市中级人民法院 | 人民司法 | 2015.03 | 二等奖 |
| 54 | 论文 | 论史记在龙文化演变中的地位 | 许继莹 | 东营市技师学院 | 甘肃社会科学 | 2015.09 | 二等奖 |
| 55 | 论文 | 中央苏区时期党的廉政建设的历史经验与借鉴 | 孙树芳 | 中国石油大学胜利学院 | 苏区研究 | 2015.06 | 二等奖 |
| 56 | 著作 | 走下圣坛的孔子——换一个视角读《论语》 | 杨敬栓 | 东营市中级人民法院 | 中州古籍出版社 | 2015.06 | 三等奖 |
| 57 | 著作 | 宽容 | 张　劼 | 东营市经信委 | 中国法制出版社 | 2015.01 | 三等奖 |
| 58 | 著作 | 东营小学生海洋科普知识读本 | 刘　沛 | 东营市海洋经济发展研究院 | 海洋出版社 | 2015.12 | 三等奖 |
| 59 | 著作 | 小学生命幸福教育案例研究 | 方月森 | 东营市海河小学 | 济南出版社 | 2015.09 | 三等奖 |
| 60 | 著作 | 广饶历代诗词选 | 赵红卫 | 广饶县政协 | 中国文史出版社 | 2015.12 | 三等奖 |
| 61 | 著作 | 职场交际英语 | 崔亚丽 | 东营科技职业学院 | 中国轻工业出版社 | 2015.08 | 三等奖 |
| 62 | 著作 | 河口区教育志 | 张成儒 | 河口区地方史志办公室 | 中国文史出版社 | 2015.11 | 三等奖 |
| 63 | 著作 | 民间融资法律问题研究 | 崔汉刚 | 广饶县人民检察院 | 中国检察出版社 | 2015.04 | 三等奖 |
| 64 | 课题 | 提高东营市金融支持实体经济发展能力研究 | 徐　静 | 中共东营市委党校 | 市社科联鉴定通过 | 2015.02 | 三等奖 |
| 65 | 课题 | 垦利县人口老龄化问题研究 | 苟坤秀 | 中共垦利区委党校 | 市委党校鉴定通过 | 2015.02 | 三等奖 |
| 66 | 课题 | 垦利县电子商务发展情况调查研究 | 薄存东 | 中共垦利区委党校 | 市委党校鉴定通过 | 2015.12 | 三等奖 |

续表-3

| 序号 | 成果形式 | 成果题目 | 作者姓名 | 第一作者工作单位 | 发表刊物、出版社或通过鉴定 | 发表、出版或通过鉴定时间 | 获奖等次 |
|---|---|---|---|---|---|---|---|
| 67 | 课题 | 东营市高新技术企业培育政策与路径研究 | 张在旭 | 中国石油大学(华东) | 市社科联鉴定通过 | 2015.11 | 三等奖 |
| 68 | 课题 | 东营市公共资源收益分配机制研究 | 黄朴 | 中国石油大学(华东) | 市社科联鉴定通过 | 2015.11 | 三等奖 |
| 69 | 课题 | 东营市信息产业人才培养战略研究 | 刘志斌 | 中国石油大学(华东) | 市社科联鉴定通过 | 2015.11 | 三等奖 |
| 70 | 课题 | 形成经济社会发展与资源环境承载力相适应的黄蓝高效生态经济发展新模式研究 | 张艳华 | 东营职业学院 | 东营职业学院鉴定通过 | 2015.12 | 三等奖 |
| 71 | 课题 | 基于公路建设过程的高职道桥专业改革研究 | 劳振花 | 东营职业学院 | 东营职业学院鉴定通过 | 2015.01 | 三等奖 |
| 72 | 课题 | 东营市农业农村污染现状及治理研究 | 王贞 | 中国石油大学胜利学院 | 市社科联鉴定通过 | 2015.11 | 三等奖 |
| 73 | 课题 | 东营市新型职业农民培育对策研究 | 宋维强 | 山东省农业广播电视学校东营市分校 | 市社科联鉴定通过 | 2015.02 | 三等奖 |
| 74 | 课题 | 基于黄河三角洲高效生态经济区背景下的农村生态意识培育研究 | 李永莲 | 东营职业学院 | 市社科联鉴定通过 | 2015.02 | 三等奖 |
| 75 | 课题 | 中华礼仪启蒙教育下幼儿行为习惯的培养价值 | 武建新 | 东营职业学院 | 山东省青年教师教育教学研究学术委员会鉴定通过 | 2015.09 | 三等奖 |
| 76 | 课题 | 山东省学前教育专业学生职业兴趣的调查研究 | 曹剑 | 东营职业学院 | 山东省青年教师教育教学研究学术委员会鉴定通过 | 2015.09 | 三等奖 |
| 77 | 课题 | 校园文学与语文教学研究 | 张利波 | 东营市一中 | 中国当代文学研究会院校文学委员会、中国教育学会中学语文教学专业委员会鉴定通过 | 2015.12 | 三等奖 |
| 78 | 课题 | 小学数学生活化的研究 | 韩芬 | 东营市春晖小学 | 山东省教育科学规划领导小组办公室鉴定通过 | 2015.03 | 三等奖 |
| 79 | 课题 | 广饶县英才学校艺术教育特色学校建设的研究与实践 | 牛恩生 | 广饶县英才学校 | 东营市教育科学规划领导小组办公室鉴定通过 | 2015.09 | 三等奖 |
| 80 | 课题 | 主体参与型课堂教学模式研究 | 李冬 | 广饶县英才学校 | 山东省教学研究室鉴定通过 | 2015.07 | 三等奖 |
| 81 | 课题 | 初中美术作业"档案袋+展览"评价模式的研究 | 谭强 | 利津县北宋镇实验学校 | 山东省教育科学规划领导小组办公室鉴定通过 | 2015.03 | 三等奖 |
| 82 | 课题 | 东营市公共文化资源供给体系建设研究 | 周云华 | 中共东营市委党校 | 市社科联鉴定通过 | 2015.11 | 三等奖 |
| 83 | 课题 | 东营市社会主义核心价值观宣教模式创新研究 | 尚勇 | 中共东营市委党校 | 市社科联鉴定通过 | 2015.11 | 三等奖 |
| 84 | 课题 | 吕剧在当前语境下的文化传播及阐释 | 周宝红 | 东营市技师学院 | 市社科联鉴定通过 | 2015.11 | 三等奖 |
| 85 | 课题 | 现代化进程中的农民主体地位发挥研究 | 孙应臣 | 中共垦利区委党校 | 山东省委党校鉴定通过 | 2015.04 | 三等奖 |
| 86 | 课题 | 县级党校干部教育培训工作中存在的问题及对策研究 | 任其军 | 中共广饶县委党校 | 东营市委党校鉴定通过 | 2015.12 | 三等奖 |
| 87 | 课题 | 农村初中地理课程资源的开发与应用研究 | 高胜滨 | 河口区新户镇中学 | 东营市教育科学规划领导小组办公室鉴定通过 | 2015.09 | 三等奖 |
| 88 | 课题 | 东营市优秀传统文化进校园的实践与研究 | 刘娟 | 中国石油大学胜利学院 | 市社科联鉴定通过 | 2015.11 | 三等奖 |
| 89 | 课题 | 东营市"村两委"换届选举情况的调查与思考 | 周新芳 | 中共东营市委党校 | 市社科联鉴定通过 | 2015.11 | 三等奖 |
| 90 | 调研报告 | 来自我市6家骨干制造业企业的调查启示 | 陈东方 | 中共东营市委党史研究室(改革办) | 领导批示 | 2015.06 | 三等奖 |

续表－4

| 序号 | 成果形式 | 成果题目 | 作者姓名 | 第一作者工作单位 | 发表刊物、出版社或通过鉴定 | 发表、出版或通过鉴定时间 | 获奖等次 |
|---|---|---|---|---|---|---|---|
| 91 | 调研报告 | 关于设立政府引导基金的研究报告 | 何宏强 | 中共东营市委党史研究室 | 领导批示 | 2015.01 | 三等奖 |
| 92 | 调研报告 | 苏州、无锡、南京三市实施创新驱动战略推动经济转型升级情况 | 赵华锋 | 中共东营市委党史研究室 | 领导批示 | 2015.11 | 三等奖 |
| 93 | 调研报告 | 东营市心智障碍者支持性就业现状研究 | 王爱秀 | 中共东营市委党校 | 领导批示 | 2015.10 | 三等奖 |
| 94 | 调研报告 | 小产业也有大作为－东营市对现代农业发展模式的成功探索 | 刘裕民 | 中共东营市委党校 | 领导批示 | 2015.08 | 三等奖 |
| 95 | 论文 | 融资约束对企业成长的影响－基于创业板科技型企业数据 | 刘素荣 | 中国石油大学（华东） | 工业技术经济 | 2015.04 | 三等奖 |
| 96 | 论文 | 能源结构优化对低碳山东的贡献潜力 | 何立华 | 中国石油大学（华东） | 中国人口资源与环境 | 2015.06 | 三等奖 |
| 97 | 论文 | Nonlinear joint dynamics between prices of crude oil and refined products（原油和炼化产品价格之间的非线性动态协整关系） | 张　涛 | 中国石油大学（华东） | Physical A | 2015.03 | 三等奖 |
| 98 | 论文 | 构建资源向基层倾斜的中小城市现代公共文化服务体系——以山东省东营市为例 | 董文兵 | 中共东营市委党校 | 中国石油大学学报（社会科学版） | 2015.12 | 三等奖 |
| 99 | 论文 | 生态视阈下的黄河三角洲未利用地开发与保护 | 种效博 | 中共东营市委党校 | 中国石油大学学报（社会科学版） | 2015.08 | 三等奖 |
| 100 | 论文 | 我国临时用地管理与土地征用存在的问题与分析 | 李　乐 | 东营市国土资源局 | 中国国土资源经济 | 2015.11 | 三等奖 |
| 101 | 论文 | 三步创新法——树立创新意识 明确创新路径 掌握创新技法 | 张义泉 | 东营市科学技术协会 | 科技资讯 | 2015.09 | 三等奖 |
| 102 | 论文 | 现代信息技术对交通运输管理的影响探究 | 夏德帅 | 东营市公共交通汽车公司 | 信息周刊 | 2015.02 | 三等奖 |
| 103 | 论文 | 东营市海洋观测预报体系建设及海洋灾害预警报服务模式初步探讨 | 李银忠 | 东营市海洋环境预报中心 | 海洋开发与管理 | 2015.12 | 三等奖 |
| 104 | 论文 | 黄河三角洲滨海湿地维管植物多样性现状及保护策略 | 吴立新 | 山东黄河三角洲国家级自然保护区大汶流管理站 | 湿地科学与管理 | 2015.09 | 三等奖 |
| 105 | 论文 | 山东黄河三角洲水鸟动态监测及其规律分析 | 刘海防 | 山东黄河三角洲国家级自然保护区大汶流管理站 | 山东林业科技 | 2015.10 | 三等奖 |
| 106 | 论文 | 税收等优惠政策清理对地方招商引资的影响及对策研究 | 薛　斌 | 东营市招商局 | 经济论坛 | 2015.05 | 三等奖 |
| 107 | 论文 | “世界咖啡式”汇谈在企业决策中的应用——以K企业为例 | 高　倩 | 中国石油大学胜利学院 | 中国石油大学胜利学院学报 | 2015.09 | 三等奖 |
| 108 | 论文 | 应用技术型高校实践教学改革探索——以中国石油大学胜利学院市场营销专业为例 | 巴永青 | 中国石油大学胜利学院 | 中国石油大学胜利学院学报 | 2015.09 | 三等奖 |
| 109 | 论文 | 西方经济学通识课教学中经济学思维方式的培养——以独立学院为例 | 李　红 | 中国石油大学胜利学院 | 中国石油大学胜利学院学报 | 2015.06 | 三等奖 |
| 110 | 论文 | 中国石油企业实施绿色品牌战略研究 | 谢　芹 | 中国石油大学胜利学院 | 中国石油大学学报（社会科学版） | 2015.10 | 三等奖 |
| 111 | 论文 | 互联网金融对银行业的影响及监管研究 | 李　刚 | 中国人民银行东营市中心支行 | 经济管理 | 2015.03 | 三等奖 |
| 112 | 论文 | 殊途同归话“推断”——评同课异构九年级化学“物质的推断”几处亮点 | 范　玮 | 东营市教育科学研究院 | 中学化学教学参考 | 2015.07 | 三等奖 |
| 113 | 论文 | 浅谈现代学徒制背景下高职校本教材新特点 | 王洪艳 | 东营职业学院 | 太原城市职业技术学院学报 | 2015.07 | 三等奖 |
| 114 | 论文 | 课堂教学中如何组织运用学生的注意力 | 项云虹 | 东营职业学院 | 文学教育 | 2015.06 | 三等奖 |
| 115 | 论文 | 叶绿体中的生命美学 | 张荣岩 | 东营市一中 | 生物学教学 | 2015.06 | 三等奖 |

续表-5

| 序号 | 成果形式 | 成果题目 | 作者姓名 | 第一作者工作单位 | 发表刊物、出版社或通过鉴定 | 发表、出版或通过鉴定时间 | 获奖等次 |
|---|---|---|---|---|---|---|---|
| 116 | 论文 | 润物无声 教育无痕 | 黄 琦 | 东营市晨阳学校 | 教育艺术 | 2015.08 | 三等奖 |
| 117 | 论文 | 以学为中心的“1+1”助学课堂 | 李玉玺 | 东营经济技术开发区东凯小学 | 小学语文教师 | 2015.11 | 三等奖 |
| 118 | 论文 | 从第十一届山东省高中英语优质课展评观摩活动看阅读教学中的问题 | 王守国 | 垦利一中 | 中小学外语教学 | 2015.08 | 三等奖 |
| 119 | 论文 | 生物学实验教学中对异常现象的有效引导 | 张登华 | 垦利一中 | 生物学教学 | 2015.10 | 三等奖 |
| 120 | 论文 | 高中地理互动型课堂教学模式的实践与研究 | 付桂军 | 广饶一中 | 现代教育 | 2015.12 | 三等奖 |
| 121 | 论文 | 从翻译伦理视角看译本夏洛的网 | 付 晓 | 中国石油大学(华东) | 语文建设 | 2015.06 | 三等奖 |
| 122 | 论文 | 行业特色院校人才培养模式探索——以外语应用型人才培养为例 | 淳 柳 | 中国石油大学(华东) | 中国高校科技 | 2015.04 | 三等奖 |
| 123 | 论文 | 新形势下大学生核心竞争力提升途径研究 | 刘江华 | 中国石油大学(华东) | 中国成人教育 | 2015.09 | 三等奖 |
| 124 | 论文 | 英语学习者跨文化交际能力的缺失及纠正策略 | 刘瑞琴 | 中国石油大学(华东) | 当代教育科学 | 2015.09 | 三等奖 |
| 125 | 论文 | 独立学院“推销理论与技巧”公选课的教学方法探讨 | 李伟娟 | 中国石油大学胜利学院 | 石油教育 | 2015.06 | 三等奖 |
| 126 | 论文 | 李商隐诗歌的“阻隔之美” | 徐小琳 | 中国石油大学胜利学院 | 中国石油大学胜利学院学报 | 2015.03 | 三等奖 |
| 127 | 论文 | 传统文化蕴含的大学生人格修养理论 | 杨朝辉 | 中国石油大学胜利学院 | 中国石油大学胜利学院学报 | 2015.06 | 三等奖 |
| 128 | 论文 | 大学生惧怕否定心理现状及其对辅导员工作的启示——以中国石油大学胜利学院为例 | 张双双 | 中国石油大学胜利学院 | 中国石油大学胜利学院学报 | 2015.09 | 三等奖 |
| 129 | 论文 | 关于东营市检察机关建立健全行政违法行为法律监督制度的调研报告 | 秦志超 | 东营市中级人民检察院 | 反渎职侵权工作指导与参考 | 2015.09 | 三等奖 |
| 130 | 论文 | 交通肇事案件的调查分析及对策 | 李玉山 | 广饶县人民检察院 | 山东检察 | 2015.06 | 三等奖 |
| 131 | 论文 | 新土改背景下我国农地信托主客体之理论检视 | 杨 军 | 中国石油大学(华东) | 农林经济管理学报 | 2015.04 | 三等奖 |
| 132 | 论文 | 论主审法官责任制的逻辑结构与实现路径 | 王梓臣 | 东营市中级人民法院 | 中国审判 | 2015.04 | 三等奖 |
| 133 | 论文 | 检察宣告制度的探索发展——以B市人民检察院侦查监督实务样本为例 | 陈星亮 | 东营市中级人民检察院 | 中国检察官 | 2015.09 | 三等奖 |
| 134 | 论文 | “供犯罪所用的本人财物”的界定 | 李慧泉 | 东营市中级人民检察院 | 中国检察官 | 2015.09 | 三等奖 |
| 135 | 论文 | 基层检察院合适成年人制度面临的困境与对策 | 许丽丽 | 东营区人民检察院 | 法学教育 | 2015.08 | 三等奖 |
| 136 | 论文 | 完善涉法涉诉信访说理工作的途径及启示 | 贾永胜 | 广饶县人民检察院 | 法制与正义 | 2015.02 | 三等奖 |
| 137 | 论文 | 黄河入海口文化特征及其开发研究 | 宋 佳 | 中共东营市委党校 | 山东理工大学学报(社会科学版) | 2015.01 | 三等奖 |
| 138 | 论文 | 推动审判权与执行权相分离的体制改革研究 | 刘同峰 | 中共东营市委党校 | 黑龙江省政法管理干部学院学报 | 2015.05 | 三等奖 |
| 139 | 论文 | 培育与吸引:东营城市文化竞争力提升的路径选择 | 尹 健 | 中国石油大学胜利学院 | 中国石油大学胜利学院学报 | 2015.12 | 三等奖 |
| 140 | 论文 | 司法人员分类管理改革中的思维理性 | 曹志海 | 河口区人民法院 | 黄河口司法 | 2015.12 | 三等奖 |
| 141 | 论文 | 网络环境下的社会主义核心价值观培育 | 许灵红 | 中共广饶县委党校 | 继续教育 | 2015.01 | 三等奖 |
| 142 | 著作 | 利津县中小学生地方教材 | 李俊三 | 利津县地方史志办公室 | 济南出版社 | 2015.09 | 优秀奖 |
| 143 | 著作 | 李神仙传奇 | 张大民 | 利津县卫计局 | 团结出版社 | 2015.04 | 优秀奖 |

续表－6

| 序号 | 成果形式 | 成果题目 | 作者姓名 | 第一作者工作单位 | 发表刊物、出版社或通过鉴定 | 发表、出版或通过鉴定时间 | 获奖等次 |
|---|---|---|---|---|---|---|---|
| 144 | 课题 | 关于加快推进垦利县企业家队伍建设的建议 | 王富欣 | 中共垦利区委党校 | 市委党校鉴定通过 | 2015.12 | 优秀奖 |
| 145 | 课题 | 小学语文课前预习的有效性研究 | 张翠枝 | 垦利区教学研究室 | 山东省教学研究室鉴定通过 | 2015.07 | 优秀奖 |
| 146 | 课题 | 垦利县中小学学生心理健康状况调查研究 | 李增祥 | 垦利区教学研究室 | 东营市教育科学规划领导小组办公室鉴定通过 | 2015.09 | 优秀奖 |
| 147 | 论文 | 理工院校文科学院就业市场建设与开拓 | 赵振华 | 中国石油大学（华东） | 教育与职业 | 2015.06 | 优秀奖 |
| 148 | 论文 | 服务民生，绿色出行——东营市公共自行车系统试点运营 | 杨锦刚 | 东营市公共交通汽车公司 | 人民公交 | 2015.10 | 优秀奖 |
| 149 | 论文 | 黄河口大闸蟹产业发展存在的问题及对策 | 燕会东 | 东营市海洋与渔业局 | 黄河口社会科学 | 2015.02 | 优秀奖 |
| 150 | 论文 | 浅析新形势下如何做好博物馆讲解工作 | 吴　婷 | 东营市黄河文化博物馆 | 环球市场 | 2015.01 | 优秀奖 |
| 151 | 论文 | 关于财政融资创新之策的政府和社会资本合作模式研究 | 孙光辉 | 东营市黄河水城管理委员会办公室 | 中国市场 | 2015.02 | 优秀奖 |
| 152 | 论文 | 湿地生态效益补偿中湿地受损情况分析 | 陈学涛 | 山东黄河三角洲国家级自然保护区管理局 | 山东林业科技 | 2015.06 | 优秀奖 |
| 153 | 论文 | 论如何加强流动人员人事档案的管理 | 黄程鹏 | 东营职业学院 | 河北企业 | 2015.03 | 优秀奖 |
| 154 | 论文 | 浅谈传统文化对中国市场经济的影响 | 史　良 | 中国石油大学胜利学院 | 商品与质量 | 2015.10 | 优秀奖 |
| 155 | 论文 | 浅析新三板市场发展现状 | 朱　涛 | 东营市东营区金融工作办公室 | 中国商贸 | 2015.01 | 优秀奖 |
| 156 | 论文 | 唤醒沉睡的历史记忆碎片——观张艺谋归来 | 尚华燕 | 东营职业学院 | 科学与财富 | 2015.01 | 优秀奖 |
| 157 | 论文 | 浅析高中班主任班级管理工作 | 张嘉慧 | 东营市一中 | 中国校外教育 | 2015.02 | 优秀奖 |
| 158 | 论文 | 小班化教学环境下个性化学生成长档案浅议 | 路慧营 | 东营市春晖小学 | 新课程 | 2015.11 | 优秀奖 |
| 159 | 论文 | 谈吕剧演唱的发声技巧与美声唱法的共性 | 付希庆 | 河口区文广新局 | 北方音乐 | 2015.05 | 优秀奖 |
| 160 | 论文 | 对两道高考模拟题的解法反思 | 魏相清 | 广饶县教学研究室 | 中学数学教学参考（上旬） | 2015.11 | 优秀奖 |
| 161 | 论文 | 关联理论对英语阅读教学的启示 | 庞小峰 | 中国石油大学胜利学院 | 读写算 | 2015.10 | 优秀奖 |
| 162 | 论文 | 增强全民法治观念 推进法治社会建设 | 张伟华 | 中共东营市委党校 | 中共青岛市委党校青岛行政学院学报 | 2015.10 | 优秀奖 |
| 163 | 论文 | 清光绪十七年（1891 年）利津县务本乡二十九村迁民述略（上） | 许孝梅 | 东营职业学院 | 黄河口晚刊 | 2015.12 | 优秀奖 |
| 164 | 论文 | 传统社会春节禁忌的利益取向及功能 | 李国江 | 东营职业学院 | 温州大学学报 | 2015.01 | 优秀奖 |
| 165 | 论文 | 明清时期人口压力对黄河流域生态环境的影响 | 张小云 | 中国石油大学胜利学院 | 中国石油大学胜利学院学报 | 2015.03 | 优秀奖 |
| 166 | 论文 | 资源型城市语境下的社会治理创新法治化建设路径 | 乔海宁 | 中共广饶县委党校 | 黄河口论坛 | 2015.09 | 优秀奖 |
| 167 | 论文 | 我们的本土地名之旅 | 刘　勇 | 利津县北宋镇实验学校 | 基础教育论坛（小学版） | 2015.04 | 优秀奖 |

【社科学会工作】 ①加强调研。建立领导班子联系专家和社团制度，通过走访调研、现场座谈等掌握社科类社团大量一手资料，修改完善《东营市社科类社团调研报告》，对全市社科类社团情况全面了解和掌握。②规范管理。加强对社科类社团学术活动的规范化管理，出台《关于进一步规范社科类社团有关事项的通知》，提高对社科类社团举办讲座、论坛等学术活动的监管力度。完成对全市70多家社科类社团的信息采集工作，社团学术活动信息报送和发布制度得到落实。指导社团抓好制度建设，发挥行业优势，围绕自身特点开展活动，传播正能量，提升行业形象。③活动引领。东营市心理学会等社团积极参与社科普及工作、“黄河口大讲堂”等活动，展示社团在服务民生、促进社会和谐方面发挥的重要作用。在2016年全国大中城市社科联第27次工作会议上，市金融学会等4家社科组织被评为“全国大中城市先进社科组织”，许孝岭等4人被表彰为“全国大中城市社科工作先进个人”。④基层组织建设。垦利区、东营区先后成立社科联组织，广饶县、利津县正在筹备社科联建设事宜。

【学术研讨和理论阵地建设】 利用社科联“联”的优势，凝聚广大社科界智力资源，在理论研究、咨政启民、舆论宣传等方面发挥积极作用。①学术研讨。与市委党校、胜利学院联合举办山东社科论坛——资源型城市转型发展研讨会和黄河三角洲新型工业化城市文化体系建设研讨会，与市纪委、市委党史研究室等部门联合开展纪念建党95周年征文活动，与市编办联合组织“以五大发展理念推进机构编制管理和政府职能转变”主题征文活动，与市残联联合开展残疾人事业理论研讨活动，推出优秀论文200余篇。②理论阵地建设。发挥理论宣传、学术研讨、舆论引导作用，《黄河口社会科学》在改版中不断提升办刊质量，更加突出黄河口文化特色，更加关注社会民生，在发挥好理论阵地作用的同时，也成为对外交流的窗口。推进“德耀齐鲁”创建活动，做好“德耀齐鲁”教育基地的申报工作，市育才学校等18个单位先后被省德耀齐鲁办公室确定为教育基地，8人被推荐参加全省的道德公民评选活动。全年共编辑出版6期，刊发文章160余篇，及时发放交流。东营社科网”“东营社科界”微信公众平台发挥信息发布方便、快捷的功能，及时发布各类社科信息，成为广大社科工作者了解和参与全市社科活动的重要窗口。

【社科人才建设】 把人才工作作为加强社科理论研究，提升社科普及水平，培养社科理论队伍，扩大社科工作影响的重要手段。①高度重视。发挥党组书记“第一责任人”作用，明确分管领导和具体工作人员，研究制定《市社科联年度人才工作计划及重点项目》并严格贯彻落实。②完善队伍。完善充实应用对策研究专家、社科普及专家、社科优秀成果评奖专家“三体一库”的专家资源库，拓宽工作渠道，形成聚集效应，建设东营市哲学社会科学人才高地。建立领导联系专家和社团制度，定期联系市属各社团组织，走访专家学者，征求意见。组织县(区)宣传部、社科联有关人员到泰安等地就基层社科联建设及社科普及教育基地工作开展学习考察。重视青年理论人才的培养，专门设置青年课题，调动年轻社科工作者的科研积极性。③理论创新。根据全市人才发展现状，切实加大人才培养、引进等机制体制的理论研究力度，立项《东营市宣传文化人才队伍建设对策研究》《东营市村级干部队伍建设研究》等研究课题，发挥社科研究课题在人才培养、评价、激励、流动、使用和管理等方面的理论引导作用。

（市社科联　王鹏继）

## 地 震 工 作

【防震减灾“十三五”规划】 2016年初，市地震局成立成立规划编制领导小组，在总结原有地震规划编制的基础上，加强调研，梳理影响东营市防震减灾工作瓶颈问题，做好与省地震局、市直相关部门专项规划衔接，研究“十三五”期间实施重点工程。10月14日，市府办印发《东营市防震减灾“十三五”规划》，提出“十三五”期间坚持预防为主、防御与救助相结合，坚持最大限度减轻地震灾害损失，依靠法治、科技和全社会力量推进防震减灾事业科学发展，进一步完善和发展地震监测预报、地震灾害防御和地震紧急救援“三大工作体系”。

【地震监测预报】 ①完成国家地震烈度速报与预警项目建设中东营境内2个基本站和33个一般点的场址勘选任务，通过省局批准。②加强台站日常管理。先后对东城强震台、利津台、鲁03井供电系统进行升级改造，对东营台深井摆进行检修，对台网服务器、终端进行维护升级，确保设备完好率100%。③提高震情跟踪能力。制订《东营市地震局2016年度震情跟踪工作方案》，修订《震情值班制度》《地震应急响应处置流程》，认真落实震情值班和领导带班工作制度，提高面对突发地震事件的应急处置能力。定期组织开展年度、半年度、月、周地震趋势会商会，圆满完成年度震情趋势判定任务。④加强群测群防工作。修订《东营市地震宏观异常测报员管理制度》，成立东营市地震宏观异常测报网领导小组和异常核实专家组，依托移动云MAS业务平台，建立市地震群测群防短信服务系统，提高信息化水平。

**2016年东营市及邻区地震情况一览表**

| 序号 | 时间 | | | | | | 地点 | | | 震级 |
|---|---|---|---|---|---|---|---|---|---|---|
| | 年 | 月 | 日 | 时 | 分 | 秒 | 北纬 | 东经 | 位置 | (ML) |
| 1 | 2016 | 1 | 12 | 0 | 40 | 59 | 38.17 | 119.49 | 渤海 | 3.7 |
| 2 | 2016 | 1 | 25 | 2 | 20 | 45 | 38.84 | 118.72 | 渤海 | 1.7 |
| 3 | 2016 | 2 | 12 | 13 | 31 | 5 | 37.69 | 119.84 | 渤海 | 1.8 |
| 4 | 2016 | 3 | 14 | 22 | 55 | 32 | 38.67 | 119.29 | 渤海 | 3.4 |
| 5 | 2016 | 3 | 27 | 20 | 5 | 27 | 38.72 | 119.41 | 渤海 | 1.7 |
| 6 | 2016 | 4 | 2 | 19 | 37 | 27 | 37.57 | 118.61 | 垦利县 | 1.9 |
| 7 | 2016 | 6 | 4 | 4 | 12 | 1 | 37.56 | 118.55 | 垦利县 | 2.5 |
| 8 | 2016 | 6 | 26 | 0 | 18 | 17 | 38.94 | 118.54 | 渤海 | 1.6 |
| 9 | 2016 | 9 | 11 | 2 | 41 | 37 | 38.12 | 119.5 | 渤海 | 1.8 |
| 10 | 2016 | 9 | 27 | 21 | 10 | 16 | 38.12 | 119.45 | 渤海 | 2.6 |
| 11 | 2016 | 10 | 13 | 19 | 39 | 52 | 38.76 | 119.48 | 渤海 | 1.8 |
| 12 | 2016 | 10 | 30 | 4 | 4 | 9 | 38.76 | 119.51 | 渤海 | 1.7 |
| 13 | 2016 | 11 | 8 | 4 | 10 | 46 | 38.78 | 119.42 | 渤海 | 3.2 |
| 14 | 2016 | 11 | 9 | 4 | 7 | 12 | 38.74 | 119.53 | 渤海 | 1.8 |
| 15 | 2016 | 12 | 21 | 22 | 57 | 14 | 38.73 | 118.75 | 渤海 | 1.3 |

【地震应急救援】 “5·12”防灾减灾活动周期间，市地震局举办系列应急救援活动。①组织中小学校应急演练。与教育部门联合对214所中小学校21万名师生全部开展一次地震应急演练，共发放《青少年地震科普读物》6000多册和防震减灾知识宣传折页2万余份。②举行破坏性地震应急演练。在利津县和东营区分别组织由县区政府、地震、消防等26家部门单位180名救援人员和学校1000余名师生共同参加的破坏性地震应急疏散和处置救援演练，通过演练，进一步提高市县(区)政府、部门间的应急联动能力和救援队伍的反应能力，提高实战水平。③举行桌面推演。假设境内发生4.5级和6级地震，地震系统如何快速应对以及为如何为市政府提供决策建议、如何应对舆情等问题进行桌面推演。会后组织队伍集结、野外生存、搭建帐篷等实兵拉动演练活动。④加强物资管理。购置军用指挥帐篷、现场办公桌椅等强化现场工作保障能力，对已有地震应急物资库建档归类，确保物资时刻处于良好状态。

【地震灾害防御】 ①强化建设工程抗震设防全面管理。先后为河口区人民医院门(急)诊暨外科病房综合楼感染性疾病科项目、广饶乐安小学等6个项目提供抗震专项审查，积极参与大项目推进工作，为滨州至东营直潍坊城际铁路项目提供有关大断裂等区域地震安评及不良地质资料。全年共计完成一般建设工程抗震设防确认事项14项。②做好新一代地震动参数区划图的宣贯实施工作，展示区划图技术要素更新、地震动参数确定相关内容，增进群众对于新一代区划图的了解。③加强行政审批和简政放权工作。梳理各类权力事项新增、承接、取消、下放、流程优化，行政审批规范化管理、事中事后监管等情况，提出存在的问题和整改方案。组织参加行政执法听证主持人培训和考试。完成部门规范文件清理工作，有2部规范性文件保留。

【地震科普宣传】 “5·12”防灾减灾活动周期间，市地震局开展系列地震科普宣传活动。①开展第五届“平安中国”防灾宣导东营行活动。为市实验小学、东营区中山社区等2000名学生和1万名群众播放《5·12汶川不相信眼泪》等电影6场，发放《撑起一片天》等公益广告片1000余盘和1万余份宣传单页。市地震局被中国地震局、中国灾害防御协会评为“优秀组织奖”。②邀请省地震局副局长李远志为第49期县级干部和第55期在职公务员培训班的91名学员做题为《地震灾害与防御》的专题报告，增强领导干部和公务员的防震减灾意识和管理能力，这是东营市首次防震减灾知识进党校。③加强防震减灾科普示范学校建设。与市教育局、市科协先后开展省、市级地震科普示范学校申报和推荐工作，东营市二中等17所学校被评为市级地震科普示范学校，市春晖小学等15所学校被评为省级地震科普示范学校，全市省市级地震科普示范学校达到90家。④加强国家地震安全示范社区建设。市县两级地震部门联动，筛选符合条件的社区积极申报，全市4个社区被中国地震局认定为“国家地震安全示范社区”。⑤加强农村地震科普知识宣传工作。在广饶县花官镇西薛村开展科普宣传活动，来自周边36个村的500多名群众参加，发放《农村民居抗震设防知识》等资料500余套，解答咨询30多人次。

(市地震局　孙莹)

# 气象工作

**【气象服务】** 2016年,气象部门发布重要天气报告28期、预警信息145期、气象信息专报63期,发布决策短信274条,雨情通报115次,每天为市委市府提供48小时天气预报和72小时海洋预报,为东营至旅顺客滚船提供专项预报740期。准确预报出1月22日—24日"世纪寒潮"多县区低温突破历史极值,2月13日多县区日降水量突破历史极值,6月中下旬部分时段冰雹天气频现并造成中型气象灾害,8月7—8日全市暴雨局部大暴雨等天气过程,提前发布重要天气报告。为市两会、黄河口国际马拉松比赛、黄河入海公路自行车赛、麦收和灭蝗等社会活动提供专项天气预报。针对雾和霾天气频发,落实空气重污染预案各项制度,按时发布预警信号,不定时与环保局开展天气会商,及时建议启动空气重污染预警和应急响应。利用"东营气象通"手机客户端、多媒体显示屏和"东营气象"微信公众号发布气象服务信息。推广"今日关注"栏目,开发制作"空气污染扩散气象条件预报""AQI实况和本地环境监测数据""逆温层显示""海温实况""微波辐射计实况""潮位预报"等图形化气象服务产品,在新媒体平台实时发布。

**【气象基本业务】** 全市气象基础业务质量保持较高水平,预报质量名列全省前茅,其中0~72小时晴雨(雪)预报准确率、最高气温预报准确率和一般性降水预报准确率全省第一。在全省气象业务管理和业务竞赛先进集体及个人评比中,预报业务管理获全省气象业务管理先进单位第三名,市气象台获城镇降水预报竞赛优胜单位第一名,1人获山东省城镇降水预报竞赛优胜个人,2个单位被省气象局评为全省气象服务先进集体,1人获山东省气象服务先进个人称号,1个单位获全省地面气象观测工作优秀集体,8人获全省地面气象观测工作优秀个人,1人被授予"全省气象行业技术能手"称号,1人被评为全省气象技术装备保障优秀业务员,1人被评为全省气象信息网络优秀系统管理员,垦利区气象局作为中国气象局远程学习示范点,在考核中获得第一名。

**【气象现代化】** 全市5个国家级台站全部建成双套新型自动气象站;建成东营气溶胶质量浓度观测站;完成移动气象台升级改造;配备无人机探测服务系统;完成风廓线雷达的整体搬迁;建成X波段双偏振天气雷达。开发微波辐射计图显平台、多普勒气象雷达产品显示平台、基于人工智能方法空气质量预报平台、基于微波辐射计产品的逆温层产品,自行开发的行政许可管理系统在雷电中心、行政审批大厅应用。

**【人工影响天气】** 2016年,全面推进人工影响天气业务现代化建设,积极进行人工影响天气防灾减灾作业,取得显著社会、经济效益。年内,雷达开机监测240次,人影作业11次,共发射炮弹2861发,火箭弹18枚,累计防护农田390平方公里。

(市气象局 信志红 张立 刘晋生 马新建 张振涛)

# 教 育

# 综 述

【概况】 至2016年底,全市(含胜利油田)有各级各类学校599所,其中,幼儿园379所、小学113所、初中77所、普通高中17所、特殊教育学校1所、中等职业学校7所、技术学院1所、高等院校4所,在校生36.6万人,教职工3.4万人,专任教师2.87万人。2016年,全市教育经费总收入624133万元,比上年增加36179万元,增长6.15%,全辖教育经费总支出622988万元,比上年增加2316万元,增长0.37%。政府预算内教育经费拨款561629万元,比上年增加30965万元,增长5.84%。普通小学生均、普通初中生均预算内教育事业费与公用经费分别为2544元、3290元,比上年增加484元、397元,增长23.50%、13.73%。

农村小学、初中生均预算内公用经费分别为2642元、2689元。各级财政安排教育经费18.69亿元,到位资金18.69亿元。

2016年,按照"人民满意为主旨、优质均衡为主题、教育现代化为主线"的总体工作思路,推进教育现代化、教育领域综合改革。实施解决普通中小学大班额问题专项规划,全市累计完成投资29.24亿元,占规划总投资的55.78%;开工项目54个(其中,竣工32个),占全部项目的84.4%。完成市一中、二中、特校新校建设一期工程,实现新校整体搬迁和入学启用,市实验中学南校区(原市一中校址)启用。市青少年示范性综合实践基地建设进展顺利。规范理顺全市义务教育学制,统筹配置东城有关义务教育学校资源,重新核定东城义务教育学校招生服务区,东城全面实施生源调剂机制,试行网上报名招生改革。做好《东营市人民政府办公室关于加强中心城住宅区配套幼儿园规划建设管理的意见》(东政办发〔2010〕26号)出台前有关住宅区配套幼儿园的清理整顿工作,市教育局、财政局、物价局联合出台《东营市普惠性民办幼儿园认定管理办法》,(东教发〔2015〕28号)明确普惠性民办幼儿园认定条件、认定程序和监督管理等内容。组织开展全市教育系统"大排查、快整治、严执法"集中行动和县区和学校之间"交叉循环式"隐患排查、部门联合检查,连续三年开展"星级平安校园"创建工作。制定《东营市中小学(幼儿园)校园安全隐患排查指导手册》,强化食堂安全、校车监管。

2016年,全市义务教育阶段适龄儿童入学率、巩固率、完成率均为100%,初中毕业生升学率95.07%。全市新增小班化教育试点学校20所,全市小班化教学试点学校达到114所,占全市义务教育学校的56%。全市31.3%的幼儿园、57%的普通中小学、35.6%的中职学校通过教育现代化学校认定,首批18处乡镇(街道)达到教育现代化乡镇评估认定标准。

**2016年东营市各级各类学校基本情况一览表**

| 类　别 | 学校数(所) | 毕业生数 | 招生数 | 在校学生 | 教职工情况 | |
|---|---|---|---|---|---|---|
| | | | | | 小计 | 其中:专任教师 |
| 普通高等教育 | 4 | 8226 | 11029 | 32624 | 2712 | 1891 |
| 另:成人教育、网络教育学生 | — | 10 | — | 4 | — | — |
| 普通中等专业教育 | 7 | 8357 | 7261 | 21931 | 1088 | 888 |
| 技工学校 | 1 | 971 | 1075 | 2466 | 298 | 184 |
| 普通中学 | 94 | 38125 | 38987 | 134042 | 13018 | 11674 |
| 高中 | 17 | 14424 | 14196 | 41893 | 4070 | 3520 |
| 初中 | 77 | 23701 | 24791 | 92149 | 8948 | 8154 |
| 职业高中 | — | — | — | — | — | — |
| 小学 | 113 | 25337 | 21831 | 112869 | 8607 | 8317 |
| 特殊教育学校 | 1 | 25 | 72 | 202 | 88 | 69 |
| 幼儿教育 | 379 | 18746 | 20206 | 61437 | 7743 | 5681 |

【教育领域综合改革】 2016年,推进第二期学前教育三年行动计划,全市投资总额3.1亿余元,完成幼儿园建设任务76所,东营市被确定为山东省学前教育改革发展实验区。加快推进中小学教育改革,规范理顺全市义务教育学制,完善中心城区义务教育学校招生统筹工作机制,深化初中学业水平考试及高中阶段学校招生制度改革。适应新高考形势要求,组织全市高中校长赴全国高考改革首批试点上海和浙江考察学习。加强中小学德育工作,开展中小学德育课程一体化试点等工作。深化课程和教学改革,继续开展教研员定点联系学校工作。加强学校体育、美育和卫生工作,实施体育专项活动计划。加快教育信息化建设,启动实施智慧教育试点。发展职业教育,印发《东营市完善现代职业教育体系行动计划(2016—2020年)》,举办全市中等职业教育技能大赛,设27个比赛项和4个选拔项目。发展高等教育,规划高端教育园区,形成初步思路和构想。

**【教育现代化建设】** 2016年，开展全市第四批教育现代化学校和首批教育现代化乡镇认定工作，共有26所普通中小学、45所幼儿园通过教育现代化学校认定，18个乡镇、街道通过教育现代化乡镇认定。截至2016年底，全市46%的幼儿园、70%的中小学、36%的中等职业学校达到教育现代化学校认定标准。

**【教师队伍建设】** 全面推开中小学校长职级制改革，出台《关于推行校长职级制改革的意见》和相关配套措施。落实《东营市名师引进和管理暂行办法》，积极引进市外特级教师、名师。落实"县管校聘"、交流轮岗、绩效工资考核分配等人事管理政策。推进民办普通中小学、幼儿园分类登记管理，探索开展非营利性民办学校教师养老保险与公办学校教师同等待遇试点。实施教师梯级培养、教师专业化发展全员培训、义务教育段校长任职资格培训。贯彻落实乡村教师支持计划。选拔任用交流干部15人，首次开展局属学校与教管中心所属学校校长交流轮岗。选派援助教师29人。对局机关4个挂牌科室进行单独管理，重新核定局属事业单位岗位。

**【教师培训】** 落实《东营市中小学教师市级培训管理办法(暂行)》，统筹制定2016市级培训计划并严格组织实施。继续实施"教师梯级培养"工程，组织举办全市中小学骨干校(园)长和教师培训班30余期，累计培训1.7万人次。启动建设第二批56个东营名师、名校长工作室，举办名师、名校长工作室规范建设专题培训会，根据《东营市名师工作室管理办法(试行)》，对全市第一批和第二批共116个名师工作室进行年度考核工作。组织开展全市"一师一优课、一课一名师"活动，推动各级开展"晒课"和"赛课"活动，评选市级"优课"2950节。联合市人社局组织开展"专家服务基层暨送培训基层行"培训活动，活动组织教育专家、教学名师等23人，采取志愿服务的方式，开展培训活动24场次，培训指导基层教师近2000余人。

**【教育科研】** 2016年，以课程改革、课堂教学、课题研究为载体，发挥"研究、指导、服务"职能，组织开展系列教科研工作。①指导教师专业成长。多批次组织远程研修和省市业务活动，完成小学第三批、初中第二批365名青年骨干教师培养任务，开展第十一批教学能手评选暨第九批教学能手复评工作、评选643项优秀课程资源、441节学科德育优秀课例、598节"一师一优课"，创造性开展"学前流动讲堂""音体美教师互助式研训"工作。②引领学校发展。开展第三批定点联系学校、中小学教学视导工作，47所市级教学示范学校通过评估验收。③教科研工作管理。完成103项省级课题的立项申报及子课题推荐工作，组织审查146项省市级规划课题中期报告，组织小班化教育课题研究成果规划指导会议，完成47项省、市两级规划课题的结题鉴定工作，编辑《东营教育研究》6期。在东营市第二十五次社会科学优秀成果奖评选中，市教育系统有30项成果获奖，其中6项成果荣获一等奖，5项成果荣获二等奖。④教育质量提升。完成2016年初中学业水平考试命题，实现零差错、零失误；组织高三复习研讨会，高考继续保持全省领先。

**【招生考试】** 2016年，坚持"完善措施、细化流程、狠抓落实、规范操作"的工作方针，加强考试环境综合整治和考风考纪管理，完成全年招生考试工作任务。全年共组织各类招生、自学和社会证书考试25次，考生181953名，涉及25个考点、6520个考场，招生考试工作人员1万余人。各项考试全部使用标准化考场，确保各级各类教育招生考试工作公平公正顺利进行，在2016年全省高考考务管理质量评选中全市所有高考考点均被评为优秀考点。

**【资助救助】** 出台《关于加强建档立卡农村家庭困难学生资助工作的通知》《关于落实建档立卡家庭经济困难在校大学生免学费政策的通知》，对建档立卡农村家庭困难学生实现教育资助全覆盖。全年共发放各类奖助学金4276.16万元，惠及学生2.01万人；营养餐补助2133.95万元，惠及学生10.67万人；为189名高校服义务兵役学生补偿学费226.55万元；为1284名大学生办理生源地助学贷款986.78万元；各级财政拨付中职学校免学费补助资金6113万元，惠及学生2.15万人；免除学前段、普通高中段、高等教育段建档立卡家庭经济困难学生学费（保教费）163.57万元，惠及学生459人。

**【教育新闻宣传】** 2016年，市教育局努力践行"大宣传"工作理念，致力于提炼经验、树立榜样、服务基层、引领社会，在《中国教育报》深度报道学校课程改革典型2个，在《山东教育》《山东教育报》等省级报刊宣传教育先模人物事迹3次。与东营日报社联合，策划教师节专题宣传，解读宣介素质教育典型9个，在《黄河口晚刊》开辟"教育周刊"专版，及时报道东营教育动态。

**【解决城镇普通中小学大班额问题】** 围绕"地、人、钱"三个核心要素，按照"特事特办，综合施策，用好存量，扩大增量"的原则，加快解决城镇普通中小学大班额问题。市政府与各县区政府签订目标责任书，把解决大班额问题纳入新型城镇化工作考核内容，建立工作督导检查机制。市发展改革、财政、国土资源、住房建设、城乡规划、金融等部门建立项目审批"绿色通道"，对规划建设项目实行"一站式"审批、项目手续压茬办理。2016年底，全市开工项目54个，其中竣工项目32个，分别占规划项目总数的84.4%和50%；新增教学班436个，新增学位20255个；开工校舍面积82.9万平方米，竣工面积 72 万平方米；新增教师 1144 人；累计完成投资 29.6 亿元。

【市一中、二中、特校新校投入使用】 2014 年 3 月，市一中、二中开工建设，2016 年 9 月投入使用。市一中占地面积 469 亩，总建筑面积 18.8 万平方米，总投资 8.96 亿元，设计在校生规模 6000 人、120 个教学班。市二中占地面积 355 亩，总建筑面积 16.8 万平方米，总投资 8.6 亿元，设计在校生规模 5000 人、100 个教学班。2014 年 5 月，市特校开工建设，2016 年 7 月投入使用，占地面积 64.7 亩，总建筑面积 2.74 万平方米，总投资 1.175 亿元，设计在校生规模 522 人、54 个教学班。

【东营市县域义务教育均衡发展整体通过国家验收】 11 月 18 日，国家督导检查组公布通过国家义务教育均衡发展督导检查的县(市、区)，利津县各项指标均达到国家规定标准，通过义务教育发展基本均衡县评估认定。2014，东营区、河口区、垦利区通过义务教育发展基本均衡县评估认定。2015 年，广饶县通过义务教育发展基本均衡县评估认定。至此，东营市县域义务教育均衡发展整体通过国家验收。

【举办 2016 年中等职业教育技能大赛】 4 月 19—29 日，市教育局、经信委、财政局、人力资源社会保障局联合主办 2016 年中等职业教育技能大赛。大赛设 7 个专业类别，27 个比赛项目、4 个选拔赛项目，共有 7 所职业院校的 257 名选手参加比赛，评选出比赛项目一等奖 30 个，二等奖 53 个，三等奖 64 个；选拔项目第一名 4 个。

【举办 2016 年全省中小学生校园艺术节合唱戏剧比赛 (东营赛区)】 11 月 3 日，山东省中小学校园艺术节合唱戏剧比赛(东营赛区)在市雪莲大剧院小剧场和市实验中学同时举行，16 个合唱艺术表演节目、21 个戏剧艺术表演节目及千余名中小学师生参加演出。

## 基 础 教 育

【学前教育】 2016 年，以提供“广覆盖、保基本、有质量”的学前教育公共服务为目标，以实施第二期学前教育三年行动计划为重点，全力推进学前教育健康持续发展，东营市被确定为山东省学前教育改革发展实验区。至年底，全市共有幼儿园 379 处。其中，省级“十佳”幼儿园 15 处，省级实验示范幼儿园 102 处；市级一类园 101 处、二类园 60 处、三类园 34 处，乡镇中心幼儿园 46 处。新入园幼儿 20206 人，比上年减少 507 人；在园幼儿 61437 人，比上年增加 72 人；离园幼儿 18746 人；男女幼儿比为 52.5:47.5；教职工 7743 人，比上年增加 385 人；专任教师 5681 人，比上年增加 381 人；专任教师中具有专科及以上学历的 5112 人，占幼儿教师总数的 89.98%；高中阶段毕业的 517 人，占幼儿教师总数的 9.10%；高中阶段以下毕业的 52 人，占幼儿教师总数的 0.92%。

### 2016 年市直学前教育基本情况一览表

单位：人

| 园所名称 | 在园幼儿数 | 教职工数 | 园长人数 | 教师人数 | 园所地址 | 规模(班) | 达标等级 |
|---|---|---|---|---|---|---|---|
| 东营市实验幼儿园 | 689 | 89 | 3 | 71 | 东营区府前小区 7 号 | 16 | 省级十佳幼儿园 |
| 东营市晨晖幼儿园(东营市实验幼儿园领办) | 612 | 76 | 1 | 54 | 东营区曹州路 246 号明月小区 | 15 | 省级示范幼儿园 |
| 东营市海河幼儿园 | 681 | 102 | 3 | 65 | 东营区辽河路 127 号 | 16 | 省级十佳幼儿园 |
| 东营市乐慧幼儿园(东营市海河幼儿园领办) | 744 | 83 | 1 | 57 | 东营区汾河路 128 号 | 16 | 省级示范幼儿园 |
| 东营市春蕾幼儿园 | 284 | 39 | 3 | 31 | 东营区迅达街 66 号 | 6 | 省级示范幼儿园 |

### 2016 年县区学前教育基本情况一览表

| 县区名称 | 园所总数(处) | 在园幼儿数(人) | 教职工数(人) | 园长(人) | 教师(人) | 达标等级(处) |
|---|---|---|---|---|---|---|
| 东营区 | 77 | 11443 | 1459 | 91 | 1032 | 59 |
| 河口区 | 25 | 3449 | 436 | 33 | 352 | 19 |
| 垦利区 | 40 | 7091 | 745 | 63 | 623 | 38 |
| 广饶县 | 111 | 15849 | 1485 | 105 | 1289 | 100 |
| 利津县 | 45 | 6067 | 729 | 55 | 628 | 38 |
| 东营经济技术开发区 | 9 | 2021 | 321 | 14 | 213 | 5 |
| 东营港经济技术开发区 | 1 | 124 | 19 | 1 | 9 | 0 |
| 胜利油田 | 66 | 12383 | 2160 | 189 | 1257 | 66 |
| 合 计 | 379 | 61473 | 7743 | 562 | 5681 | 325 |

【义务教育】 2016年，全市有小学113所，比上年减少12所；招生21831人，比上年增加270人；毕业25337人，比上年增加2091人；在校生112869人，比上年减少6065人；男女生比为52.7:47.3；适龄儿童入学率100%；巩固率为100%；教职工8607人，其中专任教师8317人；专任教师学历达标率为99.99%；生师比为13.6:1。

全市有普通初中77所，比上年减少1所，其中初级中学38所，九年一贯制学校39所；招生24791人，比上年增加1691人；毕业23701人，比上年增加48人；在校生92149人，比上年增加3013人；男女生比为52:48；初中毕业升学率95.07%，其中普通高中招生占59.9%。教职工8948人，其中专任教师8154人，专任教师学历达标率（具有专科及以上学历的专任教师占专任教师总数的比重）99.77%；师生比为1:11.3。

## 2016年市直小学、中学基本情况一览表

单位：人

| 学校名称 | 在校生数 | 毕业生数 | 教职工数 | 专任教师数 | 地　址 | 达标等级 |
|---|---|---|---|---|---|---|
| 东营市实验中学 | 6924 | 1531 | 520 | 501 | 东营区辽河路126号 | 省级规范化学校 |
| 东营市育才学校 | 3153 | 739 | 257 | 244 | 东营区沂河路75号 | 省级规范化学校 |
| 东营市实验小学 | 2459 | 723 | 191 | 185 | 东营区运河路625号 | 省级规范化学校 |
| 东营市海河小学 | 1741 | 489 | 115 | 112 | 东营区辽河路131号 | 省级规范化学校 |
| 东营市晨阳学校 | 2731 | 564 | 166 | 156 | 东营区胜利大街222号 | 市级规范化学校 |
| 东营市春晖小学 | 1931 | 322 | 126 | 118 | 东营区淮河路352号 | — |
| 东营英华园学校 | 238 | 108 | 45 | 45 | 东营区黄河路159号 | 省级规范化学校 |

## 2016年全市县区小学基本情况一览表

单位：人

| 县区名称 | 学校数（所） | 在校生数 | 毕业生数 | 教职工数 | 专任教师数 | 达标等级（处） |
|---|---|---|---|---|---|---|
| 东营区 | 18 | 17464 | 3158 | 710 | 699 | 省级2，市级10 |
| 河口区 | 8 | 5516 | 1299 | 325 | 309 | 市级5 |
| 垦利区 | 14 | 11753 | 2806 | 1031 | 990 | 市级11 |
| 广饶县 | 25 | 26673 | 6055 | 1612 | 1603 | 省级3，市级20 |
| 利津县 | 16 | 9870 | 3123 | 629 | 541 | 省级1，市级15 |
| 东营经济技术开发区 | 2 | 2500 | 344 | 163 | 148 | 市级1 |
| 济军基地教育处 | 0 | 500 | 133 | 67 | 67 | — |
| 胜利教育管理中心 | 27 | 29038 | 6140 | 1624 | 1531 | 省级9，市级11 |

## 2016年全市县区中学基本情况一览表

单位：人

| 县区名称 | 学校数 | 在校生数 | 毕业生数 | 教职工数 | 专任教师数 | 达标等级（处） |
|---|---|---|---|---|---|---|
| 东营区 | 10 | 10729 | 2592 | 1256 | 1206 | 省级4，市级5 |
| 河口区 | 5 | 4623 | 1202 | 708 | 665 | 市级5 |
| 垦利区 | 7 | 10340 | 2326 | 1015 | 879 | 省级1，市级5 |
| 广饶县 | 15 | 21058 | 5747 | 2320 | 2238 | 省级5，市级10 |
| 利津县 | 14 | 11579 | 3315 | 1822 | 1637 | 省级1，市级11 |
| 东营经济技术开发区 | 2 | 137 | 45 | 118 | 99 | 市级1 |
| 济军基地教育处 | 1 | 370 | 84 | 71 | 38 | 市级1 |
| 胜利教育管理中心 | 20 | 22829 | 5933 | 2060 | 1856 | 省级10，市级11 |

【普通高中教育】 2016年，全市有普通高中17所，与上年相同，其中完全中学8所；招生14196人，比上年增加455人；毕业14424人，比上年减少1499人；在校生41893人，比上年减少395人；其中，男女生比为47.1:52.9；专任教师3520人，专任教师学历达标率（具有本科及以上学历的专任教师占专任教师总数的比重）99.8%；师生比为1:11.9。

## 2016年全市普通高中学校基本情况一览表

单位：人

| 学校名称 | 在校生数 | 毕业生数 | 教职工数 | 专任教师数 | 地址 | 达标等级 |
|---|---|---|---|---|---|---|
| 东营市第一中学 | 5556 | 1698 | 533 | 481 | 东营区园博路99号 | 省级规范化学校 |
| 东营市第二中学 | 2866 | 863 | 253 | 237 | 东营区海河路589号 | 市级规范化学校 |
| 东营区第二中学 | 0 | 0 | 0 | 0 | 东营区牛庄镇文化街76号 | 省级规范化学校 |
| 河口区第一中学 | 2164 | 732 | 239 | 214 | 河口区河祥路西首 | 省级规范化学校 |
| 广饶县第一中学 | 9156 | 3338 | 919 | 898 | 广饶县城花苑路509号 | 省级规范化学校 |
| 山东省垦利第一中学 | 3714 | 1515 | 371 | 336 | 垦利区民丰路东广兴路北 | 省级规范化学校 |
| 利津县第一中学 | 3710 | 1348 | 342 | 273 | 利津县滨港路243号 | 省级规范化学校 |
| 利津县第二中学 | 2590 | 982 | 259 | 204 | 利津县陈庄镇滨港路45号 | 省级规范化学校 |
| 东营市胜利第一中学 | 2746 | 858 | 474 | 394 | 东营区济南路55号 | 省级规范化学校 |
| 东营市胜利第二中学 | 3115 | 1004 | 344 | 280 | 东营区兴荣西街15号 | 省级规范化学校 |
| 东营市胜利第三中学 | 823 | 161 | 166 | 150 | 东营区北一路325号 | 省级规范化学校 |
| 东营市胜利第十中学 | 1333 | 427 | 132 | 113 | 东营区北二路669号 | 省级规范化学校 |
| 东营市胜利第十三中学 | 1858 | 590 | 201 | 163 | 河口区黄河路124号 | 省级规范化学校 |
| 中国石油大学（华东）附属中学 | 0 | 128 | 61 | 55 | 东营区北二路271号 | 市级规范化学校 |
| 东营市胜利新西兰学校 | 273 | 97 | 56 | 41 | 东营区济南路169号 | — |
| 东营市正兴中学 | 308 | 81 | 28 | 24 | 东营区西三路205号 | — |
| 东营英华园学校 | 835 | 229 | 130 | 85 | 东营区黄河路159号 | — |
| 广饶县职业中等专业学校（普通高中班） | 846 | 373 | 99 | 99 | 广饶县稻庄镇政府驻地 | 市级规范化学校 |

**【特殊教育】** 2016年，全市有特殊教育学校1所，招生数为72人，毕业25人，在校生202人；教职工88人，专任教师69人，生师比为1:2.9。

**【教育单位选介】** **东营市春蕾幼儿园** 始建于1986年，是东营市最早的一所市直公办幼儿园，先后于1989年、2004年、2012年分别更名为东营市人民政府第二幼儿园、东营市第二实验幼儿园、东营市春蕾幼儿园。2001年，根据东营市政府对东城北小区统一规划改造的要求，暂停办园，幼儿园机构、编制保留，办园主体由东营市政府变更为东营市教育局。2011年3月16日重新开园。2016年底，有6个教学班，在园幼儿290余名；教职工46名，其中在编教职工31名，非在编教职工15人；专任教师25名，学历达标率、专业合格率均为100%。幼儿园秉承“呵护春蕾，尊重成长”的办园理念，坚持“发展幼儿，服务家长，突出特色，争创一流”的办园目标，围绕“身心健康，习惯良好，思维活跃，阳光乐群”的教育目标，让幼儿养成健康的生活态度，形成良好的生活习惯和文明的生活方式。幼儿园先后获东营市现代化学校、东营市学前教育工作先进单位等20余项荣誉称号。

**广饶县第一实验小学** 始建于1980年，初始名为广饶师范附小，故址在东营市历史博物馆南临，1983年更名为广饶县直第一小学，1985年迁于县城文安路300号，1988年更为广饶县第一实验小学。学校占地面积33479平方米，建筑面积14025平方米。有教学班40个，在校学生2136名，教职工135名，专任教师128名，其中高级教师8人，一级教师60人。硕士及以上学历1人，大学本科学历99人，占专任教师数的75.6%。全国优秀教师（优秀辅导员）3名，省特级教师2名，山省优秀教师（优秀辅导员）4名，省教学能手5名，县级以上各类骨干教师占专任教师的60%以上。2006年创建为山东省规范化学校、山东省教学示范学校。学校先后获全国深化实施素质教育典型学校、全国高效课堂建设先进单位、全国少先队工作先进单位等称号60余项。

**东营市实验中学** 创建于1994年9月，于2016年8月实现一校两区（辽河路校区与运河路校区）办学，占地面积150935平方米，建筑面积114858平方米。有初中四年制教学班140个，在校生7066人，教职工516人，其中全国优秀教师3人，省特级教师2人，省优秀教师2人，省优秀教育工作者3人，省教学能手6人，高级职称45人，中职称159人，教师学历达标率100%。2016年，4人获全国青少年信息学奥林匹克竞赛一等奖，学校第五次蝉联金牌学校。在全省中小学校园艺术节戏剧合唱比赛中，获合唱比赛一等奖，戏剧比赛二等奖，学校获得组织奖。加强友好合作交流。承办鲁·喀维汉一家亲结对联谊活动；接待第五批韩国中学生文化交流团及韩国友人的两次访问活动；与垦利区董集镇实验学校、区三中、市晨阳学校等兄弟学校结成常青藤教研联盟。

**东营市胜利第十中学** 创建于1986年，是一所设音体美特长班的完全中学。学校占地面积55440平方米，有28个教学班，在校生1400余人。教职工133人，其中中学高级教师52人，研究生相当学历5人，本科108人，胜利名师、学科带头教师、教学能手、教坛新秀等20余人。学校重视特色办学规律性研究，开发校本教材、调整课程设置、探索“走班制”分层次教学，形成“专业课和文化课齐头并进，学生综合素质全面提高”的成熟经验。先后被评为全国学校艺术教育工作先进单位、山东省艺术教育示范学校、东营市教学质量优胜学校等称号。

(市教育局　仲卫部　蒋世民　胡艳广)

## 胜利教育管理中心

**【概况】** 至2016年底，中心所属中小学50所，其中，小学25所，九年一贯制学校14所，初级中学6所，完全中学5所，分布在山东省5个地市8个县区境内(东营市44所，滨州市3所，德州市1所，淄博市1所，烟台市1所)。在校生58754人，教职工8475人。

**【教育综合改革】** 年内3项省级、6项市级课题结题，9项省级、12项市级、158项中心级“十三五”教科研课题推进，课程改革在全市率先试点，课堂教学模式改革全面铺开。推行学生自主作业改革，开展学科实践性、创新性作业评选活动，学生课业负担过重的问题缓解。4所学校融合招生改革试点平稳运行，实施2批次错时录取方式，完成普通高中招生报名工作。《中小学校长》杂志推介中心教育教学改革的经验做法。

**【管理机制】** 理清规范20个重点工作流程，加快胜利教育与全市教育的融合发展。完善机关人员考勤备案、财务报销流程等20余项管理制度。制定中心督查督办管理办法，构建督查考核体系。开展现代学校制度建设探索与实践，50所学校完成章程修订和“十三五”规划编制。落实安全管理责任，全年排查整改各类安全隐患600多项，实现中心50所学校的全年无事故，中心被评为全省禁毒教育先进单位和市级综合治理先进单位。推进落实“中心依法治校实施细则”等管理规章，乱办班、乱收费、有偿家教得到遏制，社会“万人评议”满意率99.7%。

**【队伍建设】** 加强校长队伍常规管理，建立实施校长年度述职述廉制度、重大事项报告制度和外出报备制度，出台“进一步强化责任担当推进工作落实”的若干规定，强化执纪监督问责力度，年内对15名党员干部进行党纪政纪处分。优化调整交流14所学校的23名校级领导干部，充实129名新教师和14名教辅人员。第二轮“教师专业化成长引领工程”启动，前沿高端培训骨干教师279人，4个“研训一体学科项目组”和19个市级名师名校长工作室的示范引领作用日益凸显。青年教师快速成长，在全市“一师一优课”评选中596人榜上有名，144名中心级和41名市级教学能手脱颖而出。

**【重大项目建设】** 统筹谋划学校布局，推进办学条件的标准化现代化，2016年完成总投资8.43亿元、15个重点项目的年度目标任务，规划报请10个估算总投资9.92亿元的市政府投资储备项目和15亿元的17个解决大班额建设项目。

**【教育现代化】** 启动无线网络下电子书包应用试点工作，完善学科教学平台建设，微课程制作与课堂应用广泛。中心信息化管理平台启动运行，网上办公规范高效。信息化建设试点有序推进，3所学校成为中心“数字化校园”建设示范校。中心在“全国中小学信息技术创新与实践活动”(以下简称NOC)决赛获得15个一等奖，24个二等奖，2个微课作品获全国NOC最高奖。中心市级教育现代化学校占所属学校总数的58%。

**【均衡发展】** 加大师资配置、交流互鉴的工作力度。突出加强薄弱学科和后三分之一学生的特别关注与指导。年内23名骨干教师到外围学校支教，20名教研员到9所学校进行为期一个月的蹲点指导，分批启动5个区域14所学校的综合教学视导，组织中心各学段、多学科的区域主题教研活动25次。中心9个教育联盟在课程开发、教师统筹使用、教科研一体化发展等方面深化交流合作，助推区域教育的资源

胜利一中清华大学优质生源基地授牌　(胜利教管中心提供)

共享、优势互补。成立小学课程开发和初中教科研2个办学联盟，联盟办学的学校覆盖率86%，《大众日报》对“614”教育联盟在小初衔接方面的做法和经验进行重点推介。

【素质教育】　坚持立德树人的根本任务，创新实施“全员育人导师制”等5个指导性文件，强化心理健康、艺体教育，突出学生创新能力和个性培养，在全国、全省创新大赛中，2人获得全国最高奖、9人荣获全省一等奖，信息学奥赛连续28年保持全省第一，篮、排球等3个项目在全省中学生运动会上取得东营市历史最好成绩，中心高考本科录取率83.97%，清华、北大录取18人，名校录取率在全省位居前列，市胜利一中成为山东省首家“清华大学优质生源中学”。

（胜利教育管理中心　高银龙）

**2016年胜利教育管理中心所辖小学基本情况一览表**

单位：人

| 学校名称 | 在校生数 | 毕业生数 | 教职工数 | 专任教师数 | 地　址 | 达标等级 |
|---|---|---|---|---|---|---|
| 胜利第一小学 | 1458 | 305 | 81 | 79 | 东营区胜发街3号 | — |
| 胜利第二小学 | 1258 | 264 | 71 | 70 | 东营区胜泰路5号 | 省规 |
| 胜利实验小学 | 1776 | 356 | 100 | 92 | 东营区燕山路29号 | 省规 |
| 胜利第四小学 | 513 | 111 | 65 | 61 | 东营区云门山路6号 | 市规 |
| 胜利科技小学 | 858 | 171 | 49 | 43 | 东营区西三路115－2 | 市规 |
| 胜利集输小学 | 428 | 84 | 32 | 30 | 东营区黄河路680－8号 | — |
| 胜利胜华小学 | 378 | 88 | 39 | 33 | 东营区西二路420号 | 市规 |
| 胜利油建小学 | 156 | 19 | 26 | 24 | 东营区西四路324号 | — |
| 胜利胜采小学 | 1028 | 243 | 70 | 65 | 东营区西四路483号 | 省规 |
| 胜利物探小学 | 102 | 17 | 24 | 21 | 东营区牛庄镇 | — |
| 胜利胜东小学 | 703 | 146 | 45 | 42 | 东营区北二路南胜利小区 | 市规 |
| 胜利八分场小学 | 654 | 144 | 61 | 52 | 东营区东二路186号 | 市规 |
| 胜利电厂小学 | 179 | 42 | 16 | 15 | 东营区南二路1502号 | — |
| 胜利河口第一小学 | 575 | 122 | 45 | 41 | 河口区河康小区 | 省规 |
| 胜利河口第二小学 | 881 | 192 | 51 | 49 | 河口区河盛小区 | 省规 |
| 胜利河口第三小学 | 565 | 144 | 53 | 48 | 河口区团结街13号 | 市规 |
| 胜利中华小学 | 613 | 144 | 51 | 50 | 河口区仙河镇 | 省规 |
| 胜利振兴小学 | 853 | 194 | 63 | 60 | 河口区仙河镇西湖路10号 | 省规 |
| 胜利友爱小学 | 750 | 118 | 49 | 44 | 河口区仙河镇洞庭湖路3号 | 省规 |
| 胜利孤岛第一小学 | 934 | 262 | 75 | 72 | 河口区孤岛镇朝阳二村48号 | 省规 |
| 胜利孤岛第二小学 | 495 | 157 | 46 | 44 | 河口区孤岛镇朝阳五区 | 市规 |
| 胜利青山小学 | 628 | 140 | 41 | 39 | 东营区淄博路3号 | — |
| 胜利锦华小学 | 1209 | 366 | 84 | 79 | 东营区大渡河路669号 | 市规 |
| 胜利锦苑小学 | 966 | — | 43 | 42 | 东营区大渡河路1567号 | 市规 |
| 胜利运输小学 | 499 | 82 | 30 | 29 | 东营区北一路325号 | 市规 |

**2016年胜利教育管理中心所辖九年一贯制学校基本情况一览表**

单位：人

| 学校名称 | 在校生数 | 毕业生数 | | 教职工数（总） | 专任教师数 | 地　址 | 达标等级 |
|---|---|---|---|---|---|---|---|
| | | 小学 | 初中 | | | | |
| 胜利第五中学 | 1644 | 176 | 183 | 123 | 116 | 东营市北二路388院－1号 | 市规 |
| 胜利第八中学 | 555 | 68 | 38 | 59 | 52 | 东营市东二路150号 | 市规 |
| 胜利第十一中学 | 2137 | 242 | 278 | 172 | 164 | 东营市东营区西三路205号院125号 | 省规 |
| 胜利第十二中学 | 1151 | 135 | 125 | 124 | 114 | 东营市东营区锦花路25号 | 市规 |
| 胜利第十五中学 | 1294 | 188 | 175 | 136 | 120 | 滨州市黄河六路531号 | 省规 |
| 胜利第十六中学 | 712 | 87 | 94 | 70 | 64 | 滨州市渤海五路810号 | 市规 |

续表

| 学校名称 | 在校生数 | 毕业生数 | | 教职工数（总） | 专任教师数 | 地址 | 达标等级 |
|---|---|---|---|---|---|---|---|
| | | 小学 | 初中 | | | | |
| 胜利第十七中学 | 1531 | 227 | 163 | 138 | 117 | 德州市临邑县临盘镇临盘社区 | 省规 |
| 胜利第二十三中学 | 1071 | 141 | 88 | 96 | 86 | 东营市东营区黄河路779－51号 | 市规 |
| 胜利第二十四中学 | 190 | 40 | — | 24 | 21 | 淄博市临淄区桓公路204号 | 市规 |
| 胜利第三十四中学 | 1746 | 207 | 195 | 129 | 112 | 东营市东营区乐园路33号 | 市规 |
| 胜利第四十六中学 | 871 | 116 | 145 | 80 | 76 | 博兴县陈户镇纯梁社区纯棉小区 | 省规 |
| 胜利第五十八中学 | 1024 | 102 | 119 | 66 | 63 | 东营市东营区北一路698 | 省规 |
| 胜利第五十九中学 | 2364 | 254 | 289 | 174 | 167 | 东营区燕山路491－3号 | 省规 |
| 胜利第六十中学 | 218 | 29 | 23 | 36 | 35 | 龙口市经济开发区环海路14号 | 市规 |

**2016年胜利教育管理中心所辖初级中学基本情况一览表**

单位：人

| 学校名称 | 在校生数 | 毕业生数 | 教职工数 | 专任教师数 | 地址 | 达标等级 |
|---|---|---|---|---|---|---|
| 胜利第四中学 | 1938 | 344 | 142 | 138 | 东营区东二路226号 | 市规 |
| 胜利第六中学 | 1672 | 560 | 152 | 125 | 东营区胜泰路177号 | 省规 |
| 胜利第七中学 | 1036 | 315 | 151 | 131 | 东营区黄河路649号 | 省规 |
| 胜利第三十九中学 | 888 | 186 | 105 | 92 | 河口区渤海路73号 | 市规 |
| 胜利第五十五中学 | 1322 | 368 | 126 | 119 | 河口区孤岛镇朝阳六村 | 省规 |
| 胜利第六十二中学 | 1941 | 532 | 173 | 160 | 河口区仙河镇神州路17号 | 省规 |

**2016年胜利教育管理中心所辖完全中学基本情况一览表**

单位：人

| 学校名称 | 在校生数 | 毕业生数 | | 教职工数 | 专任教师数 | 地址 | 达标等级 |
|---|---|---|---|---|---|---|---|
| | | 初中 | 高中 | | | | |
| 胜利第一中学 | 4950 | 562 | 858 | 474 | 394 | 东营区济南路55号 | 省规 |
| 胜利第二中学 | 4101 | 283 | 1004 | 344 | 280 | 东营区西四路483号 | 省规 |
| 胜利第三中学 | 1528 | 324 | 161 | 166 | 150 | 东营区北一路325号 | 省规 |
| 胜利第十中学 | 1466 | 45 | 427 | 132 | 113 | 东营区北二路669号 | 省规 |
| 胜利第十三中学 | 2726 | 276 | 590 | 201 | 163 | 河口区黄河路124号 | 省规 |

## 职 业 教 育

**【概况】** 2016年，全市有高等院校3所，招收学生11029人，在校生32234人；中等职业教育有职业中专7所，技工学校1所，招收学生8336人，在校生24397人(含东营职业学院和东营科技职业学院五年制的学生)。高等教育、中等职业教育分别向社会输送毕业生8097、9254人，毕业生就业率逾98%。①制定出台《东营市完善现代职业教育体系行动计划(2016—2020年)》东政办发〔2016〕15号，明确18项重点任务分工及进度安排。②省、市级品牌专业建设工作。东营市中等专业学校“汽车运用与维修”专业，东营区职业中等专业学校“高星级饭店运营与管理专业”被山东省教育厅和财政厅列入第三批省级品牌专业建设项目，均获得省财政200万元专项资金支持；市教育局对“东营市第一批中等职业学校品牌专业建设项目”的8个专业进行中期评估。③根据《东营市人民政府办公室关于印发东营市完善现代职业教育体系行动计划(2016—2020年)的通知》(东政办发〔2016〕16号)要求，成立东营市职业教育专家咨询委员会，组成人员共25人，由市教育局聘任并颁发聘书。④开展全市职业技能大赛并选拔优秀选手参加全省技能大赛。发放57.2万元专项资金对市赛一等奖学生、指导教师和学校进行奖励，9.25万元用于组织市级比赛。⑤开展第十二届中等职业学校文明风采活动，6所中职学校校级初赛参与学生数13111人，校级初赛作品数725份并筛选出参加省级复赛六大类作品112件。⑥东营区职业中专被山东省教育厅、财政厅、经济和信息化委员会列入省级现代学徒制试点项目；东营区职业中专的“烹饪教学团队”被山东省教育厅列入山东省职业院校教学团队建设项目；东营区职业中专的老师周建龙被列入2016年山东省职业教育青年技能名师培养计划人选。

## 2016年东营市职业院校基本情况一览表

| 名　　称 | 招生数 | 在校生数 | 毕业生数 | 教职工数 | 专任教师数 | 地　　址 | 备　　注 | | |
| --- | --- | --- | --- | --- | --- | --- | --- | --- | --- |
| 中国石油大学胜利学院 | 3050 | 10973 | 2905 | 615 | 495 | 东营区北二路271号 | 民办 | — | 本科院校 |
| 东营职业学院 | 5943 | 15681 | 4908 | 1125 | 879 | 东营区前大街129号 | 国办 | 国家骨干校 | 高职 |
| 东营科技职业学院 | 2036 | 5580 | 284 | 280 | 213 | 广饶县大王高新技术开发区文化路1号 | 民办 | — | 高职 |
| 东营市技师学院 | 1075 | 2466 | 971 | 272 | 184 | 东营区南一路77号 | 国办 | 国家级重点 | 技工 |
| 东营市体育运动学校 | 100 | 270 | 62 | 77 | 48 | 东营区东三路489号 | 国办 | — | 中职 |
| 东营市中等专业学校 | 847 | 3565 | 1019 | 55 | 50 | 东营区南一路77号 | 国办 | 省级重点 | |
| 东营区职业中等专业学校 | 2018 | 4409 | 820 | 276 | 201 | 东营区黄河路288号 | 联办 | 国家级重点 | |
| 河口区职业中等专业学校 | 402 | 1085 | 925 | 65 | 48 | 河口区河滨路677号 | 国办 | — | |
| 垦利区职业中等专业学校 | 1212 | 3587 | 1209 | 223 | 193 | 垦利区新兴路123号 | 国办 | 国家级重点 | |
| 利津县职业中等专业学校 | 963 | 2645 | 850 | 149 | 114 | 利津县利三路60号 | 国办 | 省级重点 | |
| 广饶县职业中等专业学校 | 1478 | 4182 | 1280 | 243 | 234 | 广饶县大王镇文化路1号 | 国办 | 国家级重点 | |
| 东营职业学院(五年制) | 241 | 2050 | 1885 | — | — | 东营区府前大街129号 | 国办 | — | |
| 东营科技职业学院(五年制) | 0 | 138 | 233 | — | — | 广饶县大王高新技术开发区文化路1号 | 民办 | — | |

(市教育局　胡艳广)

【东营市技师学院】　概况。东营市技师学院是经山东省人民政府批准、东营市人民政府主办的高等职业资格教育院校,是国家级高技能人才培训基地、山东省高技能人才培训基地、山东省技师培训基地、山东省实训基地(公共实训中心)、东营市政府公共实训基地。学院以培养技师(预备技师)和高级技工为主要目标,同时承担企业在职职工高技能人才和各类职业教育培训机构师资培训任务。学院有人文学院、石油装备学院、汽车工程学院、软件与服务外包学院、电气(化学)工程系、餐旅服务系等教学系部。开设石油装备制造、数控技术、焊接技术、汽车制造与维修、电气技术、化工技术等7个类别、20个专业。焊工专业是山东省技工院校名牌专业,汽车维修专业是全省重点专业,两专业同时入选全省技工院校"百强专业",石油装备制造专业群为省级示范专业群。2016年底,学院有在校生6150人,教职工480人。专职教师中,"双师型"(教师同时具有学术系列专业技术职称和技术系列专业技术职称)教师占76.2%,博士学位4人,硕士以上学位78人,高级以上职称79人,有省市首席技师、教学能手、技术能手及有突出贡献的中青年专家等各类专业精英人才67人。学院先后获国家级节约型公共机构示范单位、全国德育科研先进实验学校、山东省"十二五"公共机构节能先进集体、省级文明单位、省级卫生先进单位、省级花园式单位等称号。

教学工作。①名校建设工程。制定十大重点专业(群)专业建设三年发展规划,各重点专业成立专家指导委员会,一体化教学改革深入推进。②重点项目建设。成功申报山东省职业教育产教融合工程规划建设项目,山东省公共实训基地建设录入国家十三五规划重点建设项目库,汽车运用与维修专业被省教育厅评为省品牌专业。国家高技能人才实训基地、石油装备制造省级示范专业群、省新型学徒制、省市品牌专业等项目顺利推进。③国际化办学。与科瑞集团联合成立纬科国际石油培训学院,推进项目对接,举办华为高端公益沙龙等4个培训班,培训学员600余人,建立2197人的油气行业人才库。推进中德(东营)职业技术教育示范基地建设,派6名专业带头人赴德国哈尔伯格学院培训,为"双元制"职业教育模式的本土化打下基础。④教学管理和质量提升。完善教学监控体系,加强教学设备实名制和学生实习管理。启动试题库建设工程。严抓考风考纪。组织"一人一优课,一课一名师"活动及教学能手、星级教师评选等,促进教学质量提高。⑤技能大赛和升学教育。学院师生130人参加10个大类70个项目,获116个奖项。天津职业技术师范大学单招本科升学班,考取本科64名,春季高考班考取本科72名。⑥科研工作。推进省教育厅课题结题,1个课题获省级A等,3个课题获省级B等。从优推荐4个课题上报省人社厅,15个院级课题立项。

师资队伍建设。①专业带头人、青年骨干教师培养。确定28名专业带头人、58名青年骨干教师为培养对象。组织系部主任到名校挂职锻炼。实施专业教师专业和技能双提升计划。178名专业教师制定三年专业和技能提升培养培训目标。②职称评审。改革评审办法,将权力下放各系部,采用异地评委、校外评审的模式,净化职称评审工作环境。③教师获奖情况。徐金芳获全国青年职业技能大赛二等奖,刘兵获山东省工业机器人大赛一等奖、王晓卫获全省教师技能竞赛一等奖,孙超等6人获省级二等奖;郭新照首席技师工作站获全市"突出贡献奖",被市总工会评为高技能人才创新工作室。

招生就业、校企合作。①招生工作。通过冠名班、订单教育等,促进招生。改革招生办法,开发招生报名信息管理系统,推行网上报名。全年招生 1922 人,订单教育达到 50%。②校企合作。通过新型学徒制、校企共建创新工作室等方式,企业全面参与教育教学,提高人才培养针对性。③就业工作。2016 届毕业生 1693 人,初次安置 1687 人,初次就业率 99.6%,就业专业对口率平均 79.43%。用人单位对毕业生及学院的满意度(含较满意)100%,毕业生对学院的满意度 83.8%。

培训鉴定工作。①社会培训。做好新型农民学校、新型农民、"金蓝领"、促进就业与创业、建筑等培训。与石油大学联合,开辟网络教育业务。规范组织安全考试等各类考试,开辟社会考试业务,全年培训 5000 余人,考试 4.4 万余人。②鉴定工作。做好毕业生、创业就业人员、新职业工种全国统考、金蓝领培训鉴定考试、社会人员职业技能鉴定考试等社会鉴定工作。全年组织鉴定考试 17 批次、6800 余人。

服务经济社会发展。①驻企联络和下派帮扶工作。做好省定贫困村利津县王王村下派帮扶工作。投入 50 余万元,争取协调资金 420 余万元,开展基础设施建设、产业发展、改善村民生活条件等工作。②创城及志愿服务。组织 16 批、860 余人次到网格责任区义务劳动和文明引导。利用学雷锋日等时机,在黄河口马拉松赛等重要活动中培养学生服务社会、奉献他人的良好品质。③援疆支教。选派专业 6 名教师赴新疆支教,为促进新疆喀什地区职业教育发展做出积极贡献。 (市技师学院 刘波)

# 继 续 教 育

【概况】 2016 年,全市乡镇成人教育中心学校、各类职业院校、社区教育中心积极开展农民工培训,全年共培训农民工 2.1 万余人次。全辖高教自学考试 3032 人次、7303 科次,非学历社会证书考试 5561 人次。成人高考报考 4105 人,硕士研究生全国统一报考 2415 人。1 人被评为"山东省百姓学习之星",1 个项目被评为"山东省终身学习品牌项目",垦利县入围第二批国家级农村职业教育与成人教育示范县创建单位。

**2016 年东营市自学考试情况一览表**

单位:人

| 考次 | 报考人数 | 实考人数 | 及格人数 | 报考科数 | 实考科数 | 及格科数 |
|---|---|---|---|---|---|---|
| 四月自考 | 1583 | 1338 | 993 | 3756 | 2976 | 1581 |
| 十月自考 | 1449 | 1174 | 787 | 3547 | 2703 | 1335 |
| 合 计 | 3032 | 2512 | 1780 | 7303 | 5679 | 2916 |

**2016 年东营市非学历社会证书考试情况一览表**

单位:人

| 类 别 | 上半年报考人数 | 下半年报考人数 | 合计 |
|---|---|---|---|
| 全国大学英语四六级考试 | 828 | 1905 | 2733 |
| 全国英语等级考试 | 149 | 2058 | 2207 |
| 全国计算机等级考试 | 236 | 385 | 621 |
| 合 计 | 1213 | 4348 | 5561 |

**2016 年东营市成人高校招生报名录取情况一览表**

单位:人

| 层次 | 科类 | 报考人数 | 层次 | 科类 | 报考人数 |
|---|---|---|---|---|---|
| 专升本 | 文史中医类 | 134 | 高起本 | 文史类 | 13 |
| | 艺术类 | 14 | | | |
| | 理工类 | 529 | | 理工类 | 24 |
| | 经济管理类 | 901 | 高起专 | 文史类 | 598 |
| | 法学类 | 99 | | 艺术类 | 15 |
| | 教育学类 | 399 | | 理工类 | 859 |
| | 农学类 | 16 | | | |
| | 医学类 | 504 | 合 计 | | 4105 |

# 民 办 教 育

【概况】 2016 年,全市有各级各类民办学校 365 所,其中高职院校 1 所、中等职业学校 3 所(2014 年秋季起全部停止招生)、普通高中 3 所(含 12 年一贯制学校 1 所)、小学 2 所、幼儿园 53 所。教职工 1854 人,其中专任教师 1424 人。各类民办教育培训机构 303 所。落实《山东省教育厅等 4 部门关于印发〈山东省民办普通中小学(幼儿园)分类认定办法(试行)〉的通知》精神,推动全市各民办学校继续探索分类管理。全市有 5 所民办中小学,53 所民办幼儿园根据举办者申请,登记为非营利性民办学校。加强民办非学历教育机构规范管理,规范民办非学历教机构办学行为,组织力量对民办非学历教育机构开展专项清理检查,共检查非学历民办教育机构 300 余家,查处非法办学机构 18 所。组织开展无证幼儿园清理整顿,截至 2016 年底排查出无证幼儿园 120 处。12 月下旬,市教育局对英华园学校、正兴中学、新西兰学校 3 所民办学校进行年检,年检结果在东营教育信息网公布。

**2016 年东营市各级民办学校基本情况一览表**

| 学校类别 | | 学校数(所) | 在校学生(人) | 专任教师(人) |
|---|---|---|---|---|
| 民办高等学校 | 高职 | 1 | 5900 | 182 |
| 民办职业学校 | 中职 | 3 | — | — |
| 民办中学 | 高中 | 3 | 2110 | 260 |
| 民办小学 | 小学 | 2 | 847 | 129 |
| 民办幼儿园 | 幼儿园 | 53 | 9131 | 853 |

(市教育局 仲卫部 蒋世民 胡艳广)

# 高 等 教 育

【中国石油大学胜利学院】 概况。中国石油大学胜利学院是由中国石油大学(华东)、东营市人民政府和胜利石油管理局三方共建的全日制本科普通高等学校。学院占地1563亩,建筑面积28万平方米,有石大、师专2个校区,主校区为石油大学东营校区。学院定位于服务区域经济社会发展和石油石化行业建设,培养高素质应用技术技能人才,建设山东省一流应用技术型普通本科高等学校。教学仪器设备总值7193万元,图书馆藏书174万册。教学设油气工程学院、化学工程学院、机械与控制工程学院、文法与经济管理学院、教育与艺术学院、基础科学学院、医学系六院一系以及办公室、组织宣传处、纪检审计处(工会)、学生工作处、人事处、财务资产处、安全保卫处、后勤保障处9个党政职能部门和高等教育研究与评价中心、现代教育技术与设备管理中心、图书馆、老年服务中心4个直属部门。开设24个本科专业和15个专科专业,涵盖理、工、文、法、教育、管理、艺术、医学8大学科门类,在校学生10973人。有专任教师495人,其中,教授、副教授175人,讲师185人;具有硕士及以上学位的教师343人。学院多名教师被聘为教育部高等学校工程图学课程教学指导委员会副主任、中国图学会图学教育专业委员会副主任、山东省本科教育机械类教学指导委员会主任,中国工程教育专业认证专家,山东省高等学校设置评议专家,"青岛西海岸新区(黄岛区)首批拔尖人才"、中国信息化推进联盟应急容灾专委会专家,东营市政府法律专家库成员;学院还聘请一批石油石化企事业单位的技术骨干和学者担任兼职教授。学院被"新浪山东2016年教育盛典"授予"山东最受网民欢迎的独立学院"称号。

教育教学与人才培养。编制教育事业"十三五"发展规划、学科专业"十三五"发展规划。与10家企事业单位签订实践教学基地协议,实习基地达到133处。加大教学基本建设投入,审批立项38个建设项目。与澳大利亚科廷大学、伊迪斯科文大学签署合作培养协议。恢复语言文字工作委员会,建立普通话测试站。在线课程中心上线运行,21门重点建设课程实现资源共享。21个项目获批国家级大学生创新创业训练计划项目立项。获得国家级学科竞赛特等奖1项;一等奖11项、二等奖28项、三等奖60项;获得省级学科竞赛一等奖73项、二等奖72项、三等奖55项。参加2016年全国大学生沙滩排球赛荣获普通组女子冠军、男子亚军。学生发表学术论文18篇,其中核心期刊2篇;获得实用新型专利4项。录取新生3401人,其中普通本科2028人,普通专科924人,专升本449人。

科研工作。发表学术论文217篇,其中SCI检索论文3篇,EI检索论文4篇,CSSCI论文3篇,核心期刊28篇;出版专著2部,教材6部;获得授权专利13项,其中发明专利2项,实用新型专利11项。省级科研获奖4项,其中一等奖1项,三等奖3项。市级科研获奖21项,省部级各种教学比赛及成果评选,获奖20项。新增7类国家级、省部级、厅局级科研项目申报渠道,申报渠道增加至18类。新增4类省、厅级优秀成果评选渠道,参评渠道增加至11类。首次获批山东省社会科学规划课题2项;山东省社科联人文社会科学课题3项;山东省统计科研重点课题1项。首次签订科技服务横向课题4项。全年举办学术报告40余场。

人才队伍建设。新增"211工程"建设高校或国外著名院校毕业并获硕士、博士学位的青年教师25人。对"三龄两历"档案整理审核,完成560余人的全国教师管理信息系统上报工作。组织高校教师岗前培训、辅导员培训、海外培训及专业课程培训230人次。制定《岗位设置与聘用实施办法(试行)》《调整岗位薪级工资标准实施办法》,推进学院聘用制改革。评审推荐教师系列教授2人,副教授6人,讲师25人。非教师系列高级经济师2人,副主任护师1人,政工师1人。

学生工作。完善辅导员队伍素质提升、技能展示、理论研究和六个一考核平台,推进"辅导员工作团队"建设,组建政策研究与制度建设、心理健康教育、职业生涯规划、思想政治教育、校园文化活动5个研究团队。构筑纸媒、广播、网站、微博、微信多位一体的"全媒体"平台,成立大学生传媒中心。拓展社会实践育人渠道,组建3支校级暑期社会实践队,分赴内蒙古兴安盟扎赉特旗、济宁梁山、临沂沂水开展义务支教活动。开展志愿服务工作,其中9项志愿服务项目获东营市2016年度志愿服务项目立项,23人获东营市星级志愿者表彰。选派2000余名学生参加"黄河口国际马拉松赛""法国PBP2016中国1200公里挑战赛""国际石油装备展""广饶国际橡胶节"等大型赛事志愿服务活动。组织开展大学生科技创新类活动和比赛,全年共有165名学生在国家和省级比赛中获奖。做好国防教育,承办征兵工作站东营市挂牌仪式,全年有39名学生应征入伍。组织中小型招聘会92场次,2016届毕业生就业率84.98%。

召开第四届理事会第四次会议。12月8日,第四届理事会第四次会议召开。理事长山红红、副理事长王吉能、张梅河及其他理事参加会议。院长刘衍聪汇报四届三次理事会以来学院发展建设的工作和财务情况,会议同意学院提交的实施岗位聘任与分配制度改革,维修改造好石大校区图书馆、体育馆、游泳馆等重要教学设施,共建共享实习实训场所等事项。理事会表示支持学院发展。

(中国石油大学胜利学院 沙斌)

【东营职业学院】 概况。东营职业学院是国家骨干高等职业院校、山东省示范性高等职业院校。学院设石油与化学工程学院、石油装备与机电工程、建筑与环境工程、会计、经济贸易与管理、电子信息与传媒、生物与生态工程、教师教育等8个二级学院,开设43个招生专业。拥有国家级精品课程2门、国家级精品资源共享课程2门、省级精品课程44门,山东省品牌专业群2个、省级示范专业2个、省级特色专业8个,国家级教学团队1个、省级教学团队9个。拥有省级教学名师3人,省职教青年技能名师2人、省师德标兵2人,省突出贡献中青年专家、首席技师、“2016齐鲁最美教师”各1人。全日制在校生17731人。2016年,学校获全国创新创业教育工作先进单位、全国五四红旗团委等荣誉46项,获国家、省、市级奖励532项。

教学工作。调整优化专业结构,新增合作专业3个,与优质教育机构合作共建专业达到7个。承担全省三年制高职石油化工生产技术专业教学指导方案开发,承担五年制高职化学公共基础课程标准制订。新增专本对口贯通分段培养专业1个,招生200人。与省内6所中职学校合作,实施8个专业“三二连读”培养。推进国家和省现代学徒制试点工作,冠名班、订单班、校企协同育人深化。承办省春季高考化工专业技能考试,承办全省石油化工职业教育专业指导委员会年会。探索微课、MOOC课程建设,聘请专家团队来校指导“工作过程系统化课程”设计,完成107门课程改造。引入尔雅通识课程21门。立项省级教改项目15项,获省教育科学研究优秀成果奖15项,其中一等奖3项,二等奖4项。完善实训条件,完成化工生产品牌专业群、建筑工程测量等实训室建设。强化学生技能训练,制定《大学生技能竞赛经费支持及奖励办法》,参加全国职业院校技能大赛获一等奖1项、二等奖4项,参加省赛获一等奖2项,二等奖3项,三等奖6项。

创业工作。打造创新创业教育品牌,拓展创业学院、创业服务中心、创业孵化基地“三大平台”功能,开发校本创新创业教材7门,与企业共建创业园区2个,培育创业团队206个,遴选创业项目57个入驻孵化基地。获全国、省大学生创业大赛一等奖各1项。李肖肖自主创业典型案例入选《2016中国高等职业教育质量年度报告》,《推进“三大平台”建设,打造创新创业特色品牌》入选全国高职高专校长联席会议案例。学校被省委宣传部确定为省“金种子”计划试点孵化器立项建设单位,被评为“高职院校创新创业示范校”50强、全国高职院校创新创业教育协作会副会长单位。

师资队伍建设。组织校内教学研讨、培训、实践活动43场、1500余人次,外出参加各类培训500余人次,选派教师到国内外高校访学,组织新老教师一对一辅导培养,10人参加一学期顶岗锻炼,75人参加暑期实践,20人参加企业调研。聘请8名高水平专家为特聘、兼职教授和专业带头人。组织教师参加业务竞赛,获省赛二等奖1项,三等奖4项。新增山东省教学名师2人、省级教学团队2个、东营市首席技师2名,1人被评为“2016齐鲁最美教师”。

学生工作。参加省高工委辅导员技能大赛获三等奖1项,397名困难学生通过“绿色通道”解决上学问题。学生社团获奖88项,其中国家特等奖2项、一等奖10项。打造青年志愿服务品牌,参与中国东营国际石油石化装备与技术展览会等志愿服务,青年志愿者协会被评为全省最佳志愿服务组织,校团委被评为“全国五四红旗团委”。

社会服务。立项国家、省及市级课题43项、校级课题15项,获市级以上科研成果奖15项。开展面向企业员工、职业农民、行业组织、城市社区的社会培训5.27万人次,在籍成人学历教育学员4600余人,承担社会性考试3400余场次、考生11.90万人次。承担高职教师国培省培项目4个,培训骨干教师137名。开展境外交流合作,与台湾地区缔结友好学校达到12所,18名学生赴台湾进行一学期交流学习,13名外籍学生到校学习。

(东营职业学院　崔宏伟)

**【中国石油大学(华东)】** 概况。中国石油大学是教育部直属全国重点大学,是国家“211工程”重点建设和开展“优势学科创新平台”建设并建有研究生院的高校之一。中国石油大学(华东)是教育部和五大能源企业集团公司、教育部和山东省人民政府共建的高校,是石油石化高层次人才培养的重要基地,被誉为“石油科技人才的摇篮”,成为一所以工为主、石油石化特色鲜明、多学科协调发展的大学。

学校有东营、青岛两个校区,校园总面积4774亩,建筑面积122万平方米,图书馆藏书284万册。学校有2个国家重点(培育)学科、11个博士后流动站、11个博士学位授权一级学科、45个博士点、33个硕士学位授权一级学科、150个硕士点,另有工商管理硕士、翻译硕士、会计硕士、金融硕士、汉语国际教育硕士和20个工程硕士授权领域,62个本科专业。学科专业覆盖石油石化工业的各个领域,石油主干学科总体水平处于国内领先地位。

学校建有研究生院,有地球科学与技术学院、石油工程学院、化学工程学院、机电工程学院、信息与控制工程学院、储运与建筑工程学院、计算机与通信工程学院、经济管理学院、理学院、文学院、马克思主义学院、体育教学部等12个教学学院(部),以及荟萃学院、国际教育学院、后备军官学院、远程教育学院和继续教育学院。至2016年底,学校有全日制在校本科生近2万余人、研究生5700余人,留学生1100余人,函授网络在籍生5.4万人。

至2016年底,学校有专任教师1782人,其中教授、副教授971人,博士生导师180余人。专任教师中有两院院士7人,国家“千人计划”入选者5人,“万人计划”科技创新领军人才、“长江学者”特聘教授和讲座教授、国家杰出青年基金获得者、“973计划”项目首席科学家7人,国家“百千万人才工程”入选者9人;国家优秀青年基金获得者、“新世纪优秀人才支持计划”入选者22人,中国青年科技奖获得者3人,教育部高校青年教师奖、霍英东教育基金会青年教师资助及青年教师奖获得者10人;“泰山学者”攀登计划1人,“泰山学者”特聘教授及海外特聘专家11人,“山东省有突出贡献的中青年专家”15人。国家级教学名师、省级教学名师15人,“全国模范教师”“全国优秀教师”6人。3个创新团队入选教育部“长江学者和创新团队发展计划”,2个创新团队入选“山东省优秀创新团队”,1个学科入选“山东省泰山学者优势特色学科人才团队支持计划”。

学校是石油石化行业科学研究的重要基地,在基础理论研究、应用研究等方面具有较强实力,在10多个研究领域居国内领先水平和国际先进水平。有重质油国家重点实验室、海洋物探及勘探设备国家工程实验室、油气加工新技术教育部工程研究中心、石油石化新型装备与技术教育部工程研究中心等69个国家及省部重点实验室和研究机构。学校重视科技成果的产业化,建有国家大学科技园,学校企业山东石大科技集团有限公司、山东石大胜华化工股份有限公司既是国家级高新技术企业,也是石油石化行业重要的科研中试及工业试验基地。

“十三五”规划与综合改革。编制完成学校“十三五”规划及学科、师资队伍、信息化建设三个专项规划并公布实施。实施《中国石油大学(华东)综合改革方案》,推进岗位设置与聘用、薪酬分配、社会保险、公用房管理、公务用车和校园信息化建设等改革工作。

教育教学改革与人才培养。落实“三三三”本科教育培养体系,即办学定位的三条主线,一是实施精英型本科教育,二是实施特色型本科教育,三是推进研究型本科教育;培养目标的三条主线,一是促进全体大学生的全面化成长,二是促进大学生的个性化成长,三是促进优秀学生的最大化成长;教学方式的三条主线,一是倡导教师的教学是学习性教学,二是倡导学生的学习是研究性学习,三是倡导师生之间是开放性交流。完成本科培养方案修订主体工作。深化教育教学改革,推进审核评估整改工作。加强课程、教材建设,首次开设“海外名师课堂”,6部教材获石油高等教育教材出版基金立项资助,8部图书获中国石油和化学工业优秀图书奖。在全国高校虚拟仿真实验教学资源建设成果奖评选中获一等奖2项,排名全国第一。强化实践教学,新增实习基地17个。研究生教育改革深化,完成全国第四轮学科评估和学位点评估。深化专业学位研究生教育综合改革,新增研究生联合培养基地2个,24个研究生教育改革项目获得全国工程教指委立项,位居全国第二,成为全国13家“会计硕士专业学位研究生教育综合改革试点高校”之一。深化招生制度改革,全面实施博士招生“申请—考核制”。成立学校创新创业教育工作领导小组。新增国家级大学生创新创业训练计划项目83项,学生参加科技竞赛获省级及以上奖励1000余项,参加创业竞赛获省级以上奖励43项。研究生以第一作者发表论文被SCI、EI收录383篇,其中SCI一区论文25篇。研究生以第一发明人申请专利231项。学校通过首批来华留学质量认证,招生国别增加到83个,各类在校留学生1159人。建成地质工程全英文授课硕士专业,首届共招收8名硕士生。2门课程入选第二批教育部来华留学英语授课品牌课程。孔子学院建设稳步推进,在当地开设三个汉语教学点,提供汉语教学和培训。服务“一带一路”等国家重大战略,保持学历继续教育学生规模5.8万人,非学历继续教育培训突破2万人次。新建成亚太培训中心,牵头成立山东高校继续教育在线教育联盟,连续四年获评“中国十大最具影响力网络教育学院”,获评中国现代远程教育“终身教育特别贡献奖”。招生与就业工作稳中有进,录取普通本科生4752名,全日制博士、硕士研究生1962人。毕业生初次就业率92.86%,连续22年超过90%。

学科与人才建设。做好对接“双一流”建设的准备工作,完成“引导专项”建设任务。ESI全球学科排名前1%的四个学科一年来的排名有新提升。为各类高层次人才提供学科配套经费,资助出版学术专著12部。新增科技部中青年科技创新领军人才1人,国家杰青1人,“万人计划”科技创新领军人才1人,“万人计划”教学名师1人,青年长江1人,国家优青1人,青年千人1人,泰山学者优势特色学科人才团队领军人才1人,“泰山学者”攀登计划专家1人、青年专家3人,青岛市教学名师2人。博士后工作机制完善,全年招收博士后50人。

科学研究。全年签订各类科研项目1284项,其中纵向项目立项489项,包括国家油气重大专项各类课题70项,国家重点研发计划项目38项,横向科研项目合同795项,国家自然科学基金项目达到83项。全年到位科研经费5.2亿元。获得国家科技进步二等奖1项,省部级奖励35项。发表的学术论文被SCI、EI、CPCIS检索1863篇,登记软件著作权114项。授权职务专利1115件,其中,国外专利4件,国内发明专利494件,较上年增长52.5%。获批各类文科纵向科研项目104项。获批上级科研平台8个,包括牵头申报的“海洋物探及勘探设备国家工程实验室”和参与申报的2个国家级实验室。非常规油气与新能源研究院建设稳步推进,科学技术研究院加强各类平台建设,服务行业和区域发展能力提升。学报(自然科学版)首次获得“2016中国国际影响力优秀学术期刊(自然科学与工程技术)”,进入TOP期刊,学报(社会科学版)继续保持在全国高校百强社科期刊行列。

国内外合作与交流。与国内企业、政府签署各类合作协议14项。与东营市人民政府、胜利油田合作共建胜利学院工作稳步推进。与美、澳、加、俄、英等7个国家和地区的15所大学和教育机构签署19份交流协议,国际化办学水平不断提升。全年举办国际(或双边)高水平学术会议16次,邀请长短期专家来校讲学和访学近500人次。新增“高等学校学科创新引智计划”(“111计划”)项目1项,获批海外名师、学校特色项目等国家级外专项目14项。全年选派学生、学者、管理人员赴境外交流学习研修1400余人次,国家公派项目录取196名,优秀本科生项目获批126名,师生赴港澳台110人次。

(中国石油大学　王春艳)

# 文化 体育

# 文化事业

【概况】 2016年,全市文化建设成效显著。至年底,全市专业文艺团体4个,社会文艺团体259个,电影放映单位20加。文化馆6个,公共图书馆6个。建成或在建博物馆及纪念馆11家,广播电台6座,广播发射台和转播台9座,广播综合人口覆盖率99.9%,电视综合人口覆盖率99.9%,有线电视用户28.79万户。①以创建国家公共文化服务体系示范区为载体,加快构建现代公共文化服务体系。公共文化设施网络逐步完善,均等化水平不断提高,标准化建设逐步规范。②实施文化惠民工程,满足群众的精神文化需求。策划组织包括“黄河口之春”系列文化活动、“欢乐黄河口　美丽中国梦”广场文化活动、“进千村乐万家”文化惠民巡演活动、“黄河口文化艺术月”活动等活动。③探索公共文化服务新路径,提升公共文化服务能力。建设乡村剧场和群众文化广场,升级打造数字文化广场;打造公共文化服务品牌,拓展图书馆、文化馆总分馆制服务体系;建设“文化东营云”平台,打造数字文化建设品牌;组织实施历史文化展示工程,打造优秀文化传承保护品牌;推进理事会治理制度向基层推广。④加强文艺精品创作生产。实施吕剧振兴工程。创作的吕剧小品《红杏出墙》进入山东省备战第十一届中国艺术节“群星奖”新创作品初选入围名单。吕剧《让我再叫你一声妈》参加全国基层戏曲汇演申报、第十一届中国艺术节剧目推荐活动。“吕韵悠扬·德润垦利”吕剧电影创作工程申报2016年齐鲁优秀传统文化传承创新工程重点项目。拍摄吕剧电影《考丈人》,创作大型话剧《仁字碑》、儿童剧剧本《阿吉有一棵树》、小戏曲《家有贤媳》、“爱德”题材电影《对门亲家》、小吕剧作品《农家趣事》、曲艺作品音乐说唱《快乐PK》、器乐合奏《东营春满园》、廉政小吕剧《三送鱼》等多部作品。

【公共文化设施网络建设】 公共文化设施网络基本实现全覆盖,市级建设图书馆新馆、大剧院、吕剧博物馆、黄河文化博物馆、奥体中心、青少年宫、科技馆,改建市文化馆,在建设市美术馆。东营区、垦利区、广饶县图书馆、文化馆等全部达到国家一级馆标准;河口区新建图书馆、文化馆,利津县建有图书馆、文化馆,垦利区、广饶县、利津县建有博物馆。全市40个乡镇(街道)全部建成综合文化站,并达到国家二级标准以上,2100多个行政村(社区)全部建有综合性文化服务中心或文化大院,配套建设文体广场和乡村剧场。建设100个乡村剧场和在中心城区建设100个群众性文化广场,被市委、市政府纳入年度民生实事项目,2016年底,全市共建设乡村剧场260个、中心城区群众性文化广场100个,全市城乡建成数字文化广场152个。全市5个县区、31个乡镇(街道)、100个村(社区)建设历史文化展馆(室)。

【文化扶贫】 印发《文化扶贫工作实施方案》,决定通过建设“一个中心”、实施“七大工程”,即在每个贫困村建设一处基本功能空间包括农家书屋(电子阅览室)、娱乐活动室、多功能活动厅(培训教室)、文体广场等在内的综合性文化服务中心。组织实施“七大工程”,实施广播电视覆盖工程、农家书屋(电子阅览室)升级工程、文化下乡工程、文化遗产保护工程、文化品牌打造工程、数字文化建设工程、文化人才培养工程。全市60个省定贫困村均配置便携式音响,55个村建成综合性文化服务中心或文化大院。

【服务社会化】 市政府办公室印发《关于做好政府向社会力量购买公共文化服务工作的实施意见》和指导目录。采取政府向社会力量购买服务的方式,组织开展“进千村乐万家”社会文艺团体巡演活动,促进庄户剧团和社会文艺团体发展;每年市财政补贴雪莲大剧院1亿元,委托黄河文化传媒集团管理运营。鼓励社会力量参与公共文化服务建设,扶持企业投资建设2处民俗博物馆和一处美术馆。

【打造“黄河口”文化品牌】 组织开展新年音乐会、社会文艺团体汇演、春节群众联欢晚会、东营网络春晚、闹元宵文化活动、中心城社区文化艺术节等“黄河口之春”系列文化活动。4—10月,组织开展以“欢乐黄河口　美丽中国梦”为主题的群众性广场文化活动,在市和县区50个中心广场每周五晚集中开展文艺演出,共计演出近1200场次。4—12月,组织开展“进千村乐万家”文化惠民巡演活动,全年完成文艺演出下乡进社区1万场次,在全省率先实现“一年一村(社区)五场戏”的公益服务目标。10—11月,首次举办“黄河口文化艺术月”活动,活动以“文化凝聚力量　艺术点亮梦想”为主题,主要包括文艺演出、艺术展览、精品赛事三大类11项文化艺术活动。

【千村万人文化培训工程】 按照《关于在全市组织实施“千村万人文化培训工程”的意见》要求,2016年市委宣传部、市文化广电新闻出版局相继举办东营市高层次文化人才培训班、全国公共文化巡讲暨东营市创建国家公共文化服务体系示范区专题培训班,培训基层文化骨干300余人。县、乡两级也都采取集中培训、下基层辅导、网络培训等方式,全面开展基层文化骨干培训。

【弘扬优秀传统文化】 开展“图书馆+书院”服务,全市6个公共图书馆全部建成“尼山书院”,建设178个村(社区)儒学讲堂,开展国学诵读、讲座活动;开展实施历史文化展示工程,全市5个县区、31个乡镇街道、100村(社区)建设历史文化展馆(室)。

东营区文汇街道咖啡时间“黄河口悦读书社” （市文广新局提供）

**【公共文化机构法人治理结构试点】** 2016年，在市和县区所有文化事业单位推行法人治理结构制度的同时，将这种治理模式推广到基层综合性文化服务中心，选择5个乡镇（街道）综合文化站和8个村（社区）综合文化服务中心进行试点。试点工作全部完成，为全面推行理事会治理制度打下基础。

**【公共文化数字化建设】** ①在全省率先建设电子阅报屏，2016年完成34个（中心城31个、广饶县3个）电子阅报屏建设任务。②实施数字文化广场建设工程，引入社会资金1100万元，152个群众文化广场免费开通无线Wi-Fi。③统筹各类文化资源，打造全市城乡互联互通的数字文化服务平台，建设“文化东营云”数字平台，依托微信公众号、云平台网站、手机APP、局政府网站等载体，实现文化信息查询发布、文化活动预告、文化场馆预约、文化资源展示、文化资源下载、文化网上培训、群众反馈评价、文化监督管理等八大功能。

**【搭建图书馆、文化馆总分馆体系】** 按照“总馆—分馆—服务点”的模式，市图书馆、文化馆在5个县区建成分馆，各县区在全市所有40个乡镇（街道）建成分馆，在全市17个城市社区和31个农村社区设立服务点。2016年，在全市选定100个农家书屋进行试点，通过安装图书自动化管理系统，把农家书屋图书资源整合到图书馆总分馆服务体系，实现农家书屋图书和公共图书馆图书借阅通借通还。2016年，在全市公共图书馆推行“图书馆+书店”服务模式，群众可在国营和民营书店办理读者证、选择新图书，现场办理借阅手续，使读者变身图书采购员，书店变成图书馆分馆。在中心城区利用银行网点、咖啡馆等场所建成8家分馆。2016年10月，打造“黄河口悦读书社”品牌，确定建立健全群众性阅读组织、开展读书沙龙活动、推动全民阅读上来的工作重点。

（市文广新局 仝林明）

**【东营市黄河文化传媒集团】** 2016年，东营市黄河文化传媒集团盘活整合国有资产，拓宽经营思路，多措并举，确保国有资产的保值增值和快速发展，促进报业以及文化产业的发展。①展会活动明显增多。会展中心在确保常规展会继续举办的前提下，吸引、培育和承接新的展会：新年汽车团购节、同人展、动漫展、航空航天展、工艺品展、东营有色金属工业展等。同时，除原有的建材团购会外，其他各类新品发布会、年会、培训、讲座明显增多，如商家年会，行政事业单位、教育、保险、房地产、4S店等行业的培训、销售会议等。1—12月，共计举办展会、会议122场次。②打造黄河婚礼文化品牌。拓宽黄河婚礼广场婚庆婚宴经营思路，通过策划各类主题宴会营销、提升服务品质、开展品牌宣传、探索与大婚庆公司强强合作等措施，带动客户订单和营业收入的增加。1—12月，举办婚庆279场，接待婚宴270家、10627桌。③运营雪莲大剧院。剧院按照“三年十部雪莲自制剧”的工作目标和“请进来、走出去、活起来”的经营方针，强化管理，搞活经营，取得成效。2016年，举办各类演出剧目近百场，走出去

2016年10月14日，“2016·水墨中国”大型国画展暨“丹青入妙”吴门师生作品展、全国书画名家作品邀请展开幕 （东营日报社提供）

演出近20场。在引进优秀剧目的同时,加快剧院系列自制剧品牌工程,2016年自制儿童剧《胡桃夹子》《白雪公主》《三打白骨精》《花木兰》,创制儿童版儿童剧《阿拉丁神灯》。6月24—26日,《黄河口奇缘·天鹅》在北京保利剧院连演3场,12月3日在省会大剧院演出2场。雪莲自制儿童剧先后到普陀山、烟台、牟平、徐州等地巡演20余场。④发展雪莲画院。举办“2016·水墨中国”大型国画展暨“丹青入妙”吴门师生大写意作品展、全国书画名家作品邀请展,在雪莲大剧院成立中国水墨画院山东展览培训中心,举办多场各类书画展览、创作活动。

(东营日报社　燕艳)

【东营市图书馆】 2016年,东营市图书馆以创建国家级公共文化服务示范区为契机,通过网上“图书荐购”“你选书我买单”等多种形式采购图书。全年采购纸质图书1.8万余种,5.5万余册,其中报纸80种、期刊1050种。接收捐赠图书69种,200余册。新增盲文图书161种,169册。馆藏总量38.7万册,发展持证读者6470人,年接待读者36万余人次,图书借阅44.3万余册。2016年,投资50万元,开通知航数字图书馆、中国知网、汇雅电子书等电子资源,新赠国学贝贝数据库,定期更新考试资源库、电子读报机、电子书借阅机数据,方便读者查阅数字图书及专业资料。2016年底,可用数字资源近48TB。在对图书馆网站进行改版升级的基础上,加大图书馆网站宣传力度,更新信息120余条、开通微博二维码关注,全年网站访问量50万人次;优化图书馆馆藏信息资源,建成5个地方特色数据库,提升和扩大信息服务范围和能力。增设1台24小时自助图书馆,设立24小时自助还书箱,暑假继续延长开放时间,畅通残疾人无障碍通道,实现馆内无线网络全覆盖。流动服务车于6月15日在新世纪广场正式开始启用,扩大图书馆服务半径、方便市民就近阅读。

读者活动。开展“欢闹元宵、乐猜灯谜”活动、“让好书苏醒让知识对流”图书交换活动、全市读书朗诵大赛活动、“翰墨书香”全市少儿现场绘画比赛、“特别还书日、把书送回家”活动、“悦读宝贝”读书活动、“4·23世界读书日”读书活动、首届读书节、“阅读从图书馆出发”服务宣传周读者系列活动、“品读经典·开启智慧”公益讲座、2016中考串讲暨考题预测讲座、“快速记忆”专题公益讲座、“贝贝国学PK竞赛”、东营市手机移动图书馆宣传推广活动、“特别还书日　把书送回家”活动、“两学一做”学习教育和《纪念中国共产党诞辰95周年——光辉的历程》宣传图片展等读者活动,参加活动2万余人。图书馆尼山书院举办寒假公益少儿经典诵读班、新六艺国学体验夏令营,《大学》诵读班,“传承经典、智慧教育”宣讲等系列国学经典活动,营造国学氛围。联合山东省图书馆、中共东营市委宣传部等多家部门举办10期“黄河口大众文艺讲坛”公益讲座,邀请12名知名专家、学者为广大市民授课,受益人群1800余人。

拓展服务。创新公共文化服务方式,完善“总分馆”服务模式,2016年底有馆外分馆37个,调拨图书2万余册。市县级图书馆全部实现“一卡通”,与部分乡镇街道分馆实现通借通还,初步建立城乡一体、协同发展、资源共享、功能完善的图书馆服务体系。扩大服务领域,提高特殊群体服务水平。设立老年人、农民工等特殊群体专架,开展免证阅览、为弱势人群上门服务等活动,长期开展“图书进社区、进学校、进军营、进敬老院”活动,先后为企业、社区、乡镇、学校及老年公寓送去图书和期刊。在“八一”建军节期间,为武警东营支队官兵送书500余册。

法人治理结构。东营市图书馆理事会于2016年3月3日召开第一届二次图书馆理事会,建立图书馆理事微信群,定期征求理事意见建议。

(市图书馆　谢明明)

【东营市科技馆】 场馆建设。市科技馆隶属于东营市文化活动中心,位于胜利大街以东,南二路辅路以南,奥体路以北,是东营市大型公益性文化设施和市民科普教育基地。场馆总建筑面积3万平方米,高度38.2米,地下1层,地上4层,其中常设展厅面积1.5平方米,包括1个序厅、3个主题展厅、1个市民安全体验展厅、5个青少年科学工作室、1个280座特效影院和1个2500平方米临时展厅。东营市科技馆一期开放区域主要包括儿童科技乐园、探索与发现、市民安全体验等3个常设展厅和1个临时展厅。2016年,市科技馆接待省内外考察学习团队190余个、观众42万余人次。

预约参观。按照《中国科协关于印发2016年全国科技馆免费开放试点单位名单的通知》(科协发普字〔2016〕35号)要求,东营市科技馆常设展厅实行免费开放。为保障观众有序参观,市科技馆全面启动网上预约系统,观众在周末、节假日、寒暑假通过网上预约进行参观,实现总量控制(上午1000人,下午1000人),确保参观体验效果,展品展项完好率达到97%以上。同时,在全面开放初期,协调市交警支队、武警支队、消防支队到馆进行车辆、人员疏导和安保工作。

科普宣传。①开展“飞叠杯”智力推广活动。与青少年宫、妇女儿童活动中心联合举办4期“飞叠杯”公益培训班,受训少年儿童200余人,联合全国青少年智力运动会山东省组织委员会举办“智在四方”飞叠杯青少年智力运动竞赛,来自全市中小学校的50位选手参加比赛。②开展“参观科技展览有奖征文暨科技夏令营活动”。根据中国自然科学博物馆学会科技馆专业委员会《关于开展“参观科技展览有奖征文暨科技夏令营”活动的通知》要求,组织举办现场作文大赛,共征集优秀作文134篇,推荐到省科普场馆协会,其中获得一等奖1名,取得参加中科馆和地方营活动资格;获得二等奖2名,取得参加山东省地方营活动资格。③开展“智在四方”青少年系列益智公益体验活动,200余名青少年参与体验并。④成立《黄河口晚刊》小记者团社会实践基地。5月21日,《黄河口晚刊》小记者团社会实践基地正式揭牌。先后组织开展“小小科技讲解员”选拔赛、“小小中国通”知识竞赛、“小小科技讲解员”现场讲解等活动。⑤开展牵手关爱贫困青少年活动。组织广饶县丁庄镇21名贫困家庭青少年到科技馆和市民安全体验馆学习体验。⑥联合举办“欢庆六一,梦想风车,童鞋奔跑”少年儿童爱心集结行动启动仪式。来自全市各校外培训机构的170余名少年儿童参与活动。⑦承办2016东营市科技活动周启动仪式、2016年全国科普日东营主场活动启动仪式、庆祝中国共产党成立95周年全市书法美术摄影剪纸作品展及2016全国中国画作品展复评工作会。⑧举办“海洋精灵—水母”主题科普展。展览历时两个月,接待参观观众约12万人次。

2016年12月17日,第十三届“星星火炬”全国少年儿童英语风采展示活动
(市青少年宫提供)

素质提升。2016年,市科技馆组织全体干部职工及物业工作人员对馆内216件展品展项,特别是其中的15件限时体验类展项进行实战演练,增强工作人员的业务素质和技能,提高面对突发情况的应急处置能力;开展岗位大练兵活动,提升讲解人员的业务素质和讲解水平;围绕“四个不放过”,完成展品展项维修维护操作流程及观众参观预约流程的修改和完善,并对所有用电展品进行全面安全检查,制定和完善科技馆消防演练应急预案,联合青少年宫、妇女儿童活动中心及物业管理单位进行消防综合演练;组织展教人员进行业务考核,内容主要涵盖科技馆基本情况、展品科学原理讲解、展教人员工作流程等,同时组织全体工作人员进行业务技能考核。

东营市科技馆理事会会议。2017年11月4日上午,市科技馆召开东营市科技馆理事会成立暨第一届理事会会议。市人大、市政协、市委宣传部、市科协、市科技局、市财政局、市文化活动中心等单位17人参加会议。理事会全体成员与科技馆工作人员共同谋划市科技馆各项工作,为科技馆的建设和发展行使议事权、决策权和监督权。

(市科技馆　张静)

**【东营市青少年宫】** 概况。市青少年宫隶属于东营市文化活动中心,位于胜利大街以东,南二路辅路以南,奥体路以北,建筑面积约12000平方米,内设市民安全体验馆、青少年活动教室,是集青少年思想教育、学习、娱乐为一体的综合性校外阵地,是东营市大型公益性文化设施和市民安全教育基地,担负全市青少年文化、艺术方面的培训及活动组织工作。2016年3月全面对外开放。

青少年活动。发挥阵地功能,开展提升青少年素质和安全教育实践活动。开展“智在四方”“乐·分享”等公益体验课,提高未成年人逻辑思维能力,引导未成年人健康成长。与团市委联合开展“萤火虫助学计划”心理疏导、自护教育、感受城市等集中服务活动,在全社会营造浓厚的关心、关注、关爱氛围。开展“我们的节日”系列活动,培养青少年传承中华传统文化的意识。组织全市1000余名青少年分别参加第十三届“星星火炬”中国青少年艺术英才推选活动及英语大赛活动、“培育核心价值体系,弘扬齐鲁传统文化”山东省青少年书画创作大赛暨大美齐鲁采风展示活动、第二届中国(山东)青少年书画评选暨“我最精彩”秀活动,300余名青少年获奖。

拓展服务。市青少年宫以“梦想起航”志愿者服务为载体,开展系列公益活动。组织贫困儿童参观市民安全体验馆,学习安全知识,提高自防、自救、逃生的能力;举办大型互动式亲子公益活动——“成长不烦恼”,加强青少年感恩教育;走进敬老院,开展“送温暖,献爱心”活动。

(市青少年宫　王宁)

**【东营市妇女儿童活动中心】** 概况。市妇女儿童活动中心以“服务于妇女儿童,服务于社会”为宗旨,在认真做好场馆搬迁和新馆开馆准备工作的同时,围绕服务儿童少年健康成长、青年男女联谊、妇女素质提升三大平台,发挥活动阵地作用,组织开展——系列妇女儿童喜闻乐见、寓教于乐的公益性文化活动。年内获“我的未来我的梦”全国少年儿童图文创作大赛优秀组织奖、“童心构筑梦想　学习创领未来”全国“双有”主题教育活动优秀组织奖、全市“女职工建功立业示范岗”等称号。

儿童活动。开展“双有”主题教育活动,在全市少年儿童中开展“我的未来我的梦”少年儿童图文创作大赛活动,收到参赛作品200余幅,推荐20幅优秀作品参加全国“我的未来我的梦”儿童图文创作大赛,并取得二等奖1名;三等奖1名,优秀辅导奖2名。开展“我是小小中国通—十万零一个为什么”2016年全国少儿百科知识挑战赛(东营赛区)活动。印发《传承文明正家风,亲子同乐重家教—致家长和小朋友们的一封信》,组织动员近1.5万名少年儿童通过手机APP和电脑线上结合的方式答题参加初赛,1000名少年儿童进入决赛。筛选出8组少年儿童及其家长参加亲子百科知识现场挑战赛。组织开展2016年“梦想风车·童鞋奔跑”少年儿童爱心集结行动,组织全市170余名少年儿童现场制作多彩风车。募集爱心善款3600元汇至全国“双有”组委会,用于制作童鞋。2016年,妇女儿童活动中心围绕促进少年儿童健康成长,增进和谐亲子关系这一主题推出“爱.成长”少儿公益体验课及“爱·陪伴”亲子系列活动等品牌公益项目,举办各类少儿公益体验课70余场次,培训儿童1600余人次。举办“小小金融家”暑期社会实践活动,全市近50余名少年儿童及家长参加活动,引导小朋友感谢父母工作的辛勤付出,养成良好的理财及消费习惯。为少年儿童搭建自我展示的平台,在全市少年儿童中开展以“美丽山东”“和谐生活”为主题的东营市少儿优秀书画摄影推荐活动,征集绘画、书法、摄影作品1600余幅,推选出894幅优秀作品参加山东省少儿书画摄影比赛。

2016年6月25日—7月16日,东营市妇女儿童活动中心组织孕妈公益体验课
(市妇女儿童活动中心提供)

联谊交友活动。定期举办单身俱乐部活动,搭建单身男女交流平台。创新活动载体,广开青年男女交友渠道。2016年举办2期单身交友活动,700余名单身男女参加,10余对单身男女牵手成功。组织举办2016(第七届)东营相亲大会,1200余名单身男女报名参加。组织2016(第七届)东营集体婚礼,12对新人、4对金婚老人及新人亲友团200余人参加活动。

女性素质提升。组织开展东营市市直机关女干部“好书共品读”活动,为大家推荐优秀图书100余册,引导市直机关女干部多读书、读好书、善读书。举办瑜伽、美妆、服装与色彩搭配、礼仪讲座、好书共品读、知识竞赛等系列公益活动,帮助女性朋友塑造阳光优雅的外在形体,增强文化道德修养,为广大妇女搭建综合素质提升学习交流平台。组织举办小儿推拿、月嫂、面点、美妆等公益培训班近50余场次,受益妇女2000余人次。组织举办“享·健康”瑜伽公益体验课10场次,培训学员200余人次。举办“享·健康”孕妈公益体验课8场次,培训学员160余人次。

其他活动。承办庆“三八”国际劳动妇女节系列活动,组织中心女职工参与全市健步行、女职工趣味运动会等文体活动,完成迎接国务院妇女儿童工作委员会两纲中期评估督导组对中心实施中国妇女儿童发展纲要(2010—2020)情况的督导检查与市科技馆、市青少年宫联合开展消防疏散实地演练训练,维护场馆安全。

(市妇女儿童活动中心　宋美凤)

## 文化市场监管

【概况】 ①加强学习培训。在组织人员参加全国、全省、全市性培训活动,4月7—8日,举办全市文化市场行政执法培训班。落实文化部《关于中西部地区文化市场综合执法能力提升三年行动计划》和省文化厅关于鲁冀对口交流协作的工作要求,邀请秦皇岛市部分执法人员参加培训班。②推进文化市场技术监管与服务平台的应用。制订下发《东营市文化市场技术监管与服务平台应用工作方案(2016)》,明确平台应用的目标、任务和步骤,利用科学技术提升执法水平。③加强协作交流。6月23—24日,市文广新局局长崔相国、市文化市场综合执法局局长常光兴赴秦皇岛市,就深化两市的交流协作进行深入沟通交流,初步达成支援10万元执法设备的意向。

【监管检查】 加强网吧、娱乐场所等文化市场经营场所监管,查处违规接纳未成年人。坚持日常监管与暗访检查相结合,先后开展元旦春节文化市场集中整治、高考期间文化市场保障行动、国庆节期间文化市场执法检查等专项行动,加强对重点行业、重点时段、重点区域和重点场所的监管。对营业性演出活动实施现场监管,坚决杜绝违规行为。根据文化部对艺术品市场监管的要求,开展相关法律法规的学习宣传、培训活动。

【广电执法管理】 加强“黑广播”整治。联合公安、无线电、工商、文广新、交通等部门，打掉“黑广播”14个。在全市范围内开展宾馆饭店卫星电视接收设施专项整治行动，严查私设行为；深入排查擅自安装、使用有线电视前端传送广播电视节目的宾馆饭店等经营单位适度抽查接收境外卫星电视节目的宾馆饭店等许可用户，查处超范围接收等违法违规行为。加强网络视听节目管理。在全市范围内开展为期6个月的“整治网络非法传播视听节目·绿网2016”专项行动，全年排查各类视听网站2300余家次，查处违规网站22家，责令整改网站5家。

【打击各类非法出版物】 深入开展“扫黄打非”斗争，报请市委办、市政府转发《2016年全市“扫黄打非”行动方案》，以封堵政治性非法出版物、清理网络淫秽色情信息、打击侵权盗版出版物等为重点，启动“固边”“净网”“清源”“护苗”“秋风”等专项行动。加强出版物市场监管，对校园周边、繁华街区、机场、车站等重点部位加大巡查力度，取缔非法游商和无证经营摊点，查处各类非法出版物和音像制品。加强印刷企业监管，以落实“印刷企业五项制度”为重点，对全市印刷企业进行集中排查，从源头上杜绝非法印刷侵权盗版出版物的行为。4月21日，举行东营市2016年侵权盗版及非法出版物集中销毁活动，现场销毁各类侵权盗版及非法出版物6万余册。推进“扫黄打非”进基层工作，联合相关部门下发文件，举办全市“扫黄打非”进基层培训班，形成协管队伍网络体系。

【企业软件正版化】 印发《关于推进全市市属国有企业使用正版软件工作实施方案》《关于推进全市民营企业使用正版软件工作实施方案》，全面启动民营企业软件正版化工作。加强版权保护，山东“520”侵犯著作权案专案组(市文化市场综合执法局、广饶县文化市场综合执法大队)被国家版权局评为2015年度查处侵权盗版案件有功单位二等奖。

【创建平安市场】 履行主体责任。按照“谁主管、谁负责，谁发证、谁负责”和“管行业必须管安全、管业务必须管安全、管生产经营必须管安全”的原则，把安全生产纳入文化市场日常监管的范畴，做到查市场必查安全生产。开展集中行动。根据时间节点，有计划地开展安全生产集中检查行动。全年开展全市范围的文化市场安全生产大检查活动4次，消除安全生产隐患。突出检查重点。按照“全覆盖、零容忍、严执法、重实效”的要求，重点检查应急疏散通道是否通畅，疏散指示标志张贴是否全面，灭火疏散预案、消防安全管理制度是否完备，消防设备是否配备齐全、可用，安全警示系统是否完好，电气线路是否老化，是否存放易燃、易爆物品等方面。逐户建立安全生产检查台帐，作为重点监管的依据。2016年，全市出动执法人员1.2人次，检查文化市场经营单位2.8家次，下发整改通知书2000份。

(市文广新局　陈爽)

## 文 化 产 业

【概况】 2016年，全市文化市场经营场所592家，其中网吧399家，娱乐场所85家，美术品经营单位35家，演出单位71家，网络文化经营单位2家，涵盖网络、娱乐、美术品、演出等多个市场门类。全市文化市场工作以规范行政审批为主线，建立文化市场“双随机”抽查机制，启用新版文化市场经营许可证，深入推广全国文化市场技术监管和服务系统，全市受理行政审批事项63件，按时办结率100%。为规范市场经营秩序，组织艺术品市场法制宣传活动，开展艺术品市场开展调查摸底和专项整治，6月底举办“飞凡杯”电子游戏超级联赛东营地区城市赛，11月制定印发《娱乐场所转型升级实施方案》，明确娱乐行业转型升级发展目标及重点内容，确立7家试点经营单位，鼓励娱乐行业探索转型升级新路径。

开展文化市场安全生产大检查　　(市文广新局提供)

【壮大产业主体】 2月，山东枫云国际广告创意中心批准成为省级文化产业示范基地，2016年底，全市有省级文化产业示范基地3家。东营市文化创意产业园区作为全市第一家综合性文化创意产业集聚区，4月正式投入运营，东营新创想影视传媒有限公司、山东传神文化传媒公司等10家企业入驻。全市第二家网络文化经营单位——山东我充卡网络有限公司批准成立，东营市沃恩文化传播有限公司开启文化IP授权服务，推动版权交易市场的发展。

文化创意集市场地之——乐安古玩城 （市文广新局提供）

【拓展融资渠道】 7月2日、10月13日，先后组织东营文创园等4家企业负责人参加全省文化企业无形资产与文化产业发展高峰论坛及文化领域和社会资本合作专题研讨，研究探索文化金融融合发展道路；9月18日，东营华东文化创意有限公司就其星月湾度假村项目参加在德州举办的山东省第二期文化企业投融资路演活动，探索文化企业融资新路径。

【完善发展平台】 9月5日，印发《关于开展“文化创意集市”建设的通知》，面向社会征集“文化创意集市”项目和场地空间。共征集到含工艺美术、文化旅游等类型的项目22个，室内外集市场地5个。

【强化人才建设】 2016年，组织全市文化产业基地、重点企业负责人及文化产业管理人员等参加全省创意、金融等各类专项文化产业培训班8期，培训人员30余人，提升文化产业管理人才队伍的政策理论水平和实践运营能力。

（市文广新局 徐利平）

## 文学艺术

【概况】 举办系列重大文艺活动。①“七一”前夕举办庆祝中国共产党成立95周年全市书法美术摄影剪纸作品展，9月底举办“伟大的征程”——纪念红军长征胜利80周年专场晚会，以多样的艺术形式讴歌中国共产党带领全国人民取得的举世瞩目的伟大成就。全市各级文联举办纪念建党95周年暨红军长征胜利80周年书画展、庆祝建党95周年工笔画精品展、纪念建党95周年文学作品征文活动、庆“七一”演讲比赛等各种纪念活动。②落实中国文联关于“到人民中去——深入开展志愿服务活动”的号召，组织骨干书法家、画家多次举办写生、笔会等创作活动，举办“到人民中去——东营书画名家深入生活精品创作展”。③打造东营特色文化品牌，提升东营文化的知名度和影响力。打造“诗歌之城”特色文化品牌，举办以“黄河入海流，大美黄河口”为主题的黄河口金秋诗会暨东营市首届读书节主题晚会，在东营市技师学院、职业学院、清风湖畔等地策划举办诗歌征文比赛、诗歌朗诵会等6场黄河口金秋诗会群众性系列文化活动。

加强引导促进创作。①联合举办国家级、省级高层次艺术展览。与中国美协、山东省文联、东营市委宣传部联合承办“2016年全国中国画作品展”，展出作品310件。与山东省美协、市委宣传部共同举办第二十届山东美术新人新作展，与山东省书协共同举办第一届“华东书院杯”山东省书法篆刻展。与山东省美协联合举办以“展黄河口魅力，为人民抒怀”为主题的第三届中国（东营）艺术品博览会，扩大东营的知名度和影响力。②搭建艺术平台，为文艺工作者提供良好的艺术创作环境。成立东营市黄河口画派艺术研究会，着力挖掘历史内涵、展现文化魅力、打造书画品牌。③组织赛事活动，推进精品创作。与市文广新局、广播电视台联合举办“谁与争锋”对于歌坛争霸赛活动以及中国石油大学胜利学院第二届大学生微电影节等活动。④组织第六届东营市“黄河口文艺奖”评选，评选出10个艺术门类、89件获奖作品。⑤做好四期《黄河口文学》《黄河口艺术》的编辑出版工作，展示优秀文学作品，搭建艺交流平台。

加强文艺人才培养。①举办各类文艺培训。2016年，选送干部职工及文艺工作者代表15人次，赴鲁迅文学院等地培训学习。组织10余名国家级会员参加中国音协、中国民协专题研讨班。选派刘文颖等5名优秀文艺骨干赴山东艺术学院戏曲学院访学进修1年。举办专题摄影培训班3期，培训会员300余人。组织协会会员参加优秀钢琴教师培训研讨会、赵晓生钢琴音乐会、《谁不说俺家乡好》大型舞剧等。②举办系列展览、演唱会等活动，展示知名艺术家的辉煌艺术成就。举办“写意精神”陈宏光中国画作品展、田荣俊京剧、吕剧名段演唱会等活动。与市委宣传部、市文广新局联合主办第三届东营美术新人新作展。③推动东营与外界艺术的合作和交流。举办“素月秋泓——中国画名家邀请展”“林维花鸟画作品展”“寸心凝香”名家书画小品展等展览。举办中韩摄影作品交流展，展出市摄协会员和韩国群山摄影家60余幅摄影精品。

文艺惠民。市文联坚持文艺为人民服务、为社会主义服务的方向，组织广大文艺志愿者走进乡镇、学校、军营、企业、社区等地，推进"到人民中去"文艺志愿服务活动品牌项目，开展文艺志愿服务40余场次，受益群众10万余人。①走进基层，为群众送去精神食粮。举办"剪裁艺术精品·镌刻生命精彩——2016迎新春剪纸艺术展""正观学堂"杯东营市中小学生美术书法作品展、"到人民中去"——东营市"乡音香土"大型书画作品展、"山东美术名家走进河口孤岛作品展""拳拳扶贫情，携手夕阳红"东营市文化扶贫暨文化下乡走进义和镇慰问演出、送戏下乡演出等活动。②创作生产出一批反映基层群众生活、人民喜闻乐见的优秀作品。赴河口区举办"到人民中去"文艺志愿服务活动书画创作笔会，参加第六届山东省书协"百县千村"书法下乡活动，到胜利街道新胜社区送福写春联200余幅。组织市摄影家协会骨干会员20余名，深入到利津县北宋镇敬老院，为80多位老人免费拍照并赠送照片。③提高群众文艺素养。选派戏剧、音乐、美术、摄影、书法、舞蹈、曲艺、民间文艺等艺术领域的文艺志愿者定期、定点开展基层艺术培训辅导10余次。举办"到人民中去"——东营市文艺志愿服务暨新型农民培训、"东营市知名书画家进社区"、东营市文联暨东营市一中"作家进校园"等活动。④开展基层采风活动。先后与省作协、省文学院联合主办山东作家"槐香之约"采风活动、山东作家纪念建党95周年采访采风创作活动、国内知名美术家到黄河口考察写生等10余次采风活动，组织东营画院、东营市美协画家赴利津县北宋镇等地采风创作。

【文学创作】 市作协与市文联致力于打造东营文化品牌，宣传东营形象举办系列活动。6月15—17日，中国作协党组成员、副主席吉狄马加，中国作协《环球企业家》杂志主编武砺旺，山东省作协党组书记杨学锋，山东省作协副主席李掖平等一行受邀到东营调研采风。10月21日，2016黄河口金秋诗会暨东营市首届读书节主题晚会在东营雪莲大剧院举办。诗会收到全国各地和海外诗人来稿1000余首，评出一等奖2篇、二等奖4篇、三等奖6篇、优秀奖20篇，编辑出版《2016黄河口金秋诗会优秀作品集》。2016年，市文学创作室杨袭发表《井》等7件作品，小说《一生高贵》获中作协重点作品扶持。王桂林在《山东文学》、《2016世界诗选(英文版)》等刊物发表诗歌70余篇首。

【美术】 市美协参与2016年全国中国画作品展、第二十届山东美术新人新作展等国家级、省级展览，5人入选，4人获奖。3月，山东省美协2016年工作会议在东营召开，东营市美协被授予"2015年度山东省省美术工作先进单位"称号。加强文化交流，邀请知名画家到东营市举办展览和进行学术交流，承办皓月禅心刘普安刘筱静画展、心象圣境余涵宇作品展、寻根乐安徐青峰作品展、古今风韵王锋杨长河作品展等展览，推动本土书画界与全国知名大家之间的学术交流，提升本土美术创作实力。开展"到人民中去"文艺志愿服务活动，组织美术志愿者走进中山社区进行美术辅导，组织骨干会员走进黄河入河口、东营港写生采风。市美协成立花鸟画艺委会、山水画艺委会、人物画艺委会、油画艺委会四个单项艺委会，整合东营美术的学术力量，规范各个单项画种的学术储备和组织秩序。全年出版会刊《东营美术》2册。2016年，5人获国展入会资格7次，15人入选国展23次。

【书法墨韵】 市书协面向基层、服务人民，加快推进文化惠民活动。承办第一届"华东书院杯"山东省书法篆刻展，征收作品3168件，其中省外639件，评选出获奖作品20件，入展作品203件，6月7日在华东书院成功展出。举办"华特杯"东营书法院周年名家邀请作品展，展示东营市书法创作的整体实力。组织会员参加全国、全省书协组织的各项展览，举办大展冲刺培训4次。"华东书院杯"山东省书法篆刻展18人入展，第三届牡丹奖山东省书法篆刻展8人入展，第二届王羲之奖书法作品展2人入展，孔孟之乡汉碑行·全国隶书展4人入展，大海杯·民营企业家"聚力十三五，共圆中国梦"书画作品展2人获奖、5人入展。市书协以服务人民，奉献社会为宗旨，组织开展书法文化下乡活动，以及送书法进校园、进社区、进企业活动。5月9日，组织6位知名书法家到大王六小"到人民中去"志愿服务活动。12月28日，到东营区胜利街道新胜社区举办第六届山东省"百县千村"书法下乡活动。有序组织考级工作，2016年，参加考试的人员400余人次。

2016年7月8日，举办全国中国画作品展 （市文联提供）

【摄影】 2016年,市摄影家协会利用“彼岸灵光”摄影大师东营工作坊的影响力和学术支撑力,开展2016“专业影像力”活动年,通过在国内学术水准最高的连州国际摄影大展、“徐肖冰杯”中国纪实摄影大展举办个展和联展,推介东营摄影艺术家。11月,经中摄协主席王瑶推荐,黄利平的作品《滩区故乡》40余幅作为摄影节重要展览在“2016黄山国际乡村摄影节”展出;同月,“2016连州国际摄影年展”纪实单元展出中国摄影师3人作品,其中黄利平的《滩区》40幅作品入展,欧洲艺术影像协会推荐参加2017年法国国际摄影节。李林的《孤岛ISLAND》系列作品在2016“徐肖冰杯”中国纪实摄影大展展出,李林为全国5位入展的青年摄影师之一,这是中摄协最具专业品牌和学术影响力的大展。走向国际的同时,市摄协组织全市会员开展丰富多彩的文艺活动。5月,组织会员30余人沿黄河农村采风创作,开展“到人民中去”——新农村摄影展。7月,与《东营日报》联合举办“聚焦东营开发区”摄影大赛,在《东营日报》整版刊发获奖作品10期。2016年,李继东、刘永民、刘国光、马厚泉、胡友文等近百幅作品先后在国内、国际摄影大赛中获奖。

【音乐舞蹈】 2016年,倡导加强对音乐理论的学习研究,不断提高会员的理论素养,协会会员的音乐论文和声乐、作品多次获奖、发表和交流。举办各类活动,打造协会品牌。5月28日协助《中国好声音》东营赛区海选,200余名参赛选手参赛,5名选手参加省级比赛。8月7日,举办本土青年李约翰钢琴音乐会。歌曲《中国印》入选中宣部主体创新作品展播,演唱歌剧《茶花女》获2016亚洲声乐大赛铜奖。市舞协以繁荣文艺为中心,培养和发现优秀舞蹈人才。举行东营市第二届青少年原创舞蹈大赛暨第四届青少年舞蹈大赛,为少儿舞蹈爱好者提供展示舞台。与山东省舞蹈家协会联合举办山东省舞蹈家协会创作研修班,邀请少儿舞蹈教育家、少儿舞蹈编导曹尔瑞授课。2016年,东营市7件舞蹈作品获省级以上比赛奖项,舞蹈作品《成长》获全国第十二届中等专业学校“文明风采”大赛一等奖。《炫彩追梦》获全国“荷花少年”舞蹈展演二等奖。

【戏剧曲艺】 2016年,市戏剧曲艺家协会举办丰富多彩的文艺活动。4月,与科达青岛置业有限公司联合承办第三届全国京剧票友艺术节,活动由中国京剧艺术网、山东科达集团、山东京剧票协票房联合会主办,著名京剧艺术家朱宝光、刘桂欣等嘉宾与来自全国各地近200名票友共同上演国粹艺术盛宴。12月,市吕剧协会与市文化馆共同承办“吕剧在故乡”2017迎新年吕剧名段演唱会。市戏剧曲艺家协会组织参与文艺志愿服务,开展艺术辅导和培训,协会副主席郭景玲、柏绪民、田荣俊、张峰等人全年下基层120余次、辅导票友600余人次。2016年市戏剧曲艺家协会举行“著名京剧艺术家刘桂欣先生收徒田荣俊拜师”仪式。田荣俊成为东营市首位拜师国家级(国家京剧院)名家的艺人。东营市戏曲作品获国家级奖项6项,省级奖项9项。《鸿雁传书》《双玉蝉》荣获“中国戏曲红梅金花”奖。段莲琴的京韵大鼓《丑末寅出》获2016年第二届“宣南杯”京津冀鼓曲大赛特别奖。山东省第六届红梅大赛中,王延华获乐器类一等奖、王莹获戏曲表演类二等奖,吕剧《夫妻井》获第九届山东省泰山文艺奖戏剧类三等奖。

【民间文艺】 2016年,市民间文艺家协会与电视台合作历时6个月录制《东营市民间文艺家系列故事宣传片》,宣传推介15位民间艺术家;多次组织艺术家开展送文化进军营、进学校、进社区、进农村等活动;5月,组织东方艺术团在科达广场开展文艺演出;12月,挖掘民间文艺资源,开展民间艺术作品展,展出剪纸、年画等非遗项目百余件作品,

【电影电视】 2016年,广播电视台、市电视艺术家协会选送的《黄河入海流》获第28届山东省电视艺术“牡丹奖”评选电视综艺节目类一等奖。王建新以作品《黄河入海流》荣获最佳导演奖。成立东营市电影家协会,推进全市电影事业繁荣发展。10月,举办“不忘初心 我的中国梦”爱国主义电影“三进”活动,弘扬爱国主义精神,丰富群众精神文化生活。微电影涌现出一批优秀作品和创作团队。12月31日,参与主办中国石油大学胜利学院第二届大学生微电影节,在大学校园推广扶持微电影创作。戏曲电影《幸福公寓的笑声》获第九届山东省“泰山文艺奖”电影类三等奖。

(市文联 赵玉明)

# 文博工作

【概况】 2016年底,全市登记各类古遗址、古墓葬、古建筑、革命旧址等473处;公布为各级文物保护单位的115处,其中全国重点文物保护单位4处、省级文物保护单位18处,市县级文物保护单位93处;未定级文物358处;经第一次全国可移动文物普查,全市国有单位收藏的可移动文物近1.8万件,其中国家珍贵文物500余件。

【第一次全国可移动文物普查】 2016年5月,可移动文物普查工作完成线下文字数据集中审核,对17593件/套线下数据进行审核,并将全部数据审核结果上报省普查办。10月,市普查办整理第一次全国可移动文物普查的相关资料并编制总结报告,上报省普查办。同时做好第一次全国可移动文物普查成果展示,汇总全市第一次全国可移动文物普查成果,编纂东营文物丛书。

【第三批市级文物保护单位申报评审】 2015年12月,启

东营钱币博物馆　（市文广新局提供）

动第三批市级文物保护单位的申报工作。东营区、广饶县、垦利区、利津县提报申报对象30处，涵盖抗战遗址、纪念设施、古遗址、古墓葬、古建筑及近现代重要史迹及代表性建筑等诸多类别。为确保申报对象符合相关要求，8月、9月，市文管处邀请相关文博专家召开论证评审会，并针对性地组织他们进行现场考察，通过投票确定预选名单，与规划局协商划定保护范围与建设控制地带。

**【"乡村记忆"工程】** 通过开展乡村（社区）博物馆调研，梳理并上报东营区吕剧传习所、垦利胜坨镇东王村乡村博物馆和广饶县农耕民俗文化记忆馆3家单位纳入山东省乡村（社区）博物馆建设名单；同时，以文物"四有"（划定必要的保护范围，作出标志说明，建立记录档案，并区别情况分别设置专门机构或者专人负责管理）标准规范乡村记忆工程工作体系，为广饶寨村泉顺院等5家入选2015年山东第一批"乡村记忆"工程文化遗产单位制作并下发标志牌，对各单位做出标志说明。

**【非国有博物馆的发展】** 制定《东营市关于促进非国有博物馆发展的实施意见》《东营市非国有博物馆补助奖励资金实施细则》。2016年，全市建成开放非国有博物馆1家，即东营市钱币博物馆，在建1家，即东营民俗博物馆，按程序申报1家，即油画博物馆。　（市文广新局　陈鹏）

## 新　闻　出　版

**【概况】** 2016年，东营市履行登记注册手续，编入"国内统一连续出版物号"的报纸2家，即东营日报和黄三角早报；期刊2种，即《中国石油大学学报（自然科学版）》《中国石油大学学报（社会科学版）》。省级新闻单位驻东营市报刊记者站3家：大众日报驻东营记者站、齐鲁晚报驻东营记者站、经济导报驻东营记者站。连续性内部资料性出版物16家。全市印刷企业135家，包含出版物印刷企业14家，家包装装潢印刷品、其他印刷品及专项包装印刷企业118家，2016年度资产总额90503.30万元，印刷工业总产值45515.75万元，销售收入43802.37万元，实现利润总额2313.07万元，从业人员1949人。规模以上（年印刷产值5000万元以上）印刷企业1家，印刷工业总产值5908万元，工业增加值1627.30万元，利润总额488.41万元，从业人员220人。出版物发行单位283家，其中出版物批发单位6家、出版物零售单位277家，2016年度出版物发行单位资产总额25661.50万元，营业收入13543.53万元，出版物销售总额9582.97万元，利润总额1277.83万元，从业人员1294人。

**【农家书屋】** 制定《关于转发国家和省局关于元旦春节期间发挥农家书屋作用丰富农村文化生活的通知》，通过加强对农家书屋的管理，全年展出书画作品105件，参观展览群众1100余人次。购置贺岁片电影碟片30张在农家书屋播放，组织居民开展健身舞蹈表演、秧歌比赛、农民运动会、锣鼓表演等形式的文艺活动。利用卫星数字设备，组织农民群众观看大棚蔬菜种植技术、怎样做好电工、做个好厨师等科普讲座，受益群众3000人。将开展"齐鲁农家沁书香"活动贯穿全年工作，开展丰富读书活动。结合"4·23世界读书日"主题宣传，开展"农民读书月"活动。通过开展"开展图书交流及下乡活动""评优树先活动"以及各类培训活动，参加活动师生约350人。为31个图书馆服务点配套图书共计110599册，赠送各类农村实用图书5500册及价值2600元的e播宝1套。印发《关于2016年暑期开展"我的书屋，我的梦"农村少年儿童阅读活动的通知》（东文广新发〔2016〕49号），收到征文24篇。印发《关于做好2016年农家书屋出版物补充更新工作的通知》（东文广新发〔2016〕56号），全市农家书屋出版物补充更新补贴资金142.6万元，对60个省定贫困村按照每村不少于4000元的标准进行出版物补充更新和数字化升级，其他村农家书屋仍按不少于2000元的标准进行出版物补充更新。截至12月底，农家书屋出版物补充更新工作全部完成，选定100个农家书屋进行试点，建立农家书屋图书自动化管理系统，与公共图书馆业务管理系统互联互通，实现纸质资源的通借通还和数字资源的共享共用。

**【全民阅读】** 2016年，全市投入全民阅读经费320余万元，

电子阅报屏 （市文广新局提供）

用于购置图书、报刊以及安装电子阅报屏等公共文化设施。开展各种阅读推广活动60余次，受益群众5万余人次，同比增长40%。①4月22日，与市委宣传部等单位联合举办“东营市首届读书节”活动启动仪式，标志东营市全民阅读活动正式启动。②印发《关于庆祝2016年“六一”国际儿童节的通知》，举办“悦读宝贝”推广、少儿书刊读物爱心捐赠、民间传统剪纸艺术体验、儿童节情景游戏体验等活动。集中推荐优秀少儿图书100多种、图书600余册，捐赠图书500余册，组织60余名儿童参加剪纸和游戏体验等活动。③由省新闻出版广电局统一采购配送到东营的91套图书(每套图书共149种、256册)，由市和县区新华书店发放到部分下派第一书记所在村、城乡贫困中小学、特困县图书馆、县区人武部、驻军连队、社区书屋、农民之家、社会福利机构等。④围绕“指导全民阅读工作”和“个人读书”为主题的“全民阅读主题征文活动”开始，收到活动各类征文80篇，通过组织专家审核，评选出12篇上报省新闻出版广电局，1篇荣获二等奖。⑤电子阅报屏项目建设全部完成。电子阅报屏与互联网相连，提供免费Wi-Fi覆盖，《人民日报》《大众日报》等6种报纸供人们实时阅读，设有文化、交通、旅游、教育、卫生健康、政务服务、移动图书馆等版块，满足人们日常生活查询需求。截至2016年底，在中心城区和广饶县城主要街道、广场公园、车站等人流密集地点建设“文化东营·电子阅报屏”34台，陆续投入使用。

【版权管理】 在第16个“4·26知识产权日”期间，在“文化东营”微信公众号服务平台，宣传版权知识。制定印发《关于印发2016年东营市推进使用正版软件工作实施方案的通知》《东营市推进党政机关使用正版软件工作考评实施细则》《关于转发〈正版软件管理工作指南〉的通知》，推进政府机关使用正版软件工作建设。按照《关于申报省级“版权示范单位、园区(基地)”和“版权保护示范单位、园区(基地)”的通知》(鲁版字〔2016〕26号)，分别推荐山东万高电子科技有限公司和山东省东营市新华印刷厂，参评“山东省版权示范单位”及“山东省版权保护示范单位”。

【新闻出版】 ①组织全市15家连续性内部资料出版物参加全省连续性内部资料出版物出版质量综合评估。除《东营住房公积金》(鲁连内资第Y1009号)申请注销外，其余14家全部通过省局核验。②部署开展2015年全市新闻出版统计年报工作。对4家报刊、13家出版物印刷企业、4家出版物批发企业进行全面调查，对邮政系统发行单位、包装装潢印刷企业、其他印刷品印刷企业、打字复印单位、集个体零售单位各抽样调查20家。③开展2015年度报刊核验工作。对《东营日报》《黄三角早报》《中国石油大学学报(自然版)》和《中国石油大学学报(社会科学版)》4家报刊出版单位提交的自查报告、核验表以及样报样刊进行审核后报省局核验。④开展2016年上半年新闻出版统计数据填报工作，对东营日报社等4家报刊出版单位填报的数据进行审核，提交省局审核。

【印刷发行】 ①开展2016年印刷企业年度核验工作。参加年度核验印刷企业135家，资产总额90503.30万元，印刷工业总产值45515.75万元，销售收入43802.37万元，实现利润总额2313.07万元，从业人员1949余人。②开展2016年出版物发行单位年度核验工作。2016年底，全市有出版物发行单位313家，实际参加年度核验单位307家(其中，出版物批发单位5家、出版物零售单位267家，音像制品发行单位35家)，6家单位申请注销。经核验，2015年度出版物发行单位资产总额21973.72万元，营业收入15932.50万元，出版物销售总额10525.67万元，利润总额1393.02万元，从业人员1230人。③组织申报2016年度山东省新闻出版发展宏观调控专项资金项目。东营市玉兴印刷有限公司申报的“数字化印刷包装技改项目”获省财政专项补助资金30万元。组织申报2016年度山东省新闻出版广播影视产业项目库重点项目。推荐山东省东营市新华印刷厂“绿色环保印刷系统改造提升项目”申报2016年度山东省新闻出版广播影视产业项目库重点项目。 (市文广新局 李剑飞)

【山东新华书店集团有限公司东营分公司】 2016年，东营地区各分公司系统外营业收入9899.6万元；实现利润575.2万元，其中，东营市分公司完成系统外营业收入4588万元，实现利润218.9万元,同比增加99.6万元。年内,征订发行教材教辅幼儿教材累计7885.5万元,一般图书销售2216万元,其中市分公司2016征订发行教材教辅幼儿教材3047.36万元,一般图书销售998.4万元。2016年,加强教材教辅政策研究,密切与教育行政部门和学校之间的关系协调,实现高中教材光盘配套率100%。市分公司新华书城、新华大厦、广饶分公司中心门店、垦利分公司中心门店,被书店集团批准确定为系统内门店转型升级改造项目。结合地区特点和学习借鉴先进地市店的成功做法与经验,地区内各分公司均开展店堂特色营销活动。举办4次大型知名儿童文学作家走进东营签售活动,市分公司助阵东营市首届读书节,举办特价图书展销活动,实现销售68余万元。2016年,有校园书店8家,筹建5家,其中2016年度地区内新增开办校园书店5家,本年度所有校园书店累计实现销售58.69万元。开办第一家社区书店中山社区店,累计实现销售32.67万元。装配完成城市书吧20家。组建成立电商部加强"新华阅购"电商平台和微书城建设,逐步探索线上线下立体化营销模式。开展"你选我购"图书速借活动,新增办理借书证1321张,累计加工图书7816册,码洋23.69万元。

(新华书店东营分公司　李海荣)

**【思想】** 原名《企业政工园地》,创刊于1988年11月。1992年3月,鲁新出报刊字(1992)第80号批准更名为《企业工作研究》,是东营市职工思想政治工作研究会的会刊。1996年11月,山东省刊字279号批准更名为《思想》,由中共东营市委宣传部和东营市职工思想政治工作研究会主办,成为市委宣传部部刊和市职工思想政治工作研究会的会刊。《思想》为双月刊,出版日期为每双月28日,全年共6期。多年来,坚持把刊物办成理论学习的阵地、传播信息的通道、展示形象的窗口、交流经验的平台、指导工作的良师益友的办刊宗旨,宣传党的路线、方针、政策,指导全市宣传思想工作和企业文化建设,成为东营市宣传思想文化工作的重要阵地,是市委指导基层工作的重要舆论工具。截至2016年12月底,共编辑出版116期,与全国30多家同类刊物进行交流。

(市委宣传部　郭伟民)

**【东营通讯】** 《东营通讯》是中共东营市委主办、市委政策研究室具体承办的市委党刊。2016年创新办刊形式,开展学习习近平总书记系列重要讲话征文活动,发挥党刊主阵地作用。全年编发《东营通讯》12期,撰写重要言论12篇,编发各类稿件150余篇。做好与全国200多个城市党刊的交流工作,扩大东营的知名度和影响力。

(市委政策研究室　陈京华)

**【《东营日报》】** 2016年,东营日报社连续第十四年保持省级文明单位和全省新闻系统文明单位称号,获得山东报业创新发展奖、全省报纸印刷质量精品报、中国十佳品牌会展中心、中国旅游创新奖、东营市红旗团委等称号。

中心宣传。围绕贯彻落实中共的十八大和中共十八届三中、四中、五中、六中全会精神,落实中央八项规定、创建全国文明城市、实施黄蓝两大国家战略、"两学一做"学习教育、"市县乡换届选举"等重大主题开展宣传。开设《学党章党规、学系列讲话,做合格党员》等栏目,与市委"两学一做"学习教育指导协调小组办公室联合开展"难忘那年入党时"主题征文活动。

提高办报质量。①成立全媒体记者中心。整合报纸、网站和客户端的采编力量和采集发布渠道,对新闻统一采访,按各平台传播特点,进行错时错位发布,让读者在新媒体上看速度,在报纸上看深度,全面提升媒体的服务水平和舆论引导能力。②提高采编人员政治素质和业务能力。定期开展理论学习活动,着力提高政治素质,定期研讨版面、稿件及新闻策划、东营市情等内容。③开展"读者有奖纠错"活动。促进采编人员办报责任意识提高。

深化开门办报。组织开展多种活动,吸引广大读者、群众参与到读报、办报、办网中来,提升媒体的社会关注度和知名度。《东营日报》《黄河口晚刊》、东营网、东营通等各媒体举办2015年东营市十大新闻评选活动、东营日报社新媒体发展推进会、市民记者看重点工程、东营市中学生网上即时作文大赛、小小摄影师摄影大赛、少儿网络春晚、网络春晚、周末去哪儿等活动。同时,利用东营通、论坛、微博等传播载体整合资源、报网互动,与网民开展交流。

拓宽经营渠道。实行广告专刊经营,细化行业划分,成立7个行业专刊部。固报纸发行市场,开辟新的发行渠道,完成2016年《东营日报》发行任务。报纸印刷强化采编校印各环节质量管理,报纸印刷质量提高。

弘扬主旋律传播正能量。《东营日报》在头版报眼位置常年刊登社会主义核心价值观基本内容,开设《培育践行社会主义核心价值观》《节俭养德　全民行动》《创建全国文明城市》等栏目,刊登"图说我们的价值观"公益广告120期。组织开展文明志愿服务活动,开展"橘红驿站"献爱心、慈心一日捐、无偿献血、爱心小义工、爱心妈妈团、小记者义务植树等活动。

**【《黄河口晚刊》】** 2016年,《黄河口晚刊》坚持以本地鲜活新闻唱主角的办报宗旨,注重新闻的时效性,以独特的新闻策划视角,关注民生热点焦点,报道领域越来越广泛,媒体影响力不断扩大。对版面版式创新编排,栏目内容科学设计定位,刊发的新闻更具时效性、可读性和实用性。加强新闻策划,策划刊发的市一中放学道路拥堵、阶梯水价、阶梯气价、橘红驿站、诗人左岸、油田车改、济东高速通车等诸多重头新闻,引发广泛关注。举办槐花节专题策划、"恒丰银行杯"东营市第七届小学生作文比赛等活动。出版《五一劳动节特刊》《高考特刊》《国庆节特刊》《元旦特刊》等；开设《市民看城市建设》《“12355”阳光关爱助成长》《东营市民的100个幸福瞬间》等专栏；策划爱心救助、志愿服务等系列报道，引起良好反响。发挥职能作用，相继推出“画出心中的汽车梦”“复活节画彩蛋”“为环卫工人献爱心”“海岛奇兵”夏令营等活动，让黄河口晚刊小记者团在实践中成长，得到多方面的锻炼和提高。

**【《东营网》】** 2016年，东营网在内部管理、平台建设、经营创收、新媒体发展等方面取得突破。以活动促经营，组织“东营市中学生网上即时作文大赛”“晒妈征集令”“周末去哪儿”“东营通随手拍”等特色活动，成功举办东营网络春晚与东营少儿网络春晚，对繁荣本地文化，传递网络正能量发挥积极作用。做好新闻，策划的民生热点专题《2016东营两会 建设美丽幸福新东营》《加油，一诺》《东营市首届“企业文化与企业家精神”演讲比赛》等受到广泛关注。随着东营网综合服务功能和互动功能不断完善，社会关注度越来越高，东营网日均点击量80万次，黄河口论坛注册用户48万余人，同比增长25%、37.5%。截至2016年12月底，东营通用户10.78万户，较上年增长35.1%。在内容建设上，东营通坚持新闻、服务两手抓，不断提升新闻的时效性和可读性，单篇新闻阅读量最高16.8万次；从便民服务角度出发，东营通整合政府服务功能，开通“违章缴费”“汽车购票”“城市视频”“四风举报”“科技馆预约”“政务矩阵”“E城管”“健康365”等信息服务功能，搭建完整的信息服务平台，日使用率8200余次。东营通成为16家用户破十万的党报客户端之一。东营网微信用户12万户，同比增长33.3%，日均阅读量8000人次。 （东营日报社 燕艳）

## 广播影视

**【强化安全播出】** 2016年，继续将广播电视安全优质播出作为广播电视管理工作的重点，尤其是春节、两会、G20峰会等安全播出重要保障期及敏感日，做到提前预警，落实责任，规范管理，完善安全播出应急预案，坚持24小时值守和零报告，确保广播电视安全优质播出。按照省局《关于进一步做好中央电视台新闻联播节目转播工作的通知》要求，及时向播出机构传达央视新闻联播延时播出通知，每月调度各播出机构，确保完整转播。组织播出机构和传输机构按照省局《关于完善备用节目信号源的紧急通知》要求，配备备用节目信号，并可随时切换。

**【严格广告管理】** ①核查省局、市长热线、市民投诉反馈的违规投诉，全年下发《核查整改通知书》4份，有效规范广播电视广告播出秩序。②组织播出机构申报全省2015—2016年度广播电视优秀公益广告，参评广播作品5件、电视作品11件、优秀传输机构3家。③鼓励全市广播电视播出机构加强对优秀公益广告的播发和制作，根据时间节点安排“六一”公益广告、征兵公益广告、禁毒公益广告和税收公益广告的展播工作，每个季度调度各播出机构上报公益广告制作播出情况，并及时上报给省局，净化美化荧屏声频。

**【加强宣传管理】** 依托“百部中国梦电视动画片扶持计划”“2016年原动力中国原创动漫出版扶持计划项目”等精品项目资金扶持政策，通过组织“中国梦”主题新创作歌曲宣传推广、“弘扬社会主义核心价值观共筑中国梦”主题原创网络视听节目征集等活动，引导广播电视播出及制作机构推陈出新，创作精品佳作。组织开展2015年度东营市广播电视节目奖评选，并择优选荐优秀作品参加2015年度山东省广播电视大奖的评选，全市获奖作品11个。组织各县区广播电视播出机构参加2015年度县(市、区)广播电视节目奖评选，获奖作品21个。组织参加第二十八届(2015年度)山东省电视艺术“牡丹奖”，获奖作品19个。

**【维护传播秩序】** 联合市文化市场综合执法局等部门开展卫星电视地面接收设施专项整治行动、治理“黑广播”等违法犯罪行为；按照山东省经济和信息化委员会、公安厅、新闻出版广电局、工商行政管理局、质量技术监督局、通信管理局《关于开展“整治网络非法传播视听节目·绿网2016”专项行动的通知》的统一部署，与市经济和信息化局、公安局、工商局、质监局联合下发《关于开展“整治网络非法传播视听节目·绿网2016”专项行动的通知》；按照省局《2016年全省整治宾馆饭店卫星电视接收设施专项行动实施方案》的要求，与文化市场综合执法局联合下发文件，开展多次专项整治活动，规范播出秩序。同时，开展广播电视无线传输覆盖网秩序专项整顿行动，按照省局要求严格整改，对非法的和不符合要求的频率/频道坚决关停，对手续不完善、用错频率的，向总局申报，完善相关手续，规范和维护广播电视无线传输秩序，并对符合要求的播出机构和广播电视频道频率开展“广播电视播出机构许可证”和“广播电视频道许可证”换证工作。

**【推进无线数字化覆盖工程】** 截至2016年底，中央广播电视节目无线数字化第一批覆盖工程在发射台建成2个地面数字电视频道投入使用，第二批补充覆盖工程纳入河口台、广饶台建设补点台站，其中河口台的补点建设工作完成并投入使用；垦利县广播电视台争取一个地面数字电台视频道的使用权限并完成建设。根据省局《局关于调查全省建档立卡不通广播电视贫困户情况的通知》(鲁新广字〔2016〕526号)要求，完成全省建档立卡不通广播电视贫困户摸底调查工作，统筹有线、无线技术方式实现贫困户广播电视信号的通达，让每个贫困户都能听到广播、看到电视。

【电影管理】 按照省局《关于组织全省电影市场专项治理巡查工作的通知》要求，规范电影市场的经营秩序。推荐符合要求的放映单位申报全省城市数字影院1.3k放映设备升级改造扶持资金。2016年票房总收入5903.41万元，比上年增加1348.13万元，同比增长29.59%。①农村公益电影放映管理。举办农村公益电影标准化放映培训班暨2016年农村公益电影启动仪式，截至12月中旬，放映农村公益电影21372场。②开展“送电影进福利机构”公益电影放映活动，放映552场。③与市财政局协调，提高农村公益电影放映补贴标准，每场补助标准由原来的70元提高到110元，市级补贴标准目前为全省最高，与市财政局联合下发《关于做好2016年全市农村公益电影放映工作的通知》，确保资金到位；全市乡镇（公社）老放映员共有76人享受补助发放。④全省“忆峥嵘岁月　铸辉煌明天”庆祝建党95周年优秀电影展映活动在东营启动，农村、全市各城市社区（广场）同步开展展映活动。

【东营市广播电视台】 概况。东营市广播电视台于2011年6月由原东营人民广播电台、东营电视台整合组建而成。内设办公室等25个职能部室（频道、中心），辖中波发射台、微波站、网络传输中心、广播电视报社等4个事业单位；参股山东广电网络东营分公司、中广传播东营分公司、蓝色传媒有限责任公司等3个公司；2013年9月20日，根据东编发〔2013〕13号文件，市广播电视台由市文化广电新闻出版局所属事业单位调整为市政府直属事业单位。2014年组建东营广电传媒有限责任公司，下辖东营广电文化传播公司、东营广电广告公司、东营广电贸易公司3个子公司。全台有干部职工454人。其中，在编人员179人，招聘人员218人，临时用工57人。拥有广播、电视、报纸、网站、手机电视等多种媒体资源。新闻、经济、交通音乐3个广播频率，全天播音51小时；新闻综合、公共、东营图文3个电视频道，全天播出时间58小时；《东营周刊》发行量5万余份；网络电视台（黄河口网）实现三套广播节目、两套电视节目网络直播；CMMB手持电视实现全市城区覆盖。

舆论引导。①市内宣传紧紧围绕市委市政府的中心工作，以新闻专栏为统领，开设“开局之年看发展”“贯彻市委工作会议精神建设美丽幸福新东营”等16个新闻专栏，正确引导舆论。截至12月，两台新闻节目播发上述稿件2336条。②市外宣传瞄准市委市政府工作的重点和亮点，提升东营的知名度和美誉度。电视在中央台《新闻联播》发稿5条，其中提要1条，省台发稿693条，其他重点新闻栏目发稿14条。广播在中央人民广播电台播发新闻稿件55余篇，《新闻和报纸摘要》播发新闻5条，省台发稿920条。③持续关注民生，全年播发此类稿件1211条，实现新闻播报总量一半以上涉及民生领域。

品牌建设。电视《美丽东营》栏目制作创建全国文明城市展示片“城市的荣耀　发展的丰碑”、全国双拥模范城纪实片“双拥潮起黄河口”等专题，充分展示东营市对外形象。《伟伟道来》栏目首次介入“普鲁斯特问卷调查”环节，提高栏目的可看性和思想性。《绿洲农事》栏目以“关心农业、关注农村、关爱农民”为主题，全年涉及农林牧渔各业专题信息106篇。《第一房产》栏目中“房博士”板块接受群众咨询1017次，同比增长70%。《民生零距离》栏目中的“民生帮办”板块，受理热线咨询110个，协调帮办65件。“民生说法”“全程关注”板块热线新闻线上点击率突破300万。广播《给您一个说法》实施法律援助、救助及道路交通救助280人次，完成救助金额500万元。《一路畅通》实时播报城市路况信息，为15万出行车辆提供空中信息导向，微信公众平台拥有粉丝近8万人。2016年12月28日，东营市人民政府授牌东营交通音乐广播为“东营应急广播”。《行风热线》实现广播与网络线上同步直播，截至12月中旬，节目共播出127期，接听电话949个，相关部门现场和听众沟通解决问题500余个，群众满意率90%以上。策划实施“爱心送考”助学活动、“学雷锋为百名环卫工人献爱心”活动、原创大型音乐现场直播《谁与争锋》、第二届“小小朗诵家”大赛、2017少儿春晚等大型活动等共20余场。

精品生产。全台16件作品在山东省第二十八届电视艺术“牡丹奖”评选中获奖，其中一等奖2件，王建新荣获电视文艺类最佳导演奖。电视《美丽东营》栏目获全国广播电视协会评比三等奖。《绿洲农事》荣获第四届全国市县电视台推优活动电视栏目类一等奖。广播《交警直播室》栏目获得全省广播电视评奖社交类十佳栏目。《东营电视周刊》在全国城市广播电视报优秀作品评选中有21件作品获奖，其中一等奖3件，报送作品数量为全国第一。

事业建设。①一是打造全媒体、全天候、全覆盖的新闻传播体系。“黄河口网”全新改版升级，频道、栏目开通官方微博和微信公众号，“智慧东营”手机客户端正式上线，形成“一站”“两微”“一端”的立体化融媒体新闻传播平台。②打造贴近民生的融媒体服务平台“智慧东营”。梳理完成“创建全国文明城市建设”等11项专题，视频发布累计1000余条、总点击量突破3万次；“本地化民生服务”方面完成天气、违章、就医挂号、汽车购票等10余项功能模块。③打造“前端采集一体化、终端播出多样化”的“全媒体移动采编”系统，可通过PC端、手机端，实现对采集内容的远程传稿、三级审核和内容分发，初步建立新闻稿件移动采编、新闻发布有效及时、新闻资源汇总共享的快捷工作模式。

搭建电商平台系统。①打造生活服务栏目《食源探寻季》。先后赴黑龙江、山东莱芜、济南、聊城、烟台等地探寻五常大米、蜂蜜、调味品、肉类等放心食品，得到市民认可。②成立“明堂红木”家具实体店，举办东营首届广电红木博览会，实现销售额740余万元。

服务管理。①广播电视节目审核方面：严格执行三审制、重播重审制、监听监看制，确保电视节目宣传导向正确。②电视节目制作与播出方面：全台更新前期摄像机近20台。投资440万元建设200平方米全媒体演播室，运用互联网思维，围绕去中心化、用户思维和互动直播，为节目制作质量提升奠定基础。③广告监管方面：修订完善《创收运营方案》《东营市广播电视台广告管理细则》制度，明确广告管理办公室负责对本台所播广告进行全程监听监看。加大公益广告发布力度，全年共播出公益广告28961条次。④安全播出方面：着力在强化播控机房的硬件、制度、技术保障上功夫，切实完善物防、技防、人防措施，完善方案、预案和实践演练，实现安全播出工作监管全程全方位无缝隙化管理，确保省市两会、黄河口国际马拉松等广播电视特防期重要时段、重要节目实现零秒停播，实现安全优质播出。全年电视3个频道累计安全播出6011小时，广播3个频率累计安全播出17604小时。

（市广播电视台　宋信宁）

【东营有线电视】　2016年，东营有线电视不断推动以光纤入户、双向网改造为重点的网络升级，全市建设双向传输机房43个，分前端机房32个，敷设光缆2917公里，光纤用户覆盖数达到24万户，光纤到户开通数达到13.3万户。双向网覆盖率达到95%以上，实现东营地区网络运营商第一大网与第一强网。网内传输100余套标清节目、70余套高清节目、1套4K极高清频道、19套音频广播等，高清频道数量排名全省17地市第一位，并成为全省唯一实现高清数字信号全覆盖的地级市。在此基础上发展高清电视、互动电视、3D电视、付费节目、宽带接入、光纤专线专网、数据广播、智慧社区、视频监控等多项增值业务，同时经营网络工程建设、文化传播服务等相关业务。

（山东广电网络东营分公司　曹维飞）

【东营教育电视台】　2016年，优化栏目结构，总固定栏目31个，安全播出5500余小时。2016年8月起，根据上级要求开始转播央视一套的《新闻联播》，做到安全实时完整转播；《教育新闻》《油城教育》《网事十分钟》《新型农民教育频道》等自制栏目受到观众喜爱。被中国教育电视协会表彰为全国教育电视工作先进集体；1人获全国教育电视工作先进个人；《教育新视点》等4个节目在中国教育电视优秀节目评比中，获一等奖1个、二等奖2个、三等奖1个；素质教育专题片在全省评比中荣获一等奖；东营教育电视台推荐教师魏燕获“2016山东省最美教师”称号(全省10名)。

（市教育局　胡艳广）

## 档 案 管 理

【概况】　2016年，全市有各级国家综合档案馆6个，专业档案馆1个，其中2个国家一级综合档案馆，4个国家二级综合档案馆。截至2016年底，馆藏档案148个全宗，17万余卷(件、册)，排架长度930米，主要包括建市以来市级机关、企事业单位形成的文书档案，部分革命历史档案、声像档案，以及纪检、公证、工程监理等档案资料，另有录音录像带212盘，照片2630张，图书资料3万余册，馆藏元代铜印一枚、《四库全书》等珍贵资料。全市各级档案馆接待档案咨询、利用者15173人，利用档案数量5.1万余卷(件)。东营市档案局及5个县区档案局被省档案局表彰为全省档案先进集体，全市档案系统7人被省档案局表彰为全省档案宣传先进个人。

全媒体演播室机房　（市文广新局提供）

【档案基础设施建设】　市委、市政府将市档案馆新馆建设列入全市重点建设项目。市委办公室、市政府办公室印发《国家档案行政执法检查组〈关于对山东省档案行政执法检查反馈意见〉东营市整改落实工作方案》(东办字〔2016〕64号)、《关于加快推进县级国家综合档案馆建设的意见》(东办发〔2016〕47号)，全市档案馆库建设驶入“快车道”。2016年9月，市档案馆正式开工建设。

【档案业务督导】　坚持依法治档，提升科学管档水平。市、县区将档案工作列入对县区(开发区)、乡镇(街道)和部门单位的年度考核，推动全市依法治档工作的开展。市档案局与市人大、市法制办联合对全市5个县区、143个市直部门单位档案工作开展档案行政执法检查，并将检查结果进行反馈和通报。各县区也通过采取联合执法检查、专项检查等方式开展档案行政执法检查，实现档案执法常态化。坚持“服务为先”，履行档案业务指导受理“零推诿”、指导方式“零距离”、指导事项“零积压”、指导质量“零差错”、指导目标“零投诉”“五个零”服务承诺，强化对档案工作的业务指导。对50余家部门单位进行归档文件整理、数字化创建、档案室建设等方面业务指导。探索“互联网+档案”的新模式，创建档案业务指导微信群、QQ群，市直152个单位加入网络群，借助网络开展网上档案业务指导。对全市年度归档文件整理、机关文件材料归档范围和档案保管期限表等进行规范。组织140余个部门单位成立12个市直档案协作组，通过成员单位的互助协作，提高档案工作人员的业务技能。组织开展2016年档案工作科学化管理测评工作，全市7个单位通过省级示范单位测评，11个单位通过省级先进单位测评。

【档案安全建设】 按照档案管理“九防”要求（防高温、防火、防盗、防潮、防光、防鼠、防虫、防尘、防污染），加强档案馆库房管理，修订完善档案管理利用制度，提升档案安全保管和利用服务水平。做好汛期档案安全检查工作，全面落实防汛责任制，完善汛期档案安全应急预案。在档案提供利用工作中，严格遵循规章制度，履行工作程序，确保档案实体安全。全市电子档案容灾备份管理体系全面建成，市、县区综合档案馆和东营经济技术开发区、东营港经济开发区在省电子文件（档案）备份中心备份数据15T，市、县区级综合档案馆备份率100%。全市未发生档案安全事故。结合市档案馆新馆建设，把智慧档案馆建设融入智慧城市建设体系，制定市档案馆智能化、信息化规划设计方案。市档案馆全年完成档案数字化40万页，馆藏档案数字化比例提升至55%。东营区、垦利区、利津县等县级综合档案馆馆藏重要全宗文书档案数字化比例100%。

【档案资源建设】 组织修订《东营市声像档案管理办法》等规范性文件。开展档案征集与接收工作，接收渤海公证处公证档案4万余件，市委组织部、市盐务局、市招商局、市城市管理局等单位2001—2010年档案进馆45710余件，七届人大、政协四次会议材料、市委、市政府重大接待活动档案500余件，征集不同年度票证近百张。每季度定期接收东营日报社、东营广播电台全市重大活动档案的相关报道及其他相关档案材料。举办档案集中捐赠仪式，接收盖金香、许华同等个人捐赠《杨氏族谱》《大河息壤的馈赠——家庭文化系列丛书》等家庭档案160余件。开展2001—2014年度市直部门单位电子目录档案进馆工作，对市直各部门单位室藏档案情况进行摸底，为市档案馆新馆建成后大规模进馆工作打下基础。

【档案宣传工作】 “6·9”国际档案日前夕，市档案局向市直各部门单位发出《致市直部门单位主要负责人的一封信》，宣传档案工作的重要意义，提高社会的关注、支持度。以“档案与民生”为主题，开展系列宣传活动，在《东营日报》开辟“档案与民生”专栏，连载10期，宣传档案工作及相关知识。在东营电视台综合频道黄金时段播出《民生档案 服务民生》档案工作宣传专题片。与东营电视台专题部制作播出《难忘的一封信》《开国劳模李田英》两部人物专题片。启动《东营城市历史知识读本》编辑工作。编印《档案工作政策法规标准汇编》，向县区档案局和市直部门免费发放1100余册。与东营区档案局联合开展《档案春秋——东营区历史人物连环画》系列丛书编辑工作，完成《一代廉吏隋藏珠》《反正义士王道》《爆破大王侯登山》《吕剧鼻祖时殿元》《抗日英烈岳拙园》前期5册的绘画编辑。做好《东营档案》杂志编辑工作，扩大档案工作的影响力和覆盖面。组织开展2015—2016年东营市档案学术研讨会，评出优秀组织奖3个，优秀论文14篇。全市档案系统全年累计编研各类资料13种、270余万字。

（市档案局 宋国辉）

## 体育

【概况】 2016年，全市体育工作以“全民健身上升为国家战略”为契机，以建设体育强市为目标，以办人民满意的体育为宗旨，精心构建公共体育服务体系，备战第24届省运会，成功举办黄河口（东营）国际马拉松赛、黄河口（东营）公路自行车赛等大型赛事，全民健身、青少年体育、体育产业等均实现全面进步。至年底，全市有市级全民健身中心1处，体育公园2处，县区全民健身中心4处，体育公园4处，体育广场6处，县级全民健身中心覆盖率80%，县级全民健身工程覆盖率100%，乡镇（街道）全民健身工程覆盖率100%，农民体育（行政村）健身工程覆盖率96%。全市健身活动站点996个，每万人拥有健身站点4.7个；拥有社会体育指导员5244名，社会体育指导员占全市总人口比例2.7‰；国家体育总局批准的青少年体育俱乐部10所，市级体育传统校24所。

【全民健身设施建设】 ①投入344万元，配合市城市管理局在中心城居民区周边104公里绿道、4处公园和15处街头游园配套规划建设足球场4个、篮球场8个、网球场1个、健身路径31套。②做好体育扶贫工作。全市60个省定贫困村，分达标工程和提升工程两步建设，投入240万元，用于贫困村体育场地达标工程建设及室外健身器材配套，48个村完成达标工程场地建设，配套健身器材580余件，达标率80%。③做好全民健身中心场地建设和器材配置工作，投入145万元，为全民健身中心购置室内健身器材53件，建设笼式球类运动场地6个。④做好中心城区室外健身器材维护。组织专业维护人员对中心城区室外健身器材进行维护、维修；投入136万元资助各县区、开发区开展室外健身器材管理维护工作。

【促进体育产业发展】 出台《东营市人民政府关于加快发展体育产业促进体育消费的实施意见》(以下简称《实施意见》)，分总体要求、培育消费市场，激发发展活力、健全体育产业，促进融合发展、加大扶持力度，强化保障措施、健全工作机制，加强组织实施5大部分，从努力营造全民健身氛围、加强体育组织建设、鼓励社会力量参与等6个方面提出培育消费市场，激发市场活力，从编制体育产业发展规划、大力发展健身俱乐部等7个方面健全体育产业，促进融合发展，并通过完善投融资机制、落实规划布局和土地支持政策等方面强化政策保障。

2016年11月9日，黄河口(东营)国际马拉松赛被国际田联评为“金标赛事” (市体育局提供)

【全民健身实施计划】 12月，市政府印发《东营市全民健身实施计划(2016年—2020年)》(以下简称《实施计划》)。计划提出到2020年的主要发展目标，包括：参加体育锻炼人数明显增加，每周参加1次及以上体育锻炼的人数达到53%以上，经常参加体育锻炼人数达到38%以上；人均体育场地面积达到2.2平方米以上；所有县(区)、80%以上的乡镇(街道)和50%以上的行政村(社区)建立健全体育总会；全民健身站点达到每万人8个；每万人拥有足球场地0.7块以上。

【黄河口(东营)国际马拉松赛】 2016年5月8日上午，“中国万达”2016黄河口(东营)国际马拉松赛在东营成功举行。国家体育总局副局长冯建中，市委书记、市人大常委会主任申长友，市委副书记、市长赵豪志，市政协主席陈泽浦以及国家体育总局田径运动管理中心副主任、中国田径协会副主席王楠，省体育局副局长隋拥军，东营市、胜利石油管理局、中国石油大学有关领导，赞助企业代表等出席起跑式。赵豪志代表市委、市政府致辞，副市长王吉能主持起跑式。冯建中、申长友、王楠、隋拥军、尚吉永等共同为比赛鸣枪发令。

这是自2008年举办第一届黄河口马拉松赛举办以来，连续举办的第九届马拉松赛第七届国际马拉松赛。从最初国内邀请赛上升为全国马拉松积分赛，再上升为全国马拉松锦标赛；从3010名参赛选手到3万余名运动员参赛；从11个参赛国家和地区，扩展到69个国家和地区；自2011年起连续由央视现场直播，2013年实现直播并航拍；从最佳赛事上升为连续四年蝉联全国马拉松“金牌赛事”，2016年11月9日，黄河口(东营)国际马拉松赛被国际田联评为“金标赛事”。

2016年比赛设马拉松、半程马拉松、迷你马拉松(5km)、1公里健身跑四个项目。总参赛人数31635人，其中，有来自69个国家和地区的10338人参加马拉松、半程马拉松比赛，21181人参加迷你马拉松比赛，116人参加1公里健身跑。与往届相比，本届赛事按照国际田联“金标赛事”的标准办赛，提高赛事组织专业化、精细化水平，打造绿色健康、安全舒适、彰显东营特色的“最美城市湿地”精品马拉松赛，争创国际田联“金标赛事”。来自5个不同国家的28名高水平外籍选手参赛，其中国际田联金标运动员17名。赛事服务更具人性化，招募60名从事医务和急救工作的跑者组成“天使跑团”，合理设置食品补给站、降温设备等。东营市还以赛事为契机，开展丰富的赛事配套活动，宣传东营城市形象，吸引广大市民参与全民健身活动，掀起全民健身新高潮。

男子全程马拉松：肯尼亚选手迪克森·基普桑·图维获得冠军，成绩为2小时09分27秒；肯尼亚选手马里乌斯·基穆塔伊和摩西·切鲁约特·莫索普分别获得亚军、季军。前6名均打破男子全程2小时11分43秒的赛会记录。女子全程马拉松：巴林选手尤尼斯·春巴获得冠军，成绩为2小时31分13秒；肯尼亚选手米尔丽娅姆·凯瑞恩耶和埃塞俄比亚选手艾特·葛碧里叶思分别获得亚军、季军。

【黄河口(东营)公路自行车赛】 10月16日上午，首届黄河口(东营)公路自行车赛在东营举行。市委副书记、市长赵豪志,市政协主席陈泽浦,胜利石油管理局党委副书记、工会主席张梅河,省射击自行车运动管理中心常务副主任李大峰,出席发车式。赵豪志代表市委、市政府致辞,王吉能主持发车式。赵豪志、郑建军分别为比赛鸣枪发令。黄河口(东营)公路自行车赛是继黄河口(东营)国际马拉松赛之后着力打造的又一全民健身品牌赛事。力争用3~5年的时间,将黄河口(东营)公路自行车赛打造成国内具有较高知名度的一流品牌赛事。本届公路自行车赛由省体育局和市政府共同举办,省射击自行车运动管理中心、省自行车运动协会和市体育局联合承办,市相关部门单位协办,是山东省最高层次的自行车比赛。本届比赛为一日赛,设专业组、公开组、大众组三个组别。共有来自全国各地的743名运动员参加比赛,专业组选手92名,公开组选手351名,大众组选手300人,其中外省选手107人,山东省16市选手443名,东营市选手193名。东营市是山东省专业自行车队的起源地,山东自行车队最早在东营组建和训练。

**【备战24届省运会】** 全面完成运动员注册和参赛运动队组建工作。全市注册甲组运动员21个项目、296人,乙组运动员22个项目、748人,甲乙组共注册1044人。23个项目的备战队伍基本完成组建工作。制定《东营市参加山东省运动会参赛管理办法》等,强化运动队伍建设及参赛训练。组队参加省锦标赛、冠军赛。参加省2016年度锦标赛,派出26支参赛队伍830名运动员参加跆拳道、击剑、举重、皮划艇、赛艇、柔道等23个大项,获得金牌30枚(按24届省运会口径)、银牌20枚、铜牌25枚。组织参加22个项目冠军赛,取得金牌25枚、银牌11枚、铜牌18枚。承办山东省青少年摔跤锦标赛、男子足球锦标赛等8项省级赛事。

**【青少年体育】** 抓好体育后备人才培养基地、市队校办运动队、业余训练点三级体育后备人才网络建设。改革青少年运动会赛制,调整为年度两次赛事,举行锦标赛和冠军赛两轮青少年比赛,设置田径、乒乓球、羽毛球、游泳、足球、篮球、排球7个项目,有来自各县区、胜利教育管理中心、市直各学校的2248人参加比赛。新命名河口区实验学校和垦利县董集实验学校2处"后备人才基地"。

**【省级及市级大型赛事】** ①5月6—9日,"中国体育彩票杯"山东省武术套路(乙组)锦标赛在东营市广饶县体育中心举行。由山东省体育局主办,山东省武术院、东营市体育局承办,广饶县教育(体育)局协办,省内20支代表队近400名武术小将参加比赛。②5月20—27日,"中国体育彩票杯"山东省篮球锦标赛(乙组)在东营市举行,32支男女队伍、512人参加。③5月23—30日,"中国体育彩票杯"山东省足球锦标赛(男子甲组)暨山东足协青少年精英训练营足球锦标赛在东营举办。④5月25—28日,"中国体育彩票"山东省第六届全民健身运动会"中国万达杯"太极拳比赛暨2016年山东省太极拳锦标赛,29支代表队,414名运动员参赛。⑤6月28日—7月2日山东省"中国体育彩票杯"武术散打锦标赛(乙组)在东营市东营区英才学校举行,19支代表队、432名运动员参赛。⑥9月20—24日,山东省第八届万人象棋总决赛,在广饶县体育中心举行,全省17地市、四大企业的21支代表队,163名运动员参赛。⑦9月23—28日,2016年"中国体育彩票杯"山东省手球冠军赛(男子甲乙组)在东营市体育馆举行。⑧10月10—13日,"中国体育彩票杯"山东省排球冠军赛(乙组)在东营市广饶县体育中心举行,由获得2016年山东省排球锦标赛各组别前8名的16支队伍240余人参赛。⑨12月16—17日,"中国体育彩票杯"山东省游泳冠军赛在东营市举办,全省近300名运动员参加比赛。⑩5—10月下旬,东营市第七届全民健身运动会举办。设围棋、网球、门球、健身秧歌等15个项目,直接参赛人数4000余人,间接带动参与人数近5万人。组队参加山东省第六届全民健身运动会,市体育局获山东省第五届全民健身运动会组织奖,广饶县、利津县、东营区被山东省体育局表彰为第六届全民健身运动会先进单位。⑪5—10月,东营市第八届"百千万三大赛"举行。百县篮球预赛共有111支代表队、1600名运动员参加,千乡乒乓球预赛共有101支代表队、738人参加,万人象棋预赛共有90支代表队、587名运动员参加,共享赛事群众人数达3.8万人。11月16日,山东省第二届沿海骑行大奖赛东营站在东营举行,400余名业余骑行爱好者参赛。

**【全民健身】** 广泛开展健身活动。通过举办5月"全民健身月"、8月8日"全民健身日"、第七届全民健身运动会、第八届"百县篮球、千乡乒乓球、万人象棋"赛以及20多项马拉松配套活动,全年带动超过30万人次参与全民健身,体育人口比例明显提高。

**【体育总会】** 制定下发《东营市体育局关于加强县(区)级体育总会组织建设的意见》;2016年9月,县区级体育总会组织建设实现全覆盖;在12月召开的全省基层体育总会组织建设现场会上作《抢抓机遇　多举并措　有序推进县区体育总会组织建设》典型经验交流发言。

**【体育彩票】** 2016年,销售体育彩票4.78亿元,较2015年实体店的4.13亿元增加6477万元,增幅19.13%。全年市场占有率达到50.52%,与上年同期相比增长1.55%。全市全年新增体彩终端机53台,营业网点数量达到378个。

（市体育局　宋爱萍）

# 卫生计生

# 综　述

【概况】 2016年,全市卫生计生工作以深化医改和调整完善生育政策为重点,加快推进公立医院综合改革,积极稳妥实施"全面两孩"政策,群众健康素质明显提升。推进公立医院体制机制综合改革,"以药补医" 有效破除,2016年为群众直接让利1.98亿元。2016年东营市代表全省迎接国家基本公共卫生服务考核,取得第三名。至2016年底,全市有各级各类医疗卫生机构1634(含村卫生室)个;全市床位数12769张,卫生技术人员18205人;每千常住人口拥有床位数和卫生技术人员数分别达到5.99张和7.77人,均高于全国平均水平;万元以上设备总价值20.81亿元。全市孕产妇死亡率下降到7.14/10万,低于全省平均水平(12.62/10万),婴儿和5周岁以下儿童死亡率分别下降到3.21‰和4.07‰,处于全国先进行列,孕产妇住院分娩率100%,孕产妇系统管理率96.74%, 产前筛查率91.47%,5周岁以下儿童中、重度贫血患病率0.36%。疾病防控工作得到加强,2016年全市甲乙类法定传染病报告发病率为172.32/10万,艾滋病、结核病、手足口病等重点传染病疫情平稳,未发生甲类传染病病例和突发公共卫生事件, 其他传染病得到及时有效控制。

【卫生计生服务管理】 开展 "提升医疗质量、提升供给能力、提升服务效率,增强群众获得感"活动,实施预约诊疗、就诊"一卡通"等便民举措,改善群众就医感受。全市28家医院117个项目纳入全省"一单通、一片通"互认范围,有效避免重复检查。利用节假日、赶大集等形式,在集贸市场、建筑工地等流动人口聚集地开展生育政策、优生优育等宣传活动。加强道路交通事故患者救治,审核通过救助基金垫付申请70件,审核抢救费用300余万元。推进"平安医院"创建工作,2016年, 市医患纠纷调解委员会共接待涉医涉法咨询166人次,受理案件29起。发挥医疗责任保险作用,全市10家公立医院全部与保险公司签订保险协议,医疗责任保险参保率100%,投保金额338.5万余元。开展临床路径管理,规范操作流程和诊疗规范。实施优质护理服务,全市二级以上医疗机构全部开展优质护理服务。市政府与省立医院新一轮合作共建市人民医院成效显著, 成功创建为三级甲等综合医院。实施医学领军人才培养计划,培养和引进黄河口医学专家、优秀学科带头人、优秀青年人才五批94人, 调整充实市级质量控制中心26个、学术专业委员会108个。组织开展二级综合医院等级复审工作。完善计划生育利导政策体系,推动城镇无业、失业、自由职业者独生子女父母养老补助工作。推进流动人口卫生计生服务工作纳入本地社会管理和公共服务体系, 实现卫生计生均等化服务。落实全国、全省健康扶贫工作会议精神,核实核准全市2865名省级及以上贫困人口的因病致贫返贫家庭基本情况, 全市确定定点医疗机构21个, 明确家庭医生团队140个,制定印发健康卡1973份,为全市全部贫困人口健康查体并建立健康档案,对目标人群实行定点签约和"一对一"精准就医服务,开辟"就医绿色通道",发放健康明白纸21620份,组织健康会诊23次。全面落实贫困人口患病分类救治工作,全市分类救治患病贫困人口1200人, 完成年度任务量的116.5%。加大人口健康宣教力度,东营电台播出"健康之声"86期,"人口与健康"25期,"院长在线"12期, 全市在省级以上媒体发表稿件2548篇,在市级媒体发表稿件1895篇。

【卫生计生行风建设】 强化效能建设, 深化行政审批制度改革,优化卫生计生服务环境,推动岗位责任制、首问负责制等工作制度落到实处。针对群众"看病难、看病贵"问题,全市10家二级以上公立医院所有药品实行零差率销售,药品价格较改革前平均降幅44.2%,2016年为群众直接让利1.98亿元。规范医院用药行为,将公立医院基本药物和常用药品配备使用情况与医师定期考核、职称晋升、绩效工资发放、年终评先评优等工作挂钩,引导医疗机构首选国家基本药物和常用药品中标产品。开展"三好一满意""服务百姓健康"行动和医疗门诊"三增一禁"便民正风行动。组织实施"进一步改善医疗服务行动计划", 全市医疗机构集中开展9类、32项服务活动。开展打击非法行医专项行动、计划生育收费"三规范一公开"专项行动,为广大群众提供加放心满意的卫生计生服务。

# 医 疗 卫 生

【医药卫生体制改革】 坚持公立医院公益性, 推进公立医院综合改革。以药补医机制有效破除,相比零差率前药价平均降幅44.2%,2016年为群众直接让利1.98亿元, 医院收入结构更加优化;落实政府投入责任,市县两级政府对实行药品零差率销售的试点公立医院以定额补助、考核兑现等方式予以补偿。在医院基本建设、设备购置、重点学科建设、人才培养等方面均制定并落实财政投入补助政策。公立医院管理体制深入推进, 公立医院管理委员会领导下的院长负责制和任期目标责任制在市和县区逐步实行, 强化公立医院经营管理职能和责任; 初步建立现代医院法人治理结构,印发《关于推进公立医院法人治理结构改革试点的指导意见》(东卫医改字〔2016〕2号),新的医院管理体制初步运行。人事和分配制度改革深化,市县公立医院全面实行岗位管理、公开招聘和竞聘上岗等制度,医院通过完善绩效工资分配办法,激发内部活力;实行编制备案制管理、人员总量控制制度,全市10家公立医院备案人员总量7131人;探索薪酬制度改革,公立医院均建立按岗取酬、按工作量和技术难度取酬的绩效工资分配考核机制, 实现合同制职工和正式职工绩效工资同工同酬。推进分级诊疗制度，印发《关于推进分级诊疗制度建设实施意见》（东政办发〔2016〕10号）、《东营市2016年推进分级诊疗工作实施方案》（东卫字〔2016〕8号）；推行“三师共管”服务模式，在东城区域东城社区卫生服务中心、市人民医院和胜利石油管理局胜利医院先行试点，以高血压、糖尿病诊疗和健康管理为切入点，以病患需求和利益为导向，通过引入专科医师、全科医师、健康管理师“三师共管”服务模式，实现基层首诊、双向转诊，家庭医生签约服务，重构诊疗就医新秩序；深化二级以上医疗机构和基层医疗卫生机构合作，推进医联体建设，全市建立9个医联体，通过医疗技术、医院管理、人才培养、学科建设、信息化建设等方面进行合作，并建立医疗联合体内基层首诊、双向转诊等运行机制。截至2016年底，全市9个医联体共派驻专家1492人次，专家门诊量8185人次，基层机构门诊量同比增长9%。健全完善药品供应保障体系，执行药品集中采购政策，规范医疗机构网上采购行为，降低药品费用，公立医院所需的基本药物和常用药品均通过省招标平台集中挂网采购，全市挂网采购的基本药物品规3045种；提高基本药物使用比例，二、三级医院平均使用率分别达到45.02%、33.34%，药品费用降低；调整医疗服务价格，推动医疗服务价格改革，2016年，扩大医疗机构自主定价权，按照省部署，放开全市知名专家诊察费等106个医疗服务项目定价权，出台中医优势病种收费方式改革政策，对13项中医优势病种项目按病种收费，同时实现医疗服务价格与医保支付制度有效衔接。优化社会办医发展环境，截至2016年底，全市民营医院35家，占全市医院总数的45.5%；民营医疗机构拥有卫生专业技术人员3578人，占全市的22.6%；开放床位3586张，占全市的28%；民营医院实现业务收入近14亿元，占全市的34%；落实《山东省医疗卫生服务业转型升级实施方案》《山东省医师多点执业实施办法》，促进医养结合等多业态融合发展，促进优质医疗资源共享。推进公立中医院改革，推进国医堂、中医馆项目建设，全市4处国医堂项目和8处中医馆项目通过省中医药管理局考核验收；加强中医药人才培养，分2期对全市280名乡村医生进行基层医务人员中医药适宜技术培训；开展名老中医评选、传统医学确有专长考核、五级中医药师承教育以及中医中药齐鲁行等活动。推进城乡医院对口支援，制定《东营市城乡医院对口支援工作实施意见（2016—2018年）》，3家三级医院帮扶五个县区，实现对口支援全覆盖。发挥“网上远程医疗服务系统”作用，完成与解放军总医院、省立医院等远程医疗服务病例近3000例。加快推进人口健康信息平台建设，一期投资1500万元的市级人口健康信息平台建设顺利，覆盖市、县、乡、村各级各类卫生计生机构的数据传输专线网络建设完成并与省级联通。

【公共卫生服务】 贯彻落实市政府《关于加快推进公共卫生服务体系建设的意见》，加快推进东营市公共卫生服务体系建设，市人民医院急诊急救中心暨内科病房综合楼、市疾控中心检验综合楼建成投用，各县区投资3000余万元实施村卫生室标准化建设项目，新建村卫生室55处、改扩建29处。加强院前急救管理，做好全市重大活动和节日期间的公共卫生保障工作。加强血液管理，全市临床用血100%来自无偿献血，核酸检测工作顺利开展，东营市第六次荣获“全国无偿献血先进城市”称号。2016年国家基本公共卫生服务项目补助标准提高到45元/人·年，新增部分全部用于全科医师（乡村医生）签约服务。截至2016年底，全市规范建立城乡居民电子健康档案174.88万份，电子建档率84.38%，实现县域内县、乡、村三级数据平台共享。落实老年乡村医生生活补助并推进乡村医生准入退出机制建立，为2450人发放2015年度老年乡村医生生活补助1710万元。研究制定实施《东营市乡村医生定向培养计划（2016—2018年）》，加快乡村医生向执业（助理）医师转化。开展新一轮示范社区卫生服务机构和“建设群众满意的乡镇卫生院”创建活动。深化网格化家庭医生签约服务模式，全市签约家庭36.78万户，签约人数91.85万人。全市建成2处市级急危重症孕产妇救治中心和2处急危重症新生儿救治中心，建成3处县级急危重症孕产妇救治中心和3处急危重症新生儿救治中心。2016年，全市完成宫颈癌筛查99764万人，乳腺癌筛查112752万人。做好出生缺陷综合防治工作，全市30023人参加免费孕前优生健康检查服务，19720人参加免费超声监护，19044人参加唐氏综合征产前筛查；新生儿疾病筛查37251人。开展儿童早期发展示范基地创建工作，市二院创建为省级儿童早期发展示范基地。

【综合监督】 开展卫生计生综合监督提升年活动。全市监督检查单位5186家，下达监督意见书4963份，限期整改1830家；立案70件，其中，罚款20.756万元，取缔10家，吊销资质机构1家。规范事中事后监管，建立“双随机”制度，公布“两库一清单”。确定河口区作为首批行政执法全过程记录试点单位。做好食品安全风险监测工作，监测范围实现县区全覆盖。

【爱国卫生】 深入开展爱国卫生运动，组织开展十大专项整治行动，做好国家卫生城市第三轮复审迎检工作。协调财政部门增加控蚊预算630万元，新采购室外灭蚊灯1240台，定期开展专项消杀，城区“四害”密度持续控制在较低水平。健康东营建设稳步推进，新建健康主体公园2处、健康步道5处，11所学校评为首批山东省健康示范学校。卫生创建活动开展，2016年新增省级卫生先进单位23个、省级卫生镇2个、省级卫生村33个，市级卫生先进单位55个、市级卫生村37个，无烟单位164个、无烟社区3个。

（市卫计委 孙万禄 张玉峰 侯立峰）

## 2016年东营市医院基本情况一览表

单位:人

| 序号 | 机构名称 | 在职职工数 | | 床位(张) | | 房屋建筑面积(平方米) | 万元以上设备总价值(万元) | 诊疗人次 | | 入院总人数 | 出院总人数 |
|---|---|---|---|---|---|---|---|---|---|---|---|
| | | 总数 | 其中:卫生技术人员 | 编制床位 | 实有床位 | | | 总数 | 其中:门诊人次 | | |
| 1 | 东营市人民医院 | 2015 | 1768 | 1360 | 1360 | 248725 | 23079 | 1043686 | 910369 | 55230 | 55160 |
| 2 | 胜利石油管理局肛肠病防治院 | 114 | 94 | 110 | 110 | 8565 | 1358 | 76215 | 53047 | 1473 | 1493 |
| 3 | 东营华东中医院 | 37 | 33 | 20 | 20 | 1800 | 67 | 12431 | 12431 | — | — |
| 4 | 胜利石油管理局汽修卫生院 | 30 | 23 | 25 | 25 | 2961 | 350 | 50540 | 50500 | 417 | 417 |
| 5 | 胜利石油管理局胜采医院 | 142 | 120 | 130 | 119 | 12296 | 757 | 109940 | 104602 | 2157 | 2163 |
| 6 | 东营市正骨医院牛庄分院 | 32 | 20 | 50 | 50 | 10000 | 430 | 4998 | 4534 | 220 | 185 |
| 7 | 中国石化集团胜利石油管理局胜利医院 | 1226 | 985 | 800 | 800 | 78521 | 17377 | 624508 | 599680 | 17071 | 17098 |
| 8 | 东营市荣军医院 | 46 | 22 | 293 | 80 | 13601 | 850 | 665 | 665 | — | — |
| 9 | 东营胜利中医医院 | 93 | 70 | 100 | 68 | — | 1224 | 103843 | 103843 | 1256 | 1245 |
| 10 | 东营起风整骨医院 | 15 | 13 | 20 | 20 | 800 | 23 | 16413 | 13403 | — | — |
| 11 | 东营爱尔眼科医院 | 27 | 27 | 20 | 20 | 1491 | 1320 | 4460 | 4460 | 365 | 365 |
| 12 | 东营市东营区新区医院 | 89 | 74 | 48 | 48 | 5669 | 1345 | 108680 | 91892 | 404 | 411 |
| 13 | 胜利石油管理局运输卫生院 | — | — | — | — | — | — | — | — | — | — |
| 14 | 胜利油田机关医院 | 116 | 104 | 105 | 60 | 5532 | 1769 | 169483 | 169483 | 1093 | 1070 |
| 15 | 东营诚华铭瑞中医医院 | 27 | 20 | 20 | 20 | 2200 | 60 | 3000 | 3000 | — | — |
| 16 | 东营市口腔医院 | 35 | 27 | — | 19 | — | 200 | 16589 | 13256 | — | — |
| 17 | 东营西郊医院 | 16 | 16 | 20 | 20 | 1035 | — | 2363 | 2037 | — | — |
| 18 | 胜利石油管理局东辛卫生院 | 47 | 40 | 20 | 20 | 3250 | 554 | 25612 | 25600 | 156 | 156 |
| 19 | 东营华健糖尿病肾病医院 | 26 | 18 | 120 | 120 | 3029 | 32 | 26505 | 26397 | 108 | 100 |
| 20 | 东营博爱妇产科医院 | 63 | 50 | 60 | 60 | 8160 | 200 | 9234 | 9234 | 1462 | 1462 |
| 21 | 东营合德医院 | 45 | 42 | 100 | 100 | 3000 | 10 | 31000 | 31000 | 759 | 710 |
| 22 | 胜利油田康复医院 | — | — | — | — | — | — | — | — | — | — |
| 23 | 胜利油田中心医院 | 2525 | 2119 | 1588 | 1588 | 147041 | 41114 | 1489644 | 1422150 | 68996 | 68856 |
| 24 | 东营华山医院 | 23 | 21 | 20 | 20 | 1400 | 27 | 3798 | 3536 | 26 | 26 |
| 25 | 东营市市直机关医院 | — | — | — | — | — | — | — | — | — | — |
| 26 | 胜利石油管理局测井卫生院 | 63 | 54 | 30 | 31 | 1765 | 427 | 28623 | 28085 | 554 | 512 |
| 27 | 东营仁济医院 | 34 | 33 | 40 | 40 | 2000 | 205 | 12906 | 11859 | 334 | 334 |
| 28 | 东营百草堂中医院 | 25 | 21 | 24 | 24 | 1500 | 60 | 13971 | 13971 | — | — |
| 29 | 胜利石油管理局石化卫生院 | 22 | 18 | 20 | 20 | 2000 | 215 | 9234 | 9222 | 74 | 74 |
| 30 | 中国石化集团胜利石油管理局胜北医院 | 259 | 216 | 286 | 240 | 20326 | 7103 | 174461 | 156949 | 3277 | 3154 |
| 31 | 东营市妇幼保健计划生育服务中心 | 65 | 45 | 24 | 20 | 3700 | 3060 | 125972 | 125972 | — | — |
| 32 | 胜利石油管理局机厂卫生院 | 62 | 55 | 30 | 49 | 3229 | 662 | 65606 | 64907 | 395 | 400 |
| 33 | 胜利石油管理局集输卫生院 | 74 | 61 | 26 | 26 | 2270 | 109 | 73685 | 73197 | 358 | 353 |
| 34 | 东营市东营区人民医院 | 591 | 558 | 460 | 460 | 33000 | 10223 | 365340 | 311547 | 16609 | 18006 |
| 35 | 东营八局医院 | 46 | 37 | 40 | 40 | 1500 | 73 | 18000 | 17710 | 745 | 744 |
| 36 | 东营同济医院 | 36 | 26 | 15 | 15 | 3000 | 10 | 3785 | 3771 | — | — |
| 37 | 胜利石油管理局妇幼保健院 | 94 | 76 | 70 | 50 | 11938 | 1596 | 80300 | 75000 | 1079 | 1070 |
| 38 | 胜利石油管理局现河卫生院 | 100 | 88 | 48 | 48 | 4040 | 537 | 46030 | 45806 | 593 | 592 |
| 39 | 东营市立儿童医院 | — | — | — | — | — | — | — | — | — | — |
| 40 | 胜利油田职业病防治所 | 66 | 50 | 20 | 20 | 21312 | 367 | 437 | 437 | — | — |
| 41 | 胜利石油管理局胜东医院 | 153 | 128 | 60 | 60 | 19000 | 1622 | 69230 | 62312 | 935 | 935 |
| 42 | 胜利石油管理局供应卫生院 | 141 | 120 | 70 | 65 | 11912 | 1352 | 77229 | 77229 | 460 | 481 |
| 43 | 东营鸿港医院 | 406 | 334 | 499 | 351 | 70000 | 8715 | 177402 | 156104 | 6790 | 6769 |
| 44 | 东营滨海中医医院 | 33 | 26 | 80 | 80 | — | 100 | 42890 | 42889 | 1 | 1 |
| 45 | 东营文俊骨病医院 | 20 | 17 | 50 | 20 | 3000 | 90 | 4567 | 4545 | 219 | 183 |
| 46 | 东营中西医结合医院 | 34 | 24 | 30 | 30 | — | 295 | 2790 | 2790 | — | — |
| 47 | 中国石油大学(华东)医院 | 45 | 37 | 30 | 30 | 3801 | 35 | 44400 | 40800 | 280 | 280 |

续表

| 序号 | 机构名称 | 在职职工数 | | 床位(张) | | 房屋建筑面积(平方米) | 万元以上设备总价值(万元) | 诊疗人次 | | 入院总人数 | 出院总人数 |
|---|---|---|---|---|---|---|---|---|---|---|---|
| | | 总数 | 其中:卫生技术人员 | 编制床位 | 实有床位 | | | 总数 | 其中:门诊人次 | | |
| 48 | 胜利石油管理局油建卫生院 | 42 | 38 | 55 | 55 | 4000 | 67 | 38730 | 36160 | 239 | 236 |
| 49 | 东营真爱医院 | 30 | 21 | 50 | 50 | 2355 | 67 | 1002 | 621 | — | — |
| 50 | 胜利石油管理局锦苑卫生院 | 82 | 74 | 40 | 36 | 1862 | 586 | 58133 | 57592 | 563 | 541 |
| 51 | 东营市中医医院 | 243 | 232 | 200 | 200 | 8000 | 56 | 171848 | 168066 | 3395 | 3320 |
| 52 | 胜利石油管理局电厂卫生院 | 21 | 18 | 20 | 20 | 2400 | 183 | 12118 | 12118 | 70 | 70 |
| 53 | 东营东康医院 | 20 | 16 | 20 | 18 | 1050 | 11 | 3084 | 3084 | — | — |
| 54 | 东营市河口区妇幼保健计划生育服务中心. | 30 | 27 | — | — | 1600 | 674 | 18779 | 18779 | — | — |
| 55 | 东营河口同济医院 | 6 | 6 | 20 | 20 | 800 | — | 6895 | 6895 | 5 | 5 |
| 56 | 东营市河口区人民医院 | 168 | 145 | 175 | 175 | 30248 | 2241 | 260817 | 230206 | 7629 | 7609 |
| 57 | 河口区中医院 | 83 | 77 | 210 | 178 | 10000 | 748 | 66400 | 61840 | 5184 | 5185 |
| 58 | 胜利石油管理局孤岛医院 | 154 | 133 | 156 | 110 | 14489 | 3279 | 107227 | 99910 | 1332 | 1297 |
| 59 | 河口孤岛正安医院 | 17 | 16 | 22 | 22 | 918 | 2 | 15675 | 15675 | 333 | 333 |
| 60 | 胜利石油管理局滨海医院 | 219 | 190 | 216 | 216 | 19799 | 7947 | 146603 | 134550 | 2006 | 1999 |
| 61 | 胜利石油管理局河口医院 | 260 | 204 | 330 | 160 | 25018 | 2978 | 139157 | 129726 | 3370 | 3330 |
| 62 | 济南军区黄河三角洲综合训练基地医院 | 70 | 58 | 80 | 80 | 5600 | 290 | 12419 | 12165 | 957 | 1012 |
| 63 | 垦利县人民医院 | 582 | 551 | 428 | 500 | 32000 | 7100 | 332574 | 297318 | 17976 | 17890 |
| 64 | 垦利黄河中医院 | 18 | 11 | 20 | 20 | 1000 | 60 | 3865 | 3550 | 357 | 357 |
| 65 | 垦利康复医院 | 40 | 26 | 100 | 100 | 10000 | 42 | 100 | 96 | 36 | 35 |
| 66 | 垦利县妇幼保健计划生育服务中心 | 58 | 44 | 20 | 20 | 5874 | 1634 | 77183 | 77183 | — | — |
| 67 | 垦利友谊医院 | 39 | 37 | 0 | 40 | 1390 | 126 | 8520 | 8520 | 368 | 368 |
| 68 | 利津精神卫生医院 | 23 | 23 | 60 | 60 | 1200 | 208 | 6210 | 6210 | 1052 | 1046 |
| 69 | 利津京华医院 | 15 | 11 | 20 | 20 | — | 135 | 7561 | 7560 | 1 | 1 |
| 70 | 利津县第二人民医院 | 262 | 234 | 150 | 150 | 32317 | 5354 | 88849 | 76512 | 7357 | 7321 |
| 71 | 利津县中心医院 | 485 | 449 | 260 | 283 | 46400 | 7141 | 171091 | 164491 | 12038 | 12026 |
| 72 | 利津县妇幼保健计划服务中心 | 49 | 38 | 20 | 20 | 4467 | 1026 | 19950 | 19950 | 31 | 31 |
| 73 | 广饶新世纪中医医院 | 20 | 16 | 50 | 50 | — | 22 | 1520 | 1520 | — | — |
| 74 | 东营同安胸外科医院 | 82 | 73 | 150 | 150 | 7000 | 1300 | 85630 | 32113 | 2007 | 1965 |
| 75 | 广饶县中医院 | 324 | 299 | 238 | 238 | 12986 | 1874 | 140896 | 115434 | 6817 | 6788 |
| 76 | 东营民生颈肩腰腿痛专科医院 | 17 | 12 | 50 | 50 | — | 50 | 21400 | 21290 | 140 | 140 |
| 77 | 东营乐安糖尿病肾病医院 | 43 | 33 | — | 50 | 1777 | 80 | 38125 | 38125 | 99 | 90 |
| 78 | 东营市正骨医院 | 100 | 100 | 150 | 130 | 15000 | 730 | 33944 | 33719 | 3033 | 3042 |
| 79 | 东营市第二人民医院 | 805 | 712 | 1200 | 799 | 79662 | 13025 | 394910 | 335307 | 23685 | 23439 |
| 80 | 东营肛肠病医院 | 49 | 41 | 80 | 80 | 20000 | 1000 | 49423 | 49216 | 876 | 876 |
| 81 | 广饶县人民医院 | 906 | 820 | 720 | 720 | 51906 | 2694 | 705028 | 657158 | 32485 | 32322 |
| 82 | 广饶县妇女儿童医院 | 73 | 70 | 60 | 60 | 2153 | 1142 | 134774 | 134774 | 743 | 743 |

## 疾病预防控制

【概况】 2016年,全市报告乙类法定传染病3321例,死亡8例,发病率157.35/10万,发病率比去年同期上升5.76%。其中发病率前5位分别为:病毒性肝炎1459例,上升11.74%;肺结核505例,下降5.74%;梅毒446例,上升0.61%;痢疾259例,下降22.39%;布病227例,下降2.24%。报告丙类传染病8166例,无死亡病例,发病率386.90万,发病率比去年同期上升36.95%。其中发病前5位分别为:手足口病5368例,上升72.44%;其他感染性腹泻病2383例,下降1.99%;流行性腮腺炎264例,下降9.12%;流行性感冒120例,上升20.59%;急性出血性结膜炎29例,上升6.85%。全市未发生甲类传染病。

【霍乱防治】 5—10月,组织全市59处医疗机构腹泻病门诊开诊。为确保能及时发现疫情,实行霍乱周报告和腹泻病例疫源检索制度。全市霍乱疫源检索腹泻病人14631人次,快检1555人次,快检率10.63%,细菌培养1110人次,细菌培养率7.59%,均未发现阳性标本。

2016 年 10 月，对候鸟栖息地(黄河三角洲自然保护区)进行禽流感外环境标本采集 (市疾控中心提供)

【手足口病防治】 全年报告手足口病 5368 例，比上年同期上升 72.44%。开展手足口病病例采样 345 份，阳性 276 例，分离出手足口病毒株 46 株，影响东营市手足口病发病的病毒类型主要是 CoxA16 型。

【流感等呼吸道传染病防治】 2016 年，3 所国家级流感监测哨点医院报告流感样病例 26988 例，占门急诊病例就诊总数的 4.03%，人群中流感疫情流行处于正常水平。指导东营区人民医院进行流感样病例采样，流感样病例检测 699 份，实验室分离鉴定标本 346 份，细胞培养与鉴定分离出毒株 36 株，鸡胚培养与鉴定分离出流感毒株 14 株，实现病原微生物学检测技术新突破。禽流感监测工作，在垦利区、利津县的禽类养殖、屠宰场所和黄河三角洲国家自然保护区采集 615 份环境标本，经甲型通用引物检测阳性标本 91 份，全市爆发禽流感疫情风险较低。不明原因肺炎病例监测，1~12 月报告不明原因肺炎 5 例，经流行病学调查和实验室检测，均排除人感染 H7N9 禽流感，主要是甲型 H1N1 流感。

【结核病防治】 ①推进"结核病新型防治服务体系"建设，实施结核病规范诊疗，提高患者就诊依从性及肺结核病人发现水平。②抓好基层医疗卫生机构人员《肺结核患者健康管理工作规范》培训，提高肺结核患者管理率、肺结核患者规范服药率。组织参加全省结核病实验室技能竞赛并获二等奖。③开展"百千万志愿者结核病防治知识传播活动"，通过微信、微博、手机 APP 客户端普及结核病防治知识，开展东营市首届"结核病防治知识"有奖知识竞赛，提高公众结核病防治核心知识知晓率。2016 年，全市发现活动性肺结核患者 453 例，完成年度计划任务的 113.25%。上年同期登记新涂阳肺结核患者 79 例，治愈 64 例，治愈率 88.89%，到达新涂阳肺结核患者治愈率≥85%的指标。

【艾滋病防治】 2016 年，全市 21 个艾滋病筛查实验室和 25 个检测点，检测各类人群 201012 份，检出 HIV 阳性 66 例。推进高危人群行为干预工作，干预暗娼 7331 人次、MSM 人群 3299 人次。2016 年新增治疗 66 人，累计治疗 206 人，正在接受抗病毒治疗 179 人。抗病毒治疗覆盖率 72.5%。完成城镇和农村居民、青年学生、在押人员、男男同性恋人群和出入境人员等 5 类人群艾滋病防治知识知晓率调查、艾滋病感染者问卷调查。开展艾滋病防治知识进农村、进社区、进学校、进家庭、进重点场所等"五进"工作。前三季度设置固定宣传栏 128 个，广告牌 23 个，覆盖学校 109 所(次)，工地 200 个，累计发放宣传材料 14 万份。

【地方病、寄生虫病防治】 完成地方性氟中毒病情监测，检测 356 个病区村水氟含量，310 个工程(村)的水氟含量符合居民生活饮用水氟含量要求，46 个村水氟含量超标。调查 8~12 周岁儿童 9502 名，发现氟斑牙患者 1775 名，氟斑牙患病率 18.7%。碘缺乏病防治，碘盐监测工作。在河口区、垦利区、利津县 9 个乡镇实施碘缺乏病健康教育项目，目标学生和家庭主妇碘缺乏病防治知识知晓率提高 30 个百分点以上。在 100 个村开展居民食用碘盐情调查，碘盐覆盖率 88.1%，合格碘盐食用率 72.3%。在垦利区、广饶县 10 个乡镇开展碘营养状况抽样调查，总体碘营养状况处于适宜水平，但碘营养不均衡状况依然存在。疟疾防治工作，通过山东省消除疟疾评估组考核验收，全市整体达到消除疟疾标准。检测"三热"(发热在 38.5 摄氏度以上的临场诊断为疟疾、疑似疟疾、不明发热原因者)病人 2029 例，发现输入性疟疾 2 例。组织开展寄生虫病防治技能竞赛。布病防治工作，在利津县开展布病健康教育基地建设，对 244 例病人进行流行病学调查和督导服药。狂犬病防治，报告狂犬病疑似病例 1 例，开展 2010—2015 年东营市既往发生的狂犬病病例疫苗接种情况调查，经调查在 2010—2015 年报告发生的 4 例病例均无疫苗接种史。

【精神卫生工作】 2016 年，管理重性精神疾病患者 6847 例，重性精神疾病患者报告率 3.27‰，患者管理率 95.3%，规范管理率 76.7%。首次开展重性精神障碍流行病学调查，调查东营区、广饶县 799 户居民，严重精神障碍患病率 5‰。开展全市精神卫生技能竞赛，参加全省精神卫生技能竞赛，获得团体三等奖。

【慢性非传染性疾病防治】 以“健康山东”为平台，推进全民健康生活方式行动，慢性病监测数量和质量明显提高，特别是死因监测首次达到6‰的目标。死因监测，2016年全市报告死亡病例11692例，粗死亡率6.13‰；新发肿瘤5948例，发病率311.94/10万；脑卒中7367例，发病率386.35/10万；冠心病1592例，发病率83.49/10万；伤害病例14766例。组织开展“减盐控压百日行动”，减盐控压工作实施5年来，居民每人每日食盐量下降0.95克。完成脑卒中高危人群筛查和干预项目工作，对2013年所有参与脑卒中高危人群筛查的居民5754人进行全员随访。

【免疫规划】 加强疫苗冷链建设，投资170余万元更新辖区各预防接种门诊疫苗用冰箱，建立温湿度监测系统。贯彻《疫苗流通和预防接种管理条例》，适龄儿童国家免疫规划疫苗接种51.5万人次，接种率99.93%，查漏补种5997人次，新生儿乙肝疫苗首针及时接种21952人，接种率95.33%。做好消除麻疹工作，2016年全市监测麻疹疑似病例172例，确诊83例，为防控麻疹疫情，组织查漏补种2358人次。疫苗针对性疾病监测，报告AFP12例、风疹1例、病毒性肝炎1350例、乙脑1例、百日咳1例，均进行规范调查处理和采样检测。全市报告疑似预防接种异常反应273例，无严重病例报告。2016年，全市免疫规划疫苗全程接种率95.14%。

【健康教育】 在市广播电台《卫生与健康》栏目开展健康访谈录10次；在市电视台《民生零距离》开展公益讲座3次；在东营日报、黄河口晚刊等报刊发表健康教育文章10篇；开展“健康教育情系万家”活动，发放健康教育资料12000余份；利用微信、短信平台传播精准的健康教育科普知识2000余条；在主城区的居民区或社区设立标准的健康教育宣传栏120余处；推进和扩大农村健康教育覆盖面，考核125个村庄，有95%的村庄达标，87%的农村户达标；创建学校、机关、医院、企业、社区等健康教育与健康促进示范点60余个；深入社区、学校、机关、企业开展健康教育讲座180余场次；在电视台播放控烟公益广告，在全市小学生中组织开展“我要健康成长，拒吸第一支烟”签名活动，在建筑工地、长途汽车站、市区广场、社区、学校等场所开展控烟宣传和咨询活动，创建医疗无烟卫生计生机构16个，全市新增无烟单位20个。

【卫生应急】 修订完善卫生应急预案和处置办法，调整充实应急专家库和应急救援队伍。加强卫生应急演练，做好重大突发公共事件卫生应急工作。参加省疾控中心组织的第二期山东省突发急性传染病卫生应急队与市疾控卫生应急队联合培训演练。组织开展卫生应急知识“五进”集中宣传活动，提升公众应急知识和自救能力。

【公共卫生工作】 ①加强食品安全风险和生活饮用水监测。食品安全风险监测650份，取得监测数据8580个，其中生鲜肉瘦肉精检出率5%；豆芽植物生长调节剂检出率45%；油条、方便面有机污染物多环芳烃检出率90%，海洋软体动物类无机砷检出率60%。学生餐微生物致病菌不合格率为20%。检测水样336份、合格率77.98%。城市水检测水样136份、合格率81.3%。农村水检测水样200份、合格率76.5%。②开展公共场所健康危害因素监测。完成检测单位19家，检测样品507项次。监测类别分别为宾馆、图书馆、飞机场、商场等，监测项目主要包括室内空气质量、微小气候、公共用品、风速、噪声等。室内空气指标合格项次496次，总合格率为97.83%，主要不合格项次为商场类和书店类的温湿度、粉尘、甲醛指标，其次为商场噪声等。③监测托幼机构9家，洗涤机构3家，养老机构2家，共采集样品279份，合格率91%。 （市疾控中心 张婷）

## 计划生育

【人口计生服务管理】 2016年，落实人口计生工作“三不变、四到位”（坚持计划生育基本国策不变，党政一把手负责制度不变，计划生育一票否决制度不变；确保责任到位、措施到位、投入到位、落实到位）要求，坚持和完善人口计生目标责任制。出台《关于实施全面两孩政策改革完善计划生育服务管理的意见》，为促进全面两孩政策稳步实施奠定基础。2016年自然年度期末，全市总人口192.9万人，出生31761人，人口出生率为16.57‰，自然增长率为11.79‰，出生人口性别比为106.9，各项指标均保持在省目标责任考核的指标值范围内。

【“全面两孩”政策实施】 积极应对可能出现的扎堆生育、放松管理等风险，及时预测人口数据变动情况，做好出生人口动态监控和预警。宣传有关生育政策调整的法律法规文件，全面准确解读政策，“全面两孩”政策有序实施。印发《关于在生育政策调整落实期间做好生育证件发放工作的通知》，做好生育子女备案工作，落实生育二个及以内孩子免费登记服务制度。

【计生基础提升】 出生人口性别比综合治理纵深推进，完善出生人口性别比偏高问题综合治理机制，严格落实B超管理制度，严控终止妊娠类药品流通渠道，与工商、药监、公安等部门共组织联合执法行动14次，监督检查各类医疗、计划生育技术服务机构1200家次，无大案要案发生。落实利益导向政策，在全省率先提高特别扶助标准，将独生子女死亡家庭特别扶助标准提高到每人每月500元，独生子女伤残家庭特别扶助标准提高到每人每月400元，推动落实困难、破产改制企业和城镇失业、无业、自谋职业人员中独生子女父母养老补助政策，加大对计划生育特殊家庭扶助关怀力度，落实计划生育特殊家庭联系人制度，畅通计划生育特殊家庭老年人就医通道。加强流动人口计生服务管理，2016年，全市按人均30元拨付育龄妇女免费健康查体资金(市级投入150万元)；按每对夫妇240元拨付免费孕前健康检查经费(市级每年承担58万元)，依托妇幼保健和计划生育服务机构以及各级计生部门，对流动已婚育龄妇女落实免费发放避孕药具、计划生育手术、孕前健康检查、孕期监护等技术服务和现居住地生育登记、婚育证明电子化等便捷服务，综合计生服务覆盖率95%以上。推进生育关怀行动，提升计生特困家庭救助水平，救助计生特困家庭774户，发放救助金119.2万余元。全面推进计生助福行动创建幸福家庭活动，2016年实施7类、19个项目，全市累计投资3905万元。全面普及青春健康工作，突出抓好流动人口计生协会示范点建设工作，促进流动人口协会建设。

(市卫计委　孙万禄　张玉峰　侯立峰)

# 社会生活

# 居民生活

【收入】 2016年,东营市居民人均可支配收入为32178元,同比增长8.1%,扣除价格因素影响,实际增长6.3%。分城乡看,全市城镇居民人均可支配收入为41580元,同比增长7.3%,扣除价格因素影响,实际增长5.5%;农村居民人均可支配收入为14999元,增长8.0%,扣除价格因素影响,实际增长6.2%,高于城镇居民收入实际增幅0.7个百分点。城乡居民收入比差距进一步缩小,由2015年的2.79:1缩小至2.77:1。从增收来源看,全市居民人均工资性收入21220元,同比增长8.4%,占人均可支配收入的比重为65.9%,拉动全市居民人均可支配收入增长5.5个百分点,是居民收入的主要来源。其中,城镇居民人均工资性收入29057元,增长7.6%;农村居民人均工资性收入6899元,增长7.5%。全市居民人均经营净收入4313元,同比增长7.6%,占人均可支配收入的比重为13.4%,是居民收入的重要来源。其中,城镇居民人均经营净收入3273元,增长7.7%;农村居民人均经营净收入6212元,增长8.7%。全市居民人均财产净收入2897元,同比增长8.6%。其中,城镇居民人均财产净收入3705元,增长8.1%;农村居民人均财产净收入1421元,增长7.3%。全市居民人均转移净收入3748元,同比增长6.7%。其中,城镇居民人均转移净收入5544元,增长5.4%;农村居民人均转移净收入467元,增长9.0%。

【消费】 2016年,全市居民人均消费支出20093元,同比增长8.2%。从构成看,八大类消费支出全部上升。其中,食品烟酒支出4758元,增长6.2%;衣着支出1958元,增长9.2%;居住支出4588元,增长7.5%;生活用品及服务支出1193元,增长5.2%;交通通信支出3826元,增长11.0%;教育文化娱乐支出2184元,增长6.8%;医疗保健支出1185元,增长14.6%;其他用品和服务支出401元,增长7.5%。全市居民人均现住房建筑面积36.8平方米。分城乡看,城镇居民人均生活消费支出24879元,同比增长7.5%。其中,食品烟酒支出5896元,同比增长5.6%,城镇居民人均现住房建筑面积36.1平方米。农村居民人均生活消费支出11348元,同比增长8.1%。其中,食品烟酒支出2678元,同比增长5.7%,农村居民人均现住房建筑面积38.0平方米。

(市统计局　苗菲)

# 劳动和社会保障

【劳动就业】 2016年,全市实现城镇新增就业4.59万人,完成年度计划的139.2%;失业人员再就业1.87万人,完成年度计划的180.45%;就业困难人员就业2286人,完成年度计划的114.3%;新增“三支一扶”等基层服务项目岗位57个,鉴证毕业生就业协议3956份,高校毕业生就业率90.6%;举办各类招聘会307场次,提供岗位9.7万个,达成初步就业意向4.6万人次;新开发公益性岗位1309个,安置各类困难人员892人次,帮扶132户城乡双零就业贫困家庭的136名成员就业,确保“双零就业家庭”动态消零;全市城镇登记失业率2.42%,控制在4%的年度目标内。

【社保工作】 实施全民参保登记计划,各险种参保人数和基金征缴额同步增长。企业养老保险、机关养老保险、职工医疗保险、工伤保险、生育保险、失业保险参保人数分别为43.6万人、6.38万人、67万人、60.1万人、47.1万人、27.58万人,征缴基金26.6亿元、13亿元、25.2亿元、3.2亿元、1.81亿元、1.53亿元,居民基本养老和基本医疗保险参保率均保持在99%以上,社会保险综合覆盖率91.02%(不含医疗保险),高于省定90.57%的目标值。提高社保待遇水平,企业职工基本养老金提高至2119元(含一次性补缴和未参保集体企业退休人员);居民养老保险基础养老金提高至每人每月145元,其中东营区、河口区、垦利区、广饶县175元,待遇在全省位居前列;城乡居民医保人均财政补助由400元提高到430元;居民大病保险为5947人次补偿4151.9万元,职工大额医疗补偿为1657人补助金额1038.3万元;失业保险金发放标准由900元提高至1000元;依法认定工伤1797起,劳动能力鉴定1182人次,为4500名工伤职工及其供养亲属支付各项工伤保险待遇2.3亿元;为3.52万人次发放失业金3424万元。强化基金监管,对上年部分转往北京住院的参保人员信息进行核实取证,查出骗取基金案例4笔,涉及基金6.4万元。开展社会保险基金账户管理等专项检查,加大对社会保险欺诈案件打击力度,全年移送案件3起,涉及参保人员13人。加快社会保障“一卡通”建设,全市累计发放130.26万张,占全市总人口(不含油田)的83%。

【劳动关系】 按照省一类档次上调企业最低工资标准,由每人每月1600元上调到1710元。完善劳动用工备案制度,备案企业7500余户,备案职工35.1万余人。集体合同覆盖职工56万余人,覆盖企业1万余户,建立工会企业集体合同签订率95.8%。和谐劳动关系创建活动覆盖企业5000余家、工业园区8个,覆盖职工31余万人。全市各级劳动人事争议调解仲裁机构处理劳动争议案件1458起,立案602起,涉及劳动者人数1500余人,为当事人挽回经济损失3100万元。各级劳动监察机构检查用人单位2239户次,责令补签劳动合同2300人,督促缴费200余万元;查处劳动违法案件386起,为1020名劳动者追发工资待遇715万元。

【创业带动就业】 市委、市政府将创业带动就业工作列入“2016年度政府民生实事”,推动创业带动就业工作开展。

东营市人社干部上门开展就业和社会保障精准扶贫服务
（市人力资源社会保障局提供）

全市建成省级创业孵化示范基地（示范园区）2处、省级大学生创业孵化示范基地（示范园区）5处、市级创业孵化示范基地（示范园区）24处，23个市级创业型街道（乡镇）和26个市级创业型社区，创业示范载体入驻企业1500余家，为扶持创业提供平台支撑。东营创新创业大学在全市设立分院（教学点）8个，建立覆盖全市的创业培训网络，培训8036人。加大金融支持，全市新增发放创业担保贷款5.62亿元、续贷4.49亿元，实现成功创业5200余人，带动就业1.2万余人，扶持小微企业78家；提升创业政策落实水平，发放各项创业补贴2024.5万元，支出创业担保贷款贴息资金8823万元。

**【精准扶贫】** 建立半月报制度和精准扶贫数据动态管理制度，及时掌握贫困人员情况变化。引导企业提供工作岗位，介绍237名省定贫困人员实现就业，拨付补贴1.027万元。加大对贫困人员的创业帮扶，落实创业担保贷款和创业扶贫担保贷款政策，向24人提供贷款36.9万元。提高贫困人口大病保险待遇，对发生医疗费用的952人，大病保险按普通居民待遇标准补偿133.81万元后，再按提高大病待遇补偿117.83万元。

**【全民参保登记计划试点】** 针对2015年登记时发现的未参保人群专门制定扩面征缴计划，结合建筑业“同舟计划”实施，推进实施劳动保障“一体执法”，提高征缴信息化水平。2016年，全市社会保险各险种参保人数均有较大增长，其中，企业养老保险新增参保0.8万人，职工医疗保险新增参保1.7万人，工伤保险新增参保2.2万人。

**【基本医保付费方式改革】** 总结居民医保付费方式改革成功经验，将职工医保一并纳入改革，实现职工医保与居民医保的同步结算，确保统筹区域内同病同价，维护政策统一性。同时，对351种疾病分值进行调整，细化医疗机构等级系数设置，提高医疗机构主动控费意识，保障基金运行安全。

**【工伤预防试点】** 结合建筑业参加工伤保险“同舟计划”，及时确定工伤预防具体实施项目计划，并向市财政申请200万元工伤预防专项资金，招标确定2家培训机构开展工伤预防培训，全年开展培训230场次，培训人数2.5万人次。全市新开工项目参保310个，全部按建设项目参保，参保人数1.5万人，征缴基金737.8万元。

**【解决农民工工资拖欠问题】** 为加强解决农民工工资拖欠问题统筹协调，成立东营市全面治理拖欠农民工工资问题联席会议制度，建立维稳联管、纠纷联调、执法联动的部门协作工作机制。同时，建立人社、公安、人民法院、人民检察院四部门拒不支付劳动报酬联席会议制度，打通工作链条，实现案件移送的无缝隙对接。2016年共向公安部门移交拒不支付劳动报酬案件6起，立案侦查6起，涉及劳动者241人，涉及金额207万元。

**【人社基本公共服务机制一体化试点】** 1月，人力资源社会保障基本公共服务机制一体化在全市同步启动。就业和社保共用一个数据库、一个基本信息表，实现统一入口、社保就业一体，改变业务系统各自独立运行的传统模式，达到流程驱动、业务流程推送提醒，就业和社保所有业务数据共享、业务经办优化联动的预期目标。为确保一体化信息系统功能更加完善，不断优化业务模块运行，全年共优化、调整程序功能451项，开发新业务需求103个，处理数据和程序问题910个。（市人力资源和社会保障局　赵子松）

# 民　　政

**【概况】** 2016年，东营市民政局深入贯彻习近平总书记怀着“大爱之心、爱民之心”做好民政工作的重要指示，围绕市委、市政府中心工作，以开展“两学一做”学习教育为契机，以绩效考核为抓手，以规范化建设年活动为载体，坚持抓重点、创品牌，求突破、促转型，补短板、守底线，强基础、防风险，多项工作取得新成绩。

**【社会救助】** ①出台《东营市最低生活保障管理办法》《东

营市医疗救助办法》《东营市居民家庭经济状况核对操作规程》，实施“阳光低保”“精准救助”，建立社会救助联动平台，完善多层次、跨部门的信息核对机制。②城市低保标准提高到每人每月580元和550元；农村低保标准提高到每人每年4200元和4320元；均居全省第二位。农村五保供养标准提高到每人每年7300元，居全省第四位。③全市28处乡镇（街道）敬老院中有17处被民政部评定为三星级农村五保供养服务机构，河口区中心敬老幸福园被民政部表彰为全国农村五保供养工作先进单位。④修订《东营市临时救助暂行办法》，整合临时救助标准，河口区、广饶县被确定为全省第二批“救急难”试点单位。⑤建立城乡统一的特困人员救助供养制度。⑥做好防灾、减灾、救灾工作，积极争创全国、全省综合减灾示范社区，全市16家社区获评“全国综合减灾示范社区”称号。做好受灾群众的冬春救助。完成市救灾物资储备管理中心主体工程建设。

## 城乡最低生活保障情况一览表

<table>
<tr><th rowspan="2">项目</th><th rowspan="2">县区</th><th rowspan="2">低保标准（元/月）</th><th colspan="2">保障人数</th><th rowspan="2">补助水平（元/月）</th><th rowspan="2">市财政负担比例（%）</th></tr>
<tr><th>户数（户）</th><th>人数（人）</th></tr>
<tr><td rowspan="6">城市低保</td><td>全　市</td><td>562</td><td>2415</td><td>4016</td><td>427.4</td><td>—</td></tr>
<tr><td>东营区</td><td>580</td><td>1053</td><td>1756</td><td>430.04</td><td>49</td></tr>
<tr><td>河口区</td><td>580</td><td>344</td><td>629</td><td>428.7</td><td>34</td></tr>
<tr><td>垦利区</td><td>550</td><td>495</td><td>868</td><td>459.43</td><td>34</td></tr>
<tr><td>广饶县</td><td>550</td><td>250</td><td>371</td><td>388.31</td><td>34</td></tr>
<tr><td>利津县</td><td>550</td><td>273</td><td>392</td><td>430.29</td><td>68</td></tr>
<tr><td rowspan="6">农村低保</td><td>全　市</td><td>4192</td><td>20846</td><td>33356</td><td>261.3</td><td>—</td></tr>
<tr><td>东营区</td><td>4200</td><td>3173</td><td>5342</td><td>223.37</td><td>39</td></tr>
<tr><td>河口区</td><td>4320</td><td>1689</td><td>3099</td><td>294.63</td><td>39</td></tr>
<tr><td>垦利区</td><td>4120</td><td>4416</td><td>7516</td><td>276.8</td><td>39</td></tr>
<tr><td>广饶县</td><td>4200</td><td>5041</td><td>8346</td><td>225.09</td><td>39</td></tr>
<tr><td>利津县</td><td>4120</td><td>6527</td><td>9053</td><td>286.68</td><td>62</td></tr>
</table>

## 各县区医疗救助标准一览表

<table>
<tr><th rowspan="2">县区</th><th colspan="2">低收入救助对象</th><th colspan="2">因病致贫家庭重病患者</th><th colspan="2">因特殊情况未参保</th><th rowspan="2">特殊病种</th></tr>
<tr><th>救助比例</th><th>封顶线（万元）</th><th>救助比例</th><th>封顶线（万元）</th><th>救助比例</th><th>封顶线（万元）</th></tr>
<tr><td>东营区</td><td>30%</td><td>2</td><td>30%</td><td>2</td><td>符合救助条件的按5%～10%救助</td><td>0.5</td><td>无</td></tr>
<tr><td>河口区</td><td>40%</td><td>2</td><td>40%</td><td>2</td><td>特困供养人员、孤儿按100%救助、低保对象按70%救助</td><td>2</td><td>无</td></tr>
<tr><td rowspan="2">垦利区</td><td rowspan="2">在垦利区范围内定点医疗机构发生的按30%救助，在垦利区范围外定点医疗机构发生的按20%救助</td><td rowspan="2">2</td><td rowspan="2">30%</td><td rowspan="2">2</td><td>特困供养人员、孤儿在垦利区范围内定点医疗机构发生的按70%救助，在垦利区范围外定点医疗机构发生按50%救助</td><td>2</td><td rowspan="4">无</td></tr>
<tr><td>低保对象在垦利区范围内定点医疗机构发生的按30%救助，在垦利区范围外定点医疗机构发生按20%救助</td><td>1</td></tr>
<tr><td rowspan="2">广饶县</td><td rowspan="2">50%</td><td rowspan="2">2</td><td rowspan="2">30%</td><td rowspan="2">2</td><td>重点救助对象按50%救助</td><td>2</td></tr>
<tr><td>其他视情给予一定救助</td><td>1</td></tr>
<tr><td>利津县</td><td>50%</td><td>1</td><td>50%</td><td>1</td><td>重点救助对象个人自负医疗费用给予相应的救助</td><td></td><td>对0～14周岁儿童患有白血病、单纯性唇裂、先心病，报销后达到1万元以上且不符合其他医疗救助标准的，根据筹资情况给予一次性救助</td></tr>
</table>

2016年7月8日，中央电视台新闻联播报道东营市养老服务业发展

（市民政局提供）

【养老服务业发展】 ①出台《东营市社会养老服务体系建设规划》《关于加快发展养老服务业的意见》等文件，连续2年将政府购买居家养老服务列入为民办实事内容。②新建城市社区日间照料中心10处、农村幸福院22处，新增养老床位1040张。全市建成城市社区日间照料中心50处、农村幸福院185处，每千名老年人拥有养老床位33张。③着力打造“亲祥源”社区嵌入式智慧养老服务品牌，推广爱德护老院护理型和老年乐园医养结合型养老服务模式，为老年人提供助餐、助医等专业服务。中央电视台新闻联播节目报道东营市农村互助式养老的做法。④举办东营市养老护理员职业技能培训班和第二届养老护理员职业技能竞赛。东营区被确定为“全国、全省社区治理暨养老服务创新实验区”。

**东营市社会养老服务体系资金扶持情况一览表**

| | | | |
|---|---|---|---|
| 社会散居城镇“三无”人员生活保障 | 人员范围 | | 城镇居民中无劳动能力、无生活来源、无赡养人和扶养人，或者其赡养人和扶养人确无赡养能力或者扶养能力的老年人、残疾人 |
| | 补助标准 | | 不低于当地城市居民最低生活保障标准的150% |
| 老年人高龄津贴 | 人员范围 | | 有东营户籍、年龄在80~99周岁且享受城乡最低生活保障待遇的贫困老年人 |
| | 补助标准 | 80~89周岁 | 100元/人、月 |
| | | 90~99周岁 | 200元/人、月 |
| 老年人护理补贴 | 人员范围 | | 具有东营户籍，享受城乡低保或散居城市“三无”、农村“五保”待遇的，生活长期不能自理、能力等级为2~3级的老年人 |
| | 补助标准 | | 60元/人、月 |
| 困难残疾人生活补贴 | 人员范围 | | 东营户籍且享受最低生活保障待遇、持有第二代“残疾人证”的残疾人 |
| | 补助标准 | 一级 | 180元/人、月 |
| | | 二级 | 150元/人、月 |
| | | 三、四级 | 150元/人、月 |
| 重度残疾人护理补贴 | 人员范围 | | 东营户籍且持有第二代“残疾人证”、需长期照护、残疾等级为一、二级的智力、精神、视力和肢体残疾人、听力、言语和多重残疾人 |
| | 补助标准 | | 80元/人、月 |

【社区治理服务】 ①确立党委政府领导、民政部门牵头，职能部门配合，社会力量支持，群众广泛参与的社区工作格局。②完善《部门职能进社区事项指导目录》，以100项指导目录为重点，将与群众生活密切相关的公共管理和社会服务事项，纳入社区便民服务中心。③新建城市社区工作站8处，全市共建成77处；实施农村社区服务中心三年行动计划，新建农村社区服务中心10处，全市共建成156处；全市城乡社区综合服务设施覆盖率分别达到100%、91%，居全省前列。④探索创新社区治理模式，实施城乡社区“网格化”管理，年内50%的乡镇（街道）建立并运行社区综合服务平台。⑤出台《加强城乡社区协商工作实施意见》，建立社区、社区社会组织、社会工作专业人才、社区志愿者“四社联动”工作机制，社区综合服务水平进一步提高。⑥面向社会公开招考专职社工16人，依托社工服务项目，组织专职社工进社区开展服务活动。任君孝获“齐鲁和谐使者”称号。

【双拥优抚安置】 ①完善军地应急协作、国民经济动员等四项工作机制，整合双拥社会资源，落实军休干部各项待遇，开展“十送十进军营”社会化拥军活动。②全市130余家民间组织、70多家行业协会、120余家企业与驻军部队、优抚对象建立共建关系。③连续四届获全国双拥模范城称号，广饶、利津荣获全省双拥模范县，实现“满堂红”。④建立优抚对象抚恤补助标准自然增长机制，及时调整和严格落实重点优抚对象抚恤补助标准，兑现率100%，有效保障各类优抚对象的基本生活。⑤全面推行优抚对象医疗救助“一站式”结算，实现“三属”抚恤待遇城乡一体化。⑥依托东营技师学院，建立城乡退役士兵一体化培训基地。⑦加快推进东营烈士陵园建设。开展烈士纪念日公祭活动，参加缅怀纪念烈士活动人数11.1万人次，开展主题教育活动1172次。

## 残疾军人、伤残人民警察、伤残国家机关工作人员 伤残民兵民工残疾抚恤金标准表

（从2016年10月1日起执行）

单位：元/年

| 残疾等级 | 残疾性质 | | | 残疾等级 | 残疾性质 | | |
|---|---|---|---|---|---|---|---|
| | 因战 | 因公 | 因病 | | 因战 | 因公 | 因病 |
| 一级 | 66230 | 64140 | 62040 | 六级 | 26310 | 24890 | 21030 |
| 二级 | 59940 | 56780 | 54660 | 七级 | 19990 | 17890 | |
| 三级 | 52590 | 49420 | 46290 | 八级 | 12620 | 11550 | |
| 四级 | 43100 | 38910 | 35750 | 九级 | 10480 | 8420 | |
| 五级 | 33670 | 29440 | 27340 | 十级 | 7360 | 6300 | |

【社会福利和慈善事业】 ①出台《东营市农村留守儿童关爱保护实施意见》，建立健全农村留守儿童关爱保护体系和保护机制，实施救助保护、教育保护和司法保护。②全面落实困难残疾人生活补贴和重度残疾人护理补贴，全市纳入两项补贴人员共24481人，其中，享受困难残疾人生活补贴10395人、重度残疾人护理补贴14086人。建立低保老人高龄津贴制度、生活长期不能自理经济困难老年人护理补贴制度。对分散供养的城镇“三无”人员，按照城市低保标准的150%实行分类施保。③按照每人每月1200元和720元的标准，保障403名孤残儿童的基本生活。建立困境儿童基本生活保障制度，按照每人每月300元标准发放基本生活费。为289名社会散居孤儿和实事无人抚养儿童开展免费健康查体活动。④投入资金110余万元，为213名贫困残疾人、残疾儿童免费配置假肢等辅助器材。⑤培训养老服务管理人员120名、养老护理员350名。福利企业资格认定26家，实现残疾人就业岗位1926个。⑥设立慈善扶贫专户，开展“全国扶贫日”募捐活动。启动“慈心一日捐”活动，开展“情暖万家”“让梦想起飞”等十大慈善救助品牌。⑦全市福利彩票实现销售4.53亿元，同比增长为5.03%，增速居全省第3位。

## 孤儿、困境儿童生活补助范围、标准

| | | |
|---|---|---|
| 孤儿 | 人员范围 | 失去父母、查找不到生父母的未满18周岁的未成年人 |
| | 补助标准 | 集中供养的基本生活费标准1200元/人、月，社会散居的720元/人、月 |
| 事实无人抚养儿童 | 人员范围 | 因父母重度残疾、服刑以及被强制戒毒等事实上无人抚养儿童以及受艾滋病影响儿童 |
| | 补助标准 | 社会散居的720元/人、月 |
| 困境儿童 | 人员范围 | 父母同时具有重残、重病、服刑、被强制戒毒或被法院依法剥夺监护权等任一情形的事实上无人抚养的儿童；父母一方死亡或失踪，另一方有上款情形之一的事实上无人抚养的儿童；父母一方死亡或失踪，另一方经济困难无法履行抚养义务的儿童；经诊断身体重残、患有大病或罕见病需长期治疗的贫困家庭的儿童 |
| | 补助标准 | 不低于300元/人、月 |

【社会公共服务】 ①围绕《中华人民共和国慈善法》（以下简称《慈善法》）的实施，做好配套行政许可及相关政策的落实。深化社会组织管理制度改革，开展行业协会商会与行政机关脱钩试点，推进政会分开。②投入资金80万元，通过政府购买服务的方式，加大社会组织扶持力度。在全市重点扶持5~7处社会组织孵化基地建设，培育发展初创型的公益慈善类、社会工作服务类、城乡社区服务类社会组织。成立社会组织孵化基地、社会组织创业园，开通东营社会组织信息网，搭建服务社会组织公共平台。2016年，全市登记注册社会组织1747家，其中社会团体670家，民办非企业单位

1076家,基金会1家。③启动社会组织等级评估试点工作,对AAA级以上社会组织进行授牌并颁发证书。④推行社会组织网上登记和网上年检工作,社会组织参检率90%。⑤垦利撤县设区获国务院和省政府批复,于8月2日正式挂牌成立。⑥开展全国第二次地名普查试点工作。完成《中华人民共和国政区大典·东营卷》编纂工作。⑦东营区、广饶县、垦利区婚姻登记处被评为国家AAA级婚姻登记机关。⑧按照"两公开一自愿"原则,全面清理殡仪馆收费项目和标准。⑨开展"免费海葬"服务。⑩开展"寒冬送温暖""夏季送清凉"专项救助行动,开展巡查、夜查150余次,救助各类对象180余人。

### 2016年底东营市社会组织情况一览表

单位:个

| 县　区 | 社会团体 | 民办非企业单位 | 基金会 | 小计 |
|---|---|---|---|---|
| 全　市 | 682 | 1104 | 1 | 1787 |
| 市本级 | 364 | 453 | 1 | 818 |
| 东营区 | 42 | 368 | — | 410 |
| 河口区 | 59 | 70 | — | 129 |
| 垦利区 | 87 | 69 | — | 156 |
| 广饶县 | 91 | 83 | — | 174 |
| 利津县 | 39 | 61 | — | 100 |

### 2016年全市婚姻、收养登记情况一览表

| 单位 | 结婚(对) | 离婚(对) | 补证(对) | 收养(件) |
|---|---|---|---|---|
| 市民政局(涉外婚姻) | 10 | 4 | — | — |
| 东营区 | 4845 | 1908 | 2133 | 15 |
| 河口区 | 1476 | 561 | 702 | 3 |
| 垦利区 | 1665 | 522 | 762 | 9 |
| 广饶县 | 2992 | 789 | 866 | 25 |
| 利津县 | 1866 | 546 | 1439 | 9 |
| 合　计 | 12854 | 4330 | 5902 | 61 |

(市民政局　石涛)

## 老龄工作

【概况】　2016年,全市老龄工作以加强和改善老年民生为主线,落实老龄政策,夯实养老保障基础,发展养老服务业,开展系列敬老活动。获得省级以上集体表彰12次、个人表彰11人次。市第二人民医院刘学英、河口区王玉清、广饶县郑玉兰、东营区李玉梅获"全国敬老爱老助老模范人物"称号,东营区宋金芳获"山东省十大孝星"提名奖。

【养老保障体系建设】　提高基础养老金标准,4个县区达到175元/人/月,利津县达到145元/人/月。实施老年人生活救助制度,2016年全市为9.6万名70周岁以上老年人发放生活救助金7822.9万余元;其中,河口区发放标准最高,70~74周岁800元/人/年、75~79周岁1200元/人/年、80~99周岁1500元/人/年、百岁长寿补贴金1000元/人/月。落实百岁老人长寿补贴金制度,2016年为65位百岁老人发放长寿补贴金31.2万元。银龄安康工程推进,2016年全省投保人数22.8万,参保率75.5%,赔付1057位老年人意外事资金225.7万元。

【老年维权工作】　强化老年法规政策宣传,免费向老年人发放"一法一条例"宣传册、"老年人防诈骗手册"等5万余册。实施老年人司法救助和法律援助,开展"法治阳光温暖老龄"活动,对176起赡养矛盾、经济纠纷等涉老案件实施法律援助和调解。畅通老年人合理诉求渠道,协调并妥善处理老年群众来信来访32件次。提升维老年权服务质量和水平,开展老年公益维权示范站创建活动,市法律援助中心等8个单位被命名为全省第二批老年人公益维权示范站。

【发展养老服务业】　加快养老服务设施建设力度,市委市政府将新型养老社区建设列入2016年十大民生实事项目。东营区出台《加快养老服务创新推动养老服务业转型升级实施方案》,启动"山东省社区治理暨养老服务创新实验区"建设工作。实施养老机构运营补贴,争取省财政资金、列支市老龄事业发展专项资金130余万元,对全市18家养老机构进行床位运营补贴。落实政府购买养老服务制度,河口区、广饶县分别按每人每月230元、300元的标准为382位、133位符合条件的老年人购买养老服务。探索嵌入式"医养结合"智慧养老新模式,举办首届"医养结合"产业研讨会,新建"互联网+"智慧养老服务平台3个。加强养老服务从业人员培训,举办第二届养老护理员职业技能培训,建立养老护理员培训基地,两所高等专业院校增设老年服务管理、护理康复等专业。组织12家单位参加山东国际老龄产业博览会,东营企业主导研发的居家"智能陪护机器人""想家宝"等产品备受青睐。

【敬老文化活动】　策划尊老敬老助老系列主题实践活动。开展"双十佳"评选活动,市老龄办、市文明办、市文广新局评选表彰第五届"十佳敬老楷模""十佳模范老人",在市内报刊媒体开辟专版报道典型事迹。开展"2016·敬老服务基层行"活动,全市各级深入基层为老年人送法规、送文化、送温暖、送健康,开展为老服务志愿活动2570余人次,为近11万名老年人进行免费健康查体并建立健康档案,组织举办老年人门球赛、文艺展演等文体活动297场次。开展"最美家风幸福老人"主题敬老活动,对全市60个敬老家风典型

家庭进行深入采访报道,在媒体刊发敬老倡议书。开展第二届“敬老文明号”创建活动,命名表彰15个第二届东营市“敬老文明号”单位,对第一届东营市“敬老文明号”进行复核。开展“牵手夕阳”结对帮扶活动,全市318个单位与38处敬老院、养老机构和441户贫困、“空巢”老人家庭等结成帮扶对子,走访慰问老年人8300余人次,发放慰问金慰问品折合人民币587万余元。

**【老有所为工作】** 组织开展老有所为和志愿服务情况调研,形成《东营市推进老有所为状况调查及对策建议》调研报告。开展老有所为评选表彰活动,评选出东营市第五届“十佳模范老人”,在媒体进行宣传。推荐老有所为先进个人及先进集体,模范老人吴修佩在全省老有所为座谈会上做典型发言。发挥基层老龄组织作用,鼓励老年群众成立社团组织,引导老年人广泛参与社会事务,全市成立老年志愿服务队、义务巡逻队等社会组织1600余个,规范性老年志愿队伍180余支,9万余名老年人在社会不同领域做出贡献。

**【老年文化事业】** 市老龄办、市委老干部局、东营电视台举办第七届老年风采电视大赛。市委老干部局、市文广新局、市文明办历时4个月在全市组织举办2016年老年文艺大赛系列活动,举办2016年全市老年人书画摄影作品展,展出老年人书画、摄影作品200余幅。市老龄办、老年体协举办第二届“银龄杯”中老年广场舞大赛,2万余名中老年群众参与,东营市代表队在全省总决赛中荣获一等奖。

**【老龄宣传工作】** 通过在主流媒体开设专栏、专版、专题加强老龄宣传。在《东营日报》开设“东营老龄事业‘十三五’展望”专题,在东营广播电视台开播《情系银龄大爱东营》老龄栏目,在老年节期间利用2周的时间在《东营新闻联播》《民生零距离》等栏目前播出敬老口号;在《黄河口晚刊》开设“孝亲敬老大爱东营”和“敬老月”专版,连续刊发26个整版;在《黄三角早报》开辟30个“最美家风,幸福老人”专版。积极向上推荐先进典型,5人获全国孝亲敬老之星,1人获省十佳敬老企业家,1人获省十大孝星提名奖。

2016年7月5日,市老龄办、市文明办和市文化广电新闻出版局联合主办的2016年东营市老年文艺大赛在市群众艺术馆举办 (市老龄委提供)

## 东营市第五届“双十佳”获奖名单

十佳敬老楷模

尚红梅　东营市爱德护老院护理主管
杨振营　广饶县陈官镇中心初中教师
孙春英　利津县汀罗镇毛坨村副书记
薛玉英　广饶县花官镇张铺村村民
赵　然　垦利区郝家镇敬老院院长
郭新春　广饶县地税局监察室主任
左传亮　垦利区垦利街道左一村党支部书记
武同泉　东营区史口镇退休教师
王玉清　河口区河口街道河宁社区党总支副书记
朱　坤　利津县汀罗镇许家村村民

十佳模范老人

李宝文　河口区义和镇艾河村人
成俊恒　广饶县档案馆退休干部
朱和田　市畜牧局退休干部
汤秀平　东营区锦华小区居民
高立林　东营区史口镇退休教师
魏洪智　广饶县广饶街道十二村党支部书记
张学信　垦利区郝家镇退休干部
卢庆禹　利津县陈庄镇政府退休职工
郭佐华　垦利区中兴社区居民
王耀西　垦利区供销社退休职工

**【“敬老月”活动】** 市政府办公室下发《关于开展2016年“敬老月”活动的通知》,确定在2016年自10月开展以“敬老爱老,全民行动”为主题的“敬老月”活动。全市各级各部门单位、社会各界开展形式多样、内容丰富的尊老敬老活动。市委书记申长友、市长赵豪志及各县区党政主要领导带队深入老年人家中和养老机构走访慰问老年人,为老年人送去慰问金、慰问品,并向老年人祝贺节日。各级老龄、司法行政部门组织开展“老年法规七进”活动,集中宣传“一法一条例”《中华人民共和国老年人权益保障法》《山东省老年人权益保障条例》。“敬老月”期间,全市发放“一法一条

应急救援演练 （市红十字会提供）

例”宣传册1万余册,《老年人防诈骗手册》5万本,解答法律咨询260余人次。全市各级318个单位与38处敬老院、养老机构和441户贫困、“空巢”老人家庭等结成帮扶对子,走访慰问老年人8300余人次,发放慰问金慰问品折合人民币587万余元。各级妇联组织开展巾帼志愿服务活动,为老年人提供心理慰藉、健康保健、家庭保洁等志愿服务,团市委、市教育局等团员青年和学生走进养老机构、社区空巢老人家中开展志愿服务活动,全市共开展为老服务志愿活动2570余人次,为近11万名老年人进行免费健康查体并建立健康档案,组织开展老年门球赛、文艺展演等文体活动297场次。市老龄办、市直第十八批驻利津县下派工作队以利津县省定贫困村为主,组织优秀老年文艺社团深入10个贫困村老年群众进行文化展演。市老龄办、东营电视台联合举办第七届老年风采电视大赛。市老龄办联合市委老干部局、市文明办、市文广新局联合举办全市老年人书画摄影作品展,展出老年人书画摄影作品200余幅,社会敬老爱老氛围进一步加强。 （市老龄委　王丽君）

## 红十字会工作

**【横向组织体系建设】** 筹备召开东营市红十字会第三次会员代表大会,聘请市委书记申长友和市长赵豪志为名誉会长,聘请市人大常委会副主任温晓杰和市政协副主席张惠为名誉副会长,选举产生东营市红十字会第三届理事会、常务理事会和领导班子,调整部分理事单位,加大社会组织、会员代表、志愿者代表、社区居民代表的比例,使理事会更具代表性、更具活力,为新一届理事会开展工作奠定基础。

**【备灾救灾】** 细化完善自然灾害和突发事件应急预案,做好与全市应急预案体系的对接,指导县级红十字会结合各自实际制定应急预案。组织社区、学校等模拟不同灾害,开展逃生避险演练,增强群众应对突发灾害和应急避险的能力。加强备灾仓库建设,储备帐篷、棉被等救灾物资,指导县区红会建立备灾仓库,并完善仓库管理制度。全市有备灾仓库6处。加强紧急救援队建设,全市有紧急救援队8支,配备专业装备,定期组织业务培训和应急演练。

**【人道救助】** 2016年,全市接受社会各界捐款240.11万元、物资18.75万元,接受省红会拨付款物29.67万元。组织“博爱在东营温暖送万家”春节送温暖、爱心助学、爱心储蓄罐等活动,全年累计发放救助款223.05万元,救助物资价值26.34万元,救助7881人。申报“小天使”基金11名、“天使阳光”基金7名,获批资金40万元。

**【应急救护】** 组织应急救护培训师资参加培训、复训,11月举办应急救护培训授课技能大赛,检验提高授课水平。成立两处应急救护培训基地,为社会化应急救护培训提供场所保障。推进应急救护知识“五进”活动,参与黄河口(东营)国际马拉松赛,培训420名急救员为赛事保驾护航。全年全市举办救护员培训78期,培训3603余人,3468人取得救护员证书;应急救护普及137场次,培训1.6万人次。为保证应急救护培训质量,严把“组织关”“训练关”和“考试关”,确保培训都收到良好效果。

**【造血干细胞捐献】** 4月底,在全市红十字会系统开展造血干细胞血样集中采集活动,通过广播、报纸、市红会网站等渠道广泛宣传,截至5月底,采集造血干细胞血样300人份,完成省红会分配指标。认真做好配型成功人员再动员工作,为武国勇、李景峰、牛俊昌等3名捐献者举办欢送、欢迎仪式,在其住院捐献期间前往慰问,并召开捐献者座谈会,及时了解捐献后的身体、家庭等状况,帮助其解决遇到的困难和问题。全市有5142人加入中华骨髓库,成功捐献23例。

**【遗体(器官)捐献】** 开展遗体(器官)捐献宣传,做好接待、登记、协调等工作。全年新增遗体捐献登记24人,角膜捐献登记35人,器官捐献登记18人。2016年底,全市遗体登记102人、角膜登记124人、器官登记90人,实现捐献遗体7例、角膜10例。推动全市遗体捐献纪念碑建设,在省红会的关心支持下,与爱心企业东营市永安文化陵园签署无偿捐建协议,纪念碑占地、设计、建设、后期的维护管理等工作全部由东营市永安文化陵园无偿提供,支持遗体(器官)捐献工作健康发展。10月底，举办纪念碑落成暨寒衣节集体追思活动。

【志愿服务】 修订完善志愿服务管理办法，做好志愿者的招募、培训和管理工作，支持、指导志愿服务队伍开展社区公益服务、技能培训、文明传播、人道救助、防艾宣传等一系列志愿服务活动。加强对东营市红十字博爱志愿队承办东营市文明办红十字志愿服务关爱他人、红十字志愿服务关爱社会、红十字志愿服务关爱自然等3个项目的管理和指导。"世界急救日"期间成立东营市第一支出租车志愿服务队，并为出租车代表发放急救包1000个。2016年底，全市共计成立志愿者组织49个，累计开展志愿服务活动347次。在市文明办对全市志愿服务表彰中，张惠等5名志愿者受到表彰。

【红十字青少年】 与市教育局对接，加强青少年实践基地红十字安全体验馆建设，做好体验馆的设计、建设等工作。与东凯实验学校联合开展"爱心储蓄罐"活动，向学生发放储蓄罐600个，接收捐款全部用于救助学校贫困学生，传播"人道、博爱、奉献"的红十字精神，培养青少年关爱社会、奉献社会的良好品质。

【公信力建设】 加强政务（财务）信息公开制度建设，增强内部控制的力度，为各项工作的公正、公平、公开提供制度保障。完善细化救助工作流程，在救助工作中，事前制定细致可行的实施方案，对救助人员做好摸底、核实、公示等工作，事中做好款物的发放、登记等工作，事后及时总结经验教训、资料整理归档，保证各项工作有章可循、有迹可查。及时在市红会网站等媒体公示红十字会各项工作的开展情况，尤其是捐赠款物的接收、使用情况，使公众了解捐赠资金的使用、操作过程。邀请捐赠者现场考察、参加会议、参加活动，为其颁发荣誉证书、提供培训等。主动接受财政、审计及社会公众的监督，对审计中提出的问题及时整改。

【品牌建设】 迎接总会对东营市唯一一处国家级"博爱家园"项目——垦利区胜兴社区"博爱家园"的终期评估，项目的组织实施得到总会的充分肯定。总结总会"博爱家园""生命健康安全教育"项目的成功经验，争取市财政专项经费支持，精心设计制作符合全市实际的"博爱家园"项目，在各县区城镇社区进行试点，加强管理、调度和评估，以项目为抓手，为红十字工作在基层的发展探索有益经验。

（市红十字会 孙海涛）

## 残疾人工作

【概况】 2016年，市残联按照"重点工作出精品，难点工作求突破，特色工作创亮点，日常工作争一流"的工作思路，以实施"整体赶平均、共同奔小康"行动计划为总抓手，扶残惠残政策实现突破，残疾人精准脱贫、残疾人维权工作、就业及保障金征收、残疾人文化体育事业等工作全面发展。

【残疾人社会保障】 ①残疾人生活救助实现提标扩面。2016年，加大对残疾人的救助力度，困难残疾人在低保的基础上，一、二级每人每月分别救助180元和150元，三、四级每人每月救助100元。全年救助残疾人15804人，其中低保9263人，非低保6541人，落实生活救助金1889万元。②残疾儿童康复救助实现提档增项。制定出台《0–15岁残疾少年儿童抢救性康复救助项目管理办法》（东残联〔2016〕44号），对有康复潜力和需求的脑瘫、孤独症、智障少年儿童，康复救助范围由原来的年龄段0~9周岁调整提高为0~15周岁，210名残疾少年儿童接受康复救助。③残疾人托养服务实现标准提升。2016年7月1日起，全面提高残疾人托养服务补助标准。其中，机构托养补助标准提高至每人12000元/年，日间照料提高至每人7200元/年，居家服务提高至每人3600元/年。对机构托养残疾人按照每人60元/年的标准给予意外伤害保险补助。河口区残联实施特困重度残疾人免费托养，该项目列入河口区民生实事项目。

【残疾人康复服务】 开展残疾人基本服务状况和需求信息数据动态更新工作，组织2519名工作人员利用3个月的时间，对全市44037名持证残疾人开展入户调查，入户率95%以上，信息录入率100%。各类残疾人康复服务计划完成，为260名听力残疾人免费适配助听器，为100名低视力残疾人免费适配助视器，为500名白内障患者免费实施手术，为45名肢体残疾人免费安装假肢，为10名符合条件的听障儿童提供免费人工耳蜗植入手术，为300名肢体残疾人发放普及型辅助器具1000余件。为17处城镇社区标准化康复室统一配备常用康复训练器械。推进新的市级残疾人康复机构建设，市残联、市人民医院《关于合作建设东营市残疾人康复中心方案》获得市政府批复同意。为落实《国家残疾预防行动计划(2016–2020年)》，利津县被列为"全国残疾预防综合试验区试点县"，为残疾人预防奠定基础。

【残疾人"整体赶平均，共同奔小康"行动计划】 ①残疾人教育就业。开展"阳光扶残助学活动"，全市救助残疾学生77人，落实助学资金24万元。举办盲人按摩、计算机维修、面点制作、会计电算化等各类残疾人培训班55期，培训残疾人3056人次。举办"就业援助月"、残疾人专场春季秋季就业洽谈会，126家爱心企业提供适合残疾人的就业岗位600余个，全年新增残疾人就业人数420名。鼓励残疾人从事个体经营和种植、养殖、手工制作等庭院经济项目，对64名个体从业和67户庭院经济分别按5000元和3000元标准进行扶持。开展“同创美好生活·携手建功十三五”主题活动，按照10000元和5000元的标准对20名残疾人自主创业标兵和致富能手进行奖励。加大残疾人就业保障金征收力度，2016年全市征收残疾人就业保障金入库4079万元。②残疾人脱贫攻坚。制定《东营市残疾人脱贫攻坚实施方案》，纳入全市脱贫攻坚工作大局统一部署、同步推进。开展调查摸底和精准识别，全市建档立卡的贫困残疾人833人。通过扶持救助，640名省定贫困残疾人全部实现脱贫。与市委组织部联合实施“第一书记”帮包村助残致富奔小康项目和“基层党组织结对助残扶贫工程”，采取资金扶持、政策引导、项目带动等帮扶措施，扶持残疾家庭96户，全部实施跟踪服务。实施“百千万残疾人就业创业扶贫工程”，新建残疾人从业扶贫基地10处，安置100余名残疾人进入基地就业，发放扶持资金100万元。开展“千牵万·残疾人互联网+就业创业扶贫行动”，涌现出“乐村淘线下体验店”本土电商平台。垦利区的德胜奶牛扶贫基地的“基地+残疾户+培训”的扶贫模式，使扶贫基地成为残疾人就业、生产、培训为一体的致富平台。广饶县永兴泰肉食鸭养殖残疾人就业扶贫基地，所安置残疾职工月收入3000元以上，农村户年人均收入8000元以上，脱贫率92%。③残疾人权益保障。一是加大残疾人权益保障力度。开展“法律援助阳光助残”活动，发挥残疾人维权示范岗作用，精心打造“10分钟残疾人维权网络圈”。建设开通12385残疾人热线服务平台，全市设7个热线坐席，将热线延伸至县区。落实残疾人驾驶燃油补贴制度，全年发放燃油补贴10.3万元，惠及396名残疾人。全年为317名残疾人办理免费公交乘车卡。二是加强残疾人无障碍环境建设。市残联与市住房和城乡建设局等四部门印发《关于号召市民参与城市无障碍环境建设倡议书》；参与指导全市32处旅游景点进行无障碍改造；河口区残联被纳入河口区城市建设委员会，在城市设计规划阶段参与更多意见。完善市图书馆盲人阅览室功能，向图书馆捐赠盲文图书70册，有声读物64种，打造高标准数字化盲人阅览室。“利津新华盲人书屋”在全市率先开启与新华书店联合扶持残疾人的工作模式，为盲人阅读、学习科技知识、自主创业等创设优越的基础条件。为全市20户重度肢体残疾人和280户轻度肢体残疾人进行家庭无障碍改造，方便他们的日常出行和起居。成立由人大代表、政协委员、残疾人、老年人等群众组成的无障碍环境建设义务督导员队伍，聘请义务督导员51人，组织开展无障碍体验检查活动。加大东营阳光导盲犬培育基地建设，成功培育2只导盲犬为盲人提供服务。④提升基层组织服务能力。落实“规范管理建设年”的工作要求，健全工作机制和管理规范。加强残疾人基层组织建设，在建立残疾人服务代表室286处、“残疾人标准化康复室”323处，继续在43个乡镇(街道)、116个村居(社区)推广实施“三位一体、一员三证”的基层残疾人服务管理模式，聘请53名残疾人专职干事，在1800个村居(社区)配备残疾人专职委员，为残疾人提供便利的服务。

市残联举办残疾人职业技能培训班　（市残联提供）

**【扶残助残活动】** ①开展第二十六次“全国助残日”活动，各级党委、人大、政府、政协主要领导深入到残疾人服务机构和残疾人家中开展走访慰问，全市各级走访慰问综合福利机构、残疾人教育康复机构11处，孤残儿童39名，贫困残疾人家庭617户。②残疾人竞技体育取得优异成绩。残疾人轮椅冰壶队代表山东省参加全国残疾人轮椅冰壶锦标赛，获得全国第六名。举办东营市第四届“阳光杯”足球友谊赛。选拔33名残疾人运动员参加全省首届残疾人锦标赛，获金牌9枚，银牌7枚，铜牌13枚。③丰富残疾人精神文化生活。举办东营市庆祝第二十六次全国助残日活动暨“欢乐黄河口共圆中国梦”大型残疾人文艺晚会，600余人现场观看晚会。组织举办“同创美好生活”志愿助残活动启动仪式暨东营市第七届特奥运动会，现场接受社会爱心人士向残疾人捐助的2万元轮椅、助行器等辅助器具。组织200余名智力残疾人及其亲友在园博园举行“牵着蜗牛去散步”游园活动。垦利区、广饶县创建残疾人文体建设示范区通过省残联验收。

（市残联　崔德刚）

## 民族　宗教

**【概况】** 2016年，全市有43个民族成分，少数民族人口1万余人。境内少数民族人口最多的是回族，其他百人以上的有满族、蒙古族、土家族、壮族、苗族、白族。少数民族呈散杂居分布，有少数民族的村 351 个。全市有佛教、道教、伊斯兰教、天主教、基督教 5 种宗教，信教群众 33169 人，其中佛教 9459 人，道教 1852 人，伊斯兰教 2307 人，天主教 2680 人，基督教 16862 人。宗教团体 11 个，其中市级宗教团体 4 个，分别是市佛教协会、市伊斯兰教协会、市基督教“三自”爱国运动委员会和市天主教爱国会；县级宗教团体 7 个，分别是东营区、河口区、垦利区、广饶县、利津县基督教“三自”爱国运动委员会及垦利区佛教协会、道教协会。全市备案宗教教职人员 45 人，其中佛教比丘 8 人、比丘尼 3 人，伊斯兰教阿訇 3 人，天主教神甫 1 人，基督教牧师 4 人，长老 17 人，传道员 9 人。依法登记的宗教场所 73 处，其中佛教 9 处，伊斯兰教清真寺 1 处，天主教 3 处，基督教 60 处。

**【贯彻落实各级民族、宗教工作会议精神】** ①贯彻落实中央、省委、市委民族工作会议精神和《中共东营市委、东营市人民政府关于加强和改进新形势下民族工作的实施意见》。用实用好党的民族优惠政策，帮助全市 5 家民品企业争取国家财政贴息扶持资金 8500 多万。推进脱贫攻坚，举办全市“扶贫攻坚民品先行”活动，4 家民品企业共出资 750 万元设立少数民族发展基金(资金)，同时安排市少数民族发展专项资金 20 万元，专项用于精准扶贫，全市 6 户少数民族贫困户实现率先脱贫。深入开展民族团结进步创建活动和宣传教育，开展全市民族团结进步创建“互观互检”活动，举办全市“奉献社会关心关爱促进民族团结进步”主题巡回宣讲活动。完善全市少数民族流动人口服务管理体系，举办专题培训班，组织到武汉市考察学习先进经验，结合东营实际，探索在东营区、垦利区开展少数民族流动人口服务管理体系建设试点工作，取得初步成效。②深入贯彻全国、全省宗教工作会议精神，召开全市宗教工作会议，市委书记申长友出席会议并讲话；开展调研，广泛征求意见，推动制定《关于加强和改进新形势下宗教工作的实施意见》。③邀请省民委主任马文艺作题为《民族宗教无小事》专题报告。

**【民族宗教扶贫】** ①举办全市“扶贫攻坚、民品先行”活动，三阳纺织有限公司出资 300 万元设立少数民族发展基金，为 20 名少数民族贫困户发放救助资金 9 万元，与 5 名少数民族群众签订就业合同。②垦利区万得福集团等 3 家民品企业共同出资 450 万元设立“助推少数民族经济发展专项资金”，扶持建设 4 家少数民族合作社，吸收 50 余名少数民族群众入社发展。利用市少数民族发展专项资金 50 万元，对 4 个有少数民族贫困户的县区进行精准扶持，涉及光伏发电、蔬菜种植等 14 个脱贫致富项目，全市 6 户少数民族贫困户全部率先脱贫。③引导宗教界积极参与扶贫攻坚，部署开展“五教同心·助力扶贫”活动，推动宗教界与省市精准识别的 73 户贫困户结对，在助学、养老、就医、实用技能培训、介绍安排就业等方面帮助脱贫。

**【少数民族经济社会事业】** ①落实国家民族政策，帮助全市 5 家民品企业争取国家财政贴息扶持资金 8500 余万元。②加强少数民族发展资金管理和使用，开展 2015 年度省级民族宗教事业发展专项资金绩效评价，通过山东省 2012—2015 年度民族宗教社会事业发展资金检查调研。③协调财政部门推动修订《东营市少数民族发展专项资金管理办法》，研究制定《东营市少数民族发展专项资金绩效管理办法》，对 2017 年市级少数民族发展专项资金提出使用意见。④发展少数民族社会事业，组队参加全省蹴球邀请赛，取得 4 个三等奖；开展少数民族技能培训调查，探索帮助有创业就业意向的少数民族群众掌握一技之长。

**【民族团结进步创建】** ①以“交往交流交融凝心聚力，团结和谐奋进共同发展”为主题，开展全市民族团结进步宣传活动，在《东营日报》、东营电视台开设专栏，通过手机短信向全市 4 万手机用户发送党的民族政策及民族法律法规知识，在全市各主要场所、社区街道张贴悬挂横幅标语 600 余条。②联合市委统战部、市文明办举办“奉献社会关心关爱促进民族团结进步”主题宣讲活动，在全社会树立崇尚模范、学习模范、维护团结、促进发展的良好风尚。③开展全市民族团结进步创建“互观互检”活动，召开全市民族团结进步创建活动经验交流会。④做好少数民族流动人口服务管理工作，出台《2016 年全市少数民族流动人口服务管理体系建设方案》，成立工作协调小组，建立联席会议制度，研究解决工作中遇到的重点难点问题。举办全市实施《中国公民民族成份登记管理办法》暨少数民族流动人口服务管理体

民品企业为少数民族养殖户发放扶持资金 （市民宗局提供）

系建设培训班，培训民族工作干部100余人。组织有关部门、单位到武汉考察学习少数民族流动人口服务管理工作经验，并部署在东营区、垦利区开展试点工作。⑤切实维护少数民族合法权益，开展针对少数民族群众歧视性做法自查自纠，组织到东营机场、长途汽车站等人口流动密集场所开展督查调研。全市各级党政机关、企事业单位10个少数民族干部职工开斋节放假1天。

**【依法管理宗教事务】** ①以“规范”为主题开展和谐宗教活动场所创建活动，通过召开会议、组织宣讲等多种形式宣传动员，提高宗教活动场所管理规范化水平。②推进宗教界重点项目建设，协调国土、规划等部门，推动东营天主教堂和清真寺的迁建选址通过市初选，基督教养老院完成选址、立项等工作。③加强宗教活动场所财务监督管理，召开全市宗教活动场所财务监管工作现场会，在全市宗教界推行垦利区基督教财务代理制。

**【宗教团体自身建设】** ①开展宗教团体班子成员民主测评，通过各宗教团体负责人作个人述职和班子工作情况汇报、发放宗教团体领导班子民主测评表和领导班子成员测评表进行测评、在全市性爱国宗教团体常委以上职务的人员和一定比例的信教群众代表中进行个别谈话，对全市4个宗教团体的班子成员进行综合评定，掌握宗教团体领导班子及成员的履职情况和管理水平，为加强对各团体及班子成员的管理提供依据。②印发《关于宗教教职人员行为规范的通知》，建立完善的监督管理机制。③11月17—18日，完成市佛协、市伊协、市基督教三自爱国会3个市级宗教团体换届工作，召开全市宗教团体负责人座谈会。

**【民族宗教调研】** ①民族方面，组织开展全市少数民族经济现状及精准帮扶对策、少数民族流动人口服务管理体系建设、民族关系状况分析、清真食品监督管理、少数民族合作社发展等调研。②宗教方面，组织开展全市宗教工作调研、全市宗教信仰普查、全市民间信仰调查、伊斯兰教工作调研等调研活动。

**【敬老与帮扶】** ①开展“重阳节·敬老服务基层行”活动，为村60周岁以上老人购买中国人寿“银龄安康保险”。组织宗教界义诊队开展片区送医送药活动，受益群众150余人。②开展党员“联户帮困”工作，局全体党员与帮扶村实现人对户、人对人全覆盖。帮助贫困户杨付平上养鸡项目，年内规模1500只，家庭收入增加万元。③投资40万元修建村综合文化服务中心，建成高标准党建阵地。④实施“五化”(硬化、亮化、绿化、净化、美化)工程，硬化村内主干道路550米，修建排水设施长1000米，埋设排水管道200米，绿化植树30株，定期开展义务清扫、集中整治“三堆六乱”(柴堆、粪堆、土堆，乱搭乱建、乱堆乱摆、乱拉乱挂、乱停乱放、乱涂乱画、乱扔乱倒)现象，村民生活环境得到改善。⑤整合村闲置土地106亩，对外承包开展莲藕种植，年收入1万余元，实现村集体经济“破壳”。

(市民宗局　李伟)

# 区县概况

# 东 营 区

区委书记　燕乃敏
代 区 长　王　峰

【国民经济和社会发展综述】 1964年，胜利油田会战时在境内东营村附近建立指挥部。1965年为服务油田开发建设，中共惠民地委、惠民地区专署成立中共东营工委、东营办事处。1983年，建立东营市。1984年1月，市辖东营区、牛庄区建立；1987年6月，两区合并为东营区。2016年，全区总面积117.81平方公里。辖4个乡镇、6个街道，201个村民委员会，30个城市社区工作站，118个社区委员会。据公安部门统计，2016年底东营区总人口数64.86万人。全年共出生人口8602人，出生率为13.64‰，死亡率3.74‰；人口自然增长率为9.91‰，合法生育率为99.36%，晚婚率90.62%。

全区实现地区生产总值(GDP)457.1亿元，按可比价格计算，比上年增长6.7%。其中，第一产业增加值17.2亿元，增长4.3%；第二产业增加值177.7亿元，增长3.5%；第三产业增加值262.2亿元，增长9.3%。三次产业对经济增长的贡献率分别为2.3%、21.9%、75.8%。三次产业的比例由去年的3.7:41.7:54.6调整为今年的3.7:38.9:57.4，三产比重提高2.8个百分点。

全年实现农林牧渔业总产值35.3亿元，比上年增长4.5%。其中，农业总产值128602万元，增长2.3%；林业总产值6665万元，增长47.7%；牧业总产值118885万元，下降1.8%；渔业总产值70868万元，增长8.5%；农林牧渔服务业总产值27550万元，增长5.3%。全年农作物播种面积443050亩，比上年减少10.8%。其中，粮食作物播种面积342283亩，增长15.3%；经济作物播种面积100767亩，减少99075亩，粮食作物与经济作物播种面积比由上年的59.8:40.2调整为今年的77.3:22.7。粮食播种面积中，夏粮播种面积145288亩，增长3.2%；秋粮播种面积196995亩，增长26.3%。全年粮食总产量167739吨，增长27.9%，单产490.1公斤/亩。其中，夏收粮食总产量68729吨，增长11.9%；秋收粮食总产量99010吨，增长41.9%。全年棉花播种面积67381亩，下降54.5%，全年棉花总产量4643吨，减少51.1%。全年油料作物播种面积295亩，总产量87吨，增长11.5%。蔬菜及食用菌播种面积30614亩，下降38.6%，总产量119830吨，下降42.3%。瓜果类播种面积2477亩，增长52.6%，产量6994吨，增长43.9%。全年新增造林面积15450亩，其中防护林13710亩，沿海防护林工程造林4530亩。育苗总面积25545亩。全民义务植树60万株。重点实施“三年增绿”工程，完成投资8056万元，流转土地1.59万亩，完成造林1.28万亩。全年肉类总产量9603吨，比上年下降58%。其中，猪肉产量3697吨，下降27.5%；牛肉产量942吨，下降78.2%；羊肉产量323吨，下降90.8%；禽肉产量4583吨，下降51.9%。奶类产量9698吨，下降38.7%。禽蛋产量5147吨，减少68.3%。年末猪存栏36400头，下降17.9%；牛存栏10697头，下降66.8%；羊存栏24126头，下降86.7%。全年水产品总产量69281吨，比上年下降6.5%。其中，海水产品产量51727吨，下降9.0%，淡水产品产量17554吨，增长1.9%。年末机械总值25813.44万元，比上年下降19.02%。年末农业机械总动力324133千瓦，下降11.45%，排灌机械动力30967千瓦，下降3.48%。全年完成机耕作业面积16225公顷，下降28.51%；机播面积23873公顷，下降26.42%；机电灌溉面积17596公顷，增长0.1%；机收面积18329公顷，下降14.62%。

有规模以上工业企业125家。实现工业总产值1321.6亿元，比上年增长4.0%；规模以上工业增加值增长3.5%。全年规模以上工业企业实现主营业务收入1268.9亿元，比上年下降9.7%；实现利税总额49.4亿元，下降51.7%；实现利润总额28.8亿元，下降58.0%。产品销售率达到96.0%。全年74家三级及以上(新资质)建筑企业，共完成建筑业总产值43.2亿元，比上年减少5.1%。全区建筑业实现增加值23.9亿元，增长1.9%。

年完成固定资产投资513.4亿元，比上年下降14.2%。从三次产业投资看，第一产业完成投资18.2亿元，下降15.0%；第二产业完成投资121.3亿元，下降47.1%；第三产业完成投资373.9亿元，增长7.5%。投资结构进一步优化，一、二、三产业投资结构由上年的3.6:38.3:58.1调整为3.6:23.6:72.8。全年房屋施工面积293.2万平方米，比上年下降3.1%；竣工面积11.1万平方米，下降88.3%；商品房销售面积70.3万平方米，下降14.5%。房地产开发投资58.7亿元，增长0.8%。

全年实现社会消费品零售总额363.9亿元，比上年增长6.9%。分行业看，批发业实现零售额34.8亿元，增长2.8%；零售业实现零售额307.4亿元，增长7.1%；住宿业实现零售额3.9亿元，增长5.9%；餐饮业实现零售额17.8亿元，增长10.8%。全年实现进出口总额629803万元，比上年下降11.1%。其中出口439400万元，下降19.9%。实际到账外资金额2969万美元，下降47.2%。

全年实现预算内财政收入262880万元，比上年下降15.6%。其中，财政系统完成58119万元，下降17.8%；国税系统收入68438万元，增长25.4%；地税系统收入136323万元，下降26.8%。预算内财政支出355026万元，同比增长14.1%。其中，农林水支出41495万元，同比下降22.2%；科学技术支出1921万元，下降0.5%；医疗卫生与计划生育支出33872万元，增长29.8%；教育支出53256万元，增长15.6%；社会保障和就业支出55085万元，增长12.2%。年末，金融机构本外币存款余额达到2519.19亿元，比年初增长208.68亿元。金融机构本外币贷款余额1813.52亿元，比年初增长351.69亿元。

全区有44家高新技术企业，其中新认定高新技术企业7家。争取科技项目无偿资金440万元，其中获批省级项目1项，市级项目8项。鉴定重大科技成果5项，发明专利申请量906件，授权量179件。拥有有效发明专利770项。全年高新技术产业累计实现产值488.8亿元，比上年增长9.7%，占全区规模以上工业总产值的36.98%，比年初增长6.26个百分点。

年末，全区共有初中10处，小学18处，在校生28571人。幼儿园77处，在园幼儿11443人。专任教师数3113人。初中毕业生升学率97.6%。区图书馆、区文化馆成功创建为国家一级馆，区图书馆藏书总量达到13.8万册；建成文化馆分馆11个，图书馆分馆12个；尼山书院东营区一中实践基地被评为山东省“尼山书院建设示范单位”。建成独立设置的综合文化站10处，新建提升文化大院33处，建成村级历史文化展室48处。建成投用文化广场175处，其中，村居（社区）文化广场136处，城市居民小区广场舞活动场地39处，建成投用乡村剧场41处。建成青岛银行、咖啡时间等城市书吧8家，办理借阅证671个，实现全市范围内图书馆的馆际互借、通借通还。山东快书《儿子，你真棒！》获得首届“高元钧杯”全国山东快书大赛银奖，歌曲《人民公仆》入围全国大型音乐评选，舞蹈作品《炫舞民风》荣获山东省舞蹈大赛一等奖，广场舞《中华全家福》荣获山东省广场舞大赛一等奖，小吕剧《让房》荣获第四届东营市“黄河口文艺奖”三等奖。

2016年，举办2016年全区青少年运动会，来自全区中小学13个代表团1000余名运动员参加足球、篮球、排球、乒乓球、田径等赛事项目，12人打破5项田径最高纪录。举办东营区第六届全民健身运动会，获得“山东省第六届全民健身运动会先进县区”称号。4月，成立东营区体育总会。

年末，全区（包括市管及油田医疗机构）医疗机构总数469个，床位数6953张，卫生技术人员总数9449人，其中医生3594人。东营区管理的医疗机构有一级（中）医院29个，镇卫生院4个，社区卫生服务中心24个，社区卫生服务站53个，个体诊所161个，门诊部15个，企事业单位内部医务室25个，村卫生室129个。

据抽样调查，全年城镇居民人均可支配收入为42169元，比上年增长7.3%。家庭人均消费性支出为25702元。其中，食品烟酒6165元，增长9.1%；衣着2623元，增长5.5%；居住6168元，增长9.9%；生活用品及服务1745元，增长5.2%；交通通信4161元，增长5.6%；教育文化娱乐3009元，增长9.8%；医疗保健1261元，增长5.6%；其他用品和服务570元，增长4.3%；城镇恩格尔系数为24.0%。全区城镇居民人均居住面积为38.88平方米。据抽样调查，全年农村居民人均可支配收入为17615元，比上年增加1265元，增长8.0%。农民生活消费支出11720元，增长9.3%，其中食品烟酒2985元，增长11.5%；衣着810元，增长19.1%；居住2382元，增长4.9%；生活用品及服务1109元，增长0.9%；交通通信2321元，增长9.3%；教育文化娱乐1345元，增长18.0%；医疗保健512元，增长4.2%；其他用品和服务257元，增长4.3%。农村居民恩格尔系数为25.47%。全区农民人均居住面积为55.16平方米。全年，城乡居民养老保险征缴基金2870万元，企业职工基本养老保险征缴基金5.5亿元，机关事业单位养老保险征缴基金1.3亿元；城镇职工基本医疗保险、城乡居民医疗保险分别征缴基金19592万元、11703万元；工伤保险征缴基金2466万元，生育保险征缴基金2205万元，失业保险征缴基金3394万元。全区参加城乡居民社会养老保险12.41万人、企业职工基本养老保险8.8万人、机关事业单位养老保险7546人；城镇职工基本医疗保险6.7万人，城乡居民基本医疗保险19.4万人；工伤保险6.1万人、生育保险5.1万人、失业保险5.7万人。全年城镇新增就业1.3万人，新增农村劳动力转移就业6542人，城镇登记失业率控制在3%以内。离校未就业应届高校毕业生就业率达到90%以上，发放创业担保贷款1.44亿元，发放各类补贴资金918万元。培训各类技能人员2863人，创业培训585人，开发公益性岗位46个，安置就业困难人员174人。全年共发放城市最低生活保障资金960.39万元，保障困难群众1053户、1756人；发放农村最低生活保障资金1607.69万元，保障困难群众3173户、5342人；为464名五保对象发放供养资金339.08万元。

**【山东东营胜利经济开发区正式获批省级高新技术产业开发区】** 2016年，山东东营胜利经济开发区加强与科研院所的合作，加快各类科技创新平台建设。科技创新园科创中心筹建工作顺利推进，东营胜利知识产权运营中心正式挂牌成立，大学生创业园申报成为国家级众创空间。以改革创新驱动产业转型升级。构筑以石油高端研发制造为主导，以生物医药、新能源新材料为支持，以现代服务业为配套的“121”（石油装备和高端智能制造为主导，以生物医药新材料支持，以现代服务业配套）现代产业体系。2016年，东营高新区实现高新技术产业产值290亿元。2016年8月，根据《山东省人民政府关于将山东东营胜利经济开发区更名为东营高新技术产业开发区的批复》（鲁政字〔2016〕175号），山东东营胜利经济开发区正式获批省级高新技术产业开发区，更名为东营高新技术产业开发区。

**【数字文化广场建设】** 2016年，东营区大力推进数字文化广场建设，按照大型广场（3000平方米以上）、中型广场（2000~3000平方米）、小型广场（2000平方米以下）三个标准进行广场建设提升。至年底，全区251个村居（社区）新建提升文化广场175处；其中，村居（社区）文化广场136处，城市居民小区广场舞活动场地39处。5月,启动数字文化广场建设,年内建成投用52处。在文化广场上配备WIFI设备,在LED大屏上安装高清机顶盒、高清摄像头,实现让群众免费享用WIFI、接受远程辅导培训、下载数字文化资源、收看点播高清电视节目、自主播放视频等功能。

【道路基础设施建设】 2016年,东营区以"一年见成效、两年出精品、三年大改观"为目标,推进城市道路基础设施建设。实施21个道路建设改造项目涉及35条道路(不含农村道路),项目总投资22.5亿元,计划修路总长度330公里(含村路),至年底,完成主路建设和路面改造共138公里。完成一批市民高度关注的民生项目,如中心城老旧住宅小区整治改造提升工程、西城地方小区集中供热设施改造建设项目、街头游园建设项目等;解决一批制约城市交通、生态环境的"老大难"问题,如庐山路工农一村"卡脖子"节点拆迁拓宽工程、云门山路(黄河路至北一路)贯通工程、玉山路贯通工程、燕山路(南一路至南二路)南延工程、老旧小区雨污分流改造项目等。

【生态环境建设】 实施增绿工程,开工南二路、东二路、东青高速等道路绿化项目12个,新建街头游园3处,完成重要节点绿化22个,建设提升城区绿化面积200万平方米;推进三年增绿计划,新增造林1.3万亩,植树141万株。开展乡村文明行动,治理路域、河道、沟渠1437公里,绿化村庄60个,建成垃圾转运站15座,启动农村生活污水处理项目17个。改善农村生活环境,实施农村饮水巩固工程村庄14个,建设改造农村公路50.4公里,改造农村旱厕2584户、农村电网81.6千米,实施天然气镇镇通2041户。加强水气污染综合整治,全面完成50项治理项目,新建雨污管网15.5公里,治理河道6条,建设改造废气处理设施16套,水气污染源在线监控覆盖率达到100%,辖区河流水质明显改善,"蓝繁"天数明显增加,圆满完成节能减排年度目标。

【镇、街道办事处概况】

牛庄镇

党工委书记　郑金勇

主　　任　王　飞

该镇是吕剧发源地,是省政府命名的全市5个中心镇之一,位于东营区最南部,距区政府22公里,面积116.9平方公里。北与胜园街道办事处、黄河路街道办事处、史口镇接界,东与六户镇相连,西与龙居镇接壤,南接广饶县陈官乡,西南临博兴县纯化镇。2015年底,辖42个村民委员会;农村11995户、35443人,其中,女17869人,人口自然增长率1.54‰。

2016年,实现地区生产总值23亿元,比上年增长8%,其中一、二、三产业增加值分别达到3.43亿元、8.4亿元和11.2亿元,分别比上年增长4.3%、7.8%和8.6%。限额以上工业总产值114.14亿元,实现利税12.28亿元。农林牧渔业总产值65336万元;全年粮食作物播种面积8933.5公顷,总产67961吨;瓜菜738.27公顷,总产48248.7吨;棉花809公顷,总产930.7吨。林业产值1608万元。年末大牲畜存栏723头,猪存栏13218头,羊存栏3417只,家禽存栏671588只;畜牧业总产值19731万元。渔业总产值205万元。有水库4座,总蓄水能力382万立方米。地方财政预算收入6220万元。有中学1处,小学2处,适龄儿童入学率100%。

村居名录

村民委员会(42个):辛集、小宋、东隋、牛庄、解家、魏家、陈庄、西薛、东薛、车里、东范、大杜、官庄、西范、湾杨、黄庙、大武、陈桥、何家、张庄、王庄、西隋、褚家、曹家、小杜、贾刘、王营、前邵、后邵、邵桥、谭家、东武、东张、岳家、东庞、西庞、店子、中武、坡楼、卢家、时家、西小武。

六户镇

党委书记　生利林

镇　　长　张向东

位于东营区东南部,距区政府13公里。东濒渤海,南接广饶县丁庄镇,西邻牛庄镇,北与胜利、东城、黄河街道毗邻,总面积331平方公里,辖13个行政村,总人口1.9万人。

2016年,实现地区生产总值生产总值28.65亿元。实现一般公共财政预算收入2210万元,完成全社会固定资产投资33.5亿元,农民人均可支配收入19021元,同比增长8.0%;全镇限额以上服务业企业11家,2016年服务业增加值10.68亿元。实现一产增加值3.44亿元;全年粮食作物播种面积4744公顷,总产33298吨;瓜菜281公顷,总产16091吨。年末大牲畜存栏425头,猪存栏5386头,羊存栏5495只,家禽存栏109385只。有水库13座,总蓄水能力1984万立方米。有中小学1处,在校学生420人,适龄儿童入学率100%。有医院1处。

村居名录

村民委员会(13个):东六户、西六户、武王、小许、李宅、田庄、北辛、王岗、大许、梅宅、神堂、邱家、东辛集。

史口镇

党委书记　李志平

镇　　长　聂鸿伟

位于区境西南部,距区政府26公里处,面积80.92平方公里。2016年底,辖61个自然村,61个村民委员会;有13956户、39282人;其中,女19674人,农业户口31384人,人口自然增长率14.3‰。

2016年,全年全镇实现地区生产总值66.9亿元,同比增长7%左右;实现限额以上工业企业总产值699.7亿元,同比增长13.4%左右;完成固定资产投资44.2亿元;居民可支配收入达到17338元，同比增长7.9%左右；实现一般公共预算收入4049万元，同比增长23.29%。全年粮食作物播种面积5464.87公顷；粮食总产量27892.56吨；瓜菜470.53公顷，总产量24386.65吨；棉花965.13公顷，总产量2893.974吨。全年造林3400亩；林果总产1588吨。年末，大牲畜存栏1819头，猪存栏2489头，羊存栏1617只，家禽存栏19.96万只。有水库11座，总蓄水能力260万立方米。农村用电量681.235万千瓦时。地方财政收入3899万元。农民人均纯收入16185元，比上年增加9.5%。有中学1处，小学3处，在校学生共1469人，适龄儿童入学率100%。有医院1处。

村居名录

村民委员会(61个)：大宋、元里、石庄、西商、北四、于林、东寨、张店、楼李、南一、南二、南三、南四、南王、苏家、郑营、劳家、纪家、培李、北一、北二、北三、刘一、刘二、刘三、刘四、油坊、徐家、曲家、杨家、小刘、曹家、马家、寨王、袁家、范家、林家、陈家、三里、吕家、刘营、张营、油郭、西高、木李、艾家、初家、生家、刘董、香坊、前王、后王、万家、五甲王、东一、东二、东三、东四、安子张、都福李、十一图。

## 龙居镇

党委书记　田树林

镇　　长　崔国栋

位于区境西部，距区政府26公里，东邻史口、牛庄镇，南与博兴县交界，西依黄河、与利津县相望，北与垦利县接壤，面积106.63平方公里。2016年底，辖55个村民委员会，有9900户、人口3.56万人，其中农业人口3.44万人；人口自然增长率3.59‰。

2016年，实现地区生产总值20.96亿元，比上年增长6.1%，财政收入1992万元，其中一、二、三产业增加值分别为33214万元、70993万元、105411万元。限额以上工业总产值31.88亿元，实现利税1.8亿元。全年粮食作物播种面积4806.5公顷，总产19315吨；瓜菜231.2公顷，总产15608.5吨；棉花1880公顷，总产1578.3吨，全年造林305.4公顷，森林覆盖率44%；林果总产1452.8吨；年末大牲畜存栏3900头，猪存栏3600头，羊存栏7100只，家禽存栏184614只；有水库2座，总蓄水能力30万立方米。有中学1处，小学4处，幼儿园3处，在校学生1023人，适龄儿童入学率100%，有医院1处。

村居名录

村民委员会(55个)：盐坨、韩楼、龙西、龙东、大张、方家、朱家、南高、杨集、老于、三里、赵家、大孙、谢何、麻一、麻二、麻三、高家、崔家、南李、北薛、小张、曹店、北李、西史、常家、尚家、董王、圈张、生家、陈家、朱闫、小孙、边家、林家、刘家、吕家、蒋家、司家、庄子、棒李、双庙、大杨、小杨、王家、官增王、牛家、二甲张、东史、十三图、打渔张、寺前杨、银匠王、湾东刘、小麻湾。

## 辛店街道

党工委书记　陈吉强

主　　任　隋新刚

位于区境西北部，距区政府15公里，面积82.82平方公里。2016年底，辖8个村民委员会，10个村转居民委员会，10个城市社区居民委员会；有14868户、42676人；其中，女21795人，非农业户口30892人，人口自然增长率7.1‰。

2016年，街道实现地区生产总值65.01亿元，同比增长6.5%；其中一、二、三产业增加值分别达到7526万元、148994万元、493553万元。农林牧渔业增加值7526万元；全年粮食作物播种面积981公顷，总产8126吨；瓜菜210公顷，总产11361吨；棉花105公顷，总产109吨；种植业产值3969万元。全年造林38公顷，森林覆盖率20.4%；年末大牲畜存栏532头，猪存栏7585头，羊存栏6074只，家禽存栏469349只；畜牧业总产值9776万元。水产品总量1673吨，渔业总产值1240万元。有水库9座，总蓄水能力680万立方米。农村用电量556万千瓦时。财政收入1.98亿元。有九年一贯制学校1处，普通小学3处，在校学生2000人，适龄儿童入学率100%。有医院3处。

村居名录

社区居委会(10个)：辛苑、阳光、兴荣、瑞苑、康苑、万鑫、佳兴、佳苑、瑞和、杏坛；

村转居委会(10个)：辛店、刘家、皂户、姜家、孙路、玛琅、南庄、西营、红卫、北田；

村民委员会(8个)：茶坡、成寨、周家、唐家、前进、哨头、赵家、立新。

社区(4个)：怡安、西苑、福兴、明珠。

## 胜利街道

党工委书记　曹永刚

主　　任　李玉峰

位于东营区东北部，是东营区委、区政府所在地，东至渤海，西接文汇、黄河路街道，南临六户镇、东城街道，北与垦利交界，是油田重要的三产基地和生活服务基地，东营市中心城区的重要组成部分。辖区总面积361平方公里。2016年底，辖6个城市社区，40个社区居委会，6个村民委员会。常住人口42433人，流动人口1.2万余人，人口自然增长率15‰。

2016年，实现地区生产总值438455万元，比上年增长6.8%，其中一、二、三产业增加值分别为7717万元、170025万元和260723万元。限额以上工业总产值87016万元，实现利税931万元。全年粮食作物播种面积117公顷，总产790吨；瓜菜218公顷，总产8253吨；棉花46公顷，总产49吨。年末大牲畜存栏1324头，猪存栏2562头，羊存栏1130只，家禽存栏25380只。城镇居民人均可支配收入20015元，比上年增加7.4%。有中学3处，小学4处，适龄儿童入学率 100%。有医院 2 处。

村居名录

社区工作站(6 个):中山、新兴、新胜、胜泰、胜景、胜宏;

社区居委会(40 个):槟香园、檀香园、榴香园、竹香园、菊香园、新泰路、华泰豪园、理想之城、涌金花园、胜宏尚郡、康力家园、盛世嘉苑、伊犁河路、丽景国际、凤凰国际、新胜家园、胜大花园、海通骏景、伟浩假日、格林锦城、海科花园、鑫都康城、利丰花园、绿洲国际、锦绣龙轩、光明嘉园、阳光丽景、东方明珠、鲁班公寓、金山小区、惠泽小区、蓝海馨园、瑞香苑、惠园小区、胜宏美居、格林星城、胜宏景苑、胜宏靓都、惠安小区、胜宏辰轩;

村民委员会(6 个):辛镇、王营、兰赵、张盖、韩家、孙家。

## 黄河路街道

党工委书记　王　茗

主　　　任　许保国

位于区境东南部,距区政府驻地 5.5 公里,总面积 209 平方公里。2016 年底,辖 3 个农业村、3 个村转社区、5 个城市社区和 16 个社区居委会,油田二级单位 10 个。总人口 13.9 万,其中常住人口 10.6 万,流动人口 3.3 万人,人口自然增长率 3.96‰。

2016 年,实现地区生产总值 624193 万元,比上年增长 6.6%,其中,一、二、三产业增加值分别达到 16847 万元、140376 万元和 466970 万元。限额以上工业总产值 498935 万元,实现利税 53920 万元。全年粮食作物播种面积 791.1 公顷,总产 5602 吨;瓜菜 16.9 公顷,总产 1275 吨;棉花 288 公顷,总产 332 吨。年末大牲畜存栏 260 头,猪存栏 410 头,羊存栏 1280 只,家禽存栏 2186 只。有水库 4 座,总蓄水能力 180 立方米。农村用电量 108.3 万千瓦时。财政收入 6256 万元。有中学 1 处,小学 4 处,在校学生 2505 人,适龄儿童入学率 100%。有医院 15 处。

村居名录

社区工作站(5 个):锦城、鑫源、燕山、汇泉、丰泽;

社区居委会(16 个):时代康桥、惠都、东升、建行、盛世龙城、金河、一品花园、燕山、银通、黄河机关、格林枫景、海信盈城、石大花园、丰泽、万吉家园、广利港;

村转居委会(3 个):南王屋、南李、东赵;

村民委员会(3 个):万泉、景屋、耿井。

## 文汇街道

党工委书记　刘志海

主　　　任　盖　滨

位于区境东北部,距区政府 6 公里,面积 38 平方公里。2016 年底,辖 1 个农业村、4 个村转居,6 个城市社区。街道总人口 20.9 万人(含油田)。

2016 年,实现地区生产总值 74 亿元,同比增长 6.6%,(第一、二、三产业增加值分别为 954 万元,16.1 亿和 57.9 亿元;完成进出口贸易 3.1 亿元;完成固定资产投资 73.6 亿元,同比增长-7.1%。工业企业实现产值 9.2 亿元,主营业务收入 8.4 亿元,利税 3864 万元,利润 1821 万元。年末大牲畜存栏 1155 头,猪存栏 2190 头,羊存栏 625 只,家禽存栏 16576 只。城镇居民人均可支配收入 38709 元,比上年增加 7.4%。有中学 4 处,小学 8 处,在校学生 15452 人。有医院 10 处。

村居名录

社区居委会(12 个):万家新城、天籁华都、美滨、胜安小区、胜安南区、胜安北区、嵩东、嵩西、富园、青华、育新花园、银座花园;

村转居委会(4 个):官屋、中王屋、东营、北李屋;

村民委员会(1 个):北王屋。

## 东城街道

党工委书记　宋士栋

主　　　任　周　玲

位于东营市委、市政府驻地,距东营区政府 7 公里,东至登州路,西到华山路,北到北一路,南到五干渠,面积 63.3 平方公里。2016 年底,辖区有 8 个社区,38 个社区居委会,1 个村转居委会;常住人口 114820 人,流动人口 9387 人,人口自然增长率为 5.37‰。

1991 年 3 月,东城街道办事处成立,与原胜利镇合署办公。1995 年分设,迁址东城。

2016 年,实现地区生产总值 33.91 亿元,比上年增长 8.62%,其中一、二、三产业增加值分别达到 1362 万元、60383 万元、277326 万元,分别比上年增长 2.8%、3.5%和 9.8%;实现固定资产投资 40.6 亿元,增速 5.9%;限额以上批发零售住宿餐饮法人企业零售额 14.41 亿元;完成地方财政收入 9167 万元;新增个体工商户 1902 个,同比增长 25.4%;新增民营企业 427 个,同比增长 19.5%;适龄儿童入学率 100%,小康水平指数 100%。

村居名录

社区工作站(8 个):安泰、安宁、明月、天水、辽河、府前、兴盛、文昌;

社区居委会:安和、水城国际、安泰南区、天鹅花园、安泰北区、安宁东区、安宁西区、安宁北区、安慧南区、安慧西区、明月、沂北、怡和家园、辉煌、金瀚、海丽园、伟浩、玉苑、天水、辽河、海河南区、海河北区、府前、清风、天昊梅园、明佳花园、黄河、安兴北区、安兴南区、安盛北区、安盛南区、科达、惠州、金融、新新家园、天成、中南世纪锦城、东城商贸城。

村转居委会(1 个):沙营。

## 胜园街道

党工委书记　刘乃斌

主　　任　杨成武

位于东营市西城西南侧，处于国道省级干线交汇处，220国道、辛河路两条城市主要出境干线以及张东铁路贯穿街道。东起西三路，西邻史口镇，北起五干排，南至广蒲沟，距区政府约9公里，总面积20.8平方公里。2016年底，辖12个自然行政村，2个村转居民委员会，1个城市社区居委会；有3230户、10476人；其中，非农业户口3624人，人口自然增长率12.8‰。

2016年，实现地区生产总值39.7亿元。完成财政收入5837万元。限额以上社会消费品零售额9.4亿元，城镇居民人均可支配收入20542万元，同比增长7%。固定资产投资36.8亿元，完成工业总产值360亿元，实现主营业务收入340亿元，利税29亿元、利润21亿元。规模以上工业企业完成工业总产值300亿元、主营业务收入270亿元、利税26.3亿元，利润18.9亿元。石油装备产业优势明显，完成工业总产值308.5亿元，实现主营业务收入284.8亿元，分别占高新区总量的85.7%、86.3%。全年完成进出口总额30亿元，其中出口29.4亿元。全年棉花总播种185.66亩，玉米播种面积4475.88亩；小麦播种面积2875.96亩。自来水普及率100%；有线电视入户率96%；基本医疗保险参保率100%。

村居名录

社区工作站（1个）：科苑；

社区居委会（1个）：科苑；

村转居委会：东现河、南田；

村民委员会：北高、卢家、丁家、南王、温家、东商、赵家、西现河、王连、东升、陈家、姜王。

（东营区史志办　禹芳）

## 河　口　区

区委书记　苟增杰

区　　长　田兵兵

**【国民经济和社会发展综述】** 1972年，胜利油田在黄河入海口处（现河口城区驻地）设指挥部，称河口指挥部（当时黄河自境内入渤海）。1982年11月，国务院批准设立东营市，在河口采油指挥部（原河口指挥部）驻地设立河口区。

2016年，全区总面积2267.44平方公里，辖6个（镇、街道办事处），177个行政村。全区实现生产总值261.48亿元，比上年增长7.7%。其中，第一产业实现增加值13.46亿元，增长5.6%；第二产业实现增加值126.83亿元，增长6.8%；第三产业实现增加值121.19亿元，增长9.1%；三次产业结构由上年的5.21:50.86:43.93调整为5.2:48.5:46.3。全社会固定资产投资完成332.19亿元，下降7.1%。公共预算财政收入18.06亿元，增长4.1%。据河口区统计公报数据，公共预算财政支出19.99亿元，增长1.0%。年末全区金融机构各项人民币存款余额228.77亿元，比年初增加20.83亿元。其中城乡居民储蓄存款134.05亿元，比年初增加6.62亿元；金融机构各项人民币贷款余额143.45亿元，比年初增加7.68亿元。实现社会消费品零售总额57.09亿元，增长12.1%；实现进出口总额24.16亿元，增长13.8%。

实现农林牧渔业总产值31.14亿元，比上年增长6.5%。粮食总产量8.2万吨，下降6.3%，棉花总产量（皮棉）0.69万吨，下降44.0%；水产品总产量15.43万吨，比上年增加0.68万吨，增长4.6%。肉、蛋、奶总产量26.35万吨，增长29.5%。规模以上工业增加值累计增长7.3%。规模以上工业企业实现主营业务收入1023.83亿元，实现利润50.81亿元，实现利税67.78亿元。全区有资质的建筑业企业本年签订合同额22.1亿元，比上年增长1.0%；完成建筑业总产值19.0亿元，增长4.1%；竣工产值16.8亿元，增长2.8%；房屋建筑施工面积52.4万平方米，增长15.9%。

2016年末，全区等级公路通车里程1511.7公里，按行政等级分，县道75.7公里，乡道223.3公里，村道800.8公里，专用公路411.8公里。国省干级公路149.1公里，按行政等级分，国道63.8公里，省道85.3公里。全区完成道路货运量2654.3万吨，增长9.5%；完成客运量455.4万人次，增长5.3%；完成邮政总量2116万元，比上年增长38.1%；完成电信业务总量4.68亿元，增长10.8%。全区完成湿地修复面积1144.7亩，造林面积30260亩，其中防护林面积28337亩，经济林面积1923亩。年末林地面积4万公顷，林木绿化率19.2%。新开工各类保障性安居工程161套，棚户区改造开工101套（货币化安置）。新增廉租住房货币补贴55户，新建公共租赁住房60套（长期租赁油田住宅小区房屋作为公共租赁住房）。实施水气污染治理项目29个，计划投资8.2亿元，截至年底竣工项目27个。全区AAA级旅游景区2家，AA级景区3家；全年实现旅游总消费额3.2亿元。

年末，有普通高中1所，在校生2164人；职业学校1所，在校生1085人。初中6所（含油田3所），九年一贯制学校3所（含油田1所），小学16所，义务教育阶段在校生11035人（不含油田）。幼儿园25所（不含油田），在园幼儿3499人（不含油田）。

鉴定科技成果4项。获得省科技进步奖1项，市科技进步奖4项。全区发明专利申请58件、授权33件，有效发明专利91件。山东省北方超级稻产业化中心院士工作站获得省科技厅批复，山东汇海医药省级院士工作站等3家省级院士工作站、8家高新技术企业和41家市级科技型企业的创新积极性得到进一步发挥。

全区有山东名牌产品12个；山东省服务名牌7个。9家企业通过标准化良好行为企业验收；全区企业参与制修订国家标准1项、行业标准1项、山东省地方标准2项、农业地方规范12项。指导1家企业申报AAA标准化良好行为企业。档案馆1个,公共图书馆1所,文化馆1个,民间艺术团体20个,社会业余文艺团体15个,农村公益电影放映队6支,数字影院2家,农村电影放映工程在全区177个行政村放映数字电影2796场。广播、电视人口综合覆盖率分别达到100%和100%。全区拥有各级各类医疗卫生机构190处,其中,医院12处(其中政府举办区级医院2处),镇街卫生院4处(包括中心卫生院1处),诊所、医务室、卫生所49家,社区卫生服务中心5处,社区卫生服务站19处,村卫生室98处,疾病预防控制机构1家、卫生监督执法机构1处,妇幼保健服务中心1处;国有企业举办的油田医疗机构26处,济军基地举办的医疗机构8处。各类卫生机构有床位1414张,卫生技术人员1652人。体育馆1座。城镇居民可支配收入39198元,增长7.3%。城镇居民人均消费性支出24887元,增长7.5%。农村居民人均可支配收入15596元,增长8.2%。农村居民人均消费性支出10874元,增长8.3%。城镇职工基本养老、医疗、失业、工伤和生育保险参保人数分别为4.78万人、3.74万人、2.00万人、4.42万人和2.43万人。企业职工养老保险月人均养老金和失业保险金分别上调到1804元和1000元。

【重点项目建设】 围绕石油化工、精细化工、装备制造、有色金属四大支柱产业,重点实施中海石化500万吨升级改造、彩客化学、普斐科特汽车用关键零部件精密铸造等总投资125亿元的11个重点项目,富海集团成功跻身2016年中国企业500强。推进化工产业转型升级,"三评级一评价"(安全评级、环保评级、节能评级、综合平级)顺利完成,15家"差"评企业全部停产整顿,扶持引导23家"优"评企业通过技术改造做大做强。加快创新能力建设,全区41家企业获市级科技型企业认定,科技支撑能力增强。

【现代农业】 畜牧业方面,总投资29.98亿元的澳亚高端乳制品加工、澳源进口肉牛深加工、正邦百万头生猪养殖等畜牧业龙头项目进展顺利。渔业方面,实施"海上河口"建设,高标准编制河口区"海上粮仓"发展规划(2017—2020年),与山东省海洋与渔业厅达成战略合作协议,高标准规划建设海洋渔业科技创新中心,开启河口区海上粮仓建设的新篇章。修订完善《西部黄河故道现代农业示范区规划》,打造全市现代农业发展样板区和试验区。培育新型农业经营主体,农业龙头企业发展到89家,家庭农场发展到69家,农民专业合作社发展到273家。

【城乡统筹】 ①在中心城区,加快老城区改造步伐,推进雨污分排改造、环城水系清淤净化治理,完善供水、供热、供气、环卫、垃圾处理等公用设施,改造老旧小区2万平方米、棚户区101户,新增城区绿化面积8.6万平方米,城市功能日趋完善。启动实施黄河路改造、友谊河海盛路节点改造、湖滨新区基础设施配套提升等总投资40.34亿元的73个城乡建设项目。②在镇村,推进新型农村社区建设,突出抓好城中村、城郊村、镇驻地村及周边村的拆迁改造,推进偏远村庄迁建合并,二吕、四扣、协胜、镜湖、镇东等社区建设顺利实施,1396户农民分配回迁楼。全面实施农村旱厕改造、生活污水集中处理等工程,共硬化道路23公里,改造旱厕2477户,建成污水处理项目15处。高度重视交通基础设施建设,总投资6.5亿元的河辛路改线和河民路、海防路等改造工程顺利实施,康宁路、邵太路、河庆路改造竣工通车,总投资1500万元的农村公路安全生命防护工程圆满完成。

【优化区域发展环境】 安全生产方面,推进安全生产网格化、实名制管理,244家企业完成基础信息采集录入工作,夯实公共安全基础。全面开展安全生产隐患"大快严"集中行动,在危险化学品、交通安全等八大行业领域全面开展隐患排查治理工作,共排查隐患9974条,整改8962条。环境保护方面,先后实施黄河路雨污排改造、中海尾水人工湿地工程、燃煤小锅炉淘汰、挥发性有机物治理等总投资8.2亿元的29项水气污染治理工程,污水直排全面消除,市控及以上河流稳定达到地表水五类水质标准,空气质量继续居全市首位。取缔土小企业7家,立案查处违法行为56起。生态建设方面,加强绿地、湿地建设,开展大规模生态修复,实施三年增绿计划,完成投资1.87亿元,新增造林4.47万亩,湿地修复1145亩,完成市委、市政府下达任务的226%,为河口打造绿色生态屏障。

【山东河口经济开发区】 河口经济开发区位于河口城区南部,成立于1997年5月,初始占地600亩,2001年10月被批准为市级开发区,2006年3月被国家发改委和省政府正式批准为省级开发区,规划面积21.62平方公里,主导产业为能源装备制造、精细化工、纺织服装、型材产业。河口经济开发区管委会为区政府派出机构,内设3个副科级行政局(室),下设4个副科级直属社会公益类事业单位,7个政府派驻机构。截至年底,开发区共入驻企业132家,其中规模以上企业50家,高新技术企业12家,上市公司7家,集聚形成以汇海医药、旭业新材料、安诺其纺织材料等为支柱的精细化工产业;以海螺型材、北玻节能玻璃、环海塑料等为主导的新型建材产业;以海鑫石油装备、金开石化设备等为骨干的石油装备制造产业。2016年,实现工业总产值133.7亿元,同比增长14.2%;主营业务收入128.6亿元,同比增长17.5%;实现增加值30.4亿元,同比增长11.6%;实现利税10.6亿元,同比增长10.3%;完成进出口总额1.9亿元;实现财政收入9106万元,增长4.8%。

【镇、街道办事处概况】

河口街道办事处

党工委书记　牟焕民

办事处主任　陈万来

位于河口中心城区中部，距区政府2公里，版图面积471.06平方公里。有耕地4.3万亩，滩涂面积7万亩，海岸线全长17.3公里。辖22个行政村、5个社区居委会，辖区总人口8.9万人。其中，地方常住人口3.6万人，油田常住人口3.9万人，流动人口1.4万人，人口自然增长率为16‰。

2016年，全街道实现地方生产总值56.5亿元，增长7.8%；实现规模以上工业总产值88亿元，增长7.3%；完成全社会固定资产投资40.8亿元，增长-4.1%；完成全社会消费品零售总额16.1亿元，增长12.3%；完成地方财政收入5724万元，增长16%；实现农民人均纯收入17763元，增长14.2%。农林牧渔业总产值31200万元；全年粮食作物播种面积1659公顷，总产0.56万吨；瓜菜64公顷，总产0.07万吨；棉花2527公顷，总产2346吨；种植业产值39620万元。全年造林600公顷，森林覆盖率17.5%；林果总产480吨；林业产值810万元。年末大牲畜存栏30022头，猪存栏24978头，羊存栏4113头，家禽存栏11万只；畜牧业总产值12020万元。水产品总量6795吨，渔业总产值14535万元。有蓄水能力10万立方米以上水库16座。辖区总蓄水能力2280万立方米。农业机械总动力达36750千瓦，农村用电量30万千瓦时。有小学2处，在校学生共390人，适龄儿童入学率100%；有标准化卫生室12个；全街道最低生活保障救助557人，其中城市低保287人，农村低保270人。

村居名录

社区居委会：河宁社区居委会、海宁社区居委会、黄河路社区居委会、河滨路社区居委会、德盛街社区居委会。

### 六合街道办事处

党工委书记　张素霞

办事处主任　李吉海

位于河口区城区南部，距区政府10公里，南与利津县汀罗镇接壤，东靠济军生产基地和孤岛镇，西临河口街道办事处，面积146.55平方公里。有耕地7.125万亩。河口经济开发区坐落在六合街道境内，地处油田腹地，辛河路贯穿南北，基础设施完善，区位优势明显。2016年底，辖28个行政村，2个社区，4.5万人，其中农村人口1.5万人，人口自然增长率为13.64‰。

2016年，国内生产总值24.0165亿元，增长8.4%；规模以上工业总产值20.2294亿元，增长9.9%；固定资产投资额41.7689亿元，增长-3.2%；社会消费品零售额15.1211亿元，增长12.7%；地方财政收入5173万元，增长13.6%。全年粮食作物播种面积34922亩，总产13219.526吨；蔬菜2230亩，总产16414.41吨；瓜果1009亩，产量3064.554吨。棉花30893亩，总产2061.098吨。全年造林600公顷；林果总产701.4吨；年末大牲畜存栏594头，猪存栏10582头，羊存栏9002只，家禽存栏41.64万只，有水库39座，总蓄水能力338万立方米。农村用电量313.4万千瓦时。有中学1处，小学2处，小学在校学生共1843人，适龄儿童入学率100%。医疗卫生机构25处。

村居名录

村民委员会：薄家嘴、大夹河、小夹河、庙一、庙二、毕咀、东崔、六合、西崔、东坝、芦山、闫家、后毕、上小街、胡家、梅家、后沟、前沟、协胜、广河、三义和、新胜、新合、于家、范家、小义和、安家、荆家；

社区居委会：河安社区、河庆路社区。

### 义和镇

党委书记　王云涛

镇　　长　綦建成

位于河口区城区西部，距区政府16.5公里，面积129.7平方公里。2016年底，辖46个行政村；有9182户，2.6万人，人口自然增长率为5.63‰。

2016年，实现国内生产总值34.15亿元，增长8.3%，规模以上工业总产值267.1亿元，增长12.2%；固定资产投资额42.76亿元，增长-3.5%；社会消费品零售额2.99亿元，增长12.5%；公共财政预算收入2020万元，同比减收366万元；农村居民人均可支配收入15594元，增长8.3%。农林牧渔业总产值55432万元；全年粮食作物播种面积4198.1公顷，总产27295.8吨；瓜菜317.93公顷，总产1.13万吨；棉花1145.3公顷，总产988吨；农业总产值13583万元；全年造林12480亩，森林覆盖率25%；林果总产782吨；林业产值1144万元。年末大牲畜存栏7145头，猪存栏2万头，羊存栏1.03万只，家禽存栏71.6万只；畜牧业总产值12880万元；渔业总产值23720万元；农林牧渔服务业总产值4105万元。有水库84座，总蓄水能力850万立方米。农村用电量884万千瓦时。有中学1处，小学教学点1处，在校学生共1394人，适龄儿童入学率100%，有医院1处。

村居名录

村民委员会：大牟、五一、五二、宝一、宝二、前夹、中夹、后夹、六顷、草场、薄家、七顷、大山、三合、德民、河王、同河、南太平、北太平、王集、王二、河一、河二、小河、梁家、大王、蒲台、东北、西北、东南、西南、西河、艾河、油坊、四顷坝、三顷三、北大屋、六顷五、围子、寿光、东韩、西韩、千二、博兴、大英、义胜。

### 新户镇

党委书记　苟军松

镇　　长　张学亮

位于河口区城区西北部，距区政府30公里，面积730.8平方公里。有耕地11.9万亩。2016年底，辖75个行政村。有2.7万人，人口自然增长率为10‰。

2016年，实现国内生产总值43.2亿元，增长6.8%，规模以上工业总产值283亿元（含蓝色经济开发区），增长8.7%；固定资产投资额65.5亿元，增长20.5%；社会消费品零售额4.2亿元，增长12.4%；地方财政收入4360万元，增长-9.5%；农林牧渔业总产值129237万元；全年粮食作物播种面积9270.1公顷，总产4.9万吨；瓜菜257.7公顷，总产1.7万吨；棉花1666.6公顷，总产0.18万吨；种植业产值32450万元。林果总产13350吨；林业产值2759万元。年末大牲畜存栏12693头，猪存栏8万头，羊存栏1.2万只，家禽存栏62.6万只；畜牧业总产值30229万元。渔业总产值54388万元。农林牧渔服务业总产值9411万元。有水库156座，总蓄水能力2460万立方米。农村用电量1041.1万千瓦时。有中学2处，小学2处，在校学生共1268人，适龄儿童入学率100%。有医院2处。

村居名录

村民委员会：麻郭、南王、东华、四顷二、新华、友谊、牟桥、永合、北台子、太平、小坨、丁家、大王、九顷、三义、西村、东村、双合、盐山、杏行、东鲍井、西鲍井、南六合、老鸦、北李、东风、海丰、新立、公司、八顷、兴合、中合堂、奇古、郭局、东六合、马家、丁王、果园、建设、顺河、兴华、太一、太二、太三、南李、中义、坝上、中合、龙王、东兴、新兴、艾和、北楼、刘瞿阝、西华、三泉、仁义、星南、星北、双胜、一顷六、三合、南楼、双泉、赵王、肥城、胜利、丁家集、和平、联合、太和、韩家、龙泉、立新、官庄。

### 仙河镇

党委书记　李建民

镇　　长　韩春亮

位于河口区城区东北部，距区政府30公里，面积672平方公里。有耕地12.78万亩。2016年底，辖4个行政村；常驻人口有1.463万户，3.782万人（含油田、济军基地），人口自然增长率为9.53‰。境内有桩西采油厂、孤东采油厂、海洋采油厂、仙河社区管理中心4个油田二级单位。

2016年，实现国内生产总值50.1亿元，增长8%，规模以上工业总产值108亿元，增长11.5%；社会消费品零售额9.8亿元，增长12.5%；地方财政收入4781万元，增长6.74%；全社会固定资产投资40.9亿元，农林牧渔业总产值23356万元；棉花播种面积29.46公顷，总产25.91吨；种植业产值5008万元。林业产值572万元。年末大牲畜存栏3.5万头，奶牛24893头，猪存栏5544头，羊存栏1318只，家禽存栏130667只；畜牧业总产值6775万元。水产品总量3.94万吨，渔业总产值9224万元，农林牧渔服务业总产值1777万元。有大型水库2座，总蓄水能力3000余万立方米。农业机械总动力达3480千瓦，农村用电量35.29万千瓦时。有中学1处，小学4处，在校学生共4500余人，适龄儿童入学率100%。有医院2处。

村居名录

村民委员会：渔村、振东、卫东、海星。

### 孤岛镇

党委书记　王　峰

镇　　长　胡友成

位于河口区东部、黄河入海口北侧，辖区总面积159.46平方公里，驻有胜利油田孤岛采油厂、孤岛社区管理中心等9个二级半以上单位和济南军区黄河三角洲综合训练基地，辖2个行政村。全镇总人口5.6万人（含油田、济军基地），其中外来流动人口2万人左右。

2016年，实现国内生产总值47.1亿元，增长7.4%；规模以上工业总产值亿195.3元，增长16.2%；固定资产投资额38.3亿元，增长-4.3%；规模以上工业主营业务收入215.94亿元，增长3.77%；实现利税5.6亿元，产销率100%。地方财政收入3991万元。农民人均纯收入21034元，增长5.6%。农林牧渔业总产值56033万元；全年粮食作物播种面积120510亩，总产8.1万吨；棉花18135亩，总产1267吨。有林地面积91455亩，森林覆盖率达39%；林果总产7830吨；林业产值490万元。年末大牲畜存栏4380头，猪存栏17374头，羊存栏5066只，家禽存栏50.5万只。畜牧业总产值4250万元。有水库5座，总蓄水能力1890万立方米。农业机械总动力达6.75万千瓦，农村用电量42.7万千瓦时。有中学2处、小学2处，在校学生共4600人，适龄儿童入学率100%。有医院3处。

村居名录

村民委员会：镇苑、西韩。

（河口区地方史志办公室　潘春芳）

## 垦利区

区委书记　刘斯杰

区　　长　马保文

**【国民经济和社会发展综述】** 垦利区因境域曾被称作垦区和利津洼而得名。8月2日，召开东营市垦利区成立大会，东营市垦利区正式成立。垦利区陆地面积2331平方公里，海域面积1200平方公里，辖5个镇2个街道，333个行政村，8个城市社区。年末全区常住人口25.34万人，人口自然增长率为14.2‰。

2016年，实现全区生产总值410.9亿元，比上年增长7.3%。其中，第一产业增加值20.2亿元，增长3.9%；第二产业增加值234.3亿元，增长5.7%；第三产业增加值156.4亿元，增长10.4%。固定资产投资297.4亿元，公共财政预算收入21.3亿元，公共财政预算支出27.8亿元。年末，全区金融机构人民币存款余额364.2亿元，比年初增加31.0亿元。其中，城乡居民储蓄存款余额153.4亿元，增加10.0亿元；企业存款171.3亿元，增加19.7亿元。金融机构人民币贷款余额399.9亿元，增加2.3亿元。社会消费品零售总额67.7亿元，进出口总额88.2亿元。

农林牧渔业总产值41.9亿元，比上年增长4.0%。粮食总产量11.5万吨，棉花（皮棉）产量1.8万吨，蔬菜产量5.8万吨，油料产量0.1万吨，瓜类产量1.8万吨，肉蛋奶总产量4.1万吨，水产品总产量16.6万吨。规模以上工业企业181家，比年初增加2家，实现工业总产值2136.2亿元，比上年增长4.3%，工业增加值增长4.9%。规模以上工业主营业务收入2111.5亿元，比上年下降6.5%；利润209.6亿元，下降14.2%；利税267.5亿元，下降13.3%。资质以上建筑企业建筑业总产值34.0亿元，比上年增长8.6%；竣工产值31.4亿元。

年末，全区公路通车里程达到2256.1公里。邮政业务量2187.0万元，比上年增长22.6%；电信业务总量4.7亿元，增长10.8%。年末固定电话户数2.0万户，移动电话用户23.6万户。污水集中处理率达到100%，无害化垃圾处理率达到100%。全年接待海内外游客267.5万人次，比上年增长13.4%。旅游总收入15.0亿元，增长24.3%。

有职业中学1所，在校生3587人；普通高中1所，在校生3714人；普通中学7所，在校生10852人；小学14所，在校生11753人，小学学龄儿童入学率达到100%；幼儿园40所，在园幼儿7091人。全年专利申请受理量273件，其中发明专利54件，实用新型202件，外观设计17件。发明专利授权45件。有效发明专利129件。博物馆1个，档案馆1个，公共图书馆1所，文化馆1个，科技馆1个。体育馆23座。广播电视人口覆盖率到100%。有线电视入户率64.3%，有线电视用户4.5万户，数字电视高清用户3.9万户。全区卫生事业机构282所，其中，医院4所，卫生院5所，社区卫生服务中心1处，疾病预防控制中心1处，卫生监督执法局1所，计划生育妇幼保健综合服务站1所，一体化村卫生室83所，个体村卫生室146所，个体诊所43所。各类卫生机构拥有床位数904张，其中，医院680张。卫生技术人员1069人，其中，执业医师及执业助理医师718人。居民人均可支配收入28703元，其中，城镇居民人均可支配收入38341元，农村居民人均可支配收入15605元，居民人均生活消费支出18556元。其中，城镇居民人均生活消费支出23409元，农村居民人均生活消费支出11962元。全区机关事业单位基本养老保险，企业职工基本养老保险，个体工商户、自由职业者参加基本养老保险，城乡居民社会养老保险，城镇职工基本医疗保险，工伤保险，城镇职工失业保险，生育保险参保人员分别达到8851人、32550人、16862人、125375人、47343人、49436人、31169人、36879人。农村低保户7516人，城镇低保户868人。敬老院5所。

**【垦利区成立大会召开】** 8月2日东营市垦利区成立大会召开。市委书记、市人大常委会主任申长友出席会议并讲话，市委副书记、市长赵豪志主持会议；市委副书记、政法委书记郑建军，市政协主席陈泽浦等市各大班子领导，省民政厅副厅长冯建国和有关处室负责人；区委书记、区人大常委会主任韩利学，区委副书记、区长崔建华，区委副书记盖举波，区政协主席张葆春、区人大常委会第一副主任孙海君等各大班子领导出席会议。冯建国宣读《山东省人民政府关于调整东营市部分行政区划的通知》，郑建军宣读《中共东营市委、东营市人民政府关于撤销垦利县设立垦利区的实施意见》，朱开国宣读干部任免决定。市委、市人大、市政府、市政协、市纪委领导分别与垦利区相关领导，共同为垦利区五大班子揭牌。韩利学作表态发言。市各大班子秘书长、有关副秘书长，市直有关部门主要负责人；其他县区、开发区分管负责人；市撤县设区工作领导小组成员单位主要负责人，胜利石油管理局、济军基地、中国石油大学东营校区负责人；各镇（街道），区直部门、单位主要负责人参加会议。

**【第六届黄河三角洲（中国·垦利）国际生态农业博览会】** 2016年10月22—24日，在黄河口经贸文化交流中心举办。以“绿色、科技、品牌”为主题，更深层次植入“互联网+农业”概念，新增设农业生产资料展区。总展览面积2万平方米，分A、B、C三个展馆，布置展位1000个，设东营特色展区、国际及台湾展区、山东省特色展区、农业电商展区、农业科技展区、农业生产资料展区6大版块，参展企业共412家。展会举办期间，现场交易额4236.16万元，现场签约额1887.9万元，采购商、电商、参展企业现场达成购销合同22项，合同金额7660万元，洽谈购销意向108项，可实现购销金额2亿多元。科研院所与各参展企业、当地种养殖企业达成技术合作意向11类、26个。展会期间参观人数12.8万人次。

**【开发区、镇街、办事处情况】**

垦利经济开发区（兴隆街道办事处）

党工委书记、管委会主任　　于龙飞

党工委副书记、街道办主任　周洪亮

始建于1992年，1995年12月被山东省人民政府批准设立为省级经济开发区。位于东营市中心城与垦利中心城的连接地带，是垦利区“一城一带三区”中部新型工业区的重要组成部分，规划面积51.13平方公里，建成面积18平方公里，常住人口3万人。兴隆街道于2009年8月被山东省人民政府正式批准成立。2010年初，垦利经济开发区管委会与兴隆街道办事处实行联合办公，并于2011年开始实行一个机构、两块牌子的“管办一体”管理模式。2016年，实现地区生产总值25.2亿元，同比增长8%，规模以上工业企业实现总产值452.5亿元、销售收入436.6亿元,同比分别增长3.65%、1.91%,实现利税56.7亿元、利润49.9亿元。完成固定资产投资52.3亿元,实现地方公共财政预算收入2.42亿元,农村居民人均可支配收入达15557元,比2012年增加3456元。产业结构进一步优化,一、二、三产业产值占比调整为2.1%、77.9%、20%,服务业产值进一步增加。垦利经济开发区辖区内有各类企业226家,初步形成以高端石油装备和汽车及配件制造两大产业为主,以精细化工、生物医药、农副产品深加工、新能源新材料为辅的产业格局。工业经济平稳发展,2016年开发区(兴隆街道)石油装备制造及汽车和零部件配套两大主导产业实现产值278.4亿元,占到规模以上工业总产值的一半;高新技术企业预计实现产值193.2亿元,占规模以上工业企业总产值的42.7%。

村居名录

村民委员会:东兴村、南成寨、北成寨、杜屋、黄店、兴隆、五一、广兴、大河村、大王村、周屋、店子、后李、西九、同兴、渔洼。

## 垦利街道办事处

党工委书记　吕景亮

办事处主任　张守华

位于垦利区政府驻地,面积209.31平方公里,总人口11万人。2016年底,辖102个自然村,82个村民委员会,12个社区居委会,人口自然增长率为13.76‰。

2016年,实现生产总值65.5亿元,比上年增长7.3%,其中一、二、三产业增加值分别为41184万元、354170万元和259639万元,分别比上年增长4%、5.6%和10.5%。农林牧渔业总产值40522万元;全年粮食作物播种面积4611公顷,总产2.7万吨;瓜菜563公顷,总产1.3万吨;棉花1677公顷,总产1661吨;种植业产值13335万元。全年造林370公顷,森林覆盖率27.1%;林果总产4586吨;林业产值580万元。年末大牲畜存栏2201头,猪存栏1.4万头,羊存栏0.85万只,家禽存栏55.17万只,畜牧业总产值8387万元。水产品总量11630吨,渔业总产值16590万元。有水库31座,总蓄水能力1500万立方米。农村用电量706万千瓦时。规模以上工业企业实现产值187.76亿元,主营业务收入187.74亿元,利润26.48亿元,利税30.98亿元。地方财政公共预算收入2.3万元。城乡居民人均可支配收入15786元,同比增长8.16%。有小学2处,在校生共548人,适龄儿童入学率100%。有社区卫生院1处。

村居名录

社区居委会:万光居委会、康居居委会、中兴居委会、东方居委会、书香居委会、胜兴居委会、汇丰居委会、和平居委会、永兴居委会、振兴居委会、新兴居委会、佳苑居委会。

村民委员会:北十井村、南十井村、吴旺村、民丰村、李呈村、前李呈村、冯屋村、复兴村、义和村、双河镇村、西冯村、西尚村、永兴村、新民村、新安村、寿山村、利泉村、双河村、西双河村、前榆村、后苟村、中苟村、陈东村、复胜村、高盖村、李王村、东麻王村、西麻王村、南羊村、中张村、左一村、左二村、联合村、补户村、苍州村、闫家村、围子村、盐窝村、合兴村、中西村、18户村、邱围村、六村、七村、南尚屋村、北尚屋村、荆岭村、崔家村、邵家村、朱家村、西张村、西兴村、东张村、南三合村、大三合村、小三合村、大山村、北河南村、北河北村、北于村、西宋村、21户村、东宋村、宋坨村、胜合村、栾家村、西坨村、五庄村、小高村、牧场村、北盐窝村、张新村、新建村、新立村、赵屋村、北苍州村、卫东村、北兴隆村、东兴村、夹河村、沈家村、小口子村。

## 胜坨镇

党委书记　黄　振

镇　　长　宋金生

位于垦利区西部,距城区10.5公里,面积181平方公里。2016年底,辖59个自然村,59个村民委员会;有21187户,60956人。

2016年,实现地区生产总值168.1亿元,比上年增长7.2%,其中一、二、三产业增加值分别为46559.7万元、1046255.2万元和588180.2万元,分别比上年增长3.9%、5.7%和3.5%。地方财政一般预算收入1.95亿元。工业总产值1034.8亿元,实现利税127.9亿元。全年粮食作物播种面积6103公顷,总产4万吨。棉花1524公顷,总产1277吨。全年造林1166.67公顷,森林覆盖率21%。年末大牲畜存栏74755头,其中,肉牛382头,奶牛1249头,猪73124头;羊存栏8926只;家禽存栏59.6万只。农村居民人均可支配收入16939元。有中学1处,小学3处,在校学生共6415人,适龄儿童入学率100%。有医院1处。

村居名录

村民委员会:胜利村、工农村、海北村、海南村、海中村、小巴家村、坨西村、坨东村、坨南村、杜家村、小务头村、巴东村、巴西村、褚家村、郑王村、皇殿村、姜家村、孙家村、史王村、王营村、尚庄村、戈武村、东王村、崔家村、寿合村、张东村、张西村、苏家村、宁家村、花台村、义和村、海东村、海西村、苏刘村、新张村、大张村、小张村、陈家村、胥家村、周家村、宋家村、西街村、前彩村、林子村、许家村、吴家村、梅家村、卞家村、路家村、常家村、后彩村、辛庄村、三佛村、大白村、小白村、徐王村、佛头寺村、棘刘村、王院村。

## 郝家镇

党委书记　黄文卿

镇　　长　宋连军

位于垦利区西南部,距城区22.5公里,面积60.77平方公里。辖28个自然村,28个村民委员会,3个居民委员会;有6820户、18288人;其中,女9201人。

2016年,实现生产总值34.01亿元,比上年增长7.3%,其中一、二、三产业增加值分别为1.26亿元、19.54亿元、13.20亿元,分别比上年增长3.8%、5.6%和10.4%。完成全社会固定资产投资23.1亿元,下降34.8%。规模以上工业总产值138.92亿元,实现利税18.76亿元。农林牧渔业总产值2.5102亿元;全年粮食作物播种面积3818.73公顷,总产2.5581万吨;瓜菜232.9公顷,总产7119吨;棉花639.2公顷,总产608.48吨;种植业产值11375万元。全年造林35公顷,森林覆盖率25.4%;林果总产1170.8吨,林业产值368万元。年末大牲畜存栏324头,猪存栏0.6175万头,羊存栏0.2025万只,家禽存栏35.8847万只;畜牧业总产值12079万元。渔业总产值290万元。有水库8座,总蓄水能力400万立方米。农业机械总动力50350千瓦。地方公共财政预算收入6692万元。农村居民人均可支配收入15198元,比上年增长8.16%。有中学1处,小学1处,在校学生1561人,适龄儿童入学率100%。有医院1处,农村社区卫生服务站11处。

村居名录

村民委员会:郝家、吴杨、大务、樊家、北张、北王、后岳、侯家、前岳、迟沙、王沙、宋沙、宫家、孙家、孟家、黄店、薛家、八里、店子、耿家、许家、南张、后缪、前缪大赵、小赵、十八图、十五图。

## 董集镇

党委书记　董　强

镇　　长　王安峰

位于垦利区西南部,距城区24公里,面积66.7平方公里。2016年底,辖33个自然村,33个村民委员会;有7798户,22670人;其中女11404人,人口自然增长率为17.1‰。

2016年,实现生产总值37.81亿元,比上年增长7.2%,其中一、二、三产业增加值分别为15083万元、222996万元和140004万元,分别比上年增长3.3%、1.8%和14.2%。工业总产值96.8亿元,实现利税200792万元。农林牧渔业总产值26713万元;全年粮食作物播种面积2633公顷,总产1.87万吨;瓜菜124.4公顷,总产0.45万吨;棉花939公顷,860吨;种植业产值10570万元。全年造林110公顷,森林覆盖率27%;林果总产1305吨;林业产值836万元。年末大牲畜存栏507头,猪存栏1.39万头,羊存栏0.50万只,家禽存栏12.6万只;畜牧业总产值11357万元。水产品总量1200吨,渔业总产值3480万元。有水库1座,总蓄水能力120万立方米。农业机械总动力36669千瓦。地方财政一般预算收入5300万元,比上年增长7%。农村居民人均可支配收入15079元。有九年一贯制学校1处(董集实验学校),在校学生共2203人,适龄儿童入学率100%。有医院1处。

村居名录

村民委员会:董集村、刘家村、官庄村、秦家村、薛家村、胡家村、车宫村、小官村、佐王村、赵马村、大户村、东户村、南户村、刘王村、大王村、小王村、郑家村、东韩村、石家村、崔家村、邱家村、七井村、罗家村、西韩村、新李村、前许村、后许村、杨庙村、东范村、宋王村、南范村、北范村、小街村。

## 黄河口镇

党委书记　董怀进

镇　　长　盛　焱

位于垦利区东北部,距城区41.5公里,面积1317平方公里。2016年底,辖91个自然村,63个村民委员会;有9996户、24774人;其中,女性12676人,人口自然增长率为6.1‰。

2016年,实现生产总值17亿元,比上年增长7.1%,其中一、二、三产业增加值分别为37167万元、70800万元和61793万元,分别比去年增长3.9%、5.9%和8.7%。规模以上工业总产值5.84亿元,实现利税3491万元。农林牧渔业总产值75044万元;全年粮食作物播种面积9444.47公顷,总产6.14万吨;瓜菜492.1公顷,总产1.22万吨;棉花4640公顷,总产12088.95吨;种植业26959万元。全年造林800公顷,森林覆盖率20%;林果总产2754.39吨;林业产值1090万元。年末大牲畜存栏5720头,猪存栏0.44万头,羊存栏1.89万只,家禽存栏28.68万只;畜牧业总产值9584万元。水产品总量1.54万吨,渔业总产值35891万元。有水库8座,总蓄水能力798万立方米。农业机械总动力18.93千瓦,农村用电量507.13万千瓦时。乡镇企业总产值7.18亿元,利税4033万元。地方财政一般预算收入2277万元。居民人均可支配收入12838元,比上年增加965元。有教育园区1处,在校学生共1500人,适龄儿童入学率100%。有医院1处。

村居名录

村民委员会:护林、建林、七村、利林、于林、董集、耿家、一村、北宋沙、胜林、广林、生产、四村、北胜合、六村、万尔庄、南张、新生、五七、北宋圈、北奕家、辛庄场、五县、十三、周刘、小高家、幼林、义和、宋圈、新兴、四十三户、新营、东林站、友林、新林、富林、丰林、东增林、兴无、北高、东宁、曹家、西隋、东隋、兴林、贾刘、牛庄、辛集、永胜、北十四、双义河、西商、东商、东寨、油郭、永林、王连、西增林、新育林、二十三、十六、北新、义林。

## 永安镇

党委书记　胥全永

镇　　长　周立城

位于垦利区东部,距区城17公里,面积428平方公里。2016年底,辖49个自然村,49个村民委员会;有8135户、21874人,其中,女12635人,人口自然增长率为13.1‰。

2016年,实现生产总值37.91亿元,比上年增长7.1%,

其中一、二、三产业增加值分别为33716万元、209029万元和136307万元，分别比上年增长3.8%、4.3%和10.2%。工业总产值186.37亿元，实现利税171792万元。农林牧渔业总产值66825万元；全年粮食作物播种面积103946亩，总产2.69万吨；瓜菜839.4公顷，总产1.45万吨；棉花3306.6公顷，总产0.77万吨；农业产值20153万元。全年造林173.3公顷，森林覆盖率21.5%；林果总产400吨。年末猪存栏1.47万头，羊存栏1.17万只，家禽存栏204.66万只；畜牧业总产值4734万元。渔业总产值40776万元。有水库15座，总蓄水能力975万立方米。农业机械总动力75000千瓦。地方财政一般预算收入9128万元。农村居民人均可支配收入13848元。有中学1处，小学2处，幼儿园3处，在校学生共1880人，适龄儿童入学率100%。

村居名录

村民委员会：一村、三十八户、牛圈、东九村、西三村、东三村、六村、兆丰村、二十四顷村、东兴村、西兴村、新立村、方里村、九十六户村、中心村、二十八村、胜利村、前二十五村、十七村、镇南村、永安村、五村、十村、北街村、六十户、十一村、前七村、二十师村、后七村、东七村、十八村、惠鲁村、新十五村、十六村、十九村、西十四村、东十四村、东义和村、二十二村、十二村、二十村、二十一村、李屋村、四合村、南二十三村、移民村、付合村、南义和村、东二十三村。

### 垦东办事处

党工委书记、办事处主任　马勇军

位于垦利区黄河入海口以北，东邻渤海，南与黄河三角洲国家级自然保护区依靠，西与河口区接壤，版图面积550平方公里，有常驻人口10900人(包括孤东采油厂)，流动人口3500人，境内无建制村。2016年，获安全生产工作先进乡镇称号，重点工程项目：①围绕优化园区发展环境目标，推动实施35kv变电站和加油、加气、充电三站建设，不断提升基础设施承载能力。②投资800万元实施“三年增绿”工程，完成造林500亩，提升辖区绿化水平。③推动投资7.6亿元的华润电力垦利荣胜风电场项目竣工投产运行。④实施投资2000万元实施黄河口滨海休闲观光旅游项目提升工程，旅游条件不断优化。

### 东营市现代渔业示范区(红光渔业办事处)

党工委书记、主任　李希泉

红光办事处主任　杨学彬

东营市现代渔业示范区是市区两级党委、政府为全面推进黄河三角洲高效生态经济区和山东半岛蓝色经济区建设而规划的主体产业区之一。规划总面积220平方公里，西至东八路、北达小岛河、南抵青坨沟、东到防潮大堤。自2008年开发建设起，示范区累计完成投资34.2亿元，建成“六纵八横”的道路交通网络，完成水、电、气、讯等配套，开发建设20万亩海水养殖区，建成标准化海参养殖池塘10万亩。海跃和景明两家水产品加工企业年可加工海产品6200吨，销售额近7亿元。占地10平方公里的滨海温泉度假小镇建设建成16万平方米的低层住宅，初步搭起滨海城镇开发建设的框架。先后获“全国农产品加工业示范基地”“省级现代渔业园区”“好客山东最美村镇”“山东省旅游强乡镇”“山东省十大高效生态科普示范基地”等称号。渔业示范区管委会(红光办事处)共核定编制43人，有干部职工35人，其中班子成员10人、副科级局室长6人，下设党政办公室、经济发展局、财政局、规划建设局、社会事务管理局、水利水产局、安全生产监督管理站等7个职能局室。2016年，完成固定资产投资1.6亿元，实现税收1571万元，完成招商引资1亿元。

村居名录

村民委员会：红光新村、老十五、渔村

（垦利区党史史志办公室　陈学慧　刘艳芳）

## 广　饶　县

县委书记　田和友(12月离职)

　　　　　梁润生(12月任职)

县　　长　霰景亮(12月离职)

　　　　　宋学华(12月任职)

**【国民经济和社会发展综述】** 自秦时设县，西汉时始有“广饶”之称，取“海滨广斥，饶有鱼盐”之意。之后，几经更名，以“千乘”“乐安”为多。民国3年(1914年)，全国改定重复县名，因与江西省乐安县重名，复称广饶县。

广饶县位于山东省东北部，黄河三角洲南端，地理坐标为北纬36°56′~37°21′、东经118°17′~118°57′之间。北与东营区接壤，南与淄博市相接，东与潍坊市交界，西与滨州市毗邻，东北部濒临渤海莱州湾。全县总面积1166平方公里，辖6个镇、3个街道，553个村。年末，常住总人口523496万人，人口自然增长率14.45‰。

2016年，全年实现生产总值7909621万元，比上年增长6.8%。其中，第一产业增加值428831万元，第二产业增加值5148259万元，第三产业增加值2332531万元。固定资产投资6500618万元，公共财政预算收入409396万元，公共财政预算支出499072万元。社会消费品零售总额1927350万元，进出口总额3103039万元。年末，金融机构本外币存款余额5922660万元，其中居民储蓄存款余额2615006万元。

全年实现农林牧渔业总产值883996万元，比上年增长3.0%。其中，农业产值451260万元，增长4.5%；林业产值3297万元，增长5.1%；畜牧业产值198847万元，下降4.4%；渔业产值126467万元，增长4.9%；农林牧渔服务业产值104125万元,增长9.3%。粮食播种面积117.65万亩,粮食总产50.00万吨。其中,夏粮单产443.0公斤/亩,总产量24.23万吨;秋粮单产448.2公斤/亩,总产量25.77万吨。蔬菜总产量56.93万吨,棉花总产量0.67万吨,水果总产量0.42万吨。水产品总产10.19万吨,肉、蛋、奶总产18.10万吨。全年新增造林面积682公顷,林木绿化率28.4%。全县拥有农业机械总动力90.7万千瓦。年末规模以上工业企业288家,实现增加值增长7.5%,实现主营业务收入4273.28亿元,实现利润362.33亿元,实现利税424.40亿元。全年建筑业实现增加值301089万元,实现利润38899万元。

全县公路通车里程2096.9公里,其中国道99.7公里,省道110.8公里,县道131.7公里,乡道494.5公里,专用公路68.7公里,村道1191.5公里。从技术等级看,高速公路54.8公里,一级公路97.3公里,二级公路171.7公里,三级公路71.8公里,四级公路1701.3公里。全年完成邮政业务总量4212.27万元。年末固定电话用户6.65万户,下降11.2%;互联网宽带用户15.14万户,增长21.8%。年末实有城市道路长度141.3公里,道路面积350.8万平方米;城区绿地面积2502公顷,增长5.1%;建成区绿地面积1136.8公顷,增长11.9%。建成区绿化覆盖面积1259.5公顷,增长12.0%。全年限期治理项目20项,投资4.6亿元。二氧化硫排放量13773吨,比上年下降6.9%;氮氧化物排放量6035吨,下降16.2%;烟(粉)尘排放量1145吨,下降4.4%。污水处理厂1座,污水处理厂集中处理率达到100%。全年空气优良天数162天。

全县共有A级旅游景区5家,其中AAAA景区2家,AAA景区2家,AA景区1家。全年实现旅游总收入10.2亿元。省级旅游强镇4个,省级旅游特色村4个。

全县有普通高等院校1所,在校生5718人;中等职业学校1所,在校生4320人;普通中小学41所,在校生58013人。全年共申报各级各类科技项目32项,有16项列入各级计划,其中国家级1项、省级4项、市级11项。专利申请量1024件,授权专利100件。有博物馆1个,档案馆1个,公共图书馆1所,文化馆1个。非物质文化遗产保护项目国家级1处、省级5处。医疗卫生机构385家,共有床位2838张,卫生技术人员3059人。全县共有健身活动广场500处,体育场地1080个。

全县城镇居民人均可支配收入37108元,农村居民人均可支配收入达到17249元。居民基本养老保险参保人数273592人,城乡居民基本医疗保险参保402918人。城镇最低生活保障人数356人,农村最低生活保障人数8342人。全县养老服务机构数9个,养老服务机构床位数1531张。

**【第七届中国(广饶)国际橡胶轮胎暨汽车配件展览会举办】** 5月15—17日,第七届中国(广饶)国际橡胶轮胎暨汽车配件展览会在广饶国际博览中心举办。本届展会由中国国际贸易促进委员会、山东省人民政府主办,中国国际贸易促进委员会山东省委员会、东营市人民政府承办,广饶县人民政府、中国国际贸易促进委员会东营市委员会、中国国际商会山东轮胎商会、中融商汇(北京)国际会展有限公司具体执行。展会共设7个室内展区和1个室外展区,展览面积4.2万平方米,主要展出轮胎制品、车轮制品、原料及制造设备、橡胶轮胎机械设备、轮胎翻新设备及原料、橡胶原材料、汽车配件、汽车维修保养设备等,还涉及到润滑油类,橡胶轮胎汽车配件行业专业期刊、杂志与媒体等相关内容。参展企业665家,较上年增长近10%。其中,境外企业120余家,轮胎企业290家,车轮企业31家,轮胎电商企业43家,40余家世界轮胎75强企业及世界500强企业参展。参会专业观众4.5万余人,境外采购商1500余人,涵盖俄罗斯、韩国、马来西亚、乌克兰、英国、巴西、印度、中国台湾等100多个国家和地区。展会期间,同期举办2016中国(广饶)国际车轮展览会、2016中国(广饶)国际汽车维修保养设备展览会,并举办2016中国(广饶)国际轮胎及橡胶新材料产业大会、2016年"丝绸之路经济带"国家工商会管理人员研修班、东营市橡胶轮胎暨汽车配件产业高端人才洽谈会、中国轮胎产业链资本升级高峰论坛、第三届车与轮会员大会、泰凯英新品招商会、博润德技术研讨会等同期会议。本届展会已达成贸易意向、协议、合同806个,涉及金额159亿元。

**【广饶县阿里巴巴农村淘宝广饶服务中心启动暨广饶电子商务创业基地揭牌仪式举行】** 11月9日,广饶县阿里巴巴农村淘宝广饶服务中心启动暨广饶电子商务创业基地揭牌仪式在广饶经济开发区尚能时代广场举行。阿里巴巴农村淘宝项目是山东省政府与阿里巴巴集团于2015年7月30日签订战略合作协议联手推进的重点电商工程,广饶县是全省第48个与阿里巴巴集团签订合作协议的县。阿里巴巴农村淘宝广饶服务中心建筑面积2500平方米,筛选的首批30家村级服务站正式运营;驰中集团、鹤园集团、华誉集团、科力汽配、正宇车轮等50余家企业初步达成入驻平台意向。广饶县作为东营市第一家与阿里巴巴集团合作的县域,在农村电商发展方面先行先试,开启农村电子商务发展的崭新模式,带动全县电子商务产业快速发展。

**【镇、街道办事处概况】**

广饶街道

党工委书记　蒋　峰

办事处主任　李洪刚

位于县城驻地,面积82.5平方公里,粮食直补面积37400亩,其中有效灌溉面积42138亩。2016年底,辖90个村,13个城市社区(含3个农村社区);有33142户、115252人;其中,女46123人;非农业人口38429人,人口出生率为18.25‰,人口自然增长率为14.57‰;人口计划生育率为

98.93%。

2016年,实现生产总值94.3亿元,比上年增长17.6%,其中一、二、三产业增加值分别达到3.1亿元、19.2亿元和71.99亿元。工业总产值134.3亿元,实现利税3.8亿元。农林牧渔业总产值36668万元。全年粮食作物播种面积4953公顷,总产7.45万吨;瓜菜413公顷,总产6.2万吨;种植业产值25500万元。全年造林1691亩,森林覆盖率31.2%;林业产值225万元。年末大牲畜存栏400头,猪存栏2.1万头,羊存栏1500只,家禽存栏9.5万只;畜牧业总产值10438万元。水产品总量1650吨。渔业总产值650万元。农村用电量2.5亿千瓦时。公共财政预算收入2.9万元。农民人均纯收入17750元,比上年增加1432元。有中学1处,小学2处,在校学生2145人,适龄儿童入学率100%。幼儿园(含托儿所)12处,入园幼儿2150人,入园率100%。有医院1处。

村居名录

村民委员会:一村、二村、三村、五村、四村、六村、七村、八村、九村、十村、十一村、十二村、十三村、十四村、十五村、十六村、十七村、十八村、十九村、南三里、张寨、蒋窑、张庄、晋王、朱家、阜城店、桥头王、弓手刘、东李、南高、北高、杨庙、贾家、殷家、都府李、东马、西马、皂户李、西李、梧一、东三里、梧二东、梧二西、梧东、马大、太平、景大、大蒋户、后蒋户、段家、牛李、朱杨、肖家、东北西、颜一、颜二、颜三、柳家、南西、徐楼、贾辛、姜家、蒋口、袁家、任王、安家、马疃、苏王、前燕、后燕、唐王、西北西、高赵刘、杜疃东、杜疃西、儒林、北李、西毛、东毛、巷道、何张、金胡、三角、娘娘庙、蔡家、双庙、东堡、莲花、耿家、张汪;

城市社区居委会:西苑、孙武社区、商业社区、府前社区、迎宾社区、月河社区、阳光社区、康居社区、民安社区、国安社区;

农村社区居委会:乐民社区、锦湖社区、新城社区

## 大王镇

党委书记　刘法光

镇　　长　赵军元

位于县境南部,距县城15公里,面积122平方公里,有耕地5957.78公顷,其中有效灌溉面积5610公顷。2016年底,辖97个自然村,97个村民委员会;有28485户、94540人;其中,女47377人;人口出生率为18.8‰,人口自然增长率为13.6‰;人口计划生育率为98.5%。

2016年,实现生产总值224.8亿元,比上年增长7.8%,其中一、二、三产业增加值分别达到43814万元、1815693万元和388967万元,分别比上年增长2.8%、7.5%和8.7%。工业总产值1685.6亿元,实现利税163.1亿元。农林牧渔业总产值103413万元。全年粮食作物播种面积6424.67公顷,总产4.2万吨;瓜菜948.27公顷,总产8.36万吨;种植业产值42218万元。全年造林181.4公顷,森林覆盖率48%;林果总产2637吨;林业产值884.9万元。年末大牲畜存栏5146头,猪存栏0.97万头,羊存栏10662只,家禽存栏46.2万只;畜牧业总产值23397万元。水产品总量485吨,渔业总产值4845万元。水库2座,总蓄水能力520万立方米。农业机械总动力达176772千瓦,农村用电量6636万千瓦时。财政收入103360万元。有中学2处,小学6处,在校学生9893人,适龄儿童入学率100%。幼儿园(含托儿所)24处,入园幼儿3329人,入园率100%。有医院2处。

大王经济开发区坚持镇区一体、协同发展,着力提高承载能力,实施新型工业化战略,做大做强汽车配件、橡胶轮胎、精细化工、绿色造纸四大产业,推动产业升级、人才聚集和科技创新水平的快速提升。至2016年底,开发区内拥有规模以上工业企业77家,院士工作站1个、博士后科研工作站3个、国家级企业技术中心2个、国家级实验室3个,与中国农科院、中国工程院、德国福伊特等120多家高等科研院所、技术公司建立长期合作关系,100多名国内外知名专家加盟大王经济开发区建设,搭建完备的科技创新体系。2016年,开发区规模以上工业主营业务收入1677亿元,增长3.8%;进出口总额111.1亿元,同比下降9.4%,其中出口额79亿元,下降1.8%。大王经济开发区已发展成为世界最大的环保型新闻纸生产基地、全国最大的汽车摩擦材料研发制造出口基地、全国重点子午胎生产聚集地、全省重要的盐化工及石油化工基地、全省无内胎钢制车轮生产基地和全省科技兴贸出口创新基地。

村居名录

村民委员会:南陈官、刘家、鞠家、西李、大王西、新村、吴家、中李、三贤、于巷、李桥东、曲江、周庄、韩桥、李桥西、北辛、赵家、田门、高卜纸、后屯、河沟、王东、郭明田、复兴王、傅家、铁李、田辛、菜园、刘堡、东吕、西吕、邓家、永和、六股、刘集前、小李、刘集后、苏庙、王南、范家、东孙庄、王李、北郭西、南郭、王永槐、东张庄、书房刘、延集、灶户王、红盆、北郭东、任楼、魏庄、高解、李园、张齐、巩家香坊、吕庄、崔家河崖、崔寨、贾王、前郭、王镇、冯庄、耿集、纪庄、孟集、北张淡、东庄子、西营、卧石西、东北街、西卧石、军屯、东营、大张淡、荣庄、卧石东、东卧石、后贾、前贾、宋壕、韩壕、李壕、叶壕、杨壕、黄店、黄壕、苏刘、张枣、西辛、明庄、吕道口、封庙、杨庄、韩庄、东辛。

## 稻庄镇

党委书记　田建林

镇　　长　李光辉

位于县境东部,距县城7.5公里,面积115平方公里,有耕地6667公顷,其中有效灌溉面积6000公顷。2016年底,辖85个自然村,85个村民委员会;有21753户、72508人;其中,女36285人;非农业人口1800人;人口出生率为20.91‰,人口自然增长率为15.04‰;人口计划生育率为

97.01%。

2016年，实现生产总值125亿元，比上年增长6%，其中一、二、三产业增加值分别为60244万元、936260万元和261770万元，分别比上年增长4.5%、6.4%和8%。工业总产值726亿元，实现利税100.3亿元。农林牧渔业总产值10624万元。全年粮食作物播种面积107305公顷，总产7.9万吨；瓜菜446.5公顷，总产3.2万吨；棉花38公顷，总产35.3吨；种植业产值16000万元。全年造林81公顷，森林覆盖率39.6%；林果总产137吨；林业产值60000万元。年末大牲畜存栏3500头，猪存栏1.5万头，羊存栏5295只，家禽存栏94.4万只；畜牧业总产值41000万元。水产品总量620吨，渔业总产值2460万元。农业机械总动力达135000千瓦，农村用电量4172.4万千瓦时。财政收入33900万元。农民人均纯收入17164元，比上年增加951元。有中学2处，小学2处，在校学生5165人，适龄儿童入学率100%。幼儿园（含托儿所）16处，入园幼儿2042人，入园率100%。

村居名录

村民委员会：稻一、稻二、稻三、冯口、王口、南禹、北禹、闫口、贾刘、孙家、西家、北孟、南寨、石家、西杜、东杜、鞠刘、高湾、淄河店、庞项、东水、长行、段一、段二、段三、西水、高柳、陈坡、大店、南店、北店、王家大营、陈家大营、高家大营、项家大营、任家大营、三合、新河、三水口、胜利、印家、韩家、东雷埠、西雷埠、南雷埠、北成、南成、徐家、西大、东大、徐湾、灰堆、庞家、邢家、孙庄、东朱营、西朱营、宋店、岔河、东袁、高庙、刁炉、皂李、城坞、广小张、南孟、徐楼、陈官、叶家、马楼、辛庄、郭家、佛王、圈子、纪家疃、项庄、侯家、高刘、小高刘、燕寨、宋寨、小营、东杨家、南塔、北塔。

## 丁庄街道

党委书记　燕居军

镇　　长　燕　飞

位于县境东北部，距县城33.5公里，面积363平方公里，有耕地8535.9公顷，其中有效灌溉面积8535.9公顷。2016年底，辖45个自然村，45个村民委员会；有51866人，其中女26261人；人口出生率为20.68‰，人口自然增长率为14.84‰；人口计划生育率为94.5%。

2016年，实现生产总值46.26亿元，比上年增长3.7%，其中一、二、三产业增加值分别达到59892万元、227806万元和174957万元。工业总产值204.88亿元，实现利税17.86亿元。农林牧渔业总产值143331万元。全年粮食作物播种面积145557亩，总产68197.754吨；瓜菜1120亩，总产3604.384吨；棉花2736.87公顷，总产3287.596吨；种植业产值61467.55万元。全年造林124.67公顷，森林覆盖率17.4%；林果总产1469.8吨；林业产值4534.46万元。年末大牲畜存栏11443头，猪存栏30307头，羊存栏7085只，家禽存栏965470只；水产品总量70800吨，渔业总产值73802万元。农民人均可支配收入16320.38元。有中学1处，小学4处，在校学生共4233人，适龄儿童入学率为100%，幼儿园（含托儿所）16处，入园幼儿1081人，入园率100%。有医院2处。

村居名录

村民委员会：赵嘴东、赵嘴西、朱嘴、南常、北常、后董、辛桥、宋圈、宋院、李屋、马屋、三柳、刘庄、西马楼、丁庄、沙台崖、牛圈、李沧、万二庄、三岔、商庄、祝庄、刘道、小官庄、缪道、刘沧、丁屋、孙屋、万屋、王屋、王署埠、李庄、郭王、东官庄、西官庄、东南坡、尚道、西南寨、河南寨、常寨、北张寨、聂寨、王道、崔道、李道。

## 李鹊镇

党委书记　李麦林

镇　　长　魏兰兰

位于县境南部，距县城5公里，面积66.5平方公里，有耕地4733公顷，其中有效灌溉面积4733公顷。2016年底，辖57个自然村，57个村民委员会；有12944户、38786人；其中，女19288人；非农业人口961人；人口出生率为17.47‰，人口自然增长率为10.49‰；人口计划生育率为97.17%。

2016年，实现生产总值32.3460亿元，比上年增长8.8%，其中一、二、三产业增加值分别达到43012万元、100923万元和179525万元，分别比上年增长3.3%、5.5%和10.2%。规模以上工业总产值26.4635亿元，规模以上工业利税总额22486万元。农林牧渔业总产值80456万元。全年粮食作物播种面积7477公顷，总产5.7万吨；瓜菜2011公顷，总产15.3万吨；种植业产值56854万元。全年造林106公顷，森林覆盖率28%；林果总产300吨；林业产值473万元。年末大牲畜存栏1306头，猪存栏0.89万头，羊存栏1325只，家禽存栏49.5万只；畜牧业总产值18609万元。水产品总量1.2吨，渔业总产值1597万元。农业机械总动力73236千瓦，农村用电量9046.31万千瓦时。财政收入4433万元。农民人均纯收入17438元，比上年增加1440元。有中学1处，小学2处，在校学生2441人，适龄儿童入学率100%。幼儿园（含托儿所）7处，入园幼儿720人，入园率100%。有医院2处。

村居名录

村民委员会：安里、鲍家、车家、拐子、梨园、西店、西孙、西张庄、张郭一、张郭二、张郭三、北水、东水、西水、郭老、郭辛、黄东、黄西、十里、王庄、赵庄、东耿、西耿、小张、赵寺、南杨家、苏家、太和一、太和二、太和三、东辛张、董家、后里东、后里西、南西里、皮里、前里、唐家、西辛张、西杨庙、段家、沟头、后大张、李西、李东、前大张、西大张、南赵、北赵、崔刘、东堡、西堡、东柳、郝家、前艾家、西柳、小郭家。

### 大码头镇

党委书记　张树卫

镇　　长　岳建伟

位于县境东北部，距县城25公里，面积130.29平方公里，有耕地8715公顷，其中有效灌溉面积5667公顷。2016年底，辖37个自然村，37个村民委员会；有17133户，51399人；其中女25419人；非农业人口13460人；人口出生率为19.38‰，人口自然增长率为14.51‰；人口计划生育率为96.69%。

2016年，实现生产总值32.16亿元，比上年增长6.1%，其中一、二、三产业增加值分别为5.05亿元、8.59亿元和18.51亿元，分别比上年增长2.8%、-0.4%和8.8%。工业总产值8.3亿元，实现利税7735万元。农林牧渔业总产值10.3亿元。全年粮食作物播种面积14689公顷，总产10.28万吨；瓜菜9公顷，总产3.13万吨；棉花1112公顷，总产1314吨；种植业产值5.9亿元。全年造林24公顷，森林覆盖率19.6%；林业产值140万元。年末大牲畜存栏490头，猪存栏6800头，羊存栏2614只，家禽存栏63万只；畜牧业总产值1.8亿元。水产品总量1200吨，渔业总产值1659万元。水库2座，总蓄水能力550万立方米。农业机械总动力达92476千瓦，农村用电量1590万千瓦时。财政收入3424万元。有中学2处，小学4处，在校学生4863人，适龄儿童入学率100%。幼儿园(含托儿所)10处，入园幼儿857人，入园率100%。有医院2处。

村居名录

村民委员会：桑科一、桑科二、桑科三、前桑、房家、西燕、蒋官、李官、石碑、乌河、西刘桥、小刘桥、西河口、东河口、东流桥、北辛、大码头一、大码头二、大码头三、小码头前、小码头后、央上一、央上二、央上三、央上四、央上五、新立、屋子、东燕、东常徐、小丁家、义和、高港、杨宅、东北坞、南堤、北堤。

### 花官镇

党委书记　李圣田

镇　　长　王海青

位于县境北部，距县城18公里，面积116.7519平方公里，有耕地6393.17公顷，其中有效灌溉面积5311.5公顷。2016年底，辖37个自然村，39个村民委员会；有13964户，41949人；其中女20135人；非农业人口1856人。

2016年，实现生产总值40.8705亿元，比上年增长6.3%，其中一、二、三产业增加值分别为56126万元、256090万元和96489万元。工业总产值201.05亿元，实现利税34.14亿元。农林牧渔业总产值105276万元。全年粮食作物播种面积11980.8公顷，总产8.9万吨；瓜菜2191.7公顷，总产11.7万吨；棉花686公顷，总产366吨；种植业产值63969万元。全年造林406.9公顷；林业产值25万元。年末大牲畜存栏头，猪存栏1.15万头，羊存栏2864只，家禽存栏275.4万只；畜牧业总产值34308万元。渔业总产值4162万元。水库2座，总蓄水能力100万立方米。农村用电量846.5万千瓦时。财政收入3883万元。农民人均可支配收入16432元，比上年增加437元。有中学1处，小学3处，在校学生3809人，适龄儿童入学率100%。幼儿园(含托儿所)8处，入园幼儿1020人，入园率100%。有医院1处。

村居名录

村民委员会：花官、草李、张杨、古道东、南口、北口、杨王、洛程、东刘、门圈、大桓台、东赵、西桓台、温楼、草桥北、岳六、古道西、草刘、重兴李、草桥南、周楼、雒家、生金李、来家、西薛、后勤、王庄、张铺、东薛、前勤、油坊、西齐、李楼、芬李、司田、封家、闫家、张刘、于家。

### 陈官镇

党委书记　孙国玉

镇　　长　庞广志

位于县境北部，距县城25公里，面积108平方公里，有耕地6333公顷，其中有效灌溉面积6000公顷。2016年底，辖26个行政村，26个村民委员会；有7698户，25414人，其中女12261人；人口出生率为18.36‰，人口自然增长率为17.14‰；人口计划生育率为94%。

2016年，实现生产总值19.3亿元，比上年增长9.97%，其中一、二、三产业增加值分别达到29915万元、55391万元和107694万元，分别比上年增长3.5%、4.5%和15.2%。工业总产值26.3亿元，实现利税31222万元。全年粮食作物播种面积10633公顷，总产6.29万吨；瓜菜26.67公顷，总产427.8吨；棉花1894公顷，总产1445吨。全年造林23.7公顷，森林覆盖率8%；林业产值20万元。年末大牲畜存栏2300头，猪存栏0.9万头，羊存栏5500只，家禽存栏40万只。水产品总量400吨，渔业总产值360万元。水库1座，总蓄水能力1000万立方米。农业机械总动力达14709千瓦，农村用电量1590万千瓦时。财政收入2745万元。农村居民可支配收入16059元，同比增长8.7%。有中学1处、小学1处，在校学生2108人，适龄儿童入学率100%。幼儿园(含托儿所)7处，入园幼儿506人，入园率100%。有医院1处。

村居名录

村民委员会：高斗、董斗、孙斗、杨斗、李斗、高店、芦李、张家、孟庄、燕儿、董庄、杨桥、李家、陈官、东齐、碑寺、梯门、北户、小刘、大刘、斜里、坡南、卧佛、北赵、黄家、古家。

### 乐安街道

广饶经济开发区、乐安街道党工委书记，广饶经济开发区管委会主任　邢少鹏

广饶经济开发区、乐安街道党工委副书记，乐安街道办事处主任，广饶经济开发区管委会副主任　李志松

位于县境中心区域，面积86.5平方公里，有耕地3533.3公顷，其中有效灌溉面积3533.3公顷。2016年底，辖77个自然村，77个村民委员会；有12853户、44337人；人口自然增长率为7.6‰。

2016年，实现生产总值172.8亿元，比上年增长7.3%，其中一、二、三产业增加值分别为32929万元、1489306万元和205824万元，分别比上年增长2.7%、7%和9.3%。工业总产值1337亿元，实现利税1103709万元。农林牧渔业总产值66821万元。全年粮食作物播种面积108240亩，总产49339吨；瓜菜4758亩，总产29011吨；种植业产值34988万元。林果总产113吨；林业产值376万元。年末猪存栏21894头，羊存栏3081只，家禽存栏79万只；畜牧业总产值22148万元。公共财政预算收入4.3亿元。农民人均纯收入17249元，比上年增加1256元。有中学1处，小学2处，在校学生2447人，适龄儿童入学率100%。幼儿园（含托儿所）10处，入园幼儿980人，入园率100%。有医院3处。

村居名录

村民委员会：申盟亭、西十里堡、白坞、牛家、和王、东常、西常、舒家、丁村、守义、西殷、田王、于王、明王、钟家、西袁家、张官前、张官后、东相、西相、崔王、东何、东关、石村、范李、甄庙、榆林、三里、前初、西秦、东秦、张庄、东高、张庙、陈家、左家、西张、韩疃、东南、寺上、中赵、寨村、东王、大尧、西尧、营子、西高、西王、孟家、倪家、北贾、前安王、后安王、东冢头、西冢头、皂户、杜宋前、杜宋后、前安德、后安德、东安德、西花园、东花园、北花园、北朱耿、西康、东康、黍河、杨家、吴家庙、邵家、常徐、宋王、崔家堤、司家、闫李、綦许；

社区居委会：同和、凯泽、同悦。

广饶滨海新区

党工委副书记　刘新元（主持工作）（8月任职）

党工委副书记　燕　飞（8月离职）

位于广饶县东北部，小清河与支脉河之间，东临渤海莱州湾，总规划面积160平方公里，建成起步区面积30余平方公里。2016年，新区10家限额以上企业预计实现产值4.36亿元，其中，7家规模以上工业企业预计实现产值4.05亿元；完成全社会固定资产投资13.56亿元；实现一般公共预算收入3397万元，同比增长21.58%。

2016年，滨海新区抢抓东营市列入京津冀一体化协同发展的历史机遇，研究制定《关于强化招商引资助推经济健康快速发展的意见》，组建6个招商组（局），由全员招商工作领导小组统一调度管理，集中办公，实施专业招商。全年累计上门走访企业200余家，邀请到区考察企业30余家，组织举办一次项目集中签约仪式，参加东营市融入京津冀协同发展推介会暨重点项目签约仪式。成功签约总投资73.3亿元的万呈集团中国游居120岁工程-游居健康城东营站项目、山东里奥节能环保科技有限公司空气净化设备制造等4个项目，储备8个重点在谈项目。

着力构建企业管理人员教育培训平台，引导企业逐步建立标准化管理体系，加快推进企业现代化、规范化管理。先后组织企业负责人参加各类培训活动16次，提高企业管理人员素质。着力构建政策服务平台。先后帮助万圣博、鼎盛、华驰等公司争取到重点行业升级改造项目贴息和县黄蓝引导资金共计326.92万元；协助万圣博成功获批第五批山东省“专精特新”中小企业。积极完善科技服务平台，促进企业自主创新能力提升。依托高层次人才交流中心，进一步加强与高校交流合作，促进产学研结合和企业转型升级，协助鼎盛精工成功获批山东省高新技术企业；协助瑞昊机械成功获批山东省第九批“一企一技术”创新企业。不断强化金融服务平台，研究借鉴融资新模式，先后邀请莱商银行、广发银行等金融机构到新区企业考察10余次，累计为企业协调银行贷款5000万元。建立挂牌后备资源企业库，重点培育；鼓励鼎盛、万圣博、唯正等企业进行规范化公司制改制，不断优化公司经营管理水平；推动鼎盛精工顺利完成二期股票增发，并成功兼并山东远达船舶股份有限公司。

（广饶县史志办公室　李永）

## 利　津　县

县委书记　成秋林

县　　长　张晓彬（女）

**【国民经济和社会发展综述】** 利津县因邑有永利镇、东津而得名，金代明昌三年（1193年）1月建县。利津县位于山东省东北部，渤海西南岸，黄河近口段左侧。全县总面积1665.6平方公里，辖8个乡镇、街道，513个村（居）。县城区管理委员会（县城市社区管理办公室）下辖津苑、大桥、北园、凤凰、滨河、利华益6个居委会。

2016年，全县实现地区生产总值2635869万元，比上年增长7.6%。其中，第一产业增加值280708万元，增长3.9%；第二产业增加值1342555万元，增长8.0%；第三产业增加值1012606万元，增长8.1%。三次产业结构由上年的10.8∶52.6∶36.6调整为10.7∶50.9∶38.4。全社会用电量204318万千瓦时，增长32.7%，其中工业用电量176471万千瓦时，增长38.7%。2016年，全县居民消费价格总水平上升1.7个百分点。物价增长幅度呈平稳态势，1~4季度同比增长分别为2.3%、1.8%、1.6%、1.7%。八大类别呈现“五升三降”态势。其中食品烟酒类增长4.3%，教育文化和娱乐类上涨3.3%，衣着类上涨1.8%，生活用品及服务类上涨1.1%，其他用品和服务类上涨1.0%；医疗保健类下降0.6%，居住类下降0.4%，交通和通信类下降0.1%。

2016年实现农林牧渔业总产值634039万元，比上年增长 4.1%。其中，农业总产值 261985 万元，增长 3.5%；林业总产值 1772 万元，增长 9.3%；牧业总产值 179421 万元，增长 9.2%；渔业总产值 114549 万元，增长 5.5%，农林牧渔服务业总产值 76312 万元，增长 1.9%。实现农林牧渔业增加值 312829 万元，比上年增长 3.7%。其中，农业增加值 159034 万元，增长 3.4%；林业增加值 546 万元，增长 9.2%；牧业增加值 71067 万元，增长 8.9%；渔业增加值 50061 万元，增长 5.3%;农林牧渔服务业增加值 32121 万元，增长 1.8%。粮食生产再获丰收。农作物总播种面积为 1389661 亩，增长 5.8%。其中粮食作物播种面积 546262 亩，增长 11.9%。粮食总产量 204355.3 吨，增长 5.3%。棉花播种面积 248143.88 公顷，下降 28.3%。棉花总产量(皮棉)28234 吨，下降 19.0%。蔬菜播种面积 45250.46 公顷，下降 22.6%。蔬菜总产量 267520.3 吨，下降 21.2%。瓜类播种面积 43601 亩，下降 6.8%。瓜类总产量 116763.3 吨，下降 3.1%。林业生产发展较快。2016 年共造林 22140 亩，完成年度计划的 111%。其中，防护林 21420 亩，经济林 465 亩，用材林 255 亩。年末防护林面积 193164 亩，增长 10.6%；经济林面积 76095 亩，增长 0.6%；用材林面积 38565 亩，增长 0.7%。森林面积 307824 亩，增长 6.7%。森林覆盖率达 16%。畜牧业生产发展放缓。年末猪存栏 7.9 万头，下降 32.8%。牛存栏 1.2 万头，下降 75.7%。羊存栏 58.2 万只，增长 31.0%。家禽存栏 666.8 万只，增长 13.6%。奶牛存栏 599 头，增长 5.1%。全年猪出栏 12.3 万头，下降 24.3%。牛出栏 1.3 万头，下降 69.3%。羊出栏 117.3 万只，增长 178.8%。家禽出栏 2271.3 万只，增长 42.7%。肉蛋奶总产量 97773 吨，下降 3.7%。其中肉类总产量 50149 吨，增长 6.8%；奶类总产量 110 吨，下降 66.6%；禽蛋总产量 47514 吨，下降 12.4%。渔业生产稳定增长。2016 年全县水产养殖面积 25.2 万亩，比上年增长 4.1%。其中海水养殖面积 19.0 万亩；淡水养殖面积 6.2 万亩。水产品产量 9.5 万吨，比去年增长 5.4%。其中淡水养殖 2.8 万吨，海洋捕捞 1.2 万吨，海水养殖 5.5 万吨。年末拥有机动渔船 108 艘。总吨位 1119 总吨，同比持平；功率 1739 千瓦，同比持平。农业生产机械化水平提升。2016 年末，全县农业机械总动力 47.5 万千瓦。拖拉机保有量 10682 台，其中大中型拖拉机 2954 台。全年完成机耕面积 104.3 万亩，机械播种面积 97.5 万亩，机收面积 56.9 万亩，其中小麦联合收获面积 30.3 万亩，全县农业生产机械作业率达到 82.5%以上。落实农机购置补贴 1399 万元。

2016 年规模以上工业实现总产值 16577903 万元，比上年增长 9.5%。规模以上工业增加值增长 8.1%。实现主营业务收入 16385164 万元，同比增长 0.2%；实现利润 770514 万元，同比增长 2.6%；实现利税 1471549 万元，同比下降 2.8%。

完成规模以上固定资产投资 1345849 万元，同比下降 21.6%。分产业看，第一产业投资 53755 万元，同比增长 12.1%；第二产业投资 807204 万元，同比下降 25.0%；第三产业完成投资 484890 万元，同比下降 17.9%。分建设性质看，新建投资 820995 万元，同比下降 37.3%；扩建投资 158954 万元，同比增长 8.5%；改建和技术改造投资 190503 万元，增长 16.1%。全县房地产开发完成投资 153769 万元，同比增长 64.3%。商品房施工面积 73.0 万平方米，增长 29.7%。房屋竣工面积 41.6 万平方米，增长 49.1%。房屋销售面积 31.4 万平方米，增长 86.9%。商品房销售额 127180 万元，增长 90.1%。全县资质以内建筑施工企业完成建筑业总产值 65144 万元，增长 8.9%。其中，建筑工程产值 64743 万元，增长 25.5%。签订合同额 99413 万元，增长 16.5%；完成建筑业竣工产值 54359 万元，增长 11.9%。

2016 年，全县社会消费品零售总额实现 331974 万元，增长 0.4%。其中限额以上企业及个体户实现零售额 174445 万元，下降 5.6%。分区域看，城镇消费品市场实现零售额 248265 万元，增长 0.5%；乡村消费品市场实现零售额 83709 万元，增长 0.2%。分行业看，批发业实现零售额 60280 万元，增长 0.9%；零售业实现零售额 198057 万元，增长 0.2%；住宿业实现零售额 1910 万元，增长 0.4%；餐饮业实现零售额 71727 万元，增长 0.5%。实现外贸进出口总额 84.6 亿元，增长 220.2%。其中，进口总额 75.7 亿元，增长 280.6%；出口总额 8.9 亿元，增长 39.5%。实际到账外资 210 万美元。

年末全县通车公路里程 1826.4 公里，其中，干线公路里程 200.8 公里，农村公路 1625.6 公里。在干线公路中，国道 77.7 公里，省道 123.1 公里。在农村公路中，县道 110.3 公里，乡道 374.4 公里，村道 963.8 公里，专用公路 177.1 公里。2016 年全县邮政业务总量 1964 万元，增长 24.7%。电信综合业务总收入 15107 万元，增长 1.4%。年末全县固定电话用户 1.3 万户，下降 12.3%；移动电话用户 25.4 万户，增长 1.3%；互联网用户 4.5 万户，增长 10.8%。全县现有省级旅游强乡镇 1 个，省级旅游特色村 5 个。旅游景区 2 处，其中 AAA 级景区 2 处。省级农业旅游示范点 2 处，省级工业旅游示范点 1 处，省级精品采摘园 4 家。星级饭店 1 家，其中三星级饭店 1 家。好客人家星级农家乐 2 家，中国金牌乡村农家乐 2 家。年末有旅行社 4 家，旅行社门市部 4 家。全年接待游客 45 万人次，增长 22.9%。实现旅游收入 2.8 亿元，增长 27.0%。

2016 年，实现公共财政预算收入 128771 万元，比去年增长 3.0%。其中税收收入 84742 万元，增长 3.3%。乡镇实现公共财政预算收入 38893 万元，比上年下降 5.2%；县本级实现公共财政预算收入 89878 万元，比上年增长 7.0%。全县实现公共财政预算支出 226487 万元，下降 2.7%。其中，科学技术支出 1770 万元，下降 4.2%；教育支出 61496 万元，下降 6.4%；文化体育与传媒支出 2717 万元，下降 17.3%；医疗卫生与计划生育支出 28490 万元，下降 5.3%；

社会保障和就业支出28981万元，增长30.5%；住房保障支出4005万元，增长84.1%；节能环保支出5516万元，下降20.9%；农林水事务支出35327万元，下降15.5%。实现国地两税税收收入195090万元，增长3.0%。其中国税收入135484万元，增长7.3%；地税收入59606万元，下降5.7%。2016年末，金融机构本外币各项存款余额（不含工商银行）1706209万元，比年初增加471687万元，增长38.2%。本外币各项贷款余额（不含工商银行）1250913万元，比年初增加30467万元，增长2.5%。全县金融机构人民币各项存款余额（不含工商银行）1455696万元，比年初增加274796万元，增长23.3%。人民币各项贷款余额（不含工商银行）1231253万元，比年初增加13084万元，增长1.1%。其中，住户贷款余额227838万元，较年初增加24436万元，增长12.0%；非金融企业及机关团体贷款余额1003415万元，较年初减少11352万元，下降1.1%。全年实现保费收入（中国人寿保险公司、中国人民财产保险公司）14340万元，增长2.5%。其中，财产险保费收入6780万元，增长4.8%；人身险保费收入7560万元，增长0.5%。全年赔付额4829万元，增长1.0%。其中，财产险赔付额4391万元，下降1.3%；人身险赔付额438万元，增长32.0%。

城市基础设施建设步伐加快。实施水库北路城区供热管网东延工程，建设供热管线1800米，解决张滩、新合社区供暖问题。实施城区雨污分流综合整治工程，铺设雨水管线2900米，维修更换、疏通管线6100米。实施津六路裸露土地绿化工程、津一路与滨港路交叉路口绿化工程和利二路、滨港路等裸露土地的绿化补植，更换种植土8000立方米，种植乔木和常绿树2683棵，花灌木8164棵，地被和花卉893300棵，实现裸露地土绿化覆盖4.2万平方米。实施公厕改造提升工程，创立公厕联盟，将21个单位内部厕所纳入公厕联盟。对城区6座公厕实施改造提升，新建公厕7座，并将公厕的保洁管养纳入城区环卫保洁工作中。配齐配全城乡环卫工人1264人，清（转）运车57辆，垃圾桶13345个，完成城乡垃圾收运处置66335吨。2016年末，全县集中供热能力(热水)116兆瓦，供热面积202万平方米。供水能力13万吨/日。天然气供气总量2589万立方米。污水处理能力6万吨/日。垃圾处理能力200吨/日。拆违治乱取得阶段性成果。排查出违建13.2万平方米，其中县城区6.7万平方米。拆除新增违建32处、面积3765平方米。彻底整治滨南采油四矿、三里市场和黄家市场等区域道路两侧板房混乱堆放，任意侵占公共空间等三十年来的“老大难”问题。取缔流动摊点、占道经营。组织开展近40余次集中治理，共清理占道经营流动商贩1500余次、店外经营商户1200余家，城市井然有序。

科技创新能力不断提升。2016年，向国家、省、市科技主管部门筛选推介科技项目，成功立项5项，其中省级2项，市级3项，争取无偿扶持资金430万元。组织大东联等7项国家、省、市项目通过省科技厅验收。完善2016年度“渤海粮仓”工程建设方案，在汀罗镇召开“全省‘渤海粮仓’科技示范工程项目现场观摩会”。山东三木装饰材料有限公司通过国家知识产权管理体系认证，成为利津县第一家通过国家知识产权管理体系认证的企业。全县申请专利138件，其中发明专利18件。为全县7家企业23项授权专利发放专利申请补助，补助资金2.3万元。大力培育高新技术企业。2016年，列入高新统计范围的企业29家，全县实现高新产值276.5亿元，同比下降0.9%，占规模以上工业总产值的16.7%。人才队伍建设成效明显。成立县高层次人才发展促进会，吸纳79名各界优秀人才成为会员；创新开展招商引资与招才引智“双招双引”工作，建立起高层次人才、利津籍在外高层次人才等8个基础数据库；引进中科院“百人计划”专家王春河博士等35名专家学者来利津县开展技术研发，推动投资15亿元的SPB系列产品项目成功落户；大力实施“高技能人才培养开发计划”，培养命名9家县级高技能人才创新工作室，其中2家创新工作室被评为“市级创新工作室”；完善平台载体，提升高层次人才承载力，全县市级以上人才平台载体达44家，其中省级以上15家，2016年新增省级企业技术中心1家，市级企业技术中心4家，市级工程实验室2家。

教育事业稳步发展。2016年，全县有普通高中学校2处，专任教师477人，在校生6300人。职业中专学校1处，专任教师114人，在校生2645人。职业中专学校毕业生就业率90%，高中阶段普及率96%。九年一贯制学校9处，初中5处，小学16处。初中阶段专任教师1193人，在校生11221人。小学阶段专任教师985人，在校生9870人。初中、小学在校生巩固率分别达到99.6%、100%。幼儿园45处，专任教师628人，在园幼儿6067人，学前三年幼儿入园率达98.6%。全县现有省级十佳幼儿园2处，省级实验、示范幼儿园11处，市级教育现代化幼儿园15处，省级规范化学校4处，省级教学示范学校6处，省级重点职业学校1处，市级规范化学校26处，市级现代化学校13处。文化事业与文化产业繁荣发展。年末，全县有文化馆1个，图书馆1个，博物馆1个。县图书馆全年新增书架12副、电子图书10万册、纸质图书4200册，馆藏纸质图书达到8.6万册，年借阅图书3.2万册，容量达50万册电子图书的“利津县数字图书馆”开通运行。博物馆全年接待省、市、县各级领导2000余人次，接待社会各界6万余人次，全程讲解300余场。县文化馆被评为国家县级一级文化馆。广播电台1座，广播发射台1座，广播综合人口覆盖率达100%。文化活动蓬勃开展。组织举办“利津县2016年民间文艺展演”“春满凤凰城”乡村剧场优秀剧目展演、庄户剧团优秀剧目展演、欢乐大家唱大型群众文化活动11场；开展“活力利津·幸福迎新”迎春群众文化活动8场，“精品荟萃贺新春送戏下乡”戏曲巡演活动18场；组织举办“欢乐黄河口·美丽中国梦”暨2016年

"舞动凤凰城·唱响新利津"广场群众文化活动48场、"2016年利津县少儿现场书画大赛"2场；承办2016年东营市"群文之星"才艺大赛"器乐之星"预赛专场；在"东营市2016年闹元宵民间文艺调演" 活动中获得一等奖和优秀组织奖，"黄河口之春"全市社会文艺团体汇演二等奖和组织奖。文化产品成果丰硕。创作优秀文艺作品吕剧《秧歌情》,小品《假不乱真》《情人节的礼物》,情景音乐剧《阳光乐章》等作品。隆清波创作的国画作品《佳日有约》入选"我爱丹青"第二届全国中国画展,李艳红剪纸作品《乐土》获中国传统工艺(剪纸)大赛铜奖。在第六届东营市"黄河口文艺奖"评奖中,隆情波的国画作品《情》获美术类二等奖、刘敏的《古韵东津》获民间文艺二等奖,吕剧《秧歌情》获戏剧类三等奖、王延华的《霸王卸甲》获音乐类二等奖,舞蹈《竹马灯》获民间文艺类三等奖。王延华获山东省红梅大赛一等奖,王莹、马莲获山东省红梅大赛二等奖。医疗卫生事业稳步发展。2016年末,有县级医院2所,乡镇卫生院8所,病床850张。卫生技术人员1408人,其中执业医师及助理执业医师687人,注册护士642人。加强预防接种工作,儿童建卡建证率100%,持证接种率100%,免疫接种率99.16%,麻疹免疫率99.65%。婴儿出生死亡率3.51‰,住院分娩率100%。认真落实新生儿疾病筛查和听力筛查，加强孕产妇及儿童系统化管理工作,孕产妇管理率达96%,新生儿入保率达99%。建立城乡居民电子健康档案27.22万人份,建档率为91.11%。体育事业取得新进步。成立利津县体育总会,新增羽毛球、自行车和攀岩3个县级单项协会。举办体育志愿者指导健身活动、健步行活动、马拉松热身赛及第七届全民健身运动会田径、乒乓球等12项赛事;组队参加东营市老年人健身气功表演赛、黄河口(东营)国际马拉松比赛、健身操比赛、广场舞比赛等15项市级比赛,参加山东省社会体育指导员技能展示大赛、省第六届全民健身运动会门球比赛等3项省级比赛,荣获"山东省第六届全民健身运动会先进单位"称号。组织举办全县青少年联赛田径、乒乓球、羽毛球等5项比赛;组队参加东营市"万达广场杯"轮滑、青少年篮球等8项市级比赛,选派宋锦雯、毕熙阅2名队员作为东营市代表队队员参加省乒乓球锦标赛分获团体二、三名。

生态环境继续改善。环境空气PM2.5平均浓度0.071毫克每标准立方米;PM10平均浓度0.135毫克每标准立方米,同比改善17.6%。二氧化硫平均浓度0.058毫克每标准立方米,同比改善2.12毫克每升;二氧化氮平均浓度0.042毫克每标准立方米,同比改善12.4%。全县地表水4条河流11个断面CODcr平均浓度33.5毫克每升，同比改善1.47毫克每升。安全生产事故持续下降。全年共发生各类安全事故8起、死亡8人,事故起数同比上升50.0%,死亡人数同比下降50.0%,杜绝了较大以上生产安全事故的发生,全县安全生产形势持续平稳。亿元GDP生产安全事故死亡率0.049。森林资源保护更加完善。王庄沙区林场、国有一千二林场被确定为全省首批生态林场和国有林场改革试点,王庄沙区林场成为全市唯一的国家木材战略储备林基地。对一千二林场湿地引蓄黄河水30万立方米,满足了迁徙鸟类栖息觅食及湿地生物多样性用水需要。推进东津省级湿地公园建设,疏通沟渠3.2公里、开挖水面50公顷。建设桥梁5座,设巡护道路6条。

城乡居民生活质量稳步提高。2016年,全体居民人均可支配收入20719元，比上年增长8.2%；人均消费性支出12794元,增长10.9%。城镇居民人均可支配收入32787元,增长7.8%;人均消费性支出17355元,增长6.8%。农村居民人均可支配收入14751元，增长7.9%；人均消费性支出10538元,增长14.1%。就业形势稳定。2016年,全县城镇新增就业4666人,其中失业再就业人员1273人。新增农村劳动力转移就业8520人次。企业最低职工工资调整为1710元/月。城镇登记失业率为2.4%。社会保障水平不断提升。2016年,全县养老(机关和企业)保险参保人数36403人,其中机关养老保险7981人,企业养老保险28422人。职工医疗保险参保人数26024人。城乡居民医疗保险参保人数246057人。失业保险参保人数21156人。工伤保险参保人数22670人。生育保险参保人数13703人。城镇职工基本养老保险基金征缴收入39710万元，其中机关养老保险17902万元,企业养老保险21808万元。城镇职工基本医疗保险基金征缴收入9485万元。失业保险基金征缴收入1048万元。工伤保险基金征缴收入698万元。生育保险基金征缴收入482万元。农村养老保险参保人数163995人，征缴农村养老保险基金3165万元。社会福利事业和救助工作不断发展。2016年,全县农村低保每人每年提高到4120元,城市低保每人每月提高到550元，累计发放城乡低保资金3378.5万元。"五保"集中供养每人每年提高到7300元,"五保" 供养经费265万元。社区治理和服务创新能力显著增强。全县已建成农村社区47个,农村社区综合服务中心覆盖率达到95%。建成农村幸福院51处,城镇各种日间照料中心4个;得到最低生活保障救济人数9445人。

【优化产业结构】 2016年,全县131家企业全部完成"三评级一评价"，淘汰落后化工产能370万吨。年内,77家企业完成非主营业务剥离,1家企业被认定为省级星级物流企业。建立跨境电商平台3家,引进京东、乐村淘等知名电商企业41家。新争创省级工程实验室1家,省级科技创新平台3家、市级工程实验室6家,新增高新技术企业2家。市级以上龙头企业发展到50家,市级现代农业示范区28家,规范发展国家级示范社2家、省级示范社19家。

【改善城乡面貌】 2016年,县城区改造提升老旧住宅小区1个、棚户区3个,新增绿化4.2万平方米。拆除违法建筑37.2万平方米、大型立柱广告牌368块。实施新型农村社区续建项目7个，完成投资2.66亿元。8个乡镇街道全部实现燃气"镇镇通"。济东高速竣工通车，农村公路安全生命防护工程投入使用。完成农村旱厕改造3316户，实施农村污水处理项目12个，新增乡村文明典型示范村122个。

【加快改革创新步伐】 年内，启动经济体制改革等8个领域183项改革，顺利完成77项。调整行政权力事项21项，取消103项。市场监管领域综合执法改革顺利完成，"三证合一、一照一码"全面推开，新增各类市场主体3434户。新引进金融机构4家，中阳碳素公司成功在"新三板"挂牌，4家企业上市工作顺利推进。建立农村产权交易大厅，流转土地20余万亩。

【保障生态安全】 2016年，利津县深入实施三年增绿计划，新造林2.2万亩，王庄沙区林场成为全市唯一的国家木材战略储备林基地。持续推进水气污染治理工程12项，环境空气质量改善4.2%，市控以上河流水质稳定达标，基本消除劣五类水质。诸官河湿地、挑河以东海岸带整治修复二期工程顺利竣工。组织16家企业开展节能技改和合同能源管理体系建设，全县工业固体废物综合利用率达到95%以上。

【乡镇、街道办事处概况】

凤凰城街道(利津经济开发区)

党工委书记　王乃全

街道办主任　扈大强

2002年6月，利津县政府设立利津经济开发区管委会，成立利津经济开发区；2006年3月，利津经济开发区被省政府批准为省级经济开发区。2010年1月，利津县进行区划调整，设立凤凰城街道办事处，与利津经济开发区管委会合署办公。凤凰城街道辖区总面积64平方公里，辖43个村民委员会。2016年底，全街道有5199户，总人口17969人，其中女9320人。全年人口出生率为21.4‰，人口自然增长率为15.4‰。计划生育率99.8%。

2016年，农林牧渔业总产值45889万元，比上年增长3%。其中农业产值18701万元，林业产值167万元，牧业产值12459万元，渔业产值7782万元，农林牧渔服务业产值6780万元。工业总产值1167.03亿元，比上年增长14.23%；工业主营业务收入1147.48万元，增长13.3%；工业利润总额47.5亿元，增长9.4%；工业利税总额100.9亿元，增长3.3%；公共财政预算收入12976万元，增长-6.4%。

全街道耕地总面积2666.7公顷，全年粮食作物播种面积1954.4公顷，总产21914吨；棉花411.3公顷，总产皮棉403吨；瓜菜301公顷，总产14574吨。全年种植业产值18704万元。年末片林面积200公顷，森林覆盖率15%；林果总产1225吨，林业产值167万元。年末大牲畜存栏9608头，猪存栏6616头，羊存栏2956只，家禽存栏36万只，全年畜牧业产值12459万元。水产品总产量1000吨，渔业总产值7782万元。农林牧渔服务业产值6780万元。有水库1座，总蓄水能力2000万立方米。有中学1处，专任教师124人，在校学生822人；有小学1处，专任教师63人，在校学生644人，小学适龄儿童入学率100%。有幼儿园1处，幼师17人，入园儿童237人，适龄儿童入园率98.5%。有农村文化大院42个。有乡村卫生室11处，乡村医生27人，农村合作医疗覆盖率100%。

村居名录

村民委员会：东潘、大田、东孙、店子、赵庄、双高、大胡、胥家、双李、常家、南楼、庄家、西朱、西李、东尹王、苏楼、陈家、柏茂张、小高、牟家、徐集、西魏、十里堡、东魏、彭家、西綦、北朱、吴苟李、西尹王、崔湾、前宋、孙家、西冯、前刘、满家、南张、北于、大高、丁坊、姚刘、左家、大庄、小王家。

利津街道

党工委书记　张光军

街道办主任　季宗勇

位于县境南部，总面积108平方公里，辖63个村民委员会。2016年底，有9908户，总人口32405人，其中女17897人。全年人口出生率为17.09‰，人口自然增长率为9.78‰。计划生育率98.4%。

2016年，农林牧渔业总产值,70884万元，比上年增长7%。其中农业产值31544万元，林业产值1247万元，牧业产值23931万元，渔业产值4406万元。农林牧渔服务业产值9756万元，工业总产值343237万元，比上年增长6.2%；工业主营业务收入333638万元，增长5.8%；工业利润总额10653万元，增长7.3%；工业利税总额19633万元，增长7.1%；公共财政预算收入4174万元，增长7%。

全街道耕地总面积3785公顷，全年粮食作物播种面积1774公顷，总产14633吨；棉花891公顷，总产皮棉855吨；瓜菜514公顷，总产4240吨。年末片林面积2808公顷，森林覆盖率26%；林果总产1605吨。猪存栏6651头，羊存栏6000只，家禽存栏133.94万只。水产品总产量453吨。有水库50座，总蓄水能力189万立方米。有九年一贯制学校1处，专任教师170人，在校学生1236人；有小学1处，专任教师29人，在校学生209人，小学适龄儿童入学率100%。有幼儿园5处，幼师63人，入园儿童280人，适龄儿童入园率100%。有农村文化大院63个。有卫生院1处，医务人员71人，设床位60张，有乡村卫生室36处，乡村医生98人，农村合作医疗覆盖率100%。

村居名录

村民委员会：西双井、东双井、后张窝、王庄东、后十四户、前十四户、姜家庄、扈家滩、小李庄、东坡、大李庄、前张窝、买河、王庄西、卜庙、西坡、后宋、刘庄、北张、石家庄、前北街、东南街、豆腐巷子、西关、东关、大北街、东街、黄家、三里、后北街、北关、西南街、孟坦、毕家庄、崔家庄、大马家、大门张、张滩、新合、菜园、官庄、西街、安家庄、崔林、枣园、太平、宋孟、韩牛、西王、韩大庄、蒋庄、宗家夹河、马家夹河、赵家夹河、张家夹河、大刘夹河、小刘夹河、王家夹河、綦家夹河、梁家、庄科、小李夹河、大李夹河

### 北宋镇

党委书记　陈建军

镇　　长　陈善泽

位于利津县境西南部，总面积105.56平方公里，辖72个村民委员会。2016年底有11237户，总人口37721人，其中女18793人。全年人口出生率为14.10‰，人口自然增长率为7.65‰。计划生育率99.3%。

2016年，农林牧渔业总产值77888万元，比上年增长4.4%。其中农业产值33694万元，林业产值264万元，牧业产值24384万元，渔业产值9586万元，农林牧渔服务业产值9960万元。工业总产值95934万元，比上年增长-73%；工业主营业务收入95693万元，增长-76%；工业利润总额4965万元，增长-75%；工业利税总额7703万元，增长-74%；公共财政预算收入1817万元，增长-8.6%。

全镇耕地总面积6132公顷，全年粮食作物播种面积7306公顷，总产58168吨；棉花1057公顷，总产皮棉987吨；瓜菜1960公顷，总产13721吨。年末片林面积1400公顷，森林覆盖率13.3%；林果总产1900吨。年末大牲畜存栏3573头，猪存栏14401头，羊存栏8500只，家禽存栏123万只。水产品总产量8715吨。有水库8座，总蓄水能力50万立方米。有中学1处，专任教师117人，在校学生1033人；有小学3处，专任教师110人，在校学生802人，小学适龄儿童入学率100%。有幼儿园4处，幼师27人，入园儿童530人，适龄儿童入园率97%。有农村文化大院72个。有卫生院1处，医务人员69人，设床位50张，有农村社区卫生室(站)26处，乡村医生56人，农村合作医疗覆盖率97%。

村居名录

村民委员会：杨董、南贾家、洼张、佟家、碾李、宋集、高家、石门、坊子、滩区单家、南宋、三岔、皂户王、船王、董王、丁家、乡李上、乡李下、林家、前崔、刘城、后宫、小马、五庄、董家、贵李、河套李、三合、夏家、冯家、后崔、张潘马、双合、四图、前宫、于家、戴家、道庵、大王、大盖、小郭、许家、西孙、道岔、韩家、潘家、刘家、殷家、柳高、马家、褚官、边家、前王、后王、翟家、贾家、侯王、后刘、前林、中林、菜于、簸箕刘、坡韩、张家、单家、任田、梁家、王家、北宋、鉴刘、吴家、大牛。

### 盐窝镇

党委书记　牛建民

镇　　长　赵炳兰(女)

位于利津中部，总面积243.61平方公里，辖125个村民委员会。2016年底有24642户，总人口78094人，其中女37726人。全年人口出生率为18.5‰，人口自然增长率为10.1‰。计划生育率97%。

2016年，农林牧渔业总产值168998万元，比上年增长4%。其中农业产值86405万元，林业产值520万元，牧业产值59438万元，渔业产值11457万元，农林牧渔服务业产值11179万元。工业总产值143.75万元，比上年增长-0.05%；工业主营业务收入144.36万元，增长-0.04%；工业利润总额159397万元，增长-2.5%；工业利税总额18.95万元，增长12.67%；公共财政预算收入4339万元，增长6.7%。

全乡镇耕地总面积14225.3公顷，全年粮食作物播种面积15619.3公顷，总产9859.32吨；棉花5157.2公顷，总产皮棉6068.1吨；瓜菜2620公顷，总产160705吨。年末片林面积2922公顷，森林覆盖率24%。年末大牲畜存栏4711头，猪存栏28360头，羊存栏57.62万只，家禽存栏198.91万只。有中学3处，专任教师369人，在校学生2733人；有小学4处，专任教师186人，在校学生1361人，小学适龄儿童入学率100%。有幼儿园8处，幼师108人，入园儿童901人，适龄儿童入园率100%。有农村文化大院125个。有卫生院2处，医务人员130人，设床位130张，有乡村卫生室41处，乡村医生58人，农村合作医疗覆盖率100%。

村居名录

村民委员会：刘村、黄村、前邢、盐西、盐中、后邢、新村、马村、西里、新建、魏村、东里、东一、东二、东三、薄村、鲍王庄、大赵、小赵、黄西、黄东、黄南、南三、南一、东后、东洋江、西洋江、大荀、小荀、门家、南二、西后、刘官斗、曹家、杨柳、老董、新董、薛家、夹河、北坝、新合北、前左、后左、十南、十西、十东、乔家、张冯、南十、新合南、台三、盖东、盖中、盖西、台北、台中、台前、八东、八西、滩中、滩东、滩西、坨上、台一、台二、孟北、孟南、南滩、寇家、东坝、和平、永西、永东、七三、北二、北三、七一、福寿、康宁、南岭、肖家、北一、北岭、七二、维新、单二、南苏、北苏、张旺一、张旺二、张旺三、西虎、东虎、单一、新华、麻湾、张村、陈村、新兴、新城、杨村、拾队、林河、牟里、王洼、郭西、崔庄、扈家滩、小街、王庄、郭东、牛家、联二、联一、东风、青边、顺河、前丰、甜水、张草、七里、王屋、后丰、小陈庄、毕庄。

### 陈庄镇

党委书记　陈国栋

镇　　长　张志峰

位于县境北邻，镇政府距县城27公里，总面积226.9平方公里，辖95个村民委员会。2016年底，有17638户，总人口56816人，其中女28015人。全年人口出生率为6.78‰，人口自然增长率为4.46‰。计划生育率97%。

2016年，农林牧渔业总产值107838万元，比上年增长1.36%。其中农业产值47523万元，林业产值227万元，牧业

产值 25936 万元，渔业产值 16012 万元，农林牧渔服务业产值 18146 万元。工业总产值 304.6 万元，比上年增长-18.2%；工业主营业务收入 2949059 万元，增长-21.8%；工业利润总额 123888 万元，增长-6.2%；工业利税总额 213445 万元，增长-22.1%；公共财政预算收入 10399 万元，增长 6.8%。

全镇耕地总面积 10612 公顷，全年粮食作物播种面积 10482 公顷，总产 157226 吨；棉花 4535 公顷，总产皮棉 6802 吨；瓜菜 1029 公顷，总产 46317 吨。年末片林面积 3868 公顷，森林覆盖率 21%；林果总产 6972 吨。年末大牲畜存栏 375 头，猪存栏 15326 头，羊存栏 5.6 万只，家禽存栏 86.8 万只。水产品总产量 7151 吨。有水库 8 座，总蓄水能力 440 万立方米。有中学 1 处，专任教师 159 人，在校学生 2116 人；有小学 5 处，专任教师 165 人，在校学生 1853 人，小学适龄儿童入学率 100%。有幼儿园 7 处，幼师 115 人，入园儿童 1080 人，适龄儿童入园率 100%。有农村文化大院 95 个。有卫生院 1 处，医务人员 43 人，设床位 20 张，有农村社区卫生室(站)28 处，乡村医生 78 人，农村合作医疗覆盖率 100%。

村居名录

村民委员会：治河三、治河四、新韩一、新韩二、新韩三、新韩四、新韩五、新韩六、辛东、辛中、辛西、淤东、卞庄、联合、新胜、灶刘、李呈、公茂、驾屋、六百步、蒋河、前郭、皂坝头、胜利、头段、后郭、前桥、薄窑、崔范、太阳升、汪二河、后桥、新兴、清河、三合、薄家、堐西、双滩、中古店二、中古店一、二选、郭屋、集贤、新农、堐东、韩南一、韩南二、韩中一、韩中二、韩北、立新、草洼子、老岭、四队、崔东、庄科东、庄科中、庄科西、崔西、陈南、陈中、陈北、陈西、陈东、陈北坝、顺兴、治河一西、淤西、治河一东、治河二、付窝、东新、新建、东方红、爱林一、爱林二、前进一、前进二、崔庄、薄扣、肖庙、爱国二、一千二、爱国一、四段、二段、姜家、季家、临河、新立、道口、新发、西三、东三、索镇

## 汀罗镇

党委书记　王乃梅(女)

镇　　长　李　明

位于县境东北部，总面积 177 平方公里，73 个村民委员会。2016 年底有 10802 户，总人口 34892 人，其中女 17325 人。全年人口出生率为 12.0371‰，人口自然增长率为 4.3276‰。计划生育率 97.7%。

2016 年，农林牧渔业总产值 85305 万元，比上年增长 3.8%。其中农业产值 22288 万元，林业产值 207 万元，牧业产值 19921 万元，渔业产值 25465 万元，农林牧渔服务业产值 17423 万元。工业总产值 148014 万元，比上年增长-3.17%；工业主营业务收入 147703 万元，增长-1.16%；工业利润总额 10945 万元，增长-17.64%；工业利税总额 17424 万元，增长-13.76%；公共财政预算收入 1908 万元，增长 4.55%。

全镇耕地总面积 8975.29 公顷，全年粮食作物播种面积 6842 公顷，总产 45885 吨；棉花 5465 公顷，总产皮棉 5766 吨；瓜菜 724 公顷，总产 26726 吨。年末片林面积 1500 公顷，森林覆盖率 35%；林果总产 4238.555 吨。年末大牲畜存栏 903 头，猪存栏 6729 头，羊存栏 2.239 万只，家禽存栏 77.2682 万只。水产品总产量 5100 吨。有水库 11 座，总蓄水能力 1180 万立方米。有中学 2 处，专任教师 139 人，在校学生 1083 人；有小学 2 处，专任教师 131 人，在校学生 847 人，小学适龄儿童入学率 100%。有幼儿园 4 处，幼师 57 人，入园儿童 445 人，适龄儿童入园率 100%。有农村文化大院 72 个。有卫生院 1 处，医务人员 48 人，设床位 30 张，有乡村卫生室 18 处，乡村医生 36 人，农村合作医疗覆盖率 100%。

村居名录

村民委员会：汀河四二、光前、裕后、汀河八、汀河七、坝头、汀河东六、芦园、汀河四一、汀河二、汀河三、汀河西六、汀河西五、汀河东五、汀河一、中和、金盆、前墩、后墩、毛坨、九龙口、后邵、建华、近滩、斗滩、龙庙、朱家、平江、新安、曹家大滩、罗家、牛家镇、后梁、邱家、马场、段家、后灶、前毕、林家、韩屋、东宋、前梁、北王家、平子、前灶、前崔、前邵、北韩家、许家、后崔、杨庙、灶一、小广子、南码、毕家咀、西宋一、灶二、前关、新华、割草窝、张家嘴、八十八户西、大广子二、北码四、灶北、北码二、大广子一、北码三、东王屋、卜庙、北码一、陈家屋子、西宋二。

## 明集乡

党委书记　张俊发

乡　　长　赵宝光

位于县境北部，乡政府驻地距县城 10 公里，总面积 118.5 平方公里，辖 38 个村民委员会。2016 年底，有 6801 户，总人口 19567 人，其中女 6990 人。全年人口出生率为 17.8‰，人口自然增长率为 10.4‰。计划生育率 96.3%。

2016 年，农林牧渔业总产值 45139 万元，比上年增长 6.5%。其中农业产值 14496 万元，林业产值 139 万元，畜牧业产值 10377 万元，渔业产值 15314 万元，农林牧渔服务业产值 4993 万元。工业总产值 20039 万元，比上年增长-25%；工业主营业务收入 22511 万元，增长-15%；工业利润总额 1693 万元，增长-33.8%；工业利税总额 1787 万元，增长-62.2%；公共财政预算收入 1487 万元，增长 5.77%。

全乡耕地总面积 7015.99 公顷，全年粮食作物播种面积 8890 公顷，总产 63293.8 吨；棉花 4168 公顷，总产皮棉 4278.9 吨；瓜菜 120.9 公顷，总产 6099.6 吨。年末片林面积 139 公顷，森林覆盖率 16%；林果总产 198.6 吨。年末大牲畜存栏 2670 头，猪存栏 10481 头，羊存栏 15340 万只，家禽存栏 769020 万只。有水库 7 座，总蓄水能力 160 万立方米。有

中学1处,专任教师76人,在校学生685人;有小学3处,专任教师68人,在校学生510人,小学适龄儿童入学率100%。有幼儿园3处,幼师47人,入园儿童318人,适龄儿童入园率100%。有农村文化大院38个。有卫生院1处,医务人员72人,设床位20张,有乡村卫生室17处,乡村医生19人,农村合作医疗覆盖率100%。

村居名录

村民委员会:玉皇庙、东堤一、东堤二、东堤三、东堤四、鞠家、房家、小王家、王王、西堤西、西堤东、郑家、明集、董家、齐家、孟家、坡陈、北张、大张、褚家、田家、灶刘、赵家、孔家灶、杨家灶、荆家灶、王家灶、谢家灶、马镇广一、马镇广二、马镇广三、马镇广四、南望参一、南望参二、小望参、东望参、中望参、西望参。

### 刁口乡(利津滨海新区)

党委书记　王新生

乡　　长　毕延峰

2012年10月,利津县委、县政府抢抓黄蓝国家战略,作出开发建设滨海新区的重大部署;2013年,收回土地10万亩,规范管理20万亩;2014年1月,成为中国石油和化学工业联合会会员单位,同年2月,省编办批复利津滨海新区管理委员会;2015年5月,入选中国化工最具发展潜力十强园区;2016年5月,利津滨海新区管委会正式挂牌成立,与刁口乡合署办公。

刁口乡位于利津县境东北部,距县城74公里,总面积512平方公里,辖3个自然村,1个居民委员会。2016年底,有627户,总人口1263人,其中女505人。全年人口出生率为10.2‰,人口自然增长率为7.1‰。计划生育率95%。

2016年,农林牧渔业总产值32395万元,比上年增长3.1%。其中农业产值8110万元,林业产值15万元,牧业产值4050万元,渔业产值19197万元,农林牧渔服务业产值1023万元。工业总产值116611万元,比上年增长-18.67%;工业主营业务收入116508.7万元,增长13.56%;工业利润总额5063.8万元,增长-62.79%;工业利税总额25664.2万元,增长26.63%;公共财政预算收入2242.11万元,增长10.40%。

全乡耕地总面积1118.17公顷,全年粮食作物播种面积412.2公顷,总产1816.54吨;棉花705.97公顷,总产皮棉1006吨。年末片林面积5943.53公顷,森林覆盖率12%。年末大牲畜存栏11头,猪存栏243头,羊存栏1647万只,家禽存栏12.15万只。水产品总产量5028.1吨。有中学1处,专任教师9人,在校学生8人;有小学1处,专任教师12人,在校学生21人,小学适龄儿童入学率100%。有幼儿园1处,幼师3人,入园儿童6人,适龄儿童入园率100%。有农村文化大院4个。有卫生院1处,医务人员6人,设床位19张,有乡村卫生室3处,乡村医生3人,农村合作医疗覆盖率84.80%。

村居名录

村民委员会:渔民、兴牧、海铺;

居民委员会:呈祥居委会。

(利津县史志办公室　王曰华　谭希杰　李翔翔)

# 人物

## 山东省富民兴鲁劳动奖章获得者

**齐方国** 男，1971年5月生，汉族，中共党员，东营区第三中学校长。2013年担任校长后，面对全校近6000名师生的九年一贯制学校，立足实际，着眼长远，确立小学阶段培养习惯、快乐成长，初中阶段内化习惯、为成人成才奠基的办学目标，实施德育生活化、课程超市化、学生活动社团化和教师梯级发展等创造性育人举措，在全市范围内首创并实施学生"免作业卡"制度，被《齐鲁晚报》详细报道，山东新闻网、中国教育信息网、搜狐网、凤凰网等媒体进行转载。山东省教育科学研究所将学校"生活德育"确定为全省重点德育科研课题，省、市教育电视台以《德育生活化——区三中的育人新思路》为题，报道学校事迹。山东省教育厅将学校确定为山东省课程资源开发实验基地。校园生活丰富多彩，学生活动实现社团化。教师专业发展工程得到市教科院的高度重视，全市小学数学、初中英语、化学三个学科的名师工作室落户三中。中国教育学会授予三中"全国教育创新示范学校""全国新课程改革先进学校""全国课堂教学先进单位"等称号。个人先后荣获"全国推广教科研成果先进个人""山东省政治学科骨干教师""东营市优秀教师""东营市百名青年科研骨干""东营市科技创新校长"等称号。

**吴光辉** 女，1972年4月生，汉族，中共党员，东营区辛店街道总工会副主席。注重干部职工的理论学习和素质提升，研究制定符合政府机关及企业实际的学习制度，开展教育活动，强化素质提升，鼓励职工爱岗敬业，争先创优。在企业中组织开展"创建学习型企业、学习型班组，争做知识型职工""幸福大讲堂""安康杯竞赛"等活动。推动街道建立困难职工帮扶站，组织形式多样的救助活动，解决广大职工的实际困难。对653名困难职工建档管理，走访慰问职工560余户，帮助47名大学生圆梦大学。同时，选址建立2个职工培训基地，免费组织培训活动。培训下岗失业职工5256人次，安置下岗失业人员1320余人。不断加强对职工的维权服务，深入企业，指导签订《劳动合同》《集体合同》《女职工专项集体合同》，切实维护职工的合法权益。工作中注重调研，讲究方法，走进企业，贴近职工，善于倾听基层民众的呼声和要求，为做好服务职工工作奠定基础。辛店街道总工会被东营市总工会评为"工会组织建设先进单位""安康杯先进单位"。个人连续多年被东营市总工会、东营区总工会评为"工会工作先进个人"，2013年被中华全国总工会授予"全国优秀工会工作者"称号。

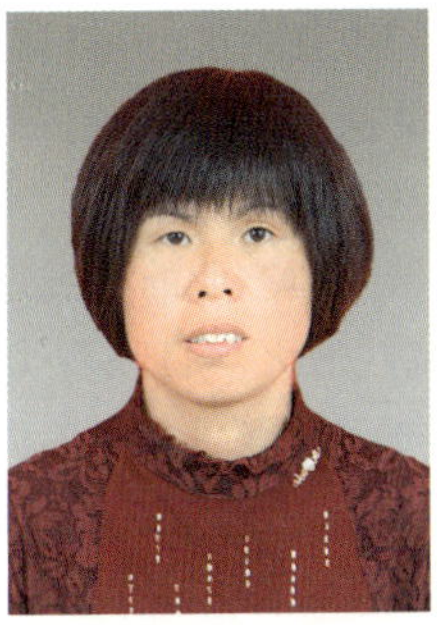

**张拥梅** 女，汉族，1975年5月生，中海石油东营石化有限公司化验计量中心工艺技术监督员。工作中不断学习，提升素质，带领化验室人员共同成长。按照国家标准主持编制企业检验标准，制定化验操作规程，进一步明确化验分析中的细节问题和模糊标准。定期对仪器和设备的灵敏性、准确性、重复性进行校正，确保分析数据的准确。2013年，组织中心人员参加中海油系统内化工分析工职业技能鉴定。组织开展理论与实操培训和模拟测试，使27名化验员一次性取得中国海洋石油总公司检验工高级工资格证书，鉴定通过率96%。同时，经她培训的职工多次在各类技能大赛中获奖。在中心内部研究制定药品出入库管理规定、化验室三废处理规定等一系列风险管理制度，牵头修定各种化学药品的技术说明书，协助QHSE部编制油品化验岗位、水质化验岗位、地磅岗位安全告知卡，并在中心内部进行培训，使大家熟知易燃易爆及有毒物品的理化性质，并熟练掌握事故应急处理方法，有效避免安全事故的发生。

**高欣华** 男，1963年9月生，汉族，中共党员，广饶县第一中学党委副书记、校长。他从事教育教学和行政管理工作30余年，特别是自2009年调任广饶一中主持学校工作后，面对"教师过千、学生逾万"的实际，改变过去粗放式管理，扭转合校后"教学管理严重违规、人心散乱、教师积极性不高"的局面，构建广饶县一中以"精神文化、制度文化、环境文化、课程文化和行为文化"为主要内容的和谐文化体系，促进"和谐发展、成人成才"的理念深入人心。为激发和调动广大教职员工的工作积极性和创造性，他创新"总校领导下的校区负责制"管理体制，逐步形成学校各校区"和而不同、合作共赢"的新局面，为探索和构建县域普通高中集团化运营模式做出贡献。在他的倡导下，学校通过"需求激发，文化导向，组织引领，机制激励，合作共享，技术推动"的方式，着力打造出一只专兼职教学科研团队，并深入研究素质教育背景下的教学改革，以小语种培养、奥赛竞赛、兴趣小组、乐队、协会、训练队等为依托，为学生个性发展和提高教学质量搭建载体。学校重点本科上线数由2010年的502人增加到2015年的945人，普通本科上线数由2010年的1293人增加到2015年的2341人，重点本科和本科人数稳

居全市第一名。考取北京大学、清华大学人数均为全省县级普通高中学校第一名。学校办学水平和教学质量步入全省前列。

**滕滨强** 男,1967年4月生,汉族,中共党员,山东垦利石化集团有限公司党委书记、董事长。工作中按做优做精主体产业的发展思路,推进科技创新,加大项目投资力度,狠抓安全生产、节能减排和环境保护等工作,企业经济效益快速增长,成为集石油加工、石油化工、建材、热电、纺织、酿酒、科研等产业于一体的大型企业集团。2015年实现营业收入206亿元,利税16.96亿元。狠抓产品质量和企业安全生产管理。通过产品质量体系认证,产品出厂合格率100%。严格落实安全生产责任,加强安全环保管理控制,保障生产装置长周期安全、低耗、节能运行。通过职业健康安全管理体系认证、危险化学品从业单位安全标准化三级企业达标验收和职业卫生达标验收,全面通过ISO 14001-2004环境管理体系认证并持续有效运行。先后投资3亿元对脱硫、除尘系统、污水深度处理装置进行升级改造,公司废水、废气等排放均达到地方或国家相关标准。在其倡导下,垦利石化集团每年常规公益性捐款30余万元,向四川汶川地震灾区捐款84.2万元,向青海玉树地震灾区捐款55万元。个人资助困难学生5名,并把获得的黄河三角洲杰出人才奖5万元奖金捐给困难失学儿童。先后获"全国化工环保优秀厂长(经理)"、山东省"低碳山东十大领军人物""东营市劳动模范"等称号。

**尚建立** 男,1969年1月生,汉族,中共党员,中国万达集团董事局副主席、山东万达宝通轮胎有限公司董事长。1996年进入万达集团后,务实创新,勤恳创业,使万达建安和宝通轮胎在短短几年时间里发展成为万达集团的支柱产业之一。2006年,掌管万达建安公司,他立足实际,开拓市场,将公司发展成为拥有资产1.5亿元、年产值8亿元、利税近1亿元,集建筑安装、市政建设、广告装饰、园林绿化于一体,具备国家房屋建筑工程总承包一级资质的大型综合建安企业。2010年9月,万达建安股份正式在天津股权交易所挂牌交易,推动企业实现跨越发展。2010年4月,在考察市场系统研究的基础上,主持山东万达橡胶有限公司投资30亿元的3000万条/年半钢子午胎项目建成投产。2013年底,万达集团对旗下的轮胎板块进行整合,统一为山东万达宝通轮胎有限公司,万达宝通的企业形象和品牌影响力得到进一步提升,产品遍及全国,远销全球148个国家和地区,连续5年入围世界轮胎行业75强,中国化工企业500强。跨入中国轮胎制造企业出口十强,出口销量连续三年增幅蝉联山东省第一位。同时,他积极参与社会公益事业,为汶川地震灾区、玉树地震灾区、贵州毕节地区赫章小水窖和集中供水工程捐款捐物。个人先后荣获"中国建设和谐社会杰出人物""2005年度最具影响力的企业领袖""垦利县劳动模范""东营市五一劳动奖章"等称号。

**匡柏林** 男,1979年8月生,汉族,中共党员,利津县海洋与渔业局渔业技术推广站站长。一直从事基层渔业技术推广和渔业技术研究,常年工作在渔业生产一线,积极开展渔业养殖示范、渔业技术指导培训和咨询服务,为当地渔业技术推广普及做出贡献。累计授课400余课时,培训指导渔民8000余人次,编写各类渔业科普技术资料100余份,参与推广渔业新型实用养殖技术20多项,在省级以上专业刊物发表专业技术论文10多篇。围绕黄河三角洲地区渔业实际,选题攻克多项渔业技术难题,先后主持或参与实施多项省市级科技项目。有效改善当地渔业生产方式和技术水平,积极促进农村经济发展。探索研究基层渔业技术推广体系,创新渔业技术推广服务工作,构建渔业科技成果入户到池塘的快速通道,为当地渔业增效、渔民增收做出贡献。其科技成果先后获全国农牧渔业丰收奖二等奖,国家海洋局海洋创新成果二等奖,山东省农牧渔业丰收奖一等奖等省部级科技奖励11项,市级科技奖励2项。领导的利津县海洋与渔业局渔业技术推广站被全国水产技术推广总站评为"全国水产技术推广示范站"。个人先后荣获"东营市青年科技奖""东营市十大杰出工程师""全国养殖渔情信息采集工作优秀信息采集员""利津县最美劳动者"等称号。

**张松港** 男,汉族,1971年6月生,东营经济技术开发区滨海临港产业区管理中心职员。自2003年到东营经济技术开发区管委会后,一直工作在工程管理一线,参与近百项工程的施工管理。在东八路东工业园工程项目中任总工程师,完成道路14条、总长37千米,桥梁7座,排水管线110千米。在滨海临港产业区起步区工程项目建设中,完成道路15条、总长30千米,桥涵14座、泵站2座、水系2条、排水管线85千米。在广利港临港起步区路桥工程中,协调地方经济纠纷案19起,油田、网通、电信等公司迁移线路5条,拆除线杆50余基,办理占用海堤用地手续6项。在工程管

理中，严格贯彻“指挥部监督、监理单位监管、施工单位自检”的三级质保体系，以“设计图纸、技术规范、施工合同”为监管标准，对重点分项、分部、关键工序和隐蔽工程进行重点检查。坚持每天深入到工地现场，对每一个质量细节问题都进行调查核实，督促整改。工作中注重理论学习，制定并完善《东营经济技术开发区建设工程管理暂行规定》等工程管理办法，实现施工技术管理的标准化、程序化，工程质量管理有序可控。同时，认真贯彻“安全第一，预防为主”的方针，督促施工单位建立健全安全保证体系、加强安全施工教育、强化现场管理、制定安全措施，确保施工安全。个人先后被东营经济技术开发区管委会评为“十大标兵”“开发建设排头兵”“勇于担当排头兵”，多次被评为“先进工作者”。

**魏瑞霞** 女，1967年11月生，汉族，中共党员，东营市实验学校教学部主任。1986年起一直从事小学数学教学、教研工作。从教30年来，她挚爱每一个孩子，热衷于小学数学教学研究工作。主持参研5项国家级、20项省市级科研课题，获全国实验成果一等奖8项，获省级教学成果奖一等奖2项，获省、市优秀课程资源一等奖4项，获东营市社科成果二等奖2项，发表论文60余篇。研发的小学数学“主题式教学”“问题解决教学”“数学建模研究”等在全国推广应用，开创的“趣味数学——游戏中悟数学、活动数学——活动中做数学、故事数学——童话里编数学、生活数学——生活中用数学”等在全国推广交流，做学术研讨近100次，执教公开示范课70余节，主编、参编《小学数学教材全析》等教学用书140多本。以“魏瑞霞工作室”为载体，打造研究型教师团队建设，工作室先后被评为“齐鲁名师工作室”“东营市劳模创新工作室”和“东营名师工作室”。连续5年被中国教育部、山东省教育厅聘为学科专家，指导全国、全省中小学教师的远程研修培训。以“魏瑞霞工作室”为纽带，与广饶县花官镇中心小学、利津县盐窝镇中心小学等5个乡村小学牵手，开展“送教下乡”等活动，提升广大乡村教师的教育教学水平和教学研究能力。先后获“全国教育改革创新先锋教师”“全国素质教育先进工作者”“山东省特级教师”“齐鲁名师”“东营市功勋人民教师”“东营市劳动模范”等称号。

## 全国五一劳动奖章获得者

**潘荣文** 男，1962年10月生，汉族，中共党员，东营市地税局党组书记、局长。工作中始终坚持忠诚、担当、清正、务实的人生信条，履职尽责，干事创业。注重作风建设，培育地税文化，在全系统创新实施“清风正气工程”，修订完善《年度考核办法》，健全完善领导班子议事和决策机制，坚持集体研究、民主决策。做细做活思想政治工作，自主研发“税苑心合家园管理系统”。积极争取税收政策，力促油田土地使用税恢复征收，增收土地使用税14.5亿元，该项工作被东营市委、市政府列为“东营市2015年度九大成就”之一。主持开展油田土地测绘清查工作，彻底解决底数不清、“打包缴税”等问题，在全国首次成功探索石化系统土地使用税管理新路子。在其带领下市地税局先后获“全国文明单位”“全国巾帼文明岗”“全国五一劳动奖状”“全国青年文明号”“全国模范职工之家”等称号，连年获得“全省地税系统先进集体”“全省地税系统党建工作先进集体”“全市综合考核一等奖”。个人先后获得山东省富民兴鲁劳动奖章、全省地税系统党建工作先进个人等荣誉称号，2016年1月，被市委、市政府记二等功。

## 第十届东营市劳动模范(41名)

吴爱峰　东营区供电公司客户服务中心主任
吴国敏(女)　山东东营胜利农村合作银行个人贷款中心副主任
陈少鹏　东营天东制药有限公司研发项目经理
吴玉华　山东龙源石油化工有限责任公司董事长
李连明　东营区龙居镇朱家村党支部书记
庞增华　东营区牛庄镇西庞村党支部书记
韩建滨　东营市精诚无缝钢管有限责任公司热轧生产车间主任
王玉晓(女)　山东仙河药业有限公司化验班班长
王义民　富海集团有限公司总裁
王玉红　河口区义和镇艾河村党支部书记、村委会主任
殷鹏霄　河口区河口街道三合村党支部书记
王念水　山东万圣博科技股份有限公司技术组组长
张占凤(女)　广饶县城乡环境卫生处职工
魏立军　山东华泰纸业股份有限公司副总经理
徐奇祥　山东广饶农村商业银行股份有限公司党委书记、董事长
孙学义　山东华星石油化工集团有限公司总经理
刘秀云(女)　东营民和牧业有限公司总经理
项在功　广饶县稻庄镇项家大营村党支部书记、村委会主任
王峰田　山东垦利石化集团有限公司基建部部长
张茂强　山东胜通集团股份有限公司技术中心主任
郭加加　山东万得福实业集团有限公司豆粕车间主任

徐树彬　山东垦利农村商业银行股份有限公司党委书记、董事长

李玉峰　山东黄河口水产有限公司董事长

张希勇　垦利县胜坨镇小张村党支部书记

姜　婧(女)　利华益集团股份有限公司化验员

薄其兰(女)　中国建设银行股份有限公司利津支行利一路分理处主任

盖林农　利津县供电公司总经理

袁兴明　利津县陈庄镇郭屋村党支部书记、村委会主任

韩志刚　利津县盐窝镇南苏村党支部委员

王壮志　黄大铁路有限责任公司保障部主管

刘锋杰　科达集团股份有限公司董事长

张洪涛　山东海通地产有限责任公司总经理

张晓权　山东诺尔生物科技有限公司动力车间主任

李福来　东营供电公司总经理、党委副书记

姜玉洁(女)　山东鲁百百货大楼集团有限公司副总裁、纪委书记

郭龙海　山东众成地产集团有限公司副总经理

孙青山　东营市日用工业品公司服装部经理

王树芹(女)　上海浦东发展银行股份有限公司东营分行会计

郭　鹏　青岛银行股份有限公司东营分行副行长、工会主席

王广升　中国建设银行股份有限公司东营分行党委书记、行长

项在春　山东华鹜植化集团有限公司综合车间主任

## 第十届东营市先进工作者(23名)

古延光　东营区人民检察院侦查监督科科长

苏艳红(女)　东营区实验幼儿园园长

吴坤杰　河口区人民医院中医科主任

崔秋华(女)　广饶县人民医院护理部主任

刘景涛　广饶县国家税务局党组书记、局长

张　静(女)　垦利县文化活动中心群众文化辅导部主任

寇金玲(女)　垦利县人民医院妇产科主任

王　鹏　利津县人民法院副院长

赵兰会　利津县第二实验幼儿园园长

刘佳佳　东营农业高新技术产业示范区建设管理局职员

马国华　东营市人民检察院反贪污贿赂局副局长

张　波　东营市政府投资审计办公室副主任

武　燕(女)　东营市住房公积金管理中心计划会计科科长

陈　伟(女)　东营市胜利实验小学教师

周连兵　东营职业学院教师

李志杰　东营市实验学校副校长

崔　春　东营市医学会办公室主任

陈　彤(女)　东营市人民医院新生儿科主任

陈凤海　东营市道路运输管理处客运科科长

常在功　东营市自来水公司工程处主任

李德宾　东营市河道管理处仙河分处处长

尚承云　东营市畜牧局计划财务科科长

徐化凌　东营市农业科学研究院盐生植物与生态研究所副所长

（市总工会　张梦华）

## 全国优秀共青团员

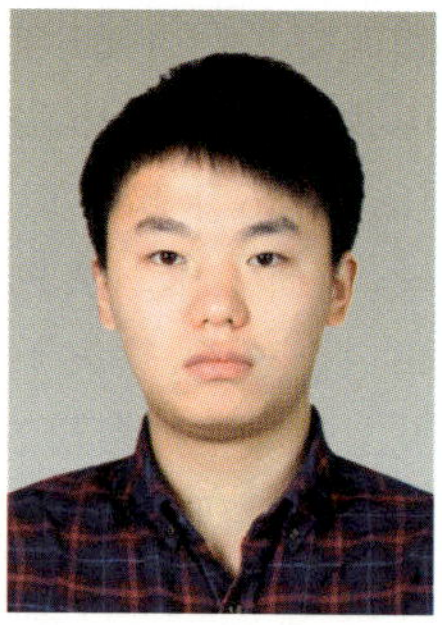

**焦裕伟**　男，1990年2月出生，共青团员，90后公益创业者。2013年，发起成立胜利阳光青年公益事业发展中心，率先在东营开展社会组织孵化工作，建成具有社会组织孵化培育功能场地3处，孵化社会组织20余家，培育社会组织近40家，支持大学生创办社会工作机构4家，涵盖教育、设计、志愿服务、青年交友、青少年、老年、残疾人服务、新媒体研究、妇女儿童事业发展、心智研究、社会服务评估等诸多领域。机构所开发的"七彩阳光多维关爱计划"项目获山东省首届青年志愿服务大赛铜奖；"照看母亲河"项目获山东省第二届青年志愿服务大赛银奖。胜利阳光的社会组织孵化模式先后获得大众日报、中国青年报等媒体专版报道。2016年，被共青团中央表彰为全国优秀共青团员。

## 全国农村青年致富带头人

**王超**　男，1983年10月生，汉族，中共党员，东营市奥福瑞食品有限公司总经理、河口区新泰花生专业合作社副理事长、河口区益农植物专业化防治农民专业合作社理事长。2012年，辞职回乡创业，建成符合绿色食品标准的黑花生生产基地4个，种植面积6000亩，入社社员422户，种植面积突破3500亩，实现产值1250万元。研发生产出花生蛋白粉、花生饮品、花生制品等系列产品，黑花生加工厂已注册"奥福瑞"商标，产品获得QS认证，"荷花"牌花生认定为A级绿色食品，公司生产的多种产品与多家超市达成购销协议，形成"公司+合作社+基地+农户"的一条龙式的产业链条。2016年，被共青团中央、农业部表彰为全国农村青年致

富带头人。

**王新军** 男，1981年10月生，汉族，中共党员，大王镇卧石东村党支部书记、村主任。从部队复员后，王新军回乡担任村党支部书记，2014年，他发起投资1800万元，创立润晨家庭农场，在村里搞起实施土地流转，流转土地310亩，全部用于种植农作物，建成农副产品展示、观光厅，建设新型农民创业培训基地，建立大型蔬菜交易市场、蔬菜物流配送中心，建设莲藕池，建设银行网点，带动卧石东村300多名种植户，辐射带动周边30多个村镇7000余个大棚种植户，带动发展蔬菜种植面积12000亩，实现蔬菜销售收入1.5亿元，为农户增收达到1亿元。2016年，被共青团中央、农业部表彰为全国农村青年致富带头人。

## 中国青年志愿服务先进个人

**王小玮** 女，1981年11月出生，汉族，中共党员，东营市东营区胜利街道中心幼儿园教师。连续两次到新疆维吾尔自治区喀什地区疏勒县援疆支教，把山东先进的教育理念与疏勒当地实际结合创新开展工作，通过公开课、口语交际等形式为少数民族教师开展双语培训，培训教师达到1200多人次，树立山东援疆教师的良好形象。她关爱少数民族儿童热心公益，先后资助三名维族小朋友，发起为少数民族小朋友募捐的活动，支教工作结束后，发起“小书大爱，民族团结一家亲，争做美丽东营人”的志愿服务活动，以图书传递为契机开展民族团结教育。2016年，被共青团中央表彰为中国青年志愿服务先进个人。

（团市委　李猛）

## 全国妇女儿童工作先进个人

**刘金明** 男，1997年10月参加工作，大学学历，市统计局社会经济调查队综合科副科长，高级统计师，负责我市妇女儿童统计监测工作。自负责妇女儿童统计监测工作以来，面对妇女儿童监测涉及部门多，涉及指标多的困难局面，主动作为，根据监测任务需要，多次组织召开市直相关单位两规监测培训会议，两规监测主要指标审核会议，监测分析会议，对两规监测工作进行部署安排，建立市级两规监测单位名录库。在工作中注重调研，按照监测目标要求，多次定期、不定期到相关单位开展调研，确保监测数据准确可靠。每年都及时撰写《妇女儿童发展规划统计监测报告》，多次被市级、省级刊物所采用，及时好统计监测数据的发布使用，使全市妇女儿童监测统计工作走在全省前列，在单位内部年终考核中，多次被组织部门、人事部门表彰为先进个人，2016年被国务院妇儿工委表彰为全国先进个人。

# 附录

# 东营市国民经济和社会发展第十三个五年规划纲要

本规划纲要根据《中共东营市委关于制定东营市国民经济和社会发展第十三个五年规划的建议》制定，主要阐明政府战略意图，明确政府工作重点，引导市场主体行为，是未来五年我市经济社会发展的宏伟蓝图，是全市人民共同奋斗的行动纲领。

## 第一章 树立新理念 建设新东营

“十三五”时期，是我市认真落实中央“四个全面”战略布局，谱写中国梦东营篇章的重要五年。必须抓住用好重要战略机遇期，推动我市实现由大到强战略性转变，率先全面建成小康社会，加快建设繁荣富裕、生态秀美、文明和谐、宜居宜业的美丽幸福新东营。

### 一、“十二五”时期的发展成就

“十二五”时期是东营发展极不平凡的五年。五年来，全市上下在市委的坚强领导下，认真贯彻落实党中央、国务院和省委、省政府决策部署，紧紧围绕实施黄蓝两大国家战略，改革创新、攻坚克难，经济社会实现持续稳定健康发展，胜利完成“十二五”规划目标任务，为“十三五”发展奠定了坚实基础。

(一)黄蓝国家战略实施取得新成绩。“十二五”时期是推进实施黄蓝国家战略的关键五年。作为黄河三角洲中心城市和山东半岛蓝色经济区重要前沿城市，始终坚持高效生态定位，完善组织领导，强化工作措施，推进政策落实，统筹主体产业区、重大基础设施和生态环境建设，区域地位明显提升，主要经济指标增幅均高于全省和黄蓝两区平均水平，被评为全省唯一的高效生态经济区建设先进市。

(二)综合实力再上新水平。生产总值达到3450.6亿元，年均增长10.6%，人均生产总值16.3万元。经济发展质量不断提高，公共财政预算收入达到220.1亿元，年均增长16%，占生产总值比重6.4%。累计完成固定资产投资11663亿元，年均增长18%。累计实现社会消费品零售总额2969亿元，年均增长13.4%。

(三)转方式调结构取得新进展。全市三次产业比例由3.7:72.6:23.7调整为3.4:64.7:31.9。农业基础地位进一步巩固，粮食生产连年丰收，畜牧业、渔业、食用菌等主导产业加快发展；农业产业化、规模化水平不断提高，农业龙头企业、农民专业合作社、家庭农场分别发展到631家、1817家和963家，各类农业园区发展到190个。工业发展质量进一步提升，规模以上工业增加值年均增长11.4%，高新技术产业产值占规模以上工业总产值比重由25.4%提高到35%左右，研发经费支出占生产总值比重由1.78%提高到2.58%。服务业跨越发展，服务业增加值年均增长10.6%，增幅位居全省前列。企业自主创新能力不断增强，国家级、省级、市级创新平台分别达到5家、169家和215家。

(四)生态文明建设取得新成效。深入开展水气污染整治专项行动，大力加强节能减排工作，积极发展循环经济，二氧化硫、化学需氧量、氨氮、氮氧化物排放量分别累计降低18.5%、16.7%、19.8%、17%，城市污水集中处理率、生活垃圾无害化处理率分别达到96%、100%。实施11处生态林场工程，造林36万亩；百万亩湿地生态修复工程，修复湿地38万亩；金湖银河生态工程，开挖生态河道31.4公里，贯通生态水系27平方公里；园博园、植物园等建成投用。2012年被评为国家园林城市，2014年获中国人居环境奖。

(五)城市和基础设施建设实现新突破。新型城镇化稳步推进，实施西城、东城旧区等片区改造，新建改造西四路、东一路等一批城市道路，实施了大剧院、两馆一中心、奥体中心等一批文化体育工程，东营港城建设加快推进。中心城人口突破70万人，常住人口城镇化率达到65.52%，比2010年提高5.5个百分点。加快推进公路、水路、铁路、航空、管道等基础设施建设，综合交通运输系统框架基本形成。全市等级公路通车里程9039.11公里。东营港码头总量达到46个，港口吞吐能力达到5000万吨，东营至旅顺滚装船恢复通航。广利港总体规划获批，疏港道路竣工通车。东营胜利机场调整优化了航线，国产大飞机试飞基地建设扎实推进。德大铁路、寿平铁路建成通车，黄大铁路、济东高速公路建设顺利推进，淄东铁路扩能改造启动实施。胜利电厂三期建成投用，大唐东营电厂开工建设。

(六)改革开放开创新局面。在全省率先实施总规模19.06万亩9个未利用地开发项目，完成开发面积18.62万亩。推动设立总规模10亿元的石油装备产业股权投资基金、首期5亿元的黄蓝新农村建设投资基金，组建了产权交易市场。东营农业高新技术产业示范区获批国家级农高区。在全市推动开展海域使用权、林权、活畜和知识产权抵押融资试点。农村土地承包经营权确权登记颁证工作完成，农村土地流转制度、集体产权制度改革顺利实施。公布实施行政审批事项目录清单、市级行政权力清单、政府部门责任清单，市级行政审批事项大幅精简。完成政府机构改革，推进事业单位分类改革，启动公务用车制度改革。医药卫生体制改革深入实施，先后开展省和国家级公立医院改革试点。完成中心城区建设管理事权调整。出台促进对外贸易稳定增长和进一步做好利用外资工作的意见，成功举办国际石油石化装备与技术展、橡胶轮胎暨汽车配件展、农博会等大型经贸活动，与国企和世界500强企业战略合作深入推进。国务院批复设立东营综合保税区。

（七）社会民生建设水平不断提高。居民人均可支配收入29758元，其中城镇、农村分别为38735元和13887元，年均增长10.2%、13.3%，基本实现"两个同步"。累计新增城镇就业23万人，城镇登记失业率控制在2.4%以内。民生支出逐年加大，达到190.4亿元，占全部财政支出的73.9%，基本公共服务均等化水平进一步提高。社会保障体系日趋完善，居民基础养老金、城乡低保和农村五保供养标准、企业退休人员养老金、城乡居民医疗保险财政补助标准不断提高，均居全省前列。文化、教育、体育、卫生等社会事业稳步发展。深入开展城市公共安全专项行动、乡村文明建设专项行动，推进平安东营建设，社会治安防控体系加快完善。成功创建为全国文明城市，成功举办第五届山东省园博会。

回顾"十二五"历程，特别是后半段以来，国际国内发展环境变化超出预期，全市上下积极应对经济下行、转方式调结构、油价下跌等多重压力，付出了艰苦努力，取得了显著成效。成绩来之不易，主要得益于四方面：一是中央和省委、省政府十分关心重视黄河三角洲和东营发展，特别是习近平总书记视察山东重要讲话和对山东工作重要批示精神，为我市发展指明了前进方向，提供了根本遵循。二是黄蓝国家战略叠加实施，为东营经济社会发展吸引了更多的期待和关注，带来了巨大的政策机遇。三是市委、市政府统筹谋划，明确了奋斗目标，推出了强化招商引资、加快产业转型升级、统筹城乡发展和着力突破"十件大事"、实施"三大专项行动"、推动科学发展新跨越等一系列战略措施，努力实现速度与结构、质量、效益相统一，经济发展和人口、资源、环境相协调，有力地促进经济社会全面发展。四是全市上下坚持新常态新作为，油地军校协同共建，积极巩固扩大党的群众路线教育实践活动和"三严三实"专题教育成果，创新发展思路，完善体制机制，落实工作举措，形成了共克时艰、共促发展的强大合力。

## 二、"十三五"时期面临的环境

"十三五"时期，国际经济环境仍然复杂，国内经济进入新常态，发展面临的不确定性和不可预见性因素增加，挑战前所未有，但总体仍处于可以大有作为的重要战略机遇期。

从国际看，和平与发展的时代主题没有变，世界多极化、经济全球化、文化多样化、社会信息化深入发展，世界经济在深度调整中曲折复苏，新一轮科技革命和产业变革蓄势待发，全球治理体系深刻变革，发展中国家群体力量继续增强，国际力量对比逐步趋向平衡。这有利于我们充分利用两个市场两种资源，承接产业转移，参与国际竞争与合作。同时，金融危机深层次影响长时间内依然存在，经济增长趋缓成为全球经济新特征，产业结构调整催生全球经济新秩序，我国制造业面临发达国家"高端回流"和发展中国家"中低端分流"的"双重挤压"。围绕贸易、投资和服务等全球性问题的博弈更加激烈，地区热点问题与新型大国关系构建错综复杂，影响发展的不稳定、不确定因素依然较多。

从国内看，我国经济长期向好基本面没有改变，随着全面深化改革和全面推进依法治国，未来发展的制度红利将进一步释放；协同推进新型工业化、信息化、城镇化、农业现代化、绿色化，发展路径将进一步合理；深入实施"一带一路"、京津冀协同发展、长江经济带三大战略，对外开放和区域协调发展优势将进一步凸显；鼓励创新创业、实施"中国制造2025"和"互联网+"行动计划等，发展动力活力将进一步增强，未来发展前景将更加广阔。全省经济持续平稳较快增长，"两区一圈一带"战略、中韩自贸区加快实施，这为我们推动产业转型升级、资源综合利用和发展高效生态经济创造了良好机遇。同时，我国经济发展步入新常态，市场变化带来的需求性下调、转方式带来的结构性下调、资源环境趋紧带来的约束性下调同时存在且相互交织，经济下行压力依然较大，面临跨越中等收入陷阱等重大挑战。

从我市看，仍具备保持平稳健康发展的有利条件。一是国家深入实施京津冀协同发展战略和环渤海合作发展纲要，我市被列为京津冀协同发展城市并在国家跨省区域战略中首次上升为重要节点城市，将对经济社会发展产生重大而深刻的影响。全省"两区一圈一带"区域发展战略深入实施，黄河经济带建设积极推进，我市拥有继续实施黄蓝国家战略的机遇，在全省格局中居于重要地位。二是经过多年努力，推进资源型城市转型取得重大进展，培育形成了一批优势突出的支柱产业，培植了一批具有竞争力的骨干企业，为保持平稳健康发展、推动转型升级打下了坚实基础。三是我市地理区位优越、土地资源广袤、油气和海洋资源丰富、淡水资源相对充沛，拥有承接大规模产业转移的比较优势。四是随着各项改革的全面深化，发展动力活力将进一步增强。同时必须看到，我市以重化工业为主的结构性矛盾突出，石油和涉油产业拉动经济发展作用趋弱，稳增长和转方式调结构的任务十分艰巨；重大交通基础设施建设相对滞后，完善内联外接的立体交通网络尚需付出不懈努力；生态环境相对脆弱，生态产品供应能力低，保护与开发利用的矛盾仍较突出；收入分配差距较大，影响社会和谐稳定的因素依然存在；创新型领军型人才缺乏，创新创业环境有待进一步提高。

## 三、"十三五"时期所处的阶段

从东营所处的历史方位、所担负的历史使命看，"十三五"时期，我市将进入率先全面建成小康社会、完成黄蓝国家规划目标、加快建设美丽幸福新东营的关键阶段。

——资源城市转型攻坚期。我市对石油工业依赖程度仍然较高，胜利油田实现增加值占全市生产总值的五分之一左右，受油价持续低迷影响，对全市经济拉动作用明显减弱;重工业占全部工业的90%,六大高耗能行业多数处于产业链低端;外需不稳,资源环境制约加剧,迫切要求推进城市转型,大力发展非油替代产业,推动发展由资源依赖向创新引领、粗放型增长向集约型发展转变,形成持续竞争优势。

——战略地位提升跨越期。我市对外开放程度不高,重大交通设施建设相对滞后,城市辐射带动能力不强,区域创新体系不够完善,制约了战略地位作用的充分发挥。必须积极参与全球合作与竞争,面向环渤海、京津冀,融入"一带一路",加强战略合作,构建对外开放新格局;加快构建内联外接的交通大通道,凸显区位优势;不断完善城市功能,更加有效地聚合资源要素;大力实施创新驱动发展战略,完善提升区域创新体系,以此厚植发展优势,努力把东营打造成为全国重要的高效生态经济示范区、资源型城市可持续发展引领区、环渤海地区重要节点城市和区域中心城市。

——全面建成小康社会决胜期。对照全面建成小康社会新的目标要求,我市产业结构层次、人民生活水平、生态环境质量等方面还有差距。要率先全面建成小康社会,必须坚持目标导向和问题导向,更加重视经济结构调整,更加重视社会建设,更加重视生态建设和环境保护,着力解决人民群众关心的教育、就业、收入、社保、医疗卫生等问题,让改革发展成果更多、更公平、更实在地惠及人民群众。

## 四、"十三五"时期发展的指导思想

高举中国特色社会主义伟大旗帜,全面贯彻党的十八大和十八届三中、四中、五中全会精神,以马克思列宁主义、毛泽东思想、邓小平理论、"三个代表"重要思想、科学发展观为指导,深入贯彻习近平总书记系列重要讲话精神,按照"四个全面"战略布局,坚持发展第一要务,以创新、协调、绿色、开放、共享五大发展理念为引领,以提高发展质量效益为中心,加快形成引领经济发展新常态的体制机制和发展方式,保持战略定力,坚持稳中求进,持续实施黄蓝国家战略,统筹推进经济建设、政治建设、文化建设、社会建设、生态文明建设和党的建设,率先全面建成小康社会,向基本实现现代化阔步迈进,加快建设美丽幸福新东营。

率先全面建成小康社会,全面推进美丽幸福新东营建设,必须始终坚持人民主体地位,坚持科学发展,坚持深化改革,坚持开放带动,坚持依法治市,坚持党的领导。必须深入贯彻创新、协调、绿色、开放、共享的发展理念,将其贯穿于经济社会发展各方面和工作全过程。必须勇于担当、积极作为,既在补短板上用力,也在增优势上下功夫,实现更高质量、更有效率、更加公平、更可持续的发展。

——牢固树立和落实创新发展理念。深刻认识创新是引领发展的第一动力,聚焦创新体系、创新平台、创新能力建设,不断推进理论创新、制度创新、科技创新、管理创新、文化创新等各方面创新,大力培育发展新技术、新产业、新业态,让创新在全社会蔚然成风。

——牢固树立和落实协调发展理念。深刻认识协调是持续健康发展的内在要求,统筹经济社会与自然环境、当前与长远,促进新型工业化、信息化、城镇化、农业现代化同步发展,加快经济文化、城乡区域、陆地海洋、油地军民等领域深度融合,实现共赢发展。

——牢固树立和落实绿色发展理念。深刻认识绿色是永续发展的必要条件和人民对美好生活追求的重要体现,全面落实节约资源和保护环境的基本国策,坚定走生产发展、生活富裕、生态良好的文明发展道路,推进绿色东营发展,实现人与自然和谐共生。

——牢固树立和落实开放发展理念。深刻认识开放是繁荣发展的必由之路,综合运用国际国内两个市场、两种资源,塑造开放型经济发展新优势,以扩大开放带动创新,推进改革,促进发展。

——牢固树立和落实共享发展理念。深刻认识共享是中国特色社会主义的本质要求,把增进人民福祉、促进人的全面发展作为根本的出发点和落脚点,建机制、补短板、兜底线,加强以改善民生为重点的社会建设,提升社会治理能力,维护社会公平正义,实现好、维护好、发展好人民群众的根本利益。

## 五、"十三五"时期的发展目标

"十三五"时期经济社会发展的主要目标是:

——转型发展步伐明显加快。经济保持中高速增长,生产总值年均增长7%左右。在提高发展平衡性、包容性、可持续性的基础上,率先实现经济总量和城乡居民人均收入比2010年翻一番。产业迈向中高端水平,高新技术产业产值占规模以上工业总产值比重达到37%以上,服务业增加值占生产总值比重达到38%左右,在全省率先实现农业现代化。科技对经济发展的支撑作用明显提升,全社会研发经费支出占生产总值比重力争达到2.78%。

——生态环境质量明显改善。生态文明理念深入人心,生产生活方式绿色低碳水平上升。能源资源开发利用效率大幅提高,全面完成省下达的政府履行职责约束性任务目标,水和大气质量显著提升。生态安全屏障基本形成,城乡环境优美宜居,展现天蓝、地绿、水净的美丽东营新形象。

——发展协调性明显增强。空间发展格局更加优化,经济社会与环境资源协调发展。对接融入环渤海、京津冀等国家区域发展战略取得重大进展,与黄蓝两区各市合作更加密切。以人为核心的新型城镇化加快推进,户籍人口城镇化率达到61%,常住人口城镇化率达到69%。县域经济发展更趋平衡,油地军校深度融合互动发展。新农村建设成效显著,城乡差距进一步缩小。

——人民生活水平明显提高。城乡居民收入较快增长,收入差距明显缩小,全面实现脱贫。基本公共服务均等化水平显著提高,在全省率先实现教育现代化,劳动年龄人口受教育年限明显增加。就业比较充分,社会保障体系更加完善,人民健康水平不断提升。平安东营建设取得重大进展,群众幸福感获得感明显增强。

——社会文明程度明显提升。中国梦和社会主义核心价值观更加深入人心,爱国主义、集体主义、社会主义思想广泛弘扬,向上向善、诚信互助的社会风尚更加浓厚,人民思想道德素质、科学文化素质、健康素质明显提高,全社会法治意识、诚信意识不断增强。文化强市建设实现新突破,黄河口文化品牌影响进一步扩大,现代公共文化服务体系建设走在全国前列,创建成为国家公共文化服务体系示范区。

——体制机制活力明显增强。市域内国家治理体系和治理能力现代化水平不断提高,重要领域和关键环节改革取得决定性成果,开放型经济发展实现新突破,经济社会发展充满活力。法治东营建设成效显著,人民民主更加健全,法治政府基本建成,人权得到切实保障,产权得到有效保护。

专栏1:"十三五"时期经济社会发展主要指标一览表

| 类别 | 指　　标 | 2015年 | 2020年 | 年均增长(%) | 属性 |
|---|---|---|---|---|---|
| 经济发展 | 地区生产总值(亿元) | 3450.6 | – | 7左右 | 预期性 |
| | 公共财政预算收入(亿元) | 220.1 | 302 | >6.5 | 预期性 |
| | 全社会固定资产投资(亿元) | 3084.7 | 5684 | 13左右 | 预期性 |
| | 社会消费品零售总额(亿元) | 728.1 | 1172 | 10左右 | 预期性 |
| | 进出口总额(亿美元) | 129.1 | – | 适度增长 | 预期性 |
| | 吸收外商直接投资(亿美元) | 2.22 | – | 适度增长 | 预期性 |
| | 常住人口城镇化率(%) | 65.52 | 69 | 〔3.5〕 | 预期性 |
| | 户籍人口城镇化率(%) | 51.15 | 61 | 〔9.85〕 | 预期性 |
| 创新驱动 | 研究与试验发展经费支出占GDP比重(%) | 2.58 | 2.78 | 〔0.2〕 | 预期性 |
| | 高新技术产业产值比重(%) | 35 | >37 | 〔>2〕 | 预期性 |
| | 万人拥有有效发明专利数(件) | 4.82 | 13 | 〔8.18〕 | 预期性 |
| 民生福祉 | 居民人均可支配收入(元) | 29758 | 42129 | 7.2 | 预期性 |
| | 城镇新增就业人数(万人) | 4.88 | – | 〔15〕 | 预期性 |
| | 登记失业率(%) | 2.4 | 3.5 | – | 约束性 |
| | 社会保险综合覆盖率(%) | 93.03 | 95 | 〔2〕 | 约束性 |
| | 每千人执业(助理)医师数(人) | 2.7 | 3.0 | 〔0.3〕 | 预期性 |
| | 城镇保障性安居工程建设(套) | – | – | 〔9374〕 | 约束性 |
| | 总人口(万人) | 212 | 227 | 1.4 | 约束性 |
| | 人口自然增长率(‰) | 4.64 | – | 9.78 | 约束性 |
| 生态文明 | 环境空气质量达标比例(%) | 43 | 58 | 〔15〕 | 约束性 |
| | 城市PM2.5浓度降低(%) | 7.7 | – | 〔>25〕 | 约束性 |
| | 单位GDP能耗降低(%) | – | – | 完成省下达任务 | 约束性 |
| | 单位GDP二氧化碳排放降低(%) | – | – | 完成省下达任务 | 约束性 |
| | 主要污染物排放减少(%) | – | – | 完成省下达任务 | 约束性 |
| | 林木覆盖率(%) | 18 | 21 | 〔3〕 | 约束性 |

说明:〔〕内为五年累计数

## 第二章　统筹国土布局　拓展发展空间

坚持陆海统筹、城乡一体、区域协同,调整优化空间结构,推进主体功能分区与土地利用、产业布局、城镇建设、海洋区划相衔接,划定农业和生态空间保护红线,构建科学合理的城市化格局、产业发展格局、生态安全格局、自然岸线格局,形成生产空间集约高效、生活空间舒适宜居、生态空间地绿水碧的美好情景。

### 一、功能分区

依据资源环境承载力、人口密度、开发程度和发展潜力,按照国家、省对我市的主体功能定位,推动形成三大主体功能区。

聚集发展区。包括城镇现有建成区和拓展区、经济集中开发区和沿海防潮大堤内以盐碱荒滩为主的成方连片未利用地等。作为推进工业化、城镇化的国土空间,以提供工业品和服务产品为主体功能,以提供农产品和生态产品为辅助功能,是全市经济和人口集聚的主要区域。要实行优化开发和重点开发,加强内涵挖潜和优化整合,充分利用现有建设用地,尽可能利用闲置地、空闲地、废弃地,提高空间利用效率。

生态保护区。包括自然保护区、海洋保护区、水源涵养区、生态林地、重要湿地、黄河及境内主要水系等。作为构筑生态安全屏障的国土空间,以提供生态产品为主体功能,以提供农产品、服务产品和部分工业品为辅助功能。要严格控制开发强度,各类开发活动不得损害生态系统的稳定和完整性,严禁在保护区核心区和缓冲区进行新的开发建设活动,原有的生产、开发活动要逐步退出。

农业主产区。上述两区之外的其他区域。作为发展农业生产、建设农村居民点和乡村道路等基础设施的国土空间,以提供农产品为主体功能,以提供生态产品、服务产品和部分工业品为辅助功能。要优化农业生产布局和品种结构,科学确定不同区域发展重点,突出特色,推进连片建设。支持主产区加强农产品加工、流通、储运设施建设,引导农产品加工、流通、储运企业向主产区城镇聚集。积极发挥农业的生态、景观和间隔功能,鼓励发展休闲旅游,严禁有损自然生态系统的开荒。

## 二、产业布局

强化产业布局"全市一盘棋",以分工互补为方向,实施产业园区整合,推进产业体系、基础设施、管理服务一体化建设,构筑"五板块、四片区、两条发展带"的产业格局。

### (一)五大经济板块

东部板块。以东营经济技术开发区为主,包括广饶滨海新区等,重点发展高端装备制造、新能源、新材料、临空临港产业、海洋产业和现代服务业,改造提升有色金属加工业,打造全市高新技术、先进制造业基地和现代服务业高地。

南部板块。以广饶经济开发区、大王经济开发区为主,重点改造提升橡胶轮胎、生态化工、汽车零部件制造和轻纺、造纸业,培育发展新能源、新材料、高端装备制造等新兴产业,打造全省产业转型升级示范区。

西部板块。以利津经济开发区、陈庄工业园为主,重点发展有机化工新材料、资源再生利用、精细化工,培育发展仓储物流、新型建材、农副产品加工,打造有机化工产业基地、循环经济发展示范区。

北部板块。以东营港经济开发区、河口经济开发区及蓝色经济区、利津滨海新区为主,重点发展石油化工、盐化工、临港物流,培育发展海洋装备制造、新能源等产业,打造国家级石化产业基地和石油储备基地。

中部板块。以东城、西城、垦利县城为主,大力发展金融保险、现代物流、商务服务、休闲旅游、健康养老等产业,培育发展服务外包、电子商务等产业,改造提升商贸、餐饮等产业,打造黄河三角洲现代服务业集聚区。

### (二)四个特色片区

高端装备制造示范片区。以东营胜利经济开发区为主,重点发展石油装备制造、生物医药、新能源产业,培育高端商贸商务、石油工程服务等产业,打造世界知名、国内一流的石油装备制造基地。

资源转型发展示范片区。垦利县作为石油资源枯竭典型地区,要抓住融入中心城的机遇,以胜坨镇、垦利经济开发区为主,认真研究避免"油枯城衰"的应对措施,积极探索油田矿区土地再利用的新路子,大力发展汽车零部件、生物制药、光伏等非油替代产业,打造全省资源转型发展示范基地。

农业科技创新示范片区。以黄河三角洲农业高新技术产业示范区为主,重点加强黄河三角洲现代农业研究院、国家现代农业工程设计研究院等国家级科研服务平台建设,培育发展现代服务业、生物产业、现代种业、健康食品加工和智能设施装备制造等新兴产业,打造国家促进农业科技进步和增强自主创新能力的重要载体,成为带动东部沿海区域农业经济结构调整和发展方式转变的强大引擎。

高效生态农业示范片区。以市现代畜牧业示范区、现代渔业示范区和河口区东部、北部为主。市现代畜牧业示范区、现代渔业示范区重点发展奶牛、生猪、海参等养殖及绿色食品加工。河口区东部、北部依托骨干企业,重点发展海珍品养殖、海洋牧场增养殖、沙蚕工厂化养殖和特色畜牧养殖。配套发展农畜产品仓储物流、现代生物、休闲旅游等产业,建成全国重要的高效生态农业示范基地。

### (三)两条发展带

沿海经济带。依托交通干线和港口,沿海布局、向海发展、海陆统筹,充分开发利用海域资源,大力发展海洋产业和临港产业,串联北部板块、东部板块、南部板块,对接山东半岛城市群和京津冀经济区各城市,打造沿海经济隆起带,形成环渤海地区重要增长极。

沿黄经济带。借助国家、省研究推进沿黄经济带机遇,密切与沿黄各市的联系与合作,发挥好我市桥头堡作用。在我市沿黄区域,重点改造提升黄河标准化堤防工程,绿化美化沿河景观,发挥黄河及两岸生态资源优势,大力发展高效农业和生态旅游,积极推进龙居黄河森林旅游区、天宁寺文化旅游区、黄河口生态旅游区和粮棉基地建设,打造沿黄生态经济带。

**专栏 2:重点园区发展引导**

**一、国家级**

1.东营经济技术开发区。重点发展有色金属、石油装备、汽车及零部件、新材料产业和现代服务业。不支持布局石油加工、炼焦,化学原料和化学制品制造,橡胶和塑料制品制造,皮革、毛皮、羽绒及其制造,造纸及纸制品,电镀,酿造等产业。

2.黄河三角洲农业高新技术产业示范区。重点发展农业高端服务业、生物产业、种苗产业、现代物流及农机装备制造等产业。不支持布局石油加工、炼焦,化学原料和化学品制造,橡胶和塑料制品制造,有色金属冶炼及压延加工,冶金、建材、印染、造纸及纸制品等非涉农产业。

**二、省级**

1.东营港经济开发区。重点发展临港物流、石油化工、清洁能源产业。不支持布局农副产品加工,酒、饮料制造,有色金属冶炼及压延加工等产业。

2.东营胜利经济开发区。重点发展石油装备业,配套发展研发设计、检验检测等高端服务业。不支持布局石油加工、炼焦，化学原料和化学制品制造，有色金属冶炼及压延加工，皮革、毛皮、羽绒及其制造，造纸及纸制品，医药制造，酒精及饮料酒制造等产业。

3.河口经济开发区。重点发展石油装备制造、新型节能型材、绿色精细化工产业，支持河口高新技术企业创业园加快发展。除原有化工企业升级改造项目外，不支持布局石油加工、炼焦，化学原料和化学制品制造，造纸及纸制品，橡胶和塑料制品制造等产业。

4.广饶经济开发区。重点发展橡胶轮胎、机械制造、新能源、新材料产业。不支持布局石油化工一般扩能项目以及化学原料和化学制品制造、橡胶和塑料制品制造业中的低档产品扩大产能项目；除原有化工企业升级改造项目外，不支持布局石油加工、炼焦及造纸业。

5.大王经济开发区。重点改造提升橡胶轮胎、汽车配件、精细化工和绿色造纸产业。不支持布局石油化工一般扩能项目以及化学原料和化学制品制造、橡胶和塑料制品制造业中的低档产品扩大产能项目；除原有化工企业升级改造项目外，不支持布局石油加工、炼焦及造纸业。

6.垦利经济开发区。重点发展石油装备、汽车零部件、生物制药、农副产品深加工等产业。不支持布局石油加工、炼焦，化学原料和化学制品制造等产业以及橡胶和塑料制品制造业中的低档产品扩大产能项目。

7.利津经济开发区。重点发展新材料、装备制造和生物制药产业。不支持布局石油化工等化工项目以及橡胶和塑料制品制造、有色金属冶炼、建材等产业。

**三、其他**

1．广饶滨海新区。重点发展先进机械制造与加工业、高端装备制造业、新信息、新能源、新材料、新医药及新兴海洋产业。除原有化工企业升级改造项目外，不支持布局石油加工、炼焦，化学原料和化学制品制造，橡胶制品制造，化工医药，有色金属冶炼等产业。

2.河口蓝色经济开发区。重点发展石油化工、精细化工、清洁能源、新材料等产业。不支持布局农副食品加工业，酒、饮料和精制茶制造业。

3.广饶稻庄高效生态经济园。优化提升橡胶轮胎产业，重点发展橡胶轮胎有关的节能环保、资源综合利用产业、新材料等。不支持布局石油化工一般扩能项目以及化学原料和化学制品制造、橡胶和塑料制品制造业中的低档产品扩大产能项目；除原有化工企业升级改造项目外，不支持布局石油加工、炼焦及造纸业。

4．垦利胜坨精细化工园。优化提升现有化工产业，重点发展节能环保、资源综合利用等产业，发展循环经济。不支持布局石油化工一般扩能项目（科技含量高、附加值高、污染少的精细化工除外），橡胶和塑料制品制造业中的低档产品扩大产能项目，有色金属冶炼，造纸及纸制品，印染，农副食品加工，酒、饮料和精制茶制造等产业。

5.利津滨海新区。严格项目安全、环保准入条件，重点发展临港物流、石油化工、清洁能源等产业。不支持布局农副食品加工业，酒、饮料和精制茶制造业，普通装备制造业（依托港口进出的除外）。

6.陈庄工业园。优化现有化工产业，重点发展节能环保、资源综合利用等产业，发展循环经济。不支持布局石油化工一般扩能项目以及医药，农副食品加工，酒、饮料和精制茶制造，有色金属冶炼，建材等产业。

7.市现代畜牧业示范区。重点发展现代农业及现代农业服务、绿色食品、现代生物、农牧良种、农机、环保产品装备制造和仓储物流等产业，辅助发展电子信息、新能源、新材料等新兴产业。不支持布局石油加工、炼焦，化学原料和化学制品制造，橡胶和塑料制品制造，有色金属冶炼及压延加工，冶金，建材，印染，造纸及纸制品等非涉农产业。

8.中国石油大学国家大学科技园。重点发展科技服务业，集聚科技创新资源，开展研发设计、检验检测、技术转移、创业孵化、仪器共享等服务，推进科技成果转化，促进大学生创业就业。不支持布局一般生产制造项目。

9.西郊服务业集聚区。重点发展仓储物流、汽车服务、专业市场、电子商务、旅游文化、金融保险、教育培训、医疗养老、科技研发、生活服务和地产开发等产业。

**三、城镇布局**

合理确定边界和规模，构建“一核为主、三组群支撑”的城镇化格局。

“一核”。由东城、西城、垦利县城三个组团构成东营城市核心区，以提升功能、增强实力为重点，提高对外来人口的承载力与吸引力。编制面向未来的远期城镇体系规划，适时启动滨海生态新城建设。

“三组群”。南部广饶-大王城镇群，促进广饶、大王、稻庄等城镇的一体化发展，面向胶济沿线，带动市域南部城镇化发展。北部河口-东港城镇群，逐步加强东营港、河口城区与仙河、孤岛、刁口等城镇间的联系，带动市域北部城镇化发展。西部利津-陈庄城镇群，按照未来东滨城市群发展格局，发挥中间节点城市的区位优势，加快自身发展，带动市域西部城镇化发展。

**四、生态安全格局**

以林带、水系、海岸带为骨架，构建“一区三带四水多廊道”为主体的开放式生态安全格局。

“一区”。重点加强山东黄河三角洲国家级自然保护区的保护管理，搞好海洋特别保护区保护，形成黄河三角洲的“绿核”，为创造优美、宜居环境提供生态保障。

“三带”。即沿黄防护带，在继续加强黄河治理的同时，着力搞好沿河两岸以林地为主的绿化带建设；沿海防护带，在继续完善沿海防潮堤的同时，划定海岸线功能区划，着力搞好以乔为主、乔灌结合的防护林带建设，增强抗风暴潮等自然灾害的能力;环中心城防护带,沿中心城外环道路建设防护林体系,提高抵御风沙能力,形成东营市的“绿屏”。

“四水”。坚持事后治理向事前保护转变,以小清河、支脉河、广利河、挑河四大水系为主,同时对境内骨干河流、主要干渠和大中型水库继续搞好综合治理保护,加强预防监督,打造河海河库联通、循环良好、景观优美的水生态环境,形成东营市的“绿魂”。

“多廊道”。重点沿交通干线、主要河流干渠、基本农田,以造林绿化为主,改造完善生态廊道,继续搞好生态林场、森林公园、城镇湿地等点状建设,形成集环境、景观、休闲等功能于一体的“绿脉”。

## 第三章 强化转型升级 推动科学跨越

坚持实施传统产业升级和新兴产业培育双轮驱动,加快信息化和三次产业深度融合,推进现代农业、先进制造业、现代服务业协调发展,着力构筑特色鲜明、优势突出、集约高效的现代产业体系,努力实现企业实力、创新能力、产业层次、质量效益明显提升,在推动经济转型升级上走在全省前列。

### 一、加快资源型城市转型

我市作为典型的石油资源型城市,油气资源已处于后稳定期,为避免陷入资源枯竭、人走城衰的困境,借鉴国内外石油城市兴衰的经验教训,必须加快经济、社会、城市全面转型步伐,消除对石油产业的依赖。积极争取国家支持我市开展资源型城市可持续发展试点,尽快建立资源开发补偿机制、利益分配共享机制和接续替代产业扶持机制,破解转型过程中存在的体制机制矛盾,构建有利于可持续发展的长效机制。把培育壮大非油接续替代产业作为主攻方向,着力突破发展现代服务业、战略性新兴产业和特色优势产业,构建多元化产业新体系。大力推进油田生态环境恢复治理成本内部化,切实做好油田矿区地质和生态环境治理。积极探索研究油田工矿废弃地再利用的新机制,争取国家支持布局发展光伏、高端装备制造等接替产业项目,提高土地利用效益。到2020年,全市可持续发展能力显著增强,转型发展迈出坚实步伐。

### 二、大力发展现代农业

以加快国家现代农业示范区建设为抓手,实施农业提质增效转型升级行动,走产出高效、产品安全、资源节约、环境友好的现代农业道路,打造全国重要的农产品生产与加工基地,在全省率先实现农业现代化。

#### (一)调整优化农业结构

绿色种植。组织实施国家农业综合开发高标准农田建设规划,深入实施粮食高产创建活动和渤海粮仓科技示范工程,提高粮食综合生产能力,确保谷物基本自给、口粮绝对安全。开展棉花高产创建,实施“菜篮子”惠民工程,抓好工厂化食用菌产业转型升级。到2020年,全市粮食播种面积稳定在300万亩左右,棉花播种面积调整到100万亩左右,蔬菜规模化种植面积达到50万亩左右,工厂化食用菌产能稳定在40万吨左右;推广粮经饲三元种植,饲草饲料作物种植面积达到60万亩左右。

生态畜牧。加快传统分散养殖向标准化规模化养殖转变,鼓励建设大型现代畜牧园区、大中型现代牧场和家庭生态牧场,重点发展奶牛、肉牛、肉羊、生猪、蛋鸡、肉鸡、肉鸭等,培育发展畜-沼-果(粮、菜、饲草饲料作物)等生态循环农业,建成全国重要的畜牧业生产基地。到2020年,肉蛋奶总产量达到113.5万吨。

休闲观光农业。突出发展采摘体验、休闲垂钓、农家乐,着力打造一批休闲观光农业示范园区。

#### (二)推进农业产业化

着力培育家庭农场、种养大户、合作社、龙头企业等各类新型经营主体,形成以重点企业为龙头、农户家庭经营为基础、合作与联合为纽带、社会化服务为支撑的立体式复合型现代化农业经营体系。在农业主导产业相对集中连片区域,集中力量建设一批特色鲜明、示范带动效应显著的现代农业园区,着力推进东营农业高新技术产业示范区和市现代畜牧业示范区、市现代渔业示范区等重点园区建设,促进农业规模化发展。大力发展大型、高效、环保、联合复式农业机械装备,努力提升农机作业水平,到2020年,耕种收综合机械化水平达到90%。鼓励多种方式发展规模种养、农产品精深加工和农村服务业,大力发展一村一品、村企互动的产销对接模式,推进原料生产、加工物流、市场营销等一、二、三产业融合发展,实现产业链增值收益更多留在产地、留给农民。合理设置综合性为农服务中心,加快建设覆盖全程、综合配套、便捷高效的农业生产社会化服务体系。大力发展现代种业。到2020年,农业龙头企业发展到700家左右,农民专业合作社发展到2000家左右,家庭农场发展到1800家左右,农户参与产业化经营的比例保持在55%以上,建设综合性为农服务中心50处。

#### (三)加强农产品质量和品牌建设

全面实施以土壤改良修复、农药残留治理、地膜污染防治、秸秆肥料化利用、禽畜粪污无害化处理等五大工程为重点的耕地质量提升计划。按照国家和省统一部署,开展耕地轮作休耕试点。到2020年,高标准农田达到200万亩以上。完善农业标准体系,健全市场准入、产品质量追溯和质量标识等制度,抓好县级农产品综合质检站和市级综合质检中心建设,强化对农业投入品和农产品质量的监测监管,实现从田间到餐桌的全程质量控制。大力实施品牌战略,突出“新、特、优”,立足区位优势和产业特色,加强无公害农产品、绿色食品、有机农产品和农产品地理标志“三品一标”认证和基地建设,全力打造东营农产品整体品牌,重点培育大闸蟹等黄河口特色农产品区域公用品牌,支持龙头企业争创中国驰名商标和中国名牌产品。到2020年,力争“三品一标"认证农产品达到1000个,基地规模达到300万亩,农产品注册商标达到2000件以上,建成农产品质量示范市。

**专栏3:农业现代化重大行动**

1.现代农业园区建设工程。每年重点扶持建设一批高标准现代农业园区，带动全市农业现代化发展水平大幅提升。到2020年，市级以上现代农业园区发展到200家以上,农业园区化率达到55%以上。

2.粮食高产创建工程。按照地块平整、水电路配套设施完善的原则,到2020年,全市计划建设集中连片、旱涝保收的高标准农田206.1万亩。

3.生态畜牧提升工程。重点推进生猪养殖基地、肉牛育肥加工基地、肉羊养殖基地、"粮改饲"优质牧草示范基地、乳业循环经济示范基地等建设。

4.农产品质量提升工程。推进全市农产品质量安全检测体系和监管能力建设,建立健全市、县、乡、村四级联动的农产品质量安全体系。加快推进出口农产品质量安全示范市创建和农产品质量安全县建设，进一步扩大低毒生物农药补贴实施范围,加强农业标准化生产,完善农产品质量安全监管追溯体系。推进农产品质量安全突出问题专项整治,严格农业投入品管理,推广病虫害绿色防控技术,全面提升我市农产品质量安全水平。重点推进黄河三角洲第三方检验检测中心等建设。

5.耕地质量提升工程。围绕"化肥农药用量零增长计划",开展农业面源污染治理,重点做好土地改良修复、农药残留治理、地膜污染防治、秸秆综合利用、畜禽粪便污染防治等五方面工作,改善耕地质量。

6.农业科技工程。统筹农业科技资源,搞好农业科技园区建设。推进渤海粮仓科技示范工程,加强水、土、种、机、肥、耕、管、加等技术集成创新,探索建立技术成熟、效益明显、可供推广的盐碱地增粮增效模式,在河口区、垦利县、市现代畜牧业示范区等区域建成示范区面积50万亩。推进良种培育、种业服务和现代种业企业建设,建立健全以产业为主导、企业为主体、基地为依托、产学研相结合、育繁推一体化的现代农作物种业体系，重点推进农产品分子检测与育种平台等建设。

### 三、着力推进新型工业化

积极对接"中国制造2025",坚持做大增量与优化存量并重,实施工业强基工程,引导制造业向分工细化、协调紧密方向发展,打造东营制造业升级版。到2020年,全市规模以上工业总产值达到1.8万亿元，高新技术产业产值占规模以上工业总产值的比重达到37%以上。

#### (一)优化提升传统产业

生态化工。持续推进化工产业整治提升行动,认真开展"三评级一评价"综合整治,加快向低排放、可循环、规模化、精细化转变。淘汰关停落后小化工企业,加快中心城区、居民集中区和饮用水水源保护区的化工企业搬迁、转产或关停。推动产业向东营港经济开发区、河口蓝色经济区、利津滨海新区聚集,加快园区一体化建设,努力建设国家级临港石化产业基地。上述3个园区之外不再布局新的化工企业。重点加强与国有大型石化企业的合作,整合现有石化企业,争取国家布局建设1500万吨级炼油及百万吨级芳烃、百万吨级烯烃一体化项目，着力培育完善以高附加值聚合物为重点的丙烯产业链、以高端合成橡胶为重点的碳四烯烃产业链、以新型特种聚酯为重点的芳烃产业链,形成以化工新材料、高端专用化学品为主体的高端石化产业,打造石化产业混合所有制经济改革先行区。盐化行业控制基础烧碱规模,加快岩盐资源的勘探开发,搞好盐卤和海水资源利用,推进石化盐化结合,实现循环发展。

橡胶轮胎。支持骨干企业加快发展,建设创新公共服务平台,推进兼并重组和产能整合,提高产业集中度。鼓励企业加大核心技术创新力度,调整产品结构,控制低档轮胎产能规模,重点发展乘用子午胎、载重子午胎、工程子午胎、航空轮胎及安全、智能和特种轮胎等,加强出口轮胎质量安全示范区建设,提升品牌影响力。鼓励集聚发展丁苯橡胶、顺丁橡胶、丁腈橡胶、氯丁橡胶等配套原材料,打造以轮胎生产为中心,集合成橡胶、钢帘线、橡胶助剂、轮胎胶囊、模具、硫化机等于一体的完整产业链条。

有色金属。依托骨干企业,推广应用环保冶炼和精深加工新技术、新工艺、新装备,拉长产业链条,引导产业向技术服务等高端领域延伸,建成国家重要的铜冶炼、铜拆解、铜深加工基地。加强废杂铜回收利用,培育以铜冶炼废气、废渣、阳极泥和再生铜为主要原料的循环经济产业链条,建设再生金属环保产业示范园区。

#### (二)做优做强先进制造业

石油装备及装备制造。重点提升石油、天然气勘探、开采、集输等各环节装备水平,培育发展海洋钻井平台及配套设备、智能钻机、连续油管、成像测井仪器、电潜螺杆泵等高附加值产品，形成集研发制造服务于一体的石油装备高端产业链。依托东营经济技术开发区、东营胜利经济开发区和垦利经济开发区，鼓励龙头企业和中小企业开展多种形式的经济技术合作,努力建成世界一流的石油装备制造基地。大力发展数控机床、三维打印设备、高端智能化装备和先进节能环保装备,培育发展车轮、车轴、高速列车线和轮对等轨道交通关键部件制造。

汽车及零部件。重点发展轿车、载货车、特种专用车、新能源和小排量汽车等,建设国内轻卡、SUV、新能源汽车制造生产基地。拉长汽车配件产业链条,加快发展发动机、制动系统零部件、行驶系统总成及零部件、精密配件等四大类汽车总成零部件产品,引进汽车制动材料、车桥、汽车内饰等配件企业,形成完整的零部件制造基地。

(三)培育壮大新兴产业

新能源。加大新能源开发利用力度,打造全省重要的新能源及装备制造基地。加快太阳能热利用技术推广应用,建设光伏产业集群。支持开发生物质能,实施地热能应用示范工程、农村沼气推广工程,搞好废弃余热综合利用。加快新能源转化利用核心设备的研发生产,建设适应新能源发展的智能电网及运行体系。做好新能源示范城市创建工作。

新材料。重点加强化工新材料、电子信息材料、先进复合材料、新型功能材料、新型建筑材料等领域的技术创新,力争在稀贵金属材料、电池材料、磁性材料、新型高分子材料、高性能陶瓷材料、新型环保节能建筑材料等高新技术领域有所突破,推进实施石墨烯等一批重大产业化项目,延长产业链条,快速膨胀产业规模。

新医药与生物产业。加强基础和应用研究,尽快形成一批重大创新药物和技术。推进中药现代化升级改造,丰富产品种类。加快在生物加工优化技术、生物工程下游技术、传统发酵产品优化升级技术等方面实现突破,推进生物技术产业化。着力研发优质农产品良种培育及病害防治等技术,推进生物农业发展。

(四)推进集聚集约发展

培育龙头企业。强化企业主体作用,实施骨干企业"四个一"工程,支持引导企业通过战略合作、科技创新和强化管理提升水平,促其快速、稳健扩张,打造一批主业突出、竞争力强、主营业务收入超过500亿元的大企业(集团)。积极支持中小微企业加快发展,形成大中小企业竞相发展态势。

壮大产业集群。按照大项目-产业链-产业集群-产业基地的发展路径,增强产业间、企业间协作配套,推进产业集群化发展,提高产业集中度。重点培育壮大石油化工及盐化工、橡胶轮胎及汽车配件、有色金属、石油装备四大千亿级产业集群,打造全国领先、世界有影响力的先进制造业基地。

提升园区水平。支持东营经济技术开发区、东营港经济开发区等国家和省级开发区加快发展,努力打造成为带动区域经济发展和实施区域发展战略的重要载体,构建开放型经济新体制和培育吸引外资新优势的排头兵,科技创新驱动和绿色集约发展的示范区。支持有条件的省级开发区创建国家级开发区。整合提升现有园区,探索实行"一区多园"管理模式,提高园区经营管理能力和基础设施配套水平,打造一批协同效应好、公共服务优、特色优势强的产业集聚区。建立园区动态管理机制,对土地等资源利用效率低、环保不达标、发展长期滞后的园区依法予以处罚。落实东营市产业发展和项目布局指导目录,提高产业发展水平。制定出台发展"飞地经济"的意见,打破行政区划界限,促进集聚集约发展。

(五)改善供给创新需求

推进供给侧改革。探索建立过剩产能退出机制,加快处置"僵尸企业",通过兼并重组、债务重估、破产清算,实现市场出清,推动土地等资源由低效率领域流向高效率领域。开展降低实体经济成本行动,重点帮助企业降低制度性交易成本、税费负担及财务、用电、物流等成本,增强优质企业竞争力。强化政策引导,鼓励企业提高产品质量,创新产品种类,推进产品供应由低端、单一向高端、多元发展。

扩大投资需求。以增量优化带动存量调整,按照"论证储备一批、开工建设一批、竣工投产一批"的要求,健全项目生成机制,强化要素资源保障,每年集中推进20—30个带动能力强、技术含量高、有震撼力的重大项目,保持投资合理较快增长。

增加消费需求。以扩大服务消费为重点带动消费结构升级,鼓励发展教育培训、老龄消费、家政服务、乡村旅游、休闲娱乐等消费业态,积极培育文化、信息、信用、时尚等消费新热点。加强流通基础设施和网络体系建设,完善消费平台。实施鼓励消费的财税金融政策,加强市场监管,保护消费者合法权益,改善消费环境。

**专栏4:工业转型升级重大行动**

1."3+1"行动计划。即创新驱动、信息化带动、公司规范化行动、严控准入。创新驱动,重点坚持以企业为主体,加大高新技术和先进适用技术的研发和应用推广力度,推动工业发展动力向创新驱动转变。信息化带动,重点推进"互联网+"行动,深化信息化和工业化融合,支持新兴业态发展。公司规范化行动,鼓励深化规模以上企业规范化公司制改制,推动企业建立现代企业制度。严控准入,全面执行能耗、环保、安全等准入标准,加强产业发展规划引导,严控产业区域布局,加快淘汰落后产能,提高资源集约节约水平。

2.骨干企业"四个一"工程。继续实施大企业带动战略,在每个行业筛选一批骨干企业,每个骨干企业都引进一个具有较大影响力的战略伙伴,打造一个高层次职业化的经营管理团队,建设一个把握行业发展方向的技术研发体系,培育一个拥有市场话语权的知名品牌。

3.中小企业成长计划。突出优势和特色,支持中小企业专业化、精细化、特色化、新颖化发展,完善治理结构,建立现代企业制度,提高技术创新和企业管理水平,增强中小企业内生增长动力。

4.品牌提升工程。支持企业组织和参与制订、修订行业标准或国家标准,引导企业争创省级、国家级知名品牌和商标,鼓励有实力的企业收购海外品牌,开展境外商标注册、国际认证、专利申请和品牌培育,鼓励拥有国家级和世界级名牌产品的龙头企业进行资产重组、品牌集聚。发挥行业协会、技术机构、龙头骨干企业和中小企业作用,联合打造区域品牌。

5. 强化财政扶持引导。用好市级政府投资引导基金,适时设立石油化工、橡胶轮胎、石油装备等产业发展子基金。整合财政资金,适时设立"互联网+工业"、创新发展、产业集群公共服务平台等专项资金。

## 四、突破发展服务业

顺应制造业服务化、消费个性化多样化趋势,利用先进技术、科学管理模式,推动服务业扩大规模、拓展空间,促进生产性服务业向专业化和价值链高端延伸、生活性服务业向精细化和高品质转变,打造黄河三角洲区域性服务中心。到2020年,全市服务业增加值占生产总值比重达到38%左右,生产性服务业增加值占服务业增加值比重达到58%。

### (一)生产性服务业

现代物流。依托交通枢纽和干线道路,重点推进东营港、空港、广利港等物流园区建设,打造黄河三角洲综合性物流中心、环渤海区域物流枢纽及国际重要物流节点。建立基于互联网的物流管理信息平台和物流信息交换平台,鼓励物流企业利用物联网技术提升物流装备现代化水平。积极培育粮食、水产品、医药、冷链等专业物流,完善粮食等重要商品储备制度,强化应急物流体系建设。支持快递业健康发展,构建联通国际、覆盖城乡的物流快递体系。

金融保险。优化金融环境,创新金融产品,全力打造黄河三角洲区域性金融中心。合理布局金融机构,大力引进国内外金融机构入驻东营,加快推进地方金融机构重组和改造,鼓励发展新型农村金融机构。大力发展融资性担保机构,规范发展小额贷款公司,加强典当业管理,促进准金融机构健康发展。积极发展风险投资基金、汽车金融、互联网金融等新兴业态。引导保险机构积极推广新型险种,建立农业巨灾风险分担机制和风险准备金制度,推动各类责任险业务发展,加大商业险参与社会保障体系建设力度,积极争取保险资金支持项目建设。支持发展融资租赁服务。

检验检测认证。加强检验检测、计量技术、专业实验室等基础能力建设,加快发展食品药品、重大装备制造及进出口等检验检测服务,提高在线检测能力,完善检验检测认证服务体系。围绕我市重点产业,培育和引进一批具有一定国际影响力的检验检测认证机构。推动建立区域性检验检测互认机制,帮助企业实现产品检测本地化。

商务咨询。大力发展战略规划、营销策划、市场调查、管理咨询等咨询服务,积极发展法律、会计、资产评估、勘察设计、工程咨询等专业服务。吸引国际高端商务咨询机构入驻,引导企业集聚发展。健全商务咨询服务从业评价制度和信用管理体系,完善行业自律机制。

### (二)生活性服务业

旅游。发挥黄河口生态、文化、海洋等特色资源优势,加强核心景区建设和旅游特色产品设计,扩大"黄河入海"旅游形象品牌影响力,推进创建5A级景区,打造全国知名的生态旅游目的地。实施重点景区提升工程,突出搞好黄河口生态旅游区、孙子文化旅游区、揽翠湖旅游度假区和天宁寺文化旅游区四大景区建设。加快推进温泉旅游、乡村旅游、特色海洋旅游、红色文化、石油文化等一批旅游项目建设。鼓励旅游公共服务主体多元化,支持民营和中小旅游企业发展,培育一批有竞争力的大型旅游企业集团。

商贸流通。突出抓好东城、西城和东营区新区3个市级商业中心建设,重点实施黄河路、北一路、东城银座商圈规划,抓好济南路商圈商业网点升级换代,推进东营宝龙城市综合体、万达产业基地建设。加快胜北社区、胜利工业园、东营西郊现代服务区等重点区域商业设施建设。整合现有汽车交易市场,在东营西郊现代服务区建立汽车服务产业园,促进汽车服务业集聚发展。改造和新建一批新型专业批发市场,布局建设一批乡镇商贸中心、配送中心、直营连锁店,构筑功能完善、高效畅通的城乡双向流通网络。

养老服务。坚持政府引领、社会主办、市场运作,完善政策,全面建成以居家为基础、社区为依托、机构为支撑的社会养老服务体系。加强油地合作,规划建设东营市养老社区。大力推进老年养护院、社区老年人日间照料中心建设,办好县级社会福利中心、乡镇敬老院,规范养老设施建设和管理。鼓励社会力量举办、运营养老机构。为孤寡、失独、半自理和不能自理的老年人购买居家养老服务或机构养老服务。到2020年,每千名老年人拥有养老床位数40张以上。鼓励医养结合,支持有条件的医疗机构拓展养老服务、养老机构设置医疗机构;养老机构内设的医疗机构,符合条件的纳入基本医疗保险定点范围。鼓励发展适合老年人特点的文化娱乐、体育健身、休闲旅游、精神慰藉等服务,支持企业研发、销售老年产品用品,繁荣养老服务消费市场。鼓励各县区规划建设休闲养生、特色医疗、文化教育养老基地,推动养老服务企业集聚发展,打造养老服务产业园区。

家庭服务。大力发展家政服务、家庭保姆、疾病陪护和社区照料服务等家庭服务业,着力培育一批品牌连锁家政服务企业。加快完善"12343"家庭服务网络平台,促进居民需求与匹配服务相对接,构建便民惠民的居民服务体系。建立社区多元化投入机制,完善社区服务网点,提升餐饮、维修、便民商业等服务水平。鼓励发展标准化门店,创建一批知名家庭服务品牌。

房地产。积极化解房地产库存,鼓励房地产企业整合。完善房地产用地供应机制,合理确定中低价位、中小户型普通商品住房和保障性住房建设规模,适度发展高档住宅。完善业主委员会制度,鼓励物业服务企业拓展服务领域,提高物业管理水平。完善房地产中介服务体系,规范房地产中介服务行为。

### (三)新兴服务业

电子商务。依托我市产业优势,扶持引导建设一批线上交易、线下本地化服务相结合的电子商务平台。积极推进实施电子商务示范工程，支持创建国家电子商务示范基地、示范企业和省级电子商务示范县(区)。鼓励有条件的开发区加强与大型电商企业的合作，高起点高标准规划建设电商产业集聚区。推动商贸、铁路、邮政、文化、旅游、教育、医疗、金融等领域扩大电子商务应用，促进行业服务方式转变。

服务外包。大力发展石油工程技术服务、软件开发、研发设计、动漫创意设计等服务外包产业，努力打造环渤海地区重要的服务外包示范城市。鼓励在重点园区建立具有地方特色的服务外包示范区，支持东营软件园、石油科技产业园等园区建设。积极吸引服务外包企业到东营落户，支持现有服务外包企业和人才培训机构向服务外包示范园区集中。进一步健全完善服务外包扶持政策，扶持服务外包企业做大做强，建设一批服务外包龙头企业。

节能环保服务。积极打造节能服务平台，为中小用能单位进行用能诊断，提供节能咨询服务。完善第三方节能服务体系，培育一批从事节能评估、清洁生产审核、节能环保产品认证等专业化服务的机构。培育一批以除尘、生态修复、环境监测等为重点的专业化环保设施设计、建设和持证运营企业，推进环境污染第三方治理。推进环境空气自动监测站和机动车尾气检测社会化运营。建立完善再生资源回收体系和废弃物逆向物流交易平台，规划建设区域性再生资源交易市场，规范引导生产性企业协同开展城市矿产及产业废弃物的资源化利用。

航空服务。依托东营胜利机场、商飞基地，建设飞机维修、改装、喷涂及备件仓库、培训等设施，积极开展飞机销售、维修保养、航材保障、飞行员培训等服务，打造“飞机4S店”。建设完善航空物流基础设施，搭建与航空物流发展相匹配的物流功能平台、信息平台、商务支持平台，为航空运输与物流企业提供信息交换、金融、清关等一站式服务，提高客货通关能力。积极发展农林防护、资源勘测、私人商务、休闲观光等通用航空产业，建设环渤海地区通用航空服务中心。

**专栏5:服务业发展重大行动**

1.服务业聚集区建设工程。重点发展莒州路现代服务业聚集区、府前街金融商务聚集区、西郊现代服务区、北郊现代服务区等。

2.养老服务提升工程。重点推进东营市养老社区等项目建设。

3.电子商务建设工程。重点提升山东胎大王、黄河三角洲石油化工交易平台等的影响力，推进电子商务基地、示范园等建设。

4.检验检测平台建设工程。重点建设橡胶轮胎、石油炼制产品、石油装备、农产品等第三方检验检测中心。

5.商贸流通设施改造提升工程。重点推进东营宝龙城市综合体、万达产业基地等项目建设。

**五、积极发展海洋产业**

坚持陆海统筹、科技带动、集聚发展，实施科技兴海战略，打造山东半岛蓝色经济区的主体功能区、高端海洋产业聚集区和国家级生态旅游示范基地。加快发展现代渔业，以“海上粮仓”为抓手，规划建设百万亩生态渔业基地；利用浅海水体空间，增加贝类底播数量，推广生态立体养殖，建设“海洋牧场”；持续开展渔业资源增殖放流，发展工厂化循环水养殖模式；加快海洋渔船更新改造，适度发展近海、远洋捕捞。依托中心渔港和龙头企业，建设大型水产品交易市场，鼓励发展水产品精深加工。到2020年，渔业增养殖面积发展到210万亩，水产品产量达到66万吨。大力发展海洋生物产业，充分利用黄河入海口及渤海湾丰富的鱼虾藻贝类等生物物种资源，着力开发一批拥有自主知识产权的生物药物、生物分子材料、功能食品、海洋保健品等核心产品，培育一批高成长性的海洋生物企业。鼓励发展海洋工程装备，重点发展钻井平台、浮式生产储卸油装置、大型钻机、海洋应急救援、海洋仪器等装备产品及配套设备。积极发展海水淡化及海水综合利用，鼓励海水直接利用和循环利用。培育发展海洋运输、滨海旅游、涉海商务等服务业。

**六、深度推进信息化与产业融合**

积极实施“互联网+”行动计划，推动大数据、云计算、移动互联网、物联网、智能终端等新一代信息技术与各产业深度融合，发展分享经济，打造新型业态，驱动产业创新升级。

工业信息化。实施智能制造重大示范工程，以智能工厂为发展方向，加快云计算、物联网、智能工业机器人、增材制造等技术在制造业全产业链集成运用，推动制造模式变革和工业转型升级。发展大规模个性化定制，推进设计研发、生产制造和供应链管理等关键环节的柔性化改造，开展基于个性化产品的服务模式和商业模式创新。鼓励制造业骨干企业通过互联网与产业链各环节紧密协同，促进生产、质量控制和运营管理系统全面互联，推行众包设计研发和网络化制造等新模式。鼓励制造企业整合产品全生命周期数据，形成面向生产组织全过程的决策服务信息，为产品优化升级提供数据支撑。大力培育数据探矿、数据化学、数据材料、数据制药等新业态，提升相关产业大数据资源的采集获取和分析利用能力，推动跨领域、跨行业的数据融合和协同创新，促进新兴产业、新型业态加快发展。推广企业资源规划、供应链管理、客户关系管理、办公自动化、人力资源管理、商业智能等应用系统，提高企业管理精细化程度。

服务业信息化。鼓励互联网与银行、证券、保险、基金的融合创新，提供多样化、个性化、精准化的金融产品。整合各类旅游信息资源，建立旅游综合信息服务平台，实现对重点景区游客流量的监控预警和及时分流疏导，提升旅游服务水平。大力发展软件设计和信息技术咨询设计、集成实施、运行维护、测试评估及信息安全服务业，加快管理咨询、科技服务、创意设计、餐饮住宿、新闻出版等行业信息化。

农业信息化。鼓励互联网企业建立农业服务平台，加强产销衔接，推动农业由“生产导向”向“消费导向”转变。推广成熟可复制的农业物联网应用模式，普及基于环境感知、实时监测、自动控制的网络化农业环境监测系统；在农产品规模生产区域，构建天地一体的农业物联网测控体系，实施智能节水灌溉、测土配方施肥、农机定位耕种等精准化作业；在畜禽标准化规模养殖基地和水产健康养殖示范基地，推动饲料精准投放、疾病自动诊断、废弃物自动回收等智能设备的应用普及和互联互通。构建农业综合信息服务体系，整合全市农业信息资源，建设共享化农业信息综合数据库、农业综合信息服务平台和一批农业生产经营信息化示范基地。

## 第四章　推进创新发展　建设实力东营

把创新摆在发展全局的核心位置，完善区域创新体系，增强创新要素聚集和承载能力，建设创新型城市，打造区域性创新中心。

### 一、强化人才创新支撑

大力实施人才强市战略，实施更加开放的创新人才引进政策，培养形成结构优化、布局合理、素质优良的人才队伍。实施黄蓝国家战略产业人才支撑计划，围绕全市重点产业、重点领域，突出“高精尖缺”和产业化导向，引进一批“千人计划”、“泰山学者”人才，选聘一批黄河三角洲学者岗位特聘专家，培养一批高端领军人才团队。广泛吸引本科及以上高素质人才到我市落户发展，增强城市活力和创新能力。实施优秀企业家培养工程，以职业经理人为重点，积极组织专家送教、专业论坛、专题峰会、培训研修等活动，打造优秀企业家群体。实施高端技能人才培养工程，每年培养100名左右能掌握行业内国际前沿技术的高技能人才。实施紧缺技能人才培养工程，健全完善政府推动与社会支持相结合的紧缺技能人才培养机制，鼓励企业大力引进急需紧缺的高技能人才。实施“金蓝领”培训工程，依托职业院校、骨干企业推进实训基地一体化建设，培养一批能满足企业技术进步和产业升级要求的高技能人才。大力开展百名名师育高徒活动，每年培养500名左右能掌握行业企业关键技术的高技能人才。继续广泛开展职业技能竞赛和岗位练兵活动，进一步规范职业技能鉴定。到2020年，在大中型企业建立技师工作站20个。全面启动悦来湖科技人才聚集区建设，积极打造人才管理改革实验区。

### 二、推进创新平台建设

实施创新平台载体提质增量工程，强化企业技术创新主体地位，支持企业建设重点实验室、工程实验室、工程（技术）研究中心等研发机构，重点推进国家采油装备、电子陶瓷、铜资源清洁冶炼、有机化工等平台建设，增强企业持续创新能力。鼓励以骨干企业为依托，联合相关高校院所组建产业技术研究院、产业技术创新战略联盟，针对共性关键技术开展协同创新，支持石油装备、有色金属、橡胶轮胎、有机化工、汽车零部件等优势产业集群和新能源、新材料、生物医药、智能装备等新兴产业领域布局建设一批产业研发平台，到2020年，每个优势产业领域至少建立1家国家级研发创新平台，每个平台拥有3—5项标志性技术和拳头产品。鼓励社会力量兴办不同功能定位、不同组织模式的研发机构，重点推进黄河三角洲可持续发展研究院、石油大学科学技术研究院、黄河三角洲现代农业研究院、中国-智利有色金属联合研究中心等建设。支持东营胜利经济开发区创建石油装备产业国家高新区。整合区域科学仪器设备资源，建设大型科学仪器设备协作共用网，促进研发创新服务资源的开放共享。

### 三、突破重点领域关键技术

支持实施引领性、标志性、颠覆性技术开发，实施一批重大科技项目，抢占科技制高点。围绕石油化工、橡胶轮胎、石油装备等优势产业，着力研发高性能化工材料、巨型全钢工程子午胎、大型海洋石油工程配套装备等一批核心技术和产品，提高企业综合竞争力。围绕新能源、节能环保、新一代信息技术、新材料、现代医药等新兴产业领域，储备实施一批优质项目，开发一批重大创新产品，培育新的经济增长点。围绕现代农业发展，实施新型农业技术集成应用工程，开展新品系培育、精深加工、盐碱地改良、多品种立体化生态养殖等技术攻关，到2020年，农业科技贡献率达到70%。围绕生态环境领域，重点突破退化生态系统恢复与重建、机动车尾气净化、油区污染综合治理等关键技术，为优化生态环境提供支撑。围绕社会民生领域，研究城市网络化基础信息共享、常见病多发病预防与早期诊治等技术，提高人民生活保障水平。

### 四、推动创新成果转化

围绕产业链部署创新链，围绕创新链配置资源链，推动创新成果与产业需求有机衔接，加快推进科技成果转化为现实生产力。提升石油大学国家大学科技园及生态谷的可持续发展能力，抓好生产力促进中心、黄河三角洲青年创业基地建设运营，加快推进胜利石油科技创新园、东营农高区生物技术中试研发基地、科达加速器等孵化园区和平台建设。鼓励探索利用众创、众包、众扶、众筹等新模式，以科技创业园、高校、科研院所、存量楼宇等为载体，建设一批低成本、便利化、开放式的众创空间，全面推进大众创业、万众创新。重点依托中国石油大学东营校区，规划建设以石油石化为特色、以高端科技服务为主要业态的创新广场。联合胜利油田科研机构和国内6所石油大学，规划建设国家级石油技术转移转化中心。加快建设科技超市等技术网络交易系统，鼓励社会力量发展技术咨询、技术贸易、科技中介等面向科技转化需求的相关业务。完善中小企业创新服务体系，加快推进创业孵化、知识产权服务、第三方检验检测认证等机构专业化、市场化发展，巩固国家科技创新服务体系试点城市建设成果。

### 五、营造激励创新环境

坚持全面创新，统筹推进科技、管理、品牌、组织、商业模式创新，推动科技和经济紧密结合。改革科技管理体制，成立推进科技创新工作委员会，统筹协调、指导推进全市创新驱动发展战略的实施；积极推动建立依托专业机构管理科研项目的机制，政府部门主要负责科技发展战略、规划、政策、布局、评估和监管，竞争类产业技术创新的研发方向、技术路线和要素配置模式由企业自主决策。完善科技创新融资模式，建设科技金融专营机构，鼓励发展风险投资基金和股权投资基金，促进科技成果资本化、产业化。鼓励企业增强创新理念、加大研发投入，落实企业研发费用税前加计扣除等优惠政策，强化企业创新主导作用。加强知识产权保护、开发和利用，支持知识产权交易平台建设，开展专利检索、交易、培训等服务，将侵权行为信息纳入社会信用记录。鼓励人才在党政机关、企事业单位、社会各方面自由流动。改革科研人员薪酬制度，完善科技成果、知识产权归属和利益分享机制。进一步完善开发投入机制，落实好人才引进培育政策，确保人才“引得来、留得住”，创造有利于人人皆可成才和青年人才脱颖而出的社会环境。继续办好创新创业大赛，大力营造勇于探索、鼓励创新、褒奖成功、宽容失败的创新生态，增强全社会创新自信。

## 第五章 推进协调发展 建设宜居东营

坚持区域协同、城乡一体、物质精神文明并重，推动内在联系紧密的区域和领域融合互动、协同共进，着力增强发展的整体性。

### 一、区域协同发展

继续实施黄蓝国家战略，以资源高效利用和生态环境改善为主线，推进主体产业区建设，加快未利用地开发，做强高效生态经济品牌，打造竞争力较强的现代生态产业体系，抢占生态文明建设制高点。主动对接“两区一圈一带”战略和中韩自贸区建设，挖掘与黄河三角洲、山东半岛城市群各市的互补优势，推进全方位合作。发挥环渤海重要节点城市和京津冀协同发展城市的优势，深度融入环渤海合作发展和京津冀协同发展战略，承接北京非首都功能疏解和京津产业转移，打造京津地区原生态休闲体验区。积极参与黄河经济带建设，打造黄河中下游地区一体化发展的桥头堡。继续做好对口支援新疆、扶贫协作酉阳等工作。

### 二、城乡一体发展

坚持工业反哺农业、城市支持农村，以“人的城镇化”为核心，强化产城融合、四化同步，推动中心城、县城、重点镇、农村社区协同发展，走出一条东营特色的新型城镇化路子。到2020年，全市实现27.5万农业转移人口市民化。

#### （一）做优做美中心城

坚持组团发展、生态间隔、快速连接的发展布局，突出“大空间、大绿地、大湿地、大水面”特色，着力提升城市功能、品位和形象，增强集聚和辐射带动能力，争创联合国人居环境奖。到2020年，人口规模达到100万。

优化城市布局。统筹推进东城、西城、垦利县城三个组团有效衔接、良性互动、协调发展。东城做好“精”的文章，坚持少拆迁、多改造、严管理，着力打造特色精品城市，承担区域中心功能。西城做好“疏”的文章，坚持多拆少建，适度疏解人口，继续加大改造力度，着力提高市政基础设施和公共服务设施水平，承担油田总部和部分区域性中心功能。垦利县城做好“融”的文章，推进与东城、西城一体发展。积极推进行政区划调整，优化空间布局。

畅通城市交通。重点实施南一路快速路建设、北二路畅通路工程等道路建设，促进东西城高效对接；逐步实施庐山路、黄河路贯通工程，贯通东西、南北交通主干道；实施南二路、东二路等升级改造工程，打通燕山路等断头路，完善城市次干道及片区配套，提高道路通行能力。积极开展轨道交通前期工作，预留城市城际轨道和高铁网络空间。结合快速公交和公交站点改善城市步行、自行车交通系统，完善公共自行车服务系统，建设非机动车廊道、非机动车休闲道、非机动车连通道三级非机动车网络，建立“非机动车+公交”慢行交通模式。协调城市客货运枢纽，建立航空、铁路、公路客运枢纽间的快速交通通道。到2020年，公共交通出行分担率达到25%，万人公交车拥有量达到13标台。

完善城市功能。加快推进海绵城市建设，增强中心城防洪排涝、水资源保障、水生态环境等水安全保障能力。加强统筹规划，老城区统筹安排地下综合管廊，城市新区、各类园区、成片开发区域的新建道路必须同步建设地下综合管廊。开展地下管网工程普查，建立完善中心城地下管网综合信息系统，对城市地下管网实施统一管理、集中使用，健全地下管网动态管理和维护机制，提高公用设施供给保障能力。进一步改造提升市政管网，全面实现雨污分流。加快既有地面的城市电网、通信网等架空线路入地工程建设。完善供水、供热、供气、环卫、污水和垃圾处理等公用设施，重点搞好高压天然气管网建设等工程。高标准实施抗震、消防、人防等工程，确保城市设施安全。

美化城市环境。加强绿线保护，优化城市绿地布局，实施立体绿化，推进城区组团之间绿色分隔带、主干道路和水系生态廊道、居住小区绿地建设，实现城市园林化、水系林带化。实施城市公园建设和完善提升工程，重点抓好森林公园、秋月湖、锦华等公园建设，实施城市重要节点建设提升工程，重点搞好广利河生态廊道建设，对城市主要出入口、重要道路交叉口及城区油井实施改造提升。完善金湖银河生态工程，引黄河水入城循环流动，塑造水城风貌。全面完成老旧住宅小区整治改造。到2020年，城市建成区绿地率达到42%。

加强城市规划管理。提升城市规划水平，坚持规划一张图原则，确保各类建设严格按规划实施。全面加强城市设计，抓好中心城总体设计及东城核心区、西城核心区等重点片区设计，科学谋划城市“成长坐标”。坚持依法、科学、从严、有序，充分发挥人民群众参与城市规划管理的作用，提高城市民主化管理水平。坚持两级政府三级管理，加强政府对城市建设的综合协调、社会管理和公共服务职能，进一步调整中心城区建设管理事权职责，积极探索联合执法、集中整治、全面参与的“大城管”机制，优化建设管理体制机制。建设数字城管，推进网格化、数字化、精细化、智慧化城市管理，到2017年，实现市、县区数字城管全覆盖、全联网。切实搞好城市经营，盘活城市资产，推进公共资源市场化、城市建设项目化。

**专栏6：中心城基础设施重点工程**

1.城市主干道。重点实施南一路、南二路、北二路、东二路、德州路、西一路、西六路、潍坊路等建设改造工程。

2.城市公园绿化及水系建设。重点实施森林公园工程，打造集森林、公园、湿地、健身休闲为一体的城市生态功能区。实施广利河、东青高速公路、东营河等生态廊道建设工程。完善金湖银河生态工程，实施广利河等生态补水工程，提升五干排、东二路水系、老广蒲沟等水系景观。

3.城市污水收集处理设施建设及改造。重点实施东西城市政管网配套及雨污分流、黄河路辅路污水管线建设、商贸城泵站-东一路污水压力管线建设、东城雨水管线改造建设、东城曹州路以西旧城片区雨污水改造建设、西城部分道路排水管网建设、东城道路积水改造项目。

4.水气暖基础设施建设。供水，重点对中心城水源地、管网进行优化配置，加快供水水厂工艺和供水管网建设改造。供气，重点加快市域高压环网建设，完善已建成片区燃气设施配套。供暖，重点搞好未实现集中供热小区供热管网建设，更新改造老旧供热管线，实施已建成区供热管网配套。

5.城市环卫和垃圾处理设施建设。重点建设垃圾压缩转运站、垃圾卫生填埋场、环卫工作站、公厕等。

6.办好街头游园、城市绿道、停车场等民生实事。

（二）统筹推进县域和小城镇建设

发挥各自优势，明确功能定位，坚持产城一体，把科技创新、循环经济、服务业作为突破口，打造各具特色的县域经济板块。广饶县发挥全国百强县、省级新型城镇化综合试点、县域经济科学发展试点的示范带动作用，实施全域均衡发展策略，加快县城与大王、稻庄一体化发展，建设广饶-大王城镇群，带动县域城镇发展。河口区依托东营港龙头带动作用，推进城区和东营港城一体发展。利津县以县城和陈庄镇为重点，深入实施支持利津加快科学发展战略，补齐县域短板。

按照发展成为小城市的目标，加快发展大王、稻庄、史口、胜坨、陈庄、盐窝、仙河等重点镇，充分发挥比较优势，培育特色产业支撑的工业强镇、商贸重镇，增强内生发展动力。支持重点镇加大公共服务设施和基础设施建设力度，增强公共服务水平和承载能力，提高对农村人口和富余劳动力的吸纳能力。支持大王、胜坨等镇尽快建成现代化小城市。支持陈庄等镇开展“多规合一”试点。差异化发展一般镇，中心城周边的小城镇，与中心城统一规划，有机组织各项功能和人口集聚；一般农业地区小城镇，着重发展农产品加工业和农业产前产后服务业，建设支农服务基地和农业深加工基地；位于生态保护区的小城镇，以生态保育保护为首要任务，适度发展生态旅游和生态农业，严格控制开发建设规模，加大对其财政转移支付力度。稳妥推进乡镇合并。

（三）建设美丽乡村

按照社会主义新农村建设总体要求，强化产业支撑，完善基础设施，加强环境整治，延伸公共服务，创新管理体制，保护和建设具有生态文化品质的美丽乡村。

稳妥推进新型农村社区建设。坚持政府引导、规划先行、群众自愿、社会参与，规划建设布局合理、环境优美、功能完善、服务便捷、管理高效的农村社区，支持符合条件的农村社区纳入城镇体系管理。大力推进黄河南展区建设改造，积极争取政策支持，打造宜农宜居宜游的高效农业综合示范区。统筹安排农村社区基础设施和公共服务设施建设，做到同步设计、同步施工、同步投入使用。实施农村社区服务中心建设三年行动计划，完善社区服务中心功能，将行政审批、社区警务、医疗卫生、劳动就业、社会保险等纳入社区服务中心，加快教育、文体、养老设施配套建设，为社区居民提供“一站式”服务。同步推进农村新型社区与特色产业园区建设，方便社区居民就业创业，实现居住在社区、就业在园区，促进就地就近城镇化。

提升乡村规划建设管理水平。编制完善县域村镇体系规划和镇、乡、村庄规划，依法加强规划管理，规范乡村建设秩序。加快推进农村公路升级改造，加强村庄道路硬化，实现农村道路由“村村通”向网络化、“户户通”延伸。“十三五”期间，全市规划县乡道路升级改造约680公里，新改建村道约960公里。实施农村电网改造升级工程，提高农村供电能力和可靠性，实现城乡用电同网同价。改善农村消防安全条件，加强乡村旅游服务网络、农村邮政设施和宽带网络建设。大力开展特色村庄保护，进一步培育历史文化、风俗民情、自然风光、产业发展、城郊休闲等各类特色村，到2020年发展到100个左右。

改善农村人居环境。深入开展乡村文明建设专项行动，持续实施村庄美化、绿化、亮化、硬化、净化活动。探索低成本、可持续的农村垃圾、污水处理模式，实施农村厕所卫生化改造。完善城乡环卫保洁常态长效机制，巩固完善县区统一收集、统一运输、统一处理的垃圾收运处理模式，构建生活垃圾分类回收、密闭运输、集中处理体系。加强以太阳能、生物沼气为重点的清洁能源设施建设，大力推广秸秆综合利用。深入推进生态文明乡村建设，开展美丽乡镇、宜居村庄和乡镇旅游示范村创建活动，提升村镇人居环境。到2020年，60%左右的中心村达到生态文明乡村标准。

### （四）推进智慧城市建设

落实国家大数据战略，智能化整合城市发展的物质资源、信息资源和智力资源，搭建统一的信息平台，突出实施一批重点工程，加快推进智慧城市建设，提高城市管理信息化、规范化、科学化水平。

智慧城建。统筹推进城市规划、国土利用、市政管网、园林绿化、环境保护等市政基础设施管理、维护的数字化与精准化。在现有数字城管系统的基础上进一步改造、扩容、升级，建立城市统一的地理空间框架及建筑物数据库，构建智慧城市公共信息平台和综合性城市管理数据库，重点建设智慧水务、智慧管网系统，提升城市管理信息化、科技化水平，实现感知、分析、服务、指挥、监察“五位一体”。

智慧安全。完善水文、气象、地震、地质、环境、疫情、安全生产和关键基础设施的监测监控，建设全市各项风险隐患数据库，建立预警信息发布和传播体系，建成比较完善的灾害监测、预警预报网络体系。完善城市视频监控网络，基本覆盖全市公共场所。提高虚拟社会治理水平，加大对打击犯罪、应急处突、反恐等信息的综合应用。

智慧交通。完善路网智能监控体系，实现交通诱导、指挥控制、调度管理和应急处理的智能化，提高交通运行效率。

智慧文教。实施优质数字教育资源共享和网络环境下的教育模式创新，推进智慧校园建设，为市民提供终生学习的教育环境。加快文化信息资源共享，建设一批高质量的文化信息资源库，实现纸质文献资源、数字资源和多媒体资料等公共图书和文献资料的共知共享。提高居民信息素养，消除数字鸿沟。

智慧健康。建设综合医疗卫生信息平台、市民健康服务信息平台，完善居民电子健康档案库、电子病历数据库，试点远程医疗、网上会诊等新型医疗服务。推进建设养老服务信息化综合应用平台、公共体育设施监管平台。

智慧社保。借助物联网和云计算等先进信息技术，完善就业信息平台、社会保障信息平台、住房保障信息系统，推广网上社保办理、个人社保权益查询、跨地区医保结算等服务。

智慧社区。实施智慧社区试点工程，落实国土资源、公安、城市管理、卫生计生、住房城乡建设、教育、社保等多部门联合协同机制，将部分权限资源下放到社区智慧管理平台，实行房产、社保、入学、水电气暖费用交付等政务服务事项手续的一键式办理。

智慧政务。推进电子政务统一应用平台建设，促进跨部门、跨地区、跨层级的信息共享和业务协同。推进视频会议、移动办公、移动政务系统建设，完善政务公开平台、行政效能电子监察系统、投资项目在线审批监管平台、“12345”政府公共服务热线等智慧政务应用，进一步提高政务效能。

## 三、油地军校融合发展

深化油地军校合作共识，实施统一规划、统一布局、统一政策，完善共建机制，创新合作模式，拓宽合作领域，携手推进资源型城市转型，共建美丽幸福新家园。支持和服务胜利油田稳定生产、转型升级、深化改革，有效应对国际油价持续低迷的影响。继续搞好老城区改造，支持油田职工改善居住条件，积极推进油田市政设施移交，共同实施一批重大基础设施建设以及环境治理等项目。处理好油气生产与城市建设的关系，为油气资源富集区、油气设施密集区预留发展空间及安全距离。共建中国石油大学胜利学院。推进军民融合深度发展，巩固和扩大双拥模范城创建成果，支持部队改革和基础设施建设，加强国防教育和后备力量建设。强化军地需求对接，优化资源储备布局，促进各类要素双向流动、渗透兼容、集成融合。加强军民科技融合创新发展，推进发展一批先进适用的军民两用技术。建立区域一体的就业、文化、医疗、社保、住房等社会保障体系，推进联防联治和安全生产，维护区域社会和谐稳定。

## 四、物质文明和精神文明协调发展

坚持“两手抓、两手都要硬”，坚持社会主义先进文化前进方向，坚持以人民为中心的工作导向，坚持把社会效益放在首位、社会效益和经济效益相统一，以创建国家公共文化服务体系示范区为抓手，依托特色文化资源，统筹文化事业和文化产业改革发展，建设文化强市。

### （一）加强核心价值体系建设

坚持用邓小平理论、“三个代表”重要思想、科学发展观和习近平总书记系列重要讲话精神武装全党、教育人民，用中国梦和社会主义核心价值观凝聚共识、汇聚力量。加强和改进思想宣传文化工作，增强国家意识、法治意识、社会责任意识。实施公民道德建设工程，加强社会公德、职业道德、家庭美德和个人品德教育，弘扬中华传统美德和时代新风，营造劳动光荣、创造伟大的社会氛围，培育知荣辱、讲正气、做奉献、促和谐的良好风尚。巩固创建全国文明城市成果，深化文明村镇、文明单位、文明家庭等群众性精神文明创建活动。广泛开展志愿服务，推动学习雷锋、学习宣传道德模范常态化。完善市民公约、村规民约、职业规范和学生守则，褒奖善行义举。倡导科学精神，实施全民科学素质提升行动。开展全民阅读活动和礼节礼仪教育。牢牢把握正确舆论导向，健全社会舆情引导机制。加强网上思想文化阵地建设，发展积极向上的网络文化，净化网络环境。

### （二）发展公益性文化事业

推动基本公共文化服务标准化、均等化发展，引导文化资源向城乡基层倾斜，创新公共文化服务方式，保障人民基本文化权益。实施公共文化设施提升、公共电子阅览室延伸、农村文体广场建设、县及县以下历史文化展示工程，重点实施黄河文化博物馆、河口区图书馆文化馆新馆、利津文化艺术中心等项目，拓展公共文化服务阵地。加强文物、档案、史志工作，推进市档案馆新馆建设，提高档案信息化水平。重视哲学、社会科学研究，加强新型智库建设。开展标准化服务、文化关爱、数字文化建设和服务品牌打造提升工程，丰富公共文化服务方式。统筹城乡文化设施建设，推进基层综合性文化中心全覆盖，实施农村广播电视户户通、农村公益电影放映、农家书屋出版物补充更新等文化惠民工程。弘扬传承优秀传统文化，重点实施吕剧振兴工程，支持申报国家级非物质文化遗产；办好孙子国际文化旅游节等活动，推动成立孙子文化研究团体和培训机构，扩大孙子文化影响力。鼓励创作本土特色文化精品，丰富黄河口文化内涵，打造黄河口知名文化品牌。鼓励社会力量、社会资本参与公共文化服务体系建设，培育文化非营利组织。

(三)推动文化产业健康发展

积极推进文化与旅游、展览等产业融合发展，壮大文化用品生产制造、影视服务、文化演艺三大产业，培育设计、广告、动漫游戏、数字媒体等新兴业态。探索建立中韩文化贸易基地，促进文化产业国际交流合作。完善文化消费激励政策，培育文化消费市场。加快完善文化管理体制，理顺党政部门与所属文化企事业单位关系，推动政府部门由办文化向管文化转变。整合新闻媒体资源，推动传统媒体和新兴媒体、地方媒体和油田媒体融合发展。深入推进国有经营性文化单位公司制、股份制改造，培育壮大文化企业集团，支持小微文化企业发展。鼓励有实力的文化企业跨区域、跨行业、跨所有制兼并重组。

## 第六章　推进绿色发展　建设秀美东营

坚持绿色立市、绿色惠民，着力推进绿色发展、循环发展、低碳发展，形成节约资源和保护环境的产业结构、生产方式、生活方式，打造天蓝、地绿、水净的美丽东营，建设生态文明先行示范区。

### 一、加强生态建设

坚持保护优先、自然恢复为主的基本方针，突出防护林带建设、自然湿地修复、近岸近海生态区维护，全面改善生态环境，保护生物多样性，维护生态安全，构筑环渤海重要的生态涵养功能区。

(一)大规模开展国土绿化行动

以生态防护为重点，实施三年增绿计划，重点抓好中心城防护林带、沿黄生态林带、沿海基干林带及沿交通干线、主要河流干渠、基本农田生态廊道建设。优化树种、林分结构，提高造林成效。积极拓展林业发展功能，做实做强碳汇经济、林下经济等产业链条，实现生态效益价值化。到2020年，全市林木覆盖面积达到252万亩，林木覆盖率达到21%。

(二)强化湿地保护与修复

以山东黄河三角洲国家级自然保护区为核心，采取工程治理与自然修复相结合，加大湿地保护力度，打造“东方湿地之城”。自然保护区重点实施湿地保护与恢复、泥质海岸柽柳封育、鸟类栖息地保护与改善等重点工程，进一步扩大湿地恢复面积，提升湿地生态质量，增强湿地生态功能，创建国家公园，积极争取湿地生态效益补偿试点。继续搞好城市湿地保护，推进白鹭生态湿地、飞机场湿地、城东涵养湿地建设，加快城区河道连通工程建设，形成“大河大湖大海相连、绿洲湖泊鱼鸟共生”的水城景观。大力推进森林公园、湿地公园、饮用水源保护区、水源涵养区等生态功能区建设，增强生态产品供应能力。实施野生动物保护和繁育工程，防范外来物种入侵。到2020年，湿地面积达到330万亩。统筹做好水灾害防治、水资源节约、水生态保护修复、水环境治理。

(三)切实搞好海洋生态保护

坚持点上开发、面上保护，海陆统筹、区域联动，完善海洋功能区划，合理划分海岸线功能，规范用海行为，统筹推进海洋开发和生态保护。严格落实渤海海洋生态红线制度，到2020年，红线区陆源入海直排口污染物排放达标率达到100%，陆源污染物入海总量减少15%，水质达标率不低于80%。重点抓好莱州湾蛏类、河口浅海贝类、利津底栖鱼类、广饶沙蚕类和黄河口生态等5处国家级海洋特别保护区的规范化建设管理，实施增殖放流、建设人工鱼礁、海岸带综合整治、外来入侵物种防治、潮间带湿地修复、滨海景观建设等工程，搞好海岸景观资源养护和亲水海岸环境营造，打造滨海生态走廊，创建国家级海洋生态文明建设示范区。

**专栏7：生态建设重大行动**

1. 山东黄河三角洲国家级自然保护区提升工程。重点实施湿地保护与恢复、生物多样性保护工程、森林资源保护与恢复建设、森林防火建设、科普教育中心和湿地培训基地建设、基础设施配套建设、资源可持续利用等项目。

2. 生态绿化市级重点调度工程。主要实施中心城环城森林、铁路及干线公路绿化、市管河道干渠绿化、重点片区农田林网、沿黄生态绿化、城东海堤防护林、自然保护区生态林、生态林场建设、湿地修复及保护等9项工程。造林绿化面积18万亩，修复保护湿地30万亩。

3. 生态绿化县级推进工程。主要实施环县城防护林、县乡村公路绿化、县乡管水系绿化、村镇厂矿校园绿化、片林基地建设、天然柽柳封育等。造林绿化面积21万亩，天然柽柳封育3万亩。

4. 中心城水环境治理工程。重点推进西城南、西城北污水处理厂收水区域(胜北社区)，五六干排污水处理厂收水区域，广利河截污管网收水区域，东城南、东城北污水处理厂收水区域等区域水环境治理和城市水体水质养护提升项目。加强龙悦湖区域生态保护建设和管理，发挥其生态屏障的作用。

5.互花米草防治工程。针对近海潮间带外来物种互花米草快速扩展趋势，采取措施控制互花米草扩散，防止沿海滩涂湿地遭受重大生态破坏。

## 二、抓好环境治理

坚持以人为本、防治结合、标本兼治、综合施策原则，以提高环境质量为核心、以防控环境风险为底线、以保障群众健康为目标，实行最严格的环境保护制度，加快解决人民群众反映强烈的大气、水、土壤污染等突出环境问题。

### (一)大气污染防控

开展大气污染区域联防联控，推进实施大气污染防治行动计划。建立健全大气复合型污染监测和防治体系，加强工业废气、城市扬尘、机动车尾气综合治理，有效遏止雾霾等恶劣天气。严格控制燃煤增长，实行燃煤总量控制和增量削减替代，重点实施燃煤设施污染治理提升工程。推进电力等行业脱硝和除尘设施提标改造，加强化工、表面涂装等行业有机废气治理，加快车用燃油品质升级。城市公交全部更新为新能源汽车，规划建设城市充电桩。加强餐饮油烟污染整治，严格实行施工现场渣土运输保洁管理，禁止秸秆焚烧。到2020年，细颗粒物浓度削减25%以上，“蓝天白云、繁星闪烁”天数显著增加。

### (二)水污染防治

加强饮用水源地保护，推进水源有毒有害物质监测与控制，确保饮用水源水质。深入开展水环境综合整治，严格入河、入海排污管理，加强全市重点河流断面和入河排污口监管，强化小清河、广利河等9条省控河道流域治理，搞好近岸海域水污染防治。加强地下水污染防治，对小清河以南超采区实施综合治理。建立完善污水处理厂和管网体系，推进重点行业和企业废水污水深度治理，加强城镇生活污水处理。严格水污染物总量控制，降低污染负荷，确保达标排放，河流达到环境功能要求。

### (三)土壤污染防治和垃圾处理

加强土壤环境质量监测，建立健全严格的土壤环境保护制度。推进关闭或搬迁工矿企业污染场地治理，开展污染土壤修复试点。实施面源污染总量控制试点示范，形成从源头到末端的治理模式。科学使用化肥、农药，净化农产品产地环境。加大养殖业污染防治力度，推动“畜禽-粪便-沼气-有机肥-饲草-畜禽”良性发展，实现无害化处理、资源化利用、生态化循环。严禁城市和工业污染向农村扩散。加强化学品、持久性有机污染物、重金属、建筑垃圾、电子垃圾、医疗垃圾等污染物分类处理，规划建设危险废物处置中心，促进危险废物处理处置设施专业化运营。

## 三、推进生产生活绿色化

坚持设计开发生态化、生产过程清洁化、环境影响最小化，树立节约集约循环利用资源观，推动全社会形成绿色生产、绿色消费自觉。

### (一)推进低碳循环发展

支持绿色清洁生产，推进传统制造业绿色改造，在化工、橡胶轮胎、有色金属、造纸、纺织等重点用能单位开展节能低碳行动。提高准入门槛，严格控制高耗能、高排放行业新增产能，加快淘汰落后产能。优化能源消费结构，推动传统能源清洁低碳利用，大力发展清洁能源，支持建设以太阳能、地热能等可再生能源为主的分布式能源网络。支持低碳技术产业化应用，推进一批低碳园区、低碳企业、低碳社区，创建低碳生态示范城市。实施循环发展引领计划，推动产业之间、生产与生活系统之间、区域之间的循环连接，完善资源循环利用体系，实现产业废物交换利用、能量梯级利用和废水循环利用。鼓励企业、产业间建立循环经济联合体，推广循环经济典型模式，完善循环产业链条，加快产业园区循环化改造。完善再生资源社会回收体系，开发利用“城市矿产”，鼓励发展再制造和再生利用产品。

### (二)节约高效利用资源

加强土地、水、矿产等资源节约集约利用，实施全过程管理，大幅降低资源消耗强度。加强土地利用的规划管控、市场调节、标准控制和考核监管，严格土地用途管制，推广应用节地技术和模式。严守耕地保护红线，切实落实耕地保护责任，积极推进未利用地开发，加大土地整理复垦力度，清理查处闲置用地，推进低效建设用地二次开发。统筹生态、生产、生活用水，实行取水总量控制和用水定额管理。建立节约用水机制，积极推行居民用水阶梯式水价制度、非居民用水超定额加价制度。大力发展中水回用和雨水利用，加快火电、化工、纺织、造纸等高耗水企业节水技术改造，推广使用节水新技术、新工艺、新设备和新器具，推进农田节水灌溉设施建设，加快节水型社会建设。发展绿色矿业，提高油气、卤水、地热等资源综合利用率。节约农业投入品，普及节肥节药节膜节水等农业技术。

### (三)倡导绿色生活方式

严格执行建筑节能标准，鼓励工业化建设模式，完善既有建筑节能改造，大力发展绿色建筑。推广节能与新能源交通运输装备，优先发展公共交通，鼓励绿色出行。引导消费者购买使用节能环保低碳产品，减少一次性用品的使用，深入开展反过度包装、反食品浪费、反过度消费“三反行动”，推动形成勤俭节约、绿色低碳、文明健康的社会风尚。

## 四、建立健全生态文明制度

坚持“底线约束”与“先进带动”，健全生态文明制度，探索建立以县级行政区划为单元的空间治理体系，引导、规范和约束开发利用和保护自然资源的行动。

### (一)完善源头严防制度

以落实主体功能区规划为基础，明确生产空间、生活空间、生态空间的开发管制界限，统筹城乡建设、土地利用、生态环境保护等各类空间性规划，推进“多规合一”。对自然生态空间进行统一的确权登记，加快推进自然资源资产产权制度和用途管制制度。建立健全用能权、用水权、排污权、碳排放权初始分配制度，培育和发展交易市场。

(二)完善过程严管制度

加强能源、水、建设用地等资源管控，实行总量和强度“双控”，推行合同能源管理和合同节水管理。严守环境质量底线，将大气、水、土壤等环境质量“只能更好、不能变坏”作为政府环保责任红线。建立资源环境承载能力监测预警机制。严格节能评估审查、水资源论证和取水许可制度。推进建立生态补偿机制。建立实施能效、水效和污染物排放“领跑者”制度，对新增项目实行用能指标核定和能耗准入对标审查。实行企事业单位污染物排放总量控制制度。积极推行第三方污染治理。健全环境影响评价、清洁生产审核、环境信息公布等制度。

(三)完善后果严惩制度

对严重污染环境的工艺、设备和产品实行淘汰制度。严格实行生态环境损害赔偿和责任追究制度，对违犯法律规定、违背空间规划、违反污染物排放许可和总量控制等行为，加大惩罚力度，解决违法成本过低问题。建立企业环境行为信用评价制度，探索编制自然资源资产负债表，对领导干部实行自然资源资产和环境责任离任审计。建立生态环境损害责任终身追究制度。

## 第七章　推进开放发展　建设活力东营

实施更加主动的开放战略，坚持内外需协调、进出口平衡、引进来走出去并重、引资和引技引智并举，在更高层次上全面扩大对外开放，提升国际市场综合竞争力。

### 一、转变贸易发展方式

实施以质取胜战略，稳定橡胶轮胎、石油装备、化工、汽车零部件、纺织等传统优势产品出口，加快向高技术、高附加值、高效益转变，提升出口产品创新要素比重，推进由“大进大出”向“优进优出、优质优价”转变。创建出口农产品质量安全示范市，推进优质农产品由出口保障转向全民共享。深入实施品牌战略，加快培育外贸自主品牌，重点打造广饶县橡胶轮胎、东营区石油装备等出口名牌。扩大对外服务贸易，鼓励企业开展跨境电子商务，支持和推动有条件企业在境外目标市场设立自主国际营销渠道和服务体系。指导企业用好贸易救济措施，积极应对国际贸易风险。发挥进口贴息导向作用，引导企业扩大先进技术、设备、关键零部件和资源性产品进口。加快推进原油进口，培育外贸新的增长点。加快东营综合保税区建设，重点搞好口岸作业、保税物流、跨境电子商务、研发检测维修、政府服务等五大平台，打造成为全市对外开放的桥头堡。支持东营经济技术开发区对现有资源进行整合，争取升级为东营综合保税区B区。复制推广自贸区贸易便利化措施，加快电子口岸建设，推进大通关建设。

### 二、提高“引进来”质量

推进准入前国民待遇加负面清单的管理模式，促进内外资企业公平竞争。优化利用外资方式，鼓励以绿地投资、增资扩股、跨国并购、股权融资、债权融资、风险投资以及融资租赁等多渠道利用外资，支持外资企业参与重大基础设施建设，扩大利用国际金融组织和外国政府贷款。组织好“香港山东周”、“鲁韩经贸活动”、“山东-新加坡经贸理事活动”等重大经贸活动，搞好项目对接，重点引进高端制造、现代服务、高新技术和总部经济等一批产业项目。提升中国(广饶)国际橡胶轮胎暨汽车配件展览会、中国(东营)国际石油石化装备与技术展览会、黄河三角洲(中国·垦利)国际生态农业博览会等展会档次，扩大对外合作交流。加强与中石化、中海油、中国商飞、中航科技等大企业集团的战略合作，抓好合作项目落地。以东营经济技术开发区、东营港经济开发区、东营农业高新技术产业示范区为重点，开展开发区体制机制创新试点，提升建设管理水平，发挥好园区对外开放和招商引资的载体作用。搞好中美清洁能源合作产业园、中日韩产业园建设。强化企业“引进来”主体作用，支持企业引进资本、先进技术、管理经验和高素质人才，推动企业重组改造，加快转型升级。

### 三、加快“走出去”步伐

对接融入国家“一带一路”战略，依托港口、铁路，加强与沿海和内陆重要城市合作，积极参与中国-中亚-西亚、中蒙俄、孟中印缅、新亚欧大陆桥等国际通道建设，巩固欧美、日韩市场，拓展非洲、南美市场。支持企业开展境外能源资源合作开发，鼓励石油装备、橡胶轮胎、造纸、炼化等优势企业对外投资，开展境外并购，实现原料地、原产地多元化，拓展发展空间。支持优势企业参与境外基础设施及城市建设投资合作。推动高端型劳务外派，探索发展以规划设计为前导的工程承包方式，鼓励设备出口与基础设施建设相结合、工程承包与运营管理相结合，支持企业组成联合体或采取联盟方式抱团拓展国际工程承包市场。健全“走出去”服务保障体系，完善政府、银行、信保、企业“3+1”工作机制，强化涉外风险防控，维护境外投资权益。

## 第八章　推进共享发展　建设幸福东营

坚持人人参与、人人尽力、人人享有，完善制度安排，强化政策兜底，引导社会投入，突出解决人民群众最关心、最直接、最现实的利益问题，让发展成果更多更公平地惠及全市人民，提高人民群众的幸福感和获得感。

### 一、办好人民满意教育

全面贯彻党的教育方针，把立德树人作为教育的根本任务，深化教育领域综合改革，优化教育结构，创新培养模式，着力提高教育质量，建设教育强市，率先实现教育现代化。

（一）提升基础教育水平

坚持教育公平，改善农村基本办学条件，缩小城乡、区域、校际差距，实现基础教育优质、均衡发展。坚持以输入地政府为主，以公办学校接收为主，保证进城务工人员随迁子女平等接受义务教育。完善家庭困难学生资助制度，实现家庭经济困难学生资助全覆盖。加快发展学前教育，大力发展普惠性幼儿园。鼓励有条件的县区逐步实施学前和高中阶段教育免费制度。建设高素质专业化教师队伍，实施好乡村教师支持计划，推进城乡教师交流。做好校园安防工作，完善校车营运模式，确保校园校舍校车安全。到2020年，幼儿园全部达到省定基本办园条件标准，普通高中学校全部创建为省级规范化学校，30%以上的中小学实现高水平教育现代化。

（二）大力发展职业教育和高等教育

发挥国家骨干职业院校和省级规范化中等职业学校的示范引领作用，支持职业院校加强产教融合、校企合作，支持东营职业学院创建国家优质高等职业院校，支持有条件的职业院校争创省级、国家级名校。逐步优化专业结构，鼓励职业院校争创市级、省级品牌专业，不断提升专业建设与教学水平。继续实施“能工巧匠进职校”计划，不断提升“双师型”教师的业务能力与水平。逐步实现普通高中与中等职业学校学生学分互认、学籍互转，促进中等职业教育与普通高中协调发展，到2020年，基本实现中等职业学校与普通高中办学规模大体相当。加快发展面向农村的职业教育，发挥新型农民学校的作用，积极培育新型农民和农村实用人才。扶持中国石油大学胜利学院做大做强，支持知名院校来我市设立分校。积极发展继续教育，加强特殊教育，广泛开展社区教育，完善终身教育体系，建设学习型社会。

（三）深化教育领域改革

鼓励社会力量兴办教育，积极推进幼儿园、中小学、中等职业学校等集团化办学。设立民办教育奖补资金，建立政府购买服务机制。探索新型办学模式，促进城乡学校协调发展、薄弱学校尽快提升。理顺中心城区教育管理体制，实现分级办学、属地管理，促进教育资源统筹优化配置。化解城镇普通中小学大班额问题，推进义务教育小班化教学，全面提高教学质量。完善教育人事制度，推进县管校聘改革。改革考试招生制度，建立完善全市中等教育统一招生平台。推进教育管办评分离，扩大学校办学自主权，加快现代学校制度建设，逐步推进中小学去行政化。

## 二、鼓励创业促进就业

实施就业优先战略和更加积极的创业、就业政策，建设创业型城市，实现更加充分、更高质量的就业。“十三五”期间，城镇年均新增就业3万人左右，登记失业率控制在3.5%以内。

（一）积极推进创业

鼓励以创业带就业，建立面向人人的创业服务平台，支持农民工、大学生等人员返乡创业。拓宽创业投融资渠道，调整完善创业担保贷款政策，引导社会资金和金融资本支持各类创业活动。完善创业股权激励制度，放宽股权奖励、股权出售的限制，吸引科研人员在职创业、离岗创业。加大对小微企业创业的支持力度，支持互联网创业和居家创业。

（二）扩大稳定就业

落实就业促进政策，发挥小微企业和服务业就业主渠道作用，创造更多就业岗位，解决结构性就业矛盾。加强对灵活就业、新就业形态的支持，促进以高校毕业生为重点的青年自主就业。建立完善城乡劳动者平等的就业制度和统一的就业失业登记制度，推进农村富余劳动力就地就近转移就业，保障农民工同工同酬权益。规范公益性岗位开发和管理，加大对困难人员就业援助力度，依法推进残疾人按比例就业。认真做好退役军人就业工作，支持自主择业。实施专项就业帮扶行动，妥善处理劳动关系和社会保险接续，促进失业人员尽快再就业。完善失业监测预警机制和失业保险制度，积极预防和有效调控失业风险。

（三）完善就业创业服务体系

健全政府促进就业责任制度，整合各类平台资源，完善城乡均等的公共就业创业服务体系。建立完善城乡、油地统一规范的人力资源市场，推进建设公共就业信息服务平台，消除影响平等就业的制度障碍和就业歧视。推行终身职业技能培训制度，加强职业培训和创业培训，重点实施农民工职业技能提升和失业人员转业转岗培训，支持企业开展新型学徒制培训。加强公共就业创业服务能力建设，创新就业创业服务供给模式，鼓励向社会力量购买基本就业创业服务。促进公共基础平台开放共享，支持服务机构为初创企业提供法律、财务、咨询、技术等服务。依法保障职工基本权益，健全劳动关系协调和矛盾调处机制，构建和谐劳动关系。

## 三、完善社会保障体系

加强制度衔接，强化政府责任，实施全民参保计划，提高保障水平和统筹层次，力争率先建成较高水平的普惠型社会保障体系。

（一）完善社会保险制度

加快健全养老保险制度，实现居民基本养老保险与职工基本养老保险制度衔接，不断提高城乡居民养老保险标准，完成机关事业单位养老保险制度改革，推进非营利性民办教育机构职工与同类事业单位在编职工同等社会保险待遇试点，做好被征地农民养老保险工作。落实渐进式延迟退休年龄政策。继续提高基本医疗保险筹资水平，积极推进异地就医即时结算，建立职工大病保险制度，落实居民大病保险政策，提高大病医疗保障水平，探索建立居民长期护理保险制度。逐步实现失业保险应保尽保，推进高风险行业特别是建筑业农民工参加工伤保险。建立基本保险标准正常调整机制，确保与经济社会发展持续同步、有序合理增长。加强社会保险基金监督管理，探索建立基金预决算绩效考核和激励约束机制，确保基金安全。大力发展企业年金、职业年金、商业保险。到2020年，基本养老保险参保率达到90%，医疗保险覆盖全民，失业、工伤、生育保险基本覆盖所有法定群体。

(二)健全社会救助体系

以最低生活保障制度为核心，加大专项救助力度，建立完善"大救助平台"。完善低保标准动态调整机制，合理提高低保标准和补助水平，继续保持在全省前列。加强临时救助制度建设，妥善解决临时困难家庭的个性化"急难"问题，消除救助盲区。健全完善重特大疾病医疗救助制度，加强与基本医疗保险和大病保险制度的衔接。以扶老、助残、救孤、济困为重点，逐步拓展社会福利保障范围，适度提高特困人员供养水平。支持残疾人事业发展，健全残疾人服务体系，大力推进无障碍环境建设，完善残疾人福利保障工作，重点推进困难残疾人生活补贴和重度残疾人护理补贴制度。支持发展慈善事业，广泛动员社会力量开展社会救济和社会互助、志愿服务活动。坚持政府主导、政策扶持，实物安置和货币补偿相结合，引导社会参与，加强棚户区、城中村和农村危房改造；搞好公租房的建设、分配、运营和管理，有效解决居民基本住房问题。

(三)保障妇女儿童权益

落实男女平等基本国策，坚持儿童优先原则，贯彻实施妇女儿童发展规划，切实保障妇女儿童合法权益。全面提升女性素质，提高广大妇女参政议政比例，增强妇女参与经济发展和社会管理的意识和能力。改善妇女儿童生存环境，提升福利水平，加强妇女劳动保护、卫生保健及法律援助工作，加大贫困母亲救助力度，统筹推进留守儿童、困境儿童关爱服务工作。完善性别统计制度，建立健全性别平等评估机制，加大源头维权力度。严厉打击针对妇女儿童的违法犯罪行为，预防和制止家庭暴力行为，提升儿童防性侵能力。支持关心下一代工作。

## 四、提前完成脱贫任务

以建档立卡贫困人口为主要对象，以产业开发、增加农民收入为重点，统筹抓好精准扶贫、行业扶贫、社会扶贫，建立全覆盖的扶贫救助体系。针对不同贫困原因、类型，分类施策，实现一户一策、精准帮扶。坚持宜农则农、宜林则林、宜牧则牧、宜工则工，强化新型农业经营主体带动，大力发展门槛低、市场稳、风险小、投资少、见效快的特色产业项目，拓宽贫困户增收途径。完善扶贫工作长效机制，继续做好"第一书记"抓党建促脱贫工作。持续加大扶贫资金投入，设立扶贫开发专项资金，建立稳定增长机制。到2017年，基本完成市定标准贫困人口脱贫。

## 五、提高人民健康水平

坚持为人民健康服务，统筹推进医疗卫生、养老、计生、体育等事业发展，积极创建健康东营。

(一)深化医药卫生体制改革

按照保基本、强基层、建机制的要求，实行医疗、医保、医药联动，全面推进医药卫生体制改革向纵深发展。坚持公立医院公益性，全力推进公立医院综合改革国家试点，破除公立医院逐利机制，探索建立现代医院管理制度，切实解决老百姓看病难、看病贵问题。加强医药卫生人才的培养与引进，支持社会办医，鼓励和规范医师多点执业，促进优质医疗资源有序流动和科学配置。巩固基层医改成果，加强全科医生、家庭医生培养，优化乡村医生队伍，提升基层医疗卫生机构标准化水平。加强医疗质量监管，完善纠纷调解机制，构建和谐医患关系。到2020年，初步建立覆盖城乡居民的基本医疗卫生制度。

(二)健全医疗卫生和公共卫生服务体系

完善以市级医疗机构和县级医疗机构、乡镇卫生院(社区卫生服务中心)、村卫生室(社区卫生服务站)为架构的医疗卫生服务体系。加强疾病预防控制、卫生应急、传染病防治和精神卫生服务体系建设，健全卫生监督体系，完善公共卫生服务网络。探索医疗服务联合体等形式，推动建立科学的分级诊疗制度，逐步完善基层首诊、双向转诊、急慢分治、上下联动的分级诊疗模式。加快基层卫生服务网络建设，完善服务功能，创新服务模式，提高服务水平，逐步承担起居民健康"守门人"的职责。发展适应人民群众需求的中医药医疗及预防保健服务。到2020年，每千常住人口编制床位数达到6.5张。巩固国家卫生城市创建成果，全面提高城市卫生管理水平。

(三)落实人口发展政策

坚持计划生育基本国策，落实"全面放开二孩"等国家生育政策，引导理性生育，推动出生人口性别比综合治理，优化人口结构。强化妇幼保健、生殖健康、托幼等公共服务，提高出生人口素质。加强农村、城镇流动人口和城乡结合区域计划生育管理。积极开展应对人口老龄化行动。到2020年，人口性别比控制在110.3以内，人均期望寿命达到80岁。

(四)发展体育健康服务

落实全民健身国家战略，加快完善公共体育设施，普及推广体育健身项目，推进健身技能入户工程，广泛开展群众性体育活动。启动市级"六个一"工程和县级"五个一"工程，以体育场馆为载体，整合周边资源，打造健身服务、场馆运营、竞赛表演、商贸休闲等多功能城市体育服务综合体。到2020年，城市中心社区实现10分钟健身圈，新建社区和乡镇公共体育设施覆盖率达到100%。鼓励发展体育健身市场、健身俱乐部、体育社会团体，为群众提供多样化、个性化体育服务。积极发展竞技体育，以黄河口(东营)国际马拉松赛等为重点，培育和打造黄河口特色重大体育赛事品牌。推动康体结合，加强体育运动指导，开展医保卡用于大众化、基础性健身消费试点。普及心理健康知识和公共营养知识，鼓励发展健康保险、健康体检、健康咨询、健康文化、健康旅游等服务，支持发展具有东营特色的健康产品。

(五)保障食品药品安全

加强食品药品安全法制建设，建立最严格的覆盖全过程的监管制度，严格依法行政，落实监管责任。加强食品药品安全检(监)测能力建设。深入开展食品药品安全宣传，健全质量追溯制度，强化食品药品安全信用和应急体系建设。

**六、推进社会综合治理**

创新社会管理方式，加强社会治安综合治理，强化社会安全保障，提高社会管理科学化水平。

(一)改进社会治理方式

完善社会治理体制，强化社会管理和公共服务职能，重视发挥社会组织和人民团体的积极作用，支持各类社会主体依法自我约束、自我管理，实现政府治理、社会自我调节和居民自治良性互动，推进社会治理精细化，构建全民共建共享的社会治理格局。健全基层民主管理制度，依法规范和保障基层群众自治。加强城市社区规范化建设和综合管理服务，推进“居站分设”管理，提升服务保障能力和水平。健全社会心理服务体系和疏导机制、危机干预机制。健全社区矫正制度。

(二)加强社会治安综合治理

完善化解矛盾纠纷机制，实现人民调解、行政调解、司法调解工作联动，畅通和规范群众利益表达、利益协调、利益保护渠道。把信访纳入法治化轨道，建立政府机关依法处理涉法涉诉信访事项和协调配合机制，完善涉法涉诉信访案件终结制度。推进立体化社会治安防控体系建设，健全社会治安隐患流动排查、风险评估、监测预警、应急处置工作机制。加快视频监控全覆盖工程建设。加强油区治安综合治理。依法对互联网、新媒体进行监管。健全各级应急管理机构，完善公共突发事件处置工作预案，提高全社会处置公共突发事件能力。健全反恐维稳长效机制，依法严厉打击暴力恐怖、民族分裂、黑恶势力、极端宗教等违法犯罪活动。加强重点青少年群体服务管理，有效预防和减少青少年违法犯罪。

(三)严格安全生产监管

牢固树立安全发展理念，完善和落实安全生产责任和管理制度，实行党政同责、一岗双责、失职追责，有效防范和减少生产安全事故，坚决遏制重特大事故发生。深入推进城市公共安全提升行动，持续开展危化品、交通运输、建筑施工、冶金有色、地下管网、道路交通、海洋渔业、烟花爆竹等重点行业领域的安全生产专项整治和“打非治违”，强化预防治本，改革安全评审制度，健全预警应急机制，加大监管执法力度，及时排查化解安全隐患。实施安全生产“黑名单”制度，抓好安全生产网格化、实名制管理。完善全市安全生产应急救援指挥平台，提高快速反应和救援能力。深入开展安全教育宣传培训，提高全民安全意识，重点强化企业主要负责人的安全生产主体责任意识和重点岗位一线从业人员的安全防范意识及安全技能，夯实安全生产基础。

(四)健全防灾减灾救灾体系

加强气象、地震、风暴潮等重大自然灾害监测能力建设，建立主要灾害实时监测预警系统，提高预测预报水平。加强救灾物资储备体系建设，建设市级救灾物资储备管理中心，县区各建成1处县级救灾物资储备设施。整合各类灾害信息资源和应急技术系统，完善社会应急联动体系和防灾避险设施，加强平灾结合的减灾救灾抢险专业队伍建设和应急演练，推进防灾减灾和应急救护知识宣传普及，提高人民群众紧急避险和自救互救能力。

(五)加快诚信社会建设

全面推动社会信用体系建设，重点推进政务诚信、商务诚信、社会诚信和司法公信。建立完善征信系统数据库，健全信用法律法规和标准体系，搭建统一的信用记录平台，形成覆盖全社会的征信系统。建立完善守信激励和失信惩戒机制，加强诚信文化建设，普及诚信教育，使诚实守信成为全民的自觉行为规范。扶持信用管理行业，培育信用服务机构，发展资信评估行业，健全信用评估体系。

**专栏8:社会事业重点项目**

1.教育。重点推进市一中、市二中、市特殊教育学校、市中专学校一期工程、市一中原校区改造、东凯中学、锦华中学、胜景学校、胜康学校、胜林学校、胜景幼儿园、齐龙幼儿园、辽河幼儿园、市青少年示范性综合实践基地、广饶县兴安学校、垦利县第三实验中学、垦利县第一实验小学、胜坨中学、垦利职业中专、利津普通高中学校、利津县职业中等专业学校等项目。

2.医疗卫生。重点推进市妇幼保健计划生育服务中心、市立中医院、市传染病医院、市精神康复中心(市精神病医院)、市立肿瘤医院、胜利油田中心医院全科医生培训基地、河口区人民医院综合楼及感染性疾病科、河口区中医院门诊综合楼、广饶县人民医院门诊病房楼、广饶县妇女儿童医院迁建、西郊现代服务区医院、垦利二院搬迁、利津县中医院(二院)、利津县中心医院扩建等项目。

3.体育。重点推进市全民健身广场、市全民健身活动中心扩建、奥体中心完善、中心城区健身步道、利津体育中心等项目。

## 第九章 完善基础设施 增强发展支撑

坚持基础性、战略性、先导性方向，统筹谋划、科学布局，全面提高交通、信息、水利、能源等重大基础设施建设网络化、智能化、现代化水平，形成适度超前、功能完善、安全高效、坚强有力的综合支撑体系。

**一、打造区域交通枢纽**

以港口、机场为支点，加快铁路、高速公路建设，推动互联互通，完善综合交通体系，构建立体式对外交通大通道。

港口。继续实施东营港区扩建工程，建成南、北防波堤，推进一突堤、二突堤、三突堤、北防波堤沿线码头、30万吨级海上原油存储装置、东营港区进出港深水航道等工程建设，到2020年，吞吐能力达到1亿吨，建成区域性中心港。加快推进广利港区建设，建成北防波挡沙堤内侧5000吨级通用泊位，形成以商港为主体的多功能综合性港口，到2020年，吞吐能力达到1900万吨。完善东营港区、广利港区配套设施与集疏运系统。

空港。进一步提升完善东营胜利机场功能，加密上海、北京等航班，积极增开航线，建成区域性中心空港。配套建设国产大飞机试飞基地和综合交通枢纽场站，完善集疏运系统。到2020年，客运吞吐量达到100万人次，货运吞吐量达到5000吨。改扩建垦利通用机场，新建广饶通用机场。

铁路。加快黄大铁路、疏港铁路建设与淄东铁路扩能改造，搞好铁路物流等专用线建设。积极推进济南-东营高速铁路建设，争取京沪高铁第二通道尽快启动建设，推进利用德大铁路复线建设山东北部快速铁路通道。

公路。建成济东高速公路、长深高速公路广饶段，扩建改造长深高速公路东营至青州段，加快推进环渤海高速公路建设。按不低于二级标准积极推进区域干线公路建设，重点建设227省道、228省道、315省道、316省道等线路，改造升级220国道、516国道、309省道、310省道、507省道联络线等线路，建设东营胜利机场至济东高速公路的连接线，争取推动长深高速公路西延至济南机场。

综合交通枢纽。按照集约一体、强化衔接的原则，加快铁路、公路站点建设，统筹货运站、客运站、城市公交枢纽以及物流园区建设，实现各种运输方式便捷换乘、高效换装，提升综合交通运行效率。

### 二、建设新一代信息设施

以宽带普及提速和网络融合为重点，加快构建高速、移动、安全、泛在的新一代综合信息基础设施。利用光纤和新一代移动通信技术、下一代广播电视技术，强化网络性能，提升用户端接入能力。配合国家加快推进IPv4向IPv6的网络演进、业务迁移与商业运营。以规模化、集约化、节能化、绿色化为导向，提高信息集散中心和通信网络交换枢纽建设水平，积极谋划大数据中心、数字证书认证中心建设。加快推进电信网、广播电视网、互联网三网融合，积极推动基站、管线等基础性资源共建共享，支持互动电视、手机电视、网络电视、广电宽带等融合型业务发展。加强信息安全监控、密码保障、容灾备份等基础设施建设，实行重要单位信息安全等级保护制度，强化互联网安全管理。推进光纤宽带网络向社区和农村延伸，以4G、WLAN为主要承载技术加快无线网络建设，推进公共免费无线网络接入点建设，无线局域网服务覆盖主要公共场所，形成高速接入、安全可靠、无处不在的泛在网络。到2020年，固定宽带家庭普及率达到90%，自然村全部通宽带，城区、农村家庭宽带用户平均接入速率分别达到30Mbps、20Mbps。

### 三、完善现代水利体系

坚持节水优先、空间均衡、系统治理、两手发力，深入推进重大水利工程建设，强化水资源管控，切实保障生产、生活和生态用水。抓好四干渠以北段南水北调配套工程，继续实施麻湾、王庄、双河、曹店、胜利、宫家等引黄灌区续建配套与节水改造工程，规划新建仙河灌区、十八户、五七灌区等引黄提水泵站，在黄河以北新建大型引黄灌区。积极推进北部防潮堤、广利河防洪北堤工程，适时建设城东新防潮堤。继续加大黄河口治理力度。以田间干沟疏挖、治理，排河疏浚为重点，实施涝区综合治理工程，对中型病险水闸实施除险加固，对市管、县管河道进行综合治理。新建一批河道建闸蓄水工程和中小型水库，实施水库扩建增容，增加蓄水能力。加大农田水利基础设施建设，完善田间工程配套，提高灌溉水利用效率。实施农村饮水巩固提升工程，重点改造农村供水管网，实现城乡饮用水同源同水同质。到2020年，全市用水总量控制在13.27亿立方米，农田灌溉水有效利用系数提高到0.646。

### 四、推进能源设施建设

调整火电装机结构，淘汰落后机组，稳步推进生态环保型电厂建设，重点推进大唐东营电厂、胜利电厂6号机组、华电东营液化天然气综合利用一体化等项目，积极推进东营经济技术开发区、东营港经济开发区和河口蓝色经济开发区、垦利经济开发区30万千瓦热电联产及热、电、冷多联产等项目建设。支持太阳能、地热能、生物质能开发利用，支持节能重点及示范项目建设，鼓励高效节能产品推广应用。到2020年，全市电力装机达到1196.7万千瓦，其中燃煤火电机组244万千瓦、热电机组527.7万千瓦、新能源装机425万千瓦。完善电网结构和布局，重点推进黄河、垦东500千伏输变电项目建设。加快城乡电网改造升级，重点建设曹家、新港、西营等220千伏输变电工程，完善110千伏及以下城乡电网设施。建设天然气输气管网设施，保障生产生活用气需求。配合大型化工项目建设，完善管道运输系统，重点建设东营港-利津滨海新区-河口蓝色经济开发区石化液体管道及管廊。

## 第十章　全面深化改革　激发内生动力

按照推进治理体系和治理能力现代化的要求，加大重点领域改革攻坚力度，形成有利于发展的体制机制和市场环境。

### 一、健全现代市场体系

加快建设统一开放、竞争有序的市场体系，着力清除市场壁垒，提高资源配置效率和公平性。整合工程建设项目招标投标、土地指标和矿业权出让转让、国有产权交易、政府采购、药品采购等事项，建立统一的公共资源交易平台。建立公共资源交易管理工作联席会议制度，设立公共资源交易中心、公共资源交易综合管理机构,统筹指导和协调公共资源交易平台整合工作,强化交易活动服务保障和监督管理。推进劳动力、土地、资本、技术等要素市场建设,完善市场决定价格机制。建立完善山东金融资产交易中心东营分支机构、华东石油交易中心、山东休斯敦石油装备交易中心、山东广丰橡胶轮胎交易中心、海洋产权交易平台。加快建设城乡统一的建设用地市场,稳妥推进土地征收制度改革,推行工业用地租赁制,完善工业用地配置方式,规范完善土地租赁、转让、抵押二级市场。深化价格体制改革,完善价格形成机制,加强市场价格监管,保持物价总水平基本稳定。支持发展民营经济,制定民营经济进入特许经营领域具体办法,消除市场准入、政府服务、土地融资等方面存在的各种隐性壁垒。进一步深化企业改革,实施规模企业规范化公司制改制五年行动计划,完善法人治理结构。优化企业发展环境,限制政府对企业经营决策的干预,清理和规范涉企行政事业性收费,减轻企业负担。严厉打击违反市场秩序行为,对违背市场竞争原则和侵害消费者权益的企业建立黑名单制度。激发企业家创新创业精神,依法保护企业家财产权和创新收益。

## 二、深化财税金融改革

### (一)财税体制改革

完善专项资金动态调整和目录制度,盘活存量资金,提高财政资金使用效率。强化政府性债务管理,剥离融资平台公司政府融资功能。完善政府预算体系,健全全口径预算制度,完善常态化预算公开机制,完善跨年度预算平衡机制,推行预算绩效管理。深化财政支出管理改革,优化调整支出结构,建立事权和支出责任相适应的制度。主动对接和认真落实国家、省税收制度改革政策。积极推进清费立税,建立常态化收费公示、听证制度,从严控制新增收费项目。实施优先使用创新产品、绿色产品的政府采购政策。

### (二)金融体制改革

全面深化农村信用社改革,推进新型农村合作金融试点,提升服务"三农"能力。推动地方金融机构提升综合实力和管理水平。鼓励村镇银行优化股权结构,拓展业务范围。支持民营企业发起设立民营银行、金融租赁公司、消费金融公司,引导大型企业集团组建财务公司。发挥市级政府投资引导基金的作用,促进股权投资加快发展。充分利用多层次资本市场,推动企业通过上市、发行债券、场外市场挂牌扩大融资规模。强化金融监管与风险防控体制机制建设,防范系统性区域性金融风险。

### (三)投融资体制改革

创新政府投资方式,用于产业发展的资金,主要采取基金等市场化模式运作,放大财政资金乘数效应;用于社会事业发展的资金,实施以奖代补、民办公助等方式,引导社会资金投向。严格政府投资管理,实行项目公示制度,实施项目建设招投标、监管、评估和责任追究制度,落实项目代建制管理。推广政府与社会资本合作(PPP),吸引和鼓励社会资本通过特许经营等方式,参与城市基础设施建设和公共事业投资运营。

## 三、完善城乡一体化机制

加快户籍制度改革,促进有能力在城镇稳定就业和生活的农业转移人口举家进城落户,并落实与城镇居民有同等权利和义务。实施居住证制度,保障居住证持有人享有与当地户籍人口同等的基本权益和公共服务,实现基本公共服务常住人口全覆盖。健全财政转移支付同农业转移人口市民化挂钩机制,建立城镇建设用地增加规模同吸纳农业转移人口落户数量挂钩机制。稳定农村土地承包关系,赋予农民对承包地占有、使用、收益、流转及承包经营权抵押、担保权能,允许农民以承包经营权入股产业化经营。赋予农民对集体资产占有、收益、有偿退出及抵押、担保、继承权。改革完善农村宅基地制度,稳妥推进农民住房财产权抵押、担保、转让。开展农村土地承包经营权、农村集体产权、农民住房财产权改革试点,建立健全农村产权流转交易市场。加快推进国有未利用地改革试点,稳妥推进农村集体经营性建设用地入市改革。推进供销社综合改革试点。

## 四、持续增加居民收入

坚持居民收入增长和经济增长同步、劳动报酬提高和劳动生产率提高同步,深化机关事业单位工资制度改革,完善资本、知识、技术、管理等由要素市场决定的报酬机制,健全工资正常增长机制、支付保障机制,推行企业工资集体协商制度,完善最低工资增长机制,多渠道增加居民财产性收入,确保居民收入持续稳定增长。

## 五、创新行政管理体制

完善政府权力清单、行政审批事项目录清单、责任清单和市场准入负面清单,完善政府服务平台,推广网上并联审批等新模式,建立以"四清单、一平台"为主要框架的政府权力运行体系,提高行政效率。继续削减行政审批事项,全面清理行政许可审批事项,承接衔接好国务院和省政府取消下放行政审批事项。深化商事登记制度改革,降低市场主体准入门槛。完善行政审批监督制约机制,强化事中事后监管。加快事业单位分类改革,推动公办事业单位与主管部门理顺关系和去行政化。大力推行政府购买服务,凡属事务性管理服务,原则上都要引入竞争机制,通过合同、委托等方式向社会力量购买。完善发展成果考核评价体系,改变单纯以经济增长速度评定政绩的倾向。全面完成公务用车制度改革。

## 六、全面推进依法治市

坚持法治思维、法治理念,全面推进科学立法、严格执法、公正司法、全民守法,不断提高全市法治化水平。

### (一)推进科学立法与公正司法

完善地方立法体制,加强地方性法规、政府规章、规范性文件和社会规范建设。坚持问题导向,重点推动发展方式转变、城市建设管理、社会民生建设、生态环境保护等领域立法和政府制度建设工作。完善司法管理体制和运行机制，规范司法行为，加强对司法活动的监督，切实提高司法公信力。

(二)建设法治政府

加快转变政府职能，优化政府组织结构，推进职能、权限、程序、责任法定化。加快行政权力"一库四平台"建设，切实做到法定职责必须为，法无授权不可为。坚持依法科学民主决策，把公众参与、专家论证、风险评估、合法性审查、集体讨论决定作为重大行政决策法定程序。推行和完善政府法律顾问制度。建立行政机关内部重大决策合法性审查、终身责任追究及责任倒查机制。积极推进综合执法，搞好跨部门跨行业综合执法试点，探索在县级政府设立统一的综合行政执法机构。严格行政执法，完善行政执法程序，健全行政裁量权基准制度，全面落实行政执法责任制，健全行政执法和刑事司法衔接机制。强化对行政权力的制约监督，形成科学有效的权力运行机制和监督体系。全面推行政务公开，重点推进财政预算、公共资源配置、重大建设项目批准和实施、社会公益事业建设等领域的政府信息公开。

(三)建设法治社会

全面实施第七个全民法治宣传教育五年规划，弘扬法治精神，建设法治文化，增强全社会特别是公职人员的法治意识。健全普法教育机制，落实行政机关"谁执法谁普法"责任制。扎实开展"法律六进"主题活动，深入开展多层次多形式的法治创建活动。建设公共法律服务体系，实施法律顾问全覆盖工程，完善法律援助制度，健全司法救助体系。

## 第十一章　健全保障措施　推进规划实施

强化规划实施的政治保证和思想保证，凝聚各方面力量，形成强大合力，保障规划目标和任务顺利实现。

### 一、落实政府主体责任

(一)坚持党的领导

"十三五"时期，率先全面建成小康社会，推进美丽幸福新东营建设，必须在党的领导下，严格履行政府责任，协同推进各方面工作。要坚定不移地贯彻党的路线方针政策，认真落实市委关于经济社会发展重大战略、重大改革、重大任务等部署要求，严格执行重大事项向市委报告制度。忠实履行宪法和法律赋予的职责，创新管理理念和方式，增强执行力和公信力，提高治理能力和政府效能。自觉接受同级人大及其常委会的监督，推进政治协商、民主监督、参政议政制度建设，自觉接受人民政协民主监督。

(二)加强队伍建设

加大干部教育培训力度，引导广大干部适应经济发展新常态，牢固树立创新、协调、绿色、开放、共享发展理念，努力学习各方面知识，加强实践锻炼，不断提高履职尽责的素质和能力。深化干部人事制度改革，优化领导班子知识结构和专业结构，完善政绩考核评价体系和奖惩机制，注重培养选拔政治强、懂专业、善治理、敢担当、作风正的领导干部。

(三)改进干部作风

认真履行从严管党治党责任，落实"三严三实"要求，严明党的纪律和规矩。深入贯彻落实中央八项规定精神，持续推进作风建设，促进改进作风常态化长效化。强化权力运行制约和监督，以"零容忍"态度惩治腐败，构建不敢腐、不能腐、不想腐的有效机制，努力实现干部清正、政府清廉、政治清明，为经济社会发展提供坚强保证。

### 二、凝聚团结奋进力量

充分发扬民主，践行党的群众路线，始终保持党同人民群众的血肉联系。加强经济社会发展重大问题和涉及群众切身利益问题的协商，依法保障群众各项权益，充分调动广大群众推动建设发展的积极性主动性创造性。充分发挥工青妇等群团组织联系群众、服务群众、动员群众的作用，创新群众工作体制机制和方式方法，凝聚推进改革发展、维护社会和谐稳定的共识和力量。加强与各民主党派、工商联和无党派人士的合作共事，做好新社会阶层人士统战工作，落实党的知识分子、民族、宗教、侨务等政策，巩固和发展最广泛的爱国统一战线。

### 三、健全规划实施机制

(一)强化规划统领

本规划经市人民代表大会审议批准，具有法律效力。要强化其对经济社会发展的引领作用，各专项和区域规划要符合本级总体规划，下级规划要服从上级规划，确保在总体要求上方向一致，在空间配置上相互协调，在时序安排上科学有序。

(二)完善落实机制

强化年度计划分解落实，建立政府职责事项和约束性指标落实目标责任制，提高规划实施效率。各级各部门要按照职责，强化规划分工落实责任，对规划确定的重大目标任务实行责任考核，并将落实情况列入考核审计范围。科学开展中期评估和实施后评估，依法进行规划调整。

(三)加强公开监督

建立规划执行情况年度进展报告制度，自觉接受同级人大及其常委会的监督，自觉接受人民政协的民主监督。建立检查巡视制度，对规划实施情况适时组织开展专项检查，对规划确定的重点任务、重大工程等进展情况进行定期督查和通报，督促各方面加快推进速度。完善政府与企业、民众的信息沟通机制，健全听证、舆论和公众监督等制度，自觉接受群众监督和舆论监督。

全市人民要紧密团结在以习近平同志为总书记的党中央周围，在省委、省政府和市委的坚强领导下，积极作为、勇于担当，埋头苦干、狠抓落实，为全面实现"十三五"时期各项目标任务，率先全面建成小康社会，加快建设美丽幸福新东营而努力奋斗！

# 2016年东营市国民经济和社会发展统计公报

东营市统计局 国家统计局东营调查队

2017年3月8日

2016年，在市委、市政府的正确领导下，全市上下认真贯彻落实党的十八大和十八届三中、四中、五中、六中全会精神，深入学习贯彻习近平总书记系列重要讲话精神，按照“五位一体”总体布局和“四个全面”战略布局，牢固树立和贯彻创新、协调、绿色、开放、共享的发展理念，坚持稳中求进工作总基调，以提高发展质量效益为中心，以推进供给侧结构性改革为主线，积极应对各种风险挑战，经济保持平稳运行，经济社会发展取得新成效，实现了“十三五”良好开局。

## 一、综合

经济运行总体平稳。初步核算，全市实现生产总值(GDP)3479.60亿元，按可比价格计算，比上年增长7.0%。其中，第一产业增加值121.89亿元，增长4.0%；第二产业增加值2163.10亿元，增长6.0%；第三产业增加值1194.61亿元，增长9.2%。三次产业结构3.5:62.2:34.3，第三产业增加值占比较2015年提高2.4个百分点。人均生产总值164024元，按年均汇率折算为24693美元。

图1 2012—2016年地区生产总值(GDP)及增长速度

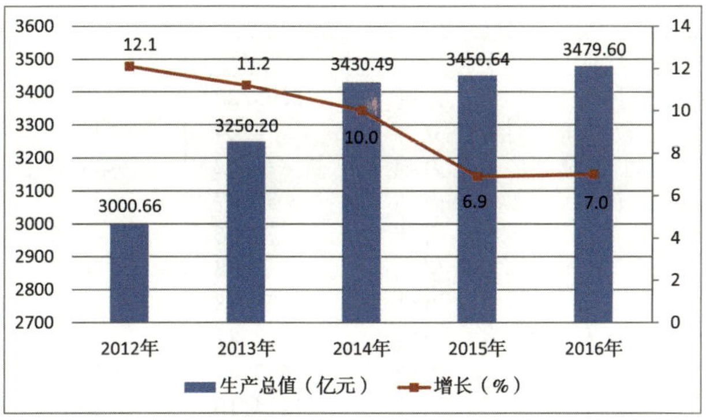


图2 2012—2016年三次产业增加值占全市生产总值比重

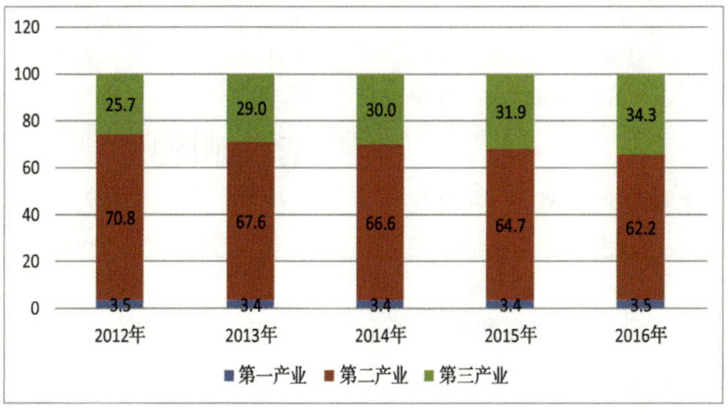


就业形势保持稳定。新增城镇就业4.59万人城镇人口登记失业率2.42%，低于3.5% 的全年控制目标。

市场物价涨幅温和。居民消费价格指数(CPI)同比上涨1.7%。其中，消费品价格上涨2.9%，服务项目价格持平。工业生产者出厂价格指数(PPI)下降6.7%，工业生产者购进价格指数(IPI)下降3.4%。

表1 2016年居民消费价格指数(以上年为100)

| 指　　标 | 累计指数 |
|---|---|
| 居民消费价格总指数 | 101.7 |
| 服务项目价格指数 | 100.0 |
| 消费品价格指数 | 102.9 |
| 食品烟酒 | 103.1 |
| 衣着 | 105.6 |
| 居住 | 98.7 |
| 生活用品及服务 | 102.4 |
| 交通和通信 | 100.7 |
| 教育文化和娱乐 | 99.5 |
| 医疗保健 | 105.4 |
| 其他用品和服务 | 102.9 |

市场主体快速增长。年末实有各类市场主体15.04万户，比上年增长16.5%；注册资本(金)4146.73亿元，增长34.0%。其中，年末实有各类企业4.53万户，增长21.0%，注册资本(金)3977.82亿元，增长34.5%；实有个体工商户10.27万户，增长14.7%，注册资本(金)107.66亿元，增长30.3%。

## 二、农林牧渔业

农业生产稳定向好。实现农林牧渔及服务业总产值260.29亿元，按可比价格计算，比上年增长3.9%。分行业看，农业总产值103.55亿元，增长3.9%；林业总产值2.31亿元，增长4.1%；牧业总产值67.51亿元，增长0.3%；渔业总产值62.89亿元，增长7.8%；农林牧渔服务业总产值24.04亿元，增长5.7%。

粮食生产稳步发展。粮食播种面积250.02万亩，增长3.8%；粮食总产量100.47万吨，增长0.6%。其中，夏粮播种面积122.61万亩，增长7.7%；夏粮总产量50.78万吨，增长5.7%；秋粮播种面积127.41万亩，增长0.3%；秋粮总产量51.77万吨，下降4.0%。棉花播种面积83.91万亩，下降34.4%；棉花总产量7.17万吨，下降16.9%。

林业发展良好。2016年三年增绿完成造林面积13.35万亩，育苗面积16.1万亩，果品产量14万吨。

图 3 2012—2016 年粮食产量

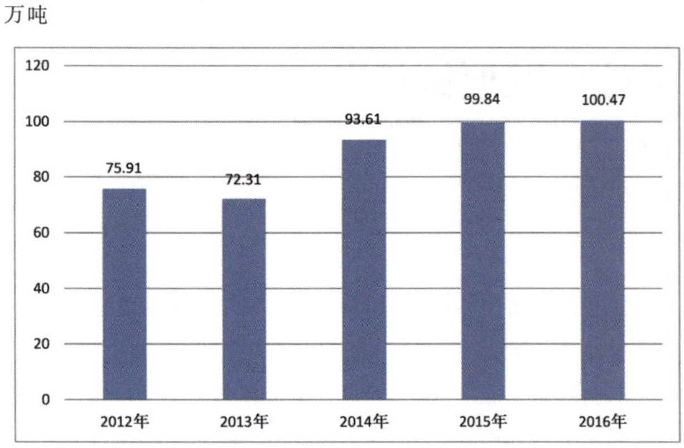


畜牧养殖业发展放缓，奶牛产业快速发展。肉蛋奶总产量 60.79 万吨，与上年持平。其中肉类总产量 16.77 万吨，下降 9.3%；奶类总产量 34.86 万吨，增长 11.6%；禽蛋产量 9.16 万吨，下降 17.5%。

表 2 2016 年猪牛羊家禽存出栏情况

| 指标 | 单位 | 绝对数 | 比上年增长(%) |
|---|---|---|---|
| 猪存栏 | 万头 | 55.50 | -12.5 |
| 牛存栏 | 万头 | 11.09 | -38.7 |
| 羊存栏 | 万只 | 74.06 | -8.1 |
| 家禽存栏 | 万只 | 2134.65 | 4.9 |
| 猪出栏 | 万头 | 77.28 | -16.4 |
| 牛出栏 | 万头 | 4.45 | -60.1 |
| 羊出栏 | 万只 | 136.06 | 55.2 |
| 家禽出栏 | 万只 | 6908.62 | 16.6 |

现代渔业持续健康发展。水产品产量 58.71 万吨，比上年增长 3.0%。其中，海洋捕捞产量 9.33 万吨，增长 1.5%；海水养殖产量 38.76 万吨，增长 3.7%；淡水产品产量 10.62 万吨，增长 1.9%。达到商品规格的海参养殖面积 10 万亩，大闸蟹精养面积 7.2 万亩，南美白对虾池塘养殖面积 36 万亩，成为现代渔业发展新的增长点。

农业产业化经营不断深化。农业龙头企业 650 家、农民合作社 1967 家、家庭农场 1039 家，经营面积 50 亩以上的种植业大户 2835 户。159 家生产单位的 553 个农产品、120.46 万亩生产基地通过“三品”认证，地理标志农产品 7 件、面积 109.3 万亩。

农业农村改革进一步深化。积极引导各类新型农业生产经营主体有序流转土地，流转土地面积 68.70 万亩。农业经营主体土地经营权颁证工作全面展开。河口区成为全国土地承包经营权抵押贷款试点单位。

## 三、工业

工业生产运行平稳。全市规模以上工业企业 946 家，年主营业务收入过 10 亿元的企业 203 家，过 100 亿元的企业 32 家。规模以上工业实现总产值 13380.35 亿元，比上年增长 8.7%，其中地方工业总产值 12916.90 亿元，增长 8.9%。全市规模以上工业增加值增长 6.2%，其中地方工业增加值增长 7.7%。在规模以上工业中，轻工业增长 5.4%，重工业增长 6.4%。33 个工业行业大类中 18 个行业实现增长，增长面 54.5%。其中，石油加工业工业增加值增长 35.1%，有色金属冶炼和压延加工业增长 10.4%，橡胶和塑料制品业增长 6.9%，化学原料和化学制品制造业增长 5.3%。重点产品产量中，原油加工量增长 25.0%，汽油、柴油、液化石油气分别增长 25.1%、26.7%和 88.0%，子午线轮胎外胎增长 13.5%，十种有色金属增长 7.3%。

表 3 2016 年规模以上工业增加值增长速度

| 指标 | 比上年增长(%) |
|---|---|
| 规模以上工业总计 | 6.2 |
| #轻工业 | 5.4 |
| 重工业 | 6.4 |
| #制造业 | 8.0 |
| #国有企业 | 9.0 |
| 集体企业 | 2.1 |
| 股份制企业 | 6.4 |
| 外商及港澳台企业 | 0.7 |
| 其他经济类型企业 | -5.0 |

工业产品产销衔接良好。全市统计的 129 种工业产品中，63 种产品实现增长，增长面 48.8%。规模以上工业企业产销率为 98.79%。实现出口交货值 323.6 亿元，比上年增长 4.0%。

表 4 2016 年规模以上工业主要产品产量及增长速度

| 产品 | 单位 | 产量 | 比上年增长% |
|---|---|---|---|
| 原油 | 万吨 | 2295.26 | -12.0 |
| 天然气 | 亿立方米 | 4.04 | -11.6 |
| 小麦粉 | 万吨 | 75.62 | -11.0 |
| 饲料 | 万吨 | 55.07 | -14.8 |
| 纱 | 万吨 | 73.06 | -0.6 |
| 布 | 亿米 | 2.98 | -20.7 |
| 家具 | 万件 | 78.58 | -6.3 |
| 机制纸及纸板 | 万吨 | 203.81 | 3.2 |
| 原油加工量 | 万吨 | 2613.26 | 25.0 |
| 汽油 | 万吨 | 1214.10 | 25.1 |
| 柴油 | 万吨 | 2047.77 | 26.7 |
| 燃料油 | 万吨 | 925.79 | 2.8 |
| 液化石油气 | 万吨 | 617.31 | 88.0 |
| 烧碱 | 万吨 | 191.27 | 7.2 |
| 子午线轮胎外胎 | 万条 | 16729.66 | 13.5 |
| 塑料制品 | 万吨 | 21.07 | -4.8 |
| 水泥 | 万吨 | 388.97 | -24.7 |
| 十种有色金属 | 万吨 | 74.75 | 7.3 |
| 汽车 | 万辆 | 4540 | -32.9 |

工业企业效益低位运行。规模以上工业主营业务收入 13236.02 亿元，比上年增长 0.2%，其中地方实现主营业务

收入 12729.74 亿元，增长 1.3%。利润 599.55 亿元，下降 30.0%，其中地方工业利润 829.27 亿元，下降 12.5%。利税 957.52 亿元，下降 26.7%，其中地方工业利税 1107.22 亿元，下降 13.4%。

图 4 2012—2016 年规模以上工业主营业务收入

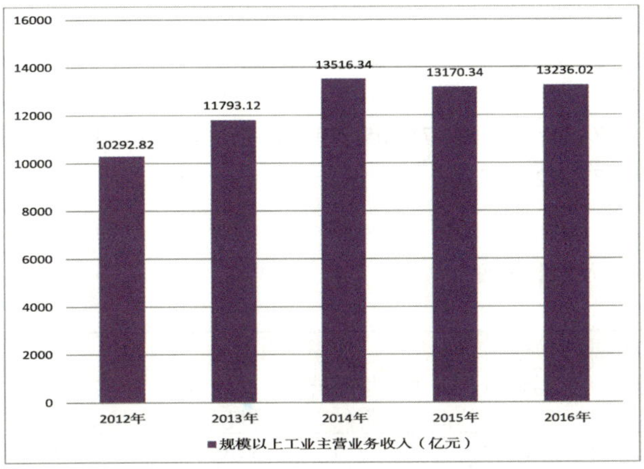


## 四、固定资产投资和建筑业

固定资产投资下行压力较大。完成固定资产投资 2472.55 亿元，比上年下降 19.8%。其中，地方完成投资 2354.99 亿元，下降 15.6%。分产业看，第一产业完成投资 75.18 亿元，下降 6.6%；第二产业完成投资 1292.93 亿元，下降 31.2%；第三产业完成投资 1104.43 亿元，下降 1.8%。三次产业投资占固定资产投资总量的比重为 3.0:52.3:44.7。

图 5 2012—2016 年全社会固定资产投资

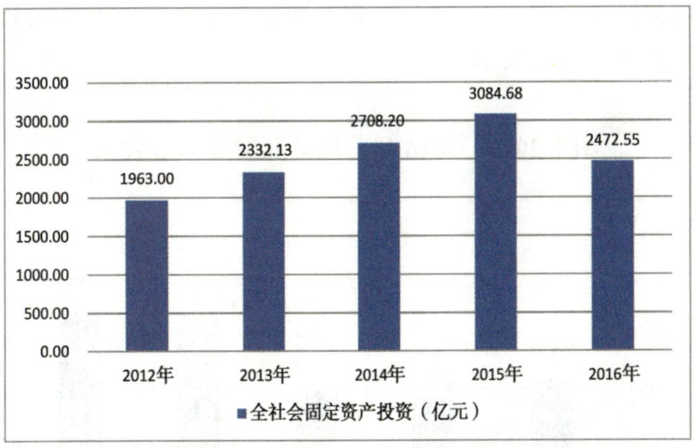


房地产市场稳定增长。房地产完成投资 208.81 亿元，比上年增长 7.7%。其中，住宅投资 157.61 亿元，增长 1.6%；办公楼投资 9.82 亿元，下降 25.2%；商业营业用房投资 26.02 亿元，增长 75.6%；其他投资 15.35 亿元，增长 41.3%。房屋施工面积 1320.59 万平方米，增长 4.9%。房屋竣工面积 205.95 万平方米，下降 43.5%。房屋销售面积 310.48 万平方米，增长 10.3%；房屋销售额 161.75 亿元，增长 5.3%。

保障性安居工程建设扎实推进。全年新开工各类保障性安居工程 0.69 万套（户），开工任务完成率为 105.1%，连同往年结转项目基本建成 1.43 万套，基本建成任务完成率为 246.3%。

建筑业生产呈下滑态势。具有资质等级的总承包和专业承包建筑业企业 229 家。其中，一级建筑企业 15 家。建筑业总产值 262.61 亿元，比上年下降 4.8%。其中，国有及国有控股企业建筑业总产值 68.39 亿元，下降 0.8%；非国有企业建筑业总产值 194.22 亿元，比上年下降 6.1%。

## 五、国内外贸易

消费品市场总体稳定。实现社会消费品零售总额 789.72 亿元，比上年增长 8.5%。其中，限额以上市场零售额 366.79 亿元，下降 1.5%。消费品市场从消费区域看，城镇消费品零售额 686.86 亿元，增长 7.6%；乡村消费品零售额 102.86 亿元，增长 14.7%。

从消费形态看，批发业实现零售额 128.49 亿元，增长 5.6%；零售业 585.44 亿元，增长 8.3%；住宿业 7.35 亿元，增长 8.7%；餐饮业 68.43 亿元，增长 15.5%。

图 6 2012—2016 年全社会消费品零售额

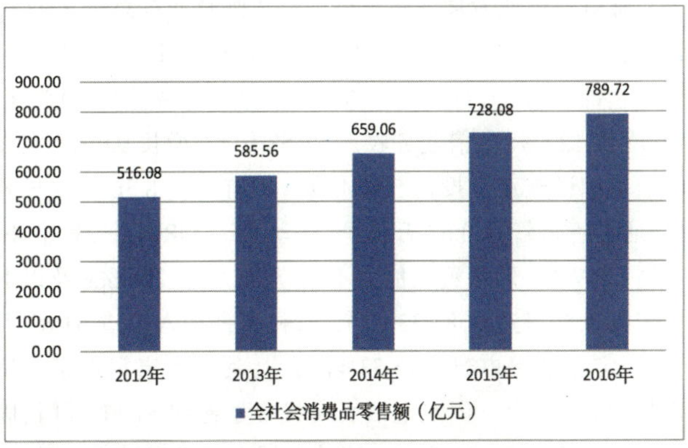


进口持续较快增长，出口降幅进一步收窄。进出口总额 995.88 亿元人民币，比上年增长 24.7%。其中，出口 301.68 亿元，下降 2.0%；进口 694.20 亿元，增长 41.5%。按贸易方式划分，加工贸易出口 162.84 亿元，下降 8.7%；一般贸易出口 136.52 亿元，增长 11.4%；其他贸易出口 1.51 亿元，下降 78.0%。从出口市场情况看，对亚洲出口 138.73 亿元，下降 2.1%；对欧洲出口 52.79 亿元，增长 1.7%；对北美洲出口 42.75 亿元，下降 0.3%；对非洲出口 31.51 亿元，下降 4.9%；对拉丁美洲出口 27.39 亿元，下降 5.5%；对大洋洲出口 7.70 亿元，下降 15.9%。从重点出口产品看，橡胶轮胎出口 156.95 亿元，下降 3.6%；石油装备出口 32.65 亿元，下降 22.1%；化工产品出口 32.06 亿元，增长 11.9%；运输工具及其零部件出口 18.04 亿元，增长 3.1%；电解铜出口 14.67 亿元，下降 15.4%；纺织品出口 9.83 亿元，增长 6.0%。从重点进口商品看，原油进口 315.71 亿元，增长 733.9%；铜及其制

品进口207.51亿元,下降21.4%;矿砂进口68.98亿元,增长216.4%;原料油进口39.43亿元,下降53.7%;天然橡胶进口16.92亿元,下降28.2%;合成橡胶进口9.61亿元,增长64.2%;废纸进口8.12亿元,下降12.3%。

利用外资质量提高、结构优化。新批外资项目7个,新增合同外资0.46亿美元,实际到账外资2.23亿美元,比上年增长0.5%。新签对外承包工程合同额2.39亿美元,增长77.0%;完成营业额3.01亿美元。外派劳务551人;新批境外投资企业(机构)21家,增资9家,实际对外投资2.73亿美元,增长25.7%。

## 六、交通、邮电和旅游

交通运输业平稳发展。完成公路旅客运量599万人次,比上年下降14.4%;公路货物运输量5144万吨,比上年增长3.8%。水路旅客运输量46.89万人次,比上年增长81.2%;水路货物运输量243.4万吨,增长6.0%。胜利机场完成旅客吞吐量37.78万人次,增长18.3%;货邮吞吐量297.59吨,下降27.5%。完成港口货物吞吐量4312万吨,增长28.1%。

年末等级公路通车里程9098.24公里,干线公路里程883.31公里,国道412.61公里,省道470.70公里,县道590.74公里,乡道1712.05公里,专用公路1136.03公里,村道4776.12公里。

**表5-2016年客货运输量及增长速度**

| 项目 | 旅客 | | | | 货物 | | | |
|---|---|---|---|---|---|---|---|---|
| | 运输量(万人次) | 比上年增长(%) | 周转量(万人公里) | 比上年增长(%) | 运输量(万吨) | 比上年增长(%) | 周转量(万吨公里) | 比上年增长(%) |
| 公路 | 599 | -14.4 | 96520 | -10.3 | 5144 | 3.8 | 1276010 | 3.5 |
| 水路 | 46.89 | 81.2 | 193.34 | 76.4 | 243.4 | 6.0 | 246989 | 7.0 |
| 民航客货吞吐 | 37.78 | 18.3 | — | — | 0.03 | -27.5 | — | — |

邮电通信业发展态势良好。完成邮政业务总量1.92亿元,比上年增长29.8%。国内函件274.56万件,下降72.8%;国内包件85.26万件,增长162.5%。电信业务总量49.07亿元,增长12.5%,电信业务收入21.58亿元,增长9.9%。完成电信基础设施建设投资5.56亿元。拥有光缆8.36万皮长公里,通信管道管程0.67万公里,移动基站14864个,其中4G基站5867个。网络覆盖能力不断增强,城市20mbps及以上宽带接入端口达到85.33万个,农村宽带接入端口51.63万个,固定宽带用户数达到53.44万户,其中固定宽带家庭用户数49.71万户。固定电话交换机容量达到51.11万门,固定电话用户数28.89万户。移动电话交换机容量495万门,移动电话用户数达到257.28万户。

旅游业快速发展。年内新增AAA级景区3家,全市A级旅游景区发展到35家。旅行社86家,其中出境组团社12家。星级饭店28家,其中五星级2家、四星级4家。全市1条旅游休闲购物街区,3家旅游商品研发基地,8家金牌购物商店,中华齐笔、黄河口大闸蟹、刘氏布偶系列等6种旅游商品入选"到山东不可不买的100种旅游商品"。实现旅游消费总额142.62亿元,比上年增长14.3%。接待入境游客5.98万人次,增长4.0%,入境游客消费0.53亿美元,增长1.7%;接待国内游客1503.14万人次,增长9.05%,国内游客消费125.63亿元,增长14.4%;居民出游前后消费13.45亿元,同比增长14.3%。

## 七、财政、金融和保险

财政收支缓慢增长。实现一般公共财政预算收入221.87亿元,直比增长0.8%,可比增长2.4%。从收入构成看,税收收入147.44亿元,可比下降2.0%;非税收入74.43亿元,增长14.4%。税收收入占财政收入的比重66.5%。从主要税种看,增值税42.64亿元,可比增长14.4%;营业税28.16亿元,可比下降20.4%;城镇土地使用税26.94亿元,增长15.2%;企业所得税11.84亿元,下降16.1%;个人所得税5.45亿元,增长14.1%;城市维护建设税11.82亿元,下降10.8%。公共财政预算支出268.20亿元,增长4.1%。其中,交通运输支出增长36.2%,公共安全支出增长16.4%,住房保障支出增长16.0%,一般公共服务支出增长10.8%,科学技术支出增长10.1%。

**图7 2012—2016年一般公共财政预算收入**

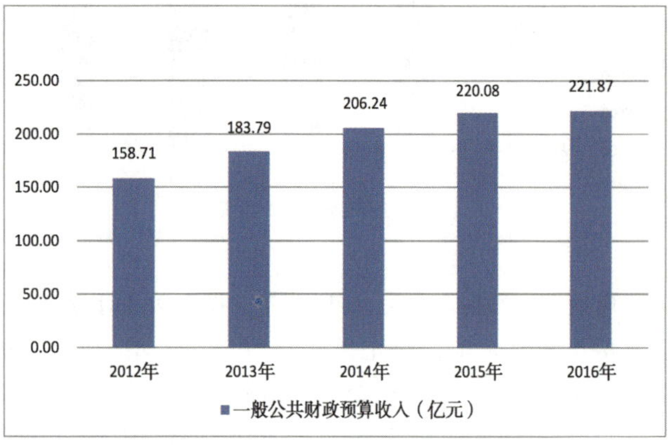


金融市场运行稳健。年末金融机构本外币各项存款余额3989.66亿元,比年初增加303.18亿元。新增存款中,住户存款比年初增加149.02亿元,非金融企业存款比年初增

加150.30亿元。本外币各项贷款余额3507.50亿元,比年初增加476.26亿元。新增贷款中,制造业新增贷款213.68亿元,批发零售业28.14亿元,交通运输、邮政仓储业15.50亿元,建筑业20.20亿元,水利环境和公共设施管理业22.76亿元,租赁和商务服务业21.18亿元,电力、热力、燃气及水生产和供应业9.20亿元,成为新增贷款的主要投放领域。

保险业稳定发展。全年保费收入89.69亿元,比上年增长13.8%。其中,财产险保费收入27.34亿元,增长4.0%;人寿险保费收入62.35亿元,增长18.8%。全年赔付额16.10亿元,增长11.9%。其中,财产险赔付额14.14亿元,增长11.9%;人寿险赔付额1.96亿元,增长12.2%。

## 八、教育和科学技术

教育事业稳步发展。全年普通小学适龄儿童入学率100%,巩固率100%。高等教育自学考试3032人,比上年增加128人;毕业68人,比上年减少59人;在籍高等教育自学考试30880人。全年夏季高考13743人,比上年减少1115人;春季高考4249,比上年增加599人。

表6 2016—2017学年全市教育事业基本情况

| 项 目 | 学校数(所) | 专任教师(人) | 招生数(人) | 毕业生数(人) | 在校生数(人) |
|---|---|---|---|---|---|
| 一、基础教育 | 619 | 27675 | 99151 | 96264 | 368190 |
| 普通小学 | 113 | 8317 | 21831 | 25337 | 112869 |
| 普通初中 | 77 | 8154 | 24791 | 23701 | 92149 |
| 普通高中 | 17 | 3520 | 14196 | 14424 | 41893 |
| 学前教育 | 379 | 5681 | 20206 | 18746 | 61437 |
| 特殊教育 | 1 | 69 | 72 | 25 | 202 |
| 二、中等职业教育 | 8 | 1072 | 8336 | 9328 | 24397 |
| 三、高等教育 | 4 | 1891 | 11029 | 8226 | 32624 |

自主创新能力不断增强。省级重大科技成果奖6个,其中应用技术成果6个。发明专利申请量1226件,下降7.0%;发明专利授权量360件,增长16.5%。年末有效发明专利1299件,增长29.4%,每万人口有效发明专利拥有量6.19件。登记技术合同846项,成交金额15.46亿元,增长12.0%。鉴定登记科技成果103项。

推进科技园区建设。创建石油装备产业国家高新区取得阶段性成果,省政府正式批复同意胜利经济开发区更名为东营高新技术产业开发区,纳入省级高新区管理序列。大学科技园入驻机构达到350家,胜利科技创新园区成长为全国重要的石油装备产业聚集区。

科技服务体系逐步完善。建设国家级众创空间2家,省级8家。全市各类孵化面积达到76.1万平方米,在孵企业879家。极推动大型科学仪器共享,新增135台(套)大型科学仪器,入网仪器达435台(套),设备原值达3.5亿元。2016年末,全市工程技术研究中心50家,其中国家级工程技术研究中心1家,省级示范工程技术研究中心8家;院士工作站9家;省级企业重点实验室5家。

高新技术产业平稳健康发展。新认定科技型企业63家,全市达348家;新认定高新技术企业32家,兑现所得税减免1.34亿元。组织实施省级以上科技计划项目46项,争取无偿资金6880万元,下达市级科技计划项目49项、资金1807万元。规模以上工业高新技术产业实现产值4746.01亿元,比上年增长3.1%,占规模以上工业总产值的比重35.47%,比年初提高0.45个百分点。

## 九、文化、体育和卫生

创建国家公共文化服务体系示范区工作取得明显成效。年末,全市专业文艺团体4个,社会文艺团体259个,电影放映单位20家。文化馆6个,公共图书馆6个。已建成或在建博物馆及纪念馆11家,其中国有博物馆及纪念馆8家,非国有博物馆3家,已建成并开放博物馆9家,正在筹建或还未实行对外开放博物馆2家。广播电台6座,广播发射台和转播台9座,广播综合人口覆盖率99.9%,电视综合人口覆盖率99.9%,有线电视用户28.79万户。传统舞蹈"利津虎斗牛"入选山东省第四批省级非物质文化遗产代表性项目名录,利津水煎包制作技艺入选山东省省级非物质文化遗产代表性项目名录扩展项目名录。承办了山东省第三届吕剧艺术节,举办了"吕剧在故乡"2017迎新年吕剧名段演唱会。1件作品获得"中华颂"第七届全国小戏小品曲艺大展银奖,1件作品获得山东省第三届吕剧艺术节一等奖,1件作品获得第九届泰山文艺奖三等奖,1件作品获得山东省第二届艺术精品调研优秀展演奖,2件作在山东省第三届小品新作大赛中获奖,24件作品获得山东省第28届电视艺术"牡丹奖",11件作品获得2015年度山东广播电视节目奖,21件作品获得2015年度山东省县(市区)广播电视节目奖。

加快全民健身公共服务设施建设,体育事业取得新突破。投入266万元,配套四级公共体育设施建设网络;投入344万元,配合完成民生实事,在中心城居民区周边绿道、公园和15处街头游园配套规划建设足球场、篮球场等;抓好体育扶贫工作,投入240万元用于贫困村体育场地达标工程建设及室外健身器材配套,达标率80%以上。成功举办2016黄河口(东营)国际马拉松赛、首届黄河口(东营)公路自行车赛、第六届全民健身运动会、第八届"百县篮球、千乡乒乓球、万人象棋"比赛、市级青少年运动会等。黄河口(东营)国际马拉松赛被国际田联评为"金标赛事"。参加山东省2016年度锦标赛,获得30枚金牌,20枚银牌,25枚铜牌。参加山东省2016年度冠军赛,获得25枚金牌,11枚银牌,18枚铜牌。

医疗卫生事业取得新发展。年末,全市拥有各级各类医疗卫生机构602家(不含村卫生室),其中医院和卫生院104家。疾病预防控制机构6家,专科疾病防治院(所)2家,卫生监督机构6家,妇幼卫生机构5家,采供血机构1家,社区卫生服务机构132家,门诊部、个体诊所、卫生所、医务室338家，计划生育计生服务机构7家，其他卫生机构1家。全市各级各类医疗卫生机构(不含村卫生室)卫生技术人员16553,其中,执业医师5745人,执业助理医师551人,注册护士7190人。卫生机构实有床位数12769张,其中医院和卫生院12050张,妇幼卫生机构110张,社区卫生服务机构479张,专科疾病防治院(所)130张。乡镇卫生院29家,床位884张,卫生技术人员1510人。村卫生室1032家,乡村医生1652,卫生员45人。

## 十、城市建设、资源环境、重大项目建设和安全生产

新型城镇化建设取得新进展。城镇化率66.67%,比2015年提高1.15个百分点。完善城市服务功能,提高城市综合承载力。重点实施南一路快速路、德州路、西一路等道路建设以及府前大街、南二路、东二路等道路改造工程,实施了东城供水管网完善、东一路供热站管网完善、水质提升工程、市政供热环保项目等市政公用设施项目。大力推进城市公园建设,打造城市特色最具代表性的核心景观区。重点实施森林湿地公园、秋月湖公园、锦华公园、荟萃湖公园景观提升等工程。提升城市绿化水平,实施广利河绿化、东青高速两侧绿化、城市绿道建设及完善等绿化工程。全市供水综合生产能力113万立方米/日,年供水总量15540万立方米;天然气供气总量33100万立方米;集中供热能力(热水)8181兆瓦;污水处理厂处理能力45.5万立方米/日,污水处理厂集中处理率96.5%;生活垃圾无害化处理率100%。

重大事项和项目扎实推进。全年确定77个全市重点建设项目,总投资1005亿元,2016年完成投资229.3亿元。11个市重点推进项目进展顺利,其中南展区新型农村社区建设政策争取、环渤海高铁和京沪高铁第二通道等项目取得阶段性成果。东营综合保税区封关运营。市一中、二中新校区投入使用。东营港北防波堤全面建成,正在加快推进南防波堤、一突堤等基础设施项目。广利港建设快速推进,港区和防波堤建设全面展开。济东高速建成通车。黄大铁路加快推进。东营疏港铁路前期工作全面完成。东营港10万吨级航道工程列入交通运输部“十三五”规划。长深高速向西延伸到济南机场列入省高速公路网规划。东营港防波堤、东营综合保税区等5个项目被山东省政府确定为2016年度全省重点建设项目,2016年完成投资33.2亿元。

生态环境建设得到新提升。《东营市城市总体规划》获国务院批复。持续推进水气污染整治,实施168项水汽污染治理工程,燃煤锅炉超低排放改造和重点行业、重点区域挥发性有机物综合整治取得明显成效,“蓝繁天数”273天。重点实施中心城水环境治理专项行动,加快实施“两河六片”水改善以及溢洪河、广利河及其流域水环境治理优化完善等项目。

安全生产形势总体平稳。按照新的统计办法,全年共发生各类生产安全事故53起、死亡68人,事故起数、死亡人数分别下降57.3%、4.5%;亿元GDP生产安全事故死亡人数0.039;道路交通万车死亡率1.80人/万车。

## 十一、人口、居民生活和社会保障

人口保持低速平稳增长。年末全市常住人口213.21万人。全年共出生31761人,人口出生率为16.57‰,死亡率为4.78‰,自然增长率为11.79‰。

城乡居民生活质量稳步提高。城镇居民人均可支配收入41580元，增长7.3%；人均消费性支出24879元，增长7.5%；恩格尔系数为23.7%；年末人均现住房建筑面积36.10平方米。农村居民人均可支配收入14999元，增长8.0%;人均消费性支出11348元,增长8.1%;恩格尔系数为23.6%;年末人均现住房建筑面积38.00平方米。

图8 2012—2016年城镇居民人均可支配收入

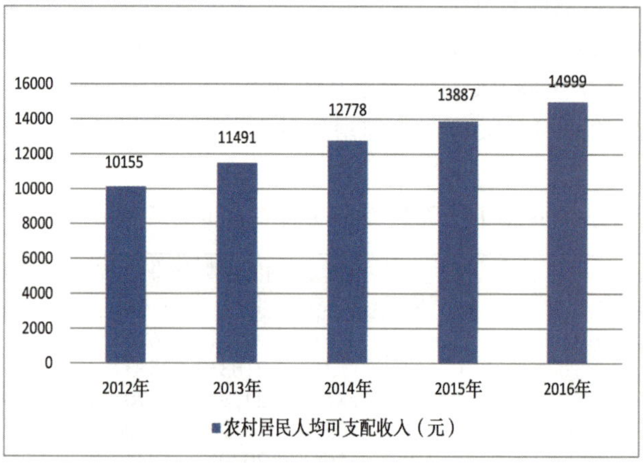


图9 2012—2016年农村居民人均可支配收入

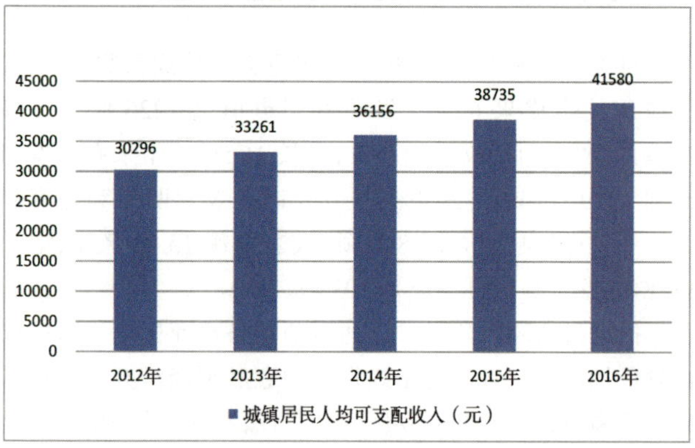


表7 2016年居民人均可支配收入及增长速度

| 指标名称 | 城镇居民 | | 农村居民 | |
|---|---|---|---|---|
| | 绝对值（元） | 比上年增长(%) | 绝对值（元） | 比上年增长(%) |
| 可支配收入 | 41580 | 7.3 | 14999 | 8.0 |
| 工资性收入 | 29057 | 7.6 | 6899 | 7.5 |
| 经营净收入 | 3273 | 7.7 | 6212 | 8.7 |
| 财产净收入 | 3705 | 8.1 | 1421 | 7.3 |
| 转移净收入 | 5544 | 5.4 | 466 | 9.0 |

**表 8 2016 年居民人均消费支出及增长速度**

| 指标名称 | 城镇居民 | | 农村居民 | |
|---|---|---|---|---|
| | 绝对值（元） | 比上年增长（%） | 绝对值（元） | 比上年增长（%） |
| 消费支出 | 24879 | 7.5 | 11348 | 8.1 |
| 食品烟酒 | 5896 | 5.6 | 2678 | 5.7 |
| 衣着 | 2695 | 8.5 | 609 | 7.1 |
| 居住 | 5791 | 6.5 | 2389 | 8.9 |
| 生活用品及服务 | 1554 | 4.0 | 532 | 7.1 |
| 交通通信 | 4230 | 12.1 | 3088 | 7.5 |
| 教育文化娱乐 | 2619 | 5.0 | 1389 | 11.3 |
| 医疗保健 | 1538 | 13.8 | 541 | 14.6 |
| 其他商品和服务 | 554 | 6.7 | 122 | 5.8 |

**表 9 2016 年末每百户居民家庭主要耐用消费品拥有量**

| 消费品名称 | 单位 | 数量 | | |
|---|---|---|---|---|
| | | 全体 | 城镇 | 农村 |
| 家用汽车 | 辆 | 67 | 72 | 55 |
| 摩托车 | 辆 | 25 | 12 | 53 |
| 洗衣机 | 台 | 99 | 98 | 101 |
| 电冰箱(柜) | 台 | 100 | 100 | 100 |
| 彩色电视机 | 台 | 104 | 103 | 105 |
| 空调 | 台 | 99 | 115 | 63 |
| 热水器 | 台 | 89 | 94 | 79 |
| 太阳能热水器 | 台 | 65 | 61 | 75 |
| 固定电话 | 线 | 40 | 43 | 33 |
| 移动电话 | 部 | 207 | 194 | 237 |
| 接入互联网的移动电话 | 部 | 85 | 80 | 97 |
| 计算机 | 台 | 75 | 83 | 56 |
| 接入互联网的计算机 | 台 | 64 | 72 | 47 |

保障和改善社会民生水平不断提升。参加城镇职工基本养老保险 55.24 万人，参加居民基本养老保险 73.97 万人。参加城镇基本医疗保险职工 69.90 万人，居民基本医疗保险参保人数 126.21 万人。参加失业保险职工 28.59 万人，领取失业保险金 8936 人。参加工伤保险 61.61 万人，生育保险人数 48.09 万人。

社会福利事业实现新发展。保障城乡低保对象 3.74 万人，特困人员 2186 人。建成养老服务设施 298 处，其中，养老机构 42 处、社区日间照料中心 53 处、农村幸福院 203 处，各类养老服务设施床位数 12714 张，每千名老年人拥有床位数 33 张。东营区被确定为“山东省社区治理暨养老服务创新试验区”，中央电视台新闻联播节目报道了我市农村互助式养老的做法。社区治理和服务创新能力显著增强。全市已建成城市社区工作站 77 个、农村社区服务中心 156 个，覆盖率分别达到 98%、93%。东营市再次被命名为“全国双拥模范城”，实现了“四连冠”。

注：

1.本公报中数据均为初步统计数。

2.生产总值、各产业增加值总量按现价计算，增长速度按不变价格计算。邮电业务总量按 2010 年不变价格计算。

3.各类市场主体包括在工商部门登记注册的国有集体性质企业、外商投资企业、私营企业、个体工商户和农民专业合作社。

4.规模以上工业企业指年主营业务收入 2000 万元及以上的工业法人企业。

5.固定资产投资（不含农户）包括城镇和农村各种登记注册类型的企业、事业、行政单位以及城镇个体户计划总投资 500 万元及以上的建设项目投资，全部房地产开发经营业法人单位开发项目投资。

6.房地产业投资包括房地产开发投资，还包括建设单位自建房屋以及物业管理、中介服务和其他房地产投资。

7.限额以上批发业企业指年主营业务收入 2000 万元及以上的批发业企业，限额以上零售业企业指年主营业务收入 500 万元及以上的零售业企业，限额以上住宿和餐饮业企业指年主营业务收入 200 万元及以上的住宿和餐饮业企业。

8.各类生产安全事故起数、死亡人数统计范围包括生产经营性道路交通、水上交通、铁路交通、民航飞行、农业机械、渔业船舶和工矿商贸七个行业（领域）发生的事故，不包括森林火灾、火灾事故和非生产经营性道路交通。

9.2015 年一季度开始，居民收支指标使用“居民人均可支配收入”和“居民人均消费支出”。城镇居民收支指标调整为“城镇居民人均可支配收入”和“城镇居民人均消费支出”，农村居民收支指标调整为“农村居民人均可支配收入”和“农村居民人均消费支出”。2012-2014 年城镇居民、农村居民可支配收入均为城乡住户调查一体化改革后可比口径数据。

10.城市建设相关数据，供水综合生产能力、供水总量、天然气供气总量、集中供热能力（热水）、污水处理厂处理能力、污水处理厂集中处理率、生活垃圾无害化处理率均为快报数据。

（东营市统计局办公室）

# 1983—2016年东营市主要经济社会发展统计资料

## 全市生产总值

单位：亿元、元

| 年份 | 全市生产总值 | 第一产业 | 第二产业 | 第三产业 | 地方生产总值 | 人均生产总值 |
|---|---|---|---|---|---|---|
| 1983 | 20.76 | 3.96 | 15.10 | 1.70 | 7.99 | 1350 |
| 1984 | 54.32 | 4.52 | 47.36 | 2.44 | 11.60 | 3887 |
| 1985 | 61.92 | 5.45 | 53.92 | 2.55 | 13.34 | 4327 |
| 1986 | 42.85 | 4.52 | 36.10 | 2.23 | 14.25 | 2958 |
| 1987 | 66.07 | 5.73 | 57.04 | 3.29 | 17.25 | 4469 |
| 1988 | 53.41 | 6.96 | 41.57 | 4.88 | 20.02 | 3572 |
| 1989 | 58.60 | 7.28 | 46.38 | 4.94 | 24.13 | 4097 |
| 1990 | 65.74 | 8.39 | 51.19 | 6.16 | 25.63 | 4228 |
| 1991 | 75.32 | 10.03 | 58.66 | 6.64 | 29.48 | 4775 |
| 1992 | 86.60 | 8.20 | 69.37 | 9.03 | 40.83 | 5430 |
| 1993 | 125.72 | 13.12 | 94.91 | 17.69 | 57.72 | 7811 |
| 1994 | 191.50 | 21.39 | 150.12 | 19.99 | 72.72 | 11839 |
| 1995 | 229.26 | 28.31 | 177.97 | 22.98 | 94.02 | 14056 |
| 1996 | 259.07 | 29.26 | 200.08 | 29.73 | 103.03 | 15707 |
| 1997 | 300.18 | 29.45 | 232.67 | 38.06 | 121.25 | 18041 |
| 1998 | 315.67 | 30.02 | 239.77 | 45.88 | 141.00 | 18779 |
| 1999 | 330.84 | 30.68 | 252.78 | 47.38 | 153.00 | 19471 |
| 2000 | 465.11 | 31.50 | 379.60 | 54.01 | 173.00 | 27139 |
| 2001 | 501.52 | 33.37 | 404.98 | 63.17 | 211.50 | 29015 |
| 2002 | 540.30 | 34.35 | 417.37 | 88.58 | 248.94 | 30966 |
| 2003 | 696.08 | 37.36 | 553.18 | 105.54 | 324.78 | 39528 |
| 2004 | 893.17 | 42.70 | 718.50 | 131.97 | 423.00 | 50229 |
| 2005 | 1145.74 | 48.20 | 913.07 | 184.47 | 583.00 | 63771 |
| 2006 | 1425.48 | 53.27 | 1124.19 | 248.02 | 783.00 | 72781 |
| 2007 | 1619.53 | 60.63 | 1264.56 | 294.34 | 1062.48 | 81794 |
| 2008 | 2028.27 | 70.08 | 1550.93 | 407.26 | 1190.00 | 101520 |
| 2009 | 2058.97 | 74.73 | 1521.92 | 462.32 | 1543.00 | 102370 |
| 2010 | 2359.94 | 87.38 | 1712.20 | 560.36 | 1636.00 | 116448 |
| 2011 | 2676.35 | 99.18 | 1914.81 | 662.36 | 1870.00 | 130811 |
| 2012 | 3000.66 | 104.34 | 2126.02 | 770.30 | 2120.00 | 145395 |
| 2013 | 3250.20 | 109.77 | 2197.85 | 942.58 | 2300.00 | 156356 |
| 2014 | 3430.49 | 115.86 | 2284.73 | 1029.90 | 2550.00 | 163982 |
| 2015 | 3450.64 | 117.75 | 2230.61 | 1102.28 | 3000.00 | 163938 |
| 2016 | 3479.60 | 121.89 | 2163.10 | 1194.61 | 3108.06 | 164024 |

## 全市生产总值指数(以1978年为100)

单位：%

| 年份 | 全市生产总值 | 第一产业 | 第二产业 | 第三产业 | 地方生产总值 | 人均生产总值 |
|---|---|---|---|---|---|---|
| 1983 | 102.99 | 209.21 | 80.29 | 129.59 | 176.50 | 96.11 |
| 1984 | 220.47 | 227.30 | 223.08 | 182.60 | 250.30 | 201.02 |
| 1985 | 233.37 | 272.40 | 236.28 | 189.19 | 270.30 | 211.50 |
| 1986 | 220.58 | 244.10 | 224.28 | 151.90 | 279.40 | 194.32 |
| 1987 | 276.77 | 265.50 | 278.46 | 274.19 | 321.50 | 238.94 |
| 1988 | 256.06 | 263.01 | 253.46 | 273.21 | 355.80 | 218.75 |
| 1989 | 249.38 | 262.80 | 248.36 | 242.12 | 366.00 | 209.12 |
| 1990 | 270.08 | 242.59 | 272.55 | 293.42 | 362.70 | 221.44 |

续表

| 年份 | 全市生产总值 | 第一产业 | 第二产业 | 第三产业 | 地方生产总值 | 人均生产总值 |
|---|---|---|---|---|---|---|
| 1991 | 282.18 | 307.38 | 274.98 | 303.01 | 420.60 | 228.08 |
| 1992 | 298.88 | 243.08 | 299.78 | 380.53 | 479.70 | 238.96 |
| 1993 | 369.69 | 300.28 | 340.28 | 741.65 | 599.40 | 292.94 |
| 1994 | 416.97 | 342.37 | 388.37 | 790.67 | 693.10 | 328.77 |
| 1995 | 456.46 | 392.46 | 417.10 | 919.55 | 804.00 | 356.88 |
| 1996 | 500.23 | 427.94 | 456.19 | 1019.96 | 926.50 | 386.75 |
| 1997 | 556.21 | 430.85 | 506.64 | 1221.81 | 1070.70 | 426.32 |
| 1998 | 604.15 | 459.76 | 542.31 | 1422.19 | 1242.01 | 458.38 |
| 1999 | 647.65 | 476.31 | 575.93 | 1618.45 | 1413.40 | 486.25 |
| 2000 | 706.59 | 485.84 | 633.53 | 1783.53 | 1611.28 | 525.97 |
| 2001 | 771.60 | 514.99 | 690.54 | 2008.26 | 1852.97 | 569.21 |
| 2002 | 860.33 | 546.92 | 766.50 | 2353.68 | 2167.97 | 629.03 |
| 2003 | 1004.01 | 590.13 | 899.87 | 2742.04 | 2649.26 | 728.42 |
| 2004 | 1176.70 | 643.24 | 1060.05 | 3208.19 | 3311.58 | 846.17 |
| 2005 | 1384.98 | 696.63 | 1252.98 | 3795.29 | 4172.59 | 987.48 |
| 2006 | 1620.43 | 745.39 | 1464.73 | 4584.71 | 5215.74 | 1143.50 |
| 2007 | 1881.32 | 790.12 | 1694.70 | 5506.24 | 6498.81 | 1313.88 |
| 2008 | 2139.18 | 829.66 | 1918.52 | 6451.43 | 7720.27 | 1481.27 |
| 2009 | 2404.44 | 871.14 | 2162.17 | 7238.50 | 9032.72 | 1653.10 |
| 2010 | 2726.63 | 911.22 | 2451.90 | 8288.09 | 10568.28 | 1859.74 |
| 2011 | 3072.92 | 949.49 | 2775.55 | 9332.39 | 12449.44 | 2075.47 |
| 2012 | 3444.74 | 987.47 | 3114.17 | 10554.93 | 14603.19 | 2305.85 |
| 2013 | 3830.55 | 1022.03 | 3481.64 | 11642.09 | 16647.64 | 2545.66 |
| 2014 | 4213.61 | 1060.87 | 3847.21 | 12713.16 | 18695.30 | 2782.41 |
| 2015 | 4504.34 | 1104.36 | 4101.13 | 13717.50 | 20247.01 | 2954.92 |
| 2016 | 4819.65 | 1150.75 | 4347.20 | 14979.51 | 21866.77 | 3129.26 |

## 主要农产品产量

单位:万吨

| 年份 | 粮食总产量 | 棉花总产量 | 油料总产量 | 水果总产量 | 水产品总产量 | 肉类总产量 | 年份 | 粮食总产量 | 棉花总产量 | 油料总产量 | 水果总产量 | 水产品总产量 | 肉类总产量 |
|---|---|---|---|---|---|---|---|---|---|---|---|---|---|
| 1983 | 45.65 | 3.35 | 0.52 | 0.66 | 0.66 | 0.75 | 2000 | 80.94 | 2.01 | 1.11 | 6.84 | 27.31 | 9.60 |
| 1984 | 45.24 | 5.38 | 1.00 | 0.36 | 0.63 | 0.69 | 2001 | 84.03 | 4.58 | 1.08 | 6.66 | 29.09 | 10.42 |
| 1985 | 50.01 | 3.61 | 4.18 | 0.80 | 0.75 | 1.05 | 2002 | 76.59 | 4.80 | 1.25 | 6.85 | 31.00 | 11.68 |
| 1986 | 53.47 | 2.43 | 1.79 | 0.41 | 1.18 | 1.14 | 2003 | 66.25 | 7.28 | 0.79 | 6.78 | 33.32 | 13.37 |
| 1987 | 59.14 | 4.40 | 1.66 | 0.98 | 1.76 | 1.33 | 2004 | 49.71 | 10.73 | 0.59 | 6.79 | 37.07 | 16.14 |
| 1988 | 58.39 | 4.46 | 1.43 | 0.89 | 2.56 | 1.82 | 2005 | 64.94 | 10.44 | 0.58 | 8.61 | 42.00 | 18.48 |
| 1989 | 59.30 | 3.90 | 0.78 | 0.75 | 3.02 | 2.19 | 2006 | 76.73 | 12.36 | 0.57 | 9.60 | 38.51 | 18.74 |
| 1990 | 62.51 | 2.97 | 0.29 | 0.57 | 3.52 | 2.98 | 2007 | 71.79 | 11.57 | 0.64 | 10.15 | 39.83 | 18.24 |
| 1991 | 82.28 | 4.98 | 0.53 | 0.56 | 4.02 | 2.65 | 2008 | 72.93 | 13.63 | 0.47 | 9.96 | 41.82 | 20.97 |
| 1992 | 55.76 | 1.83 | 0.29 | 1.02 | 4.75 | 2.78 | 2009 | 80.32 | 13.67 | 0.53 | 9.89 | 42.36 | 22.11 |
| 1993 | 75.47 | 1.44 | 0.65 | 1.72 | 6.13 | 2.86 | 2010 | 79.36 | 11.81 | 0.49 | 9.20 | 45.31 | 24.78 |
| 1994 | 87.49 | 2.29 | 1.13 | 2.92 | 7.51 | 3.36 | 2011 | 81.57 | 14.91 | 0.34 | 9.06 | 48.16 | 25.71 |
| 1995 | 88.56 | 1.96 | 0.80 | 3.25 | 8.56 | 3.36 | 2012 | 75.91 | 12.86 | 0.32 | 9.56 | 50.00 | 26.84 |
| 1996 | 93.93 | 2.01 | 0.88 | 4.00 | 9.88 | 2.77 | 2013 | 72.31 | 9.54 | 0.27 | 9.38 | 52.09 | 27.55 |
| 1997 | 78.20 | 1.52 | 0.50 | 4.29 | 12.77 | 5.91 | 2014 | 93.61 | 11.55 | 0.35 | 9.51 | 55.18 | 23.31 |
| 1998 | 102.16 | 1.61 | 0.90 | 5.74 | 18.76 | 6.50 | 2015 | 99.84 | 8.63 | 0.34 | 9.24 | 57.00 | 18.49 |
| 1999 | 104.39 | 1.35 | 1.00 | 5.94 | 23.45 | 8.55 | 2016 | 100.47 | 7.17 | 0.42 | 8.60 | 58.71 | 16.76 |

说明:2006 年以后的水产品总产量和肉类总产量是与农业普查接轨后的数据

## 规模以上工业企业主要指标

| 年份 | 工业企业个数(个) | 总产值(当年价,亿元) | 工业利润(亿元) | 工业利税(亿元) | 年份 | 企业数量(个) | 总产值(当年价,亿元) | 工业利润(亿元) | 工业利税(亿元) |
|---|---|---|---|---|---|---|---|---|---|
| 1983 | 239 | 20.75 | 7.03 | 9.32 | 2000 | 187 | 570.41 | 184.87 | 247.87 |
| 1984 | 228 | 51.56 | 7.35 | 11.09 | 2001 | 209 | 551.16 | 156.13 | 212.35 |
| 1985 | 256 | 64.77 | 4.74 | 11.21 | 2002 | 237 | 586.53 | 126.94 | 176.59 |
| 1986 | 335 | 46.77 | 3.36 | 9.66 | 2003 | 291 | 779.45 | 181.26 | 248.93 |
| 1987 | 424 | 76.45 | 6.74 | 11.06 | 2004 | 357 | 1090.22 | 261.09 | 352.96 |
| 1988 | 449 | 64.22 | -0.37 | 4.80 | 2005 | 452 | 1673.31 | 458.03 | 483.24 |
| 1989 | 458 | 80.19 | 0.67 | 1.06 | 2006 | 603 | 2464.67 | 541.75 | 769.81 |
| 1990 | 462 | 87.99 | -1.33 | -0.90 | 2007 | 759 | 3183.20 | 560.35 | 815.40 |
| 1991 | 482 | 107.33 | 2.61 | 3.05 | 2008 | 791 | 4085.34 | 752.66 | 1239.11 |
| 1992 | 489 | 132.35 | -6.23 | -5.59 | 2009 | 909 | 4350.15 | 483.97 | 748.34 |
| 1993 | 658 | 183.01 | -14.88 | -5.08 | 2010 | 939 | 6037.86 | 722.07 | 1160.07 |
| 1994 | 658 | 264.04 | 3.46 | 23.71 | 2011 | 782 | 8206.45 | 999.73 | 1653.16 |
| 1995 | 756 | 262.35 | 3.64 | 34.35 | 2012 | 824 | 10267.48 | 1177.64 | 1898.27 |
| 1996 | 797 | 308.16 | 4.91 | 38.91 | 2013 | 864 | 11997.18 | 1236.61 | 1937.18 |
| 1997 | 834 | 350.40 | 7.79 | 43.59 | 2014 | 921 | 13584.79 | 1250.70 | 1966.95 |
| 1998 | 124 | 303.33 | 7.08 | 44.01 | 2015 | 948 | 13263.01 | 853.65 | 1302.91 |
| 1999 | 137 | 323.23 | 8.68 | 4.60 | 2016 | 946 | 13380.35 | 594.89 | 948.02 |

## 全社会固定资产投资、零售额

单位:亿元

| 年份 | 固定资产投资 | 社会消费品零售总额 | 年份 | 固定资产投资 | 社会消费品零售总额 | 年份 | 固定资产投资 | 社会消费品零售总额 |
|---|---|---|---|---|---|---|---|---|
| 1983 | 8.51 | 3.25 | 1995 | 97.78 | 40.71 | 2007 | 698.60 | 232.15 |
| 1984 | 17.76 | 3.91 | 1996 | 101.44 | 50.03 | 2008 | 873.81 | 297.48 |
| 1985 | 31.79 | 5.30 | 1997 | 119.75 | 59.04 | 2009 | 1095.59 | 323.71 |
| 1986 | 35.56 | 6.10 | 1998 | 132.78 | 67.19 | 2010 | 1348.98 | 382.36 |
| 1987 | 43.61 | 6.95 | 1999 | 148.86 | 72.43 | 2011 | 1574.42 | 448.85 |
| 1988 | 45.11 | 8.73 | 2000 | 197.44 | 77.28 | 2012 | 1963.00 | 516.08 |
| 1989 | 47.32 | 9.53 | 2001 | 210.74 | 85.78 | 2013 | 2332.13 | 585.56 |
| 1990 | 46.11 | 10.73 | 2002 | 240.80 | 95.65 | 2014 | 2708.20 | 659.06 |
| 1991 | 46.41 | 13.95 | 2003 | 338.60 | 110.66 | 2015 | 3084.68 | 728.05 |
| 1992 | 54.80 | 18.27 | 2004 | 450.57 | 128.81 | 2016 | 2472.55 | 789.72 |
| 1993 | 70.34 | 25.38 | 2005 | 506.54 | 154.95 | | | |
| 1994 | 87.61 | 32.99 | 2006 | 609.86 | 187.62 | | | |

## 财政、金融情况

单位:亿元

| 年份 | 地方财政收入 | 地方财政支出 | 全社会各项存款余额 | 其中:储蓄存款 | 全社会各项贷款余额 | 年份 | 地方财政收入 | 地方财政支出 | 全社会各项存款余额 | 其中:储蓄存款 | 全社会各项贷款余额 |
|---|---|---|---|---|---|---|---|---|---|---|---|
| 1983 | 2.28 | 0.26 | 2.91 | 1.20 | 3.41 | 2000 | 15.20 | 17.55 | 274.55 | 171.54 | 142.50 |
| 1984 | 2.78 | 0.55 | 5.01 | 1.80 | 5.51 | 2001 | 17.87 | 21.05 | 324.44 | 206.94 | 166.40 |
| 1985 | 1.43 | 1.18 | 7.96 | 2.66 | 11.83 | 2002 | 18.68 | 22.57 | 398.10 | 240.17 | 216.23 |
| 1986 | 0.91 | 1.62 | 9.35 | 3.86 | 16.57 | 2003 | 23.04 | 28.71 | 495.78 | 287.49 | 296.71 |
| 1987 | 1.35 | 2.02 | 15.13 | 5.81 | 20.38 | 2004 | 28.31 | 35.46 | 555.33 | 328.27 | 357.41 |
| 1988 | 1.96 | 2.40 | 16.50 | 8.51 | 18.20 | 2005 | 38.55 | 50.56 | 651.64 | 384.45 | 420.06 |
| 1989 | 2.38 | 3.14 | 21.97 | 8.31 | 23.83 | 2006 | 48.10 | 61.86 | 761.59 | 426.08 | 516.39 |
| 1990 | 2.55 | 3.43 | 28.37 | 15.08 | 34.12 | 2007 | 60.12 | 76.28 | 844.43 | 440.72 | 598.91 |
| 1991 | 3.21 | 3.76 | 34.80 | 19.54 | 46.27 | 2008 | 70.95 | 89.72 | 1032.78 | 554.07 | 695.87 |
| 1992 | 3.37 | 4.15 | 41.30 | 23.84 | 53.23 | 2009 | 80.87 | 105.24 | 1300.97 | 640.22 | 899.36 |
| 1993 | 4.30 | 4.95 | 51.07 | 29.88 | 62.65 | 2010 | 104.88 | 142.07 | 1567.10 | 703.06 | 1148.11 |
| 1994 | 4.13 | 5.61 | 79.58 | 49.69 | 74.68 | 2011 | 135.27 | 179.80 | 1904.01 | 789.90 | 1390.95 |
| 1995 | 5.29 | 7.47 | 81.57 | 73.28 | 109.82 | 2012 | 158.71 | 208.40 | 2348.94 | 941.29 | 1748.43 |
| 1996 | 6.85 | 9.83 | 145.11 | 95.79 | 98.02 | 2013 | 183.79 | 232.25 | 2789.27 | 1051.34 | 2089.61 |
| 1997 | 8.84 | 11.70 | 164.82 | 113.52 | 107.27 | 2014 | 206.24 | 241.36 | 3207.40 | 1185.04 | 2523.78 |
| 1998 | 10.32 | 13.05 | 196.40 | 132.17 | 129.18 | 2015 | 220.08 | 257.68 | 3568.49 | 1320.02 | 2941.53 |
| 1999 | 10.75 | 13.68 | 235.11 | 156.92 | 144.30 | 2016 | 221.87 | 268.15 | 3837.74 | 1464.44 | 3403.93 |

说明:全社会各项存、贷款余额为人民币

## 物价指数(以上年价格为 100)

| 年份 | 居民消费价格总指数 | 商品零售价格总指数 | 年份 | 居民消费价格总指数 | 商品零售价格总指数 | 年份 | 居民消费价格总指数 | 商品零售价格总指数 |
|---|---|---|---|---|---|---|---|---|
| 1985 | 99.5 | 99.3 | 1996 | 113.4 | 107.5 | 2007 | 103.8 | 102.3 |
| 1986 | 107.9 | 106.5 | 1997 | 101.6 | 101.2 | 2008 | 103.5 | 103.2 |
| 1987 | 109.9 | 110.0 | 1998 | 97.8 | 96.6 | 2009 | 99.0 | 98.9 |
| 1988 | 120.6 | 121.0 | 1999 | 102.9 | 97.3 | 2010 | 102.3 | 102.0 |
| 1989 | 117.5 | 116.5 | 2000 | 103.7 | 98.7 | 2011 | 104.4 | 103.5 |
| 1990 | 100.4 | 99.1 | 2001 | 101.4 | 98.7 | 2012 | 102.4 | 101.8 |
| 1991 | 107.1 | 107.6 | 2002 | 99.1 | 96.4 | 2013 | 102.0 | 101.8 |
| 1992 | 111.9 | 112.2 | 2003 | 99.8 | 98.7 | 2014 | 101.4 | 101.0 |
| 1993 | 114.2 | 111.3 | 2004 | 103.2 | 101.7 | 2015 | 101.5 | 100.1 |
| 1994 | 126.6 | 124.4 | 2005 | 100.4 | 99.2 | 2016 | 101.7 | 102.2 |
| 1995 | 113.8 | 111.1 | 2006 | 100.5 | 99.1 | — | — | — |

## 城市居民生活

单位:元、平方米

| 年份 | 人均可支配收入(元) | 人均消费性支出(元) | 人均居住面积(平方米) | 年份 | 人均可支配收入(元) | 人均消费性支出(元) | 人均居住面积(平方米) |
|---|---|---|---|---|---|---|---|
| 1985 | 789 | — | — | 2001 | 8847 | 6344 | 15.11 |
| 1986 | 867 | 745 | — | 2002 | 9144 | 6351 | 19.23 |
| 1987 | 977 | 837 | — | 2003 | 10199 | 6972 | 19.52 |
| 1988 | 1239 | 1106 | — | 2004 | 12935 | 8194 | 20.32 |
| 1989 | 1338 | 1176 | — | 2005 | 14939 | 9625 | 20.82 |
| 1990 | 1569 | 1231 | — | 2006 | 16742 | 10698 | 23.10 |
| 1991 | 1976 | 1599 | — | 2007 | 18626 | 12397 | 24.89 |
| 1992 | 2329 | 1875 | — | 2008 | 19487 | 12416 | 32.90 |
| 1993 | 3255 | 2225 | 11.74 | 2009 | 21313 | 13599 | 33.04 |
| 1994 | 4446 | 3279 | 11.66 | 2010 | 23796 | 14744 | 33.24 |
| 1995 | 6174 | 4170 | 13.08 | 2011 | 27343 | 17532 | 36.68 |
| 1996 | 7311 | 5040 | 13.03 | 2012 | 30953 | 18001 | 37.13 |
| 1997 | 7496 | 5188 | 12.97 | 2013 | 33983 | 19569 | 27.99 |
| 1998 | 7842 | 5524 | 12.96 | 2014 | 36940 | 21925 | 34.20 |
| 1999 | 7633 | 5123 | 12.97 | 2015 | 38735 | 23140 | 35.50 |
| 2000 | 8597 | 6995 | 13.28 | 2016 | 41580 | 24879 | 36.10 |

说明:自2013年开始,全省实施城乡住户调查一体化改革,调查统计居民收支情况。自2015年起,东营市正式公布新口径数据,新口径与之前老口径分别实施的城镇和农村住户调查的调查范围、方法、指标口径有所不同。新口径下居民收支指标使用“居民人均可支配收入”和“居民人均生活消费支出”,城乡居民收支指标分别调整为“城镇居民人均可支配收入”“城镇居民人均生活消费支出”、“农村居民人均可支配收入”和“农村居民人均生活消费支出”。人均居住面积为人均现住房建筑面积

## 农村居民生活

单位:元、平方米

| 年份 | 人均纯收入 | 人均生活消费支出 | 人均年末住房面积 | 年份 | 人均纯收入 | 人均生活消费支出 | 人均年末住房面积 |
|---|---|---|---|---|---|---|---|
| 1983 | 290 | 142 | 14.92 | 2000 | 2784 | 1785 | 24.85 |
| 1984 | 372 | 225 | 15.01 | 2001 | 2981 | 2048 | 23.69 |
| 1985 | 381 | 235 | 15.32 | 2002 | 3166 | 2140 | 24.71 |
| 1986 | 419 | 296 | 15.87 | 2003 | 3510 | 2301 | 25.15 |
| 1987 | 481 | 362 | 16.03 | 2004 | 4033 | 2759 | 26.24 |
| 1988 | 534 | 443 | 16.26 | 2005 | 4603 | 3173 | 27.90 |
| 1989 | 575 | 469 | 17.25 | 2006 | 5157 | 3507 | 30.50 |
| 1990 | 569 | 483 | 19.16 | 2007 | 5869 | 3882 | 32.20 |
| 1991 | 731 | 575 | 18.50 | 2008 | 6661 | 4160 | 33.49 |
| 1992 | 675 | 585 | 19.21 | 2009 | 7327 | 4543 | 33.81 |
| 1993 | 855 | 665 | 20.80 | 2010 | 8427 | 4985 | 34.11 |
| 1994 | 1265 | 938 | 19.09 | 2011 | 10025 | 5829 | 36.33 |
| 1995 | 1636 | 1225 | 22.63 | 2012 | 11489 | 7102 | 37.46 |
| 1996 | 2119 | 1632 | 22.67 | 2013 | 13000 | 7813 | 39.43 |
| 1997 | 2219 | 1655 | 23.36 | 2014 | 14456 | 8580 | 40.00 |
| 1998 | 2533 | 1631 | 24.06 | 2015 | 13887 | 10501 | 37.50 |
| 1999 | 2670 | 1698 | 24.62 | 2016 | 14999 | 11348 | 38.00 |

说明:注:从2015年开始,农村居民收支指标调整为“农村居民人均可支配收入”和“农村居民人均生活消费支出”,与之前农村住户调查的调查范围、方法、指标口径有所不同,数据为新口径数据。人均居住面积为人均现住房建筑面积

## 东营市市直部门政务信息公开网址

| 单位名称 | 政府信息公开网址 |
|---|---|
| 市政府办公室 | http://zfxxgk.dongying.gov.cn/gov/jcms_files/jcms1/web2/site/col/col183/index.html |
| 市发展改革委 | http://zfxxgk.dongying.gov.cn/gov/jcms_files/jcms1/web3/site/col/col352/index.html |
| 市经济和信息化委 | http://zfxxgk.dongying.gov.cn/gov/jcms_files/jcms1/web4/site/col/col409/index.html |
| 市教育局 | http://zfxxgk.dongying.gov.cn/gov/jcms_files/jcms1/web5/site/col/col466/index.html |
| 市科技局 | http://zfxxgk.dongying.gov.cn/gov/jcms_files/jcms1/web6/site/col/col522/index.html |
| 市公安局 | http://zfxxgk.dongying.gov.cn/gov/jcms_files/jcms1/web7/site/col/col579/index.html |
| 市民政局 | http://zfxxgk.dongying.gov.cn/gov/jcms_files/jcms1/web9/site/col/col693/index.html |
| 市司法局 | http://zfxxgk.dongying.gov.cn/gov/jcms_files/jcms1/web10/site/col/col750/index.html |
| 市财政局 | http://zfxxgk.dongying.gov.cn/gov/jcms_files/jcms1/web11/site/col/col807/index.html |
| 市人力资源社会保障局 | http://zfxxgk.dongying.gov.cn/gov/jcms_files/jcms1/web12/site/col/col864/index.html |
| 市国土资源局 | http://zfxxgk.dongying.gov.cn/gov/jcms_files/jcms1/web13/site/col/col921/index.html |
| 市住房城乡建设局 | http://zfxxgk.dongying.gov.cn/gov/jcms_files/jcms1/web14/site/col/col978/index.html |
| 市城乡规划局 | http://zfxxgk.dongying.gov.cn/gov/jcms_files/jcms1/web15/site/col/col1035/index.html |
| 市交通运输局 | http://zfxxgk.dongying.gov.cn/gov/jcms_files/jcms1/web111/site/col/col6522/index.html |
| 市水利局 | http://zfxxgk.dongying.gov.cn/gov/jcms_files/jcms1/web16/site/col/col1091/index.html |
| 市农业局 | http://zfxxgk.dongying.gov.cn/gov/jcms_files/jcms1/web17/site/col/col1148/index.html |
| 市林业局 | http://zfxxgk.dongying.gov.cn/gov/jcms_files/jcms1/web18/site/col/col1205/index.html |
| 市海洋与渔业局 | http://zfxxgk.dongying.gov.cn/gov/jcms_files/jcms1/web19/site/col/col1262/index.html |
| 市商务局 | http://zfxxgk.dongying.gov.cn/gov/jcms_files/jcms1/web20/site/col/col1321/index.html |
| 市文化广电新闻出版局 | http://zfxxgk.dongying.gov.cn/gov/jcms_files/jcms1/web21/site/col/col1378/index.html |
| 市卫生和计划生育委员会 | http://zfxxgk.dongying.gov.cn/gov/jcms_files/jcms1/web22/site/col/col1435/index.html |
| 市体育局 | http://zfxxgk.dongying.gov.cn/gov/jcms_files/jcms1/web23/site/col/col1492/index.html |
| 市人口计生委 | http://zfxxgk.dongying.gov.cn/gov/jcms_files/jcms1/web24/site/col/col1549/index.html |
| 市审计局 | http://zfxxgk.dongying.gov.cn/gov/jcms_files/jcms1/web25/site/col/col1606/index.html |
| 市环保局 | http://zfxxgk.dongying.gov.cn/gov/jcms_files/jcms1/web26/site/col/col1663/index.html |
| 市统计局 | http://zfxxgk.dongying.gov.cn/gov/jcms_files/jcms1/web27/site/col/col1720/index.html |
| 市旅游发展委员会 | http://zfxxgk.dongying.gov.cn/gov/jcms_files/jcms1/web28/site/col/col1777/index.html |
| 市外侨办 | http://zfxxgk.dongying.gov.cn/gov/jcms_files/jcms1/web29/site/col/col1834/index.html |
| 市安监局 | http://zfxxgk.dongying.gov.cn/gov/jcms_files/jcms1/web30/site/col/col1891/index.html |
| 市食品药品监管局 | http://zfxxgk.dongying.gov.cn/gov/jcms_files/jcms1/web31/site/col/col1948/index.html |
| 市城市管理局 | http://zfxxgk.dongying.gov.cn/gov/jcms_files/jcms1/web32/site/col/col2005/index.html |
| 东营经济开发区管委会 | http://zfxxgk.dongying.gov.cn/gov/jcms_files/jcms1/web33/site/col/col2062/index.html |
| 东营港开发区管委会 | http://zfxxgk.dongying.gov.cn/gov/jcms_files/jcms1/web34/site/col/col2119/index.html |
| 市物价局 | http://zfxxgk.dongying.gov.cn/gov/jcms_files/jcms1/web112/site/col/col6863/index.html |
| 市粮食局 | http://zfxxgk.dongying.gov.cn/gov/jcms_files/jcms1/web113/site/col/col6920/index.html |
| 市政府法制办 | http://zfxxgk.dongying.gov.cn/gov/jcms_files/jcms1/web35/site/col/col2176/index.html |
| 市人防办 | http://zfxxgk.dongying.gov.cn/gov/jcms_files/jcms1/web36/site/col/col2233/index.html |
| 市民宗局 | http://zfxxgk.dongying.gov.cn/gov/jcms_files/jcms1/web37/site/col/col2290/index.html |
| 市档案局 | http://zfxxgk.dongying.gov.cn/gov/jcms_files/jcms1/web106/site/col/col6235/index.html |
| 市政务服务中心管理办公室 | http://zfxxgk.dongying.gov.cn/gov/jcms_files/jcms1/web108/site/col/col6349/index.html |
| 市油区办(油地校办) | http://zfxxgk.dongying.gov.cn/gov/jcms_files/jcms1/web39/site/col/col2479/index.html |
| 市机关事务局 | http://zfxxgk.dongying.gov.cn/gov/jcms_files/jcms1/web40/site/col/col2404/index.html |
| 市金融办 | http://zfxxgk.dongying.gov.cn/gov/jcms_files/jcms1/web41/site/col/col2536/index.html |
| 市招商局 | http://zfxxgk.dongying.gov.cn/gov/jcms_files/jcms1/web46/site/col/col2803/index.html |
| 市政府研究室 | http://zfxxgk.dongying.gov.cn/gov/jcms_files/jcms1/web47/site/col/col2861/index.html |
| 市公路局 | http://zfxxgk.dongying.gov.cn/gov/jcms_files/jcms1/web48/site/col/col2918/index.html |
| 市供销社 | http://zfxxgk.dongying.gov.cn/gov/jcms_files/jcms1/web49/site/col/col2975/index.html |
| 市畜牧局 | http://zfxxgk.dongying.gov.cn/gov/jcms_files/jcms1/web50/site/col/col3032/index.html |

续表

| 单位名称 | 政府信息公开网址 |
| --- | --- |
| 市地震局 | http://zfxxgk.dongying.gov.cn/gov/jcms_files/jcms1/web52/site/col/col3146/index.html |
| 市知识产权局 | http://zfxxgk.dongying.gov.cn/gov/jcms_files/jcms1/web116/site/col/col8382/index.html |
| 市黄河口生态旅游区管委会 | http://zfxxgk.dongying.gov.cn/gov/jcms_files/jcms1/web53/site/col/col3203/index.html |
| 东营仲裁办 | http://zfxxgk.dongying.gov.cn/gov/jcms_files/jcms1/web54/site/col/col3260/index.html |
| 市残联 | http://zfxxgk.dongying.gov.cn/gov/jcms_files/jcms1/web55/site/col/col3317/index.html |
| 市老龄办 | http://zfxxgk.dongying.gov.cn/gov/jcms_files/jcms1/web56/site/col/col3374/index.html |
| 市红十字会 | http://zfxxgk.dongying.gov.cn/gov/jcms_files/jcms1/web57/site/col/col3431/index.html |
| 市住房公积金管理中心 | http://zfxxgk.dongying.gov.cn/gov/jcms_files/jcms1/web58/site/col/col3488/index.html |
| 市胜利教育管理中心 | http://zfxxgk.dongying.gov.cn/gov/jcms_files/jcms1/web59/site/col/col3545/index.html |
| 市公安局交警支队 | http://zfxxgk.dongying.gov.cn/gov/jcms_files/jcms1/web61/site/col/col3659/index.html |
| 市技师学院 | http://zfxxgk.dongying.gov.cn/gov/jcms_files/jcms1/web62/site/col/col3716/index.html |
| 东营职业学院 | http://zfxxgk.dongying.gov.cn/gov/jcms_files/jcms1/web63/site/col/col3773/index.html |
| 市人民医院 | http://zfxxgk.dongying.gov.cn/gov/jcms_files/jcms1/web114/site/col/col6977/index.html |
| 市二院 | http://zfxxgk.dongying.gov.cn/gov/jcms_files/jcms1/web68/site/col/col4057/index.html |
| 市疾控中心 | http://zfxxgk.dongying.gov.cn/gov/jcms_files/jcms1/web69/site/col/col4114/index.html |
| 农业高新技术产业示范区管委会 | http://zfxxgk.dongying.gov.cn/gov/jcms_files/jcms1/web71/site/col/col4228/index.html |
| 市现代畜牧业示范区管委会 | http://zfxxgk.dongying.gov.cn/gov/jcms_files/jcms1/web72/site/col/col4285/index.html |
| 市公交公司 | http://zfxxgk.dongying.gov.cn/gov/jcms_files/jcms1/web74/site/col/col4399/index.html |
| 市妇幼保健计划生育服务中心 | http://zfxxgk.dongying.gov.cn/gov/jcms_files/jcms1/web117/site/col/col8642/index.html |
| 市文化活动中心 | http://zfxxgk.dongying.gov.cn/gov/jcms_files/jcms1/web118/site/col/col8702/index.html |
| 市国税局 | http://zfxxgk.dongying.gov.cn/gov/jcms_files/jcms1/web75/site/col/col4456/index.html |
| 市地税局 | http://zfxxgk.dongying.gov.cn/gov/jcms_files/jcms1/web76/site/col/col4513/index.html |
| 东营出入境检验检疫局 | http://zfxxgk.dongying.gov.cn/gov/jcms_files/jcms1/web78/site/col/col4627/index.html |
| 市工商局 | http://zfxxgk.dongying.gov.cn/gov/jcms_files/jcms1/web79/site/col/col4684/index.html |
| 市质监局 | http://zfxxgk.dongying.gov.cn/gov/jcms_files/jcms1/web80/site/col/col4741/index.html |
| 市人行 | http://zfxxgk.dongying.gov.cn/gov/jcms_files/jcms1/web81/site/col/col4798/index.html |
| 东营银监分局 | http://zfxxgk.dongying.gov.cn/gov/jcms_files/jcms1/web82/site/col/col4855/index.html |
| 黄河河口管理局 | http://zfxxgk.dongying.gov.cn/gov/jcms_files/jcms1/web84/site/col/col4969/index.html |
| 市气象局 | http://zfxxgk.dongying.gov.cn/gov/jcms_files/jcms1/web85/site/col/col5026/index.html |
| 东营调查队 | http://zfxxgk.dongying.gov.cn/gov/jcms_files/jcms1/web86/site/col/col5083/index.html |
| 东营海事处 | http://zfxxgk.dongying.gov.cn/gov/jcms_files/jcms1/web87/site/col/col5140/index.html |
| 黄河口水文水资源勘测局 | http://zfxxgk.dongying.gov.cn/gov/jcms_files/jcms1/web92/site/col/col5425/index.html |
| 市烟草专卖局 | http://zfxxgk.dongying.gov.cn/gov/jcms_files/jcms1/web93/site/col/col5482/index.html |
| 市邮政局 | http://zfxxgk.dongying.gov.cn/gov/jcms_files/jcms1/web94/site/col/col5539/index.html |
| 市盐务局 | http://zfxxgk.dongying.gov.cn/gov/jcms_files/jcms1/web95/site/col/col5596/index.html |
| 东营供电公司 | http://zfxxgk.dongying.gov.cn/gov/jcms_files/jcms1/web115/site/col/col7034/index.html |
| 中央储备粮东营直属库 | http://zfxxgk.dongying.gov.cn/gov/jcms_files/jcms1/web107/site/col/col6292/index.html |
| 市广播电视台 | http://zfxxgk.dongying.gov.cn/gov/jcms_files/jcms1/web120/site/col/col10882/index.html |
| 可持续发展研究院管理中心 | http://zfxxgk.dongying.gov.cn/gov/jcms_files/jcms1/web121/site/col/col11042/index.html |
| 市扶贫办 | http://zfxxgk.dongying.gov.cn/gov/jcms_files/jcms1/web123/site/col/col12785/index.html |
| 市国资委 | http://zfxxgk.dongying.gov.cn/gov/jcms_files/jcms1/web124/site/col/col12618/index.html |
| 市邮政管理局 | http://zfxxgk.dongying.gov.cn/gov/jcms_files/jcms1/web119/site/col/col10482/index.html |
| 东营市贸促会 | http://zfxxgk.dongying.gov.cn/gov/jcms_files/jcms1/web125/site/col/col14722/index.html |

（市政府办公室电子政务科）

# 索　引

## 说　明

1.本索引采用主题分析索引方法，按汉语拼音字母顺序排列。同音字母按声调，首字相同者按后一字音序排列，依次类推。

2.索引名称后面的数字为内容所在页码，数字后拉丁字母a、b分别表示该页的左、右栏。

3.部类名称用黑体字套色标明。

4.大事记、人物、附录中具体内容未作索引。

## S



## T



## W



## X

## Y



## Z